Access 2000 programmieren

Ralf Albrecht, Natascha Nicol

Access 2000 programmieren

Professionelle Anwendungsentwicklung
mit Access und VBA

ADDISON-WESLEY

An imprint of Pearson Education

München • Boston • San Francisco
Harlow, England • Don Mills, Ontario
Sydney • Mexico City • Madrid • Amsterdam

Die Deutsche Bibliothek – CIP-Einheitsaufnahme
Ein Titelsatz für diese Publikation ist bei
Der Deutschen Bibliothek erhältlich
ISBN 3-8273-1547-6

10 9 8 7 6 5 4
03   02
ISBN 3-8273-1547-6

Lektorat: Barbara Lauer, Bonn
Korrektorat: Marina Kowalewski, Frankfurt / Karin Rinne, Bochum
Satz: Programmiererei Nicol, Frankfurt
Gestaltung der Kapitelanfänge: Creative Identity/Kerstin Diacont
Umschlaggestaltung: Hommer Design, Haar
Herstellung: Anna Plenk, München
Druck: Bercker Graphische Betriebe, Kevelaer

Umwelthinweis:
Dieses Produkt wurde auf chlorfrei gebleichtem Papier gedruckt. Die Einschrumpffolie – zum Schutz
vor Verschmutzung – ist aus umweltverträglichem und recyclingfähigem PE-Material.

Inhaltsverzeichnis

1 Einleitung

Im letzten Sommer verspürten wir des Öfteren Lust auf einen erfrischenden Cocktail, insbesondere dann, wenn wir den ganzen Tag vor dem PC gesessen hatten und viel zu wenig Sonne abbekamen.

Und jedes Mal standen wir vor dem gleichen Problem: Welche Cocktailzutaten hatten wir im Haus und welche Cocktails ließen sich daraus mixen? Lange blätterten wir in Mixanleitungen in der Hoffnung, einen Drink zu finden, der unseren Zutaten entsprach.

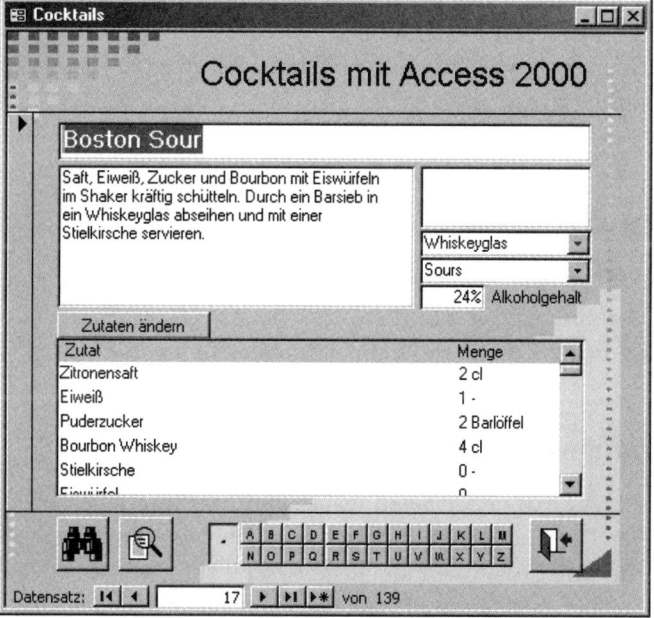

Bild 1.1: Das Cocktailformular

Um die Zeit bis zum Cocktail zu verkürzen, entwickelten wir mit Access eine kleine Anwendung, die uns die mit unseren Zutaten möglichen Drinks sehr schnell ermittelte. Diese Cocktailanwendung soll im vorliegenden Buch als Beispiel dienen, denn an ihr lassen sich die vielfältigen Möglichkeiten von Access gut erklären.

Die Anwendung finden Sie auf der dem Buch beigelegten CD-ROM, sodass Sie sich während der Arbeit mit Access erfrischen können. Damit Sie einen klaren Kopf beim Programmieren behalten, befinden sich auch viele Drinks ohne Alkohol in der Datenbank.

1.1 Zum Buch

Wir möchten mit diesem Buch in erster Linie Access-Anwender ansprechen, die Anwendungen mit Access entwickeln wollen. Der Schwerpunkt dieses Buches liegt auf der Programmierung mit »Visual Basic für Applikationen« (VBA), der in Access implementierten Programmiersprache. Um die Möglichkeiten dieser Sprache nutzen zu können und die vielfältigen Funktionen von Access anzusprechen, behandelt das Buch drei wesentliche Bereiche: die Datenbankabfragesprache SQL als Basis für Datenbankoperationen, die Programmierung mit VBA in Access und die Grundlagen für eine Entwicklung von Access-Anwendungen. Daneben werden aber auch Themen wie Client-Server-Verarbeitung mit Access-Projekten und die Datensicherheit in Access besprochen.

1.2 Drei Ansätze

In Access finden Sie drei Ansatzmöglichkeiten, um Ihre Datenbankanwendungen zu erstellen: Formulare bzw. Berichte, Makros und Visual Basic. Für alle drei Varianten ist die Abfragesprache SQL die gemeinsame Basis.

1.2.1 Formulare und Berichte

Microsoft Access verfügt über leistungsfähige Programmteile zur Definition und Gestaltung von Formularen und Berichten. Die hier zur Verfügung gestellten Werkzeuge, die auf Endanwender ausgerichtet sind, die über keine Programmierkenntnisse verfügen, ermöglichen auch komplexe Masken- und Ausdruckgestaltungen. In unseren Seminaren erleben wir immer wieder Anwendungsentwickler, die über die Leistungsfähigkeit der Formular- und Berichtsgestaltung erstaunt sind.

1.2.2 Makros

Für einfache Abläufe lassen sich in Access Makros einsetzen. Das Makromodul erlaubt es Ihnen, Menübefehle aus Formularen und Berichten zusammenzufassen und gegebenenfalls mit Parametern zu versehen.

Der Nachteil, Anwendungen mit Makros zu erstellen, besteht darin, dass es nicht möglich ist, eine vernünftige Fehlerbehandlung zu implementieren. Damit ist es eigentlich ausgeschlossen, in größeren Anwendungen Makros einzusetzen, denn bei einem Fehler, der während der Ausführung eines Makros auftritt, wird die Anwendung sofort beendet. Aus diesem Grunde haben wir auf die Besprechung von Makros im Rahmen dieses Buches verzichtet.

1.2.3 Visual Basic-Programme

Mit Visual Basic stehen Ihnen alle Freiheiten einer vollständigen Programmiersprache in Access zur Verfügung. Visual Basic hat sich im Laufe der Jahre zu einer sehr leistungsfähigen Programmiersprache entwickelt, die nur noch wenig mit dem Basic zu tun hat, mit dem Bill Gates seine ersten Millionen verdient hat.

In Access lassen sich Visual Basic-Routinen als eigenständige Module und in Formularen bzw. Berichten als zugeordnete Programmteile einsetzen. Bei der zweiten Variante spricht man vom so genannten »code behind forms«.

In Access 97, der Vorgängerversion, kam die Möglichkeit hinzu, Klassenmodule zu erstellen. Mit der Hilfe von Klassenmodulen ist eine objektorientierte Programmierung in Access möglich.

1.2.4 Entscheidungen

Für viele Problemstellungen lassen sich in Access mehrere Lösungsvarianten aufzeigen. Welcher Ansatz für Ihr Problem der sinnvollste ist, hängt von Ihren Rahmenbedingungen bzw. Ihrem Know-how ab.

Wir stellen Ihnen in diesem Buch an vielen Stellen mehrere Lösungen vor und diskutieren die Vor- und Nachteile der jeweiligen Varianten, insbesondere im Hinblick auf das Leistungsverhalten und die Dokumentation.

1.3 Beschreibung der Kapitel

Wir haben das Buch, um es übersichtlicher zu gestalten, in acht thematisch unterschiedliche Abschnitte aufgeteilt. In der Regel ist jeder Abschnitt in weitere Kapitel unterteilt.

Teil 1: Datenbankgrundlagen und SQL

Der erste Teil des Buches beschäftigt sich mit den Grundlagen relationaler Datenbanken und der Abfragesprache SQL, die den Datenbankoperationen von Access zugrunde liegt.

In Kapitel 2 beschreiben wir kurz das Design von relationalen Datenbanken und erläutern Begriffe wie »Referentielle Integrität« und »Normalformen«. In diesem Kapitel wird auch die Datenstruktur der dem Buch zugrunde liegenden Beispielanwendung »Cocktails« vorgestellt.

Die Basis für Datenbankzugriffe und -abfragen ist die Abfragesprache SQL, die in Kapitel 3 ausführlich mit vielen Beispielen erläutert wird. Gute Kenntnisse in SQL sind fast immer die Voraussetzung für schnelle und leistungsfähige Access-Anwendungen. Beschrieben werden in diesem Kapitel die vielfältigen Möglichkeiten des SQL-Befehls SELECT ebenso wie Parameter- und Unterabfragen.

In Kapitel 4, »Aktionsabfragen«, werden SQL-Befehle erklärt, mit denen Daten geändert und gelöscht werden können. Behandelt werden unter anderem die Access-SQL-Befehle UPDATE, INSERT INTO, SELECT INTO und DELETE. Auch die Befehle zur Datendefinition, mit denen Datenbankstrukturen aufgebaut werden können, gehören zum Inhalt dieses Kapitels.

In Kapitel 5 besprechen wir die SQL-92-Erweiterungen, die mit dem Datenbankkern Jet 4.0 neu hinzukamen. Diese Befehle sind nur über OLE DB und ADO ansprechbar, zwei Konzepte, die wir Ihnen in diesem Buch vorstellen werden.

Teil 2: Programmierung mit Visual Basic

Im zweiten Teil werden die Grundlagen von Visual Basic für Applikationen (VBA) besprochen, der in Access verwendeten Programmiersprache.

Zunächst erhalten Sie im sechsten Kapitel eine »Einführung in Visual Basic«. Erläutert werden die grundlegenden Befehle und Konstrukte der Programmiersprache VBA, die die Basis für alle Programme in Access ist. Dazu gehören die Definition von Variablen, Datenfelder, Bedingungsabfragen, Schleifen und vieles mehr.

Für Ihre Programmieraufgaben können Sie die in Access enthaltenen VBA-Funktionen nutzen. Im Kapitel »VBA-Funktionen« erhalten Sie einen Überblick über die gebräuchlichsten Funktionen.

Die Entwicklung fehlerfreier Programme ist das Ziel aller Programmierer. Access bietet dazu eine Reihe von Werkzeugen und Hilfsmitteln, die im Kapitel »Fehlersuche und -behandlung« beschrieben sind. Für die Fehlersuche in Access-Programmen wird der Debugger vorgestellt. Zudem wird in diesem Kapitel die Behandlung von Laufzeitfehlern erläutert.

Teil 3: Datenbankobjekte

Access verwendet ein umfangreiches Objektmodell mit dessen Hilfe auf die Inhalte von Datenbanken zugegriffen wird. In diesem Abschnitt werden sowohl die theoretischen Hintergründe als auch die praktische Anwendung der Datenbankobjekte vorgestellt.

In Kapitel 9, »Objekte, Methoden und Eigenschaften«, beschreiben wir das zugrunde liegende Objektmodell.

Anschließend stellen wir Ihnen in Kapitel 10 die Datenbankzugriffsschnittstelle ADO, »ActiveX Data Objects« vor, die Microsoft als neuen Standard für die Zukunft propagiert. Wir erläutern Begriffe wie Connections, Recordsets, Commands und vieles mehr.

In den vorangegangen Access-Versionen wurde der Zugriff auf Datenbanken mithilfe der »Datenzugriffsobjekte« durchgeführt. Die Datenzugriffsobjekte (»Data Access Objects«, DAO), die in Kapitel 11 beschrieben werden, sind eine leistungsfähige Schnittstelle zur Datenbank für Ihre Applikationen. Trotz ADO wird DAO noch ein langes Leben haben.

Den zwei am häufigsten eingesetzten Datenzugriffsobjekten Recordsets und QueryDefs wurde Kapitel 12 gewidmet, um sie detailliert beschreiben zu können. Mithilfe von Recordsets wird auf die Ergebnismenge einer Datenbankabfrage zugegriffen, während QueryDef-Objekte die Programmierung von Access-Abfragen ermöglichen.

Teil 4: Formulare und Berichte

Im vierten Teil des Buches möchten wir Ihnen den fortgeschrittenen Umgang und die Programmierung von Formularen und Berichten vorstellen.

Grafische Benutzeroberflächen wie Windows arbeiten ereignisorientiert. Ein Ereignis, wie beispielsweise ein Mausklick oder ein Tastenanschlag, wird von Windows bzw. dem Anwendungsprogramm ausgewertet. Die »Ereignisse« in Access sind das Thema des dreizehnten Kapitels.

Daten werden auf Access-Formularen und -Berichten in Steuerelementen dargestellt. Die Einrichtung und Verwendung von Steuerelementen sowie die Abfrage der Elemente aus VBA-Programmen stellt Kapitel 14, »Steuerelemente«, vor. Ausführlich behandelt werden Text-, Kombinations- und Listenfelder sowie Befehlsschaltflächen. An Beispielen werden Kontrollkästchen, Optionsfelder und Umschaltflächen, die sich in Optionsgruppen zusammenfassen lassen, erklärt.

»Formulare«, die Bildschirmmasken von Access, sind das Thema in Kapitel 15. Die vielfältigen Möglichkeiten von Formularen, den darauf angeordneten Steuerelementen und der Ereignissteuerung werden in diesem Kapitel beschrieben.

Ähnlich wie Formulare werden Berichte behandelt, allerdings sind Berichte für die Ausgabe von Daten auf Druckern konzipiert. Kapitel 16, »Berichte«, erläutert den Umgang mit den Access-Ausgabedefinitionen.

Teil 5: Klassenmodule

Kapitel 17, »Klassenmodule«, zeigt auf, welche Möglichkeiten der objektorientierten Programmierung in Access bestehen. Wir erläutern Ihnen, wie Sie Klassen mit Eigenschaften (Properties) und Methoden erstellen, Instanzen von Klassen generieren und Auflistungen (Collections) programmieren.

Als Beispiele stellen wir Ihnen eine Klasse vor, die Zeichenketten mit Parametern bearbeitet, eine Klasse, die Log-Informationen in Dateien mitschreibt, und eine Klasse zur Fehlerbehandlung.

Teil 6: Professionelle Anwendungsentwicklung

Für komplette Anwendungen stellen wir Ihnen in diesem Teil die benötigten Hilfsmittel vor. Dabei gehen wir auch auf die Verwendung von Access-Anwendungen in Mehrbenutzerumgebungen ein.

Der Einsatz von Access im Netzwerk mit dem gleichzeitigen Zugriff mehrerer Benutzer auf die gleichen Daten wird in Kapitel 18, »Multiuser-Zugriffe«, behandelt. Erläutert werden verschiedene Sperrverfahren und die Durchführung von Transaktionen.

Die Steuerung anderer Applikationen, beispielsweise von Word oder Excel, aus Access heraus ist Thema von Kapitel 19, »OLE-Automatisierung«. Wir stellen Ihnen hier unter anderem das Programm DocuAid2000 vor, das Access-Datenbanken dokumentiert, wobei die Dokumentation direkt in Word erzeugt wird.

Zusätzliche Steuerelemente, die Ihre Anwendungen um viele Funktionen erweitern, beschreiben wir in Kapitel 20, »AxtiveX-Steuerelemente«. Die Steuerelemente basieren auf der ActiveX-Schnittstelle, die eine Einbindung auch von Steuerelementen fremder Hersteller ermöglicht. Wir stellen Ihnen in diesem Kapitel auch die mit Access bzw. der Entwicklungsumgebung »Microsoft Office 2000 Developer« gelieferten ActiveX-Steuerelemente vor.

Mithilfe von CommandBar-Objekten können Sie Menüs und Symbolleisten programmieren. Seit Access 97 sind CommandBars die Ablösung der bis dahin verwendeten Funktionen zur Erstellung von Menüs bzw. Symbolleisten. In Kapitel 21, »Menüs und Symbolleisten«, beschreiben wir Ihnen ausführlich die neuen Leistungsmerkmale.

In Kapitel 22, »Add-Ins und Bibliotheken«, erläutern wir, wie Sie Datenbanken als Access-Add-Ins-Erweiterungen oder als Bibliotheksdatenbank einsetzen können.

Für die Entwicklung von Access-Anwendungen bietet das Programm eine Reihe von Funktionen und Einstellungen, die wir im Kapitel »Anwendungsentwicklung« zusammengefasst haben. Beschrieben werden unter anderem die Einstellungen der Start-Eigenschaften, das Setzen und Abfragen von Access-Optionen mit VBA, die Aufteilung von Access-Datenbanken, um Programme und Daten zu trennen, sowie die Möglichkeiten von DoCmd, SysCmd und des Application-Objekts.

Die »Datensicherheit«, d.h. den geregelten Zugriff von Benutzern und Benutzergruppen auf Daten und Programme, erläutern wir in Kapitel 24. Wir zeigen Ihnen, wie Sie Ihre Datenbank gegen unberechtigten Zugriff sichern und die Sicherheitsfunktionen aus Programmen heraus ansprechen können.

Teil 7: Client-Server-Verarbeitung mit Access

Der Einsatz von Access in Client-Server-Umgebungen ist Gegenstand dieses Abschnitts. Dazu wird erläutert, wie Sie mit Access auf »große« Datenbankmanagementsysteme zugreifen können.

In Kapitel 25, »Konzepte der Client-Server-Verarbeitung« erläutern wir die Grundlagen der Client-Server-Verarbeitung und beschreiben die mit Access möglichen Varianten. Diese Informationen sind hilfreich, um die Möglichkeiten des Zugriffs auf große Datenbankmanagementsysteme von Herstellern wie Oracle, Informix, IBM und vielen anderen einschätzen zu können. In Kapitel 26, »ODBC und OLE DB« beschreiben wir die Zusammenarbeit von Access mit Datenbankmanagementsystemen über die Schnittstelle ODBC bzw. OLE DB.

Access-Projekte ist die Bezeichnung für ein spezielles Access-Dateiformat mit der Endung ADP. Diese Dateien sind konzipiert für den Zugriff auf Datenbanken, die von Microsoft SQL Servern oder MSDE-Servern verwaltet werden. In Kapitel 27 geben wir Ihnen einen Überblick über die Möglichkeiten und die Programmierung von Access-Projekten.

Anhang

In Anhang A finden Sie die »Reddick-VBA-Namenskonventionen«, die als Richtlinie für die Benennung von Variablen Ihre Programmierung unterstützen und standardisieren können. Eine Auflistung der wichtigsten »Fehlercodes« wird im Anhang B aufgeführt. In Anhang C können Sie einige Spezifikationen von Access nachschlagen.

1.4 Was wird nicht beschrieben?

Wir haben in diesem Buch auf die Beschreibung der Internet-Funktionen von Access verzichtet. So werden beispielsweise die Ausgabe von Daten im HTML-Format, die Verwendung von Hyperlink-Feldern und der Einsatz von Datenzugriffsseiten nicht beschrieben.

Eine ausführliche Beschreibung der Komponenten hätte den Rahmen des Buchs gesprengt, denn insbesondere die Programmierung von Datenzugriffsseiten erfordert umfangreiche Erläuterungen und erhebliche Internet-Kenntnisse.

Datenbankgrundlagen und SQL

Relationale Datenbanken

Die Abfragesprache SQL

Aktionsabfragen

SQL–Erweiterung von Jet 4.0

2 Relationale Datenbanken

Microsoft Access ist das erfolgreichste Datenbankprodukt für Windows der letzten Jahre. Diesen Erfolg hat Access außer der Marktpräsenz und dem Marketing von Microsoft zwei entscheidenden Eigenschaften zu verdanken: sowohl der leichten Bedienbarkeit für den Endanwender als auch der Eignung als Entwicklungssystem für professionelle Datenbankentwickler. Microsoft hat es geschafft, diesen »Spagat« so zu realisieren, dass beide Seiten in den meisten Fällen zufrieden sind.

2.1 Der Aufbau von Access

Access 2000 setzt sich aus verschiedenen Bestandteilen zusammen, die im folgenden Bild aufgeführt sind.

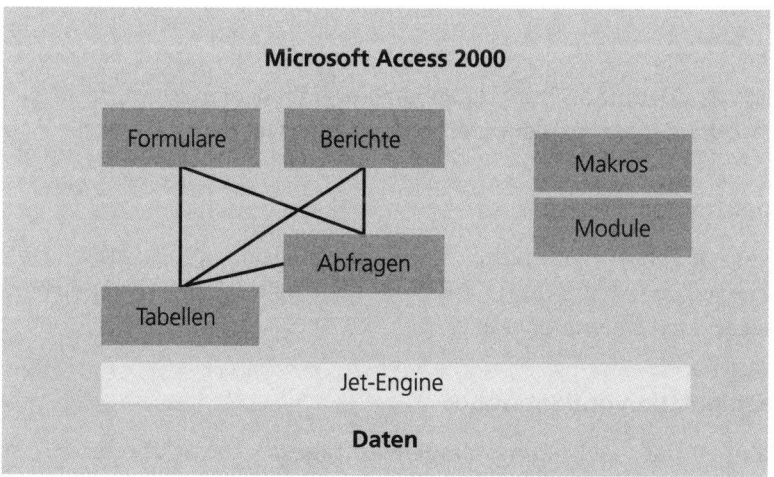

Bild 2.1: Access 2000-Aufbau

Die Datenbankbasis von Access 2000 ist die Microsoft Jet-Engine. Microsoft hat mit Jet einen breit einsetzbaren Datenbankkern, eine Datenbank-»Maschine« geschaffen, die inzwischen von fast allen Microsoft-Produkten genutzt wird.

Bis zur Version 97 von Access wurde über eine einheitliche Programmierschnitt-stelle »Data Access Objects«, im Weiteren kurz DAO genannt, auf Jet-eigene und andere Datenbanken zugegriffen. DAO wird nun aber in Access 2000 von ADO, »ActiveX Data Objects«, abgelöst. ADO ist nicht wie DAO eng mit der Jet-Engine verknüpft, sondern erlaubt den Zugriff auf beliebige Daten. Aus Gründen der Kompatibilität mit Access 97 und den Versionen davor unterstützt Access 2000 sowohl DAO als auch ADO. Leider ist die Integration beider Schnittstellen für den Programmierer etwas unübersichtlich ausgefallen, wie Sie beim Arbeiten und Programmieren selbst feststellen werden. So wird standardmäßig in Formu-laren und Berichten DAO verwendet, während in Modulen ADO zum Einsatz kommt.

In Access 2000 verwendet Microsoft die Jet-Engine 4.0. Diese Jet-Engine verhält sich, mit DAO angesprochen, wie die Version 3.5 von Access 97. Greifen Sie da-gegen mit ADO auf die Jet-Engine zu, stehen Ihnen eine Reihe zusätzlicher Be-fehle und Möglichkeiten zur Verfügung.

Alle Access-Datenbankoperationen werden über den Jet-Datenbankkern abge-wickelt. Jet bietet die sechs grundlegenden Funktionen einer Datenbank: Daten-definition, Datenspeicherung, Datenmanipulation und -abfrage, Sicherheit, Mul-tiuser-Zugriffe und Datenbankwartung.

Datendefinition

Jet erlaubt die Definition von Datenbanken, Tabellen, Feldern, Indizes, Relatio-nen, Abfragen, Benutzern, Benutzergruppen und weiteren Objekten.

Datenspeicherung

Daten werden von der Jet-Engine immer in Datensätzen mit variabler Länge ab-gelegt. Zusätzliche Memo- und OLE-Feldtypen ermöglichen die Speicherung von fast unbegrenzten Datenmengen.

Datenmanipulation und -abfrage

Daten können mit der leistungsfähigen Abfragesprache SQL oder mit Program-men, die auf die DAO- bzw. ADO-Schnittstelle zugreifen, manipuliert und abge-fragt werden. Jet arbeitet mit sehr leistungsfähigen Funktionen, die beispiels-weise bearbeitbare Abfrageergebnisse (updatable queries) ermöglichen.

Sicherheit

Jet bietet ein ausgefeiltes Sicherheitssystem, in dem Berechtigungen für den Datenzugriff und die Datenänderung für Benutzer und Benutzergruppen vergeben werden können.

Multiuser-Zugriffe

Für Mehrbenutzerzugriffe sind in Jet Sperrmechanismen implementiert. Unterstützt werden von Jet zwei Locking-Verfahren: optimistisch und pessimistisch. Gegenüber den vorangegangenen Access-Versionen wurde in Access 2000 das Locking-Verfahren geändert. Access führt jetzt ein Row-Locking durch, d.h., einzelne Datensätze werden gesperrt und nicht wie vorher ganze Datensatzgruppen.

Datenbankwartung

Für die Wartung, Komprimierung und Reparatur von Jet-Datenbanken stellt Jet entsprechende Funktionen bereit.

2.2 Datenbankdesign

Als Grundlage jeder Access-Datenbankapplikation sollte ein durchdachtes Datenmodell dienen. Wir möchten im Folgenden kurz die Grundlagen des Datenbankdesigns erläutern und einige Access-spezifische Besonderheiten beschreiben. Nach unserer Erfahrung spielt das Datenmodell eine entscheidende Rolle für die weitere Entwicklung einer Applikation, denn Änderungen an den Datenstrukturen in einer späten Phase einer Anwendungsentwicklung ziehen in den meisten Fällen hohe Kosten nach sich.

Zur Theorie des Datenbankdesigns sind zahlreiche Veröffentlichungen erschienen. Wir möchten nun eher kurz und knapp die wichtigsten Punkte erläutern und Sie ansonsten auf weiterführende Literatur verweisen.

2.2.1 Das relationale Modell

Die Datenbankfunktionen von Access basieren auf dem relationalen Modell. Das relationale Datenbankmodell wurde 1969 von E.F. Codd in den Labors von IBM entwickelt. Unmittelbar im Zusammenhang mit diesem Modell steht die Datenbankabfragesprache SQL (Structured Query Language), die ebenfalls bei IBM erarbeitet wurde.

Die grundlegende Idee des relationalen Modells ist die Möglichkeit, Tabellen mit ungeordneten Daten zueinander in Beziehung zu setzen und so auszuwerten, dass das Ergebnis wiederum aus Tabellen besteht.

In der Theorie der relationalen Datenbanken spricht E.F. Codd von Relationen, Attributen und Tupeln, während sich allgemein und in Access die Begriffe Tabellen, Spalten und Zeilen durchgesetzt haben. In vielen anderen Datenbankprodukten, z.B. in dBase von Borland, werden die Begriffe Datenbank, Datenfeld und Datensatz verwendet. Die verschiedenen Begriffe sind austauschbar. Wir werden im Weiteren meist von Tabellen, Zeilen und Spalten sprechen, vereinzelt auch von Datenfeldern und -sätzen.

Relationale Datenbestände weisen unter anderem die folgenden Eigenschaften auf:

➤ Die Spalten einer Tabelle sind unsortiert.

➤ Die Zeilen einer Tabelle sind unsortiert.

➤ Alle Datenwerte einer Spalte sind vom gleichen Typ.

➤ Jede Spalte hat innerhalb ihrer Tabelle einen eindeutigen Namen.

2.2.2 Tabellen

Jede Datentabelle in Access kann aus bis zu 255 Spalten (Datenfeldern) bestehen. Access unterstützt sowohl Felder mit fester als auch mit variabler Länge. Ein Feldname kann bis zu 64 Zeichen lang sein. Für einen Feldnamen sind alle Zeichen erlaubt mit Ausnahme von ».«, »!«, »[«, »]«,»´« und Zeichen mit einem ASCII-Wert von kleiner als 32. Möglich sind auch Leerzeichen, allerdings nicht als erstes Zeichen eines Feldnamens.

Access speichert Daten immer in variabler Länge ab, d.h., Datensätze verbrauchen nur den wirklich benötigten Platz.

2.2.3 Schlüssel

Für jede Tabelle lassen sich Indizes festlegen. Ein Index oder Schlüssel ermöglicht es Access, die jeweilige Spalte schnell zu sortieren und zu durchsuchen. Es lassen sich zwei Schlüsselarten unterscheiden: eindeutige (ohne Duplikate) und mehrdeutige (mit Duplikaten) Indizes.

Legen Sie Tabellen mit Access an, werden Sie aufgefordert, einen Primärschlüssel zu erstellen. Jede Tabelle muss einen eindeutigen Primärschlüssel aufweisen, d.h., in der Spalte des Primärindexes darf kein Wert mehrfach vorkommen.

Wenn Sie Access anweisen, einen Primärschlüssel zu generieren, erstellt das Programm dafür ein *AutoWert*-Feld. *AutoWerte* werden selbsttätig hochgezählt und sind immer eindeutig.

Schlüssel lassen sich aus mehreren Spalten zusammensetzen. Erstellen Sie beispielsweise einen zusammengesetzten Primärindex, so ist die Kombination der einzelnen Spalten eindeutig.

Bei der Erstellung von Schlüsseln gilt: »So viel wie notwendig, so wenig wie nötig!« Ein Index erhöht die Leistung der Datenbank beim Suchen und Sortieren, benötigt aber seinerseits wieder Speicherplatz. Beim Schreiben von Daten in eine Datenbank müssen die Schlüssel zusätzlich zu den eigentlichen Daten abgelegt werden.

2.2.4 Relationen

Zwischen den einzelnen Tabellen einer Datenbank lassen sich Beziehungen aufbauen, die sich wie folgt unterscheiden lassen.

1:1-Beziehungen

Die einfachste, aber selten eingesetzte Beziehung ist die 1:1-Relation. Dabei existiert für jeden Datensatz der einen Tabelle genau ein Datensatz der zweiten Tabelle. Im Bild sehen Sie dazu ein Beispiel: Für jeden Cocktail der linken Tabelle existiert genau ein Bild, das in der rechten Tabelle abgelegt ist.

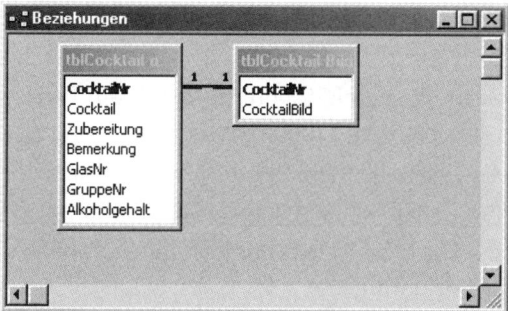

Bild 2.2: 1:1-Beziehung

Die 1:1-Beziehung wird dann eingesetzt, wenn Datentabellen aus Gründen der Größe, Leistung oder Übersichtlichkeit geteilt werden.

1:n-Beziehungen

Die meisten Relationen zwischen Tabellen sind 1:n-Beziehungen. Ein Datensatz der einen Tabelle hat eine Beziehung zu *n* Datensätzen der anderen Tabelle, beispielsweise hat ein Cocktail *n* Cocktailzutaten.

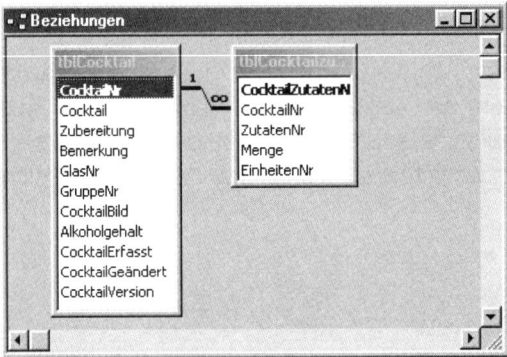

Bild 2.3: 1:n-Beziehung

Zwischen der Tabelle *tblCocktailZutaten* und der Tabelle *tblCocktail* besteht eine Fremdschlüsselbeziehung. Das Feld *CocktailNr* der Tabelle *tblCocktailZutaten* wird Fremdschlüssel genannt, da es sich auf den Primärschlüssel der Tabelle *tblCocktail* bezieht.

Übrigens erzeugt Access automatisch 1:n-Relationen, wenn Sie beim Entwurf von Tabellen den Nachschlage-Assistenten einsetzen.

n:m-Beziehungen

n:m-Beziehungen beschreiben Relationen, in denen ein Datensatz der linken Tabelle *n* Datensätzen der rechten Tabelle zugeordnet ist und gleichzeitig ein Datensatz der rechten zu *m* Datensätzen der linken Tabelle in Beziehung steht.

Beziehungen *n:m* lassen sich nicht direkt implementieren, sondern werden mit einer Hilfstabelle aufgebaut. Zwischen der jeweiligen Tabelle und der Hilfstabelle besteht dann eine *1:n*-Beziehung.

In unserem Beispiel besteht zwischen den Tabellen für Cocktails und für Kategorien eine *n:m*-Beziehung. Jeder Cocktail kann *n* Kategorien zugeordnet werden, während jede Kategorie aus *m* Cocktails gebildet wird.

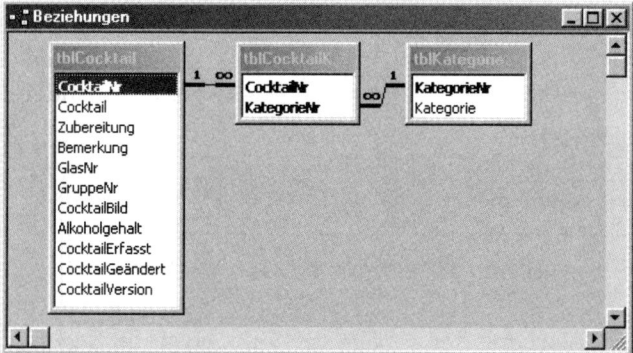

Bild 2.4: n:m-Beziehung

2.2.5 Normalformen

Um eine optimale Datenbankstruktur zu erhalten, sollten Ihre Daten normalisiert sein. Durch die Normalisierung wird erreicht, dass keine redundanten Daten in den Tabellen abgelegt werden. Die Normalisierung kann stufenweise anhand von fünf Regeln, den so genannten Normalformen, erfolgen. Die ersten drei Normalformen sind am wichtigsten, wir werden uns daher bei der Beschreibung auf diese beschränken.

Der Prozess der Normalisierung beginnt mit der ersten Normalform. Ist die Datenbank nach den Regeln der ersten Normalform zerlegt, wird die zweite angewandt, danach wird die dritte Stufe der Normalisierung durchgeführt. Jede Normalform ist in der nachfolgenden enthalten, d.h., eine Datenbank, die der zweiten Normalform genügt, erfüllt auch die erste Normalform.

Die erste Normalform (1NF)

Eine Tabelle ist in der ersten Normalform, wenn alle Spaltenwerte atomar sind. So ist beispielsweise die Spalte *Zutaten* im nächsten Bild nicht atomar, denn die dritte Spalte kann noch weiter aufgeteilt werden.

Dass diese Regel durchaus sinnvoll ist, kann man sich leicht überlegen: Soll beispielsweise auf Grundlage der Tabelle eine Liste ausgegeben werden, die nach einzelnen Zutaten sortiert ist, kann dies nur mit hohem Aufwand durchgeführt werden.

tbl1NF1 : Tabelle			
	CocktailNr	Cocktail	Zutaten
	1	Gin Tonic	2 cl Gin, 6 cl Tonic Water, Eiswürfel, Zitrone
	2	Kir Royal	2 cl Crème de Cassis, 8 cl Champagne
	3	B & B	3 cl Brandy, 3 cl Bénédictine
▶	(AutoWert)		

Datensatz: 14 ◀ | 4 | ▶ ▶I ▶* von 4

Bild 2.5: Tabelle verstößt gegen die erste Normalform

Auch die nächste Variante der Tabelle verstößt gegen die Regel der ersten Normalform. Zwar wurde nun die Spalte *Zutaten* zerlegt, allerdings weist die Tabelle nun sich wiederholende Spalten auf, beispielsweise sind für die Menge vier Spalten angelegt.

tbl1NF2 : Tabelle								
	CocktailN	Cocktail	Menge1	Zutat1	Menge2	Zutat2	Menge3	Zutat3	Menge4	Zuta
	1	Gin Tonic	2	Gin	6	Tonic Water	1	Eiswürfel	1	Zitron
	2	Kir Royal	2	Crème de Cassis	8	Champagne	0		0	
	3	B & B	3	Brandy	3	Bénédictine	0		0	
▶	(AutoWert)		0		0		0		0	

Datensatz: 14 ◀ | 4 | ▶ ▶I ▶* von 4

Bild 2.6: Zweite Variante der Tabelle

Die Abfrage einer solchen Tabelle ist problematisch, denn auf der Suche nach einer bestimmten Zutat müssen mehrere Spalten der Tabelle durchsucht werden. Ein weiteres Problem tritt auf, wenn ein Cocktail angegeben werden soll, für den fünf Zutaten erfasst werden sollen. Entweder muss nun die Struktur der Tabelle um eine fünfte Zutatenspalte ergänzt werden, oder es werden vorher so viele Spalten angelegt, wie Zutaten maximal erwartet werden. Das führt aber dazu, dass für viele Cocktails leere Spalten gespeichert werden müssen.

Um die erste Normalform zu erreichen, wird die Tabelle aufgeteilt. Jeder Cocktail kann nun eine beliebige Zahl von Zutaten haben, und es werden nie mehr Zutaten gespeichert, als tatsächlich vorhanden sind.

Bild 2.7: Tabellen in der ersten Normalform

Die beiden Tabellen werden nun miteinander verknüpft. Im Beziehungsfenster wird eine entsprechende Beziehung zwischen den Cocktailnummern der beiden Tabellen aufgebaut.

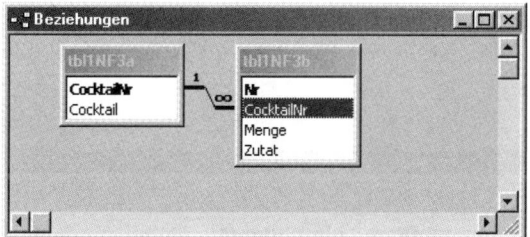

Bild 2.8: Tabellen in der ersten Normalform

In unserem Beispiel gehen wir übrigens davon aus, dass ein Cocktailname mehrfach vorkommen kann, da beispielsweise für einen Cocktail mehrere Mixanleitungen existieren können. Man könnte sich sonst die Spalte *CocktailNr* sparen, wenn die Spalte *Cocktail* eindeutig wäre.

Die zweite Normalform (2NF)

Die Regel für die zweite Normalform besagt, dass eine Tabelle in der zweiten Normalform ist, wenn sie die erste Normalform erfüllt und jede Spalte, die nicht zum Primärschlüssel gehört, von dem kompletten Primärschlüssel abhängig ist.

Probleme mit der zweiten Normalform können bei einem zusammengesetzten Primärschlüssel auftreten. In der im folgenden Bild gezeigten Tabelle ist der Primärschlüssel aus der *CocktailNr* und der *ZutatenNr* zusammengesetzt.

CocktailNr	ZutatenNr	Zutat	Menge	EinheitenNr	Einheit
1	1	Gin	2	1	cl
1	2	Tonic Water	6	1	cl
1	3	Eiswürfel	1	2	Stk.
1	4	Zitrone	1	2	Stk.
2	5	Crème de Cass	2	1	cl
2	6	Champagne	8	1	cl
3	1	Gin	4	1	cl
3	7	Apricot Brandy	1	1	cl
3	3	Eiswürfel	1	2	Stk.
0	0		0	0	

Bild 2.9: Tabelle ist nicht in der zweiten Normalform

Die Tabelle entspricht nicht der zweiten Normalform, denn die Spalte *Zutat* ist nur von dem Teil *ZutatenNr* des Primärschlüssels abhängig und nicht vom gesamten Primärschlüssel.

Die zweite Normalform wird erreicht, indem aus den Spalten *ZutatenNr* und *Zutat* eine eigene Tabelle erstellt wird und in der Ausgangstabelle nur noch die *ZutatenNr* geführt wird.

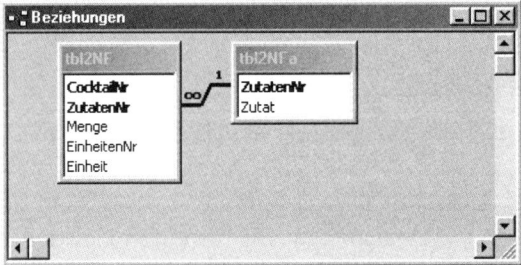

Bild 2.10: Aufteilung für die zweite Normalform

Die dritte Normalform (3NF)

Die dritte Normalform fordert, dass zwischen den Spalten, die nicht den Primärschlüssel bilden, keine Abhängigkeiten bestehen dürfen. In unserem Beispiel in Bild 2.9 bzw. 2.10 sind die Spalten *EinheitenNr* und *Einheit* voneinander abhängig. Damit genügt die Tabelle nicht der dritten Normalform. Abhilfe schafft eine weitere Zerlegung der Tabelle, wie es im nächsten Bild dargestellt ist.

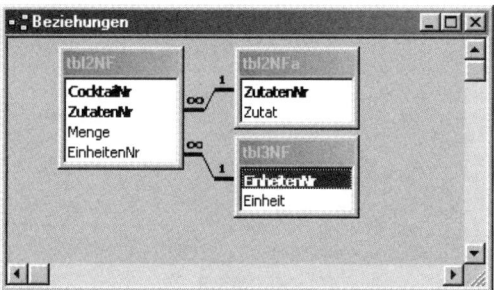

Bild 2.11: Tabellen in der dritten Normalform

Umgehung der Regeln

Es gibt eine Reihe von Beispielen, in denen aufgrund von Leistungskriterien oder Einschränkungen der verwendeten Datenbanksysteme die Normalformen nicht vollständig erfüllt werden. Beispielsweise könnte es sinnvoll sein, eine Spalte einzuführen, die ein Rechenergebnis aus anderen Spalten der Tabelle ist. Eigentlich ist die errechnete Spalte abhängig von den Spalten, die für die Rechnung gebraucht werden, und damit eine redundante Information. Eine solche Spalte kann aber trotzdem sinnvoll sein, um schnell auf das Rechenergebnis zugreifen zu können, ohne eine gegebenenfalls aufwändige Rechnung durchführen zu müssen.

2.2.6 Datenintegrität

Access unterstützt Sie dabei, die Gültigkeit und Integrität Ihrer Daten sicherzustellen. Zwei Mechanismen stehen Ihnen dabei zur Verfügung: die Gültigkeitsüberprüfung und die referentielle Integrität.

Überprüfung der Gültigkeit

Für eine Tabelle bzw. für einzelne Spalten einer Tabelle lassen sich *Gültigkeitsregeln* aufstellen. Bei jeder Eingabe oder Änderung der Daten wird überprüft, ob diese den Regeln entsprechen. Ist das nicht der Fall, wird eine Fehlermeldung mit dem unter *Gültigkeitsmeldung* vorgegebenen Text ausgegeben.

Für die Beispieltabelle *tblCocktail* wurde definiert, dass überprüft wird, ob das Änderungsdatum vor dem Erstellungsdatum eines Datensatzes liegt.

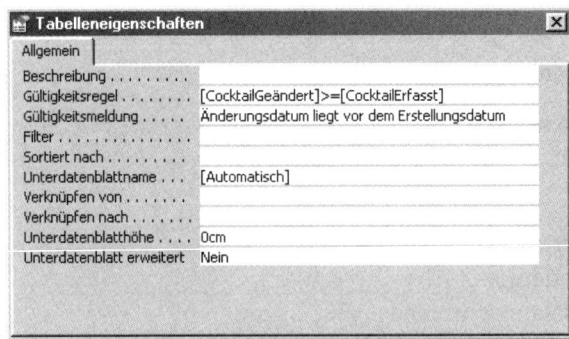

Bild 2.12: Gültigkeitsregel für die Tabelle

Bei Gültigkeitsregeln für Tabellen können mehrere Bedingungen mit AND oder OR verknüpft werden. Allerdings kann nur eine Fehlermeldung für alle Bedingungen verwendet werden.

Gültigkeitsregeln für Spalten werden in den Feldeigenschaften der jeweiligen Spalte erfasst, wie es im folgenden Bild gezeigt ist.

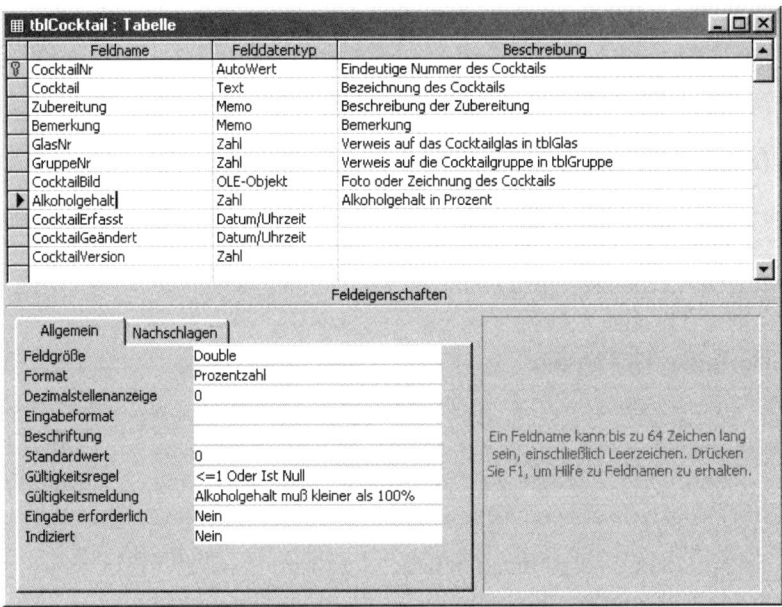

Bild 2.13: Gültigkeitsregel für Tabellenspalte Alkoholgehalt

Referentielle Integrität

Die Regel der referentiellen Integrität besteht aus zwei Teilen:

> Ein neuer Datensatz kann nicht in einer Tabelle mit einem Fremdschlüssel eingefügt werden, wenn ein entsprechender Wert nicht in der referenzierten Tabelle existiert.

> Wenn ein Wert in einer Tabelle, die durch einen Fremdschlüssel referenziert ist, geändert oder gelöscht wird, dürfen die Datensätze in der Tabelle mit dem Fremdschlüssel nicht »in der Luft« hängen.

In unserem Beispiel wurde zwischen den Tabellen *tblCocktail* und *tblCocktailZutaten* referentielle Integrität vereinbart.

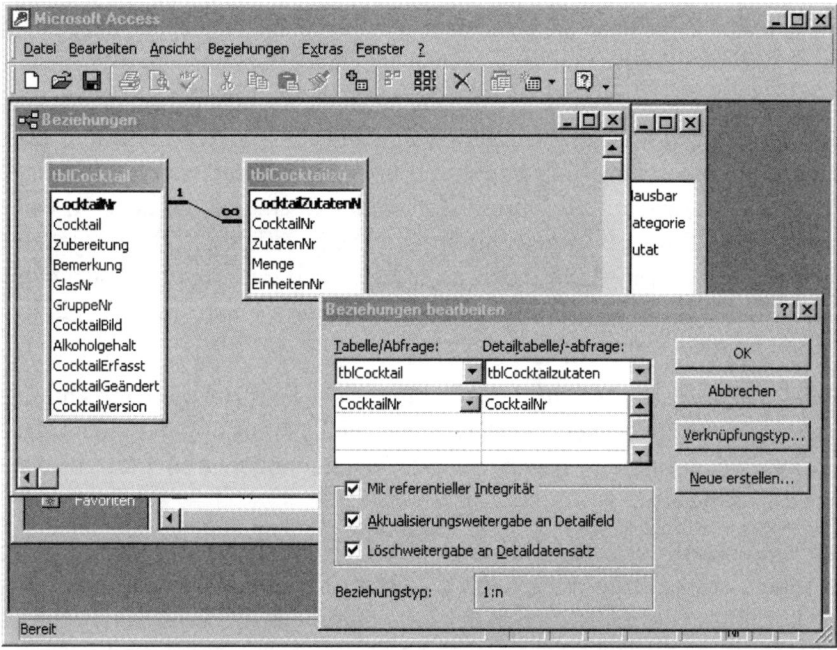

Bild 2.14: Definieren der referentiellen Integrität

Zusätzlich haben wir die *Aktualisierungsweitergabe an Detailfeld* und die *Löschweitergabe an Detaildatensatz* selektiert. Wird in der Tabelle *tblCocktail* die *CocktailNr* geändert, so wird dies an die Tabelle *tblCocktailZutaten* weitergegeben, sodass die Verbindung des Cocktails zu seinen Zutaten erhalten bleibt. Durch die Löschweitergabe wird erreicht, dass auch alle Zutaten eines Cocktails gelöscht werden, wenn ein Cocktail aus der Tabelle entfernt wird.

2.3 Die Datenstruktur der Beispielanwendung

Da sich fast alle Beispiele in diesem Buch auf die Tabellen der Cocktail-Anwendung beziehen, möchten wir Ihnen die Datenstrukturen vorstellen.

Alle Cocktails werden in der Tabelle *tblCocktail* verwaltet. Dort sind unter anderem eine eindeutige Cocktailnummer, der Name des Cocktails und die Zubereitungsanweisung abgelegt. Zusätzlich kann im Feld *CocktailBild* ein Foto des fertigen Cocktails als OLE-Objekt abgespeichert werden, damit Sie sich schon mal auf den Drink freuen können. In einem weiteren Feld wird der Alkoholgehalt des Cocktails in Prozent angegeben. In einem der folgenden Kapitel zeigen wir Ihnen, wie der Alkoholgehalt aufgrund der Zutaten errechnet werden kann.

In der Tabelle *tblZutat* lassen sich alle nur möglichen Cocktailzutaten mit Angabe des jeweiligen Alkoholgehalts angeben. Zusätzlich wurde ein Feld *Alternativ* aufgenommen, in dem die Nummer einer alternativen Zutat angegeben ist, beispielsweise könnte anstatt Gin auch Wodka verwendet werden.

Über *tblCocktailzutaten* werden für jeden Cocktail die Zutaten bestimmt. Die Einträge in der Tabelle *tblCocktailzutaten* sind über die *CocktailNr* mit *tblCocktail* verknüpft. Dieses ist eine 1:n-Beziehung, denn jeder Cocktail kann beliebig viele Zutaten in einer bestimmten Menge aufweisen. Die jeweiligen Zutaten werden über eine Beziehung zur Tabelle *tblZutat* bestimmt. Für die Menge lässt sich eine Einheit über die Verknüpfung mit der Tabelle *tblEinheiten* zuordnen. Typische Einheiten sind beispielsweise »cl« oder »Stk.«.

Die Tabelle *tblEinheiten* enthält darüber hinaus ein Feld für die Umrechnung der Einheit in cl (Zentiliter). Dieses Feld wird für die Bestimmung des Alkoholgehalts des Cocktails benötigt, um gegebenenfalls Mengenangaben in l, dl, ml o.ä. umrechnen zu können.

Für jeden Cocktail wird ein Glas empfohlen, in dem er serviert werden sollte. Durch eine Verknüpfung zwischen *tblCocktail* und *tblGlas* wurde eine entsprechende Beziehung definiert. Neben der Bezeichnung des Glases enthält die Tabelle *tblGlas* das Feld *GlasBild*. Dieses Feld ist als OLE-Objekt definiert, um gegebenenfalls ein Foto oder eine Zeichnung des Glases aufnehmen zu können.

Alle Cocktails lassen sich Gruppen zuordnen, beispielsweise Alkoholfrei, Fizzes, Sours, Coladas und viele andere. Die Gruppenzugehörigkeit eines Cocktails wird durch einen Verweis auf die Bezeichnung der Gruppe in *tblGruppe* festgelegt.

Um Geschmacksrichtungen wie »Sahnig«, »Süß«, »Hart«, »Alkoholfrei« oder Drinkvarianten wie »Aperitif«, »Digestif«, »Longdrink« in der Cocktail-Datenbank festhalten zu können, wurde eine Tabelle *tblKategorie* definiert, in der diese Bezeichnungen eingetragen werden können.

Über die Tabelle *tblCocktailKategorie* sind die Cocktails mit den Kategorien verknüpft. Ein Cocktail kann dabei mehreren Kategorien angehören.

Eine häufige Fragestellung beim Mixen von Cocktails ist: »Welche Cocktails lassen sich aus den Zutaten mixen, die in der Hausbar vorhanden sind?« Damit die Cocktail-Anwendung Vorschläge über mögliche Cocktails machen kann, muss natürlich der Bestand der Hausbar erfasst sein. Dazu wurde die Tabelle *tblHausbar* definiert, in der Cocktailzutaten und Mengen eingegeben werden können.

Das folgende Bild zeigt die Beziehungen zwischen den Tabellen. Die mit 1:∞ gekennzeichneten Beziehungslinien sind mit referentieller Integrität vereinbart.

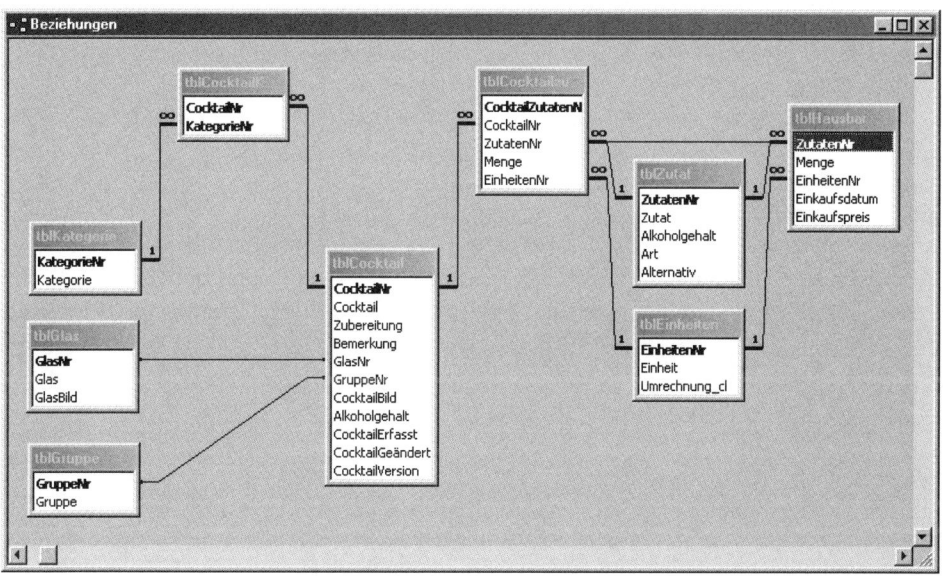

Bild 2.15: Beziehungen der Cocktailanwendung

3 Die Abfragesprache SQL

Access kennt zwei Methoden, um auf Daten zuzugreifen: das bewegungsorientierte Verfahren und das relationale Verfahren auf der Basis von SQL. Beim bewegungsorientierten Verfahren werden einzelne Datensätze einer Datentabelle bearbeitet, d.h., ein Datensatzzeiger deutet auf den Datensatz, der gelesen, verändert oder gelöscht werden soll. Um mehrere Datensätze zu bearbeiten, wird der Datensatzzeiger durch entsprechende Programmroutinen weiterbewegt.

Das bewegungsorientierte Zugriffsverfahren war lange Zeit, insbesondere auf dem PC, die von vielen Produkten bevorzugte Variante. Erfolgreiche Datenbanksysteme wie Borland dBase, Microsoft FoxPro oder Borland Paradox nutzen das bewegungsorientierte Verfahren.

Beim relationale Zugriffsverfahren werden nicht einzelne Datensätze angesprochen, sondern mithilfe der Datenbankabfragesprache SQL abgefragt, sodass im Normalfall als Ergebnis eine Gruppe von Datensätzen zurückgeliefert wird. Der Zugriff mit SQL hat unter anderem den Vorteil, dass eine bessere Optimierung der Abfrage durch die Datenbank selbst vorgenommen werden kann. Die meisten der heute weit verbreiteten Datenbanken für Mainframe- oder UNIX-Rechner, wie IBM DB2, Oracle, Informix und viele andere, sind relationale Datenbanken, die über SQL abgefragt werden.

Access beherrscht beide Varianten der Verarbeitung, d.h., Sie können sowohl bewegungsorientiert als auch mit SQL auf Ihre Daten zugreifen. Der Zugriff mit SQL ist im Allgemeinen wesentlich effizienter und schneller, daher ist er dem bewegungsorientierten Verfahren vorzuziehen. In unseren Seminaren haben sich immer wieder Anwendungsentwickler über die zu langsame Verarbeitungsgeschwindigkeit von Access beschwert. In fast allen Fällen ließen sich die Geschwindigkeitsprobleme darauf zurückführen, dass die Entwickler die Leistung von SQL nicht genutzt hatten.

Wir möchten Ihnen empfehlen, sich mit der Datenbankabfragesprache SQL auseinander zu setzen, denn sie ermöglicht Ihnen die richtige Nutzung der Leistungen von Access. Insbesondere für die Programmierung mit Visual Basic sind SQL-Kenntnisse notwendig, denn hierbei werden oft die SQL-Kommandos direkt in die Programme eingebaut. In diesem Kapitel stellen wir Ihnen die Grundlagen von SQL vor und beschreiben die Einbindung in Access.

3.1 SQL – der Standard

SQL wurde vom »American National Standards Institute« (ANSI) normiert. Die ursprüngliche Normierung wurde im Laufe der Jahre weiterentwickelt. Es existieren heute mehrere durch Jahreszahlen gekennzeichnete Richtlinien: SQL-89, SQL-92 und SQL-93 (SQL-3). Die verschiedenen Normvarianten differieren in Sprachumfang und Leistung.

Die verschiedenen Datenbankhersteller haben die SQL-Normen ganz oder teilweise in ihren Produkten umgesetzt. Leider haben sich die Datenbankanbieter bisher nicht auf eine einheitliche Linie festgelegt. Fast alle haben ihre Implementierung von SQL durch eigene Erweiterungen ergänzt, sodass sich die SQL-Varianten der einzelnen Produkte teilweise erheblich unterscheiden.

Microsoft Access unterstützt SQL-89 Level 1 mit einigen eigenen Erweiterungen und SQL-92. Warum erwähnen wir noch SQL-89, das doch eine Untermenge von SQL-92 ist? Ganz einfach, Access kennt zwei verschiedene Methoden, auf SQL zuzugreifen. Der Datenbankkern von Access, die Jet-Engine, arbeitet mit SQL-89, wenn sie über die Datenzugriffsschnittstelle »Data Access Objects«, DAO, angesprochen wird. DAO ist der Standard in Access 2000, wie auch in den Vorgängerversionen, für alle Komponenten (Abfragen, Formulare und Berichte). Abfragen können damit nur den Funktionsumfang von SQL-89 verwenden.

Mit Access 2000 ermöglicht Microsoft mithilfe der Datenzugriffsschnittstelle ADO, »ActiveX Data Objects«, den Zugriff auf Datenbanken mithilfe von OLE DB-Treibern (siehe Teil 7). Der OLE DB-Treiber für Access-Datenbanken, Version 4.0, ermöglicht den Einsatz von SQL-92. ADO kann nur aus VBA-Programmen oder mit so genannten Access-Projekten (siehe Kapitel 27) verwendet werden.

OLE DB ist die Spezifikation einer allgemeinen Schnittstelle zu beliebigen Datenquellen. Mit DAO wird auch ODBC (Open Database Connectivity) unterstützt. ODBC ist der Vorgänger von OLE DB.

Access ist über die ODBC-Schnittstelle in der Lage, auf SQL-Datenbanken wie IBM DB2, Oracle, Informix und viele andere zuzugreifen. Allerdings ist der Zugriff auf SQL-89-Befehle beschränkt, es sei denn, man umgeht Access-SQL durch so genannte Pass-Through-Abfragen, in denen beliebige SQL-Kommandos erlaubt sind.

Erst mit OLE DB und ADO können Sie die volle Leistung der Server-Datenbanken und SQL-92 ausnutzen.

Der Sprachumfang von SQL setzt sich aus zwei Teilen zusammen: der »Data Definition Language« (DDL) und der »Data Manipulation Language« (DML). Mit

DDL lassen sich Tabellenstrukturen anlegen, ändern und löschen sowie Indizes bestimmen. Die DML dient zur Abfrage der Daten bzw. zum Verändern und Löschen von Datenbeständen. In Access wird im allgemeinen nur mit der DML gearbeitet, da Tabellen und Indizes mit den Werkzeugen in Access erstellt werden.

3.2 SQL und Access-Abfragen

Der Access-Anwender hat im Normalfall wenig mit SQL zu tun, denn die Benutzerschnittstelle von Access verbirgt SQL hinter »Abfragen«. Eine Abfrage wird von Access immer in die Sprache SQL übersetzt. Sie können im Abfragefenster jederzeit auf die SQL-Darstellung umschalten bzw. die SQL-Befehle verändern, ergänzen oder sie in die Zwischenablage kopieren, um die Befehle in anderen Access-Programmteilen zu verwenden.

3.2.1 Query By Example

Die Benutzerschnittstelle zur Erstellung von Abfragen, die Entwurfsansicht, wird als »Query By Example« (QBE) bezeichnet. QBE ist sehr anwenderfreundlich, denn mithilfe von QBE können auch Anfänger und Ungeübte SQL-Abfragen erzeugen, ohne die Abfragesprache SQL selbst zu beherrschen.

Für den Programmierer hat QBE den Vorteil, dass sich schnell und frei von Schreibfehlern SQL-Abfragen erstellen lassen, die dann in Formularen, Berichten und Modulen verwendet werden können. Wir empfehlen Ihnen, alle SQL-Befehle als Abfragen zu testen und abzulegen, um aus Ihren Programmen auf die gespeicherten Abfragen zuzugreifen.

Es gibt allerdings einige SQL-Befehle, die nicht in der Entwurfsansicht eingegeben werden können. Diese müssen Sie daher direkt im SQL-Darstellungsfenster erfassen. Wir werden Ihnen die Sonderfälle im Laufe des Kapitels beschreiben.

Eine weitere Besonderheit von Access sind Nachschlagefelder, die wir für unsere Cocktail-Beispielanwendung auch vielfach eingesetzt haben. In Abfragen wertet Access die Nachschlagefelder aus, d.h., es wird immer der nachgeschlagene Wert gezeigt. Beispielsweise ist die *ZutatenNr* in der Tabelle *tblCocktailzutaten* eigentlich ein `Long Integer`, der auf die entsprechende Zutat verweist. Da die *ZutatenNr* als Nachschlagefeld vereinbart ist, wird die jeweilige Zutat aus *tblZutat* im Ergebnis einer Abfrage dargestellt. In den Beispielen dieses Kapitels werden wir die automatische Nachschlagefunktion vernachlässigen, da sonst viele Beispiele nicht zu überschauen wären.

3.2.2 SQL-Views

Access-Abfragen entsprechen teilweise den in den SQL-Standards definierten »Views«. Ein View ist eine Sicht auf die Daten von Tabellen. Dazu wird eine SQL-Abfrage unter einem Namen abgelegt. Auf einen View kann wie auf eine Tabelle zugegriffen werden.

Allerdings besteht ein erheblicher Unterschied zwischen Standard-SQL und Access, denn in Access ist es möglich, Datensätze einer Abfrage, auch wenn sie auf mehreren Tabellen oder anderen Abfragen basiert, zu verändern. In vielen anderen SQL-Datenbanken können immer nur Tabellen oder Abfragen bearbeitet werden, denen nur eine Tabelle zugrunde liegt. Microsoft nennt diese bearbeitbaren Abfragen »Dynasets«. Dynasets erleichtern die Arbeit mit SQL-Datenbanken erheblich.

Außerdem können Abfragen Parameter enthalten, die in reinen SQL-Views nicht enthalten sind.

3.3 Auswahlabfragen mit SELECT

Der folgende Abschnitt stellt Ihnen die vielfältigen Möglichkeiten der Auswahlabfragen mit dem SQL-Befehl SELECT vor. Sie werden am weitaus häufigsten eingesetzt und sind die Grundlage jeglicher Arbeit mit SQL.

3.3.1 Einfache SELECT-Abfragen

Mit SELECT werden Daten ausgewählt. Im einfachsten Fall besteht eine SELECT-Abfrage aus vier Teilen: dem Schlüsselwort SELECT, der Angabe der gewünschten Spalten der Tabelle, dem Schlüsselwort FROM und dem Namen einer Tabelle oder Abfrage.

```
SELECT * FROM tblCocktail;
```

Das Sternchen »*« dient dabei als Platzhalter für die Ausgabe aller Spalten der angegebenen Tabelle oder Abfrage, das Semikolon am Ende zeigt den Abschluss des Befehls an, der auch mehrzeilig angegeben werden kann. Das folgende Bild zeigt die SQL-Abfrage in der Entwurfsansicht.

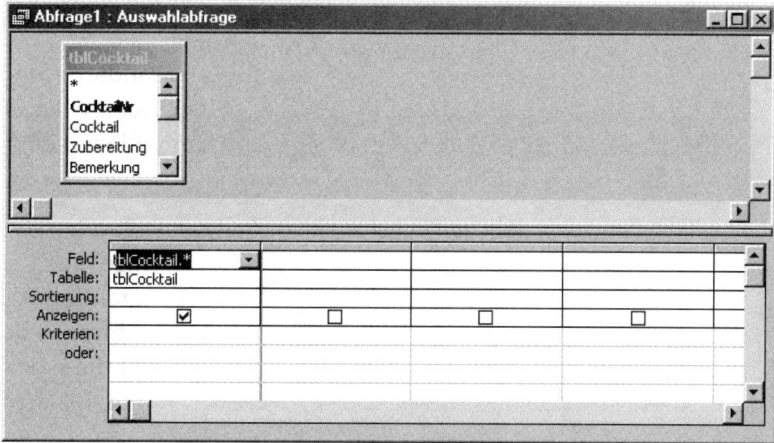

Bild 3.1: Entwurfsansicht

Mit der Schaltfläche *Entwurfsansicht* können Sie in die SQL-Darstellung wechseln, die im folgenden Bild mit dem SQL-Befehl zu sehen ist, den die oben abgebildete Abfrage erzeugt. Darin wird dem Sternchen automatisch die Tabellenbezeichnung vorangestellt.

Bild 3.2: SQL-Darstellung

Werden mehrere Spalten explizit ausgewählt, werden die Spaltenbezeichnungen mit vorangestelltem Tabellennamen aufgenommen. Der Tabellenname wird von Access immer vor der Feldbezeichnung angeordnet, unabhängig davon, ob die Option *ANSICHT Tabellennamen* für die Entwurfsansicht selektiert ist. Im folgenden Beispiel werden drei Spalten der Tabelle *tblCocktail* in die Abfrage aufgenommen.

```
SELECT tblCocktail.Cocktail, tblCocktail.Zubereitung,
tblCocktail.Alkoholgehalt
FROM tblCocktail;
```

Es können maximal bis zu 255 Spalten in einer Abfrage enthalten sein, wobei die Gesamtgröße des Ergebnisses nicht größer als ein GigaByte sein darf.

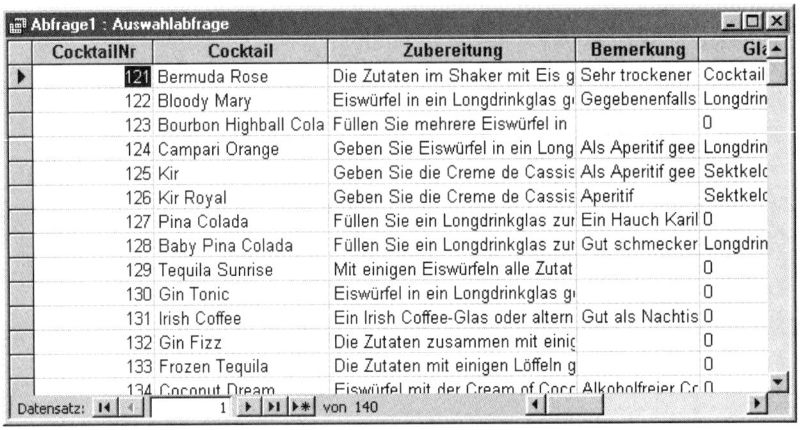

CocktailNr	Cocktail	Zubereitung	Bemerkung	Gla
121	Bermuda Rose	Die Zutaten im Shaker mit Eis g	Sehr trockener	Cocktail
122	Bloody Mary	Eiswürfel in ein Longdrinkglas g	Gegebenenfalls	Longdrin
123	Bourbon Highball Cola	Füllen Sie mehrere Eiswürfel in		0
124	Campari Orange	Geben Sie Eiswürfel in ein Long	Als Aperitif gee	Longdrin
125	Kir	Geben Sie die Creme de Cassis	Als Aperitif gee	Sektkelc
126	Kir Royal	Geben Sie die Creme de Cassis	Aperitif	Sektkelc
127	Pina Colada	Füllen Sie ein Longdrinkglas zur	Ein Hauch Karit	0
128	Baby Pina Colada	Füllen Sie ein Longdrinkglas zur	Gut schmecker	Longdrin
129	Tequila Sunrise	Mit einigen Eiswürfeln alle Zutat		0
130	Gin Tonic	Eiswürfel in ein Longdrinkglas g		0
131	Irish Coffee	Ein Irish Coffee-Glas oder altern	Gut als Nachtis	0
132	Gin Fizz	Die Zutaten zusammen mit einig		0
133	Frozen Tequila	Die Zutaten mit einigen Löffeln g		0
134	Coconut Dream	Eiswürfel mit der Cream of Coc	Alkoholfreier Cc	0

Datensatz: 1 von 140

Bild 3.3: Ergebnisdarstellung

In der Ergebnisdarstellung werden die Bezeichnungen der Spalten ohne den Tabellennamen als Spaltenüberschriften verwendet. Sollten bei einer Abfrage mehrerer Tabellen die Feldbezeichnungen übereinstimmen, werden in den Spaltenüberschriften die Tabellennamen mit angezeigt.

Die Überschriften der Spalten können vom Benutzer neu benannt werden. Die neuen Bezeichnungen werden in SQL dem Tabellennamen mit dem Befehlswort AS wie in

```
SELECT tblCocktail.Cocktail AS Name, tblCocktail.Alkoholgehalt AS Prozent
FROM tblCocktail;
```

nachgestellt. Die neuen Namen werden als Alias-Namen bezeichnet. In der Entwurfsansicht werden Alias-Namen mit einem Doppelpunkt vorangestellt, wie es das nächste Bild illustriert.

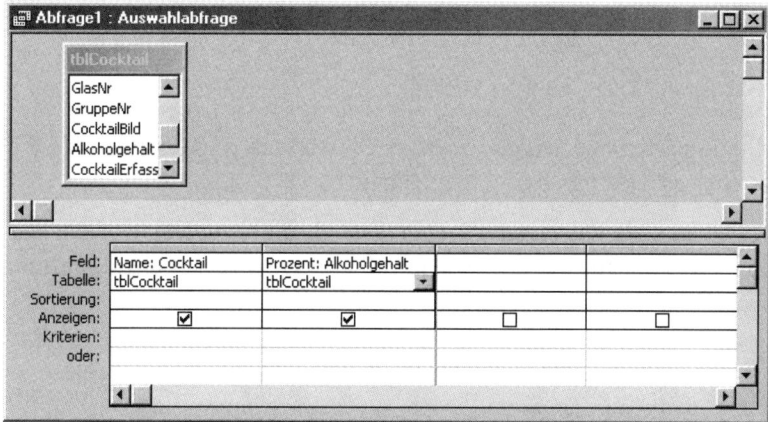

Bild 3.4: Vorangestellte neue Bezeichnungen

Für die Benennung von Datenfeldern erlaubt Access alle Zeichen bis auf den Punkt, das Ausrufezeichen, das Akzentzeichen und die eckigen Klammern. Um Feldnamen mit Leer- oder anderen Sonderzeichen in SQL-Befehlen darstellen zu können, werden diese von Access mit eckigen Klammern eingeschlossen.

```
SELECT  tblCocktail.[Name des Cocktails]
FROM tblCocktail;
```

Beachten Sie dabei, dass der Name der Tabelle außerhalb der eckigen Klammern vorangestellt wird. Auch Alias-Namen können entsprechend aufgebaut werden.

```
SELECT tblCocktail.Cocktail AS [Name des Cocktails]
FROM tblCocktail;
```

3.3.2 Daten sortieren

Mithilfe des ORDER BY-Befehls können Sie nach bis zu zehn Kriterien gleichzeitig sortieren. Die zu sortierenden Spalten lassen sich im Abfragefenster mit der Option *Sortierung Aufsteigend* oder *Absteigend* anordnen. In SQL beschreibt

```
SELECT tblCocktail.Cocktail
FROM tblCocktail
ORDER BY tblCocktail.Cocktail;
```

eine Sortierreihenfolge, womit die Spalte *Cocktail* aufsteigend sortiert wird. Eine absteigende Anordnung der Datensätze wird durch das SQL-Befehlswort DESC, als Abkürzung für »descending«, erreicht.

```
SELECT tblCocktail.Cocktail
FROM tblCocktail
ORDER BY tblCocktail.Cocktail DESC;
```

Standardmäßig wird aufsteigend sortiert. Sie können die aufsteigende Sortierung durch ASC für »ascending« explizit anzeigen.

Soll nach mehreren Spalten zur gleichen Zeit sortiert werden, werden die Spalten des Abfragefensters, für die eine Sortierreihenfolge angegeben ist, von links nach rechts hintereinander nach ORDER BY aufgeführt.

```
SELECT tblCocktail.Alkoholgehalt, tblCocktail.Cocktail
FROM tblCocktail
ORDER BY tblCocktail.Alkoholgehalt DESC , tblCocktail.Cocktail;
```

Viele andere SQL-Datenbanken verwenden auch die Schreibweise

```
SELECT tblCocktail.Alkoholgehalt, tblCocktail.Cocktail
FROM tblCocktail
ORDER BY 1 DESC, 2;
```

für die Sortierung. Dabei beschreiben die Ziffern, die wievielte Spalte sortiert werden soll. Prinzipiell können Sortierungen so auch in Access vorgegeben werden, allerdings ist die Darstellung im Abfragefenster nicht auf den ersten Blick einsichtig.

! Sortierungen: Normalerweise werden alle Tabellen nach dem Primärschlüssel sortiert, wenn Sie keinen speziellen Befehl zur Sortierung angeben. Das gilt für Abfragen, Formulare und Berichte. Allerdings ist Access hierbei inkonsequent, denn bei Auflistungen von Datensätzen in Listen- oder Kombinationsfeldern auf Formularen und Berichten verwendet Access die Reihenfolge der Dateieingabe. Für die Steuerelemente muss dann nachträglich für die Datenherkunft eine Sortierung vereinbart werden.

Sortiergeschwindigkeit

Die richtige Auswahl der Felder, nach denen sortiert werden soll, hat maßgeblichen Einfluss auf die Ausführungsgeschwindigkeit von Abfragen. Sortieren Sie möglichst nur nach indizierten Feldern, denn bei allen anderen Spalten muss Access die Sortierung »ad hoc« durchführen. Bei kleineren Tabellen (< 500 Datensätze) ist das noch vertretbar, bei größeren steigt der Zeitbedarf erheblich.

Auf zwei unscheinbare Geschwindigkeitsfallen bei Abfragen, Sortierung und Filter sollten Sie besonders achten. In der Datenblattansicht kann mit den Schaltflächen *Aufsteigend sortieren* bzw. *Absteigend sortieren* nach jedem beliebigen Feld geordnet werden. Zusätzlich kann in der Datenblattansicht ein Filter vereinbart werden. Sortierung und Filter der Datenblattansicht werden von Access auf das Abfrageergebnis angewandt, d.h., zunächst wird die Abfrage durchgeführt und danach sortiert bzw. gefiltert. Während eine normale Abfrage von Access kompiliert wird, um ein Maximum an Geschwindigkeit zu erreichen, unterbleibt dies für die Einstellungen der Datenblattansicht.

Im Grunde genommen spricht nichts gegen eine nachträgliche Sortierung oder Filterung, die nur den Anwender betrifft, der sie durchführt. Allerdings werden das Sortierkriterium und die Filterbedingung mit der Abfrage gespeichert. Sie können die gespeicherten Kriterien im Dialogfeld *Abfrageeigenschaften* anschauen.

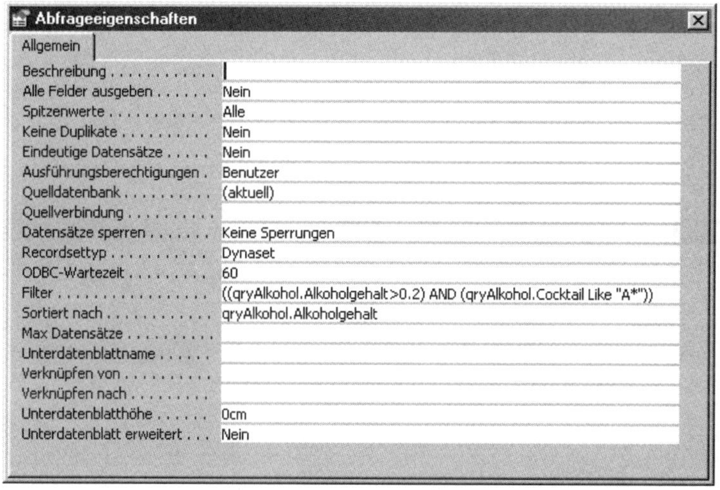

Bild 3.5: Dialogfeld Abfrageeigenschaften

Übrigens steckt eine weitere Fehlermöglichkeit in den Zeilen zu *Filter* und *Sortiert nach*. Wie in Bild 3.5 zu sehen, wird der Name der Abfrage mit in den Bedingungen aufgeführt. Benennen Sie die Abfrage um, bleibt hier der alte Namen stehen und führt beim nächsten Aufruf der Abfrage zu einer Fehlermeldung.

3.3.3 Abfrageeinschränkungen mit WHERE

Mithilfe des SQL-Befehlswortes WHERE können Sie Ihre Abfragen einschränken. Die SQL-Abfrage

```
SELECT tblCocktail.CocktailNr, tblCocktail.Cocktail,
tblCocktail.Zubereitung, tblCocktail.Alkoholgehalt
FROM tblCocktail
WHERE (((tblCocktail.CocktailNr)=123));
```

gibt nur die Daten des Cocktails mit der *CocktailNr* 123 zurück. Die mehrfache Klammerung um die WHERE-Bedingung wurde von Access selbsttätig hinzugefügt und ist in diesem Fall überflüssig, aber unschädlich. Die Klammern können gelöscht werden, allerdings werden sie von Access wieder eingefügt. Im weiteren Verlauf des Kapitels haben wir auf die überflüssigen Klammern verzichtet, damit die SQL-Befehle übersichtlicher sind.

Die Spalten, die in der WHERE-Bedingung angegeben werden, müssen nicht zwangsläufig mit ausgegeben werden. Der Befehl

```
SELECT tblCocktail.Zubereitung, tblCocktail.Alkoholgehalt
FROM tblCocktail
WHERE tblCocktail.Cocktail="Kir Royal";
```

ist ausreichend. Im Abfragefenster wird die Abfrage wie in Bild 3.6 dargestellt, wobei kein Häkchen im Feld *Anzeigen* gesetzt wurde.

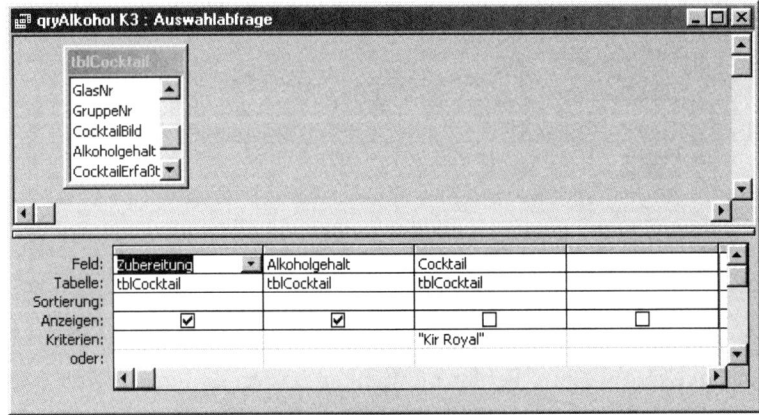

Bild 3.6: Abfrage nach dem Cocktailnamen

Vergleichsoperatoren

In einer WHERE-Klausel sind die Vergleichsoperatoren ⟨, ⟨=, ⟩, ⟩=, = und ⟨⟩ zulässig. Darüber hinaus stehen Ihnen die Operatoren BETWEEN, LIKE und IN zur Verfügung, die wir weiter unten beschreiben.

Bei allen Vergleichen müssen die Datentypen der Operanden miteinander verträglich sein, d.h., Sie können keine Zahl mit einem Text vergleichen. Allerdings können Sie alle Konvertierungsfunktionen von Access zur Umwandlung von Datentypen benutzen, wie wir es im weiteren Text erläutern.

Bild 3.7: Warnmeldung bei unverträglichen Datentypen

Möchten Sie eine Liste erhalten, die die Namen aller Cocktails mit einem Alkoholgehalt von weniger als 15% aufführt, können Sie dazu die einfache Abfrage

```
SELECT  tblCocktail.Cocktail, tblCocktail.Alkoholgehalt
FROM tblCocktail
WHERE tblCocktail.Alkoholgehalt < 0.15;
```

verwenden. Im nächsten Bild ist die Definition zur Auswahl aller Drinks mit einem Alkoholgehalt zwischen 10% und 20% in der Entwurfsansicht zu sehen.

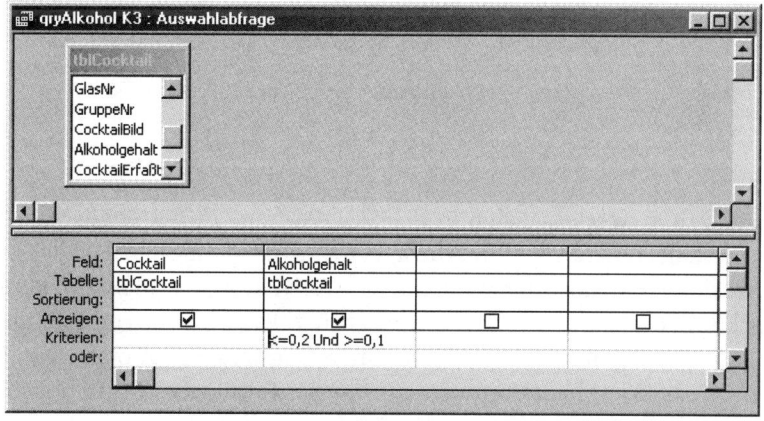

Bild 3.8: Alkoholgehalt zwischen 10% und 20%

Die Abfrage wird in SQL durch

```
SELECT tblCocktail.Cocktail, tblCocktail.Alkoholgehalt
FROM tblCocktail
WHERE tblCocktail.Alkoholgehalt <= 0.2 AND tblCocktail.Alkoholgehalt >=
0.1;
```

umgesetzt. Die beiden Bedingungen wurden mit AND verbunden, d.h., ein Datensatz wird ausgewählt, wenn beide Bedingungen erfüllt sind. Über die Verknüpfung von Bedingungen mit AND und OR lesen Sie bitte im Folgenden den Abschnitt »Logische Operatoren«.

! **Zahlen und Datumswerte:** In der Entwurfsansicht werden Zahlen und Datumswerte in dem in der Systemsteuerung vereinbarten Länderformat dargestellt, in unserem Fall in dem in Deutschland üblichen Format mit Dezimalkommas sowie Punkten als Datumstrennzeichen. In der SQL-Ansicht dagegen verwendet Access die englischen Schreibweisen, d.h., bei Zahlen wird der Dezimalpunkt verwendet, und Datumswerte wie 18.4.99 werden zu 4/18/99 umgesetzt.

Der BETWEEN-Operator

Das gleiche Ergebnis wie die zuletzt besprochene SQL-Abfrage liefert

```
SELECT tblCocktail.Cocktail, tblCocktail.Alkoholgehalt
FROM tblCocktail
WHERE tblCocktail.Alkoholgehalt BETWEEN 0.1 AND 0.2;
```

mit dem Operator BETWEEN. BETWEEN wird sehr oft zur Auswahl von Zeitabschnitten eingesetzt, beispielsweise um alle Cocktails zu ermitteln, die im April eingegeben wurden.

```
SELECT tblCocktail.Cocktail, tblCocktail.CocktailErfasst
FROM tblCocktail
WHERE tblCocktail.CocktailErfasst BETWEEN #4/1/96# AND #4/30/96#;
```

Die beiden Datumswerte werden in der SQL-Abfrage in der englischen Schreibweise dargestellt, obwohl sie im Abfragefenster im deutschen Format zu sehen wären. Möchten Sie die unterschiedliche Darstellung vermeiden, können Sie dazu die Funktion DatWert() bzw. englisch DateValue() verwenden. Die Funktion benötigt einen Parameter in Form einer Datumszeichenfolge. Die Zeichenfolge in der Funktion bleibt damit sowohl in der Entwurfs- als auch in der SQL-Ansicht unverändert.

```
SELECT tblCocktail.Cocktail, tblCocktail.CocktailGeändert
FROM tblCocktail
WHERE tblCocktail.CocktailGeändert BETWEEN DateValue("1.4.96") AND
DateValue("30.4.96");
```

! **Access-Funktionen:** Der Einsatz von Access-Funktionen wie *DatWert()/ DateValue()* schränkt den Einsatz der SQL-Kommandos auf Access ein. Sie lassen sich ohne Modifikationen nicht mit anderen SQL-Datenbanksystemen verwenden. Prinzipiell können in Access-SQL alle Access-Funktionen, auch benutzerdefinierte, verwendet werden.

Der Operator LIKE

Ein häufig eingesetzter SQL-Operator ist WIE bzw. LIKE. Der Operator erlaubt die generische Suche nach Datensätzen. So ermittelt

```
SELECT tblCocktail.Cocktail, tblCocktail.Zubereitung
FROM tblCocktail
WHERE tblCocktail.Cocktail LIKE "B*";
```

alle Cocktails, deren Namen mit dem Buchstaben »B« beginnen. Access kennt zwei Platzhalterzeichen: das »*« für beliebig viele Zeichen und das »?« für ein beliebiges Zeichen. Die Bequemlichkeit des Einsatzes von Platzhalterzeichen geht in vielen Fällen auf Kosten der Geschwindigkeit, denn teilweise können LIKE-Bedingungen nur unzureichend von Access optimiert werden. Das gilt insbesondere, wenn die Bedingung mit einem »*« oder »?« beginnt, wie in der Form

```
SELECT tblCocktail.Cocktail, tblCocktail.Zubereitung
FROM tblCocktail
WHERE tblCocktail.Cocktail LIKE "*olada*";
```

Mit der Abfrage werden die im folgenden Bild gezeigten Cocktails ermittelt.

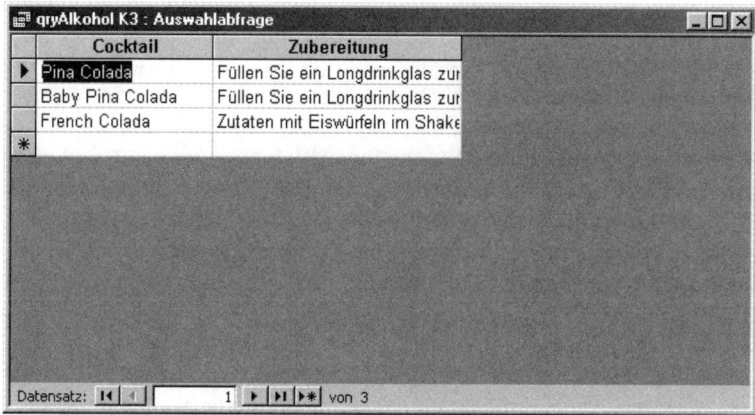

Bild 3.9: Ergebnis der Abfrage

Wir empfehlen, LIKE-Bedingungen zu vermeiden, die mit Sternchen oder Fragezeichen beginnen, denn bei größeren Datenbeständen kann das Leistungsverhalten für den Benutzer inakzeptabel werden, da Access zur Lösung der Abfrage alle Datensätze einer Tabelle überprüfen muss.

Es empfiehlt sich daher, Spalten, die oft mit LIKE abgefragt werden, zu indizieren, da sie prinzipiell schneller abgefragt werden.

! ANSI-SQL: ANSI-SQL verwendet anstelle von »*« das Zeichen »%« bzw. »_« für »?«.

Mit LIKE werden normalerweise nur Zeichenfolgen verglichen, also Datenfelder vom Typ *Text* oder *Memo*. Die Abfrage von *Memo*-Feldern sollte jedoch vermieden werden, denn sie können nicht indiziert werden.

Prinzipiell ist es auch möglich, Felder vom Typ *Zahl*, *Währung* oder *Datum* mit LIKE auszuwerten, wie es die nächsten Beispiele zeigen. Der SQL-Befehl

```
SELECT tblCocktail.Cocktail, tblCocktail.CocktailNr
FROM tblCocktail
WHERE tblCocktail.CocktailNr LIKE "1*5";
```

ermittelt beispielsweise die Cocktails mit den Cocktailnummern 105, 115, 125 usw.

Als weiteres Platzhalterzeichen können Sie »#« verwenden, das für eine beliebige Ziffer von 0 bis 9 innerhalb einer Zeichenfolge steht. Mit der Bedingung

```
SELECT Gerätebezeichnung
FROM Inventarliste
WHERE Seriennummer LIKE "ABC###DE";
```

ließen sich beispielsweise alle Geräte mit den Seriennummern ABC000DE bis ABC999DE ermitteln.

Eine leistungsfähige Funktion bietet der Mustervergleich mit Zeichenlisten. Hierzu werden in eckigen Klammern die Zeichen oder Zeichenbereiche angegeben, die in einer Zeichenfolge erkannt werden sollen. Der SQL-Befehl

```
SELECT tblCocktail.Cocktail
FROM tblCocktail
WHERE tblCocktail.Cocktail LIKE "[ABC]*";
```

gibt als Ergebnis alle Cocktailnamen zurück, die mit A, B oder C beginnen. Das gleiche Resultat wird erreicht, wenn die Bedingung in "[A-C]" umformuliert wird, dabei bezieht sich die Mustererkennung nur auf ein Zeichen. Die folgende Tabelle gibt einen Überblick über die verschiedenen Varianten zur Mustererkennung.

Wenn Bereiche angegeben werden, müssen sie in aufsteigender Reihenfolge festgelegt werden, [9-0] oder [M-B] sind also nicht zulässig.

Tabelle 3.1: Mustervarianten

Muster	Bedeutung
[A-Z]	Alle Großbuchstaben von A bis Z
[a-zA-Z]	Alle Groß- und Kleinbuchstaben von A bis Z
[0-9]	Alle Ziffern
[!A]	Alle Buchstaben außer A
[!A-C]	Alle Buchstaben bis auf A, B und C
[-0-9] oder [0-9-]	Um ein Minuszeichen zusätzlich zu den Ziffern zu erkennen, muss es ganz an den Anfang oder an das Ende der Musterfolge gestellt werden
[1-37-9]	Die Ziffern 1,2,3,7,8 und 9 werden erkannt

Der Operator IN

Mithilfe des Operators IN lässt sich überprüfen, ob der Inhalt eines Datenfeldes in einer vorgegebenen Liste von Werten vorkommt. Die SQL-Abfrage

```
SELECT tblCocktail.Cocktail
FROM tblCocktail
WHERE tblCocktail.Cocktail IN ("Alaska","Gin Fizz","Kir");
```

liefert alle Zeilen der Tabelle *tblCocktail*, deren Cocktailnamen in der IN-Liste auftauchen. Weitere Einsatzfälle des IN-Operators stellen wir Ihnen im Abschnitt »Unterabfragen« vor.

Logische Operatoren

SQL kennt die logischen Operatoren AND, OR und NOT, die in WHERE-Bedingungen verwendet werden können. Access-SQL erlaubt je nach Komplexität der Abfrage bis zu 40 ANDs in einer WHERE-Klausel. Die folgende Abfrage ermittelt alle Zutaten, die keine Spirituosen sind oder weniger als 20% Alkohol aufweisen.

```
SELECT tblZutat.Zutat, tblZutat.Alkoholgehalt, tblZutat.Art
FROM tblZutat
WHERE (NOT tblZutat.Art="Spirituose") OR
(tblZutat.Alkoholgehalt < 0.2);
```

Der Sonderfall NULL

Der Wert NULL zeigt die »Leere« eines Datenfeldes an. Ein Feld hat den Wert NULL, wenn es keinen definierten Inhalt hat. NULL darf nicht mit der Zahl 0, einer leeren Zeichenfolge "" oder einem Leerzeichen verwechselt werden. Der SQL-Befehl

```
SELECT tblCocktail.Cocktail, tblCocktail.Bemerkung
FROM tblCocktail
WHERE tblCocktail.Bemerkung IS NULL;
```

ermittelt alle Cocktails, für die das Bemerkungsfeld leer ist. NULL ist kein echter Wert und kann deshalb nicht direkt in einem Vergleich verwendet werden. Eine Bedingung wie tblCocktail.Bemerkung = NULL ist daher nicht korrekt. Access wandelt allerdings im Gegensatz zu vielen anderen SQL-Datenbanken die fehlerhafte Bedingung um. Auch die eigentlich nicht korrekte Bedingung Feld <> NULL wird zu Feld IS NOT NULL umgesetzt.

Ohne doppelte Datensätze

Mithilfe des Prädikats DISTINCT kann die Ausgabe von mehrfach vorhandenen identischen Datensätzen unterdrückt werden. In der Entwurfsansicht rufen Sie über *ANSICHT Eigenschaften* das Dialogfeld *Abfrageeigenschaften* auf, in dem die Option *Keine Duplikate* eingeschaltet werden kann.

Der folgende SQL-Befehl listet alle Zutatennummern der Zutaten aller Cocktails auf. Jede Zutat wird nur einmal aufgeführt, auch wenn sie in mehreren Cocktails verwendet wird.

```
SELECT DISTINCT tblCocktailzutaten.ZutatenNr
FROM tblCocktailzutaten
ORDER BY tblCocktailzutaten.ZutatenNr;
```

! **Verzicht auf DISTINCT:** Sie können auf das Prädikat DISTINCT verzichten, wenn Sie unter den Ausgabefeldern Ihrer Abfrage den Primärschlüssel der Tabelle aufführen. Da ein Primärschlüssel immer eindeutig ist, benötigen Sie DISTINCT nicht, und die Abfrage wird schneller ausgeführt.

Die Besten

Das Prädikat TOP ermöglicht Ihnen, die ersten *n* bzw. die ersten *n* Prozent der mit einer Abfrage ermittelten Datensätze auszugeben. Die SQL-Abfrage

```
SELECT TOP 5 tblZutat.Zutat, tblZutat.Alkoholgehalt
FROM tblZutat
WHERE tblZutat.Alkoholgehalt > 0.2;
```

zeigt die ersten fünf Zutaten mit einem Alkoholgehalt von 20% und mehr an. Beachten Sie hierbei, dass eine Sortierung das Ergebnis beeinflussen kann. Die SQL-Abfrage oben wurde um die absteigende Sortierung nach dem Alkoholgehalt ergänzt. Die Abfrage

```
SELECT TOP 5 tblZutat.Zutat, tblZutat.Alkoholgehalt
FROM tblZutat
WHERE tblZutat.Alkoholgehalt > 0.2
ORDER BY tblZutat.Alkoholgehalt DESC;
```

ermittelt nun mehr als fünf Datensätze, nämlich die Zutaten mit den fünf höchsten unterschiedlichen Alkoholgehalten, so wie es das folgende Bild aufzeigt.

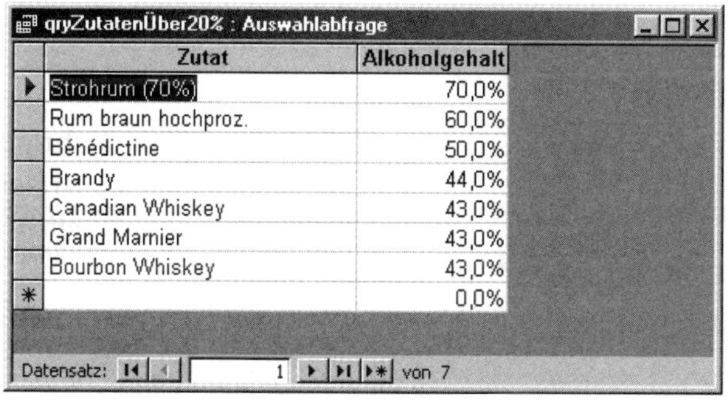

Bild 3.10: Spitzenwerte beim Alkoholgehalt

In der Entwurfsansicht stellen Sie das TOP-Prädikat mithilfe des entsprechenden Kombinationsfeldes auf der Symbolleiste oder der Abfrageeigenschaft *Spitzenwerte* ein. Standard-SQL verwendet hier im Gegensatz zu Access-SQL den Befehl LIMIT TO nn ROWS, um die Anzahl der Ergebniszeilen zu beschränken.

NULL-Werte werden vom TOP-Prädikat als kleinste Zahl bzw. als alphabetisch kleinste Zeichenfolge ausgewertet. Es empfiehlt sich in vielen Fällen, durch den Eintrag IS NOT NULL Nullwerte für die entsprechenden Spalten nicht mit auszuwerten.

Ausführungsberechtigung

Eine weitere Einstellung des Dialogfeldes *Abfrageeigenschaften* ist die *Ausführungs-berechtigung*. Mit ihrer Hilfe bestimmen Sie, wer die Abfrage einsetzen darf. Se-lektieren Sie die Auswahl *Eigentümer*, wird der SQL-Abfrage der Abschnitt WITH OWNERACCESS OPTION zugefügt.

```
SELECT tblZutat.Zutat, tblZutat.Alkoholgehalt
FROM tblZutat
WHERE tblZutat.Alkoholgehalt > 0.2
ORDER BY tblZutat.Alkoholgehalt DESC
WITH OWNERACCESS OPTION;
```

Diese Erweiterung ist Access-spezifisch und nicht kompatibel mit anderen SQL-Datenbanken. Zum Thema Berechtigungen für Eigentümer und Benutzer in Access lesen Sie bitte Kapitel 24, »Datensicherheit«.

3.3.4 Verknüpfte Tabellen

Die Stärke relationaler Datenbanken liegt in der Möglichkeit der Verknüpfung von Tabellen. Die Verknüpfungen können in der Form von Beziehungen und von Nachschlagefeldern vorgegeben sein, sie können aber auch ad hoc in Abfragen definiert werden.

Verknüpfungen mit zwei Tabellen

In Standard-SQL werden Verknüpfungen zwischen Tabellen mithilfe der WHERE-Bedingung aufgebaut. Eine einfache Verbindung zweier Tabellen hat die Form

```
SELECT Cocktail, Zubereitung, ZutatenNr, Menge
FROM tblCocktail, tblCocktailzutaten
WHERE tblCocktail.CocktailNr=tblCocktailzutaten.CocktailNr;
```

Die Tabellennamen wurden bei der Aufzählung der Spalten weggelassen, da sie nur bei nicht eindeutigen Spaltenbezeichnungen notwendig sind. Access fügt die Tabellennamen immer selbsttätig hinzu. Die Abfrage wird in der Entwurfsansicht wie im nächsten Bild dargestellt.

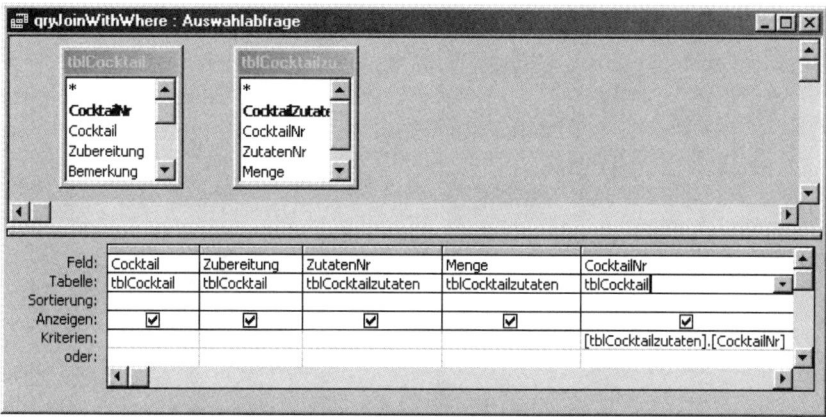

Bild 3.11: Einfache Verknüpfung in der Entwurfsansicht

Access baut aufgrund der SQL-Abfrage keine Verbindungslinie zwischen den beiden Tabellen auf, sondern stellt die Beziehung über den Eintrag der Verknüpfungsbedingung als Kriterium her. Das Ergebnis der Abfrage erbringt die richtigen Datensätze, allerdings können diese nicht bearbeitet werden. Access stellt das Ergebnis nur als Snapshot und nicht als Dynaset dar.

Um die volle Leistung von Access im Hinblick auf Arbeitsgeschwindigkeit und bearbeitbare (»updatable«) Dynasets zu erhalten, müssen die Access-eigenen Verknüpfungsbefehle (JOIN) eingesetzt werden. Access wertet für die Verknüpfungen zwischen Tabellen die definierten Beziehungen im Dialogfeld *Beziehungen* (*EXTRAS Beziehungen*) aus.

Das folgende Beispiel soll den Sachverhalt erläutern. Wir haben dazu die Tabellen *tblCocktail* und *tblCocktailZutaten* in einen Abfrageentwurf aufgenommen, um die Zubereitung und die Zutaten aller Cocktails zu ermitteln. Für die beiden Tabellen ist eine 1:n-Beziehung mit referentieller Integrität definiert. Access zieht daher selbsttätig eine Verbindungslinie zwischen den beiden Tabellen, im vorliegenden Fall aufgrund der referentiellen Integrität eine dickere Linie mit den Bezeichnungen »1« und »∞«.

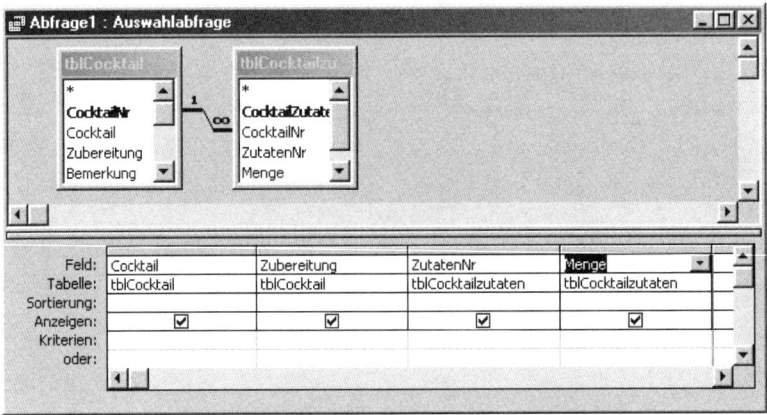

Bild 3.12: Zutaten und Zubereitung der Cocktails

Access wandelt die Festlegung der Entwurfsansicht um in den SQL-Befehl

```
SELECT tblCocktail.Cocktail, tblCocktail.Zubereitung,
tblCocktailzutaten.ZutatenNr, tblCocktailzutaten.Menge
FROM tblCocktail INNER JOIN tblCocktailzutaten ON tblCocktail.CocktailNr
= tblCocktailzutaten.CocktailNr;
```

Für die Verknüpfung wird das Befehlswort INNER JOIN eingesetzt. Mithilfe eines INNER JOINs werden Datensätze aus zwei Tabellen kombiniert, sobald übereinstimmende Werte in den Feldern der ON-Bedingung in beiden Tabellen gefunden werden. Durch den Einsatz von INNER JOIN erzeugt Access nach Möglichkeit bearbeitbare Dynasets.

Durch einen Doppelklick auf die Verbindungslinie zwischen den Tabellen in der Entwurfsansicht erhalten Sie das Dialogfeld *Verknüpfungseigenschaften*. Zusätzlich zu dem INNER JOIN, der mit der ersten Option des Dialogfeldes selektiert wird, kann Access zwei Inklusionsverknüpfungen (Outer Join) erstellen. Der Unterschied zwischen Inner und Outer Join besteht darin, dass bei einem Inner Join in der Abfrage nur Datensätze erzeugt werden, für die in beiden Tabellen übereinstimmende Werte vorhanden sind. Für einen Outer Join hingegen werden alle Werte der einen Tabelle verwendet, falls in der zweiten Tabelle passende Werte vorhanden sind, werden sie dann ebenfalls aufgeführt.

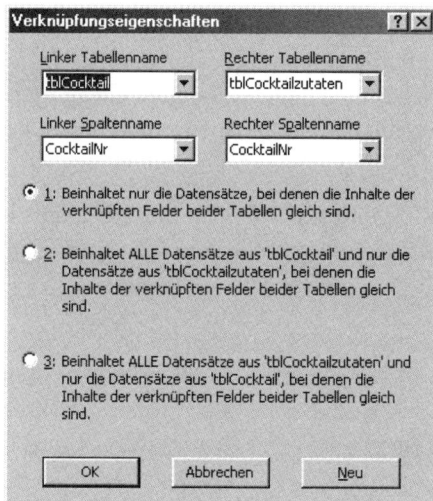

Bild 3.13: Dialogfeld Verknüpfungseigenschaften

So erzeugt die zweite Option der Verknüpfungseigenschaften eine linke Inklusionsverknüpfung; es werden also alle Datensätze der Tabelle links von dem Befehlswort LEFT JOIN und dazu nur die aus der rechten Tabelle ermittelt, die eine Entsprechung in der linken Tabelle haben.

```
SELECT tblCocktail.Cocktail, tblCocktail.Zubereitung,
tblCocktailzutaten.ZutatenNr, tblCocktailzutaten.Menge
FROM tblCocktail LEFT JOIN tblCocktailzutaten ON tblCocktail.CocktailNr =
tblCocktailzutaten.CocktailNr;
```

Für die dritte Option wird der Prozess umgekehrt: Der RIGHT JOIN nimmt alle Zeilen der rechten und nur die verknüpften Zeilen der Tabelle links des Befehls.

```
SELECT tblCocktail.Cocktail, tblCocktail.Zubereitung,
tblCocktailzutaten.ZutatenNr, tblCocktailzutaten.Menge
FROM tblCocktail RIGHT JOIN tblCocktailzutaten ON tblCocktail.CocktailNr
= tblCocktailzutaten.CocktailNr;
```

Die Felder, die für die Verknüpfung der Tabellen verwendet werden, in unserem Fall tblCocktail.CocktailNr und tblCocktailzutaten.CocktailNr, müssen vom gleichen Datentyp sein. Dabei ist zu beachten, dass bei Spalten vom Typ *Zahl* Gleitkommazahlen (Single, Double) und Ganzzahlen (Byte, Integer, Long Integer) nicht verknüpft werden können, sondern nur Gleitkomma- bzw. Ganzzahlen miteinander. *AutoWert*-Felder entsprechen Long Integer-Werten. Eine Verknüpfung von Memo- oder OLE-Objekt-Feldern ist nicht möglich.

Die Namen der Spalten für eine Verknüpfung müssen nicht übereinstimmen, d.h., es ist nicht zwingend notwendig, eine *CocktailNr* mit einer *CocktailNr* zu vergleichen, sondern Sie könnten, wenn Sie die Feldbezeichnungen beim Entwurf Ihrer Tabellen entsprechend gewählt haben, auch eine *CocktailNummer* mit einer *CNr* verknüpfen.

Eine typische Anwendung eines RIGHT JOIN-Befehls zeigt das nächste Beispiel. Es sollen alle Cocktails mit den dazugehörigen Gruppen ermittelt werden. Mit der SQL-Abfrage

```
SELECT tblCocktail.Cocktail, tblGruppe.Gruppe
FROM tblGruppe RIGHT JOIN tblCocktail ON tblGruppe.GruppeNr =
tblCocktail.GruppeNr
ORDER BY tblCocktail.Cocktail;
```

erhalten Sie wie gewünscht alle Cocktails mit ihrer Gruppenzugehörigkeit, die zudem nach den Cocktailnamen sortiert wurden.

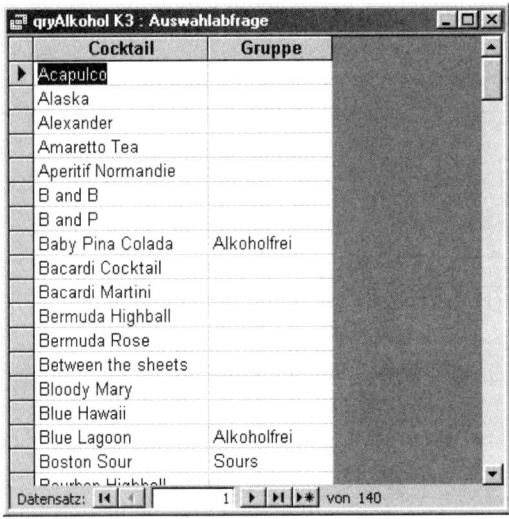

Bild 3.14: Alle Cocktails mit Gruppenzugehörigkeit

Wäre die Abfrage mit einem INNER JOIN formuliert worden, hätte Access als Ergebnis nur die Cocktails ermittelt, für die eine Gruppe definiert ist.

Drei und mehr Tabellen verknüpfen

Sie können bis zu 32 Tabellen miteinander verknüpfen. Im folgenden Beispiel wurden vier Tabellen verbunden, um zu einem Cocktail die Zutaten mit Mengenangabe und Einheit auszugeben.

```
SELECT tblCocktail.Cocktail, tblZutat.Zutat, tblCocktailzutaten.Menge,
tblEinheiten.Einheit
FROM tblZutat INNER JOIN (tblEinheiten INNER JOIN (tblCocktail INNER JOIN
tblCocktailzutaten ON tblCocktail.CocktailNr =
tblCocktailzutaten.CocktailNr) ON tblEinheiten.EinheitenNr =
tblCocktailzutaten.EinheitenNr) ON tblZutat.ZutatenNr =
tblCocktailzutaten.ZutatenNr;
```

Diese SQL-Abfrage erzeugt die folgende Entwurfsansicht.

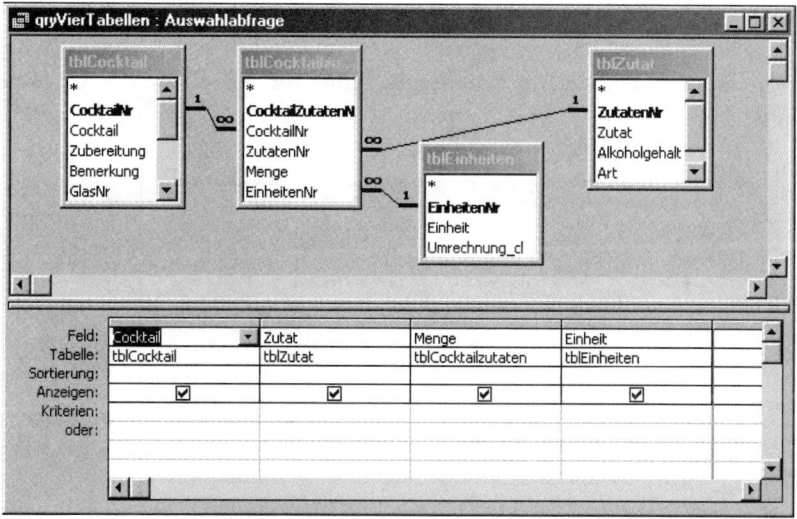

Bild 3.15: Vier verknüpfte Tabellen

Beachten Sie bei der Verknüpfung mehrerer Tabellen, dass INNER JOINs und LEFT bzw. RIGHT JOINs nicht beliebig verschachtelt werden können. Es ist möglich, einen LEFT oder RIGHT JOIN innerhalb eines INNER JOINs zu verwenden, aber nicht umgekehrt. Die SQL-Abfrage

```
SELECT tblCocktail.Cocktail, tblZutat.Zutat, tblCocktailzutaten.Menge,
tblEinheiten.Einheit
FROM tblZutat LEFT JOIN (tblEinheiten INNER JOIN (tblCocktail INNER JOIN
tblCocktailzutaten ON tblCocktail.CocktailNr =
```

```
tblCocktailzutaten.CocktailNr) ON tblEinheiten.EinheitenNr =
tblCocktailzutaten.EinheitenNr) ON tblZutat.ZutatenNr =
tblCocktailzutaten.ZutatenNr;
```

führt zu der Fehlermeldung im nächsten Bild, da die INNER JOINs innerhalb des
LEFT JOINs angeordnet sind.

Bild 3.16: Warnhinweis bei fehlerhaften Verknüpfungen

Die folgende Abfrage soll alle Cocktails und die dazugehörigen Kategorien auflisten. Dabei soll aufgrund der *n:m*-Beziehung zwischen *tblCocktail* und *tblKategorie* ein Cocktail mehrfach ausgegeben werden, wenn er mehreren Kategorien
angehört. Die n:m-Beziehung wurde mithilfe der Tabelle *tblCocktailKategorien*
aufgebaut.

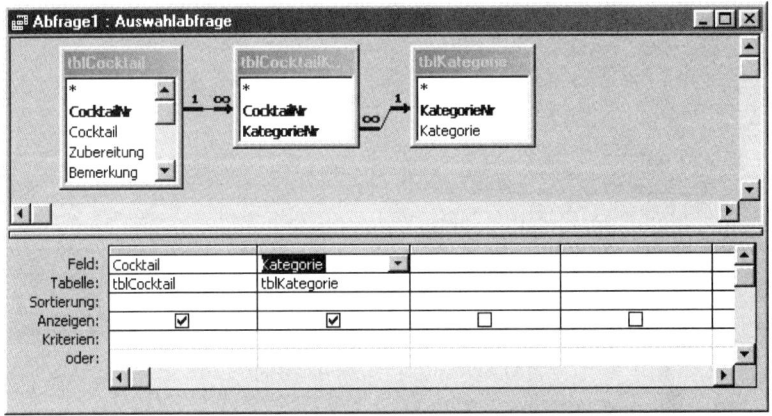

Bild 3.17: Verknüpfung einer n:m-Beziehung

Access wandelt die Abfragedefinition aus der Entwurfsansicht zum SQL-Befehl

```
SELECT tblCocktail.Cocktail, tblKategorie.Kategorie
FROM tblKategorie RIGHT JOIN (tblCocktail LEFT JOIN tblCocktailKategorie
ON tblCocktail.CocktailNr = tblCocktailKategorie.CocktailNr) ON
tblKategorie.KategorieNr = tblCocktailKategorie.KategorieNr;
```

DISTINCTROW ist eine Erweiterung von Access, die benötigt wird, um in bestimmten Fällen Updates in Dynasets zu erlauben. Wir möchten die Wirkung von DISTINCTROW in einem Beispiel erläutern. Wir haben dazu in der Entwurfsansicht die folgende Abfrage zusammengestellt, um alle Cocktails aufzulisten, die eine oder mehrere Zutaten mit einem Alkoholgehalt von mehr als 40% enthalten.

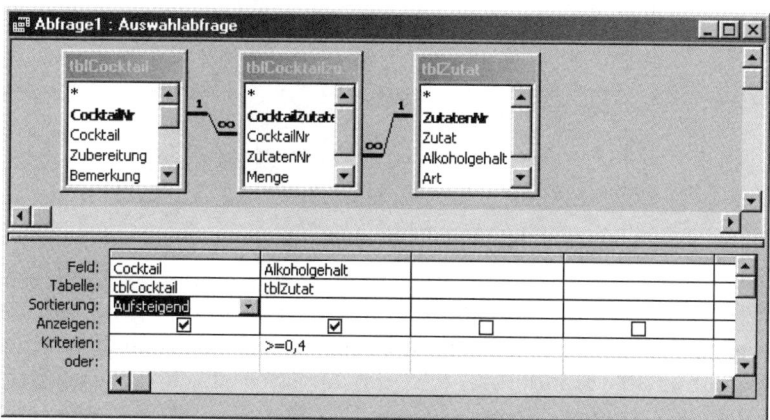

Bild 3.18: Ermittlung aller Cocktails mit hochprozentigen Zutaten

Der von Access erstellte SQL-Befehl hat die Form:

```
SELECT tblCocktail.Cocktail
FROM tblZutat INNER JOIN (tblCocktail INNER JOIN tblCocktailzutaten ON
tblCocktail.CocktailNr = tblCocktailzutaten.CocktailNr) ON
tblZutat.ZutatenNr = tblCocktailzutaten.ZutatenNr
WHERE tblZutat.Alkoholgehalt)>=0.4
ORDER BY tblCocktail.Cocktail;
```

Das Abfrageergebnis führt Cocktails, die mehr als eine hochprozentige Zutat enthalten, mehrfach auf.

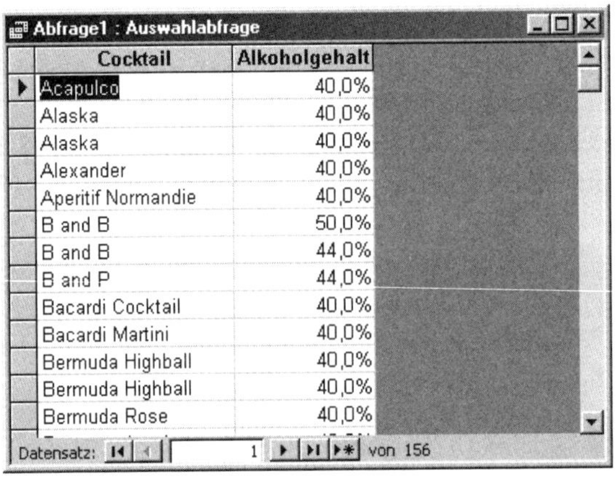

Cocktail	Alkoholgehalt
Acapulco	40,0%
Alaska	40,0%
Alaska	40,0%
Alexander	40,0%
Aperitif Normandie	40,0%
B and B	50,0%
B and B	44,0%
B and P	44,0%
Bacardi Cocktail	40,0%
Bacardi Martini	40,0%
Bermuda Highball	40,0%
Bermuda Highball	40,0%
Bermuda Rose	40,0%

Bild 3.19: Ergebnis der Abfrage

Wird die SQL-Abfrage um das Prädikat `DISTINCT` (Abfrageeigenschaft *Keine Duplikate*) ergänzt, wird jeder Cocktail nur einmal gezeigt. Allerdings sind die Cocktailnamen nun nicht veränderbar, d.h., das Dynaset ist schreibgeschützt. Verändern Sie `DISTINCT` zu dem Access-eigenen Prädikat `DISTINCTROW`, werden hier die gleichen Ergebnisdaten ausgegeben wie mit `DISTINCT`, das Dynaset kann aber bearbeitet werden, d.h., in unserem Fall können die Namen der Cocktails modifiziert werden. (In den meisten Abfragen – nämlich in Abfragen mit mehreren Tabellen *und* mindestens einer Tabelle in der `FROM`-Klausel, die nicht in der `SELECT`-Anweisung genannt wird - erhält man die selben Ergebnisse.)

```
SELECT DISTINCTROW tblCocktail.Cocktail
FROM tblZutat INNER JOIN (tblCocktail INNER JOIN tblCocktailzutaten ON
tblCocktail.CocktailNr = tblCocktailzutaten.CocktailNr) ON
tblZutat.ZutatenNr = tblCocktailzutaten.ZutatenNr
WHERE tblZutat.Alkoholgehalt)>=0.4
ORDER BY tblCocktail.Cocktail;
```

Sie können ebenso im Eigenschaftsfenster für *Eindeutige Datensätze* die Option `Ja` auswählen, um das Prädikat `DISTINCTROW` in der SQL-Abfrage zu erzeugen.

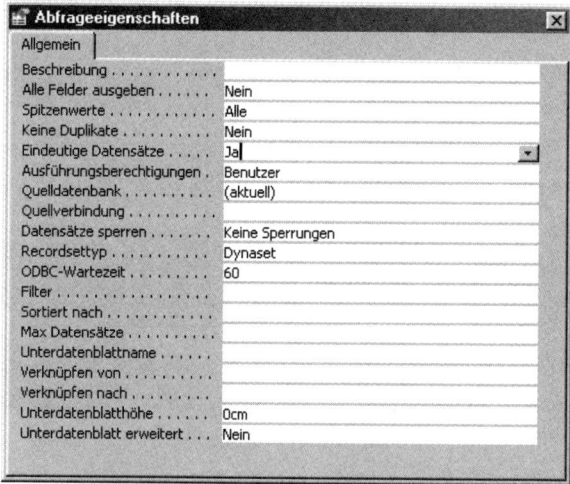

Bild 3.20: Nur eindeutige Datensätze zulassen

DISTINCTROW wird meistens dann wirksam, wenn in einer verknüpften Abfrage Bedingungsfelder der WHERE-Bedingung nicht als Ausgabefelder definiert sind.

Selbstbezügliche Verknüpfungen

In einigen Fällen können Sie durch die Verknüpfung einer Tabelle mit sich selbst (self join) die gewünschten Ergebnisse erzielen. Wir möchten Ihnen ein Beispiel anhand der Zutatenliste vorstellen. Dort sind für viele der Zutaten Alternativen abgelegt, beispielsweise können Sie anstelle von Champagner auch Sekt verwenden. Dafür wird im Alternativfeld des Datensatzes zu Champagner die Zutatennummer von Sekt angegeben.

In unserem Beispiel soll bestimmt werden, welche Zutat als Alternative für eine andere Zutat vereinbart ist. In der Entwurfsansicht nahmen wir dazu die Tabelle *tblZutat* zweimal auf. Access benennt die zweite Zutatentabelle automatisch in *tblZutat_1* um. Mit der Maus wird eine Beziehungslinie zwischen *tblZutat.ZutatenNr* und *tblZutat_1.Alternativ* aufgebaut. Die Feldtypen der Felder *ZutatenNr* als *AutoWert* und *Alternativ* als *Long Integer* sind für eine Verknüpfung miteinander geeignet. Als Ausgabespalten selektierten wir aus beiden Tabellen das Feld *Zutat*.

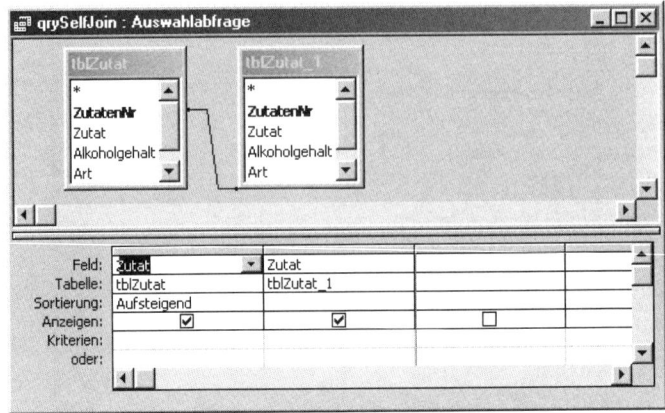

Bild 3.21: Entwurfsansicht für Liste mit Alternativzutaten

Aus der Festlegung in der Entwurfsansicht resultiert der folgende SQL-Befehl:

```
SELECT tblZutat.Zutat, tblZutat_1.Zutat
FROM tblZutat INNER JOIN tblZutat AS tblZutat_1 ON tblZutat.ZutatenNr =
tblZutat_1.Alternativ
ORDER BY tblZutat.Zutat;
```

tblZutat.Zutat	tblZutat_1.Zutat
Apple Brandy	Calvados
Bacardi weiß	Rum weiß
Bourbon Whiskey	Scotch Whisky
Bourbon Whiskey	Southern Comfort
Bourbon Whiskey	Canadian Whiskey
Brandy	Control Gran Pisco (Weinbrand)
Brandy	Cognac
Brandy	Cherry Brandy
Brandy	Ital. Brandy
Calvados	Apple Brandy
Champagner	Sekt
Cognac	Weinbrand
Cognac	Bénédictine
Cognac	Brandy
Cointreau	Grand Marnier
Crème de Cassis	Sirop de Cassis

Datensatz: 1 von 50

Bild 3.22: Liste der Alternativzutaten

In der Tabelle *tblZutaten* ist festgelegt, dass für jede Zutat nur eine Alternative erfasst werden kann. Theoretisch hätten wir auch eine Tabelle mit Alternativen anlegen und diese mit der Zutatenliste verknüpfen können. Da aber die meisten Zutaten mit nur einer Alternative auskommen, haben wir den Aufwand vermieden.

Stellen Sie sich vor, Sie möchten einen Cocktail mixen, in dem Cognac vorkommt, den Sie leider nicht im Hause haben. Die für die Zutat »Cognac« definierte Alternative ist Brandy, der aber leider auch nicht in Ihrer Hausbar vorrätig ist. Abhilfe könnte die folgende SQL- Abfrage

```
SELECT tblZutat.Zutat
FROM tblZutat AS tblZutat_1 INNER JOIN tblZutat ON tblZutat_1.ZutatenNr =
tblZutat.Alternativ
WHERE tblZutat_1.Zutat = "Cognac"
ORDER BY tblZutat.Zutat;
```

schaffen, die alle Zutaten ermittelt, für die Cognac als Alternative eingetragen ist. Vielleicht findet sich dann eine dieser Spirituosen in Ihrem Bestand.

Verknüpfungen mit anderen Operatoren

Access ist in der Lage, Verknüpfungen mit den Operatoren >, >=, <, <= und <> aufzubauen, wie es im Standard für SQL-89 bzw. SQL-92 vorgesehen ist. Verknüpfungen mit anderen Operatoren als dem Gleichheitszeichen werden verhältnismäßig selten eingesetzt. Darüber hinaus wird ihr Einsatz in Access dadurch erschwert, dass Access sie in der Entwurfsansicht nicht darstellen kann.

Wir möchten mithilfe einer »>«-Verknüpfung eine Abfrage erstellen, die zu einem bestimmten Cocktail alle Cocktails auflistet, deren Alkoholgehalt geringer ist.

```
SELECT tblCocktail.Cocktail, tblCocktail.Alkoholgehalt,
tblCocktail_1.Cocktail, tblCocktail_1.Alkoholgehalt
FROM tblCocktail INNER JOIN tblCocktail AS tblCocktail_1 ON
tblCocktail.Alkoholgehalt > tblCocktail_1.Alkoholgehalt
ORDER BY tblCocktail.Cocktail;
```

Zur Lösung der SQL-Abfrage wird die erste Zeile der ersten Tabelle genommen und alle Zeilen werden zum Ergebnis hinzugefügt, für die der Alkoholgehalt der ersten Tabelle größer ist als der Gehalt der zweiten Tabelle. Danach wird der Vorgang von der zweiten bis zur letzten Zeile der ersten Tabelle fortgeführt.

Wir haben die SQL-Abfrage für das folgende Bild durch die Bedingung

```
WHERE tblCocktail.Cocktail = "Alaska"
```

weiter eingeschränkt, sodass das folgende Ergebnis entstand.

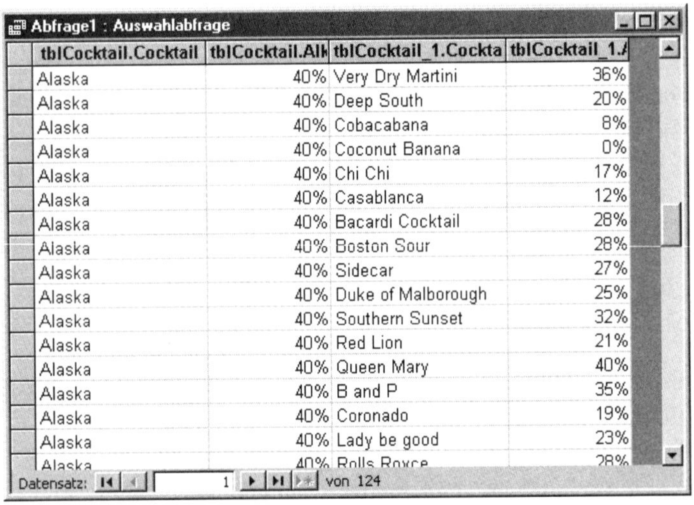

tblCocktail.Cocktail	tblCocktail.Alk	tblCocktail_1.Cockta	tblCocktail_1./
Alaska	40%	Very Dry Martini	36%
Alaska	40%	Deep South	20%
Alaska	40%	Cobacabana	8%
Alaska	40%	Coconut Banana	0%
Alaska	40%	Chi Chi	17%
Alaska	40%	Casablanca	12%
Alaska	40%	Bacardi Cocktail	28%
Alaska	40%	Boston Sour	28%
Alaska	40%	Sidecar	27%
Alaska	40%	Duke of Malborough	25%
Alaska	40%	Southern Sunset	32%
Alaska	40%	Red Lion	21%
Alaska	40%	Queen Mary	40%
Alaska	40%	B and P	35%
Alaska	40%	Coronado	19%
Alaska	40%	Lady be good	23%
Alaska	40%	Rolls Royce	28%

Datensatz: 1 von 124

Bild 3.23: Ergebnisdarstellung der »Größer als«-Verknüpfung

In der Praxis ist die Qualität von Verknüpfungen mit Nicht-Gleich-Operatoren schwer zu sichern, da die Ergebnisse oft schwer vorhersehbar sind. In vielen Fachbüchern wird von der Verwendung abgeraten, denn in den meisten Fällen lassen sich die Ergebnisse auch anders erreichen.

Das Ergebnis unseres Beispiels wäre auch mit der SQL-Abfrage

```
SELECT tblCocktail.Cocktail, tblCocktail.Alkoholgehalt,
tblCocktail_1.Cocktail, tblCocktail_1.Alkoholgehalt
FROM tblCocktail, tblCocktail AS tblCocktail_1
WHERE tblCocktail_1.Alkoholgehalt < tblCocktail.Alkoholgehalt
ORDER BY tblCocktail.Cocktail;
```

zu erreichen, die im Gegensatz zu der zuvor besprochenen in der Access-Entwurfsansicht darstellbar ist.

3.3.5 Funktionen

Standard-SQL kennt fünf eingebaute Standardfunktionen, die als Aggregatfunktionen bezeichnet werden: Mittelwert (Avg), Anzahl (Count), Summe (Sum), Maximalwert (Max) und Minimalwert (Min). Access fügt den Standardfunktionen noch weitere hinzu, die Sie der Tabelle 3.2 entnehmen können.

SQL-Aggregatfunktionen

In SQL können Sie nur die englischen Funktionsbeschreibungen verwenden, während in der Entwurfsansicht sowohl die deutsche als auch die englische Schreibweise erlaubt ist.

Tabelle 3.2: SQL-Aggregatfunktionen

Funktion	Bedeutung	Standard-SQL
Avg([Spalte]) Mittelwert([Spalte])	Mittelwert aller Spaltenwerte verschieden von Null	Ja
Count([Spalte]) Anzahl([Spalte])	Anzahl der Spaltenwerte verschieden von Null	Ja
Count(*) Anzahl(*)	Anzahl der Spaltenwerte inklusive der Nullwerte	Ja
Min([Spalte])	Kleinster Spaltenwert verschieden von Null	Ja
Max([Spalte])	Größter Spaltenwert verschieden von Null	Ja
Sum([Spalte]) Summe([Spalte])	Summe der Spaltenwerte verschieden von Null	Ja
First([Spalte]) ErsterWert([Spalte])	Spaltenwert der ersten Zeile des Ergebnisses, kann Null sein	Nein
Last([Spalte]) LetzterWert([Spalte])	Spaltenwert der letzten Zeile des Ergebnisses	Nein
StDev([Spalte]) StAbw([Spalte])	Standardabweichung einer Stichprobe der Spaltenwerte	Nein
StDevP([Spalte]) StdAbwG([Spalte])	Standardabweichung der Grundgesamtheit der Spaltenwerte	Nein
Var([Spalte]) Varianz([Spalte])	Varianz der Stichprobe der Spaltenwerte	Nein
VarP([Spalte]) VarianzG([Spalte])	Varianz der Grundgesamtheit der Spaltenwerte	Nein

Die Aggregatfunktionen lassen sich in der Entwurfsansicht einfach anwenden. Schalten Sie mit *ANSICHT Funktionen* bzw. durch die Schaltfläche mit dem Summenzeichen in der Symbolleiste die zusätzliche Zeile *Funktion* im unteren Bereich der Entwurfsansicht ein. Für die Darstellung im nächsten Bild haben wir die Funktion *Summe* für die Spalte *Menge* selektiert. Die Ausführung der Abfrage würde den aufsummierten Wert aller Mengenangaben der Tabelle *tblCocktailZutaten* ergeben.

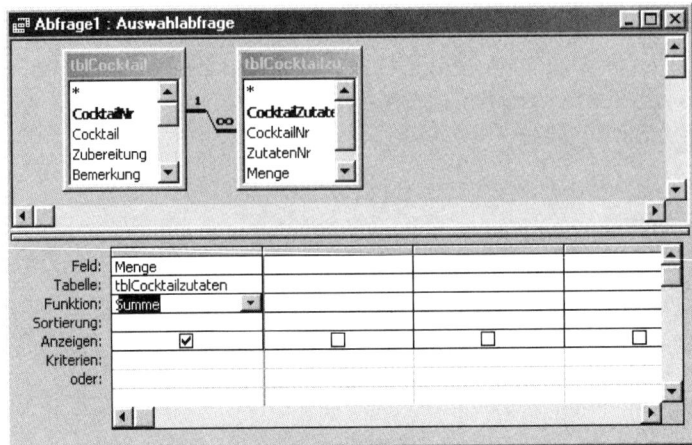

Bild 3.24: Einfache Summe

Damit die Auswertung etwas sinnvoller wird, haben wir zusätzlich die im folgenden Bild gezeigte Bedingung eingefügt. Für sie wurde die Funktion *Bedingung*
angewählt. Normalerweise wird für ein neu in den unteren Entwurfsteil aufge-
nommenes Feld automatisch die Funktion *Gruppierung* eingestellt, die wir aber
erst im nächsten Abschnitt des Kapitels besprechen.

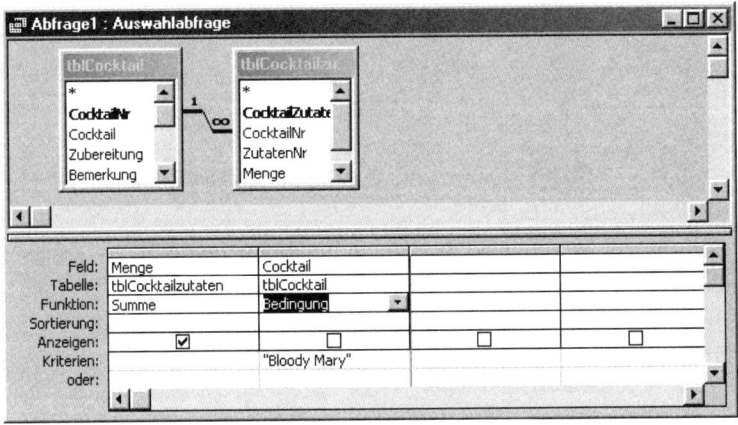

Bild 3.25: Erweiterte Abfrage

Das Ergebnis der Abfrage ist die Flüssigkeitsmenge für eine »Bloody Mary«, die
das vorliegende Rezept ergibt. Zur Vereinfachung haben wir übrigens die Einheiten der Mengenangaben nicht berücksichtigt.

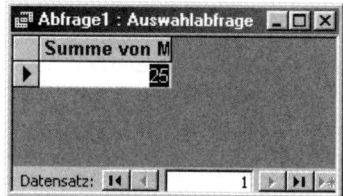

Bild 3.26: Ergebnisdarstellung

In der SQL-Darstellung wird die Anweisung zur Summenbildung durch

```
SELECT Sum(tblCocktailzutaten.Menge) AS [Summe von Menge]
FROM tblCocktail INNER JOIN tblCocktailzutaten ON tblCocktail.CocktailNr
= tblCocktailzutaten.CocktailNr
WHERE tblCocktail.Cocktail = "Bloody Mary";
```

umgesetzt. Übrigens ließe sich die SQL-Anweisung in der Entwurfsansicht auch in der in Bild 3.27 gezeigten Weise definieren. Das Ergebnis ist in beiden Fällen gleich.

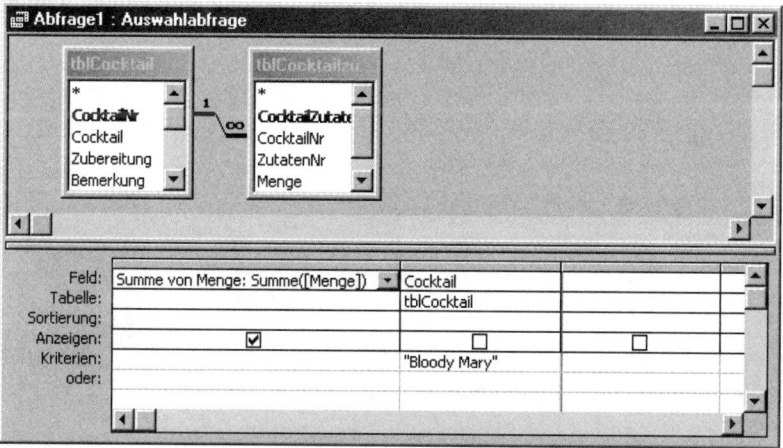

Bild 3.27: Umgeschriebene Summenanweisung

! Aggregatfunktionen ohne GROUP: Verwenden Sie Aggregatfunktionen ohne eine GROUP-Anweisung (siehe Abschnitt 3.3.6, »Daten gruppieren«), dann dürfen Ausgabefelder mit und ohne Aggregatfunktion nicht gemeinsam verwendet werden.

Behandlung von Nullwerten

Alle Funktionen berücksichtigen nur Datensätze, bei denen der jeweilige Feldinhalt verschieden von NULL ist. Mit COUNT(tblCocktail.Cocktail) werden nicht alle Cocktails gezählt, sondern nur die, bei denen tblCocktail.Cocktail ungleich NULL ist. In der folgenden Entwurfsansicht sind drei Varianten der COUNT()-Funktion dargestellt.

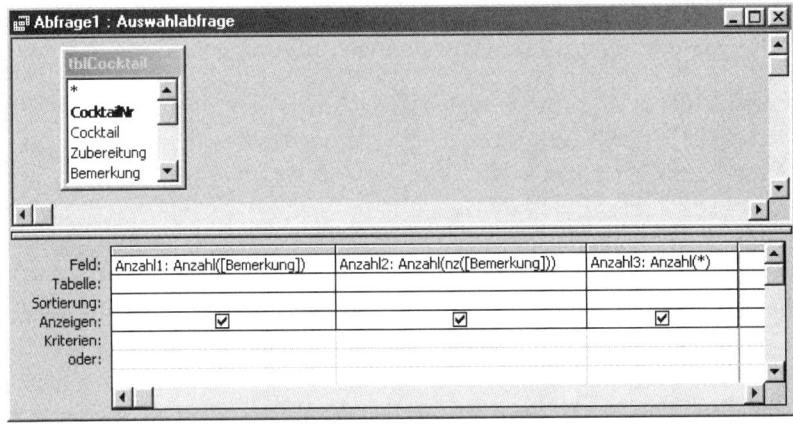

Bild 3.28: Drei Varianten »Anzahl«

Die Abfrage führt zu der im nächsten Bild gezeigten Ergebnisdarstellung.

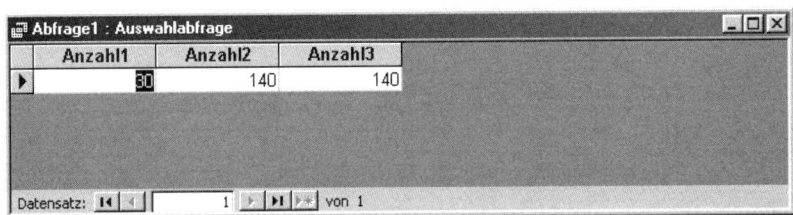

Bild 3.29: Ergebnisse der Zählfunktionsvarianten

In der Spalte Anzahl1 wurde die Anzahl der Datensätze ermittelt, für die eine Bemerkung erfasst wurde. In Anzahl2 und Anzahl3 steht jeweils die gesamte Anzahl der Datensätze der Tabelle *tblCocktail*. Die SQL-Darstellung der Abfrage

```
SELECT Count([Bemerkung]) AS Anzahl1, Count(Nz([Bemerkung])) AS Anzahl2,
Count(*) AS Anzahl3
FROM tblCocktail;
```

zeigt die drei COUNT()-Varianten. Die Varianten Count(Nz([Bemerkung]) und Count(*) führen zum gleichen Ergebnis, da durch die Verwendung von NZ() auch alle Nullwerte mitgezählt werden. Durch die Access-Funktion NZ() werden Nullwerte zum Wert 0 umgesetzt. Damit werden sie von COUNT() mitgezählt. Count(*) berücksichtigt automatisch alle Nullwerte, ist jedoch wesentlich schneller in der Ausführung. Daher empfehlen wir Ihnen, diese Variante prinzipiell zur Ermittlung der Gesamtzahl der Resultatzeilen einer Abfrage zu verwenden. Die Abfrage

```
SELECT Count(*) AS Gesamtzahl
FROM tblCocktail
WHERE tblCocktail.Cocktail LIKE "C*";
```

beispielsweise gibt die Anzahl der Cocktails zurück, die mit »C« beginnen.

Haben Sie in Ihren Tabellen eine Spalte mit dem Datentyp *Ja/Nein* eingerichtet, können Sie mit der Summenfunktion die Anzahl der Ja- bzw. Nein-Werte zählen. Ja-Werte werden Access-intern als -1, Nein-Werte als 0 dargestellt. Angenommen, in einer Tabelle mit Rechnungen wäre ein Ja/Nein-Feld *Bezahlt* definiert, und mit einer Abfrage soll die Zahl der bezahlten bzw. unbezahlten Rechnungen ermittelt werden. Die bezahlten Rechnungen werden mit

```
SELECT Sum(Abs([Bezahlt])) AS [Bezahlte Rechnungen]
FROM tblRechnungen;
```

herausgesucht. Die Funktion Abs() gibt den Absolutwert einer Zahl zurück, also den Wert ohne Vorzeichen. Der Absolutwert von der *Ja/Nein*-Spalte *Bezahlt* ist entweder 1 oder 0. Die unbezahlten Rechnungen ermittelt die Abfrage

```
SELECT Sum(Abs(NOT[Bezahlt])) AS [Bezahlte Rechnungen]
FROM tblRechnungen;
```

Diese Art des Umgangs mit Ja/Nein-Werten funktioniert mit Access, aber nicht unbedingt mit anderen Datenbanken, denn die interne Darstellung von Ja/Nein-Werten ist unterschiedlich. Das gleiche Ergebnis erzielen Sie übrigens mit

```
SELECT Count(*) AS [Bezahlte Rechnungen]
FROM tblRechnungen
WHERE tblRechnungen.Bezahlt = True;
```

wobei die WHERE-Klausel alternativ auch

```
WHERE tblRechnungen.Bezahlt = Yes;
```

oder

```
WHERE tblRechnungen.Bezahlt;
```

lauten könnte.

3.3.6 Daten gruppieren

Auch Ergebnisdaten einer Abfrage lassen sich gruppieren und mit verschiedenen Funktionen auswerten. Durch die Gruppierung können die im vorherigen Abschnitt beschriebenen Aggregatfunktionen noch effektiver genutzt werden.

Die Ergebnismenge einer gruppierten Abfrage ist immer »read only«, d.h., Sie können keine Veränderung an den Daten vornehmen.

Der GROUP BY-Befehl

Als erstes einfaches Beispiel soll die Anzahl der Zutaten für jeden Cocktail bestimmt werden. Die Abfrage hat in der Entwurfsansicht das im folgenden Bild dargestellte Aussehen. Dabei wurde die Bezeichnung des Cocktails als Gruppierungskriterium gewählt.

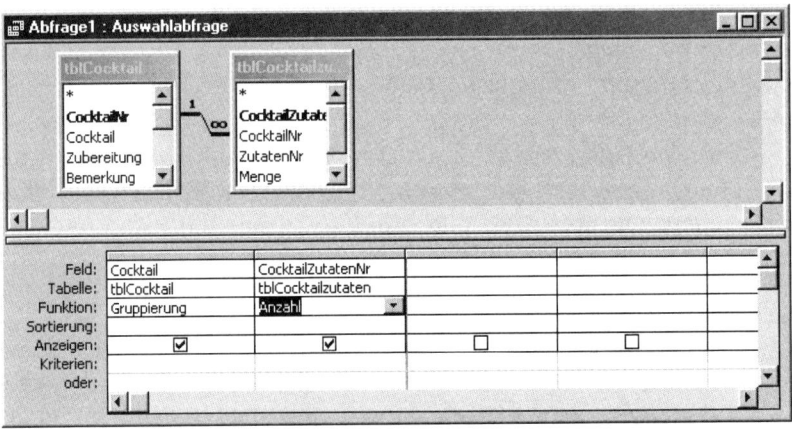

Bild 3.30: Ermittlung der Anzahl der Zutaten

Access erzeugt aus der Entwurfsansicht die SQL-Abfrage

```
SELECT tblCocktail.Cocktail, Count(tblCocktailzutaten.CocktailZutatenNr)
AS [Anzahl von CocktailZutatenNr]
FROM tblCocktail INNER JOIN tblCocktailzutaten ON tblCocktail.CocktailNr
= tblCocktailzutaten.CocktailNr
GROUP BY tblCocktail.Cocktail;
```

Hierbei wird die Spaltenbezeichnung `[Anzahl von CocktailZutatenNr]` automatisch eingesetzt. Das Ergebnis der Abfrage präsentiert das folgende Bild.

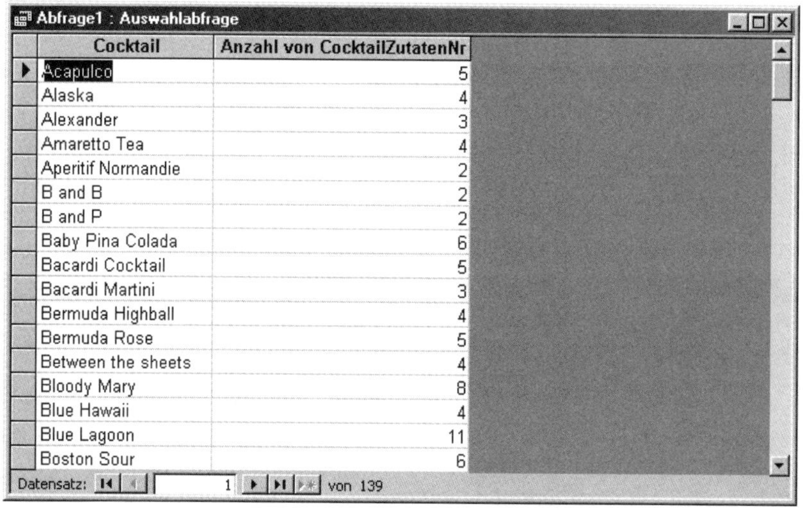

Abfrage1 : Auswahlabfrage

Cocktail	Anzahl von CocktailZutatenNr
Acapulco	5
Alaska	4
Alexander	3
Amaretto Tea	4
Aperitif Normandie	2
B and B	2
B and P	2
Baby Pina Colada	6
Bacardi Cocktail	5
Bacardi Martini	3
Bermuda Highball	4
Bermuda Rose	5
Between the sheets	4
Bloody Mary	8
Blue Hawaii	4
Blue Lagoon	11
Boston Sour	6

Datensatz: 1 von 139

Bild 3.31: Anzahl der Zutaten pro Cocktail

Durch den Gruppierungsbefehl `GROUP BY` wird die Aggregatfunktion `COUNT()` für jeden Cocktail bestimmt, d.h., es werden alle Zutaten für eine bestimmte Cocktailnummer gezählt. Durch die Gruppierung ist es möglich, eine normale Ausgabespalte und eine Spalte mit Aggregatfunktion gleichzeitig auszugeben. Allerdings dürfen nur diejenigen Spalten, die hinter der `GROUP BY`-Klausel stehen, als Ausgabefelder benannt werden.

Durch den `GROUP BY`-Befehl wird nicht automatisch nach den Gruppierungsfeldern sortiert. Hierfür müssen die Spalten in einer `ORDER BY`-Klausel aufgeführt werden.

Das nächste Beispiel summiert die Mengenangaben für jeden Cocktail. Die Cocktails werden über ihre Cocktailnummer bestimmt. Zur Vereinfachung haben wir die Einheiten der Mengenangaben nicht berücksichtigt.

```
SELECT tblCocktailzutaten.CocktailNr, Sum(tblCocktailzutaten.Menge) AS
[Summe von Menge]
FROM tblCocktailzutaten
GROUP BY tblCocktailzutaten.CocktailNr;
```

Die HAVING-Klausel

Mithilfe des SQL-Befehls HAVING lassen sich gruppierte Daten einschränken. Die HAVING-Klausel wird wie ein WHERE-Befehl verwendet, bezieht sich aber immer nur auf die Gruppen des GROUP BY-Befehls.

Zwei Beispiele sollen die Möglichkeiten der HAVING-Klausel verdeutlichen. Zuerst soll für alle Cocktails, die mehr als fünf Zutaten haben, die Anzahl der Zutaten und die Menge der Flüssigkeit bestimmt werden, wobei die Einheiten der Mengenangaben vernachlässigt werden sollen. Access zeigt die Einstellungen in der Entwurfsansicht in der im nächsten Bild präsentierten Form.

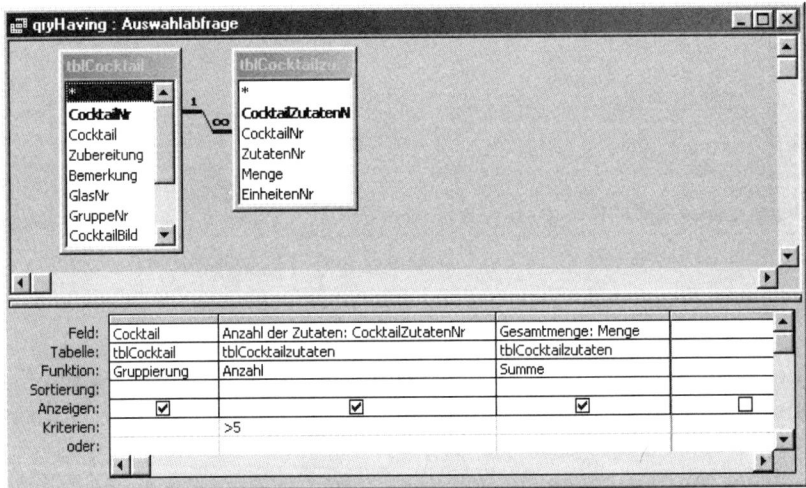

Bild 3.32: Cocktails mit mehr als fünf Zutaten

Das Ergebnis der Abfrage wird in Bild 3.33 dargestellt, wobei wir, wie in der Entwurfsansicht zu sehen, eigene Spaltenüberschriften festgelegt haben.

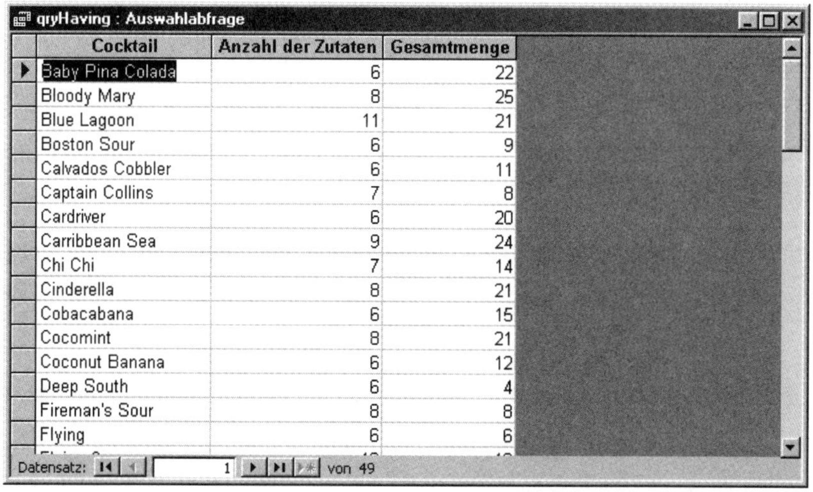

Bild 3.33: Ergebnis bei Verwendung der Having-Klausel

Zu diesem Ergebnis führte die folgende von Access aus der Entwurfsansicht umgesetzte SQL-Abfrage:

```
SELECT tblCocktail.Cocktail, Count(tblCocktailzutaten.ZutatenNr) AS
[Anzahl der Zutaten], Sum(tblCocktailzutaten.Menge) AS Gesamtmenge
FROM tblCocktail INNER JOIN tblCocktailzutaten ON tblCocktail.CocktailNr
= tblCocktailzutaten.CocktailNr
GROUP BY tblCocktail.Cocktail
HAVING Count(tblCocktailzutaten.ZutatenNr) > 5;
```

Die COUNT()-Funktion der HAVING-Klausel bezieht sich auf jede durch den GROUP BY-Befehl erstellte Gruppe, d.h., die Cocktailzutaten werden für jede Cocktailnummer gruppiert und mit HAVING ausgewertet.

Die SQL-Abfrage lässt sich noch mit einer WHERE-Bedingung ergänzen. WHERE bezieht sich immer auf die gesamte Tabelle, d.h., WHERE wird vor der Bildung der Gruppen angewendet. Die folgende Abfrage ermittelt wiederum die Anzahl der Zutaten und die Gesamtmenge für jeden Cocktail mit mehr als fünf Zutaten, aber diese Spalten werden nur für Cocktails ermittelt, deren Bezeichnung mit dem Buchstaben »C« beginnt.

```
SELECT tblCocktail.Cocktail, Count(tblCocktailzutaten.ZutatenNr) AS
[Anzahl der Zutaten], Sum(tblCocktailzutaten.Menge) AS Gesamtmenge
FROM tblCocktail INNER JOIN tblCocktailzutaten ON tblCocktail.CocktailNr
= tblCocktailzutaten.CocktailNr
WHERE tblCocktail.Cocktail LIKE "C*"
```

```
GROUP BY tblCocktail.Cocktail
HAVING Count(tblCocktailzutaten.ZutatenNr) > 5;
```

In die Entwurfsansicht wird die WHERE-Klausel durch eine weitere Spalte aufgenommen, deren Ausgabe unterdrückt ist. Als *Funktion* wird *Bedingung* gewählt, um die Bedeutung der Spalte anzuzeigen.

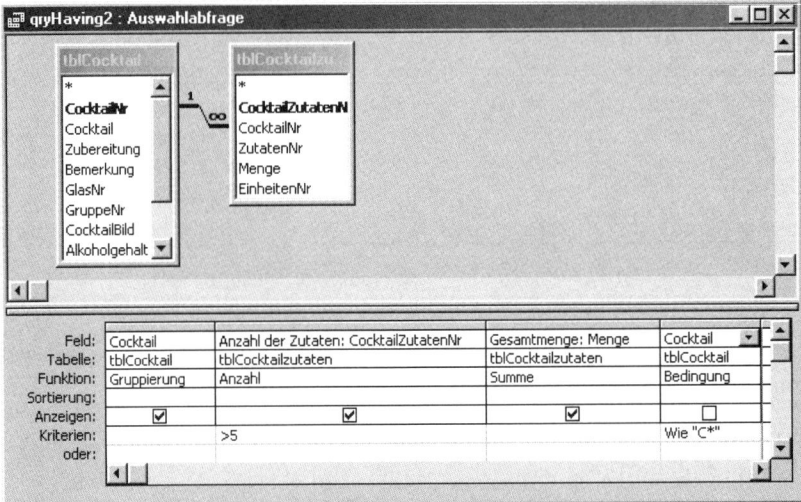

Bild 3.34: Um neue Bedingung erweiterte Entwurfsansicht

Das Resultat der Abfrage zeigt das folgende Bild. In unserer Cocktail-Datenbank haben sich acht Drinks mit mehr als fünf Zutaten gefunden, die mit »C« beginnen. Beachten Sie, dass immer zuerst die WHERE-Bedingung, dann die GROUP BY-Klausel und erst danach die HAVING-Bedingung ausgewertet wird.

Cocktail	Anzahl der Zutaten	Gesamtmenge
Calvados Cobbler	6	11
Captain Collins	7	8
Cardriver	6	20
Carribbean Sea	9	24
Chi Chi	7	14
Cinderella	8	21
Cobacabana	6	15
Cocomint	8	21
Coconut Banana	6	12

Datensatz: 1 von 9

Bild 3.35: Alle Cocktails, die mit »C« beginnen und mehr als fünf Zutaten haben

Theoretisch können Sie eine HAVING-Klausel auch ohne GROUP BY einsetzen. Die Bedingung wird dann auf eine Gruppe, nämlich die gesamte Abfrage, angewandt.

3.3.7 Berechnete Felder

In Abfragen können sowohl in den Ausgabespalten als auch in den Bedingungen Berechnungen enthalten sein. Wir möchten uns in diesem Abschnitt mit berechneten Ausgabefeldern beschäftigen. Die gleichen Regeln und Möglichkeiten lassen sich auf errechnete Bedingungen übertragen.

Einfache Berechnungen

Im ersten Beispiel soll die Mengenangabe von Cocktailzutaten in Zentiliter (cl) umgerechnet werden. In den meisten Mixanleitungen sind Zentiliter die übliche Maßeinheit, aber einige Rezepte, insbesondere solche aus angelsächsischen Ländern, verwenden andere Maße. In der Tabelle *tblEinheiten* werden die Einheiten und ein entsprechender Umrechnungsfaktor in Zentiliter aufgeführt. In einer Abfrage sollen für alle Cocktailzutaten die Mengen in Zentiliter angegeben werden. Dazu muss die Menge mit dem Umrechnungsfaktor multipliziert werden. In der im Bild dargestellten Entwurfsansicht wurde die cl:[Menge]*[Umrechnung_cl] als Umrechnung angegeben. Der Text vor dem Doppelpunkt bezeichnet die Überschrift der Spalte. Vergeben Sie keine eigenen Spaltenüberschriften, so nennt Access die berechneten Spalten Ausdr1, Ausdr2 usw.

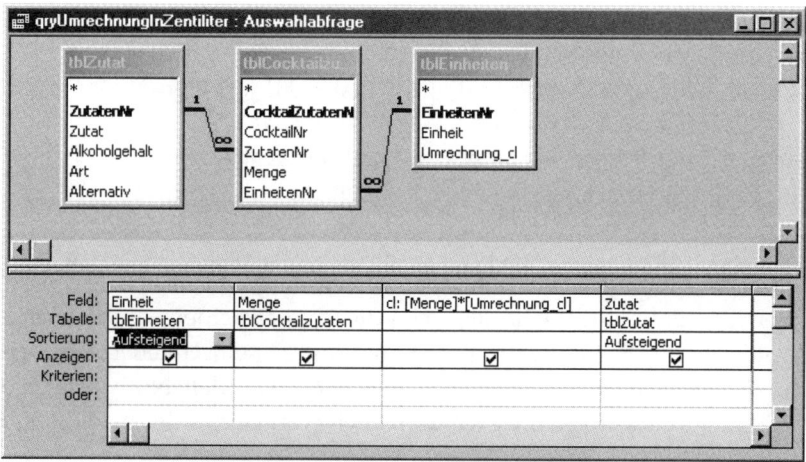

Bild 3.36: Berechnung der Menge in Zentiliter

Das Ergebnis der Abfrage zeigt die folgende Abbildung, wobei wir die Abfrage zur besseren Übersichtlichkeit nach der Bezeichnung der Einheit sortiert haben.

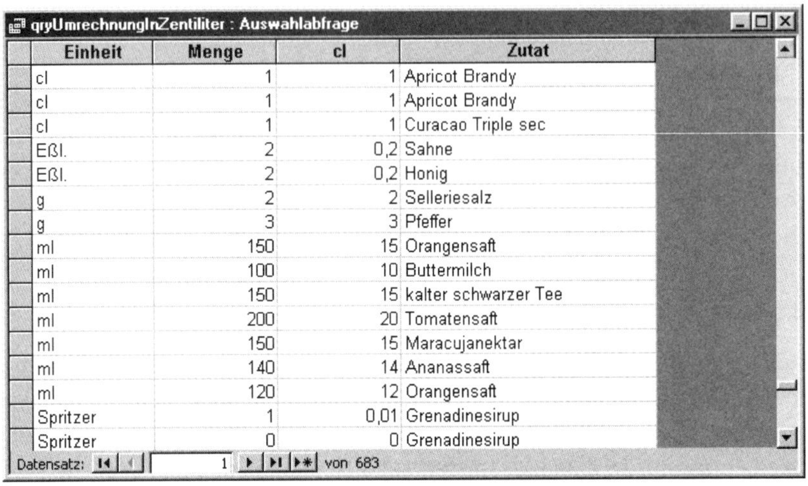

Einheit	Menge	cl	Zutat
cl	1	1	Apricot Brandy
cl	1	1	Apricot Brandy
cl	1	1	Curacao Triple sec
Eßl.	2	0,2	Sahne
Eßl.	2	0,2	Honig
g	2	2	Selleriesalz
g	3	3	Pfeffer
ml	150	15	Orangensaft
ml	100	10	Buttermilch
ml	150	15	kalter schwarzer Tee
ml	200	20	Tomatensaft
ml	150	15	Maracujanektar
ml	140	14	Ananassaft
ml	120	12	Orangensaft
Spritzer	1	0,01	Grenadinesirup
Spritzer	0	0	Grenadinesirup

Datensatz: |◄ ◄ | 1 | ► ►| ►* | von 683

Bild 3.37: Ergebnis der Einheitenumrechnung

In der SQL-Darstellung werden Feldnamen in Berechnungen von Access automatisch in eckige Klammern gesetzt. Sollte die von Ihnen gewählte Spaltenüberschrift für das berechnete Feld Leerzeichen enthalten, wird die Bezeichnung ebenfalls in eckige Klammern eingeschlossen, beispielsweise ... AS [Menge in cl].

```
SELECT tblEinheiten.Einheit, tblCocktailzutaten.Menge,
[Menge]*[Umrechnung_cl] AS cl, tblZutat.Zutat
FROM tblEinheiten INNER JOIN (tblZutat INNER JOIN tblCocktailzutaten ON
tblZutat.ZutatenNr = tblCocktailzutaten.ZutatenNr) ON
tblEinheiten.EinheitenNr = tblCocktailzutaten.EinheitenNr
ORDER BY tblEinheiten.Einheit, tblZutat.Zutat;
```

! **Nullwerte:** Hat eine der Spalten in einer Berechnung den Inhalt NULL, ist das Ergebnis der Kalkulation ebenfalls NULL. Um dies zu vermeiden, können Sie die einzelnen Felder in der Berechnung in die Funktion Nz() einschließen, wie beispielsweise in Nz([Menge])*Nz([Umrechnung_cl]). Nz() wandelt Nullwerte zu 0 um, sodass Kalkulationen ausgeführt werden, auch wenn eines der beteiligten Felder NULL ist.

Berechnete Spalten können in anderen Spalten weiter verrechnet werden. Im folgenden Beispiel wird im Feld Alkohol der Gesamtalkoholgehalt eines Cocktails kalkuliert, indem die errechneten Spalten AlkMenge und Gesamtmenge dividiert werden.

```
SELECT tblCocktail.Cocktail,
Sum([Menge]*[tblZutat].[Alkoholgehalt]*[Umrechnung_cl]) AS AlkMenge,
Sum([Menge]*[Umrechnung_cl]) AS Gesamtmenge, [Alkmenge]/[Gesamtmenge] AS
Alkohol
FROM tblZutat INNER JOIN (tblEinheiten INNER JOIN (tblCocktail INNER JOIN
tblCocktailzutaten ON tblCocktail.CocktailNr =
tblCocktailzutaten.CocktailNr) ON tblEinheiten.EinheitenNr =
tblCocktailzutaten.EinheitenNr) ON tblZutat.ZutatenNr =
tblCocktailzutaten.ZutatenNr
GROUP BY tblCocktail.Cocktail
ORDER BY tblCocktail.Cocktail;
```

In der Entwurfsansicht wird die SQL-Abfrage wie in Bild 3.38 dargestellt. In der Zeile *Funktion* im unteren Teil der Entwurfsansicht wurde für das Feld *Cocktail Gruppierung* gewählt, für die drei kalkulierten Spalten vereinbarten wir *Ausdruck*.

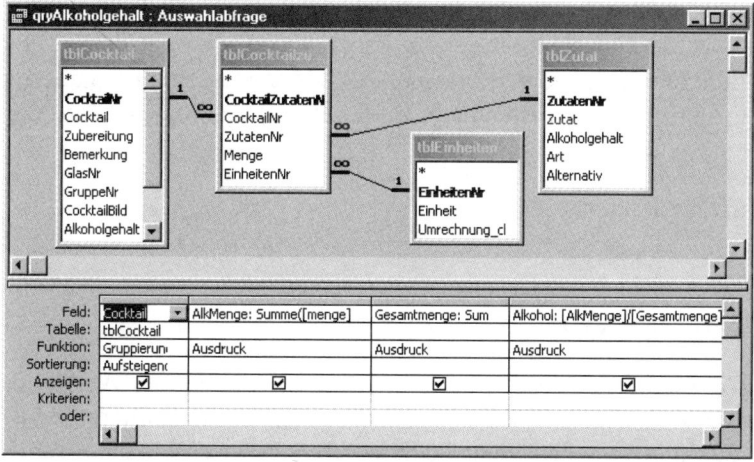

Bild 3.38: Entwurfsansicht zur Ermittlung des Gesamtalkoholgehalts pro Cocktail

Das Ergebnis der Abfrage zeigt, dass Access intern mit doppelter Genauigkeit rechnet, da die Menge als Double-Wert in der Tabelle *tblCocktailZutaten* definiert ist. In der Datenblattdarstellung werden von Access alle Nachkommastellen angezeigt.

Cocktail	AlkMenge	Gesamtmenge	Alkohol
Acapulco	1,6	7,1	0,2253521127
Alaska	2	5,01	0,3992015968
Alexander	1,3	6	0,2166666667
Amaretto Tea	1	10,25	0,0975609756
Aperitif Normandie	0,8	8	0,1
B and B	2,82	6	0,47
B and P	1,38	4	0,345
Baby Pina Colada	0,8	22	0,0363636364
Bacardi Cocktail	2	7,06	0,283286119
Bacardi Martini	1,7	6	0,2833333333
Bermuda Highball	2,1	6	0,35
Bermuda Rose	1,83	6	0,305
Between the sheets	2,4	6,01	0,3993344426
Bloody Mary	2	23,02	0,0868809731
Blue Hawaii	1,05	6	0,175
Blue Lagoon	0	21	0
Boston Sour	1,72	7,1	0,2422535211

Datensatz: 1 von 139

Bild 3.39: Errechneter Gesamtalkoholgehalt der Cocktails

Einsatz von Access-Funktionen

In den meisten Fällen wird eine Formatierung der dargestellten Werte, z.B. mit nur einer Nachkommastelle, in einem Formular oder einem Bericht vorgenommen. Mithilfe der Access-Funktion FORMAT() können Sie eine Formatierung schon für das Abfrageergebnis vornehmen. In der SQL-Abfrage wird dazu die Anweisung

```
[AlkMenge]/[Gesamtmenge] AS Alkohol
```

zu

```
FORMAT([AlkMenge]/[Gesamtmenge],"0.0") AS Alkohol
```

ergänzt. Die Funktion FORMAT() benötigt zwei Parameter, den Wert und die Formatierungsanweisung. Informationen zu Format-Funktion finden Sie in Kapitel 7, »VBA-Funktionen«. Beachten Sie bitte, dass bei der Eingabe der FORMAT()-Funktion in der Entwurfsansicht im Gegensatz zur SQL-Funktion die Form FORMAT(Feld;"0,0"), verwendet werden muss, also mit deutschen Trenn- und Dezimalzeichen.

Prinzipiell können fast alle Access-Funktionen in Abfragen eingesetzt werden. Beachten Sie aber, dass bei ODBC-Zugriffen die Funktionen lokal in Access abgearbeitet werden.

Benutzerdefinierte Funktionen

Möglich sind auch benutzerdefinierte Funktionen, die in Visual Basic als Access-Module erfasst werden. Müssen Sie z.B. in vielen Abfragen mit der Mehrwertsteuer kalkulieren, ist es sinnvoll, für diese Aufgabe eine eigene Funktion in der Form

```
Function Mwst(ByVal curNetto As Currency) As Currency
    Const conMwstSatz = 0.15
    Mwst = curNetto * (1 + conMwstSatz)
End Function
```

zu schreiben, sodass Sie einen geänderten Steuersatz gegebenenfalls nur in der Funktion anpassen müssen, nicht aber in allen Abfragen. Sollten Sie mit Visual Basic noch nicht vertraut sein, erläutern wir die Details dieser und anderer Funktionen in Kapitel 6, »Einführung in Visual Basic«.

In einer Abfrage würde die Funktion wie folgt eingesetzt werden:

```
SELECT tblHausbar.ZutatenNr, tblHausbar.Menge, Mwst([Einkaufspreis]) AS
Brutto
FROM tblHausbar;
```

Vergleiche mit IIF()

Eine in Abfragen sehr hilfreiche Funktion ist IIF(), ausgesprochen »inline IF«. Die Funktion besitzt drei Argumente: IIF(Bedingung, Wahr-Teil, Falsch-Teil). In der Entwurfsansicht heißt die Funktion WENN().

Die folgende SQL-Abfrage gibt in Abhängigkeit von der Menge, die das jeweilige Cocktailrezept ergibt, einen Text aus, wobei wir zur Vereinfachung der Abfrage die verschiedenen Mengeneinheiten vernachlässigt haben.

```
SELECT tblCocktail.Cocktail,
IIf(Sum([Menge])>20,"Mehr als ein Glas","Ein Glas") AS Rezept
FROM tblCocktail INNER JOIN tblCocktailzutaten ON tblCocktail.CocktailNr
= tblCocktailzutaten.CocktailNr
GROUP BY tblCocktail.Cocktail;
```

IIF()-Funktionen lassen sich auch verschachteln, beispielsweise lässt sich die IIF()-Funktion aus der obigen SQL-Abfrage wie folgt erweitern:

```
IIf(Sum([Menge])>20,IIF(Sum([Menge])>40,"Mehr als zwei Gläser","Mehr als
ein Glas"),"Ein Glas")
```

Verkettung von Zeichenfolgen

Mit den Operatoren »&« und »+« fügen Sie mehrere Zeichenfolgen zu einer Zeichenkette zusammen, beispielsweise erzeugen

```
tblCocktail.Cocktail & " - " & tblCocktail.Zubereitung
```

oder

```
tblCocktail.Cocktail + " - " + tblCocktail.Zubereitung
```

ein berechnetes Feld, in dem die Bezeichnung des Cocktails, ein Bindestrich und die Zubereitung zu einer Zeichenfolge verkettet werden. Der Unterschied zwischen den Operatoren »&« und »+« liegt in der Behandlung von Nullwerten. Während mit dem »&«-Zeichen Nullwerte als leere Zeichenfolgen "" aufgefasst werden, ist das Ergebnis einer »+«-Verknüpfung NULL, wenn eine der Teilzeichenfolgen NULL ist.

Die Access-Operatoren

In der folgenden Tabelle sind der Vollständigkeit halber die in Access einsetzbaren Operatoren aufgeführt. Beachten Sie bitte, dass im SQL-Standard nicht alle Operatoren nutzbar sind, die Access anbietet.

Tabelle 3.3: Operatoren

Operator	Bedeutung	Bemerkung
+	Addition	
-	Subtraktion	
*	Multiplikation	
/	Division	
\	Ganzzahlige Division	Die Operanden werden vor der Division in Byte, Integer- oder Long Integer-Wert umgewandelt und gerundet. Das Ergebnis ist ganzzahlig vom Typ Byte, Integer oder Long Integer.
^	Potenzierung	
Mod	Modulo	Gibt den Rest einer ganzzahligen Division zurück. Fließkommaoperanden werden zu ganzen Zahlen gerundet. Das Ergebnis ist ein Wert vom Typ Byte, Integer oder Long Integer.

3.4 Parameterabfragen

Abfragen mit Parametern sind eine Erweiterung des SQL-Standards durch Access. Parameter ermöglichen die Eingabe von Werten während der Auswertung der SQL-Abfrage, ohne den SQL-Text oder den Entwurf der Abfrage zu verändern. Sie sind ein gängiges Mittel innerhalb von Access, den Benutzer nach Eingaben zu fragen. Parameter können sowohl in der WHERE-Bedingung als auch in der HAVING-Klausel eingesetzt werden.

3.4.1 Einfache Parameter

In der Entwurfsansicht lassen sich Parameter durch Texte in eckigen Klammern hinter *Kriterium* definieren. Die Texte dürfen jedoch nicht mit Feldnamen der Tabelle oder der Tabellen übereinstimmen. Alle Bezeichnungen, die Access nicht als Feldnamen interpretiert, werden als Parameter angesehen. Aus diesem Grund entdeckt man in der Regel Schreibfehler in Feldnamen nur sehr langsam: Sie werden von Access als Parameter abgefragt. Die Länge des Parametertextes ist nicht begrenzt, wie Sie im nächsten Bild sehen können.

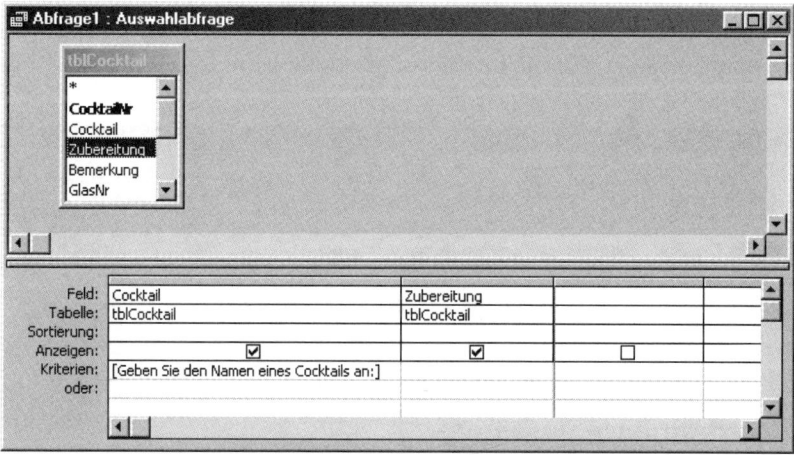

Bild 3.40: Vereinbarung eines Parameters

Die Umsetzung zu SQL hat das folgende Aussehen:

```
SELECT tblCocktail.Cocktail, tblCocktail.Zubereitung
FROM tblCocktail
WHERE tblCocktail.Cocktail = [Geben Sie den Namen eines Cocktails an:];
```

Wird die Abfrage ausgeführt, erscheint das folgende Dialogfeld, um einen Wert für den Parameter entgegenzunehmen.

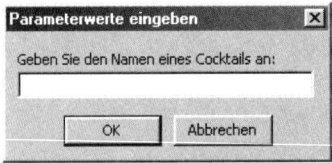

Bild 3.41: Dialogfeld für Parameter

Sollten Sie mehrere Parameter in einer Abfrage vereinbart haben, werden sie nacheinander in jeweils eigenen Dialogfeldern abgefragt. Bei der Eingabe findet keine Überprüfung des Datentyps statt. Im folgenden Beispiel ist die Spalte *tblCocktail.CocktailErfasst* vom Typ *Datum/Zeit*:

```
SELECT tblCocktail.Cocktail, tblCocktail.Zubereitung
FROM tblCocktail
WHERE tblCocktail.CocktailErfasst = [Geben Sie ein Datum an:];
```

Die Abfrage kann nur ausgewertet werden, wenn Sie im Parameterdialogfeld ein Datum angeben. Geben Sie Werte an, die Access nicht als Datum oder Zeit interpretieren kann, erhalten Sie die im nächsten Bild abgebildete Warnmeldung.

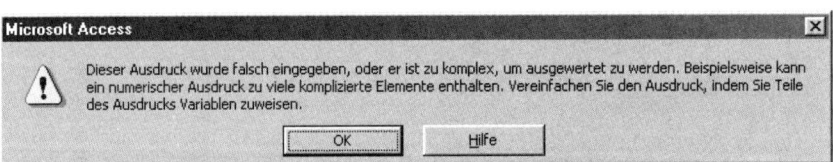

Bild 3.42: Fehlermeldung bei Typproblem

3.4.2 Vordefinierte Parameter

Sie können Access zu einer Typüberprüfung bei der Eingabe von Parametern veranlassen, indem Sie die Parameter vordefinieren. Rufen Sie dazu in der Entwurfsansicht über den Menübefehl *Parameter* im Menü *ABFRAGE* das in Bild 3.43 gezeigte Dialogfeld auf. Geben Sie in der Spalte *Parameter* die von Ihnen gewünschte Parameterbezeichnung ein, und wählen Sie dazu rechts einen entsprechenden *Felddatentyp*.

Bild 3.43: Dialogfeld Abfrageparameter

In der SQL-Darstellung wird die Parameterdefinition dem SQL-Befehl vorangestellt:

```
PARAMETERS [Geben Sie ein Datum an:] DateTime;
SELECT tblCocktail.Cocktail, tblCocktail.Zubereitung
FROM tblCocktail
WHERE tblCocktail.CocktailErfasst = [Geben Sie ein Datum an:];
```

Wird die Abfrage ausgeführt, erhalten Sie zur Eingabe das entsprechende Dialogfeld. Entspricht Ihre Eingabe nicht dem für den Parameter vereinbarten Felddatentyp, erhalten Sie die im nächsten Bild vorgestellte Fehlermeldung. Bestätigen
Sie die Fehlermeldung, werden Sie erneut nach dem Parameter gefragt.

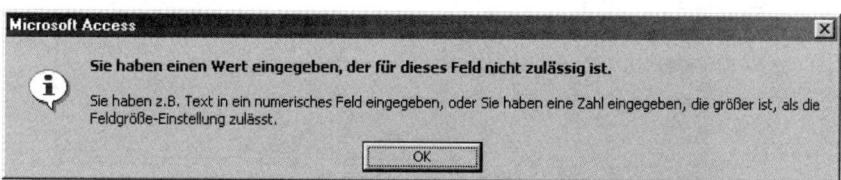

Bild 3.44: Fehlermeldung bei fehlerhafter Parametereingabe

Mehrere vordefinierte Parameter werden im SQL-Befehl durch Kommas getrennt
und mit einem Semikolon abgeschlossen. Die folgende PARAMETERS-Anwiesung
zeigt alle vordefinierbaren Felddatentypen. Als Parameter-Namen in den eckigen
Klammern haben wir die Bezeichnungen gewählt, die im Dialogfeld *Abfrageparameter* (Bild 3.43) in der Spalte *Felddatentyp* angeboten werden.

```
PARAMETERS [Ja/Nein] Bit, [Byte] Byte, [Integer] Short, [Long Integer]
Long, [Währung] Currency, [Single] IEEESingle, [Double] IEEEDouble,
[Datum/Zeit] DateTime, [Binär] Binary, [Text] Text, [OLE-Objekt]
LongBinary, [Memo] LongText, [Replikations-ID] Guid, [Wert] Value;
```

3.4.3 Benutzerdefiniertes Formular zur Parametereingabe

Besser und für den Anwender bequemer ist der Einsatz eines Formulars zur Eingabe der Parameter einer Abfrage. Anhand eines einfachen Beispiels möchten wir das Zusammenspiel zwischen Formular und Abfrage zeigen. Dazu werden wir zunächst eine Abfrage definieren, die den Verweis auf das Formular enthält und dann ein Formular erstellen, das über eine Schaltfläche die Abfrage aufruft.

Die Abfrage besteht aus dem SQL-Befehl

```
SELECT tblCocktail.Cocktail, tblCocktail.Zubereitung
FROM tblCocktail
WHERE tblCocktail.Cocktail LIKE [forms].[frmParaEingabe].[txtParameter] &
"*";
```

der in der Entwurfsansicht – wie im nächsten Bild gezeigt – dargestellt wird.

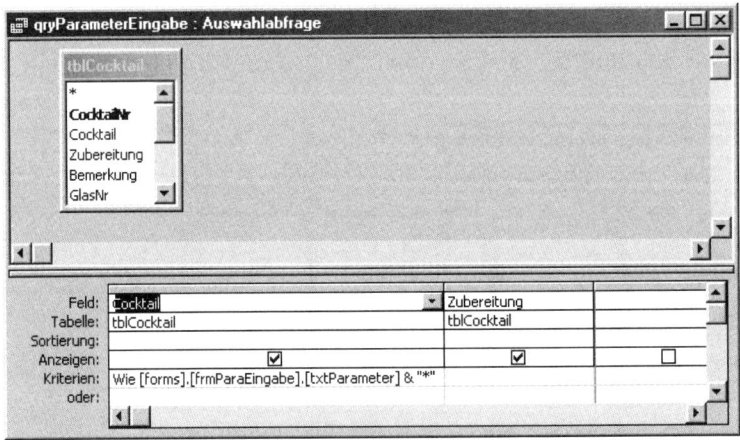

Bild 3.45: Entwurfsansicht

In die WHERE-Bedingung wurde der Parameter in der Form

```
LIKE [forms].[frmParaEingabe].[txtParameter]  & "*"
```

aufgenommen, d.h., der Parameter stammt aus einem Formular ([forms]) mit dem Namen frmParaEingabe und dort aus dem Textfeld txtParameter. Hinter den Parameter platzieren wir aus Gründen der Bequemlichkeit das Platzhalterzeichen »*«.

Auf die Schreibweise für den Zugriff auf Formularfelder [forms].[Formularname].[Feldname] werden wir in Kapitel 15, »Formulare«, noch ausführlich eingehen.

Abschließend wird die Abfrage gespeichert. Der Parameter in der Abfrage bezieht sich nun auf ein Feld in einem Formular, das noch nicht existiert. Prinzipiell können Sie die Abfrage aber auch jetzt schon einsetzen, denn der Parameter, der ja noch nicht in einem Formular zu finden ist, wird von Access in einem normalen Parameterdialogfeld abgefragt.

Im nächsten Schritt wird ein Formular angelegt. Das Formular wird als ungebundenes Formular erstellt, d.h., es wird keine Tabelle oder Abfrage als Grundlage für die Daten des Formulars genutzt. In Kapitel 15, »Formulare«, finden Sie die entsprechenden Informationen zu gebundenen und ungebundenen Formularen.

Bild 3.46 zeigt das fertige Formular, auf dem ein Textfeld zur Eingabe und zwei Befehlsschaltflächen zum Aufruf der Abfrage und zum Schließen des Formulars angeordnet sind.

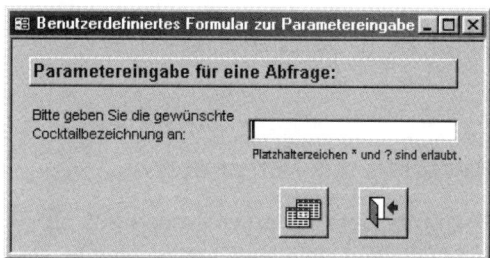

Bild 3.46: Fertiges Parametereingabeformular

Das Textfeld bekam den Namen *txtParameter*, so wie wir ihn schon in der oben erstellten Abfrage vorgesehen hatten. Das Formular selbst speicherten wir unter dem Namen *frmParaEingabe*.

Die beiden Befehlsschaltflächen sind mit dem Befehlsschaltflächen-Assistenten erzeugt worden. Die linke zeigt das Ergebnis der Parameterabfrage in Tabellenform, die rechte schließt das Formular.

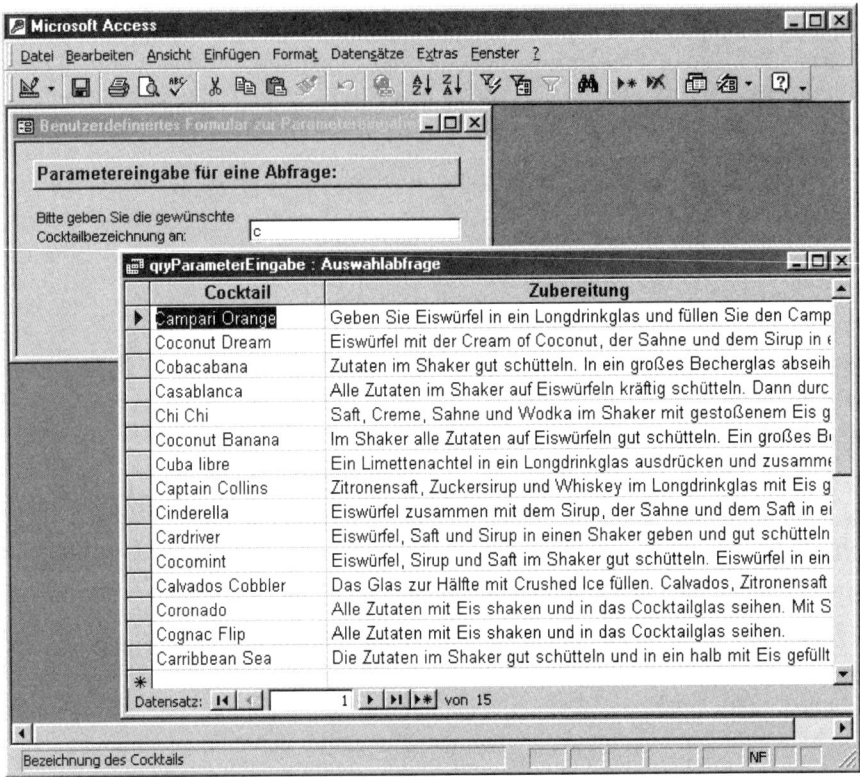

Bild 3.47: Parametereingabeformular und Abfrageergebnis

3.4.4 Von-Bis-Abfragen mit Parametern

Zum Schluss des Abschnitts über Parameter noch ein Tipp für den Einsatz von Parametern mit dem BETWEEN...AND-Operator. Stellen Sie sich vor, der Benutzer sollte die Möglichkeit erhalten, alle Cocktails zu ermitteln, die mit den Buchstaben C, D, E und F beginnen. In der Abfrage werden dazu die Parameter [Von:] und [Bis:] abgefragt.

```
SELECT tblCocktail.Cocktail, tblCocktail.Zubereitung
FROM tblCocktail
WHERE tblCocktail.Cocktail BETWEEN [Von:] AND [Bis:];
```

Um die Cocktails herauszufinden, die mit C, D, E oder F beginnen, muss der Anwender für den ersten Parameter ein »C« und für den zweiten ein »G« eingeben. Für viele Anwender scheint dies unlogisch, obwohl es lexikalisch korrekt ist, denn hätte der zweite Parameter ein »F« zum Inhalt, wären Drinks wie »Frozen

Tequila« nicht im Abfrageergebnis enthalten, denn »Fr...« kommt alphabetisch nach «F«. Schwierig für den Anwender wird es insbesondere dann, wenn die Liste auch die Drinks mit «Z« enthalten soll. Welcher Buchstabe kommt nach »Z«?

Der folgende Trick schafft Abhilfe: An den zweiten Parameter wird das in der alphabetischen Sortierung größte Zeichen angehängt. Das letzte Zeichen der ASCII-Tabelle kann über die Access-Funktion `Chr()` als `Chr(255)` ermittelt werden. In der deutschen Schreibweise der Entwurfsansicht wird die Funktion als `Zchn()` benannt. Die SQL-Abfrage erhält damit das folgende Aussehen:

```
SELECT tblCocktail.Cocktail, tblCocktail.Zubereitung
FROM tblCocktail
WHERE tblCocktail.Cocktail BETWEEN [Von:] AND [Bis:] & Chr(255);
```

3.5 Unterabfragen

Unterabfragen sind `SELECT`-Abfragen innerhalb von `SELECT`-Abfragen. Das bedeutet, es wird eine `SELECT`-Abfrage verwendet, um Werte und Bedingungen für eine andere zu finden. Access erlaubt, die `SELECT`s bis zu 50 Ebenen tief zu schachteln.

3.5.1 Unterabfragen mit dem IN-Operator

Im ersten Beispiel sollen alle Cocktails gefunden werden, die mehr als fünf Zutaten haben. Wir haben die Aufgabenstellung schon mit einer Gruppierung im Abschnitt 3.3.6, »Daten gruppieren«, in »Die HAVING-Klausel« gelöst. Im Prinzip können solche Fragestellungen sowohl mit verknüpften Tabellen (joins) als auch mit Unterabfragen beantwortet werden.

In der SQL-Abfrage

```
SELECT tblCocktail.Cocktail
FROM tblCocktail
WHERE tblCocktail.CocktailNr
In(SELECT tblCocktailZutaten.Cocktailnr FROM tblCocktailZutaten GROUP BY
tblCocktailZutaten.Cocktailnr HAVING count(*) > 5 );
```

wird für die `WHERE`-Bedingung eine Menge von Cocktailnummern mithilfe des in Klammern eingeschlossenen `SELECT`s ermittelt. Der erste `SELECT` zeigt dann die Bezeichnung eines Cocktails, wenn sich die Cocktailnummer in der Ergebnismenge der Unterabfrage befindet. Der Operator IN führt die Überprüfung durch, ob tblCocktail.CocktailNr in der Ergebnismenge vorhanden ist.

In der Entwurfsansicht wird die Abfrage wie im folgenden Bild dargestellt. Dabei wird die Unterabfrage in der Entwurfsansicht direkt in die Kriterienzeile eingegeben. Es hat sich bewährt, die Unterabfrage zuerst in einem eigenen Entwurfsansichtsfenster zu erstellen und zu testen. Anschließend kann der SQL-Text in die Zwischenablage kopiert und dann als Unterabfrage eingefügt werden.

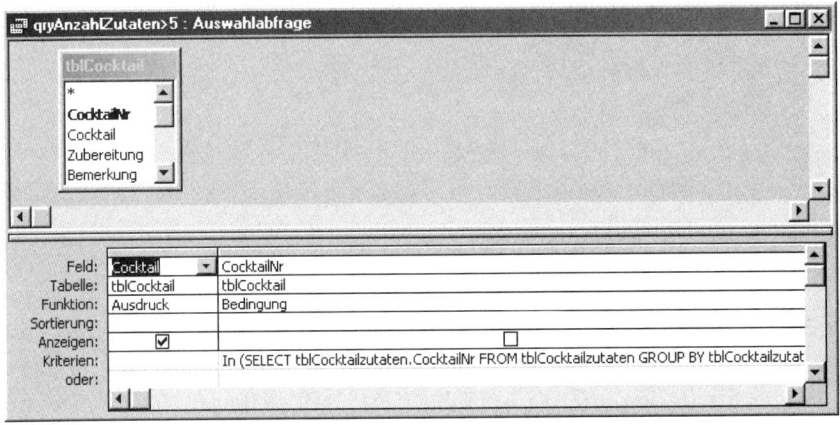

Bild 3.48: Darstellung der Unterabfrage in der Entwurfsdarstellung

Beachten Sie bitte, dass die Unterabfrage nur ein Ausgabefeld haben darf, da in der WHERE-Bedingung nur jeweils ein Wert verglichen wird. Haben Sie irrtümlich mehrere Ausgabespalten definiert, wird Access mit der folgenden Fehlermeldung reagieren. Mehrere Ausgabefelder sind nur in Zusammenhang mit dem Operator EXISTS erlaubt, der weiter unten besprochen wird.

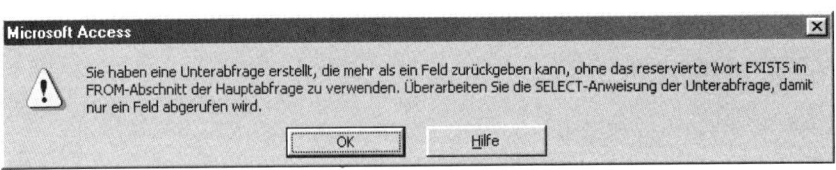

Bild 3.49: Fehlermeldung bei mehr als einem Ausgabefeld

Der IN-Operator wird auch im nächsten Beispiel genutzt, um alle Cocktails zu finden, die ohne die Zutat Gin gemixt werden. Dazu spürt die Unterabfrage die Nummern aller Cocktails auf, die Gin als Zutat verwenden. Durch die Anwendung von NOT IN in der WHERE-Bedingung werden als Resultat der Gesamtabfrage

alle Drinks ausgegeben, die nicht in der Ergebnismenge der Unterabfrage vorkommen.

```
SELECT tblCocktail.Cocktail
FROM tblCocktail
WHERE tblCocktail.Cocktail NOT IN (SELECT DISTINCTROW
tblCocktail.Cocktail
FROM tblCocktail RIGHT JOIN (tblZutat LEFT JOIN tblCocktailzutaten ON
tblZutat.ZutatenNr = tblCocktailzutaten.ZutatenNr) ON
tblCocktail.CocktailNr = tblCocktailzutaten.CocktailNr
WHERE tblZutat.Zutat = "Gin");
```

Access verwendet Unterabfragen im »Abfrage-Assistenten zur Duplikatssuche«,
der Ihnen im Auswahlmenü bei der Erstellung neuer Abfragen angeboten wird.
Wir haben mithilfe des Assistenten eine Abfrage erstellt, die die Cocktail-Tabelle
auf doppelte Cocktailnamen überprüft.

```
SELECT tblCocktail.Cocktail, tblCocktail.CocktailNr
FROM tblCocktail
WHERE tblCocktail.Cocktail IN (SELECT [Cocktail] FROM [tblCocktail] As
Tmp GROUP BY [Cocktail] HAVING Count(*)>1 )
ORDER BY tblCocktail.Cocktail;
```

Die Abfrage ergibt eine Liste der Cocktailbezeichnungen, die doppelt vorkommen. Die Unterabfrage gruppiert dazu die Cocktails nach `tblCocktail.Cocktail`
und ermittelt für jede Gruppe die Anzahl der Datensätze mit `Count(*)`.

3.5.2 Unterabfragen mit einem Ergebniswert

Die Unterabfrage, die wir im nächsten Beispiel beschreiben möchten, ermittelt
alle Cocktails, deren Alkoholgehalt kleiner als der durchschnittliche Alkoholgehalt aller Cocktails ist. Dazu wird zunächst eine Unterabfrage zusammengestellt,
die den durchschnittlichen Gehalt an Alkohol ermittelt. Dieser Wert wird dann in
einem SELECT zur Bestimmung der entsprechenden Cocktails verwandt.

```
SELECT tblCocktail.Cocktail, tblCocktail.Alkoholgehalt
FROM tblCocktail
WHERE tblCocktail.Alkoholgehalt < (SELECT Avg(tblCocktail.Alkoholgehalt)
FROM tblCocktail);
```

Die Rückgabemenge der Unterabfrage besteht hierbei nur aus einem Wert, mit
dem der Vergleich der WHERE-Bedingung durchgeführt wird. Sie müssen sicherstellen, dass die Unterabfrage auch wirklich nur einen Wert als Resultat zurück-

liefert, denn sonst meldet Access einen Fehler mit dem im folgenden Bild gezeigten Dialogfeld.

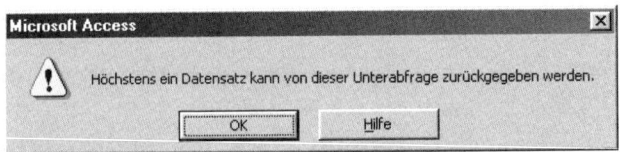

Bild 3.50: Fehlermeldung für Unterabfragen

Möchten Sie im Ergebnis der Abfrage zusätzlich erfahren, wie hoch der durchschnittliche Alkoholgehalt eigentlich war, erweitern Sie die Abfrage um ein entsprechendes Ausgabefeld.

```
SELECT tblCocktail.Cocktail, tblCocktail.Alkoholgehalt,
SELECT Avg(tblCocktail.Alkoholgehalt) FROM tblCocktail)
FROM tblCocktail
WHERE tblCocktail.Alkoholgehalt < (SELECT Avg(tblCocktail.Alkoholgehalt)
FROM tblCocktail);
```

Unterabfragen können sowohl in Bedingungen als auch im Ausgabebereich eingesetzt werden.

3.5.3 Korrelierte Unterabfragen

Bei korrelierten Unterabfragen enthält die innere SELECT-Anweisung eine Spalte, deren Werte in der äußeren SELECT-Anweisung festgelegt sind.

Die folgende Abfrage zeigt eine einfache Unterabfrage, in der alle Cocktails bestimmt werden, in denen die Zutat mit der ZutatenNr 50 verwandt wird.

```
SELECT Cocktail FROM tblCocktail
WHERE CocktailNr IN (SELECT CocktailNr FROM tblCocktailzutaten
WHERE ZutatenNr = 50);
```

Die gleiche Abfrage lässt sich auch als korrelierte Unterabfrage schreiben:

```
SELECT Cocktail FROM tblCocktail
WHERE 50 IN (SELECT ZutatenNr FROM tblCocktailzutaten
WHERE tblCocktail.CocktailNr = tblCocktailzutaten.CocktailNr);
```

3.5.4 Unterabfragen mit EXISTS

Mithilfe des EXISTS-Operators kann die Differenz bzw. mit NOT EXISTS der Durchschnitt zweier Tabellen bestimmt werden. Die Differenz zweier Tabellen besteht aus den Zeilen der ersten Tabelle, die nicht in der zweiten Tabelle auftreten. Der Durchschnitt zweier Tabellen beinhaltet alle Zeilen, die sowohl in der ersten als auch in der zweiten Tabelle vorkommen.

```
SELECT Cocktail FROM tblCocktail
WHERE EXISTS (SELECT ZutatenNr FROM tblCocktailzutaten
WHERE tblCocktail.CocktailNr = tblCocktailzutaten.CocktailNr
AND ZutatenNr = 50);
```

3.6 UNION-Abfragen

UNION-Abfragen vereinigen die Ergebnisse zweier SELECT-Abfragen zu einem Resultat. Für die Definition von UNION-Abfragen müssen die SQL-Befehle direkt im SQL-Fenster eingegeben werden. Rufen Sie das entsprechende Fenster in der Entwurfsansicht mit *ABFRAGE SQL-spezifisch Union* auf. Im folgenden Bild ist eine UNION-Abfrage abgebildet, die eine Liste aller Cocktailbezeichnungen und Zutaten liefert. Durch das Befehlswort UNION werden zwei SELECT-Abfragen miteinander verbunden. Für eine erfolgreiche Verbindung zweier Abfragen müssen die Anzahl der Felder und die entsprechenden Feldtypen übereinstimmen.

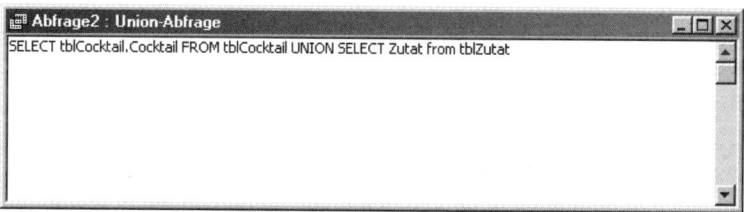

Bild 3.51: Definition der UNION-Abfrage

Soll die Abfrage die Daten sortiert ausgeben, können Sie ein Sortierkriterium mithilfe von ORDER BY festlegen, wobei nur die Felder der ersten SELECT-Abfrage als Sortierfelder benutzt werden können. Entsprechend sortiert

```
SELECT tblCocktail.Cocktail FROM tblCocktail  UNION SELECT Zutat FROM
tblZutat ORDER BY tblCocktail.Cocktail DESC;
```

wie Sie im nächsten Bild sehen können, die Cocktailbezeichnungen und Zutaten durcheinander, aber in umgekehrter Reihenfolge.

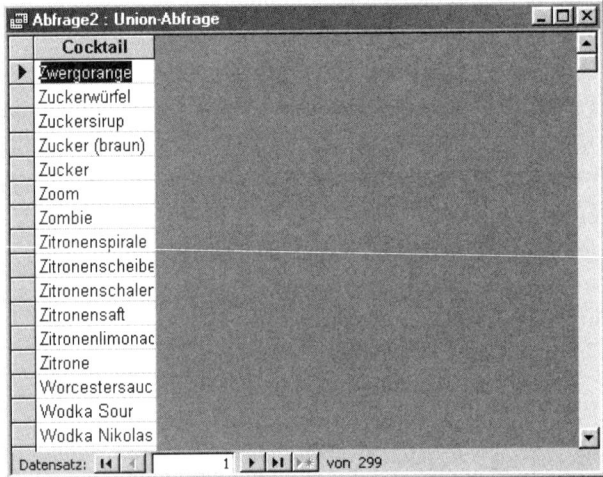

Bild 3.52: Ergebnis der UNION-Abfrage

Eine interessante UNION-Anwendung, die wir später in Kapitel 15, »Formulare«, einsetzen, möchten wir Ihnen noch vorstellen. Im folgenden Beispielformular wird eine Liste mit Cocktails gezeigt. Sie können ein oder mehrere Cocktailrezepte ausdrucken lassen, indem Sie die entsprechenden Cocktails selektieren. Der erste Eintrag der Liste »*** Alle Cocktails ***« ermöglicht den Ausdruck aller Rezepte.

Bild 3.53: Druckauswahlformular

Da dieser Eintrag nicht als Datensatz in der zugrunde liegenden Tabelle *tblCocktail* vorliegt, wird er mithilfe der UNION-Abfrage

```
SELECT tblCocktail.Cocktail, tblCocktail.Cocktailnr FROM tblCocktail
UNION SELECT "*** Alle Cocktails ***",0 FROM tblCocktail
ORDER BY tblCocktail.Cocktail;
```

für die Liste erzeugt. Die `UNION`-Abfrage zeigt, dass zur Erzeugung der Liste mit einem Trick gearbeitet wird. Die zweite `SELECT`-Abfrage liefert nur einen Datensatz mit zwei Feldern, nämlich `"*** Alle Cocktails ***"` und `0`. Beide basieren nicht auf der angegebenen Tabelle *tblCocktail*. Eine Tabelle muss aber in der `FROM`-Klausel angegeben werden, da sonst die Abfrage nicht bearbeitet werden kann. Der Wert `0` kommt als Cocktailnummer in *tblCocktail* nicht vor, deshalb wurde der Wert zur Erkennung des speziellen Eintrags gewählt.

Die Abfrage hat mit unseren Beispieldaten das im folgenden Bild gezeigte Ergebnis.

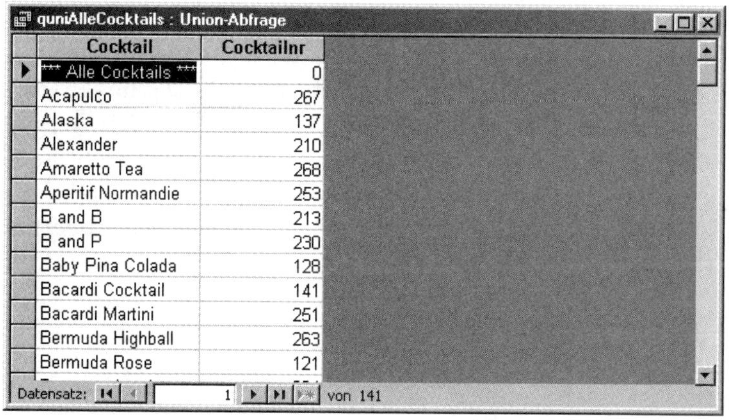

Cocktail	Cocktailnr
*** Alle Cocktails ***	0
Acapulco	267
Alaska	137
Alexander	210
Amaretto Tea	268
Aperitif Normandie	253
B and B	213
B and P	230
Baby Pina Colada	128
Bacardi Cocktail	141
Bacardi Martini	251
Bermuda Highball	263
Bermuda Rose	121

Bild 3.54: Ergebnis der geänderten UNION-Abfrage

3.7 Kreuztabellenabfragen

Eine Spezialität von Access sind Kreuztabellenabfragen. Mit ihrer Hilfe können Datenbestände schnell nach verschiedenen Kriterien abgefragt werden. Bei der Erstellung von Kreuztabellen unterstützt Sie ein Assistent. Wir möchten Ihnen im folgenden Abschnitt den Einsatz von Kreuztabellen in zwei Beispielen zeigen und die SQL-Erweiterungen in Access für Kreuztabellen ansprechen.

3.7.1 Cocktails in Gruppen und Kategorien

Im ersten Beispiel soll die Zugehörigkeit der Cocktails zu verschiedenen Gruppen und Kategorien dargestellt werden. Dazu ermittelt die SQL-Abfrage

```
SELECT DISTINCTROW tblCocktail.Cocktail, tblKategorie.Kategorie,
tblGruppe.Gruppe
FROM tblKategorie RIGHT JOIN ((tblGruppe RIGHT JOIN tblCocktail ON
tblGruppe.GruppeNr = tblCocktail.GruppeNr) LEFT JOIN tblCocktailKategorie
ON tblCocktail.CocktailNr = tblCocktailKategorie.CocktailNr) ON
tblKategorie.KategorieNr = tblCocktailKategorie.KategorieNr;
```

zunächst das im nächsten Bild gezeigte Ergebnis. In der ersten Spalte sind alle Cocktails aufgeführt, in den weiteren Spalten die entsprechenden Kategorien und Gruppen.

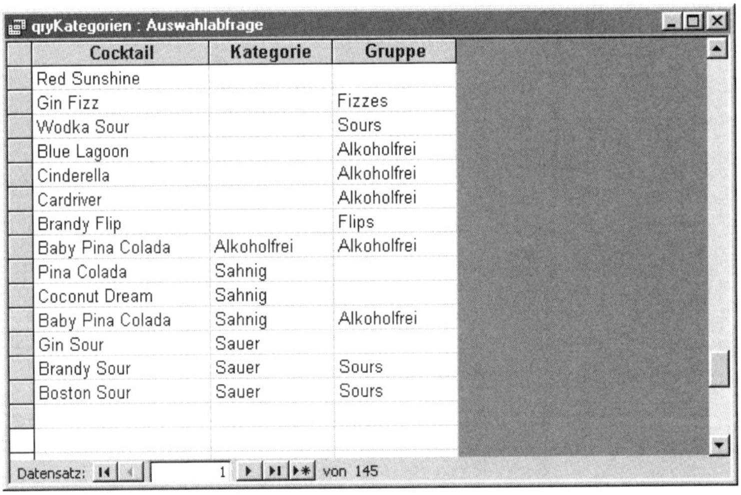

Cocktail	Kategorie	Gruppe
Red Sunshine		
Gin Fizz		Fizzes
Wodka Sour		Sours
Blue Lagoon		Alkoholfrei
Cinderella		Alkoholfrei
Cardriver		Alkoholfrei
Brandy Flip		Flips
Baby Pina Colada	Alkoholfrei	Alkoholfrei
Pina Colada	Sahnig	
Coconut Dream	Sahnig	
Baby Pina Colada	Sahnig	Alkoholfrei
Gin Sour	Sauer	
Brandy Sour	Sauer	Sours
Boston Sour	Sauer	Sours

Bild 3.55: Ergebnis der Abfrage

Möchten Sie nun wissen, wie viele Cocktails welchen Kategorien und Gruppen zugeordnet sind, können Sie dafür eine Kreuztabelle einsetzen. Sie erstellen eine Kreuztabelle am einfachsten mit dem Kreuztabellenabfrage-Assistenten. Das folgende Bild stellt das Ergebnis unserer Kreuztabelle dar.

qxtbKategorienKreuztabelle : Kreuztabellenabfrage

Kategorie	Gesamtsumm	<>	Alkoholfrei	Fizzes	Flips	Sours
	133	127	3	1	1	1
Alkoholfrei	1		1			
Fruchtig	3	2	1			
Sahnig	3	2	1			
Sauer	3	1				2
Süß	2	1	1			

Datensatz: 1 von 6

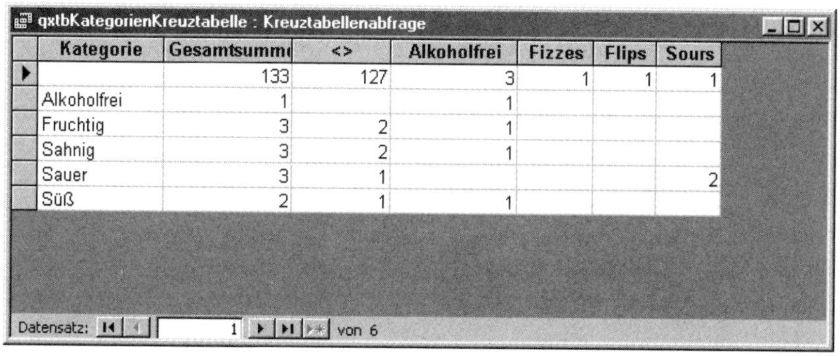

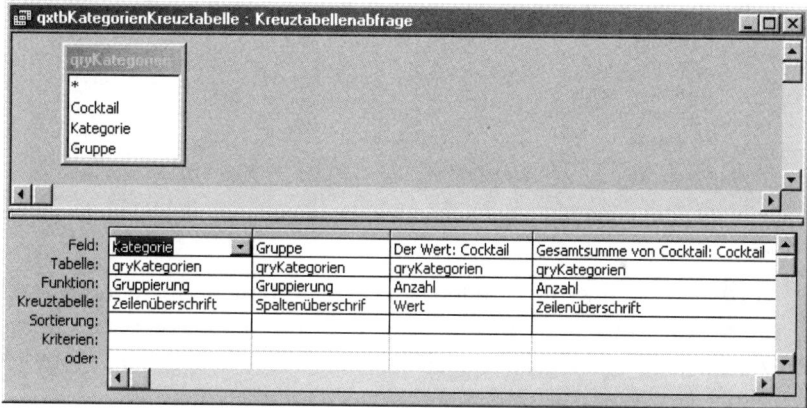

Bild 3.56: Ergebnis der Kreuztabellenabfrage

In der Entwurfsansicht wird für Kreuztabellen eine zusätzliche Zeile *Kreuztabelle* eingefügt, die die Funktion des Felds innerhalb der Kreuztabelle beschreibt.

Bild 3.57: Entwurfsansicht der Kreuztabellenabfrage

Die Definition der Entwurfsansicht wird wie folgt in SQL umgeformt: Hinter dem Access-spezifischen SQL-Befehl `TRANSFORM` wird das Feld benannt, das als *Wert* in der Tabelle errechnet werden soll. Die *Zeilenüberschriften* legen Sie hinter `SELECT` fest. Die Spaltenüberschriften vereinbart der Access-eigene SQL-Befehl `PIVOT`.

```
TRANSFORM Count(qryKategorien.Cocktail) AS [Der Wert]
SELECT qryKategorien.Kategorie, Count(qryKategorien.Cocktail) AS
[Gesamtsumme von Cocktail]
FROM qryKategorien
GROUP BY qryKategorien.Kategorie
PIVOT qryKategorien.Gruppe;
```

3.7.2 Der Verbrauch pro Jahr

Für das folgende Beispiel soll ausgerechnet werden, welche Beträge pro Jahr für Spirituosen zum Mischen ausgegeben wurden. Dazu wurde zunächst eine neue Tabelle *tblEinkauf* angelegt, die neben dem Einkaufsdatum und der eingekauften Menge auch den Preis der gekauften Spirituosen aufzeigt.

LfdNr	ZutatNr	Kaufdatum	Kaufmenge in ml	Preis
73	Cherry Brandy	03.07.96	250	15,00 DM
74	Orangenlikör	03.07.96	500	21,00 DM
75	Champagner	17.09.96	750	23,00 DM
76	Curacao blue	17.09.96	500	22,00 DM
77	Grand Marnier	17.09.96	500	32,00 DM
78	194	17.09.96	750	56,00 DM
79	Pfefferminzlikör	17.09.96	250	12,00 DM
80	Amaretto	17.09.96	500	16,00 DM
81	Wodka	21.10.96	75	43,00 DM
82	Bordeaux	21.10.96	750	11,00 DM
83	Weißwein	21.10.96	750	11,00 DM
84	Campari	21.10.96	750	21,00 DM
85	Champagner	31.01.97	750	23,00 DM
86	Pfefferminzlikör	31.01.97	250	12,00 DM
87	Weißwein	31.01.97	750	11,00 DM
88	Wodka	31.01.97	750	43,00 DM

Datensatz: 1 von 72

Bild 3.58: Tabelle tblEinkauf

Daraus wurde mit dem Kreuztabellenabfrage-Assistenten eine neue Kreuztabelle erstellt, die für die einzelnen Spirituosen pro Jahr den ausgegebenen Betrag darstellt sowie für jede eingekaufte Spirituose die Summe über die Jahre 1996 bis 2000 errechnet.

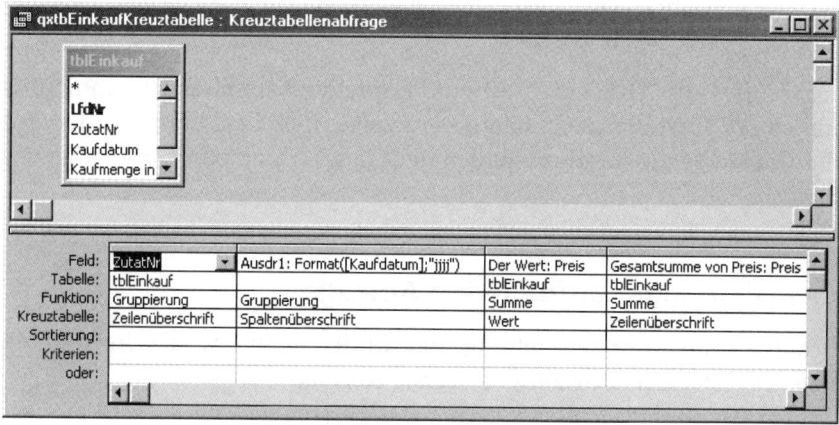

ZutatNr	Gesamtsumm	1996	1997	1998	1999	2000
Orangenlikör	69,00 DM	21,00 DM			48,00 DM	
Apricot Brandy	22,00 DM					22,00 DM
Grenadinesirup	12,00 DM				12,00 DM	
Wodka	258,00 DM	43,00 DM	86,00 DM	86,00 DM	43,00 DM	
Campari	42,00 DM	21,00 DM	21,00 DM			
Bailey´s Irish Cream	32,00 DM				32,00 DM	
Tequila (weiß)	23,00 DM					23,00 DM
Drambuie	22,00 DM				22,00 DM	
Crème de Cassis	46,00 DM			23,00 DM		23,00 DM
Weißwein	82,00 DM	11,00 DM	33,00 DM	29,00 DM	9,00 DM	
Champagner	115,00 DM	23,00 DM	46,00 DM	46,00 DM		
Gin	92,00 DM		46,00 DM	46,00 DM		
Bordeaux	75,00 DM	11,00 DM	11,00 DM	53,00 DM		
Amaretto	48,00 DM	16,00 DM		16,00 DM	16,00 DM	
Pfefferminzlikör	24,00 DM	12,00 DM	12,00 DM			
Grand Marnier	160,00 DM	32,00 DM	32,00 DM	32,00 DM	64,00 DM	
Crème de Cacao weil	15,00 DM					15,00 DM

Datensatz: |◄ ◄ | 1 | ► ►| ►* | von 27

Bild 3.59: Kreuztabelle zum Bestimmen des Verbrauchs an Spirituosen pro Jahr

Damit die Kreuztabelle das oben dargestellte Ergebnis ausgibt, müssen Sie zunächst die in der zweiten Spalte festgelegte Formatanweisung so wie im folgenden Bild gezeigt ändern.

Bild 3.60: Entwurfsansicht der Kreuztabelle

Die Änderung können Sie auch in der SQL-Anweisung vornehmen, die

```
TRANSFORM Sum(tblEinkauf.Preis) AS [Der Wert]
SELECT tblEinkauf.ZutatNr, Sum(tblEinkauf.Preis) AS [Gesamtsumme von
Preis]
FROM tblEinkauf
```

```
GROUP BY tblEinkauf.ZutatNr
PIVOT Format([Kaufdatum],"yyyy");
```

lauten sollte, um eine Kreuztabelle mit vernünftigem Ergebnis anzuzeigen.

3.8 Ein komplexes Beispiel

Die einfache Fragestellung: »Welche Cocktails kann ich mit den Zutaten in meiner Hausbar mixen?« führt zu einer komplexen Abfrage. Wir möchten Ihnen im Folgenden zwei Varianten zur Lösung des Problems vorstellen. Im ersten Fall wurde die Fragestellung mit einer Access-typischen Lösungsvariante beantwortet. Für die zweite Variante wurden Unterabfragen eingesetzt.

Beide Lösungen arbeiten mit dem gleichen Grundschema. Ein Cocktail lässt sich dann mit den Zutaten der Hausbar mixen, wenn die Anzahl der Zutaten für den Cocktail gleich der Anzahl der Zutaten der Hausbar ist. Allerdings darf dabei nicht die Gesamtzahl der Zutaten der Hausbar verwendet werden, sondern es werden durch eine Verknüpfung mit der Cocktailzutatenliste nur die tatsächlich benötigten Zutaten ausgewertet. Dabei sollen auch die in der Hausbar noch vorhandenen Mengen berücksichtigt werden.

Beide Lösungen sind, zumindest mit dem kleinen Datenbestand der Cocktail-Datenbank, ungefähr gleich schnell.

Wir verwenden die Abfragen in einem Beispiel in Kapitel 15, »Formulare«. Dort wird in einem Formular zwischen der Anzeige aller Cocktails und der Anzeige nur der Cocktails, die mit den Zutaten der Hausbar gemixt werden können, umgeschaltet.

3.8.1 Aufeinander aufbauende Abfragen

Zur Beantwortung der Fragestellung sind für den ersten Ansatz drei aufeinander aufbauende Abfragen notwendig. Die erste Abfrage

```
SELECT Count(*) AS [ZAnzahl], tblCocktailzutaten.CocktailNr
FROM tblCocktailzutaten
GROUP BY tblCocktailzutaten.CocktailNr;
```

ermittelt die Anzahl der Zutaten pro Cocktail. Wir verwenden dabei aus Leistungsgründen die Funktion Count(*), alternativ könnte Count([tblCocktailzutaten.CocktailZutatenNr]) eingesetzt werden. Die Abfrage wurde als »qryHausbar1« abgespeichert.

Die zweite Abfrage, abgelegt unter dem Namen »qryHausbar2«, zählt ebenfalls die Anzahl der Zutaten eines Cocktails, allerdings mit der Bedingung, dass sich die entsprechenden Zutaten in der Hausbar befinden.

```
SELECT Count(*) AS [ZAnzahl], tblCocktailzutaten.CocktailNr
FROM tblCocktailzutaten INNER JOIN tblHausbar ON
tblCocktailzutaten.ZutatenNr = tblHausbar.ZutatenNr
GROUP BY tblCocktailzutaten.CocktailNr;
```

Diese Einschränkung wird mithilfe einer Verknüpfung zwischen den Tabellen *tblCocktailZutaten* und *tblHausbar* definiert. Die Definition der Einschränkung ist der entscheidende Teil der Abfrage, denn hier wird die eigentliche Verbindung zwischen Hausbar und Cocktail hergestellt.

Wir haben die zweite Abfrage um eine Prüfung ergänzt, ob die in der Hausbar vorhandene Menge überhaupt ausreicht. Hierzu wurde eine WHERE-Klausel hinzugefügt, die allerdings sehr aufwändig ist. Aufgrund der verschiedenen Einheiten für die Mengenangaben ist eine Umrechnung der Einheiten erforderlich, um die Mengen vergleichen zu können. Das führt dazu, dass die Einheitentabelle zweimal, als *tblEinheiten* und als *tblEinheiten_1*, mit der Zutaten- und der Hausbartabelle verknüpft wird. Um Nullwerte in der WHERE-Klausel abzufangen und zu behandeln, haben wir die Funktion Nz() eingesetzt, die Nullwerte zur Zahl 0 umsetzt.

```
SELECT Count(*) AS [ZAnzahl], tblCocktailzutaten.CocktailNr
FROM tblEinheiten INNER JOIN (tblEinheiten AS tblEinheiten_1 INNER JOIN
(tblCocktailzutaten INNER JOIN tblHausbar ON tblCocktailzutaten.ZutatenNr
= tblHausbar.ZutatenNr) ON tblEinheiten_1.EinheitenNr =
tblCocktailzutaten.EinheitenNr) ON tblEinheiten.EinheitenNr =
tblHausbar.EinheitenNr
WHERE Nz([tblCocktailzutaten].[Menge]) *
Nz([tblEinheiten_1].[Umrechnung_cl]) <= Nz([tblHausbar].[Menge]) *
Nz([tblEinheiten].[Umrechnung_cl])
GROUP BY tblCocktailzutaten.CocktailNr;
```

In der Entwurfsansicht ist die Abfrage leichter zu übersehen.

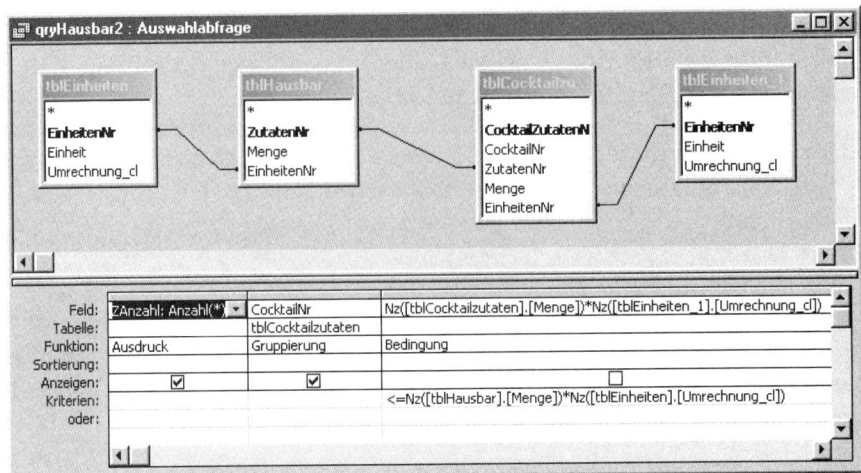

Bild 3.61: Abfrage »qryHausbar2«

Im letzten Schritt wird ermittelt, für welche Cocktails die Anzahl der benötigten Zutaten und die Anzahl der auch in der Hausbar vorhandenen Zutaten gleich ist.

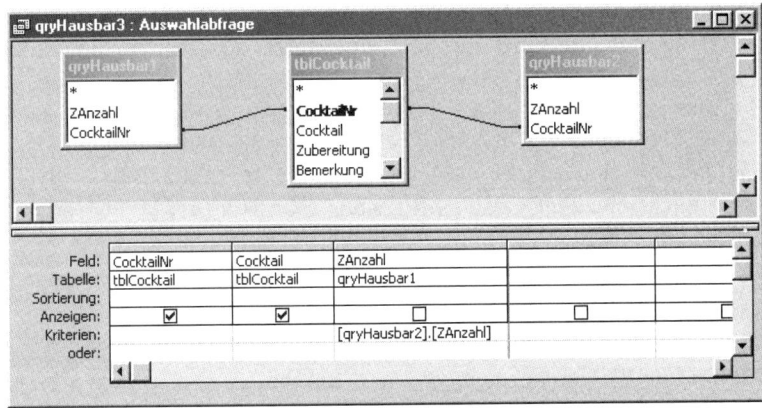

Bild 3.62: Abfrage »qryHausbar3«

Access setzt die Entwurfsansicht zu dem folgenden SQL-Befehl um.

```
SELECT tblCocktail.CocktailNr, tblCocktail.Cocktail
FROM (tblCocktail INNER JOIN qryHausbar1 ON tblCocktail.CocktailNr =
qryHausbar1.CocktailNr) INNER JOIN qryHausbar2 ON tblCocktail.CocktailNr
= qryHausbar2.CocktailNr
WHERE [qryHausbar1].[ZAnzahl]=[qryHausbar2].[ZAnzahl];
```

3.8.2 Mit Unterabfragen

Die Fragestellung, welche Cocktails mit den Zutaten aus der Hausbar möglich sind, lässt sich auch mit einer einzigen Abfrage lösen. Das Grundprinzip ist gleich, d.h., sowohl in der Cocktailzutaten-Tabelle als auch in der Hausbar wird die Anzahl der Zutaten bezogen auf einen bestimmten Cocktail ermittelt.

In der WHERE-Klausel werden die Ergebnisse zweier SELECT-Abfragen verglichen. Vereinfacht dargestellt hat die WHERE-Klausel die Form

```
WHERE (SELECT Anz. Cocktailzutaten) = (SELECT Anz. Hausbarzutaten)
```

In den SELECTs wird jeweils die Bedingung

```
WHERE tblCocktailzutaten.Cocktailnr = tblCocktail.CocktailNr
```

verwandt, die eine korrelierte Verknüpfung der Unterabfragen aufbaut. Ausführlich lässt sich die Abfrage

```
SELECT tblCocktail.CocktailNr, tblCocktail.Cocktail
FROM tblCocktail
WHERE
(SELECT  Count(*) AS ZAnzahl
FROM tblCocktailzutaten INNER JOIN tblHausbar ON
tblCocktailzutaten.ZutatenNr = tblHausbar.ZutatenNr
WHERE tblCocktailzutaten.CocktailNr = tblCocktail.CocktailNr)
=
(SELECT  Count(*) AS ZAnzahl
FROM tblCocktailzutaten
WHERE tblCocktailzutaten.Cocktailnr = tblCocktail.CocktailNr);
```

schreiben, wobei keine Mengen und Einheiten berücksichtigt wurden.

Mit der Berücksichtigung von Mengen und Einheiten wird die Abfrage ziemlich kompliziert und lässt sich nur schwer lesen.

```
SELECT tblCocktail.CocktailNr, tblCocktail.Cocktail
FROM tblCocktail
WHERE
(SELECT  Count(*) AS ZAnzahl
FROM tblEinheiten INNER JOIN (tblEinheiten AS tblEinheiten_1 INNER JOIN
(tblCocktailzutaten INNER JOIN tblHausbar ON tblCocktailzutaten.ZutatenNr
= tblHausbar.ZutatenNr) ON tblEinheiten_1.EinheitenNr =
tblCocktailzutaten.EinheitenNr) ON tblEinheiten.EinheitenNr =
tblHausbar.EinheitenNr
```

```
WHERE tblCocktailzutaten.Cocktailnr = tblCocktail.CocktailNr and
(Nz([tblCocktailzutaten].[Menge])*Nz([tblEinheiten_1].[Umrechnung_cl]))<=
Nz([tblHausbar].[Menge])*Nz([tblEinheiten].[Umrechnung_cl]))
=
(SELECT  Count(*) AS ZAnzahl
FROM tblCocktailzutaten
WHERE tblCocktailzutaten.CocktailNr = tblCocktail.CocktailNr);
```

3.9   Zusammenfassung des SELECT-Befehls

Der SELECT-Befehl ist der am häufigsten verwendete SQL-Befehl. Er ist aber sehr vielseitig und wird dadurch unübersichtlich. Wir haben aus diesem Grund ein Syntax-Diagramm zusammengestellt, mit dessen Hilfe er leicht zu generieren ist.

Um das Schema leichter lesen zu können, zeigt die folgende Übersicht die verwendeten Symbole.

►►—	Beginn des Befehls
—→	Kommando geht über die Zeile
—◄◄	Ende des Befehls
└NOT┘	Wenn sich ein Schlüsselwort unterhalb der Linie befindet, handelt es sich um ein optionales Schlüsselwort.
┌ASC┐ └DESC┘	Befinden sich mehrere Schlüsselwörter übereinander unter der Linie, kann eines davor ausgewählt werden. Ist eines der Schlüsselwörter unterstrichen, handelt es sich dabei um den Standardwert, der automatisch verwendet wird, auch wenn sich keines der Schlüsselwörter in der Befehlsfolge befindet.
┌OR┐ └AND┘	Befindet sich ein Schlüsselwort einer Auswahl auf der Linie, so bedeutet das, dass eines der Schlüsselwörter der Auswahl selektiert werden muss.
▲ Tab.Feld ┐ └─,─┘	Ein Pfeil, der zurück an den Anfang eines Arguments zeigt, gibt an, dass das Argument wiederholt werden kann. Das Zeichen, das Sie auf dem Rückwärtspfeil finden, ist als Trennzeichen zwischen den Argumenten zu verwenden.

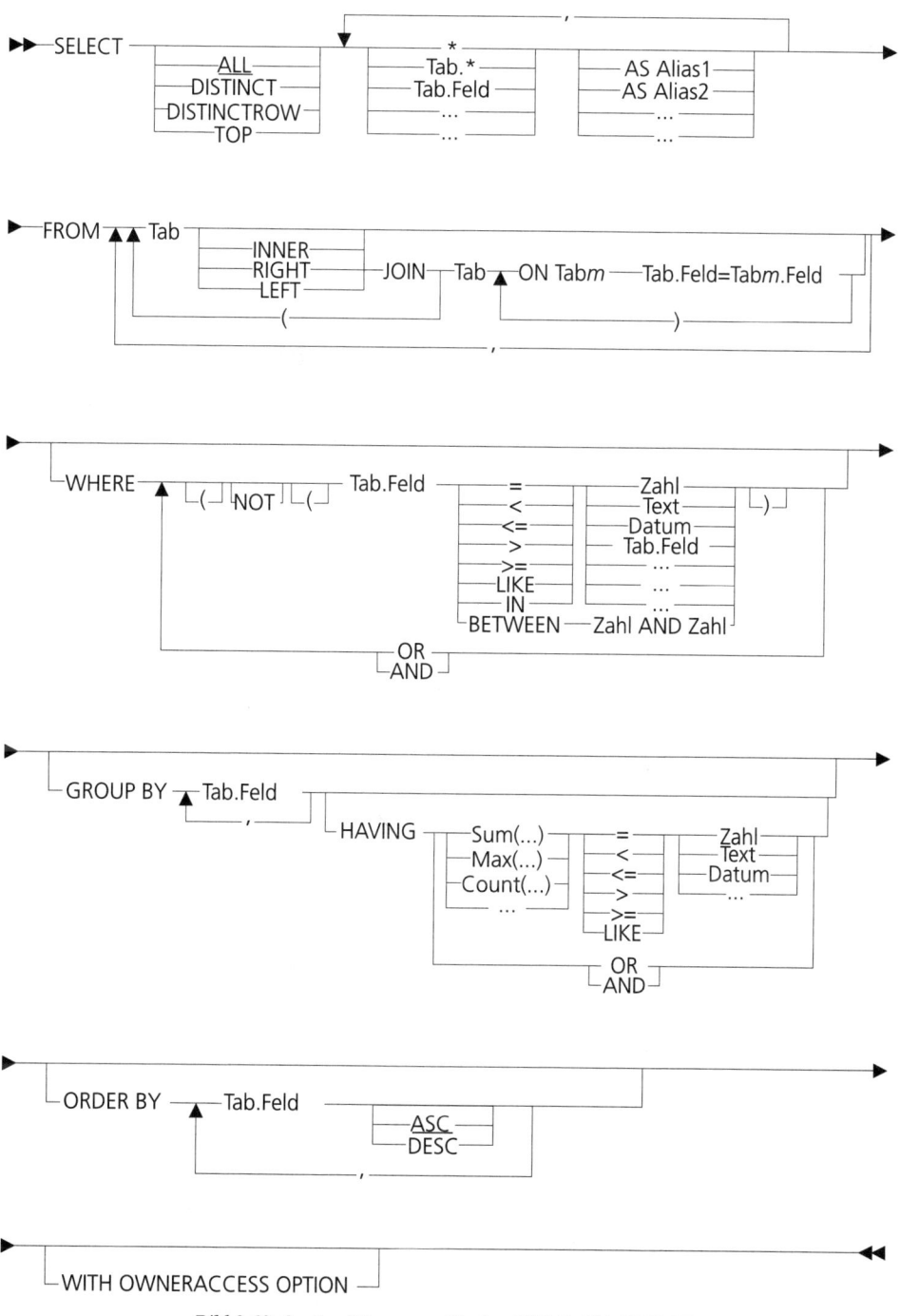

Bild 3.63: Syntax-Diagramm für den SQL-Befehl SELECT

4 Aktionsabfragen

SQL-Aktionsabfragen führen Änderungen an den Daten Ihrer Tabellen durch. Sie können beispielsweise die Aktionsabfrage UPDATE verwenden, um mit nur einem Befehl alle Artikel Ihrer Artikeltabelle 10% teurer zu machen.

Aktionsabfragen werden im Access-Datenbankfenster mit speziellen Symbolen dargestellt. In den Symbolen ist jeweils ein Ausrufezeichen zu sehen, um anzuzeigen, dass in einer Aktionsabfrage etwas mit den Daten passiert. Wir empfehlen Ihnen, auch in den Namen der Abfragen die Aktion zu kennzeichnen, beispielsweise die Zeichenfolge »qdel« den Namen Ihrer Löschabfragen voranzustellen. Sehen Sie dazu auch Anhang A, »Reddick-VBA-Namenskonventionen«, für weitere Vorschläge.

In der Abfragenentwurfsansicht wählen Sie den gewünschten Abfragetyp mithilfe der Schaltfläche *Abfragetyp* oder über das Menü *ABFRAGE* aus. Alle Aktionsabfragen erwarten normalerweise eine Bestätigung der Änderung. Möchten Sie die Bestätigung unterdrücken, können Sie im Dialogfeld *Optionen* (*EXTRAS Optionen*) auf dem Registerblatt *Bearbeiten/Suchen* die entsprechende Option im Gruppenfeld *Bestätigen* ausschalten.

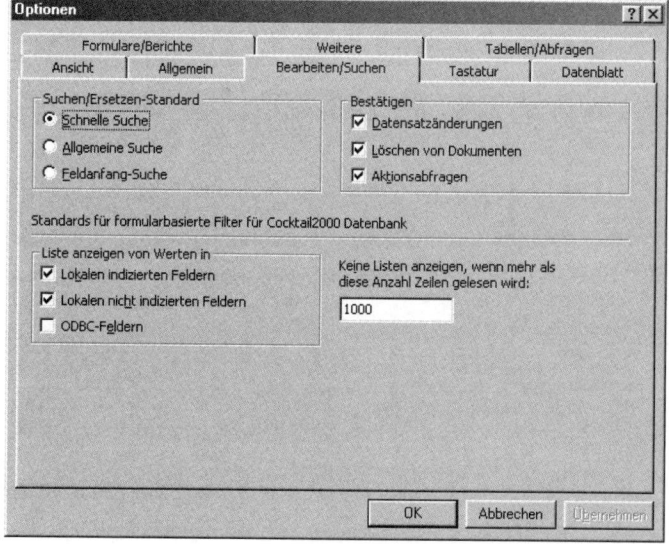

Bild 4.1: Dialogfeld Optionen Registerblatt Bearbeiten/Suchen

! Parameter: In allen Aktionsabfragen können Parameter eingesetzt werden, sodass der Benutzer Bedingungen und Werte beim Ablaufen der Abfrage eingeben kann. Für die Parameter gelten die gleichen Regeln wie bei SELECT-Abfragen (siehe Kapitel 3.4, »Parameterabfragen«).

! Multiuser-Umgebung: Für Aktionsabfragen in einer Multibenutzer-Umgebung (mehrere Benutzer greifen über ein Netzwerk auf die gleiche Datenbank zu), in denen Datensätze geändert werden, lesen Sie bitte Kapitel 18, »Multiuser-Zugriffe«.

4.1 Datenaktualisierung mit UPDATE

Während der Arbeit mit der Cocktail-Datenbank sind viele Ideen nachträglich in die Datenbank eingebaut worden, beispielsweise war das Feld *Art* in der Tabelle *tblZutaten* ein solcher Nachzügler. Für jede Zutat soll in diesem Feld anhand einer Werteliste bestimmt werden, ob die Zutat der Art »Spirituose«, »Saft«, »Dekoration«, »Früchte« oder einfach »Diverses« gehört.

Das Feld wurde leider erst zur Tabelle hinzugefügt, nachdem knapp 100 Zutaten erfasst waren. Um nicht für jede Zutat per Hand die Art nachtragen zu müssen, haben wir mit einer Aktualisierungsabfrage die Aufgabe vereinfacht. Für alle Zutaten, die einen Alkoholgehalt aufwiesen, sollte als Art einfach »Spirituose« festgelegt werden.

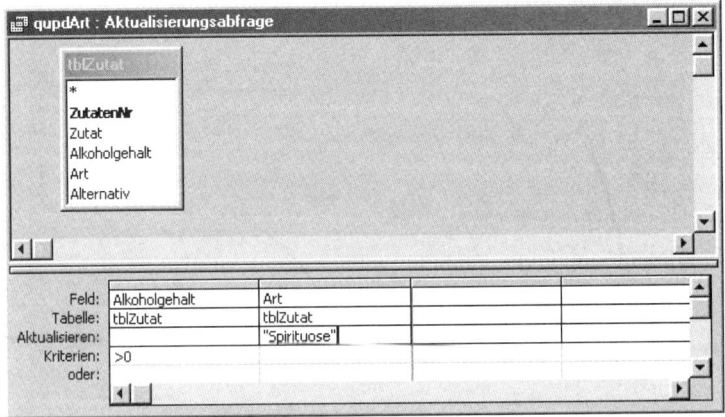

Bild 4.2: Entwurfsansicht der Aktualisierungsabfrage

Access setzt die Abfrage, die mit dem Objekttypkürzel »qupd« gespeichert wurde (siehe Anhang A, »Reddick-VBA-Namenskonventionen«), zu dem folgenden SQL-Befehl um:

```
UPDATE tblZutat SET tblZutat.Art = "Spirituose"
WHERE tblZutat.Alkoholgehalt > 0;
```

UPDATE-Abfragen sind vor allem dann sinnvoll, wenn größere Datenmengen gleichzeitig geändert werden müssen. Voraussetzung ist, dass die Daten, die aktualisiert werden sollen, durch einen SQL-Befehl beschrieben werden können.

Die folgende Aktualisierungsabfrage errechnet für alle Cocktails, deren Feld *Alkoholgehalt* leer ist, mithilfe der Funktion *AlkoholgehaltSQL()* den Gehalt an Alkohol aufgrund der verwendeten Zutaten. Die benutzerdefinierte Funktion *AlkoholgehaltSQL()* ist in Visual Basic realisiert worden und wird in Kapitel 11, »Datenzugriffsobjekte«, besprochen. Prinzipiell können im UPDATE-Befehl alle Access-Funktionen verwendet werden.

```
UPDATE tblCocktail SET tblCocktail.Alkoholgehalt =
fAlkoholgehaltSQL([Cocktailnr])
WHERE tblCocktail.Alkoholgehalt IS NULL;
```

Die Möglichkeiten des UPDATE-Befehls unterscheiden sich zwischen Access und SQL-92. Während SQL-92 Unterabfragen in der SET-Klausel des UPDATE-Befehls erlaubt, nutzt Access-SQL Verknüpfungen (JOINs) aufgrund der nur in Access realisierten bearbeitbaren Dynasets. Das folgende Beispiel soll diese Möglichkeit illustrieren. Gleichzeitig wird in der Abfrage die Aktualisierung von Feldern verschiedener Tabellen vorgestellt.

Die Mengenangaben aller Zutaten der Cocktails, deren Bezeichnungen mit dem Buchstaben »C« beginnen, sollen in Zentiliter (cl) umgerechnet werden. Dazu wird die *Menge* aus *tblCocktailZutaten* mit dem Umrechnungsfaktor *Umrechnung_cl* der Tabelle *tblEinheiten* multipliziert und die *EinheitenNr* in *tblCocktailZutaten* auf den Wert »1« gesetzt, der Einheitennummer der Einheit »cl«. Gleichzeitig soll das Datumsfeld *CocktailGeändert* in der Tabelle *tblCocktail* aktualisiert werden, um das Datum der Änderung festzuhalten. Wir verwenden dazu die Access-Funktion Now() bzw. Jetzt(), die das aktuelle Systemdatum zurück liefert.

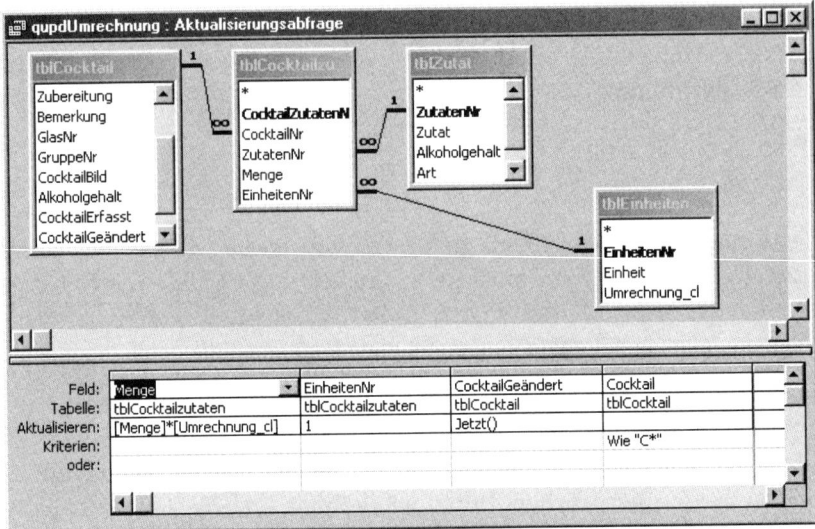

Bild 4.3: Entwurfsansicht der verknüpften Update-Abfrage

Die zugehörige SQL-Abfrage zeigt die Verknüpfung der vier Dateien mit INNER JOINs.

```
UPDATE tblEinheiten INNER JOIN (tblZutat INNER JOIN (tblCocktail INNER
JOIN tblCocktailzutaten ON tblCocktail.CocktailNr =
tblCocktailzutaten.CocktailNr) ON tblZutat.ZutatenNr =
tblCocktailzutaten.ZutatenNr) ON tblEinheiten.EinheitenNr =
tblCocktailzutaten.EinheitenNr SET tblCocktailzutaten.Menge =
[Menge]*[Umrechnung_cl], tblCocktailzutaten.EinheitenNr = 1,
tblCocktail.CocktailGeändert = Now()
WHERE tblCocktail.Cocktail Like "C*";
```

! Referentielle Integrität: Bei Tabellen, die zueinander in *1:n*-Beziehung mit referentieller Integrität stehen, sollten Sie vor dem Update in der Tabelle auf der »1«-Seite kontrollieren, ob Sie nicht unbeabsichtigt Datensätze auf der »n«-Seite ändern. Ist für die Beziehung der beiden Tabellen im Dialogfeld *Beziehungen* referentielle Integrität definiert und die Option *Aktualisierungsweitergabe an Detailfeld* eingeschaltet, werden von Access beim Update die entsprechenden Datenfelder auf der »n«-Seite aktualisiert.

4.2 Daten anfügen mit INSERT INTO

Mithilfe einer Anfügeabfrage hängen Sie das Ergebnis einer Abfrage als neue Datensätze an eine andere, vorher angelegte Tabelle an.

Wenn Sie in der Entwurfsansicht eine Anfügeabfrage selektieren, werden Sie zuerst nach dem Namen der Tabelle gefragt, an die angefügt werden soll. In unserem Fall besitzt die Tabelle *tblNeueCocktails* die gleiche Struktur wie die Tabelle *tblCocktail*.

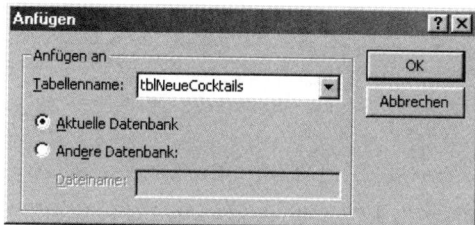

Bild 4.4: Abfrage des Tabellennamens

Beim Anfügen von Daten muss prinzipiell darauf geachtet werden, dass die Datentypen der Felder zueinander passen, d.h., der Typ des entsprechenden Feldes der Anfügeabfrage muss mit dem Typ des Tabellenfeldes der Anfügetabelle übereinstimmen. Die Namen der Felder können unterschiedlich sein.

Wir möchten in unserem Beispiel einer Anfügeabfrage die Spalten *Cocktail, Zubereitung* und *Alkoholgehalt* aus der Tabelle *tblCocktail* an die Tabelle *tblNeueCocktails* übergeben. Zusätzlich soll der Zeitpunkt der Anfügung in das Feld *CocktailErfasst* der Anfügetabelle eingetragen werden. Wir nutzen dazu die Funktion Now() bzw. Jetzt().

Allerdings möchten wir nicht alle Datensätze übertragen, sondern nur die Zeilen, die heute, am Tag der Durchführung der Anfügeabfrage, geändert wurden. Wir verwenden zur Ermittlung dieser Bedingung die Funktion DateDiff() bzw. Dat-Diff(). Die Funktion benötigt drei Parameter: eine Zeichenfolge zur Beschreibung eines Datums- oder Zeitintervalls und zwei Datum/Zeit-Angaben. Die von uns verwendete Zeichenfolge "t" steht für das Intervall »Tag«. In unserem Fall ermittelt die Funktion durch die Zeichenfolge "t" die Anzahl der Tage zwischen Now()/Jetzt() und *CocktailGeändert*. Wenn die Differenz der Tage gleich null ist, dann fand die Änderung heute statt. Übrigens orientiert sich die DateDiff()-Funktion am Tagesdatum, d.h., es werden nicht die Änderungen der letzten 24 Stunden berücksichtigt.

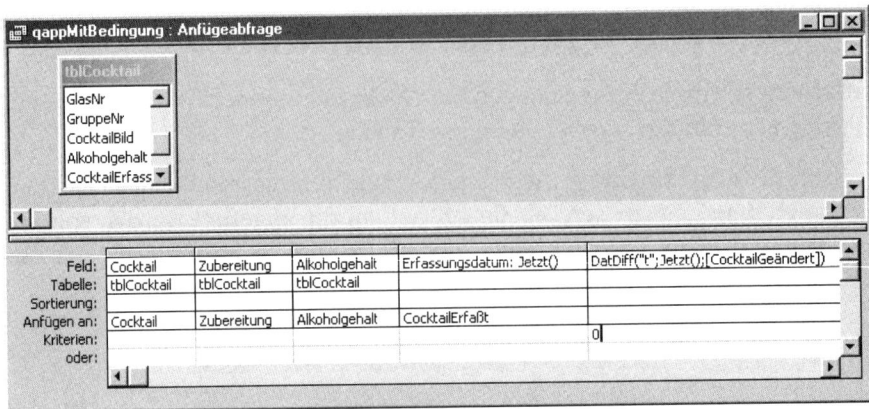

Bild 4.5: Anfügeabfrage in der Entwurfsansicht

Die Abfrage wurde entsprechend der Reddick-Namensregel mit dem Objekttyp-kürzel »qapp« gespeichert. Die von Access in SQL umgesetzte Abfrage beginnt mit dem Schlüsselwort INSERT INTO.

```
INSERT INTO tblNeueCocktails ( Cocktail, Zubereitung, Alkoholgehalt,
CocktailErfasst )
SELECT tblCocktail.Cocktail, tblCocktail.Zubereitung,
tblCocktail.Alkoholgehalt, Now() AS Erfassungsdatum
FROM tblCocktail
WHERE DateDiff("d", Now(), [CocktailGeändert]) = 0;
```

Sollte Access die Datensätze nicht anfügen können, wird eine entsprechende Feh-lermeldung gezeigt. Die folgende Tabelle führt die Fehler auf, die beim Anfügen von Daten vorkommen können.

Tabelle 4.1: Mögliche Anfügen-Fehler

Fehlertyp	Entstehung
Typumwandlungsfehler	treten auf, wenn sich der Typ eines Feldes in der Her-kunftstabelle vom Typ in der Anfüge-Tabelle unterschei-det, und Access eine Umwandlung nicht vornehmen kann.
Schlüsselverletzungen	können entstehen, wenn Sie versuchen, einen Wert in eine als eindeutiger Index definierte Spalte anzufügen, der dort schon vorhanden ist.
Sperrverletzungen	bedeuten, dass die Datensätze nicht angefügt werden können, da die Anfüge-Tabelle durch einen anderen Be-nutzer gesperrt ist.
Gültigkeitsregelverletzungen	zeigen an, dass die anzufügenden Daten nicht den für die Anfüge-Tabelle vereinbarten Gültigkeitsregeln entspre-chen.

Standard-SQL kennt noch eine weitere Form des `INSERT INTO`-Befehls. In

```
INSERT INTO tblNeueCocktails ( Cocktail, Alkoholgehalt )
VALUES ("Test Cocktail", 0.25);
```

werden hinter dem Befehlswort `VALUES` Werte aufgeführt, die in die angegebenen Felder eingetragen werden sollen. Access wandelt die Standard-SQL-Version in eine Version mit `SELECT` um.

```
INSERT INTO tblNeueCocktails ( Cocktail, Alkoholgehalt )
SELECT "Test Cocktail" AS Ausdr1, 0.25 AS Ausdr2;
```

4.3   Neue Tabelle mit SELECT INTO erstellen

Das Access-eigene SQL-Kommando `SELECT INTO` ermöglicht es, das Ergebnis einer Abfrage als neue Tabelle zu speichern. Die Einstellungen und Bedingungen für eine Tabellenerstellungsabfrage gleichen denen der Anfügeabfrage.

Bei der Bestimmung einer Abfrage als Tabellenerstellungsabfrage werden Sie von Access gefragt, welchen Namen die neue Tabelle erhalten soll. Danach nehmen Sie in der Entwurfsansicht eine Auswahl der Felder vor, die in die neue Tabelle aufgenommen werden sollen. Die Felder der neuen Tabelle erhalten den gleichen Datentyp und den gleichen Namen wie die Felder der Herkunftstabellen. Möchten Sie einen anderen Feldnamen für die neue Tabelle vereinbaren, definieren Sie in der Entwurfsansicht einen Alias-Namen, z.B. *Cocktailbezeichnung:Cocktail*, so wie es im folgenden Bild illustriert ist. Speichern Sie diese Abfragen mit dem Typkürzel »qmak«.

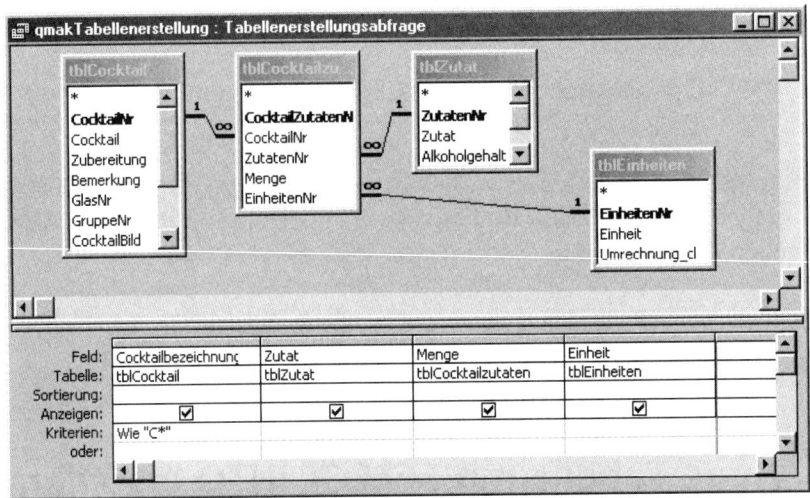

Bild 4.6: Definition für eine Tabellenerstellungsabfrage

Umgesetzt in SQL hat die Tabellenerstellungsabfrage die Form:

```
SELECT tblCocktail.Cocktail AS Cocktailbezeichnung, tblZutat.Zutat,
tblCocktailzutaten.Menge, tblEinheiten.Einheit
INTO tblCocktailNeuErstellt
FROM tblEinheiten INNER JOIN (tblZutat INNER JOIN (tblCocktail INNER JOIN
tblCocktailzutaten ON tblCocktail.CocktailNr =
tblCocktailzutaten.CocktailNr) ON tblZutat.ZutatenNr =
tblCocktailzutaten.ZutatenNr) ON tblEinheiten.EinheitenNr =
tblCocktailzutaten.EinheitenNr
WHERE tblCocktail.Cocktail Like "C*";
```

Der Name der Tabelle, die neu erstellt werden soll, kann im Dialogfeld *Abfrageei-genschaften* in der Zeile *Zieltabelle* angegeben werden.

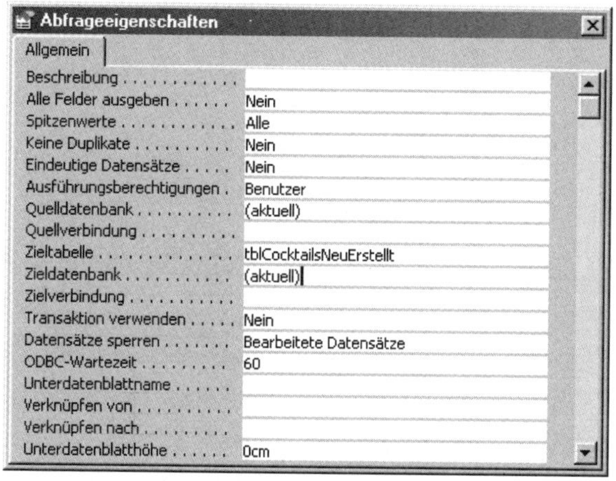

Bild 4.7: Dialogfeld **Abrageeigenschaften** *für Tabellenerstellungsabfragen*

In vielen Anwendungen werden Daten, die ein bestimmtes Alter erreicht haben, in andere Datenbestände umgelagert. Die folgende Abfrage erstellt eine Tabelle mit der gleichen Struktur wie die Herkunftstabellen und kopiert alle Datensätze in die neue Tabelle, die der mithilfe eines Parameters vereinbarten Bedingung genügen.

```
SELECT tblCocktail.* INTO tblCocktailAlteWerte
FROM tblCocktail
WHERE tblCocktail.CocktailGeändert <= [Auslagerungsdatum:];
```

4.4 Daten löschen mit DELETE

Eine Löschabfrage entfernt unter bestimmten Bedingungen Datensätze aus einer oder mehreren Tabellen, die in einer *1:1*-Beziehung stehen. Beachten Sie, dass SQL-92 nur Daten aus einer Tabelle löschen kann, während in Access Löschvorgänge mehrere Tabellen in einer *1:1*-Beziehung gleichzeitig betreffen können.

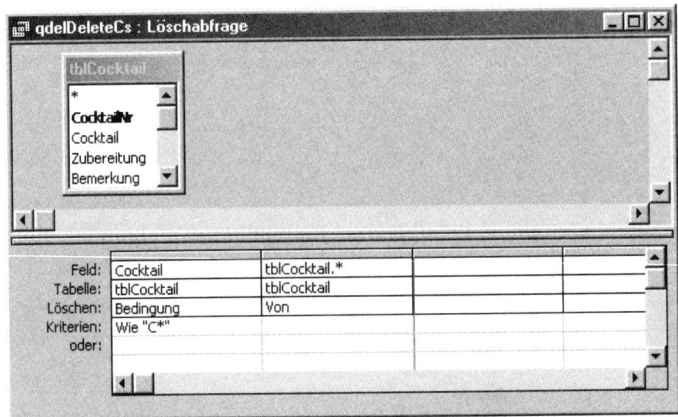

Bild 4.8: Löschabfrage in der Entwurfsansicht

Aus der Entwurfsansicht wird

```
DELETE tblCocktail.Cocktail, tblCocktail.*
FROM tblCocktail
WHERE tblCocktail.Cocktail Like "C*";
```

generiert, mit den beiden Spalten der Entwurfsansicht, die sich in der Einstellung in der Zeile *Löschen* im unteren Teil der Entwurfsansicht unterscheiden.

In Standard-SQL würde die Löschabfrage verkürzt

```
DELETE
FROM tblCocktail
WHERE tblCocktail.Cocktail Like "C*";
```

lauten. Access stellt diese Variante in der Entwurfsansicht nur mit einer Spalte dar, das Ergebnis ist allerdings identisch.

```
DELETE
FROM tblCocktail;
```

löscht alle Datensätze der Tabelle *tblCocktail*.

! **Löschen in 1:n-Beziehungen:** Bei Tabellen, die zueinander in einer *1:n*-Beziehung mit referentieller Integrität stehen, sollten Sie vor dem Löschen in der Tabelle auf der »1«-Seite kontrollieren, ob Sie nicht unbeabsichtigt Datensätze auf der »n«-Seite entfernen. Ist für die Beziehung der beiden Tabellen im Dialogfeld *Beziehungen* referentielle Integrität definiert und die Option *Löschweitergabe an Detaildaten-*

satz eingeschaltet, werden von Access beim Löschen automatisch auch die entsprechenden Datensätze auf der »*n*«-Seite eliminiert.

4.4.1 Komplexe Löschbedingungen

Access ist darüber hinaus in der Lage, Datensätze aufgrund komplexer und verknüpfter Bedingungen zu löschen. Im folgenden Beispiel sollen alle Cocktails gelöscht werden, in denen als Zutat »Gin« verwendet wird. In der Entwurfsansicht wird die Problemstellung wie im folgenden Bild dargestellt.

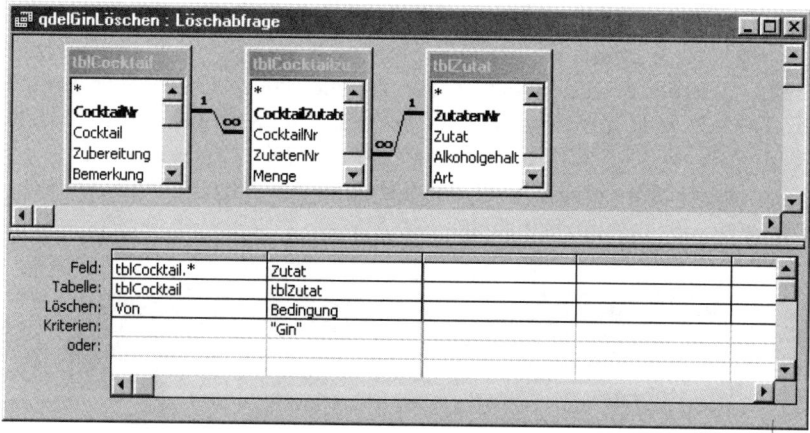

Bild 4.9: Entwurfsansicht für verknüpfte Löschbedingungen

In ausgeschriebener Form sind die beiden INNER JOINs für die Verknüpfung der Tabellen sichtbar.

```
DELETE tblCocktail.*, tblZutat.Zutat
FROM tblZutat INNER JOIN (tblCocktail INNER JOIN tblCocktailzutaten ON
tblCocktail.CocktailNr = tblCocktailzutaten.CocktailNr) ON
tblZutat.ZutatenNr = tblCocktailzutaten.ZutatenNr
WHERE tblZutat.Zutat = "Gin";
```

4.4.2 Duplikate löschen

Ein immer wieder auftretendes Problem ist das Löschen von doppelten Datensätzen. Es ist relativ einfach, die doppelt vorhandenen Datensätze zu ermitteln, beispielsweise mit dem »Abfrage-Assistenten zur Duplikatsuche«. Damit sind die doppelten Datensätze aber noch nicht gelöscht. Man könnte zwar aus der Auswahlabfrage zur Ermittlung der Duplikate eine Löschabfrage machen, aber diese würde zu viele Datensätze eliminieren, nämlich nicht nur die überzähligen Duplikate, sondern alle Datensätze, bei denen das Auswahlkriterium mehrfach vorkommt.

Es gibt eine Reihe von Ansätzen, um Duplikate zu löschen. Wir möchten Ihnen eine Variante vorstellen, die Sie vielleicht an Ihre Bedürfnisse anpassen können. Die Lösung hat den Vorteil, dass die Duplikate in einem Schritt, ohne zusätzliche temporäre Tabellen, gelöscht werden können. Die Methode setzt allerdings voraus, dass in der Tabelle, in der sich die Duplikate befinden, ein Primärschlüssel definiert ist. Gegebenenfalls müssen Sie zuerst einen Primärschlüssel, am einfachsten in Form eines *AutoWert*-Feldes, hinzufügen.

Zum Löschen der Duplikate benötigen Sie eine Auswahl- und eine Löschabfrage. In unserem Beispiel befinden sich in der Tabelle *tblNeueCocktails* mehrfache Einträge im Feld *Cocktail* für die gleichen Cocktails. Die Abfrage soll für jeden Cocktail die niedrigste Cocktailnummer bestimmen. Die Cocktailnummer in *CocktailNr* ist der eindeutige Schlüssel der Tabelle. Das nächste Bild zeigt die Auswahlabfrage in der Entwurfsansicht.

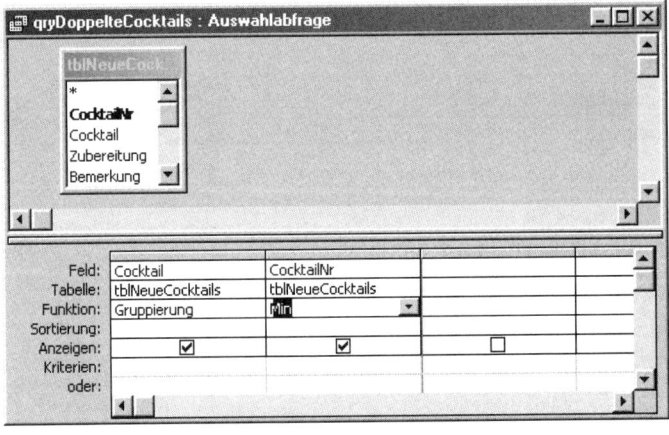

Bild 4.10: Die erste Cocktailnummer zu jedem Cocktail

Der dazugehörige SQL-Befehl lautet:

```
SELECT tblNeueCocktails.Cocktail, Min(tblNeueCocktails.CocktailNr) AS
[Min von CocktailNr]
FROM tblNeueCocktails
GROUP BY tblNeueCocktails.Cocktail;
```

Für die Löschabfrage wird die Abfrage, die von uns »qryDoppelteCocktails« genannt wurde, mit der Ausgangstabelle verknüpft. Das Feld *CocktailNr* wird mit der in der neuen Abfrage ermittelten kleinsten Cocktailnummer [Min von CocktailNr] verknüpft, gleichzeitig werden die beiden Cocktailbezeichnungen verbunden. In beiden Fällen wurde ein LEFT JOIN verwendet, d.h., alle Datensätze der linken Tabelle werden mit den passenden aus der rechten verknüpft.

Das Ergebnis der Verknüpfung ist eine Auflistung aller Datensätze der Tabelle *tblNeueCocktails*, wobei bei doppelt vorhandenen Datensätzen nur für die jeweils kleinsten Cocktailnummern ein Eintrag in der rechten Tabelle existiert. Dies wird ausgenutzt, um die doppelten zu extrahieren: Für doppelte Datensätze ist [Min von CocktailNr] leer.

Wir haben die Löschabfrage zuerst als Auswahlabfrage definiert, um die Auswirkungen vorab anschauen zu können.

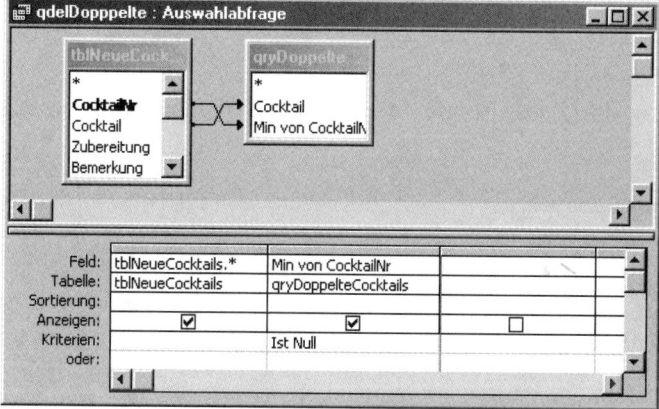

Bild 4.11: Auswahlabfrage mit doppelter Verknüpfung

Das Ergebnis der Auswahlabfrage zeigt das nächste Bild. Das Ergebnis ist richtig, einen Cocktail hatten wir zuvor doppelt eingegeben.

Bild 4.12: Ergebnis der Auswahlabfrage

Im letzten Schritt wird die Auswahlabfrage in eine Löschabfrage umgewandelt. Das folgende Bild zeigt die Entwurfsansicht.

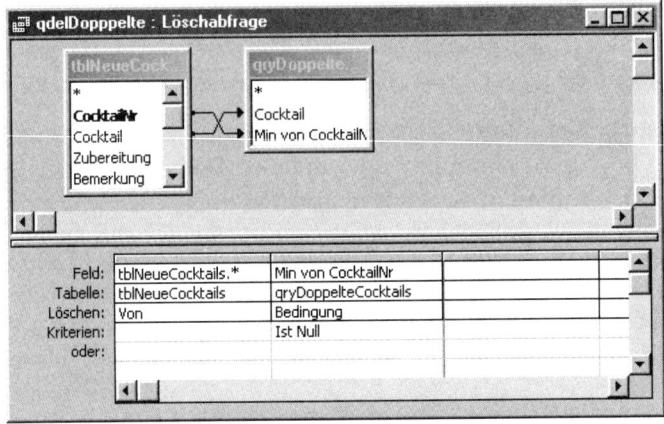

Bild 4.13: Löschabfrage mit doppelter Verknüpfung

Access ersetzt die Festlegungen der Entwurfsansicht durch die SQL-Zeichenfolge:

```
DELETE tblNeueCocktails.*, qryDoppelteCocktails.[Min von CocktailNr]
FROM tblNeueCocktails LEFT JOIN qryDoppelteCocktails ON
(tblNeueCocktails.Cocktail = qryDoppelteCocktails.Cocktail) AND
(tblNeueCocktails.CocktailNr = qryDoppelteCocktails.[Min von CocktailNr])
WHERE qryDoppelteCocktails.[Min von CocktailNr] IS NULL;
```

Sollten in unserem Fall in der Tabelle *tblNeueCocktails* wieder doppelte Einträge für *Cocktail* vorkommen, muss nur noch die Löschabfrage ausgeführt werden, um die Duplikate zu entfernen.

4.5 Datendefinitionsbefehle

Mithilfe spezieller Datendefinitionabfragen (*ABFRAGE SQL Spezifisch Datendefinition*) können Sie Tabellen und Indizes erstellen , ändern oder löschen. Die in Access-SQL standardmäßig vorhandenen Befehle wurden im Rahmen der Jet 4.0-SQL-Erweiterungen ergänzt. Wir beschreiben die Datendefinitionsbefchle wie CREATE, ALTER und DROP daher zusammen mit den neuen SQL-Befehlen in Kapitel 5, »SQL-Erweiterung von Jet 4.0«.

5 SQL-Erweiterung von Jet 4.0

Mithilfe der Jet-Engine 4.0, die von Access 2000 eingesetzt wird, nähert sich der SQL-Sprachumfang in Access dem Standard SQL-92 an. Allerdings mit einigen Haken: die Jet 4.0-Erweiterungen stehen Ihnen nur über die ADO-Programmierschnittstelle und den Jet 4.0-OLE-DB-Provider zur Verfügung. Abfragen, Formulare und Berichte können die Erweiterungen ohne zusätzliche VBA-Programmierung nicht nutzen.

Da der größte Teil der neuen Erweiterungen sich mit der Datendefinition, also dem Anlegen von Datenbankstrukturen beschäftigt, haben wir auch die standardmäßigen Befehle von Jet in dieses Kapitel aufgenommen.

5.1 Access-SQL-Datendefinitionsbefehle

Die Erstellung und Änderung von Tabellen mit der Hilfe von SQL-Datendefinitionsbefehlen (SQL-Data Definition Language, abgekürzt »DDL«) wird nach unserer Erfahrung in Access-Programmen eher selten eingesetzt, aber für einige Aufgaben sind sie unumgänglich.

In Access können Sie Abfragen für Datendefinitionsbefehle erstellen. Rufen Sie dazu in der Abfragenentwurfsansicht den Befehl *ABFRAGE SQL-Spezifisch Datendefinition* auf, um ein Fenster zur Erfassung von DDL-Befehlen zu erhalten.

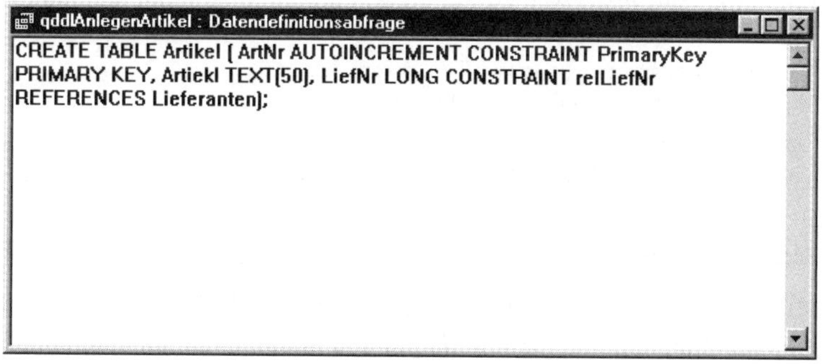

Bild 5.1: Datendefinitionsfenster

5.1.1 DDL-Befehle für Tabellen

Mit CREATE TABLE und ALTER TABLE stehen Ihnen Befehle zum Erstellen und Ändern von Tabellen zur Verfügung.

Erstellen einer Tabelle

Die allgemeine Form des SQL-DDL-Befehls zur Erstellung einer Tabelle lautet:

```
CREATE TABLE Tabelle (Feld1 Typ [(Größe)][Index1], Feld 2 Typ
[(Größe)][Index2], ...)
```

Die Bezeichnungen der Feldtypen, z.B. Text, Integer, Double usw., können Sie der Access-Hilfe entnehmen. Für [Index] können Sie eine CONSTRAINT-Klausel einsetzen, die weiter unten beschrieben ist. Mit dem Befehl

```
CREATE TABLE tblDrinks (DrinkNr COUNTER, Drink TEXT, Zubereitung MEMO)
```

legen Sie beispielsweise eine Tabelle *tblDrinks* mit drei Feldern an. Der Datentyp COUNTER erzeugt dabei ein AutoWert-Feld.

Ändern einer Tabelle

Mithilfe der DLL-Anweisung ALTER TABLE können Sie neue Felder zu Tabellen hinzufügen bzw. Felder löschen.

```
ALTER TABLE Tabelle {ADD {COLUMN Feld Typ[(Größe)] [CONSTRAINT Index] |
CONSTRAINT Mehrfelderindex} |
DROP {COLUMN Feld I CONSTRAINT Indexname } }
```

lautet die allgemeine Form des Befehls. So fügt beispielsweise der Befehl

```
ALTER TABLE tblCocktail ADD COLUMN Autor Text (50)
```

der Tabelle *tblCocktail* ein Feld Autor vom Typ Text mit der Länge 50 Zeichen hinzu. Mit

```
ALTER TABLE tblCocktail DROP COLUMN Autor
```

entfernen Sie das Feld wieder.

Löschen einer Tabelle

Eine Tabelle kann mit dem Befehl DROP gelöscht werden, beispielsweise entfernt die folgende Befehlszeile die Tabelle *tblCocktail* aus der Datenbank:

```
DROP TABLE tblCocktail
```

5.1.2 DDL-Befehle für Indizes

Mithilfe der Befehle CREATE INDEX und DROP INDEX können Sie neue Schlüssel erstellen bzw. vorhandene löschen.

Erstellen eines Indexes

Der SQL-DDL-Befehl CREATE INDEX ermöglicht es Ihnen, einen neuen Index zu einer Tabelle hinzuzufügen. Allgemein wird der Befehl durch

```
CREATE [ UNIQUE ] INDEX Index
ON Tabelle (Feld [ASC|DESC][, Feld [ASC|DESC], ...])
[WITH { PRIMARY | DISALLOW NULL | IGNORE NULL }]
```

beschrieben. In der einfachsten Form erzeugt

```
CREATE INDEX GlasNr ON tblCocktail (GlasNr);
```

einen aufsteigenden Index für das Feld GlasNr der Tabelle tblCocktail, während

```
CREATE INDEX CocktailNr ON tblCocktail (CocktailNr) WITH PRIMARY
```

einen Primärschlüssel erstellen würde.

Löschen eines Indexes

Der folgende Befehl löscht einen Index einer Tabelle:

```
DROP INDEX Index ON Tabelle
```

5.1.3 Referentielle Integrität und Relationen

Sie können Indizes für bestimmte Felder einer Tabelle entweder mit CREATE INDEX erstellen oder mithilfe des CONSTRAINT-Befehls in einem CREATE TABLE- oder ALTER TABLE-Statement.

```
CONSTRAINT Name {PRIMARY KEY | UNIQUE |
REFERENCES FremdeTabelle |(FremdesFeld1, FremdesFeld2)]}
```

Mithilfe der CONSTRAINT-Anweisung kann zum einen ein normaler Index erstellt, zum anderen eine Beziehung zwischen Tabellen erzeugt werden. Wir beschreiben die Verwendung des CONSTRAINT-Befehls in Kapitel 11, »Datenzugriffsobjekte«.

5.2   Datendefinitionsbefehle mit Jet 4.0

Die Beispiele in diesem Abschnitt lassen sich nur aus VBA-Programmen mithilfe der Datenzugriffsmethode ADO (siehe Kapitel 10) verwenden und nicht im normalen Abfragefenstern nutzen.

Im Vorgriff auf die folgenden Kapitel zu VBA und ADO möchten wir Ihnen eine kleine Routine vorstellen, mit der Sie die Befehle direkt ausprobieren können. Erfassen Sie das folgende kleine Modul im VBA-Editor:

```
Sub DDL_Test(ByVal strSQL As String)
    Dim cmd As New ADODB.Command

    cmd.ActiveConnection = CurrentProject.Connection
    cmd.CommandText = strSQL
    cmd.Execute
End Sub
```

Rufen Sie dann im VBA-Editor das Direktfenster mit *ANSICHT Direktfenster* auf und geben Sie dann den Namen der Routine gefolgt von dem auszuprobierenden SQL-Befehl ein, wobei der Befehl in Anführungszeichen gesetzt werden muss.

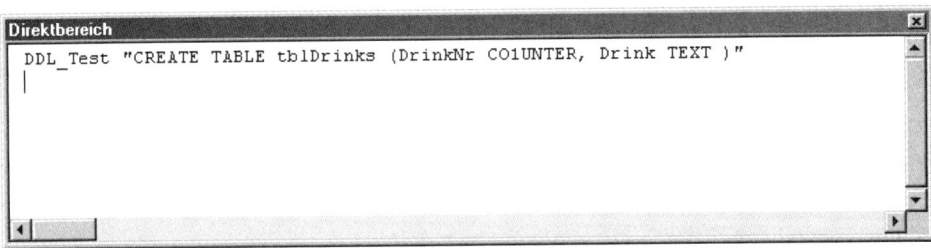

Bild 5.2: Aufruf der Routine im Direktfenster

Bei fehlerhaften SQL-Anweisungen wird eine Fehlermeldung eingeblendet, die aber leider keinen Rückschluss auf den tatsächlichen Fehler zulässt.

5.2.1   Erweiterungen für CREATE TABLE

Die SQL-92-Erweiterungen von Jet 4 für die CREATE TABLE-Anweisung erlauben Ihnen die Festlegung von Standardwerten, Einschränkungen, kaskadierte referentielle Integrität, »schnelle« Fremdschlüssel, Unicode-Zeichenkettenkomprimierung und erweiterte AutoWert-Einstellungen.

Standardwerte

Mit

```
DEFAULT(Wert)
```

können Sie in einem Feld einen Standardwert in einer CREATE TABLE-Anweisung zuweisen, beispielsweise mit

```
CREATE TABLE tblDrinks (DrinkNr COUNTER, Drink TEXT,
                        Alkoholgehalt INT DEFAULT(0) )
```

den Alkoholgehalt immer mit 0 zu initialisieren. Der Datentyp COUNTER entspricht einem AutoWert, alternativ hätte auch AUTOINCREMENT oder IDENTITY verwendet werden können.

Einschränkungen

Mithilfe von Einschränkungen, »Check Constraints«, können Sie Ihre Tabellen um bestimmte Regeln erweitern, ähnlich wie die Gültigkeitsregeln, die Sie in der Access-Oberfläche beim Entwurfs neuer Tabellen erstellen können. Allgemein lautet die Syntax:

```
[CONSTRAINT [Name]] CHECK(Bedingung)
```

Im folgenden Beispiel wird eine Tabelle angelegt, für die die Einschränkung vereinbart wird, dass die ausgeschenkte Menge einer Zutat kleiner ist als die in der Hausbar vorhandene.

```
CREATE TABLE tblAusschank (
      Id AUTOINCREMENT,
      ZutatenNr LONG,
      Menge FLOAT,
      CONSTRAINT MengenCheck CHECK ( Menge < (SELECT Menge
            FROM tblHausbar
            WHERE tblAusschank.ZutatenNr = tblHausbar.ZutatenNr)))
```

Übrigens müssen Sie für CONSTRAINTs keine Namen vergeben, das wird von Access selbsttätig erledigt. Namen sind aber oft hilfreich bei der Dokumentation der Einschränkungen.

Kaskadierte referentielle Integrität

Die in Abschnitt 5.1.3 beschriebenen Befehle zu Erstellung von Fremdschlüsselbeziehungen zwischen Tabellen können mit den Befehlen

```
[ON UPDATE {NO ACTION | CASCADE}]
```

oder

```
[ON DELETE {NO ACTION | CASCADE}]
```

erweitert werden.

```
CREATE TABLE tblAusschank (
      Id AUTOINCREMENT,
      ZutatenNr LONG,
      Menge FLOAT,
      CONSTRAINT PrimaryKey PRIMARY KEY (Id),
      CONSTRAINT tblZutatenFK FOREIGN KEY (ZutatenNr)
      REFERENCES tblZutat(ZutatenNr)
      ON DELETE CASCADE
      ON UPDATE CASCADE)
```

Schnelle Indizes für Fremdschlüssel

Erweitern Sie eine FOREIGN KEY-Anweisung zur Erstellung eines Fremdschlüssels um NO INDEX, wird Access angewiesen, für diesen Fremdschlüssel keinen zusätzlichen Index anzulegen. Die Standardeinstellung ist, dass für einen Fremdschlüssel ein Index erstellt wird. Dieses kann Geschwindigkeitsvorteile bringen, wenn nur wenige unterschiedliche Werte im Fremdschlüssel gespeichert werden.

Unicode-Zeichenkettenkompression

Access 2000 speichert standardmäßig alle Daten im Unicode-Format, d.h., für jedes Zeichen werden zwei Bytes abgespeichert. Allerdings benötigen nur östliche Zeichensätze wie chinesisch, japanisch usw. zwei pro Zeichen. Sind nur deutsche, englische oder andere westliche Zeichensätze im Einsatz, die ein Zeichen mit nur einem Byte darstellen, können Sie die Unicode-Kompression einschalten, damit solche Zeichen platzsparend mit nur einem Byte abgelegt werden. Ergänzen Sie zum Einschalten der Komprimierung die Spaltendefinition einer Textspalte um die Anweisung WITH COMPRESSION.

AutoWert-Einstellungen

Jet 4.0 bringt die Lösung zu einem Problem, das in der Vergangenheit schon viele Programmierer beschäftigt hat: das Setzen eines Startwert und eines Inkrements für AutoWert-Felder. Normalerweise beginnen AutoWert-Felder mit dem Wert 1 und jede neue Zeile in der Tabelle zählt um eins hoch. Die allgemeine Form lautet:

```
Spaltenname AUTOINCREMENT(Startwert, Inkrement)
```

Mithilfe des folgenden Befehls erstellen Sie eine Tabelle, in der die DrinkNr ab 1000 in 100er-Schritten hochgezählt wird.

```
CREATE TABLE tblDrinks (DrinkNr AUTOINCREMENT(1000,100), Drink TEXT)
```

Übrigens kann mit dem Befehl ALTER TABLE auch für vorhandene Tabellen nachträglich Startwert und Inkrement geändert werden, beispielsweise in der Form

```
ALTER TABLE tblDrinks ALTER COLUMN DrinkNr AUTOINCREMENT(5,3)
```

Veränderungen an Tabellenstrukturen mit ALTER TABLE

Der Befehl ALTER TABLE lässt Sie Änderungen an den Tabellenstrukturen vornehmen. Die Syntax lautet:

```
ALTER TABLE Tabelle ALTER [COLUMN] Spaltenname Datentyp [(Größe)]
            [DEFAULT Wert] [CONSTRAINT Spalteneinschränkung]
```

5.2.2 Views und Stored Procedures

Mit den Anweisungen CREATE VIEW und CREATE PROCEDURE können Sie Sichten (Views) und Gespeicherte Prozeduren (Stored Procedures) erstellen. SQL-92 unterscheidet zwischen einfachen SELECT-Abfragen, die als Sichten gespeichert werden, und Gespeicherten Prozeduren, die Abfragen mit Parametern, Aktionsabfragen und andere enthalten. In Access wird die Unterscheidung zwischen Sichten und Gespeicherten Prozeduren nicht vorgenommen, hier gibt es einfach nur Abfragen. Über ADO können Sie Views und Stored Procedures anlegen, die allerdings nicht in der Liste der Abfragen im Access-Datenbankfenster angezeigt werden. Wir empfehlen Ihnen, die Befehle nicht zu verwenden, es sei denn, Sie arbeiten mit Access-Projekten (siehe Kapitel 27).

5.2.3 Transaktionen

Die SQL-Anweisungen BEGIN TRANSACTION, COMMIT TRANSACTION und ROLLBACK TRANSACTION ermöglichen Ihnen die Steuerung von Transaktionen direkt mit SQL-Befehlen. Zu Transaktionen finden Sie ausführliche Informationen in Kapitel 18, »Multiuser-Zugriffe«.

5.2.4 Sicherheitsfunktionen

Eine Beschreibung der neuen Sicherheitsfunktionen ADD USER, ADD GROUP, DROP USER, DROP GROUP, GRANT und REVOKE finden Sie am Ende von Kapitel 24, »Datensicherheit«.

zwei

Teil

Programmierung mit
Visual Basic

Einführung in Visual Basic
VBA–Funktionen
Fehlersuche und –behandlung

6 Einführung in Visual Basic

In diesem Kapitel sollen die Grundlagen der Programmiersprache »Visual Basic für Applikationen« (VBA) besprochen werden. Microsoft hat VBA nicht nur in Access, sondern beispielsweise auch in Excel, Project und Visual Basic implementiert, d.h., die in diesem Abschnitt dargestellten Grundlagen gelten auch in den anderen Applikationen.

Wir gehen davon aus, dass Ihnen die Grundlagen der Programmierlogik vertraut sind. Beherrschen Sie darüber hinaus eine Programmiersprache, so sind Ihnen wahrscheinlich die meisten der erläuterten Konzepte bekannt. Wir möchten Sie dann besonders auf die folgenden Access-Spezialitäten hinweisen, die in den weiteren Kapiteln genutzt werden: die Schleifenvariante For Each...Next (Abschnitt 6.5.3, »For Each...Next«) und den Befehl With (Abschnitt 6.7, »Tipparbeit sparen mit With-Anweisungen«).

6.1 Programmieren in Access

Es gibt zwei Möglichkeiten, in Access Programm-Code zu erfassen: Sie können eigenständige Module schreiben oder Klassenmodule, die Bestandteil eines Formulars oder Berichts sind.

Ihre Programme sollten als eigenständige Module erfasst werden, wenn der dort programmierte Code in verschiedenen Formularen und Berichten verwendet wird oder wenn die Programme eigenständige Aufgaben erledigen.

Bei Klassenmodulen, die Bestandteil eines Formulars oder eines Berichts sind, spricht man auch oft von »Code behind Forms« (CBF). Hier werden Prozeduren und Funktionen definiert, die zu einem entsprechenden Formular oder Bericht gehören. Ereignisprozeduren, also Routinen, die auf Ereignisse wie Mausklicks, Tastatureingaben und Datensatzänderungen reagieren, sollten auf jeden Fall als CBF realisiert werden.

6.1.1 Eigenständige Module programmieren

Um eine neue Prozedur zu erstellen, klicken Sie auf der Objektleiste im Datenbankfenster auf die Schaltfläche *Modul*. Mithilfe von *Neu* wird Visual Basic in einem eigenen Fenster gestartet und das Code-Fenster mit den allgemeinen Standardeinstellungen angezeigt.

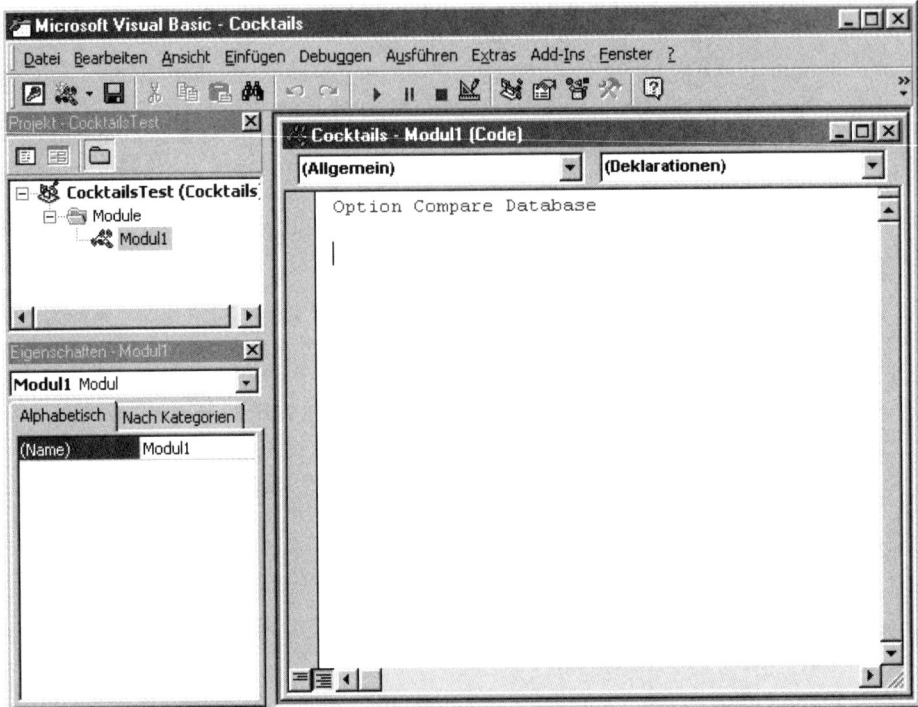

Bild 6.1: Das Visual Basic-Fenster

Neben den aus anderen Windows-Programmen bekannten Menü- und Symbolleisten besteht das Visual Basic-Fenster aus den folgenden Elementen: Im Code-Fenster wird der Code Ihrer Prozeduren eingegeben. Im Fenster des Projekt-Explorers finden Sie alle Bestandteile des aktuellen Programmierprojekts wie Module, Klassenmodule und Formulare. Im Eigenschaftenfenster werden die aktuellen Einstellungen für ausgewählte Objekte angezeigt.

Eine Prozedur, die Sie im Code-Fenster eingeben, kann im einfachsten Fall aus nur einer Zeile Programm-Code bestehen. Als ein solches Beispiel kann

```
Sub TestVersuch ()
    MsgBox "Dies ist ein Test!"
End Sub
```

stehen. Die Schlüsselwörter `Sub...End Sub` fassen die eigentlichen Befehle einer Prozedur ein.

Beginnen Sie mit der ersten Zeile Sub TestVersuch des oben angegebenen Codes. Bestätigen Sie diese Eingabe, wird die letzte Zeile der Prozedur End Sub automatisch ergänzt.

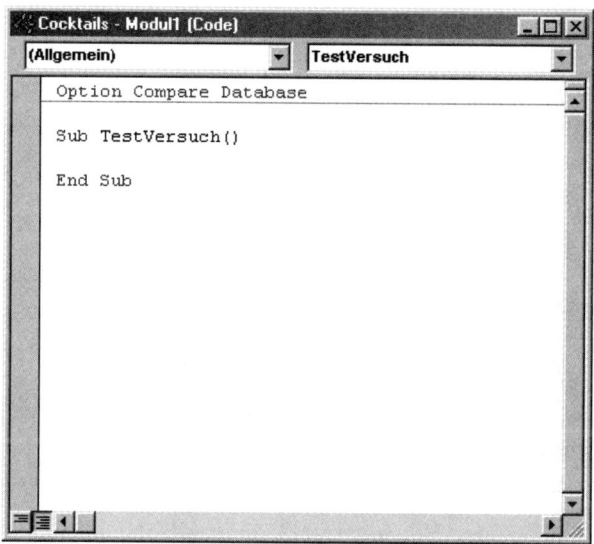 Je nachdem, ob unten im Code-Fenster die Schaltfläche *Prozeduransicht* (linke Schaltfläche) oder *Vollständige Modulansicht* (rechte Schaltfläche) aktiviert ist, erscheint der eingegebene Code nach einer Linie unter den Deklarationen oder auf einer neuen Seite. Zwischen den beiden Seiten (Deklarationen) und TestVersuch wechseln Sie mithilfe der zweiten Auswahlliste Prozedur.

Bild 6.2: Das Code-Fenster mit der Prozedur TestVersuch

Schlüsselwörter wie Sub oder End Sub werden auf dem Monitor blau. Geben Sie nun die zweite Zeile ein. Sowie Sie ein Leerzeichen hinter »Msgbox«eintippen, öffnet Access die Direkthilfe, um Sie mit der Angabe der möglichen Parameter zu unterstützen.

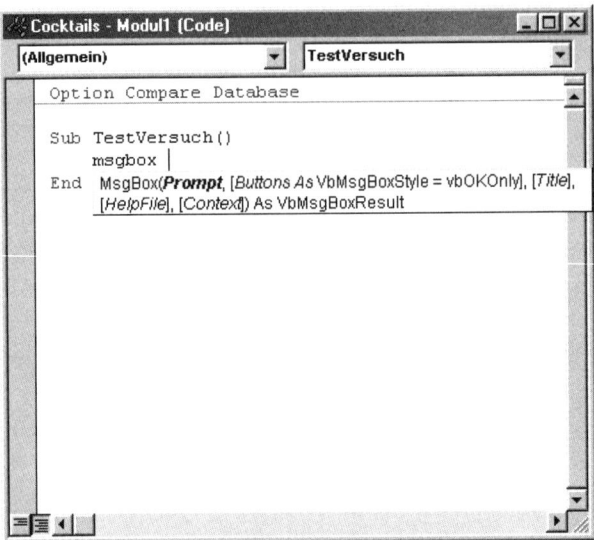

Bild 6.3: Eingabe mit Direkthilfe

MsgBox ist die Abkürzung für »Messagebox«, Meldungsfenster, und öffnet ein Dialogfeld mit dem Text, der in »"«-Zeichen mitgegeben wird. Das Meldungsfenster ist ein sehr sinnvolles Werkzeug, um ein Programm zu kontrollieren. Sie können sich damit beispielsweise während des Programmablaufs Werte ausgeben lassen und diese so überprüfen.

Schlüsselwörter: Geben Sie Schlüsselwörter grundsätzlich in kleinen Buchstaben ein. Verlassen Sie dann eine Zeile, sollte Access alle Schlüsselwörter in die richtige Schreibweise umsetzen. Geschieht das nicht, ist das ein deutliches Zeichen dafür, dass Sie sich bei einem Namen verschrieben haben.

Starten Sie Ihr erstes Programm mit der Schaltfläche *Sub/UserForm ausführen* oder *AUSFÜHREN Sub/UserForm ausführen* bzw. der ⌨-Taste, wird das Access-Fenster mit einem Dialogfeld angezeigt, das den angegebenen Text enthält.

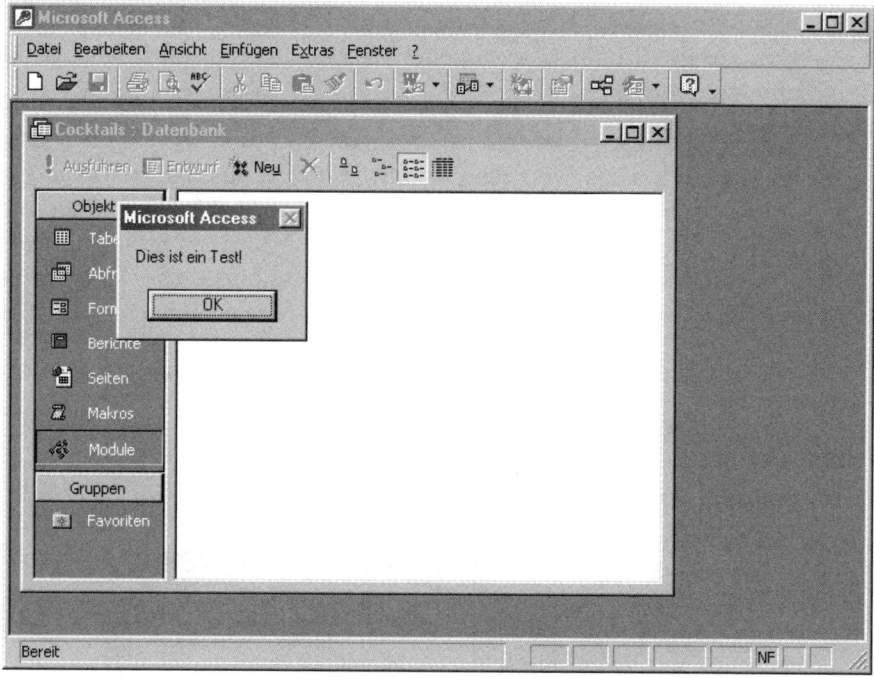

Bild 6.4: Das neue Dialogfeld

Ein Klick auf die *OK*-Schaltfläche des Dialogfeldes und die VBA-Programmierumgebung wird wieder angezeigt.

6.1.2 Klassenmodule schreiben

Programme zu Formularen werden in der Formular-Entwurfsansicht angelegt, können aber auch nur in der Formularansicht getestet werden. Module zu Formularen und Berichten stellen eine Form der Klassenmodule dar, die ausführlich in Kapitel 17, »Klassenmodule«, behandelt werden.

Wir möchten Ihnen hier kurz zeigen, wie Sie eine Ereignisprozedur für ein Formular als »Code behind Forms« erstellen können. Eine solche Ereignisprozedur ist Teil des Formulars oder Berichts. Kopieren Sie das Formular, wird auch die Prozedur kopiert, löschen Sie das Formular, löschen Sie somit auch die dazugehörigen Ereignisprozeduren. In Kapitel 13, »Ereignisse«, behandeln wir die für Formulare und Berichte auftretenden Ereignisse ausführlich. Für jedes Ereignis kann eine Ereignisprozedur programmiert werden.

Als Beispiel soll ein neues Formular erstellt werden, das die Schaltfläche *Info* enthält. Ein Klick auf die Schaltfläche soll eine Messagebox mit Informationen über die Programmierer enthalten.

Erstellen Sie zunächst in Access ein neues Formular in der Entwurfsansicht. Wählen Sie das Werkzeug *Befehlsschaltfläche* aus der *Toolbox* aus und ziehen Sie auf dem Formular eine Schaltfläche auf. Dabei wird automatisch der Befehlsschaltflächen-Assistent aktiviert, der Ihnen verschiedene Ereignisprozeduren fertig programmiert für Ihre Befehlsschaltflächen anbietet. Die Arbeit mit Befehlsschaltflächen wird ausführlich in Kapitel 14, »Steuerelemente«, beschrieben.

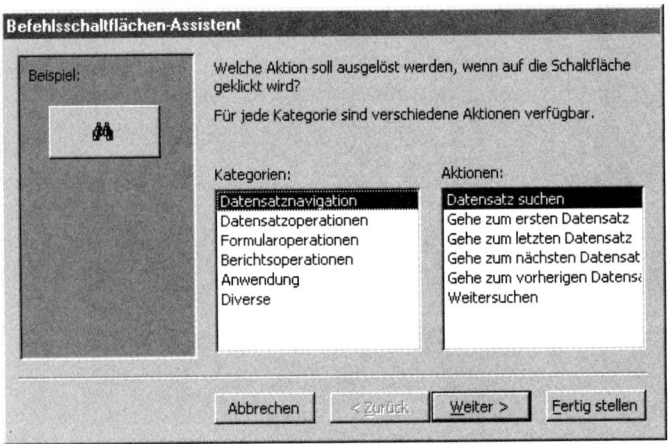

Bild 6.5: Der Befehlsschaltflächen-Assistent

Um eine eigene Anwendung für die Schaltfläche zu schreiben, brechen Sie den Assistenten ab. Klicken Sie im Eigenschaftenfenster zur Befehlsschaltfläche in die Zeile *Beim Klicken* und dann auf die Schaltfläche mit den drei Punkten.

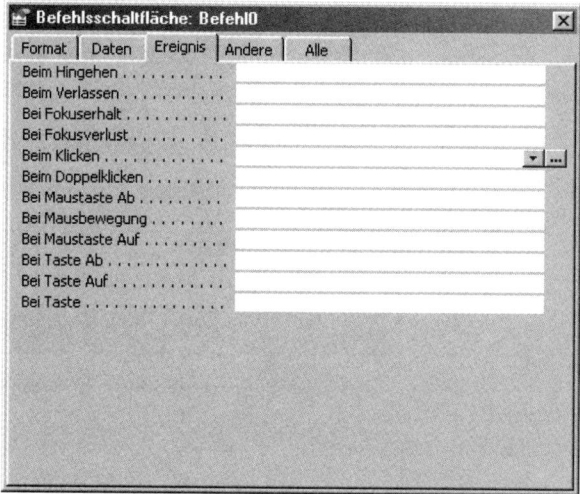

Bild 6.6: Das Eigenschaftenfenster mit Registerblatt Ereignis

Sie werden dann nach dem gewünschten Editor gefragt. Wählen Sie den *Code-Generator* aus, wenn Sie Programm-Code zur Schaltfläche schreiben möchten.

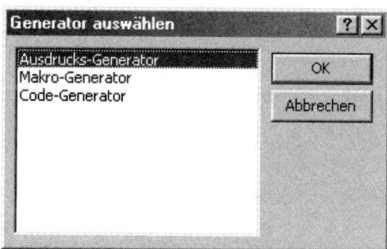

Bild 6.7: Editor auswählen

Im Code-Fenster stellt die Auswahlliste *Objekt* (linkes Kombinationsfeld) mögliche Formularobjekte zur Verfügung. Im Beispiel finden Sie in der Liste neben dem Eintrag (*Allgemein*) außerdem *Befehl0, Detailbereich* und *Form*, um Module zu den entsprechenden Bereichen zu erfassen. Um ein Programm zur Befehlsschaltfläche zu schreiben, wurde diese in der ersten Auswahlliste mit *Befehl0* bereits selektiert. In der rechten Auswahlliste finden Sie die zum Objekt passenden Ereignisse. Da im Eigenschaftenfenster bereits *Beim Klicken* ausgewählt war, ist im Bild entsprechend *Click* eingestellt, der Namen der Prozedur wird automatisch als `Befehl0_Click` festgelegt.

Code-Generator: Möchten Sie einen Schritt sparen und automatisch den Code-Generator angezeigt bekommen, so wählen Sie in Access den Befehl *EXTRAS Optionen*. Aktivieren Sie auf dem Registerblatt *Formulare/Berichte* das Kontrollkästchen *Ereignisprozedur immer verwenden*.

Geben Sie nun im Code-Fenster den benötigten Code ein. Hier wurde als einfaches Beispiel wieder ein Meldungsfenster erstellt. Schließen Sie dann das Code-Fenster.

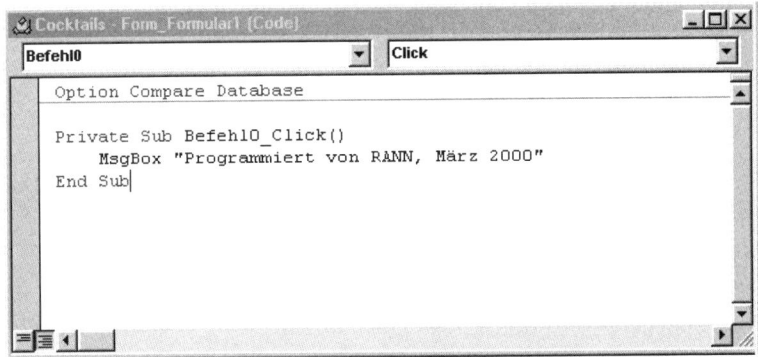

Bild 6.8: Code-Fenster für Klassenmodule mit Programm-Code

Im Eigenschaftenfenster zur Befehlsschaltfläche finden Sie nun in der Zeile *Beim Klicken* den Eintrag [Ereignisprozedur]. Mit einem Klick auf die Schaltfläche mit den drei Punkten aktivieren Sie das Code-Fenster erneut, um Änderungen an Ihrem Programm vornehmen zu können.

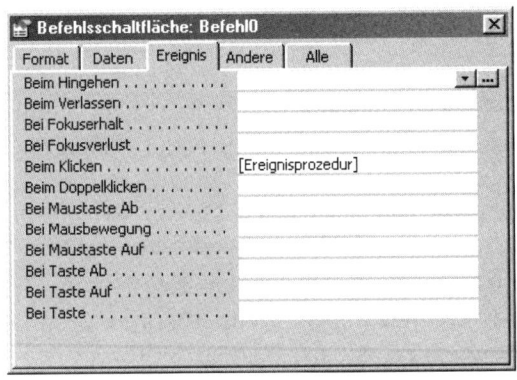

Bild 6.9: Das Eigenschaftenfenster

Um Ihr Programm zu testen, schalten Sie in die Formularansicht um und betätigen Sie die Befehlsschaltfläche. Access öffnet nun, sollten Sie den Code fehlerfrei eingegeben haben, das Meldungsfenster.

6.2 Variablen

Zur Durchführung von Berechnungen müssen Werte häufig vorübergehend gespeichert werden. Dazu benötigen Sie Variablen. Eine Variable hat einen Namen und einen Datentyp, der bestimmt, welche Art von Daten die Variable speichern kann.

Variablen sollten vor ihrer Verwendung deklariert werden. Dies kann einfach durch

```
Dim Faktor
```

erfolgen. Um der Variablen einen bestimmten Datentyp zuzuweisen, schreiben Sie

```
Dim intFaktor As Integer
```

Damit wird der Variablen `intFaktor` der Datentyp Integer, also eine ganze Zahl, zugewiesen. Die ersten drei Buchstaben des Variablennamens werden hier dazu verwendet anzuzeigen, von welchem Datentyp die Variable ist.

VBA kennt grundsätzlich zwei verschiedene Arten der Deklaration von Variablen. Bei der so genannten impliziten Deklaration werden Variablen durch ihre Verwendung direkt deklariert. Eine `Dim`-Anweisung ist nicht notwendig. Im Gegensatz dazu muss bei der expliziten Deklaration jede Variable vor ihrer Verwendung mit Namen und Datentyp in einer `Dim`-Zeile festgelegt werden. Standardmäßig und im vorliegenden Buch wird die explizite Deklaration verwendet.

! Option Explicit: Verwenden Sie die Anweisung `Option Explicit` auf dem Deklarationsblatt im Code-Fenster, und lassen Sie sich so zur Deklaration aller verwendeter Variablen zwingen. Auch wenn es zunächst wie ein lästiger Zwang erscheint, alle Variablen zu deklarieren, hilft Ihnen das beispielsweise beim Vermeiden von Tippfehlern in Variablennamen.

Dauerhaft können Sie diesen Eintrag löschen oder hinzufügen, wenn Sie mit *EXTRAS Optionen* auf dem Registerblatt *Editor* das Häkchen vor *Variablendeklaration erforderlich* löschen oder hinzufügen.

Das folgende Beispiel verwendet die drei Variablen dblMengePint, dblMengeMilli-Liter sowie intFaktor. Das Programm wurde geschrieben, um Angaben in der angelsächsischen Maßeinheit Pint in Milliliter umzurechnen. Dazu wird zunächst der Wert in Pint abgefragt, der dann umgerechnet werden soll. Neben dem Datentyp Integer, also ganze Zahl, wird auch der Datentyp Double für Zahlen mit Nachkommastellen verwendet. Die möglichen Datentypen werden im folgenden Abschnitt besprochen.

! Kommentare: Kommentarzeilen werden mit einem Hochkomma eingeleitet und am Bildschirm grün dargestellt, wie im folgenden Beispiel die Erklärung des Werts 480.

Ein Pint entspricht 480 Millilitern. Daher wird der Variablen intFaktor der Wert 480 übergeben. Die umzurechnende Menge, die die Variable dblMengePint speichert, wird über eine so genannte InputBox abgefragt. Entgegen der Messagebox, mit der nur Texte oder Werte ausgegeben werden können, kann über die InputBox ein Wert eingegeben werden.

Bild 6.10: InputBox

```
Sub PintUmrechnung()

    Dim dblMengePint As Double
    Dim dblMengeMilliLiter As Double
    Dim intFaktor As Integer

    ' Ein Pint ergibt 480 Milliliter
    intFaktor = 480

    dblMengePint = InputBox("Menge in Pint angeben")
    dblMengeMilliLiter = dblMengePint * intFaktor
    MsgBox dblMengeMilliLiter & " ml"
End Sub
```

Mithilfe der Variablen `dblMengePint` und `intFaktor` wird die Menge in Milliliter errechnet und in einer Messagebox ausgegeben. Sollen in einer Messagebox Zahlen und Texte zusammen ausgegeben werden, so sind sie mit einem »&« zu verbinden. Mithilfe des Operators »&« werden Zeichenketten miteinander verknüpft. Die Anweisung

```
MsgBox dblMengeMilliLiter & " ml"
```

erzeugt die im folgenden Bild dargestellte Messagebox.

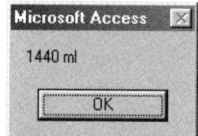

Bild 6.11: Messagebox

6.2.1 Datentypen für Variablen

Standardmäßig verwendet Access für alle Variablen den Datentyp `Variant`. Das heißt, die Deklaration

```
Dim Faktor
```

weist der Variablen `Faktor` automatisch den Datentyp `Variant` zu. Dieser Datentyp kann numerische Daten, Zeichenfolgen, Datums- und Zeitwerte, Datenfelder oder Objekte speichern. Die Arbeit mit diesem Datentyp ist zwar sehr einfach, effizienter jedoch ist es, einer Variablen den Datentyp zuzuweisen, den Sie wirklich benötigen. Beispielsweise benötigt eine Variable vom Datentyp `Variant` 16 Byte Speicherplatz im Hauptspeicher. Werden für diese Variable aber nur ganze Zahlen kleiner als 255 verwendet, ist es sinnvoller, sie als `Byte` zu speichern, da für diesen Datentyp nur ein Byte zum Speichern benötigt wird. Zudem muss beim Compilieren von Variablen des Datentyps `Variant` der Compiler jeweils entscheiden, welcher Datentyp für die Variable wirklich verwendet wird, was den Vorgang des Compilierens aufwändiger macht. Zuletzt hilft das Deklarieren einer Variablen mit einem bestimmten Datentyp Fehler zu vermeiden. Soll eine Variable von einem bestimmten Datentyp sein, und wird ihr beispielsweise ein Wert von einem falschen Datentyp zugewiesen, gibt es eine Fehlermeldung. Der Typ Variant hingegen ermöglicht jede Zuweisung.

Tabelle 6.1 zeigt die möglichen Datentypen in Access, ihre Wertebereiche und ihren benötigten Speicherplatz an.

Tabelle 6.1: Aufstellung der in Access verwendeten Datentypen

Datentyp	Art	Wertebereich	Interne Größe
Byte	Ganze Zahl	0...255	1 Byte
Integer	Ganze Zahlen	-32.768 bis 32.767	2 Bytes
Long Integer	Ganze Zahlen	-2.147.483.648 bis 2.147.483.647	4 Bytes
Single	Fließkommazahlen (Dezimalzahlen)	Zahlen mit insgesamt 8 Stellen	4 Bytes
Double	Fließkommazahlen (Dezimalzahlen)	Zahlen mit insgesamt 16 Stellen	8 Bytes
Currency	Festkommazahlen (für Währung)	15 Vor- und 4 Nachkommastellen	8 Bytes
Boolean	Wahrheitswerte	TRUE oder FALSE	2 Bytes
Date	Datums-Zeit-Werte	1.1.100 bis 31.12.9999	8 Bytes
Object	Objektvariable	verweist auf Objekt	
String	Text variabler Länge	kann bis etwa 2 Milliarden Zeichen enthalten	10 Bytes plus Textlänge
String (fixed length)	Text fester Länge	kann bis etwa 65.000 Zeichen enthalten	Textlänge
Variant (mit Zahlen)		Numerische Werte im Bereich des Datentyps Double	16 Bytes
Variant (mit Zeichen)			22 Bytes plus Textlänge
Benutzerdefiniert (mit Type)		Anzahl ist von den Elementen abhängig	Der Bereich für jedes Element entspricht dem Bereich des zugehörigen Datentyps

Die aufgeführten Datentypen für Zahlen haben nicht alle dieselbe Wichtigkeit. Für ganze Zahlen wird man in der Regel den Datentyp Integer verwenden, es sei denn, die verwendeten Werte sind mit Sicherheit kleiner als 255, dann kann der Datentyp Byte verwendet werden. Der Vorteil dieses Datentyps liegt darin, dass er mit der Hälfte des Speicherplatzes auskommt. Sind die zu verwendenden Zahlen größer als 32.000, dann kommt der Datentyp Long in Betracht. Rechnet man mit Zahlen mit Nachkommastellen, wird man normalerweise den Datentyp Double verwenden.

! **Access 2000 arbeitet mit Unicode-Zeichensatz:** Access 2000 speichert in VBA und in Datenbanken alle Zeichen im Unicode-Zeichensatz ab. Im Normalfall wirkt sich dieses nicht auf Ihre Programmierung aus, es sei denn, Sie benötigen z.B. beim Zugriff auf interne Windows-Funktionen Zeichenketten im ANSI-Format (siehe Kapitel 16). Über die VBA-Funktion StrConv (siehe Kapitel 7) können Sie Unicode-Daten zu ANSI und umgekehrt konvertieren.

Variablennamen

Variablennamen sollten so gewählt sein, dass der Name eine Aussage über die Variable macht. Dazu werden oft mehrere Wörter oder Silben hintereinander verwendet. Variablennamen müssen mit einem Buchstaben beginnen und dürfen bis zu 200 Zeichen umfassen. In Variablennamen sind Zahlen, aber keine Leerzeichen, Punkte oder andere Sonderzeichen außer dem Unterstrich »_« erlaubt. Zudem dürfen Schlüsselwörter nicht für Variablennamen verwendet werden.

Grundsätzlich werden alle Namen in Visual Basic in einem Wort geschrieben. Besteht ein Name aus mehreren Wörtern, so wird jedes einzelne Wort groß geschrieben wie auch in dblMengeMilliLiter oder boolKorrekteEingabe. Es ist oft hilfreich, Variablen so zu benennen, dass Sie auf den ersten Blick erkennen können, um welchen Typ es sich handelt. Die folgende Tabelle zeigt die Abkürzungen der einzelnen Variablentypen mit einem Beispiel. Diese Regeln für VBA stammen von Greg Reddick und werden kurz als RVBA-Konvention bezeichnet. Die vollständige RVBA-Namenskonvention finden Sie in Anhang A.

Tabelle 6.2: Abkürzungen und Beispiele zur Namenskonvention

Variablentyp	Beginn	Beispiel
Byte	byte	Dim byteSorte as Byte
Integer	int	Dim intZähler As Integer
Long	lng	Dim lngEinwohner As Long
Single	sng	Dim sngMwSt As Single
Double	dbl	Dim dblMengeAs Double
Currency	cur	Dim curBrutto As Currency
Boolean (Yes/No)	bool	Dim boolNeuKunde As Boolean
Date (Date/Time)	date	Dim dateBeitrittsDatum As Date
Object	obj	Dim objFormular As Object
String	str	Dim strRadName As String
String mit fester Länge	stf	Dim stfPLZ As String*5
Variant	var	Dim varEingabe As Variant

Der Datentyp String

Es gibt zwei unterschiedliche Möglichkeiten, Zeichenfolgen zu definieren: mit fester und variabler Länge. Eine Zeichenfolge variabler Länge deklarieren Sie mit

```
Dim strName As String
```

eine Zeichenfolge mit fester Länge von 50 Zeichen hingegen mit

```
Dim stfName As String*50
```

> **!** **Leerer String:** Ein leerer String, also eine Zeichenkette, die keine Zeichen enthält, wird mit "" dargestellt.

Das folgende Beispiel verknüpft drei Zeichenfolgen miteinander: den Namen und Vornamen, die durch ein Komma und ein Leerzeichen voneinander getrennt werden sollen.

```
Sub Namen()

    Dim strName As String
    Dim strVorname As String
    Dim strGanzerName As String

    strVorname = "Lisa"
    strName = "Kippherr"

    strGanzerName = strName & ", " & strVorname
    MsgBox strGanzerName
End Sub
```

Der Datentyp Date

Datumswerte in Access können den Bereich vom 1. Januar 100 bis zum 31. Dezember 9999 abdecken, Uhrzeiten können von 0:00:00 bis 23:59:59 dargestellt werden.

Möchten Sie einer Variable vom Datentyp Date einen Datumswert zuweisen, so muss das eingegebene Datum von zwei »#«-Zeichen eingefasst werden. Sie können bei der Eingabe die folgenden Schreibweisen

```
dateGeburtsdatum = #22 12 61#
dateGeburtsdatum = #22 December 61#
```

```
dateGeburtsdatum = #22 dec 61#
dateGeburtsdatum = #22.12.61#
```

verwenden. Egal wie Sie den Datumswert eingeben – wird er als Datum erkannt, fügt Access dafür die amerikanische Schreibweise mit vertauschter Reihenfolge von Monat und Tag

```
dateGeburtsdatum = #12/22/61#
```

ein. Können Sie sich nicht an die Datumsschreibweise ohne Punkte als Trennzeichen gewöhnen, besteht auch die Möglichkeit, das Datum mithilfe der Funktion DateValue() folgendermaßen

```
dateGeburtsdatum = DateValue("22.12.61")
```

einzugeben.

Die Ausgabe des Datums erfolgt standardmäßig entsprechend dem in der Ländereinstellung gewählten kurzen Datumsformat. Möchten Sie eine andere Formatierung für das Datum verwenden, benutzen Sie die Format()-Funktion. Beispielsweise erzeugt die Zeile

```
strGanzerName = strName & ", " & strVorname & vbNewline & _
                          Format(dateGeburtsdatum, "d.mmmm yyyy")
```

die im Folgenden dargestellte Ausgabe.

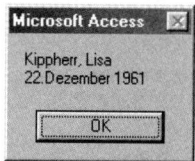

Bild 6.12: Formatiertes Datum

Uhrzeiten werden ebenfalls in #-Zeichen eingegeben, können aber wie gewohnt als

```
dateBeginn = #12:00#
```

verwendet werden. Ihre Ausgabe entspricht dem in der Ländereinstellung gewählten Uhrzeitformat.

Wird eine Variable des Datentyps Date in einen numerischen Datentyp, beispielsweise in eine Zahl des Typs Double, mit

```
dblDatum = CDbl(dateGeburtsdatum)
```

umgewandelt, so repräsentiert der ganzzahlige Anteil den Datumswert, die Nachkommastellen hingegen die Uhrzeit.

Der Datentyp Object

Variablen vom Datentyp `Object` können auf OLE-Objekte, Access-Objekte u. a. verweisen. Einer Variable, die mit dem Typ `Object` deklariert wurde, kann anschließend mit einer `Set`-Anweisung ein Verweis auf ein von der Anwendung erzeugtes Objekt zugewiesen werden.

In Teil 3, »Datenbankobjekte«, und Teil 4, »Formulare und Berichte«, wird dieser Datentyp ausführlich behandelt.

Der Datentyp Variant

Wird eine Variable nicht explizit mit einem bestimmten Datentyp versehen, so wird sie von Access zum Datentyp `Variant` deklariert. Der Datentyp `Variant` kann `Integer`, `Double`, `String` oder `Date` sein, allerdings kann er keine String-Daten fester Länge oder benutzerdefinierte Typen repräsentieren.

Verwenden Sie numerische Daten vom Datentyp `Variant`, so behalten die Daten den Datentyp der eingegebenen Zahl. Rechnen Sie beispielsweise mit als Datentyp `Variant` deklarierten ganzen Zahlen, so ist auch deren Ergebnis eine ganze Zahl. Wenn Sie jedoch mit einer als `Variant` deklarierten Zahl mit dem Typ `Byte`, `Integer`, `Long` oder `Single` eine arithmetische Operation ausführen und dabei den zulässigen Bereich für den ursprünglichen Datentyp überschreiten, wird das Ergebnis innerhalb des `Variant` automatisch auf den nächstgrößeren Datentyp erweitert.

Eine Variable vom Typ `Variant` kann auch die speziellen Werte `Empty`, `Null`, `Nothing` und `Error` enthalten. `Empty` ist der Wert einer nicht initialisierten Variable, `Null` beschreibt ungültige Daten, `Nothing` hebt die Verbindung zu einem Objekt auf und `Error` zeigt einen Fehler an. Diese speziellen Werte erläutern wir in den folgenden Kapiteln.

Benutzerdefinierte Datentypen

Es besteht die Möglichkeit, eigene Datentypen anzulegen, die eine oder mehrere Komponenten enthalten. Einen Datentyp definieren Sie auf der Deklarationen-Seite des Code-Fensters mit

```
[Private | Public] Type VarName
        Elementname [([Dimensionen])] As Typ
    [ Elementname [([Dimensionen])] As Typ]
    . . .
End Type
```

Für das folgende Beispiel wurde der Datentyp typAdressen definiert, der Mitgliedsnummer, Name, Adresse und Telefonnummer enthält.

```
Type typAdressen
    lngMitgliedsNummer As Long
    strName As String
    strVorname As String
    strStraße As String
    strOrt As String
    strTelefon As String
End Type


Sub AdressenAbfrage()
    Dim Mitglied As typAdressen

    Mitglied.lngMitgliedsNummer = "00111"
    Mitglied.strName = "Apfel"
    Mitglied.strVorname = "Katharina"
    Mitglied.strStraße = "Lixfelder Weg 2"
    Mitglied.strOrt = "12 345 Apfelhausen"
    Mitglied.strTelefon = "012/345678"

    MsgBox Mitglied.strVorname & ", " & Mitglied.strName & _
        vbNewline & "Mitgliedsnummer: " & Mitglied.lngMitgliedsNummer
End Sub
```

! Zeilenumbruch in einer Message- oder InputBox: Möchten Sie in einer Message- oder InputBox einen Zeilenumbruch erzwingen, verwenden Sie vbNewline. Verbinden Sie diesen Zeichen-Code mit dem restlichen Text der Box durch ein »&«-Zeichen.

In der Prozedur AdressenAbfrage wird die Variable Mitglieder als benutzerdefinierter Datentyp typAdressen deklariert. Die Zuweisung eines benutzerdefinierten Typs erfolgt unter Benennung der Variablen sowie einer einzelnen Komponente, wie Mitglied.strName="Apfel".

Sehen Sie zum Einsatz von benutzerdefinierten Typen auch den Abschnitt 6.7, »Tipparbeit sparen mit With-Anweisungen«.

6.2.2 Konstanten

Verwenden Sie Werte in Ihrem Programm, die sich nicht ändern, so können Sie diese als Konstanten definieren:

```
Const conPint = 480
Const conAvogadro = 6.022E+23
Const conAnzahl As Integer = 20
```

Konstanten erhalten zur Abkürzung ihres Datentyps nach der RVBA-Namensregel ein con als Namenszusatz. Sie verwenden in Ihrem Programm eine Konstante durch den Aufruf ihres Namens.

6.2.3 Enum-Anweisungen

Enum-Anweisungen ermöglichen leicht zu verwendende Aufzählungen, die Sie für Variablen und Prozedurparameter verwenden können.

Mit einem Beispiel lässt sich dies einfach erläutern: Die Aufzählung ecEinheiten enthält vier Konstanten, die VBA-intern Werte ab 0 erhalten. Dimensionieren Sie eine Variable vom Typ ecEinheiten, so kann sie als Wert nur eine der vier Konstanten annehmen. Enum-Konstanten lassen sich ansonsten wie Const-Konstanten verarbeiten.

```
Enum ecEinheiten
    ecMilliliter
    ecCentiliter
    ecLiter
    ecPint
End Enum

Sub ...
    Dim eEinheit As ecEinheiten

    ...
    eEinheit = ecLiter
    ...
End Sub
```

Beachten Sie bei der Definition der Enum-Anweisung, dass die Konstanten jeweils auf einer Zeile stehen und nicht durch Kommata oder ähnliches getrennt werden. Die Anzahl der Konstanten ist beliebig. Es gibt keine Namenskonvention für Enums, sodass Sie sich hier eigene Präfixe ausdenken können.

Bei der Eingabe von Enum-Konstanten werden Sie vom VBA-Editor unterstützt: Tippen Sie, wie im Listing gezeigt, `eEinheit =`, wird nach dem Gleichheitszeichen vom Editor sofort ein Kombinationsfeld mit den möglichen Konstanten eingeblendet.

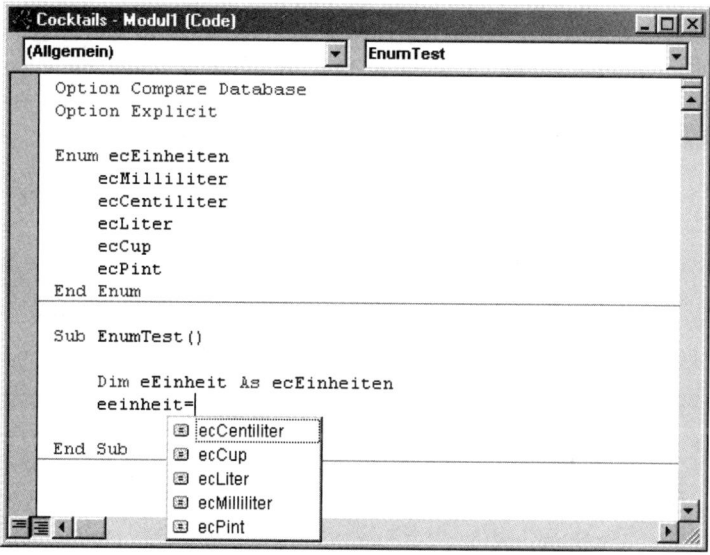

Bild 6.13: Eingabe von Enum-Konstanten

Es ist möglich, die Werte der Konstanten der Enum-Anweisung zu beeinflussen, beispielsweise wie folgt:

```
Enum ecEinheiten
    ecMilliliter = -1
    ecCentiliter
    ecLiter
    ecPint = 100
End Enum
```

Die Konstante `ecMilliliter` erhält den Wert -1, ab dann zählt VBA intern um 1 hoch, also `ecCentiliter` wird 0 usw.

6.2.4 Felder

Zu einem Feld können Werte gleicher Art in einer Liste zusammengefasst werden. Sie werden alle mit demselben Namen anhand ihres Indexes angesprochen.

Als Beispiel soll uns wieder die Umrechnung dienen. Das folgende Programm soll die eingegebene Menge in Milliliter umrechnen. Dazu werden zwei Input-Dialogfelder aufgerufen. In das erste soll die umzurechnende Menge eingegeben werden, im zweiten wird anhand einer einzugebenden Zahl ausgewählt, von welcher Einheit in die Einheit Milliliter umgerechnet werden soll. Ist die Mengenangabe in Liter, wird 0 eingetippt, ist sie in Pint, wird 4 eingegeben usw. Diese Methode ist nicht sehr elegant und würde so in einem professionellen Programm nicht verwendet werden, soll uns hier aber als einfaches Beispiel dienen. Besser ließe sich dieses Problem mithilfe eines Formulars und mit Optionsfeldern lösen. Beispiele dazu finden Sie in Kapitel 14, »Steuerelemente«.

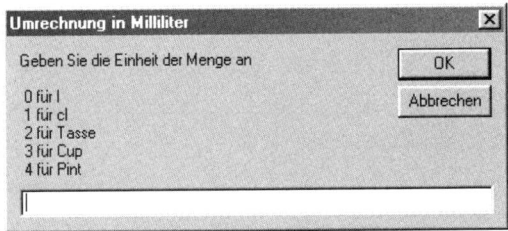

Bild 6.14: InputBox für Einheit

Im folgenden Programm besteht beispielsweise das Feld `dblFaktor` aus fünf Werten, welche die Umrechnungsfaktoren für die Einheiten enthalten. Das Feld wird dimensioniert, indem hinter den Namen des Datentyps in Klammern die benötigte Anzahl der Variablen aufgenommen wird. Im Beispiel wird für die Umrechnung von Liter, Zentiliter, der deutschen Tasse, des englischen oder amerikanischen Cup und Pint in Milliliter ein Feld mit fünf Elementen benötigt. Da der Index für Felder bei Null anfängt zu zählen, also die Elemente `adblFaktor(0)` bis `adblFaktor(4)` ausreichen, wird das Feld `adblFaktor` durch

```
Dim adblFaktor(4) As Double
```

ausreichend dimensioniert. Die Zuweisung einer Zahl zu einem Element des Feldes erfolgt mithilfe des jeweiligen Indexes, d.h., mit

```
adblFaktor(0)=1000
adblFaktor(1)=10
. . .
```

können die einzelnen Faktoren an das Feld `adblFaktor` übergeben werden. Die in der oben abgebildeten InputBox abgefragten Zahlen für die Einheiten entsprechen gerade dem Index des Umrechnungsfaktors der Einheit. Daher kann die Umrechnung einfach in der Zeile

```
dblMilliLiter = dblMenge * adblFaktor(intIndex)
```

erfolgen. Mit der richtigen Zahl für `intIndex` wird aus dem Feld `adblFaktor` der richtige Umrechnungsfaktor ausgewählt. Daraus ergibt sich für die Umrechnung einer bestimmten Menge einer (fast) beliebigen Einheit in Milliliter das folgende Programm:

```
Sub UmrechnungFeld()

    Dim adblFaktor(5) As Double
    Dim dblMenge As Double
    Dim intIndex As Integer
    Dim dblMilliLiter As Double

    adblFaktor(0) = 1000
    adblFaktor(1) = 10
    adblFaktor(2) = 125
    adblFaktor(3) = 240
    adblFaktor(4) = 480

    dblMenge = InputBox("Geben Sie bitte die Menge an", _
                    "Umrechnung in Milliliter")
    intIndex = InputBox("Geben Sie die Einheit der Menge an" _
            & vbNewline & vbNewline & _
            " 0 für l" & vbNewline & " 1 für cl" & vbNewline & _
            " 2 für Tasse" & vbNewline & " 3 für Cup" & vbNewline & _
            " 4 für Pint", "Umrechnung in Milliliter")

    dblMilliLiter = dblMenge * adblFaktor(intIndex)
    MsgBox dblMilliLiter & " ml"
End Sub
```

! Option Base: Falls Sie damit Schwierigkeiten haben, dass Datenfelder bei Null und nicht bei Eins anfangen zu zählen, können Sie die Anweisung `Option Base 1` auf die Seite der Deklarationen schreiben. Dann laufen die Indizes aller verwendeten Felder bei Eins los.

Die Array-Funktion

Die `Array`-Funktion kann ebenfalls für Felder verwendet werden. Der Vorteil besteht darin, dass ihre Werte einer Liste zugewiesen werden. Die Werte eines `Array`-Feldes sind immer vom Datentyp `Variant`. Für das Beispielprogramm `UmrechnungFeld()` könnte die Zuweisung der einzelnen Umrechnungsfaktoren zum Feld `avarFaktor` einfach

```
avarFaktor = Array(1000, 10, 125, 240, 480)
```

heißen. Die einzelnen Werte der Liste werden durch Kommata voneinander getrennt. Das Feld selbst muss nur deklariert, aber nicht dimensioniert werden. Das bedeutet, dass

```
Dim avarFaktor As Variant
```

ausreichend ist. Ansonsten kann das obige Programm unverändert verwendet werden.

Matrizen

Matrizen sind zweidimensionale Felder. Sie deklarieren eine Matrix folgendermaßen:

```
Dim astrAdressen(20, 4) As String
```

Die Matrix `astrAdressen` hat 21 Reihen und fünf Spalten und kann wie im folgenden Bild aussehen.

	1	2	3	4	5
1	Apfel	Katharina	Lixfelder Weg 2	12 345 Apfelhausen	012/345678
2	Banane	Lukas	Bottenhorner Weg 1	12 543 Bananenheim	021/876543
3	Birne	Miriam	Kullmannstr. 4	12 334 Birnwalde	011/223344
4	Kirsche	Conrad	Neumannstr. 2	54 321 Kirschstett	054/567890
5	Mango	Charlotte	Fuchshöhle 13	32 145 Mangonien	032/987654
6	Pflaume	Carlo	An der Hohl 9	45 321 Pfläumling	045/112233
..	...	...	...	...	...

Bild 6.15: Matrix mit Mitgliedern

Eine solche Matrix lässt sich wie im folgenden Programm füllen und abfragen:

```
Sub AdressenAbfrage2()

        Dim astrAdresse(20, 4) As String
        Dim varZähler As Variant

        astrAdresse(0, 0) = "Apfel"
        astrAdresse(0, 1) = "Katharina"
        astrAdresse(0, 2) = "Lixfelder Weg 2"
        astrAdresse(0, 3) = "12 345 Apfelhausen"
        astrAdresse(0, 4) = "012/345678"
        astrAdresse(1, 0) = "Banane"
        astrAdresse(1, 1) = "Lukas"
        astrAdresse(1, 2) = "Bottenhorner Weg 1"
        astrAdresse(1, 3) = "12 543 Bananenheim"
        astrAdresse(1, 4) = "021/876543"
        astrAdresse(2, 0) = "Birne"
        astrAdresse(2, 1) = "Miriam"
        astrAdresse(2, 2) = "Kullmannstr. 4"
        astrAdresse(2, 3) = "12 334 Birnwalde"
        astrAdresse(2, 4) = "011/223344"

        varZähler = InputBox("Bitte geben Sie Ihre Nummer an.")
        varZähler = varZähler - 1
        MsgBox astrAdresse(varZähler, 1) & " " & _
                astrAdresse(varZähler, 0) & vbNewline & _
                astrAdresse(varZähler, 2) & vbNewline & _
                astrAdresse(varZähler, 3) & vbNewline & _
                "Tel.: " & astrAdresse(varZähler, 4)
End Sub
```

Dynamische Datenfelder

Dynamische Datenfelder sind Datenfelder, deren Größe während der Programmausführung geändert wird. In vielen Fällen kann man vorher die benötigte Größe
eines Datenfeldes nicht abschätzen, oder man möchte aus Speicherplatzgründen
das Datenfeld nur so groß dimensionieren, wie es notwendig ist.

Ein dynamisches Datenfeld wird mit

```
Dim strZutaten() As String
```

deklariert. Damit wird im Programm angegeben, dass ein Datenfeld strZutaten existiert, aber es wurde noch kein Speicherplatz für das Feld reserviert. Mithilfe des Befehls

```
ReDim [Preserve] VarName(Dimensionen) [As Typ]
```

wird der Speicherplatz für das Datenfeld belegt. Im folgenden Beispiel wird die Anzahl der einzugebenden Zutaten abgefragt, das Datenfeld entsprechend dimensioniert, und die Zutaten werden in das Datenfeld eingetragen.

```
...
Dim strZutaten() As String
Dim intAnzahl As Integer
intAnzahl = InputBox("Anzahl der Zutaten")
ReDim strZutaten(intAnzahl)
...
```

Haben Sie in einem Programm mit ReDim den Speicherplatz für ein dynamisches Datenfeld reserviert und möchten im weiteren Verlauf Ihres Programms den Speicherplatz vergrößern, verwenden Sie erneut ReDim. Dabei verlieren Sie allerdings die bisherigen Inhalte des Datenfeldes, es sei denn, Sie geben dem ReDim-Befehl das Wort Preserve wie in

```
ReDim Preserve strZutaten(100)
```

mit, das die Inhalte des Datenfeldes erhält.

! Implizite ReDim-Deklaration: Sie können mit der Anweisung ReDim ein Datenfeld implizit innerhalb einer Prozedur deklarieren. Achten Sie darauf, dass Sie den Namen des Datenfeldes korrekt eingeben, wenn Sie die Anweisung ReDim verwenden. Auch wenn die Anweisung Option Explicit im Modul enthalten ist, erstellt Visual Basic ein zweites Datenfeld, falls Sie sich beim Namen des Feldes verschreiben.

6.2.5 Gültigkeitsbereiche von Variablen und Konstanten

Durch den Gültigkeitsbereich wird definiert, in welchem Bereich eine Variable oder Konstante verfügbar ist. Variablen und Konstanten haben drei verschiedene Gültigkeitsebenen:

1. **Prozedurebene**, d.h., sie gelten innerhalb einer Prozedur.

2. **Private Modulebene**, d.h., sie gelten nur innerhalb ihres Moduls, aber auch für andere Prozeduren in diesem Modul.

3. **Öffentliche Modulebene**, d.h., sie gelten auch in anderen Modulen.

Standardmäßig gilt eine Variable nur auf Prozedurebene. Das bedeutet, dass diese Variable in einer anderen Prozedur nicht gekannt wird und dort neu deklariert werden muss.

Sollen Variablen und Konstanten auch in anderen Prozeduren eines Moduls verwendet werden, können diese vor den eigentlichen Prozeduren im Bereich (*Deklarationen*) mit dem Zusatz Private deklariert werden. Die Deklaration im Deklarationenbereich mit dem Befehl Dim bewirkt zwar genau dasselbe, die Verwendung von Private verdeutlicht aber besser die Deklaration auf privater Modulebene.

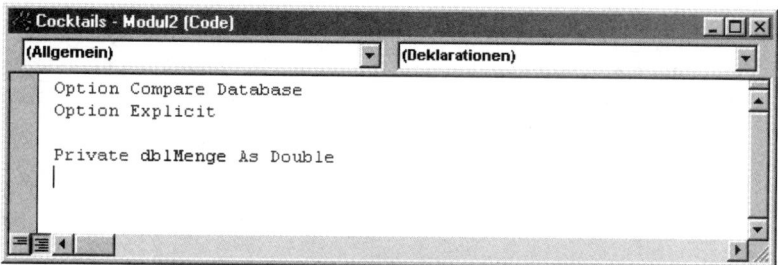

Bild 6.16: Deklaration einer Variable auf privater Modulebene

Eine Variable, die im Bereich (*Deklarationen*) mit dem Befehl Public deklariert wird, gilt auf öffentlicher Modulebene, das bedeutet, sie gilt für alle Module und auch für alle Formulare und Berichte, also global im gesamten Access.

6.3 Bedingte Abfragen

Für bedingte Abfragen stehen Ihnen in Visual Basic verschiedene Befehle zur Verfügung, von denen wir die wichtigsten im Folgenden beschreiben möchten.

6.3.1 IF-Abfragen

Mithilfe einer `If`-Abfrage können Sie Teile Ihres Programms nur dann ausführen lassen, wenn eine bestimmte Bedingung wahr ist. Die einfachste Form einer `If`-Anweisung lautet:

```
If Bedingung Then [Anweisungen]
```

Für die Bedingungen stehen Ihnen dabei die Operatoren der Tabelle 6.3 zur Verfügung.

Beispielsweise könnte eine `If`-Abfrage im Umrechnungsprogramm verwendet werden, um einen Eingabefehler für die InputBox der Einheiten abzufangen. Die Abfrage

```
If intIndex > 4 Then intIndex = InputBox(..)
```

prüft, ob die eingegebene Zahl größer als vier ist. Ist die Bedingung erfüllt, wird die `InputBox` erneut aufgerufen.

Tabelle 6.3: Vergleichsoperatoren in Access

Operator	Bedeutung
=	gleich wie
<	kleiner als
<=	kleiner als oder gleich wie
>	größer als
>=	größer als oder gleich wie
<>	ungleich wie
Like	wie (vergleicht Zeichenfolgen)

Mehr Flexibilität für eine Abfrage erhalten Sie mit der folgenden mehrzeiligen, geschachtelten Abfrage:

```
If Bedingung Then
        [Anweisungen]
[ElseIf Bedingung-n Then
        [SonstWennAnw]] . . .
[Else
        [SonstAnw]]
End If
```

Diese Form der Abfrage erlaubt mehrfache Bedingungen. Ebenso besteht die Möglichkeit, mehrere If-Abfragen ineinander zu schachteln.

Einrückungen: Es ist sehr hilfreich, mit Einrückungen bei If-Abfragen zu arbeiten. Dann lässt sich besser erkennen, ob unter dem If auch ein End If zu finden ist. Da If-Abfragen fast beliebig verschachtelt werden können, lässt sich so ein vergessenes End If schneller finden.

Zusätzlich zu den Vergleichsoperatoren können logische Operatoren verwendet werden. Die folgende Tabelle führt die gebräuchlichsten zusammen mit einem Beispiel auf.

Tabelle 6.4: Logische Operatoren

Operator	Bedeutung	Beispiel
Not	Nicht	Not(intZähler <= 2)
And	Und	intZähler >= 0 And intZähler <= 2
Or	Oder	intZähler > 2 Or intZähler < 0

Die Eingabe der Einheiten im Programm Umrechnung in einer InputBox mithilfe der Zahlen Null bis Vier ist nicht gerade anwenderfreundlich. Schöner wäre für eine solche Abfrage, wenn direkt Text eingegeben werden könnte, wie cl oder Pint. Das ist im folgenden Beispiel möglich. In der Prozedur Umrechnung2 wird die Einheit in einer InputBox abgefragt. In einer If-Abfrage wird anhand der Texteingabe der Index bestimmt. Dazu werden mehrere If-Abfragen und der logische Operator Or verwendet. Wird keine Übereinstimmung gefunden, wird eine Messagebox mit Fehlermeldung aktiviert und der Fehlerwert -1 zurückgegeben. Danach folgt die Umrechnung in Milliliter.

```
Sub UmrechnungIf()

    Dim dblMenge As Double
    Dim dblMilliLiter As Double
    Dim strEinheit As String
    Dim intIndex As Integer
    Dim avarFaktor As Variant

    ' Umrechnungsfaktoren
    avarFaktor = Array(1000, 10, 125, 240, 480)

    dblMenge = InputBox("Geben Sie bitte die Menge an", _
                    "Umrechnung in Milliliter")
    strEinheit = InputBox("Geben Sie die Einheit der Menge an")

    If strEinheit = "l" Or strEinheit = "Liter" Then
        IntIndex = 0
    ElseIf strEinheit = "cl" Or strEinheit = "Zentiliter" Then
        IntIndex = 1
    ElseIf strEinheit = "Tasse" Or strEinheit = "Tassen" Then
        IntIndex = 2
    ElseIf strEinheit = "Cup" Or strEinheit = "Cups" Then
        IntIndex = 3
    ElseIf strEinheit = "Pint" Or strEinheit = "Pints" Then
        IntIndex = 4
    Else
        MsgBox "Es wurde eine falsche Einheit angegeben."
        IntIndex = -1
    End If

    If intIndex > -1 Then
        dblMilliLiter = dblMenge * avarFaktor(intIndex)
        MsgBox dblMilliLiter & " ml"
    End If
End Sub
```

Neben dem Operator Or gibt es des Weiteren die Operatoren And und Not. Da es nicht immer ganz einfach ist festzulegen, wie welcher Operator arbeitet, soll Tabelle 6.5 eine Zusammenfassung der Wirkungsweisen der einzelnen Operatoren sein. Bedingung True bedeutet dabei, eine Bedingung ist erfüllt. Ergebnis True heißt, die Verkettung der beiden Bedingungen wird als wahr angesehen.

Tabelle 6.5: Wirkungsweise der logischen Operatoren

Bedingung1	Operator	Bedingung2	Ergebnis
True	And	True	True
True	And	False	False
False	And	True	False
False	And	False	False
True	Or	True	True
True	Or	False	True
False	Or	True	True
False	Or	False	False
	Not	True	False
	Not	False	True

6.3.2 Select Case-Anweisungen

Neben den `If`-Abfragen gibt es in Visual Basic eine zweite Verzweigungsstruktur, die `Select Case`-Anweisungen. Diese Struktur ist gerade bei vielen Verzweigungen übersichtlicher als eine `If`-Abfrage.

```
Select Case Testausdruck
    [Case Ausdruckliste-n
        [Anweisungen-n]] . . .
    [Case Else
        [SonstAnw]]
End Select
```

Ein einfaches Beispiel für eine `Select Case`-Anwendung ist die folgende Rabattstaffelung. Dabei sollen für abgenommene Stückzahlen größer oder gleich 1000 10% Rabatt gegeben werden, für Stückzahlen zwischen 500 und 999 5% und für Stückzahlen zwischen 100 und 499 nur noch 1%. Für Werte kleiner als 100 gibt es keine Rabatte.

Soll in einer `Case`-Verzweigung ein Vergleichsoperator verwendet werden, wird diesem ein `Is` vorausgestellt:

```
Sub Rabatt()

    Dim varStück As Variant
    Dim dblRabatt As Double

    varStück = InputBox("Gekaufte Stückzahl eingeben")
    Select Case varStück
        Case Is >= 1000
            dblRabatt = 0.1
        Case Is >= 500
            dblRabatt = 0.05
        Case Is >= 100
            dblRabatt = 0.01
        Case Else
            dblRabatt = 0
    End Select

    MsgBox "Bei " & varStück & " Stück gibt es " _
            & dblRabatt * 100 & "% Rabatt."
End Sub
```

Als zweites Beispiel für eine Case-Anweisung wurde das bereits im vorherigen Abschnitt verwendete Umrechnungsbeispiel angepasst. Die beiden Bedingungen, die zur Zuweisung eines Indexes führen sollen, werden hier durch Komma voneinander getrennt.

```
Sub UmrechnungCase()

    Dim dblMenge As Double
    Dim dblMilliLiter As Double
    Dim strEinheit As String
    Dim intIndex As Integer
    Dim avarFaktor As Variant

    ' Umrechnungsfaktoren
    avarFaktor = Array(1000, 10, 125, 240, 480)

    dblMenge = InputBox("Geben Sie bitte die Menge an", _
                    "Umrechnung in Milliliter")
    strEinheit = InputBox("Geben Sie die Einheit der Menge an")
```

```
Select Case strEinheit
    Case "l", "Liter"
        intIndex = 0
    Case "cl", "Zentiliter"
        intIndex = 1
    Case "Tasse", "Tassen"
        intIndex = 2
    Case "Cup", "Cups"
        intIndex = 3
    Case "Pint", "Pints"
        intIndex = 4
    Case Else
        MsgBox "Es wurde eine falsche Einheit angegeben."
        intIndex = -1
End Select

If intIndex > -1 Then
    dblMilliLiter = dblMenge * avarFaktor(intIndex)
    MsgBox dblMilliLiter & " ml"
End If
End Sub
```

6.4 Prozeduren und Funktionen

Programmierarbeit kann erheblich vereinfacht werden, wenn Sie Ihre Programme in kleine logische Einheiten unterteilen. Solche Einheiten, als Prozeduren bezeichnet, können beispielsweise häufig wiederkehrende Berechnungen sein. Es gibt zwei wichtige Gründe, die dafür sprechen, Programme in Prozeduren aufzuteilen. Zum einen lassen sich solche Einheiten einfacher testen und auf Fehler untersuchen als ein sehr langes Programm, zum anderen können die Prozeduren auch in anderen Programmen verwendet werden.

In Visual Basic werden zwei Arten von Prozeduren unterschieden: die Sub- und die Funktions-Prozedur. Eine Sub-Prozedur führt eine Reihe von Anweisungen durch, ohne nach ihrer Beendigung einen Wert zurückzugeben. Eine Funktions-Prozedur, einfacher nur als Funktion bezeichnet, wird dazu verwendet, einen Wert zu berechnen und zurückzugeben. Sie lässt sich daher auch in Rechnungen und Ausdrücken direkt einsetzen.

6.4.1 Sub-Prozeduren

Bisher wurde die Sub-Prozedur nur in ihrer einfachsten Form

```
Sub Name ()
    [Anweisungen]
End Sub
```

verwendet. Die allgemeinere Definition einer Sub-Prozedur erfolgt durch

```
[Private | Public] [Static] Sub Name [(ArgListe)]
    [Anweisungen]
    [Exit Sub]
    [Anweisungen]
End Sub
```

Die Vorsätze beziehen sich auf Gültigkeitsbereiche der Routine bzw. der verwendeten Variablen. Informationen dazu finden Sie auf Seite 179 in Abschnitt 6.4.5, »Gültigkeitsbereiche von Prozeduren«. Der Befehl Exit Sub erlaubt das vorzeitige Verlassen der Sub-Prozedur.

Das folgende Programm zeigt die Prozedur UmrechnungMitProzedur, die die Sub-Prozedur DialogfelderAufrufen aufruft. In der Sub-Prozedur DialogfelderAufrufen werden die beiden Input-Dialogfelder abgefragt und die beiden Eingabewerte als Variablen dblMenge und intIndex zum aufrufenden Programm zurückgegeben. Die Deklaration der übergebenen Variablen erfolgt in der Sub-Prozedur in der Argumentliste.

```
Sub UmrechnungMitProzedur()

    Dim avarFaktor As Variant
    Dim dblMenge As Double
    Dim intIndex As Integer
    Dim dblMilliLiter As Double

    avarFaktor = Array(1000, 10, 125, 240, 480)
    DialogfelderAufrufen dblMenge, intIndex
    If intIndex > -1 Then
        dblMilliLiter = dblMenge * avarFaktor(intIndex)
        MsgBox dblMilliLiter & " ml"
    End If
End Sub
```

```
Sub DialogfelderAufrufen(dblEingabe As Double, intIndex As Integer)

    Dim strEinheit As String

    dblEingabe = InputBox("Geben Sie bitte die Menge an", _
        "Umrechnung in Milliliter")
    strEinheit = InputBox("Geben Sie die Einheit der Menge an")
    Select Case strEinheit
        Case "l", "Liter"
            intIndex = 0
        Case "cl", "Zentiliter"
            intIndex = 1
        Case "Tasse", "Tassen"
            intIndex = 2
        Case "Cup", "Cups"
            intIndex = 3
        Case "Pint", "Pints"
            intIndex = 4
        Case Else
            MsgBox "Es wurde eine falsche Einheit angegeben."
            intIndex = -1
    End Select
End Sub
```

Der Aufruf einer Sub-Prozedur im Hauptprogramm erfolgt einfach über ihren Namen. Sollen Argumente übergeben werden, so werden diese, mit Kommata voneinander getrennt, hinter dem Namen aufgeführt.

6.4.2 Funktions-Prozedur

Funktions-Prozeduren sind Prozeduren, die einen Wert zurückgeben. Allgemein wird eine Funktions-Prozedur durch

```
[Public | Private] [Static] Function Name [(ArgListe)] [As Typ]
    [Anweisungen]
    [Name = Ausdruck]
    [Exit Function]
    [Anweisungen]
    [Name = Ausdruck]]
End Function
```

definiert. Im folgenden Beispiel wird die Bestimmung der Einheit in einer eigenen Funktion durchgeführt. Der Funktionsaufruf erfolgt im Beispiel in der Zuweisung der Variablen `intIndex`.

```vba
Sub UmrechnungMitFunktion()

    Dim dblMenge As Double
    Dim dblMilliLiter As Double
    Dim strEinheit As String
    Dim intIndex As Integer
    Dim avarFaktor As Variant
    ' Umrechnungsfaktoren
    avarFaktor = Array(1000, 10, 125, 240, 480)

    dblMenge = InputBox("Geben Sie bitte die Menge an", _
                    "Umrechnung in Milliliter")
    strEinheit = InputBox("Geben Sie die Einheit der Menge an")
    intIndex = BestimmeEinheitCase(strEinheit)
    If intIndex > -1 Then
        dblMilliLiter = dblMenge * avarFaktor(intIndex)
        MsgBox dblMilliLiter & " ml"
    End If
End Sub


Function BestimmeEinheitCase(strEinheit As String) As Integer
    Select Case strEinheit
        Case "l", "Liter"
            BestimmeEinheitCase = 0
        Case "cl", "Zentiliter"
            BestimmeEinheitCase = 1
        Case "Tasse", "Tassen"
            BestimmeEinheitCase = 2
        Case "Cup", "Cups"
            BestimmeEinheitCase = 3
        Case "Pint", "Pints"
            BestimmeEinheitCase = 4
        Case Else
            MsgBox "Es wurde eine falsche Einheit angegeben."
            BestimmeEinheitCase = -1
    End Select
End Function
```

Innerhalb der Funktions-Prozedur werden nicht nur die Datentypen der übergebenen Variablen festgelegt, sondern auch der Datentyp des Wertes, den die Funktion zurückgibt.

> **! Übergabe von Feldern:** Soll ein Feld übergeben werden, wird sowohl bei der Übergabe als auch im Unterprogramm an den Feldnamen das Klammernpaar () angehängt. Im aufrufenden Programm könnte der Aufruf des Unterprogramms BerechneFeld() heißen und dann im Unterprogramm die erste Zeile Sub Berechne(Feld()). *Lücke*

6.4.3 Variablenübergabe: »by reference« oder »by value«

Es gibt in Visual Basic zwei verschiedene Arten, Variablen an ein Unterprogramm zu übergeben: »by reference« oder »by value«.

Die Standardeinstellung, die wir bisher verwendet haben, ist »by reference«. Dabei wird die Variable selbst übergeben, die auch entsprechend vom Unterprogramm geändert und zurückgegeben werden kann. Die Übergabe der Variablen »by reference« wird im Beispiel UmrechnungMitProzedur() auf Seite 174 deutlich. Beim Aufruf der Sub-Prozedur werden die beiden Variablen mit dem Wert 0 übergeben. Durch den Aufruf der Input-Dialogfelder ändern sich die Werte der Variablen. Ist die Sub-Prozedur fertig abgearbeitet, werden die beiden Variablen mit geänderten Werten zurückgegeben.

Werden die Variablen »by value« übergeben, erfolgt keine Rückgabe der geänderten Werte an das aufrufende Programm. Für den Aufruf »by value« wird der Übergabevariablen ein ByVal vorangestellt:

```
Sub DialogfelderAufrufen(ByVal dblEingabe As Double, _
                         ByVal intEingabe As Integer)
```

Wie ist nun diese unterschiedliche Wirkungsweise zu verstehen? Bei einer Übergabe »by value« wird der Wert der Variablen an das Unterprogramm übergeben und nicht die Variable selbst. Dann kann im Unterprogramm zwar der Wert bearbeitet und verändert werden, die Variable selbst ist davon jedoch nicht betroffen. Erfolgt eine Übergabe »by reference«, so wird die eigentliche Variable übergeben. Erfolgen dann Änderungen, so erfolgen diese an der Variablen selbst. Damit wird die aufrufende Variable im Hauptprogramm selbst verändert. Welche Übergabeart eingesetzt wird, hängt vom Anwendungsfall ab.

Beispiele und Probleme der Variablenübergabe »by value« oder »by reference« finden Sie in Kapitel 8, »Fehlersuche und -behandlung«.

6.4.4 Optionale Argumente

Optionale Argumente sind Argumente im Aufruf einer Prozedur oder Funktion, für die nicht notwendigerweise immer ein Argument übergeben werden muss. Sie werden durch

```
[Optional] [ByVal | ByRef] VarName[( )] [As Typ]
```

in der Argumentenliste einer Prozedur oder Funktion definiert. Optionale Argumente müssen immer am Ende der Argumentenliste stehen.

Haben Sie eine Variable als optionale Variable deklariert, sollten Sie sich überlegen, was passieren soll, wenn beim Aufruf der Prozedur das entsprechende Argument nicht übergeben wird. Es besteht die Möglichkeit, dem optionalen Parameter einen Standardwert zuzuweisen, sodass beim Aufruf einer Routine, für die das Argument nicht übergeben wird, der Standardwert verwendet werden kann.

Vergeben Sie selbst der Variablen keinen Wert, wird sie von Access entsprechend dem Datentyp gesetzt. Ist das Argument als Zahlenwert deklariert, wird ihm Null zugewiesen, ist es ein Text, wird sie als leerer String ("") initialisiert.

Der Defaultwert des Arguments kann direkt im Aufruf der Prozedur wie in

```
Sub Beispiel(strText As String, Optional intZahl As Integer = 13)
    ...
End Sub
```

definiert werden. Eine solche Prozedur könnte mit einer der beiden Zeilen

```
Beispiel "Test"
Beispiel "Test", 100
```

aufgerufen werden. Dabei wird in der ersten Zeile der Standardwert, also 13, verwendet, in der zweiten Zeile wird für intZahl der Wert 100 verwendet.

Möchten Sie in Ihrer Prozedur abfragen, ob das optionale Argument übergeben wird, können Sie dazu die Funktion IsMissing verwenden.

```
Sub Beispiel(strText As String, Optional intZahl As Variant)
    If IsMissing(intZahl) Then
        ' Wenn kein Argument, dann 13
        intZahl = 13
    Else
        ' Wenn Argument vorhanden, dann ...
    End If
End Sub
```

Sie gibt den Wert True zurück, wenn kein Argument übergeben wird, und den Wert False, falls ein entsprechendes Argument vorhanden ist. Voraussetzung für die Anwendung der Funktion IsMissing ist allerdings, dass das entsprechende Argument vom Datentyp Variant ist.

Benötigen Sie eine Prozedur, in der eine beliebige Anzahl von Argumenten übergeben werden soll, können Sie das Schlüsselwort ParamArray verwenden, um ein Array von Argumenten des Datentyps Variant zu übergeben. Im folgenden Beispiel soll ein Produkt aus einer zuvor unbekannten Anzahl von Argumenten berechnet werden, dazu wird eine For-Schleife verwendet, die in den Abschnitten 6.5.2, »For...Next«, und 6.5.3, »For Each...Next«, noch ausführlich beschrieben wird.

```
Function Produkt(ParamArray varZahlen() As Variant) As Double

    Dim dblProdukt As Double
    Dim var As Variant

    dblProdukt = 1

    For Each var In varZahlen
        dblProdukt = dblProdukt * var
    Next var
    Produkt = dblProdukt
End Function
```

Aktivieren Sie nun mit dem Befehl *ANSICHT Direktfenster* ein Fenster, in dem Sie mit der Eingabe von ?Produkt(3333, 4444, 5555) oder einer anderen Argumentenliste die Funktion nach Betätigung der ⏎-Taste aufrufen können.

Die zuvor für optionale Argumente beschriebene Funktion IsMissing lässt sich für ein ParamArray-Argument nicht verwenden, da sie für solche Argumente grundsätzlich False zurückgibt. Verwenden Sie ParamArray-Argumente, können keine weiteren optionalen Parameter verwendet werden.

6.4.5 Gültigkeitsbereiche von Prozeduren

Prozeduren haben nur zwei Gültigkeitsebenen: die private und öffentliche Modulebene. Prozeduren in Modulen sind standardmäßig öffentlich. Soll eine Prozedur nur in der aktuellen Datenbank verwendet werden können, ist die Anweisung Private wie in

```
Private Sub Umrechnung()
    ...
End Sub
```

hinzuzufügen. Prozeduren, die Sie in Formularen oder Berichten (CBF) erstellen, wird automatisch ein `Private` vorangestellt, andere Module müssen Sie selbst als `Private` deklarieren.

! Option Private: Sollen alle Prozeduren eines Moduls als private Module deklariert werden, können Sie auf der Seite (*Deklarationen*) den Befehl `Option Private` einfügen, um für alle Prozeduren festzulegen, dass sie nur innerhalb der aktuellen Datenbank verwendet werden können.

6.5 Schleifen

Schleifen ermöglichen es Ihnen, gleiche Programmteile mehrmals zu wiederholen, ohne dass derselbe Programm-Code mehrfach wiederholt werden muss. In VBA gibt es mehrere Möglichkeiten, eine Schleife zu realisieren: `Do...Loop`, `For...Next`, `For Each...Next` und `While...Wend`.

6.5.1 Do...Loop

Es gibt verschiedene Varianten der `Do...Loop`-Schleife. Grundsätzlich läuft eine `Do...Loop`-Schleife, solange (`while`) eine bestimmte Bedingung erfüllt ist oder bis (`until`) eine Bedingung erfüllt wurde. Eine Form kann mit

```
Do [{While | Until} Bedingung]
    [Anweisungen]
    [Exit Do]
    [Anweisungen]
Loop
```

beschrieben werden, eine zweite durch

```
Do
    [Anweisungen]
    [Exit Do]
    [Anweisungen]
Loop [{While | Until} Bedingung]
```

Das folgende Programm verwendet drei Do-Schleifen. Die InputBox fragt die Menge samt Einheit ab. Der eingegebene String muss dann im nächsten Schritt auseinander genommen werden, es wird also festgestellt, welcher Teil die Zahl und welcher die Einheit enthält. Die Schleife, die die Zahl aus dem String extrahiert, arbeitet mit der Funktion IsNumeric(), die von einem Zeichen feststellt, ob es Zahl oder Text ist. Von der Eingabe der InputBox wird mit der Funktion Mid(string, start[, length]) jeweils length Zeichen überprüft. Der Parameter start bestimmt, das wievielte Zeichen des Strings als erstes herausgeschnitten werden soll. Mit einem vorgegebenen String strTest="10 Zentiliter" würde die Funktion Mid(strTest, 4, 2) beispielsweise die Buchstaben "Ze" liefern. Die Funktion Mid(strTest,4) hingegen ergibt alle Zeichen nach dem vierten Zeichen des Strings, also Zentiliter.

In unserem Fall sollen nacheinander aus der Eingabe der InputBox alle Zeichen überprüft werden. Die Variable intStart beginnt daher mit Eins und wird für jeden Durchlauf der Schleife um Eins hochgezählt. Solange das extrahierte Zeichen numerisch oder ein Komma ist, wird es dem String strZahl zugefügt.

Die vollständige Schleife zur Extraktion des numerischen Anteils lautet:

```
Do While IsNumeric(Mid(varMenge, intStart, 1)) Or _
              Mid(varMenge, intStart, 1) = ","
    strZahl = strZahl & Mid(varMenge, intStart, 1)
    intStart = intStart + 1
    boolKorrekteEingabe = True
Loop
```

Die folgende Schleife kontrolliert, ob der String der InputBox nach dem numerischen Anteil Leerzeichen enthält. Auch hier wird die Variable intStart für jedes gefundene Leerzeichen um Eins erhöht:

```
Do While Mid(varMenge, intStart, 1) = " "
    intStart = intStart + 1
Loop
```

Umrahmt werden diese Programmteile von einer weiteren Schleife, welche die richtige Eingabe in die Messagebox sicherstellen soll. Dazu läuft diese Schleife so lange, bis der boolesche Wert boolKorrekteEingabe wahr ist. Bevor diese Kontrollschleife startet, wird der Wert auf falsch gesetzt. Erfolgt die Zahleneingabe korrekt, wird der Wert True. Wird eine richtige Einheit angegeben, bleibt der Wert True, dann ist nämlich die Bedingung intIndex=-1 falsch und somit Not (intIndex = -1) richtig. Wird eine falsche Zeichenfolge als Einheit angegeben, bedeutet das, dass die Funktions-Prozedur BestimmeEinheitCase (siehe Seite

176) den Wert -1 für den Index zurückgibt. Damit ist `Not` `(intIndex = -1)` falsch und die Schleife wird erneut durchlaufen.

```
boolKorrekteEingabe = False
Do Until boolKorrekteEingabe
...
    boolKorrekteEingabe = True
...
    boolKorrekteEingabe = Not (intIndex = -1)
Loop
```

Die besprochenen Einzelteile ergeben zusammengesetzt die im Folgenden dargestellte Prozedur `UmrechnungMitDoLoop()`:

```
Sub UmrechnungMitDoLoop()

    Dim intStart As Integer
    Dim intIndex As Integer
    Dim dblMenge As Double
    Dim dblMilliLiter As Double
    Dim varMenge As Variant
    Dim avarFaktor As Variant
    Dim strZahl As String
    Dim strEinheit As String
    Dim boolKorrekteEingabe As Boolean

    'Umrechnungsfaktoren
    avarFaktor = Array(1000, 10, 125, 240, 480)
    'Fehlerwert
    boolKorrekteEingabe = False

    'Stellt korrekte Eingabe der Menge und Einheit sicher
    Do Until boolKorrekteEingabe
        varMenge = InputBox("Geben Sie die Menge mit Einheit an", _
                            "Umrechnung in Milliliter")

        If varMenge = "" Then Exit Sub

        'Bestimmt die Menge als String
        intStart = 1
        Do While IsNumeric(Mid(varMenge, intStart, 1)) Or _
                            Mid(varMenge, intStart, 1) = ","
            strZahl = strZahl & Mid(varMenge, intStart, 1)
```

```
            intStart = intStart + 1
            boolKorrekteEingabe = True
        Loop


        'Überspringt Leerzeichen
        Do While Mid(varMenge, intStart, 1) = " "
            intStart = intStart + 1
        Loop


        'Bestimmt die Einheit
        strEinheit = Mid(varMenge, intStart)
        intStart = Len(varMenge) + 1


        'Wandelt String der Menge in Double um
        If boolKorrekteEingabe = True Then dblMenge = CDbl(strZahl)


        'Bestimmt Index für den Umrechnungsfaktor
        intIndex = BestimmeEinheitCase(strEinheit)
        boolKorrekteEingabe = Not (intIndex = -1)
    Loop


    'Berechnet Menge in Milliliter
    dblMilliLiter = dblMenge * avarFaktor(intIndex)
    MsgBox dblMilliLiter & " ml"
End Sub
```

Um den String `strZahl` in eine Zahl umzuwandeln, mit der dann die Umrechnung in Milliliter erfolgen kann, wurde die Funktion

```
dblMenge = CDbl(strZahl)
```

verwendet. Die Funktion `CDbl()` wandelt die in der Klammer aufgeführte Zahl oder Zeichenfolge in eine Zahl des Datentyps `Double` um.

! **Abbrechen einer InputBox:** Wird die InputBox mit *Abbrechen* beendet anstatt mit der *Ok*-Schaltfläche, gibt die InputBox einen leeren String, also "", zurück. So kann die Prozedur durch die Zeile `If varMenge = "" Then Exit Sub` beendet werden.

6.5.2 For...Next

Eine For-Schleife wiederholt Anweisungen so lange, bis der Zähler der For-Schleife einen vorgegebenen Wert erreicht. Die allgemeine Form der For-Schleife wird durch

```
For Zähler = Anfang To Ende [Step Schrittweite]
    [Anweisungen]
    [Exit For]
    [Anweisungen]
Next [Zähler]
```

beschrieben. Für den Schleifenzähler kann sowohl ein Start- als auch ein Endwert vorgegeben werden, ebenso wie das Inkrement, die Schrittweite. Im folgenden Beispiel läuft die For-Schleife von Eins bis Len(varMenge). Die Funktion Len() berechnet die Länge eines Strings.

```
Sub UmrechnungMitForNext()

    Dim intStart As Integer
    Dim intIndex As Integer
    Dim dblMenge As Double
    Dim dblMilliLiter As Double
    Dim strZahl As String
    Dim strEinheit As String
    Dim varMenge As Variant
    Dim avarFaktor As Variant
    Dim boolKorrekteEingabe As Boolean

    avarFaktor = Array(1000, 10, 125, 240, 480)

    boolKorrekteEingabe = False
    'Stellt korrekte Eingabe der Menge und Einheit sicher
    Do Until boolKorrekteEingabe
        varMenge = InputBox("Geben Sie die Menge mit Einheit an", _
                    "Umrechnung in Milliliter")
        If varMenge = "" Then Exit Sub

        'Bestimmt die Menge als String
        strZahl = ""
        For intStart = 1 To Len(varMenge)
            If IsNumeric(Mid(varMenge, intStart, 1)) Or _
                        Mid(varMenge, intStart, 1) = "," Then
```

```
        'Numerischen Anteil extrahieren
        strZahl = strZahl & Mid(varMenge, intStart, 1)
        boolKorrekteEingabe = True
    ElseIf Mid(varMenge, intStart, 1) = " " Then
        'Leerzeichen überspringen
    Else
        'Einheit rausschneiden
        strEinheit = Mid(varMenge, intStart)
        Exit For
    End If
Next

'Wandelt String der Menge in Double um
If boolKorrekteEingabe = True Then dblMenge = CDbl(strZahl)
'Bestimmt Index für den Umrechnungsfaktor
intIndex = BestimmeEinheitCase(strEinheit)
boolKorrekteEingabe = Not (intIndex = -1)
    Loop

    'Berechnet Menge in Milliliter
    dblMilliLiter = dblMenge * avarFaktor(intIndex)
    MsgBox dblMilliLiter & " ml"
End Sub
```

Um mithilfe des Schlüsselworts Step die Schrittweite zu variieren, können Sie wie im folgenden Beispiel

```
For intI = 2 To 20 Step 4
    ...
Next
```

eine größere Schrittweite oder wie in

```
For intI = 20 To 2 Step -4
    ...
Next
```

gar eine negative Schrittweite angeben. Im ersten Beispiel wird die Schleife für die Werte 2, 6, 10, 14 und 18 durchlaufen, im zweiten Beispiel für die Werte 20, 16, 12, 8 und 4.

Untere und obere Grenze

Hilfreich in For...Next-Schleifen sind auch die Funktionen LBound (Lower Bound) und UBound (Upper Bound). Sie bestimmen den niedrigsten und den höchsten Index eines Feldes.

Das folgende Beispiel arbeitet alle Einträge des Datenfeldes avarMonate der Reihe nach ab. Für jedes Element des Datenfeldes, also für jeden Monatsnamen, werden die Einnahmen des entsprechenden Monats abgefragt und am Ende als Summe ausgegeben.

```
Sub Einnahmen()
    Dim avarMonate As Variant
    Dim varMonatsname As Variant
    Dim varEinnahme As Variant
    Dim dblSumme As Double

    avarMonate = Array("Januar", "Februar", "März", "April", _
            "Mai", "Juni", "Juli", "August", "September", _
            "Oktober", "November", "Dezember")

    For varMonatsname = LBound(avarMonate) To UBound(avarMonate)
            varEinnahme = InputBox("Einnahmen im " & _
                                avarMonate(varMonatsname))

        If varEinnahme = "" Then GoTo Ende

        dblSumme = dblSumme + varEinnahme
    Next
Ende:
    MsgBox "Die summierten Einnahmen betragen " & dblSumme
End Sub
```

In diesem Beispiel hätte man auch leicht die Schleife von 0 bis 11 laufen lassen können. Wirklich hilfreich sind die Funktionen LBound und UBound, wenn sich die Größe eines Feldes ändert und man nicht die Grenzen der Schleife ändern muss, da das mithilfe der Funktionen automatisch erledigt wird.

6.5.3 For Each...Next

Die For Each...Next-Schleife bearbeitet alle Elemente eines Datenfeldes oder einer Auflistung, ohne dass Sie vorher wissen müssen, um wie viele Elemente es sich dabei handelt. Diese Schleife wurde bereits auf Seite 179 im Beispielprogramm Produkt() verwendet.

```
For Each Element In Gruppe
    [Anweisungen]
    [Exit For]
    [Anweisungen]
Next [Element]
```

Das Beispiel im vorherigen Abschnitt lässt sich auch mit einer `For Each...Next`-Schleife lösen. Dabei werden nacheinander alle Elemente des Feldes `avarMonate` verwendet.

```
Sub Einnahmen()
    Dim avarMonate As Variant
    Dim varMonatsname As Variant
    Dim varEinnahme As Variant
    Dim dblSumme As Double

    avarMonate = Array("Januar", "Februar", "März", "April", _
            "Mai", "Juni", "Juli", "August", "September", _
            "Oktober", "November", "Dezember")

    For Each varMonatsname In avarMonate
        varEinnahme = InputBox("Einnahmen im " & _
                        avarMonate(varMonatsname))
        If varEinnahme = "" Then GoTo Ende

        dblSumme = dblSumme + varEinnahme
    Next
Ende:
    MsgBox "Die summierten Einnahmen betragen " & dblSumme
End Sub
```

> **!** **For Each-Einschränkung:** `For Each` kann nicht für Datenfelder von benutzerdefinierten Datentypen verwendet werden.

6.5.4 While...Wend

Die `While`-Schleife läuft so lange, bis die angegebene Bedingung nicht mehr erfüllt ist. Ihre allgemeine Form kann durch

```
While Bedingung
    [Anweisungen]
Wend
```

beschrieben werden. Die zuvor verwendete Do-Schleife unseres Beispiels, in der ein String auf seine numerischen Anteile überprüft wurde, kann ebenso als While-Schleife ausgeführt werden:

```
While IsNumeric(Mid(varMenge, intStart, 1)) Or _
                   Mid(varMenge, intStart, 1) = ","
    strZahl = strZahl & Mid(varMenge, intStart, 1)
    intStart = intStart + 1
    boolKorrekteEingabe = True
Wend
```

! Zeitlich lang laufende Schleifen: Haben Sie eine Schleife erstellt, deren Abarbeitung längere Zeit in Anspruch nimmt, ohne dass der Benutzer eingreifen kann, so sollten Sie in die Schleife den Befehl DoEvents einfügen. Er gibt dem Windows-System die Chance, während der Schleife gegebenenfalls auf andere Ereignisse wie beispielsweise Mausklicks oder Fensterwechsel zu reagieren.

6.6 Mit GoTo springen

Mit dem Befehl GoTo kann eine bestimmte, mit einer Zeilennummer oder mit einem Text bezeichnete Zeile angesprungen werden. Mit diesem Befehl können Sie nur innerhalb der aktuellen Prozedur springen. GoTos werden verwendet, um Laufzeitfehler abzufangen, die in Kapitel 8, »Fehlersuche und -behandlung«, beschrieben werden. Zu viele GoTos sollten beim Programmieren vermieden werden, denn der Programm-Code wird dadurch schwer lesbar. Im folgenden Beispiel wird ein GoTo verwendet, um die Prozedur zu verlassen, wenn in der InputBox die *Abbrechen*-Schaltfläche betätigt wurde. Als Sprungmarke wurde hier Ende angegeben. Um die Zeile zu bezeichnen, in die gesprungen werden soll, wird vor die Zeile ein Ende: eingefügt:

```
...
varMenge = InputBox("Geben Sie bitte die Menge mit Einheit an")
If varMenge = "" Then GoTo Ende
...
Ende:
End Sub
```

6.7 Tipparbeit sparen mit With-Anweisungen

Die Anweisung With...End With ermöglicht oft das Sparen von viel Schreibarbeit und so auch das Vermeiden von Tippfehlern. Hinter With

```
With Object
    [Anweisungen]
End With
```

wird ein Objekt oder benutzerdefinierter Typ aufgeführt, der in den folgenden Anweisungszeilen eingespart werden kann. Nach der End With-Zeile gilt die hinter With definierte Abkürzung nicht mehr.

Im folgenden Beispiel wird der benutzerdefinierte Typ typZutaten definiert. Die Zuweisung zur Variablen Inhalt vom Typ typZutaten erfolgt über eine InputBox. Der eingegebene String, der aus der Menge mit Einheit und der Zutat besteht, wird mithilfe der Sub-Prozedur ZerlegeString in die einzelnen Variablen strMenge, strEinheit und strZutat aufgeteilt. Die so festgelegten Zeichenfolgen werden der Variablen Inhalt zugewiesen.

Im zweiten Teil des Programms erfolgen eine Umrechnung der Mengen in Milliliter und die Ausgabe der Gesamtmenge der eingegebenen Zutaten.

```
Type typZutaten
    strMenge As String
    strEinheit As String
    strZutat As String
End Type


Sub BerechneInhalt()
    Dim Inhalt(20) As typZutaten
    Dim dblGesamt As Double
    Dim varEingabe As Variant
    Dim avarFaktor As Variant
    Dim intZähler As Integer
    Dim intI As Integer
    Dim strMenge As String
    Dim dblMenge As Double
    Dim strEinheit As String
    Dim strZutat As String

    avarFaktor = Array(1000, 10, 1, 125, 240, 480)
```

```
    intZähler = 1
    Do
        varEingabe = InputBox("Geben Sie bitte die " & intZähler & _
                ". Zutat an", "Berechnung der Menge in Milliliter")
        If varEingabe = "" Then Exit Do
        ZerlegeString varEingabe, strMenge, strEinheit, strZutat
        With Inhalt(intZähler)
            .strMenge = strMenge
            .strEinheit = strEinheit
            .strZutat = strZutat
        End With
        intZähler = intZähler + 1
        Loop

    For intI = 1 To intZähler - 1
        With Inhalt(intI)
            'Wandelt String der Menge in Double um
            dblMenge = CDbl(.strMenge)
            'Berechnet Menge in Milliliter
            dblGesamt = dblGesamt + dblMenge * _
                    avarFaktor(BestimmeEinheiten(.strEinheit))
        End With
    Next

    MsgBox "Die Gesamtmenge beträgt " & dblGesamt & " ml."
End Sub

Function BestimmeEinheiten(strEinheit As String) As Integer
    Select Case strEinheit

        Case "l", "Liter"
            BestimmeEinheiten = 0
        Case "cl", "Zentiliter"
            BestimmeEinheiten = 1
        Case "ml", "Milliliter"
            BestimmeEinheiten = 2
        Case "Tasse", "Tassen"
            BestimmeEinheiten = 3
        Case "Cup", "Cups"
            BestimmeEinheiten = 4
```

```
        Case "Pint", "Pints"
            BestimmeEinheiten = 5
        Case Else
            Stop
    End Select
End Function


Sub ZerlegeString(ByVal varMenge As Variant, ByRef strZahl As _
    String, ByRef strEinheit As String, ByRef strZutat As String)

    Dim intStart As Integer

    strZahl = ""
    strEinheit = ""
    strZutat = ""
    intStart = 1

    'Bestimmt die Menge als String
    Do While IsNumeric(Mid(varMenge, intStart, 1)) Or _
            Mid(varMenge, intStart, 1) = ","
        strZahl = strZahl & Mid(varMenge, intStart, 1)
        intStart = intStart + 1
    Loop
    'Leerzeichen überspringen
    Do While Mid(varMenge, intStart, 1) = " "
        intStart = intStart + 1
    Loop
    'Einheit einlesen
    Do Until Mid(varMenge, intStart, 1) = " "
        strEinheit = strEinheit + Mid(varMenge, intStart, 1)
        intStart = intStart + 1
    Loop
    'Leerzeichen überspringen
    Do While Mid(varMenge, intStart, 1) = " "
        intStart = intStart + 1
    Loop
    'Zutat einlesen
    strZutat = Mid(varMenge, intStart)
End Sub
```

! Und noch ein Tipp zum Schluss: Bei intensiver Arbeit mit VBA-Modulen kann es vorkommen, dass bis vor kurzem fehlerfrei arbeitende Datenbanken Defekte in VBA-Modulen aufweisen, die zum Absturz von Access führen. Auch wenn Sie die Datenbank aus dem Datenbankfenster heraus mit der Funktion *EXTRAS Datenbank-Dienstprogramme Datenbank komprimieren und reparieren* versuchen zu reparieren, tritt der Fehler weiterhin auf.

Abhilfe schafft hier die nicht dokumentierte Kommandozeilenoption `/decompile`. Gehen Sie dazu wie folgt vor:

> Selektieren Sie im Windows-Explorer die Datei MSAccess.EXE im Ordner. Öffnen Sie mit einem Rechtsklick das Kontextmenü zu dieser Datei und wählen Sie die Option *Verknüpfung erstellen*. Auf dem Windows-Desktop wird nun ein Eintrag mit der Bezeichnung »Verknüpfung mit MSAccess.EXE« erstellt.

> Klicken Sie den neuen Eintrag mit der rechten Maustaste an und selektieren Sie *Eigenschaften*.

> Ergänzen Sie den Eintrag zu *Ziel* um den Namen Ihrer defekten Datenbank, mit komplettem Pfad, eingeschlossen in Anführungszeichen. Schreiben Sie daran anschließend die Kommandozeilenoption `/decompile`. Schließen Sie das Dialogfeld mit *OK*.

> Doppelklicken Sie nun auf den Verknüpfungseintrag auf Ihrem Desktop, werden alle Module der angegebenen Datenbank dekompiliert und der Fehler sollte nicht mehr auftreten.

7 VBA-Funktionen

Im Folgenden sollen die wichtigsten Funktionen und Anweisungen von Visual Basic nach Themen sortiert aufgeführt werden. Bei der Erstellung Ihrer Programme können Sie durch die Nutzung der eingebauten Funktionen Ihren Aufwand teilweise erheblich reduzieren. Da man sich die Vielzahl der Funktionen nur schwer merken kann, haben wir die Funktionen nach Themen gegliedert und kurz beschrieben.

7.1 Benannte Argumente

Viele der beschriebenen Funktionen und Anweisungen unterstützen benannte Argumente. Bei einem benannten Argument wird der Name des Arguments dem Wert vorangestellt. Am folgenden Beispiel möchten wir dies illustrieren. Zum Kopieren einer Datei bietet Ihnen Access den Befehl

```
FileCopy "C:\TEST.DAT","A:\TEST.DAT"
```

an, der hier im Beispiel die Datei TEST.DAT auf eine Diskette transferiert. Die Prozedur unterstützt benannte Argumente, deshalb ließe sich der Aufruf auch als

```
FileCopy source:="C:\TEST.DAT", destination:="A:\TEST.DAT"
```

formulieren. Werden die Argumente benannt, ist ihre Reihenfolge bei der Übergabe ohne Belang, d.h., es könnte auch

```
FileCopy destination:="A:\TEST.DAT", source:="A:\TEST.DAT"
```

geschrieben werden. Benannte Parameter zeigen ihre Vorteile vor allem dann, wenn Sie Prozeduren oder Funktionen aufrufen, für die fünf, sechs oder mehr Argumente übergeben werden können. Sie werden im weiteren Verlauf des Buches Prozeduren kennen lernen, deren Aufruf wie

```
Dummy 1, , , "Test", , 0
```

aussehen kann. Hierbei wurde der Prozedur Dummy jeweils ein Wert für den ersten, vierten und sechsten Parameter übergeben. Wichtig ist, die Kommata für die übersprungenen Argumente zu setzen (und sich dabei nicht zu verzählen). Mit benannten Argumenten hätte der Aufruf mit

```
Dummy eins:=1, vier:="Test", sechs:=0
```

eine einfachere und übersichtlichere Form.

In den Beschreibungen der Funktionen und Prozeduren in den nächsten Abschnitten werden benannte Argumente **fett** ausgezeichnet.

7.2 Arbeiten mit Dateien und Verzeichnissen

Die folgenden Funktionen und Anweisungen werden benötigt, um Verzeichnisse zu erstellen, zu wechseln, umzubenennen, zu löschen u.ä.

Funktion	Beschreibung
ChDir *Pfad*	wechselt den Ordner. *Pfad* ist eine Zeichenfolge, die den neuen Pfad enthält, wie **ChDir** "C:\VBA-Buch". Mit **ChDir** ".." wechseln Sie in das übergeordnete Verzeichnis.
ChDrive *Laufwerk*	wechselt das Laufwerk. *Laufwerk* ist eine Zeichenfolge, die das existierende Laufwerk enthält. Der Befehl **ChDrive** "H" wechselt auf das Netzwerklaufwerk H.
CurDir [(*Laufwerk*)]	gibt den aktuellen Pfad zurück. *Laufwerk* ist eine *Zeichenfolge*, die angibt, auf welchem Laufwerk der aktuelle Pfad zurückgegeben werden soll.

Funktion	Beschreibung
Dir[(*Pfadname*[, *Attribute*])]	gibt den Namen einer Datei oder eines Verzeichnisses zurück. *Pfadname* ist eine Zeichenfolge, die einen Dateinamen angibt, und ein Verzeichnis und ein Laufwerk beinhalten kann. Kann der angegebene Pfad nicht gefunden werden, wird »Null« zurückgegeben.
	Attribute ist ein numerischer Ausdruck oder eine Konstante, die verschiedenen Dateiattributen entsprechen kann.

Konstante	Wert	Beschreibung
vbNormal	0	Normal
vbHidden	2	Versteckt
vbSystem	4	Systemdatei
vbVolume	8	Datenträgerbezeichnung; falls angegeben, werden alle Attribute ignoriert
vbDirectory	16	Verzeichnis oder Ordner

Funktion	Beschreibung
FileCopy *source*, *destination*	kopiert eine Datei. *Source* und *destination* sind benannte Argumente. Beides sind Zeichenfolgen, die den Namen der zu kopierenden Datei gegebenenfalls mit Pfad angeben sowie den Namen der Datei (mit Pfad), in die kopiert werden soll.
FileDateTime(Pfadname)	gibt Datum und Uhrzeit der Erstellung bzw. letzten Änderung der angegebenen Datei zurück. *Pfadname* ist eine Zeichenfolge, die den Namen der Datei gegebenenfalls mit Pfad angibt.
FileLen(Pfadname)	gibt die Größe einer Datei in Byte an. *Pfadname* ist eine Zeichenfolge, die den Namen der Datei gegebenenfalls mit Pfad angibt.
GetAttr(Pfadname)	gibt einen Wert zurück, der Aufschluss über die Dateiattribute gibt. *Pfadname* ist eine Zeichenfolge, die den Namen der Datei gegebenenfalls mit Pfad angibt.
	Die Funktion **GetAttr** gibt die Summe der einzelnen Werte der folgenden Tabelle zurück:

Wert	Konstante	Beschreibung
0	vbNormal	Normal
1	vbReadOnly	Schreibgeschützt
2	vbHidden	Versteckt
4	vbSystem	Systemdatei
16	vbDirectory	Verzeichnis
32	vbArchive	Datei wurde seit dem letzten Speichern geändert

Funktion	Beschreibung
MkDir *Pfad*	erstellt ein neues Verzeichnis. *Pfad* ist eine Zeichenfolge, die den Namen des zu erstellenden Verzeichnisses angibt, und kann den Pfad sowie gegebenenfalls das Laufwerk des neuen Ordners enthalten.
Name *AlterPfad* **As** *NeuerPfad*	ändert den Namen einer Datei oder eines Verzeichnisses. *AlterPfad* und *NeuerPfad* sind Zeichenfolgen, die den Namen einer Datei mit Pfad angeben. Beide Angaben müssen sich auf das gleiche Laufwerk beziehen.
RmDir *Pfad*	löscht ein Verzeichnis. *Pfad* ist eine Zeichenfolge, die das zu löschende leere Verzeichnis mit Pfad angibt.
SetAttr *pathname, attributes*	setzt Attribute für eine Datei. **Pathname** und **Attributes** sind benannte Argumente. **Pathname** gibt den Dateinamen eventuell mit Verzeichnis und Laufwerk an. **Attributes** ist eine Konstante oder ein numerischer Ausdruck mit den folgenden Werten:

Konstante	Wert	Beschreibung
vbNormal	0	Normal
vbReadOnly	1	Schreibgeschützt
vbHidden	2	Versteckt
vbSystem	4	Systemdatei
vbArchive	32	Datei wurde seit dem letzten Speichern geändert

Der folgende Ausschnitt eines Programms legt ein neues Verzeichnis an, ändert dann den Namen des Verzeichnisses, kopiert eine Datei hinein und fragt die Dateiattribute ab.

```
...
MkDir "C:\Access Buch"
Name "C:\Access Buch" As "C:\VBA Buch"
FileCopy "C:\Unterlage\linpr.doc", "C:\VBA Buch\linpr.doc"
datumDatei = FileDateTime("C:\VBA Buch\linpr.doc")
```

7.3 Dateioperationen

Unter dem Begriff »Dateioperationen« sind Funktionen gesammelt, mit denen sich Text- oder Binärdateien öffnen, schließen, schreiben, lesen und verwalten lassen. Beachten Sie dabei, dass mit diesen Funktionen keine Access-Datenbankdateien angesprochen werden können. Die für die Arbeit mit Access-Datenbanken nötigen Funktionen sind in Teil 3, »Datenbankobjekte«, beschrieben.

Funktion	Beschreibung
Close [*Dateinummerliste*]	schließt eine Datei. *Dateinummerliste* kann eine oder mehrere Nummern enthalten; ohne Nummer werden alle geöffneten Dateien geschlossen.
EOF(*Dateinummer*)	überprüft, ob das Ende einer Datei erreicht ist. *Dateinummer* wird durch den Befehl **Open** vergeben.
FileCopy *source*, *destination*	kopiert eine Datei. *Source* und *destination* sind benannte Argumente. Beides sind Zeichenfolgen, die den Namen der zu kopierenden Datei gegebenenfalls mit Pfad angeben sowie den Namen der Datei (mit Pfad), in die kopiert werden soll.
FileDateTime(*Pfadname*)	gibt Datum und Uhrzeit der Erstellung bzw. letzten Änderung der angegebenen Datei zurück. *Pfadname* ist eine Zeichenfolge, die den Namen der Datei gegebenenfalls mit Pfad angibt.
FileLen(*Pfadname*)	gibt die Größe einer Datei in Byte an. *Pfadname* ist eine Zeichenfolge, die den Namen der Datei gegebenenfalls mit Pfad angibt.
Input# *Dateinummer*, *VarListe*	liest die unter *VarListe* angegebenen Variablen aus der Datei ein.
Kill(*Pfadname*)	löscht Dateien. *Pfadname* ist eine Zeichenfolge, die den oder die Namen von Dateien mit Pfad enthält. Es besteht die Möglichkeit, die Platzhalter »*« und »?« für mehrere oder einzelne Zeichen einzusetzen.
Line Input# *Dateinummer*, *Stringvariable*	liest eine Zeile aus einer Textdatei und weist sie der angegebenen String-Variablen zu.
Name *AlterPfad* **As** *NeuerPfad*	ändert den Namen einer Datei oder eines Verzeichnisses. *AlterPfad* und *NeuerPfad* sind Zeichenfolgen, die den Namen einer Datei mit Pfad angeben. Beide Angaben müssen sich auf das gleiche Laufwerk beziehen.

Funktion	Beschreibung
Open *Pfad* [**For** *Modus*] [**Access** *Zugriff*] [*Sperre*] **As** [#]*Dateinummer* [**Len**=*Satzlänge*]	ermöglicht die Eingabe in bzw. Ausgabe aus einer Datei. *Modus* kann als Append, Binary, Input, Output oder Random gesetzt werden. *Sperre* wird als Shared, Lock Read, Lock Write, Lock Read oder Write bestimmt.
Print# Dateinummer, [Ausgabeliste]	gibt Daten nach den Angaben der *Ausgabeliste* in eine Datei aus.

Die folgende Prozedur öffnet die angegebene Textdatei. Der Text wird zeilenweise gelesen und im Testfenster dargestellt.

```
Sub DateiEinlesen()
    Dim strTmp As String

    Open "C:\WINDOWS\HARDWARE.TXT" For Input As #1
    While Not EOF(1)
        Line Input #1, strTmp
        Debug.Print strTmp
    Wend
    Close #1
End Sub
```

7.4 Datenfelder

VBA bietet Ihnen eine Reihe von Funktionen für die Arbeit mit Datenfeldern. Datenfelder können in Access bis zu 60 Dimensionen aufweisen und sind auf den verfügbaren Speicher begrenzt.

Funktion	Beschreibung
Array(*ArgListe*)	gibt einen Variant mit einem Datenfeld zurück. *ArgListe* enthält die Elemente des Datenfelds durch Kommata getrennt.

Funktion	Beschreibung
Dim *VarName*[([*Dimensionen*])] [**As** [**New**] *Typ*][, *VarName*[([*Dimensionen*])] [**As** [**New**] *Typ*]] . . .	deklariert Variablen und reserviert Speicherplatz. *VarName* enthält den Namen der zu deklarierenden Variablen *Dimensionen* gibt die Dimensionen bei einem Datenfeld an *New* erstellt eine neue Instanz einer Objektvariablen *Typ* legt den Datentyp für die Variable fest
Erase *Datenfeldliste*	löscht die Inhalte des Datenfeldes.
IsArray(*VarName*)	gibt True zurück, falls die Variable ein Datenfeld ist, sonst False. *VarName* kann eine beliebige Variable sein.
LBound(*Datenfeldname* [,*Dimension*])	gibt den kleinsten verfügbaren Index eines Datenfeldes zurück. *Datenfeldname* ist der Name der Datenfeldvariablen. *Dimension* gibt an, für welche Dimension der kleinste Index zurückgegeben werden soll.
Option Base{0|1}	legt die Untergrenzen in einem Datenfeld mit 0 bzw. 1 fest; wird auf Modulebene verwendet; der Standardwert ist 0.
Private *VarName* [([*Dimensionen*])] [**As** [**New**] *Typ*][,*VarName*[([*Dimensionen*])][**As** [**New**] *Typ*]] . .	legt den Gültigkeitsbereich für Variablen als privat fest; wird auf Modulebene verwendet. *Variablen* siehe **Dim**
Public *VarName* [([*Dimensionen*])] [**As** [**New**] *Typ*][,*VarName*[([*Dimensionen*])] [**As** [**New**] *Typ*]] . .	legt den Gültigkeitsbereich für Variablen als öffentlich fest; wird auf Modulebene verwendet. *Variablen* siehe **Dim**
ReDim [Preserve] *VarName* (*Dimensionen*) [As *Typ*][, *VarName*(*Dimensionen*) [As *Typ*]]...	reserviert Speicherplatz für dynamische Datenfelder. Mit *Preserve* kann der Inhalt eines Datenfelds bei einer dynamischen Vergrößerung behalten werden.
Static VarName [([*Dimensionen*])] [As [*New*] *Typ*][,*VarName* [([*Dimensionen*])][As [*New*] *Typ*]] . . .	Variablen, die als *Static* deklariert sind, behalten ihren Wert auch über die Lebensdauer der Prozedur hinaus, in der sie definiert sind. *Variablen* siehe **Dim**

Funktion	Beschreibung
UBound(*Datenfeldname*[, *Dimension*])	gibt den größten verfügbaren Index eines Datenfelds zurück. *Datenfeldname* ist der Name der Datenfeldvariablen *Dimension* gibt an, für welche Dimension der größte Index zurückgegeben werden soll

7.5 Datentypkonvertierung

In vielen Fällen müssen in Programmen Typkonvertierungen vorgenommen werden, beispielsweise um den Inhalt eines Strings zu einem Integer-Wert, sofern möglich, umzuwandeln. VBA stellt Ihnen die entsprechenden Routinen zur Verfügung.

Funktion	Beschreibung
Chr(*Zeichencode*)	gibt ein Zeichen abhängig vom eingegebenen Code zurück. *Zeichencode* ist eine Zahl, die ein bestimmtes Zeichen kennzeichnet, Chr(13) beispielsweise steht für einen Zeilenumbruch, Chr(99) für den Buchstaben c.
LCase(*Zeichenfolge*)	wandelt die angegebenen Zeichen in kleine Buchstaben um.
UCase(*Zeichenfolge*)	wandelt die angegebenen Zeichen in Großbuchstaben um.
Str(*Zahl*)	wandelt eine Zahl in eine Zeichenfolge um. *Zahl* ist ein beliebiger gültiger numerischer Ausdruck.
CBool(*Ausdruck*)	wandelt einen Ausdruck in den Datentyp Boolean um. *Ausdruck* kann eine beliebige numerische Zahl oder eine Zeichenfolge sein; ist der Wert ungleich Null, so gibt **Cbool** True zurück, andernfalls False
CByte(*Ausdruck*)	wandelt einen Ausdruck in den Datentyp Byte um. *Ausdruck* kann eine beliebige numerische Zahl oder eine Zeichenfolge sein.
CCur(*Ausdruck*)	wandelt einen Ausdruck in den Datentyp Currency um. *Ausdruck* kann eine beliebige numerische Zahl oder eine Zeichenfolge sein.

Funktion	Beschreibung
CDate(*Ausdruck*)	wandelt einen Ausdruck in den Datentyp Date um. *Ausdruck* kann ein beliebiger als Datum erkennbarer Ausdruck, wie ein Datum als Zeichenfolge, ein Datumsliteral o.ä. sein.
CDbl(*Ausdruck*)	wandelt einen Ausdruck in den Datentyp Double um. *Ausdruck* kann eine beliebige numerische Zahl oder eine Zeichenfolge sein.
CInt(*Ausdruck*)	wandelt einen Ausdruck in den Datentyp Integer um. *Ausdruck* kann eine beliebige numerische Zahl oder eine Zeichenfolge sein
CLng(*Ausdruck*)	wandelt einen Ausdruck in den Datentyp Long um. *Ausdruck* kann eine beliebige numerische Zahl oder eine Zeichenfolge sein
CSng(*Ausdruck*)	wandelt einen Ausdruck in den Datentyp Single um. *Ausdruck* kann eine beliebige numerische Zahl oder eine Zeichenfolge sein
CStr(*Ausdruck*)	wandelt einen Ausdruck abhängig vom angegebenen Argument in den Datentyp String um. **Ausdruck** — **Rückgabewert** Numerischer Wert — Zeichenfolge, die die Zahl enthält Boolean — Zeichenfolge True oder False Date — Systemdatum als Zeichenfolge Null — Laufzeitfehler Empty — " ", also Nullzeichenfolge Error — Zeichenfolge, die aus dem Wort Fehler und der entsprechenden Fehlernummer besteht
CVar(*Ausdruck*)	wandelt einen Ausdruck in den Datentyp Variant um. *Ausdruck* kann eine beliebige numerische Zahl oder eine Zeichenfolge sein

Funktion	Beschreibung
Format(*Ausdruck*[, *Format*[, *ErsterWochentag*[, *ErsteWochelmJahr*]]])	formatiert einen *Ausdruck* nach den unter *Format* angegebenen Vorgaben. *Ausdruck* ist eine Variable oder ein Ausdruck. *Format* gibt eine Formatierungsanweisung an. *ErsterWochentag* kann einen der folgenden Werte haben:

Konstante	Wert	Beschreibung
vbUseSystem	0	NLS API-Einstellung verwenden
vbSunday	1	Sonntag (Voreinstellung)
vbMonday	2	Montag
vbTuesday	3	Dienstag
vbWednesday	4	Mittwoch
vbThursday	5	Donnerstag
vbFriday	6	Freitag
vbSaturday	7	Samstag

ErsteWochelmJahr lässt sich mit den folgenden Konstanten bestimmen:

Konstante	Wert	Beschreibung
vbUseSystem	0	NLS API-Einstellung verwenden
vbFirstJan1	1	Mit der Woche beginnen, in die der 1. Januar fällt (Voreinstellung)
vbFirstFourDays	2	Mit der ersten Woche im Jahr beginnen, die mindestens 4 Tage hat
vbFirstFullWeek	3	Mit der ersten vollständigen Woche im Jahr beginnen

Funktion	Beschreibung
Fix(*Zahl*)	gibt den ganzzahligen Anteil einer Zahl zurück, schneidet bei positiven und negativen Zahlen die Nachkommastellen einfach ab. *Zahl* ist eine beliebige numerische Zahl
Int(*Zahl*)	gibt den ganzzahligen Anteil einer Zahl zurück, rundet positive Zahlen immer ab, gibt für negative Zahlen die ganze Zahl zurück, die kleiner oder gleich dem Argument ist. *Zahl* ist eine beliebige numerische Zahl
Asc(*string*)	gibt den Zeichencode des ersten Buchstabens der Zeichenfolge zurück. *string* ist ein benanntes Argument, das eine gültige Zeichenfolge beschreibt
Val(*string*)	gibt die Zahlen aus einem String zurück. *string* ist ein benanntes Argument, das eine gültige Zeichenfolge beschreibt

7.6 Datum und Uhrzeit

VBA bietet eine Vielzahl von Funktionen, um mit Datumswerten zu rechnen.

Funktion	Beschreibung
Date	gibt das aktuelle Systemdatum zurück.
Now	gibt das aktuelle Systemdatum sowie die aktuelle Systemuhrzeit zurück.
Time	gibt die aktuelle Uhrzeit des Systems zurück.
Second(*Uhrzeit*)	gibt einen Wert vom Typ Variant (Integer) zurück, der die Sekunde als Zahl zwischen 0 und 59 angibt. *Uhrzeit* kann eine Zeichenfolge, ein numerischer Ausdruck oder ein Wert vom Typ Variant sein.
Minute(*Uhrzeit*)	gibt einen Wert vom Typ Variant (Integer) zurück, der die Minute als Zahl zwischen 0 und 59 angibt. *Uhrzeit* kann eine Zeichenfolge, ein numerischer Ausdruck oder ein Wert vom Typ Variant sein.
Hour(*Uhrzeit*)	gibt einen Wert vom Typ Variant (Integer) zurück, der die Stunde als Zahl zwischen 0 und 23 angibt. *Uhrzeit* kann eine Zeichenfolge, ein numerischer Ausdruck oder ein Wert vom Typ Variant sein.
TimeSerial(***hour, minute, second***)	gibt einen Wert vom Typ Variant (Date) mit der angegebenen Sekunde, Minute und Stunde zurück. ***hour, minute*** und ***second*** sind benannte Argumente.
TimeValue	gibt einen Wert vom Datumtyp Date zurück. *Datum* ist eine Zeichenfolge, die aus dem Bereich 1. Januar 100 bis 31. Dezember 9999 gewählt werden kann.
Day(*Datum*)	gibt einen Wert vom Datentyp Variant (Integer) zurück, der den Tag des Monats angibt, also eine Zahl zwischen 1 und 31. *Datum* ist eine Zeichenfolge oder ein numerischer Ausdruck.
Month(Datum)	gibt eine Zahl zwischen 1 und 12 zurück. *Datum* ist eine Zeichenfolge oder ein numerischer Ausdruck.

Funktion	Beschreibung
Weekday (*date*, [*firstdayofweek*])	gibt den Wochentag als ganze Zahl zurück; gezählt wird ab Sonntag, als der Tag 1. *date* und *firstdayofweek* sind benannte Argumente: *date* ist ein numerischer Ausdruck oder eine Zeichenfolge, die ein Datum repräsentieren kann. *firstdayofweek* kann geändert werden; geben Sie dazu entweder das Argument 0 an, um den in der Systemsteuerung vereinbarten ersten Wochentag zu verwenden, oder eine Zahl ab 1 für Sonntag.
Year(Datum)	gibt eine ganze Zahl als Jahreszahl zurück. *Datum* ist eine Zeichenfolge oder ein numerischer Ausdruck.
DateSerial(*year*, *month*, *day*)	gibt einen Datumswert mit dem angegebenen Tag, Monat und Jahr zurück. *year, month* und *day* sind benannte Argumente. Die Zahlen für *year* sind auf 100 bis 9999 beschränkt, ansonsten ist jeder numerischer Ausdruck erlaubt.
DateValue(*Datum*)	gibt einen Wert vom Datumtyp Date zurück. *Datum* ist eine Zeichenfolge, die aus dem Bereich 1. Januar 100 bis 31 .Dezember 9999 gewählt werden kann.
DateAdd (*interval*, *number*, *date*)	gibt einen Wert des Datentyps Variant zurück; dieser Wert enthält ein Datum, das um einen vorgegebenen Zeitraum in der Zukunft liegt. *interval*, *number* und *date* sind benannte Argumente: *interval* ist eine Zeichenfolge, die das zu addierende Intervall festlegt *number* ist ein numerischer Ausdruck, der die Anzahl der Intervalle definiert *date* ist ein Datum zu dem das Intervall addiert werden soll Als Zeichenfolge für das Intervall werden folgende Ausdrücke verwendet: **Ausdruck Beschreibung** yyyy Jahr q Quartal m Monat y Tag des Jahres d Tag w Wochentag ww Woche h Stunde n Minute s Sekunde

Funktion	Beschreibung
DateDiff (*interval*, *date1*, *date2* [, *firstdayofweek*[, *firstweekofyear*]])	gibt die Anzahl von Intervallen zwischen zwei definierten Terminen an. *interval*, *date1*, *date2*, *firstdayofweek*, *firstweekofyear* sind benannte Argumente: *interval* ist eine Zeichenfolge, die das zu addierende Intervall festlegt (siehe DateAdd) *Date1*, *date2* sind zwei Termine zur Berechnung *firstdayofweek* ist eine Konstante, die den ersten Tag der Woche festlegt, standardmäßig ist der Sonntag der erste Tag der Woche *firstweekofyear* ist eine Konstante, die die erste Woche des Jahres festlegt; standardmäßig wird die Woche zur ersten, in der der 1. Januar liegt
DatePart(*interval*, *date* [, *firstdayofweek*[, *firstweekofyear*]])	gibt einen bestimmten Teil eines vorgegebenen Datums zurück. *Intervall*, *date*, *firstdayofweek* und *firstweekofyear* sind benannte Argumente: *interval* ist eine Zeichenfolge, die das zu addierende Intervall festlegt (siehe DateAdd) *Date* ist ein Datum zum Auswerten *firstdayofweek* ist eine Konstante, die den ersten Tag der Woche festlegt, standardmäßig ist der Sonntag der erste Tag der Woche *firstweekofyear* ist eine Konstante, die die erste Woche des Jahres festlegt; standardmäßig wird die Woche zur ersten, in der der 1. Januar liegt
CDate(*Ausdruck*)	wandelt das angegebene Argument in einen Datumswert um. *Ausdruck* kann ein beliebiger Datumsausdruck sein.

7.7 Mathematische Funktionen

Neben den Grundrechenarten beherrscht Access unter anderem die in der Tabelle aufgeführten mathematischen Funktionen.

Funktion	Beschreibung
Atn(*Zahl*)	berechnet den Arcustangens einer Zahl.
Cos(*Zahl*)	berechnet den Cosinus einer Zahl.
Sin(*Zahl*)	berechnet den Sinus einer Zahl.
Tan(*Zahl*)	berechnet den Tangens einer Zahl.

Funktion	Beschreibung
Exp(*Zahl*)	berechnet die Exponentialfunktion zu Zahl.
Log(*Zahl*)	berechnet den Logarithmus von Zahl.
Sqr(*Zahl*)	berechnet die Quadratwurzel aus Zahl.
Randomize [*Zahl*]	Initialisiert den Zufallszahlengenerator. *Zahl* gibt den Startwert zum Initialisieren an.
Rnd [(*Zahl*)]	gibt eine Zufallszahl zurück. *Zahl* ist ein beliebiger numerischer Ausdruck.
Abs(*Zahl*)	berechnet den Absolutwert der angegebenen Zahl.
Sgn(Zahl)	bestimmt das Vorzeichen der angegebenen Zahl; gibt 1 für Zahlen größer 0, 0 für 0 und -1 für Zahlen kleiner 0 zurück.
Fix(*Zahl*)	gibt den ganzzahligen Anteil einer Zahl zurück, schneidet bei positiven und negativen Zahlen die Nachkommastellen einfach ab. *Zahl* ist eine beliebige numerische Zahl.
Int(*Zahl*)	gibt den ganzzahligen Anteil einer Zahl zurück, rundet positive Zahlen immer ab, gibt für negative Zahlen die ganze Zahl zurück, die kleiner oder gleich dem Argument ist. *Zahl* ist eine beliebige numerische Zahl.

7.8 Zeichenfolgenmanipulation

Gerade in Datenbankanwendungen werden sehr oft Zeichenfolgen bearbeitet. Access unterstützt eine Vielzahl von Funktionen, um Zeichenfolgen zu vergleichen, zu verändern oder umzuwandeln.

Funktion	Beschreibung
CStr(*Ausdruck*)	wandelt einen Ausdruck abhängig vom angegebenen Argument in den Datentyp String um.

Ausdruck	Rückgabewert
Numerischer Wert	Zeichenfolge, die die Zahl enthält
Boolean	Zeichenfolge True oder False
Date	Systemdatum als Zeichenfolge
Null	Laufzeitfehler
Empty	" ", also Nullzeichenfolge
Error	Zeichenfolge, die aus dem Wort Fehler und der entsprechenden Fehlernummer besteht.

Funktion	Beschreibung
StrComp(***string1***, ***string2***[, ***compare***])	vergleicht zwei Zeichenketten. ***string1***, ***string2*** und ***compare*** sind benannte Argumente.

Das Ergebnis der Funktion ist:

Fall	Rückgabewert von StrComp
string1 liegt im Alphabet vor *string2*	-1
string1 entspricht *string2*	0
string1 liegt im Alphabet hinter *string2*	1
string1 oder *string2* ist *Null*	Null

Funktion	Beschreibung
LCase (*Zeichenfolge*)	wandelt alle Zeichen in *Zeichenfolge* zu Kleinbuchstaben um.
UCase(*Zeichenfolge*)	wandelt alle Zeichen in *Zeichenfolge* zu Großbuchstaben um.
Space(*Zahl*)	gibt einen String mit *Zahl* Leerzeichen zurück.
Len(*String*)	liefert die Länge einer Zeichenfolge zurück.
InStr([**start**,]***string1***, ***string2***[, ***compare***])	sucht das Vorkommen einer Zeichenfolge in einer anderen. ***string1***, ***string2*** und ***compare*** sind benannte Argumente.

InStr gibt folgende Ergebnisse zurück:

Fall	Rückgabewert von InStr
string1 hat die Länge *Null*	0
string1 ist *Null*	Null
string2 hat die Länge *Null*	start
string2 ist *Null*	Null
string2 ist nicht vorhanden	0
string2 ist in *string1* enthalten	Position, an der Übereinstimmung beginnt
start > *string2*	0

Funktion	Beschreibung
Left(***string***, ***length***)	gibt *length* Zeichen links beginnend von *String* zurück. ***string*** und ***length*** sind benannte Argumente.
LTrim(*Zeichenfolge*)	entfernt führende Leerzeichen.
Mid(*ZnFVariable*, *Anfang* [,*Länge*])	liefert *Länge* Zeichen, gezählt ab *Anfang*, aus der Zeichenfolge zurück. Ist *Länge* nicht angegeben, werden alle Zeichen bis zum Ende des Strings zurückgegeben.
Right(***string***, ***length***)	gibt *length* Zeichen rechts beginnend von *String* zurück. ***string*** und ***length*** sind benannte Argumente.
RTrim(*Zeichenfolge*)	entfernt nachgestellte Leerzeichen.
Trim(*Zeichenfolge*)	entfernt führende und nachgestellte Leerzeichen.

Funktion	Beschreibung
Chr(*Zeichencode*)	gibt das Zeichen des angegebenen Ascii-Zeichencodes zurück.
Asc(*Zeichenfolge*)	liefert den Ascii-Wert des ersten Zeichens von *Zeichenfolge*.
Split(*expression* [, *delimiter*[, *limit* [, *compare*]]])	konvertiert eine Zeichenfolge in ein Array von Zeichenfolgen. *expression* enthält Zeichenfolgen und Trennzeichen
	delimiter gibt das Trennzeichen der Zeichenfolgen an. Standardmäßig wird das Leerstellenzeichen (" ") verwendet. Wird für *delimiter* eine Zeichenfolge der Länge Null angegeben, wird die gesamte Zeichenfolge zurückgegeben.
	limit gibt die Anzahl der Zeichenfolgen an, die zurückgegeben werden sollen.
	compare legt fest, wie der Vergleich zum Unterteilen der Zeichenfolge erfolgen soll.

Konstante	Wert	Beschreibung
vbBinaryCompare	0	binärer Vergleich
vbTextCompare	1	Textvergleich
vbDatabaseCompare	2	Vergleich entsprechend der eingestellten Sortierreihenfolge in *EXTRAS Optionen* Registerblatt *Allgemein*.

Funktion	Beschreibung
Join(*sourcearray* [, *delimiter*])	verkettet die Zeichenfolgen eines Arrays wieder zu einer Zeichenfolge. *sourcearray* enthält die Zeichenfolgen, die zusammengefasst werden sollen.
	delimiter gibt das Trennzeichen der Zeichenfolgen an. Standardmäßig wird das Leerstellenzeichen (" ") verwendet. Wird für *delimiter* eine Zeichenfolge der Länge Null angegeben, wird die gesamte Zeichenfolge zurückgegeben.
Filter(*sourcearray*, *match* [, *include* [, *compare*]])	durchsucht ein Array von Zeichenfolgen nach Elementen, die dem Filterkriterium entsprechen, und gibt ein entsprechendes Array von Zeichenfolgen zurück. *sourcearray* enthält die Zeichenfolgen, die durchsucht werden sollen.
	match enthält die Zeichenfolge, nach der gesucht werden soll.
	include legt fest, ob die dem Filterkriterium entsprechenden Zeichenfolgen in die zurückgegebene Zeichenfolge aufgenommen werden solle (wenn *include* **True** ist), oder ob die gefilterten Elemente aus der zurückgegebenen Zeichenfolge ausgeschlossen werden sollen (wenn *include* **False** ist).
	compare legt fest, wie der Vergleich zum Unterteilen der Zeichenfolge erfolgen soll (für Konstanten siehe **Split**).

Funktion	Beschreibung
Replace(expression, finde, replace[, *start*[, count[, compare]]])	sucht und ersetzt Zeichenfolgen expression enthält den Zeichenfolgenausdruck mit den zu ersetzenden Zeichenfolgen. *find* enthält die Zeichenfolge, die ersetzt werden soll. *replace* enthält die Zeichenfolge mit der ersetzt werden soll. *start* gibt die Position an, an der die Ersetzung starten soll (Standardwert ist 1). *count* gibt die Anzahl der durchzuführenden Ersetzungen an. Mit der Standardeinstellung –1 werden alle ersetzt. *compare* legt fest, wie der Vergleich zum Unterteilen der Zeichenfolge erfolgen soll (für Konstanten siehe **Split**).
StrConv(*string*, conversion[, *LCID*])	konvertiert eine Zeichenfolge in Kleinbuchstabe, Großbuchstaben oder in normale Schreibweise (große Anfangsbuchstaben). string ist der Zeichenfolgenausdruck, der umgewandelt weren soll. conversion gibt den Typ der Umwandlung an: ***vbUpperCase*** wndelt in Großbuchstaben um, ***vbLowerCase*** wandelt in Kleinbuchstaben um, ***vbProperCase*** wandelt den ersten Buchstaben jedes Wortes in einen Großbuchstaben um. Mit ***vbUnicode*** und ***vbFromUnicode*** können Sie Zeichenketten vom Unicode- zum ANSI-Zeichensatz und umgekehrt konvertieren. ***LCID*** ändert die Gebietsschema-ID.

7.9 Verschiedenes

Die folgende Tabelle listet hilfreiche Funktionen auf, die Sie in Ihren Access-Programmen einsetzen können.

Funktion	Beschreibung
IsArray(*Varname*)	gibt True zurück, falls die Variable *Varname* ein Datenfeld ist.
IsDate(*Varname*)	gibt True zurück, falls die Variable *Varname* ein Datumswert ist.
IsEmpty(*Varname*)	gibt True zurück, falls die Variable *Varname* ein leerer Variant ist.
IsNull(*Varname*)	gibt True zurück, falls die Variable *Varname* den Wert Null hat.

Funktion	Beschreibung
IsNumeric(*Varname*)	gibt True zurück, falls die Variable *Varname* einen numerischen Wert enthält.
IsObject(*Varname*)	gibt True zurück, falls die Variable *Varname* ein Objekt ist.
TypeName(*VarName*)	gibt eine Zeichenfolge zurück, die Informationen über die Variable *VarName* enthält.
QBColor(*Farbe*)	liefert den RGB-Farbcode für *Farbe* zurück.

Nummer	Farbe	Nummer	Farbe
0	Schwarz	8	Grau
1	Blau	9	Hellblau
2	Grün	10	Hellgrün
3	Cyan	11	Hellcyan
4	Rot	12	Hellrot
5	Magenta	13	Hellmagenta
6	Gelb	14	Hellgelb
7	Weiß	15	Leuchtend Weiß

Funktion	Beschreibung
RGB (*red*, *green*, *blue*)	liefert eine Zahl zurück, die die RGB-Farbe beschreibt.
VarType(*VarName*)	gibt den Untertyp einer Variant-Variablen zurück.

Konstante	Wert	Variablentyp
vbEmpty	0	Empty (nicht initialisiert)
vbNull	1	Null (ungültige Daten)
vbInteger	2	Ganzzahl (Integer)
vbLong	3	Ganzzahl (Long)
vbSingle	4	Fließkommazahl einfacher Genauigkeit
vbDouble	5	Fließkommazahl doppelter Genauigkeit
vbCurrency	6	Währungsbetrag (Currency)
vbDate	7	Datum (Date)
vbString	8	Zeichenfolge
vbObject	9	OLE-Automatisierungsobjekt
vbError	10	Fehlerwert
vbBoolean	11	Boolescher Wert
vbVariant	12	Variant (Nur bei Datenfeldern mit Variant-Werten)
vbDataObject	13	Objekt, das die OLE-Automatisierung nicht unterstützt
vbByte	17	Byte
vbArray	8192	Datenfeld

Funktion	Beschreibung	
MsgBox(*prompt* [, *buttons*] [, *title*] [, *helpfile, context*])	aktiviert ein Meldungsdialogfeld, das erst wieder verschwindet, wenn der Anwender eine Schaltfläche betätigt. Abhängig von der verwendeten Schaltlfäche wird ein Wert vom Typ Integer zurück-gegeben.	
	Argument	**Beschreibung**
	prompt	Text, der im Dialogfeld erscheinen soll. Kann maximal 1024 Zeichen lang sein. Um einen Zeilen-umbruch zu erreichen, verwenden Sie Chr(13).
	buttons	numerischer Ausdruck, der sich als Summe aus den verwendeten Schaltflächen, dem Symbol, etc. berechnet.
	title	Zeichenfolge, die in der Titelleiste des Dialogfeldes angezeigt werden soll.
	helpfile	Zeichenfolgenausdruck, der die Hilfedatei mit der kontextbezogenen Hilfe für das Dialogfeld angibt. Wenn Sie *helpfile* angeben, müssen Sie auch *context* angeben.
	context	numerischer Ausdruck mit der Hilfekontext-kennung, die der Autor der Hilfe für das ent-sprechende Hilfethema vergeben hat. Wenn Sie *context* angeben, müssen Sie auch *helpfile* angeben.

Funktion	Beschreibung
InputBox(*prompt*[,*title*] [, *default*] [, *xpos*] [, *ypos*], [*helpfile, context*]**)**	aktiviert ein Dialogfeld mit Eingabefeld. Ergibt nach Betätigen einer der Schaltflächen einen String mit dem Inhalt des Textfeldes.

Argument	Beschreibung
prompt	Text, der im Dialogfeld erscheinen soll. Kann maximal 1024 Zeichen lang sein. Um einen Zeilenumbruch zu erreichen, verwenden Sie Chr(13).
title	Zeichenfolge, die in der Titelleiste des Dialogfeldes angezeigt werden soll.
default	Standardwert, der verwendet werden soll, wenn der Anwender keine Eingabe vornimmt.
xpos	gibt den horizontalen Abstand (in Twips) des linken Rands des Dialogfeldes vom linken Rand des Bildschirms an. Ist für *xpos* nichts angegeben, wird das Dialogfeld horizontal zentriert.
ypos	gibt den vertikalen Abstand des oberen Rands des Dialogfeldes vom oberen Rand des Bildschirms an. Ist für *ypos* nichts angegeben, wird das Dialogfeld etwa ein Drittel unterhalb des oberen Bildschirmrands positioniert.
helpfile	Zeichenfolgenausdruck, der die Hilfedatei mit der kontextbezogenen Hilfe für das Dialogfeld angibt. Wenn Sie *helpfile* angeben, müssen Sie auch *context* angeben.
context	numerischer Ausdruck mit der Hilfekontextkennung, die der Autor der Hilfe für das entsprechende Hilfethema vergeben hat. Wenn Sie *context* angeben, müssen Sie auch *helpfile* angeben.

Funktion	Beschreibung
DoEvents	der Befehl ermöglicht Windows, auf andere Ereignisse zu reagieren. In einer zeitlich lang laufenden Schleife sollte der Befehl eingesetzt werden, damit die Schleife nicht das gesamte Windows blockiert.

8 Fehlersuche und -behandlung

»Fehlerfreie Programme gibt es nicht!« ist ein von Programmierern oft gehörter Ausspruch, der sicherlich auch für Access gilt. Wir möchten Ihnen in diesem Kapitel die Funktionen beschreiben, die Access zur Fehlersuche und -behebung in VBA-Programmen anbietet. Sollte, trotz aller Vorsichtsmaßnahmen, ein Fehler in einem Programm auftreten, möchten wir Ihnen im hinteren Teil des Kapitels beschreiben, welche Möglichkeiten zum Abfangen und Behandeln von Laufzeitfehlern bestehen.

Durch das Zusammenspiel von VBA-Programmen, Makros, Abfragen, Formularen und Berichten sind viele Fehler in Access schwer zu finden. Grundsätzlich lassen sich drei Arten von Fehlern unterscheiden.

Fehler beim Kompilieren: Fehler in VBA-Programmen, die durch falsch geschriebene oder angewendete VBA-Befehle entstehen, werden von Access bei der Kompilierung entdeckt. Zudem werden Sie durch die automatische Syntaxüberprüfung während der Programmeingabe auf offensichtliche Schreibfehler sofort hingewiesen.

Laufzeitfehler: Treten während des Ablaufs von Access-VBA-Programmen Fehler oder ungültige Operationen auf, die zum Abbruch eines Programms führen, löst Access einen Laufzeitfehler (run-time error) aus.

Laufzeitfehler treten beispielsweise ein, wenn im Programm der Wertebereich einer Variablen überschritten wird. Wird einer Variablen vom Typ Integer der Wert 100.000 zugewiesen, tritt ein Laufzeitfehler auf. Ein weiterer, häufig auftretender Fehler ist die Division durch Null. Sie erhalten einen solchen Fehler, wenn im Befehl

```
dblAlkoholgehalt = dblAlkohol / dblGesamtMenge
```

die Variable dblGesamtMenge den Wert 0 aufweist.

Logische Programmfehler: Die unangenehmsten und am schwierigsten auffindbaren Fehler sind logische Programmfehler. Bei solchen Fehlern ist das Programm äußerlich, also syntaktisch, korrekt, aber Fehler in der Programmlogik führen zu falschen Ergebnissen.

Da Access diese Fehler nicht finden kann, müssen Sie Ihr Programm durch ausführliches Testen selbst von logischen Programmfehlern befreien.

8.1 Bug-free!

Am einfachsten ist es natürlich, fehlerfrei zu programmieren, denn dann erspart man sich die mühsame Suche nach den Fehlern. Wir möchten Ihnen in diesem Abschnitt einige Strategien zur Fehlervermeidung beschreiben.

8.1.1 Deklaration von Variablen

Deklarieren Sie alle Variablen mit einem Dim-Befehl vor ihrer ersten Verwendung. Verwenden Sie eine neue Variable, ohne sie vorher deklariert zu haben, wird der Typ von Access automatisch zugewiesen.

Die folgende Funktion rechnet eine im Parameter dblMenge übergebene Flüssigkeitsmenge in Milliliter um. Die Variable aintUmrechnung wird implizit deklariert, also erst bei ihrer ersten Verwendung.

```
Function UmrechnenInml(dblMenge As Double, intEinheit As Integer) _
                      As Double
    ' Reihenfolge Liter, cl, ml, Tasse, Esslöffel, Teelöffel, Cup, Pint
    aintUmrechnung = Array(1000, 10, 1, 125, 15, 5, 240, 480)
    MengeInml = dblMenge * aintUmrechnung(intEinheit)
    UmrechnenInml = MengeInml
End Function
```

Stellen Sie sich vor, der Programmierer der obigen Funktion hat in der letzten Zeile im Wort dblMenge »N« mit »M« verwechselt und versehentlich

```
MengeInml = dblNenge * aintUmrechnung(intEinheit)
```

geschrieben. Die Funktion UmrechnenInml gibt nun immer den Wert 0 zurück, denn implizit oder explizit deklarierte Variablen werden von Access mit 0 initialisiert.

Sie können Fehler aufgrund von implizit deklarierten Variablen umgehen, indem Sie durch den Befehl

```
Option Explicit
```

nur noch explizit vereinbarte Variablen zulassen. Der Befehl wird in den Deklarationsteil eines Moduls, Formulars oder Berichts aufgenommen.

Sie können Option Explicit von Access automatisch in jedes Programm einfügen lassen, indem Sie im Visual Basic-Fenster über *EXTRAS Optionen* Registerblatt *Editor* das im nächsten Bild gezeigte Dialogfeld aufrufen. Aktivieren Sie die

Option *Variablendeklaration erforderlich*, damit Access `Option Explicit` automatisch bereitstellt.

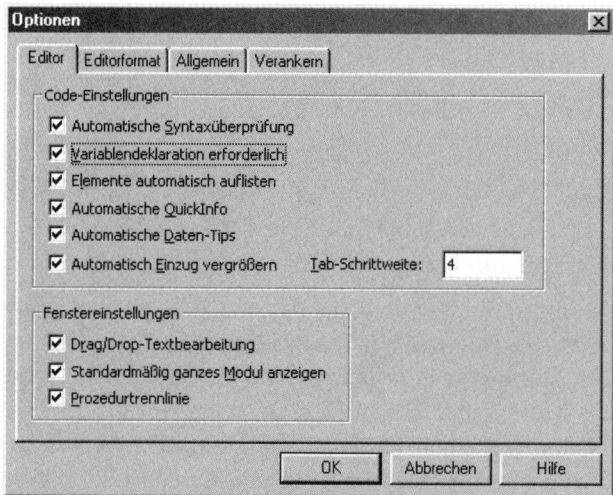

Bild 8.1: Dialogfeld zu EXTRAS Optionen

8.1.2 Kleine Einheiten

Zerlegen Sie Ihre Programme in überschaubare, kleine Einheiten, in Funktionen und Prozeduren. Fehler lassen sich oft besser eingrenzen, wenn kleine Programmteile mit lokalen Variablen verwendet werden.

8.1.3 Möglichst keine globalen Variablen verwenden

Setzen Sie keine oder möglichst wenige globale Variablen ein. Oft ist es nur sehr schwer nachzuvollziehen, welche Routine oder Funktion eine globale Variable zu welchem Zeitpunkt geändert hat. Globale Variablen sollten sehr sorgfältig dokumentiert sein, damit ihr Zustand und Inhalt zu jedem Zeitpunkt eindeutig ist.

Viele Programmierer gehen heute dazu über, globale Variablen zu kapseln. Das bedeutet, dass ein Zugriff auf eine gekapselte Variable (Private im Modul) nur über Zugriffsfunktionen möglich ist. Die Zugriffsfunktion kann beispielsweise den Wertebereich oder die Gültigkeit der Variablen sofort überprüfen. Die Kapselung von Variablen ist eine Methode, die unter anderem in der objektorientierten Programmierung eingesetzt wird.

Als kleines einfaches Beispiel für das Kapseln von globalen Variablen haben wir die folgenden Programmzeilen entwickelt, die als Modul `basGlobaleVariable` abgespeichert wurden.

```
Dim mfBilderAnzeigen As Boolean

Public Sub BilderAnzeigen(ByVal f As Boolean)
    mfBilderAnzeigen = f
End Sub

Public Function MitBildern() As Boolean
    MitBildern = mfBilderAnzeigen
End Function
```

Die Variable `mfBilderAnzeigen` wurde modulweit definiert. In dem Gesamtprogramm wird an vielen Stellen diese Variable ausgewertet, um beispielsweise die Ausgabe von Bildern zu unterdrücken. Soll vermieden werden, dass während des Programms die Variable irrtümlich auf einen fehlerhaften Wert gesetzt wird, kann die Zuweisung eines Wertes nur über `BilderAnzeigen()` und die Abfrage des aktuellen Inhalts nur über `MitBildern()` erfolgen. Zusätzlich könnten Sie in solche globalen Zugriffsroutinen Plausibilitätskontrollen einbauen, damit der globalen Variablen keine unsinnigen Werte zugewiesen werden.

Die Variable `mfBilderAnzeigen` ist so durch das Modul gekapselt, denn ein anderes Modul, ein Formular oder ein Bericht können die Variable nicht direkt benutzen.

8.1.4 Übergabe von Parametern als Wert (*ByVal*)

Übergeben Sie Parameter an Prozeduren und Funktionen nach Möglichkeit immer als Wert, also mit `ByVal`. Standardmäßig werden in VBA Parameter als Referenz, `ByRef`, übergeben. Dabei wird dem Unterprogramm die Adresse der Variablen im Speicher mitgeteilt. Das Unterprogramm verwendet die Adresse, um den Inhalt der Variablen zu bestimmen.

Den Unterschied in der Parameterübergabe möchten wir mit dem folgenden kleinen Beispielprogramm deutlich machen:

```
Sub PerReferenz(intTmp As Integer)
    intTmp = intTmp + 5
    Debug.Print "PerReferenz: "; intTmp
End Sub
```

```
Sub PerWert(ByVal intTmp As Integer)
    intTmp = intTmp + 5
    Debug.Print "PerWert: "; intTmp
End Sub

Sub RefTest()
    Dim intTest As Integer

    intTest = 10
    PerWert intTest
    Debug.Print "RefTest nach PerWert   : "; intTest
    PerReferenz intTest
    Debug.Print "RefTest nach PerReferenz: "; intTest
End Sub
```

Aktivieren Sie das Direktfenster mit *ANSICHT Direktfenster*, und rufen Sie dann die Prozedur mit `RefTest` auf. Der Befehl `Debug.Print`, den wir ebenso wie das Arbeiten mit dem Direktfenster weiter unten ausführlich erläutern, erzeugt eine Ausgabe im Direktfenster. Mit der ersten im Direktfenster dargestellten Zeile wurde das Testprogramm aufgerufen, die weiteren Zeilen sind Ausgaben der einzelnen Prozeduren.

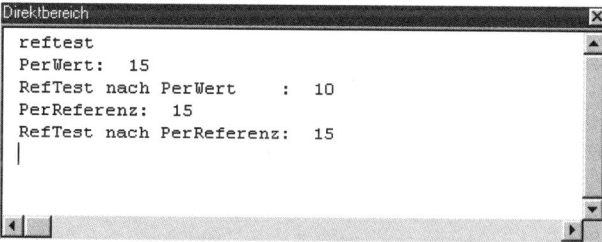

Bild 8.2: Ausgabe im Direktfenster

Wie Sie sehen, wurde die Variable `intTest` selbst durch den Aufruf der Prozedur `PerReferenz()` verändert. Ein Aufruf als Referenz übergibt nicht den Wert der Variablen an die aufgerufene Prozedur oder Funktion, sondern die Adresse der Variablen im Speicher. Eine Veränderung der Variablen manipuliert damit direkt das Original.

8.1.5 Falsche Klammern bei Übergabe von Referenzparametern

Beim Aufruf von Prozeduren wird der Name der Prozedur angegeben und die Parameter, durch Kommata getrennt, direkt dahinter.

```
...
PerReferenz intTest
...
```

In diesem Beispiel sei eine Veränderung der aufrufenden Variablen `intTest` durch die Prozedur `PerReferenz` erwünscht. Vielleicht sind Sie wie wir es gewöhnt, dass die Parameter von Prozeduren in Klammern eingeschlossen werden, wie es in Access bei einem Funktionsaufruf der Fall wäre, also

```
Sub RefTest()

    Dim intTest As Integer

    intTest = 10
    PerWert intTest
    Debug.Print "RefTest nach PerWert    : "; intTest
    ' Geänderter Aufruf
    PerReferenz (intTest)
    '
    Debug.Print "RefTest nach PerReferenz: "; intTest
End Sub
```

Rufen Sie die Prozedur `RefTest` im Direktfenster auf, erhalten Sie das folgende Ergebnis.

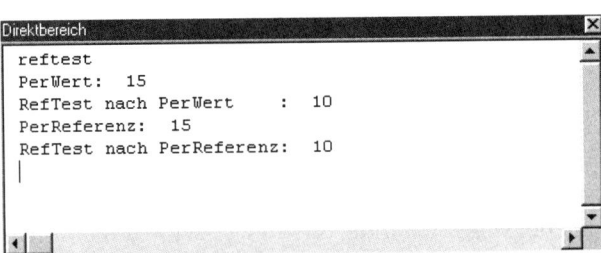

Bild 8.3: Veränderte Ausgabe im Direktfenster

Wie Sie sehen, ist der Wert von `intTest` für den oben gezeigten Aufruf nicht verändert worden. Zu diesem Ergebnis kommt es, da VBA den in Klammern eingeschlossenen Ausdruck als Formel interpretiert. Die Formel wird ausgerechnet und das Ergebnis als Wert (!) an die Prozedur übergeben.

Damit trotz Klammern in unserem Sinne korrekt, also mit einer Übergabe per Referenz, gearbeitet wird, muss die Aufrufvariante für Prozeduren

```
Call PerReferenz(intTest)
```

benutzt werden. Setzen Sie den Befehl `Call` dem Namen der Prozedur voran, müssen alle Parameter in ein Klammernpaar eingeschlossen werden.

Wir empfehlen Ihnen, möglichst alle Parameter als Wert, d.h. mit `ByVal`, an Prozeduren und Funktionen zu übergeben, um Nebeneffekte, wie das ungewollte Verändern von Variablen, zu vermeiden.

! Erzwingen einer ByVal-Übergabe: Sie können die Übergabe einer Variablen `ByVal` erzwingen, auch wenn der entsprechende Parameter mit `ByRef` vereinbart ist. Setzen Sie dazu den entsprechenden Parameter beim Prozedur- oder Funktionsaufruf in Klammern. Durch die Klammern interpretiert Access die Variable als Ausdruck, der immer als Wert übergeben wird.

8.1.6 Namenskonventionen

Hilfreich beim Vermeiden von, aber auch beim Suchen nach Fehlern ist die Verwendung einer Namenskonvention für Variablen, Konstanten, Funktionen und Prozeduren. Eine umfangreiche und bewährte Namenskonvention stellen wir Ihnen in Anhang A, »Die Reddick-VBA-Namenskonvention«, vor, die auch von Microsoft in einer abgewandelten Form verwendet wird.

Vergeben Sie beispielsweise Namen für Variablen nach den Richtlinien der »Reddick-VBA-Namenskonvention«, ist der Datentyp einer Variablen direkt aus dem Namen ersichtlich. Dadurch wird ein Programm wesentlich übersichtlicher, da fehlerhafte Typzuweisungen schon während des Programmierens entdeckt werden können.

8.1.7 Kommentare

Schreiben Sie ausführliche Kommentare! Kommentieren Sie Ihren Code – auch wenn es Ihnen zu trivial vorkommt, mit Worten zu erklären, was im Programm passiert. Spätestens in einem halben Jahr wissen auch Sie nicht mehr, welche Bedeutung bestimmte Abläufe in Ihrem Programm haben. Muss Ihr Programm von anderen Personen gepflegt und gewartet werden, sind Kommentare oft die einzige Chance, den Ablauf eines Programms zu verstehen.

8.2 Der Debugger zur Fehlersuche

Der in Access eingebaute VBA-Debugger bietet Ihnen viele Möglichkeiten, Fehlern auf die Spur zu kommen.

Tritt in einer VBA-Routine ein Laufzeitfehler auf, zeigt Access eine entsprechende Fehlermeldung (siehe Bild 8.4) an. Mithilfe der Schaltfläche *Debuggen* in diesem Dialogfeld können Sie an die Stelle im Programm springen, an der der Fehler aufgetreten ist.

Für die Vorstellung der Debugging-Möglichkeiten verwenden wir eine Routine, die die Summe der Werte eines Arrays ermittelt. Damit Sie unsere Fehlersuchbemühungen besser nachvollziehen können, haben wir das Listing der Prozedur abgedruckt.

```
Sub BerechneSumme()

    Dim varWerte As Variant
    Dim intZähler As Integer
    Dim dblSumme As Double

    varWerte = Array(10, 34, 65, 23, 87, 45)

    intZähler = 0
    Do
        dblSumme = dblSumme + varWerte(intZähler)
        intZähler = intZähler + 1
    Loop Until intZähler > 6

    MsgBox "Summe = " & dblSumme


End Sub
```

Die Prozedur BerechneSumme erzeugt einen Laufzeitfehler, da die Do...Loop-Schleife nicht rechtzeitig abbricht. Der Index eines Arrays beginnt mit 0. Entsprechend versucht die Prozedur in der Schleife auf varWerte(6) zuzugreifen, da die Abbruchbedingung erst gültig wird, wenn intZähler den Wert 7 hat. Das führt zur folgenden Fehlermeldung, da bei sechs Werten im Array nur die Elemente 0 bis 5 existieren.

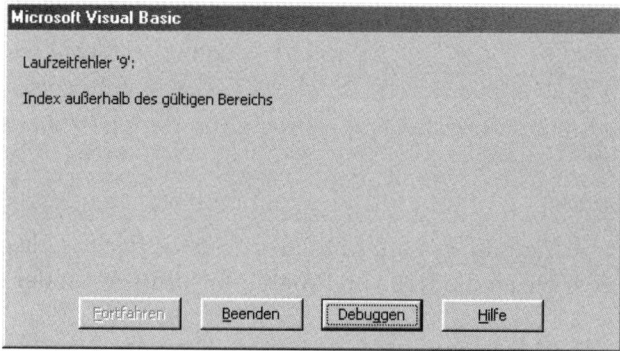

Bild 8.4: Fehlermeldung eines Laufzeitfehlers

Klicken Sie im Dialogfeld, das den Laufzeitfehler anzeigt, auf die Schaltfläche *Debuggen*, wird es geschlossen und die Zeile, die den Fehler ausgelöst hat, wird im Code-Fenster farbig dargestellt.

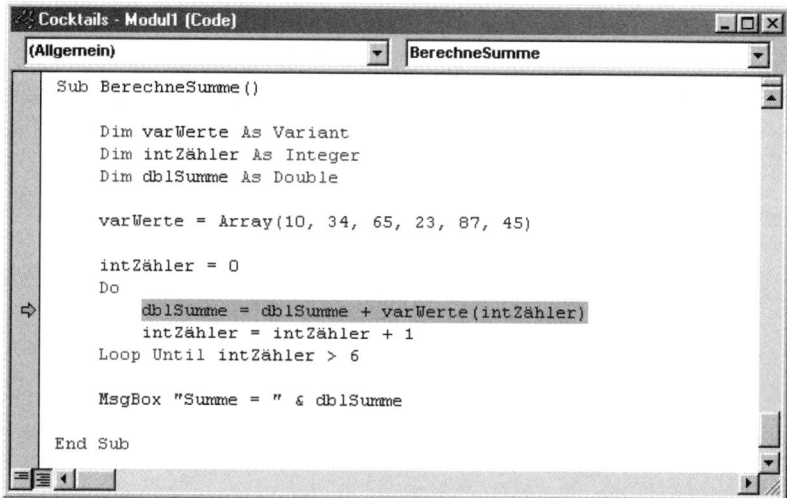

Bild 8.5: Unterlegte fehlerhafte Programmzeile

Hilfreich bei der Arbeit mit dem Debugger ist die gleichnamige Symbolleiste, die Sie sich mit dem Befehl *ANSICHT Symbolleisten Debugging* einblenden können. Auf der Symbolleiste finden Sie eine Reihe von Schaltflächen, mit denen der eingebaute Debugger zur Fehlersuche bedient wird. Dazu stehen Ihnen die folgenden Schaltflächen zur Verfügung:

▨	*Entwurfsmodus*	Entwurfsmodus (Schaltfläche wird in Access nicht gebraucht)
▶	*Sub/Userform ausführen bzw. Fortsetzen*	Programm starten bzw. weiter fortführen
‖	*Unterbrechen*	Programm anhalten, Variablen behalten ihre Werte
■	*Zurücksetzen*	Programm beenden und Variablen zurücksetzen
✋	*Haltepunkte ein/aus*	Haltepunkte setzen bzw. entfernen
⮐	*Einzelschritt*	Nächsten Befehl abarbeiten
⮑	*Prozedurschritt*	Nächste Prozedur abarbeiten
⮑	*Prozedur abschließen*	Nächsten Befehl der vorherigen Prozedur abarbeiten
▱	*Lokal-Fenster*	Beim schrittweisen Durchlaufen werden die Variablen und ihre Werte angezeigt
▱	*Direktfenster*	Starten von Programmen und Ausgeben von Werten von Variablen mit `debug.print`
▦	*Überwachungsfenster*	Zeigt Werte von definierten Überwachungsausdrücken an
👓	*Aktuellen Wert anzeigen*	Aktuellen Wert der markierten Variablen zeigen
⧉	*Aufrufeliste*	Liste der durchlaufenen Unterprogramme zeigen

8.2.1 Anzeige von aktuellen Werten

👓 Um den in Bild 8.4 gezeigten Fehler in der betroffenen Zeile zu lokalisieren, können zuerst die Inhalte der Variablen in der Zeile überprüft werden. Markieren Sie dazu die gewünschte Variable und betätigen dann die Schaltfläche *Aktuellen Wert anzeigen*.

Wir haben die Variable `intZähler` markiert und erhalten nach dem Betätigen der Schaltfläche das folgende Dialogfeld.

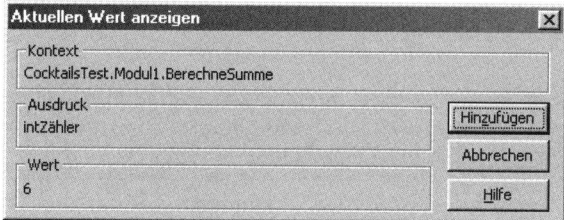

Bild 8.6: Aktuellen Wert anzeigen

Der Inhalt einer Variablen lässt sich auch abfragen, indem Sie den Cursor auf eine Variable positionieren. Nach einer kurzen Verzögerung sollte Access den aktuellen Wert der Variablen in einem gelben Rechteck anzeigen.

```
Cocktails - Modul1 (Code)

(Allgemein)                                BerechneSumme

    Sub BerechneSumme()

        Dim varWerte As Variant
        Dim intZähler As Integer
        Dim dblSumme As Double

        varWerte = Array(10, 34, 65, 23, 87, 45)

        intZähler = 0
        Do
            dblSumme = dblSumme + varWerte(intZähler)
            intZähler = intZähler + 1          intZähler = 6
        Loop Until intZähler > 6

        MsgBox "Summe = " & dblSumme

    End Sub
```

Bild 8.7: Automatischer Datentip

Werden keine Werte angezeigt, überprüfen Sie die Einstellung für die *Automatischen Daten-Tipps* im Dialogfeld zu *EXTRAS Optionen* auf dem Registerblatt *Editor*. Für die Anzeige der Werte muss die Option aktiviert sein.

8.2.2 Das Direktfenster

Im Direktfenster können die Inhalte von Variablen und weitere Operationen abgefragt und aufgerufen werden. Aktivieren Sie das Direktfenster mit der gleichnamigen Schaltfläche.

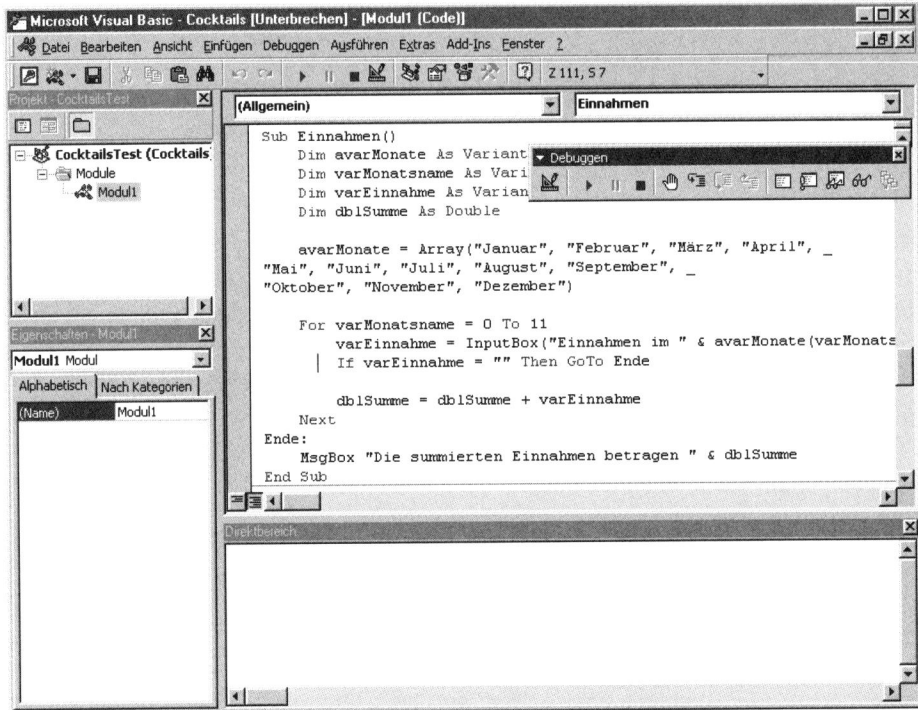

Bild 8.8: VBA-Fenster mit Direktfenster

Im Direktfenster können Sie VBA-Befehle eingeben, beispielsweise Funktionen und Prozeduren aufrufen, den Wert von Variablen abfragen usw.

Ein Fragezeichen dient als Druckbefehl. Möchten Sie den Wert einer Variablen oder das Ergebnis einer Funktion im Direktfenster anzeigen lassen, so setzen Sie ein Fragezeichen davor.

! Aufruf im Direktfenster: Rufen Sie eine Funktion im Direktfenster auf, indem Sie ein Fragezeichen voranstellen, damit das Ergebnis der Funktion im Direktfenster ausgegeben wird. Prozeduren werden im Direktfenster mithilfe ihres Namens gestartet, ohne dass ein Fragezeichen verwendet wird.

Der Befehl *Debug.Print*

Wenn Sie in Ihrem Programm den Befehl

```
Debug.Print Ausgabeliste
```

verwenden, so können Sie direkt in das Direktfenster schreiben. Um die Möglichkeiten des Befehls zu illustrieren, wurde in der Prozedur BerechneSumme der Befehl intZähler = intZähler + 1 als Kommentarzeile festgelegt. Dadurch entsteht eine Endlosschleife. Wir haben die fehlerhafte Prozedur aus dem Direktfenster heraus mit

```
BerechneSumme
```

gestartet. Wie zu erwarten, erhalten wir kein Ergebnis, denn Access kreist nun in der Endlosschleife. Mithilfe der Tastenkombination (Strg)+(Pause) können Sie Access-Programme unterbrechen. Durch die Tastenkombination wechselt Access in den Debug-Modus, Sie können Ihr Programm nun ab dem Befehl, an dem mit der Tastenkombination abgebrochen wurde, Schritt für Schritt abarbeiten.

Um dem Fehler auf die Spur zu kommen, ergänzen wir unsere Beispielprozedur durch einen Debug.Print-Befehl, wie er im nächsten Bild zu sehen ist.

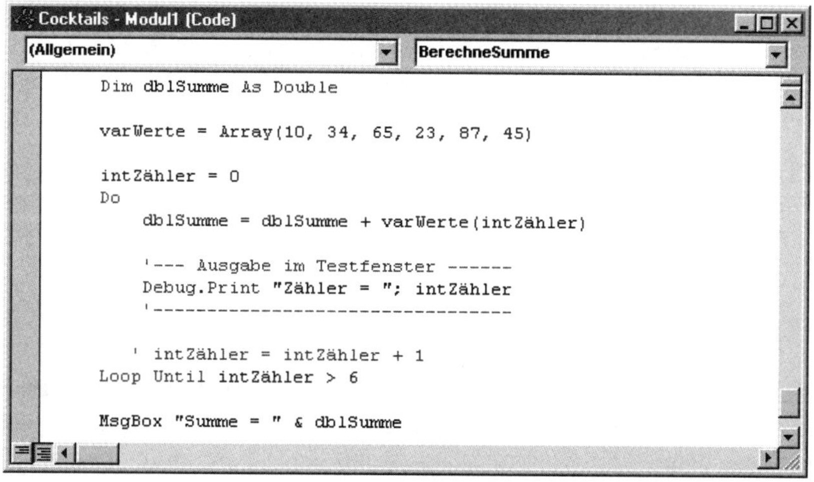

```
Cocktails - Modul1 (Code)                                    _ □ ×

(Allgemein)                          ▼   BerechneSumme           ▼

    Dim dblSumme As Double

    varWerte = Array(10, 34, 65, 23, 87, 45)

    intZähler = 0
    Do
         dblSumme = dblSumme + varWerte(intZähler)

         '--- Ausgabe im Testfenster ------
         Debug.Print "Zähler = "; intZähler
         '--------------------------------

         ' intZähler = intZähler + 1
    Loop Until intZähler > 6

    MsgBox "Summe = " & dblSumme
```

Bild 8.9: Erweiterte Prozedur

Wir starten die Funktion nun erneut im Direktfenster. Für jeden Schleifendurchlauf wird nun der Inhalt der Variable intZähler mit Debug.Print ausgegeben.

Bild 8.10: Ausgabe im Direktfenster

Für die Aufbereitung der Ausgabedaten mit Debug.Print stehen Ihnen eine Reihe von Formatierungsmöglichkeiten zur Verfügung, die wir Ihnen kurz vorstellen möchten.

Mehrere Ausdrücke können entweder mit einem Leerzeichen oder mit einem Semikolon getrennt werden. Ein Leerzeichen hat dabei dieselbe Wirkung wie ein Semikolon. Setzen Sie hinter einen Ausdruck ein Komma, wird die nächste Ausgabe um eine Tabulatorposition verschoben. Den gleichen Effekt erhalten Sie durch das Befehlswort Tab. Durch Tab(*n*) können Sie den folgenden Text an die Stelle des *n*ten Zeichens einrücken. Mithilfe des Befehlsworts Spc(*n*) können Sie *n* Leerzeichen einfügen.

Ist das letzte Zeichen einer Debug.Print-Anweisung ein Semikolon oder ein Komma, wird die nächste Debug.Print-Ausgabe nicht in einer neuen Zeile begonnen, sondern direkt bzw. einen Tabulatorabstand hinter die aktuelle Ausgabe gesetzt.

Daten vom Typ Boolean werden entweder als Wahr oder als Falsch ausgegeben. Für Werte vom Typ Date wird das Standardformat für kurze Datumsangaben verwendet. Wenn Daten den Wert Null haben, wird das Wort Null ausgegeben.

8.2.3 Das Lokal-Fenster

Im Lokal-Fenster werden alle Variablen und ihre Werte angezeigt, die im aktuell ablaufenden Programm für eine bestimmte Prozedur existieren. Insbesondere beim schrittweisen Durchlaufen eines Programms lassen sich hier leicht Inhalte von Variablen ermitteln.

Komplexe Access-interne und benutzerdefinierte Variablen werden in einer Baumstruktur abgebildet. Durch einen Klick auf das Pluszeichen vor der Variablen öffnen Sie die nächste Ebene der Datenstruktur der Variable.

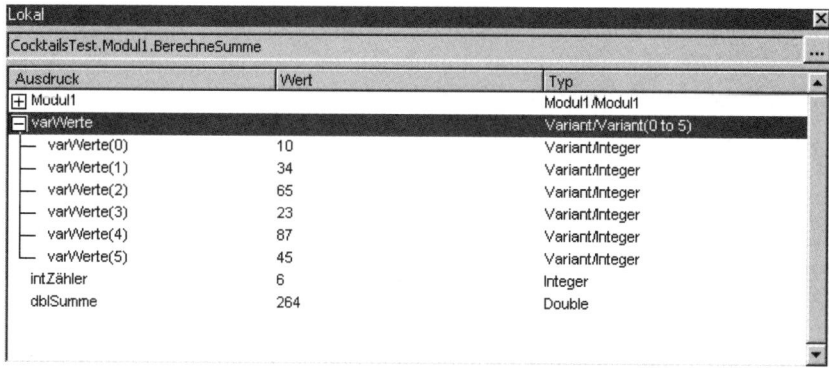

Bild 8.11: Baumstruktur für Variablen

8.2.4 Das Überwachungsfenster

 Die dauernde Kontrolle von Variablen oder Ausdrücken kann im Überwachungsfenster eingerichtet werden.

Um eine Variable zu überwachen, rufen Sie mit *DEBUGGEN Überwachung hinzufügen* oder über das Kontextmenü das folgende Dialogfeld auf. Haben Sie vorher eine Variable oder einen Ausdruck markiert, wird er automatisch in das Feld *Ausdruck* übernommen.

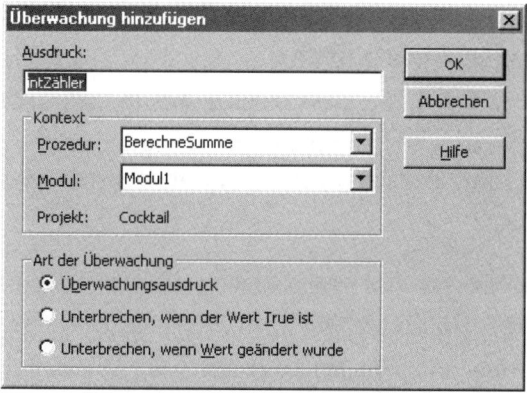

Bild 8.12: Überwachung hinzufügen

Es sind für überwachte Ausdrücke drei Einstellungen möglich:

> Mit *Überwachungausdruck* wird der Inhalt einer Variablen bzw. das Ergebnis eines Ausdrucks im Überwachungsbereich des Direktfensters angezeigt.

> Vereinbaren Sie *Unterbrechen, wenn Ausdruck True ist*, dann stoppt Ihr Programm in dem Moment und an der Zeile, bei der der überwachte Ausdruck als Ergebnis den Wert Wahr (True) ergibt.

> Möchten Sie das Programm bei einer Änderung des Inhalts einer Variablen oder eines Ausdruckergebnisses anhalten, so selektieren Sie die Option *Unterbrechen, wenn der Wert geändert wurde*.

Im Direktfenster werden die drei Einstellungsmöglichkeiten durch verschiedene Symbole im Überwachungsbereich dargestellt.

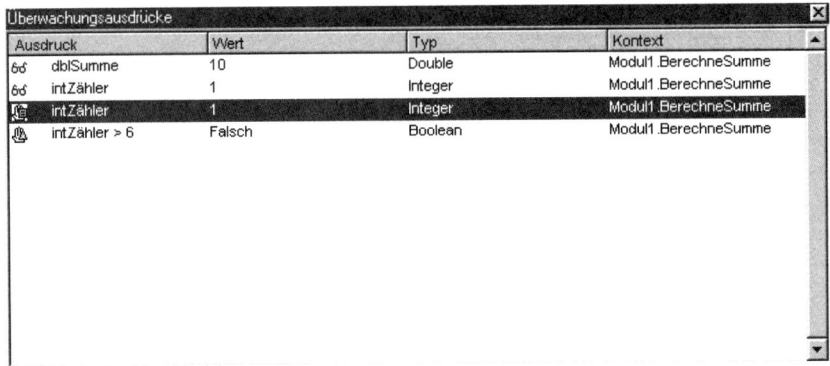

Bild 8.13: Direktfenster mit Überwachungsbereich

8.2.5 Schrittweise Abarbeitung

Access erlaubt, ein Programm schrittweise zu durchlaufen und ermöglicht Ihnen zudem, Haltepunkte zu setzen, an denen das Programm stoppt. Zusätzlich können Sie die Inhalte Ihrer Variablen permanent überwachen und Abbruchkriterien definieren.

Haltepunkte

Mithilfe der Schaltfläche *Haltepunkt ein/aus* legen Sie die Zeile fest, an der die Ausführung unterbrochen werden soll. Alternativ können Sie einen Haltepunkt mit der Maus definieren. Klicken Sie dazu einfach links von der Zeile, für die der Haltepunkt definiert werden soll, auf den grauen Balken im Code-Fenster.

Es besteht auch die Möglichkeit, mehrere Haltepunkte in einem Programm zu definieren. Sie werden jeweils durch einen dunkelroten Balken dargestellt.

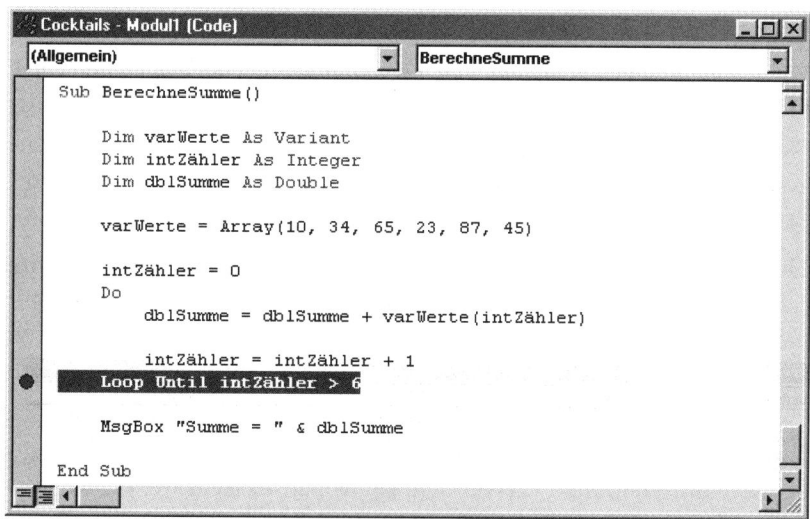

Bild 8.14: Haltepunkt

Hat Ihr Programm einen Haltepunkt erreicht, lassen sich mithilfe des Direktfensters oder über die Schaltfläche *Aktuellen Wert anzeigen* die Inhalte Ihrer Variablen ausgeben.

Anhalten, Weiterlaufen und das Ganze von vorne

Soll das Programm angehalten werden, betätigen Sie zu einem beliebigen Zeitpunkt die Schaltfläche *Unterbrechen*. Dabei bleiben die Werte der Variablen erhalten.

Mit der Schaltfläche *Fortsetzen* wird das Programm ab dem Haltepunkt gestartet, es läuft dann bis zum nächsten Haltepunkt bzw. bis zum Programmende.

Betätigen Sie die Schaltfläche *Zurücksetzen*, so wird ebenso wie mit der Schaltfläche *Unterbrechen* das Programm angehalten, zusätzlich werden alle globalen und modulweiten Variablen zurückgesetzt.

Einzelschritte

Mithilfe der Schaltfläche *Einzelschritt* wird ein Programm Zeile für Zeile abgearbeitet. Sie können so den Ablauf Ihres Programms genau verfolgen. Wird im Programm eine Prozedur oder eine Funktion aufgerufen, wird beim schrittweisen Durchlauf des Programms in die entsprechende Prozedur oder Funktion verzweigt.

Prozedurschritte

Möchten Sie beim schrittweisen Durchlaufen eines Programms nicht jede Prozedur oder Funktion einzeln durchlaufen, sondern überspringen, so verwenden Sie die Schaltfläche *Prozedurschritt*.

Rücksprung

Hilfreich insbesondere beim schrittweisen Durchlaufen großer und tief verschachtelter Programme ist die Schaltfläche *Rücksprung*. Die Schaltfläche führt das Programm mit dem nächsten Befehl derjenigen Prozedur fort, die die aktuell aktive Prozedur aufgerufen hat.

! Hilfreiche Tastenkombinationen: Anstelle der Schaltflächen können Sie auch folgende Tastenkombinationen verwenden: [F8] für Einzelschritte, [⇧] + [F8] für Prozedurschritte, [Strg] + [⇧] + [F8] um eine Prozedur abzuschließen und [Strg] + [F8] um eine Prozedur bis zur Cursor-Position abzuarbeiten.

8.2.6 Aufrufreihenfolge

Mithilfe der Schaltfläche *Aufrufeliste* öffnen Sie ein Dialogfeld, das die Prozeduren und Funktionen anzeigt, die bis zur aktuellen Zeile im Programm durchlaufen wurden.

8.3 Bedingte Kompilierung

Auf der Suche nach Fehlern werden von vielen Programmierern Ausgabedialogfelder, Hilfskonstruktionen, Zwischenrechnungen und vieles mehr in das Programm eingefügt. Ist das Programm getestet und für fehlerfrei befunden, ist es aufwändig, alle diese zusätzlichen Befehle aus dem Programm zu nehmen oder als Kommentare zu definieren.

Access bietet Ihnen zur Unterstützung einige Befehle zur bedingten Kompilierung an, d.h., Sie können Programmteile in Abhängigkeit von gesetzten Bedingungen aktivieren. Das folgende Programmfragment zeigt den Einsatz der Befehle.

```
...
#Const conDebug = True
...
#If conDebug Then
    Debug.Print "Summe: "; dblSumme
#End If
...
```

Die Zeile mit dem `Debug.Print`-Befehl wird nur dann kompiliert und in Ihr Programm eingefügt, wenn die Variable `conDebug` den Wert `True` hat. Haben Sie alle Zeilen und Hilfskonstrukte zur Fehlersuche in entsprechende

```
#If ... Then
...
#ElseIf ... Then
...
#Else
...
#End If
```

Befehle eingeschlossen, können Sie sie durch Verändern der `#Const`-Zuweisung unwirksam machen.

Oft ist es hilfreich, mit mehreren Debugging-Stufen zu arbeiten. Definieren Sie beispielsweise

```
#Const conDebugStufe = 3
```

würde der Wert drei eine entsprechende Ausgabe auslösen.

```
#If conDebugStufe = 1 Then
    Debug.Print "Ausgabe der Variable im Direktfenster: "; Variable
#ElseIf conDebugStufe = 2 Then
    MsgBox "Anzeige der Variable im Dialogfeld: " & Variable
#ElseIf ConDebugStufe = 3 Then
    ' Schreiben der Variable in eine Datei
    DebugSchreibeVariableInDatei Variable
#End If
```

8.3.1 Verwenden von Assertions

Es ist oft hilfreich, während des Testens und Debuggens eine Kontrollfunktion in das Programm einzubauen, die den Zustand von Variablen und Ausdrücken überwacht. Tritt ein fehlerhafter Zustand auf, wird das Programm an dieser Stelle angehalten.

Zur Überwachung kann die `Assert`-Methode verwendet werden. Mit ihrer Hilfe kann der Code auf bestimmte Bedingungen geprüft werden. Ist die Bedingung richtig, geschieht nichts, ist sie falsch, springt die Code-Anweisung in den Halte-modus.

In Ihrem Programm können Sie die Methode beispielsweise einsetzen, um zu überprüfen, ob eine Variable unter einem Grenzwert bleibt.

```
Debug.Assert iZähler < 100
```

oder

```
Debug.Assert Len(strTmp) < Len(strName)
```

Der Ausdruck, der der Funktion übergeben wird, muss den Wert `True` oder `False` ergeben.

8.4 Laufzeitfehler

Tritt zur Laufzeit eines Access-Programms ein Fehler auf, zeigt Access eine ent-sprechende Fehlermeldung an und das Programm wird beendet. Insbesondere, wenn Sie mithilfe der »Microsoft Office 2000 Developer Tools« eigenständige Access-Lösungen erstellen, sind solche Programmabbrüche unangenehm, weil in vielen Fällen Daten verloren gehen können, da das Programm komplett verlassen wird.

Es ist deshalb ratsam, eigene Fehlerbehandlungsroutinen zu implementieren, um auf Laufzeitfehler zu reagieren. Wir möchten Ihnen in den folgenden Abschnitten einen Überblick über die Behandlung von Fehlern und die zur Verfügung stehen-den Befehle geben.

! **Bei allen Fehlern anhalten:** Im Registerdialogfeld zu *EXTRAS Optionen* kann auf dem Registerblatt *Allgemein* in der Gruppe *Unterbrechen bei Fehlern* die Option *Bei jedem Fehler* eingeschaltet sein. Damit wird jegliche, von Ihnen in Ihren Programmen definierte Fehlerbehandlung ausgeschaltet, d.h., Access behandelt jeden Fehler selbst. Diese Option ist während des Testens einer Applikation sinnvoll. Später sollte sie jedoch auf jeden Fall deaktiviert werden.

8.4.1 Grundlagen der Fehlerbehandlung

Die VBA-Fehlerbehandlung kann so eingestellt werden, dass beim Auftreten eines Fehlers ein bestimmter, für die Fehlerbehandlung definierter Bereich in Ihrem Programm angesprungen wird. Mit

```
On Error Goto Label
```

wird die eigene Fehlerbehandlung aktiviert, wobei Label eine Zeilennummer oder Sprungmarke angibt. Tritt ein Fehler auf, wird das Programm zum Label verzweigt, und die dort aufgeführten Befehle werden abgearbeitet.

Jeder Fehler wird von Access in einem Err-Objekt abgelegt, dessen Eigenschaften Sie in Ihrem Programm abrufen bzw. dessen Methoden Sie verwenden können. Das Fehlerobjekt Err besitzt die folgenden Eigenschaften und Methoden.

Tabelle 8.1: Eigenschaften und Methoden des Err-Objekts

Eigenschaft/Methode	Beschreibung
Number	gibt Nummer des Fehlers zurück.
Description	fügt Beschreibungstext für den Fehler ein.
Source	gibt den Namen der Anwendung zurück, die den Fehler ausgelöst hat.
LastDLLError	enthält die Beschreibung eines Fehlers, der beim Aufruf einer mit *Declare* vereinbarten Funktion einer DLL-Bibliothek aufgetreten ist. Eine DLL-Funktion zeigt einen aufgetretenen Fehler normalerweise durch ihren Rückgabewert an. Sie erhalten über die Eigenschaft LastDLLError zusätzliche Informationen über den Fehler.
HelpFile	gibt die Hilfedatei an, aus der der Hilfetext zum Fehler entnommen wird.
HelpContext	gibt die Kontextkennung in der Hilfedatei an.
Raise	erzeugt einen Fehler.
Clear	setzt das Err-Objekt zurück.

8.4.2 VBA-Fehlerbehandlungsbefehle

In den folgenden Abschnitten erläutern wir die verschiedenen Access- bzw. VBA-Fehlerbehandlungsbefehle.

Fehlerbehandlung setzen: On Error Goto

Die Fehlerbehandlung wird in einem Programm mit dem Befehl

```
On Error Goto Sprungmarke
```

eingeleitet. Sprungmarke steht für eine benannte Sprungmarke oder Zeilennummer. Eine ganz einfache Fehlerbehandlung zeigt das folgende Programm.

```
Sub MinimalFehlerbehandlung()
    On Error Goto Fehlerbehandlung_Err
    ' Hier kommt der Fehler: Division durch 0
    Debug.Print 1/0
    Exit Sub
Fehlerbehandlung_Err:
    Msgbox "Fehler " & Err.Description & " aufgetreten!"
End Sub
```

Ab der Sprungmarke wird der aufgetretene Fehler behandelt. Sie müssen dabei sicherstellen, dass die Befehle der Fehlerbehandlung nicht abgearbeitet werden, wenn kein Fehler ausgelöst wurde. In den meisten Fällen wird direkt vor der Sprungmarke der Fehlerbehandlung Exit Sub oder Exit Function eingefügt.

Beim Verlassen einer Prozedur oder einer Funktion wird eine dort gesetzte Fehlerbehandlung zurückgesetzt; damit hat die Fehlerbehandlung die gleiche Gültigkeit und Lebensdauer wie die Prozedur oder Funktion, in der sie definiert ist.

Fehler übergehen: On Error Resume Next

Möchten Sie beim Auftreten eines Fehlers direkt mit der Programmzeile weitermachen, die auf die Zeile folgt, die den Fehler ausgelöst hat, verwenden Sie den Befehl

```
On Error Resume Next
```

Der Befehl hat die gleiche Gültigkeit und Lebensdauer wie die Prozedur oder Funktion, in der er verwendet wird.

Die Fehlerbehandlung mit On Error Resume Next wird oft eingesetzt, wenn Fehler mit Absicht ausgelöst werden. In der folgenden Funktion wird auf die Eigenschaft Parent eines Formulars zugegriffen. Das ist aber nur dann fehlerfrei möglich, wenn das betreffende Formular als Unterformular eingesetzt wird. Ist das Formular frm kein Unterformular, wird ein Fehler ausgelöst, dessen Fehlernummer verschieden von 0 ist, und somit wird der Rückgabewert der Funktion den Wert False erhalten.

```
Function IstUnterformular(frm As Form) As Boolean
    Dim strTmp As String

    On Error Resume Next
    strTmp = frm.Parent.Name
    IstUnterformular = (Err.Number = 0)
End Function
```

Zurücksetzen der Fehlerbehandlung: On Error Goto 0

Um die eigene Fehlerbehandlung innerhalb einer Prozedur oder Funktion wieder abzuschalten, wird der Befehl

```
On Error Goto 0
```

eingesetzt. Die Sprungmarke 0 ist eine Access-interne Adresse. Das Programm verzweigt zu dieser internen Adresse, selbst wenn Sie in Ihr Programm eine gleichnamige Sprungmarke einfügen. Das bedeutet für die Programmausführung, dass Access die Kontrolle über die Fehlerbehandlung zurückerhält.

Und weiter im Programm: Die Resume-Befehle

Die Resume-Befehle `Resume`, `Resume Next` und `Resume` *Sprungmarke* werden eingesetzt, um nach einem Fehler das Programm weiter abzuarbeiten.

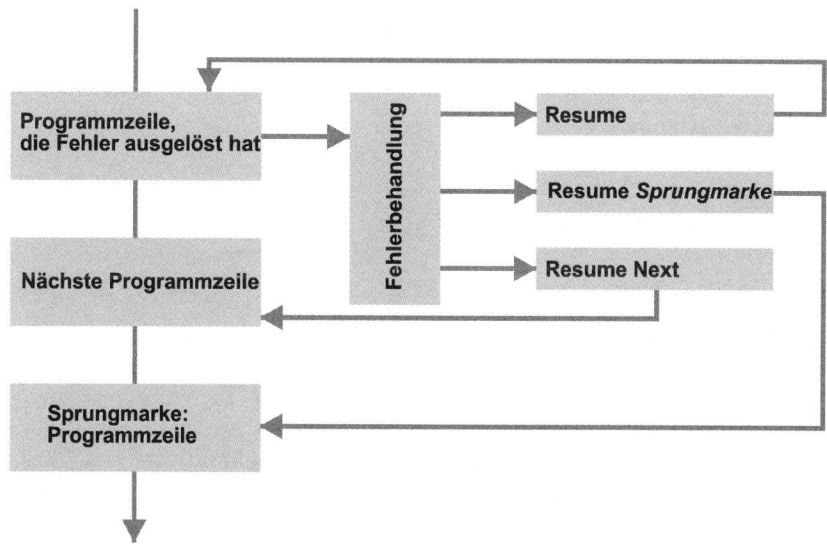

Bild 8.15: Resume-Befehle

Ist es möglich, innerhalb Ihrer Fehlerbehandlung den aufgetretenen Fehler zu beheben, kann durch

```
Resume
```

die Abarbeitung Ihres Programms mit der Programmzeile fortgesetzt werden, die den Fehler ausgelöst hat, während

```
Resume Next
```

das Programm an der Zeile fortführt, die der Zeile mit dem Fehler folgt. Durch

```
Resume Sprungmarke
```

können Sie gezielt eine Stelle im Programm anspringen, an der Ihr Programm fehlerfrei fortgeführt werden kann.

8.4.3 Die On Error-Aufrufkette

Eine On Error-Fehlerbehandlung gilt für die Prozedur oder Funktion, in der sie vereinbart wird und für alle Unterprogramme, also für alle Prozeduren und Funktionen, die aus dem Programm mit der Fehlerbehandlung aufgerufen werden. Im folgenden Beispiel wird die Fehlermeldung der Fehlerbehandlung der Prozedur FehlerTest aufgerufen, obwohl der Fehler in der Routine SubMitFehler auftritt.

```
Sub FehlerTest()
    On Error GoTo FehlerTest_Err
    ' Erzeugt Division durch 0
    SubMitFehler 0
    Exit Sub
FehlerTest_Err:
    MsgBox "Fehler " & Err.Description & " aufgetreten!"
End Sub

Sub SubMitFehler(ByVal intI As Integer)
    Debug.Print 1 / intI
End Sub
```

Wird für die Routine SubMitFehler eine eigene Fehlerbehandlung installiert, wird der in SubMitFehler aufgetretene Fehler auch dort behandelt.

```
Sub SubMitFehler(ByVal intI As Integer)
    On Error GoTo SubMitFehler_Err
    Debug.Print 1 / intI
    Exit Sub
SubMitFehler_Err:
    MsgBox "Fehler in SubMitFehler: " & Err.Description
    'Neuen Fehler erzeugen
    Debug.Print 1 / 0
End Sub
```

Tritt in der Fehlerbehandlung selbst der nächste Fehler auf, kann er nicht von der gerade aktiven Fehlerbehandlung, also von sich selbst, abgefangen werden. Access durchläuft die Kette der eingerichteten Fehlerbehandlungen, bis eine nicht aktive Fehlerbehandlung gefunden wird, der der Fehler übergeben wird. In unserem Beispiel würde zuerst der in SubMitFehler ausgelöste Fehler von der Fehlerbehandlung SubMitFehler angezeigt werden, während der in der SubMitFehler-Fehlerbehandlung aufgetretene Fehler von FehlerTest verarbeitet wird.

Sind alle Fehlerbehandlungen eines Programms aktiv, und es tritt ein weiterer Fehler auf, übernimmt Access die Behandlung des Fehlers. Es wird die Standardfehlermeldung zum Fehler gezeigt und das Programm abgebrochen.

8.4.4 Einsatz einer Standard-Fehlerbehandlung

Empfehlenswert ist die Programmierung einer allgemeinen Routine zur Fehlerbehandlung.

```
Sub ErrorHandler(ByVal strRoutine As String)
    MsgBox "Fehler »" & Err.Description & " (" & Err.Number & _
           ")« in Unterprogramm [" & strRoutine & "]"
    Select Case Err.Number
    Case 11:
        ' Division durch 0
        '  ...
              ' Programm wird beendet
        End
    Case 9999:
        ' Fehler kann behoben werden
        '  ...
        Resume
```

```
      Case Else
          ' ...
          End
      End Select
  End Sub
```

Das folgende Listing zeigt den Aufruf der Fehlerbehandlungsfunktion in einer Prozedur.

```
  Sub SubMitFehler(ByVal intI As Integer)
      On Error GoTo SubMitFehler_Err
      Debug.Print 1 / intI
      Exit Sub
  SubMitFehler_Err:
      ErrorHandler ("SubMitFehler")
  End Sub
```

Beim Auftreten eines Fehlers wird das im folgenden Bild gezeigte Dialogfeld aufgerufen, das den Namen der Routine anzeigt, in der der Fehler aufgetreten ist.

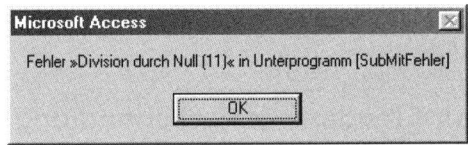

Bild 8.16: Standardisierte Fehlermeldung

8.4.5 Fehlerbehandlung mit Fehlerverfolgung

Eine aufwändigere Routine zur Behandlung von Fehlern zeigt das nächste Listing. Dabei werden Fehler, je nach ihrer Schwere und Auswirkung, in eine Tabelle geschrieben, sodass sich später die aufgetretenen Fehler analysieren lassen. Die Fehlertabelle besitzt die im nächsten Bild gezeigte Struktur:

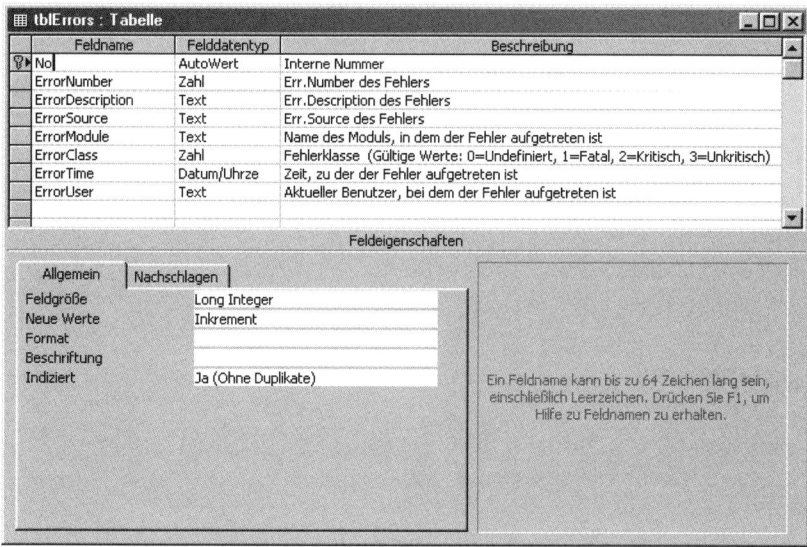

Bild 8.17: Struktur der Tabelle tblErrors

Im folgenden Programmlisting sehen Sie eine einfache Fehlerbehandlungsroutine, die in Abhängigkeit von einer Fehlerklasse (Fatal, Kritisch, Unkritisch) entsprechende Aktionen auslöst. Der Fehlerbehandlungsroutine können Sie eigene Fehlertexte übergeben.

```
' Fehlerkonstanten
Public Enum ErrorEnum
    UndefinedError = 0    ' Für undefinierte Fehler
    FatalError            ' Für alle schwerwiegenden Fehler,
                          ' die einen Abbruch des Programms erfordern
    CriticalError         ' Für alle kritischen Fehler, die behandelt
                          ' werden können
    NonCriticalError      ' Für alle unkritischen Fehler
End Enum

' Globale Fehlerbehandlungsroutine
' Gibt Err.Number des aufgetretenen Fehlers zurück
Public Function ErrorHandler( _
                Optional ByVal Modul As String = "", _
                Optional ByVal Msg As String = "", _
                Optional ByVal ErrorClass As _
                        ErrorEnum = UndefinedError) _
                As Long
```

```
Dim ThisErr As ErrObject

Set ThisErr = Err

' Name des Moduls, in dem der Fehler aufgetreten ist
If Modul = "" Then
    ' Standardwert ist Err.Source
    Modul = ThisErr.Source
End If
' Fehlermeldung
If Msg = "" Then
    'Standardwert ist Err.Description
    Msg = ThisErr.Description
End If

' Rückgabewert
ErrorHandler = ThisErr.Number

' je nach Schwere des Fehlers
Select Case ErrorClass

    ' bei fatalem/kritischem Fehler
    Case FatalError, CriticalError:
        Modul = Modul & "(" & Str(ThisErr.Number) & ")"
        ' Fehlermeldung anzeigen
        MsgBox Msg, vbCritical, Modul
        ' Fehler in Tabelle tblErrors schreiben
        SaveError objerr:=ThisErr, Modul:=Modul, _
                                    ErrorClass:=ErrorClass

        If ErrorClass = FatalError Then
            ' Programm beenden
            Application.Quit
            ' In Access-Runtime-Umgebung: DoCmd.Quit
            End
        End If

    Case NonCriticalError:
        ' Fehlermeldung anzeigen
        MsgBox Msg, vbExclamation, Modul
```

```
        Case Else
            ' bei allen anderen Fehlern
            Select Case MsgBox(Msg, vbCritical Or vbAbortRetryIgnore, _
                                                                    Modul)
                Case vbAbort:
                    ' Programm beenden
                    Application.Quit
                    ' In Access-Runtime-Umgebung: DoCmd.Quit
                    End
                Case vbRetry:
                    ' no error
                    ErrorHandler = 0
                Case vbIgnore:
                    ' nichts
            End Select


    End Select
End Function


' Speichern des aufgetretenen Fehlers in die Tabelle tblErrors
Sub SaveError(objerr As ErrObject, _
    ByVal Modul As String, _
    ByVal ErrorClass As ErrorEnum)

    Dim rec As DAO.Recordset

    ' Keine Fehlerbehandlung während der Fehlerbehandlung!
    On Error Resume Next

    ' Tabelle öffnen
    Set rec = CurrentDb.OpenRecordset("tblErrors")
    ' Neuen Datensatz hinzufügen
    With rec
        .AddNew
        !ErrorNumber = objerr.Number
        !ErrorDescription = Nz(objerr.Description)
        !ErrorSource = objerr.Source
        !ErrorModule = Modul
        !ErrorClass = ErrorClass
        !ErrorUser = CurrentUser()
        .Update
```

```
    End With
    rec.Close
End Sub
```

Die `ErrorHandler`-Routine kann, wie im Listing gezeigt, eingesetzt werden:

```
...
err_Routine:
    Dim lngErr As Long
    ' Programm wird beendet, da fataler Fehler
    lngErr = ErrorHandler( _
                Modul:="FehlerTest", _
                Msg:="Chaos! Programm wird beendet!", _
                ErrorClass:=FatalError)
...
```

❗ Der Windows-Benutzername: Die in der Prozedur `SaveError()` verwendete Funktion `CurrentUser()` gibt den Access-Benutzer zurück. Wenn Sie keine Access-Sicherheitsfunktionen (siehe Kapitel 24, »Datensicherheit«) verwenden, wird hier immer »Admin« zurückgeliefert. Möchten Sie den Windows-Benutzernamen erhalten, können Sie die in Kapitel 22, »Add-Ins und Bibliotheken«, Abschnitt 22.5.4, vorgestellte Funktion `CurrentUserWin()` einsetzen.

Datenbankobjekte ⋯⋯⋯

Objekte, Methoden und Eigenschaften

Die Programmierschnittstelle ADO

Datenzugriffsobjekte

Datenzugriff mit Recordsets und QueryDefs

9 Objekte, Methoden und Eigenschaften

»Visual Basic für Applikationen« (VBA) ist eine teilweise objektorientierte Programmiersprache. Das heißt, alle Befehle und Anweisungen beziehen sich auf Objekte, wie z.B. Tabellen, Formulare, Berichte o.ä. Objekte haben verschiedene Eigenschaften und Methoden. Man kann sich die Eigenschaft eines Objekts wie ein Adjektiv zu einem Objekt vorstellen, das das Objekt beschreibt. Methoden hingegen können mit Verben verglichen werden; eine Methode ist das, was ein Objekt tun soll.

9.1 Objekte und ihre Hierarchie

Als Objekt wird in Visual Basic allgemein alles bezeichnet, was programmiert und kontrolliert werden kann. Ein Objekt repräsentiert damit ein Element aus Access. Die Objekte sind hierarchisch in verschiedene Ebenen aufgeteilt. Die höchste Ebene ist das `Application`-Objekt.

Ein Objekt kann selbst weitere Objekte enthalten, d.h., ein Formular kann Steuerelemente (*Controls*) enthalten, die ihrerseits Objekte sind.

Eine Auflistung (*Collection*) ist eine Liste von gleichartigen Objekten. Alle Formulare beispielsweise sind in der Auflistung *Forms* zusammengefasst. Die Auflistung *Forms* besteht damit also aus *Form*-Objekten. Für den Namen der Auflistung wird die Pluralform des Objektnamens verwandt. Die englischen Bezeichnungen für Auflistungen unterscheiden sich durch das angehängte »s« zur Bildung des Plurals (*Form – Forms*).

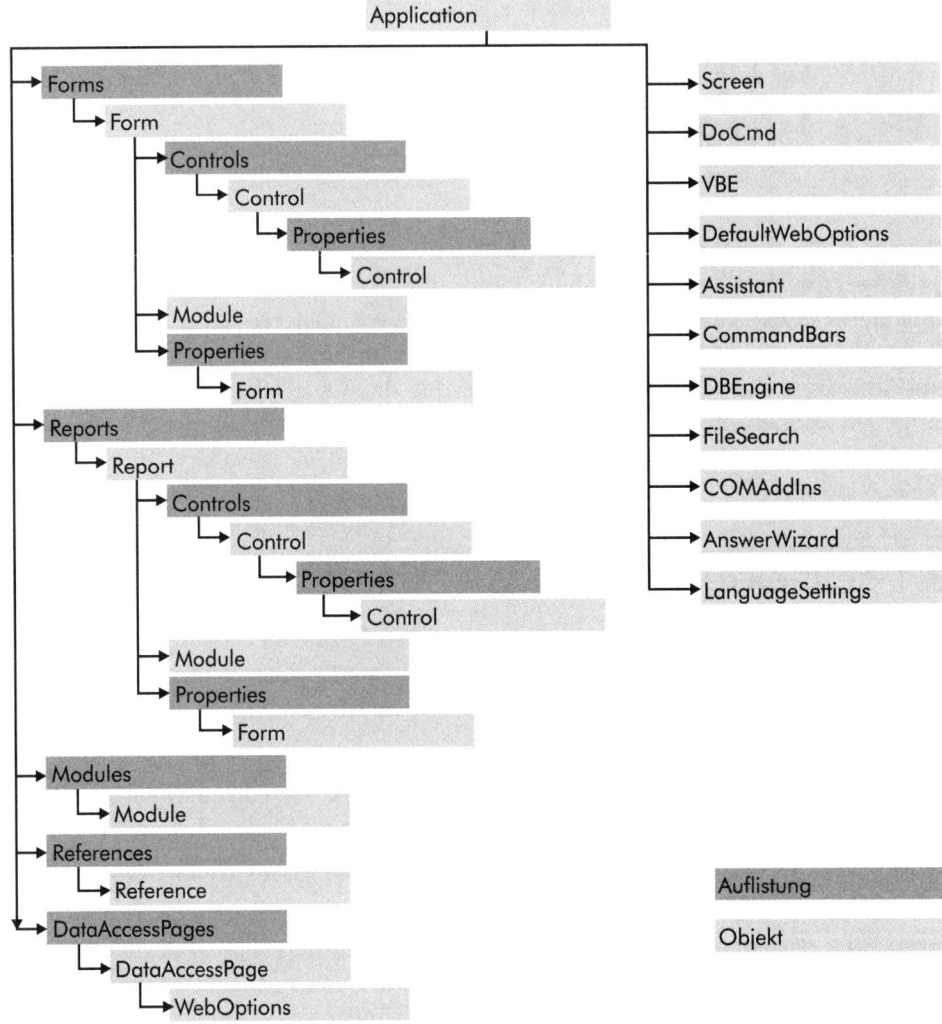

Bild 9.1: Access-Objekthierarchie

9.1.1 Auflistungen und Objekte im Programm

In der Regel durchläuft man die einzelnen Hierarchiestufen, um ein Objekt zu finden und anzusprechen. Die Hierarchieebenen werden in einer Anweisung durch Punkte und/oder Ausrufezeichen voneinander getrennt. Z.B. wird mit

```
Application.Forms("frmCocktail").Controls("txtCocktail").Value = "Zoom"
```

dem Steuerelement `txtCocktail` auf dem Formular `frmCocktail` der Wert `Gin Tonic` zugewiesen. Hierbei trennen die Punkte jeweils die verschiedenen Objekte und Auflistungen der unterschiedlichen Hierarchieebenen voneinander ab. Der letzte Punkt steht zwischen dem Objekt und seiner Eigenschaft `Value`. In der Regel ist es nicht immer notwendig, den gesamten Pfad aufzuführen. Wie weit oben in der Hierarchie der Ebenen zu beginnen ist, hängt vom Kontext ab, in dem die Anweisung aufgerufen wird. Die oben dargestellte Anweisung kann so überall in Access verwendet werden. Da die Zeile jedoch in Access programmiert und ausgeführt werden soll, besteht beispielsweise nicht die Notwendigkeit, mit dem Wort `Application` zu beginnen. Die Anweisung

```
Forms("frmCocktail").Controls("txtCocktail").Value = "Zoom"
```

wäre absolut ausreichend. Beziehen sich bereits die vorangegangenen Programmzeilen auf das Formular `Forms("frmCocktail")`, kann auch die folgende Zeile ausreichend sein:

```
Controls("txtCocktail").Value = "Zoom"
```

Um Objekte in Auflistungen anzusprechen, bietet Access verschiedene Varianten an. In einer Auflistung kann jedes Objekt über seinen Namen in der Form

```
Auflistung("Objektname")
```

angesprochen werden. Der `Objektname` wird als Zeichenkette (`String`) übergeben. In einem Programm könnte die Übergabe der Objektnamen auch in der Form

```
...
Dim strFormName As String
Dim strSteuerelement As String

strFormName = "frmCocktail"
strSteuerelement = "txtCocktail"
Forms(strFormName).Controls(frmSteuerelement).Value = "Zoom"
...
```

durchgeführt werden. Diese Schreibweise hat Vorteile, z.B. wenn auf einem Formular fünf Steuerelemente angeordnet sind, die mit `txtFeld1` bis `txtFeld5` benannt sind. Mit

```
...
Dim strTmp As String
Dim intCnt As Integer

For intCnt = 1 To 5
    strTmp = "txtFeld" & intCnt
    Forms("frmCocktail").Controls(strTmp).Visible = False
Next
...
```

werden alle fünf Steuerelemente unsichtbar geschaltet.

Eine weitere, insbesondere in Access häufig eingesetzte Schreibweise ist

```
Auflistung!Objektname
```

bei der Auflistung und Objektname durch ein Ausrufezeichen getrennt werden. Unser Beispiel könnte also auch als

```
Forms!frmCocktail.Controls!txtCocktail.Value = "Zoom"
```

formuliert werden. Enthält der Objektname Leerzeichen, so muss er in eckige Klammern eingeschlossen werden, wie beispielsweise

```
Forms![Cocktail ohne Bild].Controls![Cocktail Name].Value = "Zoom"
```

Alternativ steht Ihnen ein Zugriff über die Indexnummer eines Objekts in der Auflistung wie

```
Auflistung(Index)
```

zur Verfügung. Mit

```
...
Dim intCnt As Integer

For intCnt = 0 To Forms!frmCocktail.Controls.Count - 1
    MsgBox Forms!frmCocktail.Controls(intCnt).Name
Next
...
```

werden die Namen aller Steuerelemente des Formulars `frmCocktail` ausgegeben, vorausgesetzt, es ist geöffnet. `Count` ist übrigens eine Eigenschaft der Auflistung `Controls`, die die Anzahl der Objekte in der Auflistung enthält (siehe Abschnitt 9.3, »Eigenschaften«). Zum Durchlaufen einer Auflistung eignet sich besonders der Befehl `For Each...Next`, denn dafür muss Ihnen die Zahl der Elemente nicht bekannt sein.

```
...
Dim ctl As Control

For Each ctl In Forms!frmCocktail.Controls
    MsgBox ctl.Name
Next
...
```

Da `Controls` die Standardauflistung (`default`) eines Formularobjektes ist, kann abgekürzt anstelle von

```
Forms!frmCocktail.Controls!txtCocktail.Value = "Zoom"
```

auch

```
Forms!frmCocktail!txtCocktail.Value = "Zoom"
```

geschrieben werden. Und da `Value` die Standardeigenschaft eines Text-Controls ist, genügt:

```
Forms!frmCocktail!txtCocktail = "Zoom"
```

> **!** **Ausrufezeichen oder Punkt:** In der Regel finden Sie hinter einem Ausrufezeichen ein selbstgeneriertes Objekt, beispielsweise ein Formular oder einen Bericht. Das Ausrufezeichen zeigt auch an, dass das folgende Objekt Element einer Auflistung ist. Hinter einem Punkt folgt hingegen eine Auflistung, Eigenschaft oder Methode.

9.1.2 Zuweisungen an Objektvariablen

Auflistungen und Objekte können mit Objektvariablen in einem Programm verwaltet werden. Im folgenden Programmfragment wird eine Variable `frm` vom Typ `Form` deklariert. Mithilfe des Befehls `Set` wird der Objektvariablen ein Wert zugewiesen.

```
...
Dim intCnt As Integer
Dim ctl As Control
Dim frm As Form

Set frm = Forms!frmCocktail
For Each ctl In frm.Controls
   MsgBox ctl.Name
Next
...
```

Entsprechend kann auch eine Objektvariable für eine Auflistung vereinbart werden.

```
...
Dim frms As Forms
Dim frm As Form

Set frms = Forms
Set frm = frms!frmCocktail
...
```

9.2 Methoden

Als Methode wird ein Vorgang, eine Tätigkeit bezeichnet, die mit oder von einem Objekt ausgeführt werden kann. Die Methode `SetFocus` setzt den Fokus auf ein Steuerelement, aktiviert es also, um es zu bearbeiten.

```
Dim ctl As Control

Set ctl = Forms!frmCocktail!txtCocktail
ctl.SetFocus
```

Viele Methoden übergeben Argumente, um deren Ausführung zu spezifizieren. Beispielsweise wird mit der Methode `OpenForm` des `DoCmd`-Objekts

```
DoCmd.OpenForm "frmCocktail"
```

das Argument "frmCocktail" übergeben. Der Befehl öffnet das angegebene Formular am Bildschirm. Nähere Informationen zum `DoCmd`-Objekt erhalten Sie in Kapitel 23, »Anwendungsentwicklung«. Die allgemeine Form der `OpenForm`-Methode lautet:

```
DoCmd.OpenForm Formularname [, Ansicht] [, Filtername] [, Bedingung]
[, Datenmodus] [, Fenstermodus] [, Öffnungsargumente]
```

In Visual Basic gibt es zwei verschiedene Möglichkeiten, Argumente einer Methode zu übergeben: entweder durch deren Reihenfolge oder durch ihren Namen.

Übergabe in der Reihenfolge

Die Übergabe durch die Reihenfolge der Argumente spart zwar unter Umständen Tipparbeit, hat aber den Nachteil, dass die in der Syntax beschriebene Reihenfolge der Argumente strikt eingehalten werden muss. Mit dieser Methode heißt unser `OpenForm`-Befehl, wenn das Formular im Ansichtsmodus `acNormal` mit der Bedingung "[txtCocktail] = 'Zoom'" geöffnet werden soll, folgendermaßen:

```
DoCmd.OpenForm "frmCocktail", acNormal, , "[txtCocktail] = 'Zoom'"
```

Benötigen Sie einen Parameter nicht, muss trotzdem das entsprechende Komma gesetzt werden, wobei Kommata am Ende der Zeile weggelassen werden können.

Diese Methode hat einen ganz eindeutigen Nachteil: Sie müssen immer die Reihenfolge der Argumente, die Sie verwenden, im Kopf haben. Eine falsche Reihenfolge erzeugt unter Umständen auch einen anderen Ausgang des Befehls.

Benannte Parameter

Access bietet zudem die Möglichkeit, mit benannten Parametern zu arbeiten, beispielsweise öffnet

```
DoCmd.OpenForm "frmCocktail", _
      WhereCondition:="[txtCocktail] = 'Zoom'", View:=acNormal
```

das Formular mit den angegebenen Parametern. Sie müssen bei benannten Parametern nicht auf die Reihenfolge und die richtige Anzahl von Kommata zwischen den Parametern achten.

Die Methode hat allerdings ebenfalls einen Nachteil: Access erwartet die englischen Parameterbezeichnungen. In der Hilfe jedoch werden zu jedem Befehl die deutschen und nicht die englischen Parameterbezeichnungen angegeben. Die einzige Möglichkeit, sich relativ einfach zu behelfen, besteht darin, mit der Direkthilfe zu arbeiten.

Verwenden Sie, um die Direkthilfe zu aktivieren, den Befehl *EXTRAS Optionen* und wechseln auf das Registerblatt *Modul*. Klicken Sie das Kontrollkästchen zu *Automatische Direkthilfe* an. Eine weitere Alternative besteht darin, mit dem

Objektkatalog (siehe folgender Abschnitt) zu arbeiten. Auch dort werden die Parameter englisch angegeben.

9.3 Eigenschaften

Eigenschaften beschreiben Objekte. Sie geben beispielsweise deren Farbe, Größe oder Namen wieder. Es gibt bestimmte Eigenschaften, die existieren nur für ein einziges Objekt, andere Eigenschaften gibt es für viele verschiedene Objekte.

Im Gegensatz zu Methoden werden für Eigenschaften keine Argumente übergeben. Wie in

```
Forms("frmCocktail").Controls("txtCocktail").Visible = False
```

wird zunächst das Objekt benannt, nach dem Punkt dann die Eigenschaft und durch ein Gleichheitszeichen getrennt der neue Wert der Eigenschaft. Mit dieser Programmzeile wird die Eigenschaft Visible auf False gesetzt. Dadurch wird das Steuerelement unsichtbar.

Soll eine Eigenschaft nicht neu gesetzt, sondern abgefragt werden, kann dies mit

```
...
Dim fUnsichtbar As Boolean

fUnsichtbar = Forms("frmCocktail").Controls("txtCocktail").Visible
...
```

geschehen, der Variablen fUnsichtbar wird so entsprechend der Eigenschaft des Kontrollfeldes True oder False zugewiesen.

9.4 Der Objektkatalog

Für die Programmierung steht zu Ihrer Unterstützung der *Objektkatalog* bereit, mit dessen Hilfe Sie Methoden und Eigenschaften von Objekten ermitteln und in Ihr Programm übernehmen können.

Der Objektkatalog kann über die links dargestellte Schaltfläche, über *ANSICHT Objektkatalog* oder die [F2]-Taste geöffnet werden. Er steht nur in der Modulansicht von Modulen, Formularen und Berichten zur Verfügung.

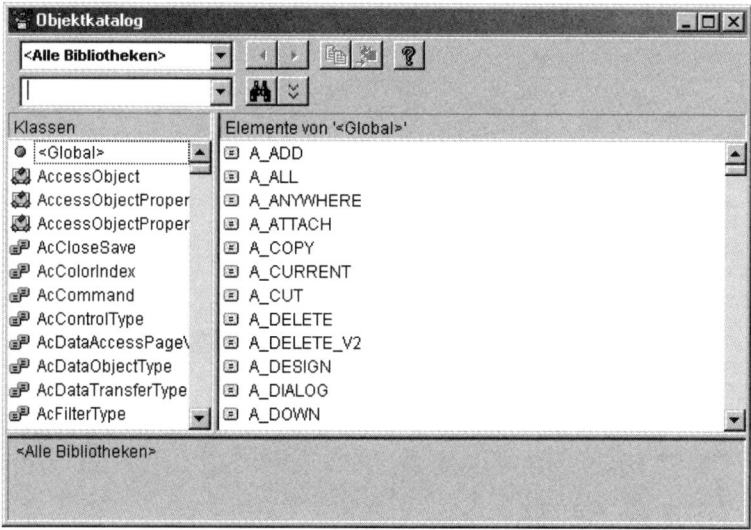

Bild 9.2: Dialogfeld Objektkatalog

Zu einer Objektbibliothek oder einer Datenbank können Sie sich alle Objekte sowie die dazugehörigen Methoden und Eigenschaften anschauen. Im nächsten Bild wurde beispielsweise die Objektbibliothek *ADODB* selektiert.

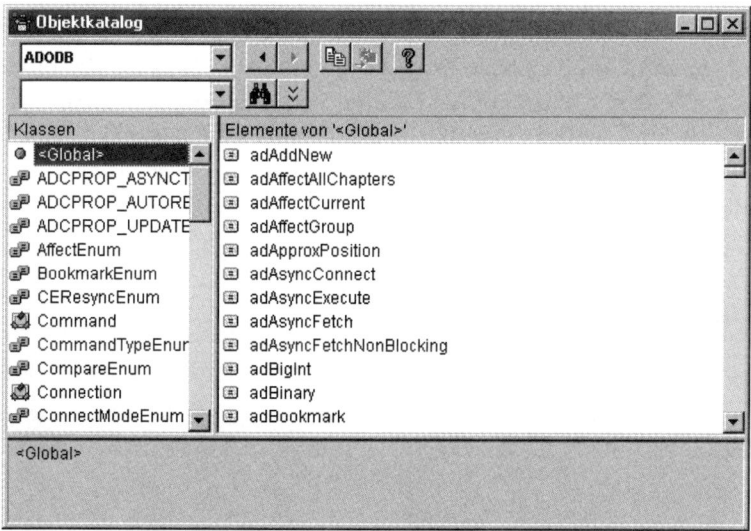

Bild 9.3: Objekte der Bibliothek ADODB

Selektieren Sie eine Eigenschaft oder Methode, so werden Informationen zum ausgewählten Objekt im unteren Bereich des Dialogfeldes gezeigt.

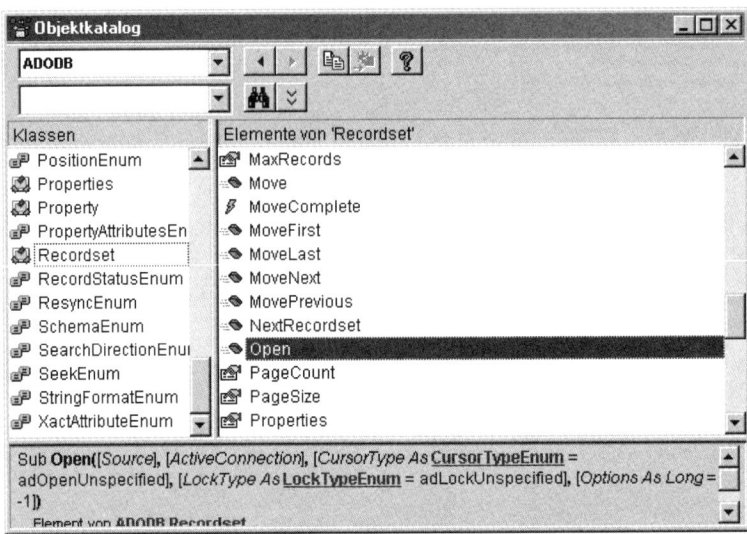

Bild 9.4: Methoden und Eigenschaften von Recordset

Möchten Sie selektierte Objekte in Ihr Programm aufnehmen, betätigen Sie die links dargestellte Schaltfläche. Der markierte Text wird in die Zwischenablage aufgenommen und kann in Ihrem Programm mit *BEARBEITEN Einfügen* eingesetzt werden.

Zum Suchen nach bestimmten Begriffen, Methoden oder Eigenschaften verwenden Sie das Kombinationsfeld unterhalb des Auswahlfeldes für die Bibliotheken. In folgendem Beispiel wurden alle Vorkommen des Begriffs »Header« angefordert. Durch Betätigung der Schaltfläche mit dem Fernglas wird der Suchvorgang gestartet und das Ergebnis in dem um den Bereich *Suchergebnisse* erweiterten Dialogfeld angezeigt.

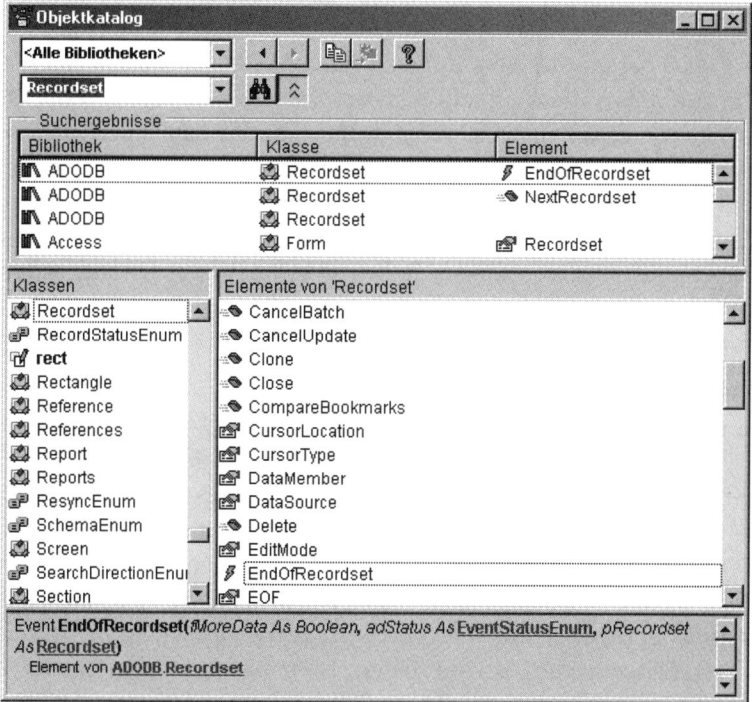

Bild 9.5: Suchen im Objektkatalog

Objekte der aktuellen Datenbank werden im Objektkatalog fett dargestellt.

Die links dargestellte Schaltfläche ermöglicht es Ihnen, direkt zur Definition des markierten Objekts das entsprechende Modul zu laden, d.h., das entsprechende Modul wird zur Bearbeitung auf den Bildschirm geholt.

9.5 ADO und DAO

In Access 2000 existieren, wie an anderen Stellen schon erwähnt, zwei Datenzugriffsschnittstellen: »Data Access Objects«, DAO, und »ActiveX Data Objects, ADO. DAO ist die klassische Access-Datenzugriffsschnittstelle, die in den vorangegangenen Access-Versionen eingesetzt und immer wieder verbessert wurde. Die Schnittstelle ist für den Zugriff auf relationale Datenbestände konzipiert worden. ADO wiederum ermöglicht den Zugriff auf beliebige, nicht unbedingt relationale Daten und wurde im Zuge der Internet-Aktivitäten von Microsoft entwickelt.

Ablösung oder Koexistenz?

Mit Access 2000 beginnt Microsoft, DAO durch ADO abzulösen. Allerdings versucht Microsoft dabei, die Kompatibilität der Versionen nicht zu verlieren, sodass die Evolution von DAO zu ADO nicht immer konsequent innerhalb von Access durchgeführt wurde. Böse Zungen behaupten, dass Microsoft einfach nicht rechtzeitig mit den ADO-Komponenten fertig geworden ist, sodass doch noch sehr viel DAO in Access 2000 übrig blieb. Wie auch immer, für die Programmierung in Access benötigt man an einigen Stellen DAO, sollte aber (laut Microsoft) eigentlich ADO einsetzen und dabei möglichst nichts durcheinander bringen. Wir gehen davon aus, dass DAO noch lange Jahre im Einsatz sein wird.

Mit jeder der Access-Versionen in den letzten Jahren wurde DAO verbessert und erweitert. DAO ist heute ausgereift und stabil. Aber DAO ist in erster Linie für lokale Access-Datenbanken ausgelegt. Access-Datenbankzugriffe auf Datenbestände auf einem Netzwerkserver sind nicht sehr effektiv, sodass beim Einsatz von Access in Netzwerken die Leistung beim Zugriff mehrerer Benutzer auf die gleichen Daten sehr zu wünschen übrig ließ. Zunehmend kam die Anforderung hinzu, mit Access auf Datenbestände anderer Datenbanken zuzugreifen, insbesondere auf Datenbanken wie Microsoft SQL Server, Oracle, IBM UDB und viele andere. Diese Datenbanken, die auf einem Datenbankserver in einem Netzwerk laufen, kann Access nur über die »Open Database Connectivity« (ODBC) ansprechen. Leider ist für viele Datenbankoperationen die Zugriffsgeschwindigkeit auf die Daten unzureichend. Microsoft erweiterte daraufhin DAO um die ODBC-Direct-Komponente (siehe Kapitel 26), die eine direktere Programmierung der ODBC-Schnittstelle erlaubt.

Programmieren in Access 2000: Ohne DAO fast nicht möglich

Auch wenn Microsoft eindringlich empfiehlt, doch möglichst immer ADO zu verwenden, ist es jedoch in der Praxis fast nicht machbar, auf DAO zu verzichten. Bei normalen Access-Datenbanken wird für Tabellen, Abfragen, Formulare und Berichte intern die DAO-Bibliothek eingesetzt. In Modulen sowie in Modulen von Formularen und Berichten (Code behind forms) wird dagegen standardmäßig ADO verwendet. Nur in Access-Projekten, den speziellen Access-Datenbanken für den Zugriff auf Datenbankserver, wird für alle Komponenten ADO benutzt. Während DAO auch in Access 2000 für MDB-Datenbanken integraler Bestandteil ist, verhält sich ADO eher wie eine zusätzlich aufgesetzte Schnittstelle.

Die Unterschiede sind vielfältig: DAO (in Access 2000 in der Version 3.6) verwendet den Datenbankkern Jet 3.6. Jet 3.6 verfügt über den in Kapitel 3 beschriebenen SQL-Sprachumfang. ADO dagegen greift auf Datenbanken über den Jet 4.0-OLE

DB-Provider zu. Dieser hat einen gegenüber Jet 3.6 erweiterten SQL-Wortschatz und verfügt über erweiterte Möglichkeiten.

DAO kann direkt auf Jet-Tabellen und Abfragen zugreifen und beispielsweise deren Strukturen verändern. Mit DAO lässt sich z.B. relativ einfach ein neues Feld zu einer Tabelle hinzufügen. ADO verfügt selbst über keine einfachen Möglichkeiten zur Änderung von Strukturen, sondern muss dafür die Hilfe der zusätzlichen Schnittstellen ADOX (»ADO Extensions for Data Definition Language (DDL) und Security«) und JRO (»Jet and Replication Objects«) in Anspruch nehmen.

Umsteigen?

Haben Sie bisher mit DAO programmiert, werden Sie viele Gemeinsamkeiten und Ähnlichkeiten zwischen DAO und ADO (nicht nur die drei Buchstaben) feststellen. Und es besteht eigentlich keine Notwendigkeit, auf ADO zu wechseln, es sei denn, Sie möchten ADO-spezifische Erweiterungen nutzen oder Sie greifen auf Daten auf einem Microsoft SQL Server, MSDE oder einen anderen Datenbankserver zu.

Noch eine kurze Anmerkung zur Access-Hilfe: Hier liegt unserer Meinung nach der größte Schwachpunkt bei der Hinzunahme von ADO. Da ADO und DAO viele Komponenten mit gleichen Namen besitzen, gibt es in der Hilfe oft Verweise auf die jeweils andere Bibliothek. Auch werden viele SQL-Befehle beschrieben, die sich mit Access-Abfragen und DAO nicht einsetzen lassen, sondern nur mit ADO.

In den Kapiteln 11 und 12 beschreiben wir die Programmierung mit DAO. Zum Thema ADO finden Sie ausführliche Informationen in Kapitel 10.

9.6 Vergleichstabelle DAO und ADO

Der folgenden Tabelle können Sie entnehmen, welche Funktionalitäten von welcher Bibliothek abgedeckt werden. Alle Bibliotheken werden in den nächsten Kapiteln erläutert.

Tabelle 9.1: Bibliotheken und ihre Funktionalitäten

Funktionalität	DAO	ADO	ADOX	JRO
Erstellung von Ergebnismengen (Recordsets) auf Basis von SQL-Zeichenfolgen	✔	✔		
Ausführung von SQL-Parameterabfragen	✔	✔		
Ausführung von SQL-Aktionsabfragen	✔	✔		
Ausführung von SQL-Datendefinitionsabfragen	✔	✔		
Unterstützung für ANSI92 SQL		✔	✔	
Erstellen von Tabellen	✔		✔	
Neue Datenbanken erstellen	✔		✔	
Eigenschaften existierender Tabellen ändern	✔		✔	
Erstellen von Beziehungen zwischen Tabellen	✔		✔	
Neue Benutzer/-gruppen erstellen	✔		✔	
Bearbeiten von Sicherheitseinstellungen	✔		✔	
Unterstützung für Datentyp Dezimal			✔	
Unterstützung für Eigenschaft Komprimiert für Tabellenspalten			✔	
Ausführung von gespeicherten SQL-Abfragen	✔		✔	
Erstellung von gespeicherten Abfragen, die nur durch VBA-Code auszuführen sind			✔	
Erstellung von gespeicherten Abfragen, die durch die Access-Benutzeroberfläche ausgeführt werden können	✔			
Komprimieren von Datenbanken	✔			✔
Verschlüsseln von Datenbanken	✔			✔
Synchronisieren von Repliken	✔			✔
Benutzerdefinierte Eigenschaften für Datenbanken erstellen	✔			
Bearbeiten von Spalteneigenschaften von Tabellen	✔			

10 Die Programmierschnitt-
stelle ADO

Wir möchten Ihnen in diesem und den nächsten Kapiteln die Programmierschnittstelle ADO beschreiben.

ADO, »Active Data Objects«, ist ein Teil von UDA, »Universal Data Access«, mit
dem Microsoft eine einheitliche Schnittstelle zu beliebigen Daten bereitstellen
möchte. UDA soll den Zugriff auf jede Art von elektronisch gespeicherten Daten
ermöglichen, seien es relationale Datenbanken, Dateien, Internet-Daten oder
elektronische Mailboxen. ADO soll zu all diesen Datenquellen eine einheitliche
Schnittstelle bereitstellen.

ADO verwendet für den Zugriff auf die Datenbank die Schnittstelle OLE DB.
OLE DB ist als der Nachfolger für die Schnittstelle ODBC, »Open Database Connectivity«, zu sehen. ODBC war für den Zugriff auf relationale Datenbanken konzipiert, war in der Praxis aber oft nicht leistungsfähig und schnell genug.
OLE DB, als weiterer Bestandteil von UDA, soll besser und direkter als ODBC
einen Zugriff auf beliebige Datenbestände erlauben. Zur Zeit der Drucklegung
des Buchs gibt es nur für wenige Datenbanken echte (native) OLE DB-Treiber
(Oracle, Microsoft SQL Server, Jet-Engine). Für alle anderen gibt es einen
OLE DB-Treiber für ODBC, der über ODBC einen Zugriff realisiert, allerdings mit
den bekannten Schwächen von ODBC. Übrigens bezeichnet Microsoft OLE DB-
Treiber als »OLE DB-Provider«. Weitere Informationen zu OLE DB erhalten Sie in
Teil 7.

10.1 Das ADO-Objektmodell

Das ADO-Objektmodell ist verblüffend einfach. Die oberste Ebene bildet das
Connection-Objekt, das die Informationen über die Verbindung zur Datenbank
beinhaltet.

Recordset-Objekte dienen dem Zugriff auf Datensätze. Die einzelnen Felder eines
Datensatzes werden über die Fields-Auflistung angesprochen. Die Datensätze
für ein Recordset werden über SQL-Abfragen ausgewählt. Command-Objekte dienen zur Ausführung von Abfragen mit und ohne Parameter. Mögliche Fehler
werden mithilfe der Errors-Auflistung verwaltet.

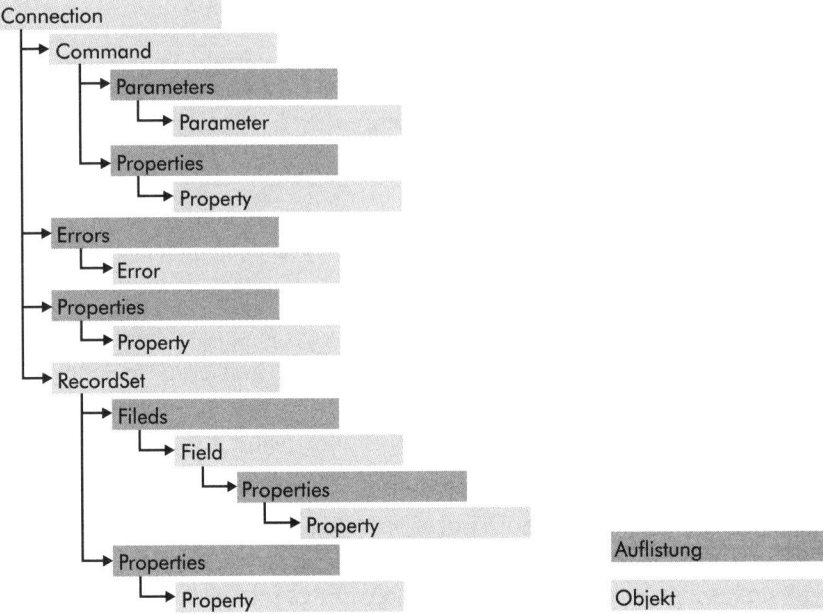

Bild 10.1: ADO-Objektmodell

Verweis auf die ADO-Bibliothek

Die ADO-Bibliothek ist als Standard von Access für die Programmierung mit VBA vorgesehen, wenn Sie eine neue Access 2000-Datenbank öffnen. Konvertieren Sie eine Access 95- oder 97-Datenbank, so ist als Bibliothek DAO eingetragen. Möchten Sie dann in ADO programmieren, müssen Sie aus dem Visual Basic-Editor heraus über *EXTRAS Verweise* das Dialogfeld *Verweise* aufrufen und die ADO-Bibliothek selektieren, so wie es in Bild 10.2 gezeigt ist.

Beachten Sie dabei, nicht aus Versehen den Verweis auf die ADOR-Bibliothek (»ActiveX Data Objects Recordset Library«) zu setzen. Diese Bibliothek ist eine abgespeckte ADO-Bibliothek, die in erster Linie für den Internet-Einsatz konzipiert ist. Sie bietet nicht alle Objekte, Methoden und Eigenschaften der ADO-Bibliothek.

Mit *Microsoft Office 2000* wird die ADO-Bibliothek in der Version 2.1 ausgeliefert, die wir für unsere Beispiele verwenden. Mit *Windows 2000* erhalten Sie ADO 2.5. Installieren Sie *Office 2000* unter *Windows 2000*, so werden im oben gezeigten Dialogfeld beide Versionen angeboten. ADO 2.5 führt zwei neue Objekte, Record und Stream, ein, die sonstige Funktionalität entspricht der von ADO 2.1. Record- und Stream-Objekte werden im Rahmen dieses Buchs nicht besprochen.

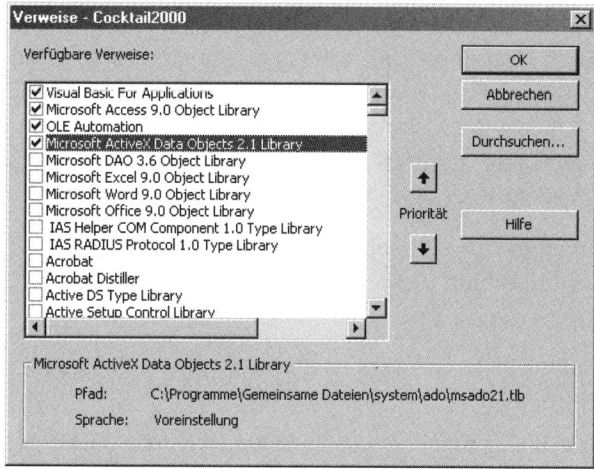

Bild 10.2: Verweis auf die ADO-Bibliothek

10.2 Die Verbindung: Connection

Die oberste Ebene des ADO-Objektmodells ist die `Connection`. Darin ist der Zugriff auf einen OLE DB-Provider beschrieben.

10.2.1 Die Open-Methode

Möchten Sie beispielsweise eine Verbindung zur Access-Datenbank *Cocktail.mdb* aufbauen, so setzen Sie dazu die Methode `Open` ein:

```
Dim conn As New ADODB.Connection
conn.Open "Provider=Microsoft.Jet.OLEDB.4.0;" & _
    "Data Source=C:\Cocktail\Cocktail Daten.mdb;User ID=Admin;"
```

Beachten Sie das Befehlswort `New` in der Dimensionierungsanweisung, denn es ist notwendig, vor dem Öffnen einer Verbindung ein `Connection`-Objekt neu zu erzeugen.

Die allgemeine Form der `Open`-Methode lautet:

```
conn.Open Connectionstring, UserID, Password, Options
```

Der Parameter `Connectionstring` wird aus drei Gruppen von Informationen zusammengesetzt: Der Bezeichnung des OLE DB-Providers, standardmäßigen ADO-Informationen und Provider-spezifischen Informationen.

Sollte für den Zugriff auf die Daten mithilfe des OLE DB-Providers eine Benutzerkennung und ein Passwort angegeben werden müssen, kann dies innerhalb des Parameters Connectionstring oder explizit über die Parameter UserID und Password übergeben werden. Werden Benutzerkennung und Passwort im Connectionstring und gleichzeitig mit den Parametern UserID und Password angegeben, so haben die Parameter Vorrang.

Das Zusammenstellen von Connectionstrings ist nicht ganz einfach und sehr anfällig gegen Schreibfehler, deshalb verwenden wir in diesem Buch im Normalfall das Objekt CurrentProject.

Das CurrentProject-Objekt

Im weiteren Verlauf des Kapitels beschränken wir uns darauf, eine Verbindung zur aktuell geöffneten Access-Datenbank herzustellen. Dazu benötigen wir kein neues Connection-Objekt, sondern können das Connection-Objekt verwenden, das über den Befehl CurrentProject von Access zur Verfügung gestellt wird.

```
Dim conn As ADODB.Connection
Set conn = CurrentProject.Connection
```

CurrentProject ist ein Verweis auf die aktuelle Datenbank. Die Eigenschaft Connection enthält den Verweis auf das entsprechende Connection-Objekt. Hierbei muss kein neues Objekt erzeugt werden, beim Dim-Befehl kann deshalb auf New verzichtet werden.

Connectionstring-Informationen

Mit dem folgenden Befehl, den Sie im Direktfenster im Visual Basic-Editor (*ANSICHT Direktfenster*) eingeben können, erhalten Sie den Connectionstring des Connection-Objekts der aktuellen Datenbank.

```
?CurrentProject.Connection.ConnectionString
```

Der Connectionstring wird ähnlich aussehen wie:

```
Provider=Microsoft.Jet.OLEDB.4.0;
User ID=Admin;
Data Source=C:\Cocktail\Cocktail2000.mdb;
Mode=Share Deny Read|Share Deny Write;
Extended Properties="";
Jet OLEDB:System database=C:\PROGRA~1\MICROS~3\Office\SYSTEM.MDW;
Jet OLEDB:Registry Path="";
Jet OLEDB:Database Password="";
```

```
Jet OLEDB:Engine Type=5;
Jet OLEDB:Database Locking Mode=0;
Jet OLEDB:Global Partial Bulk Ops=2;
Jet OLEDB:Global Bulk Transactions=1;
Jet OLEDB:New Database Password="";
Jet OLEDB:Create System Database=False;
Jet OLEDB:Encrypt Database=False;
Jet OLEDB:Don't Copy Locale on Compact=False;
Jet OLEDB:Compact Without Replica Repair=False;
Jet OLEDB:SFP=False
```

Sie können die drei Teile des `Connectionstring` erkennen. Zuerst die Bezeichnung des Providers, hier der Jet-OLE DB-Provider, danach die allgemeinen ADO-Einstellungen. Alle Einträge, die mit `Jet OLEDB:` beginnen, enthalten spezifische Einstellungen für den Provider. Die Dokumentation der Provider-spezifischen Einstellungen wurde von Microsoft bisher nur sehr spärlich zur Verfügung gestellt, zu vielen Einträgen gibt es keine Erläuterung hinsichtlich der Bedeutung. Haben Sie die Zusatzsoftware »Microsoft Office 2000 Developer« (MOD) erworben, so finden Sie auf der entsprechenden CD-Rom im Ordner *ODETools\v9* *Samples\opg\appendixes* weitergehende Dokumentationen.

Die folgende Tabelle listet einige der für die Initialisierung einer Connection möglichen Eigenschaften auf.

Tabelle 10.1: Initialisierungseinstellungen für den Jet-OLE DB-Provider

Eigenschaft	Beschreibung
Data Source	Voller Pfad und Dateiname der zu öffnenden Datenbank
User ID	Benutzername; bei nicht geschützter Datenbank ist der Standardbenutzername »Admin« (siehe Kapitel 24, »Datensicherheit«)
Password	Kennwort; bei nicht geschützter Datenbank nicht benötigt (siehe Kapitel 24, »Datensicherheit«)
Mode	Öffnungsmodus der Datenbank: `adModeRead` (nur Lesen), `adModeWrite` (nur Schreiben), `adModeReadWrite` (Lesen/Schreiben), `adModeShareDenyRead` (andere Benutzer können die Datenbank nicht zum Lesen öffnen), `adModeShareDenyWrite` (andere Benutzer können die Datenbank nicht zum Schreiben öffnen) oder `adModeShareDenyExclusive` (andere Benutzer können die Datenbank nicht öffnen)

Tabelle 10.1: Initialisierungseinstellungen für den Jet-OLE DB-Provider (Fortsetzung)

Eigenschaft	Beschreibung
Jet OLEDB:System Database	Pfad und Name der Systemdatenbank (siehe Kapitel 24, »Datensicherheit«)
Jet OLEDB:Database Password	Datenbankpasswort (siehe Kapitel 24, »Datensicherheit«)
Jet OLEDB:Encrypt Database	Gibt an, ob die Datenbank verschlüsselt ist (siehe Kapitel 24, »Datensicherheit«)
Jet OLEDB:Engine Type	Gibt zurück, welcher Treiber intern von der Jet-Engine genutzt wird. Je nach Datenformat der (verknüpften) Tabelle wird ein entsprechender ISAM-Treiber verwendet.

Engine-Typ	Einstellung
Unbekannt	0
Microsoft Jet 1.0	1
Microsoft Jet 1.1	2
Microsoft Jet 2.0	3
Microsoft Jet 3.x (95, 97, 2000)	4
Microsoft Jet 4.x (2000)	5
dBase III	10
dBase 4	11
dBase 5	12
Excel 3.0	20
Excel 4.0	21
Excel 5.0 (95)	22
Excel 8.0 (97)	23
Excel 9.0 (2000)	24
Exchange 4	30
Text 1.x	60
HTML 1.x	70
und andere	

Eigenschaft	Beschreibung
Jet OLEDB:Global Bulk Transactions	Transaktionssicherung für Aktionsabfragen (siehe Kapitel 18, »Multiuser-Zugriffe«)
Jet OLEDB:Global Partial Bulk Ops	Stellt das Verhalten ein, wenn Aktionsabfragen nicht vollständig ausgeführt werden können. (siehe Kapitel 18, »Multiuser-Zugriffe«)
Jet OLEDB:Database Locking Mode	Bestimmt den Sperrmodus (siehe Kapitel 18, »Multiuser-Zugriffe«)

Datenlinks

Wenn Sie in Ihren Applikationen Connections zu anderen Datenbanken als der aktuellen benötigen, so ist es oft aufwändig, den Connectionstring zusammenzustellen. Arbeiten Sie beispielsweise mit wechselnden Datenquellen, so ist eine Änderung und Neuzusammenstellung des Connectionstring notwendig, wenn Sie eine andere Datenquelle anwählen.

Alle Informationen einer Verbindung, also des Connection-Objekts, lassen sich in einer Datenlink-Datei speichern. Datenlink-Dateien haben die Endung UDL.

Um eine neue Datenlink-Datei zu erzeugen, wählen Sie im Windows-Explorer einen Ordner aus. Klicken Sie im rechten Teilfenster mit der rechten Maustaste und wählen Sie im Kontextmenü den Eintrag *Microsoft Datenlink*. Geben Sie der so erstellten neuen Datei einen Namen, hier im folgenden Beispiel heißt die Datei *Cocktail.UDL*.

Öffnen Sie nun mit einem Doppelklick auf die Datei das Dialogfeld *Datenverknüpfungseigenschaften*. Auf dem ersten Registerblatt *Provider* bestimmen Sie den gewünschten Provider für die Verbindung.

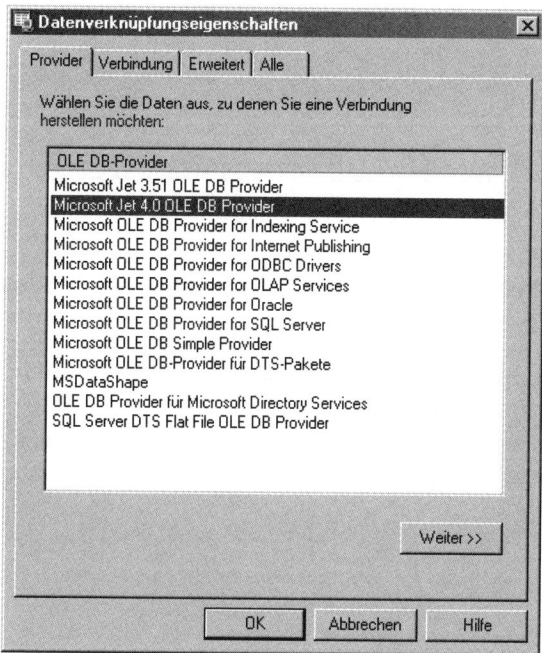

Bild 10.3: Provider-Auswahl

Den Datenbanknamen mit seinem Pfad sowie Benutzername und Kennwort legen Sie auf dem zweiten Registerblatt *Verbindung* fest. Verwenden Sie ein Kennwort, können Sie angeben, ob das Kennwort in der UDL-Datei gespeichert werden soll.

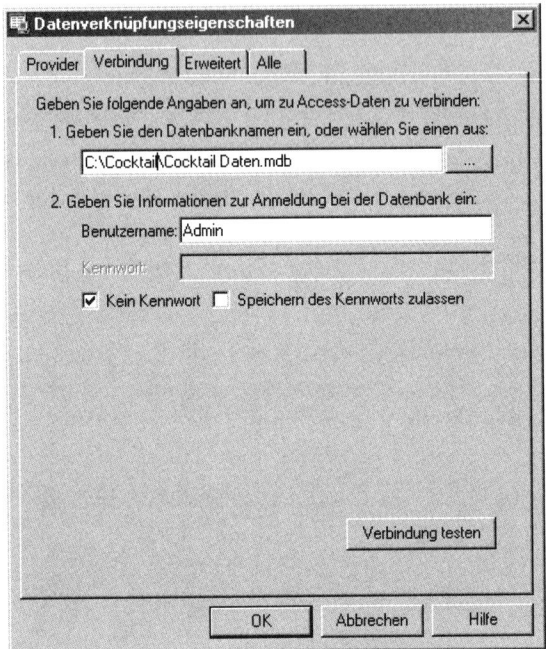

Bild 10.4: Verbindungseinstellungen

Auf dem dritten Registerblatt *Erweitert* können Sie den Modus für die Öffnung
der Datenbank angeben.

Auf dem letzten Registerblatt können Sie die allgemeinen und Provider-spezifischen Einstellungen vornehmen.

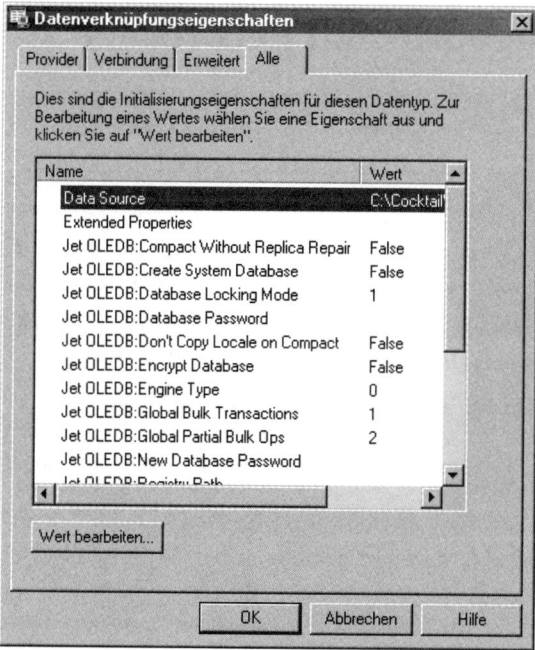

Bild 10.5: Öffnungsmodus

Datenverknüpfungseigenschaften

Provider | Verbindung | Erweitert | Alle

Dies sind die Initialisierungseigenschaften für diesen Datentyp. Zur
Bearbeitung eines Wertes wählen Sie eine Eigenschaft aus und
klicken Sie auf "Wert bearbeiten".

Name	Wert
Data Source	C:\Cocktail
Extended Properties	
Jet OLEDB:Compact Without Replica Repair	False
Jet OLEDB:Create System Database	False
Jet OLEDB:Database Locking Mode	1
Jet OLEDB:Database Password	
Jet OLEDB:Don't Copy Locale on Compact	False
Jet OLEDB:Encrypt Database	False
Jet OLEDB:Engine Type	0
Jet OLEDB:Global Bulk Transactions	1
Jet OLEDB:Global Partial Bulk Ops	2
Jet OLEDB:New Database Password	
Jet OLEDB:Registry Path	

Wert bearbeiten...

OK | Abbrechen | Hilfe

Bild 10.6: Allgemeine und Provider-spezifische Parameter

Das Öffnen einer Verbindung mithilfe einer Datenlink-Datei zeigt das folgende kleine Programm.

```
Sub TestDatenlink()
    Dim cnn As New ADODB.Connection

    cnn.Open "File Name=C:\Cocktail\cocktail.udl"
    Debug.Print cnn.ConnectionString
End Sub
```

10.2.2 Weitere Methoden des Connection-Objekts

Mithilfe der Methode Execute können SQL-Abfragen (Aktions- und Datendefinitionsabfragen) ausgeführt werden. Mehr dazu erfahren Sie in Abschnitt 10.4.1.

Die Methode OpenSchema ermöglicht es Ihnen, Informationen über die Struktur der verbundenen Datenbank zu erhalten. Die Methode wird in Kapitel 18, »Multiuser-Zugriffe« im letzten Abschnitt beschrieben. Dort finden Sie auch die Erläuterungen zu den Methoden BeginTrans, CommitTrans und RollbackTrans, die zur Transaktionssteuerung dienen.

10.3 Datenzugriff mit Recordsets

Der Zugriff auf Daten in Tabellen wird über Recordset-Objekte durchgeführt. Einem Recordset liegt immer eine Tabelle, eine Abfrage oder direkt ein SQL-Befehl zugrunde. Jedes Recordset erhält aufgrund der Datenbasis entsprechende Felder, die in einer Fields-Auflistung verwaltet werden.

Die in einem Recordset ermittelten Daten können datensatzweise, Zeile für Zeile, vorwärts und rückwärts durchlaufen werden. Mithilfe eines Datensatzzeigers wird die aktuelle Datenzeile bestimmt. Um den Datensatzzeiger im Recordset zu bewegen, stehen Ihnen eine Reihe von geeigneten Methoden zur Verfügung.

Ein Recordset wird mithilfe der Methode Open geöffnet:

```
recordset.Open [Source] [,ActiveConnection] [,CursorType] [,LockType]
                                                           [,Options]
```

Als Source kann der Name einer Tabelle, einer Abfrage oder ein SQL-Befehl eingesetzt werden.

Der Parameter `ActiveConnection` bestimmt, über welche Verbindung das Recordset aufgebaut werden soll. Um die aktuelle Access-Datenbank anzusprechen, können Sie hier `CurrentProject.Connection` angeben.

Mithilfe des `CursorType` wird festgelegt, welcher Art das Recordset sein soll. Die folgende Tabelle enthält die vier gültigen Konstanten.

Tabelle 10.2: CursorType-Konstanten

Konstante	Beschreibung
adOpenKeyset	Ein Recordset vom Typ `Keyset` (Schlüsselgruppe) besteht aus Zeigern auf die Daten von Tabellen oder Abfragen, d.h., es wird nur ein eindeutiger Schlüssel für jeden Datensatz in den lokalen Speicher geladen. In einer Mehrbenutzerumgebung werden durch andere Benutzer geänderte Datensätze direkt im Recordset gezeigt, nicht aber neue Datensätze.
adOpenDynamic	Ein Recordset dieses Typs verhält sich ähnlich wie ein `Keyset`. Neue und geänderte Datensätze anderer Benutzer werden gezeigt. Für Access-Datenbanken werden dynamische Recordsets als `Keyset` definiert.
adOpenStatic	Ein statisches Recordset enthält eine Kopie der Daten zu einem bestimmten Zeitpunkt. Änderungen durch andere Benutzer, die nach der Erstellung des Recordsets aufgetreten sind, werden nicht berücksichtigt.
adOpenForwardOnly	Ein Recordset dieses Typs verhält sich wie ein statisches Recordset, kann aber nur von vorne nach hinten durchlaufen werden.

Locking

Wenn mehrere Benutzer gleichzeitig versuchen, Daten einer Tabelle zu verändern, kann es vorkommen, dass zwei Benutzer den gleichen Datensatz gleichzeitig ändern. Um zu vermeiden, dass die Benutzer sich gegenseitig die Daten überschreiben, kann durch den Einsatz von Sperren, »Locks«, der Zugriff organisiert werden. Der `LockType`-Parameter muss daher eigentlich nur angegeben werden, wenn Sie die Daten des Recordsets verändern möchten, allerdings auch dann, wenn nur ein Benutzer auf die Daten zugreift. In Kapitel 18, »Multiuser-Zugriffe«, werden die verschiedenen `Locking`-Konstanten ausführlich beschrieben. In diesem Kapitel verwenden wir immer die Konstante `adLockOptimistic`.

Tabelle 10.3: LockType-Optionen

Option	Beschreibung
adLockReadOnly	Dies ist der Standardwert. Die Daten des Recordsets können nicht verändert werden.
adLockOptimistic	Die Daten des Recordsets können geändert werden, wobei die optimistische Sperrmethode eingesetzt wird.
adLockBatchOptimistic	Zu den Besonderheiten von Batch-Updates lesen Sie Abschnitt 10.3.12 in diesem Kapitel. Mit Batch-Updates können Sie mehrere Datensätze mit einer Operation aktualisieren.
adLockPessimistic	Die Daten des Recordsets können geändert werden, wobei die pessimistische Sperrmethode eingesetzt wird.

! **CurrentProject** weist eine Besonderheit auf. Recordsets, die auf Basis des `Connection`-Objekts von `CurrentProject` geöffnet werden, verwenden immer optimistisches Locking.

Der optionale Parameter `Options` ermöglicht Ihnen, den Inhalt des Parameters `Quelle` genauer zu bestimmen, um so ADO bei der Auswertung behilflich zu sein. Durch die Angabe des Parameters muss ADO nicht die Auswertroutinen durch Analyse von `Quelle` selbst festlegen.

Tabelle 10.4: Options-Konstanten

Option	Beschreibung
adCmdUnknown	Dies ist der Standardwert. ADO muss selbst bestimmen, wie das Argument `Quelle` ausgewertet wird.
adCmdText	`Quelle` enthält eine Zeichenkette mit der entsprechenden SQL-Abfrage.
adCmdTable	`Quelle` enthält den Namen einer Tabelle. ADO erstellt selbsttätig eine SQL-Abfrage, die alle Zeilen mit allen Spalten der Tabelle zurückgibt. Intern ergänzt ADO den Tabellennamen mit "SELECT * FROM".
adCmdTableDirect	`Quelle` enthält den Namen einer Tabelle. Alle Zeilen und Spalten werden direkt zurückgegeben.
adCmdStoredProc	`Quelle` enthält den Namen einer gespeicherten Prozedur; in Access also den Namen einer Abfrage. Der Aufruf wird als {? = CALL proc(?)} umformatiert.
adCmdFile	Die Datensätze eines Recordsets lassen sich in eine Datei speichern. Mithilfe der Option `adCmdFile` kann eine gespeicherte Datei eingelesen werden.

Die folgenden Programmfragmente zeigen einige verschiedene Varianten, wie Sie ein Recordset öffnen können.

Zuerst wird die Tabelle *tblCocktail* mit den Standardeinstellungen geöffnet, also mit `adOpenForwardOnly` als `CursorType` und `adLockReadOnly` als `LockType`. Damit können die Daten des Recordsets nur von vorne nach hinten gelesen werden.

```
Dim rst As New ADODB.Recordset
Dim conn As ADODB.Connection
Set conn = CurrentProject.Connection
rst.Open "tblCocktail", conn
```

Im zweiten Beispiel wird eine Abfrage geöffnet, wobei die benannten Parameter verwendet wurden.

```
Dim rst As ADODB.Recordset
Set rst = New ADODB.Recordset
rst.Open _
    Source:="qryAlkoholfrei", _
    ActiveConnection:=CurrentProject.Connection, _
    CursorType:=adOpenKeyset, _
    LockType:=adLockOptimistic
```

Der `Open`-Befehl lässt sich auch in der folgenden Weise verwenden:

```
Dim rst As ADODB.Recordset
Set rst = New ADODB.Recordset
rst.Source = "qryAlkoholfrei"
rst.ActiveConnection = CurrentProject.Connection
rst.CursorType = adOpenKeyset
rst.LockType = adLockOptimistic
rst.Open
```

Die nächsten Zeilen laden die Daten der Tabelle *tblCocktail* nach dem Cocktailnamen sortiert.

```
Dim rst As New Recordset
rst.Open "SELECT * FROM tblCocktail ORDER BY tblCocktail.Cocktail", _
    CurrentProject.Connection, adOpenKeyset, adLockOptimistic
```

Mit den Befehlen

```
Dim rst As New Recordset
rst.Open "qryAlkoholfrei", dbOpenForwardOnly
```

wird ein Vorwärts-Snapshot geöffnet. Die von der Abfrage zurückgelieferten Zeilen mit Daten können im Programm nur von vorne nach hinten durchlaufen werden.

Der Parameter CursorLocation

Von entscheidender Bedeutung für das Funktionieren von vielen in diesem Kapitel vorgestellten Methoden und Eigenschaften von Recordsets ist der Parameter CursorLocation. Der Parameter kann zwei Werte annehmen: adUseServer und adUseClient. Standardmäßig werden Recordsets mit adUseServer geöffnet.

Sollten ADO-Methoden und -Parameter nicht in der Weise funktionieren, wie Sie es erwarten, ist es sinnvoll zu kontrollieren, ob die Funktionen nicht nur für eine bestimmte CursorLocation ausführbar sind. Beispielsweise arbeiten die unten beschriebenen Funktionen zur Stapelverarbeitung (Batch) nur mit der Einstellung adUseClient.

Parameterkombinationen

Eine der Merkwürdigkeiten beim Einsatz von ADO ist, dass nicht immer die Parameterkombinationen für CursorLocation, CursorType, LockType und Options, die Sie vorgeben, auch tatsächlich so von ADO umgesetzt werden. Je nach OLE DB-Provider kann es sein, dass die von Ihnen gewünschte Parameterkombination nicht unterstützt wird. ADO setzt dann selbsttätig die Parameter so um, dass der OLE DB-Provider sinnvoll damit umgehen kann. Allerdings kann dies dazu führen, dass das Verhalten des Recordsets nicht Ihren durch die Parameter angegebenen Intentionen entspricht.

Für den Jet-4.0-OLE DB-Provider haben wir alle möglichen Parametervarianten (für CurrentProject) durchprobiert und das Ergebnis in die Tabelle *_tblOpen* geschrieben, die Sie in der Beispieldatenbank zu diesem Kapitel finden. Das entsprechende Programm zum Füllen dieser Tabelle heißt TestRecordsetParameter().

10.3.2 Methoden und Eigenschaften

Access bietet Ihnen eine Reihe von Methoden an, um die Position des aktuellen Datensatzes zu bestimmen. Die folgende Tabelle führt die wichtigsten Befehle zur Navigation durch ein Recordset bzw. zur Bearbeitung von Recordsets auf.

Tabelle 10.5: Recordset-Methoden

Methode	Beschreibung
MoveFirst	bewegt den Datensatzzeiger zum ersten Datensatz.
MoveLast	bewegt den Datensatzzeiger zum letzten Datensatz.
MoveNext	bewegt den Datensatzzeiger zum nächsten Datensatz.
MovePrevious	bewegt den Datensatzzeiger zum vorhergehenden Datensatz.
Move *Zeilen* [, *Start*]	bewegt die angegebene Anzahl von Zeilen, bei negativen Werten rückwärts, bei positiven vorwärts. Der optionale Parameter *Start* ist vom Typ Variant. Er kann ein Lesezeichen (Bookmark) oder eine der folgenden Konstanten enthalten: adBookmarkCurrent (Voreinstellung) startet beim aktuellen, adBookmarkFirst beim ersten bzw. adBookmarkLast beim letzten Datensatz.
Find *Kriterien*	sucht den ersten Datensatz, der den Kriterien entspricht.
Seek *Vergleich, Schlüssel1, Schlüssel2, ...*	sucht in einem indizierten Recordset vom Typ *adCmdTableDirect*.
AddNew	hängt einen neuen, leeren Datensatz an das Recordset an.
Update	schreibt einen editierten oder neuen Datensatz.
Delete	löscht den aktuellen Datensatz.
CancelUpdate	bricht einen Edit- oder AddNew-Vorgang ab.
Requery	frischt den Recordset auf, also aktualisiert die Pointer-Liste im lokalen Arbeitsspeicher.
GetRows	übernimmt Datensätze in ein Array.
Clone	klont ein Recordset.
Close	schließt das Recordset.

Die wichtigsten Eigenschaften von Recordsets entnehmen Sie der folgenden Tabelle.

Tabelle 10.6: Recordset-Eigenschaften

Eigenschaft	Beschreibung
RecordCount	gibt die Anzahl der Datensätze im Recordset zurück. RecordCount ist erst dann aktuell, wenn mit MoveLast auf den letzten Datensatz gesprungen wurde.
BOF	(Begin Of File) ist dann wahr, wenn der Datensatzzeiger vor dem ersten Datensatz des Recordsets steht.
EOF	(End Of File) ist dann wahr, wenn der Datensatzzeiger hinter dem letzten Datensatz des Recordsets steht.
Bookmark	Lesezeichen (siehe 10.3.8, »Lesezeichen«)
AbsolutePosition	gibt die relative Datensatznummer des aktuellen Datensatzes im Recordset zurück.
Filter	definiert eine Filterbedingung.
Sort	legt ein Sortierkriterium fest.
Supports	zeigt an, ob ein Recordset eine bestimmte Fähigkeit hat.

10.3.3 Welche Eigenschaften unterstützt ein Recordset?

Welche Funktionen von einem Recordset unterstützt werden, können Sie mithilfe der Eigenschaft Supports ermitteln. Die Eigenschaft gibt True oder False zurück, je nachdem, ob die Funktion unterstützt wird. Möchten Sie beispielsweise erfahren, ob das von Ihnen geöffnete Recordset das Hinzufügen von Daten erlaubt, verwenden Sie den folgenden Befehl:

```
...
If rst.Supports(adAddNew) Then
...
```

In der folgenden Tabelle sind die wichtigsten Parameter für die Supports-Eigenschaft aufgeführt.

Tabelle 10.7: Supports-Konstanten

Parameter	Beschreibung
adAddNew	Neue Datensätze können hinzugefügt werden.
adApproxPosition	Die Eigenschaften `AbsolutePosition` und `AbsolutePage` können verwendet werden.
adBookmark	Mit der `Bookmark`-Eigenschaft kann auf bestimmte Datensätze zugegriffen werden.
adDelete	Datensätze können gelöscht werden.
adFind	Die `Find`-Methode wird unterstützt.
adHoldRecords	Der aktuelle Datensatzzeiger kann verschoben werden, ohne Änderungen am aktuellen Datensatz zu speichern.
adIndex	Die `Index`-Eigenschaft kann verwendet werden.
adMovePrevious	Das Recordset kann rückwärts durchlaufen werden.
adResync	Mit der `Resync`-Methode kann das Recordset mit den zugrunde liegenden Daten synchronisiert werden.
adSeek	Die `Seek`-Methode kann eingesetzt werden.
adUpdate	Daten können geändert werden.
adUpdateBatch	Daten können im Batch (siehe 10.3.12) geändert werden.

10.3.4 Ansprechen der Felder eines Datensatzes

Es existieren verschiedene Verfahren, wie auf ein Feld eines Recordsets zugegriffen werden kann.

```
rst.Fields("FeldName").Value
```

lautet die vollständige Schreibweise, um auf den Inhalt des Feldes `FeldName` zuzugreifen. Da `Value` die Standardeigenschaft ist, reicht es aus

```
rst.Fields("FeldName")
```

zu schreiben. Noch kürzer kann ein Zugriff mit einem Ausrufezeichen in der Form

```
rst!FeldName
```

formuliert werden. Sollte der Feldname ein Leerzeichen enthalten, wird

```
rst![Feld Name]
```

in eckige Klammern eingeschlossen. Möglich ist es auch, die Felder des Recordsets mit

```
rst.Fields(Nr)
```

einfach durchzunummerieren. Mit `rst.Fields.Count` kann die Anzahl der Felder abgefragt werden, wie es das nächste Beispiel zeigt, das alle Felder des aktuellen Datensatzes eines Recordsets im Direktfenster ausgibt.

```
Dim intI As Integer
For intI = 0 To rst.Fields.Count-1
        Debug.Print rst.Fields(intI)
Next
```

Einfacher kann die Schleife in der folgenden Form geschrieben werden:

```
Dim fld As Field
For Each fld In rst.Fields
        Debug.Print fld
Next
```

Für welche Variante Sie sich entscheiden, ist eine Frage des persönlichen Programmierstils. Die meisten Programmierer verwenden die Form `rst!FeldName`, da sie kurz ist und aufgrund des Ausrufezeichens Feldnamen schnell erkannt werden.

10.3.5 Bewegen durch Recordsets

Zum Bewegen der Position des aktuellen Datensatzes stehen Ihnen die verschiedenen `Move`-Methoden zur Verfügung.

Tabelle 10.8: Move-Methoden

Parameter	Beschreibung
Move *NumRecords [,Start]*	bewegt den Datensatzzeiger vorwärts (positiver Wert für NumRecords) oder rückwärts (negativer Wert). Mit dem optionalen Parameter Start kann ein Lesezeichen bestimmt werden, am dem die Move-Operation durchgeführt wird. Start kann auch eine der folgenden Konstanten übergeben werden: adBookmarkCurrent für den aktuellen, adBookmarkFirst für den ersten oder adBookmarkLast für den letzten Datensatz.
MoveFirst	bewegt den Datensatzzeiger auf den ersten Datensatz.
MoveLast	bewegt den Datensatzzeiger auf den letzten Datensatz.
MoveNext	bewegt den Datensatzzeiger auf den nächsten Datensatz.
MovePrevious	bewegt den Datensatzzeiger auf den vorherigen Datensatz.

Im Programm MoveMethoden_ADO() werden einige Varianten verwendet.

```
Sub MoveMethoden_ADO()
    Dim conn As ADODB.Connection
    Dim rst As New ADODB.Recordset

    Set conn = CurrentProject.Connection

    rst.Open "qryAnzahlCocktailZutaten", _
            conn, _
            adOpenStatic, _
            adLockReadOnly

    ' Wiederhole bis zum Ende des Recordsets
    Do While Not rst.EOF
        Debug.Print rst!Cocktail;
        Debug.Print " mit "; rst("Anzahl von ZutatenNr");
        Debug.Print " Zutaten"
        rst.MoveNext
    Loop

    rst.MoveLast
```

```
' Wiederhole bis zum Anfang des Recordsets
Do
    Debug.Print rst.Fields("Cocktail");
    Debug.Print " an Position "; rst.AbsolutePosition
    rst.MovePrevious
Loop Until rst.BOF

' Jeden fünften Datensatz zeigen
rst.MoveFirst
Do While Not rst.EOF
    Debug.Print rst!Cocktail
    rst.Move 5
Loop

    rst.Close
End Sub
```

Am Anfang und am Ende des Recordsets müssen Sie das Verhalten der Eigenschaften BOF und EOF sowie die Position des aktuellen Datensatzes beachten.

Ist die Position des aktuellen Datensatzes der letzte Datensatz des Recordsets und bewegen Sie den Positionszeiger mit MoveNext weiter, wird die Eigenschaft EOF wahr, d.h., sie erhält den Wert True. Es gibt jetzt keinen aktuellen Datensatz, denn der Positionszeiger enthält einen ungültigen Wert. Versuchen Sie jetzt, auf den Datensatz zuzugreifen, erhalten Sie die folgende Fehlermeldung.

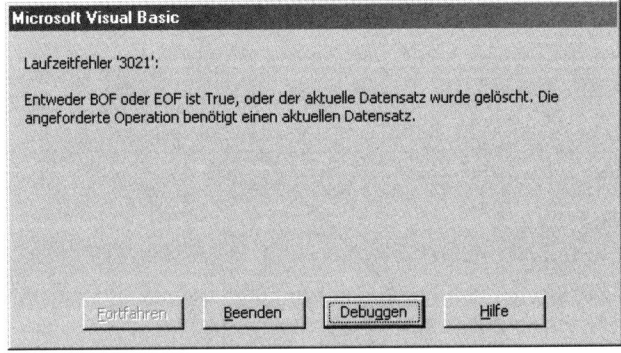

Bild 10.7: Fehlermeldung bei EOF- / BOF-Fehler

Die gleiche Fehlermeldung wird ausgegeben, wenn Sie versuchen, mit MoveNext noch weiter über das Ende hinauszugehen, d.h., wenn EOF wahr ist, führt jede Bewegung des Positionszeigers nach hinten zu einem Fehler. Laufzeitfehler wie

»3021« können durch Fehlerroutinen abgefangen werden, wie wir sie in Kapitel 8, »Fehlersuche und -behandlung«, beschrieben haben.

Leere Recordsets

Mit der Befehlsfolge

```
...
If rst.BOF And rst.EOF Then
    ' Leeres Recordset
...
```

können Sie prüfen, ob ein Recordset Daten enthält. Sind sowohl die Eigenschaft BOF als auch EOF wahr, ist das Recordset folglich leer.

! Ist BOF oder EOF wahr, so zeigt der Datensatzzeiger auf keinen gültigen Datensatz. Wenn Sie versuchen, diesem ungültigen Datensatz Daten zuzuweisen oder aus ihm zu lesen, wird ein Fehler ausgelöst.

10.3.6 Die Anzahl der Datensätze

Der Anzahl der Datensätze in einem Recordset ermitteln Sie mithilfe der Eigenschaft Recordcount.

10.3.7 AbsolutePosition

Die Eigenschaft AbsolutePosition gibt die aktuelle Datensatznummer zurück, eine Zahl zwischen 1 und Anzahl der Datensätze. Sollte BOF oder EOF wahr sein, wird die Konstante adPosBOF bzw. adPosEOF zurückgeliefert.

10.3.8 Lesezeichen

Oft ist es in Programmen notwendig, sich die Position bestimmter Datensätze zu merken, um später darauf zurückkommen zu können. ADO arbeitet mit so genannten Lesezeichen, englisch Bookmarks. Für jeden Datensatz eines Recordsets verwaltet ADO eine eindeutige Markierung. Diese Markierung kann in einer eigenen Variablen gespeichert werden, um so später als Sprungadresse zu dienen.

Lesezeichen sind nicht mit den Datensatznummern von dBase oder anderen Produkten vergleichbar, denn ihre Gültigkeit ist auf die Lebensdauer des Recordsets beschränkt. Eine ADO-Bookmark besitzt den Typ Variant.

Nicht alle Recordsets ermöglichen das Setzen von Lesezeichen. Über die Funktion `Supports(adBookmark)` des Recordsets können Sie die Lesezeichenunterstützung abfragen.

Das folgende Programmfragment weist das Lesezeichen des aktuellen Datsatzes einer Variablen zu und setzt am Ende die Position des aktuellen Datensatzes auf den Datensatz, zu dem das gespeicherte Lesezeichen gehört.

```
Dim varLesezeichen As Variant
...
' Speichern des Lesezeichens
varLesezeichen = rst.Bookmark
...
rst.MoveFirst
...
' Sprung zurück
rst.Bookmark = varLesezeichen
```

10.3.9 Suchen von Datensätzen

Für das Suchen von Datensätzen stehen Ihnen die Varianten

» Einschränken des Recordsets durch eine SQL-Abfrage mit WHERE-Klausel,

» Suchen mit der `Find`-Methode,

» Suchen mit der `Seek`-Methode und

» Setzen von `Filter`-Bedingungen

zur Verfügung. Das erste Verfahren sollten Sie bei der Arbeit mit Recordsets prinzipiell vorziehen. Es ist immer schneller und einfacher, die Auswahl der Datensätze von Access aufgrund einer Abfrage oder einer SQL-Zeichenfolge vornehmen zu lassen.

Übrigens eignet sich die Variante mit `Seek` nur für Recordsets vom Typ `adCmdTableDirect`.

Suchen per SQL

In Kapitel 3 haben wir Ihnen die vielfältigen Möglichkeiten beschrieben, mit SQL-Befehlen die gewünschten Daten zu ermitteln.

! **Platzhalter:** Der Jet-4.0-OLE DB-Provider unterstützt neben den in Access bzw. DAO verwendeten Platzhaltern »*« und »?« auch die Parameter des SQL-Standards. Hierbei wird anstelle des »*« das »%« und statt »?« ein »_« verwendet. In SQL-Abfragen mit ADO können Sie beide Varianten benutzen.

Suchen mit der Find-Methode

Die Find-Methode sucht im Recordset nach vorgegebenen Daten:

```
recordset.Find Kriterium [, ZeilenÜberspringen][, Suchrichtung][, Start]
```

wobei *Kriterium* für eine Zeichenfolge mit der Bedingung steht. Die Bedingung muss in der Form »Spaltenname Vergleichsoperation« angeben werden, Verknüpfungen mehrerer Bedingungen mit AND oder OR sind nicht zulässig. Bei den Vergleichsoperatoren ist auch LIKE erlaubt, allerdings mit Einschränkungen: Als Platzhalterzeichen sind »*«, »%« und »_« möglich, sie haben allerdings alle die gleiche Bedeutung, nämlich als Platzhalter für beliebig viele beliebige Zeichen. Die Zeichen können nur am Ende einer Zeichenkette eingesetzt werden, wie im Beispiel unten, nicht aber in der Form Cocktail LIKE 'C*nut'.

Nicht jedes Recordset unterstützt die Find-Methode. Mit Supports(adFind) überprüfen Sie, ob Find genutzt werden kann. Das folgende Programmbeispiel zeigt die Anwendung der Methode.

```
Sub FindMethode()

    Dim rst As New ADODB.Recordset
    Dim strKriterium As String

    rst.Open "SELECT * FROM tblCocktailLokal ORDER BY Cocktail", _
            CurrentProject.Connection, _
            adOpenStatic, _
            adLockReadOnly

    If rst.Supports(adFind) Then
        strKriterium = "Cocktail LIKE 'C*'"
        rst.Find strKriterium
        Do While Not rst.EOF
            Debug.Print rst("Cocktail")
            rst.Find strKriterium, SkipRecords:=1
        Loop
    End If
    rst.Close
End Sub
```

Beachten Sie bei der Zusammenstellung des Kriteriums für die Find-Methoden, dass hier eine Zeichenfolge übergeben werden muss. Hilfreich kann hierbei die Funktion BuildCriteria sein, die syntaktisch korrekte Kriterien zusammenstellt. Wir beschreiben die Funktion in Kapitel 15, Abschnitt 15.2.6.

Suchen in Recordsets vom Typ Table mit Seek

In Recordsets, die mit der Option adCmdTableDirect geöffnet werden, können Sie die Methode Seek einsetzen, die eine beschleunigte Suche unter direkter Zuhilfenahme eines Indexes ermöglicht. Die Suche mit Seek ist sehr schnell, denn hier muss Access nicht selbst ermitteln, mit welchem Index die Suche am besten durchgeführt wird, sondern Sie geben den Index direkt an.

! **Seek funktioniert nicht für verknüpfte Access-Tabellen.**

Trotzdem sind einige Nachteile bei der Seek-Methode zu bedenken. Sie müssen den Namen des Indexes wissen, über den gesucht werden soll und der dann fest im Programm verankert wird. Übrigens hat der Primärschlüssel den Namen »PrimaryKey«. Über die Indexes-Auflistung können Sie die Namen der Indizes auch im Programm ermitteln.

```
Tabelle.Seek Schlüsselwerte, Suchoption
```

Das folgende Programmbeispiel zeigt die Verwendung von Seek.

```
Sub SeekMethode_ADO()
    Dim conn As ADODB.Connection
    Dim rst As New ADODB.Recordset

    Set conn = CurrentProject.Connection
    rst.Open _
        Source:="tblCocktailLokal", _
        ActiveConnection:=conn, _
        CursorType:=adOpenDynamic, _
        LockType:=adLockOptimistic, _
        Options:=adCmdTableDirect

    ' Über Index Cocktail suchen
    rst.Index = "Cocktail"
    rst.Seek "Bloody Mary", adSeekFirstEQ
    Debug.Print rst!CocktailNr, rst!Cocktail
```

```
' Über Primär-Index suchen
rst.Index = "PrimaryKey"
rst.Seek 124, adSeekFirstEQ
Debug.Print rst!CocktailNr, rst!Cocktail

    rst.Close
End Sub
```

Setzen von Filterbedingungen

Mit einer Filterbedingung können Sie die Datensätze eines Recordsets einschränken, wobei Ihnen für den Filter die Möglichkeiten der WHERE-Klausel zur Verfügung stehen. Das folgende Programm zeigt die Anwendung der Filter-Eigenschaft.

```
Sub RecordsetMitFilter_ADO()

    Dim conn As ADODB.Connection
    Dim rst As New ADODB.Recordset

    Set conn = CurrentProject.Connection
    rst.Open "qryAnzahlCocktailZutaten", conn
    rst.Filter = "Cocktail like 'C%'"

    ' Wiederhole bis zum Ende des Recordsets
    Do While Not rst.EOF
        Debug.Print rst!Cocktail;
        Debug.Print " mit "; rst("Anzahl von ZutatenNr");
        Debug.Print " Zutaten"
        rst.MoveNext
    Loop
    rst.Close
End Sub
```

Filterkonstanten

Die Filtereigenschaft kann entweder mit einem String mit der Filterbedingung, mit einer der folgenden Konstanten oder mit einem Feld von Lesezeichen gesetzt werden.

Tabelle 10.9: Filterkonstanten

Option	Beschreibung
adFilterNone	entfernt den gesetzten Filter.
adFilterPendingsRecords	Bei der Batchverarbeitung (siehe 10.3.12) können alle Datensätze herausgefiltert werden, die geändert wurden, aber noch nicht an die Datenbank übergeben wurden.
adFilterAffectedRecords	zeigt nur die Datensätze an, die von dem letzten Delete-, Resync-, UpdateBatch- oder CancelBatch-Aufruf betroffen sind (siehe 10.3.12).
adFilterFetchedRecords	Der Filter zeigt nur die Datensätze, die im lokalen ADO-Zwischenspeicher abgelegt sind.
adFilterConflictingRecords	zeigt nur die Datensätze an, die bei der letzten Batchverarbeitung (siehe 10.3.12) nicht gespeichert werden konnten.

Filter setzen mit Lesezeichen

Eine interessante Variante des Einsatzes von Lesezeichen ergibt sich in Kombination mit der Filter-Eigenschaft. Der Eigenschaft kann ein Feld mit Lesezeichen zugewiesen werden. Das Recordset enthält dann genau die Datensätze, deren Lesezeichen im Array gespeichert wurden.

Im folgenden Beispiel werden die Lesezeichen des ersten, letzten und vorletzten Datensatzes dem Array aBookmarks übergeben.

```
Sub RecordsetFilterMitLesezeichen_ADO()

    Dim conn As ADODB.Connection
    Dim rst As New ADODB.Recordset
    ' Array für drei Lesezeichen
    Dim aBookmarks(2) As Variant

    Set conn = CurrentProject.Connection
    With rst
        .Open "select * from tblCocktail", conn, _
                            adOpenKeyset, adLockOptimistic
```

```
    ' Ersten, letzten und vorletzten Datensatz merken
    .MoveFirst
    Debug.Print !Cocktail
    aBookmarks(0) = .Bookmark
    .MoveLast
    Debug.Print !Cocktail
    aBookmarks(1) = .Bookmark
    .MovePrevious
    Debug.Print !Cocktail
    aBookmarks(2) = .Bookmark
    ' Filter setzen
    .Filter = aBookmarks
End With

Do While Not rst.EOF
    Debug.Print rst!Cocktail
    rst.MoveNext
Loop
rst.Close
End Sub
```

10.3.10 Sortierung von Recordsets

Es stehen Ihnen für die Sortierung von Recordsets zwei unterschiedliche Verfahren zur Verfügung:

> Sortieren durch eine ORDER BY-Klausel in der SQL-Abfrage oder

> Sortieren mit der Sort-Eigenschaft des Recordsets.

Im ersten Fall werden die Daten sortiert von der Datenbank in das Recordset übernommen, im zweiten werden nur die Daten im Recordset neu sortiert.

Die gleiche Syntax, die für ORDER BY verwendet wird, kann auch für die Sort-Eigenschaft benutzt werden, beispielsweise

```
rst.Sort = "Cocktail DESC"
```

Um die mit Sort festgelegte Sortierung zurückzunehmen, weisen Sie Sort einen leeren String "" zu.

10.3.11 Recordset-Daten bearbeiten

In Recordsets können Sie dann Veränderungen an den Daten vornehmen, wenn `Supports(adEdit)` wahr ist, Sie können dann neue Datensätze hinzufügen, wenn `Supports(adAddNew)` den Wert `True` aufweist.

Wir möchten in diesem Abschnitt nicht die Besonderheiten von Multiuser-Zugriffen auf Daten besprechen, da alle Fragen, die sich mit dem Sperren (Locking) von Daten beschäftigen, in Kapitel 18, »Multiuser-Zugriffe«, behandelt werden.

Verändern von Daten

Sie können die Daten des aktuellen Datensatzes verändern, indem Sie den Feldern des Datensatzes neue Werte zuweisen. Bei der ersten Zuweisung an ein Feld erstellt ADO intern einen Puffer für die neuen Daten.

Die Daten werden gespeichert, wenn Sie entweder die Methode `Update` aufrufen oder einen anderen Datensatz zum aktuellen machen, beispielsweise durch eine der `Move`-Methoden.

Noch nicht gespeicherte Änderungen an einem Datensatz können mit `CancelUpdate` widerrufen werden.

Ist der Datensatz noch nicht gespeichert, können Sie auf die ursprünglichen Werte der Felder über die Eigenschaft `OriginalValue` der `Fields`-Auflistung zugreifen, beispielsweise würde mit

```
MsgBox rst.Fields("CocktailGeändert").OriginalValue
```

oder kurz

```
MsgBox rst!CocktailGeändert.OriginalValue
```

der Originalwert ausgegeben werden.

Das folgende Programm durchläuft die Datensätze und ändert überall den Inhalt des Feldes *CocktailGeändert* auf das aktuelle Datum.

```
Sub DatensatzÄndern_ADO()

    Dim cnn As ADODB.Connection
    Dim rst As ADODB.Recordset

    Set cnn = CurrentProject.Connection
    Set rst = New ADODB.Recordset
```

```
rst.Open "SELECT * FROM tblCocktailLokal", _
                cnn, adOpenKeyset, adLockOptimistic

With rst
    If .Supports(adUpdate) Then
        Do While Not .EOF
            !CocktailGeändert = Now()
            ' Eigentlich nicht notwendig
            .Update
            .MoveNext
        Loop
    End If
    .Close
End With
Set rst = Nothing
End Sub
```

Neue Datensätze hinzufügen

Mithilfe der AddNew-Methode wird dem Recordset ein neuer Datensatz hinzugefügt. Durch den Aufruf von AddNew wird im internen Puffer ein leerer Datensatz erzeugt. Leer heißt, dass alle Felder den Wert Null erhalten.

Anschließend können den Feldern Werte zugewiesen werden. Nach einem Update werden die Daten in die zugrunde liegenden Tabellen geschrieben. ADO führt aber immer einen automatischen Update durch, wenn Sie zu einem anderen Datensatz wechseln oder erneut AddNew aufrufen.

```
Sub AddNewMethode_ADO()

    Dim conn As ADODB.Connection
    Dim rst As New ADODB.Recordset

    Set conn = CurrentProject.Connection
    rst.Open "tblCocktail", conn, adOpenKeyset, adLockOptimistic

    With rst
        If .Supports(adAddNew) Then
            .AddNew
            !Cocktail = "Klare Sache"
            !Alkoholgehalt = 0#
```

```
          !Zubereitung = "Mineralwasser ins Glas geben, " & _
                                          "nicht umrühren."
          .Update
      End If
    End With
    rst.Close
End Sub
```

Im obigen Beispiel wird beim Abspeichern des neuen Datensatzes automatisch eine neue *CocktailNr* erzeugt, da die *CocktailNr* als Autowert definiert ist. Benötigen Sie in Ihrem Programm die neu erzeugte Nummer, so können Sie direkt nach dem Update über rst!CocktailNr auf den Autowert zugreifen.

Eine übergreifende Methode, den zuletzt im Programm erzeugten Autowert zu ermitteln, und zwar unabhängig von der Tabelle, für die er generiert wurde, bietet die SQL-Zeichenfolge SELECT @@IDENTITY. Verwenden Sie in Ihrem Programm die Zeilen

```
...
rec.Open "SELECT @@IDENTITY AS ID", CurrentProject.Connection
MsgBox "Zuletzt vergebener Autowert: " & rec!ID
...
```

zur Bestimmung des zuletzt vergebenen Autowerts.

Status der Bearbeitung

Es kann sinnvoll sein, den Status der Bearbeitung abzufragen. Mithilfe der Eigenschaft EditMode können Sie den aktuellen Stand erfahren. Die folgende Tabelle führt die Werte auf, die diese Eigenschaft annehmen kann.

Tabelle 10.10: Konstanten für den Bearbeitungsstatus

Option	Beschreibung
adEditNone	gibt an, dass keine Bearbeitung eines Datensatzes durchgeführt wird.
adEditInProgress	gibt an, dass der aktuelle Datensatz bearbeitet wird und noch nicht gespeichert ist.
adEditAdd	gibt an, dass ein neuer Datensatz hinzugefügt wurde, aber noch nicht gespeichert ist.
adEditDelete	gibt an, dass der aktuelle Datensatz gelöscht wurde und der Datensatzzeiger noch auf diesen Datensatz zeigt.

Datensätze löschen

Sie können den aktuellen Datensatz mithilfe der Methode `Delete` löschen. Der Positionszeiger verbleibt nach dem Löschvorgang auf dem gleichen, jetzt gelöschten Datensatz.

Löschen ist in Access endgültig, ein per Programm gelöschter Datensatz kann nicht wiederhergestellt werden. Es besteht allerdings eine Ausnahme, wenn Sie mit Transaktionen arbeiten, denn solange eine Transaktion nicht abgeschlossen ist, kann eine Löschung, die innerhalb der Transaktion stattfand, rückgängig gemacht werden. Mehr zu Transaktionen erfahren Sie im Kapitel 18, »Multiuser-Zugriffe«.

Wir möchten Ihnen zu bedenken geben, dass sich alle Änderungen an Datensätzen auch mit SQL vornehmen lassen. Der SQL-Befehl `UPDATE` ermöglicht die schnelle Änderung von Datensatzgruppen, mit `INSERT INTO` können Sie neue Datensätze aufnehmen. In Abschnitt 10.4.3, »Parameterabfragen«, finden Sie die Funktion `Alkoholgehalt()`, die einmal mit `Move`-Befehlen und einmal mit SQL gelöst wurde.

10.3.12 Stapelweise Änderungen

ADO bietet Ihnen die Möglichkeit, Änderungen an Datensätzen im Stapel, im Batch, durchzuführen. Dabei werden die Änderungen zuerst auf dem Client lokal abgelegt und dann im Block an die Datenbank übergeben.

Beachten Sie dabei, dass die Batch-Operationen nur dann funktionieren, wenn Sie die `CursorLocation` Ihres Recordsets auf `adUseClient` einstellen.

Um ein Recordset für den Batch-Betrieb zu öffnen, müssen Sie als Konstante für den Parameter `LockType` den Wert `adLockBatchOptimistic` angeben. Mithilfe der Methode `UpdateBatch` werden die Änderungen an den Datensätzen des Recordsets in die Datenbank geschrieben. Möchten Sie die Änderungen verwerfen, so rufen Sie `CancelBatch` auf.

Das folgende Beispiel setzt das Änderungsdatum aller Cocktails auf die aktuelle Zeit und das aktuelle Datum Ihres Systems.

```
Sub DatensatzÄndernBatch_ADO()

    Dim rst As New ADODB.Recordset

    rst.Open "SELECT * FROM tblCocktail", _
                     CurrentProject.Connection, _
                     adOpenStatic, _
                     adLockBatchOptimistic
    With rst
        If .Supports(adUpdateBatch) Then
            ' Alle Datensätze der Abfrage ändern
            Do While Not .EOF
                !CocktailGeändert = Now()
                .MoveNext
            Loop
        End If

        If MsgBox("Änderungen speichern?", vbYesNo) = vbYes Then
            ' Im Stapel aktualisieren
            .UpdateBatch
        Else
            ' Änderungen verwerfen
            .CancelBatch
        End If

        .Close
    End With
    Set rst = Nothing
End Sub
```

10.3.13 Weitere Recordset-Methoden und -Eigenschaften

In diesem Abschnitt möchten wir Ihnen weitere Recordset-Methoden vorstellen.

Die Methode GetRows()

Mithilfe der Recordset-Methode GetRows() kann die Ergebnismenge eines Record-sets ganz oder teilweise in ein zweidimensionales Feld übertragen werden. Dabei wird GetRows() als Parameter die Anzahl der in das Array aufzunehmenden Zeilen übergeben. Ist die Zahl höher als die Anzahl der Datensätze im Recordset, wird das Array entsprechend dimensioniert. Durch UBound(var,2) + 1 kann die tatsächlich übertragene Anzahl bestimmt werden. Damit die Funktion UBound() die korrekte Anzahl von Zeilen des zweidimensionalen Arrays zurückgibt, muss als zweiter Parameter die Anzahl der Dimensionen des Arrays übergeben werden, so wie es unten im Beispiel durch die Konstante conDimension durchgeführt wurde.

```
Sub FillArray_ADO()

    Const conDimension = 2

    Dim rec As New ADODB.Recordset
    Dim varArr As Variant

    rec.Open "qryAnzahlCocktailZutaten", _
            CurrentProject.Connection, _
            adOpenForwardOnly, _
            adLockReadOnly
    ' Anfordern der Ergebnismenge des Recordsets
    varArr = rec.GetRows(rec.RecordCount)

    MsgBox Str(UBound(varArr, conDimension) + 1) & " Zeilen eingelesen."
    rec.Close

End Sub
```

Beachten Sie beim Übertragen von Daten, dass insbesondere Memo- und OLE-Objekt-Felder große Datenmengen beinhalten können, die dann mit GetRows() in den Hauptspeicher aufgenommen werden.

Versucht die GetRows()-Methode auf einen Datensatz zuzugreifen, der zwischenzeitlich gelöscht wurde, bricht GetRows() ab, d.h., nicht alle angeforderten Datensätze wurden übertragen. Überprüfen Sie daher mit

```
If UBound(varArr, conDimension) + 1 <> rec.RecordCount Then
        ' Nicht alle Datensätze eingelesen
End If
```

ob tatsächlich alle Datensätze im Array angekommen sind.

Die Methode GetString()

Während die oben beschriebene Methode GetRows ein Array zurückliefert, füllt GetString einen String. Hierbei können Sie bestimmen, wie die einzelnen Felder und Datensätze im String voneinander getrennt sowie wie Nullwerte behandelt werden sollen. GetString kennt die in der folgenden Tabelle aufgeführten Parameter, die alle optional sind.

Tabelle 10.11: GetString-Parameter

Parameter	Beschreibung
StringFormat	Hierfür kann nur die Konstante adClipFormat selektiert werden. Microsoft hatte weitere Formate geplant (z.B. HTML), aber bisher nicht realisiert.
NumRows	Legt die Anzahl der Zeilen fest, die in den Ergebnisstring übernommen werden sollen.
ColumnDelimeter	Dieser Parameter erwartet eine Zeichenkette, die zur Trennung der einzelnen Spalten eines Datensatzes verwendet wird. Standardmäßig wird mit einem Tab-Zeichen getrennt.

(In der deutschen Access-Version heißt es übrigens tatsächlich fehlerhaft ColumnDelimeter bzw. RowDelimeter, während die Begriffe korrekt englisch ColumnDelimiter bzw. RowDelimiter heißen müssten.) |
| RowDelimeter | Erwartet eine Zeichenkette, die zur Trennung der einzelnen Datensätze eingesetzt wird, standardmäßig wird eine neue Zeile begonnen. |
| NullExpr | Der Parameter akzeptiert einen String, der immer dann ausgegeben wird, wenn der Wert eines Feldes Null ist. |

```
Sub GetString_ADO()

    Dim rec As New ADODB.Recordset
    Dim strDaten As String

    rec.Open "qryAnzahlCocktailZutaten", _
            CurrentProject.Connection, _
            adOpenForwardOnly, _
            adLockReadOnly
```

```
' Anfordern der Ergebnismenge des Recordsets
strDaten = rec.GetString(ColumnDelimeter:="=", RowDelimeter:=" / ")

' String wird bei der Anzeige mit Msgbox ggf. abgeschnitten
MsgBox strDaten
rec.Close
End Sub
```

Die Methode Clone( )

Die Clone( )-Methode erstellt eine identische Kopie eines Recordsets. Dies ist beispielsweise hilfreich, wenn Sie Daten zweier Datensätze des Recordsets gleichzeitig verarbeiten müssen. Im folgenden Beispiel wird ein Recordset rec Datensatz für Datensatz durchlaufen. Für jeden Datensatz wird in einer Kopie des Recordsets, also in der gleichen Ergebnismenge, nach Datensätzen gesucht, die die gleiche Kategorie wie der Datensatz des Original-Recordsets haben.

```
Sub TestRecordsetClone_ADO()

    Dim rec As New ADODB.Recordset
    Dim recClone As New ADODB.Recordset

    ' recordset enthält zwei Spalten: "CocktailNr" und "KategorieNr"
    rec.Open "tblCocktailKategorie", CurrentProject.Connection, _
                                adOpenKeyset, adLockOptimistic
    ' Recordset klonen
    If Not rec.Supports(adBookmark) Then Exit Sub

    Set recClone = rec.Clone()

    Do While Not rec.EOF
        recClone.Find "KategorieNr = " & rec!KategorieNr
        Do While Not recClone.EOF
            Debug.Print rec!CocktailNr & _
                    " hat die gleiche Kategorie wie " _
                    & recClone!CocktailNr
            recClone.Find "KategorieNr = " & rec!KategorieNr, _
                                        Skiprecords:=1
        Loop
        recClone.MoveFirst
        rec.MoveNext
    Loop
    rec.Close
```

```
End Sub
```

Die Methode `Clone()` bietet einen weiteren Zugriff auf die gleichen Daten. Der Ausgangsrecordset muss Lesezeichen (Bookmarks) unterstützen. Die Lesezeichen von Original und Klon sind austauschbar – eine Zuweisung wie `recClone.Bookmark = rec.Bookmark` ist zulässig. Zum Vergleich von Bookmarks können Sie übrigens die Methode `CompareBookmarks` einsetzen.

10.3.14 Die Methoden Requery und Resync

Die Methode `Requery` führt die dem Recordset zugrunde liegende Abfrage noch einmal aus, um so die Daten im Recordset zu aktualisieren. Wurden beispielsweise durch andere Benutzer der Datenbank im Netzwerk Datensätze geändert, gelöscht oder hinzugefügt, so werden diese Änderungen in Ihr Recordset übernommen.

Nur für Client-basierte Recordsets (`CursorLocation = adUseClient`) kann die Methode `Resync` eingesetzt werden. Hierbei werden die vorhandenen Datensätze im Recordset mit der Datenbank abgeglichen, aber die Abfrage nicht neu durchgeführt.

10.3.15 Recordsets ohne Datenbankverbindung

Es lassen sich ADO-Recordsets erstellen, die nur im Speicher, ohne eine Verbindung zu einer Datenbank existieren. Das folgende Beispiel illustriert diese Möglichkeit:

```
Sub RecordsetOhneDatenbankverbindung()
    Dim rec As New Recordset

    With rec
        ' Zwei Felder erzeugen
        .Fields.Append "Zutat", adVarChar, 255
        .Fields.Append "Menge", adDouble
        .Open
        .AddNew
        !Zutat = "Wasser"
        !Menge = 1
        .Update
        .AddNew
        !Zutat = "Schnaps"
        !Menge = 2
```

```
        .Update
        ' Daten sortieren, Menge absteigend
        .Sort = "Menge DESC"
        ' Daten ausgeben
        .MoveFirst
        Do While Not .EOF
            Debug.Print !Zutat, !Menge
            .MoveNext
        Loop
    End With
End Sub
```

Recordsets ohne Datenbankverbindung sind sehr praktisch, wenn beispielsweise Daten schnell im Speicher sortiert oder nach bestimmten Kriterien durchsucht werden sollen.

10.3.16 Die Methode Save

Mithilfe der Methode Save können Sie die Daten eines Recordsets in eine Datei speichern. Dabei stehen Ihnen die Datenformate ADTG (Advanced Data Tablegram) oder XML (Extensible Markup Language) zur Verfügung.

Die folgenden beiden Routinen speichern ein Recordset bzw. laden ein gespeichertes Recordset im XML-Dateiformat. Beachten Sie in der zweiten Routine die Option adCmdFile beim Öffnen des Recordsets.

```
Sub SaveXML(strSQL As String, strDateiname As String)
    Dim rec As ADODB.Recordset

    Set rec = New ADODB.Recordset

    rec.Open strSQL, CurrentProject.Connection
    ' Als XML-Datei speichern
    rec.Save strDateiname, adPersistXML
    rec.Close
    Set rec = Nothing
End Sub
```

```
Sub LadeXML(strDateiname As String)

    Dim rec As ADODB.Recordset
    Dim f As ADODB.Field

    Set rec = New ADODB.Recordset
    rec.Open strDateiname, _
        CursorType:=adOpenStatic, _
        LockType:=adLockOptimistic, _
        Options:=adCmdFile

    Do While Not rec.EOF
        For Each f In rec.Fields
            Debug.Print f.Name; "="; f.Value; " / ";
        Next
        rec.MoveNext
        Debug.Print
    Loop
    Set rec = Nothing
End Sub
```

10.3.17 Die Eigenschaft State

Mithilfe der Eigenschaft State erhalten Sie Informationen über das aktuelle Recordset. Die Eigenschaft liefert eine der folgenden Konstanten zurück:

Tabelle 10.12: Konstanten für die Eigenschaft State

Option	Beschreibung
adStateClosed	Das Recordset ist geschlossen.
adStateOpen	Das Recordset ist geöffnet.
adStateExecuting	Das Recordset-Objekt führt eine Abfrage aus.
adStateFetching	Das Recordset-Objekt übernimmt das Abfrageergebnis.
adStateConnecting	Gibt an, dass das Recordset-Objekt zurzeit eine Verbindung aufbaut.

10.3.18 Die Eigenschaft Status

Nach dem Ausführen einer Datenbankoperation können Sie die Eigenschaft Status abfragen, die Ihnen Auskunft über den aktuellen Zustand eines Recordsets gibt. Status gibt eine der in der folgenden Tabelle aufgeführten Konstanten zurück.

Tabelle 10.13: Status-Konstanten

Option	Beschreibung
adRecOK	Das Datensatz wurde nicht bearbeitet oder wurde erfolgreich gespeichert.
adRecNew	Ein neuer Datensatz wurde noch nicht gespeichert.
adRecModified	Ein existierender Datensatz wurde geändert und noch nicht gespeichert.
adRecDeleted	Ein Datensatz wurde gelöscht.
adRecUnmodified	Kein Modifikationen am Datensatz.
adRecInvalid	Das Lesezeichen des Datensatzes ist nicht mehr gültig; Änderungen können/konnten nicht gespeichert werden.
adRecMultipleChanges	Der Datensatz wurde nicht gespeichert, da dies mehrere Datensätze betroffen hätte.
adRecPendingChanges	Der Datensatz wurde nicht gespeichert, da er sich auf einen anderen, noch nicht eingefügten Datensatz bezieht.
adRecCanceled	Der Datensatz wurde nicht gespeichert, da die Operation abgebrochen wurde.
adRecCantRelease	Der Datensatz wurde nicht gespeichert, da Sperren existieren.
adRecConcurrencyViolation	Der Datensatz wurde nicht gespeichert, da optimistisch gesperrt wurde.
adRecIntegrityViolation	Der Datensatz wurde nicht gespeichert, da Regeln der referentiellen Integrität verletzt wurden.
adRecMaxChangesExceed	Der Datensatz wurde nicht gespeichert, da die Anzahl nicht gespeicherter Änderungen zu groß ist.
adRecObjectOpen	Der Datensatz wurde nicht gespeichert, da ein Konflikt mit einem offenen Speicherobjekt besteht.
adRecOutOfMemory	Der Datensatz wurde nicht gespeichert, da der Speicher des Computers nicht ausreicht.

Tabelle 10.13: Status-Konstanten (Fortsetzung)

Option	Beschreibung
adRecPermissionDenied	Der Datensatz wurde nicht gespeichert, da der Benutzer unzureichende Berechtigungen hat.
adRecSchemaViolation	Der Datensatz wurde nicht gespeichert, da ein Konflikt mit der Tabellenstruktur auftrat.
adRecDBDeleted	Der Datensatz wurde aus der Datenbank entfernt.

10.4 Ausführen von Aktions- und Parameterabfragen

Mit Recordsets können Sie SELECT-Abfragen, gespeicherte Abfragen und Tabellen öffnen. Möchten Sie dagegen Abfragen mit Parametern, Aktionsabfragen oder Datendefinitionsabfragen ausführen, müssen Sie dazu Command-Objekte verwenden. Aktionsabfragen und Datendefinitionabfragen ohne Parameter können auch mit der Execute-Methode eines Connection-Objekts ausgeführt werden. Diese Variante möchten wir Ihnen zuerst vorstellen.

10.4.1 Die Execute-Methode des Connection-Objekts

Die Execute-Methode des Connection-Objekts erlaubt die Ausführung von Auswahl- und Aktionsabfragen. Führen Sie mit der Methode eine Auswahlabfrage aus, wird ein Recordset zurückgeliefert, das immer die Einstellungen adOpenForwardOnly und adLockReadOnly aufweist.

Interessant ist die Methode eigentlich mehr für die Ausführung von Aktionsabfragen, also Abfragen, die Daten verändern. Das folgende kleine Programm erfragt den Namen einer Aktionsabfrage oder einen SQL-Text vom Benutzer und arbeitet die Abfrage ab. Zurückgegeben wird die Anzahl der durch die Abfrage geänderten Datensätze.

```
Sub AktionsabfragenConnection_ADO()
    Dim strQry As String
    Dim lngRecordsAffected As Long

    strQry = InputBox("Name der Abfrage oder SQL-Text")
    If strQry <> "" Then
        CurrentProject.Connection.Execute strQry, lngRecordsAffected
```

```
        MsgBox lngRecordsAffected & " Datensätze geändert."
    End If
End Sub
```

10.4.2 Arbeiten mit Command-Objekten

Command-Objekte verfügen wie auch Connection-Objekte über die Methode Execute zur Ausführung von Abfragen, sie sind aber in der Anwendung mächtiger und flexibler. Sie müssen Command-Objekte verwenden, wenn Sie Abfragen mit Parametern ausführen möchten.

Zuerst möchten wir das kleine Beispiel, das im vorherigen Abschnitt vorgestellt wurde, mit einem Command-Objekt und zusätzlicher Fehlerbehandlung umprogrammieren. Beachten Sie dabei, dass Command-Objekte mit New erstellt werden müssen.

```
Sub Aktionsabfragen_ADO()
    Dim cmd As New ADODB.Command
    Dim strQry As String
    Dim lngRecordsAffected As Long

    On Error GoTo err_

    Do
again:
        strQry = InputBox("Name der Abfrage oder SQL-Text")
        If strQry <> "" Then
            cmd.ActiveConnection = CurrentProject.Connection
            cmd.CommandText = strQry
            cmd.Execute lngRecordsAffected
            MsgBox lngRecordsAffected & " Datensätze geändert."
        End If
    Loop Until strQry = ""
    Exit Sub
err_:
    MsgBox Err.Number & "-" & Err.Description
    Resume again
End Sub
```

Ein Command-Objekt bezieht sich auf eine aktive Verbindung, deshalb muss zuerst der Eigenschaft ActiveConnection ein gültiges Connection-Objekt zugewiesen werden.

Über die Eigenschaft CommandText wird der Name einer Abfrage oder ein SQL-Text festgelegt. Ist die übergebene Zeichenkette kein gültiger Name einer Tabelle oder Abfrage bzw. kein fehlerfreies SQL-Kommando, so wird ein Laufzeitfehler ausgelöst.

Die Methode Execute hat die vollständige Syntax

```
cmd.Execute [RecordsAffected][, Parameters][, Options]
```

Für Auswahlabfragen kann auch die Variante

```
Set Recordset = cmd.Execute( [RecordsAffected][, Parameters][, Options] )
```

verwendet werden, die ein Recordset zurückliefert. Bei Aktionsabfragen wird die erste Variante eingesetzt. Alle drei Parameter der Methode sind optional. Wie im Beispiel gezeigt, können Sie für den Parameter RecordsAffected einen Long-Wert übergeben. In diesem Wert wird die Anzahl der Datensätze zurückgeliefert, die von der Aktionsabfrage geändert wurden.

Die Übergabe von Parametern mithilfe der Auflistung Parameters wird weiter unten beschrieben. Der Parameter Options kann einen der Werte aus Tabelle 10.4 annehmen.

Die folgende Tabelle gibt Ihnen einen Überblick über die Eigenschaften des Command-Objekts.

Tabelle 10.14: Eigenschaften von Command-Objekten

Eigenschaft	Beschreibung
ActiveConnection	spezifiziert die aktuelle Verbindung.
CommandText	enthält den Namen einer Tabelle oder Abfrage bzw. einen SQL-Text.
CommandTimeout	bestimmt die Anzahl der Sekunden, die gewartet wird, bevor die Abfrage abgebrochen wird.
CommandType	Typ der Abfrage, die möglichen Werte können Sie Tabelle 10.4 entnehmen.
Name	Name des Command-Objekts.
Parameters	Auflistung von Parameter-Objekten.

Tabelle 10.14: Eigenschaften von Command-Objekten (Fortsetzung)

Eigenschaft	Beschreibung
Prepared	weist je nach Datenbank-Server den Server an, die Abfrage »vorbereitet« zwischenzuspeichern, um sie beim wiederholten Aufruf optimiert auszuführen.
Properties	Auflistung mit allen Eigenschaften des Command-Objekts.
State	gibt den Status zurück; mögliche Werte siehe Tabelle 10.12.

10.4.3 Parameterabfragen

Mit dem folgenden ausführlichen Beispiel möchten wir Ihnen die Arbeit mit Parameterabfragen beschreiben. Die Parameter einer Abfrage können aus Ihrem Programm heraus gefüllt werden.

Parameterabfragen lassen sich nicht direkt in der Open-Methode eines Recordsets verwenden, sondern Sie müssen immer zuerst ein Command-Objekt erzeugen und die Parameter setzen. Jede Parameterabfrage besitzt eine Parameters-Auflistung, in der die einzelnen Parameter beschrieben sind. Die folgende Tabelle listet die Eigenschaften eines Parameter-Objekts auf.

Tabelle 10.15: Eigenschaften von Parameter-Objekten

Eigenschaft	Beschreibung
Attributes	kann einen der Werte oder die Summe der Werte adParamSigned, adParamNullable und adParamLong annehmen.
Direction	beschreibt, ob der Parameter für Ein- und/oder Ausgabe verwendet werden soll. Standardwert ist adParamInput, möglich sind adParamOutput, adParamInputOutput, adParamReturnValue und adParamUnknown. Sinnvoll sind diese Werte nur für gespeicherte Prozeduren, beispielsweise auf einem SQL Server oder MSDE (siehe Kapitel 27, »Access-Projekte«).
Name	Name des Parameter-Objekts.
NumericScale	gibt die Anzahl der Dezimalstellen bei numerischen Parametern an.

Tabelle 10.15. Eigenschaften von Parameter-Objekten (Fortsetzung)

Eigenschaft	Beschreibung
Precision	bestimmt die maximale Anzahl von Ziffern eines numerischen Werts.
Properties	enthält eine Auflistung mit allen Eigenschaften.
Size	bestimmt die Größe eines Parameters.
Type	legt den Datentyp eines Parameters fest.
Value	enthält den Wert des Parameters.

Um die Parameter zu setzen, können Sie verschiedene Schreibweisen verwenden, die verallgemeinert die im Folgenden aufgeführten Formen haben. Die vollständige Schreibweise lautet

```
cmd.Parameters("ParName").Value = Wert
```

wobei *Wert* für eine Zahl, einen String oder einen anderen Typ stehen kann. Da `Value` die Standardeigenschaft ist, kann `.Value` wie in

```
cmd.Parameters("ParName") = Wert
```

weggelassen werden. Access gibt sich auch mit

```
cmd("ParName") = Wert
```

zufrieden. Sie können die Parameter auch durchzählen und

```
cmd.Parameters(0) = Wert
```

verwenden. Beachten Sie dabei aber, wenn Sie einem `Command`-Objekt über die Eigenschaft `CommandText` den Namen einer Parameterabfrage übergeben, dass das Objekt damit keine Informationen über die Parameter, weder über Anzahl, Typ noch Namen, erhält. Um auf die in der Abfrage gespeicherten Parameter zugreifen zu können, müssen Sie die ADOX-Bibliothek verwenden (siehe 10.5).

In den folgenden Beispielen können Sie die verschiedenen Möglichkeiten nachvollziehen. Zuerst wird eine Parameterabfrage als SQL-Zeichenfolge der Eigenschaft `CommandText` zugewiesen. Der Parameter wird hierbei, wie in Access-Abfragen üblich, mit eckigen Klammern eingeschlossen. Durch die Zuweisung der SQL-Zeichenfolge wird die Abfrage ADO-intern vorverarbeitet. Dadurch wird auch der oder die Parameter erkannt und stehen in der Parameterauflistung zur Verfügung.

```
Sub ParameterQuery_ADO()

    Dim cmd As New ADODB.Command
    Dim rst As New ADODB.Recordset
    Dim par As ADODB.Parameter
    Dim fld As ADODB.Field

    ' Command-Objekt initialisieren
    Set cmd.ActiveConnection = CurrentProject.Connection
    cmd.CommandText = "SELECT DISTINCTROW tblCocktail.Cocktail, " & _
                      " tblCocktail.Zubereitung " & _
                      "FROM tblCocktail " & _
                      "WHERE CocktailErfaßt < [Geben Sie ein Datum an:]"

    cmd.Parameters("[Geben Sie ein Datum an:]") = #4/18/1996#

    ' Öffnen des Recordsets auf Basis des Command-Objekts
    Set rst = cmd.Execute()

    ' Datensätze im Testfenster ausgeben
    Do
        ' Die Inhalte der Felder ausgeben, durch »-« getrennt
        For Each fld In rst.Fields
            Debug.Print fld.Value; " - ";
        Next
        ' Neue Zeile erzeugen
        Debug.Print
        rst.MoveNext
    Loop While Not rst.EOF

    ' Recordset schließen
    rst.Close
    Set rst = Nothing
    Set cmd = Nothing
End Sub
```

Alternativ können Sie den Parameter in der SQL-Zeichenfolge durch ein Fragezeichen angeben. Diese Methode wird von vielen Datenbanksystemen standardmäßig verwendet. Da nun der Parameter keine Bezeichnung hat, wird über seinen Indexwert, hier 0, auf ihn zugegriffen.

```
cmd.CommandText = "SELECT DISTINCTROW tblCocktail.Cocktail, " & _
                  "tblCocktail.Zubereitung " & _
                  "FROM tblCocktail " & _
                  "WHERE CocktailErfaßt < ?"
cmd.Parameters(0) = #4/18/1996#
```

Parameter lassen sich auch direkt mit der Methode Execute in einem Array übergeben. Definieren Sie ein Array, in dem durch Komma getrennt alle Übergabewerte und -texte aufgeführt werden.

```
Set rst = cmd.Execute(Parameters:=Array(#4/18/1996#))
```

Mithilfe der Methode CreateParameter erstellen Sie eigene Parameter-Objekte, die der Parameter-Auflistung eines Command-Objekts angehängt werden können.

```
cmd.CommandText = "qryParameter"
Set par = cmd.CreateParameter("Datum", adDate, adParamInput)
cmd.Parameters.Append par
cmd.Parameters("Datum") = #4/18/1996#
```

Bei der Erstellung eines Parameters können dabei Datentyp und Verwendung (input/output) festgelegt werden.

Als weiteres Beispiel für eine Parameterabfrage soll die folgende Funktion den Alkoholgehalt eines Cocktails bestimmen. Dafür wird anhand der Zutaten die Gesamtmenge an Flüssigkeit bestimmt, deren Alkoholanteil ermittelt und in Prozent angegeben wird.

Die folgende Auswahlabfrage selektiert die Menge, die Einheit, den Umrechnungsfaktor, um die Mengenangabe in cl zu erhalten, und den Alkoholgehalt für eine Zutat. Um der Abfrage die Cocktailnummer zu übergeben, haben wir den Parameter *paraCocktailNr* als Kriterium für das Feld *CocktailNr* vereinbart. Die Auswahlabfrage wurde unter dem Namen *qryAlkoholgehalt* abgespeichert.

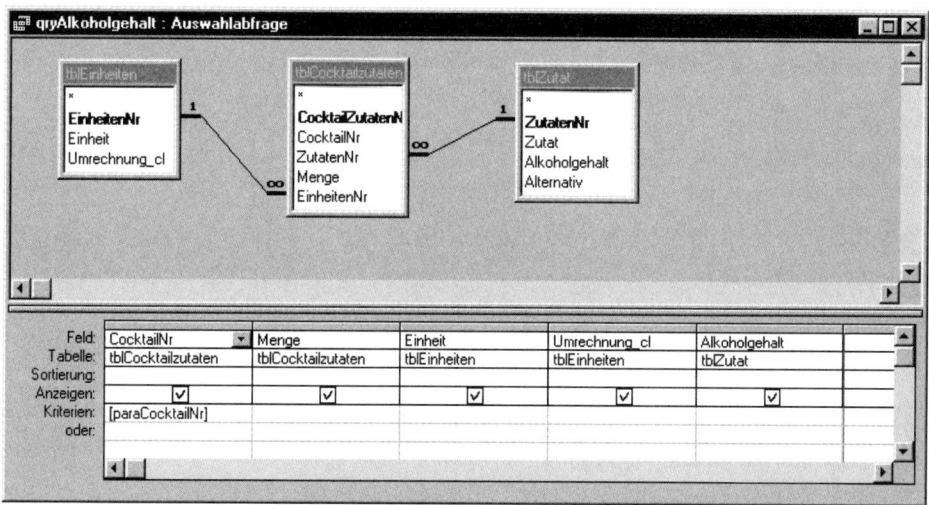

Bild 10.8: Definition der Auswahlabfrage

Zur besseren Anschauung finden Sie im Folgenden den SQL-Befehl, der der obigen Abfrage zugrunde liegt.

```
SELECT DISTINCTROW tblCocktailzutaten.CocktailNr,
tblCocktailzutaten.Menge,
tblEinheiten.Einheit, tblEinheiten.Umrechnung_cl, tblZutat.Alkoholgehalt
FROM tblZutat
INNER JOIN (tblEinheiten
INNER JOIN tblCocktailzutaten
ON tblEinheiten.EinheitenNr = tblCocktailzutaten.EinheitenNr)
ON tblZutat.ZutatenNr = tblCocktailzutaten.ZutatenNr
WHERE (tblCocktailzutaten.CocktailNr = [paraCocktailNr]);
```

Der Funktion `Alkoholgehalt()` wird als Parameter die Nummer des Cocktails übergeben. Der Rückgabewert ist vom Typ `Double`. Gibt die Funktion beispielsweise den Wert 0,25 zurück, weist der entsprechende Cocktail 25% Alkohol auf.

Die Cocktailnummer der Tabelle *tblCocktail*, auf die sich alle Cocktailnummern beziehen, ist als *AutoWert* definiert. Autowerte sind vom Typ `Long Integer`, d.h., in Visual Basic wird die entsprechende Variable als `Long` vereinbart.

Die vorbereitete Abfrage »qryAlkoholgehalt« gibt *n* Zeilen mit Zutaten zurück. In einer Schleife muss die Flüssigkeits- und die Alkoholmenge aufaddiert werden. Mithilfe des Befehls

```
cmdAlk.CommandText = "qryAlkoholgehalt"
```

wird die benannte Auswahlabfrage geoffnet. Der Parameter paraCocktailNr, der in der Abfrage als Kriterium für die CocktailNr eingetragen wurde, wird mit

```
parAlk.Type = adInteger
parAlk.Direction = adParamInput
parAlk.Value = lngCocktailNr
cmdAlk.Parameters.Append parAlk
```

gesetzt. Die Methode Append der Parameter-Auflistung fügt den neuen Parameter der Auflistung hinzu.

Hier das vollständige Listing der Funktion Alkoholgehalt_ADO():

```
Function Alkoholgehalt_ADO(lngCocktailNr As Long) As Double
' Bestimmung des Alkoholgehalts für einen Cocktail
' input:    CocktailNr
' output:   Alkoholgehalt in Prozent

    Dim recAlk As ADODB.Recordset
    Dim cmdAlk As New ADODB.Command
    Dim parAlk As New ADODB.Parameter

    Dim dblGesamtMenge As Double
    Dim dblMenge As Double
    Dim dblAlkohol As Double

    ' Fehlerroutine initialisieren
    On Error GoTo fAlkoholgehalt_Err

    ' Sicherheitshalber beide Werte zu 0 setzen
    dblAlkohol = 0#
    dblGesamtMenge = 0#
    ' Öffnen der Parameterabfrage
    Set cmdAlk.ActiveConnection = CurrentProject.Connection
    cmdAlk.CommandText = "qryAlkoholgehalt"
    ' Setzen des Parameters zur Auswahl des Cocktails
    parAlk.Type = adInteger
    parAlk.Direction = adParamInput
    parAlk.Value = lngCocktailNr
    cmdAlk.Parameters.Append parAlk
    ' Öffnen des Recordsets
    Set recAlk = cmdAlk.Execute
```

```
    ' Keine Datensätze gefunden
    If recAlk.BOF And recAlk.EOF Then
        fAlkoholgehalt_ADO = 0#
        Exit Function
    End If

    Do
        ' Alle Felder mit Werten?
        If Not IsNull(recAlk("Menge")) And _
            Not IsNull(recAlk("Umrechnung_cl")) And _
            Not IsNull(recAlk("Alkoholgehalt")) Then

            ' Zwischenrechnung der Menge in cl
            dblMenge = recAlk("Menge") * recAlk("Umrechnung_cl")
            ' Gesamtmenge berechnen
            dblGesamtMenge = dblGesamtMenge + dblMenge
            ' Alkoholmenge berechnen
            dblAlkohol = dblAlkohol + dblMenge * recAlk("Alkoholgehalt")
        End If
        ' Nächster Datensatz
        recAlk.MoveNext
    Loop Until recAlk.EOF  ' Ende der Ergebnisdatensätze?

fAlkoholgehalt_Done:
    recAlk.Close

    ' Fehlerhandling zurücksetzen
    On Error GoTo 0

    ' Errechnen des Alkoholgehalts
    fAlkoholgehalt_ADO = dblAlkohol / dblGesamtMenge

    Exit Function

fAlkoholgehalt_Err:
    ' Fehler bei der Errechnung der Alkoholgehalts
    ' werden durch den Rückgabewert -1 angezeigt
    MsgBox "Fehler " + Err.Description + " aufgetreten!"
    fAlkoholgehalt_ADO = -1#

End Function
```

Wir haben die Funktion mit einer einfachen Fehlerbehandlung realisiert. Fehler können in dieser Funktion in erster Linie durch Inkonsistenzen in den Daten auftreten. Sollte beispielsweise für eines der Felder der Wert Null vorkommen, kann Access diesen Wert nicht in einer Rechenoperation verwerten. Wir führen in der Funktion die Berechnung des Alkoholgehalts nur durch, wenn alle benötigten Werte verschieden von Null sind. Alternativ ließe sich auch die VBA-Funktion Nz() einsetzen, die aus einem Nullwert den Zahlenwert 0 macht.

Die Funktion errechnet den Alkoholgehalt, indem die entsprechenden Datensätze mit MoveNext durchlaufen werden. Wir möchten Ihnen nun eine Version der Funktion vorstellen, in der die Berechnung des Alkoholgehalts in der SQL-Abfrage durchgeführt wird. Einer der Vorteile, die Rechnung mit SQL auszuführen, liegt in der Behandlung von Nullwerten, die in SQL-Berechnungen automatisch mit dem Zahlenwert 0 kalkuliert werden.

Die neue, geänderte Abfrage

```
SELECT DISTINCTROW tblCocktailzutaten.CocktailNr,
Sum([menge]*[tblZutat].[alkoholgehalt]*[umrechnung_cl]) AS AlkMenge,
Sum([menge]*[umrechnung_cl]) AS Gesamtmenge, [AlkMenge]/[Gesamtmenge] AS
Alkohol
FROM tblZutat INNER JOIN (tblEinheiten INNER JOIN tblCocktailzutaten ON
tblEinheiten.EinheitenNr = tblCocktailzutaten.EinheitenNr) ON
tblZutat.ZutatenNr = tblCocktailzutaten.ZutatenNr
GROUP BY tblCocktailzutaten.CocktailNr
HAVING tblCocktailzutaten.CocktailNr = [paraCocktailNr];
```

führt die gesamte Berechnung in den Ausgabefeldern durch. Die Abfrage wurde als »qryAlkoholgehalt 2« abgelegt. Die Funktion zur Errechnung des Alkoholgehalts eines bestimmten Cocktails hat sich jetzt vereinfacht.

```
Function AlkoholgehaltSQL_ADO(lngCocktailNr As Long) As Double
' Bestimmung des Alkoholgehalts für einen Cocktail, 2. Variante
' input:    CocktailNr
' output:   Alkoholgehalt in Prozent

    Dim recAlk As ADODB.Recordset
    Dim cmdAlk As New ADODB.Command
    Dim parAlk As New ADODB.Parameter
    Dim dblAlkohol As Double

    ' Fehlerroutine initialisieren
    On Error GoTo fAlkoholgehaltSQL_ADO_Err
```

```
' Öffnen der Parameterabfrage
Set cmdAlk.ActiveConnection = CurrentProject.Connection
cmdAlk.CommandText = "qryAlkoholgehalt 2"

parAlk.Type = adInteger
parAlk.Direction = adParamInput
parAlk.Value = lngCocktailNr
cmdAlk.Parameters.Append parAlk
' Ausführen der Abfrage
Set recAlk = cmdAlk.Execute
If Not (recAlk.BOF And recAlk.EOF) Then
    fAlkoholgehaltSQL_ADO = recAlk!Alkoholgehalt
Else
    fAlkoholgehaltSQL_ADO = -1#
End If
recAlk.Close
Exit Function

fAlkoholgehaltSQL_ADO_Err:
    ' Fehler bei der Errechnung der Alkoholgehalts
    ' werden durch den Rückgabewert -1 angezeigt
    MsgBox "Fehler »" + Err.Description + "« aufgetreten!"
    fAlkoholgehaltSQL_ADO = -1#

End Function
```

10.5 Die ADOX-Bibliothek

Die oben besprochene ADO-Bibliothek ist sehr allgemein konzipiert ist, sodass sie mit jeder beliebigen Datenquelle arbeiten kann. Zwei Bereiche werden von ADO nicht abgedeckt: Erstellung von Datenbanken, Tabellen und Abfragen sowie Sicherheitsfunktionen, wie beispielsweise Vergabe oder Entzug von Berechtigungen für den Zugriff auf Daten. Für das Fehlen gibt es zwei Gründe: Erstens sind beide Bereiche durch SQL-Befehle abgedeckt, die über Command- oder Connection-Objekte ausgeführt werden können und zweitens sind die Unterschiede zwischen Datenbanksystemen gerade in diesen Bereichen am größten.

Microsoft hat zusätzlich die ADOX-Bibliothek, »ActiveX Data Objects Extensions for Data Definition Language und Security«, entwickelt, die einen einfachen, vom Datenbankprodukt unabhängigen Zugriff auf Datendefinition- und Sicherheitsfunktionen ermöglichen soll. Voraussetzung für den Einsatz von ADOX ist allerdings, dass der OLE DB-Provider die entsprechende Funktionalität bereitstellt. Zur Zeit der Drucklegung des Buchs ist es jedoch so, dass nur der *OLE DB-Provider für SQL Server* einige und der *Jet 4.0-OLE DB-Provider* fast alle ADOX-Funktionen unterstützen. Letztlich bedeutet dies, dass ADOX eigentlich nur für Access-Datenbank eingesetzt werden kann bzw. eingesetzt werden muss, denn möchten Sie beispielsweise erfahren, wie viele und welche Parameter eine Abfrage besitzt, sind Sie auf die ADOX-Bibliothek angewiesen.

Explizit nur die spezifischen Möglichkeiten der Jet-Engine unterstützt die JRO-Bibliothek, »Microsoft Jet and Replication Objects«, die in Abschnitt 10.6 verwendet wird.

Um die ADOX- und/oder die JRO-Bibliothek nutzen zu können, müssen Sie entsprechende Verweise auf die Bibliotheken im Visual Basic-Editor setzen, so wie es am Anfang des Kapitel (siehe Bild 10.2) beschrieben ist.

10.5.1 Das ADOX-Objektmodell

Das Diagramm in Bild 10.9 gibt Ihnen einen Überblick über das ADOX-Objektmodell.

10.5.2 Das Catalog-Objekt

Das `Catalog`-Objekt enthält fünf Auflistungen: `Tables` (Tabellen), `Views` (Abfragen), `Procedures` (Gespeicherte Prozeduren, mit Jet sind das Parameter- Aktions-, Datenerstellungs- und Kreuztabellenabfragen), `Groups` (Benutzergruppen) und `Users` (Benutzer).

Beachten Sie, dass ADOX ebenfalls, wie ADO, zwischen Views (Sichten) und Procedures (Prozeduren) unterscheidet, während Access ja eigentlich nur eine Sorte von Abfragen kennt. Das hat zur Folge, dass Sie mit ADOX neue Views und Procedures erstellen können, die im Datenbankfenster von Access aber nicht angezeigt werden. Sie sind aber nichtsdestotrotz vorhanden, d.h., wenn Sie versuchen, eine Abfrage mit dem Namen einer erstellten Sicht oder Prozedur zu speichern, werden Sie darauf hingewiesen, dass dieser Name schon verwendet wird. »This is a feature, not a bug!« ist die Aussage von Microsoft zu diesem Thema. Begründet wird dieses Feature damit, dass der SQL-Umfang, der über ADO angesprochen werden kann (siehe Kapitel 5), über den Leistungsumfang normaler Access-Abfragen hinausgeht. Wir haben allerdings festgestellt, dass Procedures mit den erweiterten Befehlen zwar gespeichert, aber nicht immer ausgeführt werden können. Nach unserer Meinung ist das Ganze nicht konsistent.

Übrigens, wir haben in unseren Programmen die Erfahrung gemacht, dass ADOX teilweise sehr langsam arbeitet, insbesondere verglichen mit ähnlichen Funktionen der DAO-Bibliothek (siehe Kapitel 11).

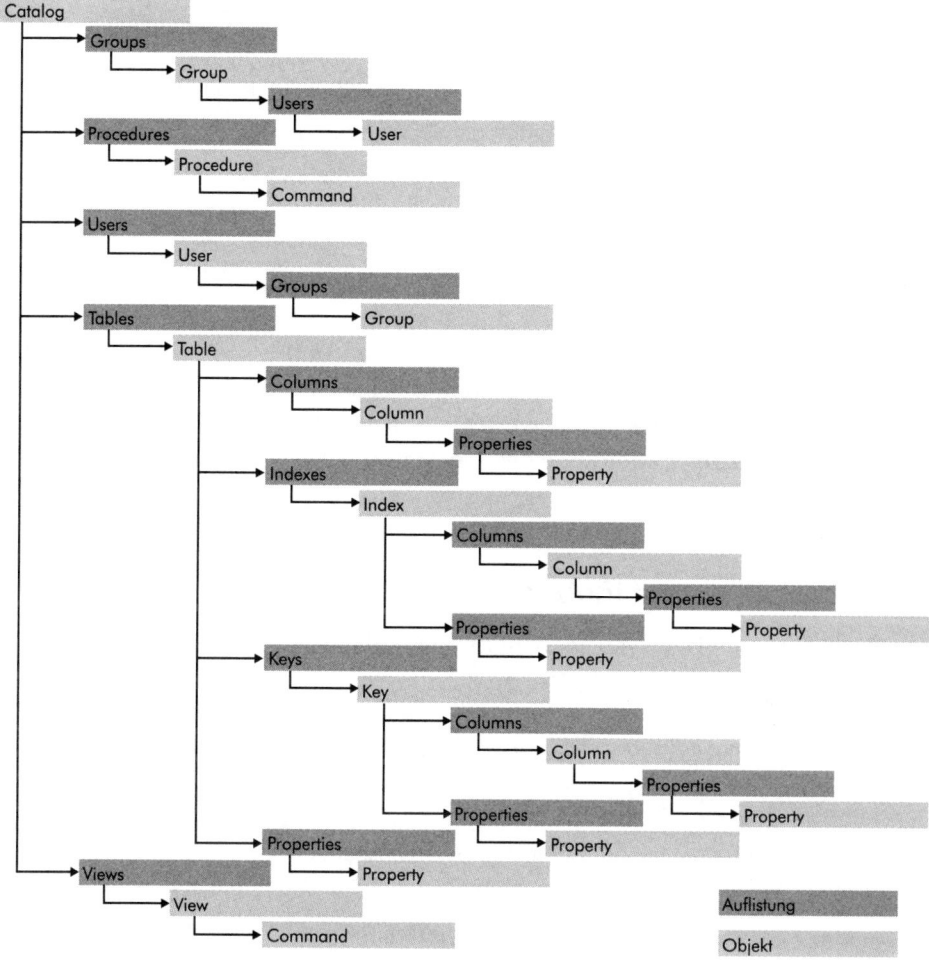

Bild 10.9: Das ADOX-Objektmodell

Tabelle 10.16: Eigenschaften und Methoden von Catalog-Objekten

Methode	Beschreibung
ActiveConnection	legt fest, für welches Connection-Objekt der Katalog ist.
Create	erstellt einen neuen Katalog, also eine neue Datenbank. Nach der Erstellung weist ActiveConnection auf die neue Datenbank.
GetObjectOwner	ermittelt den Eigentümer des Katalog.
SetObjectOwner	setzt den Eigentümer des Katalog.

Die Eigenschaft ActiveConnection bestimmt, für welches Connection-Objekt der Katalog zur Verfügung gestellt wird.

Die Auflistungen Tables, Views, Procedures, Groups und Users verfügen alle über die Eigenschaft Count, die die Anzahl der Objekte der jeweiligen Auflistung ergibt. Zur Verfügung stehen für alle die Methoden Append zum Hinzufügen neuer Objekte, Delete zum Entfernen eines Objekts und Refresh zum Aktualisierung der Auflistung.

10.5.3 Tabellen und Indizes

Die Auflistung Tables des Catalog-Objekts enthält Table-Objekte mit Informationen über die Tabellen der Datenbank.

Tabelle 10.17: Eigenschaften und Methoden von Table-Objekten

Methode/Eigenschaft	Beschreibung
Columns	Auflistung aller Tabellenspalten
DateCreated	Datum der Erstellung
DateModified	Datum der letzten Änderung
Indexes	Auflistung aller Indizes
Keys	Auflistung aller (Primär-, Fremd- und eindeutige) Schlüssel
Name	Name der Tabelle
ParentCatalog	Verweis auf den zugehörigen Katalog
Properties	Auflistung aller Eigenschaften
Type	Typ der Tabelle. Die Eigenschaft kann nur gelesen werden und gibt einen String zurück

Beispiel: Datenbank mit zwei Tabellen anlegen

Im folgenden Beispiel wird eine neue Datenbank mit zwei Tabellen angelegt. Beachten Sie dabei die Zeilen, in der die Eigenschaft ParentCatalog gesetzt wird. Diese Zeilen sind notwendig, damit die Datenbank-spezifische Eigenschaft AutoIncrement gesetzt werden kann.

```
Sub DatenbankAnlegen_ADOX()

    Dim cnn As ADODB.Connection
    Dim cat As New ADOX.Catalog
    Dim tblLieferanten As New ADOX.Table
    Dim tblArtikel As New ADOX.Table

    cat.Create "Provider=Microsoft.Jet.OLEDB.4.0; " & _
                        "Data Source=C:\Lieferanten.mdb"
    ' Verbindung zu neuer Datenbank
    Set cnn = cat.ActiveConnection

    ' Tabellen »Lieferanten« und »Artikel« anlegen
    With tblLieferanten
        ' ParentCatalog setzen, um AutoIncrement setzen zu können
        Set .ParentCatalog = cat
        .Name = "Lieferanten"
        ' Datenfelder für »Lieferanten« anlegen
        .Columns.Append "LiefNr", adInteger
        .Columns("LiefNr").Properties("AutoIncrement") = True
        .Columns.Append "Lieferant", adWChar, 255
        ' Primärschlüssel anlegen
        .Keys.Append "PrimaryKey", adKeyPrimary, "LiefNr"
    End With
    cat.Tables.Append tblLieferanten

    With tblArtikel
        ' ParentCatalog setzen, um AutoIncrement setzen zu können
        Set .ParentCatalog = cat
        .Name = "Artikel"
        ' Datenfelder für »Artikel«
        .Columns.Append "ArtNr", adInteger
        .Columns("ArtNr").Properties("AutoIncrement") = True
        .Columns.Append "Artikel", adWChar, 50
        .Columns.Append "LiefNr", adInteger
```

```
    ' Primärschlüssel anlegen
    .Keys.Append "PrimaryKey", adKeyPrimary, "ArtNr"
    ' Fremdschüssel ist Lieferanten.LiefNR
    ' damit wird referentielle Integrität aufgebaut
    .Keys.Append "ArtLief", adKeyForeign, "LiefNr", _
                                "Lieferanten", "LiefNr"
End With
cat.Tables.Append tblArtikel

Set tblLieferanten = Nothing
Set tblArtikel = Nothing
Set cat = Nothing

End Sub
```

Bei der Festlegung der Spalten wird der Datentyp durch eine Konstante angegeben, wie im Programm oben zu sehen, z.B. `adInteger`. Die Konstante und ihre Access-Entsprechungen entnehmen Sie der folgenden Tabelle.

Tabelle 10.18: ADOX-Datentypen und Access-Entsprechungen

ADOX-Datentyp	Access-Entsprechung
adWChar	Text
adLongVarWChar	Memo
adUnsignedTinyInt	Zahl – Byte
adSmallInt	Zahl – Integer
adInteger	Zahl – Long Integer
adSingle	Zahl – Single
adDouble	Zahl – Double
adGuid	Zahl – Replikations-ID
adDecimal	Zahl – Dezimal
adDate	Datum/Zeit
adCurrency	Währung
adBoolean	Ja/Nein
adLongVarBinary	OLE-Objekt
adLongVarWChar	Hyperlink

Beispiel: Existenz einer Tabelle abfragen

Das folgende Beispiel präsentiert Ihnen eine Funktion, die das Vorhandensein einer Tabelle überprüft. Existiert die Tabelle, liefert die Funktion den Wert »Wahr« zurück.

```
Function fTableExists_ADOX(ByVal strTableName As String) As Boolean

    Dim tbl As ADOX.Table
    Dim cat As New ADOX.Catalog

    Set cat.ActiveConnection = CurrentProject.Connection
    For Each tbl In cat.Tables
        If tbl.Name = strTableName Then
            fTableExists_ADOX = True
            Exit Function
        End If
    Next
    fTableExists_ADOX = False
    Set cat = Nothing
End Function
```

Der mittlere Teil kann auch (geringfügig schneller ablaufend) wie folgt programmiert werden:

```
    Set cat.ActiveConnection = CurrentProject.Connection
    On Error Resume Next
    ' Kann auf das Objekt zugegriffen werden?
    Debug.Print cat.Tables(strTableName).Name
    fTableExists_ADOX = (Err.Number = 0)
    Set cat = Nothing
```

Allerdings geht die Überprüfung sehr viel schneller, wenn Sie die folgende Funktion ohne ADOX, sondern mit dem Access-Objekt CurrentData, einsetzen.

```
Function TableExists(ByVal strTableName As String) As Boolean
    On Error Resume Next
    ' Kann auf das Objekt zugegriffen werden?
    Debug.Print CurrentData.AllTables(strTableName).Name
    TableExists = (Err.Number = 0)
End Function
```

10.5.4 Views und Procedures

Über die Auflistung Views kann auf alle in Access gespeicherten Auswahlabfragen, über die Auflistung Procedures auf alle anderen Abfragen, wie beispielsweise Parameter- und Aktionsabfragen zugegriffen werden.

In den Abschnitten zu den Recordset- und Command-Objekten haben wir Ihnen beschrieben, wie Sie Abfragen ausführen können. Die ADOX-Auflistungen werden nur benötigt, wenn Sie eigene Views und Procedures erstellen und speichern wollen sowie um die Parameter von Parameterabfragen zu ermitteln.

Die Parameter von Parameterabfragen

In Abschnitt 10.4.2 haben wir beschrieben, wie mit der Hilfe von Command-Objekten Abfragen mit Parametern ausgeführt werden können. Der Schwachpunkt hierbei ist, dass das Command-Objekt nicht erfährt, wie viele Parameter, mit welchen Namen und welchen Datentypen in der gespeicherten Parameterabfrage definiert sind.

Im folgenden Beispiel zeigen wir Ihnen, wie Sie über die ADOX-Auflistung Procedures auf die Parameters-Auflistung eines Command-Objekts zugreifen. Benötigt wird dazu ein Catalog-Objekt, das mit New generiert wird. Die Eigenschaft des Objekts ActiveConnection wird mit der aktuellen Datenbankverbindung initialisiert, d.h., das Catalog-Objekt bezieht sich auf die aktuelle Datenbank.

Jedes Procedure-Objekt der Procedures-Auflistung kann über den im Access-Datenbankfenster angezeigten Namen angesprochen werden. Die Inhalte der Abfrage werden in einem Command-Objekt, nämlich der Eigenschaft Command des Procedure-Objekts, abgebildet. Das Command-Objekt des Procedure-Objekts verfügt über eine Parameters-Auflistung, die nun, da über ADOX zugegriffen wurde, vollständig zur Verfügung steht. Im Programm unten wird die Parameters-Auflistung mit einer For...Each-Schleife durchlaufen und so alle Parameter mit einer einfachen InputBox vom Benutzer abgefragt.

```
Sub AbfrageMitParametern_ADOX()

    Dim cat As New ADOX.Catalog
    Dim cmd As New ADODB.Command
    Dim par As ADODB.Parameter
    Dim rst As New ADODB.Recordset
    Dim fld As ADODB.Field
```

```
    Set cat.ActiveConnection = CurrentProject.Connection
    ' Vorhandene Prozedur öffnen
    Set cmd = cat.Procedures("qryParameter").Command

    Debug.Print "Abfrage hat " & cmd.Parameters.Count & " Parameter."
    ' Parameter in Schleife von Benutzer abfragen
    For Each par In cmd.Parameters
        par.Value = InputBox(par.Name, "ADOX-Abfragen")
    Next

    rst.Open cmd, , adOpenForwardOnly, adLockReadOnly

    ' Daten ausgeben
    Do While Not rst.EOF
        For Each fld In rst.Fields
            Debug.Print fld; " / ";
        Next
        Debug.Print
        rst.MoveNext
    Loop
    rst.Close
End Sub
```

Erstellen von Views und Procedures

Sowohl die Views- als auch die Procedures-Auflistung stellen die Methode Append zum Hinzufügen und Speichern sowie die Methode Delete zum Löschen eines View- bzw. Procedure-Objekts bereit.

Das folgende Listing zeigt eine Routine, die eine neue View erstellt und anschließend ausführt. Beachten Sie, wie wir am Anfang des Abschnitts über ADOX schon erläutert haben, dass die neue View nicht im Access-Datenbankfenster gezeigt wird.

```
Sub QueryErstellen_ADOX()

    Dim cat As New ADOX.Catalog
    Dim cmd As New ADODB.Command
    Dim rst As New ADODB.Recordset
    Dim fld As ADODB.Field

    Set cat.ActiveConnection = CurrentProject.Connection
    cmd.CommandText = "SELECT Cocktail, Zubereitung FROM tblCocktail"
```

```
' Neue View erstellen
cat.Views.Append "qryCocktailZubereitung", cmd

' Vorhandene View öffnen
Set cmd = cat.Views("qryCocktailZubereitung").Command
rst.Open cmd, , adOpenForwardOnly, adLockReadOnly

' Daten ausgeben
Do While Not rst.EOF
    For Each fld In rst.Fields
        Debug.Print fld; " / ";
    Next
    Debug.Print
    rst.MoveNext
Loop
rst.Close
End Sub
```

10.5.5 Benutzer und Benutzergruppen

Die Auflistungen Users und Groups besprechen wir in Kapitel 24, »Datensicherheit«.

10.6 Die JRO-Bibliothek

Die »Jet and Replication Objects«-Bibliothek bietet neben den in diesem Buch nicht beschriebenen Funktionen zur Replikation nur zwei Methoden für die Jet-Engine an, CompactDatabase und RefreshCache. CompactDatabase repariert und komprimiert eine Jet-Datenbank, RefreshCache aktualisiert den internen Jet-Datenbankzwischenspeicher, eine Funktion, die nur in Multiuser-Umgebungen benötigt wird.

Das folgende Beispiel illustriert den Einsatz von CompactDatabase. Beachten Sie dabei, dass DAO (siehe Kapitel 11) ebenfalls eine Methode mit dem Namen CompactDatabase bereithält. JRO arbeitet mit Verbindungszeichenfolgen (deshalb die Konstante conProvider im Beispiel), während DAO nur Datenbanknamen verwendet.

```
Sub DatenbankKomprimieren_JRO(strName As String)

    Const conProvider = "Provider=Microsoft.Jet.OLEDB.4.0; " & _
                        "Data Source="

    Dim JROEngine As New JRO.JetEngine

    Dim strMDB As String
    Dim strBAK As String
    Dim strKOMP As String

    If Right(strName, 4) = ".MDB" Then
        strMDB = strName
        strName = Left(strName, Len(strName) - 4)
    Else
        strMDB = strName + ".MDB"
    End If
    strBAK = strName + ".BAK"
    strKOMP = strName + "KOMPRIMIERT.MDB"
    ' Komprimieren
    CompactDatabase conProvider & strMDB, conProvider & strKOMP
    ' Löschen einer evtl. vorhandenen Sicherungsdatei
    On Error Resume Next
    Kill strBAK
    On Error GoTo 0
    ' Umbenennen zu Sicherungsdatei
    Name strMDB As strBAK
    ' Umbenennen der komprimierten Datei
    Name strKOMP As strMDB

End Sub
```

11 Datenzugriffsobjekte

Bild 11.1 zeigt die Hierarchie der Datenzugriffsobjekte (»Data Access Objects«, DAO). Oberstes Objekt und Kern der Datenzugriffsobjekte ist der Datenbankkern `DBEngine`, an dem alle anderen Objekte ansetzen. Die `DBEngine` ist ein Einzelobjekt, alle anderen im Bild dargestellten Bestandteile hingegen sind Auflistungsobjekte.

Dieses und das folgende Kapitel sollen die einzelnen Objekte und ihre Anwendungen beschreiben. Dabei werden für alle Objekte die wichtigsten Methoden und Eigenschaften aufgeführt. Eine vollständige Beschreibung finden Sie in der Online-Hilfe zu Access, die die gültige Dokumentation der Datenzugriffsobjekte enthält.

In Access 2000 hat Microsoft eine Vielzahl von Konstanten definiert, die durch mehr oder minder einprägsame Namen das Lesen und Setzen von Objekteigenschaften erleichtern sollen. Die wichtigsten Konstanten sind immer im Abschnitt über die jeweiligen Objekte in Tabellen aufgeführt, sodass Sie sie dort schnell nachschlagen können.

Wir haben die Beschreibung der einzelnen DAO-Datenzugriffsobjekte auf zwei Kapitel aufgeteilt. Dabei werden alle Objekte bis auf Recordsets und QueryDefs in diesem Kapitel beschrieben. Recordsets und QueryDefs sind die in Datenbanken am häufigsten eingesetzten Datenzugriffsobjekte und sollen daher im folgenden Kapitel ausführlich besprochen werden.

! **DAO-Bibliothek:** Standardmäßig ist die DAO-Bibliothek nicht aktiviert, sondern nur die in Kapitel 10, »Die Programmierschnittstelle ADO«, beschriebene ADO-Bibliothek. Um DAO nutzen zu können, rufen Sie daher im Visual Basic-Editor über *EXTRAS Verweise* das folgende Dialogfeld (siehe Bild 11.2) auf. Selektieren Sie den Eintrag *Microsoft DAO 3.6 Object Library*.

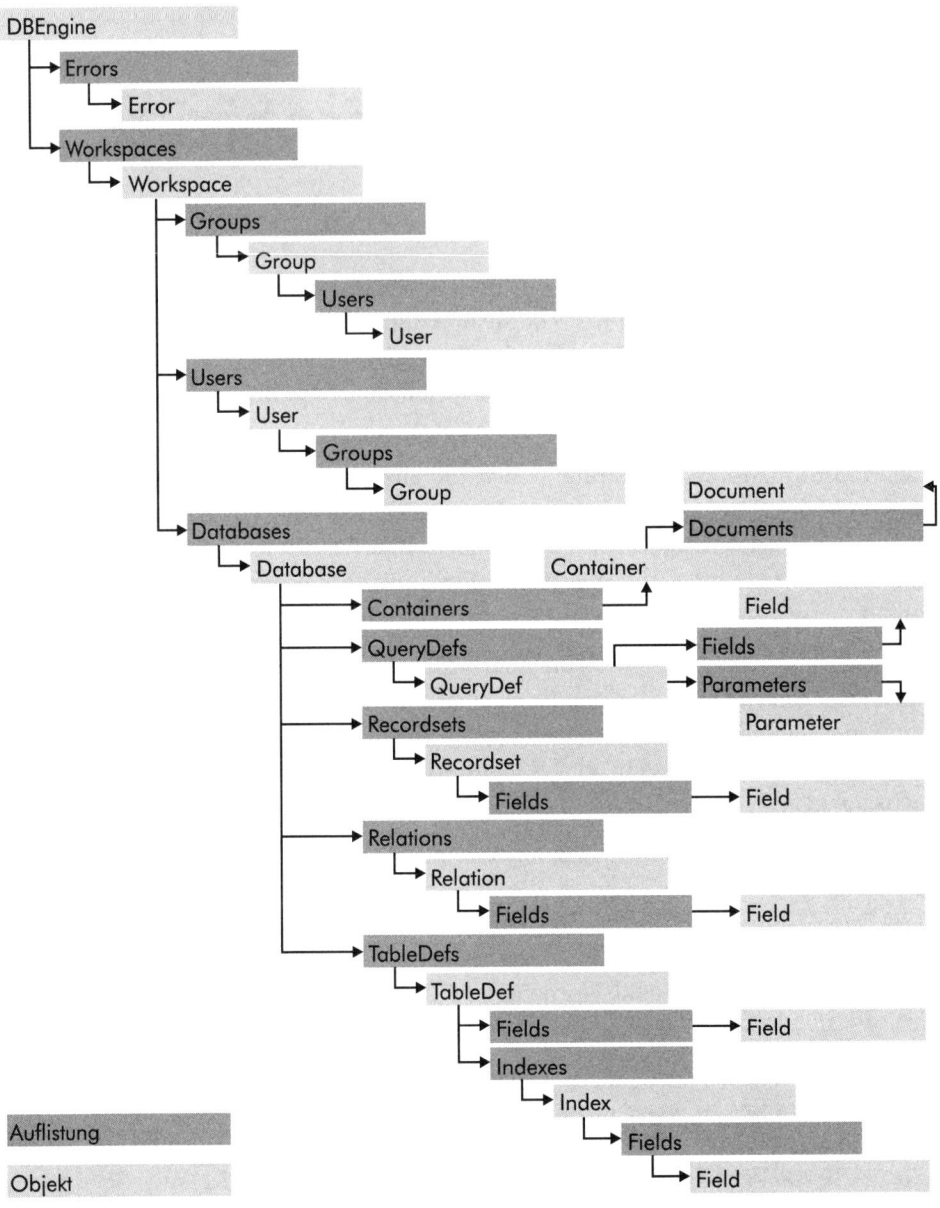

Bild 11.1: Die Hierarchie der Datenzugriffsobjekte

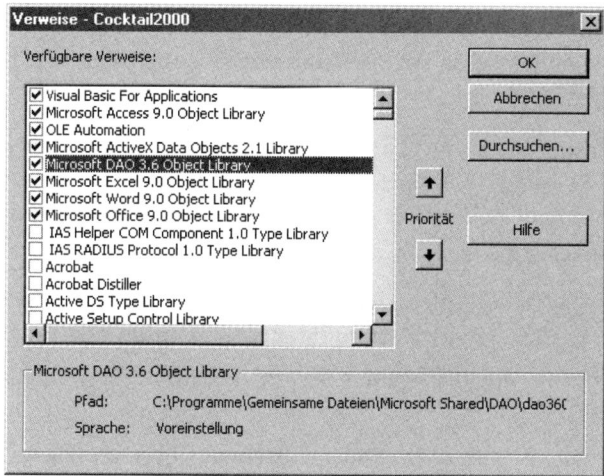

Bild 11.2: Einrichten des DAO-Verweises

11.1 Das Objekt DBEngine

Die DBEngine, die »Datenbankmaschine«, bezeichnet die Access zugrunde liegende Microsoft Jet Database Engine. Access 9.0 (2000) enthält die Version 3.6.

DBEngine ist die Basis für alle Datenbankobjekte in Access und beinhaltet die Auflistungen Workspaces und Errors. Das folgende Programm gibt die Eigenschaften der DBEngine aus:

```
Sub DBEngineEigenschaften()

    Dim dbe As DAO.DBEngine

    Set dbe = DBEngine
    With dbe
        Debug.Print "----------------------"
        Debug.Print "DBEngine-Eigenschaften"
        Debug.Print "----------------------"
        Debug.Print "Version = "; .Version
        Debug.Print "IniPath = "; .IniPath
        Debug.Print "SystemDB = "; .SystemDB
        Debug.Print "LoginTimeout = "; .LoginTimeout
    End With
End Sub
```

Die Abfrage der Versionsnummer mit DBEngine.Version kann hilfreich sein, wenn Sie beispielsweise eine Anwendung entwickeln, die einen bestimmten Jet-Versionsstand benötigt.

In IniPath wird der Pfad innerhalb der Windows-Registrierung angegeben, der meist HKEY_CURRENT_USER\SOFTWARE\Microsoft\Office\9.0\Access\Jet\4.0 lautet. Auf die Registrierung gehen wir ausführlich in Teil 6, »Professionelle Anwendungsentwicklung«, ein.

Die Eigenschaft SystemDB gibt den vollständigen Pfad zur Systemdatenbank SYSTEM.MDW zurück. In der Systemdatenbank werden alle Informationen über Benutzer und Benutzergruppe abgelegt, wie wir es in Kapitel 24, »Datensicherheit«, beschreiben.

Die Eigenschaft LoginTimeout wird nur dann benötigt, wenn Sie auf Datenbanken über ODBC zugreifen. In der Eigenschaft wird die Zeit in Sekunden angegeben, nachdem bei einem Anmeldeversuch an eine Datenbank eine Fehlermeldung ausgegeben wird.

DBEngine besitzt zusätzlich die Eigenschaften DefaultType, DefaultUser und DefaultPassword. Sie geben damit Standardwerte für neue Workspace-Objekte vor (siehe Abschnitt 11.2, »Die Auflistung Workspace«). Gültige Werte für DefaultType sind dbUseJet für Workspace-Objekte, die mit dem Microsoft Jet-Datenbankmodul verbunden sind, und dbUseODBC für Workspaces, die mit einer ODBC-Datenquelle verbunden sind.

11.1.1 Die DBEngine-Methode CompactDatabase

Die Methode CompactDatabase dient zur Komprimierung von Access-Datenbankdateien. Bei der Komprimierung werden ungenutzte Bereiche der Datei freigegeben und die Daten gegebenenfalls in der Datei neu angeordnet. Alle Sicherheitsinformationen werden übertragen. Die allgemeine Form der Methode lautet

```
DBEngine.CompactDatabase AlteDB, NeueDB [,Gebietsschema _
          [,Optionen [,pwd=Kennwort]]]
```

Beim Komprimieren wird die zu komprimierende Datenbank AlteDB in die neue Datei NeueDB umkopiert. Dabei kann ein Gebietsschema angegeben werden, das die Sortierreihenfolge beeinflusst. Die Optionen ermöglichen es, die neue Datenbank zu ver- oder entschlüsseln sowie sie gegebenenfalls in Access 1.x, 2.0 oder 7.0-Datenbanken zu konvertieren. Mögliche Optionswerte sind dbVersion10, dbVersion11, dbVersion20 und dbVersion30. Die Endungen 10, 11 usw. der Optionswerte geben die Jet-Datenbankversionen an, nicht die Access-Versionen.

Zum Ver- bzw. Entschlüsseln der Datenbank verwenden Sie die Konstanten dbEncrypt **oder** dbDecrypt.

Falls die alte Datenbank mit einem Kennwort geschützt ist, muss dieses mit angegeben werden.

Das folgende kurze Programm zeigt eine typische Anwendung der Methoden RepairDatabase **und** CompactDatabase, allerdings ohne Fehlerbehandlung. Die Datenbank, die repariert und komprimiert werden soll, muss dazu geschlossen sein, d.h., auf sie darf niemand aktiv zugreifen.

```
Sub DatenbankKomprimieren(strName As String)

    Dim strMDB As String
    Dim strBAK As String
    Dim strKOMP As String

    If Right(strName, 4) = ".MDB" Then
        strMDB = strName
        strName = Left(strName, Len(strName) - 4)
    Else
        strMDB = strName + ".MDB"
    End If
    strBAK = strName + ".BAK"
    strKOMP = strName + "KOMPRIMIERT.MDB"

    ' Komprimieren
    DAO.DBEngine.CompactDatabase strMDB, strKOMP

    ' Löschen einer evtl. vorhandenen Sicherungsdatei
    ' existiert die Sicherungsdatei nicht, Fehler ignorieren
    On Error Resume Next
    Kill strBAK
    On Error GoTo 0

    ' Umbenennen zu Sicherungsdatei
    Name strMDB As strBAK
    ' Umbenennen der komprimierten Datei
    Name strKOMP As strMDB
End Sub
```

11.1.2 Die DBEngine-Methode SetOption

Mithilfe der Methode DBEngine.SetOption lassen sich Parameter der Datenbankmaschine verändern. Dabei steht jeder der möglichen Parameter für einen Eintrag in der Windows-Registrierung, über die die Eigenschaften des Jet-Datenbankmoduls gesteuert werden. Da die Parameter fundamentale Eigenschaften der Datenbank beeinflussen und nur in Ausnahmefällen geändert werden sollten, haben wir die Beschreibung in Anhang C, »Jet-Datenbank-Spezifikationen«, aufgenommen.

11.2 Die Auflistung Workspaces

In einem Workspace-Objekt (»Workspace« ist übersetzbar mit »Arbeitsbereich«) werden Datenbanken, Benutzer und Transaktionen verwaltet. Alle Workspace-Objekte werden in der Workspaces-Auflistung aufgeführt. Normalerweise wird nur der Standard-Workspace genutzt, der in der Auflistung über Workspaces(0) angesprochen wird.

Workspaces werden im Zusammenhang mit dem Sicherheitssystem von Access eingesetzt, das wir in Teil 7 vorstellen. Wichtig sind Workspace-Objekte auch beim Zugriff auf Datenbanken über ODBC, wie es in Teil 6 erläutert wird.

Die folgende Beispielroutine WorkspaceEigenschaften() gibt die Eigenschaften aller Workspaces aus. Hierzu verwendet das Programm die Properties-Auflistung. Jedes Objekt besitzt eine Auflistung, in der alle Eigenschaften, Properties, eines Objekts enthalten sind.

```
Sub WorkspaceEigenschaften()

    Dim wrk As DAO.Workspace
    Dim prp As DAO.Property

    On Error Resume Next
    For Each wrk In DAO.DBEngine.Workspaces
        For Each prp In wrk.Properties
            Debug.Print prp.Name; " = "; prp.Value
        Next
    Next
End Sub
```

Wird das Programm im Testfenster gestartet, gibt es normalerweise die Daten des Standard-Workspaces aus:

```
Name = #Default Workspace#
UserName = admin
IsolateODBCTrans =  0
```

Sind die Namen der Eigenschaften bekannt, kann beispielsweise der Benutzername des aktuellen Benutzers eines Workspaces mit

```
wrk.Username
```

abgefragt werden. (Schneller greifen Sie auf den Namen des aktuellen Benutzers über die VBA-Funktion `CurrentUser()` zu, allerdings ist der Benutzername immer »Admin«, wenn Sie nicht das Access-Sicherheitssystem (siehe Kapitel 24) einsetzen.)

11.3 Die Auflistung Databases

In jedem Workspace können eine oder mehrere Datenbanken geöffnet werden. Die Datenbanken werden in der `Databases`-Auflistung verwaltet. Die Datenbank mit dem Pfad

```
DBEngine.Workspaces(0).Databases(0)
```

ist die Standarddatenbank. Sie finden hierfür auch oft die abgekürzte Schreibweise `DBEngine(0)(0)`, die etwas Schreibarbeit spart.

11.3.1 Die Funktion CurrentDb( )

Einfacher lässt sich die aktuelle Datenbank mithilfe der Funktion `CurrentDb()` (oder auch einfach `CurrentDb` geschrieben) abfragen, wie es im folgenden Programmbeispiel gezeigt wird. Microsoft empfiehlt die Verwendung von `CurrentDb()`, da hier eine neue aktuelle Instanz der Datenbank geöffnet wird, im Gegensatz zu `DBEngine.Workspaces(0).Databases(0)` bzw. `DBEngine(0)(0)`, bei denen keine Aktualisierung der Datenbankobjekte durchgeführt wird. Die Funktion `CurrentDb()` liefert als Ergebnis ein Objekt vom Typ `Database` zurück. Im folgenden Codefragment wird `CurrentDb` eingesetzt.

```
Dim db As DAO.Database
Set db = CurrentDb()
```

Wir möchten Ihnen empfehlen, die Zuweisung von `CurrentDb` an eine (evtl. globale) Variable zu Beginn einer Anwendung durchzuführen und im weiteren Verlauf des Programms nur noch mit dieser Variablen zu arbeiten, denn der

Nachteil von CurrentDb ist die Ausführungsgeschwindigkeit. CurrentDb ist sehr langsam.

Wir haben die folgende Routine dreimal ausgeführt, wobei jeweils zwei der drei Varianten auskommentiert wurden. Die Ergebnisse waren erstaunlich: In der ersten Variante mit CurrentDb benötigte Access über 19 Minuten, während die 100.000 Schleifendurchläufe der beiden anderen Varianten etwa 7 Sekunden brauchten.

```
Enum eTest
    Variante_1
    Variante_2
    Variante_3
End Enum


Sub CurrentDb_Geschwindigkeitstest(v As eTest)

    Dim dte As Date
    Dim lng As Long
    Dim db As DAO.Database

    ' Zeit bestimmen
    dte = Now
    For lng = 1 To 100000
        Select Case v
        Case Variante_1
            ' 1. Variante mit CurrentDb
            Set db = CurrentDb()
        Case Variante_2
            ' 2. Variante mit DBEngine.Workspaces(0).Databases(0)
            Set db = DBEngine.Workspaces(0).Databases(0)
        Case Variante_3
            ' 3. Variante mit DBEngine(0)(0)
            Set db = DBEngine(0)(0)
        End Select
    Next
    ' Verstrichene Zeit ausgeben
    MsgBox Format(Now - dte, "hh:mm:ss")
End Sub
```

Es empfiehlt sich, `CurrentDb` nicht allzuoft in einem Access-Programm einzusetzen. Wir konnten in einer Applikation die Leistung stark verbessern, indem wir ein `CurrentDb`-Statement aus einer Schleife entfernten.

11.3.2 Database-Eigenschaften

Im folgenden Beispielunterprogramm `DatabaseEigenschaften()` werden alle Eigenschaften der aktuellen Datenbank im Testfenster ausgegeben.

```
Sub DatabaseEigenschaften()

    Dim db As DAO.Database
    Dim prp As DAO.Property

    On Error Resume Next
    Set db = CurrentDb()
    For Each prp In db.Properties
        Debug.Print prp.Name; " = "; prp.Value
    Next

End Sub
```

In der folgenden Tabelle sind die wichtigsten Eigenschaften eines `Database`-Objekts aufgeführt.

Tabelle 11.1: Database-Eigenschaften

Eigenschaft	Beschreibung
Name	gibt den Namen der Datenbank mit komplettem Pfad an.
Updatable	erlaubt das Ändern des Database-Objekts, falls die Eigenschaft den Wert Wahr zurückgibt.
CollatingOrder	bestimmt die Sortierreihenfolge einer Datenbank. Zurückgegeben wird ein Wert, der die länderspezifische Sortierreihenfolge beschreibt.
Version	gibt die Version der Jet-Datenbank zurück, mit der die Datenbank, also die MDB-Datei, erstellt wurde.

Die oben aufgelistete Prozedur ermittelt für unsere Cocktail-Anwendungsdatenbank die folgenden Database-Eigenschaften:

```
Name = C:\Cocktail\Cocktail Anwendung.mdb
Connect =
Transactions = Wahr
Updatable = Wahr
CollatingOrder =  1033

...
```

11.3.3 Die OpenDatabase( )-Methode

Mithilfe der Methode `OpenDatabase()` können Sie eine beliebige Datenbank öffnen. In einem `Database`-Objekt befinden sich Auflistungen der Tabellen, Abfragen usw.

Die allgemeine Form der `OpenDatabase()`-Methode lautet:

```
Set Datenbank = [Arbeitsbereich.]OpenDatabase(DBName _
            [,Exklusiv[,Schreibgeschützt[,Quelle]]])
```

Die Datenbank `DATEN.MDB` im Verzeichnis `DATEN` öffnen Sie beispielsweise mit den folgenden Zeilen:

```
Dim dbDaten As DAO.Database
Set dbDaten = OpenDatabase("C:\DATEN\DATEN.MDB")
```

Der Name kann auch einen Netzwerkpfad nach der UNC-Schreibweise umfassen, beispielsweise `\\SERVER\ACCESS\DATEN\DATEN.MDB`.

Die Angabe eines Arbeitsbereiches (`Workspace`) ist optional. Die unten aufgeführte Version

```
Dim dbDaten As DAO.Database
Set dbDaten = DBEngine.Workspaces(0).OpenDatabase("DATEN.MDB")
```

zum Öffnen der Datenbank ergibt das gleiche Resultat.

Angenommen, Sie haben einen Workspace mit dem Namen »SpezialWS« angelegt. Um die Datenbank ARTIKEL.MDB im neuen Workspace zu öffnen, verwenden Sie den folgenden Code:

```
Dim wspAktWS As DAO.Workspace
Dim dbDaten As DAO.Database
Set wspAktWS = DBEngine.Workspaces("SpezialWS")
Set dbDaten = wspAktWS.OpenDatabase("ARTIKEL.MDB")
```

11.4 Die Auflistung TableDefs

Die Tabellen einer Datenbank werden in der Auflistung TableDefs innerhalb eines Datenbankobjekts verwaltet. In der Auflistung befinden sich alle Tabellen, d.h. sowohl Systemtabellen als auch ausgeblendete und eingebundene Tabellen.

Das folgende Unterprogramm ermittelt die Eigenschaften für alle Tabellen der aktuellen Datenbank. Mithilfe einer For Each-Schleife werden alle Tabellenobjekte durchlaufen und die entsprechenden Eigenschaften (Properties) im Testfenster ausgegeben:

```
Sub AuslesenTabellenEigenschaften()

    Dim db As DAO.Database
    Dim tbl As DAO.TableDef
    Dim prp As DAO.Property

    Set db = CurrentDb()

    ' Da nicht alle Eigenschaften von Systemtabellen mit normaler
    ' Berechtigung gelesen werden können, wird der entstehende
    ' Fehler übergangen
    On Error GoTo weiter

    ' Für alle Tabellen in der Tabledefs-Auflistung
    For Each tbl In db.TableDefs
        With tbl
            Debug.Print String(28 + Len(.Name), "-")
            Debug.Print "Tabelleneigenschaften für : "; .Name
            Debug.Print String(28 + Len(.Name), "-")

            ' Ausgabe der Eigenschaften
            For Each prp In .Properties
                If prp.Name = "Attributes" Then
                    ' Dekodieren der Attribute
                    Debug.Print prp.Name; " = "; fTabellenAttribute(tbl)
                Else
                    Debug.Print prp.Name; " = "; prp.Value
                End If
            Next
        End With
        Debug.Print
```

```
weiter:
    Next

End Sub
```

Im Unterprogramm wird mit den Zeilen

```
Debug.Print String(28 + Len(.Name), "-")
Debug.Print "Tabelleneigenschaften für : "; .Name
Debug.Print String(28 + Len(.Name), "-")
```

eine Ausgabe der Form

```
------------------------------------
Tabelleneigenschaften für : tblCocktail
------------------------------------
```

erzeugt, d.h., die Funktion `String(n,s)` liefert eine Zeichenfolge zurück, die aus der Anzahl *n* des ersten Zeichens von *s* besteht. Mit `Len(.Name)` wird die Anzahl der Buchstaben des jeweiligen Tabellennamens bestimmt.

Tabelle 11.2: Tabelleneigenschaften

Eigenschaft	Beschreibung
Name	gibt den Namen der Tabelle an.
Updatable	bestimmt, dass das Tabellenobjekt verändert werden kann, wenn die Eigenschaft den Wert Wahr zurückgibt.
DateCreated	gibt das Erstellungsdatum der Tabelle an.
LastUpdated	gibt das Datum der letzten Bearbeitung an.
Connect	erhält bei verknüpften Tabellen einen String mit dem Pfad und dem Namen der verknüpften Datenquelle.
SourceTableName	beinhaltet bei verknüpften Tabellen den Namen der Tabelle der verknüpften Datenquelle.
Attributes	Attribute einer Tabelle, siehe Tabelle 11.3
RecordCount	gibt die Anzahl der Datensätze in der Tabelle an. Bei verknüpften TableDef-Objekten hat die RecordCount-Eigenschaft immer den Wert −1.
ValidationRule	gibt die Gültigkeitsregel für die Tabelle an.
ValidationText	gibt den Text an, der bei Verletzung der Gültigkeitsregel der Tabelle angezeigt wird.

Für die Tabellenattribute (Eigenschaft Attributes) sind die in der folgenden Tabelle aufgeführten Konstanten in Access definiert.

Tabelle 11.3: Konstanten für Tabellenattribute

Konstante	Beschreibung
dbSystemObject	Systemtabelle
dbHiddenObject	Ausgeblendete Tabelle
dbAttachedTable	Eingebundene Tabelle
dbAttachedODBC	Eingebundene ODBC-Tabelle
dbAttachSavePWD	Eingebundene Tabelle, für die Benutzerkennung und Passwort gespeichert wird
dbAttachExclusive	Exklusiv eingebundene Tabelle

Die folgende Funktion wertet die Eigenschaft Attributes eines TableDef-Objekts aus und gibt eine Zeichenfolge zurück, in der die Attribute benannt werden.

```
Function fTabellenAttribute(tbl As DAO.TableDef) As String

    Dim strResult As String

    With tbl
        If .Attributes And dbSystemObject Then
                strResult = "SystemObject "
        End If
        If .Attributes And dbHiddenObject Then
                strResult = strResult + "HiddenObject "
        End If
        If .Attributes And dbAttachExclusive Then
                strResult = strResult + "AttachExclusive "
        End If
        If .Attributes And dbAttachSavePWD Then
                strResult = strResult + "AttachSavePWD "
        End If
        If .Attributes And dbAttachedTable Then
                strResult = strResult + "AttachedTable "
        End If
        If .Attributes And dbAttachedODBC Then
                strResult = strResult + "AttachedODBC "
        End If
```

```
   End With
      fTabellenAttribute = strResult
End Function
```

Die folgende Funktion ermittelt die Existenz einer Tabelle in der `TableDefs`-Auflistung, wobei auch ausgeblendete Tabellen und Systemobjekte berücksichtigt werden.

```
Function fTableExists(ByVal strTableName As String) As Boolean

    Dim tbl As DAO.TableDef

    For Each tbl In CurrentDb().TableDefs
        If tbl.Name = strTableName Then
            fTableExists = True
            Exit Function
        End If
    Next
    fTableExists = False
End Function
```

11.5 Die Auflistung Fields

Jede Tabelle besteht aus Feldern, die mithilfe von `Field`-Objekten in einer `Fields`-Auflistung beschrieben werden. Die folgende Tabelle enthält die in einem `Field`-Objekt verwalteten Eigenschaften.

Tabelle 11.4: Feldeigenschaften

Eigenschaft	Beschreibung
Name	gibt den Namen des Feldes zurück.
Typ	gibt den Datentyp (siehe Tabelle 11.5) zurück.
Größe	liefert die Größe des Feldes.
Attributes	liefert die Attribute (siehe Tabelle 11.6).
AllowZeroLength	erlaubt Null-Werte im Feld, wenn die Eigenschaft wahr ist.
CollatingOrder	gibt die länderspezifische Sortierreihenfolge für das Feld an.
DefaultValue	liefert den Standardwert.
ValidationRule	gibt die Gültigkeitsregel für das Feld an.

Tabelle 11.4: Feldeigenschaften (Fortsetzung)

Eigenschaft	Beschreibung
ValidationText	liefert den Gültigkeitstext bei Verletzung der Gültigkeitsregel.
Required	gibt an, dass eine Eingabe in das Feld erfolderlich ist, wenn die Eigenschaft wahr ist.
SourceField	gibt den Originalnamen des Feldes zurück. In Abfragen können Ergebnisfelder benannt werden, sodass die Eigenschaft Name den in der Abfrage verwendeten Namen zurückgibt, während SourceField den eigentlichen Namen enthält.
SourceTable	liefert den Namen der Originaltabelle zurück (siehe SourceField).

Fields-Auflistungen werden neben Tabellen auch für Recordsets, Indizes und Relationen verwendet, wie es im weiteren Verlauf des Kapitels beschrieben wird.

Das folgende Programm gibt die Felder und ihre Eigenschaften für alle Tabellenobjekte der TableDefs-Auflistung der aktuellen Datenbank aus. Für die im Programm verwendeten Eigenschaften Feldtyp (Type) und Attribut (Attributes) werden Eigenschaftswerte verwaltet, die durch die im Anschluss an die Routine Tabellenfelder() aufgelisteten benutzerdefinierten Funktionen FeldTyp() und FeldAttribut() aufgeschlüsselt werden.

```
Sub TabellenFelder()

    Dim db As DAO.Database
    Dim tbl As DAO.TableDef
    Dim fld As DAO.Field

    Set db = CurrentDb()

    ' Für alle Tabellen der Tabledefs-Auflistung
    For Each tbl In db.TableDefs
        With tbl
            Debug.Print String(21 + Len(.Name), "-")
            Debug.Print "Tabellenfelder für : "; .Name
            Debug.Print String(21 + Len(.Name), "-")

            ' Für alle Felder der jeweiligen Tabelle
            For Each fld In .Fields
                With fld
                    Debug.Print .Name
                    Debug.Print String(Len(.Name), "-")
                    Debug.Print "Feldtyp="; FeldTyp(fld)
                    Debug.Print "Size="; .Size
```

```
                Debug.Print "Attribute="; FeldAttribut(fld)
                Debug.Print "AllowZeroLength="; _
                                      .AllowZeroLength
                Debug.Print "CollatingOrder="; .CollatingOrder
                Debug.Print "DefaultValue="; .DefaultValue
                Debug.Print "Required="; .Required
                Debug.Print "ValidationRule="; .ValidationRule
                Debug.Print "ValidationText="; .ValidationText
                Debug.Print "SourceField="; .SourceField
                Debug.Print "SourceTable="; .SourceTable
                Debug.Print
            End With
        Next
    End With
    Debug.Print
  Next
End Sub
```

Feldtypen werden durch Integer-Werte dargestellt. Damit nicht mit Zahlen für die Typen gearbeitet werden muss, sind in Access Konstanten für die verschiedenen Feldtypen definiert. Die folgende Tabelle gibt Ihnen einen Überblick über die vordefinierten Typkonstanten.

Tabelle 11.5: Konstanten für Feldtypen

Konstante	Beschreibung
dbBoolean	Boolescher Wert (True/False, 1-bit)
dbByte	8-Bit Byte
dbInteger	16-Bit Integer
dbLong	32-Bit Integer
dbSingle	Fließkommazahl mit einfacher Genauigkeit
dbDouble	Fließkommazahl mit doppelter Genauigkeit
dbCurrency	Währungsdaten
dbDate	Datums-/Zeitwert
dbText	Text variabler Länge
dbMemo	Memo-Feld
dbLongBinary	Binärdaten variabler Länge, z.B. OLE-Objekte
dbGUID	GUID-Wert zur Replikation

Die folgende Funktion gibt eine Zeichenfolge mit dem ausgeschriebenen Text des jeweiligen Feldtyps zurück. Übergeben wird der Funktion ein Objekt vom Typ Field.

```
Function FeldTyp(fld As DAO.Field) As String
    Select Case fld.Type
        Case dbBoolean:
            FeldTyp = "Boolean"
        Case dbByte:
            FeldTyp = "Byte"
        Case dbInteger:
            FeldTyp = "Integer"
        Case dbLong:
            FeldTyp = "Long Integer"
        Case dbCurrency:
            FeldTyp = "Währung (Currency)"
        Case dbSingle:
            FeldTyp = "Single"
        Case dbDouble:
            FeldTyp = "Double"
        Case dbDate:
            FeldTyp = "Datum (Date)"
        Case dbText:
            FeldTyp = "Text"
        Case dbLongBinary:
            FeldTyp = "Binärdaten (Bitmap, OLE-Objekt)"
        Case dbMemo:
            FeldTyp = "Memo"
        Case dbGUID:
            FeldTyp = "GUID"
        Case Else
            FeldTyp = "Unbekannt"
    End Select
End Function
```

Ebenso wie die Feldtypen werden auch Feldattribute mithilfe von vordefinierten Konstanten beschrieben. Die folgende Tabelle dient zum Nachschlagen der Konstanten.

Tabelle 11.6: Konstanten für Feldattribute

Konstante	Beschreibung
dbFixedField	Feste Feldgröße
dbVariableField	Variable Feldgröße
dbAutoIncrField	AutoWert-Feld
dbUpdatableField	Aktualisierbares Feld
dbDescending	Feld mit absteigender Sortierreihenfolge
dbSystemField	Feld wird bei der Replikation verwendet

Es können mehrere Attribute gleichzeitig für ein Feld vereinbart werden, beispielsweise kann ein Feld gleichzeitig die Attribute dbFixedField und dbUpdatableField haben. Die verschiedenen Konstanten für die Attribute repräsentieren jeweils einen Wert und werden für mehrere Attribute addiert.

Die folgende Funktion entschlüsselt die Attribute und erstellt als Rückgabewert eine Zeichenfolge, in der die Attribute hintereinander aufgeführt sind.

```
Function FeldAttribut(fld As DAO.Field) As String

    Dim lngAttr As Long
    Dim strResult As String

    lngAttr = fld.Attributes

    If lngAttr And dbFixedField Then
        strResult = "Feste Größe;"
    End If
    If lngAttr And dbVariableField Then
        strResult = strResult + "Variable Feldgröße;"
    End If
    If lngAttr And dbAutoIncrField Then
        strResult = strResult + "AutoWert;"
    End If
    If lngAttr And dbUpdatableField Then
        strResult = strResult + "Updatable;"
    End If
    If lngAttr And dbDescending Then
        strResult = strResult + "In abst. Reihenfolge sortiert;"
    End If
```

```
If lngAttr And dbSystemField Then
    strResult = strResult + "Replikationsfeld;"
End If


FeldAttribut = strResult

End Function
```

Nicht alle Eigenschaften eines Feldes können zur Laufzeit verändert werden, für viele Eigenschaften verfügen Sie nur über eine Leseberechtigung während des Programmablaufs. Das folgende Programm setzt für ein Feld die Eigenschaft DefaultValue. Sie können also in Ihrer Anwendung den Standardwert eines Feldes neu festlegen. Der geänderte Wert wird in der Tabellendefinition hinterlegt und bleibt dauerhaft erhalten.

```
Sub SetzeStandardwert(strTable As String, _
                      strField As String, _
                      varDefault As Variant)

    Dim tbl As DAO.TableDef
    Dim fld As DAO.Field
    Dim db As DAO.Database

    Set db = CurrentDb
    Set tbl = db.TableDefs(strTable)
    Set fld = tbl.Fields(strField)
    fld.DefaultValue = varDefault

End Sub
```

11.6 Die Auflistung Indexes

Für jedes TableDef-Objekt können Indizes angelegt werden, die in einer Indexes-Auflistung aufgeführt werden. Für jeden Index sind verschiedene Eigenschaften und Attribute definiert. Ein Index-Objekt enthält eine Fields-Auflistung, in der die Felder aufgeführt sind, die zur Bildung des Indexes verwandt werden.

Das Programm AlleTabellenAnzeigen() listet alle Tabellen der aktuellen Datenbank im Testfenster auf und gibt zu jeder Tabelle die Daten und Eigenschaften der Indizes aus.

```
Sub AlleTabellenAnzeigen()

    Dim db As DAO.Database
    Dim tbl As DAO.TableDef
    Dim fld As DAO.Field
    Dim idx As DAO.Index

    Set db = CurrentDb()

    For Each tbl In db.TableDefs
        With tbl
            Debug.Print String(Len(.Name), "-")
            Debug.Print .Name
            Debug.Print String(Len(.Name), "-")
            Debug.Print "DateCreated="; .DateCreated
            Debug.Print "LastUpdated="; .LastUpdated
            Debug.Print "SourceTableName="; .SourceTableName
            Debug.Print "Connect="; .Connect
            Debug.Print IIf(.Updatable, _
                    "Recordcount=" & .RecordCount, "Nicht Updatable")
            Debug.Print "ValidationRule="; .ValidationRule
            Debug.Print "ValidationText="; .ValidationText
            Debug.Print "ConflictTable="; .ConflictTable
            Debug.Print "Attributes="; fTabellenAttribute(tbl)

            ' Ausgabe des Indizes
            Debug.Print "Indexes:"
            On Error GoTo lblKeineBerechtigung
            For Each idx In tbl.Indexes
                With idx
                    Debug.Print Space(4); idx.Name
                    Debug.Print Space(4); String(Len(.Name), "-")
                    Debug.Print Space(8);
                    Debug.Print IIf(.Required, "Required ", "");
                    Debug.Print IIf(.IgnoreNulls, "IgnoreNulls", _
                                                    "");
                    Debug.Print IIf(.PRIMARY, "Primary ", "");
                    Debug.Print IIf(.Clustered, "Clustered ", "");
                    Debug.Print IIf(.UNIQUE, "Unique ", "");
                    Debug.Print IIf(.FOREIGN, "Foreign", "")
                    Debug.Print Space(8); "Indexfelder:"
                    Debug.Print Space(12);
```

```
            For Each fld In idx.Fields
                Debug.Print fld.Name; " ";
            Next
            Debug.Print
        End With
    Next
lblKeineBerechtigung:
        On Error GoTo 0
    End With
  Next
End Sub
```

Die im Programm benutzte Funktion `fTabellenAttribute()` wurde in Abschnitt 11.4, »Die Auflistung TableDef«, abgebildet und bearbeitet.

11.7 Die Auflistung Relations

Auch die zwischen den Tabellen definierten Relationen lassen sich aus der Auflistung `Relations` des Datenbankobjekts `Database` entnehmen. Für jede Relation werden die Namen der beiden Tabellen und der entsprechenden Felder der Beziehung abgelegt. Ein Attribut beschreibt die Art der Beziehung.

Die folgende Subroutine gibt alle Relationen, deren Attribute und Felder aus:

```
Sub RelationenListe()

    Dim db As DAO.Database
    Dim intI As Integer
    Dim intJ As Integer

    Set db = CurrentDb()

    For intI = 0 To db.Relations.Count - 1
        Debug.Print db.Relations(intI).Name
        Debug.Print fRelationsAttribute(db.Relations(intI))
        With db.Relations(intI)
            For intJ = 0 To .Fields.Count - 1
                Debug.Print .TABLE & "." & .Fields(intJ).Name & _
                    " <-> " & .ForeignTable & "." & _
                    .Fields(intJ).ForeignName
            Next
        End With
        Debug.Print
    Next
End Sub
```

Die Funktion fRelationsAttribute() wird zur Bestimmung der Relationsattribute verwendet; sie setzt die in der folgenden Tabelle aufgeführten Konstanten um.

Tabelle 11.7: Konstanten für Relationsattribute

Konstante	Beschreibung
dbRelationUnique	1:1-Beziehung
dbRelationDontEnforce	ohne referentielle Integrität
dbRelationInherited	Beziehung für eingebundene Tabellen
dbRelationUpdateCascade	Aktualisierungsweitergabe
dbRelationDeleteCascade	Löschweitergabe
dbRelationRight	1:n-Beziehung nach rechts
dbRelationLeft	1:n-Beziehung nach links

```
Function fRelationsAttribute(objRelation As DAO.Relation) As String

    Dim lngAttr As Long
    Dim strResult As String

    lngAttr = objRelation.Attributes

    If lngAttr And dbRelationRight Then
        strResult = "Rechts;"
    End If
    If lngAttr And dbRelationLeft Then
        strResult = strResult + "Links;"
    End If
    If lngAttr And dbRelationDeleteCascade Then
        strResult = strResult + "Lösch-Kaskade;"
    End If
    If lngAttr And dbRelationUpdateCascade Then
        strResult = strResult + "Update-Kaskade;"
    End If
    If lngAttr And dbRelationInherited Then
        strResult = strResult + "Übernommen von eingeb. Tabellen;"
    End If
    If lngAttr And dbRelationDontEnforce Then
        strResult = strResult + "Keine referentielle Integrität;"
    End If
```

```
If lngAttr And dbRelationUnique Then
    strResult = strResult + "1:1"
End If


RelationsAttribute = strResult

End Function
```

11.8 Die Auflistung Properties

Jedes Datenzugriffsobjekt besitzt eine `Properties`-Auflistung. In dieser Auflistung werden alle Eigenschaften eines Objekts verwaltet. In den Beispielen oben haben wir die `Properties`-Auflistung schon zur Abfrage der Objekteigenschaften eingesetzt.

! Properties: Sowohl für Microsoft Access-Objekte als auch für Datenzugriffsobjekte gibt es `Properties`-Auflistungen. Wenn Sie eine `Properties`-Auflistung durch eine Objektvariable des Typs `Properties` darstellen, verweist die Variable auf die Microsoft Access-Auflistung `Properties`, wenn im Dialogfeld zu *EXTRAS Verweise* die `Microsoft Access 9.0 Object Library`-Typ-Bibliothek in der Reihenfolge weiter oben als die `Microsoft DAO 3.6 Object Library`-Typ-Bibliothek aufgeführt ist. Wenn Sie dann versuchen, mit diesem `Properties`-Objekt auf die DAO-Auflistung `Properties` zu verweisen, erzeugt Microsoft Access einen Fehler, der angibt, dass die Typen nicht übereinstimmen.

Um sicherzustellen, dass ein `Properties`-Objekt auf die DAO-Auflistung `Properties` verweist, müssen Sie die `Properties`-Objektvariablen wie

```
Dim prps As DAO.Properties
```

aktualisieren. Access ermöglicht es, für Objekte benutzerdefinierte Eigenschaften zu erstellen, indem der `Properties`-Auflistung eines Objekts neue `Property`-Objekte zugefügt werden.

Ein Property-Objekt besitzt die in der folgenden Tabelle aufgeführten Eigenschaften.

Tabelle 11.8. Eigenschaften für Property Objekte

Konstante	Beschreibung
Name	gibt den Namen der Eigenschaft an.
Value	gibt den Wert der Eigenschaft an.
Type	liefert den Datentyp der Eigenschaft, z.B. dbLong oder dbText.
Inherited	ist ein Feld vom Typ dbBoolean, das anzeigt, ob die Eigenschaft von einem anderen Objekt ererbt wurde.

11.9 Die Auflistung Recordsets

Recordset-Objekte ermöglichen den Zugriff auf Daten in Tabellen und Abfragen. Eine ausführliche Beschreibung von Recordsets erhalten Sie in Kapitel 12, »Datenzugriff mit Recordsets und QueryDefs«.

11.10 Die Auflistung QueryDefs

Die QueryDefs-Auflistung aller QueryDef-Objekte umfasst sämtliche in der Datenbank gespeicherten Abfragen. In Kapitel 12, »Datenzugriff mit Recordsets und QueryDefs«, erläutern wir den Umgang mit QueryDef-Objekten.

Das folgende kurze Programm soll den Abfragetyp und die Namen aller Abfragen im Testfenster ausgeben. Dazu wird mit einer For Each-Schleife die gesamte QueryDefs-Auflistung durchlaufen. Der Typ der Abfrage wird mithilfe der Funktion QueryType() ermittelt:

```
Sub AbfrageTypen()

    Dim db As Database
    Dim qry As QueryDef

    Set db = CurrentDb()

    For Each qry In db.QueryDefs
        Debug.Print QueryType(qry); " - "; qry.Name
    Next
End Sub
```

Die Funktion zur Ermittlung des Abfragetyps nutzt die in der folgenden Tabelle aufgeführten Konstanten für QueryDef-Typen.

Tabelle 11.9: Konstanten für Abfragetypen

Konstante	Beschreibung
dbQSelect	Auswahlabfrage
dbQAction	Aktionsabfrage
dbQCrosstab	Kreuztabellenabfrage
dbQDelete	Löschabfrage
dbQUpdate	Aktualisierungsabfrage
dbQAppend	Anfügeabfrage
dbQMakeTable	Tabellenerstellungsabfrage
dbQDDL	Datendefinitionsabfrage
dbQSQLPassThrough	SQL-Pass-Through-Abfrage
dbQSetOperation	UNION-Abfrage
dbQSPTBulk	SQL-Pass-Through-Mengen-Abfrage

```
Function QueryType(qry As DAO.QueryDef) As String

    Select Case qry.Type
        Case dbQSelect:
            QueryType = "Auswahlabfrage"
        Case dbQAction:
            QueryType = "Aktionsabfrage"
        Case dbQCrosstab:
            QueryType = "Kreuztabellenabfrage"
        Case dbQDelete:
            QueryType = "Löschabfrage"
        Case dbQUpdate:
            QueryType = "Aktualisierungsabfrage"
        Case dbQAppend:
            QueryType = "Anfügeabfrage"
        Case dbQMakeTable:
            QueryType = "Tabellenerstellungsabfrage"
        Case dbQDDL:
            QueryType = "Datendefinitionsabfrage"
        Case dbQSQLPassThrough:
            QueryType = "SQL-Pass-Through-Abfrage"
        Case dbQSetOperation:
            QueryType = "UNION-Abfrage"
```

```
      Case dbQSPTBulk:
            QueryType = "SQL-Pass-Through-Mengen-Abfrage"
      End Select
End Function
```

11.11 Die Auflistung Parameters

Bei Parameterabfragen besitzt ein QueryDef-Objekt eine Parameters-Auflistung. In Kapitel 12, »Datenzugriff mit Recordsets und QueryDefs«, beschreiben wir Möglichkeiten für die Nutzung von Parameterobjekten.

11.12 Die Auflistungen Containers und Documents

Container- und Document-Objekte beinhalten andere Objekte. Sie werden in erster Linie zu Sicherheitszwecken eingesetzt. Das folgende Programm gibt im Textfenster alle Container der Containers-Auflistung und ihre Eigenschaften aus.

```
Sub AlleContainer()

    Dim con As DAO.Container
    Dim prp As DAO.Property

    For Each con In CurrentDb().Containers
        For Each prp In con.Properties
            If prp.Name = "Name" Then
                Debug.Print String(Len(prp.Value), "-")
                Debug.Print prp.Value
                Debug.Print String(Len(prp.Value), "-")
            Else
                Debug.Print prp.Name; " = "; prp.Value
            End If
        Next
        Debug.Print
    Next
End Sub
```

11.13 Die Auflistungen Groups und Users

Die Objekte Group und User werden in Kapitel 24, »Datensicherheit«, ausführlich besprochen.

11.14 Die Auflistung Connections

Die Auflistung Connections dient zur Verwaltung von Connection-Objekten, die für die Verbindung zu Remote-Datenbanken eingesetzt werden.

11.15 Datendefinition mit DAO

Access bietet Ihnen eine Reihe von Methoden für Datenzugriffsobjekte, um neue Datenbanken, Tabellen, Felder und vieles mehr anzulegen. Alle Methoden zum Erstellen neuer Objekte beginnen mit Create..., wie beispielsweise CreateDatabase() oder CreateTableDef().

Neben der Erstellung der neuen Objekte mit Methoden für Datenzugriffsobjekte können auch die Datendefinitionsbefehle von SQL zum Anlegen neuer Tabellen, Felder und anderer Objekte verwendet werden. Wir möchten Ihnen in diesem Abschnitt beide Vorgehensweisen beschreiben.

Für unser Beispiel soll im Verzeichnis C:\Eigene Dateien die Datenbank *LIEFE-RANTEN.MDB* erzeugt werden. Die Datenbank soll verschlüsselt abgelegt werden. In der Datenbank werden die Tabellen Lieferanten und Artikel angelegt. Die Lieferanten-Tabelle enthält die Felder LiefNr (AutoWert, Primärschlüssel) und Lieferant (Text, 255). Die Felder ArtNr (Autowert, Primärschlüssel), Artikel (Text, 50) und LiefNr (Long Integer) bilden die Tabelle Artikel. Zwischen den beiden Tabellen wird eine 1:n-Beziehung mit referentieller Integrität zwischen Lieferanten.LiefNr und Artikel.LiefNr aufgebaut.

11.15.1 Anlegen einer Datenbank mit DAO

Um Ihnen die Möglichkeiten der Datenzugriffsobjekte besser beschreiben zu können, haben wir die Funktion DatenbankAnlegen() programmiert, die die Methoden zur Erstellung von Objekten nutzt. Die Besonderheiten der einzelnen Methoden sollen im Anschluss daran erläutert werden.

```
Sub DatenbankAnlegen()

    Dim db As DAO.Database
    Dim wsp As DAO.Workspace
    Dim tblLieferanten As DAO.TableDef
    Dim tblArtikel As DAO.TableDef
    Dim rel As DAO.Relation
    Dim idx As DAO.Index
    Dim fld As DAO.Field

    Set wsp = DBEngine.Workspaces(0)

    ' Verschlüsselte Datenbank »Lieferanten« anlegen
    Set db = wsp.CreateDatabase("C:\Daten\Lieferanten.mdb", _
                             dbLangGeneral, dbEncrypt)

    ' Tabellen »Lieferanten« und »Artikel« anlegen
    Set tblLieferanten = db.CreateTableDef("Lieferanten")
    Set tblArtikel = db.CreateTableDef("Artikel")

    ' Datenfelder für »Lieferanten« anlegen
    With tblLieferanten
        Set fld = .CreateField("LiefNr", dbLong)
        ' Als AutoWert-Feld festlegen
        fld.Attributes = dbAutoIncrField
        ' An Auflistung Fields anhängen
        .Fields.Append fld
        Set fld = .CreateField("Lieferant", dbText, 255)
        .Fields.Append fld

        ' Index erstellen
        Set idx = .CREATEINDEX("PrimaryKey")
        Set fld = idx.CreateField("LiefNr")
        idx.PRIMARY = True
        idx.Required = True
        idx.Fields.Append fld
        ' An Auflistung Indexes anhängen
        .Indexes.Append idx
    End With
```

```
' Datenfelder für »Artikel« anlegen
With tblArtikel
    Set fld - .CreateField("ArtNr", dbLong)
    fld.Attributes = dbAutoIncrField
    .Fields.Append fld
    Set fld = .CreateField("Artikel", dbText, 50)
    .Fields.Append fld
    Set fld = .CreateField("LiefNr", dbLong)
    .Fields.Append fld

    Set idx = .CREATEINDEX("PrimaryKey")
    Set fld = idx.CreateField("ArtNr")
    idx.PRIMARY = True
    idx.Required = True
    idx.Fields.Append fld
    .Indexes.Append idx

    Set idx = .CREATEINDEX("LiefNr")
    Set fld = idx.CreateField("LiefNr")
    idx.Fields.Append fld
    .Indexes.Append idx
End With


' Beide Tabellen an Tabledefs-Auflistung anhängen
db.TableDefs.Append tblLieferanten
db.TableDefs.Append tblArtikel


'Relation definieren
Set rel = db.CreateRelation("relLiefNr", _
                            "Lieferanten", "Artikel")
With rel
    ' Feld der Primärtabelle bestimmen (in »Lieferanten«)
    ' standardmäßig mit referentieller Integrität
    Set fld = .CreateField("LiefNr")
    ' Fremdschlüssel-Feld bestimmen (in »Artikel«)
    fld.ForeignName = "LiefNr"
    .Fields.Append fld
End With
```

```
' An Auflistung Relations anhängen
db.Relations.Append rel

db.Close
End Sub
```

In unserem Programm wird die neue Datenbank mithilfe der Methode

```
Set Datenbank = Arbeitsbereich.CreateDatabase(Datenbankname, _
      Gebietsschema [,Optionen])
```

angelegt. Über den Parameter `Gebietsschema`, in unserem Beispiel mit `dbLang-General` festgelegt, werden länderspezifische Sortierkriterien definiert. `dbLang-General` deckt Deutsch, Englisch, Französisch, Italienisch, Portugiesisch und Spanisch ab. Weitere Konstanten für das Gebietsschema entnehmen Sie bitte der Online-Hilfe von Access. Durch die Option `dbEncrypt` wird die Datenbank verschlüsselt angelegt.

Eine mit `CreateDatabase()` erstellte Datenbank wird automatisch der Auflistung `Databases` des `Workspace`-Objekts hinzugefügt.

Die beiden Tabellen unseres Beispiels sind mit

```
Set Tabelle = Datenbank.CreateTableDef([Name [,Attribute
      [,Quelle [,Verbindung]]]])
```

erstellt worden. Sie können die Parameter entweder direkt mit angeben oder sie dem Tabellenobjekt nachträglich zuweisen, die beiden Befehlsfolgen

```
Set tblLieferanten = db.CreateTableDef("Lieferanten")
```

und

```
Set tblLieferanten = db.CreateTableDef()
tblLieferanten.Name = "Lieferanten"
```

sind also gleichwertig. Nachdem alle Einstellungen und Felder (mit `Create-Field()`, siehe unten) definiert sind, muss die neue Tabelle der TableDefs-Auflistung hinzugefügt werden. Der Befehl dazu lautet in unserem Beispiel

```
db.TableDefs.Append tblLieferanten
```

Die Methode *Auflistung*.`Append Objekt` ist für fast alle Auflistungen definiert und hängt ein neues Objekt an eine Auflistung an. Die Anwendung von `Append` ist nicht für alle Objekte möglich. Die folgende Tabelle gibt Aufschluss über die verschiedenen Varianten.

Tabelle 11.10: Recordset-Optionen

Objekt	Auflistung	Verwendung von *Append*
Workspace	Databases	*Append* ist nicht notwendig, da die neue Datenbank bei Erstellung automatisch der Auflistung angefügt wird.
Database	Containers	Niemals
Database	Recordsets	Recordsets werden automatisch verwaltet.
Container	Documents	Niemals
Index	Fields	*Append* wird verwendet, wenn das Index-Objekt ein neues und noch nicht angefügtes Objekt ist. Für einen bestehenden Index können keine neuen Felder hinzugefügt werden.
QueryDef	Fields	Die Felder sind über die SQL-Abfrage bestimmt.
QueryDef	Parameters	Die Parameter sind über die SQL-Abfrage definiert.
Recordset	Fields	Die Felder sind über die zugrunde liegende Tabelle oder Abfrage festgelegt.
Relation	Fields	*Append* wird beim Erstellen der Relation verwendet (hier irrt die Online-Hilfe von Access, denn dort ist angeben, dass das Feld der Relation niemals an die Auflistung Relation.Fields angehängt werden soll. Wird es aber nicht mit Append hinzugefügt, erscheint eine Fehlermeldung).
TableDef	Fields	Append wird verwendet, wenn die Updatable-Eigenschaft des TableDef-Objekts den Wert True hat.
TableDef	Indexes	*Append* wird verwendet, wenn die Updatable-Eigenschaft des TableDef-Objekts den Wert True hat.
Database, Field, Index, QueryDef, TableDef	Properties	*Append* wird verwendet, wenn das Database-, Field-, Index-, QueryDef- oder TableDef-Objekt beständig (persistent) ist.

Bevor ein neues `TableDef`-Objekt an die `TableDefs`-Auflistung angehängt werden kann, müssen Felder und Indizes bestimmt werden. Felder werden mit

```
Set Feld = Objekt.CreateField([Name [,Typ [,Größe]]])
```

eingerichtet, wobei Objekt für `TableDef`, `Index` und `Relation` stehen kann, denn diese drei Objekte beinhalten Feldauflistungen. Im Beispiel wurde mit den Zeilen

```
Set fld = tblLieferanten.CreateField("LiefNr", dbLong)
fld.Attributes = dbAutoIncrField
tblLieferanten.Fields.Append fld
```

das `AutoWert`-Feld »LiefNr« (`dbAutoIncrField`) vom Typ `Long Integer` erzeugt und an die `Fields`-Auflistung des Tabellenobjekts angehängt.

Nach der Festlegung der Felder können die Indizes des `TableDef`-Objekts erzeugt werden. Der Befehl lautet

```
Set Index = TableDef.CreateIndex([Name])
```

Im Beispiel wurde mit

```
Set idx = tblLieferanten.CREATEINDEX("PrimaryKey")
Set fld = idx.CreateField("LiefNr")
idx.PRIMARY = True
idx.Required = True
idx.Fields.Append fld
tblLieferanten.Indexes.Append idx
```

der Primärschlüssel für das Feld »LiefNr« definiert und angefügt.

Zuletzt wird im Beispiel die Beziehung zwischen den beiden Tabellen hergestellt. Die allgemeine Form des dazu notwendigen Befehls

```
Set Relation = Datenbank.CreateRelation([Name [,Tabelle _
        [,Fremdtabelle [,Attribute]]]])
```

wurde im Beispiel in der folgenden Form verwendet:

```
Set rel = db.CreateRelation("relLiefNr", _
                            "Lieferanten", "Artikel")
Set fld = rel.CreateField("LiefNr")
fld.ForeignName = "LiefNr"
rel.Fields.Append fld
db.Relations.Append rel
```

In Kurzform möchten wir Ihnen die restlichen Methoden zur Objekterzeugung erläutern. Mit

```
Set Workspace = CreateWorkspace(Name, Benutzer, Kennwort)
```

wird ein neuer Workspace geöffnet. Er muss der Workspaces-Auflistung nicht hinzugefügt werden. Für Workspaces lassen sich Benutzergruppen und Benutzer mit den folgenden Methoden generieren:

```
Set Group = Objekt.CreateGroup([Name [,PID]])
```

Objekt kann für Workspace oder User stehen, während bei der nächsten Methode anstelle von Objekt Workspace oder Group verwendet wird.

```
Set User = Objekt.CreateUser([Name [,PID [,Kennwort]]])
```

Neue Gruppen und neue Benutzer müssen mit Append an die jeweiligen Auflistungen angefügt werden.

Property-Objekte, also zusätzliche Eigenschaften, lassen sich für die Objekte Database, TableDef, Field, Index und QueryDef mit der Methode

```
Set Property = Objekt.CreateProperty([Name [,Typ [,Wert [,fDDL]]]])
```

erzeugen. Die neuen Objekte müssen der jeweiligen Properties-Auflistung zugefügt werden.

11.15.2 Anlegen einer Datenbank mit DAO und SQL

Das im vorherigen Abschnitt beschriebene Programm zur Erstellung einer Datenbank mit zwei Tabellen kann durch ein kurzes Programm ersetzt werden, das zwei SQL-Datendefinitionsabfragen zum Anlegen von Tabellen, Feldern, Indizes und Relationen verwendet. Wir verwenden für dieses Beispiel die SQL-Funktion CONSTRAINT, die zum Umfang von SQL-92 gehört. Access deckt eine Teilmenge der CONSTRAINT-Funktionalität von SQL-92 ab. Ein CONSTRAINT ist eine Einschränkung, also eine Art spezieller Index. Ein CONSTRAINT wird direkt mit dem Befehl CREATE TABLE verwendet, d.h., es muss kein zusätzlicher Index mit CREATE INDEX erzeugt werden. Über die CONSTRAINT-Klausel kann, wie in der zweiten Abfrage gezeigt, eine Beziehung direkt aufgebaut werden, indem mit dem Befehlswort REFERENCES auf eine andere Tabelle verwiesen wird.

In der aktuellen Datenbank wurden zwei SQL-Datendefinitionsabfragen erstellt. Die erste Abfrage mit dem Namen »qddlAnlegenLieferanten« lautet

```
CREATE TABLE Lieferanten (LiefNr AUTOINCREMENT CONSTRAINT PrimaryKey PRI-
MARY KEY, Lieferant TEXT(255));
```

die zweite Abfrage, unter »qddlAnlegenArtikel« abgelegt, besteht aus dem Befehl:

```
CREATE TABLE Artikel (ArtNr AUTOINCREMENT CONSTRAINT PrimaryKey PRIMARY
KEY, Artikel Text(50), LiefNr LONG CONSTRAINT relLiefNr REFERENCES Liefe-
ranten);
```

Das folgende Programm legt die neue Datenbank an und arbeitet die beiden SQL-Abfragen ab. Da Access nicht den Standard-SQL-Befehl `CREATE DATABASE` unterstützt, muss eine Datenbank mit dem DAO-Befehl `CreateDatabase()` angelegt werden.

Ein Problem möchten wir dabei noch ansprechen: Da die neuen Tabellen, Felder, Indizes und Beziehungen nicht in der aktuellen Datenbank erstellt werden sollen, muss in unserem Programm bestimmt werden, dass sich die Ausführung der SQL-Abfragen auf die neu erstellte Datenbank bezieht. Dazu wurden mithilfe von `CreateQueryDef()` beide SQL-Abfragen in die neue Datenbank transferiert.

Auf `QueryDef`-Objekte und die Methode `CreateQueryDef()` wird in Kapitel 12, »Datenzugriff mit Recordsets und QueryDefs«, ausführlich eingegangen.

```
Sub DatenbankAnlegenSQL()

    Const conQRYLief = "qddlAnlegenLieferanten"
    Const conQRYArt = "qddlAnlegenArtikel"

    Dim dbNew As DAO.Database
    Dim dbCurr As DAO.Database
    Dim ws As DAO.Workspace
    Dim qrySrc As DAO.QueryDef
    Dim qryDest As DAO.QueryDef

    Set wsp = DBEngine.Workspaces(0)

    ' Verschlüsselte Datenbank »Lieferanten« anlegen
    Set dbNew = wsp.CreateDatabase("C:\Daten\Lieferanten.mdb", _
                            dbLangGeneral, dbEncrypt)
    ' In CurrentDb stehen die vorgefertigten Abfragen
    Set dbCurr = CurrentDb()

    ' Erste Abfrage öffnen
    Set qrySrc = dbCurr.QueryDefs(conQRYLief)
    ' Neue Abfrage in dbNew erstellen, SQL von qrySrc übergeben
    Set qryDest = dbNew.CreateQueryDef(conQRYLief, qrySrc.SQL)
    ' Abfrage in dbNew ausführen
    qryDest.Execute
```

```
' Schritte wiederholen für zweite Abfrage
Set qrySrc = dbCurr.QueryDefs(conQRYArt)
Set qryDest = dbNew.CreateQueryDef(conQRYArt, qrySrc.SQL)
qryDest.Execute

dbNew.Close

End Sub
```

11.16 Laufzeitfehler bei Datenzugriffsobjekten

Laufzeitfehler, die bei der Arbeit mit Datenzugriffsobjekten (DAO) und ODBC-Verbindungen auftreten, werden in Access gesondert behandelt. In beiden Fällen besteht die Besonderheit, dass mehrere Fehler gleichzeitig auftreten können. Aus diesem Grund besitzt das Objekt DBEngine eine Errors-Auflistung, bestehend aus Error-Objekten.

11.16.1 Das Error-Objekt

Die Errors-Auflistung von DBEngine besteht aus Error-Objekten, die die in der folgenden Tabelle aufgeführten Eigenschaften aufweisen. Ein Error-Objekt besitzt keine Methoden.

Tabelle 11.11: Eigenschaften des Error-Objekts

Eigenschaft	Beschreibung
Number	Nummer des Fehlers
Description	Beschreibungstext für den Fehler
Source	gibt den Namen der Anwendung zurück, die den Fehler ausgelöst hat.
HelpFile	gibt die Hilfedatei an, aus der der Hilfetext zum Fehler entnommen wird.
HelpContext	Gibt die Kontextkennung in der Hilfedatei an.

11.16.2 Die Errors-Auflistung

In der Errors-Auflistung werden alle die Fehler aufgeführt, die bei einem DAO-oder ODBC-Problem aufgetreten sind. Durchlaufen Sie eine Errors-Auflistung mit For Each...Next, wie in

```
Sub DAOFehler()

    Dim rst As DAO.Recordset

    On Error GoTo DAOFehler_Err
    ' Fehler auslösen, da XYZ123 nicht vorhanden
    Set rst = CurrentDb.OpenRecordset("XYZ123")
    Exit Sub
DAOFehler_Err:
    Dim errObj As Error

    For Each errObj In DBEngine.Errors
        Debug.Print errObj.Description
    Next
End Sub
```

um alle DAO- bzw. ODBC-Fehlermeldungen zu erhalten. In Kapitel 18, »Multi-user-Zugriffe«, beschreiben wir, welche Möglichkeiten mithilfe von Transaktionen bestehen, bei einem DAO- oder ODBC-Fehler Änderungen an den Daten wieder rückgängig zu machen.

12 Datenzugriff mit Record-sets und QueryDefs

Die am häufigsten eingesetzten Datenzugriffsobjekte sind Recordsets und Query-Defs. Mit ihrer Hilfe werden die Daten in Tabellen und Abfragen gelesen, bearbeitet und gegebenenfalls geänderte Daten zurückgeschrieben.

12.1 Datenzugriff mit Recordsets

Der Zugriff auf Daten in Tabellen wird über Recordset-Objekte durchgeführt, die die Daten als Tabelle (Table), als Dynaset oder als Snapshot präsentieren können. Einem Recordset liegt immer eine Tabelle, eine Abfrage oder direkt ein SQL-Befehl zugrunde. Jedes Recordset erhält aufgrund der Datenbasis entsprechende Felder, die in einer Fields-Auflistung verwaltet werden. Recordset-Objekte werden durch Öffnen eines Recordsets erstellt und automatisch der Recordsets-Auflistung des Workspace-Objekts hinzugefügt.

Ein Recordset wird mithilfe des Befehls OpenRecordset() geöffnet. Die Methode kann in zwei Varianten genutzt werden, entweder

```
Set recordset = Datenbank.OpenRecordset(Quelle [,Typ [,Optionen]])
```

oder

```
Set recordset = Objekt.OpenRecordset([Typ [,Optionen]])
```

wobei Objekt ein Recordset-, QueryDef- oder TableDef-Objekt sein kann.

Der Typ eines Recordsets kann mithilfe einer der in der folgenden Tabelle aufgeführten Konstanten festgelegt werden. Die Vor- und Nachteile der einzelnen Typen werden weiter unten besprochen.

Tabelle 12.1: Recordset-Typen

Typ	Konstante	Beschreibung
Table	dbOpenTable	Zugriff auf lokale Tabelle, editierbar
Dynaset	dbOpenDynaset	Zugriff auf eingebundene Tabelle, Abfrage oder über SQL-Befehl, teilweise editierbar
Snapshot	dbOpenSnapshot	Zugriff auf eingebundene Tabelle, Abfrage oder über SQL-Befehl als Schnappschuss der Daten zu einem bestimmten Zeitpunkt, nicht bearbeitbar
Dynamic	dbOpenDynamic	Für ODBCDirect-Arbeitsbereiche kann ein Recordset dynamisch geöffnet werden (siehe Kapitel 23).

Geben Sie beim Öffnen des Dynasets keinen Typ an, weist Access automatisch einen passenden Typ zu. Geben Sie einen falschen Typ an, versuchen Sie beispielsweise, eine eingebundene Tabelle mit `dbOpenTable` zu öffnen, wird ein abfangbarer Laufzeitfehler ausgelöst.

Optional lassen sich die in Tabelle 12.2 dargestellten Optionen vereinbaren, dabei werden bei gleichzeitiger Festlegung mehrerer Optionen die Konstanten addiert.

Tabelle 12.2: Recordset-Optionen

Option	Beschreibung
dbDenyWrite	legt fest, dass keine Datensätze von anderen Benutzern hinzugefügt oder geändert werden können.
dbDenyRead	bestimmt, dass keine Datensätze von anderen Benutzern gelesen werden können (gilt nur für Table-Recordsets).
dbReadOnly	gibt an, dass aus dem Recordset nur gelesen werden kann.
dbAppendOnly	definiert, dass nur neue Datensätze angefügt werden können (nur Dynaset).
dbInconsistent	gibt an, dass inkonsistente Aktualisierungen zugelassen sind (nur Dynaset).
dbConsistent	gibt an, dass nur konsistente Aktualisierungen zugelassen sind (nur Dynaset).
dbForwardOnly	legt fest, dass ein Recordset vom Typ Snapshot nur vorwärts (mit MoveNext) durchlaufen werden kann.

Tabelle 12.2: Recordset-Optionen (Fortsetzung)

Option	Beschreibung
dbSQLPassThrough	definiert, dass eine SQL-Abfrage des Recordsets als SQL-Pass-Through an eine ODBC-Datenbank weitergegeben wird.
dbSeeChanges	definiert, dass ein Laufzeitfehler ausgelöst wird, wenn ein anderer Benutzer die Daten ändert, die in Bearbeitung sind.
dbRunAsync	führt eine asynchrone Abfrage aus (gilt nur für ODBCDirect-Arbeitsbereiche) (siehe Teil 7, »Client-Server-Verarbeitung mit Access«).
dbExecDirect	führt eine Abfrage durch Überspringen von SQLPrepare sowie dem direkten Aufrufen von SQLExecDirect aus (gilt nur für ODBCDirect-Arbeitsbereiche). Verwenden Sie diese Option nur, wenn Sie kein Recordset-Objekt öffnen, das auf einer Parameterabfrage basiert (siehe Teil 7).

Recordsets vom Typ Table

Mit einem Recordset vom Typ Table greifen Sie direkt auf eine lokale Tabelle zu, also eine in der aktuellen Datenbank abgelegte Tabelle. Die Daten der Tabelle können bearbeitet werden. Darüber hinaus nutzt Access die Indizes für schnelles Suchen mit der Methode Seek.

Recordsets vom Typ Dynaset

Ein Recordset vom Typ Dynaset besteht aus Zeigern (Pointers, Bookmarks) auf die Daten von Tabellen oder Abfragen, d.h., es wird nur ein eindeutiger Schlüssel für jeden Datensatz in den lokalen Speicher geladen. Die Daten können in den meisten Fällen editiert werden (siehe Kapitel 2).

Recordsets vom Typ Snapshot

Ein Snapshot repräsentiert eine Kopie der Daten zu einem bestimmten Zeitpunkt. Änderungen, die nach der Erstellung des Snapshot-Recordsets aufgetreten sind, werden nicht berücksichtigt. Die Daten in einem Snapshot können nicht bearbeitet werden. Eine besondere Variante des Snapshots ist der Vorwärts-Snapshot, der mithilfe der Konstante dbForwardOnly erzeugt wird. Ein solcher Snapshot kann nur von vorne nach hinten (beispielsweise mit MoveNext) durchlaufen werden. Insbesondere im Zusammenhang mit ODBC-Datenbanken kann mit einem Vorwärts-Snapshot eine Verbesserung der Zugriffsgeschwindigkeit erreicht werden.

Die folgenden Programmfragmente zeigen einige Varianten, wie Sie ein Recordset öffnen können.

Zuerst wird die Tabelle *tblCocktail* mit den Standardeinstellungen geöffnet. Liegt die Tabelle in der aktuellen Datenbank vor, kann sie mit dbOpenTable geöffnet werden, ist sie eingebunden, wird dbOpenDynaset benutzt.

```
Dim rst As DAO.Recordset
Dim db As DAO.Database
Set db = CurrentDb()
Set rst = db.OpenRecordset("tblCocktail")
```

Im zweiten Beispiel wird eine Abfrage mit der Option dbReadOnly geöffnet, d.h., die Daten der Abfrage können nur gelesen werden.

```
Dim rst As DAO.Recordset
Set rst = CurrentDb.OpenRecordset("qryAlkoholfrei", , dbReadOnly)
```

Die nächsten Zeilen laden die Daten der Tabelle *tblCocktail* nach dem Cocktailnamen sortiert.

```
Dim rst As DAO.Recordset
Set rst = CurrentDb.OpenRecordset("Select * From tblCocktail _
        Order By tblCocktail.Cocktail")
```

! Kompilierung: Wird der Methode OpenRecordset() eine SQL-Zeichenfolge übergeben, muss Access während der Abarbeitung des Programms die SQL-Befehle kompilieren. Verwenden Sie statt dessen eine gespeicherte Abfrage, so ist diese schon kompiliert. Oft werden SQL-Zeichenfolgen übergeben, wenn während des Programmlaufs die SQL-Zeichenfolge erst zusammengestellt wird. Versuchen Sie, an diesen Stellen möglichst mit Parameterabfragen zu arbeiten, um den Kompilierungsvorgang zu sparen, der insbesondere auf Systemen mit wenig Hauptspeicher fast immer ein Nachladen des SQL-Compilers von der Festplatte zur Folge hat.

Mit den Befehlen

```
Dim rst As DAO.Recordset
Dim db As DAO.Database
Set db = CurrentDb()
Set rst = db.OpenRecordset("qryAlkoholfrei", dbOpenSnapshot, _
            dbForwardOnly)
```

wird ein Vorwärts-Snapshot geöffnet. Weitere Varianten zum Öffnen von Recordsets finden Sie in Abschnitt 12.2, »Arbeiten mit QueryDefs«.

12.1.2 Methoden und Eigenschaften

Access bietet Ihnen eine Reihe von Methoden an, um die Position des aktuellen Datensatzes zu bestimmen. Die folgende Tabelle führt die wichtigsten Befehle zur Navigation durch ein Recordset bzw. zur Bearbeitung von Recordsets auf.

Tabelle 12.3: Recordset-Methoden

Methode	Beschreibung
MoveFirst	bewegt den Datensatzzeiger zum ersten Datensatz.
MoveLast	bewegt den Datensatzzeiger zum letzten Datensatz.
MoveNext	bewegt den Datensatzzeiger zum nächsten Datensatz.
MovePrevious	bewegt den Datensatzzeiger zum vorhergehenden Datensatz.
Move *Zeilen* [,*Start*]	bewegt die angegebene Anzahl von Zeilen, bei negativen Werten rückwärts, bei positiven vorwärts. Der optionale Parameter *Start* ist eine Zeichenfolge und kennzeichnet ein Lesezeichen (Bookmark).
FindFirst *Kriterien*	sucht den ersten Datensatz, der den Kriterien entspricht (siehe alle Find-Methoden in Abschnitt 12.1.5, »Suchen von Datensätzen«).
FindLast *Kriterien*	sucht den letzten Datensatz, der den Kriterien entspricht.
FindNext *Kriterien*	sucht den nächsten Datensatz, der den Kriterien entspricht.
FindPrevious *Kriterien*	sucht den vorhergehenden Datensatz, der den Kriterien entspricht.
Seek *Vergleich, Schlüssel1, Schlüssel2, ...*	sucht in einem indizierten Recordset vom Typ *Tabelle* (*table*).
AddNew	hängt einen neuen, leeren Datensatz an das Recordset an.
Edit	schaltet den aktuellen Datensatz in den Editiermodus.
Update	schreibt einen editierten oder neuen Datensatz.
Delete	löscht den aktuellen Datensatz.
CancelUpdate	bricht einen Edit- oder AddNew-Vorgang ab.
Requery	frischt den Recordset auf, also aktualisiert die Pointer-Liste im lokalen Arbeitsspeicher.

Tabelle 12.3: : Recordset-Methoden (Fortsetzung)

Methode	Beschreibung
GetRows	übernimmt Datensätze in ein Array.
Clone	klont ein Recordset.
Close	schließt das Recordset.

Tabelle 12.4: Recordset-Eigenschaften

Eigenschaft	Beschreibung
RecordCount	gibt die Anzahl der Datensätze im Recordset zurück. RecordCount ist erst dann aktuell, wenn mit MoveLast auf den letzten Datensatz gesprungen wurde.
BOF	(Begin Of File) ist dann wahr, wenn der Datensatzzeiger vor dem ersten Datensatz des Recordsets steht.
EOF	(End Of File) ist dann wahr, wenn der Datensatzzeiger hinter dem letzten Datensatz des Recordsets steht.
NoMatch	meldet eine ergebnislose Suche (siehe 12.1.5, »Suchen von Datensätzen«).
Bookmark	Lesezeichen (siehe 12.1.7, »Lesezeichen«)
AbsolutePosition	gibt die relative Datensatznummer des aktuellen Datensatzes im Recordset zurück.
PercentPosition	gibt einen Prozentwert zurück, der die ungefähre Position des aktuellen Datensatzes im Recordset wiedergibt. Die Eigenschaft PercentPosition ist vom Typ *Single*.
EditMode	gibt zurück, ob ein Datensatz bearbeitet wird.
Filter	definiert eine Filterbedingung.
Sort	legt ein Sortierkriterium fest.
Updatable	zeigt an, ob ein Recordset bearbeitbar ist (wenn wahr) oder nicht (wenn falsch).

12.1.3 Bewegen durch Recordsets

Zum Bewegen der Position des aktuellen Datensatzes stehen Ihnen die verschiedenen Move-Methoden zur Verfügung. Im Programm MoveMethoden() werden einige Varianten verwendet. Dort wird auch gezeigt, dass verschiedene Verfahren existieren, wie auf ein Feld eines Recordsets zugegriffen werden kann.

```
rst.Fields("FeldName").Value
```

lautet die vollständige Schreibweise, um auf den Inhalt des Feldes `FeldName` zuzugreifen. Da `Value` die Standardeigenschaft ist, reicht es aus

```
rst.Fields("FeldName")
```

zu schreiben. Noch kürzer kann ein Zugriff mit einem Ausrufezeichen in der Form

```
rst!FeldName
```

formuliert werden. Sollte der Feldname ein Leerzeichen enthalten, wird

```
rst![Feld Name]
```

in eckige Klammern eingeschlossen. Möglich ist es auch, die Felder des Recordsets mit

```
rst.Fields(Nr)
```

einfach durchzunummerieren. Dabei kann die Anzahl der Felder über `rst.Fields.Count` abgefragt werden, wie es das nächste Beispiel zeigt, das alle Felder des aktuellen Datensatzes eines Recordsets ausgibt.

```
Dim intI As Integer
For intI = 0 To rst.Fields.Count-1
      Debug.Print rst.Fields(intI)
Next
```

Einfacher kann die Schleife in der folgenden Form geschrieben werden:

```
Dim fld As DAO.Field
For Each fld In rst.Fields
      Debug.Print fld
Next
```

Für welche Variante Sie sich entscheiden, ist eine Frage des persönlichen Programmierstils. Viele Programmierer verwenden die Form `rst!FeldName`, da sie kurz ist und man aufgrund des Ausrufezeichens Feldnamen schnell erkennt.

```
Sub MoveMethoden()
    Dim db As DAO.Database
    Dim rst As DAO.Recordset

    Set db = CurrentDb()
    Set rst = db.OpenRecordset("qryAnzahlCocktailZutaten")

    ' Wiederhole bis zum Ende des Recordsets
    While Not rst.EOF
        Debug.Print rst!Cocktail;
        Debug.Print " mit "; rst("Anzahl von ZutatenNr");
        Debug.Print " Zutaten"
        rst.MoveNext
    Wend

    rst.MoveLast

    ' Wiederhole bis zum Anfang des Recordsets
    Do
        Debug.Print rst.Fields("Cocktail");
        Debug.Print " an Position "; rst.AbsolutePosition;
        Debug.Print " ("; Format(rst.PercentPosition / 100, "0%");
        Debug.Print ")"
        rst.MovePrevious
    Loop Until rst.BOF

    ' Jeden fünften Datensatz zeigen
    rst.MoveFirst
    While Not rst.EOF
        Debug.Print rst!Cocktail
        rst.Move 5
    Wend

    rst.Close
End Sub
```

Am Anfang und am Ende des Recordsets müssen Sie das Verhalten der Eigenschaften BOF und EOF sowie die Position des aktuellen Datensatzes beachten.

Ist die Position des aktuellen Datensatzes der letzte Datensatz des Recordsets und bewegen Sie den Positionszeiger mit MoveNext weiter, wird die Eigenschaft EOF wahr, d.h., sie erhält den Wert True. Es gibt jetzt keinen aktuellen Datensatz, denn der Positionszeiger enthält einen ungültigen Wert. Versuchen Sie jetzt, auf Daten des aktuellen Datensatzes zuzugreifen, erhalten Sie die folgende Fehlermeldung.

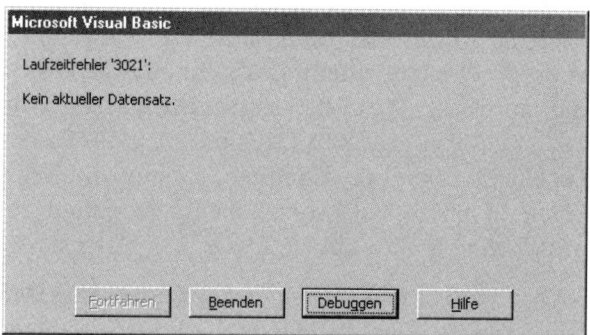

Bild 12.1: Fehlermeldung bei EOF- / BOF-Fehler

Die gleiche Fehlermeldung wird ausgegeben, wenn Sie versuchen, mit MoveNext noch weiter über das Ende hinauszugehen, d.h., wenn EOF wahr ist, führt jede Bewegung des Positionszeigers nach hinten zu einem Fehler. Laufzeitfehler wie »3021« können durch Fehlerroutinen abgefangen werden, wie wir sie in Kapitel 8, »Fehlersuche und -behandlung«, beschrieben haben.

Leere Recordsets

Mit der Befehlsfolge

```
...
If rst.BOF And rst.EOF Then
    ' Leeres Recordset
...
```

können Sie prüfen, ob ein Recordset Daten enthält. Sind sowohl die Eigenschaft BOF als auch EOF wahr, ist das Recordset folglich leer.

12.1.4 Die Anzahl der Datensätze

Die Anzahl der Datensätze eines Recordsets lässt sich mit der Eigenschaft RecordCount bestimmen. Hierbei werden Recordsets der Typen Table, Dynaset und Snapshot unterschiedlich behandelt.

Bei einem Snapshot gibt RecordCount immer die Anzahl der Datensätze des Snapshots zurück. Die Zahl kann sich im Laufe der Arbeit mit dem Snapshot nicht ändern, denn, auch wenn andere Benutzer die dem Snapshot zugrunde liegenden Daten modifizieren oder ergänzen, ändert sich der Snapshot nicht, da er eine Kopie der ursprünglichen Daten enthält.

Wird ein Recordset als Table geöffnet, also direkt eine lokale Tabelle verwendet, so gibt `RecordCount` die Anzahl der Datensätze zum Zeitpunkt des Öffnens an. Allerdings liefert `RecordCount` nur dann das richtige Ergebnis, wenn Sie vorher den Positionszeiger mit `MoveLast` auf den letzten Datensatz gerichtet haben, denn Access liest, insbesondere bei größeren Datenmengen, die Daten eines Dynasets nur portionsweise ein. Das `MoveLast`-Kommando kann bei großen Datenmengen einige Zeit benötigen. In diesem Falle sollten Sie Ihr Programm so schreiben, dass Sie ohne die Information über die aktuelle Anzahl der Datensätze auskommen.

Greift ein anderer Benutzer auf die Tabelle zu und fügt neue Datensätze ein, ändert sich der Wert von `RecordCount` nicht. Um die aktuelle Zahl der Datensätze zu erhalten, muss das Recordset geschlossen und wieder geöffnet werden. (So beschreibt es die Dokumentation von Microsoft. Wir hatten damit Schwierigkeiten, denn teilweise stand die geänderte Anzahl der Datensätze erst nach dem Schließen und erneuten Öffnen der gesamten Datenbank zur Verfügung.)

Für ein Dynaset werden, wie oben beschrieben, Zeiger auf die Daten im lokalen Speicher verwaltet. Fügen andere Benutzer Datensätze an Datenbanken an, welche die Grundlage eines Dynasets bilden, werden diese Änderungen nicht im Dynaset abgebildet, denn das Dynaset besitzt keine Zeiger auf die neuen Datensätze. Entsprechend gibt auch die Eigenschaft `RecordCount` nur die ursprüngliche Anzahl der Datensätze zurück.

Um Access zu veranlassen, die `RecordCount`-Eigenschaft auf den richtigen Stand zu bringen, muss die Methode `Requery` des Recordsets eingesetzt werden. `Requery` aktualisiert das Recordset, d.h., es baut die Tabelle mit Zeigern im lokalen Arbeitsspeicher neu auf.

Das folgende kleine Programm ermöglicht Ihnen den Test der `RecordCount`-Eigenschaft. Zum Testen empfehlen wir das folgende Szenario: In der aktuellen Datenbank erzeugen Sie eine Tabelle *tblTest* mit Feldern Ihrer Wahl. Rufen Sie dann Access erneut auf, sodass es zweimal geladen ist. Erstellen Sie im zweiten Access eine neue Datenbank und definieren Sie eine Verknüpfung mit der Tabelle *tblTest* in Ihrer ersten Datenbank. Sie haben so die Möglichkeit, Netzwerkzugriffe zu simulieren. Führen Sie nun das Programm `AnzahlDerDatensätze()` im ersten Access aus, können Sie die Tabelle *tblTest* im zweiten Access manipulieren.

```
Sub AnzahlDerDatensätze()

    Dim db As DAO.Database
```

```
Dim rst As DAO.Recordset
Dim intRes As Integer

Set db = CurrentDb()
Set rst = db.OpenRecordset("tblTest", dbOpenDynaset)

Do
    rst.MoveLast
    intRes = MsgBox("Anzahl Datensätze: " & rst.RecordCount & _
                                " -- Requery?", vbYesNoCancel)
    If intRes = vbYes Then
        rst.Requery
    End If
Loop Until intRes = vbCancel
rst.Close
End Sub
```

12.1.5 Suchen von Datensätzen

Für das Suchen von Datensätzen stehen Ihnen die Varianten

> Einschränken des Recordsets durch eine SQL-Abfrage mit WHERE-Klausel,

> Suchen mit der Find-Methode,

> Suchen mit der Seek-Methode und

> Setzen von Filterbedingungen

zur Verfügung. Das erste Verfahren sollten Sie bei der Arbeit mit Recordsets prinzipiell vorziehen. Es ist immer schneller und einfacher, die Auswahl der Datensätze von Access aufgrund einer Abfrage oder einer SQL-Zeichenfolge vornehmen zu lassen.

Die zweite Variante erlaubt das gezielte Auffinden von Datensätzen in Dynasets, Snapshots und Tables, während die Variante mit Seek nur für Recordsets vom Typ Table geeignet ist. Vom vierten Verfahren würden wir Ihnen eher abraten, denn es ist sehr langsam.

Suchen mit den Find-Methoden

Alle Find-Methoden arbeiten mit der gleichen Syntax wie die hier als Beispiel gezeigte FindFirst-Methode:

```
recordset.FindFirst Kriterium
```

wobei *Kriterium* für eine Zeichenfolge mit der Bedingung steht. Die einsetzbaren Bedingungen entsprechen denen der WHERE-Klausel von SQL-Abfragen, allerdings ohne das Befehlswort WHERE.

Das folgende Programmbeispiel zeigt die Anwendung der Methoden.

```
Sub FindMethoden()

    Dim db As DAO.Database
    Dim rst As DAO.Recordset
    Dim strKriterium As String

    Set db = CurrentDb()
    Set rst = db.OpenRecordset("qryAnzahlCocktailZutaten")

    strKriterium = "Cocktail Like 'C*'"
    rst.FindFirst strKriterium
    While Not rst.NoMatch
        Debug.Print rst("Cocktail")
        rst.FindNext strKriterium
    Wend

    rst.Close
End Sub
```

Beachten Sie bei der Zusammenstellung des Kriteriums für die Find-Methoden, dass hier eine Zeichenfolge übergeben werden muss.

Suchen in Recordsets vom Typ Table mit Seek

In Recordsets vom Typ Table können Sie die Methode Seek einsetzen, die eine beschleunigte Suche unter direkter Zuhilfenahme eines Indexes ermöglicht. Die Suche mit Seek ist sehr schnell, denn hier muss Access nicht selbst ermitteln, mit welchem Index die Suche am besten durchgeführt wird, sondern Sie geben den Index direkt an.

Trotzdem sind einige Nachteile für die Seek-Methode zu bedenken. Sie müssen den Namen des Indexes wissen, über den gesucht werden soll und der dann fest im Programm verankert wird. Übrigens hat der Primärschlüssel den Namen »PrimaryKey«. Über die Indexes-Auflistung können Sie die Namen der Indizes auch im Programm ermitteln. Des Weiteren erhalten Sie eine Fehlermeldung, wenn Sie die Seek-Methode auf Dynasets oder Snapshots anwenden.

```
Tabelle.Seek Vergleich, Schlüssel1, Schlüssel2, ...
```

lautet die allgemeine Form der Methode, wobei *Vergleich* eine der Zeichenfolgen "=", "<=", "<", ">=", ">" sein kann. Wenn der Index aus mehr als einem Feld zusammengesetzt ist, geben Sie entsprechend viele Suchwerte (Schlüssel) an.

Das folgende Programmbeispiel zeigt die Verwendung von Seek.

```
Sub SeekMethode()

    Dim db As DAO.Database
    Dim rst As DAO.Recordset

    Set db = CurrentDb()
    Set rst = db.OpenRecordset("tblCocktailLokal", dbOpenTable)

    ' Über Index Cocktail suchen
    rst.Index = "Cocktail"
    rst.Seek "=", "Bloody Mary"
    Debug.Print rst!CocktailNr, rst!Cocktail

    ' Über Primär-Index suchen
    rst.Index = "PrimaryKey"
    rst.Seek "=", 124
    Debug.Print rst!CocktailNr, rst!Cocktail

    rst.Close
End Sub
```

Setzen von Filterbedingungen

Mit einer Filterbedingung können Sie die Datensätze eines Recordsets einschränken, wobei Ihnen für den Filter die Möglichkeiten der WHERE-Klausel zur Verfügung stehen. Allerdings gelten diese Filtereinschränkungen nicht für das geöffnete Recordset, sondern nur für ein neues Recordset auf Basis des geöffneten. Es werden also nur die Datensätze gefiltert, die die Ergebnismenge des ersten Recordsets bilden. Filter können nicht für Table-Recordsets gesetzt werden. Das folgende Programm zeigt die Anwendung der Filter-Eigenschaft.

```
Sub RecordsetMitFilter()

    Dim db As DAO.Database
    Dim rst As DAO.Recordset
    Dim rst2 As DAO.Recordset
```

```
    Set db = CurrentDb()
    Set rst2 = db.OpenRecordset("qryAnzahlCocktailZutaten")
    rst2.Filter = "Cocktail like 'C*'"
    Set rst = rst2.OpenRecordset()

    ' Wiederhole bis zum Ende des Recordsets
    While Not rst.EOF
        Debug.Print rst!Cocktail;
        Debug.Print " mit "; rst("Anzahl von ZutatenNr");
        Debug.Print " Zutaten"
        rst.MoveNext
    Wend
    rst.Close
    rst2.Close
End Sub
```

Unserer Meinung nach ist es sinnvoller, ein ganz neues Recordset mit der erweiterten Bedingung anzulegen. Das folgende Programm verwendet dazu eine SQL-Abfrage mit der oben beschriebenen Filterbedingung, die auf der gespeicherten Abfrage basiert. Neben der insbesondere bei größeren Datenbeständen deutlich schnelleren Abarbeitung ist das Programm unserer Meinung nach auch besser lesbar.

```
Sub RecordsetOhneFilter()

    Dim db As DAO.Database
    Dim rst As DAO.Recordset

    Set db = CurrentDb()
    Set rst = db.OpenRecordset("Select * From _
            qryAnzahlCocktailZutaten Where Cocktail Like 'C*'")

    ' Wiederhole bis zum Ende des Recordsets
    While Not rst.EOF
        Debug.Print rst!Cocktail;
        Debug.Print " mit "; rst("Anzahl von ZutatenNr");
        Debug.Print " Zutaten"
        rst.MoveNext
    Wend
    rst.Close
End Sub
```

Eine interessante Methode im Zusammenhang mit Filtern ist `BuildCriteria()` zum Zusammenstellen einer Filterbedingung (siehe 15.2.6).

12.1.6 Sortieren von Recordsets

Bei der Sortierung von Recordsets müssen wiederum die Recordset-Typen Table, Dynaset und Snapshot unterschieden werden.

Sortierte Table-Recordsets

Nach dem Öffnen eines Recordsets vom Typ Table sind die Datensätze nach dem Primärschlüssel der zugrunde liegenden Tabelle geordnet. Um die Sortierung zu ändern, muss im Programm die Eigenschaft Index des Recordsets eingestellt werden, so wie dies schon in Abschnitt 12.1.5, »Suchen von Datensätzen«, beschrieben wurde. Diese Eigenschaft kann nur für Table-Recordsets eingestellt werden, anderenfalls kommt es zu einer Fehlermeldung. Durch Setzen der Index-Eigenschaft, z.B. in der Form

```
Dim rstTable As DAO.Recordset
Set rstTable = CurrentDb().OpenRecordset("tblCocktailLokal")
rstTable.Index "Cocktail"
```

liegen die Datensätze nach »Cocktail« sortiert vor.

Sortieren in Dynasets und Snapshots

Es stehen Ihnen für die Sortierung von Dynasets und Snapshots zwei unterschiedliche Verfahren zur Verfügung:

> Sortieren durch eine `ORDER BY`-Klausel in der SQL-Abfrage oder

> Sortieren mit der `Sort`-Eigenschaft des Recordsets.

Für die beiden Varianten gelten im Prinzip die gleichen Aussagen, wie wir sie in Abschnitt 12.1.5, »Suchen von Datensätzen«, für die `Filter`-Eigenschaft getroffen haben. Verwenden Sie nach Möglichkeit immer `ORDER BY` und verzichten Sie auf den Einsatz der Eigenschaft `Sort`.

12.1.7 Lesezeichen

Oft ist es in Programmen notwendig, sich die Position bestimmter Datensätze zu merken, um später darauf zurückkommen zu können. Access arbeitet mit so genannten Lesezeichen, englisch Bookmarks. Access führt für jeden Datensatz eines

Recordsets eine eindeutige Markierung. Diese Markierung kann in einer eigenen Variablen gespeichert werden, um so später als Sprungadresse zu dienen.

Lesezeichen sind nicht mit den Datensatznummern von dBase oder anderen Produkten vergleichbar, denn ihre Gültigkeit ist auf die Lebensdauer des Recordsets beschränkt. Ein Bookmark besitzt den Typ `String`, den Sie allerdings nicht beachten sollten, da er Access-intern festgelegt wird und sich in späteren Versionen ändern kann.

Nicht alle Recordsets ermöglichen das Setzen von Lesezeichen. Die Eigenschaft *Bookmarkable* des Recordsets zeigt die Lesezeichenunterstützung an.

Das folgende Programmfragment weist das Lesezeichen des aktuellen Datensatzes einer Variablen zu und setzt am Ende die Position des aktuellen Datensatzes auf den Datensatz, zu dem das gespeicherte Lesezeichen gehört.

```
Dim strLesezeichen As String
...
' Speichern des Lesezeichens
strLesezeichen = rst.Bookmark
...
rst.MoveFirst
...
' Sprung zurück
rst.Bookmark = strLesezeichen
```

12.1.8 Recordset-Daten bearbeiten

In Recordsets vom Typ `Table` und in bearbeitbaren Dynasets können Sie Veränderungen an den Daten vornehmen bzw. neue Datensätze hinzufügen.

Ob ein Dynaset bearbeitbar ist, können Sie mit der Eigenschaft `Updatable` des Recordsets ermitteln. Nicht bearbeitbare Dynasets und Snapshots liefern für `Updatable` den Wert `False` zurück.

Wir möchten in diesem Abschnitt nicht die Besonderheiten von Multiuser-Zugriffen auf Daten besprechen, da alle Fragen, die sich mit dem Sperren (Locking) von Daten beschäftigen, in Kapitel 18, »Multiuser-Zugriffe«, behandelt werden.

Verändern von Daten

Um den aktuellen Datensatz zu ändern, kopieren Sie mithilfe der Methode `Edit` die Daten in einen internen Puffer. Sind die Daten bearbeitet, wird die Änderung mit der `Update`-Methode geschrieben. Erst nach dem `Update` sind die Bearbeitungen dauerhaft gespeichert. Bewegen Sie vor dem Update den Positionszeiger zu einem anderen Datensatz, werden die Änderungen verworfen.

Das folgende Programm durchläuft die Datensätze und ändert überall den Inhalt des Feldes *CocktailGeändert* auf das aktuelle Datum.

```
Sub EditMethode()

    Dim db As DAO.Database
    Dim rst As DAO.Recordset

    Set db = CurrentDb()
    Set rst = db.OpenRecordset("tblCocktail")

    With rst
        If .Updatable Then
            While Not .EOF
                .Edit
                !CocktailGeändert = Now()
                .Update
                .MoveNext
            Wend
        End If
    End With
    rst.Close
End Sub
```

Wenn Sie versuchen, die Methode Edit auf ein Recordset anzuwenden, dessen Eigenschaft Updatable den Wert False hat, wird die folgende Fehlermeldung ausgegeben.

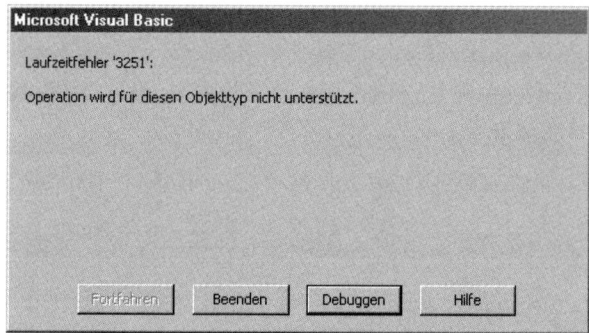

Bild 12.2: Fehlermeldung bei Anwendung der Methode Edit auf nicht bearbeitbaren Recordset

Neue Datensätze hinzufügen

Mithilfe der `AddNew`-Methode wird dem Recordset ein neuer Datensatz hinzugefügt. Durch den Aufruf von `AddNew` wird im internen Puffer ein leerer Datensatz
erzeugt. Leer heißt, dass alle Felder den Wert `Null` erhalten.

Anschließend können den Feldern Werte zugewiesen werden. Nach einem `Up-
date` werden die Daten in die zugrunde liegenden Tabellen geschrieben.

```
Sub AddNewMethode()

    Dim db As DAO.Database
    Dim rst As DAO.Recordset

    Set db = CurrentDb()
    Set rst = db.OpenRecordset("tblCocktailLokal")

    With rst
        If .Updatable Then
            .AddNew
            !Cocktail = "Klare Sache"
            !Alkoholgehalt = 0#
            !Zubereitung = "Eiswürfel ins Glas geben, " & _
                    "Mineralwasser darübergießen, nicht umrühren."
            .Update
        End If
    End With
    rst.Close
End Sub
```

Die Eigenschaft LastModified

Nach dem Bearbeiten eines Datensatzes mit `Edit` oder dem Hinzufügen mit `Add-
New` steht der Positionszeiger nach der Ausführung von `Update` auf dem zuletzt
aktuellen Datensatz. Möchten Sie später im Programm, wenn Sie den Positionszeiger weiterbewegt haben, zu dem zuletzt bearbeiteten Datensatz zurücksprin-
gen, können Sie dies mit

```
rst.Bookmark = rst.LastModified
```

durchführen. Alternativ können Sie auch

```
rst.Move 0, rst.LastModified
```

verwenden.

Status der Bearbeitung

Es kann sinnvoll sein, den Status der Bearbeitung abzufragen. Mithilfe der Eigenschaft EditMode können Sie den aktuellen Stand erfahren. Die folgende Tabelle führt die Werte auf, die die Eigenschaft annehmen kann.

Tabelle 12.5: Konstanten für den Bearbeitungsstatus

Option	Beschreibung
dbEditNone	gibt an, dass keine Bearbeitung eines Datensatzes durchgeführt wird.
dbEditInProgress	gibt an, dass der aktuelle Datensatz mit Edit bearbeitet wird, aber noch nicht gespeichert ist.
dbEditAdd	gibt an, dass ein neuer Datensatz hinzugefügt wurde, aber noch nicht gespeichert ist.

Datensätze löschen

Sie können den aktuellen Datensatz mithilfe der Methode Delete löschen. Der Positionszeiger verbleibt nach dem Löschvorgang auf dem gleichen, jetzt gelöschten Datensatz.

Löschen ist in Access endgültig, ein per Programm gelöschter Datensatz kann nicht wiederhergestellt werden. Es besteht allerdings eine Ausnahme, wenn Sie mit Transaktionen arbeiten, denn solange eine Transaktion nicht abgeschlossen ist, kann eine Löschung, die innerhalb der Transaktion stattfand, rückgängig gemacht werden. Mehr zu Transaktionen erfahren Sie in Kapitel 18, »Multiuser-Zugriffe«.

Oder doch besser SQL?

Wir möchten Ihnen zu bedenken geben, dass sich alle Änderungen an Datensätzen auch mit SQL vornehmen lassen. Der SQL-Befehl UPDATE ermöglicht die schnelle Änderung von Datensatzgruppen, mit INSERT INTO können Sie neue Datensätze aufnehmen. In Abschnitt 12.2.4, »Parameterabfragen«, finden Sie die Funktion Alkoholgehalt(), die einmal mit Move-Befehlen und einmal mit SQL gelöst wurde.

Insbesondere wenn Sie vorher mit dBase, FoxPro oder ähnlichen Datenbanken gearbeitet haben, sollten Sie sich mit den Möglichkeiten von SQL vertraut machen.

12.1.9 Weitere Recordset-Methoden

In diesem Abschnitt möchten wir Ihnen weitere Recordset-Methoden vorstellen.

Die Methode GetRows( )

Mithilfe der Recordset-Methode GetRows() kann die Ergebnismenge eines Recordsets ganz oder teilweise in ein zweidimensionales Feld übertragen werden. Dabei wird GetRows() als Parameter die Anzahl der in das Array aufzunehmenden Zeilen übergeben. Ist die Zahl höher als die Anzahl der Datensätze im Recordset, wird das Array entsprechend dimensioniert. Durch UBound(var,2) + 1 kann die tatsächlich übertragene Anzahl bestimmt werden. Damit die Funktion UBound() die korrekte Anzahl von Zeilen des zweidimensionalen Arrays zurückgibt, muss als zweiter Parameter die Anzahl der Dimensionen des Arrays übergeben werden, so wie es unten im Beispiel durch die Konstante conDimension durchgeführt wurde.

```
Sub FillArray()

    Const conDimension = 2

    Dim db As DAO.Database
    Dim rec As DAO.Recordset
    Dim varArr As Variant
    Dim intCount As Integer

    Set db = CurrentDb()
    Set rec = db.OpenRecordset("qryAnzahlCocktailZutaten", _
                                            dbOpenSnapshot)
    ' Einlesen des kompletten Recordsets, aktualisieren von RecordCount
    rec.MoveLast
    ' Zurück zum ersten Datensatz
    rec.MoveFirst
    ' Anfordern der Ergebnismenge des Recordsets
    varArr = rec.GetRows(rec.RecordCount)
    MsgBox Str(UBound(varArr, conDimension) + 1) & _
                    " Zeilen eingelesen."
    rec.Close

End Sub
```

Beachten Sie beim Übertragen von Daten, dass insbesondere Memo- und OLE-Objekt-Felder große Datenmengen beinhalten können, die dann mit `GetRows()` in den Hauptspeicher aufgenommen werden.

Versucht die `GetRows()`-Methode auf einen Datensatz zuzugreifen, der zwischenzeitlich gelöscht wurde, bricht `GetRows()` ab, d.h., nicht alle angeforderten Datensätze wurden übertragen. Überprüfen Sie daher mit

```
If UBound(varArr, conDimension) + 1 <> rec.RecordCount Then
        ' Nicht alle Datensätze eingelesen
End If
```

ob tatsächlich alle Datensätze im Array angekommen sind.

Die Methode Clone( )

Die `Clone()`-Methode erstellt eine identische Kopie eines Recordsets. Dies ist beispielsweise hilfreich, wenn Sie Daten zweier Datensätze des Recordsets gleichzeitig verarbeiten müssen. Im folgenden Beispiel wird ein Recordset `rec` Datensatz für Datensatz durchlaufen. Für jeden Datensatz wird in einer Kopie des Recordsets, also in der gleichen Ergebnismenge, nach Datensätzen gesucht, die die gleiche Kategorie wie der Datensatz des Original-Recordsets haben.

```
Sub TestRecordsetClone()

    Dim db As DAO.Database
    Dim rec As DAO.Recordset
    Dim recClone As DAO.Recordset

    Set db = CurrentDb()
    ' recordset enthält zwei Spalten: "CocktailNr" u. "KategorieNr"
    Set rec = db.OpenRecordset("tblCocktailKategorie", _
            dbOpenSnapshot)
    ' Recordset klonen
    Set recClone = rec.Clone()

    While Not rec.EOF
        With recClone
            .FindFirst "KategorieNr = " & rec!KategorieNr
            While Not .NoMatch
                Debug.Print rec!CocktailNr _
                        & " hat die gleiche Kategorie wie " _
                        & !CocktailNr
                .FindNext "KategorieNr = " & rec!KategorieNr
            Wend
```

```
        .MoveFirst
     End With
     rec.MoveNext
  Wend
  rec.Close
End Sub
```

Die Methode `Clone()` bietet einen weiteren Zugriff auf die gleichen Daten, Sie erhalten aber eine weitere aktuelle Zeile und ein weiteres Lesezeichen (`Bookmark`). Die Lesezeichen von Original und Klon sind austauschbar, d.h., eine Zuweisung wie `recClone.Bookmark = rec.Bookmark` ist zulässig.

Die Methode `Clone()` ist eng verwandt mit der Methode `RecordsetClone()` für Formulare. In Kapitel 15, »Formulare«, beschreiben wir den Einsatz von `RecordsetClone()`.

12.2 Arbeiten mit QueryDefs

Mit der `OpenRecordset`-Methode lassen sich, wie beschrieben, gespeicherte Auswahlabfragen öffnen oder SQL-Zeichenfolgen direkt eingeben. Für die Bearbeitung von Aktions-, Kreuztabellen-, Datendefinitions- und Parameterabfragen benötigen Sie `QueryDef`-Objekte.

12.2.1 Arbeiten mit QueryDef-Objekten

Wir möchten Ihnen an einem kurzen Beispiel den Einsatz einer Aktualisierungsabfrage in einem Programm erläutern. Auf die entsprechende gespeicherte Abfrage wird über ihren Namen zugegriffen. Jede gespeicherte Abfrage ist Bestandteil der `QueryDefs`-Auflistung. Liefern Abfragen keine Datensätze zurück, sondern führen sie eine Aktion durch, werden sie mit der Methode `Execute` ausgeführt.

```
Sub Aktionsabfragen()

    Dim db As DAO.Database
    Dim qry As DAO.QueryDef
    Dim rst As DAO.Recordset

    Set db = CurrentDb()
```

```
' Die Aktualisierungsabfrage "qupdAlkoholgehalt" bringt den
' Alkoholgehalt der Cocktails auf den neusten Stand
Set qry = db.QueryDefs("qupdAlkoholgehalt")

' Ausführen der Abfrage
qry.Execute

Debug.Print "Betroffene Datensätze: "; qry.RecordsAffected
End Sub
```

Versuchen Sie Auswahl-, Kreuztabellen- oder Union-Abfragen mit der Methode Execute auszuführen, erhalten Sie eine abfangbare Fehlermeldung. Das folgende Programm zeigt, wie aufgrund des Typs der Abfrage verzweigt werden kann.

```
Sub Abfragen()

    Dim db As DAO.Database
    Dim qry As DAO.QueryDef
    Dim rst As DAO.Recordset
    Dim fld As DAO.Field
    Dim strQry As String

    Set db = CurrentDb()

    strQry = InputBox("Name der Abfrage")
    Set qry = db.QueryDefs(strQry)
    If qry.Type = dbQSelect Or qry.Type = dbQSetOperation _
                        Or qry.Type = dbQCrosstab Then
        Set rst = qry.OpenRecordset()
        While Not rst.EOF
            For Each fld In rst.Fields
                Debug.Print fld;
            Next
            Debug.Print
            rst.MoveNext
        Wend
        rst.Close
    Else
        qry.Execute
        Debug.Print "Betroffene Datensätze: "; qry.RecordsAffected
    End If
End Sub
```

Der Methode Execute kann ein Parameter mitgegeben werden, der die Aktionsabfrage steuert. Die folgende Tabelle zeigt die entsprechenden Konstanten.

Tabelle 12.6: Konstanten für Aktionsabfragen

Eigenschaft	Beschreibung
dbDenyWrite	verhindert, dass andere Benutzer während der Abfrage schreibend auf die der Abfrage zugrunde liegenden Tabellen zugreifen können.
dbInconsistent	führt auch inkonsistente Aktualisierungen durch. Dieses ist die Standardeinstellung.
dbConsistent	erzwingt konsistente Aktualisierungen.
dbSQLPassThrough	sorgt dafür, dass die SQL-Anweisung zur Verarbeitung an eine ODBC-Datenbank weitergereicht wird.
dbFailOnError	setzt Aktualisierungen zurück, wenn ein Fehler auftritt.
dbSeeChanges	löst einen Laufzeitfehler aus, wenn ein anderer Benutzer Daten ändert, die von der Abfrage bearbeitet werden.

Wichtig ist insbesondere die Konstante dbFailOnError. Durch sie werden beim
Auftreten eines Fehlers alle Änderungen, die die Aktionsabfrage bis zum Zeitpunkt des Fehlers durchgeführt hat, wieder zurückgesetzt.

Direkter Einsatz

Eine Aktionsabfrage lässt sich direkt ausführen, d.h., Sie geben dazu der Methode Execute() die in SQL formulierte Abfrage als Parameter mit. Es handelt
sich hierbei allerdings um eine Methode der Datenbank, nicht um die eines
QueryDef-Objektes.

Im folgenden Beispiel werden alle Datensätze gelöscht, für die die angegebene
Bedingung zutrifft.

```
Sub DirekteAktionsabfrage()

    Dim db As DAO.Database

    Set db = CurrentDb()
    db.Execute( _
        "DELETE * FROM tblCocktail WHERE CocktailNr > 1000;")

End Sub
```

Erweiterte Löschabfrage

Das nächste Beispiel führt eine Löschabfrage aus. Die Besonderheit der Subroutine liegt in der Verwendung einer benutzerdefinierten Eigenschaft. In dieser soll abgelegt werden, wann die Löschabfrage zuletzt durchgeführt wurde. An die Properties-Auflistung des QueryDef-Objektes wird dazu die Eigenschaft »Letzte Ausführung« angehängt. Als Inhalt der Eigenschaft soll das aktuelle Datum der Ausführung gespeichert werden. Das Datum wird über die Funktion Now() abgefragt.

In einer Anwendung könnte die Nutzung der benutzerdefinierten Eigenschaft beispielsweise erfolgen, um in bestimmten Zeitabständen die Löschabfrage zu starten, beispielsweise *n* Tage nach der letzten Durchführung. Beachten Sie dabei bitte, dass ein Fehler ausgelöst wird, wenn Sie auf eine nicht definierte Eigenschaft zugreifen.

```
Sub Löschabfrage()

    Const conLetzteAusführung = "Letzte Ausführung"

    Dim db As DAO.Database
    Dim qry As DAO.QueryDef
    Dim rst As DAO.Recordset
    Dim LastUse As DAO.Property
    Dim strQry As String
    Dim ysnProp As Boolean

    Set db = CurrentDb()

    strQry = "qdelDuplicate"
    Set qry = db.QueryDefs(strQry)

    ysnProp = False
    ' Fehlererkennung ausschalten
    On Error Resume Next
    ' Wenn Eigenschaft nicht vorhanden, tritt ein Fehler auf,
    ' der ignoriert wird
    ' Ist die Eigenschaft vorhanden, wird ysnProp immer True
    ysnProp = (qry.Properties(conLetzteAusführung).Name) Or True
    ' Fehlererkennung einschalten
    On Error GoTo 0
```

```
If Not ysnProp Then
    ' Eigenschaft erstellen
    Set LastUse = qry.CreateProperty(conLetzteAusführung, _
                        dbDate, Now())
    ' An Auflistung anhängen
    qry.Properties.Append LastUse
Else
    qry.Properties(conLetzteAusführung) = Now()
End If
Debug.Print qry.Properties(conLetzteAusführung).Name, _
            qry.Properties(conLetzteAusführung)
' Löschen durchführen
qry.Execute
Debug.Print qry.RecordsAffected; " Datensätze gelöscht!"

End Sub
```

Die Überprüfung, ob eine benutzerdefinierte Eigenschaft für eine Abfrage (oder ein anderes Objekt) festgelegt ist, kann auf zwei verschiedene Arten erfolgen. Zum einen kann die gesamte Properties-Auflistung daraufhin durchsucht werden, ob eine der Eigenschaften den gesuchten Namen hat.

```
...
Dim prp As DAO.Property

ysnProp = False
For Each prp In qry.Properties
    If prp.Name = "Letzte Ausführung" Then ysnProp = True
Next
...
```

Oder Sie nutzen den Fehler, der beim Zugriff auf eine nicht vorhandene Eigenschaft entsteht. Vor dem Ansprechen der Eigenschaft wird die Fehlererkennung mit On Error Resume Next in der Form ausgeschaltet, dass beim Auftreten eines Fehlers mit der im Programm folgenden Zeile fortgefahren wird. Danach wird die Eigenschaft aufgerufen. Hier im Beispiel wird der Name der Eigenschaft angesprochen, aber ignoriert, denn ysnProp erhält, falls kein Fehler aufgetreten ist, immer den Wert True.

```
...
ysnProp = False
On Error Resume Next
ysnProp = (qry.Properties(conLetzteAusführung).Name) Or True
On Error GoTo 0
...
```

Übrigens, führen Sie die Löschabfrage direkt aus Access unter Umgehung des beschriebenen Programms aus, wird die benutzerdefinierte Eigenschaft nicht aktualisiert.

12.2.2 Eigenschaften von QueryDef-Objekten

QueryDef-Objekte verfügen über eine Vielzahl von Eigenschaften, die in der folgenden Tabelle aufgeführt sind.

Tabelle 12.7: QueryDef-Eigenschaften

Eigenschaft	Beschreibung
DateCreated	liefert das Erstellungsdatum.
LastUpdated	gibt das Datum der letzten Änderung zurück.
Name	gibt den Namen der Abfrage an.
Number	liefert einen numerischen Fehlerwert. Die Eigenschaft kann verwendet werden, um einen in einer Abfrage aufgetretenen Fehler zu analysieren.
ODBCTimeout	gibt die Wartezeit bei ODBC-Zugriffen an.
RecordsAffected	gibt die Anzahl der Datensätze zurück, die von der Abfrage betroffen sind.
ReturnsRecords	gibt eine für ODBC-Abfrage Datensätze zurück, wenn wahr; gilt nur für SQL-Pass-Through-Abfragen.
SQL	gibt eine SQL-Zeichenfolge an.
Type	gibt den Typ der Abfrage an.
Updatable	gibt an, dass das Dynaset der Abfrage bearbeitbar ist, wenn Updatable wahr ist.

12.2.3 Erstellen von QueryDef-Objekten

Mit der Methode `CreateQueryDef()` erstellen Sie neue QueryDef-Objekte. Die Objekte können dauerhaft angelegt werden, sodass sie anschließend im Abfragenfenster zur Verfügung stehen, oder temporär, d.h., sie werden nicht gespeichert. Die allgemeine Form der Methode lautet

```
Set Query = Datenbank.CreateQueryDef([Name][,SQLText])
```

Das folgende Beispiel zeigt die Anwendung der Methode.

```
Sub QueryErstellen()

    Dim db As DAO.Database
    Dim qry As DAO.QueryDef
    Dim rst As DAO.Recordset
    Dim fld As DAO.Field

    Set db = CurrentDb()
    Set qry = db.CreateQueryDef("qryCocktailSortiert", _
                "SELECT * FROM tblCocktail ORDER BY Cocktail;")
    Set rst = qry.OpenRecordset()
    While Not rst.EOF
        For Each fld In rst.Fields
            Debug.Print fld; " / ";
        Next
        Debug.Print
        rst.MoveNext
    Wend
    rst.Close
End Sub
```

Soll die neue Abfrage, also das QueryDef-Objekt, nur temporär erstellt werden, so muss als Name der Abfrage eine leere Zeichenfolge "" angegeben werden. Temporäre QueryDefs werden im Speicher erstellt, d.h., sie werden nicht in der Datenbank gespeichert. Wird die Funktion oder Prozedur beendet, in der ein temporäres QueryDef-Objekt verwendet wird, entfernt Access das Objekt automatisch.

12.2.4 Parameterabfragen

Mit dem folgenden ausführlichen Beispiel möchten wir Ihnen die Arbeit mit Parameterabfragen beschreiben. Die Parameter einer Abfrage können aus Ihrem Programm heraus gefüllt werden.

Parameterabfragen lassen sich nicht direkt in der `OpenRecordset`-Methode verwenden, sondern Sie müssen immer zuerst ein `QueryDef`-Objekt erzeugen und die Parameter setzen.

Jede Parameterabfrage besitzt eine `Parameters`-Auflistung, in der die einzelnen Parameter beschrieben sind. Jedes Parameterobjekt verfügt über die Eigenschaften `Name`, `Type` und `Value`.

Um die Parameter zu setzen, können Sie verschiedene Schreibweisen verwenden, die verallgemeinert die im Folgenden aufgeführten Formen haben. Die vollständige Schreibweise lautet

```
qry.PARAMETERS("ParName").Value = Wert
```

wobei *Wert* für eine Zahl, einen String oder einen anderen Typ stehen kann. Da `Value` die Standardeigenschaft ist, kann `.Value` wie in

```
qry.PARAMETERS("ParName") = Wert
```

weggelassen werden. Access gibt sich auch mit

```
qry("ParName") = Wert
```

zufrieden. Sie können die Parameter auch durchzählen und

```
qry.PARAMETERS(0) = Wert
```

verwenden. Für das erste Beispiel möchten wir Ihnen zuerst die SQL-Zeichenfolge der Abfrage »qryParameter« darstellen, damit Sie das Programm besser lesen können.

```
SELECT DISTINCTROW tblCocktail.Cocktail, tblCocktail.Zubereitung
FROM tblCocktail
WHERE tblCocktail.CocktailErfasst < [Geben Sie ein Datum an:];
```

Genutzt wird die Abfrage von folgendem Programm:

```
Sub ParameterQuery()

    Dim db As DAO.Database
    Dim qry As DAO.QueryDef
    Dim rst As DAO.Recordset
    Dim fld As DAO.Field

    Dim strTabelle As String
```

```
' Aktuelle Datenbank benutzen
Set db = CurrentDb()

' Abfrage öffnen
strTabelle = "qryParameter"
Set qry = db.QueryDefs(strTabelle)

' Parameter direkt setzen
qry("Geben Sie ein Datum an:") = #5/11/97#

' Öffnen des Recordsets auf Basis des Query-Objekts
Set rst = qry.OpenRecordset()

' Datensätze im Testfenster ausgeben
Do
    ' Die Inhalte der Felder ausgeben, durch »-« getrennt
    For Each fld In rst.Fields
        Debug.Print fld.Value; " - ";
    Next
    ' Neue Zeile erzeugen
    Debug.Print
    rst.MoveNext
Loop While Not rst.EOF

rst.Close
End Sub
```

Im folgenden Programmfragment werden alle für eine Abfrage definierten Parameter nacheinander in einer Inputbox abgefragt.

```
Dim qry As DAO.QueryDef
Dim par As DAO.Parameter
...
For Each par In qry.Parameters
    strParameter = InputBox(par.Name)
    par = strParameter
Next
...
```

Als weiteres Beispiel für eine Parameterabfrage soll die folgende Funktion den Alkoholgehalt eines Cocktails bestimmen. Dafür wird anhand der Zutaten die

Gesamtmenge an Flüssigkeit bestimmt, deren Alkoholanteil ermittelt und in Prozent angegeben.

Die folgende Auswahlabfrage selektiert die Menge, die Einheit, den Umrechnungsfaktor, um die Mengenangabe in cl zu erhalten, und den Alkoholgehalt für eine Zutat. Um der Abfrage die Cocktailnummer zu übergeben, haben wir den Parameter *paraCocktailNr* als Kriterium für das Feld *CocktailNr* vereinbart. Die Auswahlabfrage wurde unter dem Namen *qryAlkoholgehalt* abgespeichert.

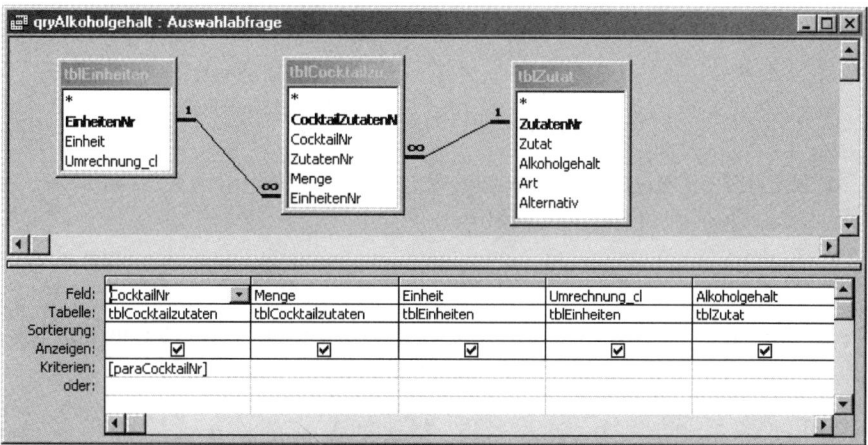

Bild 12.3: Definition der Auswahlabfrage

Zur besseren Anschauung finden Sie im Folgenden den SQL-Befehl, der der obigen Abfrage zugrunde liegt.

```
SELECT DISTINCTROW tblCocktailzutaten.CocktailNr,
tblCocktailzutaten.Menge,
tblEinheiten.Einheit, tblEinheiten.Umrechnung_cl, tblZutat.Alkoholgehalt
FROM tblZutat
INNER JOIN (tblEinheiten
INNER JOIN tblCocktailzutaten
ON tblEinheiten.EinheitenNr = tblCocktailzutaten.EinheitenNr)
ON tblZutat.ZutatenNr = tblCocktailzutaten.ZutatenNr
WHERE (tblCocktailzutaten.CocktailNr = [paraCocktailNr]);
```

Der Funktion `Alkoholgehalt()` wird als Parameter die Nummer des Cocktails übergeben. Der Rückgabewert ist vom Typ `Double`. Gibt die Funktion beispielsweise den Wert 0,25 zurück, weist der entsprechende Cocktail 25% Alkohol auf.

Die Cocktailnummer der Tabelle *tblCocktail*, auf die sich alle Cocktailnummern beziehen, ist als *AutoWert* definiert. Autowerte sind vom Typ `Long Integer`, d.h., in Visual Basic wird die entsprechende Variable als `Long` vereinbart.

Die vorbereitete Abfrage »qryAlkoholgehalt« gibt *n* Zeilen mit Zutaten zurück. In einer Schleife muss die Flüssigkeits- und die Alkoholmenge aufaddiert werden. Mithilfe des Befehls

```
Set qdfAlk = CurrentDb().QueryDefs("qryAlkoholgehalt")
```

wird die benannte Auswahlabfrage geöffnet. Der Parameter `paraCocktailNr`, der in der Abfrage als Kriterium für die `CocktailNr` eingetragen wurde, wird mit

```
qdfAlk("paraCocktailNr") = lngCocktailNr
```

gesetzt. Um auf die Ergebnisdatensätze zugreifen zu können, wird ein Recordset auf Basis des QueryDefs `qdfAlk` geöffnet.

```
Set recAlk = qdfAlk.OpenRecordset()
```

Die folgende Schleife durchwandert die von der Abfrage gefundenen Zutaten des Cocktails mit `MoveNext`, bis das Ende der Abfrage (`EOF`) erreicht ist.

```
Function Alkoholgehalt(lngCocktailNr As Long) As Double
' Bestimmung des Alkoholgehalts für einen Cocktail
' input:    CocktailNr
' output:   Alkoholgehalt in Prozent

    Dim qdfAlk As DAO.QueryDef
    Dim recAlk As DAO.Recordset
    Dim dblGesamtMenge As Double
    Dim dblMenge As Double
    Dim dblAlkohol As Double

    ' Sicherheitshalber beide Werte gleich 0 setzen
    dblAlkohol = 0
    dblGesamtMenge = 0
    ' Öffnen der Parameterabfrage
    Set qdfAlk = CurrentDb().QueryDefs("qryAlkoholgehalt")
    ' Setzen des Parameters zur Auswahl des Cocktails
    qdfAlk("paraCocktailNr") = lngCocktailNr
    ' Öffnen des Recordsets
    Set recAlk = qdfAlk.OpenRecordset()
```

```
' Keine Datensätze gefunden
If recAlk.BOF And recAlk.EOF Then
    Alkoholgehalt = 0
    Exit Function
End If


Do
    ' Alle Felder mit Werten?
    If Not IsNull(recAlk("Menge")) And _
       Not IsNull(recAlk("Umrechnung_cl")) And _
       Not IsNull(recAlk("Alkoholgehalt")) Then
         ' Zwischenrechnung der Menge in cl
         dblMenge = recAlk("Menge") * recAlk("Umrechnung_cl")
         ' Gesamtmenge berechnen
         dblGesamtMenge = dblGesamtMenge + dblMenge
         ' Alkoholmenge berechnen
         dblAlkohol = dblAlkohol + dblMenge * _
                              recAlk("Alkoholgehalt")
    End If
    ' Nächster Datensatz
    recAlk.MoveNext
Loop Until recAlk.EOF  ' Ende des Recordsets?

recAlk.Close
qdfAlk.Close

Alkoholgehalt = dblAlkohol / dblGesamtMenge

End Function
```

Wir haben (bisher) keine Fehlerbehandlung in der Funktion realisiert. Fehler können in dieser Funktion in erster Linie durch Inkonsistenzen in den Daten auftreten. Sollte beispielsweise für eines der Felder der Wert Null vorkommen, kann Access diesen Wert nicht in einer Rechenoperation verwerten. Wir führen in der Funktion die Berechnung des Alkoholgehalts nur durch, wenn alle benötigten Werte verschieden von Null sind. Alternativ ließe sich auch die VBA-Funktion Nz() einsetzen, die aus einem Nullwert den Zahlenwert 0 macht.

Die Funktion errechnet den Alkoholgehalt, indem die entsprechenden Datensätze mit MoveNext durchlaufen werden. Wir möchten Ihnen nun eine Version der Funktion vorstellen, in der die Berechnung des Alkoholgehalts in der SQL-Abfrage durchgeführt wird. Einer der Vorteile, die Rechnung mit SQL auszuführen, liegt in der Behandlung von Nullwerten, die in SQL-Berechnungen automatisch mit dem Zahlenwert 0 kalkuliert werden.

Die neue, geänderte Abfrage

```
SELECT DISTINCTROW tblCocktailzutaten.CocktailNr,
Sum([menge]*[tblZutat].[alkoholgehalt]*[umrechnung_cl]) AS AlkMenge,
Sum([menge]*[umrechnung_cl]) AS Gesamtmenge, [AlkMenge]/[Gesamtmenge] AS
Alkohol
FROM tblZutat INNER JOIN (tblEinheiten INNER JOIN tblCocktailzutaten ON
tblEinheiten.EinheitenNr = tblCocktailzutaten.EinheitenNr) ON
tblZutat.ZutatenNr = tblCocktailzutaten.ZutatenNr
GROUP BY tblCocktailzutaten.CocktailNr
HAVING tblCocktailzutaten.CocktailNr = [paraCocktailNr];
```

führt die gesamte Berechnung in den Ausgabefeldern durch. Die Abfrage wurde als »qryAlkoholgehalt 2« abgelegt. Die Funktion zur Errechnung des Alkoholgehalts eines bestimmten Cocktails hat sich jetzt vereinfacht.

```
Function AlkoholgehaltSQL(lngCocktailNr As Long) As Double
' Bestimmung des Alkoholgehalts für einen Cocktail, 2. Variante
' input:     CocktailNr
' output:    Alkoholgehalt in Prozent

    Dim qdfAlk As DAO.QueryDef
    Dim recAlk As DAO.Recordset

    ' Öffnen der Parameterabfrage
    Set qdfAlk = CurrentDb.QueryDefs("qryAlkoholgehalt 2")
    ' Setzen des Parameters zur Auswahl des Cocktails
    qdfAlk("paraCocktailNr") = lngCocktailNr
    ' Öffnen des Recordsets
    Set recAlk = qdfAlk.OpenRecordset()

    ' Keine Datensätze gefunden
    If recAlk.BOF And recAlk.EOF Then
        Alkoholgehalt = 0
        Exit Function
    End If
```

```
' Ergebnis besteht nur aus einem Datensatz
Alkoholgehalt2 = recAlk("Alkohol")

recAlk.Close
qdfAlk.Close
End Function
```

12.3 Schneller, schneller, schneller

Für die meisten Anwendungen spielen die Antwortzeiten eine entscheidende Rolle. Wir möchten Ihnen im Folgenden eine Reihe von Hinweisen für die Leistungsoptimierung von Datenbankzugriffen geben.

1. Lassen Sie Access die Arbeit machen! Nutzen Sie die Möglichkeiten von SQL und vermeiden Sie, insbesondere bei eingebundenen Tabellen oder ODBC-Zugriffen, Move- und Find-Methoden.

2. Nutzen Sie vorkompilierte Abfragen, d.h., vermeiden Sie den Aufruf des SQL-Compilers, der immer benötigt wird, wenn Sie einem OpenRecordset()-Aufruf eine SQL-Zeichenfolge übergeben.

3. Setzen Sie, wenn möglich, Snapshots ein.

4. Greifen Sie im Einzelplatzbetrieb direkt auf die Tabellen zu (dbOpenTable).

5. Vermeiden Sie Wie (Like) in SQL-Abfragen, insbesondere in der Form Feld Like "*BCD" oder Feld Like "?BCD", da hier der SQL-Optimierer aufgrund des Platzhalters zu Beginn der Vergleichszeichenfolge nicht zum Einsatz kommen kann.

6. Geben Sie in einer Abfrage nur die Felder aus, die wirklich benötigt werden, um die Menge der Daten gering zu halten.

7. Nutzen Sie in SQL-Abfragen die IIF()-Funktion zur Auswertung, anstatt entsprechende Vergleiche in Ihrem Programm durchzuführen.

8. Verwenden Sie, wenn möglich, die Schreibweise Count(*) zum Ermitteln der Anzahl von Datensätzen anstelle von Count([Feld]), wobei Sie aber beachten müssen, dass Count(*) Nullwerte mitzählt.

9. Nutzen Sie den UPDATE-Befehl von SQL (Aktualisierungsabfragen).

10. Löschen Sie mit Löschabfragen (DELETE).

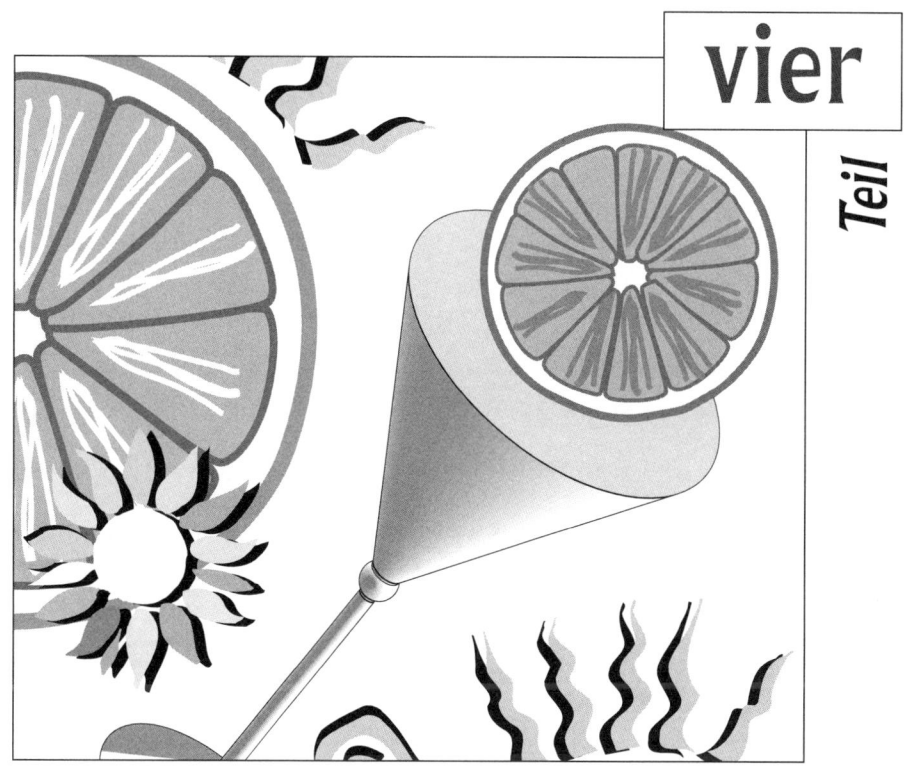

Formulare
und Berichte

Ereignisse
Steuerelemente
Formulare
Berichte

13 Ereignisse

Programme in grafischen Benutzeroberflächen wie Microsoft Windows arbeiten im Allgemeinen mit einer Ereignissteuerung (event-driven). Jede Aktion, die ein Benutzer ausführt, beispielsweise ein Mausklick oder ein Tastenanschlag, lösen in Windows ein Ereignis aus. Windows wertet das Ereignis aus und gibt, falls es nicht selbst auf das Ereignis reagieren muss, die Nachricht über das Ereignis an das entsprechende Anwendungsprogramm weiter.

13.1 Ereignisse in Access

Klicken Sie beispielsweise mit der Maus auf ein Steuerelement, das sich auf einem Formular in Microsoft Access befindet, erhält das Steuerelement den Fokus, es wird also aktiviert. Das Ereignis Mausklick wird in der folgenden Weise innerhalb von Windows und Access behandelt: Windows bemerkt den Klick, ermittelt, wo auf dem Bildschirm geklickt wurde (in unserem Beispiel im Access-Fenster) und gibt die entsprechende Nachricht an Access weiter. In Access wird das Formular über das Mausklick-Ereignis informiert, das es seinerseits an das Steuerelement weiterreicht.

Sie können in Ihren Access-Programmen und -Makros auf Access-Ereignisse reagieren, d.h., Sie können beispielsweise ein Programm schreiben, das beim Anklicken eines Steuerelements eine bestimmte Aktion auslöst. Jedes Formular, jeder Bericht und jedes Steuerelement zeigt in seinem Eigenschaften-Fenster die Ereignisse, die behandelt werden können.

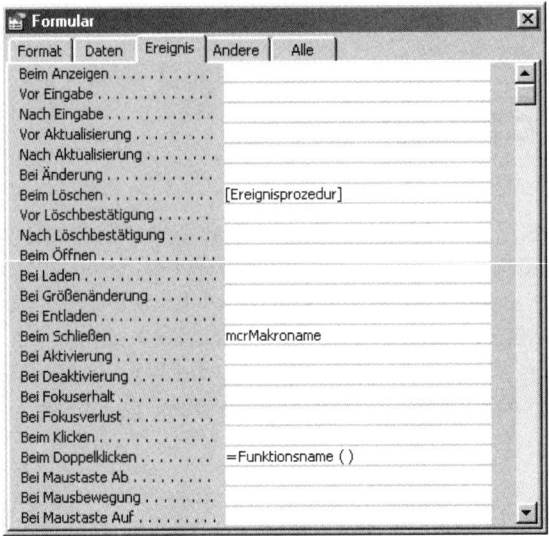

Bild 13.1: Ereignisse im Eigenschaften-Fenster eines Formulars

13.1.1 Ereignisbehandlung

Auf ein Ereignis können Sie in drei verschiedenen Varianten reagieren: mit einem Makro, mit einer Ereignisprozedur oder mit einer Funktion.

Ereignismakros

Die einfachste und schnellste Methode, ein Ereignis zu behandeln, ist mithilfe eines Makros. Wir werden nicht weiter auf die Möglichkeiten von Makros eingehen, denn obwohl sie bequem einzusetzen sind, gibt es einige gravierende Probleme bei der Verwendung von Makros. Hierzu zählen beispielsweise die mangelnde Fehlerbehandlung, der nicht abschaltbare Abbruch eines Makros mit der Tastenkombination (Strg)+(Pause) durch den Benutzer, die mangelnde Übergabemöglichkeit von Parametern und die Schwierigkeiten bei der Fehlersuche. Insgesamt ist vom Einsatz von Makros abzuraten.

Ereignisprozeduren

In den meisten Fällen werden für die Behandlung von Ereignissen Ereignisprozeduren eingesetzt. Ereignisprozeduren sind VBA-Programme, die lokal zu einem Formular oder Bericht gehören, also als »code behind forms« realisiert sind. Der Name der Routine

```
Private Sub Element_Ereignis()
   ...
End Sub
```

setzt sich aus der Bezeichnung des jeweiligen Elements, beispielsweise `Form_` für ein Formular, und der Bezeichnung des Ereignisses, z.B. `Click`, zusammen.

Beachten Sie dabei, dass im Eigenschaften-Fenster der deutsche Begriff für das Ereignis verwendet wird, während die Ereignisprozedur mit der englischen Bezeichnung gebildet wird.

Ereignisfunktionen

Als dritte Variante steht Ihnen der Aufruf einer Funktion zur Behandlung des Ereignisses zur Verfügung. Es können dabei sowohl lokale als auch globale Funktionen eingesetzt werden. Im Eigenschaften-Fenster wird für das jeweilige Ereignis die entsprechende Funktion in der Form

```
=Funktion()
```

eingetragen.

13.1.2 Ereignisbehandlung in VBA setzen

In seltenen Fällen kann es notwendig sein, für Ereignisse direkt in einem VBA-Programm das Makro, die Ereignisprozedur beziehungsweise die Ereignisfunktion zu setzen. Mit

```
Formular.OnDblClick = "Makro"
```

wird dem Ereignis *Beim Doppelklicken* eines Formulars ein Makro zugewiesen, während

```
Formular.OnDblClick = "=Funktion()"
```

für das Ereignis eine Funktion zuweist. Möchten Sie erreichen, dass die Ereignisprozedur aktiviert wird, benutzen Sie die Variante

```
Formular.OnDblClick = "[Ereignisprozedur]"
```

13.2 Ereignisse für Formulare

Die beiden Tabellen dieses Abschnitts beinhalten die Ereignisse für Formulare und Formularbereiche.

13.2.1 Formularereignisse

Die folgende Tabelle zeigt die Ereignisse, für die über das Eigenschaften-Fenster eines Formulars Makros, Prozeduren oder Funktionen vereinbart werden können.

Tabelle 13.1: Ereignisse für Formulare

Ereignis	Engl. Bezeichnung	Auslösung des Ereignisses	
Beim Anzeigen	Current	Beim Wechsel zum nächsten oder vorherigen Datensatz.	✘
Vor Eingabe	BeforeInsert	Wenn ein neuer Datensatz begonnen wird.	✔
Nach Eingabe	AfterInsert	Nach dem Speichern eines neuen Datensatzes.	✘
Vor Aktualisierung	BeforeUpdate	Bevor die Änderungen an einem Datensatz gespeichert werden.	✔
Nach Aktualisierung	AfterUpdate	Nachdem die Änderungen an einem Datensatz gespeichert wurden.	✘
Bei Änderung	Dirty	Wenn der Inhalt des aktuellen Datensatzes vom Benutzer geändert wird.	✔
Beim Löschen	Delete	Wird für jeden einzelnen Datensatz ausgelöst, bevor er gelöscht wird.	✔
Vor Löschbestätigung	BeforeDelConfirm	Bevor das Dialogfeld zur Löschbestätigung am Bildschirm gezeigt wird.	✔
Nach Löschbestätigung	AfterDelConfirm	Nach dem Löschen des Datensatzes oder dem Abbruch des Löschvorgangs.	✘
Beim Öffnen	Open	Nach dem Öffnen des Formulars, bevor die Daten in das Formular bzw. die Steuerelemente geladen werden.	✔
Bei Laden	Load	Nach dem Öffnen des Formulars, nach der Herstellung der Verbindung zu den Daten.	✘

Die Spalte rechts zeigt an, ob ein Ereignis abgebrochen werden kann.

Tabelle 13.1: Ereignisse für Formulare (Fortsetzung)

Ereignis	Engl. Bezeichnung	Auslösung des Ereignisses	
Bei Größenänderung	Resize	Beim Verändern der Formulargröße bzw. beim Öffnen des Formulars.	✔
Bei Entladen	Unload	Wenn Schließen des Formulars angefordert wird, bevor das Formular wirklich geschlossen wird.	✔
Beim Schließen	Close	Beim Schließen des Formulars.	✘
Bei Aktivierung	Activate	Wenn das Formular aktiviert wird, d.h. den Fokus erhält.	✘
Bei Deaktivierung	Deactivate	Wenn das Formular den Fokus verliert.	✘
Bei Fokuserhalt	GotFocus	Das Ereignis wird ausgelöst, nachdem das Formular den Fokus erhalten hat und kein Steuerelement den Fokus erhalten kann.	✘
Bei Fokusverlust	LostFocus	Bevor das Formular den Fokus verliert, vorausgesetzt, kein Steuerelement verfügte über den Fokus.	✘
Beim Klicken	Click	Beim Klicken auf den Datensatzmarkierer oder den »blinden« Formularbereich[1].	✘
Beim Doppelklicken	DblClick	Beim Doppelklick auf den Datensatzmarkierer oder den »blinden« Formularbereich.	✔
Bei Maustaste Ab	MouseDown	Beim Betätigen der Maustaste über dem Datensatzmarkierer oder dem »blinden« Formularbereich, bevor das Click-Ereignis ausgelöst wird.	✘
Bei Mausbewegung	MouseMove	Beim Bewegen über dem Datensatzmarkierer oder dem »blinden« Formularbereich, bevor das Click-Ereignis initiiert wird.	✘

Die Spalte rechts zeigt an, ob ein Ereignis abgebrochen werden kann.

---

[1] Der »blinde« Formularbereich (engl. dead space) ist der Bereich, der entsteht, wenn das Formular größer ist als seine definierten Bereiche.

Tabelle 13.1: Ereignisse für Formulare (Fortsetzung)

Ereignis	Engl. Bezeichnung	Auslösung des Ereignisses	
Bei Maustaste Auf	MouseUp	Beim Loslassen der Maustaste über dem Datensatzmarkierer oder dem »blinden« Formularbereich, bevor das Click-Ereignis ausgelöst wird.	✘
Bei Taste Ab	KeyDown	Wenn die Eigenschaft *Tastenvorschau* (KeyPreview) eingeschaltet ist, wird das Ereignis initiiert, wenn eine Taste gedrückt wird. Ist die Tastenvorschau ausgeschaltet, wird das Ereignis nur ausgelöst, wenn der Datensatzmarkierer selektiert ist.	✔
Bei Taste Auf	KeyUp	Ist die Eigenschaft *Tastenvorschau* (KeyPreview) eingeschaltet, wird das Ereignis ausgelöst, wenn eine Taste losgelassen wird. Ist die *Tastenvorschau* ausgeschaltet, wird das Ereignis nur initiiert, wenn der Datensatzmarkierer selektiert ist.	✘
Bei Taste	KeyPress	Ist die Eigenschaft *Tastenvorschau* (KeyPreview) eingeschaltet, wird das Ereignis ausgelöst, wenn eine Taste gedrückt und wieder losgelassen wird. Ist die Tastenvorschau ausgeschaltet, wird das Ereignis nur initiiert, wenn der Datensatzmarkierer selektiert ist.	✔
Bei Fehler	Error	Wenn ein Laufzeitfehler auftritt.	✘
Bei Filter	Filter	Tritt beim Bearbeiten eines Filters auf.	✔
Bei angewendetem Filter	ApplyFilter	Bevor ein Filter aktiv wird.	✔
Bei Zeitgeber	Timer	Wenn die in der Eigenschaft *Zeitintervall* vereinbarte Zeit verstrichen ist.	✘

Die Spalte rechts zeigt an, ob ein Ereignis abgebrochen werden kann.

Das Ereignis *Bei Taste Ab* kann abgebrochen werden, wenn der Parameter *KeyCode* der entsprechenden Ereignisprozedur gleich 0 gesetzt wird. Ebenso kann durch Zuweisen von 0 zum Parameter *KeyAscii* die Aktion *Bei Taste* unterbrochen werden.

13.2.2 Formularbereiche

Ein Formular kann aus fünf Bereichen bestehen: Formularkopf, Seitenkopf, Detail, Seitenfuß und Formularfuß. Für jeden dieser Bereiche können die in der Tabelle aufgeführten Ereignisse behandelt werden.

Tabelle 13.2: Ereignisse für Formularbereiche

Ereignis	Engl. Bezeichnung	Beschreibung	
Beim Klicken	Click	Wenn der Hintergrund des Bereichs angeklickt wird.	✘
Beim Doppelklicken	DblClick	Wenn der Hintergrund des Bereichs doppelt angeklickt wird.	✔
Bei Maustaste Ab	MouseDown	Vor dem Ereignis *Beim Klicken*, wenn der Hintergrund des Bereichs angeklickt wird.	✘
Bei Mausbewegung	MouseMode	Bei einer Bewegung mit der Maus über den Hintergrund des Bereichs.	✘
Bei Maustaste Auf	MouseUp	Vor dem Ereignis *Beim Klicken*, wenn die Maustaste nach einem Klick auf Hintergrund des Bereichs losgelassen wird.	✘

Die Spalte rechts zeigt an, ob ein Ereignis abgebrochen werden kann.

13.3 Ereignisse für Berichte

Für Berichte lassen sich Ereignisse für den Bericht insgesamt wie auch für die einzelnen Berichtsbereiche bearbeiten.

13.3.1 Berichtereignisse

Die in Tabelle 13.3 aufgeführten Ereignisse lassen sich in Berichten abfangen und verarbeiten.

Tabelle 13.3: Ereignisse für Berichte

Ereignis	Engl. Bezeichnung	Beschreibung
Beim Öffnen	Open	Beim Öffnen eines Berichts, bevor Daten gedruckt oder in der Seitenansicht dargestellt werden.
Beim Schließen	Close	Beim Schließen eines Berichts, aber bevor das Ereignis *Bei Deaktivierung* ausgelöst wird.
Bei Aktivierung	Activate	Nach *Beim Öffnen*, wenn der Druck bzw. die Seitenansicht startet.
Bei Deaktivierung	Deactivate	Beim Schließen oder dem Wechsel zu einem anderen Fenster.
Bei Ohne Daten	NoData	Wenn keine Daten zum Druck vorliegen.
Bei Seite	Page	Nach der Formatierung der aktuellen Seite, bevor die Seite gedruckt wird.
Bei Fehler	Error	Beim Auftreten eines Fehlers.

13.3.2 Bereichsereignisse

Ein Bericht kann sich aus den Bereichen Berichtskopf, Seitenkopf, einem oder mehreren Gruppenköpfen, Detail, einem oder mehreren Gruppenfüßen, Seitenfuß und Berichtsfuß zusammensetzen.

Tabelle 13.4: Ereignisse für Druckbereiche

Ereignis	Engl. Bezeichnung	Beschreibung	
Beim Formatieren	Format	Nach dem Formatieren des Bereichs, bevor er ausgedruckt wird.	✔
Beim Drucken	Print	Kurz vor dem Drucken eines Bereichs.	✔
Bei Rücknahme	Retreat	Beim Zurückgehen und Neuformatieren des vorherigen Bereichs, wenn die Eigenschaft *Zusammenhalten* für den Bereich eingeschaltet ist und sich herausstellt, dass aufgrund der Einstellung die Bereiche neu angeordnet werden müssen.	✗

Die Spalte rechts zeigt an, ob ein Ereignis abgebrochen werden kann.

13.4 Ereignisse für Steuerelemente

Die verschiedenen Steuerelementtypen unterstützen verschiedene Ereignisse. In Tabelle 13.5 werden die verschiedenen Ereignisse und ihre Gültigkeit für die einzelnen Steuerelemente aufgelistet. Die Zahlen in der Spalte *Gültig für* verweisen auf den entsprechenden Typ eines Steuerelements. Die Steuerelemente Linie und Seitenwechsel haben keine Ereignisse.

① Bezeichnungsfelder, Bilder
② Textfelder
③ Optionsgruppen
④ Umschaltflächen, Optionsfelder und Kontrollkästchen
❹ Nur solche Umschaltflächen, Optionsfelder und Kontrollkästchen, die nicht in einer Optionsgruppe zusammengefasst sind
⑤ Kombinationsfelder
⑥ Listenfelder
⑦ Befehlsschaltflächen
⑧ Objektfelder
⑨ Unterformulare
⑩ Registersteuerelemente

Beachten Sie, dass einige der in der folgenden Tabelle aufgeführten Ereignisse für Objektfelder (⑧) nur für gebundene Objektfelder möglich sind.

Tabelle 13.5: Ereignisse für Steuerelemente

Ereignis	Engl. Bezeichn.	Gültig für	Beschreibung	
Vor Aktualisierung	BeforeUpdate	②③❹⑤⑥ ⑧	Beim Speichern eines Datensatzes oder beim Verlassen eines Steuerelements mit geänderten Inhalten.	✔
Nach Aktualisierung	AfterUpdate	②③④⑤⑥ ⑧	Nach der Änderung der Inhalte eines Steuerelements.	✘
Bei OLE Aktualisierung	Updated	⑧	Beim Einfügen oder Ändern von OLE-Objekten, wobei das Ereignis mehrfach initiiert werden kann.	✘
Bei Änderung	Change	②⑤⑩	Bei Änderung des Inhalts.	✘
Bei nicht in Liste	NotInList	⑤	Wenn die Eingabe in ein Kombinationsfeld nicht in der Liste des Feldes ist.	✘

Die Spalte rechts zeigt an, ob ein Ereignis abgebrochen werden kann.

Tabelle 11.5: *Ereignisse für Steuerelemente (Fortsetzung)*

Ereignis	Engl. Bezeichn.	Gültig für	Beschreibung	
Beim Hingehen	Enter	②③❹⑤⑥ ⑦⑧⑨	Wenn ein Steuerelement aktiviert wird, kurz bevor es den Fokus erhält.	✘
Beim Verlassen	Exit	②③❹⑤⑥ ⑦⑧⑨	Wenn ein Steuerelement verlassen wird, kurz bevor es den Fokus verliert.	✔
Bei Fokuserhalt	GotFocus	②④⑤⑥⑦	Wenn ein Steuerelement den Fokus erhalten hat.	✘
Bei Fokusverlust	LostFocus	②④⑤⑥⑦	Wenn ein Steuerelement den Fokus verloren hat.	✘
Beim Klicken	Click	①②③❹⑤ ⑥⑦⑧⑩	Beim Klick auf ein Steuerelement.	✘
Beim Doppelklicken	DblClick	①②③❹⑤ ⑥⑦⑧⑩	Beim Doppelklick auf ein Steuerelement.	✔
Bei Maustaste Ab	MouseDown	①②③❹⑤ ⑥⑦⑧⑩	Wenn die Maustaste gedrückt wird, vor dem Click-Ereignis.	✘
Bei Mausbewegung	MouseMove	①②③❹⑤ ⑥⑦⑧⑩	Wenn die Maus über dem Steuerelement bewegt wird.	✘
Bei Maustaste Auf	MouseUp	①②③❹⑤ ⑥⑦⑧⑩	Wenn die Maustaste losgelassen wird, vor dem Click-Ereignis.	✘
Bei Taste Ab	KeyDown	②④⑤⑥⑧ ⑩	Wenn eine Taste in einem aktiven Steuerelement gedrückt wird.	✔
Bei Taste Auf	KeyUp	②④⑤⑥⑧ ⑩	Wenn eine Taste in einem aktiven Steuerelement losgelassen wird.	✘
Bei Taste	KeyPress	②④⑤⑥⑧ ⑩	Wenn eine Taste in einem aktiven Steuerelement gedrückt und losgelassen wird.	✔

Die Spalte rechts zeigt an, ob ein Ereignis abgebrochen werden kann.

13.5 Ereignisreihenfolgen

Für die Behandlung von Ereignissen ist es in vielen Fällen wichtig, die Reihenfolge zu kennen, in der sie ausgelöst werden. In der folgenden Aufstellung beschreiben wir für die wichtigsten Aktionen die Reihenfolge der Ereignisse. In der Tabelle sind durch **(F)** Formular-, durch **(B)** Berichts- und durch **(S)** Steuerelementereignisse gekennzeichnet.

Tabelle 13.6: Ereignisreihenfolgen

Aktion	Ereignisreihenfolge	Anmerkung
Öffnen eines Formulars	(F) Öffnen (F) Laden (F) Größenänderung (F) Aktivierung (F) Anzeigen (S) Hingehen (S) Fokuserhalt	Enthält das Formular keine aktiven Steuerelemente, tritt das Ereignis Fokuserhalt für das Formular zusätzlich nach dem Ereignis Aktivierung, jedoch vor dem Ereignis Anzeigen ein.
Schließen eines Formulars	(S) Verlassen (S) Fokusverlust (F) Entladen (F) Deaktivierung (F) Schließen	Enthält das Formular keine aktiven Steuerelemente, tritt das Ereignis Fokusverlust für das Formular ebenfalls nach dem Ereignis Entladen ein.
Bewegen zwischen Formularen	(F1) Deaktivierung (F2) Aktivierung	Das Ereignis Deaktivierung für ein Formular tritt auch dann ein, wenn Sie von dem Formular zu einem anderen Fenster in Access wechseln. Das Ereignis Deaktivierung wird nicht ausgelöst, wenn Sie zu einem Dialogfeld, zu einem Formular, dessen Eigenschaft PopUp eingeschaltet ist, oder zu einem Fenster in einer anderen Anwendung wechseln.
Verlassen eines Steuerelements	(S) Verlassen (S) Fokusverlust	
Fokus setzen	(S) Hingehen (S) Fokuserhalt	
Ändern und Aktualisieren von Daten in einem Steuerelement	(S) VorAktualisierung (S) NachAktualisierung (S) Verlassen (S) Fokusverlust	Die Sequenz der Ereignisse wird ausgelöst, wenn ein geändertes Steuerelement verlassen wird, d.h. ein anderes Element den Fokus erhält.
Klick auf ein Steuerelement	(S) Maustaste Ab (S) Klicken (S) Maustaste Auf	

Tabelle 13.6: Ereignisreihenfolgen (Fortsetzung)

Aktion	Ereignisreihenfolge	Anmerkung
Doppelklick auf ein Steuerelement	(S) Maustaste Ab (S) Maustaste Auf (S) Klicken (S) Doppelklick (S) Maustaste Auf	Gilt nicht für Befehlsschaltflächen.
Tastatureingabe	(S) Taste Ab (S) Taste (S) Änderung (S) Taste Auf	Die Ereignisfolge tritt bei Text- und Kombinationsfeldern auf, wenn eine Taste gedrückt wird.
Kombinationsfeld	(S) Taste Ab (S) Taste (S) Änderung (S) Taste Auf (S) NichtInListe (S) Fehler	Ist die Eigenschaft Nur Listeneinträge für ein Kombinationsfeld eingeschaltet, wird die links dargestellte Sequenz initiiert, wenn eine Eingabe in das Kombinationsfeld nicht in der Liste des Feldes gefunden wird.
Im Formular zu einem anderen Datensatz wechseln	(F) Anzeigen (F) Aktualisierung (F) NachAktualisierung (F) Anzeigen	
Im Formular zu einem anderen Datensatz wechseln, wenn vorher die Daten im Steuerelement geändert wurden	(F) VorAktualisierung (F) NachAktualisierung (S) Verlassen (S) Fokusverlust (F) Anzeigen	
Löschen von Datensätzen	(F) Löschen (F) VorLöschbestätigung (F) NachLöschbestätigung	Wird das Ereignis Löschen abgebrochen, treten die Ereignisse VorLöschbestätigung und NachLöschbestätigung nicht ein und das Dialogfeld zur Löschbestätigung wird nicht angezeigt.
Erstellen eines neuen Datensatzes	(F) Anzeigen (S) Hingehen (S) Fokuserhalt (F) VorEingabe (F) NachEingabe	Wenn Sie den Fokus in einem Formular zu einem neuen (leeren) Datensatz bewegen und dann einen neuen Datensatz erstellen, indem Sie Text in ein Steuerelement eingeben, tritt die links dargestellte Folge von Ereignissen ein.

Tabelle 13.6: Ereignisreihenfolgen (Fortsetzung)

Aktion	Ereignisreihenfolge	Anmerkung
Einen Bericht drukken oder in der Seitenansicht darstellen	(B) Öffnen (B) Aktivierung (Bereich) Formatieren evtl. (B) Rücknahme evtl. (B) OhneDaten evtl. (B) Seite (Bereich) Drucken (B) Schließen (B) Deaktivierung	

14 Steuerelemente

Mithilfe von Steuerelementen werden Daten auf Formularen und Berichten dargestellt. Wir gehen in diesem Kapitel davon aus, dass Ihnen die Grundlagen der Formular- und Berichterstellung vertraut sind und möchten bestimmte Techniken beschreiben und typische Problemfälle aufzeigen. Viele Anwendungsentwickler sind erstaunt, wie viele Funktionen man mit Steuerelementen ausführen kann, ohne in Basic programmieren zu müssen. Auf der anderen Seite gibt es eine Reihe von Konstruktionen, die man besser vermeiden sollte, da sonst die Anzeige- oder Ausgabegeschwindigkeit unerträglich langsam wird.

Wir möchten Ihnen in diesem Kapitel den Einsatz von Steuerelementen in erster Linie aus VBA-Programmen heraus beschreiben. Wie schon im vorangegangenen Kapitel angemerkt, ist es auch bei Steuerelementen umständlich und verwirrend, zwischen den deutschen Bezeichnungen für Steuerelemente und deren Eigenschaften, die im Formular- und Berichtsentwurf verwandt werden, und den englischen Begriffen, die für VBA benötigt werden, zu unterscheiden. Wir haben in den folgenden Abschnitten für jedes Steuerelement die wichtigsten Methoden, Eigenschaften und Ereignisse in Deutsch und Englisch in Tabellen aufgeführt.

14.1 Allgemeine Einstellungen

Wir möchten Ihnen in den ersten Abschnitten die Eigenschaften, Methoden und Ereignisse vorstellen, die im Wesentlichen für alle Steuerelemente gelten.

Die Eigenschaften von Steuerelementen lassen sich am schnellsten in der Access-Hilfe nachschlagen. Suchen Sie dazu im Hilfeindex unter dem Stichwort »Steuerelement Eigenschaft«, dann unter »Verzeichnis der Steuerelementeigenschaften«. Für jedes Steuerelement werden dann alle Eigenschaften, Methoden und Ereignisse beschrieben.

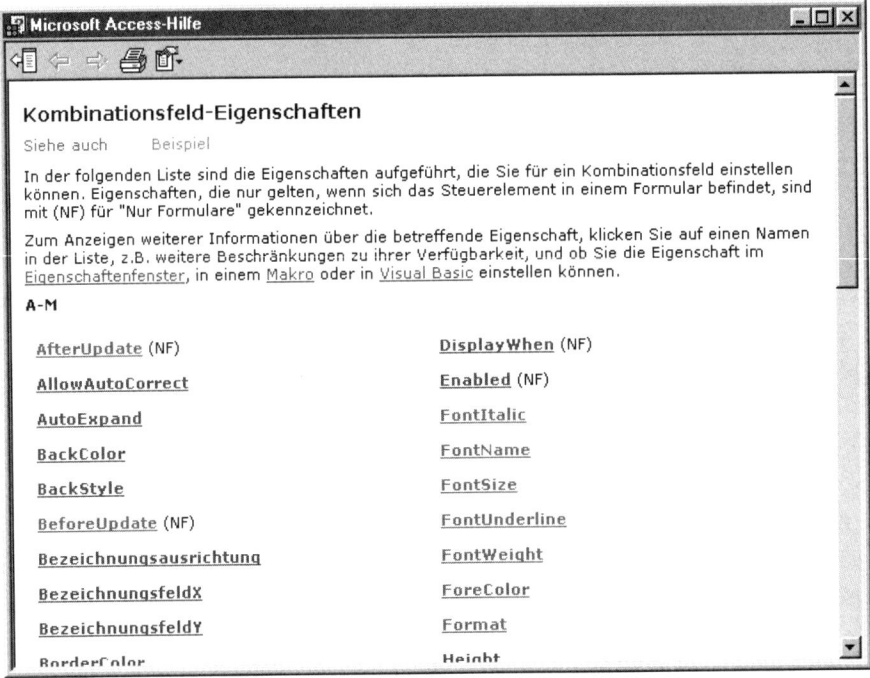

Bild 14.1: Hilfe zu Steuerelement-Eigenschaften

Jedes Steuerelement besitzt als Objekt vier Angaben:

> Die Eigenschaft *Application*, die auf die Access-Applikation verweist,

> die Eigenschaft *Parent*, zu deutsch Hauptobjekt, die das Formular oder den Bericht beschreibt, in dem das Steuerelement verwandt wird,

> die Auflistung *Properties*, die alle Eigenschaften des Steuerelements enthält und

> die *SizeToFit*-Methode, die nur in der Entwurfsansicht aufgerufen werden kann und die Ausdehnung eines Steuerelements dem Inhalt anpasst.

Allgemeine Eigenschaften

Die in der folgenden Tabelle aufgeführten Eigenschaften (Properties) werden von allen Steuerelementen unterstützt.

Tabelle 14.1: Allgemeine Eigenschaften

Access	VBA	Beschreibung
Name	Name	Bezeichnung des Steuerelements
Sichtbar	Visible	Steuerelement ist sichtbar bzw. unsichtbar
Anzeigen	DisplayWhen	Steuerelement wird immer, nur am Bildschirm oder nur im Druck gezeigt (Nur für Formulare)
Links	Left	Abstand vom linken Rand des Formulars/ Berichts
Oben	Top	Abstand vom oberen Rand des Formulars/ Berichts
Breite	Width	Breite des Steuerelements
Höhe	Height	Höhe des Steuerelements
Marke	Tag	Benutzerdefinierte Eigenschaft
	Application	Applikationsobjekt
	Parent	Hauptobjekt

Eigenschaften von beschrifteten Steuerelementen

Die folgende Tabelle listet die wesentlichen Eigenschaften von Steuerelementen auf, die eine Beschriftung aufweisen.

Tabelle 14.2: Eigenschaften

Access	VBA	Beschreibung
Schriftart	FontName	Font der Beschriftung
Schriftbreite	FontWeight	Von *Sehr Dünn* (100) bis *Extra Fett* (900)
Schriftgröße	FontSize	Schriftgröße in Punkt
Kursiv	FontItalic	
Fett	FontBold	
Unterstrichen	FontUnderline	
Textausrichtung	TextAlign	Standard, Links, Zentriert, Rechts
Rahmenart	BorderStyle	Transparent (0), Durchgezogen (1), Strichlinien (2), Kurze Strichlinien (3), Punkte (4), Wenige Punkte (5), Strichlinie Punkt (6), Strichlinie Punkt Punkt (7)
Rahmenbreite	BorderWidth	

Tabelle 14.2: Eigenschaften (Fortsetzung)

Access	VBA	Beschreibung
Rahmenfarbe	BorderColor	
Beschriftung	Caption	Beschriftung des Steuerelements
Spezialeffekt	SpecialEffect	Flach (0), Erhöht (1), Vertieft (2), Graviert (3), Schattiert (4), Unterstrichen (5)
Hilfekontext	HelpContextID	Nummer des Eintrags in einer Hilfedatei
Steuerelementart	ControlType	Typ des Steuerelements
Textfarbe	ForeColor	
Hintergrundfarbe	BackColor	
Hintergrundart	BackStyle	Normal (1), Transparent (0)
Steuerelement-TipText	ControlTipText	Text, der in einem kleinen gelben Fenster erscheint, wenn der Maus-Cursor längere Zeit unbewegt über dem Steuerelement steht.
Kontextmenüleiste	ShortcutMenuBar	Name der Kontextmenüleiste. Ein Kontextmenü wird mit einem Klick mit der rechten Maustaste auf das Steuerelement aufgerufen.

14.2 Die Ereignissteuerung

Alle Steuerelemente reagieren auf Ereignisse, beispielsweise auf einen Mausklick oder einen Tastenanschlag. Ereignisse werden auch ausgelöst, wenn Daten in die Datenbank geschrieben werden, wenn gelöscht wird usw.

Alle Ereignisse lassen sich durch eigene Programmroutinen abfangen und bearbeiten. Klickt ein Anwender beispielsweise auf eine Schaltfläche, so können Sie programmieren, was in diesem Fall geschehen soll. Die folgende Tabelle zeigt einige Ereignisse, die von den meisten Steuerelementen unterstützt werden.

Tabelle 14.3: Ereignisse

Access	VBA	Beschreibung
Beim Klicken	OnClick	Ereignis tritt bei einem Klick auf ein Steuerelement auf
Beim Doppelklicken	OnDblClick	Ereignis tritt bei einem Doppelklick auf ein Steuerelement auf
Bei Mausbewegung	OnMouseMove	Ereignis tritt auf, wenn die Maus über einem Steuerelement bewegt wird
Bei Maustaste Ab	OnMouseDown	Ereignis tritt auf, wenn die Maustaste über einem Steuerelement gedrückt wird
Bei Maustaste Auf	OnMouseUp	Ereignis tritt auf, wenn die Maustaste über einem Steuerelement losgelassen wird

Eine ausführliche Auflistung aller Ereignisse für Steuerelemente finden Sie in Kapitel 13, »Ereignisse«.

Die für ein Steuerelement definierten Ereignisse sind im jeweiligen Eigenschaftsfenster aufgeführt. Rechts von der Bezeichnung des Ereignisses ist ein entsprechendes Kombinationsfeld. Klappen Sie das Kombinationsfeld auf, wird dort der Eintrag [Ereignisprozedur] bzw. alle von Ihnen erstellten Access-Makros gezeigt. Wählen Sie [Ereignisprozedur] an, wenn Sie für ein Ereignis eine VBA-Routine aufrufen wollen. Möchten Sie für das Ereignis eine VBA-Funktion aufrufen, geben Sie die Funktion in der Form =Funktionsname() an.

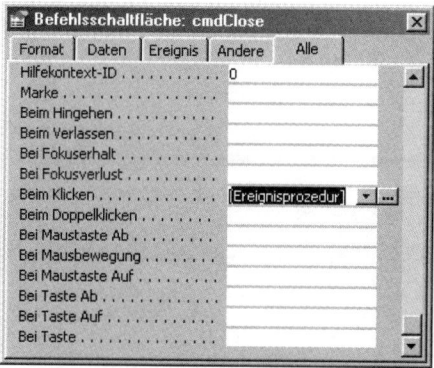

Bild 14.2: Ereignisse für Befehlsschaltflächen

Möchten Sie eine Routine oder ein Makro zur Ereignisbehandlung neu erstellen, klicken Sie die kleine Schaltfläche mit den drei Punkten rechts vom Kombinati-

onsfeld an. Im darauf erscheinenden Dialogfeld können Sie den gewünschten
Editor angeben.

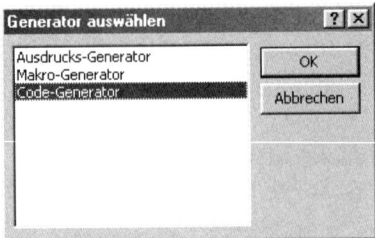

Bild 14.3: Auswahl des Editors

Selektieren Sie den Code-Generator, ruft Access das Code-Fenster auf und erzeugt automatisch einen Rahmen für das Unterprogramm zur Ereignisbehandlung, wobei NAME die Bezeichnung des Steuerelements ist.

```
Private Sub NAME_Click()
    ...
End Sub
```

Die im folgenden Bild dargestellte Einstellung im Access-Fenster erspart Ihnen
die Abfrage aus Bild 14.3. Damit wird automatisch der Code-Generator aktiviert.

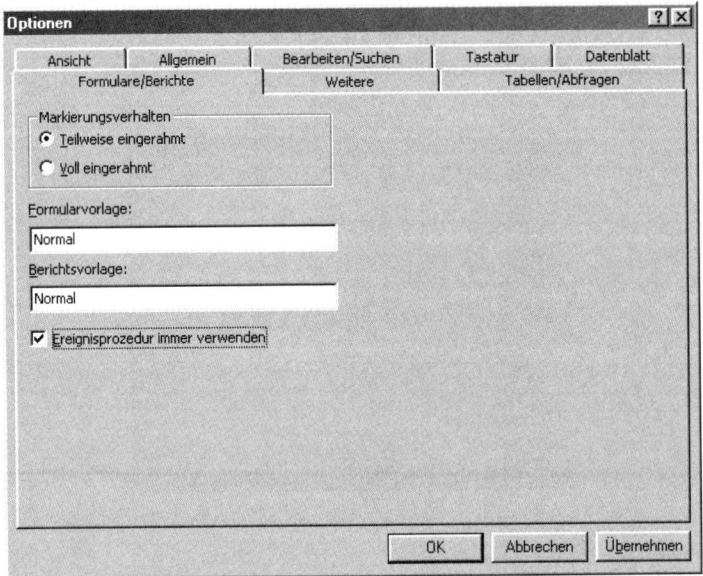

Bild 14.4: Der Code-Generator soll standardmäßig gestartet werden

> **!** **Namensänderungen:** Vorsicht bei Namensänderungen von Steuerelementen, denn Sie ändern damit nicht die Bezeichnungen der Ereignisroutinen. Haben Sie den Namen eines Steuerelements neu festgelegt, ist es notwendig, ihn auch in den Bezeichnungen aller Routinen anzupassen.

14.2.1 Steuerelemente im VBA-Programm

Steuerelemente können aus VBA-Programmen in vielfältiger Weise angesprochen, ausgewertet und verändert werden. Für den Zugriff auf die Eigenschaften eines Steuerelements stehen Ihnen verschiedene Syntaxvarianten zur Verfügung.

Innerhalb eines Formulars oder eines Berichts können Sie einfach über

```
Element.Eigenschaft
```

auf die jeweilige Eigenschaft zugreifen. Beispielsweise wird mit dem Befehl

```
txtFeld.Text = "Test"
```

die Eigenschaft `Text` des Textfeld-Steuerelements `txtFeld` gefüllt. Greifen Sie auf ein Steuerelement nicht innerhalb des Formulars oder Berichts zu, sondern aus einem VBA-Modul bzw. einem anderen Formular oder Bericht, müssen Sie den Namen des Formulars mit angeben. Die allgemeine Form lautet

```
Forms!Form.Element.Eigenschaft
```

bzw.

```
Forms![Form mit Leerzeichen].[Element mit Leerzeichen].Eigenschaft
```

Das Ausrufezeichen steht vor dem Objekt der Auflistung, hinter dem Wort `Forms`, beispielsweise wie in

```
Forms!frmCocktail.txtCocktail.Visible = False
```

die das Textfeld `txtCocktail` im Formular `frmCocktail` unsichtbar schaltet. Alternativ können Sie auch die Schreibweise

```
Forms!Formular("Element").Eigenschaft
```

verwenden. Hierbei wird der Name des Steuerelements als Zeichenfolge übergeben. Der Vorteil dieser Schreibweise liegt darin, dass die Zeichenfolge mit dem Namen erst während des Programmablaufs zusammengesetzt werden muss. Im folgenden Programmfragment werden die Steuerelemente `txtFeld1` bis `txtFeld9` unsichtbar geschaltet.

```
...
Dim intI As Integer
Dim str As String

For intI = 1 To 9
    str = "txtFeld" & intI
    Forms!frmTest(s).Visible = False
Next
...
```

Alle Steuerelemente werden in der Auflistung *Controls* verwaltet und durchnummeriert. Sie können auch über die Auflistung auf die Steuerelemente zugreifen. Mit

```
...
Dim intI As Integer
For intI  = 0 To Forms!frmTest.Controls.Count
    Forms!frmTest.Controls(intI).Visible = False
Next
...
```

werden alle Steuerelemente unsichtbar. Das gleiche Ergebnis erreichen Sie besser mit `For Each ... Next`:

```
...
Dim ctl As Control
For Each Ctl In Forms!frmTest.Controls
    Ctl.Visible = False
Next
...
```

14.2.2 Die eigene Form: »Me«

Auf das eigene Formular, also auf das Formular, das Ihre VBA-Routinen enthält, können Sie über das Objekt `Me` zugreifen.

```
Me.Element.Eigenschaft
```

adressiert ein Element im Formular bzw. Bericht. `Me` ist ein vordefiniertes Objekt vom Typ Form bzw. Report.

14.3 Der Fokus

Viele Eigenschaften von Steuerelementen können nur dann aus einem Programm heraus gesetzt oder ausgewertet werden, wenn das Steuerelement aktiv ist, d.h., wenn das entsprechende Element den Fokus besitzt. Ein Element hat den Fokus, wenn es zur Bearbeitung angeklickt ist oder mit der ⊞-Taste angesprungen wird.

Um den Fokus im Programmablauf auf ein Steuerelement zu setzen, verwenden Sie die Methode

```
Objektname.SetFocus
```

Sie können beispielsweise den aktuellen Inhalt eines Textfeldes mit der Eigenschaft *Text* erst dann auslesen, wenn das Textfeld den Fokus hat. Mit den Zeilen

```
...
Textfeld01.SetFocus
MsgBox "Der Inhalt des Feldes ist: " + Textfeld01.Text
...
```

wird der Fokus gesetzt und der Inhalt des Textfeldes in einem Meldungsdialogfeld gezeigt.

Einige Eigenschaften hingegen lassen sich nicht verändern, wenn das entsprechende Steuerelement über den Fokus verfügt. Beispielsweise können Sie die Eigenschaft *Visible* nicht ändern, d.h., ein Element mit Fokus kann nicht unsichtbar gemacht werden.

14.4 Bezeichnungsfelder

Mit dem Bezeichnungsfeld können Sie beliebige Texte in Ihrem Formular oder Bericht positionieren. Ein Bezeichnungsfeld ist ein reines Ausgabefeld, für das keine Verbindung zur Tabelle oder Abfrage besteht, die Ihrem Formular oder Bericht zugrundeliegt.

In Bezeichnungsfeldern ist es nicht möglich, Inhalte aus Tabellen oder Abfragen anzeigen zu lassen oder Funktionen auszuwerten, es sei denn, Sie füllen ein Bezeichnungsfeld mithilfe von VBA.

Der Text eines Bezeichnungsfeldes befindet sich in der Eigenschaft Caption. Möchten Sie beispielsweise den Text ändern, so können Sie den Befehl in der Form

```
Bezeichnungsfeld0.Caption = "Neuer Text"
```

in Ihrem Programm angeben. Beachten Sie dabei aber, dass die Größe des Bezeichnungsfeldes nicht an den neuen Text angepasst wird, d.h., wenn der neue Text länger ist als die Breite des Bezeichnungsfeldes, wird er abgeschnitten.

> **Beschriftungen:** Die Beschriftung eines Bezeichnungsfeldes wird mit `Caption` angesprochen. Versuchen Sie die Eigenschaft `Text` zu verwenden, wird Ihr Programm zwar kompiliert, aber Sie erhalten einen Laufzeitfehler.

14.5 Textfelder

In Textfeldern können Sie beliebige Texte bis zu einer Länge von 32.000 Zeichen anzeigen lassen bzw. erfassen. Die Texte können ein- oder mehrzeilig sein. Beachten Sie dabei, dass Sie einen Zeilenumbruch in ein Textfeld nur mit der Tastenkombination ⌨+⏎ aufnehmen können.

Der Text in einem Textfeld kann nur in einer Schriftart, -größe und -auszeichnung dargestellt werden. Möchten Sie formatierte Texte in einer Datenbank ablegen, so müssen Sie mit OLE-Feldern arbeiten. In ein OLE-Feld kann ein Word- oder WordPad-Text aufgenommen werden, so wie wir es im Abschnitt über OLE-Felder in diesem Kapitel beschreiben. Eine weitere Möglichkeit steht Ihnen mit dem Zusatzsteuerelement »Microsoft Rich-Textbox« zur Verfügung, mit dem Texte im Rich-Text-Format (RTF) dargestellt und eingegeben werden können. Das Zusatzsteuerelement gehört zum Lieferumfang des »Microsoft Office 2000 Developer«. Das RichText-Steuerelement wird in Kapitel 20, »ActiveX-Steuerelemente«, beschrieben.

Textfelder lassen sich beispielsweise zur Berechnung von Formeln verwenden. Geben Sie als Steuerelementinhalt beispielsweise

```
=[Menge] * [Umrechnung_cl]
```

an. In ein Feld mit einer Formel können keine Daten per Hand eingegeben werden.

Für Felder, die z.B. nur Rechenergebnisse anzeigen, kann verhindert werden, dass sie mit dem Maus-Cursor oder der ⇥-Taste angesprungen werden können. Dafür müssen Sie im Eigenschaftenfenster zum jeweiligen Feld die Option *Aktiviert* auf *Nein* setzen. Mithilfe der Option *Gesperrt* können Sie eine Eingabe in ein Textfeld verhindern.

14.5.1 Textfeldinhalte

Für den Zugriff auf den Inhalt eines Textfeldes stehen Ihnen zwei Eigenschaften zur Verfügung: *Value* und *Text*.

Die Eigenschaft Value

Normalerweise wird der Inhalt eines Textfeldes mithilfe der Eigenschaft Value gesetzt bzw. gelesen. Der Befehl

```
txtFeld.Value = "Neuer Text"
```

füllt die Zeichenfolge in das Textfeld txtFeld. Alternativ könnte auch

```
txtFeld = "Neuer Text"
```

geschrieben werden, denn Value ist die Standardeigenschaft eines Textfeldes. Die Zeile

```
strVar = txtFeld.Value
```

weist die Zeichenfolge im Textfeld der Variablen zu. Auch Zahlen und Datumswerte werden mithilfe von Textfeldern gezeigt. Der Befehl

```
txtFeld = Now()
```

zeigt das aktuelle Datum und die Uhrzeit im Textfeld. Angenommen, im Programm werden die folgenden Zeilen eingesetzt, die den Inhalt des Textfeldes einer Variablen vom Typ *Date* zuweisen:

```
Dim dtmLetzteÄnderung As Date
dtmLetzteÄnderung = txtFeld.Value
```

Wenn im Textfeld eine Eingabe vorliegt, die nicht den Richtlinien für Datumseingaben entspricht, Access also die Zeichenfolge des Textfeldes nicht in einen Datumswert umwandeln kann, erhalten Sie den folgenden Fehler.

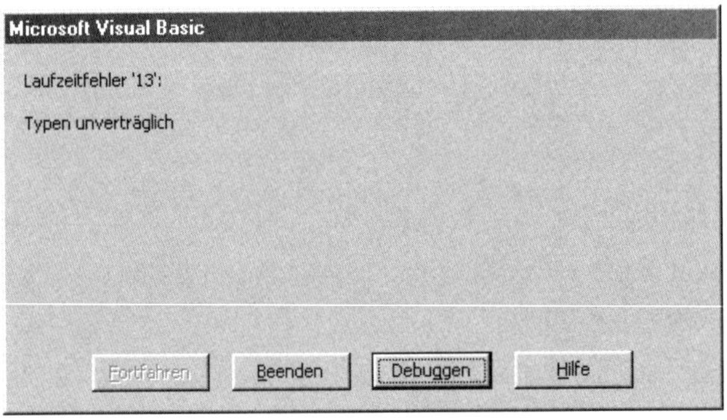

Bild 14.5: Laufzeitfehlermeldung

Zur Vermeidung eines solchen Fehlers können Sie verschiedene Lösungsvarianten einsetzen. Am einfachsten können Sie durch entsprechendes Setzen der Eigenschaft *Format* für das Textfeld Access die Überprüfung überlassen, ob eine Eingabe ein korrekter Datums- bzw. Zahlenwert ist.

Im Programm selbst verwenden Sie die Funktionen IsDate() bzw. IsNumeric(), um zu ermitteln, ob eine Zeichenfolge umgewandelt werden kann.

```
Dim dtmLetzteÄnderung As Date

    If IsDate(txtFeld.Value) Then
        dtmLetzteÄnderung = txtFeld.Value
    Else
        MsgBox "Falsche Datumseingabe"
End If
```

Die Eigenschaft Text

Der Inhalt eines Textfeldes kann zusätzlich über die Eigenschaft *Text* bestimmt werden. Die Eigenschaft *Text* gibt die formatierte Zeichenfolge zu dem Zeitpunkt zurück, zu dem das Textfeld über den Fokus verfügt. Im Unterschied zu der Einstellung der Eigenschaft *Value* ergibt die Eigenschaft *Text* den aktuellen Inhalt, während *Value* dem gespeicherten Wert des Textfeldes entspricht. *Value* wird aktualisiert, d.h., *Text* und *Value* werden gleich, wenn das Textfeld den Fokus verliert.

Möchten Sie während der Eingabe in ein Textfeld überprüfen, welche Zeichen der Anwender eintippt, können Sie dies mit einer Ereignisfunktion für *Change* (*Bei Änderung*) durchführen. Das folgende kleine Beispiel öffnet ein Meldungsdialogfeld, wenn ein »*« eingegeben wird.

```
Private Sub txtFeld_Change()
    ' Wenn der Anwender ein * eingibt, wird eine Msgbox aufgerufen
    If Right(txtFeld.Text, 1) = "*" Then
        MsgBox "Sternchen"
    End If
End Sub
```

Die Eigenschaft OldValue

Die Eigenschaften *Value* und *Text* sind gleich, wenn ein Textfeld den Fokus verliert. Möchten Sie den alten Wert des Textfeldes vor Ihrer Änderung abrufen, fragen Sie dazu die Eigenschaft *OldValue* ab. *OldValue* kann nur auf an Datenbankfelder gebundene Textfelder angewendet werden. Die *OldValue*-Eigenschaft enthält so lange den alten Wert, bis der Datensatz gespeichert wird.

14.5.2 Werte nachschlagen mit Domänenfunktionen

Mithilfe der Access-Domänenfunktionen können Sie statistische Werte ermitteln. Domänenfunktionen beziehen sich, wie der Name sagt, auf Domänen (engl. Domain). Unter einer Domäne versteht man eine Datensatzgruppe. Die Domänenfunktionen entsprechen den SQL-Aggregatfunktionen.

Die Arbeitsweise der Domänenfunktionen lässt sich am einfachsten anhand eines Beispiels beschreiben. Im folgenden Formular werden die Felder für die Zubereitung und die Anzahl der Zutaten des Cocktails jeweils mithilfe einer Domänenfunktion ermittelt.

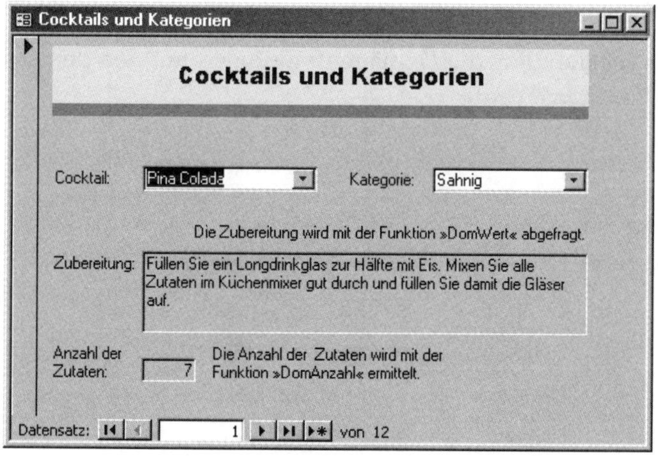

Bild 14.6: Werte mit Domänenfunktionen ermitteln

In beiden Fällen wurde ein ungebundenes Textfeld auf das Formular platziert. Als Steuerelementinhalt des Zubereitungsfeldes wurde

```
=DomWert("Zubereitung"; "tblCocktail"; _
     "[cboCocktailNr] = " & cboCocktailNr)
```

angegeben, während für die Ermittlung der Zutatenanzahl

```
=DomAnzahl("CocktailZutatenNr"; "tblCocktailZutaten"; _
     "CocktailNr = " & cboCocktailNr)
```

eingetragen wurde. Alle Domänenfunktionen besitzen die gleiche Syntax:

```
Domänenfunktion(Ausdruck, Domäne [, Kriterien])
```

Die drei Parameter lassen sich mit den Teilen einer SQL-SELECT-Anweisung vergleichen. Stellen Sie sich die Parameter der Domänenfunktion als Parameter des Befehls SELECT Ausdruck FROM Domäne WHERE Kriterien vor. Im Prinzip gelten die Einschränkungen und Bedingungen der SQL-Parameter ebenso für die Domänenfunktion.

Auch in VBA-Programmen lassen sich Domänenfunktionen einsetzen, allerdings müssen Sie dabei die englischen Funktionsnamen verwenden. In der folgenden Funktion wird für eine als Parameter übergebene Einheitenbezeichnung der Faktor für die Umrechnung in Zentiliter aus der Tabelle *tblEinheiten* bestimmt.

```
Function Umrechnungsfaktor(strEinheit As String) As Double
    Umrechnungsfaktor = DLookup("Umrechnung_cl", "tblEinheiten", _
                        "Einheit = '" & strEinheit & "'")
End Function
```

Die folgende Tabelle führt die Domänenfunktionen mit den deutschen und englischen Funktionsnamen auf.

Tabelle 14.4: Domänenfunktionen

Access	VBA	Beschreibung
DomMittelwert	DAvg	ermittelt den Mittelwert.
DomAnzahl	DCount	ermittelt die Anzahl.
DomWert	DLookup	schlägt einen Wert nach.
DomMin	DMin	ermittelt den kleinsten Wert.
DomMax	DMax	ermittelt den größten Wert.
DomErsterWert	DFirst	ermittelt den ersten Wert.

Tabelle 14.4: Domänenfunktionen (Fortsetzung)

Access	VBA	Beschreibung
DomLetzterWert	DLast	ermittelt den letzten Wert.
DomStdAbw	DStDev	gibt die Standardabweichung einer Stichprobe an.
DomStdAbwG	DStDevP	gibt die Standardabweichung einer Grundgesamtheit an.
DomSumme	DSum	ermittelt die Summe.
DomVarianz	DVar	gibt die Varianz einer Stichprobe an.
DomVarianzG	DVarP	gibt die Varianz einer Grundgesamtheit an.

14.6 Kombinations- und Listenfelder

Insbesondere auf Formularen bieten Kombinations- und Listenfelder vielfältige Möglichkeiten zur Darstellung von Daten aus Tabellen, Abfragen, Wertelisten und anderen Datenquellen.

14.6.1 Allgemeine Eigenschaften

Bevor wir Ihnen die vielfältigen Möglichkeiten von Listen- und Kombinationsfeldern beschreiben, möchten wir zuerst einige Hinweise zu diesen Steuerelementtypen geben.

Unterschiede zwischen Listen- und Kombinationsfeldern

Neben den sofort sichtbaren Unterschieden zwischen Listen- und Kombinationsfeldern gibt es einige Eigenschaften der Felder, die erst bei deren Anwendung auffallen. Beispielsweise sind die Verfahren unterschiedlich, mit denen ein bestimmter Eintrag in der Liste eines Listenfeldes bzw. eines aufgeklappten Kombinationsfeldes angesprungen werden kann.

Tippen Sie in ein Listenfeld einen Buchstaben ein, so wird die Markierung auf den ersten Eintrag gesetzt, der mit diesem Buchstaben beginnt. Bei Kombinationsfeldern können Sie mehrere Buchstaben hintereinander eingeben, um einen Eintrag möglichst exakt anzuspringen.

Die gebundene Spalte

Mithilfe der gebundenen Spalte wird bestimmt, welchen Ergebniswert ein Listen-
oder Kombinationsfeld zurückliefert. Geben Sie die Nummer der gewünschten
Spalte an, wobei die Spalten ab eins gezählt werden.

Geben Sie keine gebundene Spalte an, d.h., wählen Sie als Spaltennummer 0, so
gibt das Listen- bzw. Kombinationsfeld zurück, die wievielte Zeile des Listen-
oder Kombinationsfelds selektiert wurde. Bei der Zählung der Zeilen beginnt
Access mit 0.

14.6.2 Sortierreihenfolge

Die Einträge in Listen- und Kombinationsfelder werden normalerweise nach dem
Primärschlüssel der zugrunde liegenden Datentabelle sortiert angezeigt. Insbesondere bei Listen- und Kombinationsfeldern, die mit dem Listen- bzw. Kombinationsfeld-Assistenten erstellt wurden, ist diese Sortierreihenfolge im Feld nicht
gewünscht.

Ergänzen Sie daher die Datenherkunft des Listen- oder Kombinationsfeldes um
eine ORDER BY-Klausel, damit die Einträge in der von Ihnen gewünschten Ordnung vorliegen.

14.6.3 Fremdschlüsselproblematik

Werden Listen- oder Kombinationsfelder mit dem entsprechenden Assistenten in
der Entwurfsansicht erstellt, geht Access davon aus, dass zwischen den im Lis-
ten- oder Kombinationsfeld angezeigten Daten und der grundlegenden Datentabelle eine Fremdschlüsselbeziehung besteht.

Im nächsten Bild ist die Beziehung zwischen der Tabelle *tblCocktail* und der Tabelle *tblGlas* dargestellt. Zwischen diesen Tabellen besteht eine Fremdschlüsselbeziehung, denn der Primärschlüssel der Tabelle *tblGlas* wird in der Tabelle
tblCocktail als Verweis gespeichert.

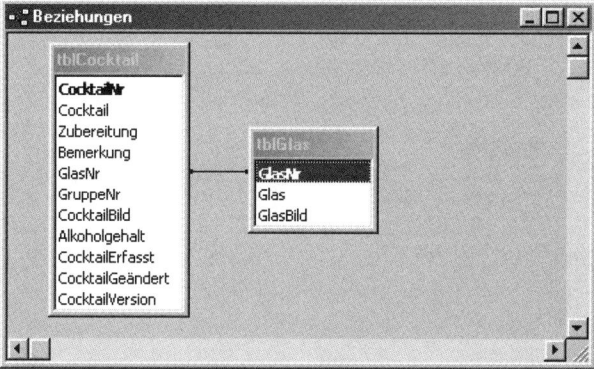

Bild 14.7: Beziehungen zwischen tblCocktail und tblGlas

Wir haben ein Formular erstellt, dessen Datenherkunft die Tabelle *tblCocktail* ist. Mit dem Kombinationsfeld-Assistenten wurde ein Kombinationsfeld erzeugt. Das folgende Bild zeigt das Eigenschaftsfenster des neuen Kombinationsfeldes für *GlasNr*. Im Feld wird die Glasbezeichnung *Glas* gezeigt, in die Tabelle *tblCocktail* wird die *GlasNr* eingegeben, die als gebundene Spalte definiert und deren Anzeige im Kombinationsfeld unterdrückt ist.

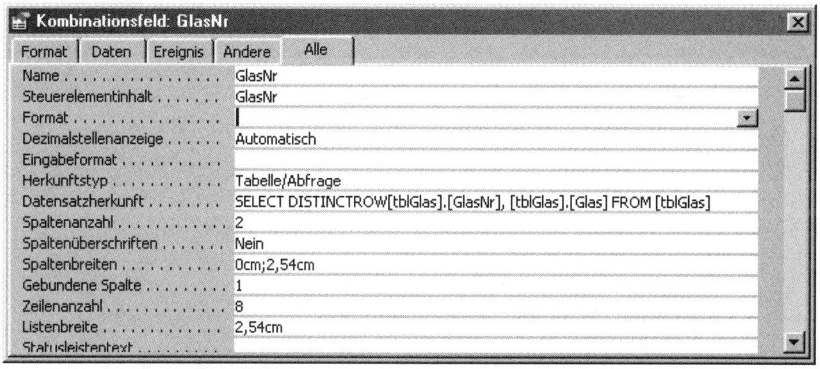

Bild 14.8: Eigenschaftsfenster des Kombinationsfeldes zu GlasNr

Stehen die Tabellen in einer anderen Beziehung zueinander, wird der Einsatz von Listen- und Kombinationsfeldern aufwändiger. Das folgende Bild stellt ein Formular dar, für dessen Datenherkunft die Tabelle *tblZutat* bestimmt ist. Im Listenfeld sollen die Cocktails angezeigt werden, die die Zutat beinhalten.

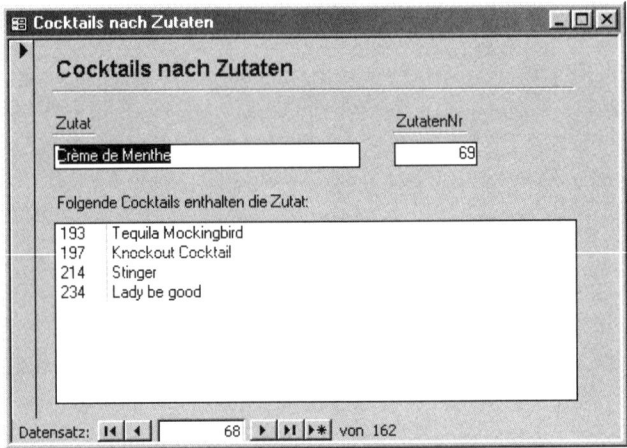

Bild 14.9: Formular »Cocktails nach Zutaten«

Wenn Sie mit dem Listenfeld-Assistenten das Listenfeld erstellen, wird der Assistent versuchen, das Listenfeld über die *CocktailZutatenNr*, den Primärschlüssel der Tabelle *tblCocktailZutaten*, zu verknüpfen. Das im folgenden Bild gezeigte Beziehungsfenster illustriert die Verhältnisse zwischen den Tabellen, wobei die Tabelle *tblCocktail* nur deshalb im Fenster zu sehen ist, weil sie weiter unten benötigt wird. Die Beziehung der Tabellen *tblZutat* und *tblCocktailZutaten* ist eine andere als die oben beschriebene Beziehung zwischen *tblCocktail* und *tblGlas*. Die Tabelle *tblGlas*, die im Kombinationsfeld im Beispiel oben dargestellt werden sollte, verfügte über einen Primärschlüssel, der als Fremdschlüssel in der Tabelle *tblCocktail* verwandt wurde. In *tblCocktailZutaten* ist die *ZutatenNr* kein Primärschlüssel. Dies ist aber die Voraussetzung dafür, dass ein Listen- bzw. Kombinationsfeld mit dem Assistenten erfolgreich erstellt werden kann.

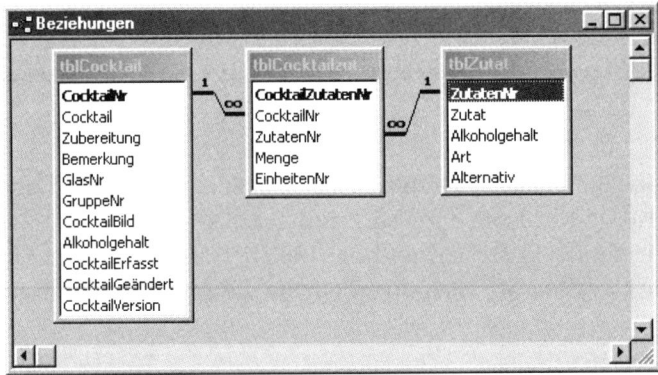

Bild 14.10: Beziehungen zwischen tblZutat und tblCocktailzutaten

Erzeugen Sie das Listenfeld unter Umgehung des Listenfeld-Assistenten, können Sie die Daten, die im Listenfeld gezeigt werden sollen, über die Datenherkunft bestimmen. Wir definierten dazu den folgenden SQL-Befehl. Der INNER JOIN dient dabei nur dazu, die Bezeichnung des Cocktails als *tblCocktail* zu holen. Er hat nichts mit dem eigentlichen Problem zu tun.

```
SELECT DISTINCTROW tblCocktailzutaten.ZutatenNr,
tblCocktailzutaten.CocktailNr, tblCocktail.Cocktail
FROM tblCocktail INNER JOIN tblCocktailzutaten ON tblCocktail.CocktailNr
= tblCocktailzutaten.CocktailNr;
```

Die Eigenschaften des Listenfeldes wurden danach so eingestellt, dass die erste Spalte *ZutatenNr* als gebundene Spalte definiert wurde, deren Ausgabe durch die Spaltenbreitenangabe 0cm unterdrückt wurde.

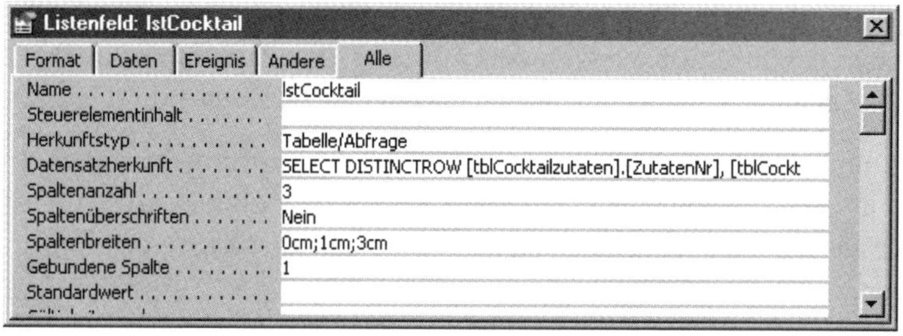

Bild 14.11: Eigenschaftsfenster des Listenfeldes

Das nächste Bild zeigt das Ergebnis unserer Listenfelddefinitionen. Für jede Zutat werden alle Cocktails so oft im Listenfeld gezeigt, wie sie verschiedene Zutaten haben. Die Liste ist einige hundert Einträge lang.

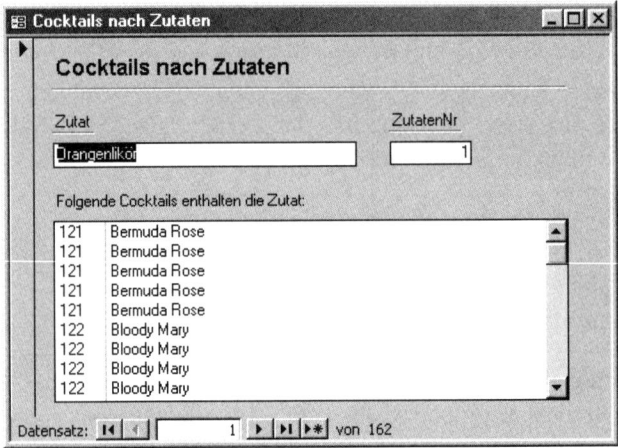

Bild 14.12: Falsch gefüllte Liste

Augenscheinlich funktioniert die Verknüpfung der Zutatennummern zwischen *tblZutat* als Datentabelle des Formulars und *tblCocktailZutaten* im Listenfeld nicht.

Abhilfe können Sie nur über eine Rückwärtsverknüpfung in der SQL-Abfrage des Listenfeldes schaffen. Wie im nächsten Bild gezeigt, wurde für die Spalte *ZutatenNr* als Bedingung ein Verweis auf das Feld *ZutatenNr* des Formulars aufgenommen.

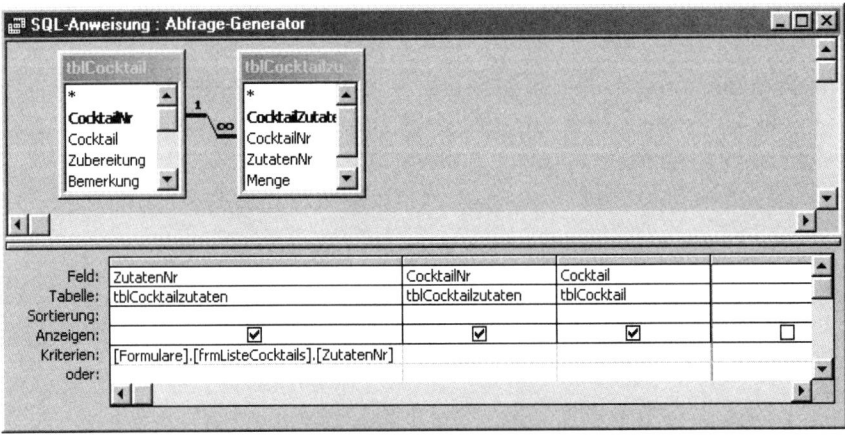

Bild 14.13: Neue Bedingung

Damit wird das Listenfeld nur mit den Daten gefüllt, die der Bedingung entsprechen, die die im Formular im Feld *ZutatenNr* gezeigte Nummer aufweisen. Die entsprechende SQL-Anweisung lautet:

```
SELECT DISTINCTROW tblCocktailzutaten.ZutatenNr,
tblCocktailzutaten.CocktailNr, tblCocktail.Cocktail
FROM tblCocktail INNER JOIN tblCocktailzutaten ON tblCocktail.CocktailNr
= tblCocktailzutaten.CocktailNr
WHERE
tblCocktailzutaten.ZutatenNr=[Formulare].[frmListeCocktails].[ZutatenNr]
ORDER BY tblCocktailzutaten.CocktailNr;
```

Ändern Sie Ihre SQL-Abfrage entsprechend um, werden die richtigen Daten im Listenfeld dargestellt. Allerdings besteht noch ein kleines Problem: Wechseln Sie in den Zutaten von Datensatz zu Datensatz, wird das Listenfeld nicht aktualisiert, d.h., die SQL-Abfrage wird nicht automatisch mit der neuen *ZutatenNr* ausgeführt. Um Access zu einer Aktualisierung des Listenfeldes zu zwingen, wird für das Ereignis *Beim Anzeigen* des Formulars die Requery-Methode für das Listenfeld durchgeführt.

```
Private Sub Form_Current()
    lstCocktails.Requery
End Sub
```

14.6.4 Kombinationsfelder als Suchhilfe

Kombinationsfelder zur Auswahl von Datensätzen in Formularen lassen sich leicht realisieren, da hierbei der Kombinationsfeld-Assistent gute Unterstützung bietet. Das Beispiel des vorherigen Abschnitts wurde, wie im nächsten Bild gezeigt, durch ein Kombinationsfeld ergänzt. Mithilfe des Kombinationsfeldes können Sie die Zutat auswählen, die unten mit den entsprechenden Cocktails angezeigt werden soll.

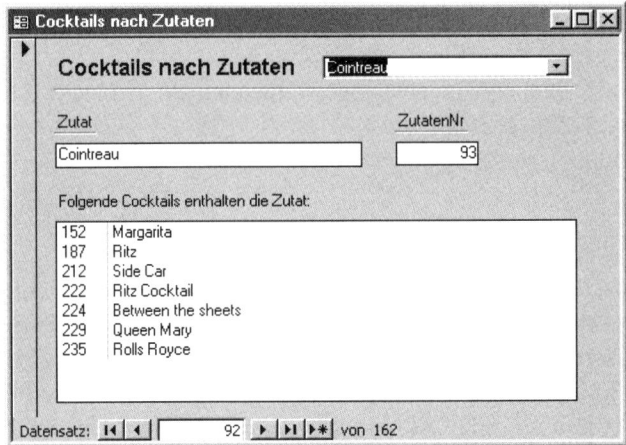

Bild 14.14: Kombinationsfeld zur Zutatensuche

Das Kombinationsfeld erstellen Sie am einfachsten mit dem Kombinationsfeld-Assistenten. Wählen Sie die dritte Option im ersten Dialogfeld des Assistenten.

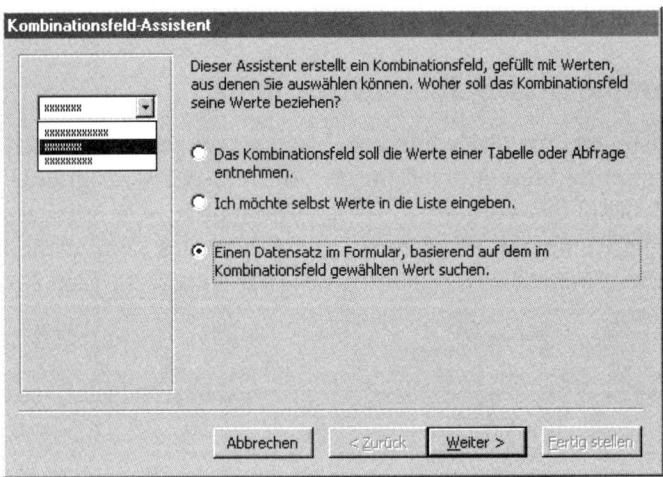

Bild 14.15: Erstes Dialogfeld des Assistenten

Bestimmen Sie nun das oder die Felder, die im Kombinationsfeld gezeigt werden sollen. Wir haben für unser Beispiel das Feld *Zutat* selektiert.

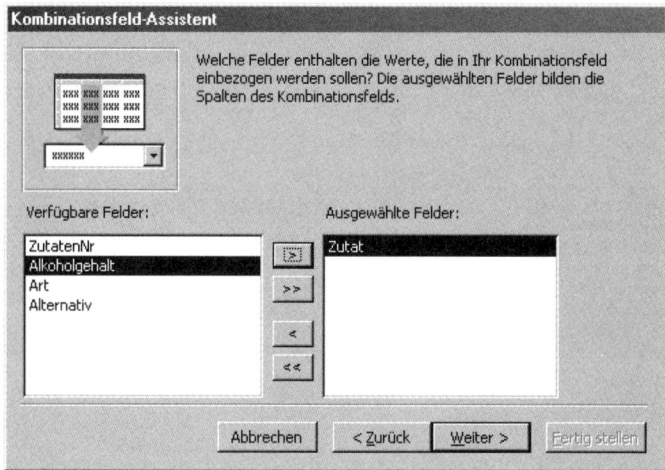

Bild 14.16: Auswahl der Felder

Anschließend legen Sie die gewünschte Feldbreite fest. Übrigens können Sie durch einen Doppelklick auf den rechten Rand des Spaltentitels (hier *Zutat*) die Spaltenbreite an den höchsten Wert der Spalte anpassen.

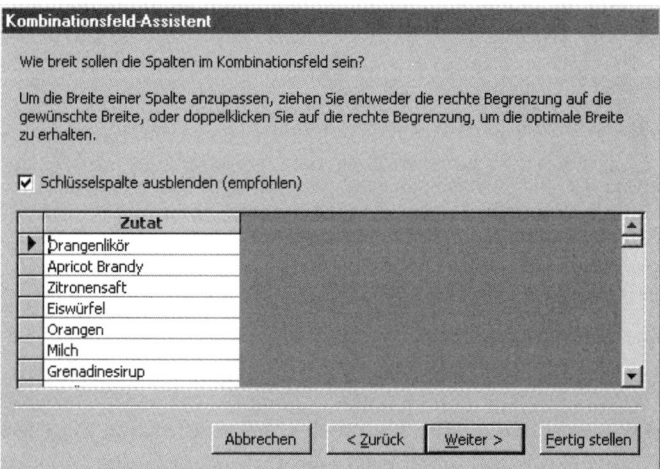

Bild 14.17: Bestimmung der Feldbreite

Im nächsten Bild ist das Eigenschaftsfenster des neu erstellten Kombinationsfeldes dargestellt. Der Inhalt des Feldes wird durch eine SQL-Abfrage ermittelt, wie in *Datensatzherkunft* zu sehen.

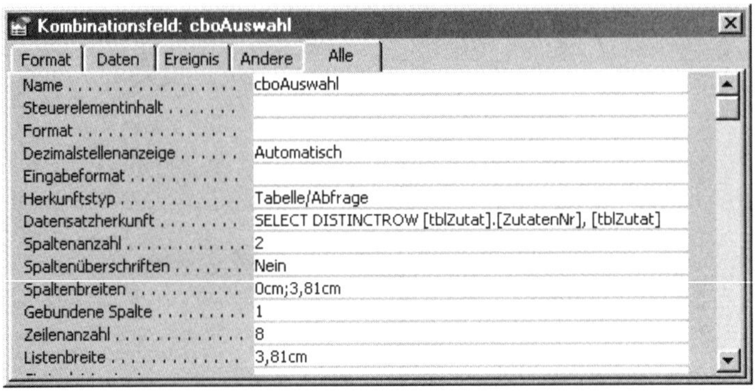

Bild 14.18: Eigenschaften des Kombinationsfeldes

Die SQL-Abfrage lautet

```
SELECT DISTINCTROW tblZutat.ZutatenNr, tblZutat.Zutat FROM tblZutat;
```

wobei die ZutatenNr in der Anzeige im Kombinationsfeld unterdrückt wird. Um dieses Kombinationsfeld sinnvoll nutzen zu können, sollten Sie den SQL-Befehl durch ORDER BY tblZutat.Zutat ergänzen.

Der Assistent erstellt selbsttätig eine Routine zur Behandlung des Ereignisses *Nach Aktualisierung* für das Kombinationsfeld. Die Routine wird also nach jeder Änderung im Kombinationsfeld aufgerufen.

```
Private Sub Kombinationsfeld10_AfterUpdate()
    ' Den mit dem Steuerelement übereinstimmenden Datensatz suchen.
    Dim rs As Object

    Set rs = Me.Recordset.Clone
    rs.FindFirst "[ZutatenNr] = " & Str(Me![Kombinationsfeld10])
    Me.Bookmark = rs.Bookmark
End Sub
```

Die Methode Clone erzeugt eine Kopie des dem Formular zugrunde liegenden Recordsets. Durch FindFirst wird der erste Datensatz in dem geklonten Recordset gesucht, der mit dem Eintrag der Schlüsselspalte des Kombinationsfeldes übereinstimmt. Die Eigenschaft Me.RecordsetClone.Bookmark enthält ein Lesezeichen, Bookmark, des im RecordsetClone gefundenen Datensatzes. Durch die Zuweisung dieses Lesezeichens an die Bookmark, das Lesezeichen, des Recordsets des Formulars wird dieser Datensatz im Formular zum aktuellen Datensatz.

Bei den Methoden `Clone` und `Bookmark` handelt es sich um Methoden der Datenzugriffsschnittstelle DAO, die in den Kapiteln 11 und 12 ausführlich erläutert
wird.

! **Kombinationsfeld umbenennen** Es ist sinnvoll, das Kombinationsfeld umzubenennen, beispielsweise in *cboAuswahl*. Allerdings müssen Sie dann auch den Programmcode ändern!

14.6.5 Automatisches Öffnen eines Kombinationsfeldes

Sie können Access veranlassen, ein Kombinationsfeld in dem Moment aufzuklap-
pen, in dem der Anwender es anklickt oder anspringt. Erstellen Sie dafür eine
Routine für das Ereignis *Bei Fokuserhalt* (*GotFocus*). In der Routine wird nur die
Methode *Dropdown* für das Kombinationsfeld ausgeführt, um das Feld zu öffnen.

```
Private Sub cboAuswahl_GotFocus()
    cboAuswahl.Dropdown
End Sub
```

Die Anzahl der Zeilen, die in einem aufgeklappten Kombinationsfeld gezeigt
werden, können Sie mithilfe der Eigenschaft *Zeilenanzahl* einstellen.

14.6.6 Zugriff auf einzelne Spalten

Bei mehrspaltigen Listen- und Kombinationsfeldern können Sie gezielt Werte aus
einzelnen Spalten abrufen.

Verweis auf Spaltenwerte

Im nächsten Bild haben wir zur Verdeutlichung des Sachverhalts im Dialogfeld
drei Textfelder im unteren Bereich des Formulars definiert, die den Inhalt der
markierten Zeile des Listenfeldes zeigen.

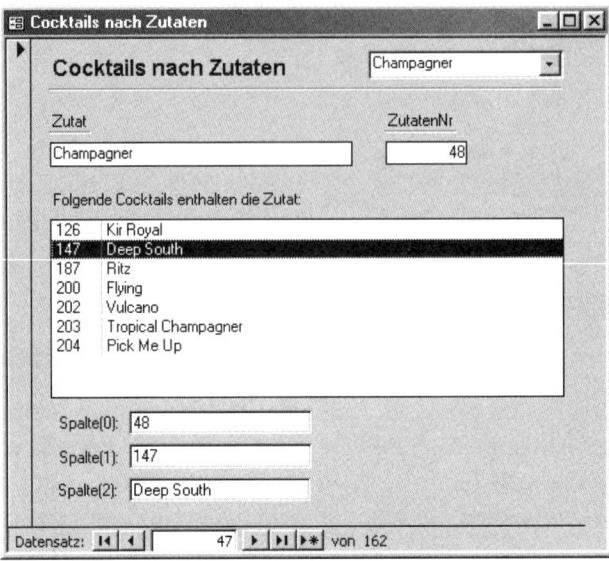

Bild 14.19: Abfrage von Listen-/Kombinationsfeldspalten

Auf die einzelnen Spalten kann über die Eigenschaft *Column* des Listenfeldes zugegriffen werden.

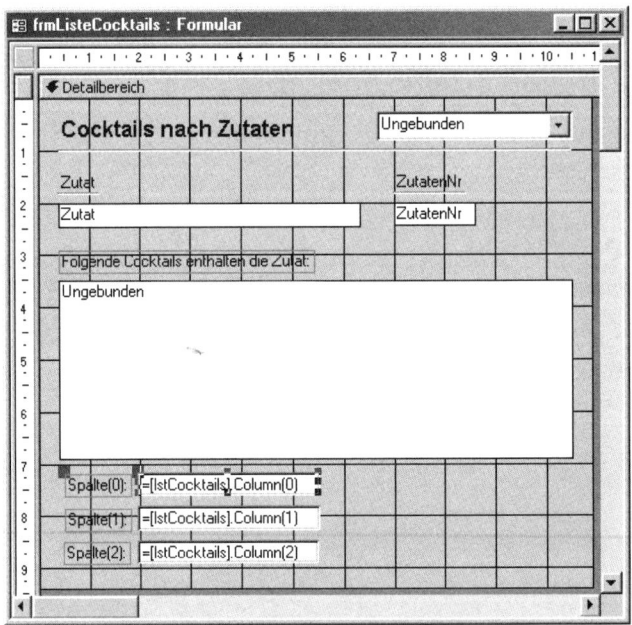

Bild 14.20: Entwurfsansicht des Formulars

Für das erste Textfeld, das die in der Liste unterdrückte Spalte mit der Zutatennummer zeigt, wurde die Anweisung =[lstCocktails].Column(0) als Steuerelementinhalt eingetragen, da die Zählung der Spalten eines Listen- oder Kombinationsfeldes bei 0 beginnt.

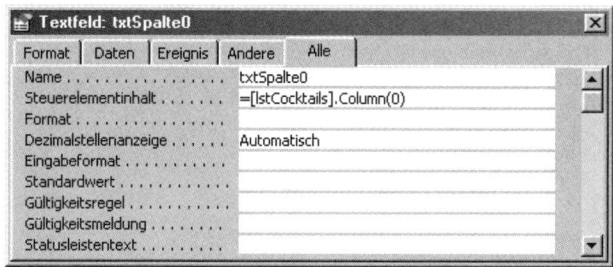

Bild 14.21: Eigenschaften eines Textfeldes

Während sich die Eigenschaft Column(s) auf die aktuelle markierte Zeile bezieht, können Sie mit der zweiten Form der Eigenschaft Spaltenwerte beliebiger Zeilen ermitteln. Die erweiterte Eigenschaftsform wird mit Column(s,z) beschrieben. Column(3,5) liefert den Wert der vierten Spalte der sechsten Zeile Ihres Listen- oder Kombinationsfeldes, denn auch die Zeilen werden ab Null gezählt.

Die Anzahl der Spalten steht in der Eigenschaft *Spaltenanzahl* (oder *ColumnCount*) zur Verfügung. Sie können problemlos auch den Wert von Spalten abrufen, deren Ausgabe im Listenfeld durch die Angabe einer Spaltenbreite von 0 unterdrückt worden ist.

Spaltenwerte setzen

Die oben beschriebene Methode, Spaltenwerte mit =Feld.Column(n) in ein Textfeld zu übernehmen, versagt, wenn das Textfeld ein mit der Datenbank verbundenes Feld ist, denn in diesem Fall muss der Steuerelementinhalt die Bezeichnung der Datenbankspalte aufweisen. Soll aber ein Spaltenwert eines Listen- oder Kombinationsfeldes in ein gebundenes Datenfeld übernommen werden, muss der Wert mit einem VBA-Programm »hineingeschoben« werden.

Wir möchten Ihnen die dazu notwendigen Schritte beschreiben, allerdings füllen wir dabei keine gebundenen Datenbankfelder, sondern einfach nur leere Textfelder, wie Sie im nächsten Bild sehen können. Prinzipiell funktioniert der Vorgang mit gebundenen Feldern entsprechend.

Bild 14.22: Textfelder ohne Inhalt

Die Textfelder sollen gefüllt werden, wenn eine Änderung der Auswahl im Listenfeld *lstCocktails* erfolgt. Access löst bei jeder Aktion im Listenfeld das Ereignis *Nach Aktualisierung* (*AfterUpdate*) aus. Wir nutzen dieses Ereignis, um jedesmal den Inhalt der Textfelder aufzufrischen. Übrigens wird *Nach Aktualisierung* auch dann ausgelöst, wenn Sie eine andere Zeile im Listenfeld selektieren, ohne das Listenfeld zu verlassen. Infolgedessen wird jede Änderung im Listenfeld durch das folgende Programm sofort in die Textfelder übernommen.

```
Private Sub lstCocktails_AfterUpdate()
    Dim intI As Integer

    For intI = 0 To 2
        Me("txtSpalte" & intI) = Me!lstCocktails.Column(intI)
    Next
End Sub
```

Zusätzlich haben wir eine Routine für das Ereignis *Beim Anzeigen* (*Current*) für das Formular erstellt. Durch die dort aufgeführten Programmschritte wird das Listenfeld aktualisiert, die erste Zeile selektiert, und die Werte dieser markierten Zeile werden in die Textfelder übertragen.

```
Private Sub Form_Current()
    Dim intI As Integer

    lstCocktails.Requery
    lstCocktails.Value = lstCocktails.ItemData(0)
    For intI = 0 To 2
        Me("txtSpalte" & intI) = Me!lstCocktails.Column(intI)
    Next
End Sub
```

Die Eigenschaft *ItemData*, die wir hier zur Voreinstellung verwendet haben, beschreiben wir im weiteren Verlauf des Kapitels ausführlich.

14.6.7 Mehrfachauswahl

Access ermöglicht die Selektion von mehreren Einträgen gleichzeitig in einem Listenfeld. Das folgende Beispiel zeigt einen Anwendungsfall. Das Listenfeld des neuen Formulars basiert auf einer Abfrage, die nur die Cocktailnamen ausgibt. Durch die Betätigung der Schaltfläche zwischen den beiden Feldern werden die Bezeichnungen der selektierten Cocktails in das Textfeld rechts eingetragen.

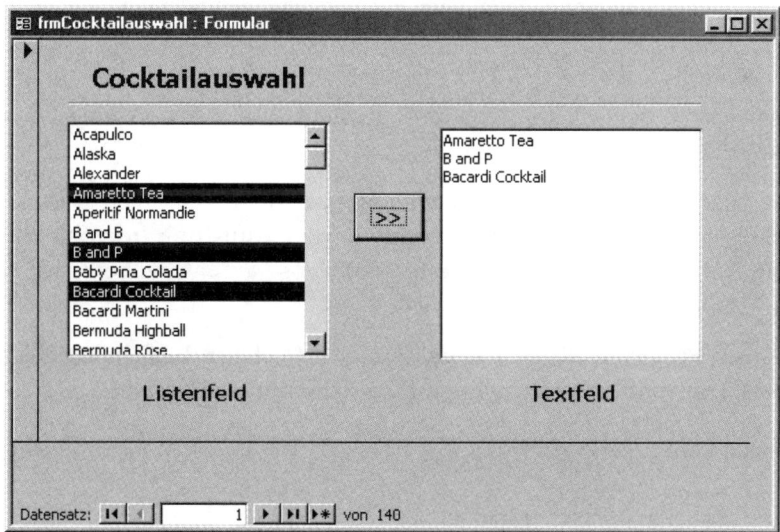

Bild 14.23: Mehrfachauswahl im Listenfeld

Im Entwurf des Formulars wurde für das Listenfeld die Eigenschaft *Mehrfachauswahl* auf *Einzeln* eingestellt. Durch diese Eintragung können mehrere Zeilen im

Listenfeld durch Klicken mit der Maus oder mit der Leertaste an- oder abgewählt werden.

Entscheiden Sie sich für den Wert *Erweitert* bei der Eigenschaft *Mehrfachauswahl*, können Sie mehrere Einträge einer Liste nur bei gedrückter Strg-Taste anwählen bzw. eine Von-Bis-Auswahl durch Halten der ⇧-Taste vornehmen.

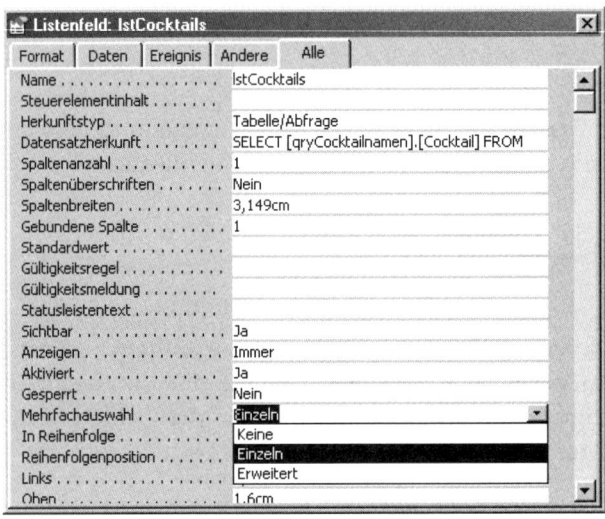

Bild 14.24: Einstellungen für Mehrfachauswahl

Zur Auswertung der selektierten Einträge stellt Ihnen Access eine Eigenschaft und eine Auflistung zur Verfügung.

Für jede selektierte Zeile des Listenfeldes ist die Eigenschaft *Selected* wahr. Gleichzeitig sind alle selektierten Einträge in der Auflistung *ItemsSelected* aufgeführt. Die Auflistung besteht aus Werten des Typs Variant, wobei jeder Wert ein Index auf einer Zeile des Listenfeldes ist.

Im folgenden Programmstück, das das Ereignis *Click* für die Schaltfläche auf unserem Beispielformular behandelt, wird die Auflistung eingesetzt.

```
Private Sub cmdKopieren_Click()

    Dim strNeueZeile As String
    Dim ctlLst As Control
    Dim ctlTxt As Control
    Dim varElem As Variant

    Set ctlLst = Me!lstCocktails
```

```
    Set ctlTxt = Me!txtCocktails

    strNeueZeile = Chr(13) & Chr(10)

    ctlTxt.Value = ""
    For Each varElem In ctlLst.ItemsSelected
        ctlTxt.Value = ctlTxt.Value & ctlLst.ItemData(varElem) _
                                        & strNeueZeile

    Next
End Sub
```

Die Eigenschaft *ItemData* ermittelt für die angegebene Zeile den Wert der gebundenen Spalte. Benötigen Sie die gebundene Spalte nicht, können Sie mit der Eigenschaft *Column* die entsprechende Spalte abfragen. Ersetzen Sie ctlLst.ItemData(varElem) durch ctlLst.Column(2,varElem), um beispielsweise den Wert der dritten Spalte eines Listenfeldes für die angegebene Zeile zu erhalten.

Auch könnten Sie die For Each-Schleife der Subroutine cmdKopieren_Click() durch das folgende Programmfragment ersetzen, das die Eigenschaft *Selected* nutzt.

```
Dim intCnt As Integer
For intCnt = 0 To ctlLst.ListCount - 1
    If ctlLst.Selected(intCnt) Then
        ctlTxt.Value = ctlTxt.Value & ctlLst.ItemData(intCnt) _
                                        & strNeueZeile

    End If
Next
```

14.6.8 Verwendung einer UNION-Abfrage

Eine weitere Anwendung der Mehrfachauswahl möchten wir Ihnen anhand des Formulars zur Druckauswahl beschreiben. Im Listenfeld des Formulars selektieren Sie die Cocktails, für die das Mixrezept gedruckt werden soll. Die Zeilen im Listenfeld wurden durch die Zeile »*** *Alle Cocktails* ***« ergänzt.

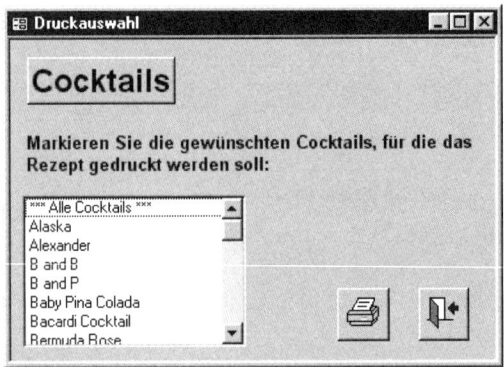

Bild 14.25: Zusätzlicher Eintrag »*** Alle Cocktails ***«

Um die erste Zeile in das Listenfeld aufzunehmen, verwendeten wir die schon in Kapitel 3, »Die Abfragesprache SQL«, beschriebene UNION-Abfrage, die unter dem Namen »quniAlleCocktails« abgelegt ist.

```
SELECT tblCocktail.Cocktail, tblCocktail.Cocktailnr FROM tblCocktail
UNION SELECT "*** Alle Cocktails ***",0 FROM tblCocktail
ORDER BY tblCocktail.Cocktail;
```

In den Eigenschaften des Listenfeldes wurde als Datensatzherkunft die Abfrage gewählt. Die Abfrage liefert zwei Spalten zurück, Cocktail und CocktailNr, von denen die zweite bei der Ausgabe durch die Spaltenbreitenangabe von 0 Zentimetern unterdrückt wird. Die so ausgeblendete Spalte ist aber die gebundene Spalte, d.h., ihr Wert wird später weiterverarbeitet.

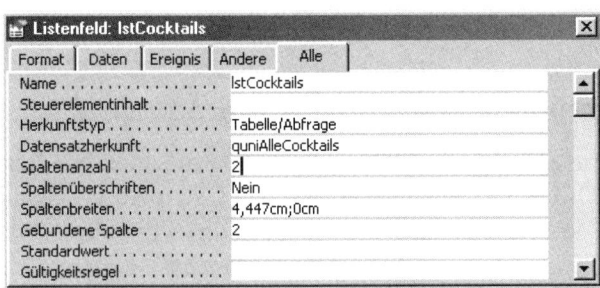

Bild 14.26: Definition für das Listenfeld

Durch einen Klick auf die Schaltfläche mit dem Drucker werden die Rezepte für die selektierten Cocktails ausgedruckt. Die folgende Routine übernimmt die Aufbereitung. Zuerst werden die Nummern der selektierten Cocktails in eine temporäre Tabelle *tblTmpCocktail* übernommen. Die temporäre Tabelle ist die Grundlage für den späteren Ausdruck der Rezepte, d.h., es wird das Rezept für die Cocktails ausgegeben, dessen Nummer in der Tabelle steht. Die temporäre Tabelle wird vor der Verwendung gelöscht. Der Löschvorgang wird mit

```
CodeDB.Execute("DELETE * FROM tblTmpCocktail")
```

durchgeführt. Die Cocktail-Anwendung ist auf zwei Datenbanken verteilt. In der einen Datenbank befinden sich die Cocktaildaten, in der anderen alle Formulare, Berichte, Abfragen, Programme und temporären Tabellen. Die DAO-Funktion CodeDB() liefert die Datenbank zurück, in der sich das Formular und das Programm befinden. Für diese Datenbank wird mithilfe der Methode Execute() der Löschbefehl ausgeführt. Mit ADO verwenden Sie die Execute-Methode des Connection-Objekts von CodeProject.

Anschließend werden die Nummern der selektierten Cocktails in die temporäre Tabelle eingetragen, wobei der erste Eintrag besonders behandelt wird. In der UNION-Abfrage wurde der Zeile »*** *Alle Cocktails* ***« der Wert 0 zugeordnet.

Liefert die Abfrage nach den markierten Einträgen des Listenfeldes den Wert 0 zurück, so sollen alle Rezepte gedruckt werden. Das bedeutet, dass alle Cocktailnummern in *tblTmpCocktail* übernommen werden sollen. Um nicht umständlich alle Nummern in die Tabelle einfügen zu müssen, wird ein SQL-Befehl durchgeführt, der einfach alle Cocktailnummern aus *tblCocktail* überträgt.

```
Private Sub cmdPrint_Click()

    Dim cnn As ADODB.Connection
    Dim lstCtl As Control
    Dim var As Variant
    Dim rst As ADODB.Recordset

    ' Löschen aller Einträge der temporären Tabelle
    Set cnn = CodeProject.Connection

    cnn.Execute "delete * from tblTmpCocktail"

    Set rst = New ADODB.Recordset
    rst.Open "tblTmpCocktail", cnn, adOpenKeyset, adLockOptimistic

    Set lstCtl = Me!lstCocktails

    For Each var In lstCtl.ItemsSelected
```

```
        Debug.Print lstCtl.ItemData(var)

        If lstCtl.ItemData(var) = 0 Then
            cnn.Execute "INSERT INTO tblTmpCocktail ( CocktailNr ) " _
            & "SELECT DISTINCTROW tblCocktail.CocktailNr " _
            & "FROM tblCocktail"
            Exit For
        Else
            rst.AddNew
            rst!CocktailNr = lstCtl.ItemData(var)
            rst.Update
        End If
    Next
    rst.Close

    DoCmd.OpenReport "rptDruckauswahl", acPreview
End Sub
```

Der Bericht *rptDruckauswahl* verwendet die folgende SQL-Abfrage, um die Rezeptdaten der Cocktails zu ermitteln, deren Nummern in *tblTmpCocktail* aufgeführt sind. Die Verbindung zwischen den Cocktailtabellen *tblCocktail* und *tblTmp-Cocktail* wird über einen INNER JOIN über die Gleichheit der Cocktailnummern aufgebaut.

```
SELECT DISTINCTROW tblTmpCocktail.CocktailNr, tblCocktail.Cocktail,
tblCocktail.Zubereitung, tblZutat.Zutat, tblCocktailzutaten.Menge,
tblEinheiten.Einheit
FROM tblZutat INNER JOIN (tblEinheiten INNER JOIN ((tblCocktail INNER
JOIN tblTmpCocktail ON tblCocktail.CocktailNr =
tblTmpCocktail.CocktailNr) INNER JOIN tblCocktailzutaten ON
tblCocktail.CocktailNr = tblCocktailzutaten.CocktailNr) ON
tblEinheiten.EinheitenNr = tblCocktailzutaten.EinheitenNr) ON
tblZutat.ZutatenNr = tblCocktailzutaten.ZutatenNr
ORDER BY tblCocktail.Cocktail;
```

Das Ergebnis sind die Rezepte für die ausgewählten Cocktails.

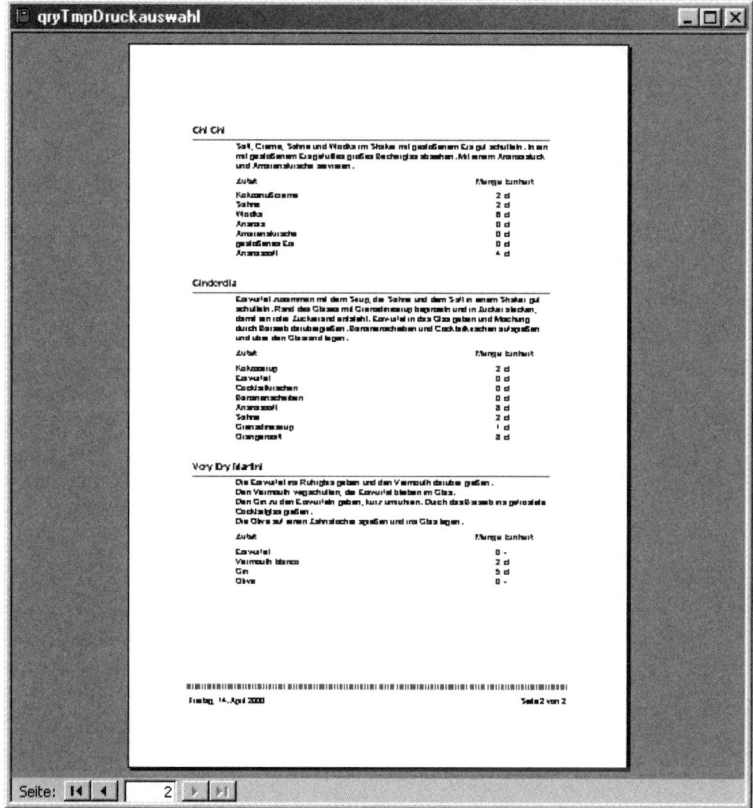

Bild 14.27: Ausgabe der Rezepte

Die DAO-Variante der Routine Sub cmdPrint_Click soll Ihnen nicht vorenthalten werden:

```
Private Sub cmdPrintDAO_Click()

    Dim db As DAO.Database
    Dim lstCtl As Control
    Dim var As Variant
    Dim rst As DAO.Recordset

    ' Löschen aller Einträge der temporären Tabelle
    Set db = CurrentDb()

    db.Execute "delete * from tblTmpCocktail"
```

```
Set rst = db.OpenRecordset("tblTmpCocktail", dbOpenTable)
Set lstCtl = Me!lstCocktails

For Each var In lstCtl.ItemsSelected

    Debug.Print lstCtl.ItemData(var)

    If lstCtl.ItemData(var) = 0 Then
        db.Execute "INSERT INTO tblTmpCocktail ( CocktailNr ) " _
        & "SELECT DISTINCTROW tblCocktail.CocktailNr " _
        & "FROM tblCocktail"
        Exit For
    Else
        rst.AddNew
        rst!CocktailNr = lstCtl.ItemData(var)
        rst.Update
    End If
Next
rst.Close

DoCmd.OpenReport "rptDruckauswahl", acPreview

End Sub
```

14.6.9 Zusätzlicher Eintrag im Kombinationsfeld

Stellen Sie sich vor, Sie geben die Zutaten eines neuen Cocktails ein. Nachdem Sie die Hälfte der Zutaten erfasst haben, fällt Ihnen auf, dass die nächste Zutat, die Sie eintragen möchten, noch nicht in der Zutatentabelle existiert. Die verfügbaren Zutaten werden in der Applikation, wie in unserem Beispiel im nächsten Bild zu sehen, in einem Kombinationsfeld, hier auf einem Unterformular, angeboten.

Bild 14.28: Neuerfassung eines Cocktails

Die einfachste Variante wäre, für das Kombinationsfeld die Eingabe neuer Werte zuzulassen (Eigenschaft *Nur Listeneinträge*). In vielen Fällen lässt sich diese Methode aber nicht einsetzen, da entweder eine komplexe Abfrage zum Füllen des Kombinationsfeldes vorliegt, die ein Hinzufügen nicht erlaubt oder bei der Neuerfassung müssen zwingend mehrere Werte eingegeben werden.

Als zweite Variante könnten Sie eine Befehlsschaltfläche und/oder einen Menüeintrag definieren, mit deren Hilfe ein Dialogfeld geöffnet wird, in dem der fehlende Datensatz, hier im Beispiel die Zutat, erfasst wird. Nachteil einer Befehlsschaltfläche ist der Platzbedarf auf dem Formular und der Wechsel des Fokus zur Befehlsschaltfläche. Bei Menüeinträgen haben Sie das Problem, dass Sie Menüs nicht aus Formularen erreichen, die als Dialogfelder geöffnet worden sind.

Die dritte Variante, die wir Ihnen vorstellen möchten, arbeitet mit einem Doppelklick. Für das Kombinationsfeld mit der Zutatenliste wurde eine Ereignisprozedur für das Ereignis *Beim Doppelklicken* vereinbart. Damit wird das folgende Programm ausgeführt, wenn Sie das Kombinationsfeld doppelt anklicken.

```
Private Sub cboZutat_DblClick(Cancel As Integer)
    ' Öffnen des Formulars als Dialogfeld
    DoCmd.OpenForm "frmZutat", WindowMode:=acDialog
    ' Aktualisieren des Kombinationsfelds
    cboZutat.Requery
End Sub
```

Nachteil der Doppelklick-Methode ist, dass der Anwender mit einem Text auf dem Formular oder in der Statuszeile auf die Möglichkeit zum Aufruf des Dialogfelds aufmerksam gemacht werden muss.

Die nach unserer Meinung nach eleganteste Methode zum Erfassen einer neuen Zutat ist das Hinzufügen eines Eintrags (Neue Zutat) in die Liste der Zutaten im Kombinationsfeld. Wird im Kombinationsfeld dieser Eintrag selektiert, wird automatisch das Dialogfeld zum Erfassen einer neuen Zutat eingeblendet.

Hinter der Auswahlliste für die Zutaten steht in unserem Beispiel die folgende Abfrage.

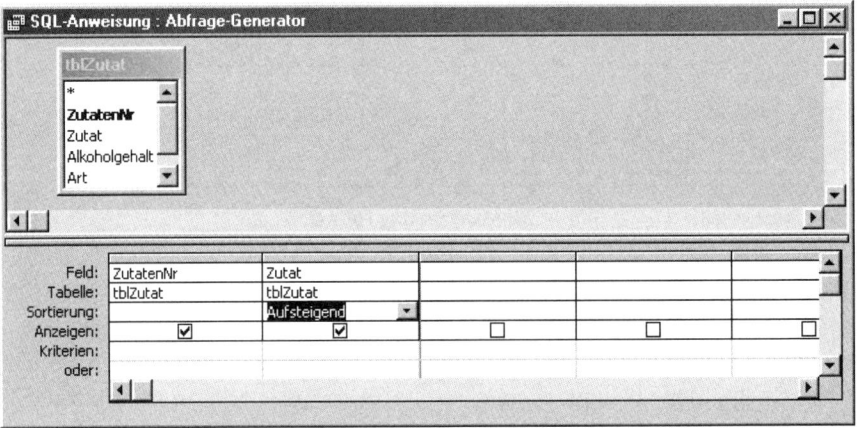

Bild 14.29: Abfrage des Kombinationsfeldes

Die Abfrage wird in der SQL-Ansicht des Abfrageentwurfsfensters durch einen »Dummy«-Datensatz ergänzt. Dazu verwenden Sie wie im vorherigen Abschnitt den SQL-Befehl UNION, beispielsweise in der Form

```
SELECT DISTINCTROW tblZutat.ZutatenNr, tblZutat.Zutat FROM tblZutat
UNION SELECT 0,"(Neue Zutat)" FROM tblZutat
ORDER BY tblZutat.Zutat;
```

Für den hinzugekommenen Eintrag (Neue Zutat) wird hier im Beispiel die Zutatennummer 0 vereinbart. Die Null kann verwendet werden, da die ZutatenNr in der Tabelle tblZutat als AutoWert definiert ist, also der Wert 0 in der Tabelle nicht vorkommen kann. Wir haben den neuen Eintrag in Klammern gesetzt, damit er bei der gewählten Sortierreihenfolge im Kombinationsfeld immer als erstes erscheint.

Zum Öffnen des Zutateneingabedialogfeldes erfassen Sie die folgende Routine für das Ereignis *Nach Aktualisierung*. Nach jeder Änderung des Inhalts des

Kombinationsfeldes wird überprüft, ob der Anwender den Eintrag (Neue Zutat) selektiert hat. Ist das der Fall, d.h., hat cboZutat.Value den Wert 0, wird das Formular frmZutat als Dialogfeld aufgerufen. Nach dem Schließen des Formulardialogfeldes wird der Inhalt des Kombinationsfeldes aktualisiert, damit alle neuen eingetragenen Zutaten dargestellt werden.

```
Private Sub cboZutat_AfterUpdate()
    ' Wenn Eintrag "(Neue Zutat)" selektiert
    If cboZutat.Value = 0 Then
        Beep
        ' Öffnen des Formular als Dialogfeld
        DoCmd.OpenForm "frmZutat", WindowMode:=acDialog
        ' Aktualisieren des Kombinationsfelds
        cboZutat.Requery
    End If
End Sub
```

Ein Problem besteht allerdings: Nach dem Schließen des Formulardialogfeldes wird normalerweise der erste Eintrag des Kombinationsfeldes (Neue Zutat) angezeigt. Diese Zutat soll natürlich nicht bei der Erfassung eines Cocktails gespeichert werden. Um dieses Problem zu umgehen, wird für das Ereignis *Vor Aktualisierung* des Formulars das Unterprogramm

```
Private Sub Form_BeforeUpdate(Cancel As Integer)
    ' Wenn ungültiger Eintrag bei Zutaten
    If cboZutat.Value = 0 Then
        MsgBox "Eintrag '(Neue Zutat)' nicht erlaubt!"
        cboZutat.SetFocus
    End If
End Sub
```

erfasst, das vor dem Speichervorgang prüft, ob der Eintrag im Kombinationsfeld zulässig ist.

14.6.10 Verknüpfte Kombinations- und Listenfelder

Im nächsten Beispiel möchten wir Ihnen eine Verknüpfung zwischen einem Kombinations- und einem Listenfeld demonstrieren. Alle Einträge im Listenfeld seien einer im Kombinationsfeld auswählbaren Kategorie zugeordnet. Entsprechend sollen mit der Auswahl einer bestimmten Kategorie im Kombinationsfeld nur die Einträge, die dieser Kategorie zugeordnet sind, im Listenfeld angezeigt werden.

Das folgende Bild zeigt ein einfaches, ungebundenes Formular, d.h., das Formular selbst ist nicht mit einer Tabelle der Datenbank verbunden. Weitere Informationen zum Umgang mit ungebundenen Formularen finden Sie in Kapitel 15, »Formulare«.

Im Kombinationsfeld kann eine Cocktailgruppe, wie Coladas, Fizzes, Sours usw. angewählt werden. Entsprechend sollen die Cocktails, die zu der ausgewählten Gruppe gehören, im unteren Listenfeld dargestellt werden. Zusätzlich zu den Gruppenbezeichnungen ist im Kombinationsfeld der Eintrag »*« selektierbar, der alle Cocktails im Listenfeld zeigt, die einer Gruppe zugeordnet sind.

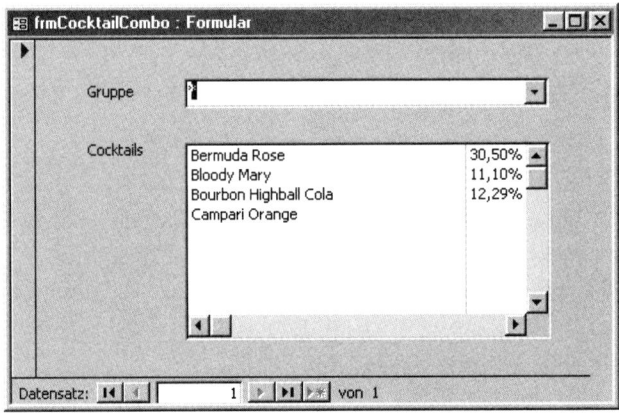

Bild 14.30: Formular mit verknüpftem Kombinations- und Listenfeld

Dem Kombinationsfeld liegt das SQL-Statement

```
SELECT DISTINCTROW tblGruppe.GruppeNr, tblGruppe.Gruppe FROM tblGruppe
UNION SELECT 0,"*" FROM tblGruppe
ORDER BY tblGruppe.Gruppe;
```

zugrunde, das über den UNION-Befehl die Zeile mit dem Sternchen erzeugt. Für das Listenfeld wurde die im folgenden Bild gezeigte Abfrage vereinbart. Wichtig ist hierbei die Bedingung `GruppeNr Wie [Forms]![frmCocktailCombo].[cboGruppe]`, wobei `cboGruppe` der Name des Kombinationsfeldes ist. Durch den Operator `Wie` wird erreicht, dass, wenn im Kombinationsfeld der Eintrag »*« selektiert wird, die Abfrage `GruppeNr Wie "*"` lautet, also alle Gruppennummern ausgewählt werden.

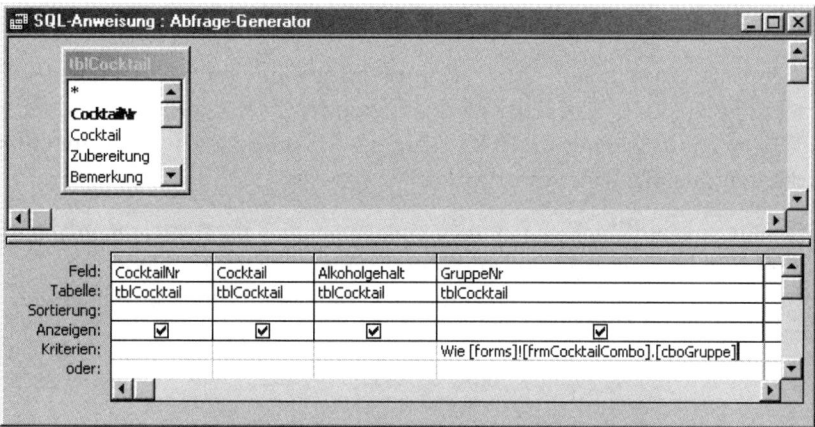

Bild 14.31: Abfragedefinition des Listenfeldes

Diese Abfrage wird durch den SQL-Befehl

```
SELECT DISTINCTROW CocktailNr, Cocktail, Alkoholgehalt
FROM tblCocktail
WHERE GruppeNr Like [Forms]![frmCocktailCombo].[cboGruppe]
ORDER BY Cocktail;
```

beschrieben. Bei jeder Änderung des Kombinationsfeldes für die Cocktailgruppen muss das Listenfeld aktualisiert werden. Für das Ereignis *Bei Änderung* des Kombinationsfeldes wird die Routine

```
Private Sub cboGruppe_Change()
    ' Bei Änderung des Kombinationsfelds
    '    aktualisieren des Listenfelds
    lstCocktails.Requery
End Sub
```

vereinbart, die die Methode Requery für das Listenfeld lstCocktails ausführt.

Damit beim Starten des Formulars als Standardwert das Sternchen im Kombinationsfeld gezeigt wird, wird die folgende Ereignisroutine für *Bei Laden* definiert:

```
Private Sub Form_Load()
    ' Auf ersten Wert "*" setzen
    cboGruppe.Value = 0
    ' Aktualisieren des Listenfelds
    lstCocktails.Requery
End Sub
```

14.6.11 Änderungen der Datenherkunft

Die Datenbasis eines Listen- oder Kombinationsfeldes kann während der Anzeige geändert werden. Am Beispiel des folgenden Dialogfeldes, das in Abschnitt 14.6.8, »Verwendung einer UNION-Abfrage«, besprochen wurde, möchten wir Ihnen diese Möglichkeit demonstrieren.

Das Dialogfeld aus Bild 14.25 wurde durch eine Optionsgruppe mit zwei Optionsfeldern ergänzt. Je nach ausgewählter Option sollen entweder alle Cocktails oder nur die mit den Zutaten der Hausbar möglichen Drinks im Listenfeld angezeigt werden.

Bild 14.32: Erweitertes Dialogfeld zur Druckausgabe

Für beide Optionsfelder haben wir eine Routine für das Ereignis *Bei Fokuserhalt* erstellt. Die Datenbasis des Listenfeldes *lstCocktails* lässt sich mithilfe der Eigenschaft *RowSource* einfach ändern. Geben Sie dazu den Namen einer Abfrage, so wie in unserem Fall, einen SQL-Befehl oder eine Werteliste an. Die Inhalte des Listenfeldes werden bei einer Änderung der Eigenschaft *RowSource* neu ermittelt.

```
Private Sub optAlle_GotFocus()
    lstCocktails.RowSource = "quniAlleCocktails"
End Sub

Private Sub optHausbar_GotFocus()
    lstCocktails.RowSource = "quniHausbar"
End Sub
```

Als weiteres Beispiel möchten wir Ihnen die Zuweisung einer Werteliste vorstellen. Stellen Sie sich vor, auf einem Formular existiert ein Kombinationsfeld, für das die im folgenden Bild dargestellte Werteliste erfasst wurde.

Bild 14.33: Eigenschaften für Werteliste

Im Formular bzw. in der Anwendung werden die Werte eins bis drei weiterverarbeitet, da die erste Spalte die gebundene Spalte ist.

Nun soll die Werteliste in Abhängigkeit vom angezeigten Datensatz verändert werden. Dazu wird die folgende Routine eingesetzt, die auf das Ereignis *Beim Anzeigen (Current)* des Formulars reagiert. *Beim Anzeigen* tritt ein, wenn ein neuer Datensatz im Formular gezeigt wird.

Aufgrund des Inhalts des Kontrollkästchens mit dem Namen *chkAdressTyp* soll eine der beiden als Konstanten definierten Wertelisten verwendet werden.

```
Private Sub Form_Current()
    Const conWerteliste1 = "1;Privat;2;Büro;3;E-Mail"
    Const conWerteliste2 = "1;Durchwahl;2;Zentrale;3;E-Mail"

    If chkAddressTyp Then
        lstWerteliste.RowSource = conWerteliste1
    Else
        lstWerteliste.RowSource = conWerteliste2
    End If
End Sub
```

14.6.12 Listen- oder Kombinationsfelder voreinstellen

Um einen Wert für ein Listen- oder Kombinationsfeld standardmäßig auszuwählen, setzen Sie die Eigenschaft Value auf einen entsprechenden Wert für die gebundene Spalte. Soll beispielsweise im folgenden Bild der erste Eintrag des Listenfeldes beim Öffnen des Formulars markiert werden, so können Sie dies durch

```
Private Sub Form_Load()
    lstCocktails.Value = 0
End Sub
```

für das Ereignis *Beim Laden* für das Formular erreichen.

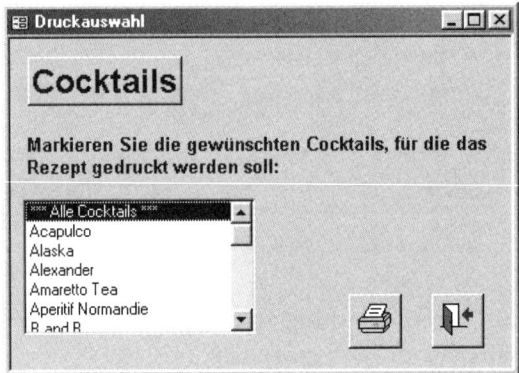

Bild 14.34: Erster Eintrag im Listenfeld markiert

In vielen Fällen stößt man aber auf das Problem, dass der Wert der gebundenen Spalte für den ersten Eintrag nicht bekannt ist, da beispielsweise eine Abfrage oder ein SQL-Befehl die Einträge der Liste erst dann ermittelt, wenn die Liste in einem Listen- oder Kombinationsfeld angezeigt wird. Mit der Programmroutine

```
Private Sub Form_Load()
    lstCocktails.Value = lstCocktails.ItemData(0)
End Sub
```

wird immer der erste Wert eines Listen- oder Kombinationsfeldes selektiert. Die Eigenschaft `ItemData(Zeile)` gibt den Wert der gebundenen Spalte für eine bestimmte Zeile zurück.

14.6.13 Eingabeeinschränkungen in Kombinationsfeldern

Kombinationsfelder können nicht nur dazu benutzt werden, dem Anwender eine Auswahlliste anzubieten, sondern sie lassen sich auch als Eingabefelder verwenden. Beispielsweise kann für die im nächsten Bild gezeigte aufgeklappte Gläserliste vereinbart werden, dass auch Gläser eingegeben werden können, die nicht in der Liste stehen. Beachten Sie dabei, dass das Glas dann im Beispiel in die dem Formular zugrunde liegende Tabelle *tblCocktail* eingetragen, nicht aber in die Auswahlliste des Kombinationsfeldes aufgenommen wird.

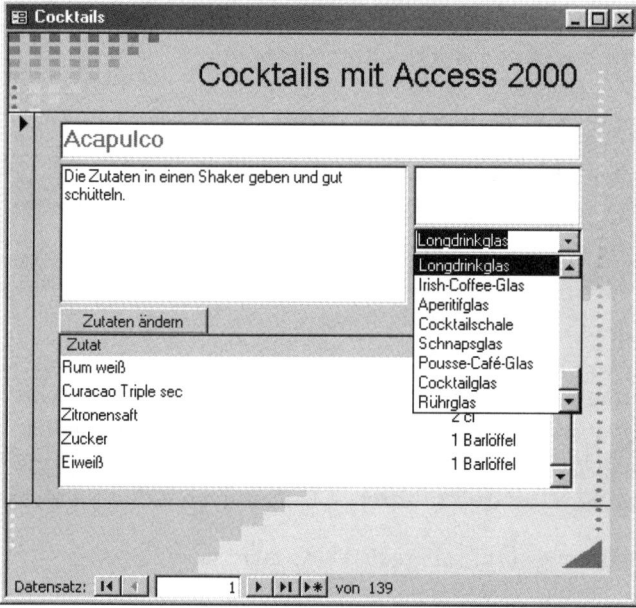

Bild 14.35: Aufgeklappte Gläserliste

Kombinationsfeld auf Listeneinträge limitieren

Ist die Eigenschaft *Nur Listeneinträge* auf *Ja* eingestellt, müssen Sie im Kombinationsfeld einen oder keinen Wert aus der Liste auswählen.

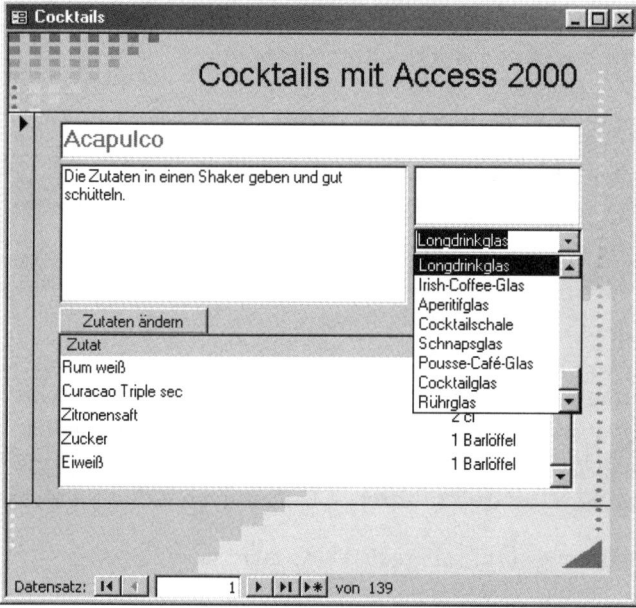

Bild 14.36: Eigenschaften des Kombinationsfeldes

Tippen Sie in das Kombinationsfeld einen Wert ein, der nicht in der Liste vorhanden ist, wird die folgende Fehlermeldung gezeigt.

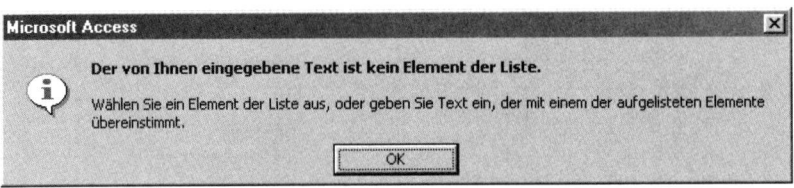

Bild 14.37: Fehlermeldung »Nicht in Liste«

Wenn Ihr Eintrag in das Kombinationsfeld nicht in der Liste steht, wird vor dem Anzeigen der oben gezeigten Fehlermeldung das Ereignis *Bei nicht in Liste* (*NotInList*) ausgelöst. Mithilfe einer VBA-Routine können Sie eine Ereignis- und Fehlerbehandlung selbst durchführen. Die Routine hat den Rahmen

```
Private Sub GlasNr_NotInList(NewData As String, _
        Response As Integer)
    ...
End Sub
```

In der Variablen NewData steht der im Kombinationsfeld eingegebene Wert. Mit Response können Sie Access einen Wert übergeben, der die weitere Verarbeitung steuert. Drei vordefinierte Konstanten stehen Ihnen als Response-Rückgabewerte zur Verfügung.

Tabelle 14.5: Rückgabewertkonstanten für NotInList-Ereignisse

Konstanten	Beschreibung
acDataErrDisplay	Wenn Sie den Wert acDataErrDisplay in Response zurückgeben, zeigt Access die Standardfehlermeldung.
acDataErrContinue	Retournieren Sie den Wert acDataErrContinue, wird keine Meldung von Access eingeblendet.
acDataErrAdded	Durch die Rückgabe des Wertes acDataErrAdded erfährt Access, dass Sie innerhalb der Ereignisbehandlungsfunktion der Liste den neuen Wert hinzugefügt haben.

Als Beispiel präsentieren wir Ihnen für das Cocktailformular eine *NotInList*-Routine für das Feld zur Eingabe eines Glastyps. Geben Sie ein Cocktailrezept ein und für den Cocktail wird ein bestimmtes Glas empfohlen, das nicht in Ihrer

Auswahlliste vorkommt, wird automatisch die entsprechende Tabelle *tblGlas* um das neue Glas ergänzt.

```
Private Sub GlasNr_NotInList(NewData As String, Response As Integer)

    Dim rst As Recordset
    Dim db As Database

    If MsgBox("Neues Glas »" & NewData & "« erfassen?", _
                vbYesNo + vbQuestion, "Cocktailglas") = vbNo _
    Then
        MsgBox "Glas nicht in Liste", vbExclamation, "Cocktailglas"
        Response = acDataErrContinue
    Else
        Set db = CurrentDb()
        Set rst = db.OpenRecordset("tblGlas")
        rst.AddNew
        rst!Glas = NewData
        rst.UPDATE
        rst.Close
        Response = acDataErrAdded
    End If
End Sub
```

Wird *NotInList* ausgelöst, erscheint zuerst die folgende Meldung. Der Anwender kann nun entscheiden, ob er das neue Glas erfassen möchte.

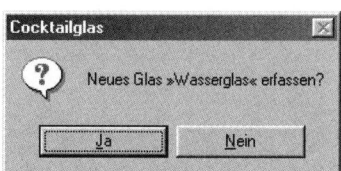

Bild 14.38: Benutzerdefinierte Fehlermeldung

Wählt der Benutzer die Schaltfläche *Nein*, wird ein weiteres Meldungsdialogfeld mit einer Fehlermeldung angezeigt und die Konstante acDataErrContinue zurückgegeben.

Entscheidet sich der Anwender für die Aufnahme der neuen Glasbezeichnung in die Tabelle *tblGlas*, wird NewData entsprechend in die Tabelle eingefügt und acDataErrAdded als Response festgelegt.

Eingaben in Kombinationsfeldern zulassen

Sollen Eingaben in die Liste eines Kombinationsfeldes zugelassen werden, stellen Sie die Eigenschaft *Nur Listeneinträge* auf *Nein*. Damit erhalten Sie die Möglichkeit, mit einem Kombinationsfeld Werte zu erfassen, die nicht in der Liste sind. Beachten Sie dabei aber, dass nicht die Liste des Kombinationsfeldes um den Wert ergänzt wird, sondern nur der neue Wert in das zugrunde liegende Datenfeld eingetragen wird.

Um die Eigenschaft *Nur Listeneinträge* auf *Nein* schalten zu können, muss die erste angezeigte Spalte des Kombinationsfeldes die gebundene Spalte sein. In unserem Beispiel ist die gebundene Spalte die Glasnummer, deren Anzeige durch die Spaltenbreite 0 unterdrückt wird.

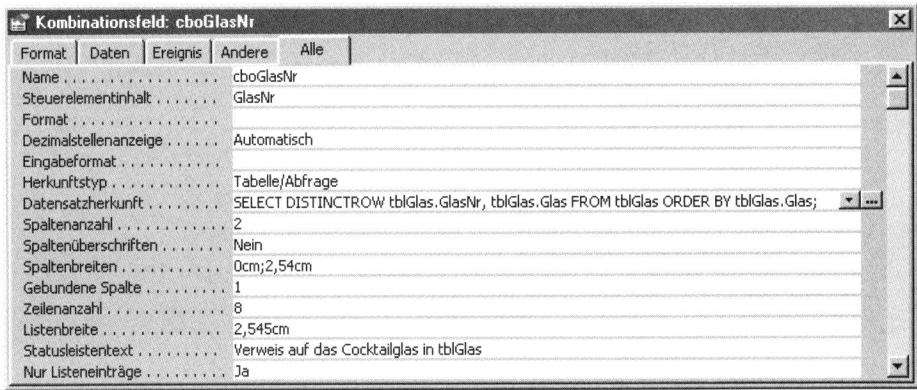

Bild 14.39: Eigenschaften des Kombinationsfeldes cboGlasNr

Versuchen Sie, die Eigenschaft *Nur Listeneinträge* umzuschalten, erhalten Sie die folgende Fehlermeldung.

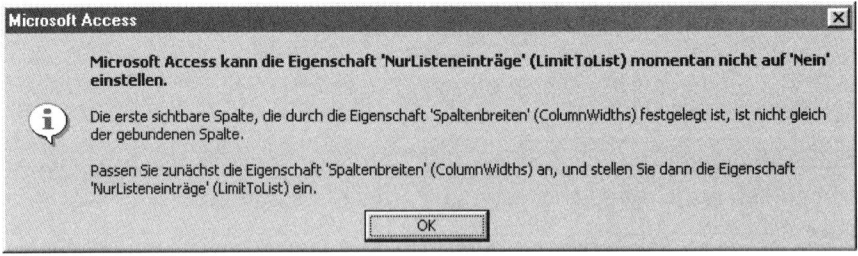

Bild 14.40: Fehlermeldung

Für eine sinnvolle Anwendung der Einstellung sollte der Datentyp des Feldes vom Typ *Text* sein, damit die Eingabe im Kombinationsfeld auch direkt eingetragen werden kann.

14.6.14 Benutzerdefinierte Füllfunktionen

Normalerweise werden mit Listen- und Kombinationsfeldern Daten aus Tabellen, Abfragen oder Wertelisten angezeigt. Um ein Listen- oder Kombinationsfeld mit selbstdefinierten Einträgen zu füllen, muss eine so genannte Callback-Funktion eingesetzt werden. Eine Callback-, zu deutsch Rückruffunktion wird vom Listen- oder Kombinationssteuerelement aufgerufen.

Das folgende Beispiel soll für eine im Dialogfeld selektierte Abfrage die Laufzeit bestimmen. Anhand dieses Beispiels soll der Einsatz einer Callback-Funktion erläutert werden. Im nächsten Bild ist ein ungebundenes Formular dargestellt. Im Listenfeld werden alle in der entsprechenden Datenbank definierten Abfragen angezeigt.

Dabei werden eine Reihe von Abfragen angezeigt, die normalerweise nicht in der Datenbank sichtbar sind. Diese Access-internen Abfragen, die mit ~sq_*fformname* oder ~sq_*fformname*~sq_*ccontrolname* benannt sind, sind Abfragen, die zur Geschwindigkeitssteigerung von *RecordSource*- und *RowSource*-Eigenschaften automatisch vorkompiliert gespeichert werden.

Selektieren Sie eine Abfrage und starten Sie diese mit der Schaltfläche *Abfrage ausführen*, so wird ermittelt, wie lange ein bzw. zehn Durchläufe der Abfrage dauern.

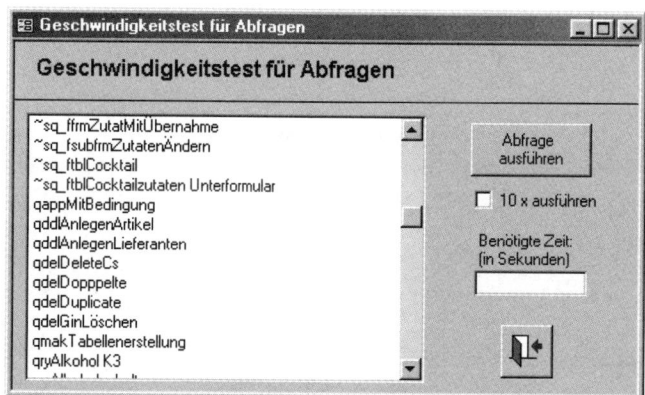

Bild 14.41: Formular mit Listenfeld

Um das Listenfeld mit den Namen der in der Datenbank gespeicherten Abfragen zu füllen, wird die folgende Callback-Funktion verwendet. Die Funktion lässt sich als allgemeines oder als »Code-behind-forms«-Modul erfassen. Wir haben die Funktion für das Beispiel als »Code-behind-forms«-Modul direkt beim Entwurf des Formulars realisiert. Über *ANSICHT Code* haben wir auf das im nächsten Bild gezeigte Fenster umgeschaltet. Im Bereich zu `Objekt:(Allgemein)` und `Prozedur:(Deklarationen)` wurden die folgenden beiden Variablen definiert.

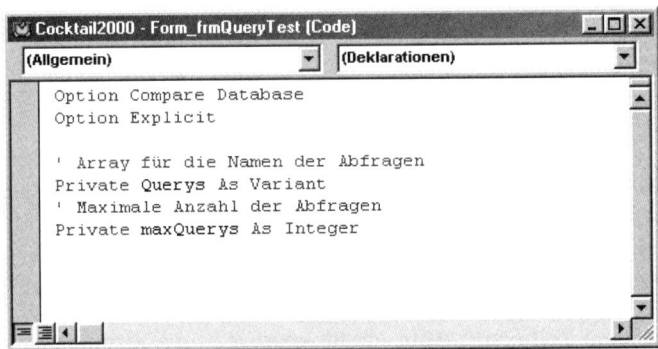

Bild 14.42: Modulfenster des Formulars

Ebenfalls unter `Objekt:(Allgemein)` haben wir die Funktion `QueryAuflisten()` erfasst. Damit die Funktion als Callback-Funktion eingesetzt werden kann, muss sie zwingend fünf Parameter aufweisen, die im folgenden Listing gezeigt sind. Das aufrufende Listen- oder Kombinationsfeld führt die Funktion vielfach hintereinander mit unterschiedlichen Werten für die Parameter aus.

```
Function QueryAuflisten(ctlFeld As Control, _
                        varID As Variant, _
                        varZeile As Variant, _
                        varSpalte As Variant, _
                        varCode As Variant _
                        ) As Variant
    Select Case varCode
        Case acLBInitialize        ' Initialisieren.

            ' ****************************************************
            ' Füllen des Array arrQuerys
            Dim dbsLocal As Database
            Dim intCnt As Integer

            Set dbsLocal = CurrentDb()
            maxQuerys = dbsLocal.QueryDefs.Count
```

```
    ReDim arrQuerys(maxQuerys)
    For intCnt = 0 To dbsLocal.QueryDefs.Count - 1
        arrQuerys(intCnt) – dbsLocal.QueryDefs(intCnt).Name
    Next
    ' ****************************************************

    QueryAuflisten = True

  Case acLBOpen                ' Öffnen.
      QueryAuflisten = Timer   ' Eindeutige ID für erzeugen.

  Case acLBGetRowCount         ' Anzahl an Zeilen abrufen.
      QueryAuflisten = maxQuerys
  Case acLBGetColumnCount      ' Anzahl an Spalten abrufen.
      QueryAuflisten = 1

  Case acLBGetColumnWidth      ' Spaltenbreite abrufen.
      QueryAuflisten = -1      ' -1 erzwingt Verwendung der
                               '  Standardbreite.
  Case acLBGetValue            ' Daten abrufen.
      QueryAuflisten = arrQuerys(varZeile)

  Case acLBGetFormat
      ' Wird für jede Spalte aufgerufen,
      ' geeignet zur Definition von speziellen Formaten
  Case acLBClose
      ' Die Funktion von acLBClose ist nicht dokumentiert
  Case acLBEnd
      ' Ohne Rückgabewert, ggf. zum Aufräumen ...
  End Select
End Function
```

Durch die Auswertung der verschiedenen, im Beispiel durch den Parameter Code übergebenen Konstanten ruft das Listen- oder Kombinationsfeld die für die Darstellung der Informationen notwendigen Werte ab. Die folgende Tabelle erläutert die Bedeutung der einzelnen Konstanten.

Tabelle 14.6: Konstanten für Listen- und Kombinationsfelder

Konstanten	Beschreibung
acLBInitialize	Wenn der Rückgabewert der Funktion für acLBInitialize verschieden von Null, 0 oder False ist, geht das aufrufende Steuerelement davon aus, dass die Funktion erfolgreich Werte für die Anzeige liefern kann.
	In unserem Beispiel wurden an dieser Stelle die Abfragebezeichnungen ermittelt, die im Listenfeld dargestellt werden sollten.
acLBOpen	Der Rückgabewert muss eine eindeutige Identifikationsnummer sein. Es bietet sich an, einfach die aktuelle Systemzeit als Rückgabewert zu verwenden, denn damit erhalten Sie auf jeden Fall einen eindeutigen Wert.
acLBGetColumnCount	Die Anzahl der Spalten, die nicht 0 sein darf, ist der Rückgabewert bei einem Aufruf der Funktion mit der Konstanten acLBGetColumnCount. Die zurückgegebene Anzahl sollte mit der im Eigenschaftenfenster für das Listen- oder Kombinationsfeld eingetragenen Spaltenanzahl übereinstimmen. Eine ganz sichere Lösung ist die Rückgabe von *ColumnCount*, der Spaltenanzahl-Eigenschaft des Steuerelements.
acLBGetColumnWidth	Das aufrufende Listen- oder Kombinationssteuerelement fragt für jede Spalte die Breite ab. Bei der Rückgabe von -1 werden die im Eigenschaftenfenster eingetragenen Werte verwendet. Im Beispiel oben wurde so verfahren.
	Möchten Sie eigene Spaltenbreiten in der Funktion festlegen, so müssen Sie die Funktion durch

	<pre>...
	Case acLBGetColumnWidth
	    Select Case varSpalte
	        Case 0 ' Breite der ersten Spalte
	            SpaltenAuflisten = 1000
	
	        Case 1 ' Breite der zweiten Spalte
	            SpaltenAuflisten = 2000
	    End Select
	...</pre>

	ergänzen. Die Breitenangaben werden in der Windows-Einheit »twips« angegeben, wobei ein twips 1/1440 inch entspricht.

Tabelle 14.6: Konstanten für Listen- und Kombinationsfelder (Fortsetzung)

Konstanten	Beschreibung
acLBGetRowCount	Über die Konstante `acLBGetRowCount` fragt das aufrufende Listen- oder Kombinationsfeld die Anzahl der Zeilen ab, die dargestellt werden sollen. Ist die Zahl der Zeilen nicht bekannt, geben Sie den Wert -1 an. Das Listen- bzw. Kombinationsfeld ruft dann solange mit `acLBGetValue` Werte ab, bis der Wert Null zurückgegeben wird.
acLBGetValue	Rückgabe des für die entsprechende Zeile/Spalte anzuzeigenden Wertes.

acLBGetFormat	Rückgabe einer Formatierungsanweisung für die entsprechende Spalte. Das folgende Beispiel zeigt einen Ausschnitt der Callback-Funktion mit einer Erweiterung für `acLBGetFormat`.
	
	`...`
	`Case acLBGetFormat`
	`    Select Case varSpalte`
	`        Case 0      ' Format der ersten Spalte`
	`            ' Alles in Kleinbuchstaben`
	`            SpaltenAuflisten = "<"`
	`        Case 1      ' Format der zweiten Spalte`
	`            SpaltenAuflisten = "tt.mm.yy"`
	`    End Select`
	`...`

acLBClose	Kein Rückgabewert, die Konstante ist nicht dokumentiert.
acLBEnd	Kein Rückgabewert. Die Callback-Funktion wird mit dieser Konstanten aufgerufen, wenn das Formular geschlossen wird oder die *Requery*-Methode auf das Listen- bzw. Kombinationsfeld angewendet wird.

Im Eigenschaften-Dialogfeld unseres Beispiel-Listenfeldes wird die Callback-Funktion unter *Herkunftstyp* angegeben, so wie im nächsten Bild gezeigt. Achten Sie dabei darauf, dass nur der Name der Funktion – ohne Klammern etc. – eingetragen wird.

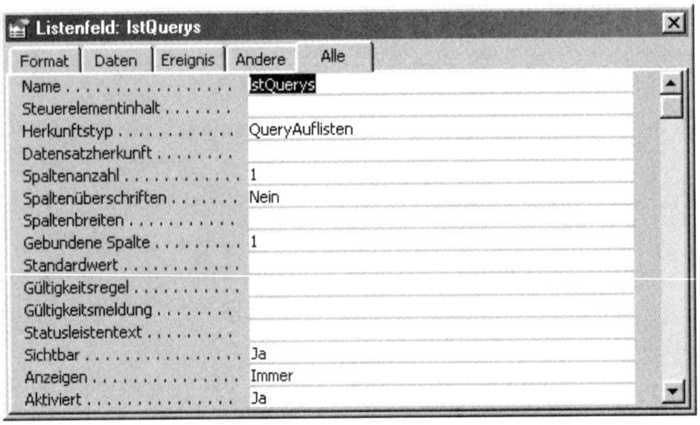

Bild 14.43: Eigenschaften des Listenfeldes

Nachdem das Listenfeld mit der beschriebenen Callback-Funktion gefüllt ist, kann für eine im Listenfeld selektierte Abfrage die Durchlaufzeit bestimmt werden. Das folgende Listing zeigt das Programm, das dem Ereignis *Beim Klicken* der mit *Abfrage ausführen* beschrifteten Schaltfläche zugeordnet ist.

```
Sub cmdAbfrage_Click()

    Dim sngStart As Single
    Dim sngGesamt As Single
    Dim sngVerstrichen As Single
    Dim strAbfrage As String
    Dim intMaxCounter As Integer
    Dim intCounter As Integer

    On Error GoTo Err_cmdAbfrage_Click

    If Not IsNull(lstQuerys.Value) Then
        strAbfrage = lstQuerys.Value

        ' Anzahl der Durchläufe festlegen
        If ctl10times.Value Then
            intMaxCounter = 10
        Else
            intMaxCounter = 1
        End If
```

```
    ' Abfrage durchführen
    For intCounter = 1 To intMaxCounter
        sngStart = Timer                      ' Startzeit bestimmen
        DoCmd.OpenQuery strAbfrage, acNormal  ' Abfrage ausführen
        sngGesamt = sngGesamt + (Timer - sngStart)
        DoCmd.Close acQuery, strAbfrage
    Next

    ' Verstrichene Zeit
    sngVerstrichen = Format(sngGesamt / intMaxCounter, "Fixed")
    txtTime.Value = sngVerstrichen
End If

Exit_cmdAbfrage_Click:
    Exit Sub

Err_cmdAbfrage_Click:
    MsgBox Err.Description
    Resume Exit_cmdAbfrage_Click

End Sub
```

14.7 Optionsfelder und -gruppen

Mithilfe von Optionsgruppen, Umschaltflächen, Optionsfeldern und Kontrollkästchen können Sie Ja/Nein-Auswahlfelder und Wertelisten benutzerfreundlich
einrichten.

Anhand des folgenden Formulars möchten wir Ihnen die Programmierung von
Optionsfeldern und -gruppen erläutern.

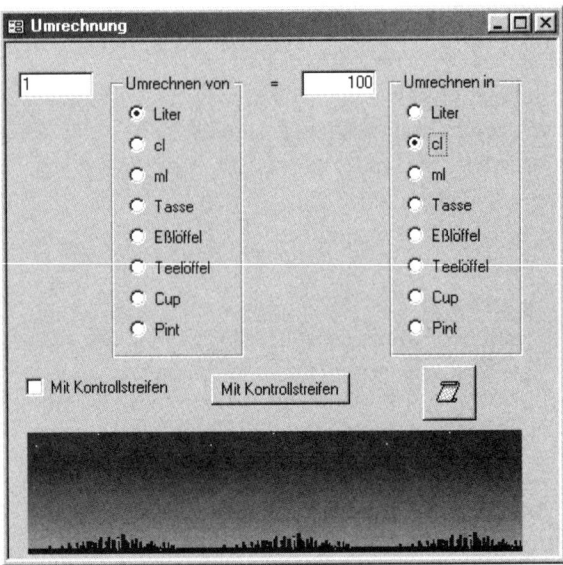

Bild 14.44: Beispielformular

Mit einem der drei Steuerelemente direkt über dem Bild können Sie den Kontrollstreifen einschalten, in dem alle Umrechnungsvorgänge protokolliert werden.

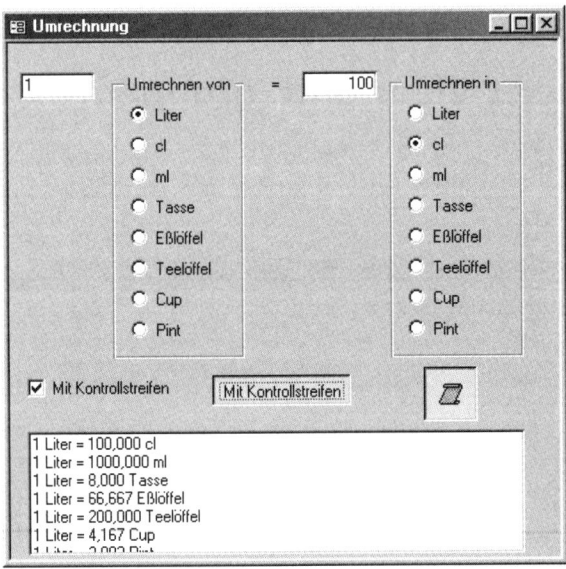

Bild 14.45: Unterer Formularteil mit eingeschaltetem Kontrollstreifen

Zuerst möchten wir Ihnen die drei Feldvarianten und das Optionsgruppen-Steuerelement vorstellen.

14.7.1 Umschaltflächen

Mit Umschaltflächen lassen sich zwei (Wahr/Falsch) bzw. drei (Wahr/Falsch/ Null) Zustände anzeigen. Standardmäßig werden nur zwei Zustände dargestellt, wobei Null in diesem Fall als Falsch ausgewertet wird. Um eine Umschaltfläche mit drei Zuständen zu erhalten, müssen Sie die Eigenschaft *Dreifacher Status* einschalten.

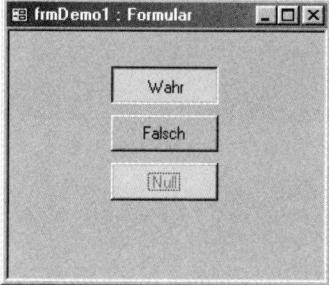

Bild 14.46: Schaltflächen

Umschaltflächen haben gegenüber den im Weiteren beschriebenen Kontrollkästchen und Optionsfeldern den Vorteil, dass sie ein Bild anstelle eines Textes anzeigen können.

14.7.2 Kontrollkästchen

Kontrollkästchen weisen die gleichen Eigenschaften wie Schaltflächen auf. Auch sie können zwei oder drei Zustände darstellen.

Bild 14.47: Kontrollkästchen

14.7.3 Optionsfelder

Optionsfelder werden in erster Linie verwendet, wenn eine Option von vielen selektiert werden soll. Prinzipiell entsprechen die Eigenschaften von Optionsfeldern denen von Schaltflächen und Kontrollkästchen. Optionsfelder werden aber fast ausschließlich in Optionsgruppen eingesetzt.

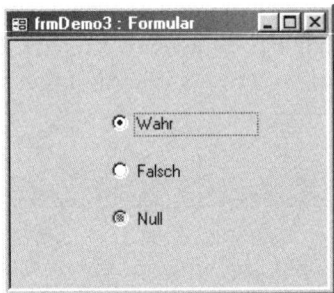

Bild 14.48: Optionsfelder

14.7.4 Optionsgruppen

Mithilfe einer Optionsgruppe können Optionsfelder, seltener auch Schaltflächen oder Kontrollkästchen, zusammengefasst werden. Eine Optionsgruppe besitzt einen Ergebniswert, der angibt, die wievielte Option ausgewählt wurde.

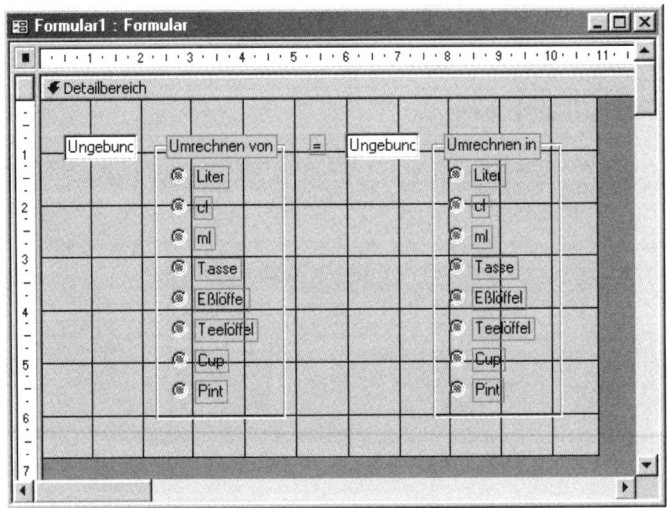

Bild 14.49: Zwei Optionsgruppen

Erstellen Sie eine neue Optionsgruppe, erleichtert der Optionsgruppen-Assistent die Definition. Beide Optionsgruppen im Bild oben sind mit dem Assistenten erzeugt. Die linke Optionsgruppe erhielt den Namen `fraVon`, die rechte `fraIn`. Das folgende Programmfragment zeigt zwei Varianten, die den Rückgabewert einer Optionsgruppe einer Variablen zuweisen.

```
...
Dim intI As Integer
' Zuweisen der Eigenschaft Value
intI = fraVon.Value
' abgekürzte Schreibweise, da Value Default-Eigenschaft
intI = fraVon
...
```

Das Beispielformular

Wir möchten im Folgenden die weiteren Steuerelemente und Programme für unser Beispielformular beschreiben.

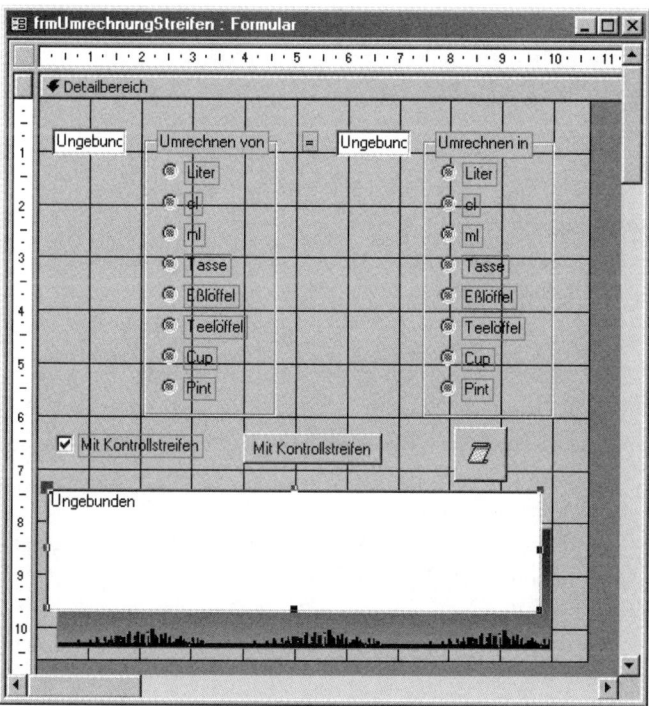

Bild 14.50: Umrechnungsformular in der Entwurfsansicht

In Bild 14.50 haben wir die beiden übereinander liegenden Steuerelemente für das Bild und für den Kontrollstreifen so verschoben, dass sie beide sichtbar sind. Beim Aufrufen des Formulars ist der Kontrollstreifen unsichtbar und das Bild, das eigentlich unter dem Kontrollstreifen liegt, ist sichtbar. Wird das Kontrollkästchen oder eine der beiden Umschaltflächen zum Einschalten des Kontrollstreifens betätigt, wird die Eigenschaft Visible des Textfeldes des Kontrollstreifens auf True gesetzt. Damit wird das Bild vom Textfeld überdeckt.

```
Sub Umrechnen()
    Dim varUmrechnung As Variant
    Dim dblMl As Double

    ' Wenn keine Menge angegeben, Sub sofort verlassen
    If IsNull(dblMenge) Then Exit Sub
    ' Umrechnungsfaktoren für Umrechnung in ml
    varUmrechnung = Array(1000, 10, 1, 125, 15, 5, 240, 480)

    ' fraVon enthält die Ausgangseinheit
    dblMl = Nz(dblMenge.Value) * varUmrechnung(fraVon.Value - 1)
    ' fraIn enthält die zu errechnende Einheit
    dblAusgabe = dblMl / varUmrechnung(fraIn.Value - 1)
    ' Ausgabe im Kontrollstreifen
    SchreibeStreifen
End Sub

Sub SchreibeStreifen()
    Dim strVon As String
    Dim strIn As String

    ' Menge und Einheit zusammensetzen
    strVon = Nz(dblMenge.Value) + " " + _
                    Me("txtopt0" & fraVon.Value).Caption
    '
    strIn = Format(dblAusgabe.Value, "0.000") + " " + _
                    Me("txtopt1" & fraIn.Value).Caption
    ' An den Anfang des Streifentextes setzen
    txtStreifen = strVon + " = " + strIn + _
                    Chr(13) + Chr(10) + Nz(txtStreifen)
End Sub
```

```
Private Sub dblMenge_AfterUpdate()
    ' Nach Mengeneingabe
    Umrechnen
End Sub


Private Sub fraIn_AfterUpdate()
    ' Nach Auswahl einer Einheit
    Umrechnen
End Sub


Private Sub fraVon_AfterUpdate()
    ' Nach Auswahl einer Einheit
    Umrechnen
End Sub


' Kontrollkästchen
Private Sub chkStreifen_Click()
    txtStreifen.Visible = Not txtStreifen.Visible
    tglStreifen = Not tglStreifen
    tglStreifenBild = Not tglStreifenBild
End Sub


' Umschaltfläche mit Text
Private Sub tglStreifen_Click()
    txtStreifen.Visible = Not txtStreifen.Visible
    chkStreifen = Not chkStreifen
    tglStreifenBild = Not tglStreifenBild
End Sub


' Umschaltfläche mit Bild
Private Sub tglStreifenBild_Click()
    txtStreifen.Visible = Not txtStreifen.Visible
    chkStreifen = Not chkStreifen
    tglStreifen = Not tglStreifen
End Sub
```

14.8 Befehlsschaltflächen

Mithilfe von Befehlsschaltflächen können Sie viele Funktionen und Kommandos für den Anwender leicht erreichbar auf Ihrem Formular anbieten. Bei der Erstellung von Befehlsschaltflächen unterstützt Sie ein Assistent.

14.8.1 Der Befehlsschaltflächen-Assistent

Der Befehlsschaltflächen-Assistent wird automatisch aufgerufen, wenn Sie eine neue Befehlsschaltfläche auf Ihrem Formular positionieren. Er bietet Ihnen für die wichtigsten Anwendungsfälle fertige Befehlsschaltflächen.

Wir möchten als Beispiel im Folgenden eine Befehlsschaltfläche erstellen, die das aktive Formular schließt. Im Assistenten wählen wir dazu die entsprechenden Eintragungen.

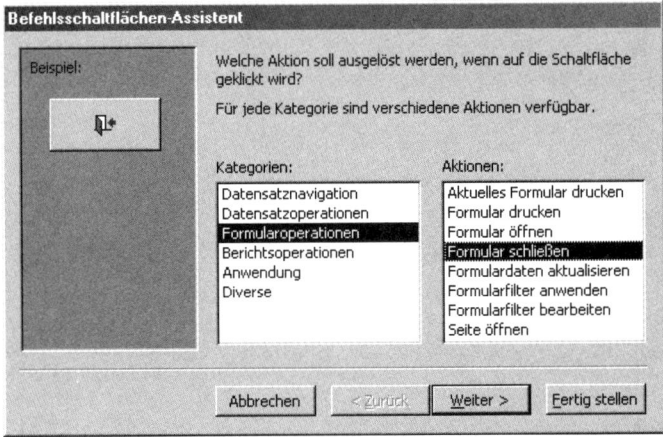

Bild 14.51: Der Befehlsschaltflächen-Assistent

Im nächsten Dialogfeld des Assistenten selektieren Sie das gewünschte Symbol bzw. legen Sie einen Text fest, der auf der Befehlsschaltfläche erscheinen soll.

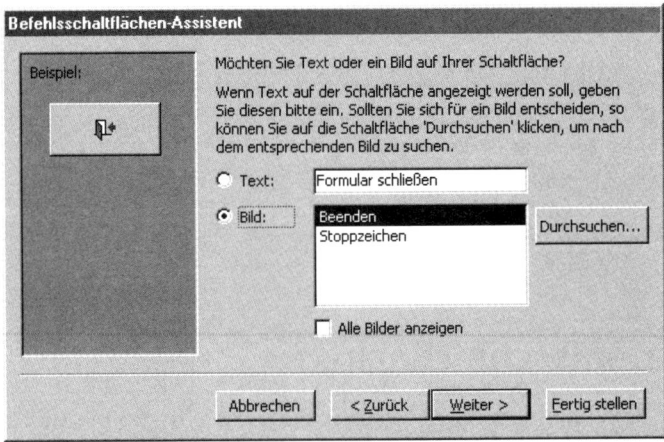

Bild 14.52: Zweites Dialogfeld des Befehlsschaltflächen-Assistenten

Im letzten Dialogfeld bestimmen Sie einen Namen für die Befehlsschaltfläche, beispielsweise *cmdClose*.

Für die Befehlsschaltfläche erzeugt der Assistent automatisch eine Ereignisroutine für das Ereignis *Beim Klicken*. In allen vom Assistenten erzeugten Programmen wird eine einfache Fehlerbehandlung eingefügt.

```
Sub cmdClose_Click()
On Error GoTo Err_cmdClose_Click
    DoCmd.Close

Exit_cmdClose_Click:
    Exit Sub

Err_cmdClose_Click:
    MsgBox Err.Description
    Resume Exit_cmdClose_Click

End Sub
```

Die vom Assistenten generierten Programme können Sie nach Ihren Wünschen anpassen.

Besonderheiten von Befehlsschaltflächen

Für Befehlsschaltflächen lassen sich Eigenschaften für die Verarbeitung der ⊞- und ⌧-Taste vereinbaren. Setzen Sie die entsprechenden Eigenschaften auf *Ja*, so reagiert die Schaltfläche auf die jeweiligen Tasten.

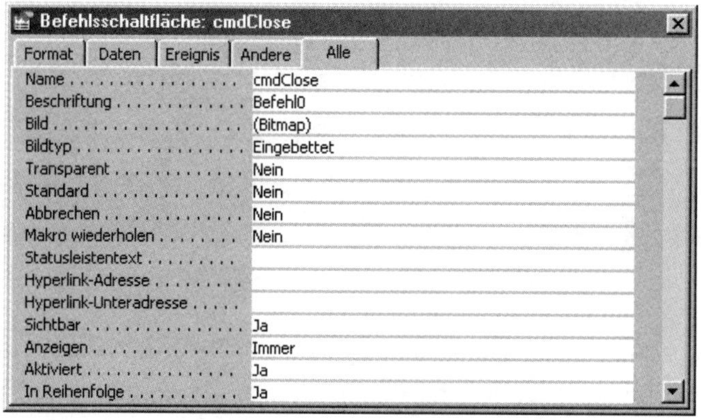

Bild 14.53: Eigenschaften einer Befehlsschaltfläche

In vielen Fällen soll auf eine der Tasten reagiert, aber keine Schaltfläche gezeigt werden. Durch den Einsatz einer transparenten Befehlsschaltfläche können Sie die Tasten abfangen und bearbeiten, ohne dass der Anwender die Schaltfläche sehen kann.

14.9 Das Register-Steuerelement

Das Register-Steuerelement bietet Ihnen die Möglichkeit, ohne Aufwand Steuerelemente auf Registerblätter innerhalb eines Formulars zu verteilen. In früheren Access-Versionen war es aufwändig, Formulare zu erstellen, die sehr viele Steuerelemente beinhalteten. Die verbreitetste Lösung waren mehrseitige Formulare. Die einzelnen Seiten waren durch Seitenumbruch-Steuerelemente getrennt, wobei zusätzliche Schaltflächen erstellt werden mussten, die dem Anwender ein kontrolliertes Wechseln ermöglichten. Ebenfalls möglich war auch der Einsatz von Registerblättern, allerdings musste für Registerblätter auf das Tabstrip-Zusatzsteuerelement des »Access Development Toolkits« oder Lösungen zugegriffen werden, die Registerblätter nachbildeten. Beim Einsatz des Tabstrip-Zusatzsteuerelements bestand beispielsweise die Restriktion, dass auf den Registerblättern nur Unterformulare angeordnet werden konnten. Durch das Register-Steuerelement wurden die umständlichen Vorgehensweisen abgelöst.

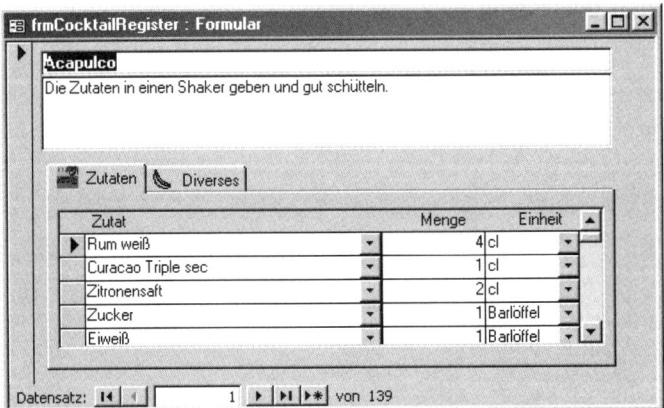

Bild 14.54: Formular mit Register-Steuerelement

Ein Registersteuerelement beinhaltet eine Auflistung von Seiten (Pages), von denen jede wiederum eine Auflistung von Steuerelementen (Controls) besitzt. Übrigens lässt sich für jede Seite des Registers die Aktivierreihenfolge der Steuerelemente bestimmen.

Zu der Auflistung `Pages` können Sie zur Laufzeit keine Seiten hinzufügen oder löschen. Zur Laufzeit möglich ist das Ein- und Ausblenden von vorhandenen Registerblättern, d.h., Sie können beispielsweise in Abhängigkeit von Inhalten der dem Formular zugrunde liegenden Daten Seiten mit der Eigenschaft `Visible` ein- und ausschalten.

Die Beschriftung der Registerlaschen lassen sich über die Eigenschaft `Caption` beliebig anpassen.

Um auf ein Steuerelement zuzugreifen, das auf einer der Seiten eines Registersteuerelements angeordnet ist, stehen Ihnen mehrere Möglichkeiten zur Verfügung. Jedes Steuerelement auf einem Registerblatt ist sowohl Mitglied der Controls-Auflistung der Register-Steuerelementseite als auch der Controls-Auflistung des Formulars. Möchten Sie den Inhalt des Steuerelements `txtAlkoholgehalt` auf dem zweiten Registerblatt `Diverses` des Beispielformulars bestimmen, so können Sie unter anderem mit

```
Me!txtAlkoholgehalt
```

oder

```
Me!Controls("txtAlkoholgehalt").Value
```

oder

```
Me!regCocktail.Pages("pgeDiverses").Controls( "txtAlkoholgehalt").Value
```

den Wert abfragen.

Die folgende Prozedur für das Formularereignis *Beim Anzeigen* schaltet die Seite mit dem Namen `pgeDiverses` in Abhängigkeit vom Alkoholgehalt des Cocktails ein oder aus.

```
Private Sub Form_Current()
    Dim tabPage As Page

    Set tabPage = regCocktail.Pages("pgeDiverses")
    ' Seite nur anzeigen bei einem Alkoholgehalt über 15%
    tabPage.Visible = (Me.Alkoholgehalt > 0.15)
End Sub
```

14.10 Weitere Steuerelemente

Access kennt eine Reihe weiterer Steuerelemente, die hier nur kurz besprochen werden sollen.

14.10.1 Grafische Objekte

Zur Gestaltung Ihrer Formulare und Berichte können Sie die Linien- und Rechteck-Steuerelemente einsetzen, die vielfältig formatierbar sind. Sowohl Linien als auch Rechtecke reagieren auf Ereignisse wie Klick, Doppelklick und einige weitere Mausoperationen.

Mit Bildern und Objekten lassen sich Formulare und Berichte gestalten. Auch diese Objekte können auf Ereignisse reagieren.

14.10.2 Seitenumbrüche

Mithilfe von Seitenumbruch-Steuerelementen lassen sich mehrseitige Dokumente erzeugen. Zwischen den einzelnen Seiten können Sie mit den Tasten [Bild↑] bzw. [Bild↓] blättern. Insgesamt kann ein Formular bzw. ein Bericht etwas mehr als 55 cm pro Datensatz lang bzw. breit sein.

15 Formulare

Für die Erstellung von Formularen, den Bildschirmmasken in Access, bietet das Programm vielfältige Gestaltungsmöglichkeiten. Wir möchten Ihnen ein Beispielformular vorstellen, für das Access-typische Techniken verwandt wurden. Die Beschreibung des Beispiels ergänzen wir durch weitere Themenkomplexe, denn es lassen sich nicht alle Möglichkeiten von Access in ein Beispiel einarbeiten.

15.1 Die Ereignissteuerung

Ebenso wie für die im vorhergehenden Kapitel beschriebenen Steuerelemente kann ein Formular auf verschiedene Ereignisse reagieren. Das nächste Bild zeigt einen Ausschnitt des Eigenschaftenfensters eines Formulars. Für das Ereignis *Bei Laden* wurde eine Ereignisprozedur vereinbart.

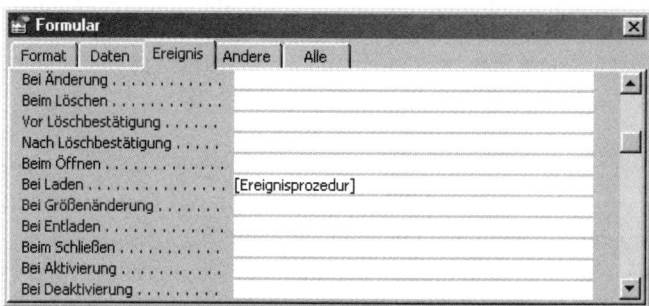

Bild 15.1: Formular-Eigenschaften

Die Ereignisprozeduren besitzen die gleiche Form wie die entsprechenden Routinen für Steuerelemente, so ist beispielsweise

```
Private Sub Form_Load()
    ...
End Sub
```

der leere Rahmen für die *Bei Laden*-Prozedur.

15.2 Das Beispielformular

Anhand der folgenden von uns als Beispiel erstellten Maske möchten wir Ihnen die Möglichkeiten für die Erstellung und Gestaltung von Formularen vorstellen.

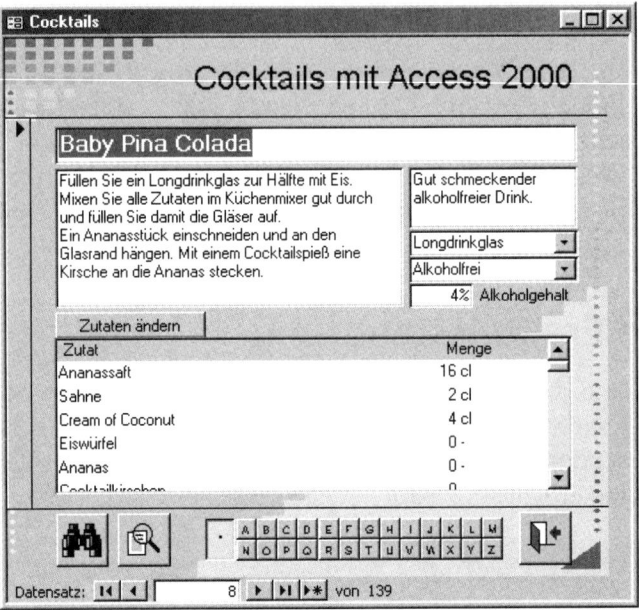

Bild 15.2: Das Beispielformular

Um schnell und einfach zu einer Grundlage für ein Formular zu kommen, empfiehlt es sich, die in Access angebotenen Formular-Assistenten einzusetzen. Im Folgenden sind die Schritte beschrieben, die wir für unser Beispiel mithilfe des Formular-Assistenten durchgeführt haben. Die Basis unseres Beispielformulars ist die Tabelle *tblCocktail*.

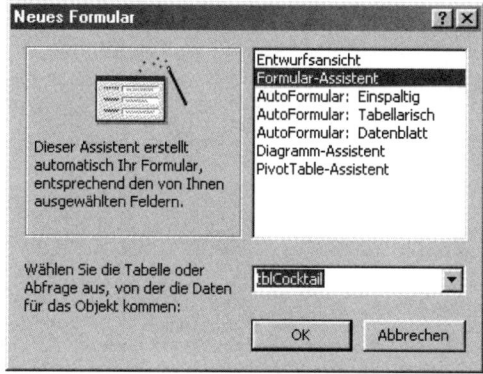

Bild 15.3: Auswahl des Formular-Assistenten für die Tabelle tblCocktail

Aus der *tblCocktail*-Tabelle wurden die im folgenden Bild auf der rechten Seite gezeigten Felder für die Darstellung im Formular ausgewählt.

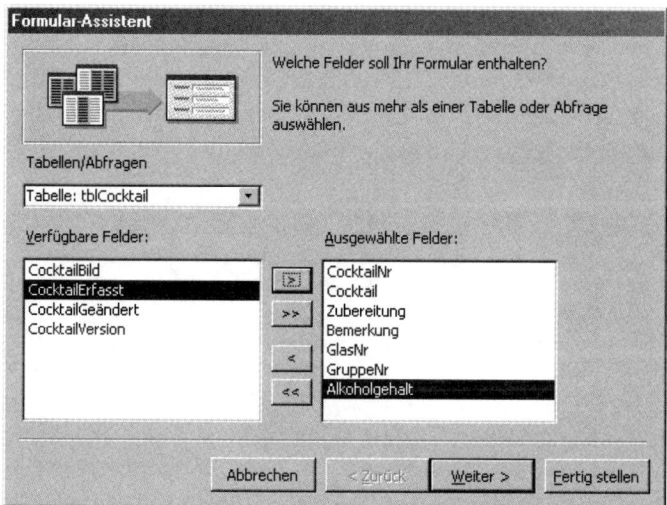

Bild 15.4: Ausgewählte Felder aus der Tabelle tblCocktail

Anschließend wurde die Tabelle *tblCocktailZutaten* selektiert und alle Felder der Tabelle zu den ausgewählten Feldern hinzugefügt.

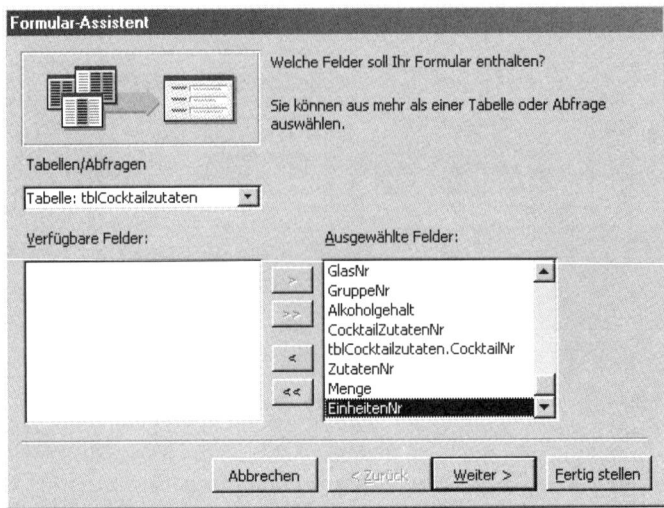

Bild 15.5: Hinzugefügte Felder der Tabelle tblCocktailZutaten

Da zwischen den beiden Tabellen eine *1:n*-Beziehung definiert ist, bietet der Formular-Assistent entsprechend die Darstellung mit einem Unterformular bzw. mit einem verknüpften Formular an. Für unser Beispiel haben wir die Darstellung der Cocktailzutaten in einem Unterformular gewählt.

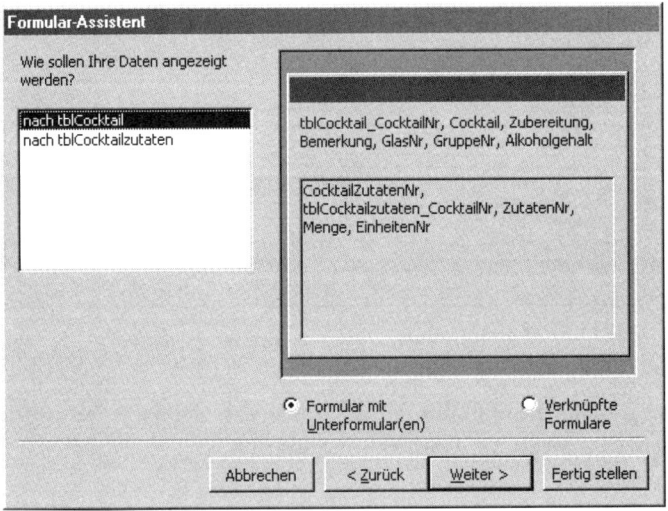

Bild 15.6: Formular mit Unterformular

Im Weiteren ist zu bestimmen, ob die Daten im Unterformular tabellarisch oder als Datenblatt angezeigt werden sollen. Der Unterschied liegt in den Möglichkeiten zur Gestaltung und Formatierung des Unterformulars. Datenblätter sind in ihrem prinzipiellen Aussehen festgelegt, während bei einer tabellarischen Darstellung die Felder beliebig formatiert werden können. Wir wählten tabellarisch.

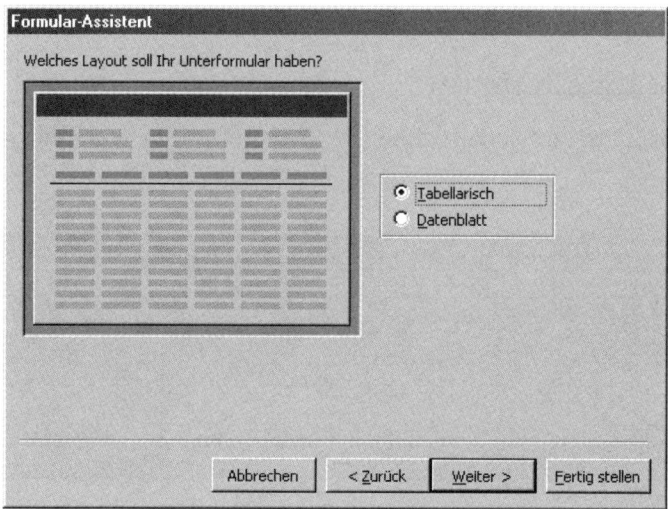

Bild 15.7: Tabellarische Ansicht für das Unterformular

Der Formular-Assistent erstellt nach den getroffenen Vorgaben das im folgenden Bild abgebildete Formular.

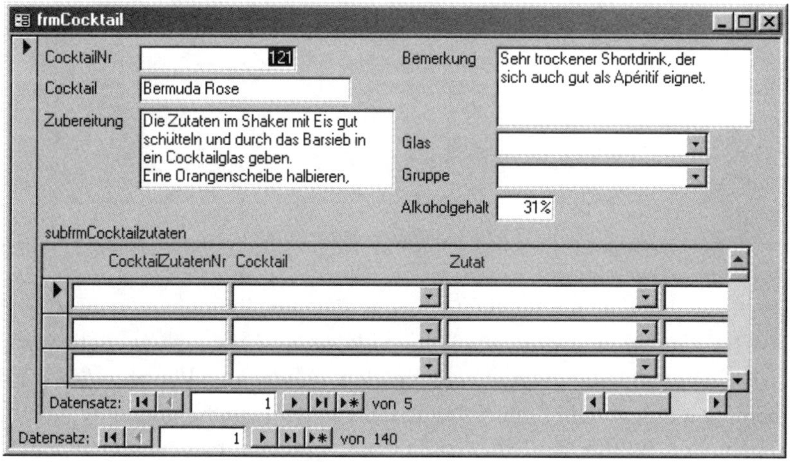

Bild 15.8: Durch den Formular-Assistenten erstelltes Formular

Das Formular soll nun schrittweise verbessert werden. Hierbei werden wir Ihnen zu den einzelnen Themenkomplexen weitere Informationen geben, die nicht im Beispiel eingesetzt werden, aber vielleicht für Ihre Anwendung nützlich sein könnten.

15.2.1 Das Unterformular

Das vom Formular-Assistenten generierte Unterformular wird im nächsten Bild gezeigt.

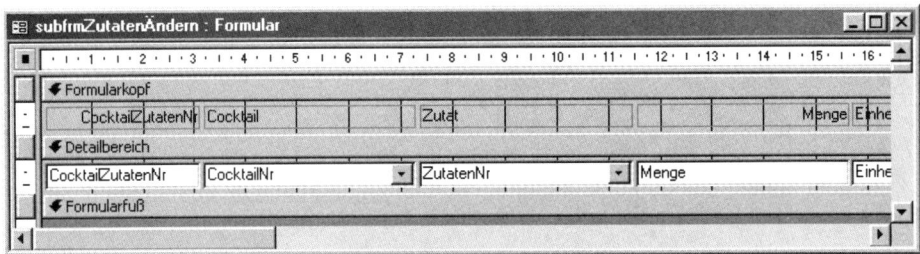

Bild 15.9: Generiertes Unterformular

Wir haben das Unterformular verändert, sodass nur die notwendigen Felder dargestellt werden.

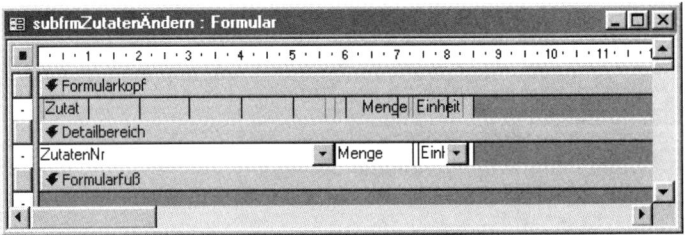

Bild 15.10: Geändertes Unterformular

Das Unterformular soll als Endlosformular dargestellt werden, um alle Zutaten eines Cocktails untereinander anzeigen zu können. Dazu muss mehr als ein Datensatz im Unterformular präsentiert werden. Alternativ könnten Sie die Datenblattansicht anwählen. Die Datenblattansicht ist in puncto Bildschirmaufbau wesentlich schneller als die Endlosformularansicht, allerdings bietet die Darstellung in der Formularansicht mehr Gestaltungsmöglichkeiten.

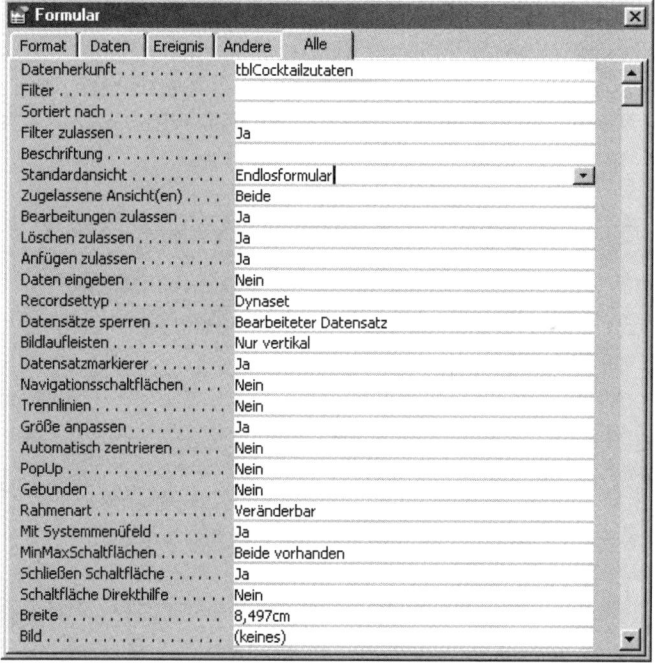

Bild 15.11: Eigenschaften des Unterformulars

Das nächste Bild zeigt exemplarisch die Festlegungen für das Kombinationsfeld für die *ZutatenNr*. Mithilfe des Feldes wird automatisch die Bezeichnung der Zutat über die Zutatennummer nachgeschlagen.

Bild 15.12: Eigenschaften des Kombinationsfeldes ZutatenNr

! Nachschlagen-Kombinationsfelder: Access generiert für Datenfelder, die im Entwurf der Tabelle als Nachschlagefelder vereinbart wurden, automatisch Kombinationsfelder. Damit wird erreicht, dass im Unterformular immer der nachgeschlagene Wert dargestellt wird. In unserem Beispiel wird nicht die Zutatennummer, sondern die Bezeichnung der Zutat gezeigt, die aus der entsprechenden Tabelle eingelesen wurde. Wir empfehlen Ihnen, solche Kombinationsfelder nur sparsam einzusetzen, denn sowohl das Nachschlagen als auch das Füllen der Liste für das Kombinationsfeld nimmt Zeit in Anspruch.

Das Formular erhält nach unserer ersten Überarbeitung das im folgenden Bild dargestellte Aussehen.

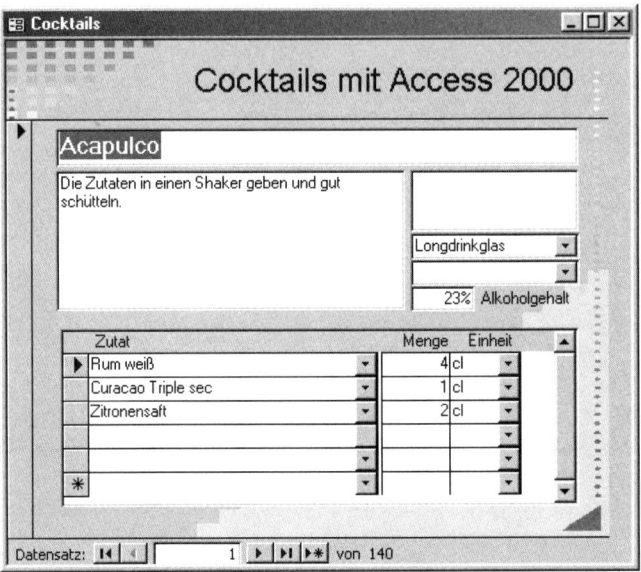

Bild 15.13: Erste Variante des Cocktail-Formulars

Als Hintergrundbild haben wir eine Grafik eingesetzt, die in den Formulareigenschaften hinter *Bild* angegeben wird.

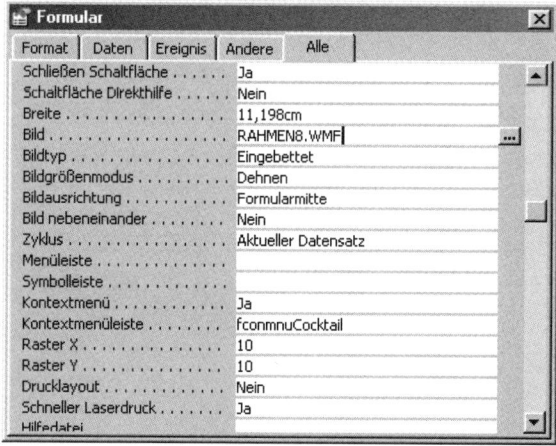

Bild 15.14: Einstellungen für das Hintergrundbild

15.2.2 Etwas mehr Tempo, bitte!

Unser bisher erstelltes Formular wird je nach Rechnerleistung nicht so sehr schnell aufgebaut, da insbesondere die Darstellung des Unterformulars mit den Kombinationsfeldern sehr lange dauert. Wir kennen diese Problematik aus vielen Access-Anwendungen, denn Access muss für jedes Kombinationsfeld eines Datensatzes alle Werte für die Liste ermitteln. Werden dann in einem Endlosformular mehrere Kombinationsfelder gleichzeitig am Bildschirm gezeigt wie in unserem Beispiel, muss der Vorgang entsprechend oft durchgeführt werden.

Wir haben in der folgenden Variante unseres Cocktail-Formulars das Unterformular durch ein Listenfeld ersetzt. Das hat den Vorteil, dass die Anzeige wesentlich schneller ist, allerdings können nun keine Zutaten mehr geändert oder hinzugefügt werden.

Da zwischen der Tabelle *tblCocktail*, die die Daten für das Formular enthält, und der Tabelle *tblCocktailZutaten*, die die Daten für das Listenfeld liefert, keine Fremdschlüsselbeziehung besteht, ist die Verknüpfung des Listenfeldes etwas aufwändiger. Wir haben diese Art der Verknüpfung ausführlich in Kapitel 14, »Steuerelemente«, behandelt.

Für die Verknüpfung benötigen wir zusätzlich ein Feld mit der Cocktailnummer, das unter dem Namen *txtCocktailNr* unten links auf dem in Bild 15.15 dargestellten Formular zu sehen ist. Für das Feld kann die Eigenschaft *Sichtbar* auf *Nein* gesetzt werden, denn es wird nur intern für die Verknüpfung benötigt.

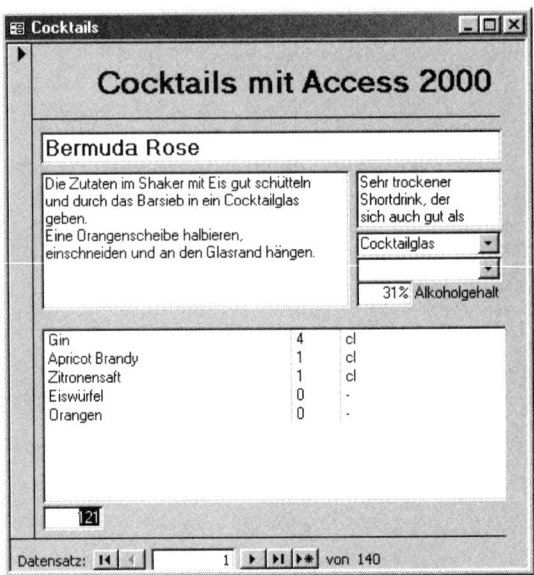

Bild 15.15: Listenfeld statt Unterformular

In der Datensatzherkunft des Listenfeldes *lstCocktails* wird eine SQL-Abfrage mit der folgenden Definition vereinbart. Als Bedingung wurde festgelegt, dass die *CocktailNr* dem Inhalt des neuen Feldes *txtCocktailNr* auf dem Formular entsprechen soll.

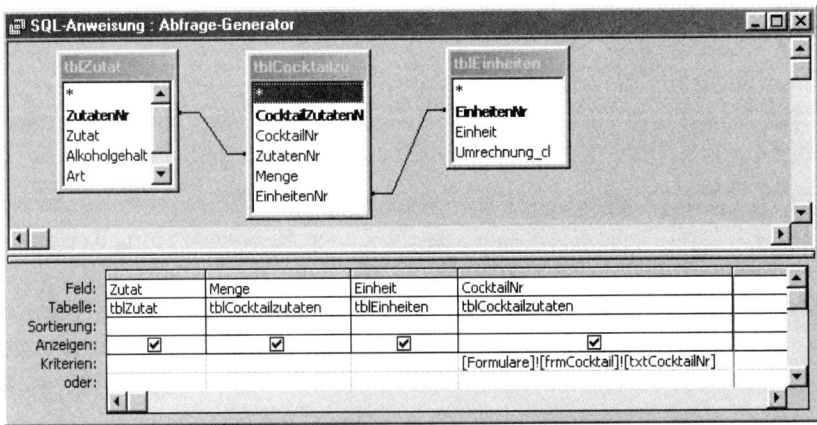

Bild 15.16: Datensatzherkunft des Listenfeldes

Damit das Listenfeld bei Änderungen im Feld *txtCocktailNr*, beispielsweise beim Blättern durch die Cocktails, aktualisiert wird, muss für das Ereignis *Beim Anzeigen* des Formulars die folgende Routine definiert werden.

```
Private Sub Form_Current()
    lstCocktails.Requery
End Sub
```

15.2.3 Die zweite Variante

Nachteil des oben beschriebenen Listenfeldes ist zum einen, dass der Anwender keine Änderung an den Zutaten vornehmen kann, und zum anderen, dass auf die Gestaltung der Daten im Listenfeld wenig Einfluss genommen werden kann.

Wir möchten Ihnen im Folgenden eine Variante des Cocktail-Formulars vorstellen, die mit zwei übereinanderliegenden Unterformularen arbeitet. Mit dem Unterformular *subfrmZutatenAnzeigen* werden die Zutaten schnell dargestellt, können aber nicht geändert werden. Das Unterformular ist standardmäßig aktiv und wird angezeigt. Das Unterformular *subfrmZutatenÄndern* ist beim Öffnen des Cocktailformulars unsichtbar. Es wird nur eingeblendet (und dabei das Anzeige-Unterformular ausgeblendet), wenn die Befehlsschaltfläche *Zutaten ändern* betätigt wird.

Bild 15.17: Zwei Unterformulare

Beide Unterformulare sind über die *CocktailNr* mit dem Cocktail-Formular verknüpft. Für die Verknüpfung wird das Hilfsfeld mit der *CocktailNr* benötigt, das in der Formularansicht unsichtbar ist.

Das folgende Bild zeigt das Formular *subfrmZutatenAnzeigen* und das dazugehörige Eigenschaftenfenster. Das Unterformular ist als Endlosformular definiert, und sämtliche Bearbeitungsmöglichkeiten sind ausgeschaltet.

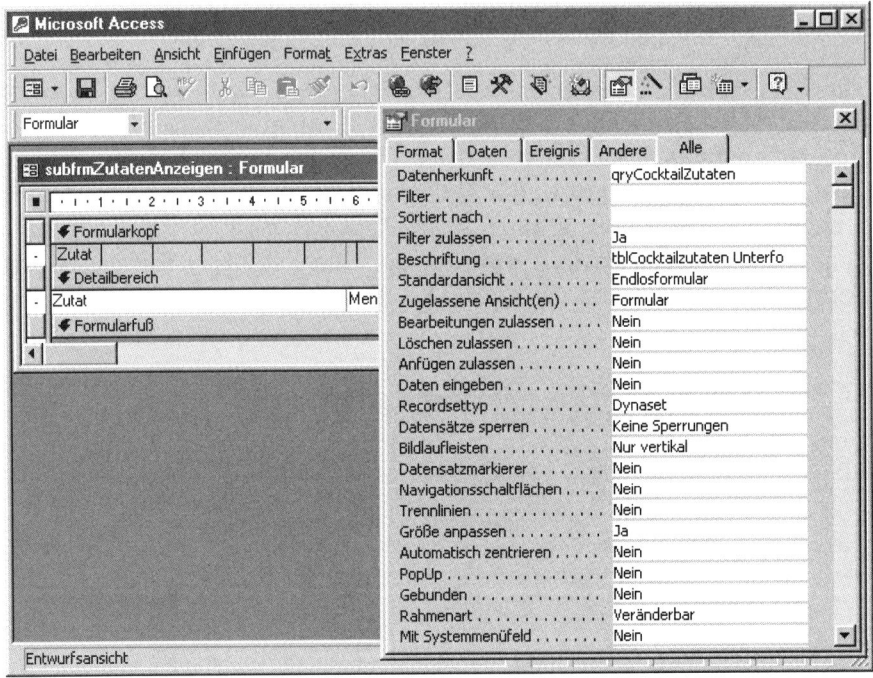

Bild 15.18: Definition des Formulars subfrmZutatenAnzeigen

Der Vollständigkeit halber möchten wir die SQL-Abfrage angeben, die dem Unterformular zugrunde liegt. Im Unterformular dargestellt werden nur die ersten drei Felder, das Feld `tblCocktailzutaten.CocktailNr` wird nur für die Verknüpfung mit dem Hauptformular benötigt.

```
SELECT DISTINCTROW tblZutat.Zutat, tblCocktailzutaten.Menge,
tblEinheiten.Einheit, tblCocktailzutaten.CocktailNr
FROM tblZutat INNER JOIN (tblEinheiten INNER JOIN tblCocktailzutaten ON
tblEinheiten.EinheitenNr = tblCocktailzutaten.EinheitenNr) ON
tblZutat.ZutatenNr = tblCocktailzutaten.ZutatenNr;
```

Die Umschaltung zwischen den beiden Unterformularen wird über die Befehls-schaltfläche *Zutaten ändern* durchgeführt. Für das Ereignis *Beim Klicken* der Schaltfläche haben wir die Routine cmdUmschalten_Click() programmiert, wobei die Variable mfListenfeldOben modulweit in den allgemeinen Deklarationen des Formulars vereinbart wurde. Die Ereignisroutine Form_Load() für *Bei Laden* des Formulars setzt die Variable auf den Wert True.

```
Dim mfListenfeldOben As Boolean
Private Sub Form_Load()
    mfListenfeldOben = True
End Sub


Private Sub cmdUmschalten_Click()


    If mfListenfeldOben Then
        '-- Unterformulardarstellung
        cmdUmschalten.Caption = "Zutaten anzeigen"
        subfrmZutatenAnzeigen.Visible = False
        subfrmZutatenÄndern.Visible = True
        subfrmZutatenÄndern.Requery
    Else
        '-- Listendarstellung
        cmdUmschalten.Caption = "Zutaten ändern"
        subfrmZutatenÄndern.Visible = False
        subfrmZutatenAnzeigen.Visible = True
        subfrmZutatenAnzeigen.Requery
    End If
    mfListenfeldOben = Not mfListenfeldOben
End Sub
```

Ist die Variable mfListenfeldOben gleich True, wird also das Unterformular ange-zeigt, ändert das Programm den Text der Befehlsschaltfläche zu »Zutaten anzei-gen«, macht das Unterformular *subfrmZutatenAnzeigen* unsichtbar, blendet *sub-frmZutatenÄndern* ein und aktualisiert es. Entsprechend umgekehrt läuft der Vor-gang bei einer erneuten Betätigung der Befehlsschaltfläche ab.

15.2.4 Die Filterschaltflächen A–Z

Die Optionsgruppe mit den Schaltflächen »*«* und »A« bis »Z« auf dem Beispiel-formular soll der schnellen Auswahl von Cocktails dienen. Klicken Sie beispiels-weise auf »A«, aktivieren Sie damit einen Filter, der nur noch die Cocktails anzei-gen lässt, deren Name mit dem gewählten Buchstaben beginnt.

Die Optionsgruppe wurde übrigens ohne die Unterstützung durch den Options-gruppen-Assistenten erstellt, denn der Assistent erlaubt nur bis zu 20 Schaltflä-chen innerhalb einer Gruppe.

Für die Optionsgruppe vereinbarten wir, wie im nächsten Bild dargestellt, eine Funktion für das Ereignis *Nach Aktualisierung*. Damit wird die Funktion immer dann aufgerufen, wenn eine Schaltfläche gedrückt wird.

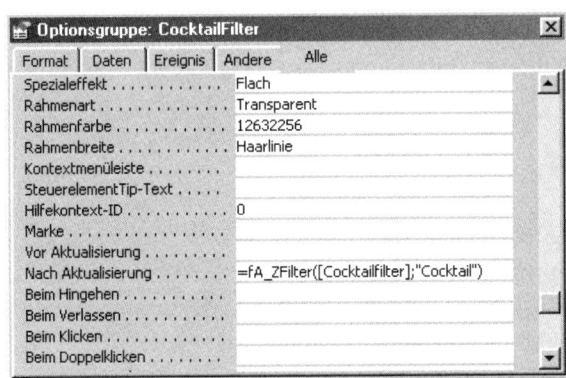

Bild 15.19: Eigenschaften der Optionsgruppe

Die Ereignisbehandlungsroutine `fA_ZFilter()` zeigt das folgende Listing. Die Fehlerbehandlung ist dabei nur sehr einfach ausgeführt.

```
Function fA_ZFilter(fld As Control, strField As String) As Variant

    Dim astrFilter As Variant

    ' Steuerelement fld muss Optionsgruppe sein
    If Not (TypeOf fld Is OptionGroup) Then Exit Function

    ' Filterangaben jeweils für den ersten Buchstaben
    ' [] klammert die Buchstaben ein, die jeweils für das erste
    ' Zeichen in Frage kommen (siehe SQL: LIKE-Operator)
    astrFilter = Array("[AÀÁÂÃÄ]", "B", "[CÇ]", "D", "[EÈÉÊË]", "F", _
            "G", "H", "[IÌÍÎÏ]", "J", "K", "L", "M", "[NÑ]", _
            "[OÒÓÔÕÖ]", "P", "Q", "R", "[SŠ]", "T", "[UÙÚÛÜ]", _
            "V", "W", "X", "[YÝÿ]", "[ZÆØÅ]")

    On Error GoTo fA_ZFilter_Err
```

```
    ' wenn das aktuelle Objekt ein Formular ist
    If TypeOf CodeContextObject Is Form Then
        With CodeContextObject
            ' Optionsbutton mit Wert > 26 zeigt alle Datensätze an
            If fld <= 26 Then
                ' Filter wird zusammengesetzt, am Ende mit Sternchen
                .Filter = strField & " LIKE """ & astrFilter(fld - 1) _
                                                & "*"""
                .FilterOn = True
            Else
                ' Zeigt alle Datensätze an;
                ' Filter wird zurückgesetzt und ausgeschaltet
                .Filter = ""
                .FilterOn = False
            End If
        End With
    End If

fA_ZFilter_Exit:
    Exit Function

fA_ZFilter_Err:
    MsgBox Err.Description
    Resume fA_ZFilter_Exit
End Function
```

Zunächst werden an die Funktion zum einen die Optionsgruppe mit den Schaltflächen übergeben, zum anderen das Tabellenfeld, das gefiltert werden soll. Mit TypeOf wird gleich zu Beginn der Funktion die Art des übergebenen Steuerelements überprüft. Handelt es sich dabei nicht um eine Optionsgruppe, wird die Funktion abgebrochen.

Die Filterkriterien befinden sich im Datenfeld astrFilter. Für jeden Buchstaben ist eine Bedingung angegeben, wobei hier die Möglichkeiten der generischen Suche genutzt wurden.

Für das aktuelle Objekt, hier mit CodeContextObject referenziert, wird die Nummer der gedrückten Schaltfläche ermittelt. Für alle Werte kleiner als 26 wird ein Filterkriterium zusammengesetzt, wobei die Nummer der Schaltfläche als Index für das Datenfeld dient. Wird 27 als Ergebniswert der Optionsgruppe zurückgeliefert, hat der Anwender die Schaltfläche mit dem Sternchen betätigt. Entsprechend werden wieder alle Datensätze angezeigt.

15.2.5 Drucken der gefilterten Datensätze

Möchten Sie den für ein Formular vereinbarten Filter an einen Bericht weitergeben, um nur die gefilterten Daten auszudrucken, so lässt sich dies mit den folgenden Zeilen durchführen.

```
' Wenn ein Filter ist
If Me.FilterOn Then
    ' Bericht öffnen und Filterbedingung übergeben
    DoCmd.OpenReport "Bericht", WhereCondition:=Me.Filter
End If
```

Beachten Sie dabei aber, dass im Bericht die gleichen Felder wie im Formular verwendet werden, sonst kann im Bericht die WhereCondition nicht ausgewertet werden.

15.2.6 Zusammenstellen einer Filterbedingung

Die BuildCriteria()-Methode des Application-Objekts unterstützt Sie bei der Definition von Filterbedingungen. Der Methode werden drei Parameter übergeben, das Ergebnis ist eine Zeichenkette mit der Bedingung, die für Filter-Eigenschaften, Find-Methoden und SQL-Statements eingesetzt werden kann. Bei fehlerhaften oder unzureichenden Parametern löst die Methode einen abfangbaren Laufzeitfehler aus (siehe Kapitel 8, »Fehlersuche und -behandlung«). Die allgemeine Form der Methode lautet

```
str = BuildCriteria(Feld, Feldtyp, Ausdruck)
```

wobei Feldtyp durch eine der vordefinierten Access-Feldtypenkonstanten dbLong, dbText usw. ersetzt wird. Der Befehl

```
strTmp = BuildCriteria("Cocktail", dbText, "Whiskey Sour")
```

ergibt das Ergebnis "Cocktail = 'Whiskey Sour'". Mit

```
Me.Filter = BuildCriteria("CocktailNr", dbLong, "1 or 2 or 3")
```

bildet die Methode die Filterbedingung "CocktailNr = 1 Or CocktailNr = 2 Or CocktailNr = 3".

Der Einsatz von BuildCriteria() empfiehlt sich in erster Linie dann, wenn Sie die Definitionen für eine Filterbedingung vom Anwender abfragen. Durch die Methode können Sie so sicherstellen, dass syntaktisch korrekte Bedingungen gestellt werden.

15.3 Rund um das Formular

Weitere Themenbereiche im Umfeld von Formular und Unterformular möchten wir in den nächsten Abschnitten beschreiben.

15.3.1 Aktuelle Datensatznummer

Die Datensatznummer für einen Datensatz auf einem Formular lässt sich mithilfe der Eigenschaft `CurrentRecord` des Formulars bestimmen. Die Routine

```
Private Sub Form_Current()
    txtDatensatznummer = Me.CurrentRecord
End Sub
```

weist die aktuelle Datensatznummer dem Textfeld zu. `Form_Current()` ist die Ereignisroutine für das Ereignis *Beim Anzeigen*.

15.3.2 Gesamtzahl der Datensätze in einem Formular

Möchten Sie die Gesamtzahl der Datensätze bestimmen, die in einem Formular angezeigt werden, also die Zahl, die normalerweise rechts von der Navigations-schaltfläche links unten auf einem Formular angezeigt wird, so müssen Sie die Ereignisroutine *Beim Anzeigen* wie folgt ergänzen:

```
Private Sub Form_Current()
    Dim rec As DAO.Recordset

    Set rec = Me.RecordsetClone
    txtDatensatzGesamtzahl = rec.RecordCount
    txtDatensatznummer = Me.CurrentRecord
End Sub
```

15.3.3 Neueingabe von Datensätzen

Möchten Sie feststellen, ob der Anwender gerade einen neuen Datensatz mit Ih-rem Formular erfasst, also beispielsweise mithilfe von *EINFÜGEN Neuer Daten-satz* das leere Formular zur Neueingabe eingeblendet hat, so bietet Ihnen Access dafür die Eigenschaft `NewRecord`. Die Eigenschaft gibt den Wert `True` zurück, wenn ein neuer Datensatz eingegeben wird.

Die folgende Routine für das Ereignis *Beim Anzeigen* ruft die Funktion Zutaten-Ändern() auf, die das Unterformular zur Erfassung und Änderung von Cocktailzutaten einblendet. Im Cocktail-Formular können Sie so sicherstellen, dass nicht das Unterformular zum Anzeigen der Zutaten dargestellt wird, wenn für einen neuen Cocktail die Zutaten erfasst werden sollen.

```
Private Sub Form_Current()
    If Me.NewRecord Then
        ' Hier Befehle einsetzen, die vor der
        ' Neueingabe erfolgen sollen
        Call ZutatenÄndern
    End If
End Sub
```

Übrigens kann mithilfe von NewRecord auch die im vorherigen Abschnitt beschriebene Methode zur Bestimmung der Gesamtzahl von Datensätzen erweitert werden, sodass bei der Neueingabe die Anzahl plus eins gezeigt wird.

```
Private Sub Form_Current()
    Dim rec As DAO.Recordset

    Set rec = Me.RecordsetClone
    If Me.NewRecord Then
        txtDatensatzGesamtzahl = rec.RecordCount + 1
    Else
        txtDatensatzGesamtzahl = rec.RecordCount
    End If
    txtDatensatznummer = Me.CurrentRecord
End Sub
```

15.3.4 Löschen von Datensätzen

Beim Löschen von Datensätzen in einem Formular zeigt Access eine standardmäßige Warnmeldung. Möchten Sie eine eigene Löschmeldung definieren, so vereinbaren Sie eine Prozedur für das Ereignis *Beim Löschen*. Das folgende Beispiel aktiviert ein Dialogfeld, auf dem neben dem Fragetext eine *Ja-* und eine *Nein*-Schaltfläche gezeigt werden. Beantworten Sie die Frage mit *Nein*, so wird der Löschvorgang abgebrochen. Dazu muss nur der Parameter Cancel auf True gesetzt werden.

```
Private Sub Form_Delete(Cancel As Integer)
    If MsgBox("Cocktail '" & txtCocktail & "' löschen?", _
                Buttons := vbYesNo, _
                Title := "Cocktail") = vbNo Then
        Cancel = True
    End If
End Sub
```

Haben Sie mehrere Datensätze zum Löschen markiert, beispielsweise in der Datenblattansicht, so wird das Ereignis *Beim Löschen* für jeden markierten Datensatz ausgelöst. In der Prozedur Form_Delete() können Sie beispielsweise auch Abläufe programmieren, die den zu löschenden Datensatz vorher zur Sicherheit umkopieren.

Allerdings unterdrückt die *Beim Löschen*-Prozedur nicht die Standardwarnmeldung, wenn Sie im Dialogfeld der obigen Funktion *Ja* auswählen, denn die Standardwarnmeldung wird erst zum Zeitpunkt des Ereignisses *Vor LöschBestätigung* eingeblendet. Werden mehrere markierte Datensätze gelöscht, gilt die Löschbestätigung für alle Datensätze, also nur bei *Beim Löschen* wird bei jedem Datensatz nachgefragt.

Die Reihenfolge der Ereignisse bei einem Löschvorgang können Sie Kapitel 13, »Ereignisse«, entnehmen.

```
Private Sub Form_BeforeDelConfirm(Cancel As Integer, _
            Response As Integer)
    If MsgBox( _
            "Sind Sie sicher, den bzw. die Cocktails zu löschen?", _
            Buttons:=vbYesNo, _
            Title:="Cocktails") = vbNo Then Cancel = True
    End If
    ' Keine Access-eigene Meldung zeigen
    Response = acDataErrContinue
End Sub
```

Wichtig zur Unterdrückung der Access-eigenen Löschnachfrage ist die Zuweisung an die Variable Response. Standardmäßig hat Response den Wert acDataErrDisplay, d.h., die Warnmeldung wird gezeigt.

Auch wenn Sie den Löschvorgang abgebrochen haben, tritt auf jeden Fall das Ereignis *Nach Löschbestätigung* auf. Wurde das Löschen bestätigt, so sind die Datensätze zum Zeitpunkt des Ereignisses *Nach Löschbestätigung* schon entfernt. Mithilfe des Parameters Status können Sie ermitteln, ob das Löschen der Datensätze erfolgreich war.

```
Private Sub Form_AfterDelConfirm(Status As Integer)
    Select Case Status
        Case acDeleteOK:
            MsgBox "Löschen der Cocktails erfolgreich durchgeführt"
        Case acDeleteCancel:
            MsgBox "Löschen abgebrochen!"
        Case acDeleteUserCancel:
            MsgBox "Löschen durch Benutzer abgebrochen!"
    End Select
End Sub
```

15.3.5 Synchronisierte Unterformulare

Im folgenden Beispiel möchten wir Ihnen zwei synchronisierte Unterformulare vorstellen. Selektieren Sie im Formular eine Zutat im oberen Unterformular, erhalten Sie im unteren die Alternativzutaten angezeigt.

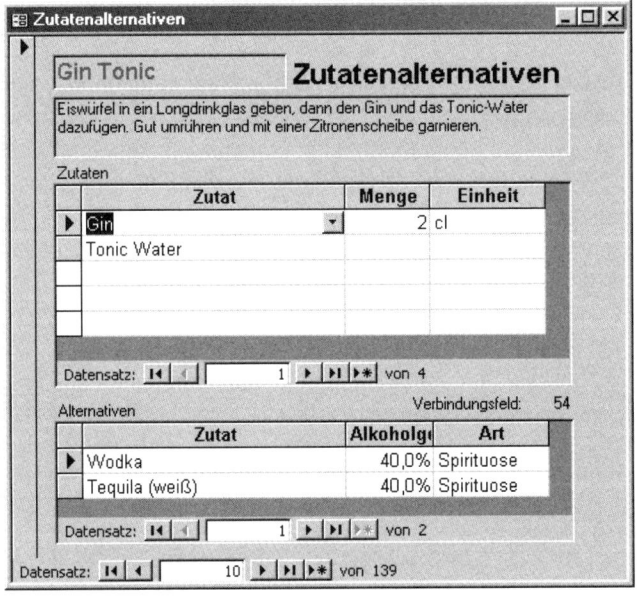

Bild 15.20: Zutatenalternativen

Das obere Unterformular ist mit dem Unterformular-Assistenten erstellt. Die Verknüpfung zwischen den Cocktaildaten des Formulars und den Zutaten des Unterformulars wird über die Cocktailnummer hergestellt.

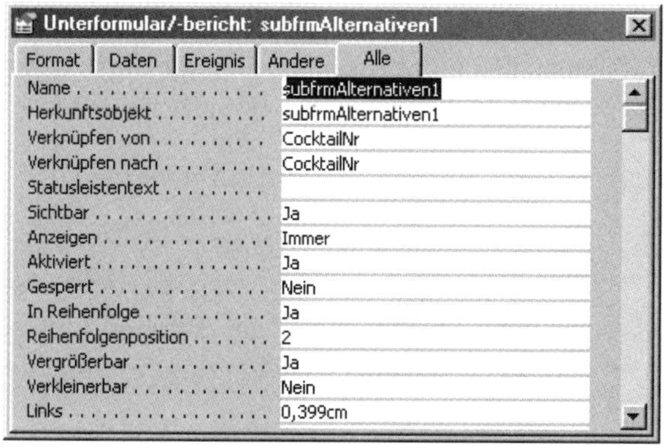

Bild 15.21: Eigenschaften des ersten Unterformulars

Im Unterformular werden die Daten mit dem folgenden SQL-Befehl

```
SELECT DISTINCTROW tblCocktailzutaten.ZutatenNr, blCocktailzutaten.Menge,
tblCocktailzutaten.EinheitenNr, tblCocktailzutaten.CocktailNr
FROM tblCocktailzutaten;
```

selektiert. Die Verbindung zwischen den beiden Unterformularen kann fast ohne Programmierung hergestellt werden. Notwendig ist dazu ein Textfeld, das als Verbindungsfeld zwischen den beiden Unterformularen genutzt wird. Im Bild oben ist das Verbindungsfeld rechts zwischen den Unterformularen angeordnet. Das Feld kann unsichtbar geschaltet werden, denn sein Inhalt wird nur für die Verbindung zwischen den Unterformularen gebraucht.

In unserem Beispiel wurde das Verbindungsfeld mit dem Namen *txtVerbindung* bezeichnet. Das Feld wird durch das obere Unterformular gefüllt. Das zweite Unterformular bezieht sich dann auf den Inhalt des Verbindungsfeldes.

Im Formular des oberen Unterformulars wird für das Formularereignis beim Anzeigen das folgende Programm erfasst.

```
Private Sub Form_Current()
    On Error Resume Next
    Me.Parent!txtVerbindung = Me!ZutatenNr
End Sub
```

Mit der Zeile `On Error Resume Next` wird vermieden, dass ein Fehler angezeigt wird, wenn dieses Formular nicht als Unterformular, sondern ganz normal als Formular geöffnet wird.

Die folgende SQL-Abfrage liegt dem zweiten Unterformular zugrunde, wobei das Feld tblZutat.Alternativ nicht im Formular gezeigt wird, sondern nur für die Verknüpfung der beiden Unterformulare verwendet wird.

```
SELECT DISTINCTROW tblZutat.Zutat, tblZutat.Alkoholgehalt, tblZutat.Art,
tblZutat.Alternativ
FROM tblZutat;
```

Im nächsten Bild ist das Eigenschaftsfenster des zweiten Unterformulars dargestellt. Als *Verknüpfen von* ist das Feld *Alternativ* eingetragen, als *Verknüpfen nach* das Verbindungsfeld *txtVerbindung*.

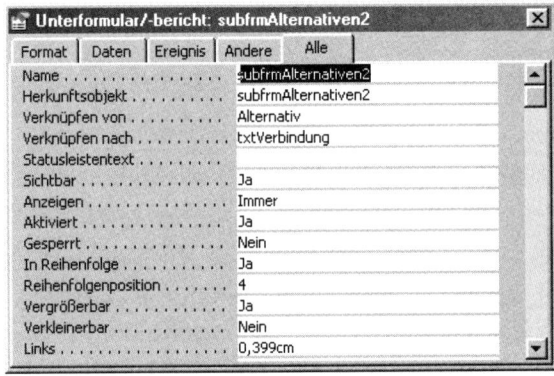

Bild 15.22: Eigenschaften des zweiten Unterformulars

15.3.6 Verweise auf Unterformular-Steuerelemente

Benötigen Sie einen Verweis auf ein Steuerelement eines Unterformulars, da Sie beispielsweise ein Steuerelement des Unterformulars unsichtbar schalten wollen, müssen Sie den Verweis in der Form

```
Forms("Hauptform").Controls("Unterform").Form.Controls("Steuerelement")
```

angeben. Das ist zugegebenermaßen umständlich, deshalb hat Microsoft die Controls-Auflistung als Standard geschaltet, sodass Sie

```
Forms("Hauptform")("Unterform")("Steuerelement")
```

oder

```
Forms![Hauptform]![Unterform]![Steuerelement]
```

schreiben können. Soll beispielsweise für das Formular `frmCocktail` das Steuerelement `Menge` auf dem Unterformular `subfrmZutatenÄndern` ausgeschaltet werden, so kann dies mit

```
Forms!frmCocktail!subfrmZutatenÄndern!Menge.Visible = False
```

durchgeführt werden. Verwenden Sie den Verweis auf das Unterformular innerhalb des Hauptformulars `frmCocktail`, so schreiben Sie abgekürzt

```
Me!subfrmZutatenÄndern!Menge.Visible = False
```

15.3.7 Als Unterformular geladen?

Viele Formulare werden sowohl als Formulare als auch als Unterformulare eingesetzt. Oft ist es notwendig, bestimmte Einstellungen in Abhängigkeit davon vorzunehmen, ob das Formular eigenständig oder als Unterformular genutzt wird.

Ob ein Formular oder Unterformular vorliegt, kann schnell ermittelt werden, indem die Eigenschaft *Parent* ausgewertet wird. Allerdings ist die Abfrage von *Parent* nicht ganz problemfrei, denn nur ein Unterformular besitzt einen Wert für die Eigenschaft. Versuchen Sie, auf *Parent* aus einem normalen Formular zuzugreifen, wird ein Laufzeitfehler ausgelöst.

Die folgende kleine Funktion ermittelt, ob ein Formular als Unterformular geladen wurde und umgeht dabei die Laufzeitfehlermeldung.

```
Function IstUnterformular(frm As Form) As Boolean
    Dim strTmp As String

    On Error Resume Next
    strTmp = frm.Parent.Name
    IstUnterformular = (Err.Number = 0)
    On Error GoTo 0
End Function
```

15.3.8 Formular offen?

Mit der folgenden kleinen Funktion können Sie feststellen, ob ein bestimmtes Formular geöffnet ist. Dazu wird die Access-Funktion `SysCmd` eingesetzt, mit der eine Reihe von Systemeinstellungen und -zuständen abgefragt werden kann. Die mit `ac...` beginnenden Konstanten sind in Access vordefiniert.

```
Function IsFormOpen(str As String) As Boolean
    isFormOpen = (SysCmd(acSysCmdGetObjectState, acForm, str) <> 0)
End Function
```

Die Funktion lässt sich dahingehend erweitern, dass sie auch den Status anderer Objekte ermittelt. Für optionale Parameter kann ein Standardwert vereinbart werden, der nur dann Verwendung findet, wenn der Parameter nicht anders gesetzt wird. So geht die folgende Funktion davon aus, dass der Status eines Formulars zurückgegeben werden soll, wenn der optionale Parameter `intObjType` nicht angegeben ist.

```
Function IsOpen(strName As String, _
                Optional intObjType As Integer = acForm) As Boolean
    ' Ist das angegebene Object geöffnet?
    IsOpen = (SysCmd(acSysCmdGetObjectState, intObjType, strName) <> 0)
End Function
```

Die oben beschriebene Funktion zeigt die Variante, die bisher mit allen Access-Versionen funktioniert hat. In Access 2000 können Sie eine andere Methode verwenden, um beispielsweise ein geöffnetes Formular zu bestimmen. Das mit Access 2000 neu eingeführte Objekt `CurrentProject` beinhaltet Auflistungen aller Formulare (`AllForms`), Berichte (`AllReports`), Module (`AllModules`) usw. Jede der Auflistungen besteht aus Objekten vom Typ `AccessObject`, allgemeinen Access-Objekten. Ein AccessObject verfügt unter anderem über die Eigenschaft `IsLoaded`, mit deren Hilfe festgestellt werden kann, ob ein Objekt geladen ist.

```
Function IstGeladen(strName As String)
    ' Ist das angegebene Formular geöffnet?
    Dim ao As AccessObject

    Set ao = CurrentProject.AllForms(strName)
    IstGeladen = ao.IsLoaded
End Function
```

Tabellen (`AllTables`) und Abfragen (`AllQuerys`) können übrigens über das Objekt `CurrentData` angesprochen werden.

15.3.9 Werte übernehmen

In vielen Anwendungen ist es sinnvoll, bei der Eingabe von neuen Datensätzen Werte aus bestimmten Feldern zu übernehmen, um sie nicht immer wieder neu eingeben zu müssen. Access kennt diese Funktion standardmäßig nicht, sie lässt sich aber mit wenigen Zeilen implementieren. Dazu wird für die Steuerelemente, die den Wert der letzten Eingabe in das jeweilige Steuerelement als Vorgabewert erhalten sollen, die Eigenschaft *DefaultValue* gesetzt.

Einfache Variante

In der einfachen Variante wird für jedes Steuerelement, das einen Eingabewert als Standardwert übernehmen soll, eine entsprechende Zeile in die Routine für das Ereignis *Nach Aktualisierung* des Formulars aufgenommen.

```
Private Sub Form_AfterUpdate()
    Element.DefaultValue = "'" & Element.Value & "'"
End Sub
```

Haben Sie die Routine eingegeben, sowie den Eingabewert für das entsprechende Steuerelement, wird der aktuelle Wert des Steuerelements als DefaultValue zugewiesen und für jeden neuen Datensatz automatisch eingetragen. Beachten Sie dabei bitte, dass DefaultValue immer eine Zeichenfolge zugewiesen werden muss, d.h., Sie müssen den Wert in Anführungszeichen einschließen.

Komfortable Variante

Eine komfortablere Methode für die Übernahme von Werten arbeitet mit der benutzerdefinierbaren Eigenschaft *Marke*, die in VBA-Programmen unter ihrem englischen Namen *Tag* angesprochen wird.

Für alle Felder, für die der Wert übertragen werden soll, wird für *Marke* die Zeichenfolge »ÜN« für Übernahme eingetragen.

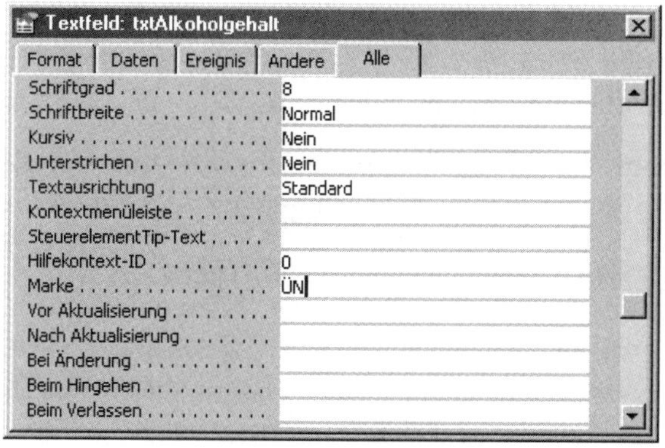

Bild 15.23: Gesetzte Marke »ÜN«

Mithilfe der Routine ÜbernahmewerteSetzen(), die entweder im Formular oder global als Modul vereinbart werden kann, wird die Übernahme der Werte für alle Felder mit der Marke »ÜN« durchgeführt. In der Routine wird mit der Funktion InStr() geprüft, ob die Zeichenfolge »ÜN« in der Marke des Steuerelements vorkommt.

```
Public Sub ÜbernahmewerteSetzen(frm As Form)
    Const conCarry = "ÜN"
    Const conQuote = """"
    Dim ctl As Control

    For Each ctl In frm.Controls
        If InStr(ctl.Tag, conCarry) > 0 Then
            ctl.DefaultValue = conQuote & ctl.Value & conQuote
        End If
    Next
End Sub
```

Die Routine ÜbernahmewerteSetzen() wird von der Ereignisprozedur für das Formularereignis *Nach Aktualisierung* aufgerufen. Das aktuelle Formular wird als Me übergeben.

```
Private Sub Form_AfterUpdate()
    Call ÜbernahmewerteSetzen(Me)
End Sub
```

15.3.10 Daten im Formular geändert?

Access bietet Ihnen die Formulareigenschaft Dirty, um festzustellen, ob die Daten in einem Formular durch den Anwender geändert wurden. Dirty hat den Wert True, wenn eine Änderung stattgefunden hat.

Das folgende Programmlisting verwendet das Ereignis *Vor Aktualisierung*, um vom Benutzer abzufragen, ob die Änderungen gespeichert werden sollen.

```
Private Sub Form_BeforeUpdate(Cancel As Integer)

    Dim ctl As Control

    On Error GoTo Err_BeforeUpdate

    If Me.Dirty Then
        If MsgBox("Möchten Sie die Änderungen speichern?", _
                vbYesNo + vbQuestion) = vbNo Then
```

```
        Me.Undo
      End If
    End If

  Exit_BeforeUpdate:
    Exit Sub

  Err_BeforeUpdate:
    MsgBox Err.Number & " " & Err.Description
    Resume Exit_BeforeUpdate
End Sub
```

15.3.11 Ändern des Mauszeigers

Eine Kleinigkeit, die aber für den Anwender einer Applikation oft sehr hilfreich ist, ist das gezielte Verändern des Aussehens des Maus-Cursors. Der Mauszeiger kann mit

```
Screen.MousePointer = n
```

gesetzt werden, wobei n einen der folgenden Werte annehmen kann.

Tabelle 15.1: Maus-Cursor

Wert	Maus-Cursor
0	Standard-Cursor
1	Auswahlpfeil
3	Text-Cursor
7	Größenänderung diagonal
9	Größenänderung horizontal
11	Sanduhr

Es funktionieren nur die in der Tabelle angegebenen Werte. Der Cursor lässt sich leider nicht spezifisch für bestimmte Objekte ändern, sondern nur für Access allgemein.

15.3.12 Formularzugriff über Screen.ActiveForm

Das aktuell aktive Formular lässt sich immer über `Screen.ActiveForm` ansprechen. Schreiben Sie globale Routinen, die mit jedem Formular eingesetzt werden sollen, erhalten Sie über `Screen.ActiveForm` die größtmögliche Flexibilität. Damit haben Sie den Zugriff auf alle Methoden und Eigenschaften des entsprechenden Formulars.

15.3.13 Argumente an ein Formular übergeben

Beim Öffnen eines Formulars mithilfe der Methode `OpenForm` des `DoCmd`-Objekts können Sie einen eigenen Parameter mitgeben. Die allgemeine Form der Methode

```
DoCmd.OpenForm Formularname [, Ansicht] [, Filtername]
[, Bedingung] [, Datenmodus] [, Fenstermodus] [, Öffnungsargumente]
```

besitzt `Öffnungsargumente` als letzten Parameter. Mithilfe dieses Parameters können Sie eine beliebige Zeichenkette an das zu öffnende Formular übergeben. Verwenden Sie für eine Befehlsschaltfläche in einem Formular

```
DoCmd.OpenForm FormName:="frmTest", OpenArgs:="Test 1 2 3 abcdef"
```

zum Öffnen des Formulars `frmTest`, wird die unter `OpenArgs` angegebene Zeichenkette an `frmTest` weitergegeben. Im Formular `frmTest` kann dann beispielsweise beim Laden des Formulars mit

```
Private Sub Form_Load()
    MsgBox Me.OpenArgs
End Sub
```

der Inhalt der `OpenArgs`-Zeichenkette abgefragt werden.

In Kapitel 17, »Klassenmodule«, beschreiben wir als Beispiel ein Klassenmodul, das aus einer Zeichenkette Parameter und Werte extrahiert und zur Verfügung stellt. Sie könnten beispielsweise `"Wert1=10;Wert2=23;Wert3=3,234"` als `OpenArgs` übergeben und mithilfe der Routinen im Klassenmodul zerlegen, sodass Sie auf die einzelnen Werte direkt zugreifen können.

15.3.14 Änderung der Datenherkunft

Die Datenbasis eines Formulars, also die Datenherkunft, lässt sich während der Arbeit mit einem Formular ändern. Das folgende bekannte Formular wurde durch eine zusätzliche Schaltfläche ergänzt, die ein Umschalten zwischen allen

Cocktailrezepten und den Rezepten, die mit den Zutaten Ihrer Hausbar möglich sind, erlaubt. Im Bild sehen Sie die Schaltfläche rechts von der *Suchen*-Schaltfläche mit dem Fernglas. Sie ist gedrückt, es werden also nur die Hausbar-Cocktails gezeigt.

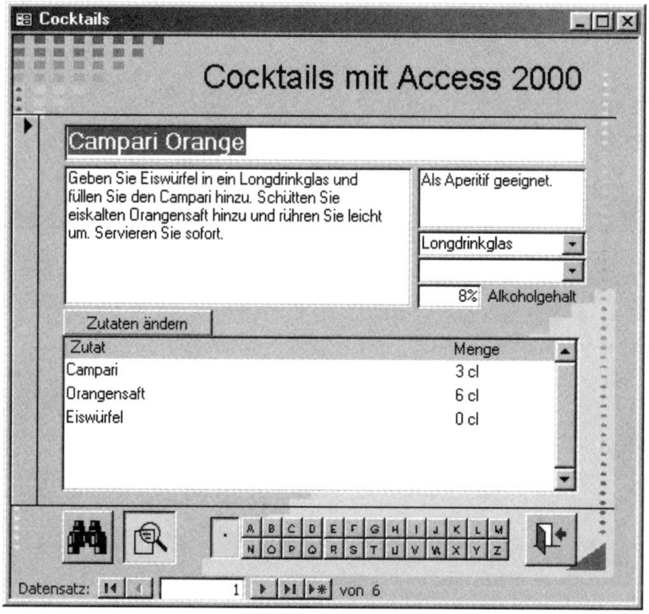

Bild 15.24: Neue Schaltfläche für »Hausbar«

Hinter der Schaltfläche steckt ein kleines VBA-Programm für das Ereignis *Beim Klicken* der Schaltfläche.

```
Private Sub cmdHausbar_Click()

    If Not mfHausbar Then
        Me.RecordSource = "qryHausbarCocktails"
    Else
        Me.RecordSource = "select * from tblCocktail order by " _
                        & "tblCocktail.Cocktail"
    End If
    mfHausbar = Not mfHausbar
End Sub
```

In Abhängigkeit von dem Status der Variablen mfHausbar wird die Datenherkunft für das Formular über die Eigenschaft *RecordSource* geändert. Als *RecordSource* kann eine Tabelle, eine Abfrage oder ein SQL-Befehl eingesetzt werden. Durch das Setzen von *RecordSource* werden die Daten aufgrund der neuen Datenherkunft aktualisiert. Beachten Sie dabei, dass das Wechseln der Datenherkunft einige Zeit in Anspruch nehmen kann, wenn Sie beispielsweise eine komplexe Abfrage als *RecordSource* übergeben. Blenden Sie gegebenenfalls ein Meldungsdialogfeld ein, das den Anwender über die entstehende Wartezeit informiert. Übrigens wird der erste Datensatz der neuen Datenherkunft zum aktuellen Datensatz des Formulars.

Die Variable mfHausbar ist als global innerhalb des Formulars definiert. Dafür wurde sie, wie im nächsten Bild dargestellt, allgemein deklariert.

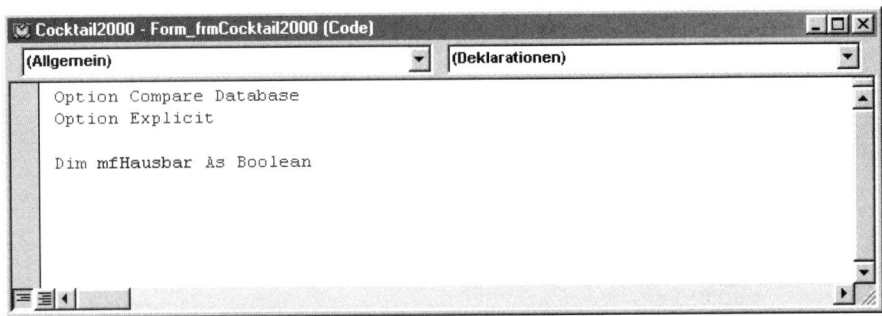

Bild 15.25: Allgemeine Deklarationen für das Formular

Damit die Variable beim Start einen definierten Wert aufweist, wurde im *Beim Laden*-Ereignis des Formulars die folgende Programmzeile erfasst. Eigentlich ist die Zuweisung überflüssig, da Boolsche Variablen standardmäßig den Wert *False* haben.

```
Private Sub Form_Load()
    mfHausbar = False
End Sub
```

15.3.15 Recordset als Datenherkunft festlegen

In Access 2000 ist es möglich, ein beliebiges DAO-Recordset als Datenquelle für das Formular festzulegen. In den Versionen vor 2000 konnten Sie die Datenquelle nur über die Formular-Eigenschaft *Datenherkunft* (*Recordsource*) festlegen.

Welchen Vorteil bringt die direkte Zuweisung eines vorhandenen Recordsets an ein Formular? Setzen Sie die Datenherkunft eines Formulars neu, so wird der SQL-Befehl neu ausgeführt, also die Datenmenge für das Formular nur ermittelt. Wird ein Recordset zugewiesen, so werden die im Recordset vorhandenen Daten im Formular angezeigt. Die SQL-Befehle, die diesem Recordset ursprünglich zugrunde lagen, werden nicht neu ausgeführt. Beachten Sie, dass nur DAO-Recordsets zugewiesen werden können.

Das folgende Listing zeigt den möglichen Einsatz. Es ist eine Routine des Formulars *frmCocktail2000*, die wir modifiziert haben.

```
' Recordset modulweit deklarieren
Dim mrecHausbar As DAO.Recordset


Public Sub cmdHausbar_Click()

    If Not mfHausbar Then
        Set mrecHausbar = CurrentDb.OpenRecordset("qryHausbarCocktails")
        ' an Formular zuweisen
        Set Me.Recordset = mrecHausbar
    Else
        Me.RecordSource = "SELECT * FROM tblCocktail "
    End If
    mfHausbar = Not mfHausbar
End Sub
```

15.4 Ungebundene Formulare

Ungebundene Formulare sind keiner Tabelle oder Abfrage zugeordnet. Mit ihrer Hilfe können Sie beliebige Informationen in einem Formular darstellen. Wir möchten Ihnen im Folgenden einige Beispiele für ungebundene Formulare vorstellen.

Das erste Formular, das nach dem Öffnen der Cocktail-Datenbank gezeigt werden soll, ist das im nächsten Bild dargestellte Formular. Fünf Schaltflächen ermöglichen den Aufruf weiterer Formulare bzw. das Beenden der Cocktail-Anwendung.

Bild 15.26: Startformular

Auch für das eingebettete Bild, nämlich das Cocktailglas auf der linken Seite, ist ein Auslöser für ein Ereignis geschaltet.

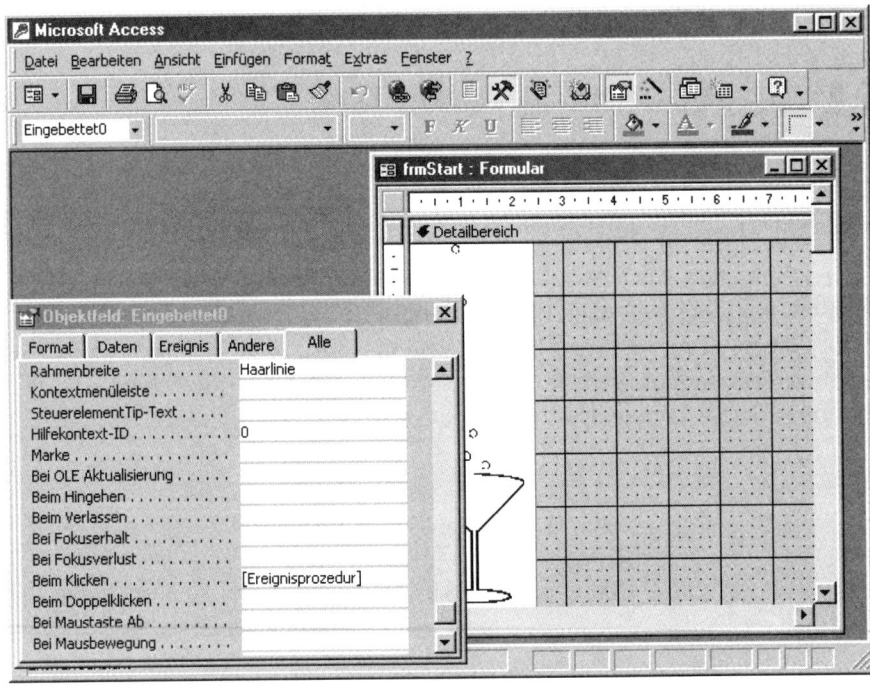

Bild 15.27: Eigenschaftenfenster des eingebetteten Bildes

Ein Klick auf das Bild startet die Abarbeitung der Ereignisprozedur für *Beim Klicken*. In der Routine wird das Formular *frmAbout* aufgerufen. Durch den Parameter acDialog öffnet Access das Formular als Dialogfeld, d.h., Sie können nicht mit anderen Formularen arbeiten, bis *frmAbout* wieder geschlossen ist.

```
Private Sub Eingebettet0_Click()
    DoCmd.OpenForm "frmAbout", WindowMode:=acDialog
    Me!cmdRezepte.SetFocus
End Sub
```

Durch die Anweisung Me!cmdRezepte.SetFocus wird nach dem Schließen des Formulars *frmAbout* die Schaltfläche *cmdRezepte* zur aktiven Schaltfläche definiert, da sonst das Bild ausgewählt bleibt. Für ein selektiertes Bild wird aber ein Rahmen mit acht Markierungspunkten eingeblendet, den wir nicht sehr schön und auf dem Formular eher störend fanden. Der Rahmen wird nicht gezeigt, wenn der Fokus sofort neu gesetzt wird.

Der Rahmen würde auch angezeigt werden, wenn Sie mithilfe der ⊞-Taste von Steuerelement zu Steuerelement springen. Um ein Aktivieren des Bildes durch die ⊞-Taste zu verhindern, haben wir die Eigenschaft *In Reihenfolge* des Bildes auf *Nein* gesetzt. Zum Markieren des Bildes bliebe nun nur noch ein Mausklick. Ein Mausklick wird aber sofort von der Routine *Beim Klicken* behandelt, sodass eine Selektion des Bildes nicht mehr möglich ist.

15.4.1 Formulare als Dialogfelder

Das folgende Bild zeigt das als Dialogfeld geschaltete Formular *frmAbout*. Wir möchten Ihnen den Aufbau des Formulars im Weiteren beschreiben.

Bild 15.28: Formular als Dialogfeld

Sie können zwei verschiedene Ansätze verwenden, um ein Formular als Dialogfeld zu schalten. Zum einen können Sie, wie im vorherigen Abschnitt beschrieben, innerhalb eines VBA-Programms mit dem Aufruf

```
DoCmd.OpenForm "frmAbout", WindowMode:=acDialog
```

durch den Parameter `acDialog` für jedes Formular die Darstellung als Dialogfeld erzwingen. Zum anderen besteht die Möglichkeit, ein Formular von vornherein als Dialogfeld zu definieren. Setzen Sie die Eigenschaft *Popup* auf *Ja*, damit ein Formular immer im Vordergrund über allen anderen Formularen und Fenstern geöffnet wird. Stellen Sie darüber hinaus die Eigenschaft *Gebunden* auf *Ja*, wird das Formular mit dem Formular verbunden, das es aufgerufen hat. Damit wird das Formular zum Dialogfeld.

Im folgenden Bild ist das Eigenschaftenfenster für ein solches Formular abgebildet. Darin wurden zudem Bildlaufleisten, Datensatzmarkierer und Navigationsschaltflächen ausgeschaltet.

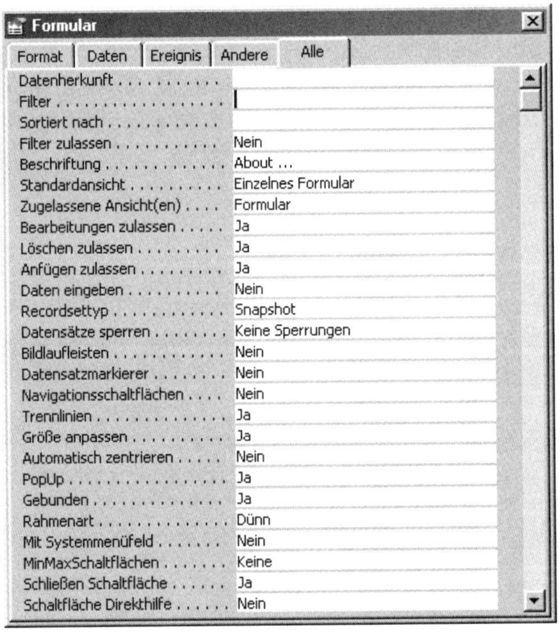

Bild 15.29: Eigenschaften für das Dialogfeld-Formular

Das in Bild 15.28 abgebildete Formular setzt sich aus verschiedenen Bestandteilen zusammen, die übereinander angeordnet werden. Zuunterst liegt, wie Sie in Bild 15.30 sehen können, das Bild mit der Zitronenscheibe. Darüber befindet sich die Grafik mit dem Cocktailglas. In der nächsten Ebene erscheinen die Texte, zuoberst die Befehlsschaltfläche. Im Bild ist die Schaltfläche grau dargestellt. Im fertigen Formular wurde die Befehlsschaltfläche transparent eingestellt und auf die Größe des gesamten Formulars vergrößert, sodass Texte und Bilder durch die Schaltfläche hindurch zu sehen sind.

Bild 15.30: Bestandteile des Formulars

Für die beiden eingebetteten Bilder wurden identische Einstellungen vorgenommen, beispielsweise wurde *Aktiviert* auf *Nein*, *Gesperrt* auf *Ja* und *In Reihenfolge* auf *Nein* gesetzt. Durch diese Definitionen können die Bilder während der Anzeige des Formulars als Dialogfeld nicht selektiert und nicht bearbeitet werden.

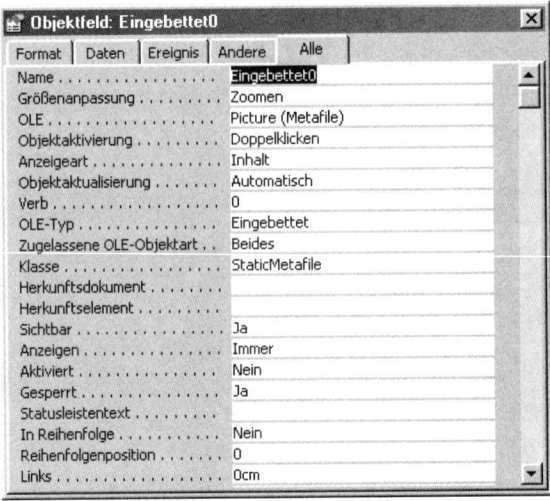

Bild 15.31: Eigenschaften eines eingebetteten Bildes

Die Befehlsschaltfläche, die über allen anderen Steuerelementen liegt, soll alle Mausklicks und Tastenanschläge abfangen. Durch die Eigenschaft *Standard* wird die Schaltfläche als Standardschaltfläche festgelegt.

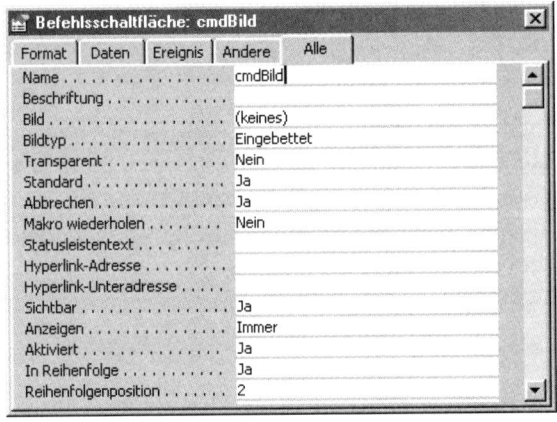

Bild 15.32: Eigenschaften der Befehlsschaltfläche

Für die Ereignisse *Bei Klick* und *Bei Taste* der Befehlsschaltfläche wurden jeweils Ereignisprozeduren vereinbart. Der Inhalt der Prozeduren besteht jeweils nur aus dem Befehl `DoCmd.Close`, um das Formular zu schließen.

15.4.2 Begrüßungsbildschirm

Möchten Sie den Anwender Ihrer Applikation mit einem Begrüßungsdialogfeld (engl. Splashscreen) begrüßen? Wir möchten Ihnen hier eine Lösungsvariante beschreiben, bei der sich das Begrüßungsformular nach einer gewissen Zeit von selbst schließt. Ein solcher Splashscreen bietet sich insbesondere dann an, wenn das erste Formular Ihrer Anwendung lange Ladezeiten benötigt.

Bild 15.33: Begrüßungsformular

Für das Formular wurde die Formulareigenschaft *Zeitgeberintervall* auf *10000* (ms), also 10 Sekunden, gesetzt. Für das Ereignis *Bei Zeitgeber* haben wir die folgende Prozedur vereinbart, damit sich das Formular nach Ablauf des Zeitintervalls selbst schließt.

```
Private Sub Form_Timer()
    ' close splash screen after timer interval
    DoCmd.Close
End Sub
```

15.4.3 Ungebundene Formulare zur Dateneingabe

Ungebundene Formulare werden in vielen Anwendungen für Dateneingabeformulare verwendet. Da ein ungebundenes Formular keine Verknüpfung mit einer Tabelle (direkt oder über eine Abfrage) hat, müssen Sie allerdings alle Datenbankoperationen selbst programmieren. Der Vorteil dieses Ansatzes besteht jedoch darin, dass Sie die komplette Kontrolle über das Formular behalten. Anhand eines einfachen Beispiels möchten wir Ihnen die Grundlagen für ungebundene Eingabeformulare beschreiben. Unser Beispielformular dient zur Erfassung neuer Cocktailzutaten.

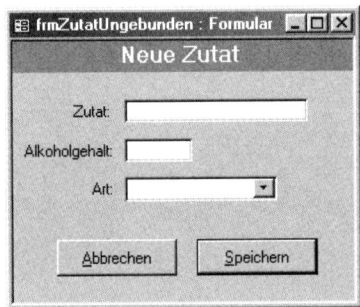

Bild 15.34: Ungebundenes Eingabeformular

Mithilfe der Schaltfläche *Speichern* soll die neue Zutat in die Tabelle tblZutat eingetragen werden. Die Schaltfläche *Abbrechen* soll den Eingabevorgang ohne Speichern beenden. Die gesamte Formularprogrammlogik steckt hinter den beiden Schaltflächen. Die *Abbrechen*-Schaltfläche löst das Programm

```
Private Sub cmdAbbrechen_Click()
    If MsgBox("Eingabe abbrechen?", _
            Buttons:=vbYesNo, Title:="Zutateneingabe") = vbYes Then
        ' Schließen des Formulars
        DoCmd.Close
    Else
        ' Zurück zum zuletzt bearbeiteten Steuerelement
        Screen.PreviousControl.SetFocus
    End If
End Sub
```

aus, das beim Anwender nachfragt, ob das Eingabeformular geschlossen werden soll. Im Programm für die Schaltfläche *Speichern* werden die Steuerelemente des Formulars ausgelesen und in die Tabelle tblZutat gespeichert.

```
Private Sub cmdSpeichern_Click()

    Dim db As DAO.Database
    Dim rstZutat As DAO.Recordset

    On Error GoTo err_cmdSpeichern

    Set db = CurrentDb()
    ' Öffnen der Tabelle
    Set rstZutat = db.OpenRecordset("tblZutat")
    With rstZutat
        ' Neuen Datensatz anfügen
        .AddNew
        'Umkopieren der Steuerelemente
        !Zutat = txtZutat
        !Alkoholgehalt = txtAlkoholgehalt
        !Art = cboArt
        ' Schreiben des Datensatzes
        .Update
        ' Schließen des Recordsets
        .Close
    End With

end_cmdSpeichern:
    ' Schließen des Formulars
    DoCmd.Close
    Exit Sub

err_cmdSpeichern:
    ' Fehlerbehandlung
    ' ...
    MsgBox Err.Description
    Resume end_cmdSpeichern

End Sub
```

15.5 Plausibilitätskontrollen

Die Kontrolle von Eingaben auf ihre Plausibilität lässt sich mit verschiedenen Verfahren durchführen.

15.5.1 Einsatz von Gültigkeitsregeln

Die einfachste Art der Plausibilitätsüberprüfung kann mithilfe von Gültigkeitsregeln eingerichtet werden. Gültigkeitsregeln lassen sich für eine gesamte Tabelle, für die Felder einer Tabelle und die Steuerelemente von Formularen definieren.

In Gültigkeitsregeln für Steuerelemente können im Unterschied zu Tabellen- oder Tabellenfeldgültigkeitsregeln Domänen- (siehe Kapitel 14, »Steuerelemente«), Aggregat- und benutzerdefinierte Funktionen eingesetzt werden. Während der Programmausführung vereinbaren die beiden Zeilen

```
...
txtAlkoholgehalt.ValidationRule = ">=0"
txtAlkoholgehalt.ValidationText = "Negativer Alkoholgehalt unmöglich!"
...
```

beispielsweise eine entsprechende Regel bzw. den Text, der bei Verletzung der Gültigkeitsregel für den Alkoholgehalt angezeigt wird. Sie können so aufgrund von Eingaben und Inhalten Regeln für Steuerelemente dynamisch anpassen.

15.5.2 Kontrolle vor dem Speichern

Für gebundene Formulare können Sie vor dem Speichern der Daten eine Plausibilitätskontrolle vornehmen, wenn Sie eine entsprechende Routine für das Ereignis *Vor Aktualisierung* erfassen. Im folgenden Beispiel werden nur einfache Bedingungen für das Feld txtCocktail abgeprüft. Sinnvoll ist eine solche Routine dann, auch im Unterschied zum Einsatz von Gültigkeitsregeln, wenn die Plausibilität beispielsweise durch einen aufwändigen Rechenvorgang kontrolliert wird oder sehr viele Kriterien gleichzeitig überprüft werden sollen.

```
Private Sub Form_BeforeUpdate(Cancel As Integer)
    ' Der Name des Cocktails soll mindestens drei Zeichen lang sein
    If Len(txtCocktail) < 3 Then
        MsgBox "Kein oder zu kurzer Cocktailname erfasst!"
        ' Fokus auf entsprechendes Feld setzen
        txtCocktail.SetFocus
        ' Abbrechen des Speichervorgangs
        Cancel = True
    End If
End Sub
```

Der Speichervorgang wird abgebrochen, wenn Sie den Parameter Cancel auf True setzen. In obigem Beispiel wird der Fokus auf das Steuerelement gesetzt, das die Fehlermeldung ausgelöst hat.

15.6 Abfangen von Tastatureingaben

Auch wenn manche Programmierer meinen, am besten wäre die »anwenderfreie« Datenverarbeitung, so sollte in der Realität ein nicht unerheblicher Aufwand darauf verwendet werden, eine sichere Bedienung von Programmen zu gewährleisten. Dazu gehört das Abfangen von Tastatureingaben, um ungewünschte und für die Applikation bzw. für die Daten gefährliche Tastenkombinationen herauszufiltern.

Die Behandlung von Tastatureingaben kann auf mehreren Ebenen erfolgen: für bestimmte Steuerelemente, für Formulare oder für die gesamte Anwendung.

15.6.1 Ereignisse für Tasten

Für Steuerelemente und Formulare können Sie auf die folgenden Ereignisse reagieren: *Bei Taste*, *Bei Taste Auf* und *Bei Taste Ab*. Mit *Bei Taste* erhalten Sie die Ascii-Werte der Tasten, während die beiden anderen Ereignisse zusätzlich auch alle Sondertasten wie ⇧, Strg, alt usw. zurückgeben.

Die Tastenvorschau

Die drei Tastenereignisse lassen sich sowohl für Steuerelemente als auch für Formulare abfangen. Filtern Sie die Tasten auf Formularebene, so werden die Ereignisroutinen des Formulars vor denen der Steuerelemente ausgelöst. Damit Tastenanschläge auf Formularebene abgefangen werden, müssen Sie die Formulareigenschaft *Tastenvorschau* auf *Ja* setzen.

Das Ereignis *Bei Taste*

Die folgende Prozedur wandelt beispielsweise alle Kleinbuchstaben, die in ein Formular eingegeben werden, in Großbuchstaben um.

```
Private Sub Form_KeyPress(KeyAscii As Integer)
    If KeyAscii >= Asc("a") And KeyAscii <= Asc("z") Then
        KeyAscii = KeyAscii - (Asc("a") - Asc("A"))
    End If
End Sub
```

Die Ereignisse *Bei Taste Auf* bzw. *Bei Taste Ab*

Mit den Ereignisroutinen zu *Bei Taste Auf* und *Bei Taste Ab* können Sie alle Tasten abfangen. Sie erhalten die gedrückte Taste in zwei Werten übergeben: in einem Wert für die angeschlagene Taste und einem Wert, der angibt, ob eine oder mehrere der Tasten ⇧, Strg oder alt gehalten werden.

Das folgende Beispiel zeigt eine *Bei Taste Ab*-Routine, die für alle Textfeld-Steuerelemente die Tastenkombination Strg+F2 zum Markieren des Textes im Textfeld ab der Cursorposition bis zum Ende implementiert.

```
Private Sub Form_KeyDown(KeyCode As Integer, Shift As Integer)
    Dim ctl As Control

    ' Aktuelles Steuerelement
    Set ctl = Me.ActiveControl
    ' Prozedur verlassen, wenn kein Textfeld
    If ctl.ControlType <> acTextBox Then
        Exit Sub
    End If
    ' Wenn Tastenkombination Strg+F2
    If Shift = acCtrlMask And KeyCode = vbKeyF2 Then
        ' Bis zum Ende der Zeile ab Cursorposition markieren
        If ctl.SelStart < Len(ctl.Text) Then
            ctl.SelLength = Len(ctl.Text) - ctl.SelStart
        End If
    End If
End Sub
```

Die Funktion Form_KeyDown() verwendet zur Ermittlung der gedrückten Tasten zwei Konstanten: acCtrlMask und vbKeyF2. Die möglichen Konstanten für den KeyCode finden Sie am schnellsten im Objektkatalog unter KeyCodeConstants, wie es das folgende Bild illustriert.

Bild 15.35: KeyCode-Konstanten im Objektkatalog

Die für den Parameter Shift einsetzbaren Konstanten wurden in der folgenden
Tabelle zusammengestellt.

Tabelle 15.2: Rückgabewerte des Parameters Shift

Status	Wert	Konstanten
keine	0	0
⇧	1	acShiftMask
Strg-Taste	2	acCtrlMask
⇧ - Strg	3	acShiftMask + acCtrlMask
alt-Taste	4	acAltMask
⇧-alt	5	acShiftMask + acAltMask
Strg-alt	6	acCtrlMask + acAltMask
⇧-Strg-alt	7	acShiftMask +acCtrlMask + acAltMask

Sondertasten

Eine Reihe von Tastenkombinationen erreichen nie Ihr Formular, beispielsweise ruft die ⌞F11⌟-Taste das Datenbankfenster auf und wird deshalb nicht an Ihr Formular übergeben. Die Behandlung von speziellen Access-weit geltenden Tastenkombinationen besprechen wir in Kapitel 23, »Anwendungsentwicklung«.

15.6.2 Die Zyklus-Eigenschaft

Wichtig für viele Applikationen ist die Formular-Eigenschaft *Zyklus*. Mithilfe der Eigenschaft wird eingestellt, mit welchen Tasten ein Benutzer zum nächsten oder vorherigen Datensatz wechseln kann. Zyklus kann drei Werte annehmen: Mit *Alle Datensätze* bewirkt ein Drücken der ⌞→⌟-Taste einen Wechsel zum nächsten Datensatz, wenn das letzte Steuerelement auf einem Formular den Fokus besitzt. Geben Sie *Aktueller Datensatz* an, können Sie mit der ⌞→⌟-Taste nicht zum nächsten Datensatz weitergehen, sondern der Fokus wird vom letzten Steuerelement zum ersten auf dem Formular gesetzt. Mit *Aktuelle Seite* können Sie bei mehrseitigen Formularen ein Springen auf die nächste Seite verhindern.

Möchten Sie die Option aus einem Programm heraus setzen, so wird die englische Eigenschaftsbezeichnung Cycle für das Formular verwendet. Cycle kann die Werte 0, 1 und 2 annehmen, die in der Reihenfolge den oben beschriebenen Einstellungen entsprechen.

15.7 Fehlerbehandlung für Formulare

Für Formulare führt Access eine eigene Fehlerbehandlung durch, um fehlerhafte Eingaben, Datenbankprobleme und vieles andere mehr abzufangen. Access bietet in den Formulareigenschaften das Ereignis *Bei Fehler* an, mit dessen Hilfe Sie eine Prozedur definieren können, die sich in die Formularfehlerbehandlung einschaltet. Die Definition der Prozedur

```
Private Sub Form_Error(DataErr As Integer, Response As Integer)
     ...
End Sub
```

enthält zwei Parameter: Mit DataErr wird die Nummer des aufgetretenen Fehlers übergeben, mithilfe von Response können Sie festlegen, wie Access im Anschluss an die Fehlerprozedur reagieren soll.

Die Formularfehlerbehandlung reagiert nur auf Formularfehler, nicht auf Laufzeitfehler in Ihren VBA-Programmen im Formularmodul oder in globalen Modulen. Für eigene Programmteile müssen Sie eine eigene Fehlerbehandlung implementieren.

Im Folgenden greifen wir zurück auf das Beispiel aus Kapitel 14, »Steuerelemente«, Abschnitt 14.6.9, »Zusätzlicher Eintrag im Kombinationsfeld«. Dort wurde ein Kombinationsfeld, in dem die möglichen Zutaten eines Cocktails aufgelistet wurden, um den Eintrag (Neue Zutat) ergänzt. Nun kann eine neue Zutat für einen Cocktail nur dann erfasst werden, wenn diese Zutat in der Tabelle *tblZutat* vorliegt. Um dies sicherzustellen, wurden zwischen den Tabellen referentielle Integrität vereinbart. Der zusätzliche Eintrag im Kombinationsfeld wurde mithilfe einer UNION-Abfrage erzeugt und ist nicht Bestandteil der Tabelle *tblZutat*. Wird nun versucht, den Eintrag (Neue Zutat) als Zutat eines Cocktails zu erfassen, löst Access einen Laufzeitfehler für das Formular aus, denn es liegt eine Verletzung der referentiellen Integrität vor.

Das folgende Listing zeigt die Fehlerbehandlungsroutine für das Formular. In der Prozedur wird der Fehler 3201 abgefangen, der eine Verletzung der referentiellen Integrität anzeigt.

```
Private Sub Form_Error(DataErr As Integer, Response As Integer)
    Const conErrReferentielleIntegrität = 3201
    ' Fehler behandeln
    Select Case DataErr
        Case conErrReferentielleIntegrität:
            ' Wenn ungültiger Eintrag bei Zutaten
            If cboZutat.Value = 0 Then
                MsgBox "Eintrag '(Neue Zutat)' nicht erlaubt"
                cboZutat.SetFocus
                Response = acDataErrContinue
                Exit Sub
            End If
    End Select
    Response = acDataErrDisplay
End Sub
```

Das Verhalten von Access im Anschluss an die Fehlerroutine steuert der Parameter Response. Die für diesen Parameter erlaubten Werte entnehmen Sie der folgenden Tabelle.

Tabelle 15.3: Response-Werte

Konstante	Beschreibung
acDataErrContinue	ignoriert den Fehler und führt die Ausführung fort, ohne die Standardfehlermeldung von Access anzuzeigen. Verwenden Sie diesen Wert, wenn Ihr Programm den aufgetretenen Fehler behandelt.
acDataErrDisplay	ist die Voreinstellung für den Parameter Response. Nach Abschluss der Form_Error()-Prozedur wird die Standardfehlermeldung von Access angezeigt.

16 Berichte

Die vielfältigen Gestaltungsmöglichkeiten für Berichte, über die Access standardmäßig verfügt, können mit eigenen Programmen ergänzt werden. Access bietet Ihnen die Kontrolle über fast alle Ereignisse während der Aufbereitung und des Drucks bzw. der Seitenvorschau der Daten. Wir möchten Ihnen in den folgenden Abschnitten zeigen, wie Sie den Druck von Berichten beeinflussen können.

Der Druck eines Berichts kann durch die Auswertung der Berichts- und Bereichsereignisse gesteuert werden. Die Berichts- und Bereichsereignisse wurden schon in Kapitel 13, »Ereignisse«, beschrieben. Für den Bericht sind die Ereignisse *Open*, *Close*, *Error*, *Activate*, *Deactivate*, *NoData* und *Page* verfügbar. Für jeden Bereich können *Format*, *Print* und *Retreat* ausgewertet werden.

16.1 Der Beispielbericht

Wir möchten Ihnen die Möglichkeiten der Drucksteuerung anhand eines Beispiels erläutern. Das Beispiel haben wir in ähnlicher Form schon in Kapitel 14, »Steuerelemente«, eingesetzt. Erstellt wurde dort ein ungebundenes Formular, um alle oder bestimmte Cocktails zum Druck zu selektieren, wobei zusätzliche Optionen auf der rechten Seite des Formulars angewählt werden können.

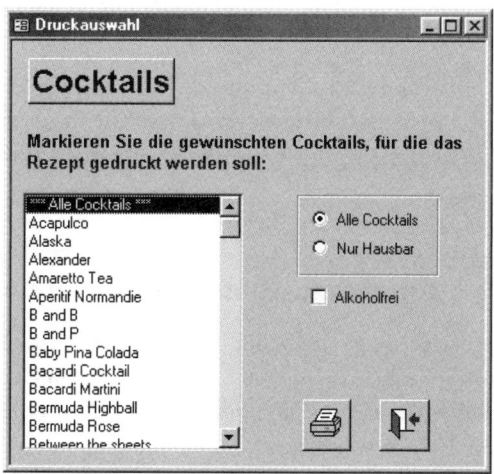

Bild 16.1: Dialogfeld für die Berichtsausgabe

Über die Schaltfläche mit dem Drucker soll der Bericht ausgedruckt werden. Das nächste Bild zeigt die Seitenvorschau. Beachten Sie, dass rechts oben für jeden Detaildatensatz der Alkoholgehalt ausgegeben wird.

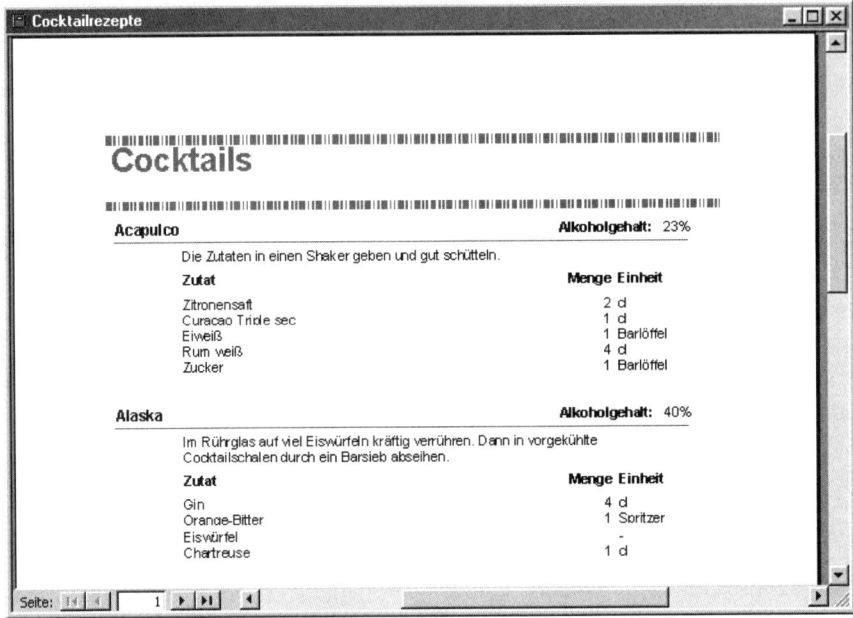

Bild 16.2: Bericht in der Seitenvorschau

In den Bericht sollen nun die folgenden Funktionalitäten eingebaut werden:

> Die Ausgabe des Alkoholgehalts soll für Cocktails ohne Alkohol unterdrückt werden.

> Wenn die Option *Alkoholfrei* im Dialogfeld (Bild 16.1) selektiert ist, sollen nur alkoholfreie Drinks ausgegeben werden. Dies soll in zwei Varianten gezeigt werden: durch die Änderung der Datenherkunft und durch das Setzen eines entsprechenden Filters.

16.1.1 Unterdrückung der Ausgabe eines Steuerelements

Das nächste Bild zeigt den Bericht in der Entwurfsansicht. Im Gruppenkopfbereich *Cocktail – Kopfbereich* sind das Bezeichnungs- und das Textfeld für die Ausgabe des Alkoholgehalts zu sehen. Die beiden Steuerelemente tragen die Namen lblAlkoholgehalt und txtAlkoholgehalt.

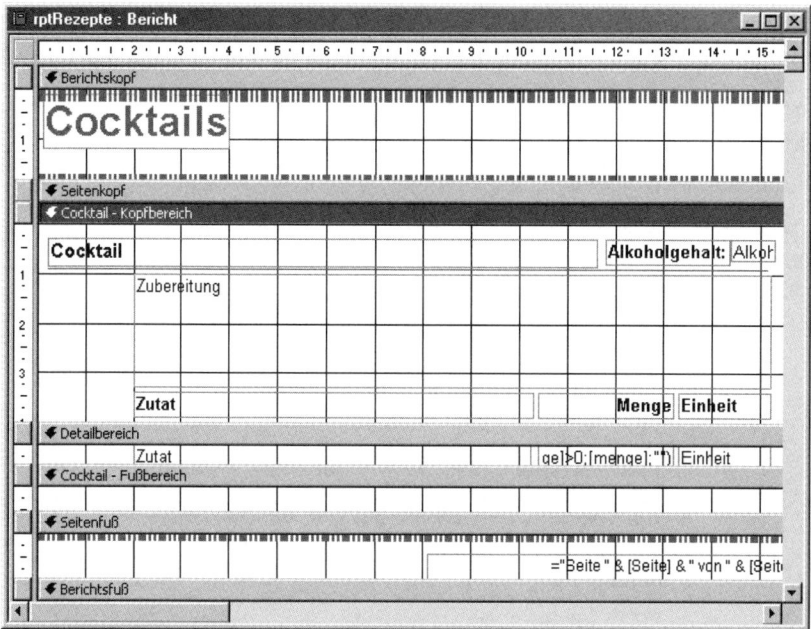

Bild 16.3: Entwurfsansicht des Berichts

Für den Gruppenkopf wurde das folgende Programm für das Ereignis *Beim Formatieren* erstellt.

```
Sub Gruppenkopf0_Format(Cancel As Integer, FormatCount As Integer)

    If txtAlkoholgehalt = 0 Then
        If txtAlkoholgehalt.Visible Then
            lblAlkoholgehalt.Visible = False
            txtAlkoholgehalt.Visible = False
        End If
    Else
        If Not txtAlkoholgehalt.Visible Then
            lblAlkoholgehalt.Visible = True
            txtAlkoholgehalt.Visible = True
        End If
    End If
End Sub
```

Wenn der Wert des Feldes txtAlkoholgehalt gleich 0 ist, werden die Steuerelemente lblAlkoholgehalt und txtAlkoholgehalt unsichtbar geschaltet. Aus Leistungsgründen wird, bevor die Felder unsichtbar gemacht werden, überprüft, ob sie nicht bereits verborgen sind. Die Überprüfung auf Unsichtbarkeit wird von Access wesentlich schneller abgearbeitet als das Setzen der Eigenschaft *Visible*.

Das durch die *Beim Formatieren*-Ereignisroutine entstandene Ergebnis ist im nächsten Bild dargestellt.

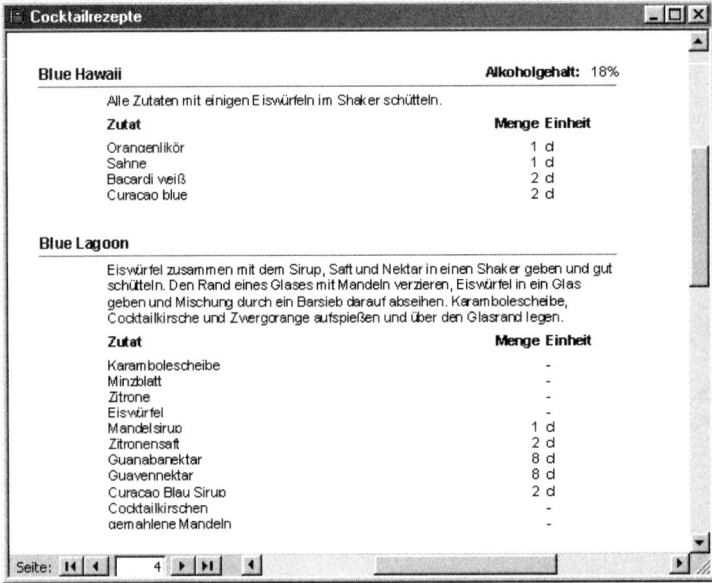

Bild 16.4: Cocktail oben mit, unten ohne Alkoholgehaltsangabe

16.1.2 Vereinbarung eines Filters

Um nur die Rezepte alkoholfreier Drinks auszugeben, kann ein Filter definiert werden. Zwei Varianten für die Vereinbarung eines Filters möchten wir Ihnen beschreiben, nämlich beim Aufruf des Berichts mit DoCmd oder durch Setzen der *Filter*-Eigenschaft des Berichts.

Beim Aufruf des Berichts

Das folgende Programmfragment zeigt einen Teil der *Beim Klick*-Routine für die Drucker-Schaltfläche des Beispieldialogfeldes (Bild 16.1). In der Routine wird ausgewertet, ob das Kontrollkästchen *Alkoholfrei* angeklickt ist. Ist das der Fall, wird für den DoCmd.OpenReport-Aufruf die WhereCondition mit der entsprechenden Bedingung mitgegeben.

```
...
If chkAlkoholfrei Then
        DoCmd.OpenReport ReportName:="rptDruckRezepte", _
            View:=acPreview, _
                WhereCondition:= "[Alkoholgehalt] = 0"
    Else
        DoCmd.OpenReport Reportname:="rptDruckauswahl", View:=acPreview
End If
...
```

Beim Öffnen des Berichts

Alternativ zur oben beschriebenen Filterdefinition beim Aufruf des Berichts können Sie auch die Eigenschaft *Filter* des Berichts festlegen. Im folgenden Programm für das Ereignis *Beim Öffnen* des Berichts wird die Eigenschaft *Filter* in
Abhängigkeit des Kontrollkästchens auf dem Dialogfeld (Bild 16.1) gesetzt.

```
Private Sub Report_Open(Cancel As Integer)
    On Error GoTo ErrOhneDialog
    If Forms!frmDruckauswahlAlkoholfrei.chkAlkoholfrei Then
        Me.Filter = "[Alkoholgehalt]=0"
        Me.FilterOn = True
    End If
ErrOhneDialog:
    On Error Goto 0
End Sub
```

Die Fehleranweisungen On Error wurden in die Prozedur aufgenommen, damit
der Bericht auch dann geöffnet werden kann, wenn das Dialogfeld (Bild 16.1)
nicht geladen ist.

16.1.3 Änderung der Datenherkunft

Eine weitere Möglichkeit, um Selektionsbedingungen für die Daten zu übergeben, ist die Änderung der Datenherkunft. Dabei wird für den Bericht eine neue
Abfrage oder ein neuer SQL-Befehl als Datenherkunft festgelegt. Da die Selektion
von Daten mithilfe der *Filter*-Eigenschaft bzw. der WhereCondition-Klausel von
DoCmd langsam in der Ausführung ist, bietet sich die Änderung der Datenherkunft an, wenn eine große Datenmenge ausgewertet werden soll.

```
Private Sub Report_Open(Cancel As Integer)
    On Error GoTo ErrOhneDialog
    If Forms!frmDruckauswahlalkoholfrei.chkAlkoholfrei Then
        Me.RecordSource = "qryTmpDruckAuswahlAlkoholfrei"
    Else
        Me.RecordSource = "qryTmpDruckAuswahl"
    End If
    Exit Sub
ErrOhneDialog:
    On Error GoTo 0
    ' Bei Aufruf des Berichts ohne Dialogfeld
    Me.RecordSource = "qryTmpDruckAuswahl"
End Sub
```

16.2 Berichtsereignisse und -eigenschaften

Wir möchten die für Berichte einsetzbaren Ereignisse und Eigenschaften in den nächsten Abschnitten vorstellen und Anwendungsbeispiele erläutern.

16.2.1 Zugriff auf Bereiche

Auf die verschiedenen Bereiche eines Berichts können Sie direkt zugreifen. Wir möchten Ihnen ein kurzes Beispiel erläutern, in dem der Gruppenkopf in Abhängigkeit von einer Benutzereingabe ausgeblendet wird.

Im folgenden Bild ist die Seitenansicht unseres zweispaltigen Beispielberichts dargestellt. Die Cocktails sind alphabetisch sortiert. Bei jedem Wechsel des Anfangsbuchstabens der Cocktailbezeichnung wird ein Gruppenkopf ausgegeben, der grau hinterlegt ist.

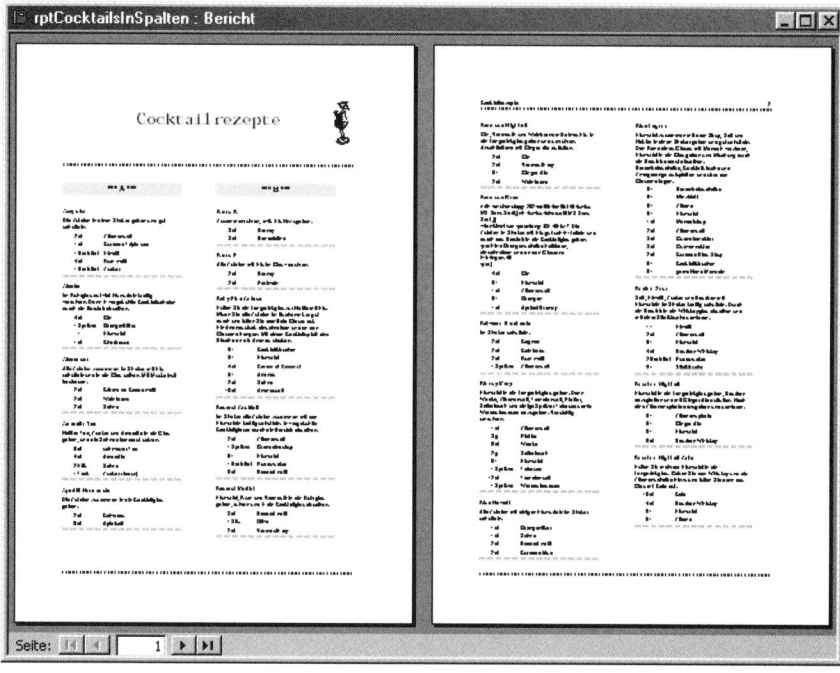

Bild 16.5: Spaltenweise Darstellung der Cocktailrezepte

Dem Benutzer des Berichts soll nun die Möglichkeit gegeben werden, den grauen Gruppenkopf zu unterdrücken. Dafür wird für das Ereignis *Beim Öffnen* des Berichts das folgende Programm vereinbart.

```
Private Sub Report_Open(Cancel As Integer)
    If MsgBox("Ausgabe mit Unterteilung nach Anfangsbuchstaben", _
                        vbQuestion + vbYesNo) = vbNo Then
        Me.Section(5).Visible = False
    End If
End Sub
```

Über Section(5) wird auf den ersten Gruppenkopf zugegriffen. In der folgenden Tabelle sind die Nummern der Sections, der Bereiche, aufgeführt.

Tabelle 16.1: Bereiche

Bereich	Beschreibung
Section(0)	Detailbereich
Section(1)	Berichtskopf
Section(2)	Berichtsfuß
Section(3)	Seitenkopf
Section(4)	Seitenfuß
Section(5)	Gruppenkopf der ersten Gruppe
Section(6)	Gruppenfuß der ersten Gruppe
Section(7)	Gruppenkopf der zweiten Gruppe
Section(8)	Gruppenfuß der zweiten Gruppe
…	für alle weiteren Gruppen jeweils Gruppenkopf und -fuß

Übrigens gelten die gleichen Bereichsnummern auch für Formulare.

16.2.2 Keine Datensätze ausgewählt

Mithilfe des Ereignisses *Bei Ohne Daten* können Sie den Bericht abbrechen, wenn die dem Bericht zugrunde liegende Tabelle oder Abfrage keine Daten enthält. Sie können beispielsweise eine Nachricht für den Benutzer anzeigen, anstatt einen leeren Bericht auszugeben.

```
Private Sub Report_NoData(Cancel As Integer)
    MsgBox "Für den Bericht wurden keine Daten selektiert!", _
                                            vbExclamation
    ' Durch Cancel = True wird der leere Bericht nicht gezeigt.
    Cancel = True
End Sub
```

16.2.3 Berichtseigenschaften zur Laufzeit

Eine Reihe von Eigenschaften eines Berichts kann nur zur Laufzeit abgefragt werden, also nur dann, wenn der Bericht aufbereitet und gedruckt wird.

Tabelle 16.2: Eigenschaften zur Laufzeit

Eigenschaft	Beschreibung
FormatCount	gibt zurück, wie oft ein Format-Ereignis für den aktuellen Bereich eingetreten ist. Access muss dann mehrfach einen Bereich formatieren, wenn ein Abschnitt nicht mehr auf eine Seite passt und neu für die nächste Seite formatiert werden muss.
PrintCount	gibt zurück, wie oft ein Print-Ereignis für den aktuellen Bereich eingetreten ist. Ein Print-Ereignis für einen Bereich tritt dann mehrfach auf, wenn der Bereich über zwei oder mehr Seiten fortgeführt wird.
HasContinued	zeigt an, ob der aktuelle Bereich von der vorherigen Seite fortgeführt wurde.
WillContinue	zeigt an, ob der aktuelle Bereich auf der nächsten Seite fortgeführt wird. Werten Sie die Eigenschaft in einem Programm aus, können Sie darauf reagieren, wenn die Seite gewechselt wird.
MoveLayout	zeigt an, ob Access zur nächsten Druckposition weiterrückt.
NextRecord	zeigt an, ob für den aktuellen Bereich zum nächsten Datensatz weitergegangen wird.
PrintSection	zeigt an, ob der aktuelle Bereich gedruckt wird.

16.3 Weitere Berichtsthemen

In den folgenden Abschnitten möchten wir Ihnen weitere Informationen zu Berichten geben.

16.3.1 Dynamische Gruppierungen

Über eine Wenn()-Bedingung können Sie das Gruppierungs- bzw. das Sortierungskriterium dynamisch bestimmen. Die im nächsten Dialogfeld abgebildete Bedingung stellt die Gruppierung des Berichts in Abhängigkeit von einem Steuerelement auf einem Formular ein.

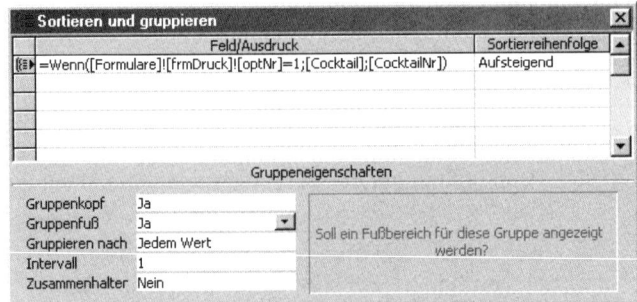

Bild 16.6: Dialogfeld Sortieren und Gruppieren

16.3.2 Seitenzahlen

Einige Tipps zum Umgang mit Seitenzahlen haben wir in den nächsten Abschnitten zusammengestellt.

Setzen der ersten Seitenzahl

Möchten Sie erreichen, dass die Paginierung der Seiten eines Berichts nicht mit Seite eins beginnt, muss die *Page*-Eigenschaft möglichst in der *Beim Formatieren*-Ereignisprozedur für den Berichtskopf festgelegt werden.

```
Private Sub Berichtskopf_Format(Cancel As Integer, _
                                FormatCount As Integer)
    Me.Page = InputBox("Erste Seitezahl", "Cocktailrezepte", 1)
End Sub
```

Unterdrücken der Seitenzahl auf der ersten Seite

Soll die Ausgabe der Seitenzahl auf der ersten Seite des Berichts unterdrückt werden, geben Sie im Textfeld für die Seitenzahl die folgende Zeile ein:

```
=Wenn([Seite]=1;"";[Seite])
```

Gerade und ungerade Seiten

Möchten Sie bei doppelseitigen Berichten die Seitenzahl auf geraden Seiten links und auf ungeraden rechts anordnen, so definieren Sie je ein Textfeld links und rechts. Vereinbaren Sie für das linke Textfeld mit

```
=Wenn([Seite] mod 2 = 0;[Seite])
```

gerade Seitenzahlen und für das rechte Textfeld ungerade mit

```
=Wenn([Seite] mod 2 <> 0;[Seite])
```

16.3.3 Ausgabe der Sortier-/Gruppierkriterien

Möchten Sie auf einem Bericht, beispielsweise in der Fußzeile, ausgeben, nach welchen Kriterien der Bericht sortiert bzw. gruppiert ist, so erstellen Sie ein Textfeld, das beispielsweise bei zwei Sortier-/Gruppierebenen den folgenden Inhalt hat:

```
="Sortiert nach " & [Report].[GroupLevel](0).[ControlSource] & _
         ", " & [Report].[GroupLevel](1).[ControlSource]
```

Passen Sie den Befehl je nach Anzahl Ihrer Ebenen entsprechend an.

16.3.4 Nummerierung von Zeilen

Möchten Sie die ausgegebenen Datensätze durchnummerieren, erstellen Sie dazu ein Textfeld mit dem Steuerelementinhalt

```
=1
```

und schalten Sie die Eigenschaft *Laufende Summe* (*RunningSum*) ein.

16.3.5 Probleme mit Vergrößerbar bzw. Verkleinerbar

Oft entstehen unerwünschte Formatierungserscheinungen, da Steuerelemente, die mit den Eigenschaften *Vergrößerbar* (*CanGrow*) und/oder *Verkleinerbar* (*CanShrink*) formatiert worden sind, nicht in der erwarteten Weise vergrößert oder verkleinert werden. Beachten Sie dabei, dass sich überlappende Steuerelemente nicht vergrößert oder verkleinert werden und der Leerraum zwischen Steuerelementen nicht verändert wird.

16.3.6 Zoom-Einstellung für die Vorschau festlegen

Standardmäßig wird die Vorschau mit einem Zoomfaktor von 100% aufgerufen. Über den Befehl

```
Me.ZoomControl = 80
```

können Sie den Zoomfaktor beispielsweise vorab beim Öffnen des Berichts (*Beim Laden*) auf 80% festlegen.

Diesen Befehl finden Sie nicht in der Hilfe von Access, er ist undokumentiert. Es ist daher möglich, dass es den Befehl in der nächsten Access-Version nicht mehr geben wird.

16.3.7 So drucken Sie mehrere Kopien eines Berichts

Möchten Sie aus Ihrem Programm heraus einen Bericht mehrfach ausdrucken, verwenden Sie dazu – nach dem Befehl `DoCmd.OpenReport` – die Methode `PrintOut` des `DoCmd`-Objektes, wie beispielsweise in:

```
...
DoCmd.OpenReport ReportName:="rptRezepte", View:=acViewPreview
DoCmd.PrintOut PrintRange:=acPages, PageFrom:=1, PageTo:=1, Copies:=2
DoCmd.Close ObjectType:=acReport, ObjectName:="rptRezepte"
...
```

16.3.8 So drucken Sie nur den aktuellen Datensatz in einem Bericht

Verwenden Sie dazu die `Where`-Bedingung der Methode `OpenReport`. Im Detail gehen Sie folgendermaßen vor: Legen Sie eine neue Schaltfläche auf das Formular. Lassen Sie mithilfe des Assistenten für die Schaltfläche ein Programm erstellen, das den gewünschten bestehenden Bericht öffnet. Ergänzen Sie dieses Programm dann so, dass der Mittelteil die folgenden Zeilen enthält:

```
...
Dim strDocName As String
Dim strWhere As String

strDocName = "tblCocktail"
strWhere = "Cocktail = '" & Me!Cocktail & "'"
DoCmd.OpenReport ReportName:=strDocName, View:=acPreview, , _
                 WhereCondition:=strWhere
...
```

16.3.9 Druckereinstellungen

Mit jedem Bericht werden Drucker und Druckereinstellungen gespeichert, sodass Sie für jeden Bericht die spezifischen Einstellungen vornehmen können.

Beachten Sie dabei, dass aufgrund eines Fehlers in Access die Druckereinstellungen bei eingeschalteter Objektnamen-Autokorrektur (*EXTRAS Optionen Allgemein*) auf den Standard zurückgesetzt werden können. Schalten Sie daher die Objektnamen-Autokorrektur aus oder installieren Sie das Service Release 1 oder höher von Office 2000.

16.3.10 So öffnen Sie aus dem Programm heraus das Drucken-Dialogfeld

Verwenden Sie zum Öffnen des *Drucken*-Dialogfelds die Zeile:

```
DoCmd.RunCommand acCmdPrint
```

16.4 Snapshots – Schnappschüsse von Berichten

Möchten Sie Access-Berichte elektronisch weitergeben, so können Sie diese auch an Anwender verteilen, die nicht über ein Access verfügen. Erstellen Sie einen Berichts-Snapshot, der von allen, die über das Programm SnapView.exe verfügen, angesehen werden kann. Der Snapshot Viewer gehört zu Office 2000. Es besteht auch die Möglichkeit, ihn vom Internet bei Microsoft *www.microsoft.de* herunterzuladen. Übrigens gibt es den Snapshot Viewer auch als ActiveX-Komponente, die in andere Programme oder Internet-Browser eingebunden werden kann.

16.4.1 Snapshot erstellen

Erstellen Sie einen Snapshot mithilfe des Befehls *DATEI Exportieren* und wählen Sie im Kombinationsfeld *Dateityp* das *Snapshot Format* aus. Ein Klick auf die Schaltfläche *Speichern* druckt den Bericht in eine Datei mit der Endung *. snp*. Danach wird automatisch der Snapshot Viewer geladen und Sie können sich das Ergebnis ansehen.

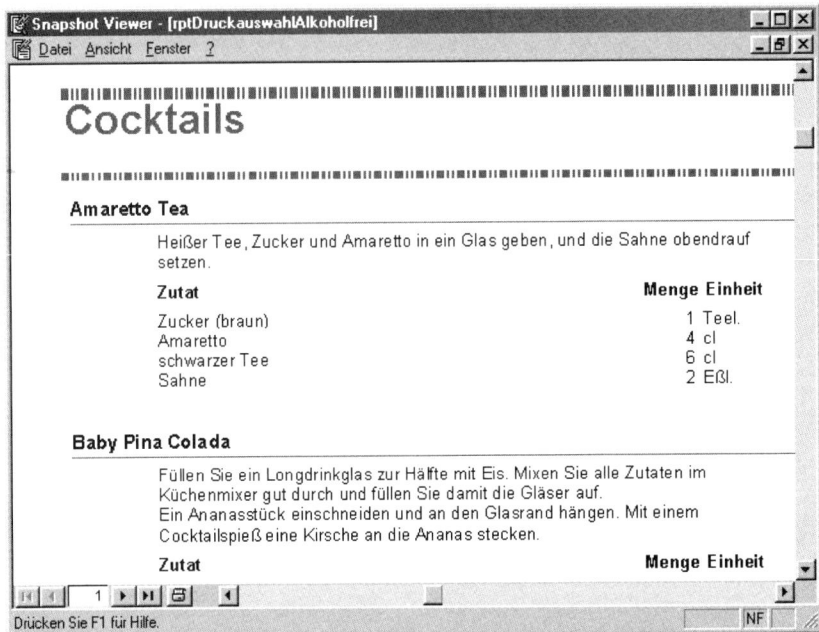

Bild 16.7: Exportierter Bericht im Snapshot Viewer

Innerhalb einer Routine gibt es zwei Möglichkeiten, einen Snapshot zu exportieren: Verwenden Sie dazu die *OutputTo*-Methode des DoCmd-Objektes und schreiben so eine SNP-Datei in den von Ihnen gewählten Ordner, oder mailen Sie mithilfe der *SendTo*-Methode den Snapshot an eine von Ihnen eingegebene Mailadresse.

Um eine Snapshot-Datei auf Ihre Festplatte zu schreiben, verwenden Sie beispielsweise den Befehl

```
DoCmd.OutputTo _
        ObjectType:=acOutputReport, _
        Objectname:="rptRezepte", _
        OutputFormat:=acFormatSNP, _
        OutputFile:="C:\Eigene Dateien\Cocktails.snp", _
        Autostart:=False
```

Damit wird der Bericht rptRezepte in die Datei Cocktails.snp im Ordner Eigene Dateien geschrieben. Der Snapshot Viewer wird entsprechend dem Ausdruck autostart:=False nicht automatisch gestartet.

Soll der Snapshot gleich per Mail versandt werden, verwenden Sie beispielsweise

```
DoCmd.SendObject _
        ObjectType:=acSendReport, _
        ObjectName:="rptRezepte", _
        OutputFormat:=acFormatSNP, _
        To:="irgendwer@irgendwo.de", _
        Subject:="Cocktails", _
        MessageText:= "Hallo, " & vbNewline & _
                      "anbei die versprochene Liste." & vbNewline & _
                      "Viele Grüße, N. ", _
        EditMessage:=False
```

Damit versenden Sie den Bericht *rptRezepte* als Snapshot im Anhang der Mail. Mit dem Parameter `EditMessage` bestimmen Sie, ob Ihnen die Mail zur Bearbeitung vorgelegt (`True`) oder ob sie gleich versendet (`False`) werden soll.

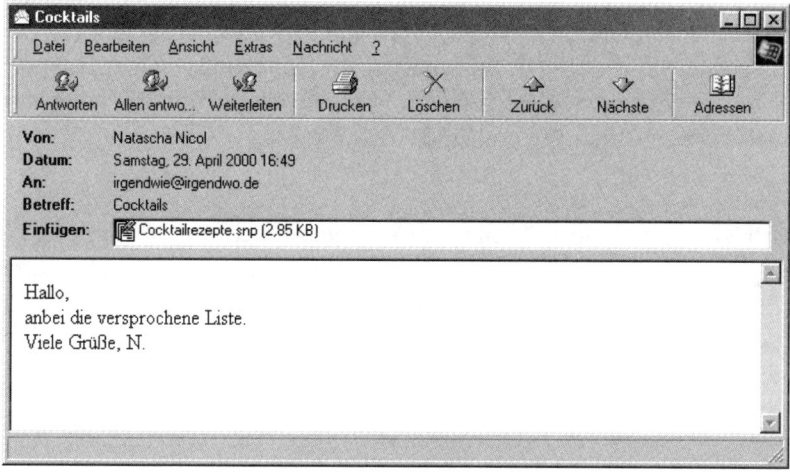

Bild 16.8: Mail mit SendTo verschickt

16.5 Druckerkontrolle

Die direkte Kontrolle des Druckers in einem Bericht aus einem Access-VBA-Programm heraus ist auch mit Access 2000 immer noch sehr komplex. Wir möchten Ihnen zwei Teilbereiche beschreiben: drucken auf einem anderen als dem mit dem Bericht gespeicherten Drucker und drucken mit verschiedenen Papierschächten.

! Windows-32-API: Die vorgestellten Funktionen und Beispiele greifen tief in Windows-Strukturen ein. Es ist sehr hilfreich, wenn Sie sich mit den Windows-32-API-Strukturen und –Funktionen auskennen.

Jeder Bericht (und jedes Formular) hat drei Eigenschaften zur Einstellung der Druckerinformationen: *PrtDevMode*, *PrtDevNames* und *PrtMip*. Alle drei können nur in der Entwurfsansicht des Berichts geändert werden. Die Eigenschaften liefern alle ein Array von Bytes, in dem die Druckereinstellungen codiert sind. Der Umgang mit diesen Byte-Arrays in VBA ist etwas gewöhnungsbedürftig, wie Sie im weiteren Verlauf des Abschnitts und in den Beispielen sehen werden. Alle Drucker-Strukturen sind eigentlich für die Programmiersprache C bzw. C++ ausgelegt, die für den Windows-interne Programmierung verwendet wird. C- bzw. C++-Strukturen sind in VBA teilweise umständlich zu verarbeiten.

! Eigenschaften PrtDevMode, PrtDevNames und PrtMip sind systemnah und empfindlich: Wenn Sie die drei Eigenschaften für die Druckerinformationen versehentlich mit fehlerhaften Werten füllen, so kann es zu unvorhersagbaren Fehlfunktionen bis zum Absturz von Windows kommen.

! Druckerauswahl und –einstellungen funktionieren nicht mit MDEs: Konvertieren Sie Ihre Access-MDB-Datenbank zu einer MDE-Datenbank (siehe Kapitel 23, »Anwendungsentwicklung«), so können Sie in der MDE einen Bericht nicht in der Entwurfsansicht öffnen. Die Konsequenz daraus ist, dass die Veränderung der Druckereinstellungen mithilfe der drei Eigenschaften nicht möglich ist.

16.5.1 Die Eigenschaft PrtDevMode

Die Eigenschaft *PrtDevMode* enthält Informationen zu den Einstellungen des Druckers, die in einem Bericht im Dialogfeld *Drucken* angegeben sind. Der folgende benutzerdefinierte Typ beschreibt die einzelnen Felder, die in der Berichtseigenschaft *PrtDevMode* verschlüsselt sind.

```
Type tPrtDevMode
    strDeviceName As String * 16    ' Druckerbezeichnung 32 Byte
    intVersion As Integer           ' Version der PrtDevMode-Struktur
    intDriverVersion As Integer     ' Version des Druckertreibers
    intSize As Integer              ' Größe der PrtDevMode-Struktur
    intDriverExtra As Integer       ' Größe der Zusatzinformationen
    lngFields As Long
```

```
    intOrientation As Integer
    intPaperSize As Integer
    intPaperlength As Integer
    intPaperWidth As Integer
    intScale As Integer                 ' Skalierung
    intCopies As Integer                ' Anzahl der Kopien
    intDefaultSource As Integer
    intPrintQuality As Integer
    intColor As Integer
    intDuplex As Integer
    intResolution As Integer
    intTTOption As Integer
    intCollate As Integer
    strFormName As String * 16
    lngPad As Long
    lngBits As Long
    lngPW As Long
    lngDFI As Long
    lngDRr As Long
End Type


Type tPrtDevModeStr
    ' 188 Byte Grundinformation
    ' da jedes Unicode-Zeichen 2 Bytes benötigt,
    ' nur String * 94
    strTemp As String * 94
End Type
```

Der zweite benutzerdefinierte Typ, `tPrtDevModeStr`, enthält eine Hilfskonstruktion, die für die Programmierung der *PrtDevMode*-Eigenschaft benötigt wird.

Wie oben erwähnt, gibt die Eigenschaft *PrtDevMode* ein Byte-Array zurück. Wenn Sie beispielsweise die Seitenorientierung von Hochformat auf Querformat umstellen möchten, so müssten Sie abzählen, das wievielte Byte zu ändern ist. Um die Handhabung zu vereinfachen, möchten wir das Byte-Array in eine Variable umkopieren, die vom Typ `tPrtDevMode` ist. Dann könnten Änderungen mithilfe der Variablen vorgenommen werden. Nun ist es aber nicht möglich, das Byte-Array von *PrtDevMode* so ohne weiteres an eine Variable mit einer benutzerdefinierten Struktur zu übergeben. Dafür kann Access ein Byte-Array direkt an einen String zuweisen. Im folgenden Programmfragment finden Sie eine Lösung, die den sehr selten verwendeten VBA-Befehl `LSet` einsetzt. `LSet` kopiert Variablen, die auf benutzerdefinierten Typen basieren, und zwar Byte für Byte, ohne sich um Datentypen usw. zu kümmern. Also wird das Byte-Array in einen String kopiert, der String der benutzerdefinierten Hilfsstruktur `tPrtDevModeStr` zugewiesen und dann die Hilfsstruktur mit `LSet` umkopiert.

```
' ...
Dim rpt As Report
Dim PrtDev As tPrtDevMode
Dim PrtDevString As tPrtDevModeStr
Dim strTmp As String
' ...
' Report in der Entwurfsansicht öffnen
DoCmd.OpenReport "rptRezepte", acDesign
' Berichtsvariable zuweisen
Set rpt = Reports("rptRezepte")
' ...
' Eigenschaft an String übergeben
strTmp = rpt.PrtDevMode
' String in Hilfsstruktur kopieren
PrtDevString.strTemp = strTmp
' Hilfsstruktur umkopieren
LSet PrtDev = PrtDevString
' Wert setzen
PrtDev.intOrientation = 1          ' 1 = Portrait, 2 = Landscape
' Zurückkopieren in Hilfsstruktur
LSet PrtDevString = PrtDev
' An String zuweisen
strTmp = LeftB(PrtDevString.strTemp, _
                    PrtDev.intSize + PrtDev.intDriverExtra)
' Eigenschaft neu setzen
rpt.PrtDevMode = strTmp
'...
```

16.5.2 Die Eigenschaft PrtDevNames

Mit der Eigenschaft *PrtDevNames* können Sie Informationen zu dem Drucker einstellen oder zurückgeben, der im Dialogfeld *Drucken* für ein Formular oder einen Bericht ausgewählt ist.

Die `DevNames`-Struktur enthält vier Integer-Werte (je zwei Bytes), die auf die anschließend angehängte Druckerinformation verweisen. Die angehängten Informationen über *Device* (Druckerbezeichnung), *Driver* (Druckertreiber) und *Port* (Ausgabeschnittstelle/-gerät) können unterschiedlich lang sein.

```
012345678901234567890123456789012345678901234567890123456789
          DEVICE-----------DRIVER--------------PORT---------
DR---------------------- ^
   DE-----^
     PO-------------------------------------------^
      DF
<------><--------------------------------------------------
```

```
Type tDevNames
    intDriverPos As Integer         ' DR
    intDevicePos As Integer         ' DE
    intOutputPos As Integer         ' PO
    intDefault As Integer           ' DF
End Type
```

```
Type tPrtDevNamesStr
    strTemp As String * 4
End Type
```

Weiter unten in Abschnitt 16.5.5 ist ein Beispiel abgedruckt, in dem der Einsatz der DevNames-Struktur bzw. der *PrtDevNames*-Eigenschaft gezeigt wird.

16.5.3 Die Eigenschaft PrtMip

Sie können die Eigenschaft *PrtMip* in Visual Basic verwenden, um die Informationen zum Gerätemodus einzustellen oder zurückzugeben, die für ein Formular oder für einen Bericht im Dialogfeld *Drucken* angegeben sind.

```
Type tPrtMip
    lngLeft As Long
    lngTop As Long
    lngRight As Long
    lngBottom As Long
    lngDataOnly As Long
    lngWidth As Long
    lngHeight As Long
    lngDefaultSize As Long
    lngItemsAcross As Long
    lngColumnSpacing As Long
    lngRowSpacing As Long
    lngItemLayout As Long
```

```
   lngFastPrinting As Long
   lngDataSheet As Long
End Type


Type tPrtMipStr
   strTemp As String * 28
End Type
```

Mithilfe der *PrtMip*-Eigenschaften können Sie Randeinstellungen und ähnliches abfragen oder setzen.

16.5.4 Beispiele: Drucken mit zwei Papierschächten und Druckerauswahl

Wir möchten Ihnen in diesem Abschnitt zwei Beispiele vorstellen: Drucken mit zwei Papierschächten und die Auswahl eines beliebigen Druckers für die Ausgabe eines Berichts. Wir haben dazu das folgende Formular erstellt, mit dessen Hilfe Sie einen beliebigen Bericht auf einem auswählbaren Drucker ausgeben oder mit mehreren Papierschächten drucken können.

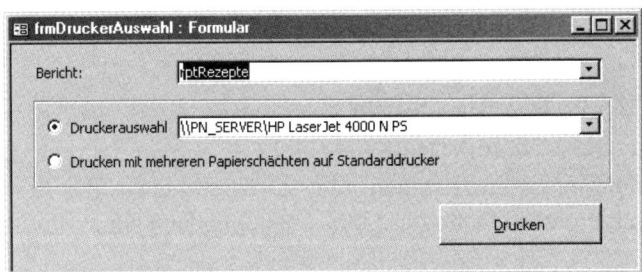

Bild 16.9: Dialogfenster frmDruckauswahl

Im Folgenden ist das Listing für das Formular aufgeführt. Die Prozeduren `PrintTo` und `DruckenMitZweiPapierschächten` sowie die Struktur `tDruckerInfo` sind im Modul *basDrucken* definiert.

Beim Laden des Formulars werden die Kombinationsfelder gefüllt. Für die Kombinationsfelder ist als *Herkunftstyp* der Eintrag `Werteliste` angegeben. In `Form_Load` wird die *Datensatzherkunft (RowSource)* der Kombinationsfelder mit einem String initialisiert, der die einzelnen Einträge getrennt durch Semikolons enthält.

```
Option Compare Database
Option Explicit


' für alle Druckerinformationen
Dim mDruckerInfo() As tDruckerInfo
' enthält die Nummer des Standarddruckers
' als Index für das Feld mDruckerInfo()
Dim intStandardDrucker As Integer


Private Sub cmdDrucken_Click()
    Select Case fraDruck
    Case 1
        ' Übergeben werden erste Spalte des Kombinationsfelds cboBerichte
        ' und eine DruckerInfo-Struktur des selektierten Druckers
        PrintTo cboBerichte.Column(0), mDruckerInfo(cboDrucker.Value)
    Case 2
        DruckenMitZweiPapierschächten cboBerichte.Column(0)
    End Select
End Sub


Private Sub fraDruck_Click()
' Kombinationsfeld je nach Auswahl aktivieren
    Select Case fraDruck
    Case 1
        cboDrucker.Enabled = True
    Case 2
        cboDrucker.Enabled = False
    End Select
End Sub


Private Sub Form_Load()
' Felder vorbelegen
    cboBerichte.RowSource = AlleBerichte()
    mDruckerInfo = AlleDruckerInfos()
    cboDrucker.RowSource = AlleDrucker()
    cboDrucker = intStandardDrucker
End Sub
```

```
Private Function AlleBerichte() As String
' Alle Berichtsnamen ermitteln
' durch ; aneinanderketten
    Dim ao As AccessObject
    Dim strResult As String

    strResult = ""
    For Each ao In CurrentProject.AllReports
        If strResult = "" Then
            strResult = ao.Name
        Else
            strResult = strResult & ";" & ao.Name
        End If
    Next
    AlleBerichte = strResult
End Function


Private Function AlleDrucker() As String
' Die Struktur mDruckerInfo wird mit Funktion AlleDruckerInfos() gefüllt
' als String zurückgegeben, in dem die einzelnen Einträge durch Semikolon
' getrennt sind; zur Verwendung in einem dreispaltigen Kombinationsfeld
    Dim strResult As String
    Dim i As Integer
    Dim strTmp As String

    For i = LBound(mDruckerInfo) To UBound(mDruckerInfo)
        strTmp = mDruckerInfo(i).DruckerName & ";" & _
                mDruckerInfo(i).TreiberName & ";" & _
                mDruckerInfo(i).Port
        If strResult = "" Then
            strResult = strTmp
        Else
            strResult = strResult & ";" & strTmp
        End If
        ' Standarddrucker?
        If mDruckerInfo(i).Standard Then
            intStandardDrucker = i
        End If
    Next
    AlleDrucker = strResult
End Function
```

Die Struktur `tDruckerInfo` sowie die Funktionen sind in *basDrucken* ausgeführt. Die Windows-API-Funktionen `GetProfileString` und `GetProfileSection` lesen Werte aus der Datei WIN.INI.

```
Private Declare Function GetProfileString _
        Lib "kernel32" Alias "GetProfileStringA" _
        (ByVal lpAppName As String, ByVal lpKeyName As String, _
        ByVal lpDefault As String, ByVal lpReturnedString As String, _
        ByVal nSize As Long) As Long

Private Declare Function GetProfileSection _
        Lib "kernel32" Alias "GetProfileSectionA" _
        (ByVal lpAppName As String, ByVal lpReturnedString As String, _
        ByVal lngSize As Long) As Long


Type tDruckerInfo
    TreiberName As String
    DruckerName As String
    Port As String
    Standard As Boolean
End Type


Function Standarddrucker() As String
    Dim strDrucker As String
    Dim intTmp As Integer

    On Error GoTo err_

    strDrucker = Space(2048)
    ' Wenn kein Standarddrucker gefunden wird,
    ' wird "" in strDrucker zurückgegeben
    intTmp = GetProfileString( _
            "Windows", _
            "Device", _
            "", _
            strDrucker, _
            2047)
    ' Split zerlegt einen String in ein Array
    Standarddrucker = Split(strDrucker, ",")(0)
    Exit Function
```

```
err_:
    MsgBox err.Description & " (" & err.Number & ")"
End Function


Function AlleDruckerInfos() As tDruckerInfo()
    Dim intCount As Integer
    Dim strItems() As String
    Dim strPrinters() As String
    Dim Result() As tDruckerInfo
    Dim strBuffer As String
    Dim strDetails() As String
    Dim i As Integer

    On Error GoTo err_

    ' Druckerinformationen aus WIN.INI holen
    strBuffer = SPACE(10000)
    intCount = GetProfileSection("Devices", strBuffer, 9999)
    strBuffer = Left(strBuffer, intCount)

    If Len(strBuffer) > 0 Then
        ' die Information für jeden Drucker endet mit 0x00
        strPrinters = Split(strBuffer, vbNullChar)
        ReDim Result(UBound(strPrinters))
        ' Alle Drucker durchlaufen
        For i = LBound(strPrinters) To UBound(strPrinters)
            If Len(strPrinters(i)) > 0 Then
                ' Vor dem = ist der Druckername
                strItems = Split(strPrinters(i), "=")
                Result(i).DruckerName = strItems(0)
                ' Treibername und Port in durch Kommas getrennt
                strDetails = Split(strItems(1), ",")
                Result(i).TreiberName = strDetails(0)
                Result(i).Port = strDetails(1)
                If Result(i).DruckerName = Standarddrucker() Then
                    Result(i).Standard = True
                End If
            End If
        Next i
    End If
```

```
    AlleDruckerInfos = Result
    Exit Function


err_:
    MsgBox err.Description & " (" & err.Number & ")"
End Function
```

Routinen für das Drucken mit zwei Papierschächten

Für den Druck mit zwei Papierschächten wird die Prozedur DruckSeiten verwendet, für die angegeben wird, wie viele Seiten von welchem Bericht aus welchem Papierschacht gedruckt werden sollen. Die Prozedur DruckenMitZweiPapierschächten ruft DruckSeiten zweimal auf, um die erste Seite eines Berichts aus einem anderen Schacht als die Folgeseiten auszugeben. Für die Auswahl des Papierschachts haben wir die Enum-Aufzählung eTray definiert.

```
Option Explicit

' Konstanten für Papierschacht
Public Enum eTray
    StandardTray = 1
    UpperTray = 1
    LowerTray = 2
    MiddleTray = 3
    ManualTray = 4
    EnvelopeFeeder = 5
    EnvelopeManual = 6
    AutoTray = 7
    Tractor = 8
    SmallFormat = 9
    LargeFormat = 10
    LargeCapacity = 11
    Cassette = 14
    Formulare = 15
    Benutzerdefiniert = 256
End Enum

' Konstanten für doppelseitigen Druck
Public Enum eDuplex
    Simplex = 1
    DuplexLangeSeite = 2
    DuplexKurzeSeite = 3
End Enum
```

```
' Konstanten für Papierausrichtung
Public Enum eOrientation
    Portrait = 1
    Landscape = 2
End Enum


' Struktur für PrtDevMode
Type tPrtDevMode
    strDeviceName As String * 16    ' Druckerbezeichnung 32 Byte
    intVersion As Integer           ' Version der PrtDevMode-Struktur
    intDriverVersion As Integer     ' Version des Druckertreibers
    intSize As Integer              ' Größe der PrtDevMode-Struktur
    intDriverExtra As Integer
    lngFields As Long
    intOrientation As Integer
    intPaperSize As Integer
    intPaperlength As Integer
    intPaperWidth As Integer
    intScale As Integer             ' Skalierung
    intCopies As Integer            ' Anzahl der Kopien
    intDefaultSource As Integer
    intPrintQuality As Integer
    intColor As Integer
    intDuplex As Integer
    intResolution As Integer
    intTTOption As Integer
    intCollate As Integer
    strFormName As String * 16
    lngPad As Long
    lngBits As Long
    lngPW As Long
    lngDFI As Long
    lngDRr As Long
End Type


Type tPrtDevModeStr
' 188 Byte Grundinformation
' da jedes Unicode-Zeichen 2 Bytes benötigt,
' nur String * 94
    strTemp As String * 94
End Type
```

```
' Bericht aus bestimmtem Schacht von Seite von - bis drucken
Sub DruckSeiten( _
        strRptName As String, _
        Tray As eTray, _
        intPageFrom As Integer, _
        Optional intPageTo As Integer = 9999)


    Dim rpt As Report
    Dim dm As DeviceMode
    Dim DevString As DevModeStr
    Dim DevModeExtra As String


    On Error GoTo err_


    ' Warnungen ausschalten
    DoCmd.SetWarnings False
    ' Anzeige ausschalten
    DoCmd.Echo EchoOn:=False, _
            StatusBarText:="Drucken von »" & strRptName & "«"
    ' Bericht in der Entwurfsansicht öffnen
    DoCmd.OpenReport strRptName, acDesign
    ' Berichtsvariable zuweisen
    Set rpt = Reports(strRptName)
    ' PrtDevMode enthält Drucker und Druckereinstellungen
    strTmp = rpt.PrtDevMode
    PrtDevString.strTemp = strTmp
    LSet PrtDev = PrtDevString


    PrtDev.intDefaultSource = Tray


    LSet PrtDevString = PrtDev
    strTmp = LeftB(PrtDevString.strTemp, _
                        PrtDev.intSize + PrtDev.intDriverExtra)
    rpt.PrtDevMode = strTmp
    ' Änderungen speichern
    DoCmd.Save acReport, rpt.Name
    ' Bericht selektieren
    DoCmd.SelectObject ObjectType:=acReport, _
                            ObjectName:=rpt.Name, _
                            InDatabaseWindow:=True
```

```
' Bericht drucken
DoCmd.PrintOut PrintRange:=acPages, _
               PageFrom:=intPageFrom, _
               PageTo:=intPageTo


exit_:
    ' Anzeige einschalten
    DoCmd.Echo EchoOn:=True
    DoCmd.SetWarnings True


    Exit Sub


err_:
    MsgBox "Fehler: " & err.Description & " (" & err.Number & ")"
    Resume exit_
End Sub


Sub DruckenMitZweiPapierschächten(strRptName As String)
    ' Erste Seite mit unterem Schacht
    DruckSeiten strRptName, LowerTray, 1, 1
    ' Zweite Seite mit oberem Schacht
    DruckSeiten strRptName, UpperTray, 2
End Sub
```

16.5.5 Drucken eines Berichts auf beliebigem Drucker

Das Drucken eines Berichts auf einem anderen als dem mit dem Bericht gespeicherten Drucker ist mit VBA recht kompliziert. Viele Programmierer haben dies in früheren Access-Versionen vermieden und stattdessen die entsprechenden Dialogfelder zur Druckerauswahl usw. über Menübefehle (DoCmd.DoMenuItem) aufgerufen. Diese Methode war aber nicht immer fehlersicher und musste bei einem Access-Versionswechsel angepasst werden.

Zur Druckeränderung muss der Bericht in der Entwurfsansicht aufgerufen werden (funktioniert nicht mit MDE-Dateien!) und die Eigenschaften *PrtDevNames* und *PrtDevMode* müssen beide für den neuen Drucker gesetzt werden. Setzen Sie nur eine der Eigenschaften und drucken dann, wird Ihr Windows ziemlich durcheinander kommen und gegebenenfalls mit einem Absturz reagieren.

Zum Setzen der Eigenschaft *PrtDevNames* müssen Sie eine DevNames-Struktur erstellen und Informationen über den Drucker anhängen. Die Druckerinformationen werden im Beispiel in einer `tDruckerInfo`-Struktur übergeben, die oben im Listing zum Formular mithilfe der Funktion `AlleDruckerInfos` gefüllt wurde.

Komplizierter ist die Generierung der Informationen für die `DevMode`-Struktur. Hierzu müssen Sie unter Zuhilfenahme von Windows-API-Funktionen die Dokumenteinstellungen aus dem Druckertreiber des gewählten Druckers auslesen. Die Dokumenteinstellungen werden als `DevMode`-Struktur (als Byte-Array) zurückgegeben.

Die Änderungen werden nicht im Bericht gespeichert, sondern der Bericht nach dem Drucken ohne zu sichern geschlossen.

```
Private Declare Function DocumentProperties _
        Lib "winspool.drv" Alias "DocumentPropertiesA" _
        (ByVal hwnd As Long, ByVal hPrinter As Long, _
        ByVal pDeviceName As String, pDevModeOutput As Byte, _
        pDevModeInput As Byte, ByVal fMode As Long) As Long

Private Declare Function OpenPrinter _
        Lib "winspool.drv" Alias "OpenPrinterA" _
        (ByVal pPrinterName As String, phPrinter As Long, _
        ByVal pDefault As Long) As Long

Private Declare Function ClosePrinter _
        Lib "winspool.drv" _
        (ByVal hPrinter As Long) As Long


' Struktur für PrtDevNames
Private Type tPrtDevNames
    intDriverPos As Integer
    intDevicePos As Integer
    intOutputPos As Integer
    intDefault As Integer
End Type


Private Type tPrtDevNamesStr
    ' 4 Unicode-Character entsprechen 8 Bytes
    strTemp As String * 4
End Type
```

```
Sub PrintTo(strRptName As String, Drucker As tDruckerInfo)
' Druckt Bericht strRptName auf angegebenem Drucker

    Dim rpt As Report
    ' DevNames-Struktur
    Dim DevNames As tPrtDevNames
    Dim DevNamesStr As tPrtDevNamesStr
    ' DevMode-Struktur
    Dim DevMode As tPrtDevMode
    Dim DevModeStr As tPrtDevModeStr
    ' Hilfsvariablen
    Dim strTmp As String
    Dim varTmp As Variant
    Dim Bytes() As Byte
    Dim hDrucker As Long
    Dim lngSize As Long
    Dim bytTmp As Byte

    DoCmd.Echo EchoOn:=False

    ' Report in der Entwurfsansicht öffnen
    DoCmd.OpenReport strRptName, acViewDesign
    Set rpt = Reports(strRptName)

    ' DevNames-Struktur füllen
    DevNames.intDriverPos = 8
    DevNames.intDevicePos = DevNames.intDriverPos + _
            Len(Drucker.TreiberName) + 1
    DevNames.intOutputPos = DevNames.intDevicePos + _
            Len(Drucker.TreiberName) + 1
    DevNames.intDefault = 0


    ' Struktur umkopieren
    LSet DevNamesStr = DevNames
    ' Hilfsstruktur umkopieren
    ' wichtig: Ziel ist kein String, sondern Variant,
    ' da die im Folgenden angehängten Informationen im ANSI-, nicht im
    ' Unicode- Format vorliegen müssen
    varTmp = DevNamesStr.strTemp
    varTmp = varTmp & _
            StrConv(Drucker.TreiberName, vbFromUnicode) & ChrB(0) & _
            StrConv(Drucker.DruckerName, vbFromUnicode) & ChrB(0) & _
            StrConv(Drucker.Port, vbFromUnicode) & ChrB(0)
```

```
    ' dem Bericht zuweisen
    rpt.PrtDevNames = varTmp

    ' DevMode-Struktur füllen
    ' entsprechende Daten aus den Dokumenteinstellungen
    ' im Druckertreiber des Druckers holen
    If OpenPrinter(Drucker.DruckerName, hDrucker, 0) Then
        If hDrucker > 0 Then
            ' zuerst die Größe der DevMode-Struktur bestimmen
            lngSize = DocumentProperties( _
                    0, hDrucker, Drucker.DruckerName, _
                    bytTmp, bytTmp, 0)
            If lngSize > 0 Then
                ' Größe des Byte-Arrays anpassen
                ReDim Bytes(1 To lngSize)
                ' DevMode auslesen
                If DocumentProperties( _
                        0, hDrucker, Drucker.DruckerName, _
                        Bytes(1), Bytes(1), 2) > 0 Then
                    ' DevMode-Struktur an Bericht zuweisen
                    rpt.PrtDevMode = Bytes
                End If
            End If
        End If
        Call ClosePrinter(hDrucker)

        ' Bericht drucken
        DoCmd.PrintOut
    End If

    ' Bericht ohne zu speichern schließen
    DoCmd.Close acReport, strRptName, acSaveNo

exit_:
    DoCmd.Echo EchoOn:=True
    Exit Sub
err_:
    MsgBox err.Description & " (" & err.Number & ")"
    Resume exit_
End Sub
```

Beachten Sie beim Umkopieren für die `DevNames`-Struktur, dass die angehängten Informationen über den Drucker im ANSI-Zeichensatz (also ein Byte pro Zeichen) vorliegen müssen. Access 2000 verwendet für Strings standardmäßig Unicode mit zwei Bytes pro Zeichen. Für das Umkopieren haben wir deshalb als Ziel eine Variable vom Typ `Variant` gewählt. Hätten wir ein `String` verwendet, hätte VBA bei der Zuweisung alle ANSI-Zeichen wieder zu Unicode konvertiert. Ist das Ziel ein `Variant`, unterbleibt diese Umwandlung.

Klassenmodule

······

Klassenmodule

17 Klassenmodule

Microsoft hat in Access 95 (Version 7.0) die objektorientierte Programmierung eingeführt, allerdings dort auf Formulare und Berichte beschränkt. Seit Access 97 stehen Ihnen nun Klassenmodule zur Verfügung, die die Erstellung von Objektklassen ermöglichen.

Objektorientierung in Access ist ein Zusatz zum prozeduralen Konzept der Programmiersprache Visual Basic. Sie ermöglicht die Umsetzung objektorientierter Anwendungserstellungsansätze, ist aber keine Anwendungsentwicklungsumgebung im Sinne echter Objektorientierung. Nach unserer Meinung sind Klassenmodule eine gute und leistungsfähige Ergänzung, die insbesondere bei größeren Projekten viele Vorteile bieten.

17.1 Klassen und Objekte

Bei prozeduralen Programmiersprachen wie Visual Basic sind Daten und Prozeduren voneinander getrennt, d.h., es gibt keine Abhängigkeit zwischen Daten und Prozeduren. Dadurch können Nachteile entstehen, wie beispielsweise die Anwendung einer Prozedur auf dafür ungeeignete Daten, worin ungeahnte Fehler verborgen sein können.

```
"Text"                          Multiplizieren(a,b)
1,25                            Tag(d)
#12/22/61#                      Monat(d)
                               Jahr(d)
True                           Rückwärts("Text")
```

Bild 17.1: Daten und Prozeduren

Bei der objektorientierten Programmierung werden Daten und Prozeduren zu Objekten zusammengefasst. Die Daten eines Objekts können auch nur mit den Prozeduren, den Methoden, des Objekts bearbeitet werden.

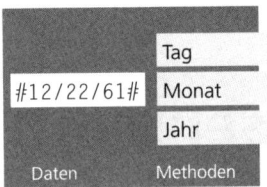

Bild 17.2: Daten und Methoden bilden ein Objekt

Eine Klasse ist die allgemeine Beschreibung eines Objekts, also das Muster für ein Objekt. In einer Klasse wird festgelegt, welche Daten in einem Objekt gespeichert werden können und wie die Zugriffsmethoden definiert sind.

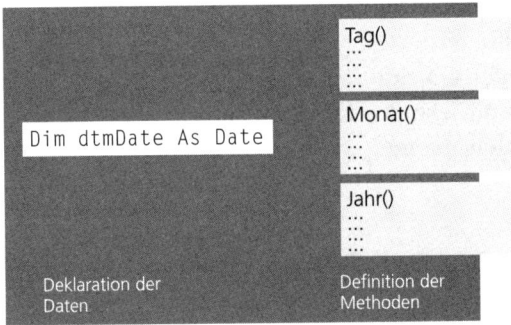

Bild 17.3: Objektklasse

Auf der Basis einer Klasse lassen sich dann Objekte erstellen, in denen Daten und Methoden nach dem Vorbild der Klasse existieren. Diese erst zur Laufzeit des Programms erzeugten Objekte werden auch als Instanzen einer Objektklasse bezeichnet.

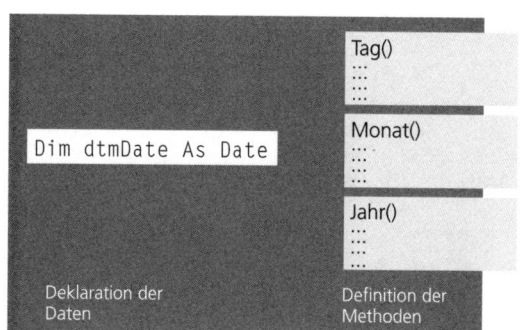 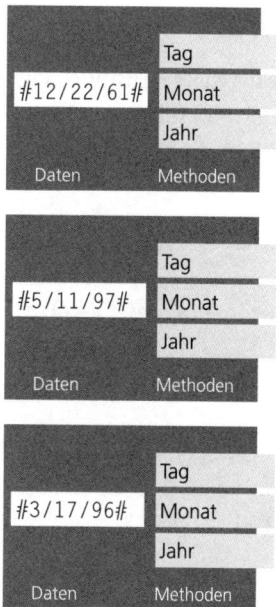

Bild 17.4: Objektklasse und Objekte

Objekte kapseln die in ihnen enthaltenen Daten, d.h., von außen ist kein direkter Zugriff auf die Daten eines Objekts möglich. Dieses als »Kapselung« bezeichnete Verstecken der Daten ermöglicht beispielsweise auch, alle Daten, die im Objekt gespeichert werden, vorher zu überprüfen.

Access kann nicht alle Anforderungen abdecken, die die Theorie der objektorientierten Programmierung an ein Entwicklungssystem stellt. So ist es beispielsweise nicht möglich, Eigenschaften und Methoden zu vererben. Das bedeutet, in Access können die Eigenschaften und Methoden nicht an die nächsthöhere Klasse weitergegeben (vererbt) werden. Access ist auch nicht in der Lage, Polymorphie zu unterstützen. Polymorphie bedeutet, dass beispielsweise mit einem Methodennamen mehrere Methoden für verschiedene Objekttypen angesprochen werden können. Dabei wählt das System je nach Objekttyp selbsttätig die richtige Methode aus.

17.2 Visual Basic-Erweiterungen für Objekte

Eine Klasse kann in Access auf drei verschiedene Arten definiert werden: in einem Klassenmodul, in einem Formular oder in einem Bericht. Klassenmodule werden mithilfe des Befehls *EINFÜGEN Klassenmodul* erzeugt, Formulare und Berichte lassen sich direkt als Klassen nutzen.

17.2.1 Property-Routinen

Für die Definition von Objekteigenschaften für ein Klassenmodul stellt Access neue Befehle zur Verfügung: `Property Get`, `Property Let` und `Property Set`. Als kleines, einfaches Beispiel können Sie in einem Klassenmodul `clsTestKlasse` folgende Zeilen

```
Dim mstrEMail As String

Property Let Email(strEMail As String)
    mstrEMail = strEMail
End Property

Property Get Email() As String
    Email = mstrEMail
End Property
```

vereinbaren. `Property`-Routinen werden ähnlich zu `Sub`- bzw. `Function`-Routinen definiert. In dem folgenden Programmfragment wird die oben definierte Beispielklasse verwendet.

```
Dim objEMail As New clsTestKlasse

ObjEMail.EMail = "Fritz.Meier@T-Online.de"
MsgBox "EMail=> " & objEMail.EMail
```

In der `Dim`-Anweisung wird mithilfe des Befehlsworts `New` ein neues Objekt nach dem Vorbild der Klasse `clsTestKlasse` erzeugt. In der zweiten Zeile des Fragments wird der Eigenschaft `EMail` des Objekts eine Zeichenkette zugewiesen. Diese Art der Zuweisung lässt sich nur mit Property-Eigenschaften durchführen, Funktionen und Subs können so nicht eingesetzt werden. Die Zeichenkette wird im Objekt in der objekt-internen Variablen `mstrEMail` abgelegt. Der Inhalt dieser Variablen wird in der dritten Zeile in einem Dialogfeld ausgegeben.

Natürlich könnten Sie sich jetzt fragen, warum der Aufwand mit den `Property`-Routinen notwendig ist, denn man könnte ja die Variable `mstrEMail` als `Public` vereinbaren und so aus jedem Programm heraus direkt darauf zugreifen. Um den Vorteil der `Property`-Routinen herauszustellen, möchten wir die Klasse erweitern. Im ersten Schritt möchten wir die `Property Let`-Routine um eine Eingabeüberprüfung ergänzen, die eine einfache Überprüfung der EMail-Adresse durchführt.

```
Property Let Email(strEMail As String)
    If InStr(strEMail, "@") > 0 Then
        mstrEMail = strEMail
```

```
    Else
        MsgBox "Keine gültige E-Mail-Adresse!"
        mstrEMail — ""
    End If
End Property
```

Durch die Zuweisung an die Eigenschaft mit `objEMail.EMail = "Fritz.Meier@T-Online.de"` wird automatisch die Überprüfung der Zeichenkette durchgeführt. Es ist so auf keinen Fall möglich, eine Zeichenkette ohne »@« der `clsTest-Klasse.EMail`-Eigenschaft zuzuweisen.

In einer Klasse lassen sich auch Eigenschaften nur für Eingabe bzw. nur für die Ausgabe definieren. Die folgende Eigenschaft nur für die Ausgabe gibt den Namen aus der E-Mail-Adresse zurück, also die Zeichen bis zum »@«.

```
Property Get EMailName() As String
    EMailName = Left(mstrEMail, InStr(mstrEMail, "@") - 1)
End Property
```

Die Eigenschaft ließe sich beispielsweise wie folgt verwenden:

```
...
Dim strName As String
...
strName = EMail.EmailName
...
```

In der Beispieldatenbank zum Buch finden Sie in der Datenbank für dieses Kapitel die Klasse `clsEMail`, die eine erweiterte Version der oben beschriebenen Testklasse ist. `clsEMail` stellt Ihnen unter anderem Methoden zum Senden von EMails zur Verfügung.

17.2.2 Gleichheit von Objekten

Eine Variable

```
Dim objTest As New clsTestKlasse
```

enthält einen Zeiger (Pointer) auf das Objekt im Speicher. Haben Sie ein zweites Objekt mit

```
Dim obj02 As New clsTestKlasse
```

definiert, so verfügen Sie über zwei Zeiger auf zwei Speicherbereiche. Der Speicherbereich wird solange für ein Objekt reserviert, solange noch eine Variable auf den Bereich zeigt. Wird in Ihrem Programm der Befehl

```
Set obj02 = objTest
```

abgearbeitet, deuten beide Zeiger auf den gleichen Speicherbereich. Der Bereich, der für obj02 ursprünglich reserviert war, wird nun von Access zur erneuten Verwendung freigegeben.

Sie können mit dem Operator Is überprüfen, ob zwei Objektvariablen auf das gleiche Objekt im Speicher zeigen:

```
If objTest Is obj02 Then
    ' Variablen zeigen auf das gleiche Objekt
End If
```

Übrigens ist eine Überprüfung, ob die Inhalte zweier Objekte gleich sind, nicht möglich. Versuchen Sie, die Zeile

```
If objTest = obj02 Then
```

zu vereinbaren, meldet Access einen Fehler.

17.2.3 Die Konstante Nothing

Die vordefinierte Konstante Nothing beinhaltet einen Zeiger auf »Nichts«. Eine Objektvariable hat den Wert Nothing, wenn sie nicht auf ein Objekt im Speicher zeigt. Sie können ein Objekt zerstören, also seinen Speicherbereich freigeben, wenn Sie wie im folgenden Beispiel der Objektvariablen Nothing zuweisen.

```
Dim objTest As New clsTestKlasse

' Wenn eine Instanz des Objekts existiert
If Not objTest Is Nothing Then
    ' Objekt zerstören
    Set objTest = Nothing
End If
```

17.2.4 Überprüfung des Objekttyps mit TypeOf

Das Befehlswort TypeOf lässt sich verwenden, um den Typ eines Objekts zu ermitteln. Für eine Subroutine kann ein Objekt als Parameter vereinbart werden.

Verwenden Sie die allgemeine Form `As Object` für die Objektreferenz, können beliebige Objekte übergeben werden. Innerhalb der Routine können Sie dann, je nach übergebenem Objekt, entsprechende Programmteile ausführen.

```
Sub ObjektTest(obj As Object)
    If TypeOf obj Is clsTestKlasse Then
        ' Code für clsTestKlasse-Objekte
    ElseIf TypeOf obj Is clsAndereKlasse Then
        ' Code für clsAndereKlasse-Objekte
    Else
        ' Kein bekanntes Objekt?
    End If
End Sub
```

Mithilfe von `TypeOf` lassen sich in Access polymorphe Routinen nachbilden, d.h., mit einer Methode können verschiedene Objekte objektspezifisch verarbeitet werden.

17.3 Drei Beispielklassen: clsParseObject, clsParseObjects und clsError

Wir möchten Ihnen drei aufeinander aufbauende Klassen beschreiben, die im weiteren Verlauf des Buches zum Einsatz kommen. Dabei handelt es sich um Programmroutinen zur Zerlegung von Zeichenketten. Eine Zeichenkette in der Form

```
"Wert1=123,45;Wert2=432;Wert3=456,78"
```

soll so zerlegt werden, dass Bezeichnung und dazugehöriger Wert leicht im Programm verwendet werden können. Um beispielsweise den zur Bezeichnung `Wert2` gehörigen Wert der Variablen `x` zuzuweisen, soll die Anweisung

```
x = Value("Wert2")
```

ausreichend sein.

17.3.1 Erstellen einer neuen Klasse

Um eine neue Klasse zu erstellen, aktivieren Sie im Access-Datenbankfenster das Registerblatt *Module*. Mit *EINFÜGEN Klassenmodul* öffnen Sie ein spezielles Modulfenster zur Erstellung von Klassen.

Die Klasse clsParseObject

Die erste Beispielklasse clsParseObject besitzt die beiden Eigenschaften Text und Value. In Objekten dieser Klasse soll jeweils die Bezeichnung und ein zugehöriger Wert gespeichert werden. Die Definition von Eigenschaften wird mithilfe von Property-Befehlen durchgeführt. Für jede Eigenschaft wurde Property Let zum Zuweisen von Werten und Property Get zum Zugreifen auf gespeicherte Werte angelegt. Das Property-Pärchen Let und Get muss zusammenpassen, d.h., der Parameter bei Let muss vom gleichen Datentyp wie der Rückgabewert von Get sein. Definieren Sie sowohl Get als auch Let, so müssen die Parameter übereinstimmen.

Property-Funktionen sind prinzipiell Public definiert, also öffentlich für andere Programme zugänglich. Private Property-Routinen sind möglich, werden aber nur selten eingesetzt.

Es können nicht alle Namen für Eigenschaften und Methoden Ihrer Klassen verwendet werden. Möchten Sie beispielsweise Property Get Open() As String vereinbaren, so wird Access einen Fehler melden, da Open zu den reservierten Befehlsworten in Access gehört.

Die eigentlichen Variablen zur Aufnahme der Werte sind lokal im Klassenmodul definiert. Sie sind von außen nicht zugänglich, d.h., ihre Inhalte können nur über die Property-Funktionen verändert werden.

Jede Klasse kann eine Initialisierungs- und Beendigungsroutine besitzen, die mit den Namen Class_Initialize() und Class_Terminate() bezeichnet werden. Die Routinen werden beim Erzeugen einer neuen Instanz eines Objekts bzw. beim Vernichten eines Objekts aufgerufen. Im folgenden Beispiel dient die Initialisierungsroutine dazu, die privaten Variablen der Klasse vorzubelegen.

```
' Private Variablen der Klasse

Private mstrText As String
Private mdblValue As Double
' Object-Variable für Parent-Objekt
Private mobjParent As Object

Property Get Text() As String
    Text = mstrText
End Property

Property Let Text(ByVal str As String)
    mstrText = str
End Property
```

```
Property Get Value() As Double
    Value = mdblValue
End Property


Property Let Value(ByVal dbl As Double)
    mdblValue = dbl
End Property


Property Set Parent(objParent As Object)
    If mobjParent Is Nothing Then
        Set mobjParent = objParent
    End If
End Property


Property Get Parent() As Object
    Set Parent = mobjParent
End Property


Private Sub Class_Initialize()
    mstrText = ""
    mdblValue = 0
End Sub
```

Die Parent-Eigenschaft

In der Eigenschaft Parent des clsParseObject-Objekts soll ein Verweis auf das Objekt der darüber liegenden Klasse gespeichert werden. Diese Eigenschaft ist auch für alle Access-internen Objekte vereinbart und ermöglicht das Durchlaufen einer Klassenhierarchie.

Die Parent-Eigenschaft ist so implementiert, dass sie nur einmal gesetzt, also während der Lebensdauer des Objekts nicht verändert werden kann. Um dies zu erreichen, wird in der Property Set-Funktion daraufhin überprüft, ob die Variable mobjParent auf ein Objekt zeigt, also einen Wert verschieden von Nothing hat. Hat eine Objektvariable den Wert Nothing, so verweist sie nicht auf ein aktuelles, im Speicher existierendes Objekt. Die Set-Variante der Property-Funktion wird eingesetzt, wenn die zu übergebenden Variablen Objektverweise sind.

Einsatz der Klasse clsParseObject

Das folgende Programmfragment zeigt den Einsatz des neuen Objekts. Zuerst muss eine neue Instanz des Objekts nach dem Vorbild der Klasse vereinbart werden. Der Name einer Klasse ist die Bezeichnung, unter der das Klassenmodul gespeichert wird, also die Bezeichnung, die im Access-Datenbankfenster auf dem Registerblatt *Module* eingetragen ist.

Wichtig bei benutzerdefinierten Klassen ist, im Gegensatz zu vordefinierten Access-Klassen, dass Objekte mithilfe des Schlüsselworts New als neue Objekte erstellt werden. Für die Vereinbarung stehen Ihnen zwei Schreibweisen zur Verfügung. Bei der ersten Variante sind die Deklaration und die Erzeugung des neuen Objekts getrennt:

```
Dim obj As clsParseObject          ' Neues Objekt deklarieren
Set obj = New clsParseObject       ' Objekt erzeugen
```

Alternativ kann mit

```
Dim obj As New clsParseObject      ' Objekt deklarieren und erzeugen
```

die Erzeugung des neuen Objekts direkt in die Deklaration aufgenommen werden. Der Vorteil der ersten Methode ist, dass das Objekt erst dann erzeugt wird, wenn es wirklich benötigt wird, also vorher auch keinen Speicherplatz verbraucht. Mit

```
obj.Test = "Test"
obj.Value = 100
```

lassen sich Werte den Eigenschaften des neuen Objekts zuweisen, mit

```
MsgBox obj.Test & "=" & obj.Value
```

wird die Ausgabe Test=100 auf den Bildschirm geholt. Es können beliebig viele Instanzen eines Objekts erzeugt werden. Das folgende Listing gibt im Dialogfeld Objekt-Q=100 aus.

```
Dim objP As clsParseObject
Dim objQ As clsParseObject

Set objP = New clsParseObject
Set objQ = New clsParseObject
objQ.Text = "Objekt-Q"
objP.Text = "Objekt-P"
objP.Value = 100
```

```
objQ.Value = objP.Value
MsgBox objQ.Text & "=" & objQ.Value
```

Was würde Access ausgeben, wenn Sie die beiden New-Befehlsworte vergessen hätten, also nur

```
Set objP = clsParseObject
Set objQ = clsParseObject
```

vereinbart hätten? Access arbeitet das Programm ab, das Ergebnis allerdings lautet Objekt-P=100. Wie kommt es dazu? Ohne New wird keine neue Instanz eines Objekts erzeugt, sondern nur ein Verweis auf das Objekt erstellt. Damit zeigen die Variablen objP und objQ auf das gleiche Objekt, die Zuweisungen an die Eigenschaft überschreiben einander. Streng genommen existiert eigentlich überhaupt kein Objekt, denn weder objP noch objQ dürften Speicherplatz beanspruchen. Ein deklariertes Objekt, für das noch keine Instanz erzeugt wurde, hat den Wert Nothing.

17.3.2 Auflistungen

Die zweite Klasse clsParseObjects ist aufwändiger als die einfache Basisklasse clsParseObject. Wie Sie dem Namen der Klasse entnehmen können, beinhaltet clsParseObjects eine Auflistung von clsParseObject-Objekten. Diese Art der Schreibweise wird für die Access-eigenen Objekte einheitlich verwendet. Sie haben Auflistungen in den vorangegangenen Kapiteln kennengelernt, beispielsweise Forms – bestehend aus Form-Objekten, Controls – Control, Fields – Field usw.

Einem Objekt der Klasse clsParseObjects soll eine Zeichenkette übergeben werden, beispielsweise

```
"Wert1=123,45;Wert2=432;Wert3=456,78"
```

Als Ergebnis soll das Objekt dann eine Auflistung von drei clsParseObject-Objekten enthalten, die jeweils die entsprechende Bezeichnung und den Wert enthalten. Die Auflistung soll vorwärts und rückwärts durchlaufen, ein beliebiger Wert zu einer Bezeichnung schnell ermittelt und die Summe bzw. der Durchschnitt aller Werte in der Auflistung errechnet werden können.

17.3.3 Das Testprogramm für die Klasse clsParseObjects

Bevor wir die Definition der Klasse clsParseObjects im Detail beschreiben, möchten wir zuerst anhand eines kleinen Testprogramms die Funktionalität der Klasse erläutern.

Im Programm wird ein neues Objekt p vom Typ clsParseObjects erzeugt. Die Variable po vom Typ clsParseObject soll als Zeiger auf eines der Objekte der clsParseObjects-Auflistung dienen.

Der Eigenschaft ParseString des Objekts p wird eine Zeichenkette übergeben, die innerhalb des Objekts analysiert, zerlegt und in eine Auflistung umgewandelt wird. Mithilfe der Methode Add wird anschließend ein weiteres Objekt angefügt.

Dann wird die Variable po gesetzt, sodass sie auf das Element "Test1" der Auflistung zeigt. In dem darauf folgenden MsgBox-Dialogfeld werden die beiden Bestandteile des Objekts der Auflistung ausgegeben, auf das po zeigt. Die MsgBox der nächsten Programmzeile zeigt mithilfe der Methode Value() den Wert des Objekts "NochEinWert".

Anschließend wird die Auflistung einmal vorwärts und einmal rückwärts durchlaufen. Dazu wurden in der Klasse Methoden definiert, die den Methoden von Recordset-Objekten ähnlich sind.

```
Sub TestParseKlassenmodul()

    Dim pos As New clsParseObjects
    Dim po As clsParseObject

    'Übergeben der Testzeichenkette
    pos.ParseString = "Test1=100,67;Wert=12345,3;NochEinWert=940"
    ' Ein weiteres Objekt hinzufügen
    pos.Add "NeuerWert", 10.89    ' !direkt in VBA Dezimalpunkt

    ' Objekt zuweisen
    Set po = pos.Item("Test1")
    ' Ausgabe von Objektwerten
    MsgBox po.Text & "=" & po.Value
    MsgBox pos.Value("NochEinWert")

    ' Gesamte Auflistung vorwärts durchlaufen
    Do While Not pos.EOL()
        MsgBox "Vorwärts: " & pos.Item.Text & "=>" & pos.Item.Value
        pos.MoveNext
    Loop
```

```
' Gesamte Auflistung rückwärts durchlaufen
pos.MoveLast
Do While Not p.BOL()
    MsgBox "Rückwärts: " & pos.Item.Text & "=>" & pos.Item.Value
    pos.MovePrev
Loop
End Sub
```

Die Methoden und Eigenschaften eigener Klassen werden ebenfalls im VBA-Editor vervollständigt, so wie es das nächste Bild zeigt. Sollte dies nicht passieren, überprüfen Sie, ob in den Optionen des Editors (*EXTRAS Optionen*) auf dem Registerblatt *Editor* die Option *Elemente automatisch auflisten* selektiert ist.

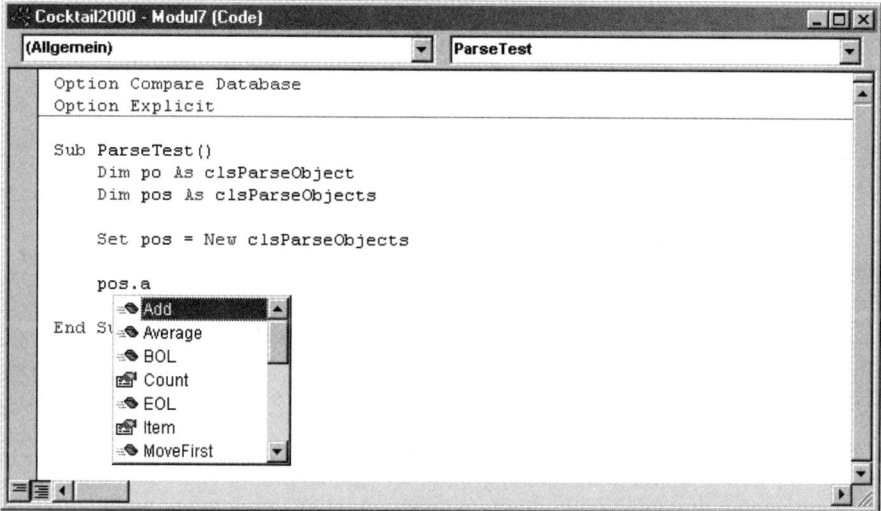

Bild 17.5: Auto-Direkthilfe für eigene Objekte

Die Definitionsdetails aller Klassen lassen sich im Objektkatalog nachschlagen. Im folgenden Bild sehen Sie einen Ausschnitt aus der Klassendefinition von clsParseObjects.

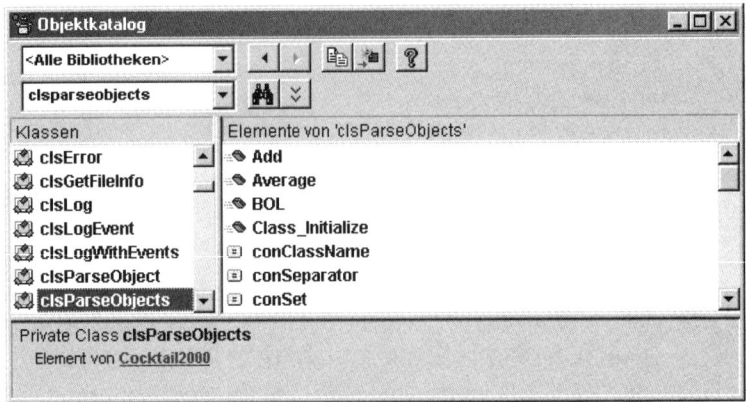

Bild 17.6: Objektkatalog

17.3.4 Übersicht über die Methoden und Eigenschaften der Klasse clsParseObjects

In der folgenden Tabelle sind alle Eigenschaften und Methoden der Klasse clsParseObjects aufgeführt, die im Listing in Abschnitt 17.3.9, »Das Listing der Klasse clsParseObjects«, definiert werden.

Tabelle 17.1: Eigenschaften und Methoden der Klasse clsParseObjects

Eigenschaft/ Methode	Beschreibung
Add *strText*, *dblValue*	fügt ein neues Objekt der Auflistung clsParseObjects hinzu. strText muss in der Auflistung eindeutig sein.
Remove *index* oder Remove *key*	entfernt ein Objekt aus der Auflistung.
Item *[index]* oder Item *[key]*	gibt das aktuelle Objekt zurück. Durch die optionalen Parameter *index* oder *key* kann auf ein bestimmtes Objekt der Auflistung zugegriffen werden.
Value *[index]* oder Value *[key]*	liefert den Wert des aktuellen Objekts bzw. den Wert des durch die optionalen Parameter *index* oder *key* bestimmten Objekts der Auflistung.
Count	gibt die Anzahl der Objekte in der Auflistung zurück.
ParseString	erhält die zu zerlegende Zeichenkette zugewiesen bzw. gibt die Zeichenkette zurück.
Sum	errechnet die Summe über alle Werte der Objekte der Auflistung.

Tabelle 17.1: Eigenschaften und Methoden der Klasse clsParseObjects (Fortsetzung)

Eigenschaft/ Methode	Beschreibung
Average	ergibt den Mittelwert aller Werte der Objekte der Auflistung.
BOL	ist wahr, wenn der interne Objektzeiger am Anfang der Auflistung steht.
EOL	ist wahr, wenn der interne Objektzeiger am Ende der Auflistung steht.
MoveFirst	macht das erste Objekt der Auflistung zum aktuellen Objekt.
MoveNext	wählt das nächste Objekt der Auflistung als aktuelles Objekt aus.
MovePrev	wählt das vorherige Objekt als aktuelles Objekt der Auflistung.
MoveLast	bestimmt das letzte Objekt der Auflistung als aktuelles Objekt.
SeparatorChar	legt das Zeichen fest, das zur Trennung der einzelnen Werte im zu zerlegenden String dient. Standard ist das Semikolon.
SetChar	erlaubt das Ändern des Zuweisungszeichens im zu zerlegenden String. Standardeinstellung ist das Gleichheitszeichen.
Parent	enthält optional einen Verweis auf die Parent-Klasse.

17.3.5 Das Collection-Objekt

Die Auflistung der Objekte wird mithilfe des Access-Objekts Collection definiert. Ein Collection-Objekt kann eine beliebige Anzahl (beschränkt durch den zur Verfügung stehenden Speicher) von benutzerdefinierten Objekten enthalten. Es besitzt die in der folgenden Tabelle aufgeführten Eigenschaften und Methoden.

Tabelle 17.2: Eigenschaften und Methoden des Collection-Objekts

Eigenschaft/ Methode	Beschreibung
Add *item* [, *key*] [, *before*] [, *after*]	fügt ein Objekt item der Auflistung hinzu. Optional kann ein in der Auflistung eindeutiger Schlüsselwert key vereinbart werden. Durch die optionalen Parameter before und after kann die Position innerhalb der Auflistung festgelegt werden.
Item *index* oder Item *key*	ermöglicht den Zugriff auf ein Objekt der Auflistung über einen Index- oder Schlüsselwert.
Remove *index* oder Remove *key*	entfernt ein Objekt aus der Auflistung.
Count	gibt die Anzahl der Objekte in der Auflistung zurück.

Alle Objekte einer Auflistung werden durchnummeriert, wobei mit Eins begonnen wird. Für jedes Objekt kann zusätzlich noch ein eindeutiger Schlüsselwert vereinbart werden, über den auf das jeweilige Objekt zugegriffen werden kann.

Für die Klasse clsParseObjects haben wir die Auflistung mcolParts definiert. Beachten Sie hierbei, dass eine neue Collection-Variable mithilfe des Befehlsworts New erzeugt werden muss.

```
Private mcolParts As New Collection
```

Die Auflistung ist lokal zur Klasse, d.h., andere Module oder Klassen können auf die Auflistung nicht direkt zugreifen. Des Weiteren wurde in der Klasse die Variable

```
Private mlngActualItem As Long
```

vereinbart, die die Nummer des aktuellen Objekts in der Auflistung enthält.

17.3.6 Hinzufügen von neuen Objekten an die Auflistung

Um neue clsParseObject-Objekte an die Auflistung mcolParts anfügen zu können, wird die folgende Routine eingesetzt, die hier gekürzt gezeigt ist.

```
Public Sub Add(ByVal strText As String, ByVal dblValue As Double)
    Dim objParse As New clsParseObject

    objParse.Text = strText
    objParse.Value = dblValue
```

```
    Set objParse.Parent = Me
    ' Objekt zur Collection hinzufügen
    mcolParts.Add Item:=objParse, Key:=strText
End Sub
```

Die öffentliche (public) Methode `Add` der Klasse `clsParseObjects` fügt der Auflistung `mcolParts` ein neues `clsParseObject`-Objekt zu, wobei `strText` als eindeutiger Schlüssel übergeben wird.

17.3.7 Zerlegung der Ausgangszeichenkette

Die Zerlegung der Ausgangszeichenkette (Parsing) wird durch die Zuweisung an die Eigenschaft `ParseString` eines `clsParseObjects`-Objekts ausgelöst. In der Property-Definition von `ParseString` wird die private Funktion `ParseStringToObjects()` aufgerufen, die die eigentliche Zerlegung der Zeichenkette und die Zuweisung an die Collection `mcolParts` ausführt.

```
' Zerlegen eines Strings und Anhängen der Teile in die Auflistung
Property Let ParseString(ByVal strLine As String)
    ' Zerlegen des Strings
    If Not ParseStringToObjects(strLine) Then
        ' Im Fehlerfalle Auslösen eines benutzerdefinierten Fehlers
        Err.Raise vbObjectError + 60000, "ParseObjects", _
                        "Zeichenkette kann nicht zerlegt werden"
    End If
End Property
```

Treten bei der Zerlegung der Zeichenkette Fehler auf, löst `ParseString` den benutzerdefinierten Fehler `vbObjectError + 60000` aus.

Das folgende Listing zeigt einen Teil aus der Zerlegeroutine `ParseStringToObjects`. In den Variablen `strText` und `dblValue` werden die aus der Ausgangszeichenkette herausgeschnittenen Werte abgelegt und mit `Me.Add strText, dblValue` der Auflistung der Klasse hinzugefügt.

```
...
' Textteil bestimmen
strText = ExtractText(strTmp)
' Wenn Textteil vorhanden
If strText <> "" Then
    ' Wert bestimmen
    dblValue = ExtractValue(strTmp)
```

```
    ' An Collection anfügen
    Me.Add strText, dblValue
 Else
    ' Fehlerwert zurückgeben
    ParseStringToObjects = 1
End If
...
```

So entsteht aus der Ausgangszeichenkette die Auflistung der clsParseObject-Objekte, wie es das nächste Bild illustriert.

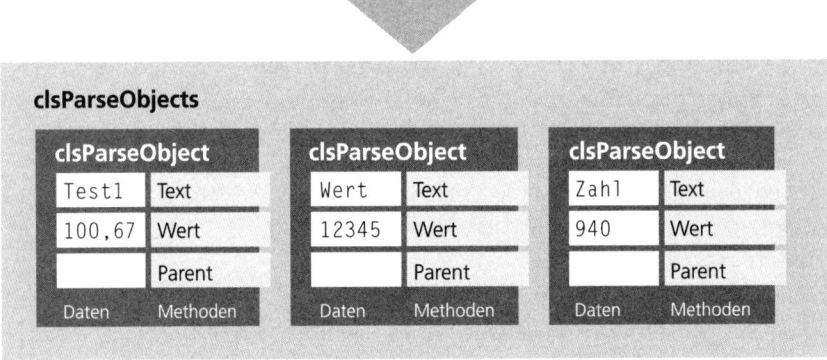

Test1=100,67;Wert=12345;Zahl=940

Bild 17.7: Zerlegung der Ausgangszeichenkette

17.3.8 Zugriff auf die Auflistung

Für den Zugriff auf die zerlegten und in die Auflistung clsParseObjects übernommenen Bezeichnungen und dazugehörigen Werte stehen eine Reihe von Methoden zur Verfügung.

Variante 1: Zugriff über den Index- oder Schlüsselwert

Jedes Objekt der Auflistung besitzt eine eindeutige Nummer, den Indexwert. Über

```
obj.Item(1)
```

erhalten Sie einen Verweis auf das erste Objekt. Ist im ersten Objekt die Bezeichnung "Test" abgelegt, so können Sie mit

```
obj.Item("Test")
```

das Objekt ansprechen. Die Methode

```
obj.Value(1)
```

bzw.

```
obj.Value("Test1")
```

gibt Ihnen einen direkten Zugriff auf den im Objekt gespeicherten Wert.

Variante 2: Zugriff über das aktuelle Objekt

Das aktuelle Objekt der Auflistung wird bestimmt über den Wert der Variablen mlngActualItem, die privat zur Klasse clsParseObjects definiert ist. Verwenden Sie die Methode Item in der Form

```
obj.Item
```

so erhalten Sie das Objekt obj.Item(mlngActualItem). Ebenso können Sie

```
obj.Value
```

einsetzen, um den Wert des aktuellen Objekts abzufragen. Die Methoden

```
obj.MoveFirst
obj.MoveNext
obj.MovePrev
obj.MoveLast
```

verändern den Wert der Variablen mlngActualItem entsprechend. Mit

```
obj.EOL
```

oder

```
obj.BOL
```

fragen Sie das Ende bzw. den Beginn der Auflistung ab.

17.3.9 Das Listing der Klasse clsParseObjects

Im Klassenmodul clsParseObjects setzen wir zur Fehlerbehandlung die Klasse clsError ein, die im nächsten Abschnitt 17.4, »Fehlerbehandlung in Klassenmodulen«, beschrieben wird. Die Fehlerklasse ist der Fehlerbehandlung in Access nachgebildet.

```vba
Option Compare Database
Option Explicit

' Trennzeichen für die String-Zerlegung
Const conSeparator = ";"
Const conSet = "="

Const conClassName = "clsParseObjects"

' Auflistung für ParseObject-Objekte
Private mcolParts As New Collection
' Nummer des aktuellen Objekts
Private mlngActualItem As Long
' Separator- und Zuweisungszeichen
Private mstrSeparator As String
Private mstrSet As String
' Object-Variable für Parent-Objekt
Private mobjParent As Object
' Object-Variable für Fehlerbehandlung
Private objErr As New clsError
Private mfShowErrors As Boolean

' Hinzufügen von Objekten zur Auflistung
Public Sub Add(ByVal strText As String, ByVal dblValue As Double)

    Dim objParse As New clsParseObject

    On Error GoTo err_Add

    objParse.Text = strText
    objParse.Value = dblValue
    Set objParse.Parent = Me
    ' Objekt zur Collection hinzufügen
    mcolParts.Add objParse, strText

    ' Beim ersten Aufruf ist mlngActualItem = -1, wird
    ' bei der Initialisierung der Klasse gesetzt
    If mlngActualItem = -1 Then
        mlngActualItem = 1
    End If
```

```
exit_Add:
    Exit Sub


err_Add:
    ' VBA.Information.Err ist das Access-Fehlerobjekt Err,
    ' nur Err ist nicht ausreichend, da diese Klasse selbst
    ' eine Eigenschaft Err besitzt
    objErr.Add VBA.Information.Err
    If mfShowErrors Then
        MsgBox "Objekt kann nicht hinzugefügt werden.", _
                Buttons:=vbExclamation, Title:=conClassName
    End If
    Resume exit_Add
End Sub


' Entfernen von Objekten aus der Auflistung
Public Sub Remove(ByVal varID As Variant)

    On Error GoTo err_Remove

    ' Element aus der Collection entfernen
    mcolParts.Remove varID
    If mlngActualItem >= Me.Count Then
        mlngActualItem = Me.Count
    End If
exit_Remove:
    Exit Sub


err_Remove:
    objErr.Add VBA.Information.Err
    If mfShowErrors Then
        MsgBox "Objekt kann nicht entfernt werden.", _
                Buttons:=vbExclamation, Title:=conClassName
    End If
    Resume exit_Remove
End Sub
' Zugriff auf ein Objekt der Auflistung
Property Get Item(Optional ByVal varID As Variant) As clsParseObject

    On Error GoTo err_Item
```

```
    If IsMissing(varID) Then
        ' Wenn kein Parameter angegeben,
        ' aktuelles Element zurückgeben
        Set Item = mcolParts(mlngActualItem)
    Else
        Set Item = mcolParts(varID)
    End If
exit_Item:
    Exit Property

err_Item:
    objErr.Add VBA.Information.Err
    If mfShowErrors Then
        MsgBox "Element nicht vorhanden.", _
                Buttons:=vbExclamation, Title:=conClassName
    End If
    Resume exit_Item
End Property

' Anzahl der Elemente in der Collection
Property Get Count() As Long
    Count = mcolParts.Count
End Property

' BOL (begin of list) feststellen
Public Function BOL() As Boolean
    ' BOL ist wahr, wenn mlngActualItem kleiner als 1
    BOL = (mlngActualItem < 1)
End Function

' EOL (end of list) feststellen
Public Function EOL() As Boolean
    ' EOL ist wahr, wenn mlngActualItem größer als Me.Count
    EOL = (mlngActualItem > Me.Count)
End Function

' Zeiger auf erstes Objekt setzen
Public Sub MoveFirst()
    ' Erstes Element
    mlngActualItem = 1
End Sub
```

```vb
' Zeiger auf letztes Objekt setzen
Public Sub MoveLast()
    ' Letztes Element
    mlngActualItem = Me.Count
End Sub


' Zeiger auf nächstes Objekt setzen
Public Sub MoveNext()
    If Me.Count > 0 Then
        ' Wenn nicht EOL
        If Not Me.EOL Then
            If mlngActualItem < Me.Count Then
                mlngActualItem = mlngActualItem + 1
            Else
                ' Wert Me.Count + 1 entspricht EOL (end of list)
                mlngActualItem = Me.Count + 1
            End If
        Else
            objErr.Raise vbObjectError + 60005, conClassName, _
                                      "MoveNext nicht möglich."
            If mfShowErrors Then
                MsgBox "MoveNext nicht möglich.", _
                        Buttons:=vbExclamation, Title:=conClassName
            End If
        End If
    End If
End Sub


' Zeiger auf vorheriges Objekt setzen
Public Sub MovePrev()
    If Me.Count > 0 Then
        ' Wenn nicht BOL
        If Not Me.BOL Then
            If mlngActualItem > 1 Then
                mlngActualItem = mlngActualItem - 1
            Else
                ' Wert 0 entspricht BOL (begin of list)
                mlngActualItem = 0
            End If
        Else
```

```
            objErr.Raise vbObjectError + 60002, conClassName, _
                                    "MovePrev nicht möglich."

        If mfShowErrors Then
            MsgBox "MovePrev nicht möglich.", _
                    Buttons:=vbExclamation, Title:=conClassName
        End If
      End If
    End If
End Sub


' Summe über alle Werte der Objekte der Auflistung berechnen
Public Function Sum() As Double
    Dim lngCnt As Long
    Dim dblTmp As Double

    dblTmp = 0
    For lngCnt = 1 To Me.Count
        dblTmp = dblTmp + Me.Item(lngCnt).Value
    Next
    Sum = dblTmp
End Function


' Mittelwert über alle Werte der Objekte der Auflistung berechnen
Public Function Average() As Double
    If Me.Count > 0 Then
        Average = Me.Sum / Me.Count
    Else
        Average = 0
    End If
End Function


Property Let SeparatorChar(ByVal strSeparator As String)
    mstrSeparator = strSeparator
End Property


Property Get SeparatorChar() As String
    SeparatorChar = mstrSeparator
End Property
```

```
Property Let SetChar(ByVal strSet As String)
    mstrSet = strSet
End Property


Property Get SetChar() As String
    SetChar = mstrSet
End Property


' Klasse initialisieren
Private Sub Class_Initialize()
    mlngActualItem = -1
    mstrSeparator = conSeparator
    mstrSet = conSet
    ' Fehler werden sofort angezeigt
    mfShowErrors = True
End Sub


' Wert eines Objekts ermitteln
Property Get Value(Optional ByVal varID As Variant) As Double
    If IsMissing(varID) Then
        Value = Me.Item.Value
    Else
        Value = Me.Item(varID).Value
    End If
End Property


' Einem Objekt einen Wert zuweisen
Property Let Value(Optional ByVal varID As Variant, dblValue As Double)
    If IsMissing(varID) Then
        Me.Item.Value = dblValue
    Else
        Me.Item(varID).Value = dblValue
    End If
End Property


' Zerlegen eines Strings und Anhängen der Teile in die Auflistung
Property Let ParseString(ByVal strLine As String)
    ' Zerlegen des Strings
    If Not ParseStringToObjects(strLine) Then
```

```
        ' Im Fehlerfalle definieren eines benutzerdefinierten
        ' Fehlers
        objErr.Raise vbObjectError + 60003, conClassName, _
                    "Zeichenkette kann nicht zerlegt werden."
        If mfShowErrors Then
            MsgBox "Zeichenkette kann nicht zerlegt werden.", _
                    Buttons:=vbExclamation, Title:=conClassName
        End If
    End If
End Property


' Zusammensetzen eines Strings aus den Objekten der Auflistung
Property Get ParseString() As String
    Dim strTmp As String
    Dim lngCnt As Long

    strTmp = ""
    For lngCnt = 1 To Me.Count
        strTmp = strTmp + Me.Item(lngCnt).Text + mstrSet
        strTmp = strTmp + CStr(Me.Item(lngCnt).Value) + _
                                                mstrSeparator
    Next
    ' Letztes Semikolon wieder entfernen
    ParseString = Left(strTmp, Len(strTmp) - 1)
End Property


' Funktion zur eigentlichen Zerlegung des Strings
Private Function ParseStringToObjects(ByVal str As String) As Integer
    Dim lngPos As Long
    Dim strText As String
    Dim dblValue As Double
    Dim strTmp As String

    On Error GoTo err_ParseString

    ' Wenn kein Fehler auftritt, wird True zurückgegeben
    ParseStringToObjects = True

    ' Zusätzliches Trennungszeichen anhängen
    str = str + conSeparator
```

```
    ' Erste Position des Trennungszeichen ermitteln
    lngPos = InStr(str, mstrSeparator)
    Do While lngPos > 0
        ' Linken Teil bis zum Trennzeichen
        strTmp = Left(str, lngPos - 1)
        ' Rechter Teil nach dem Trennzeichen
        str = Right(str, Len(str) - lngPos)
        ' Neue Position des Trennzeichens im rechten Rest
        lngPos = InStr(str, mstrSeparator)

        ' Textteil bestimmen
        strText = ExtractText(strTmp)
        ' Wenn Textteil vorhanden
        If strText <> "" Then
            ' Wert bestimmen
            dblValue = ExtractValue(strTmp)
            ' An Collection anfügen
            Me.Add strText, dblValue
        Else
            ' Fehlerwert zurückgeben
            ParseStringToObjects = 1
        End If
    Loop
exit_ParseString:
    Exit Function

err_ParseString:
    ' Fehlerwert zurückgeben
    objErr.Add VBA.Information.Err
    ParseStringToObjects = 2
    Resume exit_ParseString
End Function

' Wert ermitteln
Private Function ExtractValue(ByVal strText As String) As Double
    Dim lngPos As Long

    ' Position des Zerlegungszeichens ermitteln
    lngPos = InStr(strText, mstrSet)
    If lngPos > 0 Then
```

```
        ' Den rechten Teil der Zeichenkette hinter dem
        ' Trennungszeichen zu einem Long-Wert konvertieren
        ExtractValue = CDbl(Right(strText, Len(strText) - lngPos))
        Exit Function
    End If
    ' Wenn kein Wert ermittelt werden kann, Fehler auslösen
    objErr.Raise vbObjectError + 60004, conClassName, _
                            "Wert kann nicht ermittelt werden."
    If mfShowErrors Then
        MsgBox "Wert kann nicht ermittelt werden.", _
                Buttons:=vbExclamation, Title:=conClassName
    End If
End Function


' Text ermitteln
Private Function ExtractText(ByVal strText As String) As String
    Dim lngPos As Long

    ' Position des Zerlegungszeichens ermitteln
    lngPos = InStr(strText, mstrSet)
    If lngPos > 0 Then
        ' Linken Teil der Zeichenkette bis
        ' zum Zerlegungszeichen zurückgeben
        ExtractText = Left(strText, lngPos - 1)
        Exit Function
    End If
    ' Im Fehlerfalle leere Zeichenkette zurückgeben
    ExtractText = ""
End Function


' Setzen des Parent-Objekts (write-once)
Property Set Parent(objParent As Object)
    If mobjParent Is Nothing Then
        Set mobjParent = objParent
    End If
End Property


' Gibt Parent-Objekt zurück
Property Get Parent() As Object
    Set Parent = mobjParent
End Property
```

```
' Verweis auf clsError-Objekt
Property Get ParseErr() As clsError
    Set ParseErr = objErr
End Property


' Fehler innerhalb der Klasse zeigen
Property Let ShowErrors(ByVal fShowErrors As Boolean)
    mfShowErrors = fShowErrors
End Property
```

17.3.10 Nachteile von Collection-Klassen

Collection-Klassen weisen gegenüber den sonst von Access zur Verfügung gestellten Auflistungen einen Nachteil auf: Der Zugriff auf ein Objekt der Collection muss immer über die Methode Item geschehen, also beispielsweise

```
objCollection.Item(1).Name
```

Für Access-Auflistungen können Sie dagegen abgekürzt

```
objAccessAuflistung(1).Name
```

schreiben. Das geht deshalb, da für »echte« Auflistungen in Access die Methode
Item als Standardmethode (default method) vereinbart ist.

Ein weiterer Nachteil von Collection-Klassen ist, dass sie nicht mit For Each...
Next durchlaufen werden können, sondern es müssen immer For...Next-Schlei-
fen mit einer numerischen Variablen verwendet werden. Dafür wird die Anzahl
der Elemente der Collection mit der Eigenschaft Count bestimmt.

Access lässt sich allerdings austricksen, sodass Sie zum einen eine Standardmethode festlegen und zum andern eine »enumeration«-Funktion definieren, die For
Each...Next-Schleifen erlaubt. Führen Sie zum Tricksen die folgende Schritte
durch:

> Fügen Sie Ihrer clsParseObjects-Collection-Klasse die folgende »enumera-
  tion«-Funktion hinzu.

```
Public Function NewEnum() As IUnknown
    Set NewEnum = mcolParts.[_NewEnum]
End Function
```

> Die Variable `mcolParts` verweist auf das `Collection`-Objekt innerhalb der Klasse `clsParseObjects`, so wie es am Anfang des Listings der Klasse oben (siehe S. 574) definiert wurde.

> Wählen Sie im Menü *DATEI Entfernen von clsParseObjects*. Sie werden nun gefragt, ob Sie die Klassen exportieren möchten. Antworten Sie mit *Ja* und speichern Sie die Datei unter dem Namen *clsParseObjects.cls*.

> Öffnen Sie nun die gespeicherte Klasse *clsParseObjects.cls* mit dem Windows-Editor. Ändern Sie im Editor die Funktion `NewEnum()` wie folgt ab:

```
Public Function NewEnum() As IUnknown
    Attribute NewEnum.VB_UserMemID = -4
    Set NewEnum = mcolParts.[_NewEnum]
    End Function
```

Diese Änderung wird benötigt, damit Sie die Collection mit `For Each...Next` durchlaufen können.

> Um die `Item`-Methode als Standardmethode festzulegen, ergänzen Sie die entsprechende `Item`-Funktion.

```
Property Get Item(Optional ByVal varID As Variant) As clsParseObject
    Attribute Item.VB_UserMemID = 0
    On Error GoTo err_Item

    If IsMissing(varID) Then
        ' Wenn kein Parameter angegeben, aktuelles Element zurückgeben
        Set Item = mcolParts(mlngActualItem)
    Else
        Set Item = mcolParts(varID)
    End If
exit_Item:
    Exit Property

err_Item:
    objerr.Add VBA.Err
    If mfShowErrors Then
        MsgBox "Element nicht vorhanden.", _
                Buttons:=vbExclamation, Title:=conClassName
    End If
    Resume exit_Item
End Property
```

➤ Speichern Sie die Änderungen, die Sie im Editor vorgenommen haben.

➤ Aktivieren Sie nun den VBA-Editor und laden Sie die geänderte Klasse mit dem Befehl *DATEI Datei importieren*.

Mit dem folgenden kleinen Programm können Sie testen, ob die Änderungen funktionieren:

```
Sub DefaultMethodAndEnumeration()
    Dim pos As New clsParseObjects
    Dim po As clsParseObject
    Dim i As Integer

    p.Add "test1", 1
    p.Add "test2", 2
    p.Add "test3", 3

    ' Enumeration
    For Each po In pos
        Debug.Print po.Text & " = " & po.Value
    Next

    ' default method
    For i = 1 To pos.Count
        Debug.Print pos(i).Text & " = " & p(i).Value
    Next
End Sub
```

17.4 Fehlerbehandlung in Klassenmodulen

Die Behandlung von Fehlern in Klassenmodulen erfordert besondere Aufmerksamkeit.

17.4.1 Einstellungen für die Fehlerbehandlung

Standardmäßig ist die Einstellung im VBA-Editor derart, dass bei allen unbehandelten Fehlern in Klassenmodulen das Programm angehalten wird. Die Einstellung lässt sich im Dialogfeld zu *EXTRAS Optionen* auf dem Registerblatt *Allgemein* nachschlagen.

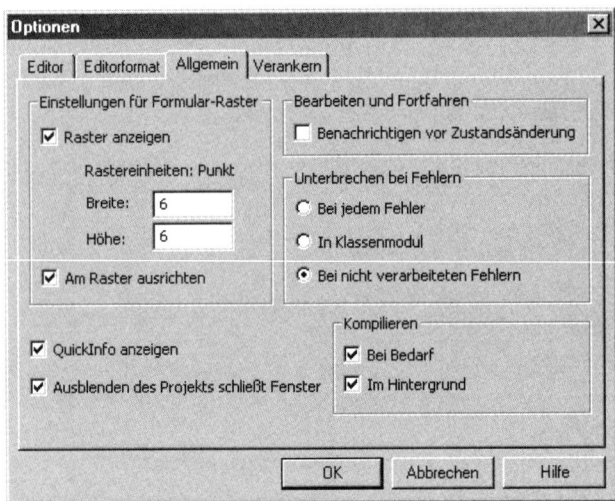

Bild 17.8: Einstellung für die Fehlerbehandlung

In der Gruppe *Unterbrechen bei Fehlern* selektieren Sie, wie Access auf Fehler reagieren soll. Die standardmäßig aktivierte Option *In Klassenmodul* bedeutet, dass Sie in Ihrem Klassenmodul sicherstellen müssen, dass alle Fehler abgefangen und behandelt werden, denn bei jedem nicht behandelten Fehler bricht das Programm mit der Access-Standardfehlermeldung ab.

Die Einstellung *In Klassenmodul* verhindert ebenfalls, dass benutzerdefinierte Fehler aus einem Objekt an das aufrufende Programm weitergegeben werden können. Sie können mit Err.Raise eigene Laufzeitfehler generieren, diese müssen aber innerhalb des Klassenmoduls abgefangen werden.

Selektieren Sie die Option *Bei nicht verarbeiteten Fehlern*, so können in einem Klassenmodul auftretende Laufzeitfehler bzw. benutzerdefinierte Fehler an das aufrufende Programm weitergereicht werden.

17.4.2 Fehlerbehandlung mit der Klasse clsError

Die im Folgenden beschriebene Klasse clsError ermöglicht eine einfache Weiterverarbeitung von aufgetretenen Fehlern. Die Klasse kann leicht erweitert werden, um eine komfortable Fehlerbehandlung zu erhalten.

Das Listing der Klasse clsError

```
' Allgemeine Meldung
Const conNoError = "Kein Fehler aufgetreten!"
```

```
' Fehlerdaten (entspricht Err-Objekt)
Private mlngNumber As Long
Private mstrSource As String
Private mstrDescription As String
' unused
Private mstrHelpFile As String
Private mlngHelpContext As Long
Private mstrLastDLLError As String


' Gibt die Nummer des aufgetretenen Fehlers zurück
Property Get Number() As Long
    Number = mlngNumber
End Property


' Gibt die Beschreibung des Fehlers zurück
Property Get Description() As String
    Description = mstrDescription
End Property


' Gibt das Modul an, in dem der Fehler aufgetreten ist
Property Get Source() As String
    Source = mstrSource
End Property


' Füllt das clsError-Objekt mit den Daten eines Err-Objekts
Public Sub Add(objErr As ErrObject)
    With objErr
        mlngNumber = .Number
        mstrDescription = .Description
        mstrSource = .Source
    End With
End Sub


' Generiert einen benutzerdefinierten Fehler
Public Sub Raise(ByVal lngNumber As Long, _
                 Optional ByVal strSource As Variant, _
                 Optional ByVal strDescription As Variant)
    mlngNumber = lngNumber
    If Not IsMissing(strDescription) Then
        mstrDescription = strDescription
    Else
```

```
        mstrDescription = "Fehler " & CStr(lngNumber)
    End If
    If Not IsMissing(strSource) Then
        mstrSource = strSource
    Else
        mstrSource = "-"
    End If
End Sub

' Fehlerobjekt wird auf "Kein Fehler" gesetzt
Public Sub Clear()
    mlngNumber = 0
    mstrDescription = conNoError
    mstrSource = "-"
End Sub

' Fehler aufgetreten?
Public Function IsError() As Boolean
    IsError = (Me.Number <> 0)
End Function

Private Sub Class_Initialize()
    ' Alle Werte initialisieren
    Me.Clear
End Sub
```

Die Klasse im Einsatz

Der folgende Ausschnitt aus einem Programm soll den Einsatz der Fehlerklasse illustrieren. Es wird für die Klasse clsParseObjects ein Fehler ausgelöst.

```
Dim objP As New clsParseObjects

...
' Auslösen eines benutzerdefinierten Fehlers
objP.ParseErr.Raise vbObjectError + 60000, "Klasse", _
                                "Benutzerdefinierter Fehler"
' Fehler aufgetreten?
If objP.ParseErr.IsError() Then
    MsgBox "Fehler " & objP.ParseErr.Number & ": " & _
                    objP.ParseErr.Description

End If
...
```

Mithilfe der Raise-Methode lassen sich also spezifische Fehler für Ihre Klassen vereinbaren, die in Programmen, die Ihre Klassen verwenden, gezielt abgefangen werden können.

17.5 Beispiel: Schreiben einer Log-Datei

Bei größeren Programmen ist es zum Testen des Programms oft hilfreich, bestimmte Informationen in eine Datei zu schreiben. Man kann diese Log-Datei dann auswerten, beispielsweise um Fehler im Ablauf eines Programms zu finden.

17.5.1 »Windows Scripting Runtime«

Wir haben alle Funktionen, die Sie für die Erstellung und das Mitschreiben einer Log-Datei benötigen, in einer Klasse zusammengefasst. Für alle Dateioperationen, also das Öffnen einer Datei, das Schreiben in die Datei usw. verwenden wir eine Komponente, die neu zu Office 2000 hinzugekommen ist, nämlich »Windows Scripting Runtime«. »Windows Scripting Runtime« ist als eine Applikations-übergreifende Bibliothek für einen komfortablen Zugriff auf Ordner und Dateien konzipiert. Zwar hätten wir für unsere Klasse auch auf die standardmäßigen Routinen von Access zurückgreifen können, aber das Scripting-Runtime bietet nach unserer Meinung einen einfacheren Zugang und mehr Funktionen.

Der Nachteil des Einsatzes von »Windows Scripting Runtime« ist, dass Sie in Ihrem Programm einen Verweis auf die Komponente aufnehmen müssen.

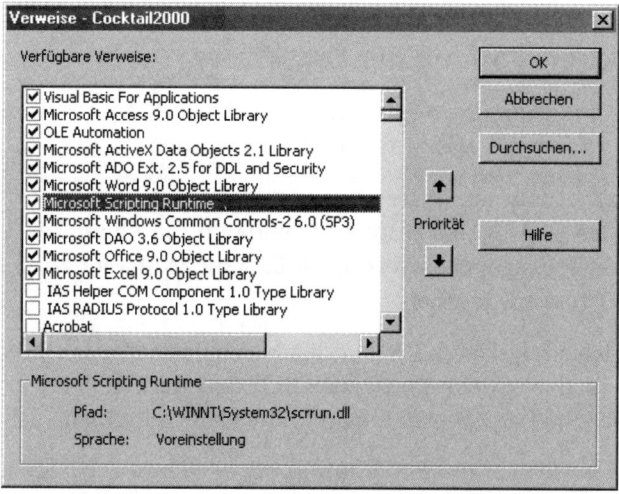

Bild 17.9: Verweis auf »Windows Scripting Runtime«

Die folgende Tabelle stellt Ihnen die Objekte der »Windows Scripting Runtime«-Bibliothek vor.

Tabelle 17.3: »Windows Scripting Runtime«-Objekte

Objekt	Beschreibung
Dictionary	entspricht dem VBA-Collection-Objekt.
Drive	beschreibt ein Laufwerk.
Drives	beschreibt eine Auflistung von Drive-Objekten, Eigenschaft von FileSystemObject.
File	beschreibt eine Datei.
Files	beschreibt eine Auflistung von File-Objekten, Eigenschaft von FileSystemObject.
FileSystemObject	beschreibt das oberste Objekt für den Zugriff auf Laufwerke (Drives), Ordner (Folders) und Dateien (Files); das Objekt bietet eine Vielzahl von Eigenschaften und Methoden, mit deren Hilfe beispielsweise die Existenz von Dateien und Ordnern überprüft werden kann u.v.m.
Folder	beschreibt einen Ordner.
Folders	beschreibt eine Auflistung von Folder-Objekten, Eigenschaft von FileSystemObject.
TextStream	bezieht sich auf einen »Strom« von Zeichen, der gelesen, geschrieben und angehängt werden kann.

17.5.2 Funktionsumfang der Log-Klasse

Die Klasse `clsLog` ist mit den Methoden `LogWrite` und `LogClear` sowie den Eigenschaften `Folder`, `Filename` und `Header` realisiert worden.

`Folder` gibt den Ordner an, in den die Log-Datei mit dem Namen `Filename` geschrieben werden soll. Unter `Header` vereinbaren Sie einen Text, der mit jeder Log-Informationen ausgegeben werden soll, standardmäßig wird der Windows-Name des Benutzers ausgegeben.

`LogClear` löscht die Log-Datei. Verwenden Sie diese Methode nicht, werden, falls die Log-Datei schon existiert, die neuen Log-Informationen angehängt. Mit `LogWrite` können Sie Log-Informationen in die Datei schreiben.

Beachten Sie, dass die Parameterdefinition der Methode `LogWrite` mit `ParamArray` vorgenommen wurde. `ParamArray` ermöglicht es, der Methode eine beliebige

Anzahl von Parametern zu übergeben (siehe Beschreibung in Kapitel 6, »Einführung in Visual Basic«)

```
Option Explicit

Const mconFilename = "Cocktail.log"

' Name und Ordner der Logging-Datei
Dim mstrFile As String
Dim mstrFolder As String

' Textkopf für Logging-Datei
Dim mstrHeader As String
' Benutzername
Dim mstrUsername As String

' Erstes Öffnen der Log-Datei?
Dim mboolFirstOpen As Boolean

'Objekte der Scripting-Library
Dim mFSO As FileSystemObject
Dim mTS As TextStream

Private Declare Function GetUserName _
            Lib "advapi32.dll" _
            Alias "GetUserNameA" _
            (ByVal lpBuffer As String, nSize As Long) As Long

Private Sub Class_Initialize()

    mboolFirstOpen = True

    Set mFSO = New FileSystemObject
    ' Aktuellen Ordner ermitteln
    mstrFolder = mFSO.GetFolder(".").Path
    ' Gegebenenfalls \ anhängen
    If Right(mstrFolder, 1) <> "\" Then
        mstrFolder = mstrFolder & "\"
    End If

    ' Dateiname vorbelegen
    mstrFile = mconFilename
```

```
    ' Windows-Benutzer ermitteln
    mstrUsername = Space(255)
    Call GetUserName(mstrUsername, 255)
    mstrUsername = RTrim(mstrUsername)
    ' Chr(0) abschneiden
    mstrUsername = Left(mstrUsername, Len(mstrUsername) - 1)


    ' Header festlegen
    mstrHeader = "[" & mstrUsername & "]"
End Sub

Property Let Filename(Filename As String)
    mstrFile = Filename
End Property

Property Get Filename() As String
    Filename = mstrFile
End Property

Property Let Folder(Folder As String)
    mstrFolder = Folder
End Property

Property Get Folder() As String
    Folder = mstrFolder
End Property

Property Let Header(Header As String)
    mstrHeader = Header
End Property

Property Get Header() As String
    Header = mstrHeader
End Property

Public Sub LogWrite(ParamArray s() As Variant)
    Dim strTmp As String
    Dim i As Integer
```

```
        ' Textdatei öffnen, ggf. neu erstellen
        Set mTS = mFSO.OpenTextFile( _
                            Filename:=mstrFolder & mstrFile, _
                            IOMode:= ForAppending, _
                            Create:=True)

        ' beim ersten Aufruf der Routine
        If mboolFirstOpen Then
            mTS.WriteLine "Logging-Information"
            mTS.WriteLine Format(Now, "dd.mm.yyyy hh:nn:ss") & _
                                    " [" & mstrUsername & "] "
            mboolFirstOpen = False
        End If

        strTmp = ""
        For i = 0 To UBound(s)
            strTmp = strTmp & s(i) & " "
        Next

        strTmp = Format(Now, "dd.mm.yyyy hh:nn:ss") & " " & _
                            mstrHeader & ": " & strTmp
        mTS.WriteLine = strTmp
        mTS.Close
End Sub


Public Sub LogClear()
    On Error Resume Next
    mFSO.DeleteFile mstrFolder & mstrFile
End Sub
```

Das folgende Testprogramm für die Klasse clsLog

```
Sub LogTest()
    Dim LOG As New clsLog

    LOG.Folder = "C:\"
    LOG.LogClear
    LOG.LogWrite "Dies", "ist", "ein", "Test"
    LOG.LogWrite "Log-Test"
    LOG.LogWrite "Ende", 1, 2, 3
End Sub
```

erzeugt die im folgenden Bild gezeigte Log-Datei.

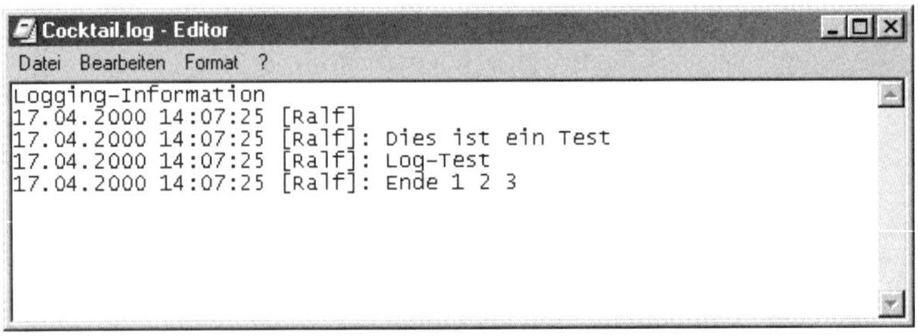

Bild 17.10: Zum Test erzeugte Log-Datei

17.6 Benutzerdefinierte Ereignisse

Neu in Access 2000 ist die Möglichkeit, benutzerdefinierte Ereignisse zu programmieren und auszulösen. Sie kennen Ereignisse in Access bisher wahrscheinlich in erster Linie von Formularen, Berichten und den dort eingesetzten Steuerelementen. Für jedes Ereignis, das in einem Formular, Bericht oder Steuerelement auftreten kann, können Sie eine Prozedur zur Behandlung des Ereignisses definieren. Sie können Ihre Klassen um die Möglichkeit erweitern, das diese Klassen Ereignisse auslösen können. Für die in Ihren Klassen ausgelösten Ereignisse lassen sich in Formularen, Berichten oder anderen Klassen Ereignisbehandlungsroutinen schreiben.

Sie können jede Klasse (also Klassenmodule von Formularen und Berichten) um benutzerdefinierte Ereignisse erweitern, die Ereignisbehandlung allerdings kann nur in einem Klassenmodul stattfinden, also in Formularen, Berichten oder reinen Klassenmodulen.

Als Beispiel haben wir die in Abschnitt 17.5 beschriebene Log-Klasse clsLog um ein benutzerdefiniertes Ereignis erweitert.

17.6.1 Log-Klasse mit Ereignis

Als Beispiel haben wir die Klassen clsLog kopiert und unter dem Namen clsLog-WithEvents abgelegt. Der Klasse clsLogWithEvents wird nun ein Ereignis mit dem Namen LOG hinzugefügt. Dazu fügen Sie die folgende Zeile am Anfang des Klassenmoduls ein.

```
Public Event LOG(Text As String)
```

Das Ereignis LOG soll für jede Zeile ausgelöst werden, die in die Log-Datei geschrieben wird. Dabei soll ein Parameter vom Typ String übergeben werden. In die Prozedur LogWrite() schreiben Sie als letzten Befehl vor dem End Sub:

```
' Ereignis generieren
RaiseEvent LOG(strTmp)
```

Dadurch wird jedesmal, wenn die Methode LogWrite verwendet wird, mit dem Befehl RaiseEvent das Ereignis ausgelöst. Im nächsten Abschnitt stellen wir Ihnen ein Formular vor, das dieses Ereignis »einfängt« und bearbeitet.

17.6.2 Formular mit Ereignisbehandlung

Das Formular ist einfach gestaltet, es werden einige Felder der Tabelle *tblCocktail* gezeigt.

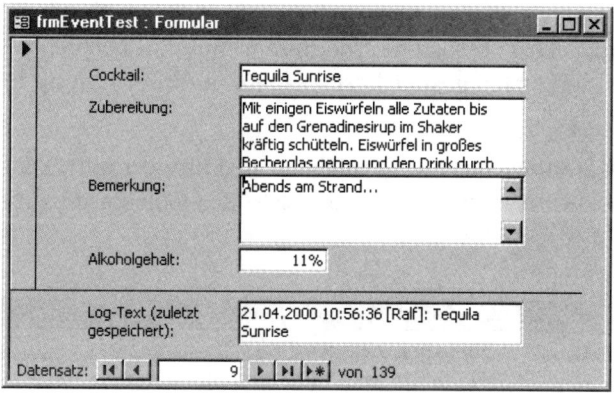

Bild 17.11: Das Testformular für Ereignisse

Wir möchten die Bezeichnung jedes Cocktails, der im Formular geändert wurde, in einer Log-Datei protokollieren. Im Formularfuß soll der Text, der in die Log-Datei geschrieben wird, als Meldung ausgegeben werden.

Im folgenden Listing wird zu Beginn die Deklaration der Klasse durchgeführt. Die Variable objLog basiert auf der Klassendefinition clsLogWithEvents, die das Ereignis LOG auslöst, wenn mit LogWrite in die Log-Datei geschrieben wird, wie es am Anfang dieses Abschnitts beschrieben wurde. Beachten Sie dabei das Befehlswort WithEvents, es ist notwendig, damit die Klasse Ereignisse auslösen kann. Wenn Sie ein Objekt mit WithEvents deklarieren, können Sie es nicht gleichzeitig mit New erzeugen. Deshalb wird dies in Form_Load durchgeführt, wie es im Listing zu sehen ist.

```
Option Compare Database
Option Explicit

Private WithEvents objLog As clsLogWithEvents

Private Sub Form_AfterUpdate()
    objLog.LogWrite txtCocktail
End Sub

Private Sub Form_Load()
    Set objLog = New clsLogWithEvents
End Sub

Private Sub objLog_LOG(Text As String)
    txtMeldung = Text
End Sub
```

In der Prozedur Form_AfterUpdate, die immer dann aufgerufen wird, wenn Veränderungen an den Daten gespeichert werden, wird der Eintrag in die Log-Datei mit LogWrite geschrieben.

Durch die Deklaration von objLog mit dem Befehlswort WithEvents wird Access angewiesen, die Klassenvariable in die Liste der Objekte aufzunehmen, wie es das nächste Bild zeigt.

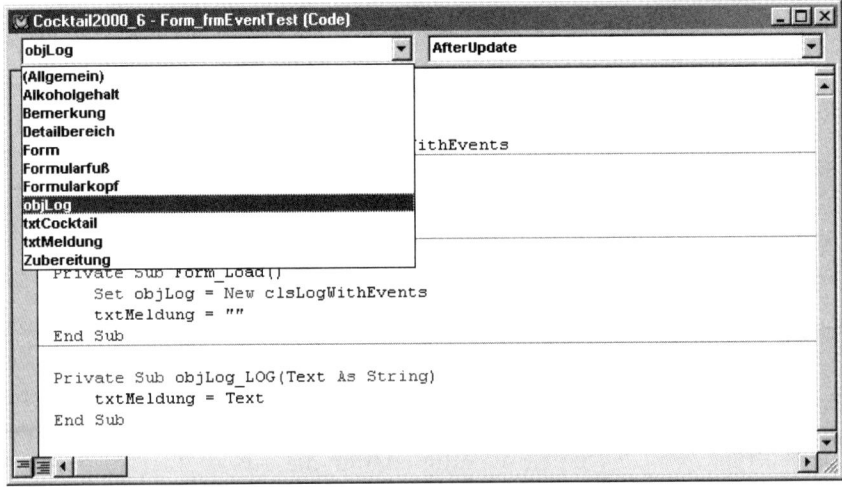

Bild 17.12: Klassenvariable in Objektliste

Selektieren Sie `objLog` in der Liste, wird im rechten Kombinationsfeld das Ereignis LOG angezeigt. Wählen Sie es aus, wird die entsprechende Prozedur generiert. Wie Sie oben im Listing sehen können, wird in der Prozedur der Parameter Text des Ereignisses dem Steuerelement `txtMeldung` übergeben.

Welchen Vorteil bietet es, wenn Sie mit Ereignissen programmieren? Im obigen kleinen Beispiel ist das noch nicht so richtig ersichtlich, aber in größeren Programmen ist es oft viel einfacher, die Klasse meldet mit einem Ereignis, dass etwas passiert ist, anstatt dass Sie in Ihrem Programm an verschiedenen Stellen prüfen müssen, ob eine bestimmte Aktion oder Veränderung stattgefunden hat.

Im nächsten Abschnitt stellen wir Ihnen eine Lösung mit dem schon in vielen Beispielen verwendeten Formular *frmCocktail2000* (siehe Bild 1.1) vor, die die Einfachheit einer »Ereignis«-Lösung demonstriert.

17.6.3 Formular mit Unterformular

Auf dem Formular *frmCocktail2000* wird für den jeweiligen Cocktail der Alkoholgehalt errechnet. Bisher hatten wir Ihnen Lösungen vorgestellt, bei denen der Alkoholgehalt für alle Cocktails per Aktionsabfrage (siehe Kapitel 4.1) oder per Doppelklick auf das Feld *Alkoholgehalt* (siehe Kapitel 10 bzw. 11) aktualisiert wird.

Eigentlich sollte der Alkoholgehalt immer dann und nur dann neu berechnet werden, wenn sich die Menge oder Einheit einer Zutat ändert, eine Zutat hinzukommt oder gelöscht wird. Die Eingabe, Änderung oder Löschung einer Zutat wird im Unterformular *subfrmZutatenÄndern* vorgenommen. Wir ändern dieses Formular nun so ab, dass das Klassenmodul des Formulars Ereignisse auslösen kann.

Öffnen Sie das Formular *subfrmZutatenÄndern* in der Entwurfsansicht. Wechseln Sie in den VBA-Editor und fügen Sie am Anfang des Klassenmoduls des Formulars die folgende Zeile ein:

```
Event Change()
```

Das Ereignis Change, für das keine Parameter benötigt werden, soll signalisieren, das eine Änderung der Daten im Formular stattgefunden hat.

Wechseln Sie in die Entwurfsansicht des Formulars und generieren Sie eine Ereignisprozedur für das Ereignis *Nach Aktualisierung* des Formulars. In die so erstellte Prozedur Form_AfterUpdate schreiben Sie die Zeile RaiseEvent Change.

```
Private Sub Form_AfterUpdate()
    RaiseEvent Change
End Sub
```

Durch die Prozedur wird nach jeder Änderung der dem Formular zugrunde liegenden Datenbasis das Ereignis `Change` ausgelöst.

Speichern Sie die Änderung am Formular *subfrmZutatenÄndern* und schließen Sie es. Laden Sie nun *frmCocktail2000* in der Entwurfsansicht und wechseln dann in den VBA-Editor. Fügen Sie die Zeile

```
Dim WithEvents objZutatenÄnderung As Form_subfrmZutatenÄndern
```

am Anfang des Klassenmoduls des Formulars ein. Damit wird deklariert, dass die Klasse `Form_subfrmZutatenÄndern` des Formulars *subfrmZutatenÄndern* Ereignisse über die Variable `objZutatenÄnderung` auslösen kann.

Im nächsten Schritt muss in der Prozedur Form_Load die Variable initialisiert werden. Hierbei wird kein neues Objekt erzeugt, sondern der Variablen wird der Verweis auf das bestehende Unterformular *subfrmZutatenÄndern* des Formulars *frmCocktail2000* zugewiesen.

```
Set objZutatenÄnderung = Me.subfrmZutatenÄndern.Form
```

Als letzten Schritt müssen Sie die Ereignisbehandlungsroutine einfügen (ähnlich Bild 17.12), die im nächsten Listing gezeigt ist.

```
Private Sub objZutatenÄnderung_Change()
    txtAlkoholgehalt = fAlkoholgehaltSQL(Me.CocktailNr)
End Sub
```

Wenn Sie die neuen Eigenschaften Ihres Formulars testen, werden Sie feststellen, dass beim Ändern von bestehenden Zutaten oder beim Hinzufügen neuer Zutaten der Alkoholgehalt aktualisiert wird. Löschen Sie hingegen eine Zutat, bleibt der Alkoholgehalt unverändert. Das liegt daran, dass beim Löschen nicht das Ereignis *Nach Aktualisierung* (*AfterUpdate*) für das Unterformular ausgelöst wird. Es liegt nahe, den Befehl `RaiseEvent Change` nun auch für das Ereignis *Beim Löschen* (*Delete*) zu verwenden. Leider hat dies nicht den gewünschten Effekt, denn obwohl das Ereignis korrekt ausgelöst wird, ist der Alkoholgehalt falsch, d.h., es ist immer noch der Gehalt wie vor dem Löschen. Das liegt daran, dass das Ereignis in der Prozedur `Form_Delete` zu einem Zeitpunkt aktiviert wird, bei dem der Löschvorgang noch nicht abgeschlossen ist, also die Neuberechnung des Alkoholgehalts noch den zu löschenden Datensatz mit einschließt. Das Formular kennt leider kein Ereignis, das dann auftritt, wenn die Löschung tatsächlich stattgefunden hat. Ein möglicher Work-around wäre, beim Löschen eine Variable zu setzen, diese beim nächsten *Beim Anzeigen* (*Current*)-Ereignis auszuwerten und dann dort das Ereignis Change auszulösen.

17.6.4 Ereignisbehandlung im Klassenmodul

In den Beispielen oben wird die ereignisauslösende Klasse immer aus einem Formular heraus benutzt. Da Formulare Klassenmodule besitzen, ist dies möglich. Möchten Sie Ereignisse dagegen in einem normalen VBA-Modul einsetzen, müssen Sie zu einer etwas aufwändigeren Lösung greifen, denn Ereignisbehandlungsroutinen können nur in Klassenmodulen programmiert werden. Wir verwenden im folgenden Beispiel wieder die Klasse clsLogWithEvents, die wir in Abschnitt 17.6.1 vorgestellt haben. Wie Sie sich (hoffentlich) erinnern, löst diese Klasse das Ereignis LOG aus, wenn mit LogWrite ein Eintrag in eine Log-Datei geschrieben wird.

Erstellen Sie ein neues Klassenmodul mit dem Namen clsLogEvent mit dem folgenden Inhalt:

```
Option Compare Database
Option Explicit


Private WithEvents mLOG As clsLogWithEvents

Private Sub Class_Initialize()
    Set mLOG = New clsLogWithEvents
End Sub

Private Sub Class_Terminate()
    Set mLOG = Nothing
End Sub

Private Sub mLOG_LOG(Text As String)
    ' Meldung ausgeben, wenn Ereignis eintritt
    MsgBox Text
End Sub

Property Get clsLOG() As clsLogWithEvents
    ' Verweis auf eigentliche Klasse
    Set clsLOG = mLOG
End Property
```

Das Listing beginnt mit der Deklaration einer Variable `mLog` als Objekt der Ereignisauslösenden Klasse. Bei der Initialisierung der Klasse (`Class_Initialize`) wird ein entsprechendes neues Objekt erzeugt. Die Klasse definiert die Eigenschaft `clsLOG`, die den Verweis auf das oben deklarierte Objekt `mLog` zurückliefert. Die Routine `mLog_LOG` ist die Ereignisbehandlungsroutine für das `LOG`-Ereignis von `mLog`.

Mit dem folgenden kleinen Programm können Sie die verschachtelten Klassen testen:

```
Sub LogTestMitEreignis()
    Dim LOGEvent As clsLogEvent
    Dim LOG As clsLogWithEvents

    ' Neues Objekt erzeugen
    Set LOGEvent = New clsLogEvent
    ' Verweis auf die darunter liegende Klasse
    Set LOG = LOGEvent.clsLOG

    ' Log-Datei in C:\ anlegen
    LOG.Folder = "C:\"
    ' ggf. vorhandene Log-Datei löschen
    LOG.LogClear
    ' Log-Eintrag schreiben, Ereignis wird dabei ausgelöst
    ' und in der Klasse LOGEvent behandelt
    LOG.LogWrite "Dies", "ist", "ein", "Test"
End Sub
```

17.6.5 Ereignisse – Zusammenfassung

Hier eine Zusammenfassung der wichtigsten Eigenschaften von Ereignisklassen:

 ➢ Ereignisse können mithilfe des Befehls `Event` für jedes Klassenmodul (also auch für Formulare und Berichte) definiert werden.

 ➢ Es können mehrere Ereignisse für jedes Klassenmodul vereinbart werden.

 ➢ Jedes Ereignis kann Parameter erhalten. Für die Parameter gelten die gleichen Richtlinien wie für Parameter von `Subs` und `Functions`, wobei die Parameterzusätze `ParamArray` und `Optional` nicht erlaubt sind.

 ➢ Ereignisbehandlungsroutinen können nur in Klassenmodulen erstellt werden, d.h. auch in Formularen und Berichten.

17.7 Formular- und Berichtsobjekte

Alle Formulare und Berichte lassen sich als Objektklassen verwenden. Wir möchten Ihnen in diesem Abschnitt den Einsatz eines Formulars als Klasse beschreiben. Im Prinzip stehen Ihnen alle objektorientierten Erweiterungen auch in Formularen und Berichten zur Verfügung. Alle Möglichkeiten, die wir Ihnen im Folgenden anhand von Formularen erläutern, gelten auch für Berichte.

Ein Vorteil des Einsatzes eines Formulars als Klasse ist, dass Sie ein Formular mehrfach öffnen können. Holen Sie ein Formular mit

```
DoCmd.OpenForm "frmZutat"
```

auf den Bildschirm, so lässt sich dieses Formular eigentlich nur einmal laden. Wir möchten Ihnen zeigen, wie Sie ein Formular beliebig oft gleichzeitig öffnen können. Ausgangspunkt soll das im nächsten Bild gezeigte Formular sein, das alle in der Tabelle *tblZutat* aufgeführten Zutaten alphabetisch sortiert in einem Endlosformular darstellt.

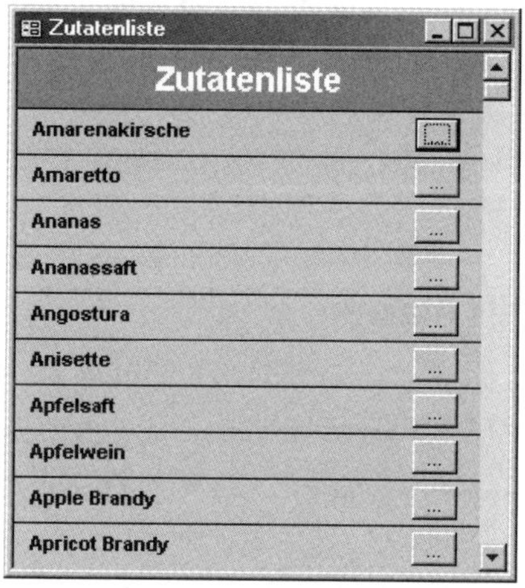

Bild 17.13: Zutatenliste

Rechts neben jede Zutatenbezeichnung wurde eine Befehlsschaltfläche gesetzt. Ein Klick auf eine der Befehlsschaltflächen soll das Formular frmZutatObjekt laden und die Einzelheiten zur entsprechenden Zutat anzeigen. Dabei soll eine beliebige Anzahl von Formularen zur Anzeige der Zutatendetails gleichzeitig geöffnet sein können.

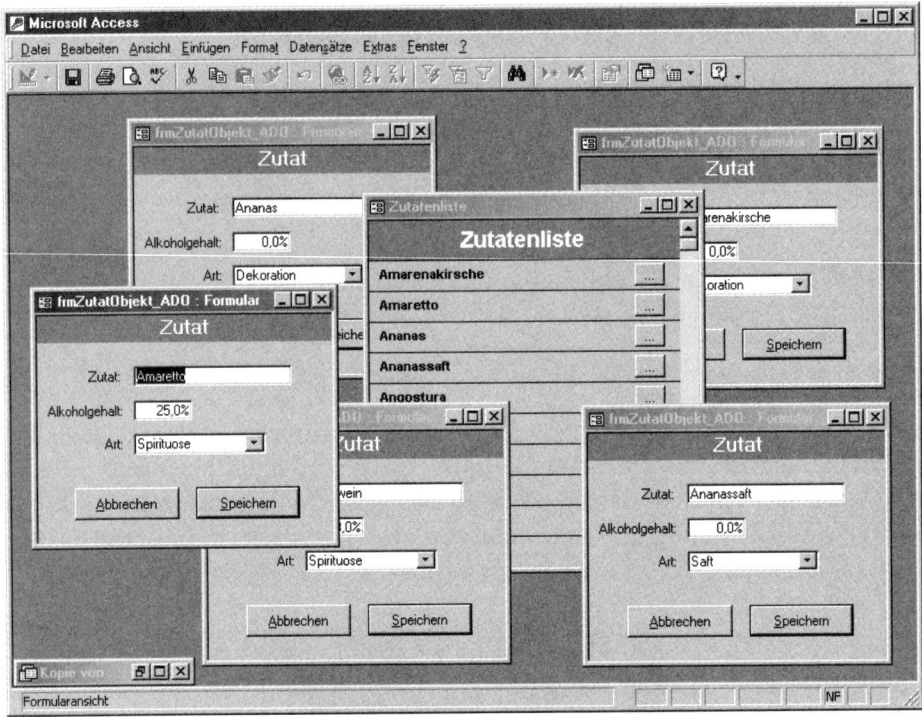

Bild 17.14: Mehrere gleichzeitig geöffnete Formulare

17.7.1 Formulare als Klassen

Um ein Formular als Objektklasse einzusetzen, muss eine Variable vom Typ des Formularobjekts definiert werden, beispielsweise

```
Dim objForm As Form_frmZutatObjekt
```

Einem Formularobjekt wird beim Namen Form_ vorangestellt, bei einem Berichtsobjekt Report_. Mit

```
Set objForm = New Form_frmZutatObjekt
```

erzeugen Sie eine neue Instanz des Objekts. Für jede Instanz benötigen Sie eine eigene Objektvariable. Standardmäßig ist ein neues Formularobjekt nicht am Bildschirm zu sehen. Erst wenn Sie mit

```
objForm.Visible = True
```

das Formular sichtbar machen, wird es am Bildschirm eingeblendet. Um ein Formularobjekt zu entfernen, setzen Sie die Objektvariable auf Nothing.

```
Set objForm = Nothing
```

Vermeiden Sie, eine Instanz eines Formularobjekts mit DoCmd.Close zu schließen. Access kann darauf mit einem Absturz reagieren. Um ein Formular zu schließen, schalten Sie es unsichtbar oder weisen Sie der entsprechenden Objektvariablen Nothing zu.

17.7.2 Lebensdauer von Formularobjekten

Die Lebensdauer einer Formularinstanz hängt von der Lebensdauer der Objektvariablen des Formulars ab. Objektvariablen werden normalerweise global für das Modul definiert. In folgendem Beispiel erstellen Sie in der Routine ÖffneFormular() die Instanz des Formulars und zeigen es am Bildschirm an. SchließeFormular() entfernt die Instanz des Formulars aus dem Speicher.

```
Private objForm As Form_frmZutatObjekt

Sub ÖffneFormular()
    Set objForm = New Form_frmZutatObjekt
    objForm.Visible = True
End Sub

Sub SchließeFormular()
    Set objForm = Nothing
End Sub
```

In folgender Routine wird die Instanz des Formulars erzeugt und das Formular auf dem Bildschirm eingeblendet. Allerdings verschwindet es sofort wieder, denn mit dem Verlassen der Routine endet auch die Lebensdauer der Objektvariablen objForm. Da Access sofort den Speicherbereich eines Objekts freigibt, sowie keine Variable mehr einen Zeiger auf das Objekt enthält, wird die Formularinstanz beim Verlassen der Routine entfernt.

```
Sub ÖffneFormular()

    Dim objForm As Form_frmZutatObjekt

    Set objForm = New Form_frmZutatObjekt
    objForm.Visible = True
End Sub
```

17.7.3 Verwaltung von Formularinstanzen

Um eine beliebige Menge von Formularinstanzen zu verwalten, wird im Formular frmZutatenListe eine Collection verwendet. Damit wird eine Auflistung aller Formularobjekte erzeugt. Die Collection ist global zum Formular definiert, also entspricht die Lebensdauer der Auflistung genau der Lebensdauer des Formulars.

Für die Befehlsschaltfläche cmdDialog, die in der Endlosformulardarstellung jeweils rechts neben der Zutat zu sehen ist, wurde die in folgendem Listing gezeigte Subroutine vereinbart. In der Routine wird ein neues Formularobjekt erzeugt und an die Auflistung angehängt.

```
Option Compare Database
Option Explicit

Private mcolForms As New Collection

Private Sub cmdDialog_Click()
    Dim objForm As Form_frmZutatObjekt

    With mcolForms
        ' Neues Formularobjekt erzeugen
        Set objForm = New Form_frmZutatObjekt
        ' Zu Auflistung hinzufügen
        .Add objForm
        ' Dem letzten Objekt die aktuelle Zutat zuweisen
        .Item(.Count).Zutat = txtZutat
        ' Formular sichtbar machen
        .Item(.Count).Visible = True
    End With
End Sub
```

17.7.4 Die Formularklasse

Für das Formular frmZutatObjekt, von dem mehrere Instanzen erzeugt werden sollen, wurde das folgende Programm erfasst.

```
Option Compare Database
Option Explicit

Private mvarBookmark As Variant
Private mrstZutat As ADODB.Recordset
```

```
' Zutat zuweisen, die im Formular angezeigt werden soll
Property Let Zutat(ByVal strZutat As String)

    On Error GoTo err_Zutat

    ' Datensatz suchen
    With mrstZutat
        .Find "Zutat='" & strZutat & "'"
        If Not .EOF Then
            txtZutat = !Zutat
            txtAlkoholgehalt = !Alkoholgehalt
            cboArt = !Art
            mvarBookmark = .Bookmark
        Else
            MsgBox "Zutat nicht gefunden!"
        End If
    End With

exit_Zutat:
    Exit Property

err_Zutat:
    ' Fehlerbehandlung
    ' ...
    MsgBox Err.Description
    Resume exit_Zutat
End Property

Private Sub cmdAbbrechen_Click()
    If MsgBox("Eingabe abbrechen?", _
            Buttons:=vbYesNo, Title:="Zutateneingabe") = vbYes Then
        ' Formular unsichtbar machen
        Me.Visible = False
    Else
        ' Zurück zum zuletzt bearbeiteten Steuerelement
        Screen.PreviousControl.SetFocus
    End If
End Sub

' Veränderung an der Zutat speichern
Private Sub cmdSpeichern_Click()

    On Error GoTo err_cmdSpeichern
```

```vba
    With mrstZutat
        If Len(mvarBookmark) > 0 Then
            ' Aufsuchen des Datensatzes
            .Bookmark = mvarBookmark
            ' Bearbeiten
            !Zutat = txtZutat
            !Alkoholgehalt = txtAlkoholgehalt
            !Art = cboArt
            ' Speichern
            .Update
        End If
    End With

exit_cmdSpeichern:
    ' Formular unsichtbar machen
    Me.Visible = False
    Exit Sub

err_cmdSpeichern:
    ' Fehlerbehandlung
    ' ...
    MsgBox Err.Description
    Resume exit_cmdSpeichern

End Sub


Private Sub Form_Load()
    ' Initialisieren des Recordsets
    Set mrstZutat = New ADODB.Recordset

    If mrstZutat.State = adStateOpen Then
        mrstZutat.Close
    End If

    mrstZutat.Open "select * from tblZutat order by Zutat", _
            CurrentProject.Connection, _
            adOpenKeyset, _
            adLockOptimistic
End Sub
```

Professionelle
Anwendungsentwicklung

Multiuser Zugriffe
Automatisierung
ActiveX–Steuerelemente
Menüs und Symbolleisten
Add–Ins und Bibliotheken
Anwendungsentwicklung
Datensicherheit

18 Multiuser-Zugriffe

Access-Datenbanken können so im Netzwerk eingesetzt werden, dass mehrere Benutzer Zugriff auf die gleichen Daten erhalten. Bei diesen so genannten Multiuser-Zugriffen müssen die Daten derart verwaltet werden, dass sich die einzelnen Benutzer nicht in die Quere kommen, d.h. ein Benutzer einem anderen Daten überschreibt. Insgesamt muss Access die Konsistenz der Daten gewährleisten.

Wir möchten an dieser Stelle nicht auf die verschiedenen Möglichkeiten der Einrichtung von Access im Netzwerk eingehen, sondern beschränken uns auf die Sperrmechanismen von Access, die den Zugriff mehrerer Anwender auf die gleichen Daten erlauben. Lesen Sie zur Einrichtung von Access im Netzwerk, insbesondere zur Trennung von Daten und Programm (Front End – Back End) Kapitel 23, »Anwendungsentwicklung«.

18.1 Datenzugriffe im Netzwerk

Greifen mehrere Benutzer gleichzeitig auf dieselbe Datenbank zu, muss der gegenseitige Zugriff geregelt sein. Nehmen mehrere Benutzer Änderungen an dem gleichen Datensatz vor, müssen die Benutzer über diesen mehrfachen Zugriff informiert werden, denn sonst werden die Daten gespeichert, die zuletzt in die Datenbank geschrieben wurden.

18.1.1 Öffnen einer Datenbank

Sie können schon beim Öffnen einer Datenbank vermeiden, dass sich mehrere Benutzer in die Quere kommen. Zum einen kann eine Datenbank »exklusiv« geöffnet werden, also derart, dass nur ein Benutzer sie öffnen kann. Zum zweiten kann eine Datenbank »read only«, also nur zum Lesen geöffnet werden. In beiden Fällen ist ein Sperren der Datenbank aufgrund mehrfachen Zugriffs nicht notwendig, denn im ersten Fall kann nur ein Benutzer zugreifen, im zweiten Fall können keine Änderungen gespeichert werden.

Um eine Datenbank exklusiv oder schreibgeschützt zu öffnen, können Sie

> im *Datei Öffnen*-Dialog entsprechende Optionen selektieren oder

> als Parameter /Excl bzw. /Ro über die Kommandozeile festlegen.

18.1.2 Allgemeine Einstellungen

Wir möchten Ihnen die standardmäßigen Sperrmechanismen, engl. Locking, anhand der Einstellungsmöglichkeiten in Access erläutern. Das Registerdialogfeld *Optionen*, das Sie über *EXTRAS Optionen* aufrufen, bietet eine Reihe von Festlegungen für den Mehrbenutzerbetrieb.

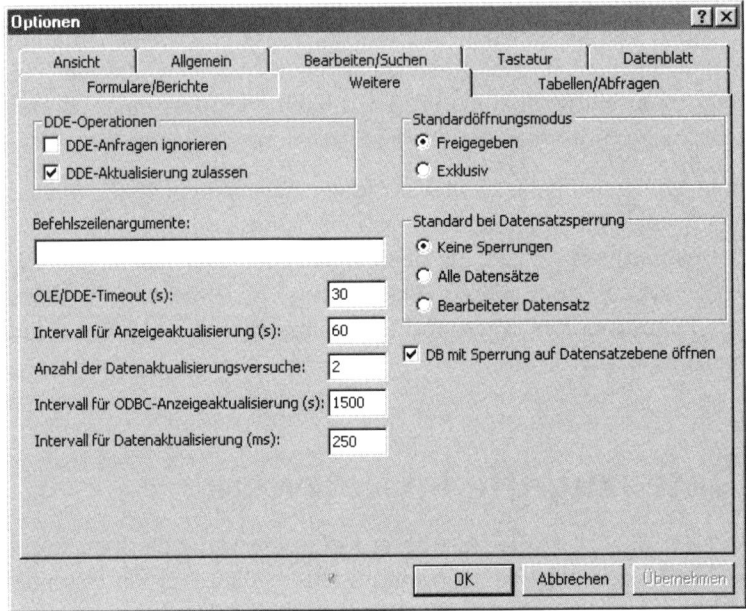

Bild 18.1: Registerdialogfeld zu EXTRAS Optionen

Wenn eine Datenbank von einem Benutzer geöffnet wird, darf sie nicht im exklusiven Modus geladen werden, denn dann hat nur ein Benutzer »exklusiv« Zugriff auf die Datenbank. Standardeinstellung, die auch im Dialogfeld eingetragen ist, ist die *Freigegeben*. Alle Benutzer, die auf eine Datenbank gleichzeitig zugreifen, müssen *Freigegeben* selektiert haben.

In der Gruppe *Standard bei Datensatzsperrung* wird festgelegt, nach welchem Verfahren die gleichzeitige Änderung von Datensätzen behandelt werden soll. Die folgende Tabelle erläutert die verschiedenen Verfahren, die in Abschnitt 18.2, »Die Verfahren zur Datensatzsperrung«, genauer beschrieben werden.

Tabelle 18.1: Sperrverfahren

Sperrverfahren	Beschreibung
Keine Sperrungen	Verwendung des optimistischen Sperrverfahrens, d.h., gesperrt wird erst beim Speichern des Datensatzes.
Alle Datensätze	Alle Datensätze werden gesperrt, d.h., andere Benutzer können keine Datensätze hinzufügen oder ändern, sondern nur lesend darauf zugreifen.
Bearbeiteter Datensatz	Verwendung des pessimistischen Sperrverfahrens, d.h., die Sperre für einen Datensatz wird beim Editieren des Datensatzes gesetzt.

Für jedes Formular können Sie die Sperreinstellungen auch im Eigenschaftenfenster zum Formular explizit bestimmen.

18.1.3 Sperrstrategien

Damit ein Benutzer nicht die Daten eines anderen beim gleichzeitigen Zugriff überschreibt, werden Sperren, Locks, gesetzt. Die Sperre signalisiert, dass auf Daten aktiv zugegriffen wird.

In den Access-Versionen bis 8.0 (Access 97) verwendete der Access-Datenbankkern, die Jet-Engine, eine Sperrstrategie, bei der nicht einzelne Datensätze, sondern Seiten (pages) mit 2048 Bytes, d.h. alle Datensätze, die sich auf der entsprechenden Seite befinden, gesperrt werden. Das kann zur Folge haben, dass Datensätze unnötig gesperrt werden, nur weil sie sich zufällig auf einer gesperrten Seite befinden. Beachten Sie dabei, dass Memo- und OLE-Felder getrennt gespeichert und behandelt werden. Ihre Größe zählt nicht bei der Berechnung, wie viele Datensätze auf eine Seite passen. Den Vorteil der seitenweisen Sperrung sah Microsoft in dem geringeren Verwaltungsaufwand und eines im Allgemeinen besseren Leistungsverhältnisses.

Mit Access 2000 hat Microsoft die Sperrstrategie umgestellt. Die Jet-Engine von Access 2000 sperrt nun einzelne Datensätze. Damit wird vermieden, dass Datensätze nur deshalb gesperrt werden, weil sie sich zufällig auf der gleichen logischen Seite mit dem eigentlich zu sperrenden Datensatz befinden.

Die Sperrung auf Datensatzebene ist in Access 2000 Standard, d.h. in allen Datenbanken wird mit dieser Strategie gesperrt, es sei denn, Sie deselektieren im Registerdialogfeld *Optionen* auf dem Register *Weitere* die Option *DB mit Sperrung auf Datensatzebene öffnen* (siehe Bild 18.1).

Datensatzweises Sperren wird von Access 2000 intern für alle Sperraufgaben verwendet, ausgenommen bei der Ausführung von SQL-Aktionsabfragen. Hierbei wird immer seitenweise gesperrt.

Microsoft hat in Access 2000 die Größe einer Seite von 2048 auf 4096 Bytes erweitert. Das war nötig geworden, damit Access 2000 Unicode-Daten speichern kann, bei denen jedes Zeichen eines Zeichensatzes mit zwei Byte kodiert wird.

Sperrinformationen in der LDB-Datei

Access verwaltet die Informationen über gesperrte Datensätze oder Seiten in einer Hilfsdatei, die den Namen der entsprechenden Datenbank mit der Endung ».LDB« trägt. Für die Datenbank COCKTAIL DATEN.MDB würde die Sperrhilfsdatei COCKTAIL DATEN.LDB heißen. Die Sperrhilfsdatei wird bei Bedarf von Access im gleichen Verzeichnis wie die MDB erzeugt.

Übrigens wird die LDB-Datei für die MDB erzeugt, die die Tabellen, also damit die eigentlichen Daten enthält. Bei der von uns gewählten Trennung zwischen Daten und Progammen (COCKTAIL2000.MDB und COCKTAIL DATEN.MDB) wird die Sperrhilfsdatei nur für die Daten-Datenbank generiert.

Beachten Sie dabei, dass wenn Sie die Daten-Datenbank auf einem Netzwerk-Server ablegen, alle Benutzer der Datenbank nicht nur Schreibrechte auf den entsprechenden Ordner besitzen müssen, sondern auch das Recht zum Anlegen neuer Dateien.

Es kann vorkommen, dass durch einen Absturz von Access die LDB-Datei nicht von Access gelöscht werden kann, wie dies normalerweise geschieht, wenn der letzte Benutzer der Daten-Datenbank die Verbindung gelöst hat, d.h., Access geschlossen hat. Findet Access bei der nächsten Sitzung eine nicht gelöschte LDB-Datei, so wird diese überschrieben.

18.2 Die Verfahren zur Datensatzsperrung

Im Folgenden möchten wir Ihnen die verschiedenen Verfahren zur Sperrung von Datensätzen vorstellen, die Access unterstützt.

18.2.1 Optimistisches Sperren von Datensätzen

Als Erstes behandeln wir das optimistische Sperren in Formularen und Programmen.

Optimistisches Sperren in Formularen

Beim optimistischen Sperren wird erst in dem Moment gesperrt, in dem ein geänderter Datensatz geschrieben werden soll. Wurde der Datensatz in der Zwischenzeit, also in der Zeit zwischen dem Beginn der Bearbeitung und dem Schreiben (Update) von einem anderen Benutzer geändert, erhalten Sie bei der Arbeit mit einem Formular die folgende Mitteilung.

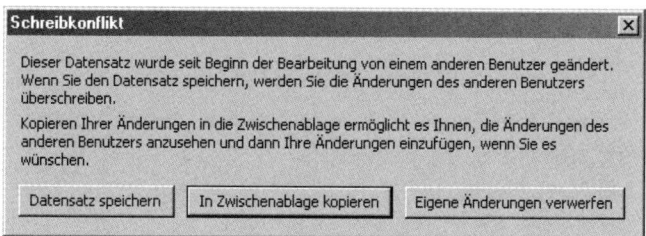

Bild 18.2: Dialogfeld Schreibkonflikt

Entscheiden Sie nun, was mit den von Ihnen durchgeführten Änderungen geschehen soll.

Optimistisches Sperren in Programmen mit DAO

In einem Programm wird das optimistische Sperren durch den Befehl

```
Recordset.LockEdits = False
```

eingeschaltet. Gesperrt wird erst zum Zeitpunkt des Befehls *Recordset*.Update, d.h. wenn die Änderungen am Datensatz in die Tabelle geschrieben werden. Ist der Datensatz in der Zwischenzeit von einem anderen Benutzer verändert worden oder ist er gesperrt, werden entsprechende Laufzeitfehler ausgelöst.

```
Sub SperrTestOptimistisch()

    Dim db As DAO.DATABASE
    Dim rst As DAO.Recordset

    Set db = CurrentDb()
    Set rst = db.OpenRecordset("tblCocktail")

    ' Optimistisch
    rst.LockEdits = False

    On Error GoTo err_SperrTest

    rst.Edit
```

```
    ' ...
    rst!Cocktail = rst!Cocktail
    ' ...
    ' Jetzt wird gesperrt
    rst.Update

exit_SperrTest:
    rst.Close
    Exit Sub

err_SperrTest:
    MsgBox "Fehler: " & Err.Number & " »" & Err.Description & "«"
    Resume exit_SperrTest
End Sub
```

Optimistisches Sperren in Programmen mit ADO

Das folgende Beispiel zeigt das optimistische Sperren eines ADO-Recordsets mithilfe des Parameters adLockOptimistic.

```
Sub SperrTestOptimistisch_ADO()

    Dim rst As New ADODB.Recordset

    ' Optimistisch
    rst.Open "tblCocktail", CurrentProject.Connection, _
        adOpenKeyset, adLockOptimistic

    On Error GoTo err_SperrTest

    ' ...
    rst!Cocktail = rst!Cocktail
    ' ...
    ' Jetzt wird gesperrt
    rst.Update

exit_SperrTest:
    rst.Close
    Exit Sub

err_SperrTest:
    MsgBox "Fehler: " & Err.Number & " »" & Err.Description & "«"
    Resume exit_SperrTest
End Sub
```

> ❗ **Optimistisches Locking:** `CurrentProject` weist eine Besonderheit auf. Recordsets, die auf Basis des `Connection`-Objekts von `CurrentProject` geöffnet werden, verwenden immer optimistisches Locking.

18.2.2 Pessimistisches Sperren von Datensätzen

Beim pessimistischen Sperren wird ein Datensatz in dem Moment gesperrt, in dem die Bearbeitung beginnt.

Pessimistisches Sperren von Formularen

Das pessimistische Sperren wird im Eigenschaftenfenster des Formulars mit der Option *Bearbeiteter Datensatz* als Einstellung für das Sperrverhalten eingeschaltet.

In unserem Beispiel im folgenden Bild hat ein anderer Benutzer den Datensatz mit dem Cocktail »Acapulco« pessimistisch gesperrt. Sie können keine Änderungen vornehmen. Access zeigt dies durch das Sperrzeichen im Datensatzmarkierer an.

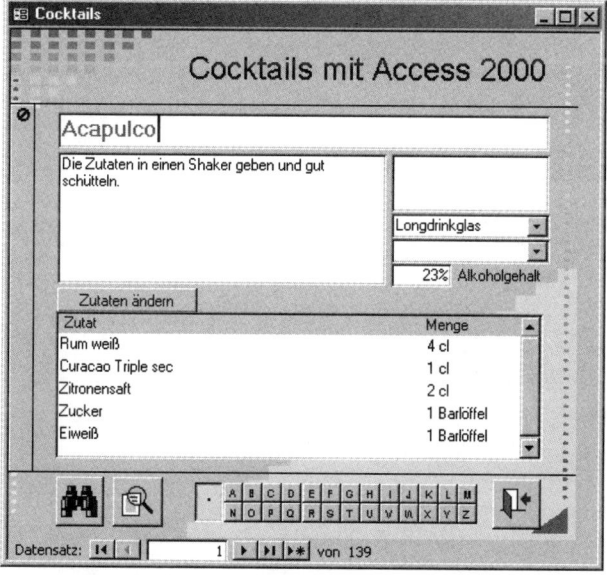

Bild 18.3: Formular mit Sperrzeichen im Datensatzmarkierer

Einer der Nachteile des pessimistischen Sperrens ist, dass eine Sperre zeitlich sehr lange gesetzt bleiben kann. Beginnt beispielsweise ein Anwender die Änderung eines Datensatzes und wird dann für längere Zeit aus dem Raum gerufen, so bleibt die Sperre bestehen, bis der Bearbeitungsvorgang abgebrochen oder gespeichert wird.

Pessimistisches Sperren in Programmen mit DAO

Die Voreinstellung für Sperren in Programmen ist das pessimistische Verfahren. Sie können es explizit mit

```
Recordset.LockEdits = True
```

einschalten, wie es das nächste Beispielprogramm zeigt. Die Sperre wird mit der Ausführung des Befehls Recordset.Edit gesetzt und nach Recordset.Update aufgehoben.

```
Sub SperrTestPessimistisch()

    Dim db As DAO.Database
    Dim rst As DAO.Recordset

    Set db = CurrentDb()
    Set rst = db.OpenRecordset("tblCocktail")

    ' Pessimistisch (= Standardeinstellung)
    rst.LockEdits = True

    On Error GoTo err_SperrTest

    ' Jetzt wird gesperrt
    rst.Edit
    ' ...
    rst!Cocktail = rst!Cocktail
    ' ...
    rst.Update

exit_SperrTest:
    rst.Close
    Exit Sub

err_SperrTest:
    MsgBox "Fehler: " & Err.Number & " »" & Err.Description & "«"
    Resume exit_SperrTest
End Sub
```

Pessimistisches Sperren in Programmen mit ADO

Pessimistisches Sperren von Recordsets erreichen Sie bei ADO mit dem Parameter `adLockPessimistic`.

! Kein pessimistisches Sperren: Recordsets, die auf der `Connection` des `CurrentProject`-Objekts basieren, lassen keine pessimistischen Sperren zu. Sie können die Recordsets zwar mit `adLockPessimistic` öffnen, aber es wird kommentarlos optimistisch gesperrt.

Um dennoch pessimistisch zu sperren, müssen Sie daher ein neues Connection-Objekt erstellen, wie es im folgenden Programmlisting gezeigt wird.

```
Sub SperrTestPessimistisch_ADO()

    Dim conn As New ADODB.Connection
    Dim rst As New ADODB.Recordset

    ' CurrentProject.Connection erlaubt kein pessimistisches Sperren,
    ' deshalb neue Connection
    conn.Open "PROVIDER=Microsoft.Jet.OLEDB.4.0;" & _
                        "DATA SOURCE=C:\Cocktail\Cocktail Daten.mdb"
    rst.Open "tblCocktail", conn, adOpenKeyset, adLockPessimistic

    On Error GoTo err_SperrTest

    ' Jetzt wird gesperrt
    rst!Cocktail = rst!Cocktail
    ' ...
    rst.Update

exit_SperrTest:
    rst.Close
    Exit Sub

err_SperrTest:
    MsgBox "Fehler: " & Err.Number & " »" & Err.Description & "«"
    Resume exit_SperrTest
End Sub
```

18.2.3 Komplettsperrung

Neben dem optimistischen und pessimistischen Sperrverfahren können Sie auch noch eine Komplettsperrung veranlassen. Vereinbaren Sie im Eigenschaftenfenster eines Formulars für die Sperrung `Alle Datensätze`, so werden alle Datensätze des Recordsets gesperrt. Diese Variante wird nur sehr selten eingesetzt, beispielsweise für Administrationsaufgaben.

18.2.4 Fehlermeldungen bei Sperren

Die folgenden Laufzeitfehler werden von Access ausgelöst, wenn Datenbankoperationen aufgrund von Sperren nicht ausgeführt werden können. Sie können diese Fehler im Fehlerbehandlungabschnitt Ihrer Prozeduren behandeln und entsprechend reagieren.

Tabelle 18.2: Sperrverfahren

Fehlernummer	Fehlerbeschreibung
3186	Speichern nicht möglich; momentane Sperrung durch Benutzer '*Benutzername*' auf Computer '*Computername*'.
3187	Lesen nicht möglich; momentane Sperrung durch Benutzer '*Benutzername*' auf Computer '*Computername*'.
3188	Aktualisieren nicht möglich; momentane Sperrung durch eine andere Sitzung auf diesem Rechner.
3189	Tabelle '*Tabellenname*' ist exklusiv gesperrt durch Benutzer '*Benutzername*' auf Computer '*Computername*'.
3197	Das Microsoft Jet-Datenbankmodul hat den Vorgang angehalten, da Sie und ein weiterer Benutzer gleichzeitig versuchen, dieselben Daten zu verändern.
3202	Speichern nicht möglich; momentane Sperrung durch anderen Benutzer.
3218	Aktualisierung nicht möglich; momentan gesperrt.
3260	Aktualisieren nicht möglich; momentane Sperrung durch Benutzer '*Benutzername*' auf Computer '*Computername*'.

! **Neue Fehler:** Die Fehler mit den Nummern 3202 und 3218 sind in Access 2000 neu hinzugekommen und entsprechen den Fehlern 3186 und 3260. Sie wurden von Microsoft aufgenommen, da beim datensatzweisen Sperren von Datensätzen (row-level-locking) Access nicht mehr Benutzer- und Computername desjenigen ermitteln kann, der den Datensatz gesperrt hat.

18.3 Transaktionsverarbeitung

Access ermöglicht es Ihnen, mehrere Datenbankoperationen zu einer Transaktion zusammenzufassen. Die Veränderungen an der Datenbank werden erst dann gültig, wenn alle Teiloperationen einer Transaktion erfolgreich verarbeitet wurden. Ist dies nicht der Fall, wird die Datenbank auf den Zustand vor dem Beginn der Transaktion zurückgesetzt.

Die Grundregeln für die Verarbeitung von Transaktionen lassen sich mit dem Akronym *ACID* beschreiben:

Atomicity: eine Transaktion kann nicht aufgeteilt werden, sondern ist die kleinste Einheit.

Consistency: nach einer Transaktion muss das System immer in einem konsistenten Zustand sein.

Isolation: verschiedene gleichzeitig ablaufende Transaktionen dürfen sich nicht gegenseitig stören.

Durability: die Veränderungen, die durch eine Transaktion ausgeführt werden, sind dauerhaft.

18.3.1 Transaktionen in Access mit DAO

Drei Methoden des DAO-Workspace-Objekts stehen Ihnen in Access für Transaktionen zur Verfügung. Mit

```
Workspace.BeginTrans
```

wird Access über den Beginn einer Transaktion informiert. Nach diesem Befehl können Sie Datenbankoperationen angeben, die zu der Transaktion gehören. Der Befehl

```
Workspace.CommitTrans
```

schließt die Transaktion ab. Um eine Transaktion zurückzusetzen, wird

```
Workspace.Rollback
```

verwendet. Das folgende Programm zeigt den Einsatz der Befehle. Die Transaktion besteht in unserem Beispiel aus Datenbankoperationen, in denen jeweils ein
Datensatz hinzugefügt werden soll. Im zweiten Fall kann dies nicht durchgeführt
werden, da wir das zweite Recordset mit Absicht mit dbReadOnly, also nur zum
Lesen, geöffnet haben.

```
Sub TransaktionsTest()

    Dim db As DAO.DATABASE
    Dim ws As DAO.Workspace
    Dim rstCocktail As DAO.Recordset
    Dim rstZutaten As DAO.Recordset
    Dim fInTransaktion As Boolean

    ' Standard-Workspace aus der Workspaces-Auflistung
    Set ws = DBEngine.Workspaces(0)
    Set db = CurrentDb()
    Set rstCocktail = db.OpenRecordset("tblCocktail")
    Set rstZutaten = db.OpenRecordset("tblCocktailZutaten", dbReadOnly)

    On Error GoTo err_TransaktionsTest

    ' Beginn der Transaktion
    ws.BeginTrans
    fInTransaktion = True
    With rstCocktail
        .AddNew
        !Cocktail = "TestCocktail"
        .Update
    End With
    With rstZutaten
        .AddNew
        !CocktailNr = rstCocktail!CocktailNr
        .Update
    End With
    ' Abschließen der Transaktion
    ws.CommitTrans
    fInTransaktion = False

exit_TransaktionsTest:
    rstCocktail.Close
    rstZutaten.Close
```

```
    ws.Close
    Exit Sub


err_TransaktionsTest:
    MsgBox "Fehler: " & Err.Number & " »" & Err.Description & "«"
    If fInTransaktion Then
        ' Zurücksetzen der Transaktion
        ws.Rollback
    End If
    Resume exit_TransaktionsTest
End Sub
```

Access erlaubt es, Transaktionen zu schachteln, d.h., Transaktionen innerhalb von Transaktionen auszuführen. Die Schachtelungstiefe für Transaktionen ist auf fünf begrenzt. Die `CommitTrans`-Befehle müssen in der richtigen Reihenfolge, also von der innersten zur äußersten Transaktion aufgerufen werden.

Beachten Sie, dass automatisch ein `Rollback` durchgeführt wird, wenn Sie das Workspace mit

```
Workspace.Close
```

schließen, ohne die `CommitTrans`-Methode aufgerufen zu haben.

Auf die Transaktionsverarbeitung von gebundenen Formularen haben Sie keinen Einfluss, d.h., Sie können den Ablauf einer Formulartransaktion nicht durch eigene Routinen ergänzen oder verändern.

18.3.2 Transaktionen in Access mit ADO

Wie für DAO stehen Ihnen auch mit dem ADO-Connection-Objekt drei Methoden für Transaktionen zur Verfügung. Beachten Sie dabei, dass Transaktionen von dem von Ihnen verwendeten OLE DB- oder ODBC-Provider unterstützt werden müssen. Sie können dies gegebenenfalls mithilfe der Eigenschaft `Transaction DDL` der `Properties`-Auflistung des `Connection`-Objekts überprüfen.

Mit

```
Connection.BeginTrans
```

beginnen Sie eine Transaktion. Nach diesem Befehl können Sie Datenbankoperationen angeben, die zu der Transaktion gehören. Der Befehl

Connection.CommitTrans

beendet die Transaktion. Um eine Transaktion zurückzusetzen, wird

Connection.RollbackTrans

verwendet. Das folgende Programm entspricht dem Beispiel im vorherigen Abschnitt. Die Transaktion besteht wiederum aus Datenbankoperationen, in denen
jeweils ein Datensatz hinzugefügt werden soll. Auch hier kann dies im zweiten
Fall nicht durchgeführt werden, da wir das zweite Recordset mit Absicht mit
adLockReadOnly, also nur zum Lesen, geöffnet haben.

```
Sub TransaktionsTest_ADO()

    Dim conn As ADODB.Connection
    Dim rstCocktail As New ADODB.Recordset
    Dim rstZutaten As New ADODB.Recordset
    Dim fInTransaktion As Boolean

    Set conn = CurrentProject.Connection
    rstCocktail.Open "tblCocktail", conn, _
                         adOpenKeyset, adLockOptimistic
    rstZutaten.Open "tblCocktailZutaten", conn, _
                         adOpenStatic, adLockReadOnly

    On Error GoTo err_TransaktionsTest

    ' Beginn der Transaktion
    conn.BeginTrans
    fInTransaktion = True
    With rstCocktail
        .AddNew
        !Cocktail = "TestCocktail"
        .Update
    End With
    With rstZutaten
        .AddNew
        !CocktailNr = rstCocktail!CocktailNr
        .Update
    End With
    ' Abschließen der Transaktion
    conn.CommitTrans
    fInTransaktion = False
```

```
exit_TransaktionsTest:
    rstCocktail.Close
    rstZutaten.Close
    conn.Close
    Exit Sub


err_TransaktionsTest:
    MsgBox "Fehler: " & Err.Number & " »" & Err.Description & "«"
    If fInTransaktion Then
        ' Zurücksetzen der Transaktion
        conn.RollbackTrans
    End If
    Resume exit_TransaktionsTest
End Sub
```

Auch mit ADO ist die Schachtelung von Transaktionen erlaubt, d.h., Transaktionen innerhalb von Transaktionen auszuführen. Die Schachtelungstiefe für Transaktionen mit dem Jet-OLE DB-Provider ist wiederum auf fünf begrenzt. Die `CommitTrans`-Befehle müssen in der richtigen Reihenfolge, also von der innersten zur äußersten Transaktion aufgerufen werden.

Beachten Sie, dass automatisch ein `RollbackTrans` durchgeführt wird, wenn Sie die Connection mit

`Connection.Close`

schließen, ohne die `CommitTrans`-Methode aufgerufen zu haben.

18.3.3 Transaktionen in Multiuser-Umgebungen

Greifen mehrere Anwender gleichzeitig auf dieselben Tabellen zu, so können ebenfalls Transaktionen eingesetzt werden.

Allerdings ist dabei zu beachten, dass die betroffenen Datensätze bei Datenbankoperationen während der gesamten Transaktion gesperrt werden. Dadurch kann das Leistungsverhalten negativ beeinflusst werden, da die Sperren über längere Zeiträume bestehen. Sie sollten aus diesem Grund Transaktionen so kurz wie möglich gestalten.

! **Benutzeraktionen während Transaktionen:** Vermeiden Sie in jedem Fall während einer Transaktion Befehle, die eine Benutzereingabe erfordern. Während der Wartezeit auf die Benutzereingabe bleiben alle Sperren aktiv, die bis zu diesem

Zeitpunkt der Transaktion gesetzt wurden. In einer Multiuser-Umgebung kann dies zu einer starken Einschränkung der Leistung führen.

18.3.4 Transaktionen für Aktionsabfragen mit DAO

Bei der Verwendung von Aktionsabfragen in Mehrbenutzerumgebungen kann es dazu kommen, dass eine Aktionsabfrage die gewünschten Änderungen aufgrund von gesperrten Datensätzen nicht ausführen kann.

Verwenden Sie den Aufruf

`Querydef.Execute`

um eine Aktionsabfrage auszuführen, wird kein Datensatz geändert, der gesperrt ist, allerdings alle anderen. Es lässt sich nachträglich nur ermitteln, wie viele Datensätze geändert wurden, aber nicht, welche Datensätze tatsächlich manipuliert wurden. Mit

`Querydef.Execute dbFailOnError`

können Sie erreichen, dass ein abfangbarer Laufzeitfehler ausgelöst wird, wenn die Abfrage einen Datensatz nicht ändern kann. Aufgrund der impliziten Transaktion für Aktionsabfragen werden alle Änderungen zurückgesetzt, also dann kein Datensatz geändert. Vereinfacht ausgedrückt, bewirkt `dbFailOnError` „Alle oder keiner".

```
Sub TransaktionAktionsabfragen()

    Dim db As DAO.DATABASE
    Dim qry As DAO.QueryDef
    Dim strSQL As String
    Dim lngGesamt As Long

    strSQL = "UPDATE DISTINCTROW tblCocktail "
    strSQL = strSQL + "SET tblCocktail.Alkoholgehalt "
    strSQL = strSQL + "= fAlkoholgehaltSQL([CocktailNr]) "
    strSQL = strSQL + "WHERE (tblCocktail.Alkoholgehalt Is Null);"

    Set db = CurrentDb()
    Set qry = db.CreateQueryDef("", strSQL)
    lngGesamt = DCount("*", "tblCocktail", _
                    "tblCocktail.Alkoholgehalt Is Null")
    Debug.Print "Anzahl der Datensätze insgesamt: "; lngGesamt
```

```
    On Error GoTo err_TransaktionAktionsabfragen

    qry.Execute dbFailOnError
    Debug.Print qry.RecordsAffected; " Datensätze geändert"

exit_TransaktionAktionsabfragen:
    Exit Sub

err_TransaktionAktionsabfragen:
    MsgBox Err.Description, vbCritical
    Resume exit_TransaktionAktionsabfragen
End Sub
```

Sie können das `dbFailOnError`-Verhalten auch direkt in einer Abfrage festlegen. Setzen Sie dazu die Abfrageeigenschaft *Bei Fehler abbrechen* auf `Ja`.

Abschalten der impliziten Transaktionen für Aktionsabfragen

Access schließt Aktionsabfragen standardmäßig in eine Transaktion ein. Das kann zur Folge haben, dass vom Betriebssystem eine große Anzahl von Sperren (Record Locks) angefordert wird. Bei Abfragen, die sehr viele Datensätze verändern, kann es zu Problemen kommen, wenn nicht genügend Record Locks vom Betriebssystem bereitgestellt werden können oder die Bereitstellung der Sperren Leistungsprobleme verursacht. Bei Novell NetWare 3.x-Systemen kann die Anforderung von zu vielen Sperren einen Absturz des Servers nach sich ziehen. Um dies zu vermeiden, können Sie in den Eigenschaften einer Abfrage die Option *Transaktion verwenden* ausschalten. Die Abfrage wird dann ohne eine die Abfrage umschließende Transaktion ausgeführt. Sollte allerdings die Aktionsabfrage abbrechen, beispielsweise aufgrund durch andere Benutzer gesperrter Datensätze, können die bis zum Abbruch durchgeführten Änderungen an den Daten nicht mehr zurückgesetzt werden.

Aus VBA heraus können Sie die Eigenschaft unter dem Namen `UseTransaction` ebenfalls setzen. Leider ist diese Eigenschaft nicht standardmäßig angelegt, sodass, wenn Sie die Eigenschaft benutzen, sie zuerst dem entsprechenden QueryDef-Objekt hinzugefügt werden muss. Im Beispiel oben könnten Sie die entsprechenden Befehle einfügen, wie es die folgenden Programmteile zeigen.

```
    ...
    Dim prp As DAO.Property
    ...
    Set db = CurrentDb()
```

```
Set ws = DBEngine.Workspaces(0)
Set qry = db.CreateQueryDef("", strSQL)
...
Set prp = qry.CreateProperty("UseTransaction", dbBoolean, False)
qry.Properties.Append prp
...
```

18.3.5 Transaktionen für Aktionsabfragen mit ADO

Ebenso wie für DAO kann auch mit ADO für Aktionsabfragen eingestellt werden, ob eine teilweise Ausführung einer Aktionsabfrage erlaubt sein soll. Während für DAO der Parameter dbFailOnError immer nur für das entsprechende
QueryDef-Objekt gilt, stehen Ihnen bei ADO zwei Einstellungsmöglichkeiten zur
Verfügung: für ein Command-Objekt oder global für alle Command-Objekte
einer Connection. Gesetzt werden in beiden Fällen Eigenschaften des Jet-
OLE DB-Providers.

Standardmäßig ist die Einstellung einer Connection so, dass Aktionsabfragen bei
Fehlern abbrechen und keine Änderungen an den Daten vorgenommen werden.
Um dies zu ändern, müssen Sie die folgende Eigenschaft des Connection-Objekts
setzen.

```
Connection.Properties("JET OLEDB:Global Partial Bulk Ops") = 2
```

Die Eigenschaft kann die Werte 1, teilweise Ausführung, und 2, nur vollständige
Ausführung der Aktionsabfrage, annehmen.

Möchten Sie die Eigenschaft nur für ein bestimmtes Command-Objekt festsetzen,
verwenden Sie die Eigenschaft JET OLEDB:Partial Bulk Ops für das Command-
Objekt.

```
Command.Properties("JET OLEDB:Partial Bulk Ops") = 2
```

Im folgenden Listing wird die Eigenschaft verwendet.

```
Sub TransaktionAktionsabfragen_ADO()

    Dim conn As ADODB.Connection
    Dim cmd As New ADODB.Command
    Dim strSQL As String
    Dim lngGesamt As Long
    Dim lngRecordsAffected As Long

    strSQL = "UPDATE DISTINCTROW tblCocktail "
```

```
    strSQL = strSQL + "SET tblCocktail.Alkoholgehalt "
    strSQL = strSQL + "= fAlkoholgehaltSQL([CocktailNr]) "
    strSQL = strSQL + "WHERE (tblCocktail.Alkoholgehalt Is Null);"

    lngGesamt = DCount("*", "tblCocktail", _
                "tblCocktail.Alkoholgehalt Is Null")
    Debug.Print "Anzahl der Datensätze insgesamt: "; lngGesamt

    Set conn = CurrentProject.Connection

    cmd.ActiveConnection = conn
    cmd.CommandText = strSQL
    cmd.CommandType = adCmdUnknown

    On Error GoTo err_TransaktionAktionsabfragen

    ' Teilweise Ausführung erlaubt
    cmd.Properties("JET OLEDB:Partial Bulk Ops") = 1

    cmd.Execute RecordsAffected:=lngRecordsAffected
    Debug.Print lngRecordsAffected; " Datensätze geändert"

exit_TransaktionAktionsabfragen:
    Exit Sub

err_TransaktionAktionsabfragen:
    MsgBox Err.Description, vbCritical
    Resume exit_TransaktionAktionsabfragen
End Sub
```

18.3.6 Temporäre Datenbank bei Transaktionen

Bei Transaktionen werden die Daten nicht sofort in die Datenbank geschrieben, sondern zwischengespeichert. Durch den Befehl CommitTrans wird die Jet-Engine angewiesen, die zwischengespeicherten Daten in die Datenbank einzufügen.

Die temporäre Datenbank wird in dem Ordner erstellt, der durch die Umgebungsvariable *TEMP* angegeben ist, meist *Windows**Temp*. Kann in diesen Ordner nicht mehr gespeichert werden, da beispielsweise die Festplatte voll ist, wird ein auffangbarer Fehler ausgelöst. Wenn der Fehler auftritt, sollte die Transaktion mit `Rollback` bzw. `RollbackTrans` zurückgesetzt werden, damit die Datenbank nicht inkonsistent wird.

Die temporäre Datenbank wird von der Jet-Engine selbsttätig gelöscht, sie kann von anderen Anwendungen nicht geöffnet werden.

18.4 Wer benutzt die Datenbank?

In einer Mehrbenutzerumgebung ist es häufig von Interesse, wer zu einem bestimmten Zeitpunkt auf eine Datenbank zugreift. Wir möchten Ihnen in diesem Abschnitt beschreiben, wie Sie für eine Access-Datenbank feststellen können, wer gleichzeitig darauf zugreift. Zur Ermittlung der Datenbankbenutzer müssen Sie die Methode `OpenSchema` des Connection-Objekts verwenden. `OpenSchema` liefert ein Recordset mit den entsprechenden Informationen zurück. Am Ende dieses Abschnitts stellen wir Ihnen weitere Möglichkeiten von `OpenSchema` vor.

Zuerst das Programm, das eine Liste der Datenbankbenutzer ausgibt:

```
Sub Benutzerliste_ADO()

    Dim conn As New ADODB.Connection
    Dim rst As ADODB.Recordset
    Dim varComputername As Variant
    Dim varLoginname As Variant
    Dim varConnected As Variant
    Dim varSuspectState As Variant

    On Error GoTo err_Benutzerliste

    conn.Open "PROVIDER=Microsoft.Jet.OLEDB.4.0;" & _
                    "DATA SOURCE=C:\Cocktail\Cocktail Daten.mdb"

    Set rst = conn.OpenSchema(Schema:=adSchemaProviderSpecific, _
        SchemaID:="{947bb102-5d43-11d1-bdbf-00c04fb92675}")
    With rst
        Debug.Print "Computername", "Loginname", _
                                "Connected", "SuspectState"
        Do Until .EOF
            varComputername = CutNullChar(.Fields("COMPUTER_NAME").Value)
            varLoginname = CutNullChar(.Fields("LOGIN_NAME").Value)
            varConnected = CutNullChar(.Fields("CONNECTED").Value)
```

```
            varSuspectState = CutNullChar(.Fields("SUSPECT_STATE").Value)
            Debug.Print varComputername, varLoginname, _
                                        varConnected, varSuspectState
        ' nächster User
        .MoveNext
    Loop
    End With
    rst.Close
    Set rst = Nothing
    Set conn = Nothing
exit_Benutzerliste:
    Exit Sub


err_Benutzerliste:
    MsgBox "Fehler: " & Err.Number & " »" & Err.Description & "«"
    Resume exit_Benutzerliste
End Sub

Function CutNullChar(ByVal v As Variant) As String
    ' bei NULL wird - zurückgegeben
    If IsNull(v) Then
        v = "-"
    Else
        ' wenn chr(0) (vbNullChar) auftritt,
        ' alles danach abschneiden
        If InStr(v, vbNullChar) > 0 Then
            v = Left(v, InStr(v, vbNullChar) - 1)
        End If
    End If
    CutNullChar = v
End Function
```

Die entscheidende Zeile im Programm ist der Befehl zum Öffnen des Recordsets mit der OpenSchema-Methode. Das Recordset für die Benutzerliste wird mit

```
Set rst = conn.OpenSchema(Schema:=adSchemaProviderSpecific, _
            SchemaID:="{947bb102-5d43-11d1-bdbf-00c04fb92675}")
```

aufgerufen. Der Parameter adSchemaProviderSpecific gibt an, das es sich bei dem Schema um ein spezifisches Schema für den Jet-OLE DB-Provider handelt. Der Parameter SchemaID teilt dem Jet-OLE DB-Provider mit, welche Daten angefordert werden. Warum Microsoft für diesen Wert keine Konstante vordefiniert hat, ist uns ein Rätsel. Übrigens ist es nicht notwendig, das Recordset für das Open-Schema-Recordset mit New zu erzeugen.

Das Recordset mit den Benutzerinformationen enthält die folgenden vier Felder: COMPUTER_NAME für den Windows-Computernamen des Benutzers (in *Systemsteuerung Netzwerk* festgelegt), LOGIN_NAME für den Access-Anmeldenamen (wenn die Access-Benutzerverwaltung nicht verwendet wird, wird »Admin« zurückgeliefert), CONNECTED ist True, wenn der Benutzer in der LDB-Datei der Datenbank eingetragen wurde, und SUSPECTED_STATE ist True, wenn der Benutzer die Verbindung zur Datenbank nicht normal beendet hat.

Im Beispiel oben wird die Funktion CutNullChar verwendet, um gegebenenfalls vom Jet-OLE DB-Provider zurückgelieferte Zeichen mit dem Ascii/Unicode-Wert 0 abzuschneiden (solche Nullwerte kennzeichnen in anderen Programmiersprachen, beispielsweise in C++, das Ende von Zeichenketten).

In Kapitel 22, » Add-Ins und Bibliotheken«, Abschnitt 22.5.4, stellen wir Ihnen die Funktionen CurrentUserWin() und Computername() vor, mit deren Hilfe Sie den aktuellen Windows-Benutzer bzw. den Computernamen ermitteln können.

Weitere Möglichkeiten der OpenSchema-Methode

Die OpenSchema-Methode kennt eine ganze Reihe weiterer Konstanten für den Parameter Schema. Sie können beispielsweise mit adSchemaTable Informationen über Tabellen abfragen usw. Die vollständige Liste der Konstanten entnehmen Sie bitte der Access-Hilfe.

```
Sub SchemaInformation()
    Dim conn As New ADODB.Connection
    Dim rst As ADODB.Recordset
    Dim fld As ADODB.Field
    Dim v As Variant
    Dim s As String

    On Error GoTo err_SchemaInformation

    conn.Open "PROVIDER=Microsoft.Jet.OLEDB.4.0;" & _
                    "DATA SOURCE=C:\Cocktail\Cocktail Daten.mdb"

    Set rst = conn.OpenSchema(Schema:=adSchemaTables)
    With rst
        Do Until .EOF
            s = ""
```

```
            For Each fld In .Fields
                s = s & "; " & fld.Name & ":" & CutNullChar(fld.Value)
            Next
            Debug.Print s
            .MoveNext
        Loop
    End With
    rst.Close
    Set rst = Nothing
    Set conn = Nothing
exit_SchemaInformation:
    Exit Sub


err_SchemaInformation:
    MsgBox "Fehler: " & Err.Number & " »" & Err.Description & "«"
    Resume exit_SchemaInformation
End Sub
```

19 Automatisierung

Automatisierung, früher OLE-Automatisierung genannt, ermöglicht es Ihnen, aus Access heraus andere Anwendungen, beispielsweise Excel oder Word, zu steuern. Es lassen sich so integrierte Applikationen erstellen, in denen – teilweise unsichtbar für den Anwender – mehrere Programme zusammenarbeiten. Dabei werden die Anwendungen als Objekte mit Methoden und Eigenschaften angesprochen, sodass Sie die Objekte in der gleichen Art und Weise wie Access-eigene Objekte programmieren können.

Die Automatisierungstechniken werden auch für ActiveX-Steuerelemente eingesetzt. ActiveX-Steuerelemente sind wiederverwendbare Softwarekomponenten, mit denen der Funktionsumfang von Access und anderen Anwendungen einfach erweitert werden kann. Wir besprechen ActiveX-Steuerelemente ausführlich in Kapitel 20, insbesondere werden die ActiveX-Elemente erläutert, die zum Lieferumfang von Access gehören.

Als Beispiel stellen wir Ihnen in diesem Kapitel einen Auszug aus der Access-Anwendung »DocuAid2000« vor, die auf der CD-Rom zum Buch beigefügt ist. DocuAid2000 dokumentiert Access-Datenbanken, wobei die Dokumentation als Word 2000-Text erstellt wird. In Kapitel 22, »Add-Ins und Bibliotheken«, werden weitere Komponenten von DocuAid2000 beschrieben, beispielsweise wie Bildschirmfotos von Formularen in den Word-Dokumentationstext eingefügt werden.

Beachten Sie, dass Automatisierung mit Word, Excel oder anderen großen Anwendungspaketen erhebliche Mengen an Arbeitsspeicher verbrauchen kann. Automatisierungsabläufe sind auf Computern mit weniger als 16 MByte RAM kaum oder nur schwer durchzuführen.

19.1 Grundlagen

Anwendungen, die Automatisierung unterstützen, stellen Objektbibliotheken zur Verfügung, in denen die Klassen innerhalb der Anwendung sowie die Methoden und Eigenschaften verzeichnet sind. Die meisten Objektbibliotheken liegen als zusätzliche Dateien mit den Endungen .TLB für »Type Library« oder .OLB für »Object Library« vor.

19.1.1 Early oder Late Binding

Automatisierungsobjekte lassen sich in zwei verschiedenen Varianten einsetzen, die als frühe oder späte Bindung, Early oder Late Binding, bezeichnet werden.

Frühe Bindung

Bei der frühen Bindung muss ein Verweis auf die Objektbibliothek eingetragen werden. Öffnen Sie dazu in Access ein vorhandenes Modul oder erstellen Sie ein neues Modul. In der Modulansicht rufen Sie dann mithilfe des Befehls *EXTRAS Verweise* das im folgenden Bild dargestellte Dialogfeld auf. Selektieren Sie die benötigten Objektbibliotheken durch Anklicken.

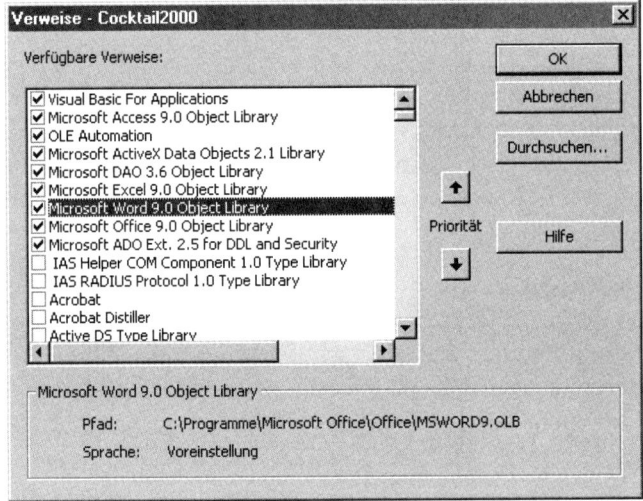

Bild 19.1: Dialogfeld Verweise

Im Bild wurde die Word-9-Objektbibliothek ausgewählt, die in den weiteren Beispielen in diesem Kapitel verwendet wird. Nach der Selektion der Bibliothek werden alle Klassen, Methoden und Eigenschaften des entsprechenden Objekts im Objektkatalog gezeigt, wie es das nächste Bild illustriert.

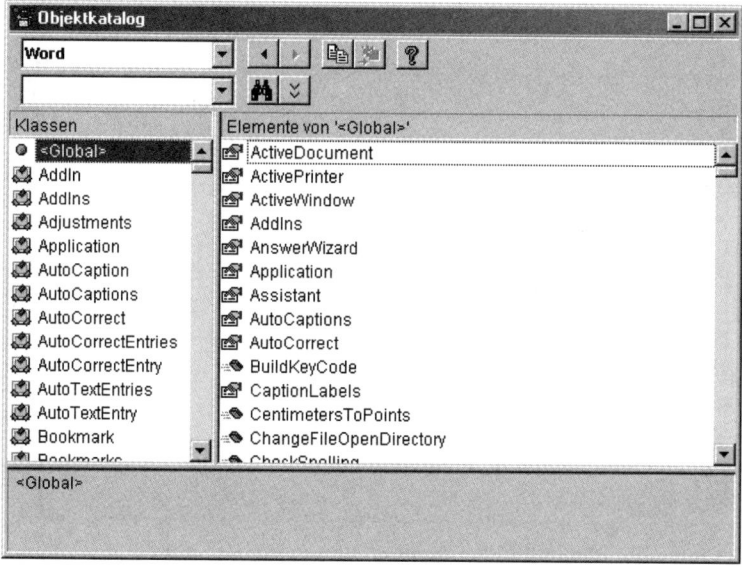

Bild 19.2: Objektkatalog

Mithilfe der Programmzeile

```
Dim objWord As New Word.Application
```

erzeugen Sie ein Word-Objekt. Wird die Programmzeile abgearbeitet, wird ein Word-Objekt in den Speicher geladen, d.h., Word wird aufgerufen. Sollte Word schon aktiv sein, wird eine weitere Word-Instanz erstellt. Allerdings bleibt das neue Word-Objekt unsichtbar, es ist nicht am Bildschirm zu sehen. Mit

```
objWord.Visible = True
```

können Sie das Word-Objekt sichtbar machen. Beim Schreiben des Programmcodes werden Sie von Access unterstützt, indem automatisch zu einem Objekt die möglichen Methoden und Eigenschaften eingeblendet werden.

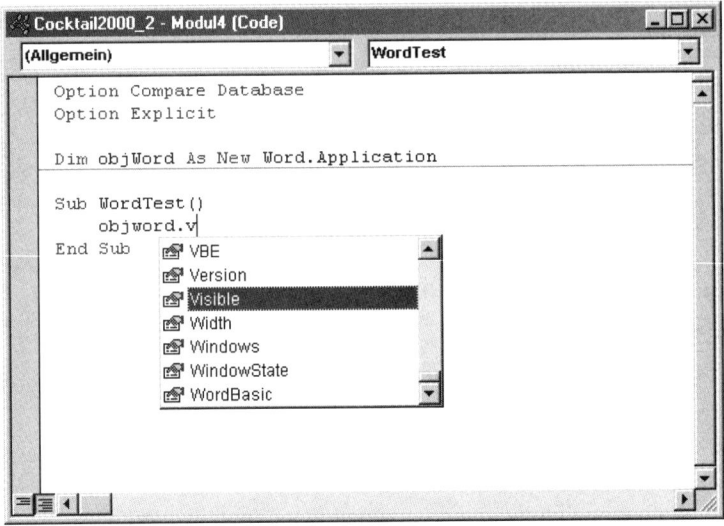

Bild 19.3: Unterstützung bei der Arbeit mit Objekten

Das Programm

```
Dim objWord As New Word.Application

Sub WordTest()
    objWord.Visible = True
    objWord.Quit
    Set objWord = Nothing
End Sub
```

erzeugt ein Word-Objekt, macht es sichtbar und schließt es sofort wieder. Durch die Zeile

```
Set objWord = Nothing
```

wird der Speicher der Objektvariablen wieder freigegeben. Access gibt den Speicher selbsttätig frei, wenn die Lebensdauer einer Variablen endet. Word selbst wird nur geschlossen, wenn Sie die Methode `Quit` aufrufen.

Alternativ können Sie auch die folgende Variante des Programms einsetzen, bei der die Erstellung des Word-Objekts in der Prozedur stattfindet.

```
Dim objWord As Word.Application

Sub WordTest()
    Set objWord = New Word.Application
    objWord.Visible = True
    objWord.Quit
    Set objWord = Nothing
End Sub
```

Der Vorteil liegt darin, dass Sie nun den Zeitpunkt der Erstellung des Word-Objekts festlegen können. Im ersten Fall lässt sich nicht genau sagen, wann Access das Word-Objekt lädt. Erzeugen Sie die neue Word-Instanz mit dem Set-Befehl, so können Sie gezielt bestimmen, ob und wann das Objekt in den Speicher geladen wird.

Beachten Sie aber, dass beim frühen Binden eine Instanz eines Automatisierungsobjekts mit New erstellt werden muss. Versuchen Sie auf Methoden und Eigenschaften eines Objekts zuzugreifen, für das noch keine Instanz erzeugt wurde, wird der Laufzeitfehler 91, »Objektvariable oder With-Blockvariable nicht festgelegt«, ausgelöst.

Wenn Sie ein Programm, in dem Automatisierungsobjekte verwendet werden, auf einem anderen Rechner einsetzen, so müssen Sie sicherstellen, dass ein Verweis auf die entsprechende Objektbibliothek in Access eingerichtet ist. Zur Kontrolle von Verweisen können Sie die References-Auflistung in Access nutzen, in der alle Verweise aufgelistet sind. In Kapitel 22, »Add-Ins und Bibliotheken«, beschreiben wir Kontrollmechanismen für Verweise.

19.1.2 Späte Bindung

Während beim Early Binding Access aufgrund des Verweises auf die Objektbibliothek alle Informationen über das Objekt erhält, wird beim späten Binden mit allgemeinen Objekten gearbeitet, für die Access zurzeit der Programmerstellung keine Informationen hat. Erst zur Laufzeit erfährt Access, mit welchem Objekt gearbeitet wird. Um allgemein Instanzen von Objekten zu erstellen, stehen Ihnen die Funktionen CreateObject() und GetObject() zur Verfügung. Im folgenden Beispiel wird das Word-Objekt mithilfe von CreateObject() erzeugt. Als Parameter wird der Funktion der Name der Objektklasse übergeben.

```
Dim objWord As Object

Sub WordTest()
    Set objWord = CreateObject("Word.Application")
```

```
    objWord.Visible = True
    objWord.Quit
    Set objWord = Nothing
End Sub
```

Wenn Sie mit allgemeinen Objekten arbeiten, erhalten Sie von Access keine Unterstützung durch automatische Direkthilfen, denn zurzeit der Programmerstellung verfügt Access über keine Informationen über das Objekt. Auch führt Access für allgemeine Objekte keine Überprüfung durch, ob die angegebenen Methoden und Eigenschaften für das Objekt existieren.

Der Vorteil der späten Bindung besteht darin, dass bei der Weitergabe Ihres Programms auf dem Zielrechner kein Verweis (im Visual Basic Editor unter *EXTRAS Verweise*) zur Objektbibliothek eingerichtet sein muss. Ein solcher Verweis wird auch als Referenz bezeichnet.

! **Fehlende Verweise:** Ein fehlender Verweis kann dazu führen, dass Ihr gesamtes Programm nicht mehr funktioniert. Ist nur eine der Bibliotheken als »Nicht vorhanden« markiert, scheint Access auch Funktionen in vorhandenen Bibliotheken nicht mehr korrekt erkennen zu können.

In Kapitel 21, »Menüs und Symbolleisten«, stellen wir Ihnen in Abschnitt 21.2.1 eine Funktion zur Überwachung von Referenzen vor.

19.1.3 Klassenunterschiede

Die Objektklassen der Automatisierungsobjekte lassen sich in zwei Gruppen unterteilen: Einfach- und Mehrfachinstanzen, im englischen meist mit Single-Use und Multiple-Use Classes bezeichnet.

Der Unterschied ist leicht zu erklären. Erzeugen Sie in Ihrem Programm mehrere Excel-Objekte, wird für jede Objektvariable ein neues Excel geöffnet. Excel ist also eine Single-Use-Anwendung.

```
Dim objExcel1 As New Excel.Application
Dim objExcel2 As New Excel.Application

Sub ExcelTest()
    objExcel1.Visible = True
    objExcel1.Workbooks.Add

    objExcel2.Visible = True
    objExcel2.Workbooks.Add

    MsgBox "Excel zweimal geöffnet!"

    objExcel1.Quit
    objExcel2.Quit
    Set objExcel1 = Nothing
    Set objExcel1 = Nothing
End Sub
```

Dagegen ist beispielsweise Microsoft Outlook eine Multiple-Use-Anwendung, d.h., Sie können beliebig viele neue Objektvariablen erstellen, die Variablen verweisen aber immer auf das erste und eine Outlook-Objekt.

19.2 Beispiel 1: Automatisierung mit Word 2000

Um die Möglichkeiten zu zeigen, die Ihnen durch die Automatisierung zur Verfügung stehen, möchten wir Ihnen in diesem Abschnitt die DocuAid2000-Anwendung vorstellen. Wir zeigen Ihnen in den folgenden Schritten den Aufbau der Anwendung und die Weitergabe der Dokumentationsdaten an Word. DocuAid2000 ist als Access-Add-In konzipiert und meldet sich mit dem folgenden Dialogfeld. Informationen zur Installation von DocuAid2000 finden Sie auf der CD-ROM zum Buch im Unterverzeichnis \DocuAid2000 in der Datei README.TXT.

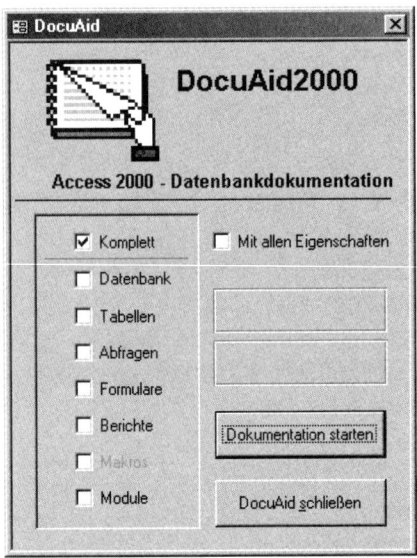

Bild 19.4: Startdialogfeld von DocuAid2000

Im Folgenden wird die Komponente zur Dokumentation der Datenbankeigenschaften beschrieben. Da alle Teile von DocuAid2000 Word verwenden, wurde eine globale Objektvariable definiert. Damit nicht schon beim Laden von DocuAid2000 ein Word-Objekt erzeugt wird, wurde die Definition ohne das Schlüsselwort New vorgenommen.

```
Option Compare Database
Option Explicit


' Globale Variable für Word
' wird initialisiert in Form_frmDocuAid
Global gobjWord As Word.Application
```

Im Modul des Startformulars (siehe Bild 19.4) wird nach Auswahl der gewünschten Dokumentationsoptionen die Dokumentation mithilfe der Schaltfläche *Dokumentation starten* aufgerufen. Ein Klick auf die Schaltfläche löst die Abarbeitung der folgenden Ereignisprozedur aus. In der Prozedur wird eine neue Word-Instanz erzeugt, wobei, wenn der Dokumentationsvorgang mehrfach hintereinander gestartet wird, nicht jedesmal eine neue Instanz erzeugt wird, sondern die vorhandene Instanz weiterverwendet wird. Der Nachteil der Methode liegt darin, dass das Programm abstürzt, wenn der Anwender zwischen zwei Dokumentationsläufen Word »per Hand« schließt. Eine Lösung dieses Problems stellen wir Ihnen in Abschnitt 19.5, »Automatisierung mit Ereignissen«, vor.

```
Private Sub cmdDocuAid_Click()

    ' Word initialisieren und anzeigen
    If gobjWord Is Nothing Then
        Set gobjWord = New Word.Application
        gobjWord.Visible = True
    End If

    ' Textfelder sichtbar machen
    txtDocuModul.Visible = True
    txtDocuItem.Visible = True

    ' Je nach angewählten Optionen
    If chkDatabase Or chkComplete Then
        DocumentDatabase
    End If

    ...
    ' Weitere Optionen
    ...


End Sub
```

Die Prozedur `DocumentDatabase()` übernimmt die Dokumentation der Datenbankeigenschaften. Sie übernimmt das globale Word-Objekt, das noch kein Dokument enthält. Im ersten Schritt wird mit

```
Set oDoc = objWord.Documents.Add()
```

ein neues Dokument erstellt, das auf NORMAL.DOT basiert. Anschließend vereinbart der Aufruf

```
MakeHeaderFooter objWord, "Database »" & CurrentDb.Name & "«"
```

Kopf- und Fußzeilen für das neue Dokument. Die vollständige Prozedur zur Datenbankdokumentation zeigt das folgende Listing. Nicht alle in der Prozedur verwendeten Funktionen und Routinen sind hier im Buch aufgeführt, Sie können sie aber direkt in der Datenbankdatei DocuAid.MDA auf der CD-ROM nachschlagen.

```
Option Compare Database
Option Explicit

' Datenbankeigenschaften dokumentieren
Sub DocumentDatabase()

    Dim objWord As Word.Application
    Dim oDoc As Word.Document
    Dim prp As DAO.Property
    Dim strTempFilename  As String

    On Error GoTo err_DocumentDatabase

    ' objWord verweist auf geöffnete Word-Anwendung
    Set objWord = gobjWord

    ' Neues Word-Dokument öffnen
    Set oDoc = objWord.Documents.Add()
    ' Anzeige von Rechtschreibfehlern ausschalten
    oDoc.ShowSpellingErrors = False
    ' Kopf- und Fußzeilen erstellen
    MakeHeaderFooter objWord, "Database »" & CurrentDb.Name & "«"

    ' Überschrift erstellen
    With objWord.Selection
        .Font.Name = "Arial"
        .Font.Size = "14"
        .Font.Bold = True
        .InsertAfter "Database »" & CurrentDb.Name & "«"
        .InsertParagraphAfter
        .Collapse Direction:=wdCollapseEnd
        .Font.Bold = False
        .Style = "Standard"
        .InsertParagraphAfter
        .Collapse Direction:=wdCollapseEnd
    End With
    ' Aktualisieren des Word-Bildschirms abschalten
    objWord.ScreenUpdating = False
```

```
' für DBENGINE
FormShowItem "Datenbank dokumentieren", "DBEngine"
With objWord.Selection
    .Font.Bold = True
    .InsertAfter "DBEngine"
    .InsertParagraphAfter
    .Collapse Direction:=wdCollapseEnd
    .Font.Bold = False
    .MoveUp Unit:=wdLine, Count:=1, Extend:=wdMove
    .Borders(wdBorderBottom).LineStyle = wdLineStyleSingle
    .MoveDown Unit:=wdLine, Count:=1, Extend:=wdMove
    .Collapse Direction:=wdCollapseEnd
    .InsertParagraphAfter


    ' DBEngine-Eigenschaften ermitteln
    On Error Resume Next
    For Each prp In DAO.DBEngine.Properties
        If prp.Value <> "" And prp.Name <> "" Then
            .InsertAfter prp.Name & " = " & prp.Value & vbCrLf
            .Collapse Direction:=wdCollapseEnd
            Debug.Print prp.Name, prp.Value
        End If
    Next
    On Error GoTo err_DocumentDatabase
    .InsertParagraphAfter
    .Collapse Direction:=wdCollapseEnd


    ' DATABASE
    FormShowItem "Datenbank dokumentieren", "Database"
    .Font.Bold = True
    .InsertAfter "Database"
    .InsertParagraphAfter
    .Collapse Direction:=wdCollapseEnd
    .Font.Bold = False
    .MoveUp Unit:=wdLine, Count:=1, Extend:=wdMove
    .Borders(wdBorderBottom).LineStyle = wdLineStyleSingle
    .MoveDown Unit:=wdLine, Count:=1, Extend:=wdMove
    .InsertParagraphAfter
    .Collapse Direction:=wdCollapseEnd
```

```
' DataBase-Eigenschaften ermitteln
On Error Resume Next
For Each prp In CurrentDb.Properties
    If prp.Value <> "" And prp.Name <> "" Then
        .InsertAfter prp.Name & " = " & prp.Value & vbCrLf
        .Collapse Direction:=wdCollapseEnd
    End If
    Debug.Print prp.Name & " - " & prp.Value

Next
On Error GoTo err_DocumentDatabase
.InsertParagraphAfter
.Collapse Direction:=wdCollapseEnd

' WORKSPACE
FormShowItem "Datenbank dokumentieren", "Workspace"
.Font.Bold = True
.InsertAfter "Workspace"
.InsertParagraphAfter
.Collapse Direction:=wdCollapseEnd
.Font.Bold = False
.Collapse Direction:=wdCollapseEnd
.MoveUp Unit:=wdLine, Count:=1, Extend:=wdMove
.Borders(wdBorderBottom).LineStyle = wdLineStyleSingle
.MoveDown Unit:=wdLine, Count:=1, Extend:=wdMove
.InsertParagraphAfter
.Collapse Direction:=wdCollapseEnd

' WorkSpace-Eigenschaften
On Error Resume Next
For Each prp In DAO.DBEngine.Workspaces(0).Properties

    If prp.Value <> "" And prp.Name <> "" Then
        .InsertAfter prp.Name & " = " & prp.Value & vbCrLf
        .Collapse Direction:=wdCollapseEnd
    End If
    Debug.Print prp.Name & " - " & prp.Value

Next
.InsertParagraphAfter
End With
```

```vba
    On Error GoTo err_DocumentDatabase
    ' Word-Bildschirmaktualisierung einschalten
    objWord.ScreenUpdating = True
    ' Zum Anfang des Dokuments springen
    objWord.Selection.HomeKey Unit:=wdStory, Extend:=wdMove

    Set objWord = Nothing
    Exit Sub

err_DocumentDatabase:
    Dim lngErr
    If Not objWord Is Nothing Then
        objWord.ScreenUpdating = True
    End If
    Set objWord = Nothing
    lngErr = Errorhandler(strModul:="DocuAid2000- DocumentDatabase", _
                          intclass:=conFatalError)
    Exit Sub
End Sub

' Kopf- und Fußzeilen vereinbaren
Public Sub MakeHeaderFooter(objWord As Word.Application, _
                                        strTitle As String)

    On Error GoTo err_MakeHeaderFooter

    ' Einfache Kopf- und Fußzeilen ohne Besonderheiten
    With objWord.ActiveDocument.Sections(1)
        With .Headers(wdHeaderFooterPrimary).Range
            .Text = strTitle & vbTab & vbTab
            .Font.Name = "Arial"
            .Collapse Direction:=wdCollapseEnd
            .InsertDateTime
            'Absatz grau unterstreichen
            .Borders(wdBorderBottom).LineStyle = wdLineStyleSingle
            .Borders(wdBorderBottom).ColorIndex = wdGray50
        End With
        With .Footers(wdHeaderFooterPrimary).Range
            .Text = "by Programmiererei Nicol - Frankfurt" & _
                                                vbTab & vbTab
            .Font.Name = "Times New Roman"
            .Font.Size = 10
```

```
        .Collapse Direction:=wdCollapseEnd
        ' Einfügen: »Seitenzahl / Gesamtzahl Seiten«
        ' als Feldfunktionen
        .Select
        .Fields.Add Range:=objWord.Selection.Range, _
                                            Type:=wdFieldPage
        .Collapse Direction:=wdCollapseEnd
        .Select
        objWord.Selection.TypeText "/"
        .Collapse Direction:=wdCollapseEnd
        .Select
        .Fields.Add Range:=objWord.Selection.Range, _
                                    Type:=wdFieldNumPages

    End With
    objWord.ActiveDocument.Select
    objWord.ActiveWindow.View = wdNormalView
    objWord.ActiveWindow.View.SplitSpecial = wdPaneNone
  End With
  Exit Sub


err_MakeHeaderFooter:
    Dim lngErr
    lngErr = Errorhandler(strModul:="DocuAid2000 - MakeHeadFooter", _
                          intclass:=conFatalError)
End Sub
```

19.3 Beispiel 2: Ausfüllen von Word-Textmarken

In unseren Projekten war eine häufige Forderung unserer Kunden, dass Inhalte einer Tabelle oder Inhalte von Steuerelementen eines Formulars in ein Word-Dokument übertragen werden sollten. Liegen die an Word zu übertragenden Daten in einer Tabelle oder Abfrage vor, bietet sich die Word-Serienbrieffunktion an. Wir möchten Ihnen in diesem Abschnitt eine andere Lösungsvariante vorstellen, bei der Textmarken in einem Word-Dokument mit Inhalten eines Access-Formulars gefüllt werden. Die Lösung kann beispielsweise eingesetzt werden, um schnell eine Word-Dokumentvorlage aufzurufen, mit den entsprechenden Werten aus dem Formular zu füllen und dann in einer festlegbaren Anzahl von Exemplaren auszudrucken. „Warum der Umweg über Word, warum wird nicht einfach ein Bericht verwendet?" könnten Sie jetzt einwenden. Ganz einfach: Die Word-Vorlage kann und darf durch den Anwender geändert und bearbeitet werden. Der Anwender muss nur darauf achten, die entsprechenden Textmarken in seine Vorlage aufzunehmen. Eine Änderung der Vorlage erfordert somit keine Anpassung des Access-Programms.

Word-Textmarken sind unsichtbare Platzhalter, die an beliebigen Stellen in ein Word-Dokument eingefügt werden können. Eine Textmarke erhält einen eindeutigen Namen, über den sie gezielt angesprochen werden kann.

Wir haben ein einfach zu verwendendes Klassenmodul entwickelt, das den Aufruf von Word, das Laden der entsprechenden Vorlage und das Füllen der Textmarken mit Inhalten des aktiven Formulars automatisiert. Das Einsetzen der Inhalte wird dabei nach dem folgenden Schema vorgenommen: Es werden alle Steuerelemente vom Typ Textfeld, Bezeichnungsfeld und Kombinationsfelder durchlaufen. Jedes Steuerelement hat einen Namen, der in den Eigenschaften des Steuerelements festgelegt wird. Der Inhalt des Steuerelements wird dann in die Word-Vorlage übernommen, wenn im Text eine Textmarke mit gleichem Namen existiert. Wenn also beispielsweise auf dem Formular ein Steuerelement mit dem Namen *txtNachname* definiert ist, wird beim Einfügen in die Word-Vorlage der Inhalt des Steuerelements in die Textmarke *txtNachname* eingesetzt. Soll der Nachname in der Word-Vorlage mehrfach verwendet werden, ist die Klasse so programmiert, dass auch Textmarken mit der Bezeichnung *txtNachname_0* bis *txtNachname_9* entsprechend gefüllt werden.

In Bild 19.5 ist ein Formular abgebildet, das die Felder Cocktail und Zubereitung der Tabelle *tblCocktail* zeigt. Zusätzlich wird der Name der zu verwendenden Word-Dokumentvorlage angegeben. Die Schaltfläche mit der Aufschrift *Druck mit Word-Vorlage* soll die Beispielvorlage in Word öffnen und die Inhalte der Felder des Formulars in die Vorlage einfügen.

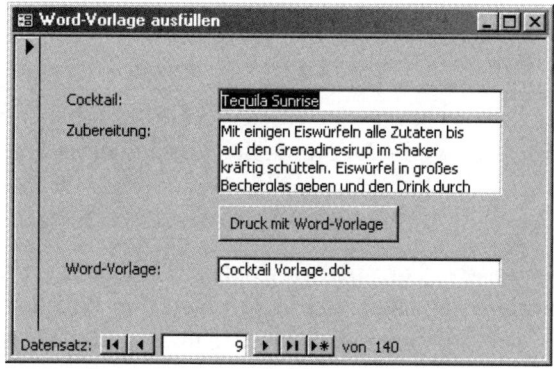

Bild 19.5: Formular frmWordVorlageAusfüllen

Bei einem Klick auf die Schaltfläche *Druck mit Word-Vorlage* wird die folgende Prozedur ausgeführt, in der die Klasse `clsWordTextmarken` verwendet wird. Das Listing der Klasse finden Sie weiter unten.

Innerhalb der Prozedur wurde die Klasse mit dem `Dim`-Befehl deklariert und anschließend mit `Set` eine neue Instanz der Klasse erzeugt. Bei der Initialisierung der Klasse wird automatisch ein Verweis auf das aktuelle Formular generiert, sodass die Klasse weiß, welches Formular die Steuerelemente zur Übergabe an die Word-Vorlage enthält (siehe Sub `Class_Initialize()` im Klassenlisting). Die Klasse enthält zusätzlich die Eigenschaft `Form`, mit deren Hilfe ein Verweis auf ein Formular gesetzt werden kann.

Beachten Sie dabei, dass die Klasse nicht schon beim Laden des Formulars (`Form_Load`) mit `Set` initialisiert werden sollte, denn dann liefert der in `Class_Initialize` verwendete Befehl `Screen.ActiveForm` noch nicht den Verweis auf das sich gerade öffnende Formular zurück.

```
Private Sub cmdDruck_Click()
    ' Für Einfüllen in Textmarken der im
    ' Formular angegebenen Word-Vorlage
    Dim WordTextmarken As clsWordTextmarken

    ' Neues Objekt erzeugen, da wird ein Verweis auf
    ' das aktuelle Formular generiert
    Set WordTextmarken = New clsWordTextmarken
    ' Ausfüllen der Steuerelemente in die Vorlage
    If Not WordTextmarken.FillTemplate(txtWordVorlage) Then
        MsgBox "Word-Vorlage nicht ausgefüllt!"
    End If
    ' Zerstören des Objekts
    Set WordTextmarken = Nothing
End Sub
```

Der eigentliche Vorgang des Ausfüllens in die Word-Vorlage erledigt die Funktion `FillTemplate`, der der Name der Word-Vorlage übergeben wird. Hierbei haben wir vereinbart, dass, wenn der Name der Vorlage ohne Pfad übergeben wird (kein »\« im Namen), die Funktion die Vorlage in dem Ordner erwartet, der in Word (in *Extras/Optionen*) als Pfad für Benutzervorlagen festgelegt ist.

Die Klasse verwendet das Formular *frmDlgAusgabe*, um die Anzahl der auszudruckenden Exemplare vom Benutzer abzufragen. Ein Bild des Formulars sowie den dazugehörenden Code finden Sie im Anschluss an das Klassenlisting.

```
' Klassenmodul clsWordTextmarken
'
' Mithilfe dieser Klasse können die Inhalte
' der Steuerelemente vom Typ Text-, Bezeichnungs-
' oder Kombinationsfeld in ein Word-Dokument
' eingefügt werden. Dazu wird eine Word-Vorlage
' verwendet, in der Textmarken angelegt sind. Hat
' eine Textmarke den gleichen Namen wie ein
' Steuerelement des Formulars, so wird der Inhalt
' des Steuerelements in die Textmarke eingefügt.
' Um mehrfaches Einsetzen zu ermöglichen, also den
' Inhalt eines Steuerelements in mehrere Textmarken
' einzufügen, kann den Textmarkennamen _0 bis _9
' angehängt werden. Somit kann ein Steuerelementinhalt
' bis zu 10 mal eingesetzt werden.

Option Compare Database
Option Explicit

' Verweis auf das Formular, dessen Steuerelemente
' in die Textmarken der Word-Vorlage
' eingesetzt werden
Dim mFrm As Form

' Setzen des zu bearbeitenden Formulars
Property Set Form(f As Form)
    Set mFrm = f
End Property

' Einsetzen der Inhalte der Steuerelemente
' in gleichnamige Textmarken in der Word-Vorlage

Function FillTemplate(ByVal Vorlage As String) As Boolean
    ' Word 2000
    Dim oWordApp As Word.Application
    Dim oWord As Word.Document
    Dim wrdBookmark As Word.Bookmark
    ' Steuerelemente
    Dim ctl As Control
    Dim ctlActive As Control
```

```
Dim strTmp As String
Dim strBookmark As String

On Error GoTo err_

' Ist ein Formular festgelegt?
If mFrm Is Nothing Then
    MsgBox "Kein Formular angegeben!"
    FillTemplate = False
    Exit Function
End If

' Aktives Steuerelement merken
Set ctlActive = mFrm.ActiveControl

' Sanduhr einschalten
DoCmd.Hourglass True

' Neue Instanz von Word erzeugen,
' wenn Word noch nicht geöffnet wurde,
' wird Word zwar geladen, das Word-Fenster
' ist aber unsichtbar
Set oWordApp = New Word.Application
' Wenn ein Backslash im String »Vorlage« vorkommt,
' wird davon ausgegangen, dass der String den Namen
' der Vorlage mit dem kompletten Pfad enthält
If InStr(Vorlage, "\") = 0 Then
    ' Wenn kein Backslash, dann Pfad der
    ' benutzerspezifischen Vorlagen setzen
    Vorlage = oWordApp.Options.DefaultFilePath(wdUserTemplatesPath) _
                       & "\" & Vorlage
End If

' Neues Dokument mit Vorlage erzeugen
Set oWord = oWordApp.Documents.Add(Vorlage)

'Für jedes Steuerelement des Formulars
For Each ctl In mFrm.Controls
    ' nur für Text-, Bezeichnungs- und Kombinationsfelder
    If ctl.ControlType = acTextBox Or _
        ctl.ControlType = acLabel Or _
```

```
        ctl.ControlType = acComboBox Then

        ' Für alle Textmarken in Word-Vorlage
        For Each wrdBookmark In oWord.Bookmarks
            ' Namen der Textmarke ermitteln
            strBookmark = wrdBookmark.Name

            ' für *_0 bis *_9
            If Right(strBookmark, 2) Like "_#" Then
                strBookmark = Left(strBookmark, Len(strBookmark) - 2)
            End If

            ' Wenn der Name der Textmarke gleich dem Namen
            ' des Steuerelements
            If strBookmark = ctl.Name Then

                ' Je nach Typ des Steuerelements
                Select Case ctl.ControlType
                Case acTextBox
                    ' bei Textfeldern kann der Text nur über
                    ' ctl.Text ausgelesen werden, wenn das
                    ' Steuerelement den Fokus besitzt
                    ctl.SetFocus
                    wrdBookmark.Range.InsertAfter ctl.Text
                Case acComboBox
                    ' Bei Kombinationsfeldern den Wert der
                    ' ersten Spalte einsetzen
                    wrdBookmark.Range.InsertAfter ctl.Column(1)
                Case acLabel
                    ' Bei Bezeichnungsfeldern Caption verwenden
                    wrdBookmark.Range.InsertAfter ctl.Caption
                End Select
            End If
        Next
    End If
Next
' Dem vorher aktiven Steuerelement den Fokus zurückgeben, da wegen
' der Behandlung von Textfeldern der Fokus ggf. versetzt wurde
ctlActive.SetFocus
```

```
' Sanduhr abschalten
DoCmd.Hourglass False

' Dialogfeld öffnen, um abzufragen,
' ob das erstellte und gefüllte Word-Dokument
' gedruckt oder in Word angezeigt werden soll
Dim frmDlg As New Form_frmDlgAusgabe
' Solange das Dialogfeld sichtbar ist...
Do
    DoEvents
Loop Until Not frmDlg.Visible

' Auswahl im Dialogfeld über die Eigenschaft Result
Select Case frmDlg.Result
' Ausdruck
Case 1:
    ' Word-Fenster sichtbar machen
    oWordApp.Visible = True
    ' Word aktivieren
    oWordApp.Activate
    ' aktuelles Dokument ausdrucken, die Anzahl der Exemplare
    ' über Dialogfeld bestimmen
    oWord.PrintOut Copies:=frmDlg.Exemplare, _
            Background:=False 'nicht im Hintergrund
    ' Word schließen, Dokument nicht speichern
    oWordApp.quit SaveChanges:=False
    ' Word-Objekt zerstören
    Set oWordApp = Nothing

' Anzeige in Word
Case 2:
    ' Word-Fenster sichtbar machen
    oWordApp.Visible = True
    ' Word aktivieren
    oWordApp.Activate
End Select

' Dialogfenster zerstören
Set frmDlg = Nothing
```

```
    ' Funktion meldet Erfolg zurück
    FillTemplate = True

    Exit Function
err_:
    ' Sanduhr abschalten
    DoCmd.Hourglass False

    Select Case err.Number
    Case 5151, 5137:
        MsgBox "Vorlage »" & Vorlage & _
                "« nicht gefunden! (Fehler " & err.Number & ")"
    Case Else
        MsgBox err.Number & " - " & err.Description
    End Select

    If Not oWordApp Is Nothing Then
        ' Word schließen
        oWordApp.quit SaveChanges:=False
        Set oWordApp = Nothing
    End If

    'Misserfolg zurückmelden
    FillTemplate = False
    Exit Function
End Function


Private Sub Class_Initialize()
    ' Im Normalfall wird die Klasse innerhalb eines Formulars aufgerufen,
    ' damit kann automatisch das aktuelle Formular ermittelt werden.
    ' Im Fehlerfall ist mFrm undefiniert und kann über die Eigenschaft
    ' Form gesetzt werden.
    On Error Resume Next
    Set mFrm = Screen.ActiveForm
End Sub
```

Das folgende Bild zeigt das Dialogfeld, das vom Benutzer die Anzahl der Exemplare abfragt, alternativ kann die ausgefüllte Vorlage in Word angesehen werden.

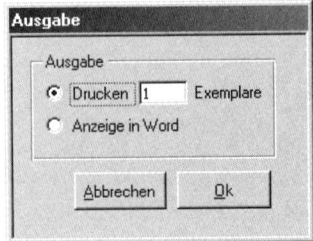

Bild 19.6: Formular frmDlgAusgabe

Für das Formular wurden die im folgenden Listing abgedruckten Prozeduren vereinbart. Mithilfe der Eigenschaft Exemplare kann die Anzahl der Exemplare gesetzt und abgefragt werden.

```
Option Compare Database
Option Explicit

' Für das Endergebnis
Dim mResult As Integer

' Dialogfeld wird abgebrochen
Private Sub cmdAbbrechen_Click()
    mResult = 0
    Me.Visible = False
End Sub

' Auswahl ist getroffen
Private Sub cmdOK_Click()
    mResult = fraAusgabe
    Me.Visible = False
End Sub

Private Sub Form_Load()
    ' Formular sichtbar schalten
    ' Wichtig, da Formular als Objekt
    ' verwendet wird
    Me.Visible = True
    mResult = 0
End Sub
```

```
' Setzen des Ergebniswertes
Private Sub fraAusgabe_Click()
    mResult = fraAusgabe
End Sub


' Eigenschaft, um Ergebnis abzufragen
Property Get Result() As Integer
    Result = mResult
End Property


' Eigenschaft, um Anzahl der Exemplare abzufragen
Property Get Exemplare() As Integer
    Exemplare = Val(txtExemplare)
End Property


' Eigenschaft, um Anzahl der Exemplare zu setzen
Property Let Exemplare(Ex As Integer)
    txtExemplare = Ex
End Property
```

19.4 Beispiel 3: Komplexe Rechnungen mit Excel

Für viele komplexe Berechnungen sind die in Access zur Verfügung stehenden mathematischen Funktionen nicht ausreichend. Selbst einfache Funktionen zum Runden von Nachkommastellen fehlen in Access. Es bietet sich daher an, die große Anzahl mathematischer Funktionen von Microsoft Excel in Access zu nutzen. Allerdings hat die Verwendung von Excel den Nachteil, dass für die Nutzung der Funktionen Excel komplett als Objekt in den Speicher geladen werden muss, was einige Zeit dauert und erhebliche Mengen an Hauptspeicher erfordert. Die Funktionen von Excel in der im folgenden Beispiel beschriebenen Weise einzusetzen, ist nur sinnvoll, wenn aufwändige mathematische Berechnungen in Access durchgeführt werden sollen.

Im Beispiel wird die Excel-Tabellenfunktion Round() (Runden()) aufgerufen. Sie ist eine Methode des Objekts WorkSheetFunction, das alle Tabellenblattfunktionen enthält.

```
' MODUL: basExcelAutomatisierung
Option Compare Database
Option Explicit

Dim objExcel As New Excel.Application

Sub ExcelTest()
    Dim dblA As Double
    Dim dblB As Double
    Dim lngCocktail As Long
    Dim strCocktail As String

    On Error GoTo err_ExcelTest

    ' Eingabe einer Cocktailbezeichnung
    strCocktail = InputBox("Cocktail:", "Alkoholgehalt ermitteln")
    If strCocktail = "" Then Exit Sub

    ' Cocktailnummer ermitteln
    On Error Resume Next
    lngCocktail = DLookup("[cocktailnr]", _
            "tblCocktail", "[cocktail]=""" & strCocktail & _
                                                        """")

    If lngCocktail = 0 Then Exit Sub
    On Error GoTo err_ExcelTest

    ' Alkoholgehalt des Cocktails ermitteln
    dblA = fAlkoholgehalt(lngCocktail)

    ' auf zwei Nachkommastellen runden
    dblB = objExcel.WorksheetFunction.Round(dblA, 2)
    MsgBox dblB

    objExcel.Quit
    Set objExcel = Nothing

exit_ExcelTest:
    Exit Sub

err_ExcelTest:
    MsgBox "Fehler: " & Err.Number
    Resume exit_ExcelTest
End Sub
```

19.5 Automatisierung mit Ereignissen

Durch das neue Befehlswort `WithEvents` ist es möglich, auf Ereignisse in Anwendungen zu reagieren, die durch Automatisierungsbefehle gesteuert werden. Damit können Sie beispielsweise über Ereignisse, die in Word oder Excel eingetreten sind, in Ihrer Applikation benachrichtigt werden. Im Objektkatalog werden behandelbare Objektereignisse durch den »Blitz« gekennzeichnet. Im nächsten Bild beispielsweise ist das Ereignis `DocumentChange` des Word-Objekts selektiert.

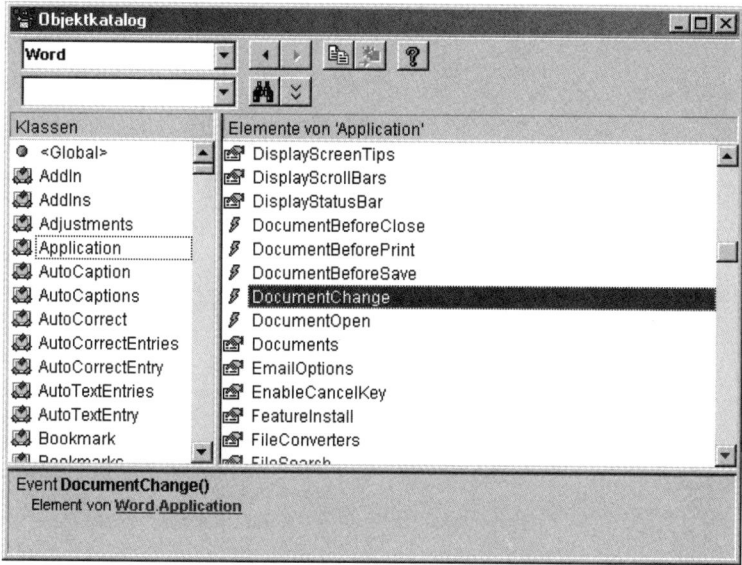

Bild 19.7: Ereignis im Objektkatalog

Wir möchten Ihnen die Anwendung des `WithEvents`-Befehls mithilfe der schon oben beschriebenen DocuAid2000-Applikation erläutern. Wie dort erwähnt, können verschiedene Teile einer Datenbank nacheinander mit DocuAid2000 dokumentiert werden. DocuAid2000 öffnet Word aber nur beim ersten Aufruf der Dokumentation, d.h., werden mehrere Teile hintereinander dokumentiert, geht DocuAid2000 davon aus, dass Word initialisiert und geöffnet ist. DocuAid2000 stürzt ab, wenn zwischen zwei Dokumentationsaufrufen Word »per Hand« geschlossen wird. Um diesen Absturz zu verhindern, werden wir DocuAid2000 so verändern, dass das Programm auf das Ereignis »Schließen« (Quit) von Word reagiert.

Der Einsatz von `WithEvents` ist etwas aufwändig, denn er erfordert ein eigenständiges Klassenmodul oder ein Formularklassenmodul für die Deklaration. Das folgende Listing zeigt die Definition des Klassenmoduls `clsWordEvents`. Mit der Deklaration

```
Private WithEvents mobjWord As Word.Application
```

wird erreicht, dass das Word-Ereignis an `mobjWord` weitergereicht wird. In der Routine `Class_Initialize()` wird eine neue Instanz von Word erzeugt.

```
' KLASSENMODUL: clsWordEvents
Option Compare Database
Option Explicit

Private WithEvents mobjWord As Word.Application

Private Sub Class_Initialize()
    Set mobjWord = New Word.Application
End Sub

Property Get WordObject() As Word.Application
    Set WordObject = mobjWord
End Property

Private Sub mobjWord_DocumentChange()
    Debug.Print "Aktuelles Word-Dokument: "; mobjWord.ActiveDocument.Name
End Sub

Private Sub mobjWord_Quit()
    ' Wenn Word verlassen wird, Variable zurücksetzen
    Set gobjWord = Nothing
End Sub
```

In der Klasse `clsWordEvents` sind Behandlungsroutinen für die Word-Ereignisse `Quit` und `DocumentChange` vereinbart worden. Für `DocumentChange`, d.h., für Ereignisse, die bei Änderungen an einem Word-Dokument eintreten, wurde zur Demonstration eine Ausgabe im Testfenster definiert. Für DocuAid2000 ist nur das Ereignis `Quit` interessant: Hierbei wird die globale Variable `gobjWord` zurückgesetzt, denn nach dem `Quit`-Ereignis gibt es die Word-Anwendung nicht mehr, auf die die Variable gezeigt hat.

Das DocuAid2000-Modul mit den globalen Deklarationen wurde um eine Deklaration für ein Objekt auf Basis der Klasse `clsWordEvents` erweitert.

```
' MODUL: basDocuAidGlobals
```

```
' Globale Variable für Word
' wird initialisiert in Form_frmDocuAid
Global gobjWord As Word.Application

' Zur Behandlung von Word-Ereignissen
Global gobjWordEvents As clsWordEvents
```

Beim Laden des zentralen Formulars frmDocuAid des DocuAid2000-Add-Ins wird das globale Klassenobjekt initialisiert. Die Eigenschaft WordObject gibt das Word-Objekt zurück, das beim Initialisieren der Klasse erstellt wird.

```
Private Sub Form_Load()
    ' Word-Ereignisbehandlung initialisieren
    Set gobjWordEvents = New clsWordEvents
    Set gobjWord = gobjWordEvents.WordObject
End Sub
```

Der Beginn der Prozedur cmdDocuAid_Click() wurde entsprechend modifiziert, damit sowohl das Klassenobjekt als auch das Word-Objekt definiert werden.

```
Private Sub cmdDocuAid_Click()

    ' Word initialisieren und anzeigen
    If gobjWord Is Nothing Then
        Set gobjWordEvents = New clsWordEvents
        Set gobjWord = gobjWordEvents.WordObject
    End If
    gobjWord.Visible = True
    ...
    ...
End Sub
```

Wird Word vorzeitig beendet, so wird in der Behandlungsroutine mobj-Word_Quit() in der Klasse clsWordEvents für das Ereignis Quit des Word-Objekts der Wert der Variablen gobjWord auf Nothing gesetzt. Das hat zur Folge, dass bei einem weiteren Aufruf der Prozedur cmdDocuAid() die Initialisierung der Klasse erneut durchlaufen und damit eine neue Instanz von Word in den Speicher geladen wird.

19.6 Ausführen von Makros anderer Anwendungen

Alle Office 2000-Anwendungen verfügen über die Möglichkeit, VBA-Programme in der jeweiligen Anwendung zu schreiben. Ebenso lassen sich eine Vielzahl von Windows-Applikationen, die Automatisierung unterstützen, mit eingebauten (Makro-) Programmiersprachen programmieren. Es ist zudem möglich, aus Access-VBA-Programmen per Automatisierung Makros und Programme in anderen Anwendungen zu starten.

Wir möchten Ihnen die Möglichkeiten anhand eines kleinen Beispiels beschreiben. Im Beispiel wird Excel per Automatisierung geladen und eine vorbereitete Excel-Datei geöffnet. Aus Access heraus werden Daten in das Excel-Arbeitsblatt eingetragen und anschließend wird ein Excel-VBA-Makro gestartet, der aus den Daten eine einfache Grafik erzeugt.

Im folgenden Bild sehen Sie auf der rechten Seite die Definition des Excel-Makros ZeichneGrafik(). Das Makro selektiert die Zellen A1 bis A5 des aktiven Arbeitsblatts, erstellt eine Grafik und ermittelt in der Zelle A6 die Summe über die Werte in A1:A5.

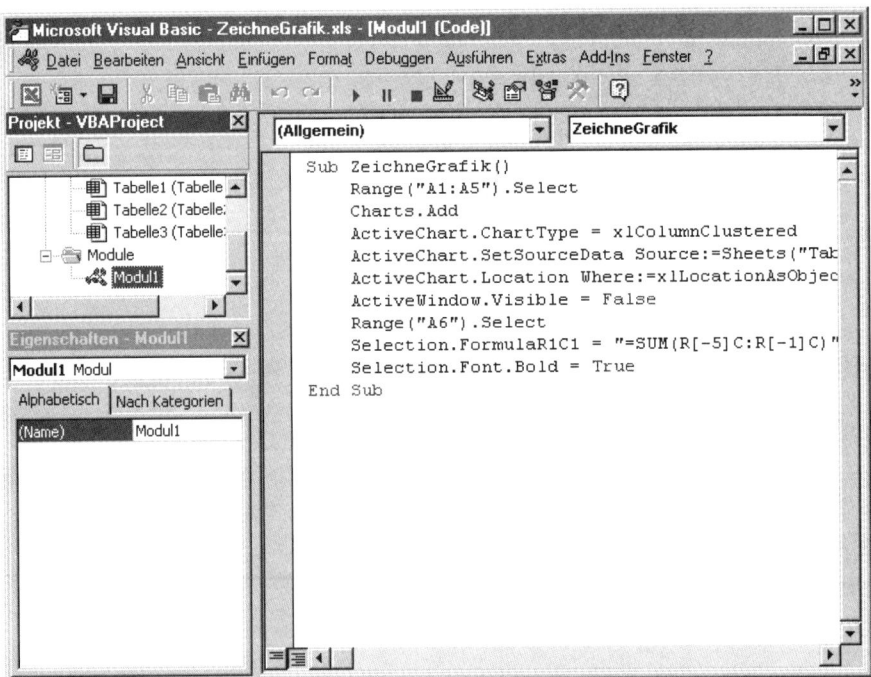

Bild 19.8: Excel-Makro im Visual Basic-Editor

In Access wird mit dem folgenden Programm Excel gestartet und die Datei geladen. Es werden die Werte übergeben und das Makro wird ausgeführt. Das Ergebnis zeigt das Bild nach dem folgenden Listing. Das Excel-Makro wird mit dem Befehl

```
objExcel.Run "ZeichneGrafik"
```

ausgeführt. Die Methode Run des Excel-Objekts ruft den angegebenen Makro auf, wobei bis zu 30 Parameter mitgegeben werden können.

```
Private objExcel As New Excel.Application

Sub ExcelMakroTest()
    Dim intTmp As Integer
    Dim objExcelWorkSheet As Excel.Worksheet

    ' Excel sichtbar machen
    objExcel.Visible = True
    objExcel.ScreenUpdating = True
    ' XLS-Datei laden
    objExcel.Workbooks.Open "ZeichneGrafik.xls"
    ' Arbeitsblatt 'Tabelle2' aktivieren
    Set objExcelWorkSheet = _
                objExcel.ActiveWorkbook.Worksheets("Tabelle2")
    objExcelWorkSheet.Activate

    ' Zahlen eintragen
    For intTmp = 1 To 5
        objExcel.Range("A" & Trim(CStr(intTmp))).Formula = intTmp * 100
    Next
    ' Makro aufrufen
    objExcel.Run "ZeichneGrafik"
End Sub
```

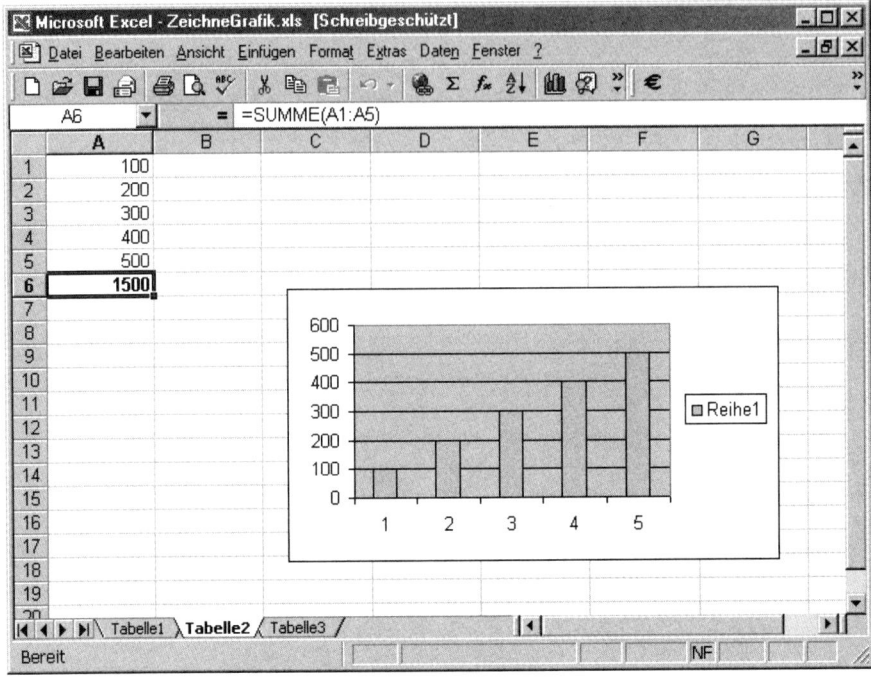

Bild 19.9: Ergebnis des Excel-Makros

20 ActiveX-Steuerelemente

In diesem Kapitel möchten wir Ihnen ActiveX-Steuerelemente vorstellen, mit deren Hilfe Sie Access um eine Reihe interessanter Fähigkeiten ergänzen können. Zwei ActiveX-Steuerelemente werden mit Access ausgeliefert, eine größere Anzahl gehört zur Entwicklungsumgebung »Microsoft Office 2000 Developer« (MOD).

20.1 ActiveX-Grundlagen

ActiveX-Steuerelemente sind Softwaremodule, die in allen Applikationen eingesetzt werden können, die die ActiveX-Schnittstelle bedienen können. ActiveX-Steuerelemente sind eine Weiterentwicklung der OCX-Steuerelemente, die in den Access-Versionen 2.0 und 7.0 verwendet werden konnten. OCX-Elemente sind wiederum aus den wiederverwendbaren VBX-Steuerelementen für die Programmiersprache Visual Basic hervorgegangen.

Microsoft hat für ActiveX-Steuerelemente, im Gegensatz zu den OCX-Elementen, den Schwerpunkt auf den Einsatz im Internet gelegt. Der Vorteil ist dabei, dass die ActiveX-Elemente relativ klein und schnell programmiert wurden, dafür wurde aber auf viele Komponenten der ursprünglich vereinbarten OCX-Schnittstelle verzichtet. Die Konsequenz daraus ist, dass nicht jedes ActiveX-Steuerelement von Access verwendet werden kann.

ActiveX-Steuerelemente sind als Objekte ausgeführt, d.h., in ihnen ist eine Funktionalität gekapselt, die durch definierte Schnittstellen angesprochen werden kann. Damit kann ein ActiveX-Steuerelement von jeder Anwendung genutzt werden, die die Schnittstelle ansprechen kann.

In Access nutzbare ActiveX-Steuerelemente lassen sich wie normale Access-Steuerelemente verwenden. Sie können beliebig auf einem Formular positioniert werden und die meisten ihrer Eigenschaften können im Eigenschaftenfenster zum Steuerelement festgelegt werden. Zusätzlich stellen die meisten ActiveX-Steuerelemente ein spezifisches Dialogfeld für Einstellungen zur Verfügung. Im weiteren Verlauf des Kapitels weisen wir Sie bei der Beschreibung der Steuerelemente auf die entsprechenden Einstellungsmöglichkeiten hin.

Eine Reihe von ActiveX-Steuerelementen sind auf die Nutzung mit Access hin konzipiert, sodass sie Tabellenfeldern von gebundenen Formularen zugeordnet werden können.

Der größte Nachteil

Der größte Nachteil beim Einsatz der ActiveX-Steuerelemente ist die teilweise unzureichende Dokumentation.

20.1.1 Registrieren von ActiveX-Steuerelementen

Bei der Installation von Access werden zwei, bei der Installation der Microsoft Office 2000 Developer-Tools (MOD) werden die restlichen in diesem Kapitel beschriebenen Steuerelemente auf dem Rechner installiert. Um ein ActiveX-Steuerelement verwenden zu können, muss es entsprechend eingerichtet sein. Das bedeutet insbesondere, dass die korrekten Registrierungseinträge vereinbart sein müssen.

Verwenden Sie die Steuerelemente in Ihren Applikationen, müssen Sie sicherstellen, dass die entsprechenden ActiveX-Steuerelemente auch auf dem Zielrechner installiert sind. Arbeiten Sie mit den MOD-Tools, so können Sie mithilfe des Setup-Assistenten (siehe Kapitel 23, »Anwendungsentwicklung«) ein Installationsprogramm generieren, das die entsprechenden ActiveX-Steuerelemente einrichtet oder aktualisiert.

! **Sind schon ActiveX-Steuerelemente installiert?** Es ist durchaus möglich, dass bereits ActiveX-Steuerelemente auf Ihrem Rechner installiert sind, da diese teilweise von anderen Windows-Anwendungen eingerichtet werden.

Mithilfe des über *EXTRAS ActiveX-Steuerelemente* aufrufbaren Dialogfeldes, das im folgenden Bild gezeigt ist, können Sie feststellen, welche Steuerelemente auf Ihrem System installiert und registriert sind.

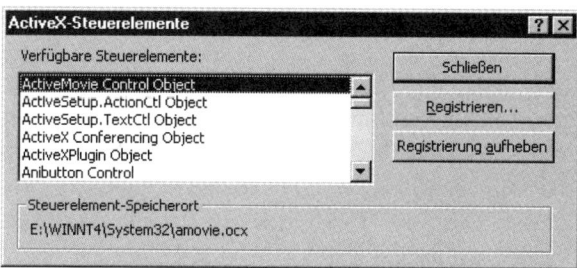

Bild 20.1: ActiveX-Steuerelemente

Über die Schaltfläche *Registrieren* können Sie neue ActiveX-Steuerelemente registrieren, über *Registrierung aufheben* nicht mehr benötigte Elemente entfernen.

20.1.2 Verweise auf ActiveX-Steuerelemente

Um die in diesem Kapitel beschriebenen ActiveX-Steuerelemente von Access und der Microsoft Office 2000 Developer-Tools nutzen zu können, müssen Sie Verweise auf die entsprechenden Bibliotheken erstellen. Das folgende Dialogfeld, das Sie über *EXTRAS Verweise* aufrufen, zeigt mit den letzten vier angekreuzten Einträgen die benötigten Bibliotheken.

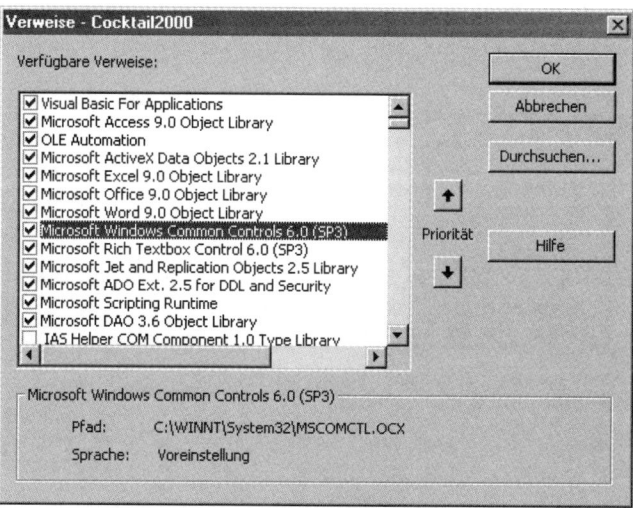

Bild 20.2: Verweise auf ActiveX-Steuerelemente

20.1.3 ActiveX-Steuerelemente im Lieferumfang

Mit Access wird das ActiveX-Steuerelement Kalender ausgeliefert. Die Microsoft Office 2000 Developer-Tools enthalten die ActiveX-Steuerelemente: Abbildungslisten, Listenansicht, RichText-Feld, Schieberegler, AufAb, Statusleiste, Symbolleiste, Fortschrittsleiste, Register, Hierarchieansicht, FlexGrid, Hierarchisches FlexGrid, DataCombo, DataList, DataGrid, ADO Data Control, Chart, Date an Time Picker und einige weitere.

Auf der »Microsoft Office 2000 Developer«-CD-Rom finden Sie im Ordner *\ODETools\v9\Samples\opg\sample applications\CustomControls* eine Beispieldatenbank, in der Anwendungen der ActiveX-Steuerelemente gezeigt werden.

20.2 Unerlässliche Hilfe: Der Objektkatalog

Für jedes ActiveX-Steuerelement sind spezifische Eigenschaften, Methoden und Ereignisse definiert. Eine wertvolle Hilfestellung beim Umgang mit ActiveX-Steuerelementen ist deshalb der Objektkatalog. Der Objektkatalog kann in der Modulansicht über die gleichnamige Schaltfläche oder mithilfe der [F2]-Taste aufgerufen werden. Im folgenden Bild sehen Sie die Eigenschaften eines Panels, eines Elements des ActiveX-Statusleisten-Steuerelements.

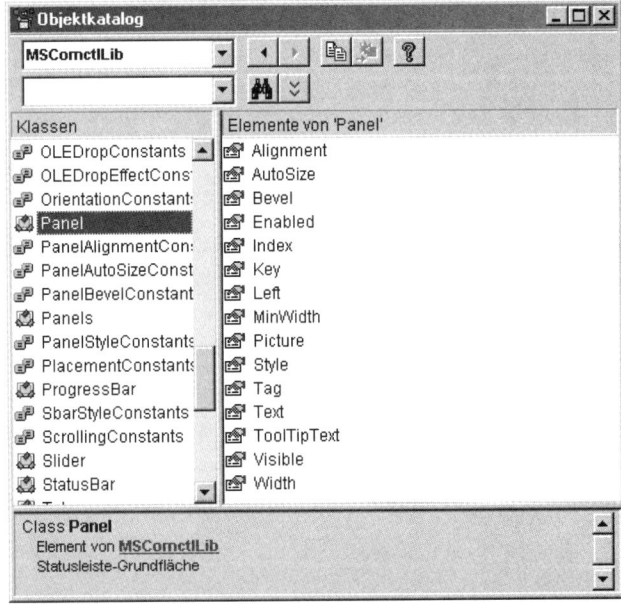

Bild 20.3: Objektkatalog

In allen Tabellen, die die Eigenschaften, Methoden und Ereignisse der ActiveX-Steuerelemente in diesem Kapitel beschreiben, werden die Symbole des Objektkatalogs verwendet. Mit

 werden Eigenschaften, mit

 Methoden dargestellt und

 kennzeichnet Ereignisse.

20.3 Die ActiveX-Steuerelemente

Wir möchten Ihnen in diesem Abschnitt die mit Access bzw. MOD ausgelieferten ActiveX-Steuerelemente kurz anhand einfacher Anwendungsbeispiele vorstellen. Im Anschluss daran finden Sie ein aufwändigeres Beispiel, in dem sechs der beschriebenen ActiveX-Steuerelemente zum Einsatz kommen.

20.3.1 Kalender

Das Kalender-Steuerelement kann auf Formularen zur schnellen und bequemen Eingabe bzw. Anzeige von Datumswerten genutzt werden.

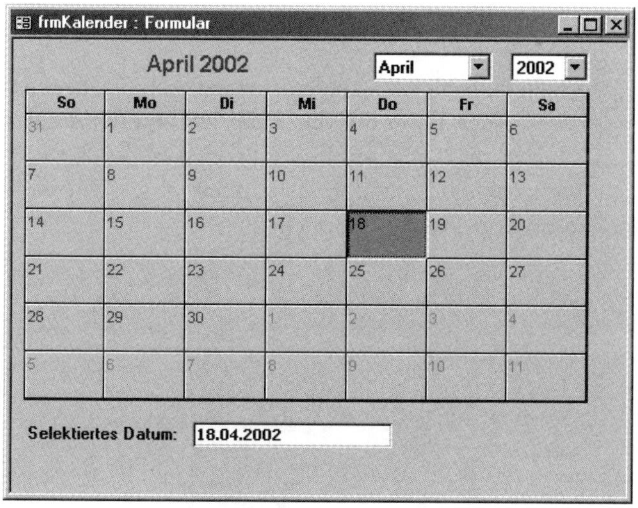

Bild 20.4: Beispielformular

Das folgende Bild zeigt einen Ausschnitt des Eigenschaftsfensters des Kalender-Steuerelements. Das Aussehen und die Funktionalität des angezeigten Kalenders kann auf Ihre Anforderungen angepasst werden. So lässt sich beispielsweise beschränken, dass nur die Tage des aktuellen Monats dargestellt werden oder dass der Monat nicht ausgeschrieben, sondern abgekürzt mit drei Buchstaben angegeben wird.

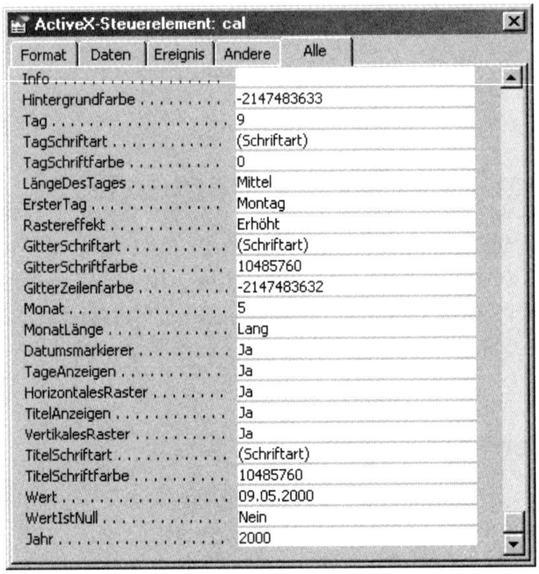

Bild 20.5: Eigenschaften eines Kalender-Steuerelements

Das Kalender-Steuerelement bietet, wie die meisten ActiveX-Elemente, die Eigenschaft *Benutzerdefiniert*. Selektieren Sie die Zeile im Eigenschaftsfenster und klicken auf die Schaltfläche mit den drei Punkten rechts in der Zeile, wird ein spezifisches Eigenschaftsdialogfeld geöffnet, das Ihnen eine schnelle und bequeme Einstellung der Kalenderoptionen ermöglicht.

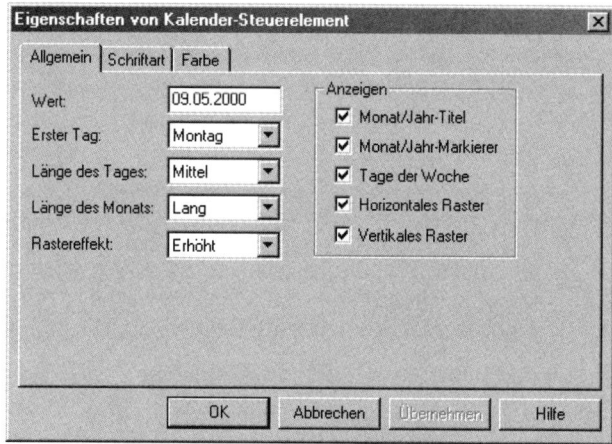

Bild 20.6: Kalendereigene Eigenschaften

Alternativ erreichen Sie das Dialogfeld, indem Sie das Kontextmenü des Kalender-Steuerelements aufrufen und dort *Kalender-Steuerelement-Objekt Eigenschaften* bzw. den entsprechenden Eintrag im *BEARBEITEN*-Menü aufrufen.

Bei gebundenen Formularen kann das Kalender-Steuerelement an ein Feld der dem Formular zugrunde liegenden Datenquelle gebunden werden.

Tabelle 20.1: Eigenschaften, Methoden und Ereignisse des Kalender-Steuerelements

Element	Beschreibung	Typ
AboutBox	ruft ein Dialogfeld mit Copyright-Informationen auf.	🕹
AfterUpdate	tritt auf, nachdem ein neues Datum gewählt wurde.	⚡
BackColor	bestimmt die Farbe des Hintergrunds.	🖼
BeforeUpdate	tritt vor der Änderung des Datums auf.	⚡
Click	wird bei einem Klick auf den Kalender ausgelöst.	⚡
Day	gibt den im Kalender gezeigten Tag zurück (1–31).	🖼
DayFont	bestimmt die Schriftart für die Anzeige der Wochentage mithilfe des Font-Objekts.	🖼
DayFontColor	legt die Farbe der Anzeige der Wochentage fest.	🖼
DayLength	legt die Anzeige der Wochentage fest. Der Wert 0 bestimmt eine kurze Ausgabe als *S, M, D, M, D, F* bzw. *S*, mit 1 wird *So, Mo, Di, Mi, Do, Fr* bzw. *Sa* angezeigt, während der Wert 2 die Ausgabe *Sonntag, Montag, Dienstag, Mittwoch, Donnerstag, Freitag* bzw. *Samstag* bewirkt.	🖼

Tabelle 20.1: Eigenschaften, Methoden und Ereignisse des Kalender-Steuerelements (Fortsetzung)

Element	Beschreibung	Typ
DblClick	tritt bei einem Doppelklick auf das Kalender-Steuer-element auf.	⚡
FirstDay	legt den Wochentag fest, der in der ersten Spalte gezeigt wird. Der Wert 1 steht für Sonntage, 2 für Montage usw.	🖾
GridCellEffect	legt den Effekt für die Darstellung des Tagesrasters fest. Die möglichen Werte sind 0 für eine flache, 1 für erhöhte oder 2 für vertiefte Darstellung.	🖾
GridFont	bestimmt den Font für das Tagesraster.	🖾
GridFontColor	definiert die Farbe der Schrift des Tagesrasters.	🖾
GridLinesColor	legt die Farben der Linien des Tagesrasters fest.	🖾
KeyDown	tritt auf, wenn eine Taste hinuntergedrückt ist.	⚡
KeyPress	wird ausgelöst, wenn eine Taste gedrückt wurde.	⚡
KeyUp	tritt auf, wenn eine Taste losgelassen wird.	⚡
Month	enthält den eingestellten Monat (1–12).	🖾
MonthLength	legt die Länge der Monatsdarstellung fest (0 für Jan, Feb, ... bzw. 2 für Januar, Februar, ...).	🖾
NewMonth	tritt auf, wenn ein neuer Monat angezeigt wird.	⚡
NewYear	wird ausgelöst, wenn ein neues Jahr angezeigt wird.	⚡
NextDay	setzt das Datum auf den darauffolgenden Tag.	📎
NextMonth	zählt um einen Monat hoch.	📎
NextWeek	setzt das aktuelle Datum auf den gleichen Wochentag der nächsten Woche.	📎
NextYear	blättert auf das nächste Jahr.	📎
PreviousDay	setzt das Datum auf den vorherigen Tag.	📎
PreviousMonth	setzt das Datum einen Monat zurück.	📎
PreviousWeek	setzt das aktuelle Datum auf den gleichen Wochentag der vorherigen Woche.	📎
PreviousYear	setzt das Datum ein Jahr zurück.	📎
Refresh	aktualisiert die Bildschirmanzeige.	📎
ShowDateSelectors	bestimmt, ob die Auswahlfelder für Monat und Jahr im Kalender angezeigt werden.	🖾
ShowDays	bestimmt, ob die Wochentage im Kalender gezeigt werden.	🖾

Tabelle 20.1: Eigenschaften, Methoden und Ereignisse des Kalender-Steuerelements (Fortsetzung)

Element	Beschreibung	Typ
ShowHorizontalGrid	bestimmt, ob horizontale Rasterlinien dargestellt werden.	🖼
ShowTitle	legt fest, ob ein Titel gezeigt werden soll.	🖼
ShowVerticalGrid	bestimmt, ob vertikale Rasterlinien dargestellt werden.	🖼
TitleFont	legt die Schriftart für den Titel fest.	🖼
TitleFontColor	bestimmt die Farbe für die Schrift des Titels.	🖼
Today	zeigt den heutigen Tag im Kalender an.	➤
Value	gibt das aktuelle Datum zurück.	🖼
ValueIsNull	stellt das Datum auf Null, d.h., es wird kein Datum im Kalender gezeigt.	🖼
Year	bestimmt das aktuelle Jahr.	🖼

20.3.2 Standarddialog (Common Dialog)

Mithilfe des Standarddialog-Steuerelements können Sie die Windows-Standard-dialogfelder zum Öffnen, Speichern, Drucken usw. aufrufen. Um die Eigenschaften, Methoden und Ereignisse des Steuerelements im Objektkatalog sehen zu können, müssen Sie einen Verweis zu *Microsoft Windows Common Dialog Control* einrichten (*EXTRAS Verweise*).

Im folgenden Bild ist die Entwurfsansicht eines Formulars dargestellt. Das auf dem Formular selektierte Symbol ist ein Common Dialog-Steuerelement. Es ist nur in der Entwurfsansicht sichtbar. Im Eigenschaftsfenster des Steuerelements können Sie für die verschiedenen Ausprägungen des Steuerelements Einstellungen festlegen.

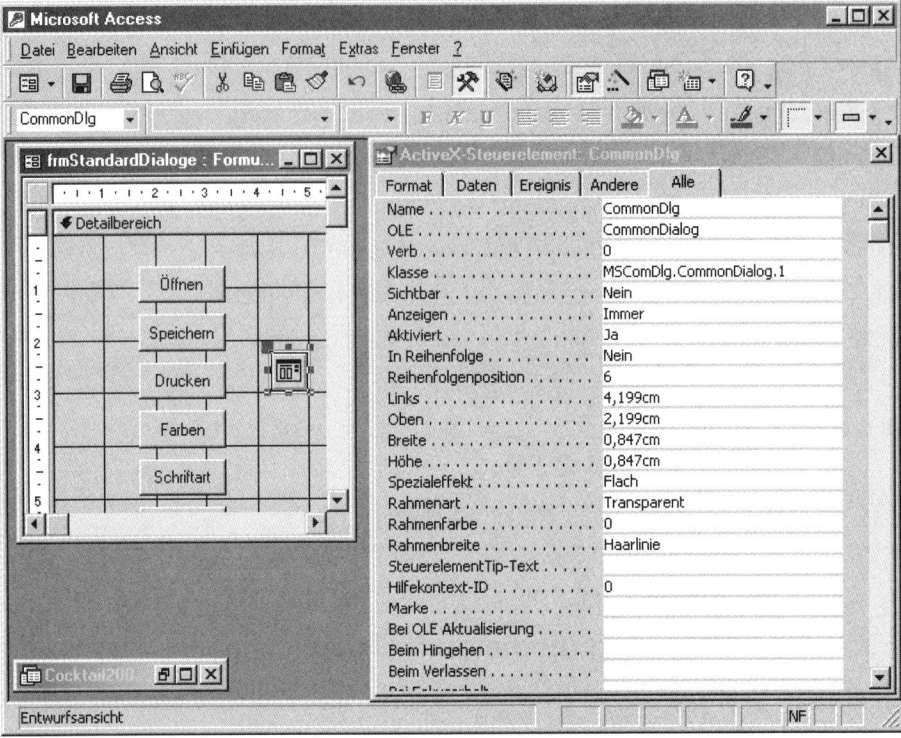

Bild 20.7: Standarddialog-Eigenschaften

Das nächste Bild zeigt den Standarddialog zu »Öffnen«. Er wird angezeigt, wenn bei der Ausführung des oben gezeigten Formulars die Schaltfläche *Öffnen* betätigt wird.

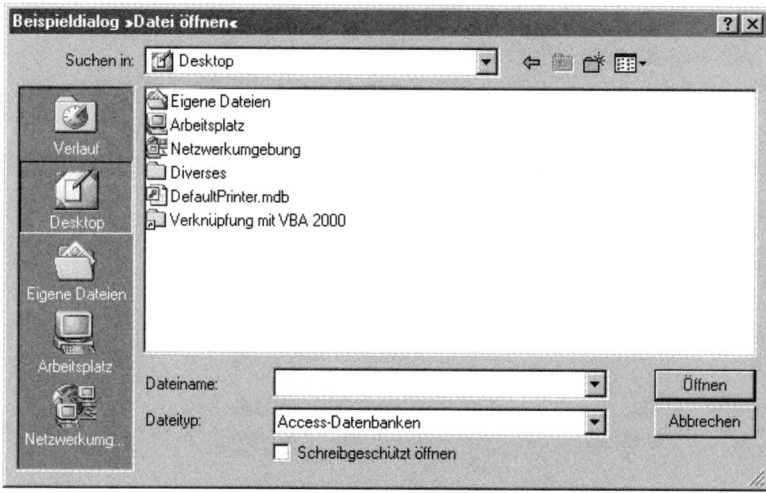

Bild 20.8: Standarddialog »Öffnen«

Hinter den sechs Schaltflächen des Beispielformulars sind die folgenden Ereignisprozeduren vereinbart.

```
Private Sub cmdSchriftart_Click()
    On Error GoTo HandleErr
    ' Abbrechen soll Laufzeitfehler auslösen
    CommonDlg.CancelError = True
    CommonDlg.flags = cdlCFBoth
    CommonDlg.ShowFont

    MsgBox "Font: " & CommonDlg.Font
ExitHere:
    Exit Sub

HandleErr:
    Select Case err.Number
    Case 32755
        MsgBox "Dialogfeld abgebrochen!"
    Case Else
        MsgBox "Fehler " & err.Number & ": " & err.Description, _
                vbCritical, "Form_frmStandardDialoge.cmdSchriftart_Click"
        'ErrorHandler:$$N=Form_frmStandardDialoge.cmdSchriftart_Click
    End Select
    ' Ende des Fehlerbehandlungsblocks.
End Sub
```

```
Private Sub cmdHilfe_Click()
    On Error GoTo HandleErr
    ' Abbrechen soll Laufzeitfehler auslösen
    CommonDlg.CancelError = True

    CommonDlg.HelpFile = "VBA.hlp"
    CommonDlg.HelpCommand = cdlHelpContents

    CommonDlg.ShowHelp
ExitHere:
    Exit Sub

HandleErr:
    Select Case err.Number
    Case 32755
        MsgBox "Dialogfeld abgebrochen!"
    Case Else
        MsgBox "Fehler " & err.Number & ": " & err.Description,
vbCritical, "Form_frmStandardDialoge.cmdHilfe_Click"
'ErrorHandler:$$N=Form_frmStandardDialoge.cmdHilfe_Click
    End Select
    ' Ende des Fehlerbehandlungsblocks.
End Sub

Private Sub cmdFarben_Click()
    On Error GoTo HandleErr
    ' Abbrechen soll Laufzeitfehler auslösen
    CommonDlg.CancelError = True
    CommonDlg.ShowColor
    MsgBox "Farbwert : " & CommonDlg.Color
ExitHere:
    Exit Sub

HandleErr:
    Select Case err.Number
    Case 32755
        MsgBox "Dialogfeld abgebrochen!"
```

```
    Case Else
        MsgBox "Fehler " & err.Number & ": " & err.Description, _
vbCritical, "Form_frmStandardDialoge.cmdFarben_Click"
'ErrorHandler:$$N=Form_frmStandardDialoge.cmdFarben_Click
    End Select
    ' Ende des Fehlerbehandlungsblocks.
End Sub


Private Sub cmdDrucken_Click()

    On Error GoTo HandleErr
    ' Abbrechen soll Laufzeitfehler auslösen
    CommonDlg.CancelError = True
    CommonDlg.ShowPrinter
ExitHere:
    Exit Sub


HandleErr:
    Select Case err.Number
    Case 32755
        MsgBox "Dialogfeld abgebrochen!"
    Case Else
        MsgBox "Fehler " & err.Number & ": " & err.Description, _
vbCritical, "Form_frmStandardDialoge.cmdDrucken_Click"
'ErrorHandler:$$N=Form_frmStandardDialoge.cmdDrucken_Click
    End Select
    ' Ende des Fehlerbehandlungsblocks.
End Sub


Private Sub cmdÖffnen_Click()
    On Error GoTo err_cmdÖffnen_Click
    With CommonDlg
        ' Abbrechen soll Laufzeitfehler auslösen
        .CancelError = True
        ' Verzeichnis setzen
        .InitDir = "C:\"
        ' Titel des Dialogfelds
        .DialogTitle = "Beispieldialog »Datei öffnen«"
        ' Dateiauswahl vorbelegen
        .Filter = "Access-Datenbanken|*.MDB|Alle Dateien|*.*"
```

```
        ' Dialogfeld anzeigen
        .ShowOpen
        ' Rückgabe der gewählten Datei mit
        ' vollständigem Pfad
        MsgBox "Datei: " & .filename
    End With

exit_cmdÖffnen_Click:
    Exit Sub

err_cmdÖffnen_Click:
    If err.Number = 32755 Then
        MsgBox "Dialogfeld abgebrochen!"
    Else
        MsgBox "Fehler: " & err.Description
    End If
    Resume exit_cmdÖffnen_Click
End Sub


Private Sub cmdSpeichern_Click()
    On Error GoTo err_cmdSpeichern_Click
    ' Abbrechen soll Laufzeitfehler auslösen
    CommonDlg.CancelError = True
    CommonDlg.ShowSave
    MsgBox "Datei: " & CommonDlg.filename

exit_cmdSpeichern_Click:
    Exit Sub

err_cmdSpeichern_Click:
    If err.Number = 32755 Then
        MsgBox "Dialogfeld abgebrochen!"
    Else
        MsgBox "Fehler: " & err.Description
    End If
    Resume exit_cmdSpeichern_Click
End Sub
```

Für die Dialoge können Sie mithilfe der Eigenschaft `CancelError` festlegen, wie das Steuerelement reagiert, wenn der Anwender die *Abbrechen*-Schaltfläche des Steuerelements betätigt. Standardmäßig hat `CancelError` den Wert `False`, d.h., das Steuerelement gibt eine leere Zeichenkette in der Eigenschaft `Filename` zurück, wenn das Dialogfeld abgebrochen wird. Setzen Sie `CancelError` auf `True`, wird der Laufzeitfehler 32755 bei Betätigung der *Abbrechen*-Schaltfläche ausgelöst.

Möchten Sie die Auswahl der Dateien im *Öffnen*-Dialog einschränken, so können Sie mit

```
.Filter = "Access-Datenbanken|*.MDB|Alle Dateien|*.*"
```

wie oben gezeigt, eine Filterbedingung setzen. Dabei werden immer Pärchen aus Anzeigetext und Dateifilter gebildet, die durch senkrechte Striche (Alt-124) getrennt werden. Es lassen sich mehrere Pärchen aneinander hängen.

Tabelle 20.2: Eigenschaften, Methoden und Ereignisse von Standarddialogfeldern

Element	Beschreibung	Typ
Action	gibt zurück, welcher Dialogfeldtyp geöffnet ist.	📰
CancelError	bestimmt, ob mit der *Abbrechen*-Schaltfläche im Dialogfeld ein Laufzeitfehler ausgelöst werden soll.	📰
Color	gibt die im Dialog *Farben* gewählte Farbe zurück.	📰
Copies	bestimmt im Dialog *Drucken* die Anzahl der Exemplare.	📰
DefaultExt	legt die Standarddateinamenerweiterung für die Dialogfelder *Öffnen* bzw. *Speichern* fest.	📰
DialogTitle	bestimmt den Titel des Dialogfeldes.	📰
FileName	gibt den im Dialogfeld *Öffnen* bzw. *Speichern* gewählten Pfad und Dateinamen zurück.	📰
FileTitle	ergibt den im Dialogfeld *Öffnen* bzw. *Speichern* gewählten Dateinamen ohne Pfad.	📰
Filter	legt einen Filter für die Dateiauswahl fest.	📰
FilterIndex	bestimmt, der wievielte Filter aktiv sein soll.	📰
Flags	setzt Optionen für ein Dialogfeld.	📰
FontBold	bestimmt die Schriftartvariante im Dialogfeld *Schriftart*.	📰
FontItalic	bestimmt die Schriftartvariante im Dialogfeld *Schriftart*.	📰
FontName	bestimmt die Schriftbezeichnung im Dialogfeld *Schriftart*.	📰
FontSize	bestimmt die Schriftgröße im Dialogfeld *Schriftart*.	📰
FontStrikeThru	bestimmt die Schriftartvariante im Dialogfeld *Schriftart*.	📰
FontUnderLine	bestimmt die Schriftartvariante im Dialogfeld *Schriftart*.	📰

Tabelle 20.2: *Eigenschaften, Methoden und Ereignisse von Standarddialogfeldern (Fortsetzung)*

Element	Beschreibung	Typ
FromPage	bestimmt im Dialogfeld *Drucken* die Seite, ab der gedruckt werden soll.	
hDC	gibt eine Windows-Handle auf den Display Context des Dialogfeldes zurück.	
HelpCommand	ermittelt den Typ der Hilfe.	
HelpContext	gibt die Kontextnummer zurück.	
HelpFile	bestimmt die Hilfedatei.	
HelpKey	legt das Schlüsselwort für den Aufruf der Hilfe fest.	
Index	gibt den Index des Steuerelements zurück.	
InitDir	bestimmt das Ausgangsverzeichnis für die Dialogfelder *Öffnen* bzw. *Speichern*.	
Max	legt im Dialogfeld *Schriftart* die größtmögliche Schriftgröße fest.	
MaxFileSize	bestimmt für die Dialogfelder *Öffnen* bzw. *Speichern* die maximale Länge des Dateinamens.	
Min	wählt im Dialogfeld *Schriftart* die kleinstmögliche Schriftgröße.	
Name	gibt den Namen des Objekts zurück.	
Object	liefert einen Objektverweis auf das Steuerelement.	
Orientation	gibt die Ausrichtung des Druckerpapiers zurück oder legt sie fest.	
Parent	ergibt einen Verweis auf das aufrufende Objekt.	
PrintDefault	bestimmt, ob die im Dialogfeld *Drucker* vorgenommenen Einstellungen als Systemstandard übernommen werden sollen.	
ShowColor	öffnet Dialogfeld *Farben*.	
ShowFont	öffnet Dialogfeld *Schriftart*.	
ShowHelp	öffnet Dialogfeld *Hilfe*.	
ShowOpen	öffnet Dialogfeld *Öffnen*.	
ShowPrinter	öffnet Dialogfeld *Drucken*.	
ShowSave	öffnet Dialogfeld *Speichern*.	
Tag	legt benutzerdefinierte Daten zum Objekt fest.	
ToPage	bestimmt im Dialogfeld *Drucken* die Seite, bis zu der gedruckt werden soll.	

In Access-Anwendungen werden in den meisten Fällen die Standarddialogfelder zum *Öffnen* und *Speichern* eingesetzt. Über die Eigenschaft `Flags` können Sie beeinflussen, welche Verzeichnisse und Dateien in den Dialogfeldern gezeigt werden bzw. können bestimmte Eigenschaften der ausgewählten Datei ermitteln. Die folgende Tabelle führt die Konstanten auf, die für die Eigenschaft verwendet werden können.

Tabelle 20.3: Konstanten für die Dialogfelder Öffnen bzw. Speichern

Element	Beschreibung
cdlOFNAllowMulti-select	legt fest, dass mehrere Dateien gleichzeitig selektiert werden können. Sie werden in der Eigenschaft FileName durch Leerzeichen getrennt zurückgegeben.
cdlOFNCreatePrompt	fordert den Benutzer zum Erstellen einer neuen Datei auf, wenn diese noch nicht angelegt ist.
cdlOFNExplorer	verwendet ein Auswahlfenster ähnlich dem Windows Explorer.
cdlOFNExtensionDifferent	wird gesetzt, wenn die Dateiänderung der ausgewählten Datei sich von DefaultExt unterscheidet.
cdlOFNFileMustExist	legt fest, dass die ausgewählte Datei existieren muss.
cdlOFNHelpButton	legt fest, dass eine Hilfe-Schaltfläche eingeblendet wird.
cdlOFNHideReadOnly	legt fest, dass das Kontrollkästchen *Schreibgeschützt* nicht gezeigt wird.
cdlOFNLongNames	lässt lange Dateinamen zu.
cdlOFNNoChangeDir	verhindert, dass das Verzeichnis gewechselt werden kann.
cdlOFNNoDereferenceLinks	verhindert, dass Shell-Verknüpfungen aufgelöst werden.
cdlOFNNoLongNames	lässt nur kurze Dateinamen (DOS 8.3) zu.
cdlOFNNoReadOnly-Return	legt fest, dass der vom Dialogfeld zurückgegebene Namen sich nicht auf eine geschützte Datei (Schreibschutz) bezieht.
cdlOFNNoValidate	lässt ungültige Zeichen in Dateinamen zu.
cdlOFNOverwrite-Prompt	legt fest, dass eine Warnmeldung gezeigt wird, wenn eine Datei überschrieben wird.
cdlOFNPathMustExist	legt fest, dass eine Warnmeldung eingeblendet wird, wenn der Benutzer eine ungültige Pfadangabe eingibt.
cdlOFNReadOnly	zeigt das Kontrollkästchen *Schreibgeschützt* an.
cdlOFNShareAware	legt fest, dass Fehler, die durch gleichzeitigen Zugriff mehrerer Benutzer auf eine Datei entstehen, ignoriert werden.

Für die Dialog »Drucker«, »Farben« und »Fonts« finden Sie in der Access-Hilfe entsprechende Konstanten.

20.3.3 Abbildungsliste (ImageList)

Eine Abbildungsliste dient zur Verwaltung von Bildern, also Icons und Bitmaps, die in anderen ActiveX-Steuerelementen, beispielsweise Listen- und Hierarchie-ansicht-Steuerelementen, eingesetzt werden. In den Beispielen zu diesen Steuerelementen werden Abbildungslisten verwendet.

Tabelle 20.4: Eigenschaften, Methoden und Ereignisse von ImageLists

Element	Beschreibung	Typ
BackColor	bestimmt die Hintergrundfarbe.	
hImageList	gibt die Windows-Handle des Steuerelements zurück.	
ImageHeight	bestimmt die Höhe in Pixel eines ListImage-Objekts.	
ImageWidth	bestimmt die Breite in Pixel eines ListImage-Objekts.	
Index	gibt den Index des Steuerelements zurück.	
ListImages	enthält die ListImages-Auflistung.	
MaskColor	bestimmt die Farbe, die transparent dargestellt werden soll.	
Name	bestimmt den Namen des Steuerelements.	
Object	liefert einen Objektverweis auf das Steuerelement.	
Overlay	erstellt ein neues Bild durch Überlagern zweier vorhandener Bilder.	
Parent	gibt einen Verweis auf das Eltern-Objekt zurück.	
Tag	legt benutzerdefinierte Daten zum Objekt fest.	
UseMaskColor	bestimmt den Wert, der für MaskColor verwendet werden soll.	

Tabelle 20.5: Eigenschaften, Methoden und Ereignisse von ListImages

Element	Beschreibung	Typ
Add	fügt ein neues ListImage-Objekt hinzu.	
Clear	löscht alle ListImage-Objekte.	
Count	ermittelt die Anzahl der ListImage-Objekte.	
Item	gibt ein Objekt vom Typ ListImage zurück.	
Remove	entfernt ein ListImage-Objekt.	
Draw	zeichnet das Bild auf einen Windows Display Context (DC).	
ExtractIcon	erstellt ein Icon aus dem ListImage-Bild.	
Index	ergibt die Indexnummer des Objekts.	
Key	legt einen eindeutigen Schlüsselwert fest.	
Picture	bestimmt das ListImage-Bild.	
Tag	legt benutzerdefinierte Daten zum Objekt fest.	

20.3.4 Listenansicht (ListView)

Das Listenansicht-Steuerelement ermöglicht die Darstellung von Daten in einer Symbol- oder Listenansicht, so wie Sie sie aus dem Windows-Explorer kennen. In Abschnitt 20.4, »Ein Beispiel mit ActiveX-Steuerelementen«, erläutern wir unter anderem auch den Einsatz eines Listenansicht-Steuerelements. Im nächsten Bild werden rechts die Zutaten in einer Listenansicht des Beispielformulars dargestellt.

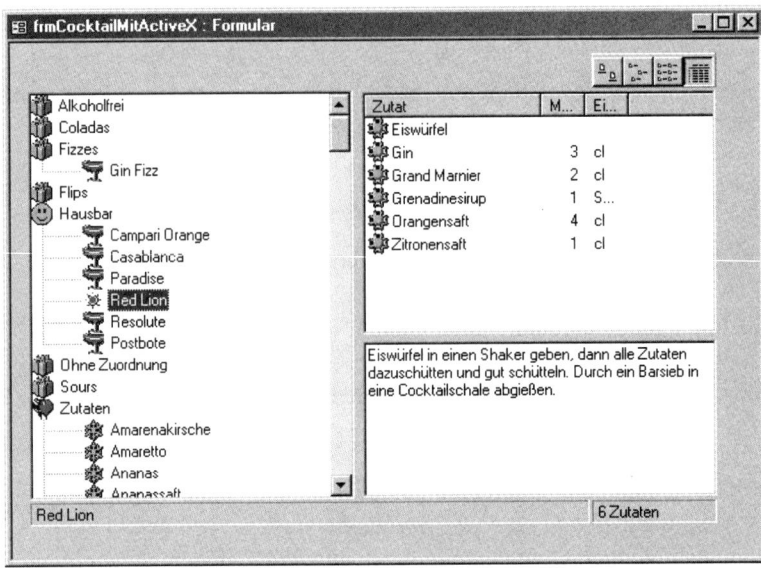

Bild 20.9: Zutaten in Listendarstellung

Mithilfe der vier Schaltflächen rechts über der Listenansicht können Sie die Anzeige des Listenansicht-Steuerelements umschalten, sodass beispielsweise, wie im folgenden Bild gezeigt, nur die Symbole dargestellt werden. Zur Programmierung der Schaltflächen lesen Sie Abschnitt 20.3.9.

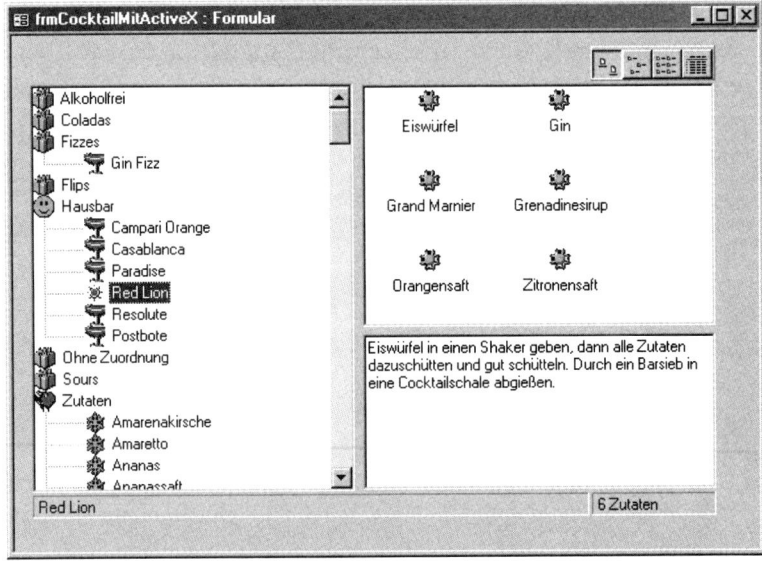

Bild 20.10: Zutaten in Symboldarstellung

Ein Listenansicht-Steuerelement enthält eine `ListItems`-Auflistung, in die alle in der Listenansicht gezeigten Elemente aufgenommen werden. Die Überschriften der jeweiligen Listenspalten (siehe Bild 20.9) werden in der Auflistung `Column-Headers` verwaltet. Werden mehrere Spalten gezeigt, besitzt jedes `ListItem`-Objekt ein `SubItems`-Array für die Texte der zusätzlichen Spalten.

Die grundlegenden Eigenschaften stellen Sie im folgenden Dialogfeld ein, das Sie über *BEARBEITEN ListViewCtrl-Objekt Properties* erreichen.

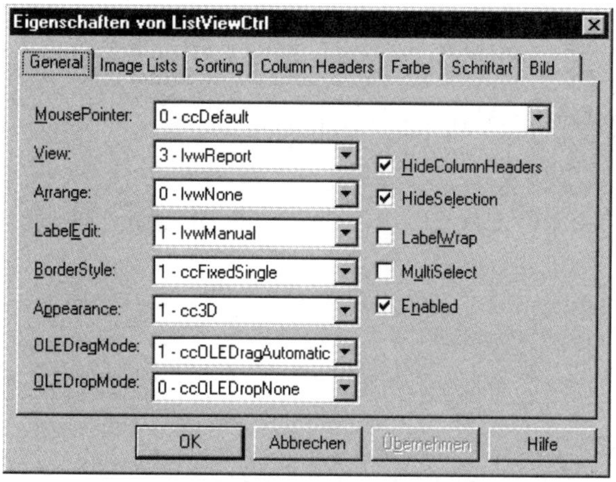

Bild 20.11: Eigenschaftenfenster

Das folgende Listing, gegenüber dem Original des im Bild oben gezeigten Formulars leicht verändert und gekürzt, zeigt, wie die Listenansicht mit Daten gefüllt wird.

```
' Zutaten eines Cocktails im ListView-Steuerelement zeigen
Private Sub ShowZutaten(strCocktail As String)
    Dim rst As ADODB.Recordset
    Dim strSQL As String
    Dim lvItem As ListItem
    Dim intCnt As Integer

    ' ListView-Element löschen
    lvZutaten.ListItems.Clear
    ' Spaltenaufschriften und -breiten festlegen
    With lvZutaten.ColumnHeaders
        .Clear
        .Add , , "Zutat", 2000
```

```
        .Add , , "Menge", 500, lvwColumnRight
        .Add , , "Einheit", 500
End With
' Spaltenaufschriften einblenden
Me!lvZutaten.HideColumnHeaders = False

strSQL = "SELECT DISTINCTROW tblZutat.Zutat, " & _
    "tblCocktailzutaten.Menge, " & _
    "tblEinheiten.Einheit, tblCocktailzutaten.CocktailNr, " & _
    "tblCocktail.Cocktail, tblCocktail.Zubereitung " & _
    "FROM (tblZutat INNER JOIN (tblEinheiten INNER JOIN " & _
    "tblCocktailzutaten ON " & _
    "tblEinheiten.EinheitenNr = " & _
    "tblCocktailzutaten.EinheitenNr) " & _
    "ON tblZutat.ZutatenNr = tblCocktailzutaten.ZutatenNr) " & _
    "INNER JOIN tblCocktail " & _
    "ON tblCocktailzutaten.CocktailNr = " & _
    "tblCocktail.CocktailNr „ & _
    "WHERE tblCocktail.Cocktail = „"" & strCocktail & „"";"

Set rst = New ADODB.Recordset
rst.Open strSQL, CurrentProject.Connection

intCnt = 0
Do While Not rst.EOF
    ' Neue Zeile hinzufügen
    Set lvItem = lvZutaten.ListItems.Add()
    With lvItem
        ' Text setzen
        .Text = rst!Zutat
        ' Bild vereinbaren
        .SmallIcon = 10
        ' Großes Bild entspricht kleinem Bild
        .Icon = .SmallIcon
        ' Wenn Mengenangabe
        If rst!Menge > 0 Then
            .SubItems(1) = rst!Menge
            .SubItems(2) = rst!Einheit
        End If
        intCnt = intCnt + 1
    End With
```

```
        rst.MoveNext
    Loop
    ...
End Sub
```

Für die Elemente in der Listenansicht lassen sich für die verschiedenen Darstel-
lungen kleine und große Symbole festlegen. Die Icons werden in Abbildungs-
listen-Steuerelementen verwaltet, d.h., die Nummer für ein Symbol entspricht der
Position des Bildes in der jeweiligen Abbildungsliste.

Tabelle 20.6: Eigenschaften, Methoden und Ereignisse eines ListView-Steuerelements

Element	Beschreibung	Typ
AfterLabelEdit	tritt nach dem Bearbeiten des Textes eines Eintrags auf.	🗲
AllowColumnReorder	Benutzer darf Reihenfolge der Spalten verändern.	🖼
Appearance	bestimmt das Aussehen des Objekts.	🖼
Arrange	bestimmt die Anordnung der Icons.	🖼
BackColor	bestimmt die Hintergrundfarbe.	🖼
BeforeLabelEdit	tritt vor dem Bearbeiten des Textes eines Eintrags auf.	🗲
BorderStyle	legt die Art des Rahmens für das Objekt fest.	🖼
Checkboxes	gibt einen Wert zurück oder legt einen Wert fest, der bestimmt, ob das Steuerelement neben jedem Listen-element ein Kontrollkästchen anzeigt.	🖼
Click	tritt bei einem Mausklick auf das Objekt auf.	🗲
ColumnClick	tritt bei einem Klick auf die Spaltenüberschrift auf.	🗲
ColumnHeaderIcons	gibt das ImageList-Steuerelement zurück, das für ColumnHeader-Symbole verwendet werden soll, oder legt es fest.	🖼
ColumnHeaders	enthält eine ColumnHeaders-Auflistung.	🖼
Container	ergibt einen Verweis auf das umgebende Container-Objekt.	🖼
DblClick	tritt bei einem Doppelklick auf das Objekt auf.	🗲
Drag	beginnt, beendet oder bricht eine Drag-Operation ab.	📧
DragDrop	wird bei einer erfolgreichen Drag-Operation ausgelöst.	🗲
DragIcon	bestimmt das Bild während einer Drag-Operation.	🖼
DragMode	legt den Drag-Modus fest.	🖼
DragOver	tritt während des Drag-Vorgangs auf.	🗲

Tabelle 20.6: Eigenschaften, Methoden und Ereignisse eines ListView-Steuerelements (Fortsetzung)

Element	Beschreibung	Typ
DropHighlight	bestimmt das Objekt als Ziel eines »Drag and Drop«-Vorgangs.	🖻
Enabled	bestimmt, ob das Objekt aktiviert ist.	🖻
FindItem	sucht einen bestimmten Eintrag.	🖘
FlatScrollBar	gibt zurück oder legt fest, ob die Bildlaufleisten flach angezeigt werden.	🖻
Font	bestimmt den Font für die Anzeige der Einträge.	🖻
ForeColor	bestimmt die Vordergrundfarbe.	🖻
FullRowSelect	gibt zurück oder legt fest, ob das Auswählen einer Spalte die gesamte Reihe hervorhebt.	🖻
GetFirstVisible	ermittelt das erste sichtbare ListItem-Objekt.	🖘
GotFocus	wird ausgelöst, wenn das Objekt den Fokus erhält.	⚡
GridLines	gibt zurück oder legt fest, ob Rasterlinien zwischen Zeilen und Spalten angezeigt werden.	🖻
Height	bestimmt die Höhe (in Pixel) des Objekts.	🖻
HelpContextID	definiert den Hilfekontext für das Objekt.	🖻
HideColumnHeaders	bestimmt, ob die Spaltenüberschriften in der lvwReport-Darstellung gezeigt werden.	🖻
HideSelection	bestimmt, ob eine Selektion noch angezeigt wird, wenn das Objekt den Fokus verliert.	🖻
HitTest	ergibt den Verweis auf den Eintrag, der unter den Koordinaten x und y liegt.	🖘
HotTracking	gibt zurück oder legt fest, ob HotTracking aktiviert ist.	🖻
HoverSelection	gibt zurück oder legt fest, ob HoverSelection aktiviert ist.	🖻
hWnd	gibt die Windows-Handle des Objekts zurück.	🖻
Icons	gibt ein Icons-Objekt zurück.	🖻
Index	ergibt die Indexnummer des Objekts.	🖻
ItemCheck	tritt auf, wenn das ListSubItem-Objekt aktiviert ist.	⚡
ItemClick	tritt auf, wenn ein ListItem-Objekt angeklickt wurde.	⚡
KeyDown	tritt auf, wenn eine Taste hinuntergedrückt ist.	⚡
KeyPress	wird ausgelöst, wenn eine Taste gedrückt wurde.	⚡

Tabelle 20.6: Eigenschaften, Methoden und Ereignisse eines ListView-Steuerelements (Fortsetzung)

Element	Beschreibung	Typ
KeyUp	tritt auf, wenn eine Taste losgelassen wird.	⚡
LabelEdit	bestimmt, ob der Text eines Eintrags editiert werden darf.	🖻
LabelWrap	legt fest, ob der Text eines Eintrags umgebrochen werden darf.	🖻
Left	legt den linken Abstand des Objekts (in Pixel) zu dem umgebenden Container fest.	🖻
ListItems	enthält eine ListItems-Auflistung.	🖻
LostFocus	tritt auf, wenn das Objekt den Fokus verliert.	⚡
MouseDown	tritt auf, wenn die Maustaste gedrückt wird.	⚡
MouseIcon	legt einen benutzerdefinierten Mauszeiger fest.	🖻
MouseMove	wird beim Bewegen der Maus ausgelöst.	⚡
MousePointer	bestimmt den Mauszeiger.	🖻
MouseUp	tritt beim Loslassen der Maustaste auf.	⚡
Move	verschiebt das Steuerelement.	🖘
MultiSelect	bestimmt, ob eine Mehrfachauswahl zulässig ist.	🖻
Name	gibt den Namen des Objekts zurück.	🖻
Object	liefert einen Objektverweis auf das Steuerelement.	🖻
OLECompleteDrag	tritt auf, um das Ausgangsobjekt zu informieren, dass eine »Drag and Drop«-Operation ausgeführt wird.	⚡
OLEDrag	löst eine »Drag and Drop«-Operation aus.	🖘
OLEDragDrop	tritt auf, wenn ein selektiertes Objekt auf ein Zielobjekt abgelegt wird und durch das Zielobjekt eine Drop-Aktion durchgeführt wird.	⚡
OLEDragMode	bestimmt den Drag-Modus bei »Drag and Drop«-Operationen.	🖻
OLEDragOver	tritt auf, wenn das selektierte Objekt über ein anderes Objekt gezogen wird.	⚡
OLEDropMode	bestimmt den Drop-Modus bei »Drag and Drop«-Operationen.	🖻
OLEGiveFeedback	wird nach jedem OLEDragOver-Ereignis ausgelöst, um gegebenenfalls dem Benutzer eine visuelle Rückkopplung zu geben.	⚡

Tabelle 20.6: Eigenschaften, Methoden und Ereignisse eines ListView-Steuerelements (Fortsetzung)

Element	Beschreibung	Typ
OLESetData	wird ausgelöst, wenn Daten für »Drag and Drop« bereitgestellt werden.	⚡
OLEStartDrag	tritt zu Beginn der »Drag and Drop«-Operation auf.	⚡
Parent	gibt einen Verweis auf das Eltern-Objekt zurück.	🖼
Picture	gibt das Hintergrundbild für das Steuerelement zurück oder legt es fest.	🖼
PictureAlignment	gibt die Bildausrichtung zurück oder legt sie fest.	🖼
Refresh	aktualisiert die Anzeige des Steuerelements.	✍
SelectedItem	gibt den selektierten Eintrag zurück.	🖼
SetFocus	setzt den Fokus auf das Steuerelement.	✍
ShowWhatsThis	zeigt ein Hilfedialogfenster an.	✍
SmallIcons	bestimmt die kleinen Icons für die Anzeige.	🖼
Sorted	bestimmt, ob die Daten sortiert gezeigt werden sollen.	🖼
SortKey	gibt an, nach welcher Spalte sortiert werden soll.	🖼
SortOrder	gibt an, ob auf- oder absteigend sortiert werden soll.	🖼
StartLabelEdit	tritt bei Beginn der Änderung des Textes eines Eintrags auf.	🖼
TabIndex	legt fest, als wievieltes Element das Steuerelement mit der 🄴-Taste angesprungen werden kann.	🖼
TabStop	bestimmt, ob das Objekt mit der 🄴-Taste angesprungen werden kann.	🖼
Tag	legt benutzerdefinierte Daten zum Objekt fest.	🖼
TextBackground	gibt einen Wert zurück oder legt einen Wert fest, der bestimmt, ob der Texthintergrund transparent ist oder die ListView-Hintergrundfarbe verwendet.	🖼
Top	legt den Abstand des Objekts (in Pixel) zu dem umgebenden Container fest.	🖼
View	setzt den Anzeigemodus.	🖼
Visible	bestimmt, ob das Objekt sichtbar ist.	🖼
WhatsThisHelpID	setzt die Hilfekontextnummer für das Objekt.	🖼
Width	bestimmt die Breite (in Pixel) des Objekts.	🖼
ZOrder	bestimmt die Reihenfolge von sich überlagernden Steuerelementen.	✍

Tabelle 20.7: Eigenschaften, Methoden und Ereignisse der ColumnHeaders-Auflistung

Element	Beschreibung	Typ
Add	fügt eine neue Spaltenüberschrift hinzu.	
Clear	löscht alle Spaltenüberschriften.	
Count	enthält die Anzahl der Spalten(überschriften).	
Item	gibt ein Objekt vom Typ ColumnHeader zurück.	
Remove	entfernt eine Spaltenüberschrift.	

Tabelle 20.8: Eigenschaften, Methoden und Ereignisse eines ColumnHeader-Objekts

Element	Beschreibung	Typ
Alignment	bestimmt die Ausrichtung der Spaltenüberschrift.	
Icon	gibt den Index eines Symbols in einem zugehörigen Listenansicht-Steuerelement zurück oder legt ihn fest.	
Index	ermittelt den Index innerhalb der ColumnHeaders-Auflistung.	
Key	ist ein eindeutiger Schlüsselwert eines Objekts in der ColumnHeaders-Auflistung.	
Left	legt den linken Abstand des Objekts (in Pixel) zu dem umgebenden Container fest.	
Position	gibt die aktuelle Position der Spalte zurück.	
SubItemIndex	gibt den Index der Spaltenüberschrift an.	
Tag	legt benutzerdefinierte Daten zum Objekt fest.	
Text	gibt die Spaltenüberschrift an.	
Width	bestimmt die Breite (in Pixel) des Objekts.	

Tabelle 20.9: Eigenschaften, Methoden und Ereignisse der ListItems-Auflistung

Element	Beschreibung	Typ
Add	fügt ein neues ListItem-Objekt hinzu.	
Clear	löscht alle ListItem-Objekte.	
Count	gibt die Anzahl der ListItem-Objekte zurück.	
Item	gibt ein Objekt vom Typ ListItem zurück.	
Remove	entfernt ein ListItem-Objekt.	

Tabelle 20.10: Eigenschaften, Methoden und Ereignisse eines ListItem-Objekts

Element	Beschreibung	Typ
Bold	gibt einen Wert zurück oder legt einen Wert fest, der bestimmt, ob der Text eines ListItem-Objekts in Fettschrift angezeigt wird.	
Checked	legt einen Wert fest, der bestimmt, ob ein ListSub-Item-Objekt aktiviert ist, oder gibt diesen Wert zurück.	
CreateDragImage	erstellt ein Icon für den Drag-Vorgang.	
EnsureVisible	garantiert, dass der selektierte Eintrag sichtbar ist.	
ForeColor	legt die Vordergrundfarbe zum Anzeigen von Text und Grafiken in einem Objekt fest oder gibt diese zurück.	
Ghosted	bestimmt den Status des Objekts.	
Height	bestimmt die Höhe (in Pixel) des Objekts.	
Icon	legt das Bild zum Objekt fest.	
Index	ergibt die Indexnummer des Objekts.	
Key	legt einen eindeutigen Schlüsselwert fest.	
Left	legt den linken Abstand des Objekts (in Pixel) zu dem umgebenden Container fest.	
ListSubItems	gibt eine Auflistung von ListSubItems zurück, die zum ListItem-Objekt gehören.	
Selected	gibt an, ob das Objekt selektiert ist.	
SmallIcon	legt das kleine Bild zum Objekt fest.	
SubItems	enthält ein Array mit Zeichenketten mit den Daten für die Spalten in der lvwReport-Darstellung.	
Tag	legt benutzerdefinierte Daten zum Objekt fest.	
Text	bestimmt den Text des Objekts.	
ToolTipText	gibt den Text der QuickInfo des Unterelements zurück oder legt ihn fest.	
Top	legt den Abstand des Objekts zum Container fest.	
Width	bestimmt die Breite (in Pixel) des Objekts.	

20.3.5 RTF (RichText Box)

Ein RichText-Feld dient zur Darstellung von formatiertem Text. Das Microsoft Textformat RTF wird von vielen Anwendungen, beispielsweise vielen Textprogrammen, unterstützt. Durch das Steuerelement steht Ihnen eine kleine Textverarbeitung innerhalb eines Formulars zur Verfügung. Im Beispiel im Abschnitt 20.4, »Ein Beispiel mit ActiveX-Steuerelementen«, wird ein RichText-Feld zur Ausgabe der Zubereitungsanweisung eines Cocktails eingesetzt.

Es stehen Ihnen zwar alle Möglichkeiten der Textformatierung in einem RTF-Steuerelement offen, allerdings muss ihre Nutzung programmiert werden. Das folgende Beispiel soll den Einsatz eines RichText-Feldes illustrieren. Im Formular werden der Name und die Zubereitungsanweisung von Cocktails angezeigt, wobei die Zubereitung oben in einem normalen Textfeld und unten in einem Rich-Text-Feld dargestellt wird. Zur Formatierung der Zubereitung wurden fünf Schaltflächen auf das Formular platziert.

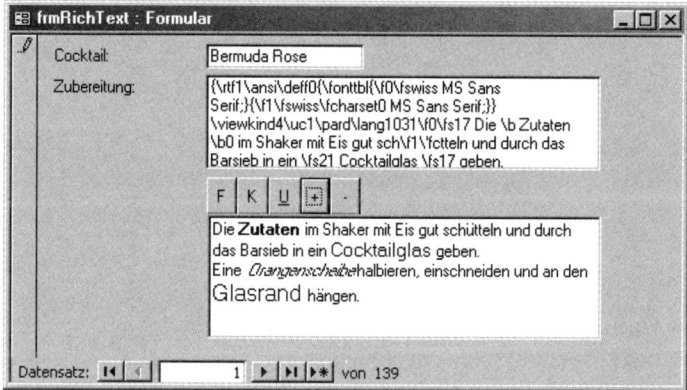

Bild 20.12: Zubereitungstext oben in Text-, unten in RichText-Feld

In obigem Bild wurde der Zubereitungstext im RichText-Feld mithilfe der Schaltflächen fett, kursiv und unterstrichen formatiert und die Schriftgröße verändert. Das RTF-Steuerelement zeigt den formatierten Text, während das Textfeld die Darstellung der RTF-Codes beinhaltet.

Das folgende Listing stellt die Prozeduren der Schaltflächen vor, die zur Formatierung des selektierten Textes in dem RTF-Steuerelement führen. Die Schaltflächen für »Fett«, »Kursiv« und »Unterstrichen« sind als Umschalter konzipiert.

```
Private Sub cmdBold_Click()
    rtfZubereitung.SelBold = Not rtfZubereitung.SelBold
End Sub
```

```
Private Sub cmdKursiv_Click()
    rtfZubereitung.SelItalic = Not rtfZubereitung.SelItalic
End Sub


Private Sub cmdUnderline_Click()
    rtfZubereitung.SelUnderline = Not rtfZubereitung.SelUnderline
End Sub


Private Sub cmdFontLarge_Click()
    With rtfZubereitung
        If .SelFontSize < 70 Then
            .SelFontSize = .SelFontSize + 2
        End If
    End With
End Sub


Private Sub cmdFontSmall_Click()
    With rtfZubereitung
        If .SelFontSize > 2 Then
            .SelFontSize = .SelFontSize - 2
        End If
    End With
End Sub


Private Sub Form_Load()
    ' Randeinstellung (-200 wegen 3D-Rahmen des Felds)
    rtfZubereitung.RightMargin = rtfZubereitung.Width - 200
End Sub
```

RTF-Steuerelemente eignen sich zur Ein- und Ausgabe formatierter Texte, die in den Tabellen einer Datenbank in Memo- oder Textfeldern abgelegt werden können. Formatierte Texte können als Datei geladen bzw. gespeichert oder über die Zwischenablage mit anderen Anwendungen ausgetauscht werden.

Tabelle 20.11: Eigenschaften, Methoden und Ereignisse eines RichText-Steuerelements

Element	Beschreibung	Typ
Appearance	bestimmt das Aussehen des Objekts.	📇
AutoVerbMenu	bestimmt, ob ein Kontextmenü angewählt werden kann.	📇
BackColor	bestimmt die Hintergrundfarbe.	📇
BorderStyle	legt die Art des Rahmens für das Objekt fest.	📇
BulletIndent	legt eine Einrückung des Textes fest.	📇
Change	wird bei einer Änderung des Textes ausgelöst.	𝄞
Click	tritt bei einem Mausklick auf das Objekt auf.	𝄞
DblClick	tritt bei einem Doppelklick auf das Objekt auf.	𝄞
DisableNoScroll	bestimmt, ob die Rollbalken aktiv sind.	📇
Enabled	bestimmt, ob das Objekt aktiviert ist.	📇
FileName	setzt den Dateinamen der geladenen Textdatei.	📇
Find	durchsucht den Text nach einer Zeichenfolge.	🖘
Font	bestimmt den Font für die Anzeige der Einträge.	📇
GetLineFromChar	gibt eine Zeilennummer zurück.	🖘
HideSelection	bestimmt, ob eine Selektion noch angezeigt wird, wenn das Objekt den Fokus verliert.	📇
hWnd	gibt die Windows-Handle des Objekts zurück.	📇
KeyDown	tritt auf, wenn eine Taste hinuntergedrückt ist.	𝄞
KeyPress	wird ausgelöst, wenn eine Taste gedrückt wurde.	𝄞
KeyUp	tritt auf, wenn eine Taste losgelassen wird.	𝄞
LoadFile	lädt eine Textdatei in das RTF-Steuerelement.	🖘
Locked	sperrt den Text für eine Bearbeitung.	📇
MaxLength	bestimmt, wie viele Zeichen maximal eingegeben werden können.	📇
MouseDown	tritt auf, wenn die Maustaste gedrückt wird.	𝄞
MouseIcon	legt einen benutzerdefinierten Mauszeiger fest.	📇
MouseMove	wird beim Bewegen der Maus ausgelöst.	𝄞
MousePointer	bestimmt den Mauszeiger.	📇
MouseUp	tritt beim Loslassen der Maustaste auf.	𝄞

Tabelle 20.11: Eigenschaften, Methoden und Ereignisse eines RichText-Steuerelements (Fortsetzung)

Element	Beschreibung	Typ
MultiLine	bestimmt, ob eine oder mehrere Zeilen zugelassen sind.	
OLECompleteDrag	tritt auf, um das Ausgangsobjekt zu informieren, dass eine »Drag and Drop«-Operation ausgeführt wird.	
OLEDrag	löst eine »Drag and Drop«-Operation aus.	
OLEDragDrop	tritt auf, wenn ein selektiertes Objekt auf ein Zielobjekt abgelegt wird und durch das Zielobjekt eine Drop-Aktion durchgeführt wird.	
OLEDragMode	bestimmt den Drag-Modus bei »Drag and Drop«-Operationen.	
OLEDragOver	tritt auf, wenn das selektierte Objekt über ein anderes Objekt gezogen wird.	
OLEDropMode	bestimmt den Drop-Modus bei »Drag and Drop«-Operationen.	
OLEGiveFeedback	wird nach jedem OLEDragOver-Ereignis ausgelöst, um gegebenenfalls dem Benutzer eine visuelle Rückkopplung zu geben.	
OLEObjects	enthält eine OLEObjects-Auflistung.	
OLESetData	wird ausgelöst, wenn Daten für »Drag and Drop« bereitgestellt werden.	
OLEStartDrag	tritt zu Beginn der »Drag and Drop«-Operation auf.	
Refresh	aktualisiert die Anzeige des Steuerelements.	
RightMargin	setzt den rechten Rand.	
SaveFile	speichert den Text unter einem Dateinamen ab.	
ScrollBars	bestimmt, welche Rollbalken gezeigt werden sollen.	
SelAlignment	verändert die Ausrichtung des selektierten Textes.	
SelBold	formatiert den selektierten Text fett.	
SelBullet	formatiert den selektierten Text mit Aufzählungszeichen.	
SelChange	tritt bei Änderungen am selektierten Text auf.	
SelCharOffset	formatiert den selektierten Text hoch- oder tiefgestellt.	
SelColor	verändert die Farbe des selektierten Textes.	
SelFontName	bestimmt den Namen der Schriftart für den selektierten Text.	

Tabelle 20.11: Eigenschaften, Methoden und Ereignisse eines RichText-Steuerelements (Fortsetzung)

Element	Beschreibung	Typ
SelFontSize	bestimmt die Größe der Schriftart für den selektierten Text.	🖅
SelHangingIndent	formatiert den selektierten Text hängend eingezogen.	🖅
SelIndent	formatiert den selektierten Text eingezogen.	🖅
SelItalic	formatiert den selektierten Text kursiv.	🖅
SelLength	gibt die Anzahl der selektierten Zeichen zurück.	🖅
SelPrint	druckt den selektierten Text.	🖘
SelProtected	bestimmt, ob der selektierte Text geschützt ist.	🖅
SelRightIndent	formatiert den selektierten Text rechts eingezogen.	🖅
SelRTF	gibt den selektierten Text im RTF-Format zurück.	🖅
SelStart	ermittelt den Beginn des selektierten Textes.	🖅
SelStrikeThru	formatiert den selektierten Text durchgestrichen.	🖅
SelTabCount	bestimmt die Anzahl der Tabulatoren im selektierten Text.	🖅
SelTabs	setzt einen Tabulator.	🖅
SelText	ergibt den selektierten Text.	🖅
SelUnderline	formatiert den selektierten Text unterstrichen.	🖅
Span	selektiert Text nach Vorgabe.	🖘
Text	ergibt den Text im RTF-Objekt.	🖅
TextRTF	ergibt den Text im RTF-Objekt im RTF-Format.	🖅
UpTo	bewegt die Einfügemarke.	🖘

20.3.6 Schieberegler (Slider)

Schieberegler-Steuerelemente lassen sich zur Eingabe von Werten eines festgelegten Wertebereichs verwenden. Im Beispielformular zum Kalender-Steuerelement (siehe Abschnitt 20.3.1) wurden zwei Schieberegler zur Auswahl von Tag und Monat eingesetzt. Zusätzlich dient ein AufAb-Steuerelement (siehe Abschnitt 20.3.7) zur Selektion des anzuzeigenden Jahres. Das folgende Bild zeigt die für das Schiebeelement »Tag« vorgenommenen Einstellungen im Eigenschaftenfenster des Steuerelements.

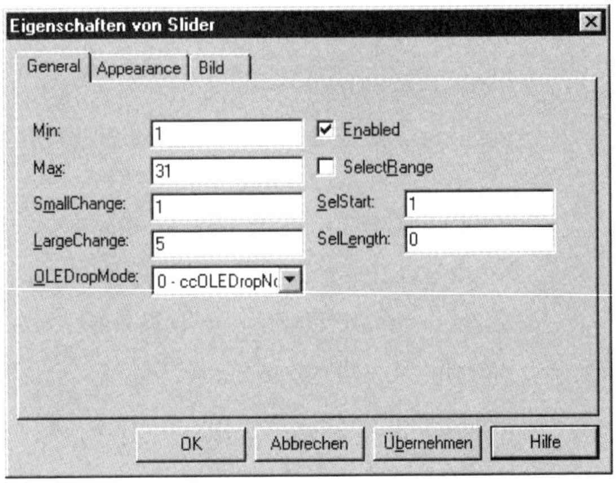

Bild 20.13: Schieberegler-Eigenschaften

Das folgende Listing zeigt das Klassenmodul des Formulars *frmKalender*. Ändern Sie Tag, Monat oder Jahr im Kalender-Steuerelement, werden die Schieberegler und das AufAb-Feld entsprechend angepasst. Wählen Sie ein neues Datum mithilfe der Schieberegler oder dem AufAb-Feld, wird das Datum des Kalender-Steuerelements nachgeführt.

```
Private Sub cal_Click()
    ' Schieberegler »Monat« setzen
    sldMonat.Value = cal.Month
    ' Schieberegler »Tag« anpassen
    sldTag.Max = TageImMonat(cal.Month)
    sldTag.Value = cal.Day
End Sub


Private Sub Form_Load()
    ' Kalender-Steuerelement zeigt standardmäßig heutiges Datum
    sldMonat.Min = 1
    sldMonat.Max = 12
    sldMonat.Value = cal.Month
    sldTag.Min = 1
    sldTag.Max = TageImMonat(cal.Month)
    sldTag.Value = cal.Day
    updnJahr.Value = cal.Year
End Sub
```

```
Private Sub sldMonat_Change()
    cal.Month = sldMonat.Value
    sldTag.Max — TageImMonat(cal.Month)
End Sub


Private Sub sldTag_Change()
    cal.Day = sldTag.Value
End Sub


Private Sub updnJahr_Change()
    cal.Year = updnJahr.Value
End Sub


Private Function TageImMonat(Month As Integer) As Integer
    Dim aTage As Variant

    aTage = Array(31, 29, 31, 30, 31, 30, 31, 31, 30, 31, 30, 31)
    TageImMonat = aTage(Month - 1)
End Function
```

Tabelle 20.12: Eigenschaften, Methoden und Ereignisse eines Slider-Steuerelements

Element	Beschreibung	Typ
BorderStyle	legt die Art des Rahmens für das Objekt fest.	📷
Change	wird bei einer Änderung ausgelöst.	⚡
ClearSel	löscht die Selektion.	🔹
Click	tritt bei einem Mausklick auf das Objekt auf.	⚡
Container	ergibt einen Verweis auf das umgebende Container-Objekt.	📷
Drag	beginnt, beendet oder bricht eine Drag-Operation ab.	🔹
DragDrop	wird bei einer erfolgreichen Drag-Operation ausgelöst.	⚡
DragIcon	bestimmt das Bild während einer Drag-Operation.	📷
DragMode	legt den Drag-Modus fest.	📷
DragOver	tritt während des Drag-Vorgangs auf.	⚡
Enabled	bestimmt, ob das Objekt aktiviert ist.	📷
GetNumTicks	gibt die Anzahl von Skalenmarkierungen des Schiebereglers zurück.	📷

Tabelle 20.12: Eigenschaften, Methoden und Ereignisse eines Slider-Steuerelements (Fortsetzung)

Element	Beschreibung	Typ
GotFocus	wird ausgelöst, wenn das Objekt den Fokus erhält.	⚡
Height	bestimmt die Höhe (in Pixel) des Objekts.	🖻
HelpContextID	definiert den Hilfekontext für das Objekt.	🖻
hWnd	gibt die Windows-Handle des Objekts zurück.	🖻
Index	ergibt die Indexnummer des Objekts.	🖻
KeyDown	tritt auf, wenn eine Taste hinuntergedrückt ist.	⚡
KeyPress	wird ausgelöst, wenn eine Taste gedrückt wurde.	⚡
KeyUp	tritt auf, wenn eine Taste losgelassen wird.	⚡
LargeChange	bestimmt den Wert für »große« Änderungen.	🖻
Left	legt den linken Abstand des Objekts (in Pixel) zu dem umgebenden Container fest.	🖻
LostFocus	tritt auf, wenn das Objekt den Fokus verliert.	⚡
Max	bestimmt den maximalen Wert.	🖻
Min	bestimmt den minimalen Wert.	🖻
MouseDown	tritt auf, wenn die Maustaste gedrückt wird.	⚡
MouseIcon	legt einen benutzerdefinierten Mauszeiger fest.	🖻
MouseMove	wird beim Bewegen der Maus ausgelöst.	⚡
MousePointer	bestimmt den Mauszeiger.	🖻
MouseUp	tritt beim Loslassen der Maustaste auf.	⚡
Move	verschiebt das Steuerelement.	🖘
Name	gibt den Namen des Objekts zurück.	🖻
Object	liefert einen Objektverweis auf das Steuerelement.	🖻
OLECompleteDrag	tritt auf, um das Ausgangsobjekt zu informieren, dass eine »Drag and Drop«-Operation ausgeführt wird.	⚡
OLEDrag	löst eine »Drag and Drop«-Operation aus.	🖘
OLEDragDrop	tritt auf, wenn ein selektiertes Objekt auf ein Zielobjekt abgelegt wird und durch das Zielobjekt eine Drop-Aktion durchgeführt wird.	⚡
OLEDragMode	bestimmt den Drag-Modus bei »Drag and Drop«-Operationen.	🖻

Tabelle 20.12: Eigenschaften, Methoden und Ereignisse eines Slider-Steuerelements (Fortsetzung)

Element	Beschreibung	Typ
OLEDragOver	tritt auf, wenn das selektierte Objekt über ein anderes Objekt gezogen wird.	⚡
OLEDropMode	bestimmt den Drop-Modus bei »Drag and Drop«-Operationen.	🖼
OLEGiveFeedback	wird nach jedem OLEDragOver-Ereignis ausgelöst, um gegebenenfalls dem Benutzer eine visuelle Rückkopplung zu geben.	⚡
OLESetData	wird ausgelöst, wenn Daten für »Drag and Drop« bereitgestellt werden.	⚡
OLEStartDrag	tritt zu Beginn der »Drag and Drop«-Operation auf.	⚡
Orientation	bestimmt, ob der Schieberegler horizontal oder vertikal angeordnet wird.	🖼
Parent	gibt einen Verweis auf das Eltern-Objekt zurück.	🖼
Refresh	aktualisiert die Anzeige des Steuerelements.	🖎
Scroll	tritt beim Scrollen eines Schiebereglers auf.	⚡
SelectRange	bestimmt, ob für den Schieberegler eine Selektion möglich ist.	🖼
SelLength	ermittelt die Länge des selektierten Bereichs.	🖼
SelStart	ergibt den Anfang des selektierten Bereichs.	🖼
SetFocus	setzt den Fokus auf das Steuerelement.	🖎
ShowWhatsThis	zeigt ein Hilfedialogfenster an.	🖎
SmallChange	bestimmt den Wert für »kleine« Änderungen.	🖼
TabIndex	legt fest, als wievieltes Element das Steuerelement mit der ⊞-Taste angesprungen werden kann.	🖼
TabStop	bestimmt, ob das Objekt mit der ⊞-Taste angesprungen werden kann.	🖼
Tag	legt benutzerdefinierte Daten zum Objekt fest.	🖼
Text	Gibt die Zeichenfolge zurück, die in der QuickInfo angezeigt wird, wenn sich die Position des Schiebereglers ändert, oder legt sie fest.	🖼
TextPosition	Gibt einen Wert zurück oder legt einen Wert fest, der bestimmt, wo die QuickInfo, die die Position des Schiebereglers zeigt, angezeigt werden soll.	🖼
TickFrequency	bestimmt die Anzahl der Skalenmarkierungen.	🖼

Tabelle 20.12: Eigenschaften, Methoden und Ereignisse eines Slider-Steuerelements (Fortsetzung)

Element	Beschreibung	Typ
TickStyle	bestimmt das Aussehen der Skalenmarkierungen.	🖼
Top	legt den Abstand des Objekts (in Pixel) zu dem umgebenden Container fest.	🖼
Value	liefert den Wert eines Objekts.	🖼
Visible	bestimmt, ob das Objekt sichtbar ist.	🖼
WhatsThisHelpID	setzt die Hilfekontextnummer für das Objekt.	🖼
Width	bestimmt die Breite (in Pixel) des Objekts.	🖼
ZOrder	bestimmt die Reihenfolge von sich überlagernden Steuerelementen.	🖼

20.3.7 AufAb (UpDown)

Das im Beispiel in den Abschnitten 20.3.1 und 20.3.6 eingeführte UpDown-Steuerelement wird mit dem im folgenden Bild dargestellten Eigenschaftenfenster angepasst. Es kann horizontal oder vertikal angeordnet werden.

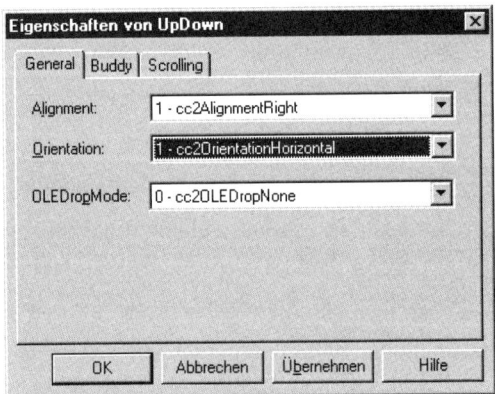

Bild 20.14: Allgemeine Eigenschaften

Tabelle 20.13: Eigenschaften, Methoden und Ereignisse des UpDown-Steuerelements

Element	Beschreibung	Typ
Alignment	legt die Ausrichtung fest.	🖼
AutoBuddy	bestimmt einen Wert, der angibt, ob automatisch ein Steuerelement als verknüpftes Steuerelement (Buddy) verwendet wird.	🖼
BuddyControl	legt das Steuerelement fest, das als verknüpftes Steuerelement (Buddy) verwendet wird.	🖼
BuddyProperty	bestimmt die Synchronisierung des verknüpften Steuerelements (Buddy).	🖼
Change	tritt bei Änderungen auf.	⚡
DownClick	tritt auf, wenn eine Schaltfläche gedrückt wird.	⚡
Enabled	bestimmt, ob das Objekt aktiviert ist.	🖼
hWnd	gibt die Windows-Handle des Objekts zurück.	🖼
Increment	bestimmt das Inkrement der Änderungen.	🖼
Max	setzt den maximalen Wert.	🖼
Min	setzt den minimalen Wert.	🖼
MouseDown	tritt auf, wenn die Maustaste gedrückt wird.	⚡
MouseMove	wird beim Bewegen der Maus ausgelöst.	⚡
MouseUp	tritt beim Loslassen der Maustaste auf.	⚡
OLECompleteDrag	tritt auf, um das Ausgangsobjekt zu informieren, dass eine »Drag and Drop«-Operation ausgeführt wird.	⚡
OLEDrag	löst eine »Drag and Drop«-Operation aus.	🖱
OLEDragDrop	tritt auf, wenn ein selektiertes Objekt auf ein Zielobjekt abgelegt wird und durch das Zielobjekt eine Drop-Aktion durchgeführt wird.	⚡
OLEDragMode	bestimmt den Drag-Modus bei »Drag and Drop«-Operationen.	🖼
OLEDragOver	tritt auf, wenn das selektierte Objekt über ein anderes Objekt gezogen wird.	⚡
OLEDropMode	bestimmt den Drop-Modus bei »Drag and Drop«-Operationen.	🖼
OLEGiveFeedback	wird nach jedem OLEDragOver-Ereignis ausgelöst, um gegebenenfalls dem Benutzer eine visuelle Rückkopplung zu geben.	⚡

Tabelle 20.13: Eigenschaften, Methoden und Ereignisse des UpDown-Steuerelements (Fortsetzung)

Element	Beschreibung	Typ
OLESetData	wird ausgelöst, wenn Daten für »Drag and Drop« bereitgestellt werden.	⚡
OLEStartDrag	tritt zu Beginn der »Drag and Drop«-Operation auf.	⚡
Orientation	bestimmt, ob das UpDown-Element vertikal oder horizontal gezeigt wird.	🖳
SyncBuddy	bestimmt die Synchronisierung.	🖳
UpClick	tritt auf, wenn eine Schaltfläche losgelassen wird.	⚡
Value	liefert den Wert eines Objekts.	🖳
Wrap	legt fest, ob der Text eines Eintrags umgebrochen werden darf.	🖳

20.3.8 Statusleiste (StatusBar)

Mithilfe des ActiveX-Steuerelements *Statusleiste* können Sie Windows-Status-leisten in Ihre Formulare einbauen. Das folgende Beispiel illustriert die Verwendung einer Statuszeile in einem Access-Formular.

Bild 20.15: Formular mit Statusleiste

Die Statusleiste ist im Beispiel dreigeteilt: Links wird die Anzahl der Cocktails eingeblendet, in der Mitte das aktuelle Datum und rechts die Uhrzeit. Eine Statusleiste kann in bis zu 16 Abschnitte aufgeteilt werden. Im nächsten Bild sehen Sie das zweite Registerblatt *Grundfläche* des Eigenschaftenfensters eines Statusleisten-Steuerelements. Mithilfe der Schaltfläche *Grundfläche einfügen* erstellen Sie einen neuen Anzeigeabschnitt in der Statusleiste.

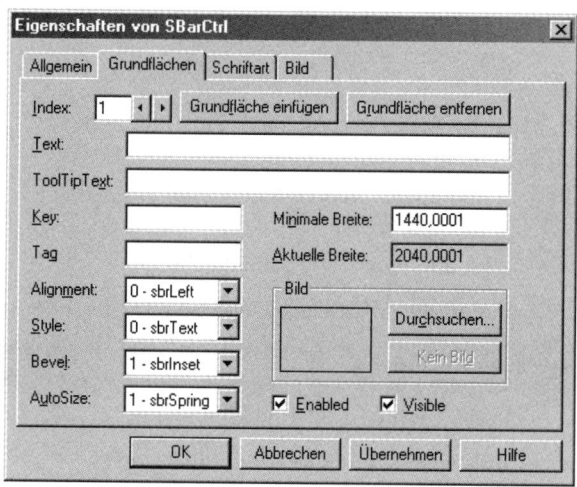

Bild 20.16: Eigenschaften der Statusleiste

Für jedes Panel kann der Inhalt über *Style* festgelegt werden. Die folgende Tabelle führt die möglichen Einstellungen auf.

Tabelle 20.14: Style-Konstanten

Konstante	Beschreibung
sbrText	zeigt die unter Text im Eigenschaftenfenster erfasste Zeichenfolge an.
sbrDate	gibt das aktuelle Datum aus.
sbrTime	gibt die aktuelle Zeit aus.
sbrCaps	zeigt an, ob dauerhaft auf Großschreibung umgeschaltet wurde (⌨-Taste).
sbrIns	zeigt den Einfg.-Status an.
sbrNum	stellt den Status der ⌨-Taste dar.
sbrScrl	zeigt den Status der Rollen-Taste an.

Die eingerichteten Panel lassen sich aus einem Programm über die Auflistung Panels des Statusleisten-Objekts ansprechen, wie es das folgende Listing für das in Bild 20.15 gezeigte Formular zeigt.

```
Private Sub Form_Load()
    , Anzahl der Cocktails ermitteln und anzeigen
    Statusleiste.Panels(1).Text = _
            DCount(„[Cocktail]", „tblCocktail") & „ Cocktails"
End Sub

Private Sub Statusleiste_PanelClick(ByVal Panel As Object)
    , Bei Klick auf die Statusleiste
    DoCmd.OpenForm „frmAbout", WindowMode:=acDialog
End Sub
```

Tabelle 20.15: Eigenschaften, Methoden und Ereignisse des StatusBar-Steuerelements

Element	Beschreibung	Typ
Align	bestimmt die Ausrichtung.	🖼
Click	tritt bei einem Mausklick auf das Objekt auf.	⚡
Container	ergibt einen Verweis auf das umgebende Container-Objekt.	🖼
DblClick	tritt bei einem Doppelklick auf das Objekt auf.	⚡
Drag	beginnt, beendet oder bricht eine Drag-Operation ab.	🖐
DragDrop	wird bei einer erfolgreichen Drag-Operation ausgelöst.	⚡
DragIcon	bestimmt das Bild während einer Drag-Operation.	🖼
DragMode	legt den Drag-Modus fest.	🖼
DragOver	tritt während des Drag-Vorgangs auf.	⚡
Enabled	bestimmt, ob das Objekt aktiviert ist.	🖼
Font	bestimmt den Font für die Anzeige der Einträge.	🖼
Height	bestimmt die Höhe (in Pixel) des Objekts.	🖼
hWnd	gibt die Windows-Handle des Objekts zurück.	🖼
Index	ergibt die Indexnummer des Objekts.	🖼
Left	legt den linken Abstand des Objekts (in Pixel) zu dem umgebenden Container fest.	🖼
MouseDown	tritt auf, wenn die Maustaste gedrückt wird.	⚡
MouseIcon	legt einen benutzerdefinierten Mauszeiger fest.	🖼
MouseMove	wird beim Bewegen der Maus ausgelöst.	⚡
MousePointer	bestimmt den Mauszeiger.	🖼

Tabelle 20.15: Eigenschaften, Methoden und Ereignisse des StatusBar-Steuerelements (Fortsetzung)

Element	Beschreibung	Typ
MouseUp	tritt beim Loslassen der Maustaste auf.	⚡
Move	verschiebt das Steuerelement.	⚙
Name	gibt den Namen des Objekts zurück.	🖼
Object	liefert einen Objektverweis auf das Steuerelement.	🖼
OLECompleteDrag	tritt auf, um das Ausgangsobjekt zu informieren, dass eine »Drag and Drop«-Operation ausgeführt wird.	⚡
OLEDrag	löst eine »Drag and Drop«-Operation aus.	⚙
OLEDragDrop	tritt auf, wenn ein selektiertes Objekt auf ein Zielobjekt abgelegt wird und durch das Zielobjekt eine Drop-Aktion durchgeführt wird.	⚡
OLEDragMode	bestimmt den Drag-Modus bei »Drag and Drop«-Operationen.	🖼
OLEDragOver	tritt auf, wenn das selektierte Objekt über ein anderes Objekt gezogen wird.	⚡
OLEDropMode	bestimmt den Drop-Modus bei »Drag and Drop«-Operationen.	🖼
OLEGiveFeedback	wird nach jedem OLEDragOver-Ereignis ausgelöst, um gegebenenfalls dem Benutzer eine visuelle Rückkopplung zu geben.	⚡
OLESetData	wird ausgelöst, wenn Daten für »Drag and Drop« bereitgestellt werden.	⚡
OLEStartDrag	tritt zu Beginn der »Drag and Drop«-Operation auf.	⚡
PanelClick	tritt bei einem Klick auf ein Panel auf.	⚡
PanelDblClick	tritt bei einem Doppelklick auf ein Panel auf.	⚡
Panels	enthält eine Panels-Auflistung.	🖼
Parent	gibt einen Verweis auf das Eltern-Objekt zurück.	🖼
Refresh	aktualisiert die Anzeige des Steuerelements.	⚙
ShowTips	bestimmt, ob QuickInfos gezeigt werden.	🖼
ShowWhatsThis	zeigt ein Hilfedialogfenster an.	⚙
SimpleText	bestimmt den Text, der gezeigt wird, wenn der Stil des Statusbars auf sbrSimple gesetzt wird.	🖼
Style	legt den Stil des Statusbars fest.	🖼

Tabelle 20.15: Eigenschaften, Methoden und Ereignisse des StatusBar-Steuerelements (Fortsetzung)

Element	Beschreibung	Typ
TabIndex	legt fest, als wievieltes Element das Steuerelement mit der ⊞-Taste angesprungen werden kann.	🖾
Tag	legt benutzerdefinierte Daten zum Objekt fest.	🖾
Top	legt den Abstand des Objekts (in Pixel) zu dem umgebenden Container fest.	🖾
Visible	bestimmt, ob das Objekt sichtbar ist.	🖾
WhatsThisHelpID	setzt die Hilfekontextnummer für das Objekt.	🖾
Width	bestimmt die Breite (in Pixel) des Objekts.	🖾
ZOrder	bestimmt die Reihenfolge von sich überlagernden Steuerelementen.	🖎

Tabelle 20.16: Eigenschaften, Methoden und Ereignisse der Panels-Auflistung

Element	Beschreibung	Typ
Add	fügt ein neues Panel-Objekt hinzu.	🖎
Clear	löscht alle Panel-Objekte.	🖎
Count	ermittelt die Anzahl der Panel-Objekte.	🖾
Item	gibt ein Objekt vom Typ Panel zurück.	🖾
Remove	entfernt ein Panel-Objekt.	🖎

Tabelle 20.17: Eigenschaften, Methoden und Ereignisse des Panel-Objekts

Element	Beschreibung	Typ
Alignment	bestimmt die Ausrichtung des Inhalts.	🖾
AutoSize	legt fest, ob die Größe eines Panels an den Inhalt angepasst wird.	🖾
Bevel	bestimmt die Anzeige eines Panels.	🖾
Enabled	bestimmt, ob das Objekt aktiviert ist.	🖾
Index	ergibt die Indexnummer des Objekts.	🖾
Key	legt einen eindeutigen Schlüsselwert fest.	🖾
Left	legt den linken Abstand des Objekts (in Pixel) zu dem umgebenden Container fest.	🖾
MinWidth	legt die minimale Breite fest.	🖾

Tabelle 20.17: Eigenschaften, Methoden und Ereignisse des Panel-Objekts (Fortsetzung)

Element	Beschreibung	Typ
Picture	bestimmt ein Bild zur Anzeige.	🖼
Style	legt den Stil des Panels fest.	🖼
Tag	legt benutzerdefinierte Daten zum Objekt fest.	🖼
Text	bestimmt den Text des Panels.	🖼
ToolTipText	setzt einen ToolTipText.	🖼
Visible	bestimmt, ob das Objekt sichtbar ist.	🖼
Width	bestimmt die Breite (in Pixel) des Objekts.	🖼

20.3.9 Symbolleiste (ToolBar)

Das ToolBar-Steuerelement bietet Ihnen die Möglichkeit, Symbolleisten an beliebigen Stellen auf einem Formular anzuordnen. Die auf den Schaltflächen einer Symbolleiste gezeigten Bilder werden in einem Abbildungslisten-Steuerelement verwaltet.

Symbolleisten mithilfe des ToolBar-Steuerelements sind sozusagen die kleine Symbolleistenlösung. In Kapitel 21, »Menüs und Symbolleisten«, stellen wir Ihnen die »große« Lösung mithilfe von CommandBars vor, die eine Programmierung aller Menüs und Symbolleisten in Access ermöglichen.

In Bild 20.9 sehen Sie oben rechts einen ToolBar mit vier Schaltflächen. Eine weitergehende Beschreibung des Beispiels finden Sie in Abschnitt 20.4.

Im abgebildeten Eigenschaftenfenster der Symbolleiste sind die allgemeinen Einstellungen zu sehen. Über *ImageList* wird das Abbildungslisten-Steuerelement, das die Bilder für die Schaltflächen beinhaltet, an den ToolBar gebunden.

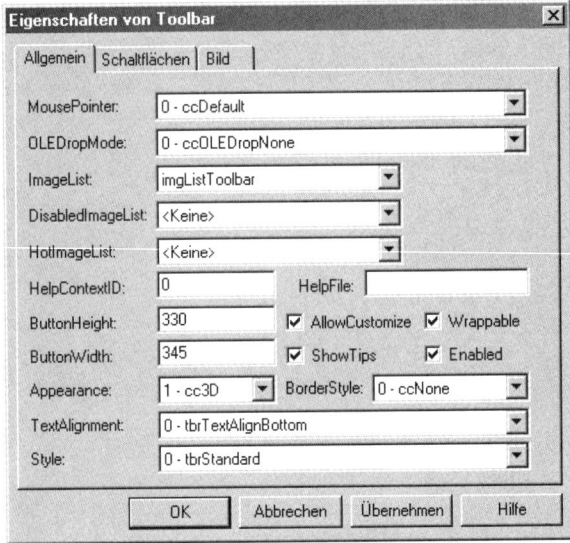

Bild 20.17: ToolBar-Eigenschaften

Auf dem zweiten Registerblatt *Schaltflächen* können Sie mit *Schaltfläche einfügen* neue Schaltflächen erzeugen. Das Icon für die Schaltfläche wird über den Eintrag *Image* bestimmt, der die Nummer des Bildes im Abbildungslisten-Element enthält.

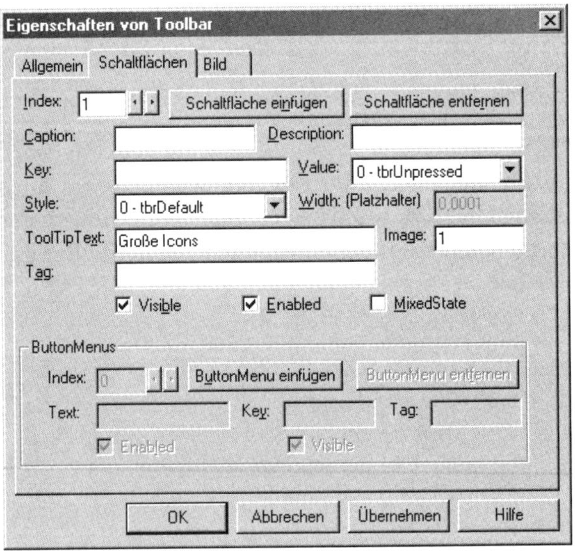

Bild 20.18: Einstellungen für die Schaltflächen

Der folgende Programmauszug zeigt die Auswertung eines Mausklicks auf eine der Schaltflächen eines ToolBars. Bei einem Schaltflächen-Klick wird der Ereignisprozedur ein `Button`-Objekt übergeben, das die Daten der gewählten Schaltfläche enthält.

```
Private Sub tbar_ButtonClick(ByVal Button As Object)
    Select Case Button.Index
        Case 1
            lvZutaten.View = lvwIcon
        Case 2
            lvZutaten.View = lvwSmallIcon
        Case 3
            lvZutaten.View = lvwList
        Case 4
            lvZutaten.View = lvwReport
    End Select
End Sub
```

Tabelle 20.18: Eigenschaften, Methoden und Ereignisse des ToolBar-Steuerelements

Element	Beschreibung	Typ
Align	legt die Ausrichtung der Symbolleiste fest.	🖼
AllowCustomize	bestimmt, ob der Benutzer die Symbolleiste anpassen darf.	🖼
Appearance	bestimmt das Aussehen des Objekts.	🖼
BorderStyle	legt die Art des Rahmens für das Objekt fest.	🖼
ButtonClick	wird bei einem Klick auf ein Button-Objekt ausgelöst.	⚡
ButtonDropDown	tritt auf, wenn der Benutzer auf den Dropdown-Pfeil einer Schaltfläche mit Style = tbrDropdown klickt.	⚡
ButtonHeight	bestimmt die Höhe (in Pixel) eines Buttons.	🖼
ButtonMenuClick	tritt auf, wenn der Benutzer ein Element aus einem Schaltflächen-Dropdown-Menü auswählt.	⚡
Buttons	enthält eine Buttons-Auflistung.	🖼
ButtonWidth	bestimmt die Breite (in Pixel) eines Buttons.	🖼
Change	wird erzeugt, nachdem der Benutzer die Darstellung eines Symbolleiste-Steuerelements mithilfe des Dialogfeldes *Symbolleiste anpassen* angepasst hat.	⚡
Click	tritt bei einem Mausklick auf das Objekt auf.	⚡

Tabelle 20.18: Eigenschaften, Methoden und Ereignisse des ToolBar-Steuerelements (Fortsetzung)

Element	Beschreibung	Typ
Container	ergibt einen Verweis auf das umgebende Container-Objekt.	
Controls	enthält eine Controls-Auflistung.	
Customize	passt eine Symbolleiste an.	
DblClick	tritt bei einem Doppelklick auf das Objekt auf.	
DisabledImageList	gibt das ImageList-Steuerelement zurück, das zum Speichern von Bildern verwendet werden soll, die angezeigt werden, wenn sich eine Schaltfläche in deaktiviertem Zustand befindet, oder legt das Steuerelement fest.	
Drag	beginnt, beendet oder bricht eine Drag-Operation ab.	
DragDrop	wird bei einer erfolgreichen Drag-Operation ausgelöst.	
DragIcon	bestimmt das Bild während einer Drag-Operation.	
DragMode	legt den Drag-Modus fest.	
DragOver	tritt während des Drag-Vorgangs auf.	
Enabled	bestimmt, ob das Objekt aktiviert ist.	
Height	bestimmt die Höhe (in Pixel) des Objekts.	
HelpContextID	definiert den Hilfekontext für das Objekt.	
HelpFile	legt die Hilfedatei fest.	
HotImageList	gibt das ImageList-Steuerelement zurück, das zum Speichern von Bildern verwendet werden soll, die angezeigt werden, wenn sich eine Schaltfläche in aktiviertem Zustand befindet, oder legt das Steuerelement fest.	
hWnd	gibt die Windows-Handle des Objekts zurück.	
ImageList	bestimmt die zugehörige Abbildungsliste.	
Index	ergibt die Indexnummer des Objekts.	
Left	legt den linken Abstand des Objekts (in Pixel) zu dem umgebenden Container fest.	
MouseDown	tritt auf, wenn die Maustaste gedrückt wird.	
MouseIcon	legt einen benutzerdefinierten Mauszeiger fest.	
MouseMove	wird beim Bewegen der Maus ausgelöst.	
MousePointer	bestimmt den Mauszeiger.	
MouseUp	tritt beim Loslassen der Maustaste auf.	

Tabelle 20.18: Eigenschaften, Methoden und Ereignisse des ToolBar-Steuerelements (Fortsetzung)

Element	Beschreibung	Typ
Move	verschiebt das Steuerelement.	
Name	gibt den Namen des Objekts zurück.	
Object	liefert einen Objektverweis auf das Steuerelement.	
OLECompleteDrag	tritt auf, um das Ausgangsobjekt zu informieren, dass eine »Drag and Drop«-Operation ausgeführt wird.	
OLEDrag	löst eine »Drag and Drop«-Operation aus.	
OLEDragDrop	tritt auf, wenn ein selektiertes Objekt auf ein Zielobjekt abgelegt wird und durch das Zielobjekt eine Drop-Aktion durchgeführt wird.	
OLEDragMode	bestimmt den Drag-Modus bei »Drag and Drop«-Operationen.	
OLEDragOver	tritt auf, wenn das selektierte Objekt über ein anderes Objekt gezogen wird.	
OLEDropMode	bestimmt den Drop-Modus bei »Drag and Drop«-Operationen.	
OLEGiveFeedback	wird nach jedem OLEDragOver-Ereignis ausgelöst, um gegebenenfalls dem Benutzer eine visuelle Rückkopplung zu geben.	
OLESetData	wird ausgelöst, wenn Daten für »Drag and Drop« bereitgestellt werden.	
OLEStartDrag	tritt zu Beginn der »Drag and Drop«-Operation auf.	
Parent	gibt einen Verweis auf das Eltern-Objekt zurück.	
Refresh	aktualisiert die Anzeige des Steuerelements.	
RestoreToolbar	setzt die Symbolleiste auf den Ursprungszustand zurück.	
SaveToolbar	speichert die Symbolleiste.	
ShowTips	bestimmt, ob QuickInfo-Texte (ToolTips) gezeigt werden.	
ShowWhatsThis	zeigt ein Hilfedialogfenster an.	
Style	gibt einen Wert zurück oder legt einen Wert fest, der bestimmt, wie die Symbolleiste gezeichnet wird.	
TabIndex	legt fest, als wievieltes Element das Steuerelement mit der -Taste angesprungen werden kann.	
Tag	legt benutzerdefinierte Daten zum Objekt fest.	

Tabelle 20.18: Eigenschaften, Methoden und Ereignisse des ToolBar-Steuerelements (Fortsetzung)

Element	Beschreibung	Typ
TextAlignment	liefert einen Wert zurück oder legt einen Wert fest, der bestimmt, ob Schaltflächentext unterhalb oder rechts von dem Schaltflächensymbol angezeigt wird.	🖼
Top	legt den Abstand des Objekts (in Pixel) zu dem umgebenden Container fest.	🖼
Visible	bestimmt, ob das Objekt sichtbar ist.	🖼
WhatsThisHelpID	setzt die Hilfekontextnummer für das Objekt.	🖼
Width	bestimmt die Breite (in Pixel) des Objekts.	🖼
Wrappable	legt fest, ob der Text eines Eintrags umgebrochen werden darf.	🖼
ZOrder	bestimmt die Reihenfolge von sich überlagernden Steuerelementen.	◈

Tabelle 20.19: Eigenschaften, Methoden und Ereignisse der Buttons-Auflistung

Element	Beschreibung	Typ
Add	fügt ein neues Button-Objekt hinzu.	◈
Clear	löscht alle Button-Objekte.	◈
Count	ermittelt die Anzahl der Button-Objekte.	🖼
Item	gibt ein Objekt vom Typ Button zurück.	🖼
Remove	entfernt ein Button-Objekt.	◈

Tabelle 20.20: Eigenschaften, Methoden und Ereignisse des Button-Objekts

Element	Beschreibung	Typ
ButtonMenus	liefert einen Verweis auf die ButtonMenu-Objektauflistung eines Button-Objekts zurück.	🖼
Caption	bestimmt den Text für die Schaltfläche.	🖼
Description	setzt eine Beschreibung.	🖼
Enabled	bestimmt, ob das Objekt aktiviert ist.	🖼
Height	bestimmt die Höhe (in Pixel) des Objekts.	🖼
Image	legt das Bild der Schaltfläche fest.	🖼
Index	ergibt die Indexnummer des Objekts.	🖼

Tabelle 20.20: Eigenschaften, Methoden und Ereignisse des Button-Objekts (Fortsetzung)

Element	Beschreibung	Typ
Key	legt einen eindeutigen Schlüsselwert fest.	🖼
Left	legt den linken Abstand des Objekts (in Pixel) zu dem umgebenden Container fest.	🖼
MixedState	legt die möglichen Stati fest.	🖼
Style	bestimmt den Typ der Schaltfläche.	🖼
Tag	legt benutzerdefinierte Daten zum Objekt fest.	🖼
ToolTipText	bestimmt den QuickInfo-Text.	🖼
Top	legt den Abstand des Objekts (in Pixel) zu dem umgebenden Container fest.	🖼
Value	liefert den Wert eines Objekts.	🖼
Visible	bestimmt, ob das Objekt sichtbar ist.	🖼
Width	bestimmt die Breite (in Pixel) des Objekts.	🖼

Tabelle 20.21: Eigenschaften, Methoden und Ereignisse der Controls-Auflistung

Element	Beschreibung	Typ
Count	bestimmt die Anzahl der Control-Objekte.	🖼
Item	gibt ein Objekt zurück.	🖼

20.3.10 Fortschrittsleiste (ProgressBar)

Der Fortschritt einer Operation wird in einer Fortschrittsleiste in kleinen Rechtecken gezeigt. Fortschrittsleisten werden in den meisten Fällen bei Vorgängen eingesetzt, die einige Zeit in Anspruch nehmen, um den Anwender über den Stand der Dinge zu informieren.

Das folgende Beispielformular zeigt in der Fortschrittsleiste, wie viel Prozent der Cocktail-Tabelle schon durchlaufen wurden.

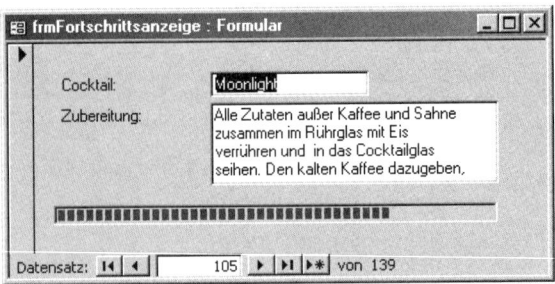

Bild 20.19: Das Beispielformular

Für eine Fortschrittsleiste kann der Minimal- und Maximalwert der Anzeige festgelegt werden. Die Eigenschaft Value setzt den aktuell gezeigten Wert. Die folgenden Ereignisprozeduren für das obige Formular initialisieren und aktualisieren die Fortschrittsanzeige.

```
Private Sub Form_Current()
    Dim rst As DAO.Recordset

    Set rst = Me.RecordsetClone
    ' Position im Clone setzen
    rst.Bookmark = Me.Bookmark
    ' Fortschrittsanzeige aktualisieren
    progBar.Value = rst.AbsolutePosition
    rst.Close
End Sub

Private Sub Form_Load()
    Dim rst As DAO.Recordset

    Set rst = Me.RecordsetClone
    rst.MoveLast
    ' Anzahl der Datensätze
    progBar.Max = rst.AbsolutePosition
    progBar.Value = 1
    rst.Close
End Sub
```

Tabelle 20.22: Eigenschaften, Methoden und Ereignisse des ProgressBar-Steuerelements

Element	Beschreibung	Typ
Align	legt die Ausrichtung fest.	🖼
Appearance	bestimmt das Aussehen des Objekts.	🖼
BorderStyle	legt die Art des Rahmens für das Objekt fest.	🖼
Click	tritt bei einem Mausklick auf das Objekt auf.	⚡
Container	ergibt einen Verweis auf das umgebende Container-Objekt.	🖼
Drag	beginnt, beendet oder bricht eine Drag-Operation ab.	🖱
DragDrop	wird bei einer erfolgreichen Drag-Operation ausgelöst.	⚡
DragIcon	bestimmt das Bild während einer Drag-Operation.	🖼
DragMode	legt den Drag-Modus fest.	🖼
DragOver	tritt während des Drag-Vorgangs auf.	⚡
Enabled	bestimmt, ob das Objekt aktiviert ist.	🖼
Height	bestimmt die Höhe (in Pixel) des Objekts.	🖼
hWnd	gibt die Windows-Handle des Objekts zurück.	🖼
Index	ergibt die Indexnummer des Objekts.	🖼
Left	legt den linken Abstand des Objekts (in Pixel) zu dem umgebenden Container fest.	🖼
Max	setzt den maximalen Wert.	🖼
Min	setzt den minimalen Wert.	🖼
MouseDown	tritt auf, wenn die Maustaste gedrückt wird.	⚡
MouseIcon	legt einen benutzerdefinierten Mauszeiger fest.	🖼
MouseMove	wird beim Bewegen der Maus ausgelöst.	⚡
MousePointer	bestimmt den Mauszeiger.	🖼
MouseUp	tritt beim Loslassen der Maustaste auf.	⚡
Move	verschiebt das Steuerelement.	🖱
Name	gibt den Namen des Objekts zurück.	🖼
Object	liefert einen Objektverweis auf das Steuerelement.	🖼
OLECompleteDrag	tritt auf, um das Ausgangsobjekt zu informieren, dass eine »Drag and Drop«-Operation ausgeführt wird.	⚡
OLEDrag	löst eine »Drag and Drop«-Operation aus.	🖱

Tabelle 20.22: Eigenschaften, Methoden und Ereignisse des ProgressBar-Steuerelements (Fortsetzung)

Element	Beschreibung	Typ
OLEDragDrop	tritt auf, wenn ein selektiertes Objekt auf ein Zielobjekt abgelegt wird und durch das Zielobjekt eine Drop-Aktion durchgeführt wird.	⚡
OLEDragMode	bestimmt den Drag-Modus bei »Drag and Drop«-Operationen.	🖾
OLEDragOver	tritt auf, wenn das selektierte Objekt über ein anderes Objekt gezogen wird.	⚡
OLEDropMode	bestimmt den Drop-Modus bei »Drag and Drop«-Operationen.	🖾
OLEGiveFeedback	wird nach jedem OLEDragOver-Ereignis ausgelöst, um dem Benutzer eine visuelle Rückkopplung zu geben.	⚡
OLESetData	wird ausgelöst, wenn Daten für »Drag and Drop« bereitgestellt werden.	⚡
OLEStartDrag	tritt zu Beginn der »Drag and Drop«-Operation auf.	⚡
Orientation	gibt einen Wert zurück oder legt einen Wert fest, der bestimmt, ob die Fortschrittsleiste vertikal oder horizontal angezeigt wird.	🖾
Parent	gibt einen Verweis auf das Eltern-Objekt zurück.	🖾
Refresh	aktualisiert die Anzeige.	🖘
Scrolling	gibt einen Wert zurück oder legt einen Wert fest, der bestimmt, ob das Steuerelement den Fortschritt mit einer standardmäßigen segmentierten oder mit einer glatten Fortschrittsleiste anzeigt.	🖾
ShowWhatsThis	zeigt ein Hilfedialogfenster an.	🖘
TabIndex	legt fest, als wievieltes Element das Steuerelement mit der ⭾-Taste angesprungen werden kann.	🖾
Tag	legt benutzerdefinierte Daten zum Objekt fest.	🖾
Top	legt den Abstand des Objekts (in Pixel) zu dem umgebenden Container fest.	🖾
Value	liefert den Wert eines Objekts.	🖾
Visible	bestimmt, ob das Objekt sichtbar ist.	🖾
WhatsThisHelpID	setzt die Hilfekontextnummer für das Objekt.	🖾
Width	bestimmt die Breite (in Pixel) des Objekts.	🖾
ZOrder	bestimmt die Reihenfolge von sich überlagernden Steuerelementen.	🖘

20.3.11 Register (TabStrip)

Das Register-Steuerelement war in vorhergehenden Access-Versionen eine Möglichkeit, Formulare mit Registerblättern zu erstellen. Microsoft hat ein neues Register-Steuerelement in Access eingebaut (siehe Kapitel 15, »Formulare«), das leistungsfähiger und einfacher zu nutzen ist als das TabStrip-Steuerelement.

20.3.12 Hierarchieansicht (TreeView)

Das Hierarchieansicht-Steuerelement dient zur Darstellung von hierarchischen Zusammenhängen, die in Form einer Baumdarstellung abgebildet werden. Die Anzahl der Einträge und die Tiefe des Baums ist nur vom zur Verfügung stehenden Speicher begrenzt. Im Beispiel im Abschnitt 20.4 wird ein TreeView-Steuerelement mit zwei Darstellungsebenen eingesetzt.

Tabelle 20.23: Eigenschaften, Methoden und Ereignisse eines ListView-Steuerelements

Element	Beschreibung	Typ
AfterLabelEdit	tritt nach dem Bearbeiten des Textes eines Eintrags auf.	🗲
AllowColumnReorder	bestimmt, ob ein Benutzer in der Berichtsansicht die Reihenfolge der Spalten verändern kann.	🖼
Appearance	bestimmt das Aussehen des Objekts.	🖼
Arrange	gibt zurück, wie die Symbole in der Ansicht des Listenansicht-Steuerelements (normale oder kleine Symbole) angeordnet werden, oder legt die Anordnung fest.	🖼
BackColor	legt die Hintergrundfarbe zum Anzeigen von Text und Grafiken in einem Objekt fest oder gibt diese zurück.	🖼
BeforeLabelEdit	tritt vor dem Bearbeiten des Textes eines Eintrags auf.	🗲
BorderStyle	legt die Art des Rahmens für das Objekt fest.	🖼
CheckBoxes	bestimmt, ob das Steuerelement neben jedem Listenelement ein Kontrollkästchen anzeigt.	🖼
Click	tritt bei einem Mausklick auf das Objekt auf.	🗲
Collapse	tritt auf, wenn ein Ast des Baums zusammengeklappt wird.	🗲
ColumnClick	tritt auf, wenn auf ein ColumnHeader-Objekt in einem Listenansicht-Steuerelement geklickt wird.	🗲
ColumnHeaderIcons	gibt das ImageList-Steuerelement zurück, das für ColumnHeader-Symbole verwendet werden soll, oder legt es fest.	🖼

Tabelle 20.23: Eigenschaften, Methoden und Ereignisse eines ListView-Steuerelements (Fortsetzung)

Element	Beschreibung	Typ
ColumnHeaders	gibt einen Verweis auf eine Auflistung von Column-Header-Objekten zurück.	🖼
Container	ergibt einen Verweis auf das umgebende Container-Objekt.	🖼
DblClick	tritt bei einem Doppelklick auf das Objekt auf.	⚡
Drag	beginnt, beendet oder bricht eine Drag-Operation ab.	🖘
DragDrop	wird bei einer erfolgreichen Drag-Operation ausgelöst.	⚡
DragIcon	bestimmt das Bild während einer Drag-Operation.	🖼
DragMode	legt den Drag-Modus fest.	🖼
DragOver	tritt während des Drag-Vorgangs auf.	⚡
DropHighlight	gibt ein Objekt zurück und selektiert es.	🖼
Enabled	bestimmt, ob das Objekt aktiviert ist.	🖼
Expand	tritt auf, wenn die Kinder-Objekte eines Eintrags eingeblendet werden.	⚡
FindItem	sucht ein Element in der Liste und gibt einen Verweis auf dieses Element zurück.	🖘
FlatScrollBar	bestimmt, ob die Bildlaufleisten flach angezeigt werden.	🖼
Font	bestimmt den Font für die Anzeige der Einträge.	🖼
ForeColor	legt die Vordergrundfarbe zum Anzeigen von Text und Grafiken in einem Objekt fest oder gibt diese zurück.	🖼
FullRowSelect	bestimmt, ob das Auswählen einer Spalte die gesamte Reihe hervorhebt.	🖼
GetFirstVisible	ruft einen Verweis auf das erste Element ab, das im Innenbereich angezeigt wird.	🖘
GetVisibleCount	bestimmt die Anzahl der sichtbaren Einträge.	🖘
GotFocus	wird ausgelöst, wenn das Objekt den Fokus erhält.	⚡
GridLine	bestimmt, ob Rasterlinien zwischen Zeilen und Spalten angezeigt werden.	🖼
Height	bestimmt die Höhe (in Pixel) des Objekts.	🖼
HelpContextID	definiert den Hilfekontext für das Objekt.	🖼

Tabelle 20.23: Eigenschaften, Methoden und Ereignisse eines ListView-Steuerelements (Fortsetzung)

Element	Beschreibung	Typ
HideColumnHeaders	bestimmt, ob die Spaltenbeschriftungen eines Listen-ansicht-Steuerelements in der Berichtansicht ausge-blendet sind oder nicht.	▣
HideSelection	bestimmt, ob eine Selektion noch angezeigt wird, wenn das Objekt den Fokus verliert.	▣
HitTest	ergibt den Verweis auf den Eintrag, der unter den Koordinaten x und y liegt.	◈
HotTracking	gibt zurück oder legt fest, ob HotTracking aktiviert ist.	▣
HoverSelection	bestimmt, ob HoverSelection aktiviert ist.	▣
hWnd	gibt die Windows-Handle des Objekts zurück.	▣
Icons	gibt die Abbildungen zurück, die mit den Symbolei-genschaften eines Listenansicht-Steuerelements ver-bunden sind, oder legt diese fest.	▣
ImageList	bestimmt die zugehörige Abbildungsliste.	▣
Indentation	legt die Einrückung der einzelnen Ebenen fest.	▣
Index	ergibt die Indexnummer des Objekts.	▣
ItemCheck	tritt auf, wenn das ListSubItem-Objekt aktiviert ist	⚡
ItemClick	tritt auf, wenn auf ein ListItem-Objekt geklickt wird oder dieses ausgewählt wird.	⚡
KeyDown	tritt auf, wenn eine Taste hinuntergedrückt ist.	⚡
KeyPress	wird ausgelöst, wenn eine Taste gedrückt wurde.	⚡
KeyUp	tritt auf, wenn eine Taste losgelassen wird.	⚡
LabelEdit	bestimmt, ob der Text eines Eintrags editiert werden darf.	▣
LabelWrap	bestimmt, ob Bezeichnungen eingeschlossen werden, wenn sich das Listenansicht-Steuerelement in der Sym-bolansicht befindet.	▣
Left	legt den linken Abstand des Objekts (in Pixel) zu dem umgebenden Container fest.	▣
LineStyle	legt die Art der Linien fest.	▣
ListItems	gibt einen Verweis auf eine Auflistung von ListItem-Objekten in einem Listenansicht-Steuerelement zurück.	▣
LostFocus	tritt auf, wenn das Objekt den Fokus verliert.	⚡
MouseDown	tritt auf, wenn die Maustaste gedrückt wird.	⚡

Tabelle 20.23: Eigenschaften, Methoden und Ereignisse eines ListView-Steuerelements (Fortsetzung)

Element	Beschreibung	Typ
MouseIcon	legt einen benutzerdefinierten Mauszeiger fest.	🖙
MouseMove	wird beim Bewegen der Maus ausgelöst.	⚡
MousePointer	bestimmt den Mauszeiger.	🖙
MouseUp	tritt beim Loslassen der Maustaste auf.	⚡
Move	verschiebt das Steuerelement.	🖚
MultiSelect	gibt einen Wert zurück oder legt einen Wert fest, der anzeigt, ob ein Benutzer mehrere Elemente im Listenansicht-Steuerelement auswählen kann und in welcher Weise die Auswahl vorgenommen werden kann.	🖙
Name	gibt den Namen des Objekts zurück.	🖙
NodeClick	tritt bei einem Mausklick auf einen Eintrag auf.	⚡
Nodes	enthält eine Nodes-Auflistung.	🖙
Object	liefert einen Objektverweis auf das Steuerelement.	🖙
OLECompleteDrag	tritt auf, um das Ausgangsobjekt zu informieren, dass eine »Drag and Drop«-Operation ausgeführt wird.	⚡
OLEDrag	löst eine »Drag and Drop«-Operation aus.	🖚
OLEDragDrop	tritt auf, wenn ein selektiertes Objekt auf ein Zielobjekt abgelegt wird und durch das Zielobjekt eine Drop-Aktion durchgeführt wird.	⚡
OLEDragMode	bestimmt den Drag-Modus bei »Drag and Drop«-Operationen.	🖙
OLEDragOver	tritt auf, wenn das selektierte Objekt über ein anderes Objekt gezogen wird.	⚡
OLEDropMode	bestimmt den Drop-Modus bei »Drag and Drop«-Operationen.	🖙
OLEGiveFeedback	wird nach jedem OLEDragOver-Ereignis ausgelöst, um gegebenenfalls dem Benutzer eine visuelle Rückkopplung zu geben.	⚡
OLESetData	wird ausgelöst, wenn Daten für »Drag and Drop« bereitgestellt werden.	⚡
OLEStartDrag	tritt zu Beginn der »Drag and Drop«-Operation auf.	⚡
Parent	gibt einen Verweis auf das Eltern-Objekt zurück.	🖙
PathSeparator	enthält das Trennzeichen, das für eine vollständige Ausgabe des Pfades zu einer Node verwendet wird.	🖙

Tabelle 20.23: Eigenschaften, Methoden und Ereignisse eines ListView-Steuerelements (Fortsetzung)

Element	Beschreibung	Typ
Picture	bestimmt das Hintergrundbild für das Steuerelement.	
PictureAlignment	gibt die Bildausrichtung zurück oder legt sie fest.	
Refresh	aktualisiert die Anzeige des Steuerelements.	
SelectedItem	gibt den selektierten Eintrag zurück.	
SetFocus	setzt den Fokus auf das Steuerelement.	
ShowWhatsThis	zeigt ein Hilfedialogfenster an.	
SmallIcons	gibt die Abbildungen zurück, die der SmallIcons-Eigenschaft eines Listenansicht-Steuerelements zugeordnet sind, oder legt diese fest.	
Sorted	bestimmt, ob die Daten sortiert gezeigt werden sollen.	
SortKey	gibt den aktuellen Schlüssel für die Sortierung zurück oder legt ihn fest.	
SortOrder	bestimmt, ob die Listenelemente in auf- oder absteigender Reihenfolge sortiert werden oder nicht.	
StartLabelEdit	tritt bei Beginn der Änderung des Textes eines Eintrags auf.	
TabIndex	legt fest, als wievieltes Element das Steuerelement mit der ⊞-Taste angesprungen werden kann.	
TabStop	bestimmt, ob das Objekt mit der ⊞-Taste angesprungen werden kann.	
Tag	legt benutzerdefinierte Daten zum Objekt fest.	
TextBackground	bestimmt, ob der Texthintergrund transparent ist oder die ListView-Hintergrundfarbe verwendet.	
Top	legt den Abstand des Objekts (in Pixel) zu dem umgebenden Container fest.	
View	gibt die aktuelle Ansicht des Listenansicht-Steuerelements zurück oder legt sie fest.	
Visible	bestimmt, ob das Objekt sichtbar ist.	
WhatsThisHelpID	setzt die Hilfekontextnummer für das Objekt.	
Width	bestimmt die Breite (in Pixel) des Objekts.	
ZOrder	bestimmt die Reihenfolge von sich überlagernden Steuerelementen.	

Tabelle 20.24: Eigenschaften, Methoden und Ereignisse der Nodes-Auflistung

Element	Beschreibung	Typ
Add	fügt ein neues Node-Objekt hinzu.	
Clear	löscht alle Node-Objekte.	
Count	bestimmt die Anzahl der Node-Objekte.	
Item	gibt ein Objekt vom Typ Node zurück.	
Remove	entfernt ein Node-Objekt.	

Tabelle 20.25: Eigenschaften, Methoden und Ereignisse des Node-Objekts

Element	Beschreibung	Typ
BackColor	gibt die Hintergrundfarbe zurück, die zum Anzeigen des Texts eines Node-Objekts verwendet wird, oder legt sie fest.	
Bold	bestimmt, ob der Text eines Node-Objekts in Fettschrift angezeigt wird.	
Checked	bestimmt, ob ein Node-Objekt aktiviert ist.	
Child	liefert einen Verweis auf das erste Kind-Objekt zurück.	
Children	ermittelt die Anzahl von Kinder-Objekten.	
CreateDragImage	erstellt ein Bild für Drag-Operationen.	
EnsureVisible	garantiert, dass der selektierte Eintrag sichtbar ist.	
Expanded	bestimmt, ob die Kinder eines Eintrags gezeigt werden.	
ExpandedImage	wird als Bild für einen Eintrag angezeigt, wenn die Kinder sichtbar sind.	
FirstSibling	gibt das erste Kind-Objekt der nächsten Ebene zurück.	
ForeColor	gibt die Vordergrundfarbe zurück, die zum Anzeigen des Texts eines Node-Objekts verwendet wird, oder legt sie fest.	
FullPath	ermittelt den vollständigen Pfad zu einem Eintrag.	
Image	legt das Bild für einen Eintrag fest.	
Index	ergibt die Indexnummer des Objekts.	
Key	legt einen eindeutigen Schlüsselwert fest.	
LastSibling	gibt das letzte Kind-Objekt der nächsten Ebene zurück.	
Next	gibt das nächste Kind-Objekt der nächsten Ebene zurück.	

Tabelle 20.25: Eigenschaften, Methoden und Ereignisse des Node-Objekts (Fortsetzung)

Element	Beschreibung	Typ
Parent	gibt einen Verweis auf das Eltern-Objekt zurück.	🖰
Previous	gibt das vorhergehende Kind-Objekt der nächsten Ebene zurück.	🖰
Root	gibt das Wurzel-Objekt eines Baums zurück.	🖰
Selected	bestimmt, ob ein Eintrag selektiert ist.	🖰
SelectedImage	legt das Bild für selektierte Einträge fest.	🖰
Sorted	bestimmt, ob die Daten sortiert gezeigt werden sollen.	🖰
Tag	legt benutzerdefinierte Daten zum Objekt fest.	🖰
Text	gibt den Text des Eintrags zurück.	🖰
Visible	bestimmt, ob das Objekt sichtbar ist.	🖰

20.4 Ein Beispiel mit ActiveX-Steuerelementen

Im folgenden Beispiel möchten wir Ihnen ein Formular mit sechs ActiveX-Steuer-elementen vorstellen. Für das Formular wurde links ein Hierarchieansicht-Steu-erelement (TreeView) zur Anzeige von Cocktailgruppen, Cocktails und Zutaten eingesetzt. Zu jedem Cocktail erhalten Sie im Listenansicht-Steuerelement (List-View) rechts oben die benötigten Zutaten angezeigt. Oberhalb der Zutatenansicht wurde eine Symbolleiste (ToolBar) angeordnet, die ein Umschalten zwischen den verschiedenen Ansichten des Listenansicht-Steuerelements ermöglicht. Unterhalb der Zutaten wird die Zubereitungsanweisung des links selektierten Cocktails in einem RichText-Steuerelement ausgegeben. Am unteren Rand des Formulars wurde ein Statusleisten-Steuerelement (StatusBar) positioniert.

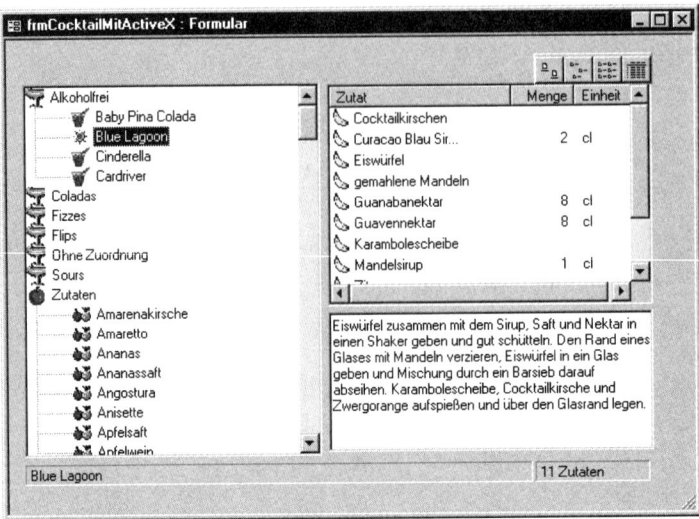

Bild 20.20: Das Beispielformular

Für die Icons in ListView, TreeView und ToolBar wurden zwei Abbildungslisten-Steuerelemente (ImageList) aufgenommen, die allerdings nur in der Entwurfsansicht des Formulars sichtbar sind, wie Sie es im nächsten Bild sehen können.

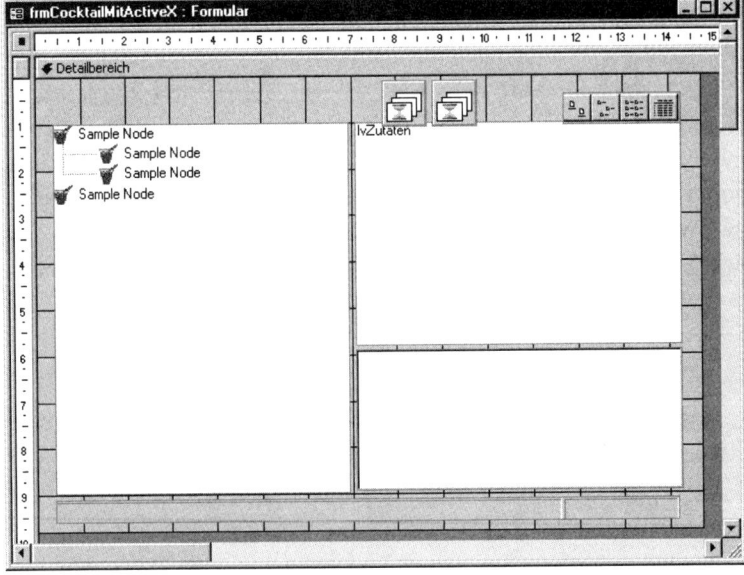

Bild 20.21: Das Beispielformular in der Entwurfsansicht

Zu dem vorgestellten Beispielformular gehört das Listing ab Seite 726. Zum besseren Verständnis des Listing möchten wir Ihnen die Bedienungsmöglichkeiten des obigen Formulars beschreiben.

Auf der linken Seite werden die verschiedenen Cocktailgruppen, die Hausbar und die Zutatenliste angezeigt. Wird ein Cocktail aus einer der Gruppen oder der Hausbar selektiert, erscheinen rechts die entsprechenden Zutaten. Wird eine Zutat der Zutatenliste gewählt, werden rechts die Cocktails dargestellt, die diese Zutat enthalten. Die Prozedur tvCocktail_NodeClick wird bei einem Klick auf einen Eintrag im Hierarchie-Steuerelement links ausgeführt und sorgt dann für die Anzeige im Listenansicht-Steuerelement rechts. Dieses soll nur bei Cocktails bzw. Zutaten, nicht aber bei Cocktailgruppen, der Hausbar oder dem Symbol für die Zutatenliste erfolgen. Über die Parent-Eigenschaft des Node-Objekts wird geprüft, wie der folgende Programmabschnitt zeigt, ob ein Knoten (Node) auf der ersten oder zweiten Ebene selektiert wurde. Knoten der ersten Ebene haben keinen Eltern-Knoten.

```
If Not Node.Parent Is Nothing Then
    ' In zweiter Ebene des TreeView-Elements
    If Node.Parent.Text = "Zutaten" Then
        ' Cocktails zur Zutat im ListView zeigen
        ShowCocktails Node
    Else
        ' Zutaten zum Cocktail zeigen
        ShowZutaten Node
    End If
    ...
End If
```

Klicken Sie eine Cocktailzutat in der Listenansicht rechts doppelt an, so wird die Zutat links in der Hierarchie aufgeschlagen (Prozedur lvZutaten_DblClick). Ist links eine Zutat selektiert, so werden rechts die Cocktails gezeigt. Ein Doppelklick auf einen Cocktail verzweigt links zur Darstellung des Cocktails.

Zusätzlich können Cocktails mithilfe von »Drag and Drop« zwischen den einzelnen Cocktailgruppen verschoben werden. Die dazu nötigen Routinen werden im Anschluss an das Listing beschrieben.

Im folgenden Listing wurden keine vordefinierten Abfragen verwendet, sondern alle SQL-Abfragen sind direkt im Programm vereinbart. In einer produktiven Anwendung empfehlen wir aufgrund besserer Leistung und einfacherer Wartung, alle Datenbankoperationen als Abfragen zu speichern und mithilfe von QueryDefs darauf zuzugreifen.

```
Option Compare Database
Option Explicit

' Datenbank modulweit definiert
Dim mDB As Database

Private Sub Form_Load()
    ' TreeView, ListView und Statusbar
    Dim objTV As Object
    Dim ctlStatus As Control
    Dim nod As Node
    Dim intCnt As Integer
    Dim rst As Recordset

    Set mDB = CurrentDb()
    ' Alle Cocktailgruppen
    Set rst = mDB.OpenRecordset( _
                    "SELECT * FROM tblGruppe ORDER BY Gruppe")
    ' TreeView sortiert füllen
    Set objTV = Me!tvCocktail.Object
    objTV.Sorted = True
    ' Alle Cocktailgruppen einfügen
    Do While Not rst.EOF
        ' Key besteht aus "G" und Gruppennummer
        Set nod = objTV.Nodes.Add(Key:="G" & CStr(rst!GruppeNr), _
                                Text:=rst!Gruppe, Image:=3)

        rst.MoveNext
    Loop
    rst.Close

    ' Für Cocktails ohne Gruppenzuordnung: Key ist "G0"
    Set nod = objTV.Nodes.Add(Key:="G0", Text:="Ohne Zuordnung", _
                            Image:=3)

    ' Cocktails als Children (tvwChild) in die Gruppen-Nodes
    ' einfügen, Verteilung über Key
    Set rst = mDB.OpenRecordset( _
                    "SELECT GruppeNr AS Grp, Cocktail " & _
                    "FROM tblCocktail")
```

```
Do While Not rst.EOF
    Set nod = objTV.Nodes.Add(Relative:="G" & CStr(rst!grp), _
                              Relationship:=tvwChild, _
                              Text:=rst!Cocktail, _
                              Image:=1, _
                              SelectedImage:=8)
    rst.MoveNext
Loop
rst.Close
' Hausbar
Set nod = objTV.Nodes.Add(Key:="H", Text:="Hausbar", Image:=4)
Set rst = mDB.OpenRecordset("SELECT * FROM qryHausbar3")
intCnt = 1
Do While Not rst.EOF
    Set nod = objTV.Nodes.Add(Relative:="H", _
                              Relationship:=tvwChild, _
                              Key:="H" & CStr(intCnt), _
                              Text:=rst!Cocktail, _
                              Image:=1, _
                              SelectedImage:=8)
    rst.MoveNext
    intCnt = intCnt + 1
Loop
rst.Close
' Liste aller Zutaten, zuerst Eintrag für oberste Ebene festlegen
Set nod = objTV.Nodes.Add(Key:="Z", Text:="Zutaten", Image:=2)
' Alle Zutaten als Children einfügen
Set rst = mDB.OpenRecordset("SELECT Zutat, ZutatenNr " & _
                            "FROM tblzutat ORDER BY Zutat")
intCnt = 1
Do While Not rst.EOF
    Set nod = objTV.Nodes.Add(Relative:="Z", _
                              Relationship:=tvwChild, _
                              Key:="Z" & CStr(intCnt), _
                              Text:=rst!Zutat, _
                              Image:=11, _
                              SelectedImage:=9)
    rst.MoveNext
    intCnt = intCnt + 1
Loop
rst.Close
```

```
    ' Erste Node selektieren, Statuszeile aktualisieren
    With objTV.Nodes(1)
        .Selected = True
        Status.Panels(1).Text = .Text
        ' Anzahl der Cocktails ermitteln
        intCnt = CountCocktails(objTV.SelectedItem)
        Status.Panels(2).Text = intCnt & _
                    IIf(intCnt <> 1, " Cocktails", " Cocktail")
    End With
    tbar.Buttons(4).Value = tbrPressed
    lvZutaten.View = lvwReport
End Sub
' Löschen von ListView, StatusBar und RTF
Private Sub ClearListView()
    ' Löschen von ListView
    With lvZutaten
        .HideColumnHeaders = True
        .ListItems.Clear
    End With
    ' Löschen des Statusbars
    With Status
        .Panels(1).Text = ""
        .Panels(2).Text = ""
    End With
    ' Löschen des Inhalts des RTF-Steuerelements
    rtfBox.Text = ""
End Sub


' Ändern der ListView-Sortierreihenfolge
Private Sub lvZutaten_ColumnClick(ByVal ColumnHeader As Object)
    Dim i As Integer

    For i = 1 To lvZutaten.ColumnHeaders.Count
        ' Ermitteln, auf welchen Header geklickt wurde
        If ColumnHeader.Text = lvZutaten.ColumnHeaders(i).Text Then
            If lvZutaten.SortKey = i - 1 Then
                ' Wenn schon nach der angeklickten Spalte sortiert,
                ' Sortierung umkehren
                If lvZutaten.SortOrder = lvwAscending Then
                    lvZutaten.SortOrder = lvwDescending
```

```
            Else
                lvZutaten.SortOrder = lvwAscending
            End If
        Else
            ' Sortierspalte festlegen
            lvZutaten.SortKey = i - 1
            lvZutaten.SortOrder = lvwAscending
        End If
    End If
    Next
    ' Selektierte Zeile sichtbar halten
    lvZutaten.SelectedItem.EnsureVisible
End Sub
' Bei Doppelklick im ListView-Steuerelement
Private Sub lvZutaten_DblClick()
    Dim i As Integer

    For i = 1 To tvCocktail.Nodes.Count
        ' Suchen nach dem Eintrag im TreeView-Element, das gleich
        ' dem angeklickten Eintrag im ListView-Steuerelement ist.
        If tvCocktail.Nodes(i).Text = _
                            lvZutaten.SelectedItem.Text Then
            ' Fokus auf TreeView setzen
            tvCocktail.SetFocus
            ' Node selektieren
            With tvCocktail.Nodes(i)
                .Selected = True
                .EnsureVisible
            End With
            If lvZutaten.ColumnHeaders(1).Text = "Cocktail" Then
                ' Zutaten im ListView-Element anzeigen
                ShowZutaten tvCocktail.SelectedItem
            Else
                ' Cocktails zur Zutat im ListView-Element anzeigen
                ShowCocktails tvCocktail.SelectedItem
            End If
            ' Bei gefundenem Eintrag Prozedur verlassen
            Exit Sub
        End If
    Next
End Sub
```

```
' Wenn Cocktail im ListView-Element gezeigt werden,
' Zubereitung bei Klick auf Cocktail einblenden
Private Sub lvZutaten_ItemClick(ByVal Item As Object)

    Dim rst As Recordset

    If lvZutaten.ColumnHeaders(1).Text = "Cocktail" Then
        Set rst = mDB.OpenRecordset("SELECT Zubereitung " & _
                        "FROM tblCocktail " & _
                        "WHERE Cocktail = """ & Item.Text & """;")
        rtfBox.RightMargin = rtfBox.Width - 100
        rtfBox.Text = rst!Zubereitung
        rst.Close
    End If
End Sub


Private Sub tbar_ButtonClick(ByVal Button As Object)
    Dim intCnt As Integer

    Select Case Button.Index
        Case 1
            lvZutaten.View = lvwIcon
        Case 2
            lvZutaten.View = lvwSmallIcon
        Case 3
            lvZutaten.View = lvwList
        Case 4
            lvZutaten.View = lvwReport
    End Select
    For intCnt = 1 To 4
        tbar.Buttons(intCnt).Value = tbrUnpressed
    Next
    tbar.Buttons(Button.Index).Value = tbrPressed
End Sub

Private Sub tvCocktail_Collapse(ByVal Node As Object)
    ClearListView
End Sub
```

```
Private Sub tvCocktail_NodeClick(ByVal Node As Object)
    Dim rst As Recordset
    Dim strSQL As String
    Dim lvItem As ListItem
    Dim intCnt As Integer

    ' ListView-Element, StatusBar und RTF löschen
    ClearListView
    ' Linkes Panel des Statusbars setzen
    Status.Panels(1).Text = Node.Text

    If Not Node.Parent Is Nothing Then
        ' In zweiter Ebene des TreeView-Elements
        If Node.Parent.Text = "Zutaten" Then
            ' Cocktails zur Zutat im ListView zeigen
            ShowCocktails Node
        Else
            ' Zutaten zum Cocktail zeigen
            ShowZutaten Node
        End If
    Else
        ' In erster Ebene des TreeView-Elements
        ' Anzahl der Cocktails ermitteln
        intCnt = CountCocktails(Node)
        ' Text im rechten Panel des StatusBars setzen
        Status.Panels(2).Text = intCnt & _
                        IIf(intCnt <> 1, " Cocktails", " Cocktail")
    End If
End Sub


' Anzahl der Cocktails einer Gruppe
Private Function CountCocktails(nod As Object) As Integer
    Dim rst As Recordset

    If nod.Key <> "KO" Then
        ' Cocktails mit Gruppenzugehörigkeit
        Set rst = mDB.OpenRecordset("SELECT Count(*) AS AnzCock " _
                & "FROM tblCocktail INNER JOIN tblGruppe ON " & _
                "tblCocktail.GruppeNr = tblGruppe.GruppeNr " & _
                "WHERE tblGruppe.Gruppe=""" & nod.Text & """;")
```

```
    Else
        ' Cocktails ohne Gruppenzugehörigkeit
        Set rst = mDB.OpenRecordset("SELECT Count(*) AS AnzCock " _
                            & "FROM tblCocktail WHERE GruppeNr = 0")
    End If
    CountCocktails = rst!AnzCock
    rst.Close
End Function


' Cocktailnamen im ListView-Steuerelement zeigen
Private Sub ShowCocktails(Node As Object)
    Dim rst As Recordset
    Dim lvItem As ListItem
    Dim i As Integer
    Dim strSQL As String

    strSQL = "SELECT tblCocktail.Cocktail, " & _
        "tblCocktail.Alkoholgehalt, " & _
        "tblZutat.Zutat FROM tblZutat INNER JOIN " & _
        "(tblCocktail INNER JOIN tblCocktailzutaten " & _
        "ON tblCocktail.CocktailNr = " & _
        "tblCocktailzutaten.CocktailNr) " & _
        "ON tblZutat.ZutatenNr = tblCocktailzutaten.ZutatenNr " & _
        "WHERE tblZutat.Zutat =""" & Node.Text & """" & _
        "ORDER BY tblCocktail.Cocktail;"


    Set rst = mDB.OpenRecordset(strSQL)


    ' ListView löschen
    lvZutaten.ListItems.Clear
    ' Spaltenaufschriften und -breiten vereinbaren
    With lvZutaten.ColumnHeaders
        .Clear
        .Add , , "Cocktail", lvZutaten.Width - 1900
        .Add , , "Alkoholgehalt", 1000, lvwColumnRight
    End With
    ' Spaltenaufschriften anzeigen
    Me!lvZutaten.HideColumnHeaders = False
    ' Zeilen füllen mit Cocktailbezeichnung und Alkoholgehalt
    i = 0
```

```
    Do While Not rst.EOF
        Set lvItem = lvZutaten.ListItems.Add(Text:=rst!Cocktail)
        lvItem.SmallIcon = 1
        lvItem.Icon = lvItem.SmallIcon
        lvItem.SubItems(1) = Format(rst!Alkoholgehalt, "0%")
        i = i + 1
        rst.MoveNext
    Loop
    rst.Close
    ' Rechtes Panel des StatusBars setzen
    Status.Panels(2).Text = i & " Cocktail(s)"
End Sub


' Zutaten eines Cocktails im ListView-Steuerelement zeigen
Private Sub ShowZutaten(Node As Object)
    Dim rst As Recordset
    Dim strSQL As String
    Dim lvItem As ListItem
    Dim intCnt As Integer

    ' ListView-Element löschen
    lvZutaten.ListItems.Clear
    With lvZutaten.ColumnHeaders
        .Clear
        ' Spaltenaufschriften und -breiten festlegen
        .Add , , "Zutat", 2000
        .Add , , "Menge", 500, lvwColumnRight
        .Add , , "Einheit", 500
    End With
    ' Spaltenaufschriften einblenden
    Me!lvZutaten.HideColumnHeaders = False

    strSQL = "SELECT DISTINCTROW tblZutat.Zutat, " & _
        "tblCocktailzutaten.Menge, " & _
        "tblEinheiten.Einheit, tblCocktailzutaten.CocktailNr, " & _
        "tblCocktail.Cocktail, tblCocktail.Zubereitung " & _
        "FROM (tblZutat INNER JOIN (tblEinheiten INNER JOIN " & _
        "tblCocktailzutaten ON " & _
        "tblEinheiten.EinheitenNr = " & _
        "tblCocktailzutaten.EinheitenNr) " & _
        "ON tblZutat.ZutatenNr = tblCocktailzutaten.ZutatenNr) " & _
```

```
        "INNER JOIN tblCocktail " & _
        "ON tblCocktailzutaten.CocktailNr = " & _
        "tblCocktail.CocktailNr " & _
        "WHERE tblCocktail.Cocktail = """ & Node.Text & """;"

    Set rst = mDB.OpenRecordset(strSQL)


    intCnt = 0
    Do While Not rst.EOF
        ' Neue Zeile hinzufügen
        Set lvItem = lvZutaten.ListItems.Add()
        With lvItem
            ' Text setzen
            .Text = rst!Zutat
            ' Bild vereinbaren
            .SmallIcon = 10
            ' Großes Bild entspricht kleinem Bild
            .Icon = .SmallIcon
            ' Wenn Mengenangabe
            If rst!Menge > 0 Then
                .SubItems(1) = rst!Menge
                .SubItems(2) = rst!Einheit
            End If
            intCnt = intCnt + 1
        End With
        rst.MoveNext
    Loop


    rst.MoveFirst
    ' Zubereitungstext im RTF-Steuerelement zeigen
    ' Rechten Rand des RTF-Elements setzen
    rtfBox.RightMargin = rtfBox.Width - 100
    rtfBox.Text = rst!Zubereitung
    rst.Close
    ' Rechtes Panel des StatusBars setzen
    Status.Panels(2).Text = intCnt & " Zutaten"
End Sub
```

```
Private Sub tvCocktail_OLEDragDrop(Data As Object, _
          Effect As Long, Button As Integer, Shift As Integer, _
          x As Single, y As Single)
    Dim tvTree As Object
    Dim strKey As String
    Dim strText As String
    Dim nod As Node
    Dim nodDragged As Node
    Dim rst As Recordset

    On Error GoTo err_tvCocktail_OLEDragDrop

    Set rst = mDB.OpenRecordset("select * from tblCocktail")

    Set tvTree = Me!tvCocktail.Object
    With tvTree
        If Not (.SelectedItem Is Nothing) Then
            If Not (.SelectedItem.Parent Is Nothing) Then
                Set nodDragged = .SelectedItem
                ' Erste Ebene mit Cocktailgruppen
                If .DropHighlight.Parent Is Nothing Then
                    ' Nicht in die eigene Gruppe
                    If nodDragged.Index <> .DropHighlight.Index Then
                        ' Cocktail kann nicht zu Hausbar oder
                        'Zutaten gezogen werden
                        If Left(.DropHighlight.Key, 1) = "G" Then
                            Set nodDragged.Parent = .DropHighlight
                            ' Speichern der neuen Gruppenzuordnung
                            rst.FindFirst "[Cocktail]=""" & _
                                             nodDragged.Text & """"
                        If Not rst.NoMatch Then
                            rst.Edit
                            rst!GruppeNr = _
                                CLng(Mid(.DropHighlight.Key, 2))
                            rst.Update
                        End If
                    End If
                End If
            End If
        End If
```

```
            Else
                MsgBox "Kann nicht verschoben werden!"
            End If
        End If
        Set nodDragged = Nothing
        Set .DropHighlight = Nothing
    End With
exit_tvCocktail_OLEDragDrop:
    Exit Sub
err_tvCocktail_OLEDragDrop:
    If Err.Number = 35614 Then
        MsgBox "Zirkuläre Verknüpfung nicht möglich!"
    Else
        MsgBox "Fehler: " & Err.Number & ": " & Err.Description
    End If
    Resume exit_tvCocktail_OLEDragDrop
End Sub


Private Sub tvCocktail_OLEDragOver(Data As Object, _
            Effect As Long, Button As Integer, Shift As Integer, _
            x As Single, y As Single, State As Integer)
    Dim tvTree As Object

    Set tvTree = Me!tvCocktail.Object
    ' wenn kein Knoten selektiert ist, wird der Knoten
    ' selektiert, über den gerade gezogen (drag) wird
    If tvTree.SelectedItem Is Nothing Then
        Set tvTree.SelectedItem = tvTree.HitTest(x, y)
    End If
    ' Markiert ein mögliches Ziel
    Set tvTree.DropHighlight = tvTree.HitTest(x, y)
End Sub


Private Sub tvCocktail_OLEStartDrag(Data As Object, _
                                AllowedEffects As Long)
    ' Beim Start der DragDrop-Operation wird aktuelles Objekt
    ' deselektiert
    Me!tvCocktail.Object.SelectedItem = Nothing
End Sub
```

20.4.1   Die Verwendung der Key-Eigenschaft

Eine zentrale Rolle beim Einsatz eines TreeView-Steuerelements kommt der Eigenschaft Key zu. Jedes Node-Objekt kann einen im Gesamtbaum eindeutigen Schlüssel besitzen. Im Beispiel wurden die verschiedenen Node-Typen für Cocktailgruppen, Hausbar und Zutatenliste durch den ersten Buchstaben des Keys unterschieden (siehe Prozedur Form_Load() im Listing oben). Über den Key können Sie gezielt auf einen Knoten zugreifen, in dem Sie beispielsweise über

```
objTV.Nodes("H").Text
```

auf den Text des Eintrags für die Hausbar zugreifen. Der entsprechende Knoten wurde im Listing mit

```
Set nod = objTV.Nodes.Add(Key:="H", Text:="Hausbar", Image:=4)
```

definiert. Die Key-Zeichenkette lässt sich als Zugriffsparameter auf die Objekte der Nodes-Auflistung verwenden.

Für viele Anwendungen ist es sinnvoll, den Schlüssel sprechend festzulegen, also in der Key-Zeichenkette Informationen über den Inhalt des Knotens oder seine Position im Baum festzuhalten.

20.4.2   »Drag and Drop«-Operationen

Seit Access 97 werden die »Drag and Drop«-Möglichkeiten von ActiveX-Steuerelementen unterstützt. Im Beispiel wird diese Technik verwandt, damit Sie Cocktails zwischen den einzelnen Cocktailgruppen im TreeView-Steuerelement auf der linken Seite des Formulars verschieben können.

»Drag and Drop«-Operationen basieren auf dem »Object Linking and Embedding«-Protokoll (OLE) von Microsoft. Da es nicht möglich ist, alle Eigenschaften, Methoden und Ereignisse im Zusammenhang mit OLE im Rahmen dieses Buches zu beschreiben, möchten wir Sie auf Literatur zum Windows-API verweisen.

Für die »Drag and Drop«-Funktionen im Beispiel müssen die Eigenschaft *OLE-DragMode* und *OLEDropMode* gesetzt werden. Für unser Beispiel wurde die im Bild gezeigte Einstellung vorgenommen.

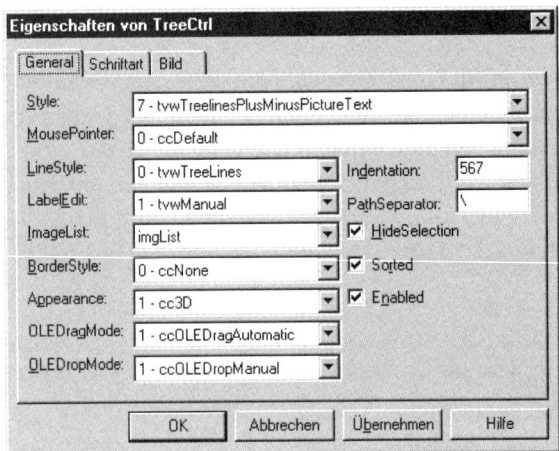

Bild 20.22: Eigenschaften des TreeView-Steuerelements

Durch die Festlegung von *OLEDragMode* auf ccOLEDragAutomatic wird der selektierte Text im TreeView-Steuerelement zu Beginn der »Drag and Drop«-Operation automatisch als die zu verschiebenden Daten aufgenommen. Der Eintrag ccOLEDropManual für *OLEDropMode* vereinbart, dass die Drop-Operation unter Ihrer Kontrolle ablaufen soll.

Im Ende des Listing des Beispielformulars wird die »Drag and Drop«-Funktion durch drei Prozeduren gesteuert. Die Ereignisprozedur tvCocktail_OLEStart-Drag() wird zu Beginn der »Drag and Drop«-Operation im TreeView-Steuerelement ausgelöst und entfernt die aktuelle Selektion im Steuerelement.

Während des Ziehens des Eintrags im TreeView-Steuerelement tritt wiederholt das Ereignis OLEDragOver ein. Die Prozedur tvCocktail_OLEDragOver() sorgt dafür, dass der Eintrag selektiert wird, der sich zu Beginn der »Drag and Drop«-Operation unter dem Cursor befindet. Das Element unter dem Cursor wird mithilfe der Methode HitTest ermittelt, der die x- und y-Koordinate übergeben werden. Auf jeden Fall wird das Element unter dem Cursor als DropHighlight, also als Ziel, selektiert.

Mit der Ereignisprozedur tvCocktail_OLEDragDrop() wird das selektierte Element an der neuen Stelle im TreeView eingefügt. Dabei wird auch der Eintrag für den verschobenen Cocktail in der Tabelle *tblCocktail* angepasst, d.h., die neue Cocktailgruppenzuordnung gespeichert. In der Prozedur wird aufwändig geprüft, ob das Ziel eine der Cocktailgruppen ist, denn ein Cocktail kann nicht in die Zutatenliste oder die Hausbar verschoben oder als Knoten unterhalb eines Cocktails angeordnet werden.

21 Menüs und Symbolleisten

Für die Bedienung von Formularen können eigene Menüs, Kontextmenüs und Symbolleisten erstellt werden. In den Access-Versionen vor Access 8 mussten für die Definitionen von Menüs spezielle Makros verwendet werden und die Möglichkeiten mit Symbolleisten waren eingeschränkt. Insbesondere war es nicht möglich, Menüs und Symbolleisten aus einem VBA-Programm heraus zu manipulieren, es sei denn, Sie verwendeten umständliche Windows-API-Aufrufe.

Für alle Office 97- und Office 2000-Anwendungen hat Microsoft eine gemeinsame Basis für Menüs und Symbolleisten implementiert. Menü- und Symbolleisten wurden zu »CommandBars« zusammengefasst, die sich aus Access heraus programmieren lassen. Wir möchten Ihnen in den folgenden Abschnitten den Einsatz von CommandBars in Access-Anwendungen ausführlich beschreiben und eine Reihe von Beispielen vorstellen. Zum Abschluss zeigen wir Ihnen Routinen, in denen die Einträge einer Datenbank zum Aufbau einer Symbolleiste verwendet werden.

Im weiteren Verlauf werden wir allgemein von CommandBars oder von Symbolleisten sprechen, wenn Menüs, Kontextmenüs oder Symbolleisten gemeint sind.

21.1 Erstellen und Anpassen von Symbolleisten

Mithilfe des Dialogfeldes *Anpassen*, das Sie über *ANSICHT Symbolleisten Anpassen* erreichen, können Sie neue CommandBars definieren bzw. vorhandene verändern. Hierbei muss zwischen den über 20 in Access eingebauten Symbolleisten und neuen benutzerdefinierten unterschieden werden.

Die eingebauten Symbolleisten und Menüs können nur verändert, nicht aber gelöscht werden.

21.1.1 Personalisierte oder adaptive Menüs

Eine Neuerung in Office 2000 sind personalisierte oder adaptive Menüs, also Menüs, die nur die zuletzt verwendeten Befehle anbieten und nur eine eingeschränkte Auswahl der Einträge zeigen. Auf diese Neuerung hätte Microsoft unserer Meinung nach gerne verzichten können, denn die meisten Anwender werden dadurch eher verwirrt.

Möchten Sie auf diesen Microsoft-Einfall verzichten, rufen Sie dafür das Dialogfeld *Anpassen* über *EXTRAS Anpassen* auf. Auf dem Registerblatt *Optionen* schalten Sie *Menüs zeigen zuletzt verwendete Befehle zuerst an* aus.

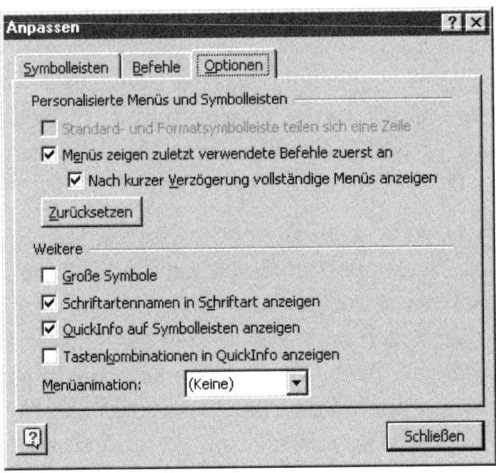

Bild 21.1: Adaptive Menüs ein- oder ausschalten

Sie können die Abschaltung auch aus einem VBA-Programm heraus vornehmen. Wir haben Ihnen bisher zwar noch nicht beschrieben, wie CommandBars programmiert werden, aber vielleicht erinnern Sie sich im Laufe des Kapitels daran, dass der Befehl hier am Anfang schon aufgeführt wurde:

```
CommandBars.AdaptiveMenus = False
```

21.1.2 Symbol- und Menüleisteneinträge

Für die Beschreibung der Anpassungs- und Gestaltungsmöglichkeiten für Symbolleisten erstellen wir eine neue Symbolleiste.

Erstellen einer neuen Symbolleiste

Mithilfe der Schaltfläche *Neu* im Dialogfeld *Anpassen* auf dem Registerblatt *Symbolleisten* blenden Sie das folgende Dialogfeld ein, in dem Sie die Symbolleiste benennen können.

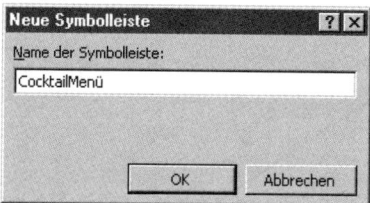

Bild 21.2: Dialogfeld Neue Symbolleiste

Die neue Symbolleiste wird in die Liste der Symbolleisten im Dialogfeld *Anpassen* aufgenommen. Über die Schaltfläche *Eigenschaften* erhalten Sie das folgende Dialogfeld zur Definition der Symbolleisteneigenschaften.

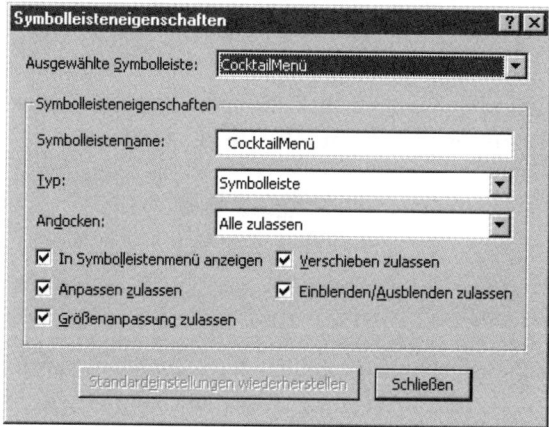

Bild 21.3: Dialogfeld Symbolleisteneigenschaften

Für die Eigenschaft *Typ* stehen Ihnen drei Einstellungen zur Verfügung: `Symbolleiste`, `Menüleiste` und `Popup`. Die Eintragung `Popup` wird für Kontextmenüs verwendet.

Zusammenstellen der Symbolleiste

Auf dem Registerblatt *Befehle* des Dialogfeldes *Anpassen* stehen Ihnen alle in Access enthaltenen Befehle zur Verfügung. Sie können sie mit der Maus aus dem rechten Feld auf die neue Symbolleiste verschieben.

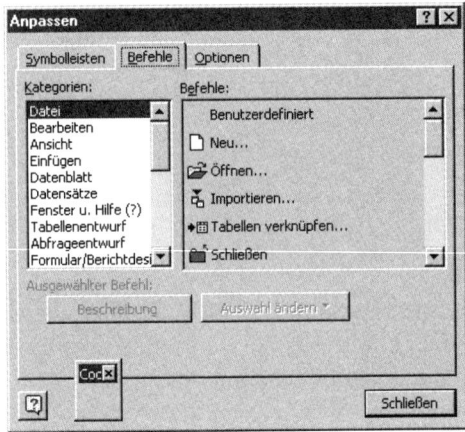

Bild 21.4: Dialogfeld Anpassen, Registerblatt Befehle

Wir haben die folgenden vier Schaltflächensymbole (*Seitenansicht, Drucken, Seite einrichten, Beenden*) auf die neue Symbolleiste verschoben.

Bild 21.5: Neue Symbolleiste

Um eine eigene Schaltfläche zu erstellen, steht Ihnen in der Kategorie *Datei* der Befehl *Benutzerdefiniert* zur Verfügung. Möchten Sie mehrstufige Menüs generieren, selektieren Sie die Kategorie *Neues Menü*. Im Kontextmenü einer Schaltfläche, hier für Seite einrichten, können Sie weitere Optionen festlegen.

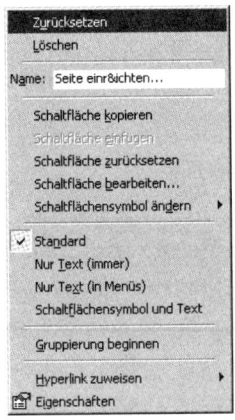

Bild 21.6: Kontextmenü einer Schaltfläche

Über den Befehl *Eigenschaften* können Sie das im nächsten Bild dargestellte Dialogfeld aufrufen. Vereinbaren Sie im Dialogfeld die *Beschriftung*, die für Texteinträge gezeigt werden soll. Der *Verknüpfungstext* dient zur Aufnahme der Abkürzungstastenkombination. Unter *QuickInfo* wird der Text erfasst, der gezeigt wird, wenn der Cursor längere Zeit über der Schaltfläche steht. In *Bei Aktion* wird die Funktion festgelegt, die ausgeführt werden soll, wenn die Schaltfläche selektiert wird. Unter *Stil* wird das Aussehen der Schaltfläche bestimmt.

Bild 21.7: Festlegung der Eigenschaften

Über *Parameter* lassen sich Daten beispielsweise an die *Bei Aktion*-Funktion übergeben, während *Marke* zur zusätzlichen Identifikation der Schaltfläche verwendet werden kann.

Möchten Sie, dass links oder über der Schaltfläche, je nach Ausrichtung der Symbolleiste, eine Trennungslinie zur Gruppierung eingeblendet wird, so selektieren Sie die Option *Eine Gruppe beginnen*.

Ein Eintrag in einem CommandBar kann auch ein Hyperlink sein, also mit einer URL ein Verweis auf eine Seite im Internet, Intranet oder eine lokale Datei definiert werden. In Bild 21.6 finden Sie im unteren Teil des Kontextmenüs den entsprechenden Eintrag.

21.1.3 Bei Aktion-Funktionen

Mithilfe der Symbolleistenschaltfläche lassen sich benutzerdefinierte Funktionen aufrufen. Dazu wird im Dialogfeld (Bild 21.7) in die Eigenschaft *Bei Aktion* der

Name einer Funktion eingetragen. Das funktioniert nur unter der Bedingung, dass die Funktion öffentlich (`Public`) in einem Modul definiert sein muss.

21.1.4 Speicherung von CommandBars

Änderungen an den eingebauten Menü- und Symbolleisten werden, spezifisch für jeden Benutzer der Datenbank, in der Windows-Registrierung gespeichert. Passt ein Benutzer, der sich mit Name und Passwort in Access angemeldet hat, die Symbolleisten nach seinen Vorstellungen an, so stehen ihm diese Änderungen dauerhaft zur Verfügung und die Symbolleisten anderer Benutzer sind nicht betroffen.

Beachten Sie, dass die Eintragungen der Windows-Registrierung nicht mit übernommen werden, wenn Sie eine Applikation auf einen anderen Rechner kopieren, d.h., alle Symbolleisten werden auf die Standardeinstellungen zurückgesetzt.

Erstellen Sie neue benutzerdefinierte Symbolleisten, so werden diese mit der Datenbank abgelegt. Erlauben Sie dem Anwender, innerhalb Ihrer Access-Anwendung die benutzerdefinierten Symbolleisten zu ändern, so werden diese Veränderungen in der Registrierung benutzerspezifisch gespeichert.

21.1.5 Konvertieren von Access 7-Menüs

Überführen Sie Access-Anwendungen von Access 7 für Windows 95 zu Access 2000, können Sie die dort mithilfe von Makros erstellten Menüs in CommandBars konvertieren. Dazu stehen im Menü *EXTRAS Makro* entsprechende Befehle zur Verfügung.

21.2 Programmieren von CommandBars

Der große Vorteil von CommandBars gegenüber den Menü- und Symbolleistenlösungen vorangegangener Access-Versionen ist die Programmierbarkeit, d.h., Sie können CommandBars direkt aus Ihren VBA-Programmen heraus manipulieren. In den folgenden Abschnitten stellen wir Ihnen einige der vielen CommandBar-Varianten und -Möglichkeiten vor, allerdings können wir im Rahmen dieses Kapitels keine vollständige Besprechung des Funktionsumfangs von CommandBars bieten.

21.2.1 Die Office-Bibliothek

CommandBars sind eine Objektklasse der Office-Bibliothek, die für den Einsatz von CommandBars in VBA referenziert sein muss. Zur Office-Bibliothek gehören neben den CommandBars die Objektklassen `FileSearch` für die gezielte Suche nach Dateien und `Assistenten` für die Unterstützung des Benutzers durch Hilfetexte.

Stellen Sie sicher, dass in Access ein Verweis auf die Office-Bibliothek eingetragen ist. Öffnen Sie dazu ein beliebiges Modul und setzen Sie über *EXTRAS Verweise* die entsprechende Referenz (siehe Kapitel 22, »Add-Ins und Bibliotheken«).

21.2.2 CommandBar-Objekte

Das CommandBar-Objektmodell ist, verglichen mit anderen Objekten in Access, verhältnismäßig einfach. Alle `CommandBar`-Objekte werden in der Auflistung `CommandBars` verwaltet, die ein Bestandteil der so genannten Container-Anwendung ist. Da CommandBars zur Office-Bibliothek gehören, sind sie kein integraler Bestandteil von Access, sondern Access dient als Container-Anwendung und erhält somit eine CommandBars-Auflistung.

Jeder CommandBar, also jede Menü- oder Symbolleiste bzw. jedes Kontextmenü besteht aus einer Auflistung von `CommandBarControls`. Ein `CommandBarControl` ist ein Objekt, das aus einer der drei Unterklassen `CommandBarControlButton`, `CommandBarControlComboBox` oder `CommandBarControlPopup` gebildet wurde. Ist das `CommandBarControl`-Objekt vom Typ `CommandBarControlPopup`, so kann es einen weiteren `CommandBar` enthalten, um so verschachtelte Menüs zu erstellen.

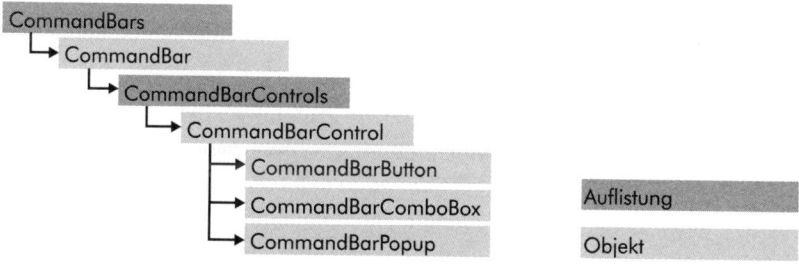

Bild 21.8: CommandBar-Objektmodell

Die CommandBars-Auflistung

Anders als bei fast allen Auflistungen in Access wird die `CommandBars`-Auflistung sowie alle darin enthaltenen Auflistungen ab 1 und nicht ab 0 indiziert.

Tabelle 21.1: Eigenschaften und Methoden der CommandBars-Auflistung

Klasse	Beschreibung
ActionControl	gibt das CommandBarControl-Objekt zurück, für das aktuell die *Bei Aktion*-(OnAction)-Funktion ausgeführt wird. Die Eigenschaft kann nur gelesen werden.
ActiveMenuBar	gibt einen Verweis auf das CommandBar-Objekt des Menüs zurück. Es kann nur ein Menü aktiv sein. Die Eigenschaft kann nur gelesen werden.
AdaptiveMenus	aktiviert oder deaktiviert adaptive Menüs. Die Einstellung gilt für alle Office 2000-Applikationen.
Add	fügt ein neues CommandBar-Objekt der Auflistung hinzu.
Count	ermittelt die Anzahl der CommandBar-Objekte in der Auflistung. Die Eigenschaft kann nur gelesen werden.
DisplayFonts	bestimmt, ob im Schriften-Kombinationsfeld die Schriftnamen in der jeweiligen Schrift gezeigt werden. Die Einstellung gilt für alle Office 2000-Applikationen.
DisplayKeysInToolTips	legt fest, ob in den QuickInfos auch die Abkürzungstasten (Shortcuts) dargestellt werden.
DisplayToolTips	stellt für alle Applikationen, die CommandBar-Objekte verwenden, ein, ob QuickInfos für Schaltflächen gezeigt werden.
FindControl	ermittelt ein CommandBarControl in allen CommandBar-Objekten der Auflistung nach bestimmten Kriterien.
FindControls	liefert eine Auflistung von Controls zurück, die der angegebenen Suchbedingung genügen.
LargeButtons	schaltet die Darstellung großer Schaltflächen ein.
MenuAnimationStyle	bestimmt die Animationsvariante für Symbolleisten und Menüs.
OnUpdate	ist ein Ereignis, das ausgelöst wird, wenn eine Änderung am CommandBar durchgeführt wurde.
ReleaseFocus	löst den Benutzeroberflächenfokus von allen Symbolleisten.

CommandBar-Objekte

Ein CommandBar-Objekt enthält die gesamte Beschreibung einer Menü- oder Symbolleiste. Die einzelnen Menüeinträge und Schaltflächen werden über die CommandBarControls-Auflistung verwaltet.

Tabelle 21.2: Eigenschaften und Methoden eines CommandBar-Objekts

Klasse	Beschreibung
AdaptiveMenus	ermittelt, ob für diesen CommandBar personalisierte, also adaptive, Menüs festgelegt sind.
BuiltIn	gibt True zurück, wenn das CommandBar-Objekt zu den in Access eingebauten CommandBars gehört. Die Eigenschaft kann nur gelesen werden.
Controls	liefert einen Verweis auf die CommandBarControls-Auflistung zurück. Die Eigenschaft kann nur gelesen werden.
Delete	löscht den CommandBar.
Enabled	aktiviert den CommandBar.
FindControl	ermittelt eine CommandBarControl innerhalb des CommandBar-Objekts.
Height	gibt die Höhe des CommandBars in Pixel zurück.
Left	liefert die x-Position des CommandBars in Pixel.
Name	enthält den englischen Namen des CommandBars.
NameLocal	gibt den lokalisierten Namen des CommandBars zurück.
Parent	ergibt einen Verweis auf das übergeordnete Objekt. Die Eigenschaft kann nur gelesen werden.
Position	ermittelt oder setzt die aktuelle Position des CommandBars in Form einer in `msoBarPosition` definierten Konstante.
Protection	schützt einen CommandBar mit den unter `msoBarProtection` definierten Konstanten.
Reset	setzt einen eingebauten CommandBar auf seine Standardeinstellung zurück.
ShowPopup	zeigt einen Popup-CommandBar an. Die x- und y-Koordinaten werden der Methode als Parameter übergeben.
RowIndex	gibt zurück, die wievielte Reihe der CommandBar in der Liste der angedockten CommandBars ist.
Top	ermittelt die y-Koordinate des CommandBars.
Type	gibt den Typ des CommandBars zurück. Die Typen sind unter `msoBarType` als Konstanten definiert. Die Eigenschaft kann nur gelesen werden.
Visible	erlaubt das Ein- und Ausschalten des CommandBars.
Width	ermittelt oder setzt die Breite des CommandBars.

Prinzipiell werden drei CommandBar-Typen unterschieden: Symbolleisten, Menüleisten und Kontextmenüs. Bei der Erstellung eines CommandBars wird der Typ festgelegt und kann nachträglich nicht geändert werden. Alle CommandBar-Varianten lassen sich auch nur temporär erstellen, d.h., ihre Lebensdauer ist auf die Laufzeit der Anwendung begrenzt und sie werden nicht in der Datenbankdatei gespeichert. Für temporäre CommandBars wird `Temporary:=True` als Parameter übergeben.

Eine Symbolleiste mit dem Namen »Cocktail«, die oben im entsprechenden Fenster angedockt ist, erstellen Sie mit dem Befehl:

```
Set cbr = CommandBars.Add(„Cocktail", Position:=msoBarTop)
```

wobei `cbr` als

```
Dim cbr As CommandBar
```

vereinbart ist. Soll der CommandBar als Menüleiste verwendet werden, muss der Parameter `MenuBar` auf `True` gesetzt werden:

```
Set cbr = CommandBars.Add(„Cocktail", MenuBar:=True)
```

Für den Einsatz eines CommandBars als Kontextmenü wird mithilfe des Parameters `Position` die Konstante `msoBarPopup` in der Form

```
Set cbr = CommandBars.Add(„CocktailPopup", Position:=msoBarPopup)
```

zugewiesen. Für Kontextmenüs können Sie die Methode `ShowPopup` nutzen, um ein Kontextmenü an einer beliebigen, frei bestimmbaren Position einzublenden.

Dieses Programmfragment listet die Namen aller aktuell sichtbaren CommandBars auf:

```
Dim cbr As CommandBar
For Each cbr In CommandBars
    With cbr
        If .Visible Then
            MsgBox .Name
        End If
    End With
Next
```

Die verschiedenen CommandBarControl-Objekte

Jeder CommandBar enthält eine Auflistung aller Steuerelemente, das `CommandBar-Controls`-Objekt. Das Objekt besitzt eine Methode und eine Eigenschaft, die Sie der folgenden Tabelle entnehmen können.

Tabelle 21.3: Eigenschaften und Methoden einer CommandBarControls-Auflistung

Klasse	Beschreibung
Add	fügt ein neues Objekt der Auflistung hinzu.
Count	gibt die Anzahl der Objekte in der CommandBarsControls-Auflistung zurück.

Die drei in Access programmierbaren CommandBarControls `CommandBarButton`, `CommandBarPopup` und `CommandBarComboBox` besitzen die gleiche Basisklasse, d.h., alle Eigenschaften und Methoden der Basisklasse sind auf die Objekte der abgeleiteten Klassen anwendbar, sofern dort nicht die Methoden oder Eigenschaften mit dem gleichen Namen definiert sind. Die folgende Tabelle führt die Methoden und Eigenschaften der Basisklasse auf.

Tabelle 21.4: Eigenschaften und Methoden eines CommandBarControl-Objekts

Klasse	Beschreibung
BeginGroup	bewirkt, dass, wenn True, je nach Ausrichtung des CommandBars, eine Trennlinie oberhalb oder rechts des CommandBarControls eingefügt wird, um logische Gruppen zu trennen.
BuiltIn	ist wahr, wenn es ein CommandBarControl-Objekt eines der eingebauten CommandBars ist. Die Eigenschaft kann nur gelesen werden.
Caption	ergibt oder setzt den Text des CommandBarControl.
Copy	kopiert das Objekt in einen anderen CommandBar.
Delete	löscht das Objekt aus der Auflistung.
Enabled	aktiviert das CommandBarControl.
Execute	führt die OnAction-Funktion des Objekts aus.
Height	gibt die Höhe des Steuerelements zurück.
ID	ermöglicht die Nutzung von OnAction-Funktionen eingebauter CommandBarControl-Objekte. Die Eigenschaft kann nur gelesen werden.

Tabelle 21.4: Eigenschaften und Methoden eines CommandBarControl-Objekts (Fortsetzung)

Klasse	Beschreibung
IsPriorityDropped	gibt bei adaptiven Menüs an, ob der Eintrag zurzeit gezeigt oder unterdrückt wird.
Left	gibt die x-Koordinate des Objekts in Pixel, bezogen auf den Bildschirm, zurück. Die Eigenschaft kann nur gelesen werden.
Move	verschiebt das CommandBarControl-Objekt in einen anderen CommandBar.
OnAction	legt die Funktion fest, die ausgeführt wird, wenn das Objekt in Menü- oder Symbolleiste selektiert wird. Die Eigenschaft ist vom Typ `String`. Der Funktionsname kann als `"=Funk()"` oder als `"Funk"` übergeben werden. Die Funktion muss global definiert sein, d.h., zwingend in einem Access-Modul verein- bart werden.
Parameter	ermöglicht, der OnAction-Routine einen Parameter zu über- geben.
Priority	dieser Parameter wird von Microsoft intern genutzt.
Reset	setzt das Objekt auf die Standardeinstellungen zurück.
SetFocus	setzt bei einem sichtbaren und aktivierten Objekt den Cursor auf das Objekt.
Tag	kann als Marke zur Vereinbarung benutzerdefinierter Daten verwendet werden.
ToolTipText	legt den QuickInfo-Text fest.
Top	ergibt die y-Koordinate in Pixel des CommandBarControls. Die Eigenschaft kann nur gelesen werden.
Type	liefert den Typ des Objekts zurück. Die entsprechenden Konstanten sind in der Gruppe `msoControlType` definiert. Die Eigenschaft kann nur gelesen werden.
Visible	ist wahr, wenn das CommandBarControl-Objekt sichtbar ist.
Width	gibt die Breite des Objekts in Pixel zurück.

Der folgende Programmabschnitt gibt Text und Type aller CommandBarControls eines CommandBars aus.

```
Dim cbr As CommandBar
Dim cbc As CommandBarControl

Set cbr = CommandBars("Menu Bar")
```

```
For Each cbc In cbr.Controls
    MsgBox cbc.Caption & " - " & cbc.Type
Next
```

Für die Unterklasse `CommandBarButton` der CommandBarControls sind aus der nächsten Tabelle die speziellen Eigenschaften und Methoden zu ersehen.

Tabelle 21.5: Eigenschaften und Methoden eines CommandBarButton-Objekts

Klasse	Beschreibung
BuiltInFace	gibt an, ob das eingebaute Icon verwendet werden soll.
CopyFace	kopiert das Icon des CommandBarButtons in die Zwischenablage.
FaceId	ergibt die ID des Icons.
HyperlinkType	soll die CommandBar-Schaltfläche als Hyperlink arbeiten (die entsprechende URL wird in der Eigenschaft ToolTipText übergeben), muss die Eigenschaft gesetzt werden.
PasteFace	fügt den Inhalt der Zwischenablage als Icon für den CommandBarButton ein.
ShortcutText	legt die Abkürzungstaste für den Button fest.
State	ermittelt den Status des Buttons. Die möglichen Stati sind unter `msoButtonState` vereinbart.
Style	legt den Stil (`msoButtonStyle`) des Buttons fest.

Die besonderen Eigenschaften und Methoden für Kombinationsfelder in Symbolleisten und Kontextmenüs zeigt die folgende Tabelle. Beachten Sie dabei, dass Kombinationsfelder nicht in Menüleisten eingesetzt werden können.

Tabelle 21.6: Eigenschaften und Methoden eines CommandBarComboBox-Objekts

Klasse	Beschreibung
AddItem	fügt einen neuen Eintrag der Liste eines CommandBar-ComboBox-Objekts hinzu.
Clear	entfernt alle Einträge der Liste.
DropDownLines	legt die Anzahl der Zeilen fest, die beim Aufklappen des CommandBarComboBox-Objekts gezeigt werden.

Tabelle 19.6: Eigenschaften und Methoden eines CommandBarComboBox-Objekts (Fortsetzung)

Klasse	Beschreibung
DropDownWidth	bestimmt die Breite des aufgeklappten Kombinationsfeldes. Vereinbaren Sie den Wert -1, wird die Breite anhand des breitesten Eintrags festgelegt.
List	enthält ein Array mit allen Einträgen des Kombinationsfeldes. Der Index des Arrays beginnt mit 1.
ListCount	gibt die Anzahl der Einträge zurück. Die Eigenschaft kann nur gelesen werden.
ListHeaderCount	bestimmt die Anzahl der Zeilen, die oberhalb einer Trennungslinie eingeblendet werden, z.B. für »Zuletzt benutzt«-Einträge.
ListIndex	liefert den Index der selektierten Zeile im Kombinationsfeld zurück.
RemoveItem	entfernt einen Eintrag aus der Liste.
Style	definiert den Stil des Kombinationsfeldes. Die einzusetzenden Konstanten sind unter `msoComboStyle` vereinbart.
Text	liefert den Text der selektierten Zeile im Kombinationsfeld zurück.

21.2.3 Die Access-eigenen CommandBars

In vielen Fällen bietet es sich an, die in Access enthaltenen CommandBars und ihre Einträge in eigenen CommandBars zu nutzen. Möchten Sie die CommandBar-Einträge nutzen, müssen Sie die Identifikationsnummern der Einträge kennen. Um die Identifikationsnummern der Access-CommandBar-Einträge zu ermitteln, möchten wir Ihnen die im Listing unten aufgeführte Routine vorstellen, mit der sich Nummern und Typen der Einträge abfragen lassen. Die Routine erstellt ein Word-Dokument, sodass Sie später in Word die CommandBar-Liste einsehen können. Das Word-Dokument wird mithilfe von OLE-Automatisierungsbefehlen erzeugt. Das folgende Bild zeigt einen Ausschnitt der Ergebnisdatei in Word. Für jeden CommandBar werden die Eigenschaften `Name` und `NameLocal` fett formatiert ausgegeben, darunter die Einträge des CommandBars mit `Caption`, `ID` und `Type`. Für `msoControlPopup`-Einträge werden alle Untereinträge rekursiv angezeigt.

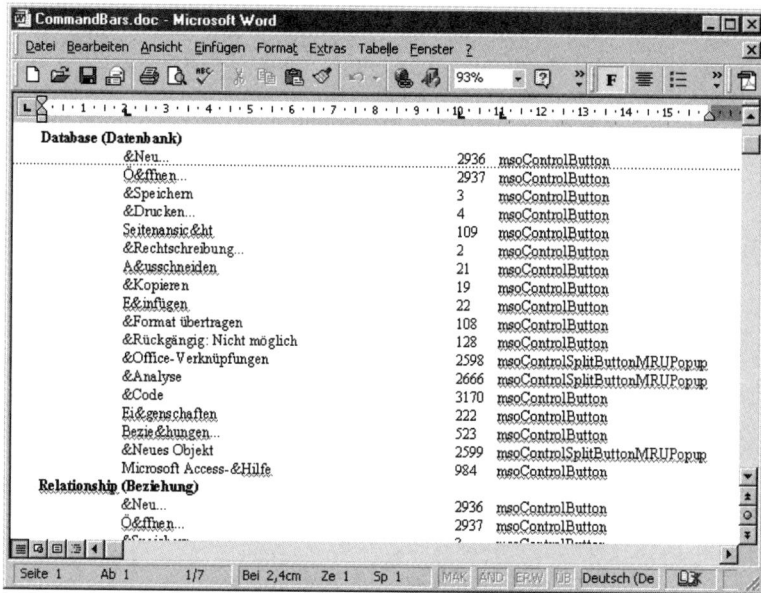

Bild 21.9: Die Access-eigenen CommandBars

Beachten Sie beim Ausführen der Routine, dass Word als Bibliothek referenziert ist. Standardmäßig werden alle Popup-Einträge rekursiv durchsucht und aufgelistet. Mithilfe des Parameters fWithPopups kann dieses Verhalten gesteuert werden.

```
Sub CommandBarsToWord(Optional fWithPopups As Boolean = True)
    ' CommandBar-Definitionen
    Dim cbr As CommandBar
    Dim cbc As CommandBarControl
    ' Word-Objekte
    Dim objWord As Word.Application
    Dim objWordDoc As Word.Document

    ' Neues Word starten
    Set objWord = New Word.Application
    ' Neues Dokument öffnen
    Set objWordDoc = objWord.Documents.Add
    ' Word sichtbar machen
    objWord.Visible = True
```

```
With objWord.Selection
    ' Tabstops setzen
    With .ParagraphFormat.TabStops
        .Add objWord.CentimetersToPoints(2)
        .Add objWord.CentimetersToPoints(10)
        .Add objWord.CentimetersToPoints(11)
    End With

    ' Für alle Access-CommandBars
    For Each cbr In CommandBars
        objWord.Application.ScreenUpdating = False
        ' Name und lokalisierten Namen ausgeben
        .InsertAfter cbr.Name & " (" & cbr.NameLocal & ")"
        ' Fett formatieren
        .Font.Bold = True
        .InsertParagraphAfter
        .Collapse Direction:=wdCollapseEnd

        ' für alle CommandBar-Controls
        For Each cbc In cbr.Controls
            .Font.Bold = False
            .InsertAfter Chr(9) & cbc.Caption & _
                        Chr(9) & cbc.ID & _
                        Chr(9) & CBControlType(cbc)
            .InsertParagraphAfter
            .Collapse Direction:=wdCollapseEnd
            ' wenn Popup, dann nächste Ebene bearbeiten
            If fWithPopups And cbc.Type = msoControlPopup Then
                ListCommandBar objWord, cbc.Control, 1
            End If
        Next
        objWord.Application.ScreenUpdating = True
    Next
End With
' Word-Dokument speichern
objWordDoc.SaveAs "CommandBars"
' Work-Dokument schließen
objWordDoc.Close
```

```
    ' Word schließen
    objWord.Quit
    Set objWord = Nothing
End Sub


' Für msoControlPopup-Einträge
Sub ListCommandBar(objWord As Word.Application, cbp As CommandBarPopup, _
                                            intLevel As Integer)
    Dim cbc As CommandBarControl
    Dim intOldSize As Integer
    Dim intI As Integer

    ' Schriftgröße merken
    intOldSize = objWord.Selection.Font.Size
    ' Mit allen Controls
    For Each cbc In cbp.CommandBar.Controls
        ' Einrücken
        For intI = 0 To intLevel
            objWord.Selection.InsertAfter Chr(9)
        Next
        With cbc
            ' in Word einfügen
            objWord.Selection.InsertAfter .Caption & Chr(9) & _
                            .ID & Chr(9) & CBControlType(cbc)
            ' wenn Popup, dann nächste Ebene bearbeiten
            If .Type = msoControlPopup Then
                ListCommandBar objWord, cbc.Control, intLevel + 1
            End If
        End With
        objWord.Selection.InsertParagraphAfter
        objWord.Selection.Font.Size = 7
        objWord.Selection.Collapse Direction:=wdCollapseEnd
    Next
    objWord.Selection.Collapse Direction:=wdCollapseEnd
    ' Schriftgröße zurücksetzen
    objWord.Selection.Font.Size = intOldSize
End Sub
```

```
' Typnummer in Text umwandeln
Function CBControlType(ByVal cbc As CommandBarControl)
    Dim arr As Variant

    ' Array mit Konstantenbezeichnungen
    arr = Array("msoControlCustom", "msoControlButton", _
        "msoControlEdit", "msoControlDropdown", _
        "msoControlComboBox", "msoControlButtonDropdown", _
        "msoControlSplitDropdown", "msoControlOCXDropdown", _
        "msoControlGenericDropdown", "msoControlGraphicDropdown", _
        "msoControlPopup", "msoControlGraphicPopup", _
        "msoControlButtonPopup", "msoControlSplitButtonPopup", _
        "msoControlSplitButtonMRUPopup", "msoControlLabel", _
        "msoControlExpandingGrid", "msoControlSplitExpandingGrid", _
        "msoControlGrid", "msoControlGauge", _
        "msoControlGraphicCombo")

    On Error GoTo err_CBControlType

    CBControlType = arr(cbc.Type)

exit_CBControlType:
    Exit Function

err_CBControlType:
    CBControlType = "Keine Konstante vordefiniert"
    Resume exit_CBControlType
End Function
```

Beachten Sie, dass sich die Identifikationsnummern der eingebauten Menü- und Symbolleisteneinträge mit der nächsten Version von Access ändern können. Verwenden Sie Konstanten, um bei einer Änderung der ID schnell die Änderung in allen Ihren Programmen nachzuvollziehen, beispielsweise

```
Const conCbrIdCut = 21
Const conCbrIdCopy = 19
Const conCbrIdPaste = 22
```

21.2.4 Arbeiten mit CommandBars

Wir möchten Ihnen in diesem Abschnitt einige wichtige Methoden und Eigenschaften von CommandBars und CommandBarControls vorstellen.

Die FindControl-Methode

Mithilfe der Methode `FindControl`, die sowohl für die Auflistung `CommandBars` als auch für `CommandBar`-Objekte definiert ist, können Sie ein bestimmtes `CommandBar-Control` suchen. Die allgemeine Form der Methode lautet

```
obj.FindControl(Type, Id, Tag, Visible, Recursive)
```

Mithilfe des Parameters `Type` bestimmen Sie, nach welchem `CommandBarControl`-Typ Sie suchen. Über `Id` identifizieren Sie die eingebauten Menü- und Symbolleisteneinträge, während `Tag` Sie bei der Suche von benutzerdefinierten Einträgen unterstützt. Setzen Sie `Visible` auf `True`, so werden nur sichtbare Einträge durchsucht. Der Parameter `Recursive` erlaubt eine rekursive Suche durch alle durch `CommandBarPopup` verschachtelten CommandBars. In den weiteren Listings des Kapitels finden Sie eine Reihe von Beispielen zu `FindControl`.

Aktivieren und deaktivieren von CommandBarControls

Über die `CommandBarControl`-Eigenschaft `Enabled` können Sie Einträge in Menüs und Symbolleisten aktivieren und deaktivieren. Deaktivierte Menü- und Symbolleisteneinträge werden grau dargestellt und können nicht selektiert werden. Es ist möglich, CommandBarControls eingebauter CommandBars zu deaktivieren, Sie können aber nicht von Access deaktivierte Einträge aktivieren.

Um einen Eintrag in einem Menü oder einer Symbolleiste mit einem Häkchen zu versehen, müssen Sie die Eigenschaft `State` setzen. Vereinbaren Sie die Konstante `msoButtonDown` für `State`, so wird bei Menüleisten ein Häkchen gezeigt bzw. bei Symbolleisten die Schaltfläche »gedrückt« dargestellt. Die Zuweisung der Konstanten `msoButtonUp` entfernt das Häkchen.

Ausführen der OnAction-Funktion

Sie können aus Ihren Programmen die `OnAction`-Funktionen benutzerdefinierter und eingebauter `CommandBarControls` direkt aufrufen. Dazu steht Ihnen die Methode `Execute` zur Verfügung. Der Befehl

```
CommandBars("Cocktail").Controls("Hausbar").Execute
```

führt die `OnAction`-Funktion des Eintrags »Hausbar« aus. Mit

```
CommandBars.FindControl(Id:=577).Execute
```

rufen Sie beispielsweise das Access-Datenbankfenster auf.

Ein- und Ausblenden von CommandBars

Um CommandBars ein- und auszublenden, stehen Ihnen zwei Varianten zur Verfügung. Mit

```
CommandBars("Cocktail").Visible = True
```

wird beispielsweise die Symbolleiste Cocktail eingeblendet. In früheren Access-Versionen wurden Symbolleisten aus einem Programm heraus mit dem Befehl

```
DoCmd.ShowToolbar Symbolleistenname [, Einblenden]
```

ein- oder ausgeblendet. Für den Parameter `Einblenden` können die Konstanten `acToolbarNo`, `acToolbarWhereApprop` und `acToolbarYes` angegeben werden, wobei `acToolbarYes` der Standardwert ist.

21.2.5 Der CommandBar »Cocktail«

Im folgenden Bild sehen Sie das Cocktail-Formular, für das eine temporäre Menüleiste komplett programmgesteuert erstellt wurde. Oben auf der rechten Seite der Menüleiste ist ein Kombinationsfeld angeordnet, mit dem ein Cocktail schnell angewählt werden kann.

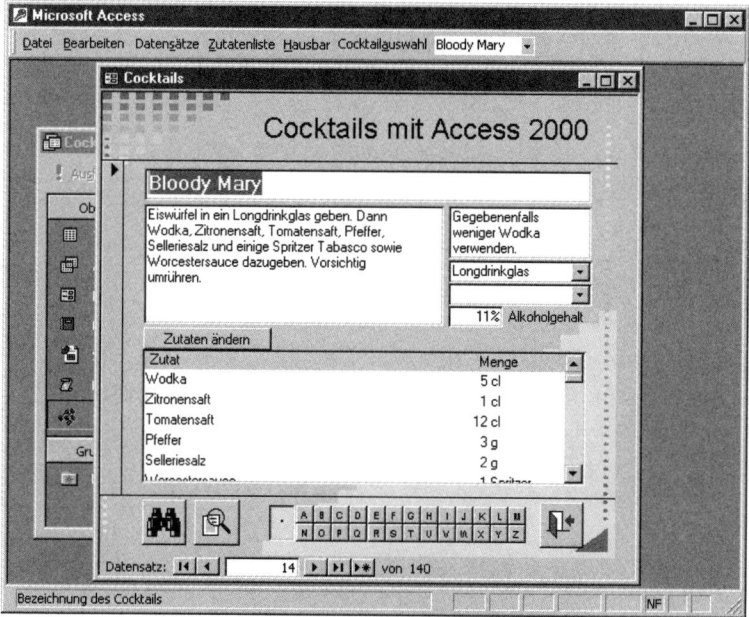

Bild 21.10: Cocktail-Formular mit CommandBar

Das folgende Programm erzeugt die oben gezeigte Menüleiste. Der CommandBar wird mit

```
Set cbr = CommandBars.Add("Cocktail", MenuBar:=True, _
                   Position:=msoBarTop, Temporary:=True)
```

erstellt. Da der CommandBar als Menüleiste eingesetzt werden soll, wird der Parameter MenuBar als True definiert.

Interessant ist die Übernahme des Icons der eingebauten Schaltfläche *Drucken* für den benutzerdefinierten Eintrag *Drucken* mithilfe der folgenden Befehle:

```
' Übernehmen des vorhandenen Icons der Schaltfläche Drucken
CommandBars.FindControl(ID:=4).CopyFace
cbb.PasteFace
```

Icons werden prinzipiell über die Windows-Zwischenablage an eine Schaltfläche übertragen.

Die Definition des Kombinationsfeldes in der Menüleiste zeigt das folgende Programmfragment. Als Grundlage für die im Kombinationsfeld gezeigten Daten wird das im Parameter frm der Prozedur übergebene Formular verwendet, d.h., mit der RecordsetClone-Methode wird auf das entsprechende Recordset zugegriffen.

```
' CommandBarComboBox mit allen Cocktailnamen erstellen
      Set cbo = .Controls.Add(msoControlComboBox)
      With cbo
          .Tag = "FindCocktail"
          .Caption = "Cocktail&auswahl"
          .Style = msoComboLabel
          ' Breite des DropDowns bestimmen
          .DropDownWidth = .Width
          ' Klonen des Formular-Recordsets
          Set rst = frm.RecordsetClone
          Do While Not rst.EOF
              ' Cocktailnamen der ComboBox hinzufügen
              .AddItem rst!Cocktail
              rst.MoveNext
          Loop
          .OnAction = "CBActionFindCocktail"
      End With
```

Die im Listing gezeigte *OnAction*-Funktion CBActionFindCocktail() zeigt, wie mithilfe der Bookmark-Eigenschaft ein im Kombinationsfeld des CommandBars ausgewählter Eintrag als Suchbedingung für das Recordset des Cocktail-Formulars verwendet wird.

Listing der Prozedur CocktailCommandBar()

Die im folgenden Listing aufgeführten Prozeduren und Funktionen sind alle innerhalb des Moduls basCommandBar erfasst.

```
Sub CocktailCommandBar(frm As Form)
    ' Konstanten für eingebaute CommandBarControls
    Const conCbrIdPrint = 4
    Const conCbrIdQuit = 752
    Const conCbrIdBearbeiten = 30003
    Const conCbrIdDatensätze = 30014


    ' CommandBar-Definitionen
    Dim cbr As CommandBar
    Dim cbo As CommandBarComboBox
    Dim cbb As CommandBarButton
    Dim cbFile As CommandBarControl
```

```vba
Dim cbp As CommandBarPopup
' Recordset für CommandBarComboBox
Dim rst As Recordset

' Neuer CommandBar, oben angedockt, temporär
Set cbr = CommandBars.Add("Cocktail", MenuBar:=True, _
                     Position:=msoBarTop, Temporary:=True)

With cbr
    ' CommandBar-Eintrag "Datei" als Popup
    Set cbp = .Controls.Add(msoControlPopup)
    With cbp
        .Tag = "FileCocktail"
        .Caption = "&Datei"
    End With
    ' cbFile zeigt auf neuen Eintrag "Datei"
    Set cbFile = .FindControl(Tag:="FileCocktail")
    ' Neuer Eintrag "Drucken" in Menü "Datei"
    Set cbb = cbFile.CommandBar.Controls.Add(msoControlButton)
    With cbb
        .Tag = "PrintCocktail"
        .Caption = "Dr&ucken"
        ' Vorbereiten für Icon
        .Style = msoButtonIconAndCaption
        .OnAction = "CBActionPrintCocktail"
    End With
    ' Übernehmen des vorhandenen Icons der Schaltfläche Drucken
    CommandBars.FindControl(ID:=conCbrIdPrint).CopyFace
    cbb.PasteFace

    ' Vorhandene Menüeinträge aus Access-CommandBars umkopieren
    With CommandBars
        ' Menüeintrag "Beenden"
        .FindControl(ID:=conCbrIdQuit).Copy cbFile.CommandBar
        ' Menü "Bearbeiten"
        .FindControl(ID:=conCbrIdBearbeiten).Copy cbr
        ' Menü "Datensätze"
        .FindControl(ID:=conCbrIdDatensätze).Copy cbr
    End With
```

```
        ' Neuer Eintrag "Zutatenliste"
        Set cbb = .Controls.Add(msoControlButton)
        With cbb
            .Tag = "Zutatenliste"
            .Caption = "&Zutatenliste"
            .Style = msoButtonCaption
            .TooltipText = "Zutatenliste aufrufen"
            .OnAction = "CBActionZutatenliste"
        End With

        ' Neuer Eintrag "Hausbar"
        Set cbb = .Controls.Add(msoControlButton)
        With cbb
            .Tag = "Hausbar"
            .Caption = "&Hausbar"
            .Style = msoButtonCaption
            .TooltipText = "Hausbar aufrufen"
            .OnAction = "CBActionHausbar"
        End With

        ' CommandBarComboBox mit allen Cocktailnamen erstellen
        Set cbo = .Controls.Add(msoControlComboBox)
        With cbo
            .Tag = "FindCocktail"
            .Caption = "Cocktail&auswahl"
            .Style = msoComboLabel
            ' Breite des DropDowns bestimmen
            .DropDownWidth = .Width
            ' Klonen des Formular-Recordsets
            Set rst = frm.RecordsetClone
            Do While Not rst.EOF
                ' Cocktailnamen der ComboBox hinzufügen
                .AddItem rst!Cocktail
                rst.MoveNext
            Loop
            .OnAction = "CBActionFindCocktail"
        End With
        ' CommandBar dem Formular zuweisen
        frm.MenuBar = "Cocktail"
    End With
End Sub
```

```
Function CBActionPrintCocktail() As Variant
    DoCmd.OpenForm "frmDruckauswahl", WindowMode:=acDialog, _
                            OpenArgs:=Forms("frmCocktail97")!CocktailNr
End Function


Function CBActionZutatenliste() As Variant
    DoCmd.OpenForm "frmZutat", WindowMode:=acDialog
End Function


Function CBActionHausbar() As Variant
    Dim frm As Form
    Dim cbc As CommandBarControl

    ' Aktuelles CommandBarControl
    Set cbc = CommandBars.ActionControl
    ' Aktuelles Formular
    Set frm = Screen.ActiveForm

    ' Umschalten zwischen "Cocktailliste" und "Hausbar"
    If cbc.Caption = "&Hausbar" Then
        frm.RecordSource = "qryHausbarCocktails"
        cbc.Caption = "&Cocktailliste"
    Else
        frm.RecordSource = "select * from tblCocktail " & _
                            "order by tblCocktail.Cocktail"
        cbc.Caption = "&Hausbar"
    End If
End Function


Function CBActionFindCocktail() As Variant
    Dim strID As String
    Dim rst As Recordset
    Dim cbc As CommandBarControl

    ' Aktuelles CommandBarControl
    Set cbc = CommandBars.ActionControl
    strID = cbc.Text
    If Len(strID) > 0 Then
        With Screen.ActiveForm
```

```
        ' Recordset des aktuellen Formulars
        Set rst = .RecordsetClone
        ' Cocktail suchen
        rst.FindFirst "Cocktail = '" & strID & "'"
        If Not rst.NoMatch Then
            ' Gefundenen Datensatz im Formular anzeigen
            .Bookmark = rst.Bookmark
        End If
    End With
    End If
End Function
```

Erweiterung des Kombinationsfeldes

CommandBar-Kombinationsfelder verfügen über die Option, die zuletzt ange-
wählten Einträge am Anfang der Liste oberhalb einer Trennungslinie anzuzeigen,
wie es im folgenden Bild illustriert ist.

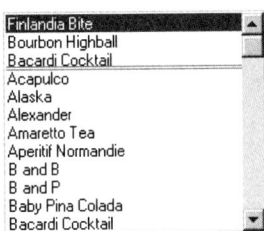

Bild 21.11: Erweitertes Kombinationsfeld

Für die Erweiterung des Kombinationsfeldes wurden in die *OnAction*-Funktion
CBActionFindCocktail() in den Abschnitt, in dem das Kombinationsfeld gefüllt
wird, die kursiv formatierten Zeilen aufgenommen.

```
If Not rst.NoMatch Then
    ' Gefundenen Datensatz im Formular anzeigen
    .Bookmark = rst.Bookmark
    ' Zur "Zuletzt benutzt"-Liste hinzufügen
    AddToList cbc, strID
    cbc.Text = ""
End If
```

Die Funktion AddToList() fügt den im Kombinationsfeld selektierten Eintrag am
Anfang der Liste vor der Trennungslinie hinzu.

```
Private Function AddToList(cbc As CommandBarComboBox, _
                   ByVal strID As String) As Boolean

    On Error Resume Next

    ' Zu CommandBarComboBox hinzufügen
    cbc.AddItem strID, 1
    cbc.ListIndex = cbc.ListIndex - 1
    If cbc.ListHeaderCount > 0 Then
        cbc.ListHeaderCount = cbc.ListHeaderCount + 1
    Else
        cbc.ListHeaderCount = 1
    End If
    AddToList = True
End Function
```

Standardmäßig ist der Wert der Eigenschaft `ListHeaderCount` des Kombinations-feldes -1, d.h., es werden keine Trennungslinie und keine Einträge oberhalb der eigentlichen Liste gezeigt. Wird `ListHeaderCount` auf einen Wert größer Null ge-setzt, gibt die Eigenschaft die Anzahl der Zeilen an, die oberhalb der Trennungs-linie dargestellt werden sollen.

21.2.6 CommandBar-Definitionen per Tabelle

Bei großen Applikationen, die im Laufe des Entwicklungsprozesses viele Ände-rungen erfahren, kann es sinnvoll sein, alle Menü- und Symbolleistendefinitionen in einer Tabelle abzulegen. Wir möchten Ihnen im Folgenden beispielhaft zeigen, wie eine solche Tabelle und die entsprechende Programmlogik aussehen kann. Wir haben das Beispiel für eine bessere Übersichtlichkeit vereinfacht, d.h., es werden nur die Definitionen einer Symbolleiste in der Tabelle gespeichert.

Die Tabelle für die CommandBar-Definition

Für das Beispiel wurde die im folgenden Bild gezeigte Tabellenstruktur einge-setzt. Mithilfe der Tabelle sollen Schaltflächen der Typen `msoControlButton`, `mso-ControlPopup` und `msoControlComboBox` erstellt werden können.

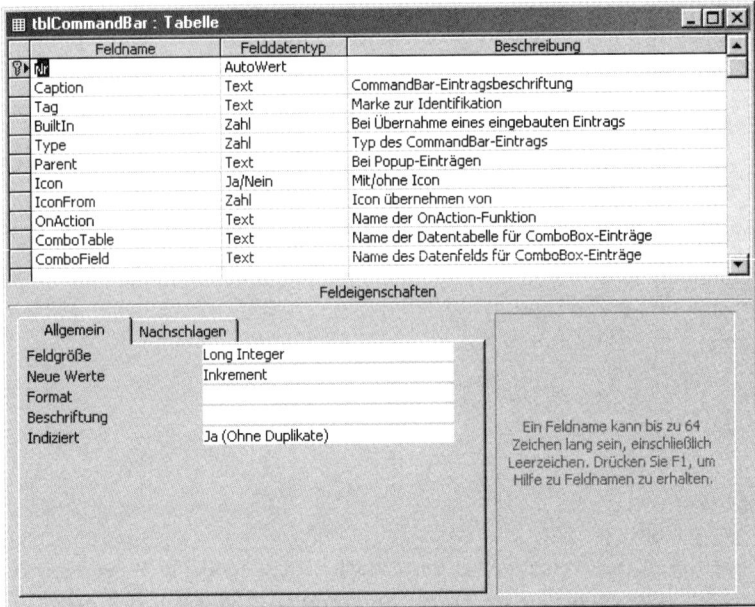

Bild 21.12: Definition der Tabelle tblCommandBar

Das nächste Bild zeigt die Einträge für eine Mustersymbolleiste, die in der darauf folgenden Abbildung dargestellt ist. Die erste Tabellenzeile definiert ein Popup-Menü, das die Einträge der Zeilen zwei und drei aufnehmen soll. Der in der dritten Zeile festgelegte Eintrag soll den Eintrag *Beenden* aus den eingebauten CommandBars übernehmen. Die vierte Zeile fügt das komplette Menü *Bearbeiten* aus Access der Mustersymbolleiste hinzu.

Nr	Caption	Tag	BuiltIn	Type	Parent	Icon	IconFrom	OnAction	ComboTable	ComboField
1	&Datei	TagDatei		10		☐	0	test		
2	&Drucken	TagDrucken		1	TagDatei	☑	4	test		
3	&Beenden	TagBeenden	752	1	TagDatei	☐	0			
4	&Bearbeiten	TagBearbeiten	30003	1		☐	0			
5	&Cocktail	TagCocktail		4		☐	0	test	tblCocktail	Cocktail
*	ert)			0	0	☐	0			

Bild 21.13: Musterdaten für CommandBar-Tabelle

Die fünfte Zeile definiert ein Kombinationsfeld, in dem alle Cocktailnamen aus der Tabelle *tblCocktail* gezeigt werden sollen.

Bild 21.14: Aus Tabellendaten erstellter CommandBar

Der im folgenden Listing aufgeführte Funktion CommandBarFromTable() wird als Parameter der Name der zu erstellenden Symbolleiste übergeben. Zusätzlich kann der Name der Tabelle angegeben werden, der mit tblCommandBar vordefiniert ist. Der Rückgabewert der Funktion ist der Name des erzeugten CommandBars. Im Fehlerfall wird eine leere Zeichenkette zurückgegeben.

```
Function CommandBarFromTable(ByVal strCBName As String, _
              Optional ByVal strTable As String = "tblCommandBar" _
              ) As String
    Dim db As Database
    ' Recordset für Tabelle mit CommandBar-Einträgen
    Dim rst As Recordset
    ' CommandBar-Definitionen
    Dim rstCombo As Recordset
    Dim cbr As CommandBar
    Dim cbp As CommandBarPopup
    Dim cbb As CommandBarButton
    Dim cbc As CommandBarControl
    Dim cbo As CommandBarComboBox

    On Error GoTo err_CBFromTable

    ' Im Fehlerfalle wird leerer String zurückgegeben
    CommandBarFromTable = ""

    ' Öffnen der Tabelle mit CommandBar-Einträgen
    Set db = CurrentDb
    Set rst = db.OpenRecordset(strTable)

    ' Erstellen eines neuen CommandBars
    Set cbr = CommandBars.Add(strCBName, _
                          Position:=msoBarTop, Temporary:=True)

    ' Für alle Zeilen der Tabelle
    Do While Not rst.EOF
        ' Wenn eingebauter CommandBar-Eintrag
        If Not IsNull(rst!BuiltIn) Then
```

```
    ' Wenn kein Parent definiert
    If IsNull(rst!Parent) Then
        CommandBars.FindControl(ID:=rst!BuiltIn).Copy cbr
    Else
        Set cbc = CommandBars.FindControl(Tag:=rst!Parent)
        CommandBars.FindControl(ID:=rst!BuiltIn).Copy _
                                        cbc.CommandBar

    End If
Else
    ' In Abhängigkeit vom Typ
    Select Case rst!Type
        ' Normaler Button
        Case msoControlButton:
            ' Wenn Parent
            If IsNull(rst!Parent) Then
                Set cbb = _
                        cbr.Controls.Add(msoControlButton)
            Else
                Set cbb = _
                        cbr.FindControl(Tag:=rst!Parent). _
                        CommandBar.Controls. _
                        Add(msoControlButton)
            End If
            With cbb
                .Tag = rst!Tag
                .Caption = rst!Caption
                If rst!Icon Then
                    .Style = msoButtonIconAndCaption
                Else
                    .Style = msoButtonCaption
                End If
                .OnAction = rst!OnAction
            End With
            ' Icon von Eintrag übernehmen
            If rst!Icon Then
                CommandBars.FindControl( _
                        ID:=rst!iconfrom).CopyFace
                cbb.PasteFace
            End If
```

```
    ' Popup-Button
    Case msoControlPopup:
        If IsNull(rst!Parent) Then
            Set cbp = cbr.Controls.Add(msoControlPopup)
        Else
            Set cbp = cbr.FindControl(Tag:=rst!Parent). _
                          CommandBar.Controls. _
                          Add(msoControlPopup)
        End If
        With cbp
            .Tag = rst!Tag
            .Caption = rst!Caption
        End With

    ' ComboBox
    Case msoControlComboBox:
        Set cbo = cbr.Controls.Add(msoControlComboBox)
        With cbo
            .Tag = rst!Tag
            .Caption = rst!Caption
            .Style = msoComboLabel
            ' Breite des DropDowns bestimmen
            .DropDownWidth = .Width
            ' Klonen des Formular-Recordsets
            If IsNull(rst!ComboTable) Then
                Set rstCombo = _
                        Screen.ActiveForm.RecordsetClone
            Else
                Set rstCombo = _
                        db.OpenRecordset(rst!ComboTable)
            End If
            Do While Not rstCombo.EOF
                ' Cocktailnamen der ComboBox hinzufügen
                .AddItem rstCombo(rst!ComboField)
                rstCombo.MoveNext
            Loop
            .OnAction = rst!OnAction
        End With
    Case Else
        ' nothing
End Select
```

```
        End If
        ' Nächster Datensatz
        rst.MoveNext
    Loop

    ' Rückgabe des Namens des CommandBars
    CommandBarFromTable = strCBName

exit_CBFromTable:
    Exit Function

err_CBFromTable:
    ' Falls CommandBar noch existiert
    If Err.Number = 5 Then
        CommandBars(strCBName).Delete
        Resume
    End If
    MsgBox Err.Number & " - " & Err.Description
    Resume exit_CBFromTable

End Function
```

Die Beispieltabelle und -funktion kann so erweitert werden, dass sowohl Menü-und Symbolleisten als auch Kontextmenüs in der Tabelle abgelegt werden können.

22 Add-Ins und Bibliotheken

Add-Ins sind spezielle Access-Datenbanken, mit denen Access um neue Funktionen erweitert werden kann. Sie lassen sich mithilfe des *Add-In Managers* im Menü *EXTRAS Add-Ins* einrichten. Add-Ins werden in Datenbanken mit der Endung .MDA oder .MDE bereitgestellt.

In diesem Kapitel besprechen wir darüber hinaus den Einsatz von Bibliotheken. Bibliotheken sind Access-Datenbanken, die Prozeduren und Funktionen enthalten, auf die aus vielen Access-Anwendungen zugegriffen werden kann. Auf diese Art können Sie Programmelemente bereitstellen, ohne diese in jede MDB-Datei aufzunehmen.

Aus Access lassen sich auch »Dynamic Link«-Bibliotheken (DLL) aufrufen, beispielsweise die Windows-Bibliotheken, mit deren Hilfe Ihnen alle Funktionen der Windows-Programmierschnittstelle (Windows-API) zur Verfügung stehen. Dies wurde in vorangegangenen Kapiteln auch schon gezeigt, beispielsweise am Ende von Kapitel 16, »Berichte«.

Mit dem Microsoft Office 2000 Developer, der getrennt zu erwerbenden Sammlung von Werkzeugen für die Office 2000-Programmierung, können so genannte COM-Add-Ins erstellt werden. COM-Add-Ins sind übergreifende Add-Ins, die in allen Office-Programmen eingebunden werden können. Bisher hatte jede Office-Applikation ein oder mehrere Add-In-Varianten. Sollte ein Add-In sowohl mit Access als auch mit Excel ablaufen können, so mussten zwei getrennte Add-Ins programmiert werden. Mit COM-Add-Ins können Add-Ins realisiert werden, die in allen Office-Anwendungen gleichermaßen ausgeführt werden können.

Soweit zur Theorie, in der Praxis sieht das alles nicht so rosig aus. COM-Add-Ins reagieren auf bestimmte Ereignisse oder Menü-Kommandos. Da beispielsweise Access keine dafür verwendbaren Ereignisse auslöst, ist die Nutzung von COM-Add-Ins sehr beschränkt, sodass Sie weiterhin normale Add-Ins benötigen. Wir haben daher auf ausführliche Beschreibung von COM-Add-Ins verzichtet, die auch den Rahmen dieses Buches gesprengt hätte.

22.1 Bibliotheken

Sie können in Access eine Vielzahl unterschiedlichster Bibliothekstypen einbinden und die dort angebotenen Funktionen nutzen. Möglich ist die Einbindung von Access-Datenbanken und –Projekten mit den Dateiendungen MDB, MDA, MDE, ADP, ADE, von Programmdateien (EXE, DLL), von Klassenbibliotheken (OLB, TLB) und von OCX-Komponenten.

Um eine Bibliothek einsetzen zu können, müssen Sie in Access einen Verweis, eine Referenz, auf die entsprechende Datei einrichten.

22.1.1 Einrichten einer Referenz

Sie tragen einen Verweis auf eine Bibliotheksdatei ein, indem Sie ein beliebiges Modul öffnen und dann im VBA-Editor den Befehl *EXTRAS Verweise* aufrufen. Es erscheint das im folgenden Bild gezeigte Dialogfeld.

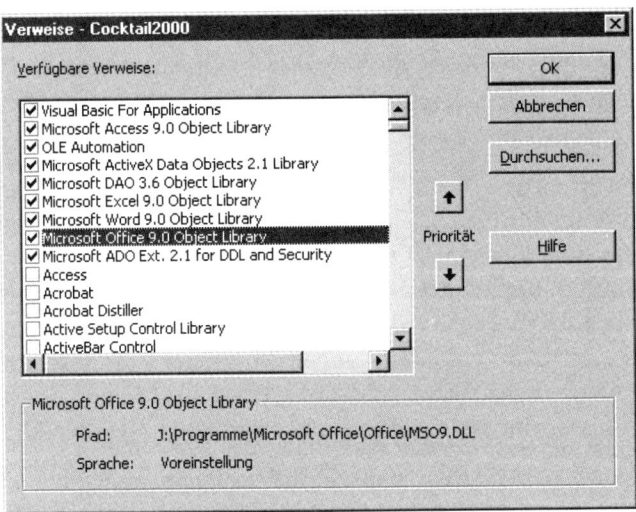

Bild 22.1: Dialogfeld Verweise

Alle Bibliotheken, die mit einem Häkchen versehen sind, sind aktive Referenzen auf die jeweilige Bibliothek. Gezeigt werden im Listenfeld *Verfügbare Verweise* alle diejenigen Bibliotheken, die in einem der Systemordner von Windows gefunden wurden. Mithilfe der Schaltfläche *Durchsuchen* öffnen Sie ein Dialogfeld, das Ihnen die Auswahl einer Bibliothek in einem beliebigen Ordner ermöglicht.

> **!** **Weitergabe von Access-Datenbanken, die Bibliotheken nutzen:** Sollen die auf Ihrem Rechner erstellten Applikationen auf anderen Rechnern zum Einsatz kommen, müssen Sie sicherstellen, dass dort die gleichen Bibliotheken installiert und referenziert sind (siehe auch Kapitel 23, »Anwendungsentwicklung«, Abschnitt 23.11, »Setup-Assistent und Access-Laufzeitumgebung«).

22.1.2 Kontrolle von Referenzen

Fehlerhafte Referenzen, also Verweise auf nicht mehr vorhandene Bibliotheken, führen zu unschönen Fehlern in Access. Meistens meldet sich Access mit der folgenden Fehlermeldung, wenn versucht wird, ein VBA-Programm auszuführen.

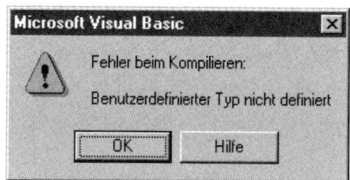

Bild 22.2: Fehlermeldung

Wenn Sie im Anschluss an die Fehlermeldung beispielsweise versuchen, Ihre VBA-Komponenten mit *DEBUGGEN Kompilieren von...* neu zu kompilieren, wird wahrscheinlich eine der eingebauten VBA-Funktionen als Fehlerquelle angezeigt. Das ist sehr irreführend, denn nicht die Funktion ist für das Problem verantwortlich, sondern eine »gebrochene« Referenz.

Wie kann man die obige Fehlermeldung umgehen bzw. wie kann man eine ungültige Referenz feststellen? Im folgenden Listing sehen Sie die Funktion `ReferenzKontrolle`, die die Gültigkeit eines Verweises überprüft. Sie gibt `True` zurück, wenn die Referenz in Ordnung ist. Übergeben wird der Name der zu überprüfenden Bibliothek. Über die Variable `bMeldung` kann gesteuert werden, ob zusätzlich eine Meldung eingeblendet werden soll.

Eingesetzt wird in der Funktion die Auflistung `References`, die aus `Reference`-Objekten besteht. Die Eigenschaften eines `Reference`-Objekts finden Sie in der folgenden Tabelle.

Tabelle 22.1: Eigenschaften des Reference-Objekts

Eigenschaft	Größe
BuiltIn	Die Eigenschaft ist True, wenn die Komponente als »eingebaute« Komponente zwingend für den Betrieb von Access benötigt wird.
Collection	Zeiger auf die References-Auflistung, zu der das Objekt gehört.
FullPath	Kompletter Pfad zur Bibliothek.
Guid	Typ-Bibliotheken und EXE-Dateien haben GUIDs (globally unique identifier).
IsBroken	Die Eigenschaft ist True, wenn die Verbindung zur Bibliothek abgebrochen ist.
Kind	0 für Typ-Bibliotheken oder EXE-Dateien, 1 für Access-Datenbanken
Major	Versionsnummer
Minor	Versionsnummer
Name	Name der Bibliothek; wenn die IsBroken True ist, enthält die Eigenschaft den vollen Pfad (wie FullPath).

```
Function ReferenzKontrolle(ByVal strRef As String, _
        Optional bMeldung As Boolean = True) As Boolean

    Dim objRef As Reference

    On Error Resume Next
    ReferenzKontrolle = False

    Set objRef = References(strRef)

    If err.Number = 0 Then
        ' Objekt wurde erstellt
        If Not objRef.IsBroken Then
            If err.Number = 0 Then
                ' Referenz in Ordnung
                ReferenzKontrolle = True
                Exit Function
            End If
        End If
    End If

    If bMeldung Then
        MsgBox "Verbindung zur Bibliothek " & strRef & " abgebrochen!"
    End If
End Function
```

Die Funktion `ListReferenzen` ermittelt die Namen aller Bibliotheken mithilfe der Auflistung `References` und kontrolliert mit der obigen Funktion die Verweise.

```
Sub ListReferenzen()
    Dim objRef As Reference
    Dim strResult As String
    Dim strTmp As String

    strResult = ""
    For Each objRef In References
        If ReferenzKontrolle(objRef.Name, False) Then
            strTmp = " V" & objRef.Major & "." & objRef.Minor & _
                    " - " & objRef.Name
        Else
            strTmp = "Verknüpfung zu " & objRef.Name & _
            " abgebrochen!"
        End If
        If strResult = "" Then
            strResult = strTmp & vbNewLine
        Else
            strResult = strResult & strTmp & vbNewLine
        End If
    Next
    MsgBox strResult
End Sub
```

Möchten Sie eine Referenz neu herstellen, so können Sie der folgenden Funktion den Namen der Bibliotheksdatei übergeben. Die Funktion gibt `True` zurück, wenn der Verweis erfolgreich erstellt werden konnte.

```
Function ReferenceFromFile(strDateiname As String) As Boolean
    Dim ref As Reference

    On Error GoTo Error_ReferenceFromFile
    Set ref = References.AddFromFile(strDateiname)
    ReferenceFromFile = True

Exit_ReferenceFromFile:
    Exit Function
```

```
Error_ReferenceFromFile:
    MsgBox Err & ": " & Err.Description
    ReferenceFromFile = False
    Resume Exit_ReferenceFromFile
End Function
```

22.1.3 Access-Datenbanken als Bibliotheken

Sie können Access-Datenbanken in den Formaten MDB, MDA oder MDE, die die Prozeduren und Funktionen enthalten, als Bibliotheken nutzen, auf die aus anderen Access-Anwendungen zugegriffen werden soll. Um die in einer Bibliothek enthaltenen Funktionen, Prozeduren, Klassen usw. nutzen zu können, müssen Sie einen Verweis auf die Bibliotheksdatenbank aufbauen. In der Modulansicht rufen Sie dazu das Dialogfeld *Verweise* über *EXTRAS Verweise* auf. Mithilfe der Schaltfläche *Durchsuchen* erhalten Sie einen Dateiauswahldialog. Legen Sie den gewünschten Dateityp fest und selektieren Sie die gewünschte Datenbankdatei. Alle Funktionen, Prozeduren usw. der neuen Bibliothek lassen sich jetzt im Objektkatalog einsehen und in Ihren Programmen verwenden.

! **Änderungen in Bibliotheksdatenbanken:** Im VBA-Editor erhalten Sie den Quelltext aller VBA-Module einer als Bibliothek eingebundenen MDB-Datenbank zur Einsicht. Sie können dort auch Änderungen vornehmen, nur leider werden diese nicht gespeichert, Ihre Modifikationen ohne Warnungsmeldung vernichtet. Öffnen Sie für Änderungen also immer das Original direkt. (Dieses Verhalten wurde von Microsoft als Fehler dokumentiert.)

22.1.4 Verweise auf Klassenmodule

Während Sie auf Funktionen und Prozeduren in MDB- oder MDE-Bibliotheksdateien problemlos zugreifen können, gelingt dies nicht mit Klassenmodulen. Versuchen Sie, ein Objekt basierend auf einer Klasse der Bibliothek zu dimensionieren, werden Sie feststellen, dass die Klasse nicht angeboten wird.

Mit einem Trick, der nach unserer Erfahrung keine Nebenwirkungen hat, können Sie auf Klassen in Bibliotheken zugreifen:

1. Öffnen Sie die Bibliotheksdatenbank.
2. Selektieren Sie die gewünschte Klasse und laden Sie sie im Entwurfsmodus in den VBA-Editor.
3. Wählen Sie im Menü *DATEI Entfernen von...* an.
4. Speichern Sie die Klasse. Sie wird als Textdatei mit der Endung *cls* abgelegt.

5. Öffnen Sie die Datei mit dem Windows-Editor. Sie können jetzt, wie in Bild 22.3 gezeigt, am Beginn des Textes versteckte Attribute der Klasse sehen.

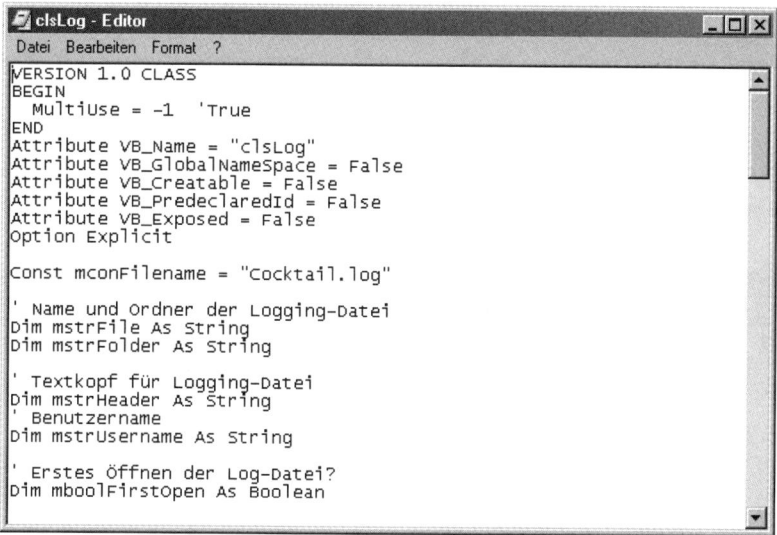

Bild 22.3: Klasse, im Texteditor geladen

6. Ändern Sie den Wert des Attributs VBExposed = False auf True und speichern Sie die Textdatei.
7. Im VBA-Editor laden Sie die geänderte Textdatei mit *DATEI Datei importieren.*

Die Klasse sollte jetzt in der Bibliotheksdatenbank anderen Datenbanken zur Verfügung stehen.

22.1.5 Suchreihenfolge

Beachten Sie dabei aber, dass in der Access-Datenbank, die auf die Bibliothek zugreift, der Verweis auf die Bibliothek mit komplettem Pfad gespeichert wird. Dieser Pfad wird immer zuerst nach der Bibliothek durchsucht. Wenn Sie die Bibliothek in einen anderen Ordner verschieben, versucht Access, diese Datei zu finden und den Verweis wiederherzustellen. Access sucht die Datei in folgenden anderen Ordnern:

> in dem Ordner, in dem sich die aufrufende Datenbank befindet,

> im Ordner, in dem Access installiert ist,

> im Windows-Ordner,

> im Windows-System-Ordner,

➤ in jedem Ordner, der in der PATH-Angabe in der Autoexec-Datei angegeben ist.

Mithilfe des Eintrags RefLibPaths in der Windows-Registrierung können Sie zusätzlich festlegen, wo nach Bibliotheken gesucht werden soll. Erstellen Sie dazu unter \HKEY_LOCAL_MACHINE\SOFTWARE\Microsoft\Office\9.0\Access den Schlüssel RefLibPaths in der Registrierung mit dem Programm REGEDIT.EXE. Unterhalb dieses Schlüssels definieren Sie einen Zeichenfolgeeintrag, wobei die Zeichenfolge den Namen Ihrer Bibliothek hat und der Wert der Zeichenfolge der entsprechende Pfad ist, wie es im Bild für FunkBib.mdb gezeigt ist.

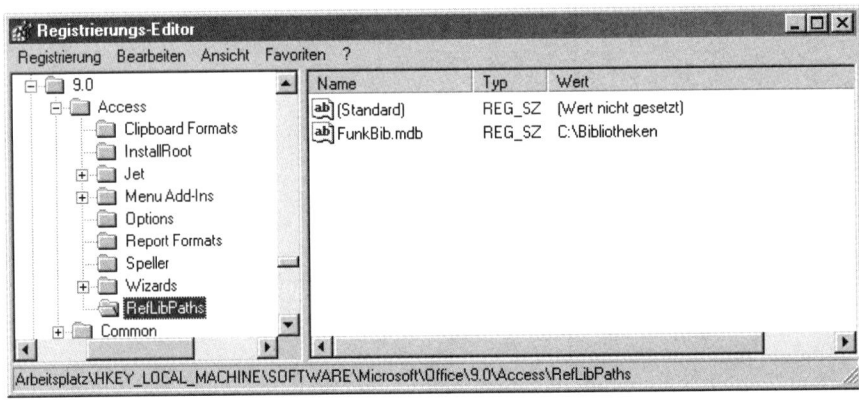

Bild 22.4: RefLibPaths-Eintrag in der Registrierung

22.2 Add-Ins

Access unterscheidet drei verschiedene Add-In-Typen: Menü-Add-Ins sind allgemeine Programme, die über *EXTRAS Add-Ins* aufgerufen werden. Wizard- und Builder-Add-Ins hingegen enthalten Programme, die kontextspezifisch für bestimmte Aufgaben aufgerufen werden. Viele der Access-eigenen Assistenten sind beispielsweise als Wizard-Add-Ins implementiert.

Alle Add-Ins müssen in der Windows-Registrierung mit entsprechenden Werten eingetragen werden. Ohne diese Einträge in der Registrierung lassen sich Add-Ins nicht einsetzen, da Access sofort eine Fehlermeldung anzeigen würde. Bei der Installation eines Add-Ins mit dem *Add-In-Manager* werden die Registrierungseinträge gesetzt. Gleichzeitig wird immer die Add-In-Datei in das Verzeichnis *Programme\Microsoft Office\Office* kopiert. Die entsprechenden Registrierungseinträge für ein Add-In werden aus einer speziellen Tabelle entnommen, die im Add-In angelegt sein muss, wie es weiter unten beschrieben wird.

Im Registrierungseditor (REGEDIT.EXE), der normalerweise im Windows-Verzeichnis zu finden ist, lassen sich die Einträge für die installierten Add-Ins im Pfad

```
HKEY_LOCAL_MACHINE\Software\Microsoft\Office\9.0\Access
```

einsehen. Menü-Add-Ins werden im Pfad `Menu Add-Ins`, Assistenten im Pfad `Wizards` unterhalb von `Access` eingetragen.

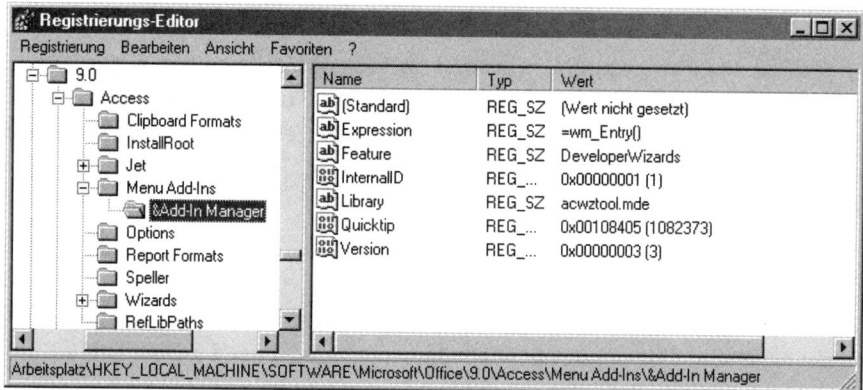

Bild 22.5: Add-In-Einträge im Registrierungseditor

Add-In-Datenbanken haben die Dateiendung .MDA oder .MDE. MDA-Datenbanken sind normale MDB-Datenbanken mit anderer Endung. Zur Erstellung einer MDA-Datei können Sie entweder über *DATEI Neu* eine MDA-Datenbank erzeugen oder eine vorhandene MDB-Datei umbenennen. Die Möglichkeiten von MDE-Datenbanken werden in Kapitel 23, »Anwendungsentwicklung«, beschrieben.

22.2.1 Die Tabelle USysRegInfo

Damit eine Datenbank als Add-In eingesetzt werden kann, muss eine Tabelle mit dem Namen *USysRegInfo* angelegt werden. Die Tabelle kann neu erstellt werden oder aus einem der mit Access mitgelieferten Add-Ins importiert werden. Die folgende Tabelle zeigt die Struktur der *USysRegInfo*-Tabelle.

Tabelle 22.2: Definition der USysRegInfo-Tabelle

Feldname	Feldtyp	Größe
SubKey	Text	255
Type	Number	Long Integer
ValName	Text	255
Value	Text	255

Die in die Tabelle einzutragenden Inhalte unterscheiden sich für Menü-, Wizard- oder Builder-Add-Ins. Im SubKey-Feld wird der Schlüsselwert für den Registrierungswert festgelegt. Alle Zeilen der *USysRegInfo*-Tabelle müssen den gleichen SubKey aufweisen. Für Menü-Add-Ins wird in der Spalte SubKey ein Eintrag in der Form

```
HKEY_LOCAL_MACHINE\Menu Add-Ins\Add-In-Name
```

erfasst, wobei Add-In-Name für die Bezeichnung Ihres Add-Ins steht. Die als Add-In-Name vergebene Bezeichnung wird dann im Menü zu *EXTRAS ADD-Ins* als Menüeintrag verwendet. Für Wizards und Builder wird als SubKey

```
HKEY_LOCAL_MACHINE\Wizards\WizardTyp\ Wizard-Name
```

bzw.

```
HKEY_LOCAL_MACHINE\Wizards\WizardTyp\WizardSubType\Wizard-Name
```

vereinbart. Möglich sind Objekt-Assistenten (WizardTyp kann Form-Wizards, Table-Wizards, Report-Wizards und Query-Wizards sein) in der ersten Schreibweise sowie Steuerelement- (Control-Wizards) und Eigenschafts-Assistenten (Property-Wizards) in der zweiten Schreibweise, wobei für den WizardSubType die englische Bezeichnung eines Steuerelements bzw. einer Eigenschaft eingesetzt wird.

Anstelle von

```
HKEY_LOCAL_MACHINE\
```

können Sie auch

```
HKEY_CURRENT_ACCESS_PROFILE\
```

verwenden. Beide Varianten beziehen sich auf die gleiche Stelle in der Registrierungsdatenbank, wenn keine benutzerspezifischen Profile in Access eingerichtet sind.

22.3 Beispiel: Das DocuAid2000-Add-In

Wir möchten Ihnen die Erstellung von Add-Ins anhand des Dokumentationspro-gramms DocuAid2000 beschreiben. DocuAid2000 dokumentiert Access-Daten-banken, wobei die Ausgabe direkt in Word erfolgt. Teile von DocuAid2000 wur-den schon in Kapitel 19, »Automatisierung«, erläutert. DocuAid2000 liegt der CD-ROM zum Buch bei.

In der DocuAid2000-Datenbank sind die im folgenden Bild gezeigten Einträge für die Tabelle *USysRegInfo* eingetragen. Im SubKey wurde durch das Voranstellen des &-Zeichens vor den Namen des Add-Ins erreicht, dass der dem Zeichen fol-gende Buchstabe als Abkürzungstaste für den Menüeintrag im Menü zu *EXTRAS Add-Ins* unterstrichen wird.

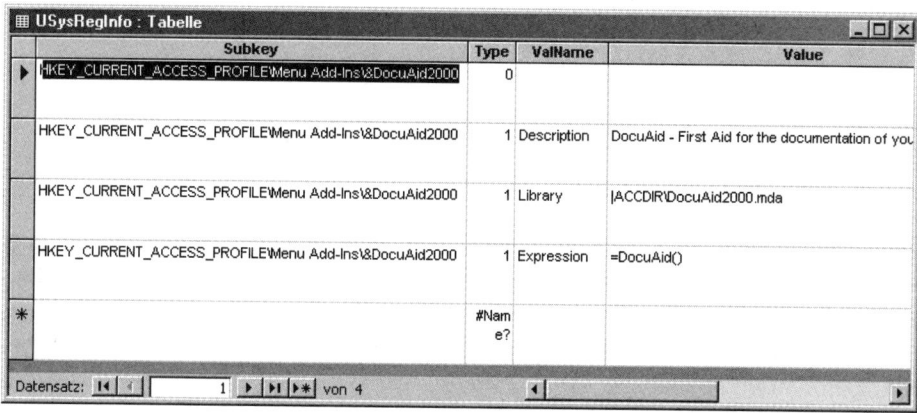

Bild 22.6: DocuAid2000-Einträge der Tabelle USysRegInfo

Für Menü-Add-Ins benötigen Sie mindestens die Einträge mit den *ValNamen* Library und Expression. Für Library wird der Namen der Add-In-Datenbankdatei angegeben. Stellen Sie dem Namen den Platzhalter |ACCDIR\ voran, so wird dieser durch den aktuellen Pfad zu den Access-Systemdateien ersetzt.

In der Zeile Expression wird als *Value* der Aufruf einer globalen Funktion ein-getragen, mit der das eigentliche Add-In-Programm gestartet wird. Beachten Sie dabei, dass es sich zwingend um eine Funktion und nicht um eine Sub-Prozedur handeln muss. Das folgende Listing zeigt die Startfunktion des DocuAid2000-Add-Ins, die ein Startformular öffnet.

```
' Startfunktion für Add-In-Aufruf
Public Function DocuAid2000()

    On Error GoTo err_DocuAid2000

    ' Formular öffnen
    DoCmd.OpenForm "frmDocuAid"

    Exit Function
err_DocuAid2000:
    Dim lngErr
    lngErr = Errorhandler(strModul:="DocuAid2000 - Main", _
                                    intclass:=conCriticalError)
End Function
```

22.4 Besonderheiten bei Add-Ins und Bibliotheken

Beim Einsatz von Add-Ins und Bibliotheken gibt es einige Besonderheiten zu beachten. Normalerweise wird in Programmen über die Funktion `CurrentDB()` auf die aktuelle Datenbank zugegriffen. Verwenden Sie die Funktion in Add-Ins oder Bibliotheken, die im Hintergrund arbeiten, so erhalten Sie einen falschen Datenbankverweis, denn `CurrentDB()` bzw. `CurrentProject()`/`CurrentData()` beziehen sich auf die aktuell geladene Datenbank, nicht aber auf die Datenbank von Add-In oder Bibliothek.

Verwenden Sie in Add-Ins oder Bibliotheken die Funktion `CodeDb()` bzw. `CodeProject()`/`CodeData()`, die auf die Datenbank verweisen, in der sich der Code, d.h. das ablaufende Programm befindet.

Hilfreich ist auch das Objekt `CodeContextObject`, das einen Verweis auf das Objekt zurückgibt, zu dem der momentan ablaufende Programmcode gehört.

22.5 Einsatz von Windows-DLL-Bibliotheken

Aus Access-VBA-Programmen lassen sich Funktionen aus Windows 95/98/2000/NT-Bibliotheken oder anderer »Dynamic Link Libraries« (DLL) aufrufen. Wir beschreiben Ihnen im Folgenden den prinzipiellen Umgang mit DLLs, allerdings sind, insbesondere für die Nutzung der Windows-Funktionen, Informationen über die internen Windows-Strukturen notwendig. Da die meisten DLLs in den Programmiersprachen C oder C++ programmiert sind, sind für den Aufruf der Funktionen und die Übergabe von Parametern Kenntnisse dieser Programmiersprachen von Vorteil.

22.5.1 Declare-Statements

Um eine Funktion oder Prozedur einer DLL einzusetzen, muss diese vorab deklariert werden. Die Deklaration kann global innerhalb eines Moduls oder privat innerhalb von Formular- oder Berichtsklassenmodulen erfolgen. Eine Deklaration wird mit dem Befehlswort Declare eingeleitet.

```
Declare Function GetWindowRect Lib "User32" ( _
                ByVal Hwnd As Long, lpRect As rect) As Long
```

Durch die Angabe Lib wird die DLL oder das Modul bestimmt, in der die deklarierte Funktion oder Prozedur definiert ist. Sollte der Namen der Funktion oder Prozedur schon in Ihrer Anwendung vergeben sein oder möchten Sie einen einfacheren Namen verwenden, so lässt sich mithilfe des optionalen Parameters Alias der Name festlegen, den die Funktion oder Prozedur in der DLL hat, während innerhalb Ihrer Programme der hinter Function oder Sub definierte Name verwendet wird.

```
Declare Function GetOpenFileName Lib "comdlg32.dll" _
                Alias "GetOpenFileNameA" _
                (pOpenFilename As typOpenFilename) As Long
```

Beachten Sie beim Einsatz von Windows-Funktionen des »Application Programming Interfaces« (API), dass viele Funktionen, wie hier GetOpenFileName, in zwei Varianten vorliegen. Durch das A am Ende des Alias wird die ANSI-Variante der Funktion aufgerufen, ohne A liefert die Funktion alle Ergebnisse im UNICODE-Zeichensatz.

22.5.2 Übergabe von Parametern an API- und DLL-Funktionen

Achten Sie darauf, Parameter an DLL-Funktionen korrekt zu übergeben, denn Fehler bei der Parameterübergabe führen fast immer zum Absturz von Access.

ByVal oder ByRef?

Die meist in C oder C++ geschriebenen DLLs und Windows-Module übernehmen Parameter standardmäßig als Wert, d.h., die Deklaration des Funktionaufrufs erfolgt mit `ByVal`. Access selbst übergibt Parameter standardmäßig als Referenz, d.h., als `ByRef`-Parameter. Achten Sie also auf korrekte Deklarationen, sonst sind Abstürze vorprogrammiert.

Strings bilden eine Ausnahme der Regel, dass Access normalerweise alle Parameter `ByRef` übergibt, da sie immer `ByVal` übergeben werden. Access verwendet ein anderes Format (BSTR) zur Speicherung von String als C-Programme. In C-Programmen werden Strings durch ein `Chr(0)`-Zeichen abgeschlossen, während Access im String ein Feld mit der Länge des Strings verwaltet. Bei der Übergabe von Strings wird eine Konvertierung der beiden Formate automatisch durchgeführt.

Wird von einer DLL die Übergabe eines Pufferbereichs erwartet, dies geschieht in der Regel als String, so müssen Sie den Pufferbereich zuerst in Access initialisieren, indem Sie beispielsweise den String mit der `Space()`-Funktion vorab mit Leerzeichen füllen.

Viele DLL-Funktionen besitzen Parameter, für die verschiedene Datentypen übergeben werden können. Access bietet zur Deklaration dieser Parameter den Typ `Any` an, der anzeigt, dass beliebige Datentypen übergeben werden können.

22.5.3 Der WinAPI-Viewer

Mit den Microsoft Office 2000 Developer (MOD) wird als Hilfsprogramm das Add-In *WinAPI-Viewer* mitgeliefert. MOD und der Aufruf von MOD-Add-Ins im Visual Basic-Editor wird in Kapitel 23, »Anwendungsentwicklung«, beschrieben.

Mithilfe des *WinAPI-Viewers* können Sie die Deklarationen der Windows-Funktionen, die Konstanten und Typdefinitionen fehlerfrei in Ihr Programm übernehmen. Nach Aufruf des *WinAPI-Viewers* über *ADD-INS WinAPI-Viewer* im Visual Basic-Editor wird das folgende Dialogfeld geöffnet, allerdings zuerst ohne Daten. Mit *DATEI Textdatei laden* können Sie eine Textdatei mit API-Definitionen laden, normalerweise *win32api.txt*.

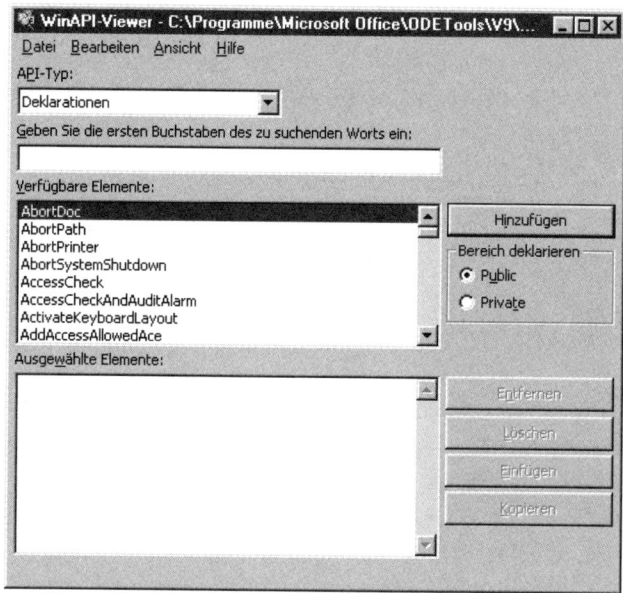

Bild 22.7: WinAPI-Viewer

22.5.4 Beispiel: Ermitteln des Windows-Benutzers

Eine häufig benötigte Funktion ist die Ermittlung des aktuellen Benutzers. Die von Access zur Verfügung gestellte Funktion `CurrentUser()` liefert allerdings immer den Benutzernamen »Admin« zurück, wenn Sie die in Kapitel 24, »Datensicherheit«, vorgestellten Benutzerverwaltungs- und Sicherheitswerkzeuge von Access nicht nutzen.

Die im Folgenden vorgestellten Funktionen `CurrentUserWin()` und `Computername()` ermitteln den Windows-Benutzernamen des Benutzers bzw. den Computernamen des aktuellen Rechners. Die Funktionen sind insbesondere im Netzwerk nützlich, wenn mehrere Benutzer auf die gleiche Datenbank zugreifen und beispielsweise protokolliert werden soll, wer welche Änderungen an den Daten vorgenommen hat.

```
Private Declare Function GetUserName _
            Lib "advapi32.dll" _
            Alias "GetUserNameA"
            (ByVal lpBuffer As String, _
            nSize As Long) _
            As Long
```

```
Private Declare Function GetComputerName _
                Lib "kernel32" _
                Alias "GetComputerNameA" _
                (ByVal lpBuffer As String, _
                nSize As Long) _
                As Long

Public Function CurrentUserWin() As String
    Dim lpUsername As String
    Dim lngTmp As Long

    ' Bei Fehlern weitermachen
    On Error Resume Next

    ' String mit Leerzeichen füllen
    lpUsername = SPACE(255)
    ' Win-API-Funktion aufrufen
    lngTmp = GetUserName(lpUsername, 255)

    If Err.Number = 0 Then
        ' Wenn kein Fehler aufgetreten ist
        CurrentUserWin = Trim(CutNullChar(lpUsername))
    Else
        CurrentUserWin = ""
    End If
End Function

Public Function ComputerName() As String
    Dim lpComputerName As String
    Dim lngTmp As Long

    ' Bei Fehlern weitermachen
    On Error Resume Next

    ' String mit Leerzeichen füllen
    lpComputerName = Space(255)
    ' Win-API-Funktion aufrufen
    lngTmp = GetComputerName(lpComputerName, 255)
```

```
    If Err.Number = 0 Then
        ' Wenn kein Fehler aufgetreten ist
        ComputerName = Trim(CutNullChar(lpComputerName))
    Else
        ComputerName = ""
    End If
End Function


Function CutNullChar(ByVal v As Variant) As String
    ' bei NULL wird - zurückgegeben
    If IsNull(v) Then
        v = "-"
    Else
        ' wenn chr(0) (vbNullChar) auftritt,
        ' alles danach abschneiden
        If InStr(v, vbNullChar) > 0 Then
            v = Left(v, InStr(v, vbNullChar) - 1)
        End If
    End If
    CutNullChar = v
End Function
```

Die Funktion `CutNullChar()` schneidet beim übergebenen String alle Zeichen nach dem Zeichen mit dem Ascii/Unicode-Wert 0 (`Chr(0)` bzw. `vbNullChar`) ab. Dieser Wert wird in anderen Programmiersprachen zur Kennzeichnung des Endes eines Strings benutzt, in VBA führt er zu Fehlern.

22.5.5 Beispiel: Fotografieren eines Formulars

Das folgende Beispiel, das Windows-API-Funktionen verwendet, dient zur Erstellung von Bildschirmfotos von Formularen, die beispielsweise in Programmdokumentationen verwendet werden können. Mithilfe der Windows-API-Funktionen wird der Bereich des Windows-Desktops, der von dem geöffneten Formular bedeckt wird, als Bitmap in die Zwischenablage kopiert. Sie können anschließend z.B. in Word den Inhalt der Zwischenablage als Bild in einen Text aufnehmen.

Die »Fotografie« wird mithilfe der Prozedur `CaptureForm()` geschossen. Der Prozedur wird der Name des zu fotografierenden Formulars übergeben. Das Formular wird geöffnet, der Bildschirminhalt aktualisiert, dann das Bildschirmfoto erstellt und in die Zwischenablage kopiert.

```
' Typ für Rechtecke
Private Type rect
    Left As Long
    Top As Long
    Right As Long
    Bottom As Long
End Type


' Deklarationen der Windows-API-Funktionen
Private Declare Function CreateCompatibleDC Lib "gdi32" ( _
    ByVal hdc As Long) As Long

Private Declare Function CreateCompatibleBitmap Lib "gdi32" ( _
    ByVal hdc As Long, ByVal nWidth As Long, ByVal nHeight As Long _
    ) As Long

Private Declare Function SelectObject _
            Lib "gdi32" (ByVal hdc As Long, _
            ByVal hObject As Long) As Long

Private Declare Function BitBlt _
            Lib "gdi32" (ByVal hDCDest As Long, _
            ByVal XDest As Long, ByVal YDest As Long, _
            ByVal nWidth As Long, _
            ByVal nHeight As Long, ByVal hDCSrc As Long, _
            ByVal XSrc As Long, _
            ByVal YSrc As Long, ByVal dwRop As Long) As Long


Private Declare Function DeleteDC _
            Lib "gdi32" (ByVal hdc As Long) As Long

Private Declare Function GetDC _
            Lib "User32" ( ByVal Hwnd As Long) As Long

Private Declare Function GetWindowRect _
            Lib "User32" (ByVal Hwnd As Long, _
            lpRect As rect) As Long

Private Declare Function ReleaseDC _
            Lib "User32" (ByVal Hwnd As Long, _
            ByVal hdc As Long) As Long
```

```
Private Declare Function GetDesktopWindow _
        Lib "User32" () As Long

Private Declare Function GetActiveWindow _
        Lib "User32" () As Long

Private Declare Function OpenClipboard _
        Lib "User32" (ByVal Hwnd As Long)As Long

Private Declare Function CloseClipboard _
        Lib "User32" () As Long

Private Declare Function SetClipboardData
        Lib "User32" (ByVal wFormat As Long, _
        ByVal hMem As Long) As Long

Private Declare Function EmptyClipboard _
        Lib "User32" () As Long

' Windows-API-Konstanten
Private Const CF_BITMAP = 2
Private Const vbSrcCopy = &HCC0020

' Formular fotografieren
Sub CaptureForm(ByVal strFormname As String)
    Dim frm As Form

    On Error GoTo err_CaptureForm

    ' Formular öffnen
    DoCmd.OpenForm strFormname

    ' Formular neu zeichnen
    Set frm = Forms(strFormname)
    frm.Repaint
    Wait 2 ' 2 sec warten zur Sicherheit

    ' Formular 'fotografieren'
    FormDump frm
```

```
    'Formular schließen
    DoCmd.Close acForm, strFormname, acSaveNo
    Exit Sub


err_CaptureForm:
    MsgBox "CaptureForm kann das Formular " & strFormname & _
        " nicht öffnen!"
    DoCmd.Close acForm, strFormname, acSaveNo
End Sub


' Fotografieren eines Formulars
Sub FormDump(frm As Form)
    Dim lngAccessHwnd As Long
    Dim lngDeskHwnd As Long
    Dim hdc As Long
    Dim hdcMem As Long
    Dim rect As rect
    Dim lngJunk As Long
    Dim lngWidth As Long
    Dim lngHeight As Long
    Dim hBitmap As Long


    On Error GoTo err_FormDump


    DoCmd.Hourglass True


    ' Ermittle window handles von Windows und Microsoft Access
    lngDeskHwnd = GetDesktopWindow()
    lngAccessHwnd = GetActiveWindow()


    ' Ermittle Abmessungen des Fensters
    Call GetWindowRect(frm.Hwnd, rect)
    lngWidth = rect.Right - rect.Left
    lngHeight = rect.Bottom - rect.Top


    ' Ermittle device context des Desktops
    hdc = GetDC(lngDeskHwnd)
    ' Speicher bereitstellen
    hdcMem = CreateCompatibleDC(hdc)
    hBitmap = CreateCompatibleBitmap(hdc, lngWidth, lngHeight)
```

```
    If hBitmap <> 0 Then
        lngJunk = SelectObject(hdcMem, hBitmap)

        ' Kopieren der Desktop Bitmap
        lngJunk = BitBlt(hdcMem, 0, 0, lngWidth, lngHeight, _
                         hdc, rect.Left, rect.Top, vbSrcCopy)

        ' Kopieren der Bitmap in die Zwischenablage
        lngJunk = OpenClipboard(lngDeskHwnd)
        lngJunk = EmptyClipboard()
        lngJunk = SetClipboardData(CF_BITMAP, hBitmap)
        lngJunk = CloseClipboard()
    End If

    ' Freigeben der Handles
    lngJunk = DeleteDC(hdcMem)
    lngJunk = ReleaseDC(lngDeskHwnd, hdc)

    DoCmd.Hourglass False
    Exit Sub


err_FormDump:
    DoCmd.Hourglass False
    MsgBox "Fehler in CaptureForm"
End Sub

' Anzahl von Sekunden warten
Sub Wait(ByVal intDelay As Integer, _
         Optional ByVal fDispHourglass As Boolean = False)

    Dim dblDelayEnd As Double

    DoCmd.Hourglass fDispHourglass
    dblDelayEnd = DateAdd("s", intDelay, Now)
    Do While DateDiff("s", Now, dblDelayEnd) > 0
        ' do nothing
        DoEvents
    Loop
    DoCmd.Hourglass False
End Sub
```

23 Anwendungs-entwicklung

In diesem Kapitel möchten wir Ihnen in loser Folge Objekte und Funktionen in Access erläutern, die zur Erstellung eigenständiger Anwendungen benötigt werden.

23.1 Aufteilung von Datenbanken

In Access befinden sich Formulare, Berichte, Programme und Daten gemeinsam in der MDB-Datei. Das bringt Vorteile, da so alle Bestandteile einer Anwendung zusammen sind, es kann sich aber auch nachteilig auswirken. Nehmen wir an, die Cocktail-Anwendung wird von verschiedenen Benutzern eingesetzt. Die Benutzer haben inzwischen eigene Cocktailrezepte eingegeben und so die Daten erweitert.

Wird nun ein Update der Cocktail-Anwendungsprogramme angeboten, stellt sich die Frage, wie die neuen Programme und die spezifischen Daten der einzelnen Benutzer zusammengeführt werden können. Um dem Problem der Zusammenführung von vornherein aus dem Weg zu gehen, ist es sinnvoll, die Datenbank in ein Frontend und ein Backend aufzuteilen. Im Frontend werden Formulare, Berichte und Programme, im Backend nur die Tabellen abgelegt. Die Frontend-Datenbank enthält Verknüpfungen auf die Tabellen der Backend-Datenbank. Bei einem Update von Formularen, Berichten und/oder Programmen lässt sich nun problemlos das Frontend austauschen, ohne dass die Daten, die sich in den Tabellen des Backends befinden, davon berührt werden. Für die Formulare, Berichte und Programme des Frontends bedeutet es keinen Unterschied, ob auf Tabellen direkt oder über eine Verknüpfung zugegriffen wird.

Bei der Arbeit in einem Netzwerk ist es möglich, dass verschiedene Anwender jeweils ihr eigenes Frontend auf ihrem Rechner haben, aber gemeinsam auf eine Backend-Datenbank auf einem Server zugreifen. Hierbei ist es übrigens sinnvoll, temporäre Tabellen innerhalb der jeweiligen Frontends anzulegen, um so Konflikte zu vermeiden und die Netzbelastung zu verringern.

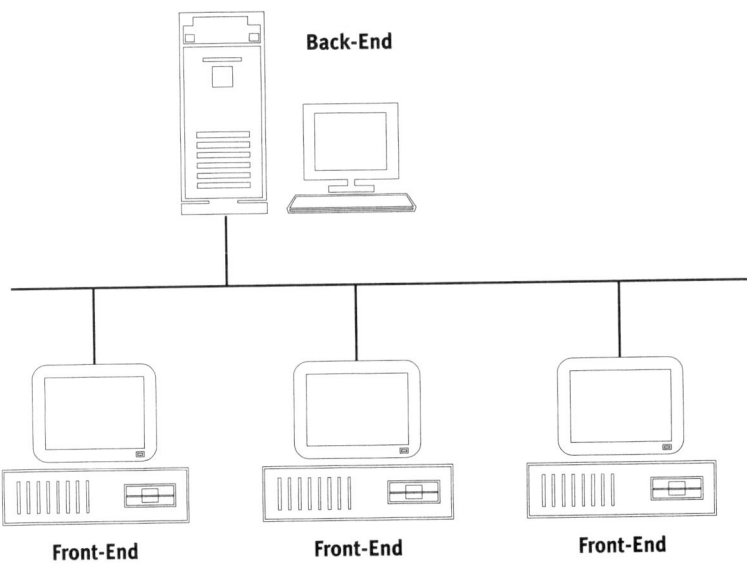

Bild 23.1: Aufteilung von Datenbanken

Lesen Sie zu diesem Thema Kapitel 26, »ODBC-Datenbanken«, in dem beschrieben wird, wie sich Verknüpfungen auch auf Tabellen beziehen können, die in anderen Datenbankenprodukten verwaltet werden.

Das nächste Bild zeigt die Darstellung von verknüpften Tabellen im Datenbankfenster. Sie werden durch einen Pfeil gekennzeichnet.

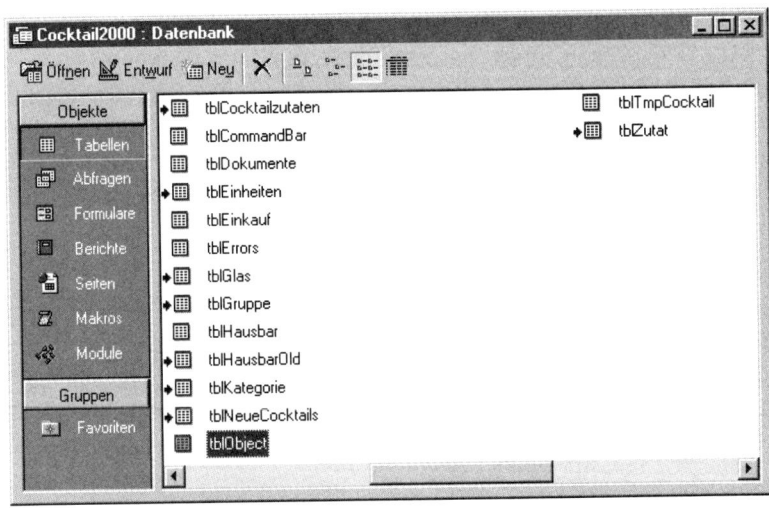

Bild 23.2: Verknüpfte Tabellen im Datenbankfenster

Eine Verknüpfung vom Frontend zum Backend können Sie manuell oder mithilfe des »Assistenten zur Datenbankaufteilung« erstellen. In den nächsten Abschnitten möchten wir Ihnen beide Varianten vorstellen.

23.1.1 Verknüpfungen

Mithilfe des Befehls *DATEI Externe Daten Tabellen verknüpfen* öffnen Sie ein Dialogfeld, in dem Sie die gewünschte Backend-Datenbank auswählen. Nach der Selektion des Backends wird das folgende Dialogfeld gezeigt, das Ihnen die Tabellen der gewählten Datenbank zur Auswahl anbietet.

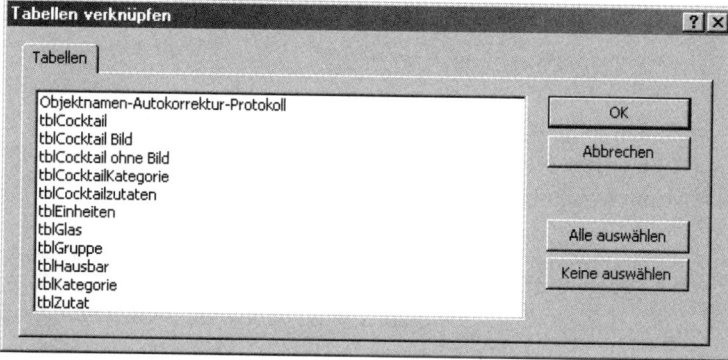

Bild 23.3: Dialogfeld Tabellen verknüpfen

Sie können Verknüpfungen zu Tabellen in verschiedenen Datenbanken aufbauen, d.h. gegebenenfalls mit mehreren Backends arbeiten, beispielsweise mit unterschiedlichen Backends für Stamm- und Bewegungsdaten.

23.1.2 Der Assistent zur Datenbankaufteilung

Um eine bestehende Access-MDB-Datei in Frontend und Backend aufzuteilen, können Sie den Assistenten zur Datenbankaufteilung nutzen. Der Assistent gehört als Add-In zum Lieferumfang von Access. Sie rufen ihn mit *EXTRAS Datenbank-Dienstprogamme Assistent zur Datenbankaufteilung* auf.

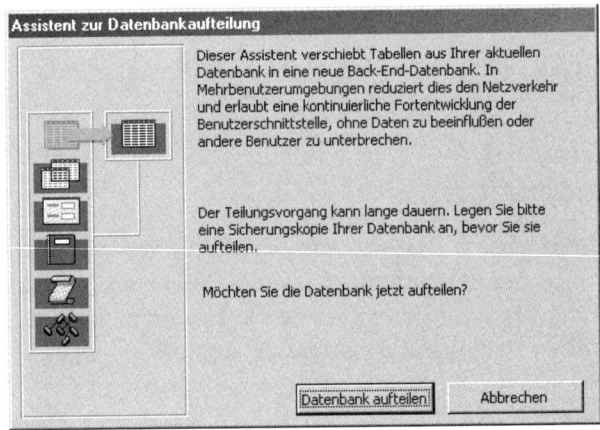

Bild 23.4: Erstes Dialogfeld des Assistenten zur Datenbankaufteilung

Legen Sie im zweiten Dialogfeld den Namen der Backend-Datenbank fest. Der Assistent schlägt einen Namen vor, der aus dem Namen der aktuellen Datenbank, erweitert um »_be« für Backend, besteht.

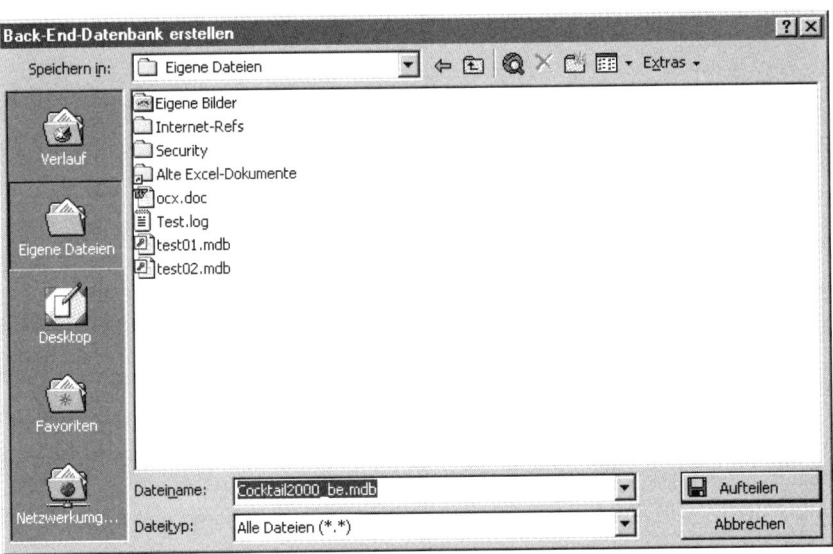

Bild 23.5: Namensvergabe für BackEnd-Datenbank

Der Assistent transferiert alle Tabellen der aktuellen Datenbank in die neue Backend-Datenbank und erstellt entsprechende Verknüpfungen.

23.1.3 Der Tabellenverknüpfungs-Manager

Verknüpfte Tabellen können mit einem weiteren Add-In im Menü *EXTRAS Datenbank-Dienstprogramme*, dem *Tabellenverknüpfungs-Manager*, verwaltet werden. Mit seiner Hilfe können Sie Verknüpfungen überwachen und gegebenenfalls anpassen.

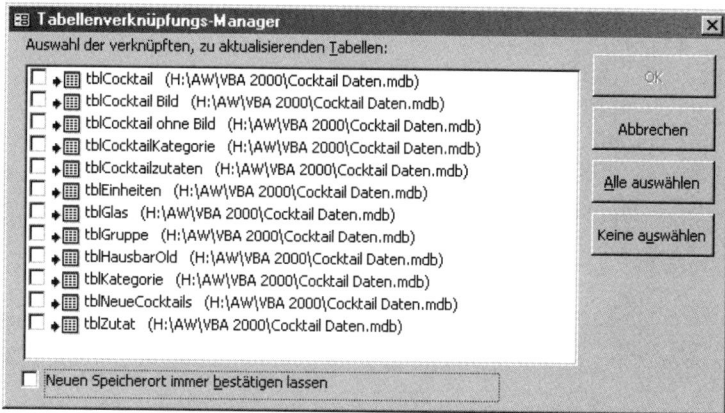

Bild 23.6: Dialogfeld des Tabellenverknüpfungs-Managers

Selektieren Sie im Dialogfeld des *Tabellenverknüpfungs-Managers* die Tabellen, deren Verknüpfung überprüft werden soll. Besteht die Verbindung zur Tabelle nicht mehr, da beispielsweise das Backend gelöscht oder in ein anderes Verzeichnis verschoben wurde, bietet der Assistent ein Dialogfeld an, in dem die Verknüpfung neu aufgebaut und aktualisiert werden kann. Klicken Sie die Option *Neuen Speicherort immer bestätigen lassen* an, wird das Dialogfeld zur Dateiauswahl auf jeden Fall angezeigt.

23.1.4 Verknüpfungskontrolle

In einer auf Frontend und Backend verteilten Access-Anwendung empfiehlt es sich, die Verknüpfungen der Tabellen beim Programmstart zu kontrollieren. Um zu vermeiden, dass das Programm stoppt, wenn die Tabellenverknüpfungen nicht mehr gültig sind, können Sie die Klasse `clsRefreshLinks` in Ihr Programm aufnehmen. Die folgende Funktion `Autoexec()` verwendet diese Klasse, um die Verknüpfungen der Cocktail-Datenbank zu überprüfen. Die Funktion kann von einem Autoexec-Makro oder aus einem Start-Formular heraus aufgerufen werden.

```
Function Autoexec() As Variant
    ' wird vom Autoexec-Makro aufgerufen


    ' Klasse zur Überprüfung der Verknüpfung
    Dim objRefreshLink As New clsRefreshLink


    ' Kontrolle der Tabellenverknüpfung
    ' Wenn Link zu tblCocktail fehlerhaft,
    ' dann alle Links aktualisieren
    If objRefreshLink.RefreshLink("tblCocktail") > 0 Then
        objRefreshLink.DataMDB = "Controlling_Daten.mdb"
        objRefreshLink.MDBDirectory = objRefreshLink.SplitPath(mDB.Name)
        objRefreshLink.RefreshAllLinks
    End If


    ' Start-Formular aufrufen
    DoCmd.OpenForm "frmStart"


End Function
```

Dabei können Sie den Namen der zu verknüpfenden Daten-Datenbank in der Eigenschaft `DataMDB` des `clsRefreshLink`-Objekts vorbelegen. Können die Verknüpfungen der Tabellen nicht aktualisiert werden, da sich die Daten-Datenbank nicht mehr dort befindet, wo die Tabelle sie erwartet, wird zuerst versucht, die Daten-Datenbank in dem Verzeichnis zu finden, in dem sich die aktuelle Datenbank befindet. Wird sie auch dort nicht gefunden, wird ein Standarddialogfeld eingeblendet, in dem Sie Pfad und Namen der Daten-Datenbank angeben können. Beachten Sie, dass die Klasse die DAO-Bibliothek verwendet, d.h., Sie müssen einen entsprechenden Verweis einrichten.

```
Option Compare Database
Option Explicit


' Objektdaten
'-----------------------------------
' Name der Daten-Datenbankdatei
Private mstrDatabase As String
' Verzeichnis der Daten-Datenbankdatei
Private mstrDirectory As String
' Datenbankverweis
Private mDB As DAO.Database
```

```
' Fehlerklasse
Private clsErr As New clsError
'--------------------------------------


' Standarddialogdefinitionen

' Typ für Standarddialog
Private Type typOpenFilename
    lStructSize As Long
    hwndOwner As Long
    hInstance As Long
    lpstrFilter As String
    lpstrCustomFilter As String
    nMaxCustFilter As Long
    nFilterIndex As Long
    lpstrfile As String
    nMaxFile As Long
    lpstrFileTitle As String
    nMaxFileTitle As Long
    lpstrInitialDir As String
    lpstrTitle As String
    flags As Long
    nFileOffset As Integer
    nFileExtension As Integer
    lpstrDefExt As String
    lCustData As Long
    lpfnHook As Long
    lpTemplateName As String
End Type


' Windows API-Funktionen für Standarddialogfelder
Private Declare Function GetSaveFileName _
    Lib "comdlg32.dll" _
    Alias "GetSaveFileNameA" _
    (pOpenfilename As typOpenFilename) As Long


Private Declare Function GetOpenFileName _
    Lib "comdlg32.dll" _
    Alias "GetOpenFileNameA" _
    (pOpenfilename As typOpenFilename) As Long
```

```
Private Declare Function CommDlgExtendedError _
    Lib "comdlg32.dll" () As Long


' Standarddialogkonstanten
Private Const conOFN_SHOWHELP = &H10
Private Const conOFN_SHAREWARN = 0
Private Const conOFN_SHARENOWARN = 1
Private Const conOFN_SHAREFALLTHROUGH = 2
Private Const conOFN_SHAREAWARE = &H4000
Private Const conOFN_READONLY = &H1
Private Const conOFN_PATHMUSTEXIST = &H800
Private Const conOFN_OVERWRITEPROMPT = &H2
Private Const conOFN_NOVALIDATE = &H100
Private Const conOFN_NOTESTFILECREATE = &H10000
Private Const conOFN_NOREADONLYRETURN = &H8000
Private Const conOFN_NONETWORKBUTTON = &H20000
Private Const conOFN_NOLONGNAMES = &H40000
Private Const conOFN_NODEREFERENCELINKS = &H100000
Private Const conOFN_NOCHANGEDIR = &H8
Private Const conOFN_LONGNAMES = &H200000
Private Const conOFN_HIDEREADONLY = &H4
Private Const conOFN_FILEMUSTEXIST = &H1000
Private Const conOFN_EXTENSIONDIFFERENT = &H400
Private Const conOFN_EXPLORER = &H80000
Private Const conOFN_ENABLETEMPLATEHANDLE = &H80
Private Const conOFN_ENABLETEMPLATE = &H40
Private Const conOFN_ENABLEHOOK = &H20
Private Const conOFN_CREATEPROMPT = &H2000
Private Const conOFN_ALLOWMULTISELECT = &H200


' Für Dialogfeldtitel
Private Const conConnectMsg = "Verbindung zu Datenbank aufbauen"


' Fehlerkonstante
Private Const conNoError = 0
Private Const conTableNotFound = 3265
Private Const conMDBNotFound = 3024


Private Sub Class_Initialize()
    ' Aktuelle Datenbank ermitteln
    Set mDB = CurrentDb()
```

```
      ' Verzeichnis der aktuellen Datenbank ermitteln
      mstrDirectory = SplitPath(mDB.Name)
End Sub


Property Let DataMDB(ByVal strDatabase As String)
      Const conMDB = ".MDB"
      ' Daten-Datenbanknamen festlegen, ggf. durch MDB ergänzen
      If UCase(Right(strDatabase, 4)) <> conMDB Then
          strDatabase = strDatabase + conMDB
      End If
      mstrDatabase = strDatabase
End Property


Property Get DataMDB() As String
      ' Daten-Datenbankname zurückgeben
      DataMDB = mstrDatabase
End Property


Property Let MDBDirectory(strDirectory As String)
      ' Daten-Datenbankverzeichnis setzen
      mstrDirectory = strDirectory
End Property


Property Get MDBDirectory() As String
      ' Daten-Datenbankverzeichnis zurückgeben
      MDBDirectory = mstrDirectory
End Property


Sub RefreshAllLinks()
      ' Alle Verknüpfungen aktualisieren
      Dim tdef As TableDef

      On Error GoTo err_RefreshAllLinks

      For Each tdef In mDB.TableDefs
          ' Wenn es eine verknüpfte Tabelle ist
          If tdef.Connect <> "" Then
              ' Verknüpfung aktualisieren
              Select Case RefreshLink(tdef.Name)
                  Case conNoError:
```

```
                            ' Refresh erfolgreich
                    Case conTableNotFound, conMDBNotFound:
                        ' Aktualisierung nicht erfolgreich
                        If Not ConnectLink(tdef) Then
                            ' Name/Pfad der Daten-Datenbank abfragen
                            If Not ConnectDatabase(tdef) Then
                                ' Im Fehlerfalle Programm anhalten
                                MsgBox "Verbindungsfehler bei '" & _
                                        tdef.Name & "': " & _
                                        "Programm wird beendet", _
                                        vbExclamation
                                End
                            End If
                        End If
                    Case Else
                        MsgBox "Verbindungsfehler bei '" & tdef.Name _
                                & "': " & clsErr.Number _
                                & " - " & clsErr.Description, _
                                vbExclamation
                End Select
            End If
        Next

exit_RefreshAllLinks:
    Exit Sub

err_RefreshAllLinks:
    MsgBox "Fehler: " & Err.Number & _
            " - " & Err.Description, _
            vbExclamation
    Resume exit_RefreshAllLinks
End Sub

Function RefreshLink(ByVal strTableName As String) As Integer
    ' Verknüpfung für Tabelle aktualisieren
    Const conDB = ";DATABASE="

    Dim tdef As TableDef
    Dim strTmp As String

    On Error GoTo err_RefreshLink
```

```
    Set tdef = mDB.TableDefs(strTableName)
    With tdef
        ' Überprüfen der Verknüpfung
        .RefreshLink
        ' Name und Verzeichnis der Daten-Datenbank speichern
        Me.DataMDB = ExtractMDB(.Connect)
        strTmp = SplitPath(.Connect)
        Me.MDBDirectory = Right(strTmp, Len(strTmp) - Len(conDB))
    End With
    RefreshLink = 0

exit_RefreshLink:
    Exit Function


err_RefreshLink:
    clsErr.Add VBA.Err
    RefreshLink = clsErr.Number
    Resume exit_RefreshLink
End Function

Function ConnectLink(tdef As TableDef) As Boolean
    Dim strConnect As String
    Dim strDatabase As String

    On Error GoTo err_ConnectLink

    ' Verknüpfung neu aufbauen
    tdef.Connect = ";DATABASE=" & Me.MDBDirectory & Me.DataMDB
    tdef.RefreshLink
    ConnectLink = True

exit_ConnectLink:
    Exit Function

err_ConnectLink:
    ConnectLink = False
    Resume exit_ConnectLink
End Function
```

```
Function ConnectDatabase(tdef As TableDef)
    Dim strTmp As String

    On Error GoTo err_ConnectDatabase

    ' Verzeichnis wechseln
    ChDir Me.MDBDirectory
    ' Standarddialogfeld öffnen
    strTmp = GetDatabase(conConnectMsg, Me.DataMDB)
    ' Name und Verzeichnis speichern
    Me.DataMDB = ExtractMDB(strTmp)
    Me.MDBDirectory = SplitPath(strTmp)
    ' Verknüpfung aufbauen
    tdef.Connect = ";DATABASE=" & Me.MDBDirectory & Me.DataMDB
    tdef.RefreshLink
    ConnectDatabase = True

exit_ConnectDatabase:
    Exit Function

err_ConnectDatabase:
    ConnectDatabase = False
    MsgBox "Verbindung nicht möglich"
    Resume exit_ConnectDatabase
End Function

Private Function SplitPath(ByVal strPath As String) As String
    Dim strTmp As String

    strTmp = strPath
    While InStr(strTmp, "\") > 0
        strTmp = Right(strTmp, Len(strTmp) - InStr(strTmp, "\"))
    Wend
    SplitPath = Left(strPath, Len(strPath) - Len(strTmp))
End Function
```

```vb
Private Function GetDatabase(ByVal strTitle As String, _
                            ByVal strFilename As String) As String
    Dim OpenFilename As typOpenFilename
    Dim strMessage As String
    Dim strFilter As String
    Dim strFileTitle As String
    Dim strDefExt As String
    Dim strMsg As String
    Dim strCurDir As String
    Dim lngResult As Long
    Dim strFile As String * 255

    On Error GoTo err_GetDatabase

    ' für API-Funktionen Strings mit Chr(0) beenden
    strFilter = "Access(*.mdb)" & Chr$(0) & "*.MDB" & Chr(0)
    strCurDir = CurDir & Chr(0)
    strTitle = strTitle & Chr(0)
    ' Puffer vorbelegen
    strFile = Space(255)
    strFile = strFilename & Chr(0)

    With OpenFilename
        .lStructSize = Len(OpenFilename)
        .lpstrFilter = strFilter
        .lpstrfile = strFile
        .nMaxFile = Len(strFile)
        .lpstrTitle = strTitle
        .lpstrFileTitle = strTitle
        .nMaxFileTitle = Len(strTitle)
        .lpstrInitialDir = strCurDir
        .nFilterIndex = 0
        .flags = conOFN_HIDEREADONLY Or _
                 conOFN_FILEMUSTEXIST Or _
                 conOFN_PATHMUSTEXIST
    End With
```

```
    lngResult = GetSaveFileName(OpenFilename)
    If lngResult = 0 Then
        ' Leere Zeichenfolge zurückgeben
        GetDatabase = ""
        Exit Function
    Else
        ' Ergebniszeichenfolge zusammenstellen
        ' wegen String-Darstellung bei API-Funktionen
        GetDatabase = Left(OpenFilename.lpstrfile, _
                        InStr(OpenFilename.lpstrfile, Chr(0)) - 1)
    End If

exit_GetDatabase:
    Exit Function


err_GetDatabase:
    MsgBox "Fehler: " & Err.Number & _
            " - " & Err.Description, _
            vbExclamation
    Resume exit_GetDatabase
End Function

Private Function ExtractMDB(ByVal strMDB As String) As String
    ' Ermittelt Datenbanknamen
    Dim strDatabase As String

    strDatabase = strMDB
    Do
        strDatabase = Right(strDatabase, Len(strDatabase) _
                            - InStr(strDatabase, "\"))
    Loop Until InStr(strDatabase, "\") = 0
    ExtractMDB = strDatabase
End Function

Property Get RefreshErr() As clsError
    Set RefreshErr = clsErr
End Property
```

ConnectDatabase() setzt die Funktion GetDatabase() ein, um das Dialogfeld zur Auswahl der Backend-Datenbank zu öffnen. GetDatabase() verwendet dafür eine Funktion der Windows-Programmierschnittstelle Win32-API.

Bild 23.7: Dialogfeld zur Datenbankverknüpfung

23.2 Start-Eigenschaften

Das Dialogfeld *Start*, das über *EXTRAS Start* aufgerufen wird, ermöglicht die Festlegung von Einstellungen, die beim Öffnen einer Access-Datenbank aktiv werden. Sie können im Feld *Formular anzeigen* angeben, welches Formular nach dem Öffnen der Datenbank gezeigt werden soll.

! Start-Einstellungen vs. *AutoExec*-Makro: In früheren Access-Versionen wurden alle Operationen nach dem Start durch ein spezielles Makro mit dem Namen *AutoExec* gestartet. *AutoExec*-Makros können weiterhin eingesetzt werden. Ein *AutoExec*-Makro wird aber erst abgearbeitet, nachdem ein im *Start*-Dialogfeld angegebenes Formular geöffnet wurde.

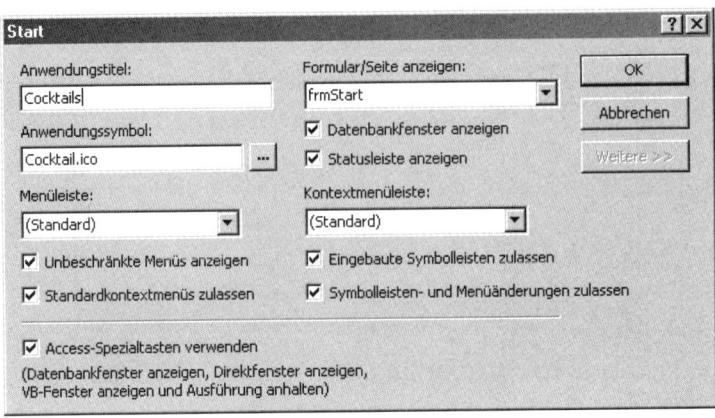

Bild 23.8: Dialogfeld Start

Im *Start*-Dialogfeld legen Sie den *Anwendungstitel* fest, der die Beschriftung der Access-Titelleiste bestimmt, und das *Anwendungssymbol*, das das Access-eigene Symbol oben links in der Titelleiste ersetzt. Für Ihre Access-Anwendung aktivieren Sie unter *Menüleiste* und *Kontextmenüleiste* entsprechende Symbolleisten, die als Menü definiert wurden (siehe Kapitel 21, »Menüs und Symbolleisten«).

Die Schaltfläche *Weitere* blendet die Option ein, die unter der Trennungslinie im Dialogfeld angezeigt wird. Möchten Sie vermeiden, dass der Anwender Access-Funktionen direkt ausführen kann, schalten Sie *Access-Spezialtasten verwenden* aus, sodass die entsprechenden Tastenkombinationen, beispielsweise [F11] zum Aufruf des Datenbankfensters, unwirksam werden.

Sollen bestimmte Programme nach dem Öffnen der Datenbank ablaufen, so ist es am einfachsten, sie in der Ereignisprozedur *Beim Laden* des Startformulars aufzurufen.

23.2.1 Start-Einstellungen mit VBA setzen

Alle *Start*-Einstellungen lassen sich auch in einem VBA-Programm festlegen. Die folgende Tabelle führt die Bezeichnungen der *Start*-Eigenschaften auf.

Tabelle 23.1: Start-Eigenschaften

Eigenschaft	Beschreibung
AppTitle	Anwendungstitel
AppIcon	Anwendungssymbol
StartupForm	Nach dem Start anzuzeigendes Formular

Eigenschaft	Beschreibung
StartupShowDBWindow	Datenbankfenster nach Start angezeigt (0: False; -1: True)
StartupShowStatusBar	Statuszeile anzeigen (0: False; -1: True)
StartupMenuBar	Globale Menüleiste
StartupShortcutMenuBar	Globale Kontextmenüleiste
AllowFullMenus	Unbeschränkte Menüs anzeigen (0: False; -1: True)
AllowShortcutMenus	Standard-Kontextmenüs zulassen (0: False; -1: True)
AllowBuiltInToolbars	Eingebaute Symbolleisten zulassen (0: False; -1: True)
AllowToolbarChanges	Symbolleistenänderungen erlauben (0: False; -1: True)
AllowBreakIntoCode	Codeansicht nach Fehler zulassen (0: False; -1: True)
AllowSpecialKeys	Access-Spezialtasten verwenden (0: False; -1: True)

Das Setzen der *Start*-Eigenschaften mit VBA ist nicht ganz einfach. Die *Start*-Eigenschaften gehören zum Database-Objekt. Allerdings sind sie dort nicht standardmäßig definiert, sondern müssen erst der Properties-Auflistung des aktuellen Database-Objekts hinzugefügt werden. Beim ersten Setzen einer *Start*-Option wird ein Laufzeitfehler ausgelöst, da die Eigenschaft noch nicht vorhanden ist. In der im folgenden Listing aufgeführten Funktion SetStartOption() wird der Laufzeitfehler beim ersten Setzen der Option abgefangen und in der Fehlerbehandlungsroutine die Eigenschaft der Database-Properties-Auflistung hinzugefügt. Beachten Sie, dass für die Funktionen ein Verweis auf die DAO-Bibliothek gesetzt werden muss.

```
Sub StartEigenschaftSetzen()
        Dim f As Boolean
        f = SetStartOption("AppTitle", dbText, "Cocktails")
        ' Icon befindet sich im Verzeichnis der Datenbank
        1f = SetStartOption("AppIcon", dbText, _
                        SplitPath(CurrentDB.Name) & "Cocktail.ico")
    Application.RefreshTitleBar
End Sub
```

```
Function SetStartOption(prpName As String, prpTyp As Variant, _
                                   prpWert As Variant) As Boolean

        Dim dbs As Database
        Dim prp As Property


        Set dbs = CurrentDb()
        On Error GoTo SetStartOption_Err
        dbs.Properties(prpName) = prpWert
        SetStartOption = True
        Exit Function
SetStartOption_Err:
        If Err = 3270 Then
                Set prp = dbs.CreateProperty(prpName, prpTyp, prpWert)
                dbs.Properties.Append prp
                Resume

        Else
                SetStartOption = False
                Exit Function

        End If
End Function


Function SplitPath(ByVal strPath As String) As String
    Dim strTmp As String

    strTmp = strPath
    While InStr(strTmp, "\") > 0
        strTmp = Right(strTmp, Len(strTmp) - InStr(strTmp, "\"))
    Wend
    SplitPath = Left(strPath, Len(strPath) - Len(strTmp))
End Function
```

23.2.2 Hintergrundbilder

Normalerweise wird beim Start von Access bzw. der Access-Laufzeitumgebung das Microsoft Access-Logo als Hintergrundbild eingeblendet. Sie können das Logo beim Starten durch ein eigenes Bild ersetzen. Erstellen Sie dazu im Verzeichnis Ihrer Anwendung eine Windows-Bitmap (BMP), die den gleichen Namen wie Ihre Anwendung aufweist. Starten Sie die Anwendung, so wird die Bitmap eingeblendet.

23.3 MDE-Datenbanken

MDE-Datenbanken sind Access-MDB-Datenbanken, aus denen sämtlicher Quellcode entfernt wurde. Alle Datenbankobjekte wie Formulare, Berichte usw. liegen ausschließlich in kompilierter Form vor. Durch MDE können Sie sicherstellen, dass der Anwender eine Version Ihrer Datenbank erhält, an der keinerlei Änderungen vorgenommen werden können, denn es kann nicht mehr in den Entwurfsmodus gewechselt werden.

Um eine MDB-Datenbank in die MDE-Form umzuwandeln, wählen Sie *EXTRAS Datenbank-Dienstprogramme MDE-Datei erstellen*. Achten Sie aber darauf, das Original der Datenbank aufzuheben, sonst verlieren Sie den Quellcode Ihrer Programme. Während der Konvertierung werden alle Module kompiliert und die Datenbank komprimiert.

23.4 Das Application-Objekt

Das `Application`-Objekt bezieht sich auf die Access-Anwendung selbst. Die für das Objekt vereinbarten Eigenschaften und Methoden betreffen Einstellungen von Access und globale Operationen. Eine Auswahl der Eigenschaften und Methoden möchten wir Ihnen in den folgenden Tabellen vorstellen.

Tabelle 23.2: Einige Eigenschaften des Application-Objekts

Eigenschaft	Beschreibung
Application.CommandBar	bestimmt den CommandBar für die Applikation (siehe Kapitel 21, »Menüs und Symbolleisten«).
Application.ShortcutMenuBar	Menüleistenmakro für ein allgemeines Kontextmenü
Application.MenuBar	Menüleistenmakro für ein allgemeines Menü

Tabelle 23.3: Einige Methoden des Application-Objekts

Methode	Beschreibung
Application.GetOption	Abfragen von Optionen (siehe folgenden Abschnitt)
Application.SetOption	Setzen von Optionen (siehe folgenden Abschnitt)
Application.Quit [Option]	Beenden des Programms. Für *Option* können Sie `acSaveYes` (Sichern der Objekte), `acPrompt` (Nachfragen vor Sichern) oder `acExit` (Verwerfen von Änderungen) einsetzen.

Setzen und Lesen von Access-Optionen

Alle Optionen, die im Dialogfeld zu *EXTRAS Optionen* auf den verschiedenen Registerblättern eingestellt werden können, lassen sich direkt aus VBA-Programmen abfragen und setzen.

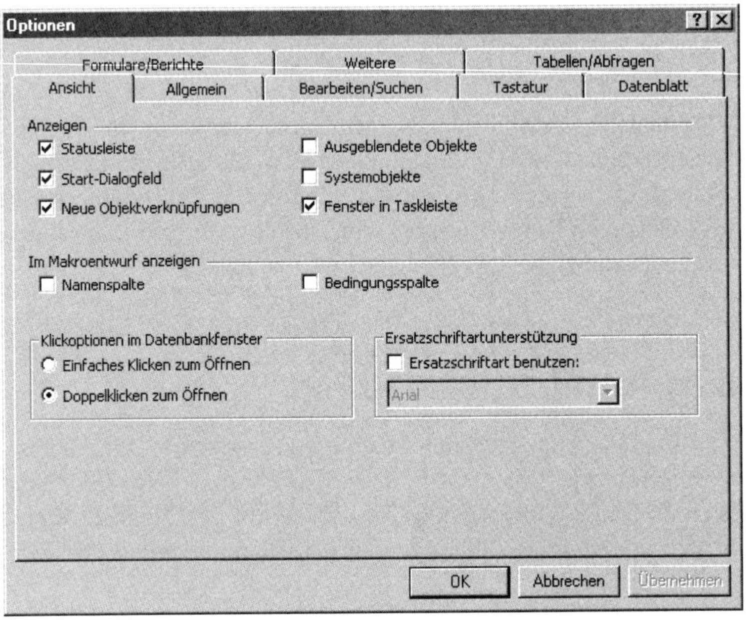

Bild 23.9: Dialogfeld zu EXTRAS Optionen

Gesetzt und abgefragt werden die eingestellten Optionen mit zwei Methoden des Application-Objekts, deren allgemeine Formen

```
Application.SetOption "Bezeichnung", Wert
```

und

```
Wert = Application.GetOption("Bezeichnung")
```

lauten. Im folgenden Beispiel wird die Bestätigungsaufforderung beim Löschen von Objekten ausgeschaltet und die Standardschriftart abgefragt.

```
...
Application.SetOption "Objektlöschen bestätigen", False
Msgbox "Die eingestellte Standardschriftart ist " & _
                  Application.GetOption("Standardschriftart")
...
```

Sowohl bei `SetOption` als auch bei `GetOption` muss als Parameter der im Dialogfeld angezeigte und in der folgenden Tabelle aufgeführte Text für die einzelnen Optionen übergeben werden. Dabei reagiert Access auf Schreibfehler mit einem Laufzeitfehler. Die im nächsten Bild gezeigte Fehlermeldung wurde ausgelöst, da wir »Objektlöschen« mit zwei »O« am Anfang geschrieben hatten.

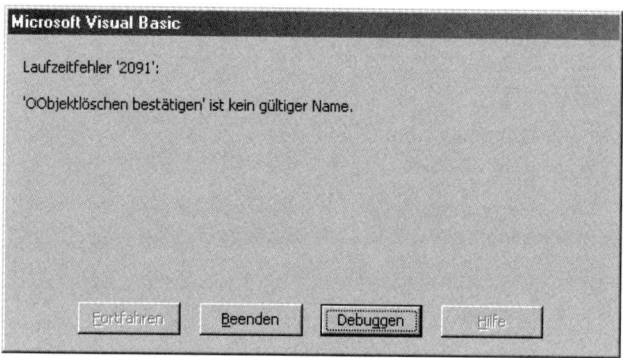

Bild 23.10: Fehlermeldung

In den folgenden Tabellen ist zusätzlich die englische Optionsbezeichnung angegeben. Sollen Ihre Anwendungen auch mit Access-Versionen in anderen Sprachen ablaufen können, so sollten Sie die englischen Bezeichnungen verwenden, die in allen Versionen funktionieren.

❗ Englische Optionsbezeichnungen verwenden: Wir empfehlen Ihnen, die englischen Optionsbezeichnungen in Ihren Programmen zu benutzen, denn das nächste Access-Update kommt bestimmt. Die deutschen Optionsbezeichnungen sind zwischen den Access-Versionen 97 und 2000 teilweise unterschiedlich, während die englischen Bezeichnungen von Microsoft nicht verändert wurden. Es ist eine ärgerliche Fehlerquelle, wenn beispielsweise eine Optionsbezeichnung in der alten Version mit Bindestrich, in Access 2000 ohne Bindestrich geschrieben wird.

Tabelle 23.4: Optionen der Registerkarte Ansicht

Text im Dialogfeld	Deutsch	Englisch	Wertebereich
Statusleiste	Statusleiste anzeigen	Show Status Bar	-1: True, 0: False
Start-Dialogfeld	Start-Dialogfeld anzeigen	Show Startup Dialog Box	-1: True, 0: False
Neue Objektver-knüpfungen	Neue Objektver-knüpfungen anzeigen	Show New Object Shortcuts	-1: True, 0: False
Ausgeblendete Objekte	Ausgeblendete Objekte anzeigen	Show Hidden Objects	-1: True, 0: False
Systemobjekte	Systemobjekte anzeigen	Show System Objects	-1: True, 0: False
Fenster in Taskleiste	Fenster in Taskleiste anzeigen	Use Taskbar For Each Document	-1: True, 0: False
Namensspalte	Spalte ‚Makroname' einblenden	Show Macro Names Column	-1: True, 0: False
Bedingungsspalte	Spalte ‚Bedingung' einblenden	Show Conditions Column	-1: True, 0: False
Klickoptionen im Datenbankfenster	Klickverhalten des Datenbank-Explorer	Database Explorer Click Behavior	0: einfacher Klick; 1: Doppelklick
Ersatzschriftartunter-stützung	Schriftartenwechsel zulassen	Enable Font Switching	-1: True, 0: False
Ersatzschriftart benutzen	Schriftart ersetzen	Substitute Font Name	Fontname

Tabelle 23.5: Optionen der Registerkarte Allgemein

Text im Dialogfeld	Deutsch	Englisch	Wertebereich
Linker Rand	Linker Rand	Left Margin	0 … Seitenbreite
Rechter Rand	Rechter Rand	Right Margin	0 … Seitenbreite
Oberer Rand	Oberer Rand	Top Margin	0 … Seitenhöhe
Unterer Rand	Unterer Rand	Bottom Margin	0 … Seitenhöhe
Standarddaten-bankordner	Standarddaten-bankordner	Default Database Directory	Pfad

Tabelle 23.5: Optionen der Registerkarte Allgemein (Fortsetzung)

Text im Dialogfeld	Deutsch	Englisch	Wertebereich
Sortierreihenfolge bei neuer DB	Sortierreihenfolge bei neuer DB	New Database Sort Order	0: Allgemein, 1: Trad. Spanisch, 2: Niederländisch, 3: Schwedisch/ Finn., 4: Norwegisch/ Dän., 5: Isländisch, 6: Tschechisch, 7: Ungarisch, 8: Polnisch, 9: Russisch, 10: Türkisch, 11: Arabisch, 12: Hebräisch, 13: Griechisch
Beim Schließen komprimieren	Automatisch komprimieren	Auto Compact	-1: True, 0: False
Komprimieren, wenn Verkleinerung um mind. folgenden Prozentsatz möglich	Prozentangabe für automatisches Komprimieren	Auto Compact Percentage	Prozentwert
Informationen aufzeichnen	Objektnamen-Autokorrektur-Änderungen aufzeichnen	Track Name AutoCorrect Info	-1: True, 0: False
Ausführen	Objektnamen-Autokorrektur ausführen	Perform Name AutoCorrect	-1: True, 0: False
Änderungen protokollieren	Objektnamen-Autokorrektur-Änderungen protokollieren	Log Name AutoCorrect Changes	-1: True, 0: False
Audiofeedback	Audiofeedback	Provide Feedback with Sound	-1: True, 0: False

Tabelle 23.6: Optionen der Registerkarte Weboptionen (über Registerkarte Allgemein)

Text im Dialogfeld	Deutsch	Englisch	Wertebereich
Hyperlink-Farbe	Hyperlink-Farbe	Hyperlink Color	0 ... 15
Farbe für besuchten Hyperlink	Farbe für besuchten Hyperlink	Followed Hyperlink Color	0 ... 15
Hyperlinks unter-streichen	Hyperlinks unter-streichen	Underline Hyperlinks	-1: True, 0: False
HTML-Vorlage	*HTML-Vorlage*	*HTML Template*	
Datenquellenname	*Datenquellenname*	*Data Source Name*	
Benutzername	*Benutzername*	*User Name*	
Benutzerkennwort	*Kennwort*	*Password*	
Server URL	*Active Server Pages URL*	*Active Server Pages URL*	
Sitzungs-Timeout (min)	*Active Server Pages Sitzungs-Timeout*	*Active Server Pages Session Timeout*	

Die kursiv dargestellten Optionen werden nur noch aus Kompatibilitätsgründen zu Access 97 unterstützt.

Tabelle 23.7: Optionen der Registerkarte Bearbeiten/Suchen

Text im Dialogfeld	Deutsch	Englisch	Wertebereich
Suchen/Ersetzen-Standard	Suchen/Ersetzen-Standard	Default Find/Replace Behavior	0: Schnelle Suche, 1: Allgemeine Su-che, 3: Feldanfang-Suche
Datensatz-änderungen	Datensatzänderung bestätigen	Confirm Record Changes	-1: True, 0: False
Löschen von Dokumenten	Objektlöschen bestätigen	Confirm Document Deletions	-1: True, 0: False
Aktionsabfragen	Aktionsabfragen bestätigen	Confirm Action Queries	-1: True, 0: False
Lokalen indizierten Feldern	Indizierte Werte anzeigen	Show Values in Indexed	-1: True, 0: False
Lokalen nichtindizier-ten Feldern	Nicht-indizierte Werte anzeigen	Show Values in Non-Indexed	-1: True, 0: False

Tabelle 23.7: Optionen der Registerkarte Bearbeiten/Suchen (Fortsetzung)

Text im Dialogfeld	Deutsch	Englisch	Wertebereich
ODBC-Feldern	ODBC-Werte anzeigen	Show Values in Remote	-1: True, 0: False
Keine Listen anzeigen, wenn mehr als diese Anzahl Zeilen gelesen wird	Wertanzeige-maximum	Show Values Limit	0 ... 32766

Tabelle 23.8: Optionen der Registerkarte Tastatur

Text im Dialogfeld	Deutsch	Englisch	Wertebereich
Cursor mit Eingabetaste bewegen	Markierung mit Eingabetaste bewegen	Move After Enter	0: Nicht bewegen, 1: Zum nächsten Feld bewegen, 2: Zum nächsten Datensatz bewegen
Funktion der Pfeiltasten	Funktion der Pfeiltasten	Arrow Key Behavior	0: Nächstes Feld, 1: Nächstes Zeichen
Cursorverhalten bei Eintritt in Feld	Cursorverhalten bei Eintritt in Feld	Behavior Entering Field	0: Ganzes Feld markieren, 1: Zum Ende des Feldes gehen, 2: Zum Anfang des Feldes gehen
Cursor stoppt bei erstem/letztem Feld	Cursor stoppt bei erstem/letztem Feld	Cursor Stops at First/Last Field	-1: True, 0: False

Tabelle 23.9: Optionen der Registerkarte Datenblatt

Text im Dialogfeld	Deutsch	Englisch	Wertebereich
Standardfarben: Schriftart	Standardschriftfarbe	Default Font Color	0 ... 15
Standardfarben: Hintergrund	Standardhinter-grundfarbe	Default Background Color	0 ... 15
Standardfarben: Rasterlinien	StandardGitternetz-linienfarbe	Default Gridlines Color	0 ... 15
Standardschriftart: Schriftart	Standardschriftart	Default Font Name	Schriftartname

Tabelle 23.9: Optionen der Registerkarte Datenblatt (Fortsetzung)

Text im Dialogfeld	Deutsch	Englisch	Wertebereich
Standardschriftart: Schriftschnitt	Standardschriftbreite	Default Font Weight	0: Dünn bis 8: Extra Fett
Standardschriftart: Größe	Standardschriftgrad	Default Font Size	1 … 127
Standardschriftart: Kursiv	Standardschrift kursiv	Default Font Italic	-1: True, 0: False
Standardschriftart: Unterstrichen	Standardschrift unterstrichen	Default Font Underline	-1: True, 0: False
Standardrasterlinien: Horizontal	Horizontale Gitternetzlinien	Default Gridlines Horizontal	-1: True, 0: False
Standardrasterlinien: Vertikal	Vertikale Gitternetzlinien	Default Gridlines Vertical	-1: True, 0: False
Standardspaltenbreite	Standardspaltenbreite	Default Column Width	0.1" bis 22.75"
Standardzelleffekt	Standard-Feldeffekt	Default Cell Effect	0: Vertieft, 1: Erhöht, 2: Flach
Animationen anzeigen	Animationen anzeigen	Show Animations	-1: True, 0: False

Tabelle 23.10: Optionen der Registerkarte Formulare/Berichte

Text im Dialogfeld	Deutsch	Englisch	Wertebereich
Markierungsverhalten	Objektmarkierung	Selection Behavior	0: Teilweise eingerahmt, 1: Voll eingerahmt
Formularvorlage	Formularvorlage	Form Template	
Berichtsvorlage	Berichtsvorlage	Report Template	
Ereignisprozedur immer verwenden	Ereignisprozedur immer verwenden	Always Use Event Procedures	-1: True, 0: False

Tabelle 23.11: Optionen der Registerkarte Weitere

Text im Dialogfeld	Deutsch	Englisch	Wertebereich
DB mit Sperrung auf Datensatzebene öffnen	DB mit Sperrung auf Datensatzebene öffnen	Use Record Level Locking	-1: True, 0: False
Standard bei Datensatzsperrung	Standard bei Datensatzsperrung	Default Record Locking	0: Keine Sperrung, 1: Alle Datensätze, 2: Bearbeitete Datensätze
Standard-Öffnungsmodus	Öffnungsmodus für Datenbanken	Default Open Mode for Databases	0: Gemeinsame Nutzung, 1: Exklusiv
DDE-Anfragen ignorieren	DDE-Anfragen ignorieren	Ignore DDE Requests	-1: True, 0: False
DDE-Aktualisierung ermöglichen	DDE-Aktualisierung ermöglichen	Enable DDE Refresh	-1: True, 0: False
OLE/DDE-Timeout (s)	OLE/DDE-Timeout (s)	OLE/DDE Timeout (Sec)	0 ... 300
Anzahl der Datenaktualisierungsversuche	Anzahl d. Datenaktualisierungsversuche	Number of Update Retries	0 ... 10
Intervall für ODBC-Anzeigeaktualisierung (s)	Intervall für ODBC - Anzeigeaktualisierung (s)	ODBC Refresh Interval (Sec)	1 ... 3600
Intervall für Anzeigeaktualisierung (s)	Intervall für Anzeigeaktualisierung (s)	Refresh Interval (Sec)	1 ... 32766
Intervall für Datenaktualisierung (ms)	Intervall für Datenaktualisierung (ms)	Update Retry Interval (Msec)	1 ... 1000
Befehlszeilen-Argumente	Befehlszeilen-Argumente	Command-Line Arguments	

Tabelle 23.12: Optionen der Registerkarte Tabellen/Abfragen

Text im Dialogfeld	Deutsch	Englisch	Wertebereich
Text	Standardtextfeld-größe	Default Text Field Size	1 ... 255
Zahl	Standardzahlen-feldgröße	Default Number Field Size	0: Double, 1: Integer, 2: Long Integer, 3: Single, 4: Byte, 5: ReplikationsID
Standardfeldtyp	Standardfeldtyp	Default Field Type	0: Text, 1: Memo, 2: Zahl, 3: Datum/Zeit, 4: Währung, 5: AutoWert, 6: Ja/Nein, 7: OLE Objekt
AutoIndex bei Importieren/Erstellen	AutoIndex bei Importieren/Erstellen	AutoIndex on Import/Create	Liste von Feldnamen, durch Semikolon getrennt
Tabellennamen anzeigen	Tabellennamen anzeigen	Show Table Names	-1: True, 0: False
Alle Felder ausgeben	Alle Felder ausgeben	Output All Fields	-1: True, 0: False
AutoVerknüpfung aktivieren	AutoVerknüpfung aktivieren	Enable AutoJoin	-1: True, 0: False
Ausführungs-berechtigungen	Ausführungs-berechtigungen	Run Permissions	0: Benutzer, 1: Eigentümer

23.5 Das Screen-Objekt

Mithilfe des `Screen`-Objekts können Sie aktive Formulare und Berichte abfragen. Das Objekt besitzt die in der folgenden Tabelle aufgeführten Eigenschaften.

Tabelle 23.13: Eigenschaften des Screen-Objekts

Eigenschaft	Beschreibung
ActiveForm	ermittelt das aktive Formular.
ActiveReport	gibt den aktiven Bericht zurück.
ActiveDataAccessPage	liefert die aktive Datenzugriffsseite zurück.
ActiveDataSheet	ermittelt das aktive Datenblatt.
ActiveControl	beinhaltet das aktive Steuerelement.
PreviousControl	gibt das zuletzt aktive Steuerelement zurück.
MousePointer	verändert den Maus-Cursor (nicht dokumentierte Eigenschaft); die Werte 0: Normaler Cursor, 1: Pfeil, 3: Text-Cursor, 7: Diagonal, 9: Horizontal und 11: Sanduhr sind möglich, andere Werte haben keine Wirkung.

Das folgende Programmfragment zeigt den Namen des aktiven Formulars in einem Meldungsfenster an.

```
...
Dim frmActive As Form
On Error Resume Next
Set frmActive = Screen.ActiveForm
If Err.Number = 0 Then
    MsgBox frmActive.Name
Else
    MsgBox "Kein Formular aktiv!"
End If
...
```

Beachten Sie bitte, dass beim Debuggen von Programmen das `Screen`-Objekt zu Fehlern führen kann, beispielsweise kann bei geöffnetem Direktfenster kein aktives Formular ermittelt werden.

23.6 Das DoCmd-Objekt

Mithilfe des *DoCmd*-Objekts, das Bestandteil des *Application*-Objekts ist, können Access-Aktionen wie Öffnen und Schließen von Formularen und Berichten, Ändern des Maus-Cursors oder Setzen von Steuerelementwerten durchgeführt werden.

DoCmd unterstützt bis auf wenige Ausnahmen alle Access-Aktionen, die mit Makros ausgelöst werden können. In VBA-Programmen benötigen Sie in den meisten Fällen nur einige wenige *DoCmd*-Methoden, denn die meisten Aktionen lassen sich auch mit den entsprechenden VBA-Befehlen aufrufen. Die folgende Tabelle führt die Methoden des *DoCmd*-Objekts mit den jeweiligen VBA-Alternativen auf.

Tabelle 23.14: Methoden des DoCmd-Objekts

DoCmd-Methode	Anwendung	VBA-Alternative
DoCmd.ApplyFilter [Filtername] [, Bedingung]	Setzen eines Filters. Als *Bedingung* können Sie eine gültige SQL-WHERE-Klausel ohne das Wort WHERE angeben.	
DoCmd.Beep	Piep!	
DoCmd.CancelEvent	Die Methode bricht das laufende Ereignis ab.	
DoCmd.Close [Objekttyp, Objektname], [Speichern]	Formular oder Bericht schließen. Für den *Objekttyp* lassen sich die Konstanten `acTable`, `acQuery`, `acForm`, `acReport`, `AcMacro` und `acModule` angeben. Der Parameter *Speichern* ermöglicht mit `acSaveNo` Änderungen zu verwerfen, mit `acSaveYes` zu speichern oder mit `acPrompt` vor der Speicherung nachzufragen.	
DoCmd.CopyObject [Zieldatenbank] [, Neuer Name] [, Objekttyp (Herkunft), Objektname (Herkunft)]	Kopieren eines Access-Objekts, z.B. eines Formulars oder Berichts. Für die Konstanten für Objekttyp siehe `DoCmd.Close`.	
DoCmd.DeleteObject [Objekttyp, Objektname]	Löschen eines Access-Objekts. Für die Konstanten für Objekttyp siehe `DoCmd.Close`.	

Tabelle 23.14: Methoden des DoCmd-Objekts (Fortsetzung)

DoCmd-Methode	Anwendung	VBA-Alternative
DoCmd.DoMenuItem Menüleiste, Menüname, Befehl [, Unterbefehl] [, Version]	Aufrufen eines Menübefehls, die Parameter geben die Position im Menü an. Als *Menüleiste* geben Sie im Normalfall `acFormBar` an. Für den *Menünamen* stehen Ihnen die Konstanten `acFile`, `acEditMenu` und `acRecordsMenu` zur Verfügung. Die folgenden Konstanten für *Befehl* lassen sich einsetzen: `acNew` (Neu), `acSaveForm` (Formular speichern), `acSaveFormAs` (Formular speichern unter), `acSaveRecord` (Datensatz speichern), `acUndo` (Rückgängig), `acCut` (Ausschneiden), `acCopy` (Kopieren), `acPaste` (Einfügen), `acDelete` (Löschen), `acSelectRecord` (Datensatz markieren) oder `acSelectAllRecords` (Alle Datensätze markieren).	
	Als *Unterbefehl* sind möglich: `acObject` (Objekt), `acRefresh` (Anzeige aktualisieren), `acObjectVerb` (Objektverb) oder `acObjectUpdate` (Objekt aktualisieren).	
	Da die Menüstrukturen in jeder Access-Version unterschiedlich sind, kann die *Version* angegeben werden.	
DoCmd.Echo	Verwenden Sie statt `DoCmd.Echo` besser `Application.Echo`	
DoCmd.FindNext	Nächsten Datensatz suchen. Muss nach `DoCmd.FindRecord` aufgerufen werden.	
DoCmd.FindRecord Suchen nach [, Vergleichen] [, Groß-/Kleinschreibung] [, Suchen] [, Wie formatiert] [, Nur aktuelles Feld] [, Am Anfang beginnen]	Einen Datensatz suchen. Für *Vergleichen* kann `acAnywhere` (Teil des Feldinhalts), `acEntire` (Gesamter Feldinhalt) oder `acStart` (Anfang des Feldinhalts) angegeben werden. Die Suchrichtung (*Suchen*) kann mit `acUp` (Oben), `acDown` (Unten) bzw. `acSearchAll` (Alle) vorgegeben werden. *Nur aktuelles Feld* wird mit `acCurrent` (Aktuelles Feld) oder `acAll` (Alle Felder) bestimmt.	
DoCmd.GoToControl Steuerelementname	Ein Steuerelement aktivieren.	*Element*.SetFocus

Tabelle 23.14: Methoden des DoCmd-Objekts (Fortsetzung)

DoCmd-Methode	Anwendung	VBA-Alternative
DoCmd.GoToPage [Seitenzahl] [, Rechts, Unten]	Zu einer bestimmten Seite eines Formulars springen. Die Methode ist veraltet, verwenden Sie besser `Formular.GotoPage`.	*Formular*.GotoPage
DoCmd.GoToRecord [Objekttyp, Objektname] [, Datensatz] [, Offset]	Zu einem bestimmten Datensatz springen. Geben Sie *Objekttyp* und *Objektname* nicht an, wird das aktuelle Objekt verwendet. Für den Parameter *Objekttyp* lassen sich die folgenden Konstanten angeben: `acTable` (Tabelle), `acQuery` (Abfrage) und `acForm` (Formular).	
	Für den Parameter *Datensatz* verwenden Sie eine der Konstanten `acPrevious` (Vorheriger), `acNext` (Nächster), `acFirst` (Erster), `acLast` (Letzter), `acGoTo` (Gehe zu) oder `acNewRec` (Neu).	
DoCmd.Hourglass Sanduhr	Sanduhr-Cursor ein- oder ausschalten (True/False)	
DoCmd.Maximize	Fenster maximieren	
DoCmd.Minimize	Fenster minimieren	
DoCmd.MoveSize [Rechts] [, Unten] [, Breite] [, Höhe]	Das aktuelle Fenster verändern oder verschieben. Alle Angaben müssen in der Windows-Einheit *twips* angegeben werden. Ein *twips* ist 1/1440 Zoll lang bzw. 567 *twips* ergeben 1 cm.	
DoCmd.OpenDataAccess Page Seitenname [, Seitenansicht]	Öffnen einer Datenzugriffsseite. Das Argument *Seitenansicht* kann die Werte *acDataPageBrowse* (Voreinstellung) oder *acDataPageDesign* aufweisen.	
DoCmd.OpenDiagram Diagrammname	Öffnet ein auf einem Microsoft SQL-Server oder MSDE gespeichertes Datenbankdiagramm in einem Access-Projekt (ADP).	

Tabelle 23.14: Methoden des DoCmd-Objekts (Fortsetzung)

DoCmd-Methode	Anwendung	VBA-Alternative
DoCmd.OpenForm Formularname [, Ansicht] [, Filtername] [, Bedingung] [, Datenmodus] [, Fenstermodus] [, Öffnungsargumente]	Ein Formular öffnen. Für den Parameter *Ansicht* verwenden Sie die Konstanten `acNormal` (Formularansicht), `acDesign` (Entwurfsansicht), `acPreview` (Seitenansicht) oder `acFormDS` (Datenblattansicht).	
	Als *Bedingung* können Sie eine gültige SQL-WHERE-Klausel ohne das Wort WHERE angeben.	
	Der Parameter *Datenmodus* erlaubt die Verwendung der Konstanten `acAdd` (Hinzufügen), `acEdit` (Bearbeiten), `acReadOnly` (Schreibgeschützt), `acNormal` (Normal), `acHidden` (Ausgeblendet), `acIcon` (Symbol) oder `acDialog` (Dialog).	
DoCmd.OpenModule [Modulname] [, Prozedurname]	Ein Modul öffnen	
DoCmd.OpenQuery Abfragename [, Ansicht] [, Datenmodus]	Eine Abfrage aufrufen. Für den Parameter *Ansicht* verwenden Sie die Konstanten `acNormal` (Formularansicht), `acDesign` (Entwurfsansicht) oder `acPreview` (Seitenansicht).	
	Für *Datenmodus* geben Sie eine der Konstanten `acAdd` (Hinzufügen), `acEdit` (Bearbeiten) oder `acReadOnly` (Schreibgeschützt) an.	
DoCmd.OpenReport Berichtsname [, Ansicht] [, Filtername] [, Bedingung]	Einen Bericht öffnen (*Ansicht* und *Bedingung* siehe DoCmd.OpenForm).	
DoCmd.OpenStoredProcedure	Führt eine auf einem Microsoft SQL-Server oder MSDE gespeicherte Prozedur (stored procedure) in einem Access-Projekt (ADP) aus.	
DoCmd.OpenTable Tabellenname [, Ansicht] [, Datenmodus]	Eine Tabelle öffnen (*Ansicht* und *Datenmodus* siehe `DoCmd.OpenQuery`).	

Tabelle 23.14: Methoden des DoCmd-Objekts (Fortsetzung)

DoCmd-Methode	Anwendung	VBA-Alternative
DoCmd.OpenView Ansichtsname [, Ansichtsmodus] [, Datenmodus]	Führt eine auf einem Microsoft SQL-Server oder MSDE gespeicherte Sicht (View) in einem Access-Projekt (ADP) aus.	
DoCmd.OutputTo Objekttyp [, Objektname] [, Ausgabeformat] [, Ausgabedatei] [, Autostart]	Ausgabe eines Objekts in eine Datei. Für *Objekttyp* können die folgenden Konstanten vereinbart werden: `acTable` (Tabelle), `acQuery` (Abfrage), `acForm` (Formular), `acReport` (Bericht) oder `acModule` (Modul).	
	Das *Ausgabeformat* wird durch `acFormatXLS` (Excel), `acFormatRTF` (Rich-Text-Format) oder `acFormatTXT` (Text) bestimmt.	
	Ist *AutoStart* True, wird automatisch, je nach *Ausgabeformat*, Excel, Winword oder Notepad gestartet.	
DoCmd.PrintOut [Druckbereich] [, Von, Bis] [, Druckqualität] [, Exemplare] [, Exemplare sortieren]	Ausgabe auf dem Drucker. Als *Druckbereich* können Sie `acPrintAll` (Alles drucken), `acSelection` (Markierung drucken) oder `acPages` (Seiten drucken) festlegen. Die *Druckqualität* wird mit `acHigh` (Hoch), `acMedium` (Mittel), `acLow` (Niedrig) oder `acDraft` (Entwurf) bestimmt.	
DoCmd.Quit [Option]	Das Programm beenden. Die Methode ist veraltet, verwenden Sie besser `Application.Quit`.	Application.Quit
DoCmd.Rename Neuer Name [, Objekttyp, Alter Name]	Ein Objekt umbenennen (*Objekttyp* siehe `DoCmd.Close`).	
DoCmd.RepaintObject [Objekttyp, Objektname]	Bildschirmanzeige auffrischen (*Objekttyp* siehe `DoCmd.Close`).	
DoCmd.Requery [Steuerelementname]	Datengrundlage erneut abfragen. Die Methode ist veraltet, verwenden Sie *Objekt*.Requery.	*Objekt*.Requery
DoCmd.Restore	Führt die Aktion Wiederherstellen aus.	

Tabelle 23.14: Methoden des DoCmd-Objekts (Fortsetzung)

DoCmd-Methode	Anwendung	VBA-Alternative
DoCmd.RunCommand Befehl	Die Methode erlaubt die Ausführung fast aller im Access-Menü angebotenen Befehle. Als Argument *Befehl* erwartet die Methode die interne Nummer des entsprechenden Menübefehls. Access bietet Ihnen dafür vordefinierte Konstanten, die Sie in der Access-Hilfe zu diesem Befehl nachschlagen können.	
DoCmd.RunMacro Makroname [, Wiederholungen] [, Wiederholbedingung]	führt das angegebene Makro aus.	
DoCmd.RunSQL SQL-Anweisung	führt den angegebenen SQL-Befehl aus.	*Datenbank*.Execute
DoCmd.Save [Objekttyp, Objektname]	Access-Objekt speichern (*Objekttyp* siehe `DoCmd.Close`).	
DoCmd.SelectObject Objekttyp, Objektname [, Im Datenbankfenster]	Access-Objekt auswählen (*Objekttyp* siehe `DoCmd.Close`). Wird für den Parameter *Im Datenbankfenster* True übergeben, wird das Objekt im Datenbankfenster markiert.	
DoCmd.SendObject [Objekttyp] [, Objektname] [, Ausgabeformat] [, An] [, Cc] [, Bcc] [, Betreff] [, Nachricht] [, Nachricht bearbeiten]	Access-Objekt per E-Mail verschicken (*Objekttyp* siehe `DoCmd.Close`).	
DoCmd.SetMenuItem Menüindex [, Befehlsindex] [, Unterbefehlsindex] [, Kennzeichen]	Schaltet einen Menüpunkt um.	
DoCmd.SetWarnings Warnmeldungen	Schaltet Access Warnmeldungen ein oder aus.	
DoCmd.ShowAllRecords	Setzt einen Filter zurück.	
DoCmd.ShowToolbar Symbolleistenname [, Einblenden]	Blendet Symbolleisten aus oder ein. Für *Einblenden* kann `acToolbarYes` (Ja), `acToolbarWhereApprop` (Sofern passend) oder `acToolbarNo` (Nein) verwendet werden.	

Tabelle 23.14: Methoden des DoCmd-Objekts (Fortsetzung)

DoCmd-Methode	Anwendung	VBA-Alternative
DoCmd.TransferData-base [Transfertyp], Datenbankformat, Datenbankname [, Objekttyp], Herkunft, Ziel [, Nur Struktur] [, Anmeldename speichern]	Im- oder Export einer Datenbank. Für *Transfertyp* kann `acImport` (Importieren), `acExport` (Exportieren) oder `acLink` (Einbinden) bestimmt werden (*Objekttyp* siehe `DoCmd.Close`).	
DoCmd.TransferSpread-sheet [Transfertyp] [, Dateiformat], Tabellenname, Dateiname [, Besitzt Feldnamen] [, Bereich]	Im- oder Export einer Tabelle. Für *Transfertyp* kann `acImport` (Importieren), `acExport` (Exportieren) oder `acLink` (Einbinden) bestimmt werden. Für *Dateiformat* sind die folgenden Angaben möglich: 0: Microsoft Excel, Version 3.0, 2: Lotus (WK1), 3: Lotus (WK3), 4: Lotus (WJ2) - Nur japanische Version, 5: Microsoft Excel, Version 5.0 und 7.0, 6: Microsoft Excel, Version 4.0, 7: Lotus (WK4) oder 8: Microsoft Excel 97.	
DoCmd.TransferText [Transfertyp] [, Spezifikationsname], Tabellenname, Dateiname [, Besitzt Feldnamen]	Im- oder Export eines Textes. Als *Transfertyp* kann `acImportDelim` (Import mit Trennzeichen), `acImportFixed` (Import mit festgelegtem Format), `acExportDelim` (Export mit Trennzeichen), `acExportFixed` (Export mit festgelegtem Format), `acExportMerge` (Export von Serienbriefdatei), `acLinkDelim` (Verknüpfen mit Trennzeichen) oder `acLinkFixed` (Verknüpfen mit festgelegtem Format) verwendet werden. Mit `acExportHTML`, `acImportHTML` und `acLinkHTML` werden HTML-Dateien transferiert.	

23.7 Die SysCmd-Funktion

Die `SysCmd`-Funktion ermöglicht die Abfrage einer Reihe von Access-Einstellungen und -Stati. Zusätzlich können Sie Text und Fortschrittsbalken in der Access-Statuszeile mithilfe der Funktion steuern. `SysCmd` wird in zwei Varianten eingesetzt, nämlich

```
Rückgabewert = SysCmd(Aktion[, Text][, Wert])
```

oder

```
Objektzustand = SysCmd(Aktion[, Objekttyp][, Objektname])
```

In der folgenden Tabelle sind die für `Aktion` möglichen Konstanten aufgeführt.

Tabelle 23.15: SysCmd-Konstanten

Konstante	Beschreibung
acSysCmdInitMeter	initialisiert die Fortschrittsanzeige der Statusleiste.
acSysCmdUpdateMeter	aktualisiert die Fortschrittsanzeige mit dem angegebenen Wert.
acSysCmdRemoveMeter	entfernt die Fortschrittsanzeige der Statusleiste.
acSysCmdSetStatus	stellt den Text in der Statusleiste auf das Argument Text ein.
acSysCmdClearStatus	setzt den Text in der Statusleiste zurück.
acSysCmdRuntime	gibt den Wert True (-1) zurück, wenn eine Laufzeitversion von Microsoft Access ausgeführt wird.
acSysCmdAccessVer	liefert die Versionsnummer von Microsoft Access zurück.
acSysCmdIniFile	gibt den Namen der von Microsoft Access verwendeten .INI-Datei zurück.
acSysCmdAccessDir	liefert den Namen des Verzeichnisses zurück, in dem sich MSACCESS.EXE befindet.
acSysCmdProfile	gibt die Einstellung von /profile zurück, die der Benutzer angegeben hat, wenn er Microsoft Access über die Befehlszeile gestartet hat.
acSysCmdGetWork-groupFile	liefert den Pfad zur Arbeitsgruppeninformationsdatei (SYSTEM.MDW) zurück.
acSysCmdGetOb-jectState	gibt den Zustand des angegebenen Datenbankobjekts zurück. Sie müssen die Argumente Objekttyp und Objektname angeben. Gültige Objekttypen sind acTable, acQuery, acForm, acReport, acMacro und acModule.

Ein Beispiel zur Verwendung der Fortschrittsanzeige zeigt der folgende Programmabschnitt:

```
...
varTmp = SysCmd(acSysCmdInitMeter, "Fortschrittsanzeige", 20)
For intCnt = 1 To 19
   ' Fortschrittsanzeige aktualisieren
   varTmp = SysCmd(acSysCmdUpdateMeter, intCnt)
   ' ...
   ' ...
Next
' Fortschrittsanzeige entfernen
varTmp = SysCmd(acSysCmdRemoveMeter)
...
```

23.8 Unterschiedliche Bildschirmauflösungen

Ein bekanntes Problem der Anwendungsentwicklung für grafische Benutzeroberflächen wie Windows 95/98/2000/NT ist die Abhängigkeit der Formulare von
der Bildschirmauflösung. Schreiben Sie Access-Anwendungen, die auf Rechnern
mit unterschiedlichen Auflösungen am Bildschirm ablaufen sollen, müssen Sie
entsprechende Vorkehrungen treffen. Die zurzeit gängigsten Bildschirmauflösungen sind Standard-VGA mit 640x480 sowie SuperVGA mit Auflösungen von
800x600, 1024x768 und zunehmend höheren Auflösungen wie 1600x1200. Die
Wertepaare geben die Anzahl der horizontalen und vertikalen Bildpunkte (Pixel)
an, die am Bildschirm dargestellt werden.

Der Unterschied in den darstellbaren horizontalen und vertikalen Bildpunkten ist
nur ein Aspekt der verschiedenen Auflösungen. Zusätzlich muss die Größe der
Bildpunkte mit berücksichtigt werden. Durch den Bildschirmkartentreiber erhält
Windows Informationen darüber, wie viele Pixel ein Zoll ergeben. Windows verwendet die spezielle Einheit »twips«, um diesen Wert abzubilden. Bei einer horizontalen Auflösung von 640 bzw. 800 Bildpunkten wird ein Pixel mit 15 twips
gerechnet, bei höheren Auflösungen werden 12 twips pro Pixel angesetzt.

Auf dem Markt sind inzwischen verschiedene professionelle Lösungen erhältlich,
die vordefinierte Routinen bieten, die Ihre Access-Formulare automatisch umrechnen und entsprechend umgestalten. Alle Programme haben aber ihre kleinen
Schwächen (beispielsweise »ShrinkerStretcher« http://www.peterssoftware.com,
»Certusizer« http://www.zoschke.com, »Change97/2000« http://www.access-
paradies.de)

23.8.1 Größenänderung von Formularen

Die Umsetzung von Formularen auf die verschiedenen Bildschirmauflösungen ist damit alles andere als eine triviale Aufgabe, denn das Formular und alle darauf angeordneten Elemente müssen entsprechend der Auflösung und des twips/Pixel-Verhältnisses umgerechnet werden. Über das Windows-API müssen mit der Funktion GetDeviceCaps(), die mit verschiedenen Parametern aufgerufen wird, die Auflösung und das Twips/Pixel-Verhältnis ermittelt und das Formular und alle Steuerelemente entsprechend umgerechnet werden.

23.8.2 Formulare für alle Auflösungen

Der zweite Weg, der ebenso aufwändig und fehlerträchtig wie der erste ist, aber in den meisten Fällen bevorzugt wird, ist die Erstellung aller Formulare für mehrere Auflösungen. In der Datenbank werden alle Varianten für die verschiedenen Auflösungen abgelegt und nur die aufgerufen, beispielsweise über einen globalen Parameter gesteuert, die für die aktuelle Auflösung geeignet sind.

23.9 Registrierungseinträge

Mit einfachen Access-VBA-Befehlen können Einträge in der Registrierung von Windows 95/98/NT bzw. 2000 ausgelesen bzw. gesetzt werden. Allerdings können mit den Access-eigenen Registrierungsfunktionen nur Einträge in einem bestimmten Teilbereich der Registrierung verwaltet werden. Deshalb stellen wir Ihnen im Anschluss Prozeduren vor, die mithilfe von Windows-API-Aufrufen auf den gesamten Registrierungsbaum zugreifen können.

23.9.1 Die Access-Registrierungsfunktionen

Access stellt Ihnen dazu die folgenden Befehle zur Verfügung. Mit

```
GetSetting(appname, section, key[, default])
```

wird ein Eintrag aus der Registrierung gelesen, mit

```
GetAllSettings(appname, section)
```

wird ein zweidimensionales Datenfeld mit Registrierungswerten zurückgegeben, mit

```
SaveSetting appname, section, key, setting
```

setzen Sie einen neuen Wert bzw. erstellen Sie einen neuen Eintrag und mit

```
DeleteSetting appname, section[, key]
```

wird ein Eintrag entfernt. Die im folgenden Listing aufgeführten Routinen verwenden die genannten Funktionen. Als Applikationsnamen haben wir hierbei für alle Einträge »Cocktail« über die Konstante conAppName festgelegt.

```
Const conAppName = "Cocktail"

Sub RegEintragSetzen(strSection As String, strKey As String, _
                                          varValue As Variant)
    ' Eintrag in der Registrierung vornehmen
    SaveSetting appname:=conAppName, Section:=strSection, _
                        KEY:=strKey, setting:=varValue
End Sub


Sub RegEintragLöschen(strSection As String, _
                            Optional varKey As Variant)
    If IsMissing(varKey) Then
        DeleteSetting appname:=conAppName, Section:=strSection
    Else
        DeleteSetting appname:=conAppName, _
                            Section:=strSection, KEY:=varKey
    End If
End Sub


Function RegEintragHolen(strSection As String, _
                            strKey As String) As Variant
    RegEintragHolen = GetSetting(conAppName, strSection, strKey)
End Function
```

Mit dem kleinen Testprogramm

```
Sub RegistrierungsTest()
    RegEintragSetzen "StartEinstellungen", "VorabDialogZeigen", 1
End Sub
```

wurde der im folgenden Bild gezeigte Eintrag in der Registrierung erzeugt. Die Registrierung kann mit dem Programm *REGEDIT* angesehen werden, das Sie im Windows-Verzeichnis finden. Die Access-Befehle können nur Registrierungseinträge im Teilbaum HKEY_CURRENT_USER\Software\VB and VBA Program Settings vornehmen.

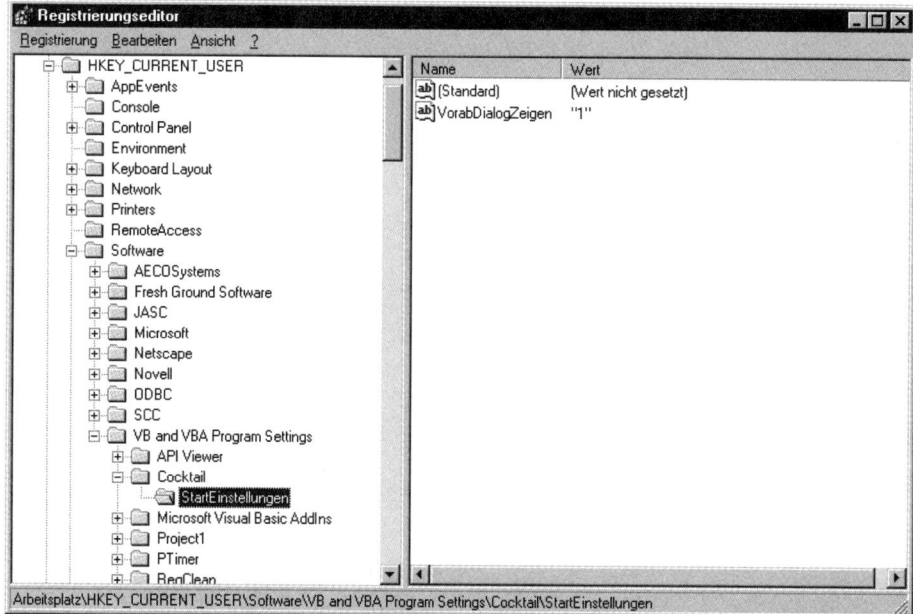

Bild 23.11: Eintrag im Registrierungseditor

23.9.2 Allgemeine Registrierungsfunktionen

Mithilfe der im folgenden Listing aufgeführten Routinen können Sie beliebige Registrierungseinträge setzen und abfragen.

```
Option Compare Database
Option Explicit

' Konstanten für Registrierungsfunktionen
Const conREG_SZ As Long = 1
Const conREG_DWORD As Long = 4
Const conHKEY_CLASSES_ROOT = &H80000000
Const conHKEY_CURRENT_USER = &H80000001
Const conHKEY_LOCAL_MACHINE = &H80000002
Const conHKEY_USERS = &H80000003
Const conKeyAllAccess = &H3F
```

```
Declare Function RegCloseKey _
    Lib "advapi32.dll" ( _
    ByVal lngHKEY As Long) As Long


Declare Function RegCreateKeyEx _
    Lib "advapi32.dll" _
    Alias "RegCreateKeyExA" _
    (ByVal lngHKEY As Long, ByVal strSubKey As String, _
    ByVal lngReserved As Long, ByVal strClass As String, _
    ByVal lngOptions As Long, ByVal lngDesired As Long, _
    ByVal strSecurityAttributes As Long, lngResult As Long, _
    lngDisposition As Long) As Long


Declare Function RegOpenKeyEx _
    Lib "advapi32.dll" _
    Alias "RegOpenKeyExA" _
    (ByVal lngHKEY As Long, ByVal strSubKey As String, _
    ByVal lngOptions As Long, ByVal lngDesired As Long, _
    lngResult As Long) As Long


Declare Function RegQueryValueExString _
    Lib "advapi32.dll" _
    Alias "RegQueryValueExA" _
    (ByVal lngHKEY As Long, ByVal strValueName As String, _
    ByVal lngReserved As Long, lngType As Long, _
    ByVal lngData As String, lngData As Long) As Long


Declare Function RegQueryValueExLong _
    Lib "advapi32.dll" _
    Alias "RegQueryValueExA" _
    (ByVal lngHKEY As Long, ByVal strValueName As String, _
    ByVal lngReserved As Long, lngType As Long, lngData As Long, _
    lngData As Long) As Long


Declare Function RegQueryValueExNULL _
    Lib "advapi32.dll" _
    Alias "RegQueryValueExA" _
    (ByVal lngHKEY As Long, ByVal strValueName As String, _
    ByVal lngReserved As Long, lngType As Long, _
    ByVal lngData As Long, lngData As Long) As Long
```

```
Declare Function RegSetValueExString _
    Lib "advapi32.dll" _
    Alias "RegSetValueExA" _
    (ByVal lngHKEY As Long, ByVal strValueName As String, _
    ByVal lngReserved As Long, ByVal lngType As Long, _
    ByVal strValue As String, ByVal lngData As Long) As Long

Declare Function RegSetValueExLong _
    Lib "advapi32.dll" _
    Alias "RegSetValueExA" _
    (ByVal lngHKEY As Long, ByVal strValueName As String, _
    ByVal lngReserved As Long, ByVal lngType As Long, _
    lngValue As Long, ByVal lngData As Long) As Long


' Setzen eines Registrierungseintrags
Public Function SetValueEx _
    (ByVal lngHKEY As Long, strValueName As String, _
    lngType As Long, ByRef varValue As Variant) As Long

    Dim lngValue As Long
    Dim strValue As String

    Select Case lngType
        ' Wert ist vom Typ String
        Case conREG_SZ
            strValue = varValue & Chr(0)
            SetValueEx = RegSetValueExString(lngHKEY, _
                strValueName, 0&, lngType, strValue, Len(strValue))
        ' Wert ist vom Typ DWORD (long)
        Case conREG_DWORD
            lngValue = varValue
            SetValueEx = RegSetValueExLong(lngHKEY, _
                strValueName, 0&, lngType, lngValue, 4)
    End Select
End Function
```

```
' Lesen eines Registrierungseintrags
Function QueryValueEx(ByVal lngHKEY As Long, _
                      ByVal strValueName As String, _
                      ByRef varValue As Variant) As Long

    Dim lngCch As Long
    Dim lngRc As Long
    Dim lngType As Long
    Dim lngValue As Long
    Dim strValue As String


    On Error GoTo err_QueryValueEx


    ' Größe und Datentyp bestimmen
    lngRc = RegQueryValueExNULL(lngHKEY, strValueName, 0&, _
                                        lngType, 0&, lngCch)

    If lngRc <> conNoError Then
        strValue = ""
        lngRc = -1
    Else
        Select Case lngType
            ' Für Strings
            Case conREG_SZ:
                strValue = String(lngCch, 0)

                lngRc = RegQueryValueExString(lngHKEY, _
                    strValueName, 0&, lngType, strValue, lngCch)
                If lngRc = conNoError Then
                    varValue = Left(strValue, lngCch)
                Else
                    varValue = Empty
                End If
            ' Für DWORDS (long)
            Case conREG_DWORD:
                lngRc = RegQueryValueExLong(lngHKEY, _
                    strValueName, 0&, lngType, lngValue, lngCch)
                If lngRc = conNoError Then
                    varValue = lngValue
                End If
```

```
            Case Else
                'alle anderen Datentypen werden nicht unterstützt
                lngRc = -1
        End Select
    End If

exit_QueryValueEx:
    QueryValueEx = lngRc
    Err.Clear
    Exit Function

err_QueryValueEx:
    Resume exit_QueryValueEx

End Function


' Registrierungswert aus HKEY_CURRENT_USER abfragen
Public Function QueryRegValue(strKeyName As String, _
                             strValueName As String) As Variant

    Dim lngRetVal As Long     ' Ergebniswert der API-Funktion
    Dim lngHKEY As Long       ' Handle des Registrierungseintrags
    Dim varValue As Variant   ' Wert des Registrierungseintrags

    ' Registrierung öffnen,
    ' lngHKEY enthält anschließend den Zeiger auf den Eintrag
    lngRetVal = RegOpenKeyEx(conHKEY_CURRENT_USER, stbKeyName, 0, _
                                    conKeyAllAccess, lngHKEY)
    ' Abfragen des Werts
    lngRetVal = QueryValueEx(lngHKEY, strValueName, varValue)
    If lngRetVal <> -1 Then
        QueryRegValue = Left(varValue, Len(varValue) - 1)
    Else
        QueryRegValue = ""
    End If
    RegCloseKey (lngHKEY)
End Function
```

23.10 Microsoft Office 2000 Developer (MOD)

Die Zusatzsoftware Microsoft Office 2000 Developer (MOD) stellt Komponenten und Hilfswerkzeuge für die Office 2000-Programmierung zur Verfügung. Zum Umfang von MOD gehört auch eine Access-Laufzeitversion, die das Betreiben von Access-Datenbanklösungen auf Rechnern ermöglicht, auf denen kein Access eingerichtet ist. MOD muss zusätzlich gekauft werden und gehört nicht zum Lieferumfang des Office-Pakets. MOD hatte für vorangegangene Access-Versionen schon die Namen ODE und ODT. Diese Abkürzungen tauchen immer noch an einigen Stellen auf.

Weitere Informationen zu Microsoft Office 2000 Developer finden Sie im Internet unter der Adresse *http://msdn.microsoft.com/officedev*.

Wir möchten Ihnen in den folgenden Abschnitten einige der Komponenten vorstellen. In Kapitel 20, »ActiveX-Steuerelemente«, haben Sie schon einige der Komponenten kennengelernt.

23.10.1 Visual Basic-Add-Ins

Zu MOD gehören eine Reihe von Visual Basic-Add-Ins, die Ihnen Programmierunterstützung geben. Um die Add-Ins zu aktivieren, rufen Sie im Visual Basic-Editor *EXTRAS Add-In-Manager* auf. Im Dialogfeld *Add-In-Manager* werden, wie im folgenden Bild zu sehen, die von MOD installierten Add-Ins aufgeführt. Selektieren Sie das gewünschte Add-In und laden Sie es, indem Sie die Option *Geladen/Entladen* anwählen. Kreuzen Sie die Option *Beim Start laden* an, wird das Add-In beim nächsten Start des Visual Basic-Editors automatisch bereitgestellt.

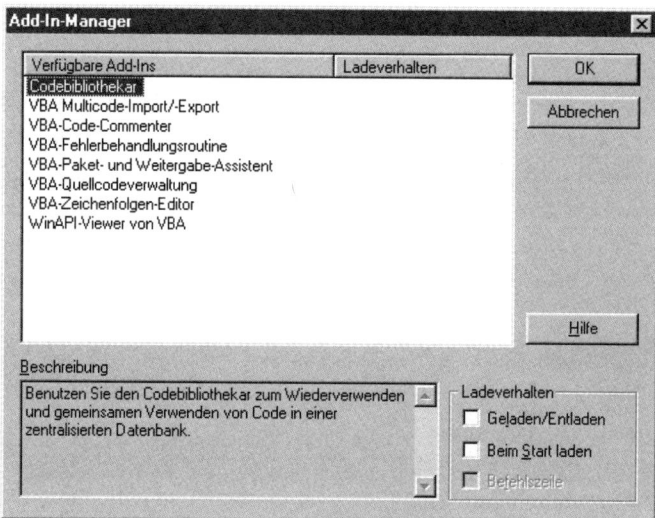

Bild 23.12: Add-In-Manager

Die geladenen Add-Ins können im Visual Basic-Editor über den Menüpunkt *Add-Ins* abgerufen werden.

VBA-Zeichenfolgen-Editor

Der *VBA-Zeichenfolgen-Editor* unterstützt Sie bei der Erstellung von Zeichenketten, insbesondere wenn diese aus vielen Einzelteilen bestehen.

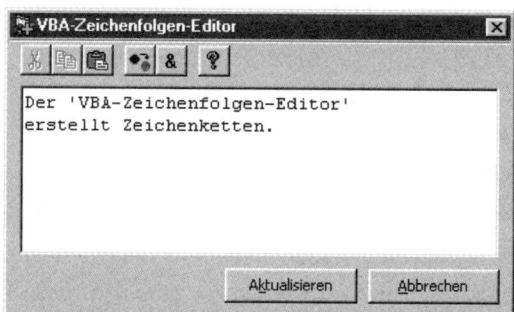

Bild 23.13: VBA-Zeichenfolgen-Editor

Der im Bild oben gezeigte Satz wird vom *Zeichenfolgen-Editor* beispielsweise als

```
"Der 'VBA-Zeichenfolgen-Editor'" & vbNewLine & "erstellt Zeichenketten."
```

in Ihren Code eingefügt.

Codebibliothekar

Der *Codebibliothekar* ermöglicht einen Zugriff auf spezielle Bibliotheken, in denen Routinen und Programmteile gespeichert sind, die Sie in Ihre Applikationen kopieren können. Microsoft stellt eine große Bibliothek *CodeLib.mdb* mit Access- und VBA-Programmierbeispielen zur Verfügung. Alle Beispiele können Sie in Ihren Applikationen einsetzen. Nach Aufruf des Codebibliothekars müssen Sie die Bibliothek mit *DATEI Öffnen* laden. Die Bibliothek wird normalerweise unter *Programme\Microsoft Office\ODETools\V9* bei der Installation von MOD abgelegt.

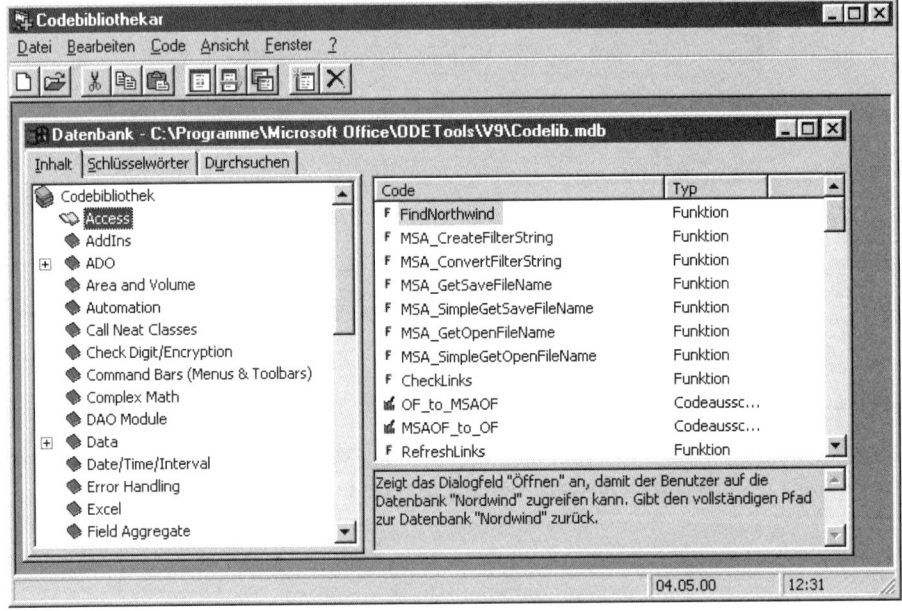

Bild 23.14: Codebibliothekar

Die im Codebibliothekar enthaltenen Codefragmente und Funktionen können über die Zwischenablage in Ihre Programme kopiert oder als Dateien gespeichert werden.

Der Codebibliothekar kann auch direkt aufgerufen werden. Im Windows-Startmenü finden Sie unter *Programme/Microsoft Office 2000 Developer* den Eintrag *Codebibliothekar*.

WinAPI-Viewer

Mithilfe des *WinAPI-Viewers* können Sie die Deklarationen der Windows-Funktionen, die Konstanten und Typdefinitionen fehlerfrei in Ihr Programm übernehmen. Nach Aufruf des *WinAPI-Viewers* über *ADD-INS WinAPI-Viewer* im Visual

Basic-Editor wird das folgende Dialogfeld geöffnet, allerdings zuerst ohne Daten. Mit *DATEI Textdatei laden* können Sie eine Textdatei mit API-Definitionen laden, normalerweise *win32api.txt*.

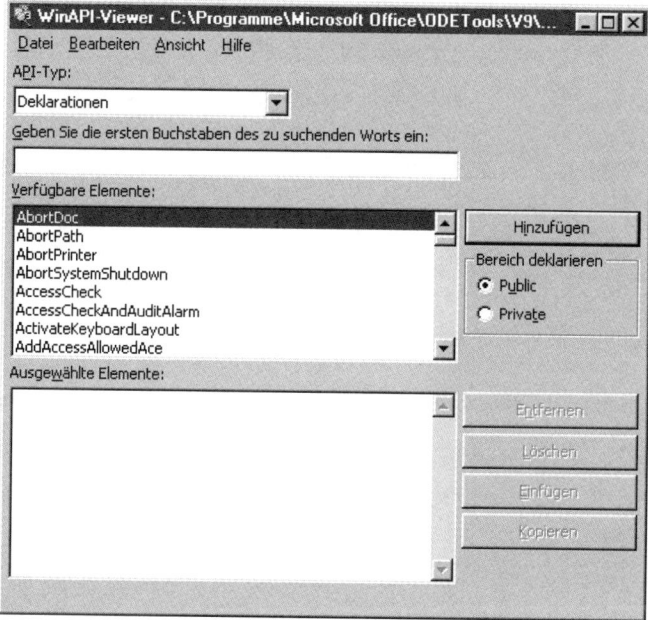

Bild 23.15: WinAPI-Viewer

VBA-Codecommenter

Kommentieren Sie Ihre VBA-Programme ausreichend? Ob ja oder nein, der *VBA-Codecommenter* unterstützt Sie bei der Kommentierung, indem er vorbereitete Kommentarzeilen in Ihre Programme einfügt.

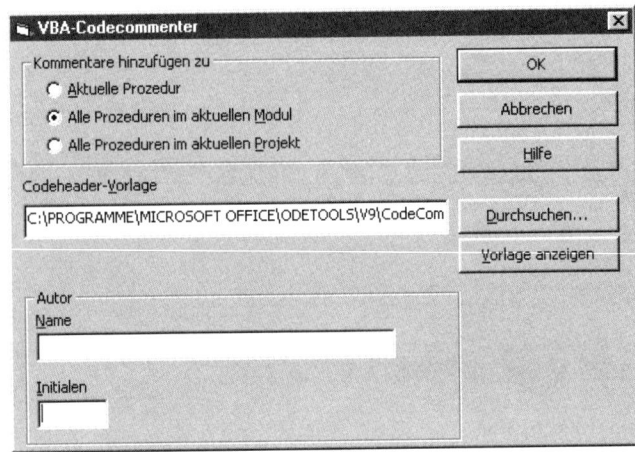

Bild 23.16: VBA-Codecommenter

Ein typisches Beispiel eines eingesetzten Kommentars zeigt das folgende Listing:

```
' Code-Header wurde von Prozedur-Header-Add-In eingefügt
'=======================================================
' Modul3.Abfragen
'-------------------------------------------------------------
' Zweck
' Autor : Ralf Albrecht, 05-04-2000
' Hinweise :
'-------------------------------------------------------------
' Parameter
'-----------
'
'-------------------------------------------------------------
' Rückgaben:
'-------------------------------------------------------------
' Revisionsverlauf
'-------------------------------------------------------------
' 05-04-2000 RA:
'=======================================================
' Ende des Code-Header-Blocks
```

Der Codecommenter verwendet für die einzusetzenden Kommentare eine Vorlage, oben im Bild unter *CodeHeader-Vorlage*, normalerweise die Datei *C:\PROGRAMME\MICROSOFT OFFICE\ODETOOLS\V9\CodeCommenter.eht*. Mithilfe der Schaltfläche *Vorlage anzeigen* können Sie sich das folgende Fenster auf den Bildschirm holen.

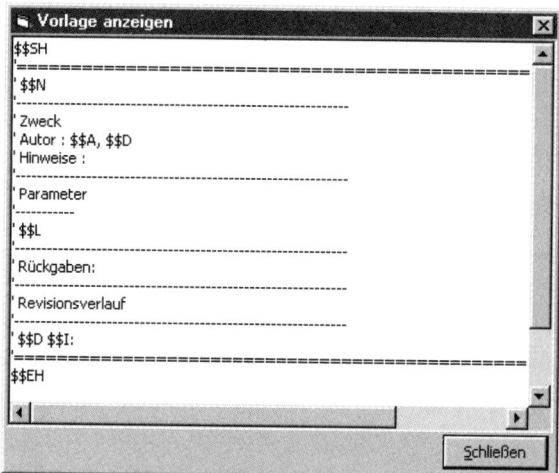

Bild 23.17: VBA-Codecommenter-Vorlage

Die Vorlage können Sie nach Belieben verändern, wobei Sie die folgenden Platzhalter verwenden können.

Tabelle 23.16: Codecommenter-Platzhalter

Platzhalter	Beschreibung
$$SH	Start Header: Wird durch »Code-Header wurde von Prozedur-Header-Add-In eingefügt« ersetzt
$$EH	End Header: Wird durch »Ende des Codeheader-Blocks« ersetzt
$$A	Autor; wie im Dialogfeld angegeben
$$D	Datum; wie im Dialogfeld angegeben
$$I	Initialen
$$N	Name der Funktion/Subroutine mit vorangestelltem Modulnamen
$$L	Parameter der kommentierten Funktion/Subroutine
$$Y	Art der kommentierten Routine, also Function, Sub oder Property
$$P	Projektname
$$B	Prozedurinhalt, d.h., alle Zeilen nach den Variablendefinitionen (siehe $$V) und vor End Sub/End Function/ End Property
$$V	Platzhalter für eine beliebige Anzahl von Zeilen mit Dim- und/oder Static-Festlegungen direkt nach der Prozedurdefinition und anschließenden Kommentar- oder Leerzeilen

Tabelle 23.16: Code-Commenter-Platzhalter (Fortsetzung)

Platzhalter	Beschreibung
$$SA	Start Auto: Zeigt den Beginn einer eingefügten Fehlerbehandlungs-routine an (siehe nächsten Abschnitt)
$$EA	End Auto: Zeigt das Ende einer eingefügten Fehlerbehandlungsroutine an (siehe nächsten Abschnitt); der Platzhalter wird durch »' Fehlerbehandlungsblock hinzugefügt vom Fehlerbehandlungsroutinen-Add-In. Bearbeiten Sie diesen Codeabschnitt NICHT.« ersetzt
$$H	Platzhalter für eine beliebige Zahl von Kommentar- oder Leerzeilen direkt nach der Prozedurdefinition, vor den ersten Befehlen. Wird durch »Ende des Fehlerbehandlungsblocks.« ersetzt

Beachten Sie, dass eine Vorlagendatei entweder $$SH und $$EH oder $$SA und $$EA enthalten muss, um als gültige Vorlagendatei erkannt zu werden.

VBA-Fehlerbehandlungsroutine

Ähnlich wie der oben beschriebene *Codecommenter* arbeitet das *VBA-Fehlerbehandlungs*-Add-In, nur dass anstelle von Kommentaren Fehlerbehandlungsroutinen eingebaut werden.

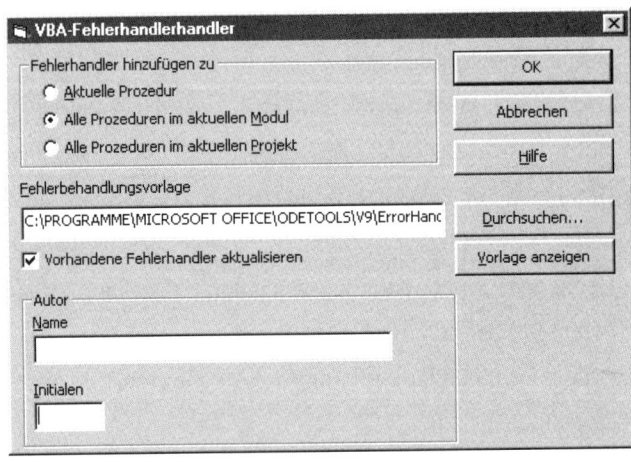

Bild 23.18: VBA-Fehlerbehandlungsroutine

Auch der *VBA-Fehlerhandlerhandler* (wie es etwas merkwürdig in der Titelzeile des Dialogfelds oben heißt) arbeitet mit einer Vorlagendatei, in der die einzufügenden Befehle vordefiniert sind. Das folgende Listing zeigt einen typischen Fehlerbehandlungsblock.

```
' Fehlerbehandlungsblock hinzugefügt vom
' Fehlerbehandlungsroutinen-Add-In. Bearbeiten Sie diesen
' Codeabschnitt NICHT.
' Automatische Fehlerbehandlungsroutine wurde
' zuletzt aktualisiert: 05-04-2000 12:42:20
HandleErr:
    Select Case Err.Number
        Case Else
            MsgBox "Fehler " & Err.Number & ": " & _
                    Err.Description, vbCritical, "Modul3.Abfragen" _
                        'ErrorHandler:$$N=Modul3.Abfragen
    End Select
' Ende des Fehlerbehandlungsblocks.
```

Die Vorlage verwendet ebenfalls die in Tabelle 23.16 aufgeführten Platzhalter, die Sie bei einer Anpassung der Vorlage oder bei neuen Vorlagen einsetzen können.

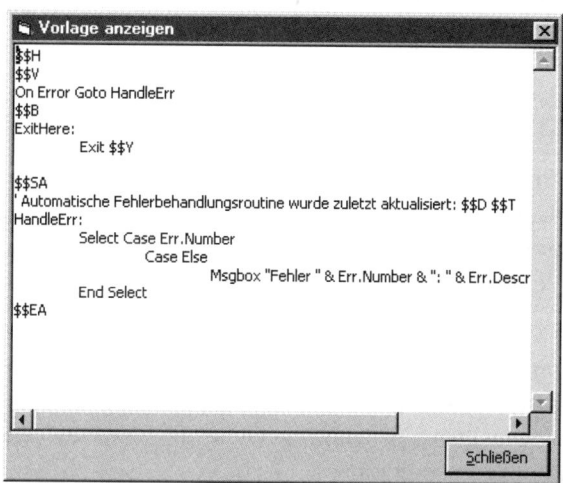

Bild 23.19: VBA-Fehlerbehandlungsroutinen-Vorlage

23.10.2 Weitere MOD-Programme und -Elemente

Mithilfe des *VBA-Multicode-Import/Export*-Add-Ins können VBA-Module und -Klassenmodule importiert und exportiert werden, um sie beispielsweise mit anderen Office-Applikationen oder Visual Basic 6 auszutauschen.

Mit MOD wird Visual SourceSafe ausgeliefert, das eine Verwaltung und Kontrolle Ihrer Programme ermöglicht. Dies ist insbesondere dann hilfreich, wenn mehrere Programmierer gleichzeitig an der gleichen Anwendung arbeiten.

Die mit MOD ausgelieferten ActiveX-Steuerelemente werden zum größten Teil in Kapitel 20, »ActiveX-Steuerelemente«, beschrieben.

Der *Replikationsmanager* von MOD wird in nicht diesem Buch erläutert. Er erweitert die Replikationsmöglichkeiten von Access.

Die von MOD installierten Daten-Steuerelemente *Datenumgebungs-Designer* und *Datenbericht-Designer* werden im Rahmen dieses Buchs nicht besprochen.

23.11 Setup-Assistent und Access-Laufzeitumgebung

Möchten Sie Ihre Access-Applikationen an andere Anwender weitergeben oder verkaufen, so ist es meistens nicht ausreichend, einfach die MDB- oder MDE-Datei weiterzugeben, denn in ihr verwenden Sie vielleicht ActiveX-Komponenten, die auf dem Zielrechner nicht installiert sind. Außerdem setzt eine MDB- oder MDE-Datei voraus, dass auf dem Zielrechner Access 2000 eingerichtet ist.

Mithilfe der (käuflich zu erwerbenden) Zusatzsoftware Microsoft Office 2000 Developer (MOD) können Sie zum einen Installationsprogramme erstellen, die alle benötigten Komponenten auf einem Zielrechner einrichten und erhalten eine Access-Laufzeit-Version (Runtime), die Sie mit Ihren Anwendungen vertreiben können.

Für die Generierung des Installationsprogramms steht Ihnen ein Paket- und Weitergabe-Assistent zur Verfügung. Mit dem Assistenten können Sie Installationsdateien erzeugen, die Ihre Datenbankanwendung, eine Access-Laufzeitversion und weitere Komponenten beinhalten.

Der *Paket- und Weitergabe-Assistent* wird als Add-In eingerichtet. Sie aktivieren den Assistenten aus dem Visual Basic-Editor heraus über *ADD-INS Add-In-Manager*. In der Gruppe *Ladeverhalten* bestimmen Sie, wann das Add-In geladen werden soll (siehe Bild 23.12). Rufen Sie nach dem Laden den Assistenten über *ADD-Ins Paket- und Weitergabe-Assistent* auf. Der Assistent wird immer auf die aktuell geladene Datenbank angewendet.

Im ersten Dialogfeld des Setup-Assistenten werden Ihnen drei Optionen angeboten: *Verpacken* erstellt ein Setup-Programm, das Ihre Access-Anwendung, also die aktuelle Datenbank, mit allen benötigten Komponenten installiert. *Weiterge-*

ben erlaubt die Erstellung von Skripten, in denen die Weitergabe des Setup-Programms an einen Netzwerk- oder Internet-Server beschrieben ist. Die Skripten werden direkt ausgeführt und mit *Skripts verwalten* verwaltet.

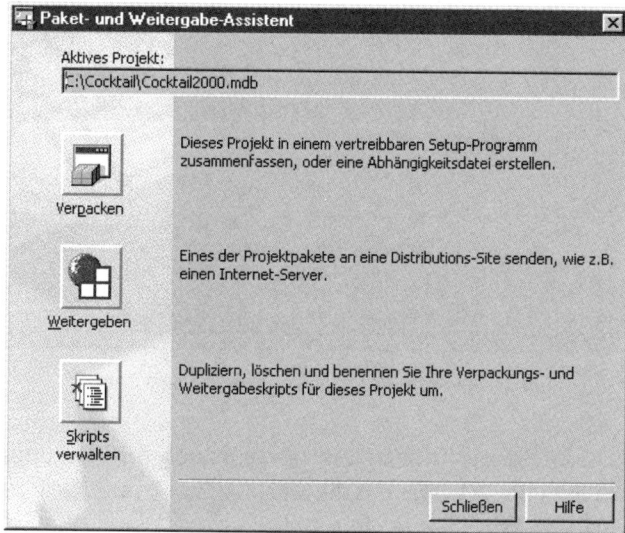

Bild 23.20: Erstes Dialogfeld des Setup-Assistenten

In den beiden folgenden Abschnitten beschreiben wir die ersten beiden Optionen.

23.11.1 Option Verpacken

Selektieren Sie im ersten Dialogfeld des Assistenten die Option *Verpacken*, so erhalten Sie die in Bild 23.21 gezeigte Auswahl. Die Option *Standardmäßiges Setup-Paket* erstellt das Installationsprogramm, während die zweite Option eine Abhängigkeitsdatei (Endung DEP) erzeugt, in der beschrieben ist, von welchen Komponenten die aktuelle Datenbank abhängig ist.

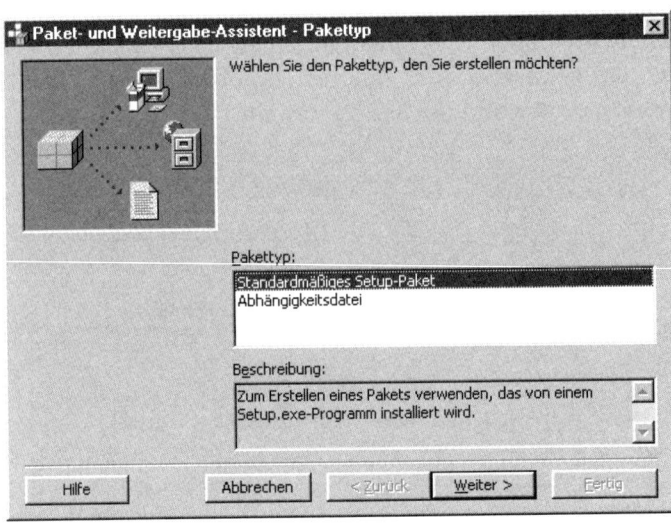

Bild 23.21: Setup-Programm oder Abhängigkeitsdatei

Im nächsten Dialogfeld bestimmen Sie den Ordner für das Setup-Programm. Vorgeschlagen wird vom Assistenten der Ordner *Paket*, unterhalb des Ordners, in dem die aktuelle Datenbank gespeichert ist.

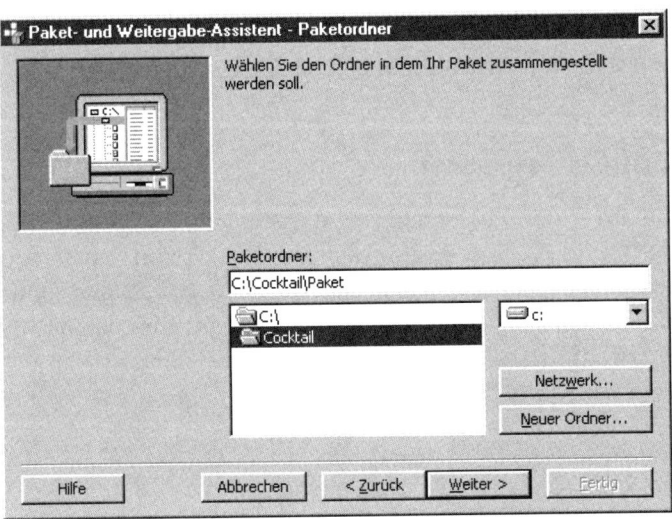

Bild 23.22: Auswahl des Ordners für das Setup-Programm

Der Paket- und Weitergabe-Assistent durchsucht nun Ihre Datenbank nach Abhängigkeiten, beispielsweise den Datenbanken verknüpfter Tabellen, ActiveX-

Komponenten oder Bibliotheken. Können bestimmte Abhängigkeitsinformationen nicht ermittelt werden, wird das folgende Dialogfeld eingeblendet:

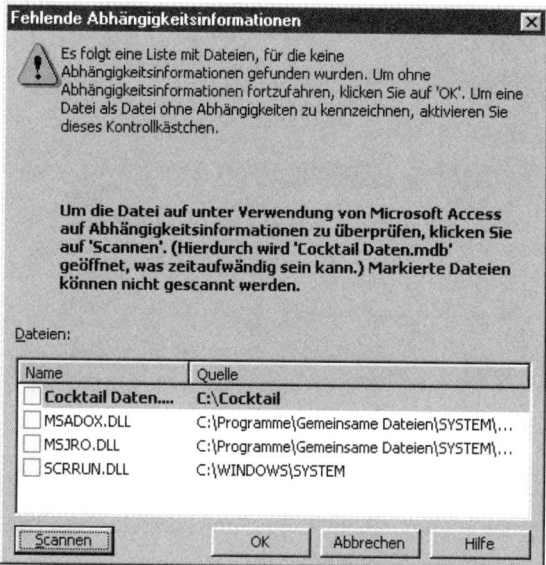

Bild 23.23: Fehlende Abhängigkeitsinformationen

MDB-Dateien können gescannt werden, um gegebenenfalls weitere Abhängigkeiten zu ermitteln. Bei anderen Komponenten fehlt wahrscheinlich eine entsprechende Abhängigkeitsdatei (.DEP), sodass der Assistent nicht überprüfen kann, ob die Datei von anderen abhängt.

Im nächsten Dialogfeld werden alle Komponenten aufgeführt, von denen die aktuelle Datenbank abhängt. Mithilfe der Schaltfläche *Hinzufügen* können Sie die Liste erweitern, falls der Assistent nicht alle Abhängigkeiten finden konnte oder Sie zusätzliche Dateien, wie Anleitungen, Bilder usw. zusätzlich mit dem Setup-Programm installieren lassen möchten.

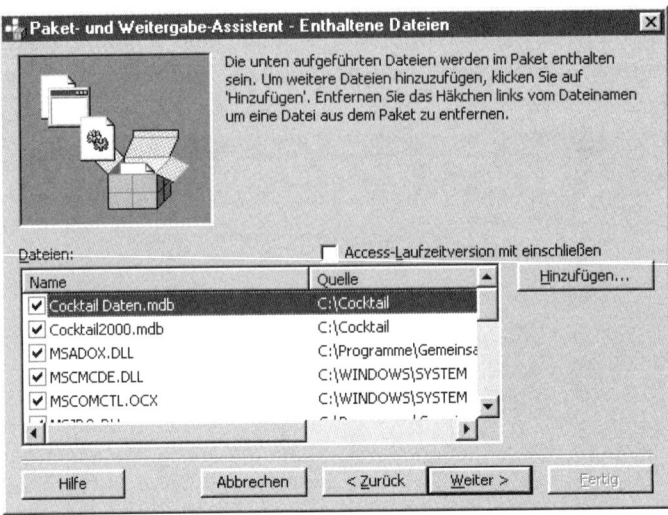

Bild 23.24: Zu installierende Dateien

Selektieren Sie die Option *Access-Laufzeitversion mit einschließen*, um Ihre Applikation auch an Benutzer weitergeben zu können, bei denen Access 2000 nicht auf dem Rechner eingerichtet ist. Die Weitergabe der Laufzeitversion ist lizenzfrei, allerdings kann die Größe der Laufzeitversion, je nach abhängigen Komponenten, 150 MByte und mehr betragen.

Die Laufzeitversion wird bei der Installation des MOD nicht auf Ihre Festplatte kopiert, deshalb wird die folgende Meldung gezeigt. Auf der MOD-CD-Rom finden Sie die Laufzeitversion im Ordner *\ODETools\v9\AccessRT*.

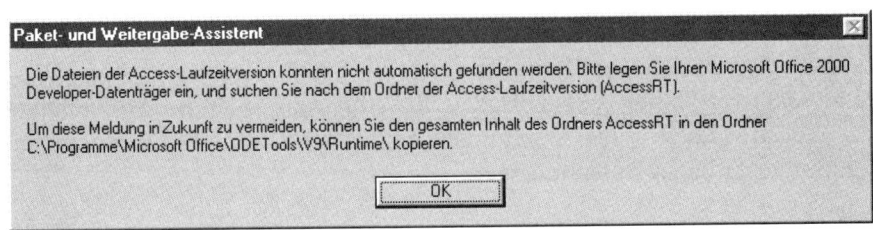

Bild 23.25: Laufzeitversions-Meldung

Das Setup-Programm setzt sich aus einem ausführbaren Programm, SETUP.EXE, einer Beschreibungsdatei SETUP.LST und einer oder mehrerer CAB-Dateien zusammen. CAB-Dateien sind komprimierte Archive, in denen die einzelnen Dateien und Komponenten vorliegen. Bei der Erstellung des Setup-Programms haben Sie die Auswahl, entweder eine große CAB-Datei oder mehrere kleine zu erzeugen. Die kleinen CAB-Dateien sind dann von Vorteil, wenn Sie das Setup-Programm beispielsweise auf Disketten speichern wollen.

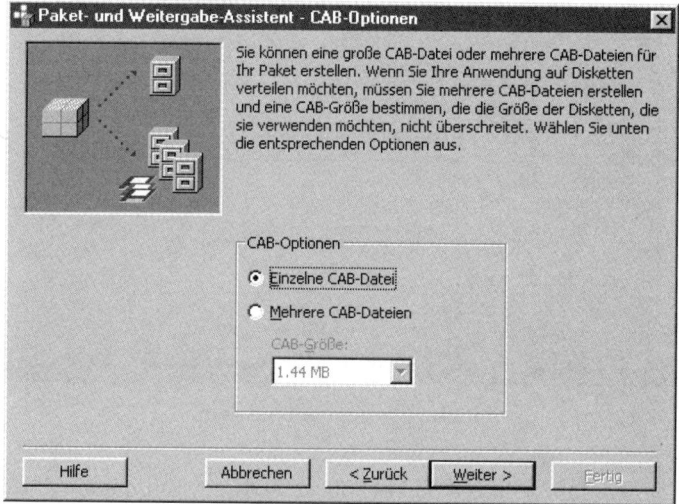

Bild 23.26: Bestimmung der CAB-Variante

Die nächsten beiden Dialogfelder (ohne Abb.) dienen zur Festlegung eines Installationstitels und des Eintrags im Start-Menü.

Anschließend zeigt der Assistent eine Liste mit allen durch das Setup-Programm zu installierenden Dateien. In der Spalte *Installationsort* können Sie ersehen, wohin die entsprechende Datei beim Setup installiert wird. Die Variable *$(AppPath)* steht für den Ordner, in dem der Benutzer später die Applikation einrichtet, *$WinSysPath* beschreibt den Windows-Systemordner.

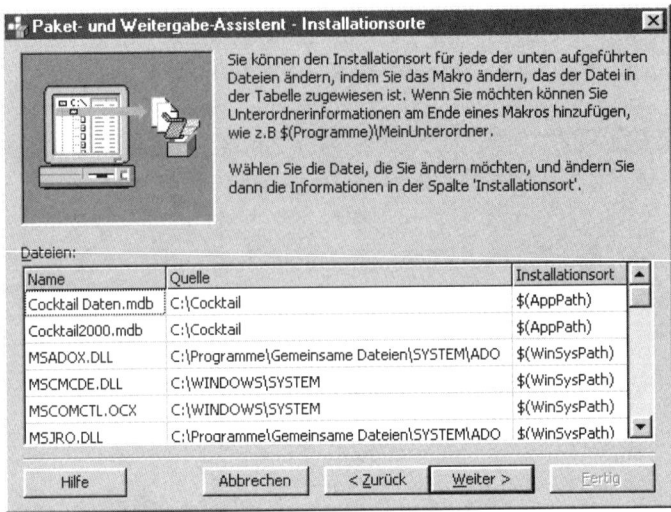

Bild 23.27: Installationsordner

Im nächsten Dialogfeld (ohne Abb.) erhalten Sie die Möglichkeit, Dateien als »gemeinsam« zu deklarieren, d.h., mehrere Applikationen teilen sich diese Dateien.

Zuletzt bestimmen Sie einen Namen für das Skript. Im Skript werden die oben festgelegten Einstellungen gespeichert, sodass Sie, wenn sich beispielsweise Ihre Access-Applikation verändert hat, durch Aufruf des Skripts schnell ein neues Setup-Programm erstellen können.

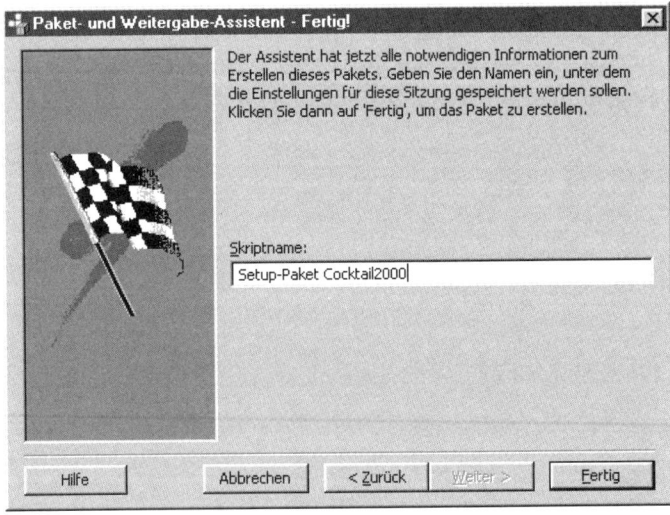

Bild 23.28: Festlegung des Skriptnamens

23.11.2 Option Weitergeben

Selektieren Sie in Bild 23.20 die Option *Weitergeben*, können Sie im darauf folgenden Dialogfeld bestimmen, für welches Paket die Weitergabe durchgeführt soll. Hierfür können Sie, wie im nächsten Dialogfeld gezeigt, zwischen den Optionen *Ordner* und *Web-Veröffentlichung* wählen.

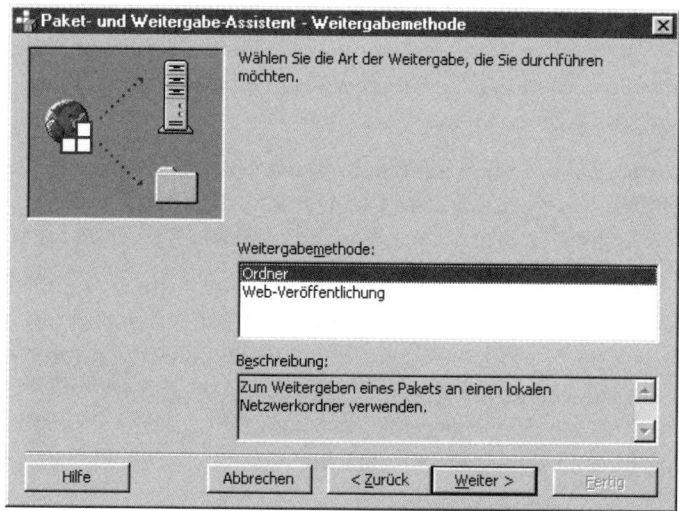

Bild 23.29: Ordner oder Web-Veröffentlichung?

Selektieren Sie *Ordner*, so können Sie einen Ordner auf einem Netzwerkserver bestimmen, in den das Setup-Programm kopiert wird. Aus diesem Ordner heraus können Netzwerkbenutzer das Setup-Programm aufrufen und so auf ihrem Rechner installieren.

Die Option *Web-Veröffentlichung* fragt von Ihnen den Namen eines Internet- oder Intranet-Web-Servers ab. Das Setup-Programm wird per HTTP oder FTP auf den Server kopiert. Berechtigte Benutzer des Web-Servers können über das Internet bzw. Intranet die Applikation installieren.

23.12 Einsatz der Access-Laufzeitversion

Entwickeln Sie Access-Anwendungen, die mit der Laufzeitversion von Access eingesetzt werden sollen, so müssen Sie bei der Entwicklung auf die Unterschiede der Laufzeitversion zur Vollversion von Access achten.

In der Laufzeitumgebung werden das Datenbank-, das Makro- und das Modulfenster sowie die Entwurfsansichten von Tabellen, Abfragen, Formularen und Berichten ausgeblendet, ebenso wie die Dialogfelder für Filter. Diese Fenster und Ansichten sind zwar nach wie vor vorhanden, werden von der Laufzeitumgebung aber nicht angezeigt. Alle Befehle, mit denen Anwender Änderungen an der Datenbank vornehmen könnten, sind nicht zugänglich. Darüber hinaus werden alle eingebauten Access-Symbolleisten deaktiviert.

Am besten ist es, für Ihre Anwendung eigene Menüs und Symbolleisten zu erstellen. Damit vermeiden Sie eine ungewollte Fehlbedienung Ihrer Anwendung und können auf die Access-Menüs verzichten.

Ihre Anwendung muss ein Start-Formular haben, von dem aus zu allen Formularen und Berichten verzweigt werden kann, denn in der Laufzeitversion ist das Datenbankfenster für den Aufruf von Formularen und Berichten nicht erreichbar.

Wichtig ist, dass Sie eine komplette Fehlerbehandlung Ihrer Visual Basic-Prozeduren in Ihre Anwendung einfügen. Wenn die Laufzeitversion auf einen unbehandelten Visual Basic-Laufzeitfehler stößt, wird die Anwendung geschlossen, ohne dass eine Fehlermeldung gezeigt wird. Die Anwendung wird ebenfalls bei Makrofehlern ohne Meldung beendet. Da Makrofehler nicht abfangbar sind, sollten Sie auf den Einsatz von Makros verzichten.

23.12.1 Simulation der Laufzeitumgebung

Möchten Sie Ihre Anwendung zusammen mit der Laufzeitumgebung weitergeben oder vertreiben, so ist es notwendig, das Programm mit der Laufzeitversion zu testen. Hierzu stehen Ihnen zwei Varianten zur Verfügung, die beide die Microsoft Office 2000 Developer-Software benötigen.

Im ersten Fall erstellen Sie mithilfe des im Abschnitt 23.11 beschriebenen Paket- und Weitergabe-Assistenten Installationsdateien mit der Laufzeitversion. Installieren Sie die erstellten Setup-Dateien auf Ihrem Rechner, so wird die Laufzeitversion eingerichtet. Zum weiteren Testen Ihrer Anwendung ersetzen Sie die eingerichtete Anwendungs-MDB-Datei jeweils durch die neueste Version.

In der zweiten Variante können Sie mithilfe der Kommandozeilenoption `/runtime` eine normale Access-Version anweisen, die Laufzeitversion zu simulieren.

23.12.2 Vollversion oder Laufzeitumgebung?

In vielen Fällen kann es sinnvoll sein, dass sich eine Anwendung in der Access-Vollversion anders verhält als in der Laufzeitversion. Mithilfe der folgenden Funktion können Sie abfragen, ob die Anwendung mit der Laufzeitversion ausgeführt wird.

```
Function IsRuntime() As Boolean

    On Error GoTo err_IsRunTime
    IsRuntime = SysCmd(acSysCmdRuntime)

exit_IsRunTime:
    Exit Function

err_IsRunTime:
    ' Bei Fehler "Ungültiger Prozeduraufruf"
    If Err.Number = 5 Then
        IsRuntime = False
    Else
        MsgBox "Fehler: " & Err.Number & ": " & Err.Description
    End If
    Resume exit_IsRunTime
End Function
```

24 Datensicherheit

24.1 Grundlagen der Access-Sicherheit

Access bietet mehrere Verfahren an, mit denen der Zugriff auf Daten und Programme gesichert werden kann. Wir möchten Ihnen im Folgenden die Grundlagen der Sicherheitsverfahren vorstellen.

24.1.1 Zugriffsrechte

Berechtigungen für den Zugriff auf Daten lassen sich auf Datenbank- oder Benutzerebene vereinbaren.

Zugriffsrechte auf Datenbankebene

Vergeben Sie ein Kennwort für die gesamte Datenbank, muss vor jeder Benutzung der entsprechenden MDB-Datei das Kennwort angegeben werden. Jede Person, die über das Passwort verfügt, hat uneingeschränkten Zugang zur Datenbank.

Um das Kennwort mithilfe des Befehls *EXTRAS Sicherheit Datenbankkennwort zuweisen* einzurichten, muss die Datenbank im exklusiven Modus geöffnet werden. Wählen Sie dazu im Dialogfeld zu *DATEI Öffnen* über die Schaltfläche *Öffnen* die Option *Exklusiv öffnen*.

Mithilfe der folgenden Funktion können Sie das Datenbankkennwort aus einem Programm heraus setzen. Ist noch kein Passwort vereinbart, übergeben Sie für den Parameter `varOldPwd` die leere Zeichenkette "".

```
Function DatenbankPasswortÄndern( _
              ByVal varOldPwd As Variant, _
              ByVal varNewPwd As Variant) As Boolean

    On Error GoTo err_DatenbankPasswortÄndern

    Dim db As DAO.Database
```

```
    Set db = CurrentDb()

    DatenbankPasswortÄndern = False

    db.NewPassword varOldPwd, varNewPwd

    DatenbankPasswortÄndern = True

exit_DatenbankPasswortÄndern:
    Exit Function

err_DatenbankPasswortÄndern:
    Select Case Err.Number
        Case 3033:
            MsgBox "Keine Berechtigung!"
        Case Else
            MsgBox "Fehler " & Err.Number & ": " & Err.Description
    End Select
    Resume exit_DatenbankPasswortÄndern

End Function
```

Zugriffsrechte auf Benutzerebene

Arbeiten mehrere Personen mit der gleichen Datenbank bzw. wird Ihre Anwendungslösung im Netzwerk eingesetzt, beispielsweise als Frontend/Backend-Applikation, ist es sicherer und besser, die Zugriffsrechte auf Benutzerebene zu vergeben. Dabei können detailliert für jeden Benutzer und für Benutzergruppen Rechte zum Lesen, Schreiben, Löschen usw. für alle Bereiche der Datenbank gesetzt werden. Sie können einem Benutzer damit beispielsweise den Zugriff auf die Daten ermöglichen, aber verhindern, dass er Änderungen an der Datenstruktur vornehmen kann.

Durch die Zuordnung von Benutzern zu Benutzergruppen lässt sich die Verwaltung von Berechtigungen vereinfachen, indem entsprechende Rechte an Gruppen vergeben werden. Die Berechtigungen der Gruppe sind dann für jeden Benutzer festgelegt, der zu dieser Gruppe gehört.

24.1.2 Datenbankverschlüsselung

Um ein Lesen der Datenbankinhalte durch Hilfs- oder Textprogramme unter Umgehung von Access zu verhindern, sollten Sie Ihre Datenbanken verschlüsseln.

Access chiffriert Ihre Datenbank mit einem internen Schlüssel. Alle Datensätze und Objekte, die in der Datenbank abgelegt werden, sind dann automatisch verschlüsselt. Allerdings hat die Verschlüsselung eine Verschlechterung der Datenbankleistung zur Folge.

Um eine Datenbank zu verschlüsseln, starten Sie Access, ohne eine Datenbank zu laden. Wählen Sie im Menü *EXTRAS Sicherheit Datenbank ver-/entschlüsseln*, um den Vorgang zu starten. Access erzeugt bei der Verschlüsselung eine neue, verschlüsselte Datenbank. Ihr Original bleibt unchiffriert.

24.2 Die Arbeitsgruppeninformationsdatei

Bei der Installation von Access wird automatisch die Standard-Arbeitsgruppeninformationsdatei SYSTEM.MDW (MDW für Microsoft Database Workgroup) angelegt. Darin sind folgende Informationen abgelegt:

> Benutzernamen mit Passwörtern sowie persönlicher ID (PID),

> Gruppennamen und Gruppen-IDs,

> Informationen darüber, welcher Benutzer welcher Gruppe angehört.

Die Zuordnung eines Benutzers zu einer Arbeitsgruppeninformationsdatei wird in der Windows-Registrierung auf dem System des jeweiligen Benutzers gespeichert. Bei einer Frontend/Backend-Verteilung in einer Mehrbenutzerumgebung (siehe Kapitel 23, »Anwendungsentwicklung«) liegt die Access-Datenbank mit den Daten typischerweise auf dem Server. Dort wird auch die Arbeitsgruppeninformationsdatei abgelegt, sodass die Mitglieder der Arbeitsgruppe auf beide Datenbanken Zugriff haben.

! Die Standard-Arbeitsgruppeninformationsdatei, die bei der Installation von Access angelegt wird, ist für jede Access-Installation dieselbe. Sie ist somit nicht sicher und lässt sich auch nicht sichern. Brauchen Sie eine gesicherte Datenbank, ist es notwendig, eine neue Arbeitsgruppeninformationsdatei anzulegen.

24.2.1 Eine neue Arbeitsgruppeninformationsdatei anlegen

Mithilfe des Datensicherheits-Assistenten (*EXTRAS Sicherheit*) können Sie eine neue Arbeitsgruppeninformationsdatei anlegen, die im Folgenden entweder mit einer bestimmten Datenbank verknüpft ist oder als Standard-Arbeitsgruppeninformationsdatei festgelegt werden kann. Von der Datenbank wird eine ungesicherte Kopie mit der Endung BAK erstellt; die aktuelle Datenbank hingegen wird gesichert und es wird eine Verknüpfung auf die MDW-Datei mit dem Namen der Datenbank auf den Desktop gelegt. Von dort aus lässt sich die Datenbank mit den Einstellungen aus der Arbeitsgruppeninformationsdatei leicht aufrufen.

Soll keine neue Arbeitsgruppeninformationsdatei zu einer bestimmten Datenbank erstellt, sondern die Standard-Arbeitsgruppeninformationsdatei ersetzt werden, klicken Sie die entsprechende Option im zweiten Schritt des Datensicherheits-Assistenten an.

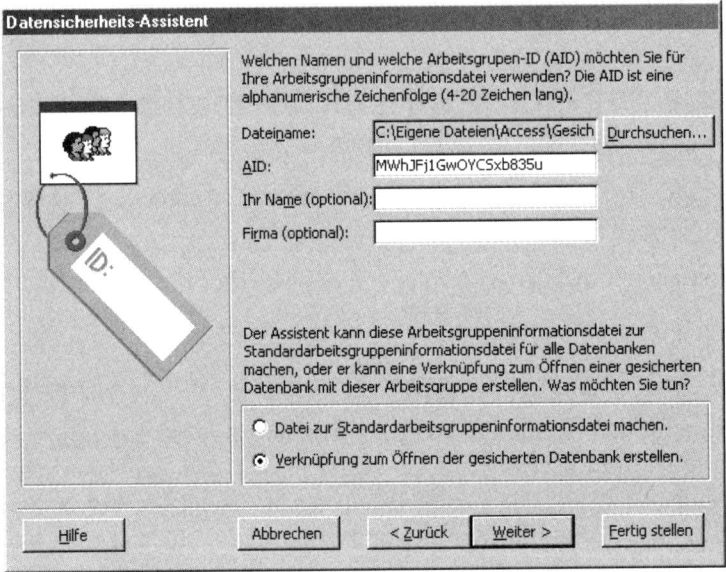

Bild 24.1: Neue Standard-Arbeitsgruppeninformationsdatei oder Verknüpfung erstellen?

Da der Datensicherheits-Assistent standardmäßig die gesamte Datenbank mit allen Objekten sichert, können Sie bei Bedarf im nächsten Schritt des Assistenten bestimmte Objekte ausnehmen.

Das nächste Fenster des Datensicherheits-Assistenten erlaubt es Ihnen festzulegen, welche vordefinierten Benutzergruppen Sie für Ihre Arbeitsgruppeninformationsdatei verwenden möchten.

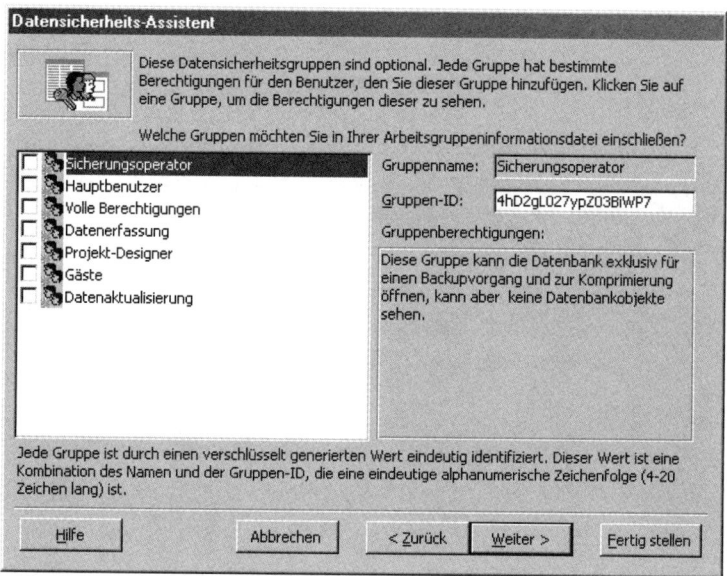

Bild 24.2: Welche Gruppen sollen verwendet werden?

Alle Benutzer, die nicht explizit einer dieser Datensicherheitsgruppen zugewiesen sind, werden die Rechte der Gruppe Benutzer übertragen. Die Rechte für diese Standardbenutzer lassen sich im folgenden Dialogfeld definieren. Access schlägt hierbei vor, dem Benutzer keinerlei Rechte zu geben, also nicht einmal das Recht, die Datenbank zu öffnen. Möchten Sie einem Standardbenutzer hingegen einige Rechte einräumen, so können Sie diese hier festlegen. Dabei können Sie im Detail bestimmen, welche Rechte dem Benutzer in Tabellen, Abfragen, Formularen oder auch beispielsweise in Modulen eingeräumt werden sollen.

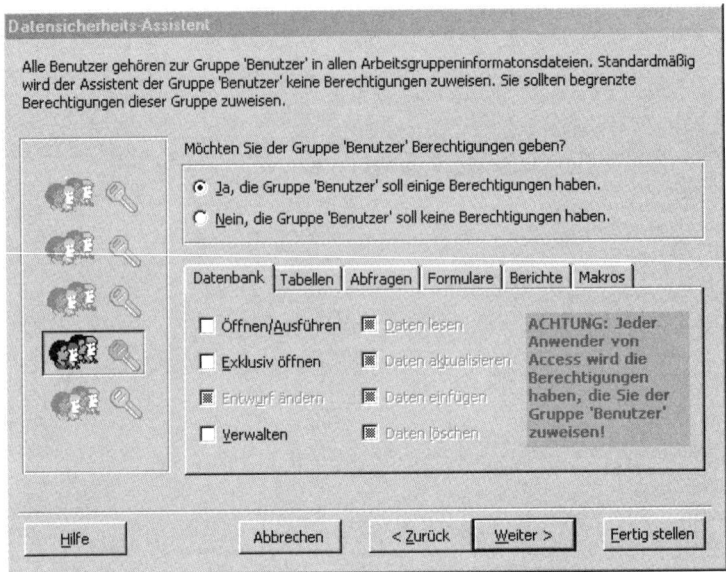

Bild 24.3: Rechte für den Standardbenutzer festlegen

Danach ist es soweit und Sie können die Benutzer eintragen, deren Daten in der Arbeitsgruppeninformationsdatei gespeichert werden sollen.

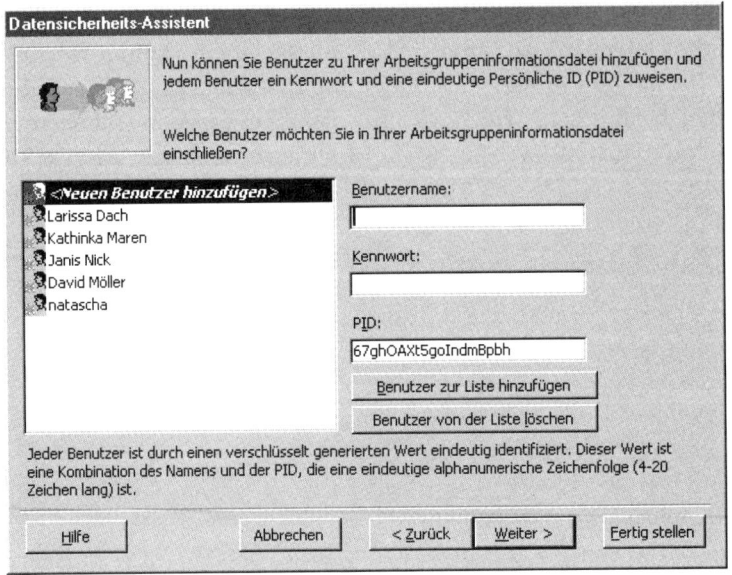

Bild 24.4: Neue Benutzer hinzufügen

Die eingegebenen Benutzer werden dann den ausgewählten Benutzergruppen zugewiesen. Dabei besteht zum einen die Möglichkeit, Benutzer den Benutzergruppen zuzuordnen, zum anderen können Sie auch für bestimmte Benutzergruppen die Benutzer bestimmen.

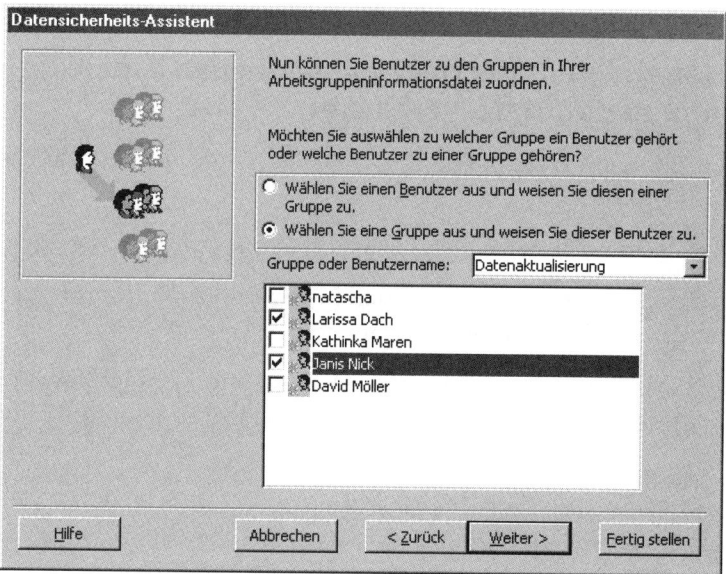

Bild 24.5: Gruppen für Benutzer festlegen

Im letzten Schritt können Sie den Namen der ungeschützten Datenbank festlegen. Klicken Sie dann auf die Schaltfläche *Fertig stellen*, wird eine neue Arbeitsgruppeninformationsdatei erstellt (oder eine existierende geändert) und die Datenbank gesichert. Zudem entfernt der Assistent den Benutzer Admin aus der Benutzergruppe Admins und gibt ihm ein geheimes Passwort.

Ist die Arbeitsgruppeninformationsdatei und die Kopie der Datenbank erstellt, wird ein Bericht mit den Daten der Arbeitsgruppeninformationsdatei angezeigt, der auf Wunsch auch als Snapshot ausgegeben wird. Dieser Bericht ist dann wichtig, wenn Sie aus irgendeinem Grund gezwungen sein sollten, die Arbeitsgruppeninformationsdatei zu rekonstruieren. Da der Bericht sensible Daten enthält, sollten Sie ihn an einem sicheren Ort ablegen.

! **Neuer Benutzer, neue Benutzergruppe oder Sichern anderer Objekte:** Sie können den Benutzerdatensicherheits-Assistenten jederzeit erneut starten, um der Arbeitsgruppeninformationsdatei neue Benutzer oder –gruppen zuzufügen bzw. um neue Objekte zu sichern.

> **VBA-Code sichern:** Der Benutzerdatensicherheits-Assistent sichert keinen VBA-Code. Um VBA-Code zu sichern, müssen Sie ein Passwort für das VBA-Projekt einführen (*EXTRAS Eigenschaften von...* Registerblatt *Schutz*).

24.2.2 Eine andere Datenbank mit der neuen Arbeitsgruppeninformationsdatei verbinden

➤ Kopieren Sie die Verknüpfung zur Datenbank, die der Assistent auf Ihren Desktop gelegt hat.

➤ Aktivieren Sie das Eigenschaftenfenster zur Kopie auf Ihrem Desktop.

➤ Ändern Sie im Eintrag hinter *Ziel* den Namen und Pfad der ursprünglichen Datenbank in den Namen und Pfad der neuen.

Der Eintrag besteht aus dem ausführenden Programm, gefolgt vom Namen der Datenbank, gefolgt von Namen und Pfad der Arbeitsgruppeninformationsdatei:

```
"C:\Programme\Microsoft Office 2000\Office\MSACCESS.EXE" "C:\Eigene
Dateien\Access\Cocktails.mdb" /WRKGRP "C:\Eigene
Dateien\Access\Gesichert.mdw"
```

24.2.3 Eine gesicherte Datenbank »entsichern«

Sie können die Sicherung einer Datenbank rückgängig machen, indem Sie so vorgehen:

➤ Loggen Sie sich als Benutzer der Benutzergruppe `Administratoren` ein.

➤ Starten Sie den Benutzerdatensicherheits-Assistenten und geben dem Benutzer `Benutzer` volle Rechte.

➤ Fügen Sie den Benutzer `Administrator` mit dem Befehl *EXTRAS Sicherheit Benutzer- und Gruppenkonten* wieder in die Benutzergruppe »Administratoren« ein und löschen Sie mithilfe der Schaltfläche *Kennwort löschen* sein Passwort.

➤ Verlassen Sie Access, starten Sie es erneut und loggen Sie sich als `Admin` ein.

➤ Erstellen Sie eine neue leere Datenbank und importieren Sie alle gesicherten Objekte der Datenbank mit dem Befehl *DATEI Externe Daten Importieren*.

24.3 Benutzer und Benutzergruppen

Bei der Neuerstellung einer Datenbank legt Access standardmäßig zwei Benut-zergruppen und einen Benutzer an. Der Benutzer Admin oder Administrator ist der Benutzer, der von Access automatisch verwendet wird, wenn ein Benutzer eine Datenbank aufruft, für die kein expliziter Schutz vereinbart ist. Der Adminis-trator ist Mitglied der Gruppe Administratoren (Admins) sowie der Gruppe Be-nutzer (Users). In die Gruppe der Benutzer wird standardmäßig jeder neue Be-nutzer aufgenommen.

> ❗ **Namensvergabe**: Microsoft vergibt Namen für Benutzer immer im Singular (Ad-ministrator bzw. Admin), Namen für Benutzergruppen hingegen im Plural (Admi-nistratoren bzw. Admins). Halten Sie sich beim Vergeben neuer Namen an diese Regel, damit sich auf den ersten Blick Benutzer- von Gruppennamen unterschei-den lassen.

Nur Mitglieder der Benutzergruppe Administratoren können neue Benutzer-oder Gruppenkonten mit *EXTRAS Sicherheit Benutzer- und Gruppenkonten* einrich-ten, ändern oder löschen.

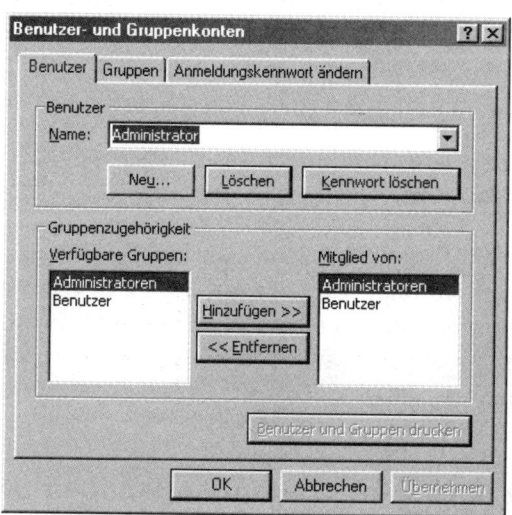

Bild 24.6: Standardbenutzer und -gruppen

> ❗ **Löschen von Standardbenutzern und -gruppen:** Access lässt eine Löschung der Standardbenutzer und -gruppen (Administrator, Administratoren, Benutzer) im Dialogfeld zu *EXTRAS Zugriffsberechtigungen Benutzer- und Gruppenkonten* nicht

zu. Theoretisch ließen sich die Standardbenutzer und -gruppen mithilfe von VBA-DAO-Programmen entfernen. Es ist allerdings nicht zu empfehlen.

24.3.1 Einen neuen Benutzer/eine neue Gruppe einrichten

Mithilfe der Schaltfläche *Neu* besteht die Möglichkeit, einen neuen Benutzer (Registerblatt *Benutzer*) oder eine neue Benutzergruppe (Registerblatt *Gruppe*) einzurichten.

Bild 24.7: Neuen Benutzer einrichten

Dazu muss jeweils eine Sicherheitskennung (personal identifier, PID) gespeichert werden. Sicherheitskennungen können aus 4-20 Zeichen bestehen, dürfen keine Leerzeichen enthalten und unterscheiden Groß-/Kleinschreibung (im Gegensatz zum Namen). Aus dem Namen und der PID wird durch Verschlüsselung für jeden Benutzer und für jede Gruppe ein »security identifier« (SID) erzeugt. Eine einmal eingegebene PID kann nie wieder angesehen oder geändert werden.

24.3.2 Passwörter für Benutzer

Passwörter können nur von dem entsprechenden Benutzer selbst geändert werden. Ein Passwort ist optional. Es kann aus 1-14 Zeichen bestehen und unterscheidet Groß-/Kleinschreibung. Es besteht keine Möglichkeit, sich ein Passwort anzusehen. Ein vergessenes Passwort kann jedoch von einem Mitglied der Gruppe Administratoren gelöscht werden.

24.3.3 Die vorgegebenen Konten für Benutzer und Gruppen

Die eingebauten Konten (Admin, Admins und Users) erlauben ein Sicherheitssystem, das »unsichtbar« bleibt, bis es gebraucht und aktiviert wird. Um die Sicherheit einer Datenbank zu gewährleisten, ist es notwendig zu wissen, wie diese eingebauten Konten funktionieren. Dazu beschreibt die folgende Tabelle die drei vorgegebenen Konten.

Tabelle 24.1: Die eingebauten Konten

Konto		Gleiche SID für alle Arbeitsgruppen?	Kommentare
Admin	Benutzer	Ja	Standard-Benutzerkonto
Admins	Benutzergruppe	Nein	Mitglieder haben spezielle Privilegien.
Users	Benutzergruppe	Ja	Alle Benutzer sind Mitglied der Gruppe Users.

Der Benutzer Admin

Alle neuen Arbeitsgruppen enthalten den Benutzer Admin ohne Passwort. Normalerweise versucht Access Sie als Benutzer Admin ohne Passwort einzuloggen. Nur wenn das misslingt, werden Sie nach Benutzername und Passwort gefragt.

Da jeder Admin in jeder Arbeitsgruppe die gleiche Sicherheitskennung (SID) hat, wird der Benutzer Admin vom Benutzerdatensicherheits-Assistenten aus der Gruppe Admins herausgenommen, um eine Datenbank sichern zu können. Denn sonst kann, wenn die Standard-Arbeitsgruppeninformationsdatei eingespielt wird, jeder unberechtigt und ohne Passwort Ihre Datenbank verwenden.

Die Benutzergruppe Admins

Mitglieder der Benutzergruppe Admins haben spezielle unwiderrufliche administrative Rechte. Die Mitgliedschaft in der Benutzergruppe Admins kann aber von einem anderen Mitglied der Gruppe Admins widerrufen werden. Jedes Mitglied aus Admins kann sich alle Rechte an allen Datenbankobjekten in seiner Arbeitsgruppe geben. Zudem haben die Mitglieder aus Admins immer die Möglichkeit, Benutzer- und Gruppenkonten in ihrer Arbeitsgruppe zu verwalten.

Standardmäßig erhält die Benutzergruppe Admins volle Berechtigung auf alle neuen Objekte, die Sie erstellen.

Die Benutzergruppe Users

Die Benutzergruppe Users ist die Default-Benutzergruppe für alle Access-Benutzer. Sowohl alle vorgegebenen als auch alle neuen Benutzer sind standardmäßig Mitglied in Users.

Die Benutzer-Gruppe verfügt standardmäßig über alle Zugriffsberechtigungen für die einzelnen Access-Objekte.

24.4 Berechtigungen

Die für Benutzer und Benutzergruppen vereinbarten Berechtigungen werden in der eigentlichen Datenbank eingerichtet und gespeichert. Datenbank und Arbeitsgruppeninformationsdatei müssen zueinander passen, damit einem Benutzer ein definierter Zugriff auf die Daten gewährt werden kann. Die Berechtigungen, die in einer Datenbank abgelegt werden, beziehen sich nicht auf Benutzer- oder Gruppennamen, sondern auf den SID.

Für jedes Access-Objekt lassen sich im Dialogfeld zu *EXTRAS Sicherheit Benutzer- und Gruppenberechtigungen* detailliert die Zugriffsrechte für einzelne Benutzer und Benutzergruppen festlegen. Dabei lassen sich auch mehrere Access-Objekte gleichzeitig markieren.

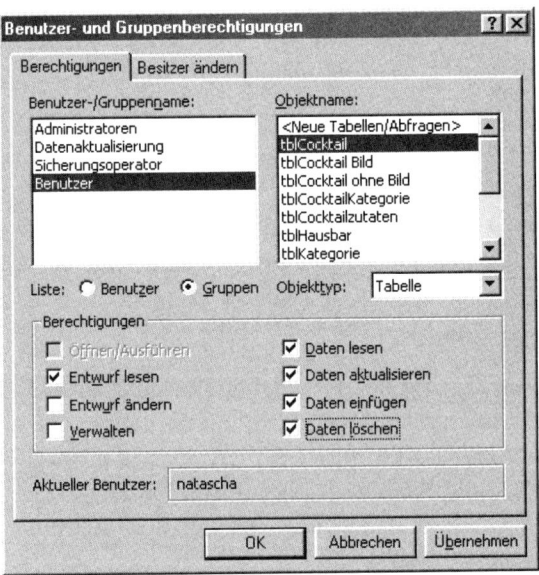

Bild 24.8: Dialogfeld Benutzer- und Gruppenberechtigungen

24.5 Die Rolle des Eigentümers

Der Eigentümer einer Datenbank bzw. die Eigentümer von Access-Objekten haben weitergehende Berechtigungen. Ein Eigentümer kann seine Datenbank bzw. seine Objekte immer öffnen.

Der Eigentümer einer Datenbank, also der Benutzer, der die Datenbank erstellt hat, kann nicht nachträglich geändert werden. Soll die gesamte Datenbank einen neuen Eigentümer erhalten, müssen Sie eine neue Datenbank mit dem Namen und dem Passwort des neuen Eigentümers erstellen und anschließend alle Objekte der Originaldatenbank importieren.

In seltenen Fällen müssen die Eigentümer für einzelne Objekte der Datenbank geändert werden. Nutzen Sie dazu das folgende Dialogfeld.

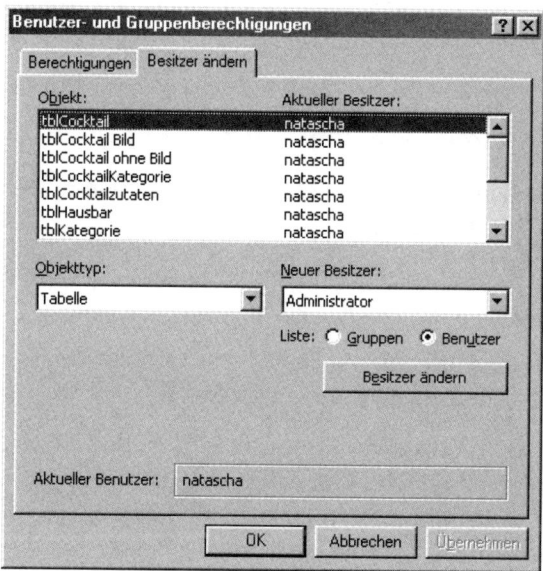

Bild 24.9: Eigentümer von Objekten

24.6 Programmierung der Sicherheitsfunktionen

Wir möchten Ihnen in den folgenden Abschnitten die Programmierung der Sicherheitsfunktionen mit VBA erläutern. In Access 2000 gibt es drei verschiedene Möglichkeiten, die Sicherheitsdefinitionen zu programmieren:

➢ Data Access Objects (DAO)

➢ ActiveX Data Objects Extensions for DDL and Security (ADOX)

➢ Jet SQL-92

Nur mit DAO stehen Ihnen alle Access- und Jet-Sicherheitsfunktionen zur Verfügung. ADOX unterstützt einige Funktionen nicht oder noch nicht aufgrund eines Fehlers im Jet-OLE DB-Provider 2.1, ist aber einfacher zu programmieren. Am einfachsten in der Anwendung sind die Jet-SQL92-Erweiterungen, allerdings können Sie einige Operationen, wie beispielsweise das Abfragen vergebener Berechtigungen, nicht mit SQL durchführen. Wir gehen davon aus, dass in den nächsten Access-Versionen ADOX den vollen Funktionsumfang der Sicherheitsfunktionen unterstützt. Mit SQL übrigens sind Sie auf der sicheren Seite, falls Sie statt auf eine Jet-MDB-Datenbank beispielsweise auf einen Microsoft SQL-Server oder andere SQL-Datenbankserver zugreifen, denn SQL funktioniert im Unterschied zu DAO und ADOX mit jeder SQL92-kompatiblen Datenbank.

24.6.1 Sicherheitsmechanismen mit DAO

Möchten Sie Sicherheitssysteme in DAO programmieren, benötigen Sie zwei Zweige des DAO-Objektmodells:

➢ Verwenden Sie die Auflistungen Users und Groups, um Benutzer- und Gruppenkonten zu verwalten.

➢ Verwenden Sie die Auflistungen Containers und Documents, um Berechtigungen für Jet- und Access-Objekte zu vergeben.

Der Zusammenhang im DAO-Objektmodell wird in Bild 11.1 in Kapitel 11, »Datenzugriffsobjekte«, verdeutlicht. Die Auflistung der Gruppen Groups beinhaltet alle Gruppen. Jede Group enthält eine Auflistung Users, die die Benutzer beinhaltet. Die Auflistung Groups ist Bestandteil eines Workspace-Objekts.

! **Verweis auf DAO-Bibliothek:** Für die folgenden Beispiele müssen Sie im VBA-Editor unter *EXTRAS Verweise* einen Verweis auf die DAO 3.6-Bibliothek setzen.

User und Groups

Das folgende kleine Programm gibt alle Gruppen und die dazugehörigen Benutzer aus.

```
Sub GruppenUndBenutzer()
    Dim wrk As DAO.Workspace
    Dim usr As DAO.User
    Dim grp As DAO.Group

    Set wrk = DBEngine.Workspaces(0)
    For Each grp In wrk.Groups
        Debug.Print grp.Name
```

```
    For Each usr In grp.Users
        Debug.Print Spc(4); usr.Name
    Next
  Next
End Sub
```

Benutzer und Gruppen lassen sich auch in einer zweiten Variante abfragen:

```
Sub BenutzerUndGruppen ()
  Dim wrk As DAO.Workspace
  Dim usr As DAO.User
  Dim grp As DAO.Group

  Set wrk = DBEngine.Workspaces(0)
  For Each usr In wrk.Users
    Debug.Print usr.Name
    For Each grp In usr.Groups
        Debug.Print Spc(4); grp.Name
    Next
  Next
End Sub
```

Wenn Sie eine der beiden oben aufgeführten Funktionen im Testfenster aufrufen, so sehen Sie, dass für die Gruppen »Administratoren« und »Benutzer« die englischen Bezeichnungen »Admins« und »Users« ausgegeben werden. Ebenso wird der Benutzer »Administrator« als »Admin« aufgeführt.

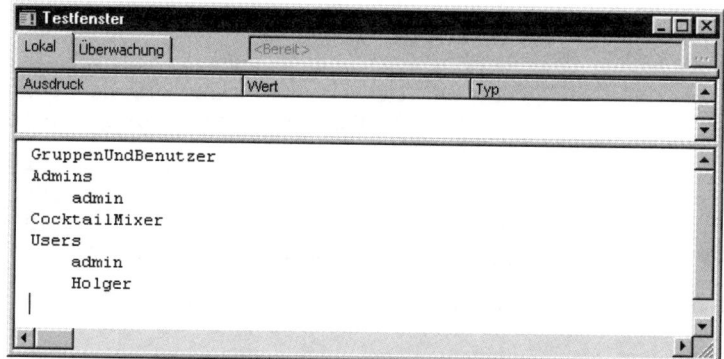

Bild 24.10: Gruppen- und Benutzernamen

Verwenden Sie in Ihren VBA-Programmen auch in der deutschen Version von Access die englischen Gruppen- und Benutzerbezeichnungen. Im Beispiel im

Abschnitt »Neuen Benutzer hinzufügen« weiter unten, können Sie sehen, dass für das Hinzufügen eines Benutzers zur Gruppe der »Benutzer« die Gruppenbezeichnung »Users« verwendet wird.

Die folgenden Tabellen stellen Ihnen die Eigenschaften und Methoden der Auflistungen und Objekte von Gruppen und Benutzern vor.

Tabelle 24.2: Eigenschaften und Methoden der Auflistungen Users und Groups

Eigenschaft/Methode	Beschreibung
Count	gibt die Anzahl der Benutzer bzw. Gruppen zurück.
Append	fügt einen neuen Benutzer bzw. eine neue Benutzergruppe hinzu.
Delete	löscht einen Benutzer bzw. eine Benutzergruppe.
Refresh	aktualisiert die Auflistung.

Tabelle 24.3: Eigenschaften und Methoden eines User-Objekts

Eigenschaft/Methode	Beschreibung
Name	gibt den Namen eines Benutzers zurück. Für der User-Auflistung hinzugefügte Benutzer kann diese Eigenschaft nur gelesen werden.
Password	kann nur einmal für neue, noch nicht der Auflistung hinzugefügte Benutzer vereinbart werden. Für das Passwort wird zwischen Groß- und Kleinschreibung unterschieden. Das Passwort kann nicht gelesen werden.
PID	kann nur einmal für neue, noch nicht der Auflistung hinzugefügte Benutzer vereinbart werden. Für die PID wird zwischen Groß- und Kleinschreibung unterschieden. Die PID kann nicht gelesen werden.
CreateGroup	erstellt ein neues Gruppenobjekt, das, wenn es der Auflistung Groups des User-Objekts hinzugefügt wird, den Benutzer zu einem Mitglied der Gruppe macht.
NewPassword	ersetzt ein bestehendes Passwort mit einem neuen Passwort.

Tabelle 24.4: Eigenschaften und Methoden eines Group-Objekts

Eigenschaft/Methode	Beschreibung
Name	gibt den Namen einer Gruppe zurück. Für der Groups-Auflistung hinzugefügte Gruppen kann diese Eigenschaft nur gelesen werden.
PID	kann nur einmal für neue, noch nicht der Auflistung hinzugefügte Gruppen vereinbart werden. Für die PID wird zwischen Groß- und Kleinschreibung unterschieden. Die PID kann nicht gelesen werden.
CreateUser	erzeugt ein neues Benutzerobjekt, das, wenn es der Auflistung Users des Group-Objekts hinzugefügt wird, den Benutzer zu einem Mitglied der Gruppe macht.

Neuen Benutzer hinzufügen

Die folgende Funktion fügt einen neuen Benutzer hinzu. Jeder neue Benutzer muss Mitglied der Gruppe »Benutzer« (»Users«) werden. In der Fehlerbehandlung der Prozedur werden die wesentlichen Fehler abgefangen.

```
Function NeuerBenutzer(ByVal strName As String, _
                       ByVal strPID As String, _
                       ByVal strPasswort As String) As Boolean

    On Error GoTo err_NeuerBenutzer

    Dim wrk As DAO.Workspace
    Dim usr As DAO.User

    NeuerBenutzer = False
    Set wrk = DBEngine.Workspaces(0)

    ' Neuen Benutzer erstellen
    Set usr = wrk.CreateUser(strName, strPID, strPasswort)
    wrk.Users.Append usr

    'Benutzer der Gruppe "Benutzer" zuweisen
    usr.Groups.Append wrk.CreateGroup("Users")

    NeuerBenutzer = True
```

```
exit_NeuerBenutzer:
    Exit Function


err_NeuerBenutzer:
    Select Case Err.Number
    ' Benutzer/Gruppe existiert schon
        Case 3390:
            MsgBox "Benutzerkonto >" & strName & "< existiert schon."
        Case 3304:
            MsgBox "PID muss zwischen 4 und 20 Zeichen lang sein!"
        Case 3033:
            MsgBox "Keine ausreichende Berechtigung!"
        Case Else
            MsgBox "Fehler " & Err.Number & ": " & Err.Description
    End Select
    Resume exit_NeuerBenutzer
End Function
```

Benutzer zur Gruppe hinzufügen

Im nächsten Listing möchten wir Ihnen eine Funktion vorstellen, die einen vorhandenen Benutzer einer Gruppe zufügt. In der Funktion wird sowohl die Auflistung der Benutzer als auch die der Gruppen aktualisiert, um gegebenenfalls Änderungen der Auflistungen zu berücksichtigen.

```
Function BenutzerZuGruppeHinzufügen( _
                    ByVal strGroup As String, _
                    ByVal strUser As String) As Boolean


    On Error GoTo err_BenutzerZuGruppeHinzufügen


    Dim wrk As DAO.Workspace
    Dim usr As DAO.User
    Dim grp As DAO.Group


    BenutzerZuGruppeHinzufügen = False


    Set wrk = DBEngine.Workspaces(0)


    'Benutzer- und Gruppenauflistungen aktualisieren
    wrk.Users.Refresh
    wrk.Groups.Refresh
```

```
    Set usr = wrk.Users(strUser)
    Set grp = wrk.Groups(strGroup)

    'Wenn Benutzer schon Mitglied der Gruppe
    If BenutzerInGruppe(strUser, strGroup) Then
        MsgBox "Benutzer ist schon Mitglied der Gruppe!"
        GoTo exit_BenutzerZuGruppeHinzufügen
    End If

    'Benutzer der Gruppe hinzufügen
    grp.Users.Append grp.CreateUser(strUser)

    BenutzerZuGruppeHinzufügen = True

exit_BenutzerZuGruppeHinzufügen:
    Exit Function

err_BenutzerZuGruppeHinzufügen:
    Select Case Err.Number
        Case 3265:
            MsgBox "Benutzer oder Gruppe existiert nicht!"
        Case 3032:
            MsgBox "Benutzer ist schon Mitglied der Gruppe!"
        Case 3033:
            MsgBox "Keine Berechtigung!"
        Case Else
            MsgBox "Fehler " & Err.Number & ": " & Err.Description
    End Select
    Resume exit_BenutzerZuGruppeHinzufügen

End Function
```

Mitgliederbefragung

Häufig wird in Anwendungen abgefragt, ob ein Benutzer Mitglied einer Gruppe ist, um bestimmte Funktionen freizugeben. Die folgende Funktion `BenutzerIn-Gruppe()` gibt den Wert `True` zurück, wenn der angegebene Benutzer Mitglied der Gruppe ist. Geben Sie keinen Benutzer an, wird automatisch der aktuell angemeldete Benutzer für die Mitgliederbefragung verwendet.

```
Function BenutzerInGruppe( _
                ByVal strGroup As String, _
                Optional ByVal varUser As Variant) As Boolean

    Dim wrk As DAO.Workspace
    Dim usr As DAO.User
    Dim grp As DAO.Group
    Dim varGroupName As Variant

    On Error GoTo err_BenutzerInGruppe

    BenutzerInGruppe = False

    Set wrk = DBEngine.Workspaces(0)

    ' Auflistungen aktualisieren
    wrk.Users.Refresh
    wrk.Groups.Refresh

    ' Wenn kein Benutzer angegeben,
    ' aktuellen Benutzer verwenden
    If IsMissing(varUser) Then
        varUser = CurrentUser()
    End If

    ' Fehlerbehandlung für Benutzer
    On Error GoTo err_NoUser
    Set usr = wrk.Users(varUser)

    ' Fehlerbehandlung für Gruppen
    On Error GoTo err_NoGroup
    Set grp = wrk.Groups(strGroup)

    ' Allgemeine Fehlerbehandlung
    On Error GoTo err_BenutzerInGruppe

    ' Namen des Gruppenobjekts des Benutzers ermitteln
    varGroupName = usr.Groups(strGroup).Name
```

```
    ' Wenn der Name vorhanden ist
    If Not IsEmpty(varGroupName) Then
        BenutzerInGruppe = True
    End If


exit_BenutzerInGruppe:
    Exit Function


err_BenutzerInGruppe:
    Select Case Err.Number
        Case 3033:
            MsgBox "Keine Berechtigung!"
        Case Else
            MsgBox "Fehler " & Err.Number & ": " & Err.Description
    End Select
    Resume exit_BenutzerInGruppe


err_NoUser:
    Select Case Err.Number
        Case 3265:
            MsgBox "Benutzer existiert nicht!"
            Resume exit_BenutzerInGruppe
        Case Else
            GoTo err_BenutzerInGruppe
    End Select


err_NoGroup:
    Select Case Err.Number
        Case 3265:
            ' Wenn Gruppe nicht existiert,
            ' kann Benutzer auch kein Mitglied sein
            BenutzerInGruppe = False
            Exit Function
        Case Else
            GoTo err_BenutzerInGruppe
    End Select


End Function
```

Neues Passwort vergeben

Möchten Sie einem Anwender ermöglichen, sein Passwort innerhalb Ihrer Applikation zu ändern, so können Sie dazu die folgende Funktion einsetzen. Soll ein Passwort für einen Benutzer vereinbart werden, der noch kein Passwort besitzt, so muss als altes Passwort strOldPwd eine leere Zeichenkette "" angegeben werden.

Der Administrator (Admin) kann die Passwörter aller Benutzer ändern. Dabei ist es nicht nötig, dass der Admin das alte Passwort eines Benutzers kennt, d.h., der Parameter strOldPwd kann zwar angegeben werden, er wird aber ignoriert.

```
Function PasswortÄndern( _
               ByVal strUser As String, _
               ByVal strOldPwd As String, _
               ByVal strNewPwd As String) As Boolean

    On Error GoTo err_PasswortÄndern

    Dim wrk As DAO.Workspace
    Dim usr As DAO.User

    PasswortÄndern = False

    Set wrk = DBEngine.Workspaces(0)

    Set usr = wrk.Users(strUser)
    usr.NewPassword strOldPwd, strNewPwd

    PasswortÄndern = True

exit_PasswortÄndern:
    Exit Function

err_PasswortÄndern:
    Select Case Err.Number
        Case 3265:
            MsgBox "Benutzer existiert nicht!"
        Case 3033:
            MsgBox "Keine Berechtigung!"
        Case Else
            MsgBox "Fehler " & Err.Number & ": " & Err.Description
    End Select
    Resume exit_PasswortÄndern

End Function
```

Containers und Documents

Die Verwaltung der Berechtigungen wird in Access mithilfe der Objektauflistungen `Containers` und `Documents` durchgeführt, die zu einem `Database`-Objekt gehören.

Die `Containers`-Auflistung enthält standardmäßig die folgenden zugänglichen Container: `Databases`, `Forms`, `Modules`, `Relationships`, `Reports`, `Scripts` und `Table`. Jeder Container enthält Dokumente, die in der `Documents`-Auflistung des jeweiligen Containers verwaltet werden.

Die `Containers`-Auflistung entspricht dem Datenbankfenster, Sie können also die Container der Auflistung mit den Registerblättern des Datenbankfensters vergleichen. Die auf den einzelnen Registerblättern aufgeführten Tabellen, Abfragen, Formulare usw. entsprechen den Dokumenten der `Documents`-Auflistung jedes Containers.

Das folgende Programm ermittelt die Namen aller Container bzw. der in den Containern enthaltenen Dokumente. Mithilfe der Funktion `PermissionText()` wird eine Zeichenfolge ausgegeben, die die Berechtigungen für das jeweilige Objekt im Klartext enthält.

```
Sub ContainerAndDocuments()
    Dim ctr As DAO.Container
    Dim doc As DAO.Document
    Dim prp As DAO.Property
    Dim db As DAO.Database

    Set db = CurrentDb
    For Each ctr In db.Containers
        Debug.Print ctr.Name
        Debug.Print PermissionText(ctr.Permissions)
        For Each prp In ctr.Properties
            Debug.Print Spc(2); prp.Name; " = "; prp.Value
        Next
        For Each doc In ctr.Documents
            Debug.Print Spc(4); doc.Name
            Debug.Print Spc(8); PermissionText(doc.Permissions)
            For Each prp In doc.Properties
                Debug.Print Spc(8); prp.Name; " = "; prp.Value
            Next
        Next
    Next
End Sub
```

Die Funktion PermissionText() stellt eine Zeichenfolge zusammen, die den als Parameter übergebenen Wert für eine Berechtigung als Folge der Namen der Konstanten enthält. Die Überprüfung auf eine Berechtigung wird mithilfe einer bitweisen And-Verknüpfung durchgeführt.

```
Function PermissionText(ByVal lngPerm As Long) As String
    Dim strTmp As String
    Dim varKonst As Variant
    Dim varStrKonst As Variant
    Dim intI As Integer

    varKonst = Array(acSecMacExecute, dbSecDelete, _
               acSecMacReadDef, dbSecDeleteData, acSecMacWriteDef, _
               dbSecFullAccess, acSecFrmRptExecute, dbSecInsertData, _
               acSecFrmRptReadDef, dbSecNoAccess, acSecFrmRptWriteDef, _
               dbSecReadSec, acSecModReadDef, dbSecReadDef, _
               acSecModWriteDef, dbSecReplaceData, dbSecCreate, _
               dbSecRetrieveData, dbSecDBAdmin, dbSecWriteSec, _
               dbSecDBCreate, dbSecWriteDef, dbSecDBExclusive, _
               dbSecWriteOwner, dbSecDBOpen)

    varStrKonst = Array("acSecMacExecute", "dbSecDelete", _
               "acSecMacReadDef", "dbSecDeleteData", _
               "acSecMacWriteDef", "dbSecFullAccess", _
               "acSecFrmRptExecute", "dbSecInsertData", _
               "acSecFrmRptReadDef", "dbSecNoAccess", _
               "acSecFrmRptWriteDef", "dbSecReadSec", _
               "acSecModReadDef", "dbSecReadDef", _
               "acSecModWriteDef", "dbSecReplaceData", _
               "dbSecCreate", "dbSecRetrieveData", "dbSecDBAdmin", _
               "dbSecWriteSec", "dbSecDBCreate", "dbSecWriteDef", _
               "dbSecDBExclusive", "dbSecWriteOwner", "dbSecDBOpen")

    For intI = 0 To Ubound(varKonst)
        If (lngPerm And varKonst(intI)) = varKonst(intI) Then
            strTmp = strTmp & varStrKonst(intI) & " "
        End If
    Next
    PermissionText = strTmp
End Function
```

Die folgende Tabelle führt die Sicherheitskonstanten und ihre Bedeutung auf. Die Konstanten, die mit db... beginnen, beziehen sich auf den Jet-Datenbankkern, während die mit ac... eingeleiteten Konstanten ergänzende Berechtigungen von Access beschreiben.

Tabelle 24.5: Sicherheitskonstanten

Konstante	Beschreibung
dbSecNoAccess	erlaubt keinen Zugriff.
dbSecFullAccess	erlaubt vollen Zugriff.
dbSecDelete	erlaubt das Löschen des Objekts.
dbSecReadSec	erlaubt das Lesen der sicherheitsbezogenen Informationen des Objekts.
dbSecWriteSec	erlaubt das Ändern der Zugriffsberechtigungen.
dbSecWriteOwner	erlaubt die Änderung der Owner-Eigenschaft.
dbSecCreate	ermöglicht die Erstellung neuer Dokumente.
dbSecReadDef	erlaubt das Lesen der Tabellendefinition, einschließlich der Spalten- und Indexinformationen.
dbSecWriteDef	erlaubt das Ändern oder Löschen der Tabellendefinition, einschließlich der Spalten- und Indexinformationen.
dbSecRetrieveData	ermöglicht den Abruf von Daten aus dem Document-Objekt.
dbSecInsertData	erlaubt das Hinzufügen von Datensätzen.
dbSecReplaceData	erlaubt Änderungen an Datensätzen.
dbSecDeleteData	erlaubt das Löschen von Datensätzen.
dbSecDBAdmin	erlaubt dem Benutzer, die Datenbank replizierbar zu machen und das Datenbankkennwort zu ändern.
dbSecDBCreate	ermöglicht die Erstellung neuer Datenbanken.
dbSecDBExclusive	gestattet exklusiven Zugriff auf eine Datenbank.
dbSecDBOpen	erlaubt das Öffnen der Datenbank.
acSecFrmRptReadDef	gestattet, das Formular oder den Bericht in der Entwurfsansicht zu öffnen, ohne Änderungen vorzunehmen.
acSecFrmRptWriteDef	erlaubt, das Formular oder den Bericht in der Entwurfsansicht zu ändern oder zu löschen.
acSecFrmRptExecute	erlaubt, das Formular in der Formularansicht oder Datenblattansicht zu öffnen bzw. den Bericht in der Seitenansicht zu drucken oder zu öffnen.

Tabelle 24.5: Sicherheitskonstanten (Fortsetzung)

Konstante	Beschreibung
acSecMacReadDef	erlaubt, das Makrofenster zu öffnen und ein Makro anzuzeigen, ohne Änderungen vorzunehmen.
acSecMacWriteDef	gestattet, ein Makro im Makrofenster zu ändern oder zu löschen.
acSecMacExecute	erlaubt, ein Makro auszuführen.
acSecModReadDef	erlaubt, ein Modul zu öffnen, ohne Änderungen vorzunehmen.
acSecModWriteDef	gestattet, den Inhalt eines Moduls zu ändern oder zu löschen.

Abfragen einer Berechtigung

Das in diesem Abschnitt aufgeführte Programm erlaubt die Überprüfung einer Berechtigung. Beispielsweise wird mit dem Aufruf

```
CheckPermission("Forms", "frmCocktail", dbsecFullAccess)
```

ermittelt, ob der aktuelle Benutzer der Datenbank die Berechtigung zum vollen Zugriff dbsecFullAccess auf das Formular *frmCocktail* besitzt.

Als Parameter der Funktion CheckPermission() sind festgelegt: strObjType als Name eines Containers, z.B. »Forms«, »Querys«, »Reports«, usw., strObjName als Name des entsprechenden Documents und lngPerm als die zu überprüfende Berechtigung.

```
Function CheckPermission(ByVal strObjType As String, _
    ByVal strObjName As String, ByVal lngPerm As Long) As Boolean

    Dim db As DAO.Database
    Dim wrk As DAO.Workspace
    Dim cnt As DAO.Container
    Dim doc As DAO.Document
    Dim fPerm As Boolean

    On Error GoTo err_CheckPermission

    Set db = CurrentDb()
    Set wrk = DBEngine.Workspaces(0)
```

```
CheckPermission = False

' Container bestimmen und aktualisieren
Set cnt = db.Containers(strObjType)
cnt.Documents.Refresh

' Document bestimmen
Set doc = cnt.Documents(strObjName)
doc.UserName = CurrentUser()

CheckPermission = ((cnt.Permissions And lngPerm) = lngPerm)
Exit Function

err_CheckPermission:
    MsgBox Err.Description & Err.Number
End Function
```

Die Funktion verfügt nur über eine sehr einfache Fehlerbehandlung, die für einen Praxiseinsatz erweitert werden sollte.

24.6.2 Sicherheitsmechanismen mit ADOX

Mit der Bibliothek »ADO Extensions for DDL and Security« stehen Ihnen Funktionen für die Programmierung der Sicherheitsfunktionen zur Verfügung. Einen Überblick über ADOX und sein Datenmodell haben wir Ihnen in Kapitel 10 gegeben.

ADOX stellt Ihnen Auflistungen für alle Benutzer (Users) und Gruppen (Groups) zur Verfügung. Für jedes dieser Objekte können Berechtigungen abgefragt und vergeben werden.

> **!** **Verweis auf Bibliothek:** Für die folgenden Beispiele müssen Sie im VBA-Editor unter *EXTRAS Verweise* einen Verweis auf die »ADO Ext. for DDL and Security«-Bibliothek setzen.

User und Groups

Auch mit ADOX sollen zunächst alle Gruppen und die dazugehörigen Benutzer ausgegebenen werden.

```
Sub GruppenUndBenutzer_ADOX()
    Dim cat As New ADOX.Catalog
    Dim usr As ADOX.User
    Dim grp As ADOX.Group

    cat.ActiveConnection = CurrentProject.Connection
    For Each grp In cat.Groups
        Debug.Print grp.Name
        For Each usr In grp.Users
            Debug.Print Spc(4); usr.Name
        Next
    Next
    Set cat = Nothing
End Sub
```

Benutzer und Gruppen lassen sich auch in einer zweiten Variante abfragen:

```
Sub BenutzerUndGruppen_ADOX()
    Dim cat As New ADOX.Catalog
    Dim usr As ADOX.User
    Dim grp As ADOX.Group

    cat.ActiveConnection = CurrentProject.Connection
    For Each usr In cat.Users
        Debug.Print usr.Name
        For Each grp In usr.Groups
            Debug.Print Spc(4); grp.Name
        Next
    Next
    Set cat = Nothing
End Sub
```

Verwenden Sie in Ihren VBA-Programmen auch in der deutschen Version von Access die englischen Gruppen- und Benutzerbezeichnungen.

Die folgenden Tabellen stellen Ihnen die Eigenschaften und Methoden der Auflistungen und Objekte von Gruppen und Benutzern vor.

Tabelle 24.6: Eigenschaften und Methoden der Auflistungen Users und Groups

Eigenschaft/Methode	Beschreibung
Count	gibt die Anzahl der Benutzer bzw. Gruppen zurück.
Append	fügt einen neuen Benutzer bzw. eine neue Benutzergruppe hinzu.
Delete	löscht einen Benutzer bzw. eine Benutzergruppe.
Refresh	aktualisiert die Auflistung.
Item	verweist auf ein User- bzw. Group-Objekt.

Tabelle 24.7: Eigenschaften und Methoden eines User-Objekts

Eigenschaft/Methode	Beschreibung
Name	gibt den Namen eines Benutzers zurück. Für der User-Auflistung hinzugefügte Benutzer kann diese Eigenschaft nur gelesen werden.
Groups	listet alle Gruppen auf, zu denen der Benutzer gehört.
GetPermissions	ermittelt die Berechtigungen.
SetPermissions	setzt Berechtigungen.
ChangePassword	ändert das Passwort.

Tabelle 24.8: Eigenschaften und Methoden eines Group-Objekts

Eigenschaft/Methode	Beschreibung
Name	gibt den Namen einer Gruppe zurück. Für der Groups-Auflistung hinzugefügte Gruppen kann diese Eigenschaft nur gelesen werden.
GetPermissions	ermittelt die Berechtigungen.
SetPermissions	setzt Berechtigungen.
Users	listet alle Benutzer der Gruppe auf.

Neuen Benutzer hinzufügen

Die folgende Funktion fügt einen neuen Benutzer hinzu. Jeder neue Benutzer muss Mitglied der Gruppe »Benutzer« (»Users«) werden.

```
Function NeuerBenutzer_ADOX(ByVal strName As String, _
                            ByVal strPasswort As String) As Boolean

    Dim cat As New ADOX.Catalog

    On Error GoTo err_NeuerBenutzer

    NeuerBenutzer_ADOX = False

    cat.ActiveConnection = CurrentProject.Connection

    ' Neuen Benutzer erstellen
    cat.Users.Append strName, strPasswort

    'Benutzer der Gruppe "Benutzer" zuweisen
    cat.Users(strName).Groups.Append "Users"

    NeuerBenutzer_ADOX = True

exit_NeuerBenutzer:
    Set cat = Nothing
    Exit Function

err_NeuerBenutzer:
    MsgBox "Fehler " & Err.Number & ": " & Err.Description
    Resume exit_NeuerBenutzer
End Function
```

> **!** **Keine PID möglich:** Ein Nachteil beim Anlegen neuer Benutzer oder Gruppen mit ADOX ist, dass Sie keine PID angeben können. Damit ist der Benutzer bzw. die Gruppe nicht vollständig gesichert. Mit DAO oder mit SQL können Sie PIDs angeben.

Benutzer zur Gruppe hinzufügen

Im nächsten Listing möchten wir Ihnen eine Funktion vorstellen, die einen vorhandenen Benutzer einer Gruppe zufügt.

```
Function BenutzerZuGruppeHinzufügen_ADOX( _
                    ByVal strGroup As String, _
                    ByVal strUser As String) As Boolean

    Dim cat As New ADOX.Catalog
    Dim usr As ADOX.User
    Dim grp As ADOX.Group

    On Error GoTo err_BenutzerZuGruppeHinzufügen

    BenutzerZuGruppeHinzufügen_ADOX = False

    cat.ActiveConnection = CurrentProject.Connection

    'Benutzer- und Gruppenauflistungen aktualisieren
    cat.Users.Refresh
    cat.Groups.Refresh

    Set usr = cat.Users(strUser)
    Set grp = cat.Groups(strGroup)

    'Wenn Benutzer schon Mitglied der Gruppe
    If BenutzerInGruppe_ADOX(strGroup, strUser) Then
        MsgBox "Benutzer ist schon Mitglied der Gruppe!"
        GoTo exit_BenutzerZuGruppeHinzufügen
    End If

    'Benutzer der Gruppe hinzufügen
    grp.Users.Append strUser

    BenutzerZuGruppeHinzufügen_ADOX = True

exit_BenutzerZuGruppeHinzufügen:
    Set cat = Nothing
    Exit Function

err_BenutzerZuGruppeHinzufügen:
    MsgBox "Fehler " & Err.Number & ": " & Err.Description
    Resume exit_BenutzerZuGruppeHinzufügen

End Function
```

Mitgliederbefragung

Häufig wird in Anwendungen abgefragt, ob ein Benutzer Mitglied einer Gruppe ist, um bestimmte Funktionen freizugeben. Die folgende Funktion BenutzerIn-Gruppe() gibt den Wert True zurück, wenn der angegebene Benutzer Mitglied der Gruppe ist. Geben Sie keinen Benutzer an, wird automatisch der aktuell angemeldete Benutzer für die Mitgliederbefragung verwendet.

```
Function BenutzerInGruppe_ADOX( _
              ByVal strGroup As String, _
              Optional ByVal varUser As Variant) As Boolean

    Dim cat As New ADOX.Catalog
    Dim usr As ADOX.User
    Dim grp As ADOX.Group
    Dim varGroupName As Variant

    On Error GoTo err_BenutzerInGruppe

    BenutzerInGruppe_ADOX = False

    cat.ActiveConnection = CurrentProject.Connection

    ' Auflistungen aktualisieren
    cat.Users.Refresh
    cat.Groups.Refresh

    ' Wenn kein Benutzer angegeben,
    ' aktuellen Benutzer verwenden
    If IsMissing(varUser) Then
        varUser = CurrentUser()
    End If

    ' Fehlerbehandlung für Benutzer
    On Error GoTo err_NoUser
    Set usr = cat.Users(varUser)

    ' Fehlerbehandlung für Gruppen
    On Error GoTo err_NoGroup
    Set grp = cat.Groups(strGroup)
```

```
' Namen des Gruppenobjekts des Benutzers ermitteln
varGroupName = usr.Groups(strGroup).Name


' Wenn der Name vorhanden ist
If Not IsEmpty(varGroupName) Then
    BenutzerInGruppe_ADOX = True
End If

exit_BenutzerInGruppe:
    Exit Function


err_BenutzerInGruppe:
    MsgBox "Fehler " & Err.Number & ": " & Err.Description
    Resume exit_BenutzerInGruppe


err_NoUser:
    Select Case Err.Number
        Case 3265:
            MsgBox "Benutzer/Gruppe existiert nicht!"
            Resume exit_BenutzerInGruppe
        Case Else
            GoTo err_BenutzerInGruppe
    End Select


err_NoGroup:
    Select Case Err.Number
        Case 3265:
            BenutzerInGruppe_ADOX = False
            Exit Function
        Case Else
            GoTo err_BenutzerInGruppe
    End Select
End Function
```

Neues Passwort vergeben

Möchten Sie einem Anwender ermöglichen, sein Passwort innerhalb Ihrer Applikation zu ändern, so können Sie dazu die folgende Funktion einsetzen. Soll ein Passwort für einen Benutzer vereinbart werden, der noch kein Passwort besitzt, so muss als altes Passwort strOldPwd eine leere Zeichenkette "" angegeben werden.

Der Administrator (Admin) kann die Passwörter aller Benutzer ändern. Dabei ist es nicht nötig, dass der Admin das alte Passwort eines Benutzers kennt, d.h., der Parameter strOldPwd kann zwar angegeben werden, er wird aber ignoriert.

```
Function PasswortÄndern( _
                ByVal strUser As String, _
                ByVal strOldPwd As String, _
                ByVal strNewPwd As String) As Boolean


    Dim cat As New ADOX.Catalog
    Dim usr As ADOX.User

    On Error GoTo err_PasswortÄndern

    PasswortÄndern_ADOX = False

    cat.ActiveConnection = CurrentProject.Connection

    cat.Users(strUser).ChangePassword strOldPwd, strNewPwd

    PasswortÄndern_ADOX = True

exit_PasswortÄndern:
    Set cat = Nothing
    Exit Function

err_PasswortÄndern:
    MsgBox "Fehler " & Err.Number & ": " & Err.Description
    Resume exit_PasswortÄndern
End Function
```

Berechtigungen für Benutzer und Gruppen

Über die Methode SetPermissions können Sie Berechtigungen für einen Benutzer bzw. für eine Gruppe erteilen oder entziehen. Die vergebenen Berechtigungen können Sie mit der Funktion GetPermissions für Benutzer und Gruppen abfragen.

Tabelle 24.9: ADOX-Sicherheitskonstanten

Konstante	Beschreibung
adRightNone	erlaubt keinen Zugriff.
adRightFull	erlaubt vollen Zugriff.
adRightDrop	erlaubt das Löschen des Objekts.
adRightReadPermissions	erlaubt das Lesen der sicherheitsbezogenen Informationen des Objekts.
adRightWritePermissions	erlaubt das Ändern der Zugriffsberechtigungen.
adRightWriteOwner	erlaubt die Änderung der Owner-Eigenschaft (Eigentümer).
adRightCreate	ermöglicht die Erstellung neuer Dokumente.
adRightReadDesign	erlaubt das Lesen der Tabellendefinition, einschließlich der Spalten- und Indexinformationen.
adRightWriteDesign	erlaubt das Ändern oder Löschen der Tabellendefinition, einschließlich der Spalten- und Indexinformationen.
adRightRead	ermöglicht das Lesen von Datensätzen.
adRightInsert	erlaubt das Hinzufügen von Datensätzen.
adRightUpdate	erlaubt Änderungen an Datensätzen.
adRightDelete	erlaubt das Löschen von Datensätzen.
adRightExclusive	kann Datenbank exklusiv öffnen.
adRightExecute	kann ein Objekt ausführen.
adRightWithGrant	erlaubt, Berechtigungen an andere Benutzer zu vergeben.

Abfragen einer Berechtigung

Das in diesem Abschnitt aufgeführte Programm erlaubt die Überprüfung einer Berechtigung. Beispielsweise wird mit dem Aufruf

```
CheckPermission_ADOX("Forms", "frmCocktail", adRightFull)
```

ermittelt, ob der aktuelle Benutzer der Datenbank die Berechtigung zum vollen Zugriff adRightFull auf das Formular *frmCocktail* besitzt.

Als Parameter der Funktion CheckPermission_ADOX() sind festgelegt: strObjName als Name einer Tabelle oder Abfrage und Permission als die zu überprüfenden Berechtigungen. Permission ist als ADOX.RightsEnum definiert. Die Enumeration RightsEnum enthält alle Sicherheitskonstanten, die in Tabelle 24.9 aufgeführt sind. Einer der Vorteile, den Parameter als Enum und nicht als Long (wie beispielsweise im vorangegangenen Abschnitt für DAO) zu definieren, ist, dass beim Schreiben des Programms der VBA-Editor eine Auswahl der möglichen Konstanten für diese Parameter einblendet.

```
Function CheckPermission_ADOX( _
        ByVal strObjName As String, _
        ByVal Permission As ADOX.RightsEnum) As Boolean


    Dim cat As New ADOX.Catalog
    Dim usr As ADOX.User
    Dim UserPerm As ADOX.RightsEnum


    On Error GoTo err_CheckPermission


    CheckPermission_ADOX = False


    cat.ActiveConnection = CurrentProject.Connection


    ' Aktueller Benutzer
    Set usr = cat.Users(CurrentUser())
    ' Konstante adPermObjTable kann für
    ' Tabellen und Abfragen verwendet werden
    UserPerm = usr.GetPermissions(strObjName, adPermObjTable)
    CheckPermission_ADOX = ((UserPerm And Permission) = Permission)
    Exit Function

err_CheckPermission:
    MsgBox Err.Description & Err.Number
End Function
```

Sowohl für GetPermissions als auch für SetPermissions muss ein Objekttyp (Parameter ObjectType) angegeben werden. Der Objekttyp beschreibt, für welche Art von Objekt die Berechtigung gesetzt oder ermittelt werden soll.

Für Jet-Tabellen und Abfragen kann als ObjectType der Wert adPermObjTable angegeben werden. Um Berechtigungen für Formulare, Berichte und Makros zu setzen, muss die Konstante adPermObjProviderSpecific verwendet werden; zusätzlich ist es notwendig, einen Wert für den Parameter ObjectTypeID zu übergeben. Im folgenden Codefragment sind die Konstanten für Formulare, Berichte und Makros abgedruckt.

```
' Konstanten für Berechtigungen
Const conJetForms    = „{c49c842e-9dcb-11d1-9f0a-00c04fc2c2e0}"
Const conJetReports  = „{c49c8430-9dcb-11d1-9f0a-00c04fc2c2e0}"
Const conJetMacros   = „{c49c842f-9dcb-11d1-9f0a-00c04fc2c2e0}"
```

Leider ist es so, dass zum Zeitpunkt der Drucklegung der OLE DB-Provider 2.1 für Jet einen Fehler aufweist, sodass ein Setzen oder Abfragen von Berechtigungen für Formulare, Berichte und Makros nicht funktioniert. Vielleicht wird der Fehler in einer der nächsten Versionen des OLE DB-Providers beseitigt.

24.6.3 Sicherheit mit SQL

In Kapitel 5 haben wir Ihnen die neuen SQL-92-Befehle vorgestellt, die der JET-OLE DB-Provider unterstützt. In diesem Abschnitt möchten wir etwas detaillierter auf die Befehle zur Sicherheit eingehen.

Erstellen neuer Benutzer und Gruppen

Mithilfe des Befehls CREATE können Sie neue Benutzer und Gruppen erzeugen. Für neue Gruppen lautet der Befehl:

```
CREATE GROUP Gruppenname PID
```

Für neue Benutzer verwenden Sie:

```
CREATE USER Benutzername Kennwort PID
```

Um einen Benutzer einer Gruppe zuzuordnen, setzen Sie den Befehl

```
ADD USER Benutzername TO Gruppenname
```

ein. Um eine Gruppe zu löschen, verwenden Sie:

```
DROP GROUP Gruppenname
```

Ein Benutzer wird mit

```
DROP USER Benutzername
```

gelöscht. So entfernen Sie die Zugehörigkeit eines Benutzers zu einer Gruppe :

```
DROP USER Benutzername FROM Gruppenname
```

Um das Kennwort eines Benutzers zu ändern, nutzen Sie den Befehl:

```
ALTER USER Benutzername PASSWORD NeuesPasswort AltesPasswort
```

```
ALTER DATABASE PASSWORD NeuesPasswort AltesPasswort
```

ändert das Datenbankpasswort.

Berechtigungen für Objekte und Container können mit den Befehlen GRANT und REVOKE gewährt und genommen werden. Unter einem Container versteht man die Zusammenfassung einer Art von Objekten, beispielsweise alle Tabellen, alle Abfragen usw.

Die allgemeine Syntax zum Gewähren von Rechten lautet,

```
GRANT {Berechtigung [, Berechtigung2 [, ...]]} ON {TABLE Tabelle | OBJECT
    Objekt | CONTAINER Container} TO {Konto [, Konto2 [, ...]]}
```

wobei als Konto ein Benutzer oder eine Gruppe angegeben werden kann. Die möglichen Konstanten für die Berechtigung zeigt Tabelle 24.10. Um Berechtigungen eines Benutzers oder einer Gruppe zurückzunehmen, verwenden Sie den folgenden Befehl.

```
REVOKE {Berechtigung [, Berechtigung2 [, ...]]} ON {TABLE Tabelle |
    OBJECT Objekt | CONTAINER Container} FROM {Konto [, Konto2 [, ...]]}
```

Tabelle 24.10: SQL-Sicherheitskonstanten

Konstante	Beschreibung
SELECT	erlaubt das Lesen von Datensätzen.
DELETE	erlaubt das Löschen von Datensätzen.
INSERT	erlaubt das Einfügen von Datensätzen.
UPDATE	erlaubt das Aktualisieren von Datensätzen.
DROP	erlaubt das Löschen von Objekten.
SELECTSECURITY	erlaubt das Lesen von Sicherheitseinstellungen eines Objekts.
UPDATESECURITY	erlaubt das Ändern von Sicherheitseinstellungen eines Objekts.
DBPASSWORD	erlaubt das Ändern des Datenbankpassworts.
UPDATEIDENTITY	erlaubt die Änderung von Identitätsspalten (Autowerte).
CREATE	erlaubt das Erstellen neuer Objekte.
SELECTSCHEMA	erlaubt das Lesen der Struktur eines Objekts.
UPDATESCHEMA	erlaubt das Verändern der Struktur eines Objekts.
UPDATEOWNER	erlaubt die Änderung des Eigentümers eines Objekts.

Beispiele

In den folgenden Listings finden Sie einige Beispiele für die Programmierung von Sicherheitsfunktionen mit SQL. Im ersten Listing ist die Lösung für das Anlegen eines neuen Benutzers angegeben.

```
Function NeuerBenutzer_SQL(ByVal strName As String, _
                          ByVal strPID As String, _
                          ByVal strPasswort As String) As Boolean

    On Error GoTo err_NeuerBenutzer

    Dim cnn As ADODB.Connection

    NeuerBenutzer_SQL = False

    If (Len(strPID) < 4 Or Len(strPID) > 20) _
            And Not Len(strPID) = 0 Then
        MsgBox "PID muss zwischen 4 und 20 Zeichen lang sein!"
        Exit Function
    End If

    Set cnn = CurrentProject.Connection

    ' Neuen Benutzer erstellen
    cnn.Execute "CREATE USER " & _
                strName & " " & _
                strPasswort & " " & _
                strPID

    'Benutzer der Gruppe "Benutzer" zuweisen
    cnn.Execute "ADD USER " & strName & " TO Users"

    NeuerBenutzer_SQL = True

exit_NeuerBenutzer:
    Exit Function

err_NeuerBenutzer:
    MsgBox "Fehler " & Err.Number & ": " & Err.Description
    Resume exit_NeuerBenutzer
End Function
```

Die folgende Funktion ändert das Kennwort eines Benutzers.

```
Function PasswortÄndern_SQL( _
            ByVal strUser As String, _
            ByVal strOldPwd As String, _
            ByVal strNewPwd As String) As Boolean


    On Error GoTo err_PasswortÄndern

    Dim cnn As ADODB.Connection

    PasswortÄndern_SQL = False

    Set cnn = CurrentProject.Connection

    cnn.Execute "ALTER USER " & strUser & _
            " PASSWORD " & strNewPwd & " " & strOldPwd

    PasswortÄndern_SQL = True

exit_PasswortÄndern:
    Exit Function

err_PasswortÄndern:
    MsgBox "Fehler " & Err.Number & ": " & Err.Description
    Resume exit_PasswortÄndern


End Function
```

Client-Server-Verarbeitung

.... mit Access

Konzepte der Client–Server–Verarbeitung
ODBC und OLE DB
Access–Projekte

25 Konzepte der Client-Server-Verarbeitung

Die Client-Server-Welle rollt. Kaum ein Thema hat die Datenverarbeitung in den letzten Jahren so geprägt wie Client-Server, allerdings ist die Spannweite der Systeme beachtlich, die als Client-Server-Systeme bezeichnet werden. Vom PC, der als Client an einem Netzwerk-Server hängt, bis hin zu weltumspannenden Systemen reicht die Palette der so genannten Client-Server-Systeme. Das momentan meistgenutzte Client-Server-System ist das Internet: Viele Server bedienen Clients, die mit einem Browser wie Microsoft Internet Explorer oder Netscape Navigator arbeiten. Alle im Weiteren erläuterten Varianten der Client-Server-Verarbeitung lassen sich auch im Internet oder Intranet realisieren.

Wir möchten Ihnen in diesem Kapitel einen allgemeinen Überblick über Client-Server-Verarbeitung geben und dann auf die Möglichkeiten eingehen, die Access für Client-Server-Umgebungen bietet.

25.1 Das Client-Server-Modell

Drei große Bereiche können bei der Client-Server-Verarbeitung unterschieden werden: Präsentation der Daten, Applikationsfunktionen und Datenmanagement. Diese drei Funktionalitäten lassen sich auf verschiedene Weise zwischen Client und Server verteilen.

Das folgende Bild zeigt die möglichen Verteilungsvarianten zwischen Client und Server. Links bzw. oben sind die englischen Begriffe eingesetzt, rechts und unten sind die deutschen Entsprechungen zu sehen.

Die Begriffe sind weder im Englischen noch im Deutschen in der Literatur, dem Sprachgebrauch der Hersteller und den Definitionen in Normen und Standard einheitlich.

Prinzipiell lassen sich für die Verteilung der verschiedenen Aufgaben zwischen Client und Server sechs Fälle unterscheiden. Wir beschränken uns zuerst nur auf das direkte Zusammenspiel zwischen Client und Server. Die Verbindung zwischen Client und Server wird über ein Netzwerk hergestellt.

Möglich sind auch mehrstufige Architekturen: ein Client arbeitet mit einem Server zusammen, der wiederum an einem weiteren Server hängt und so weiter. Wir kommen auf diese Varianten weiter unten zu sprechen.

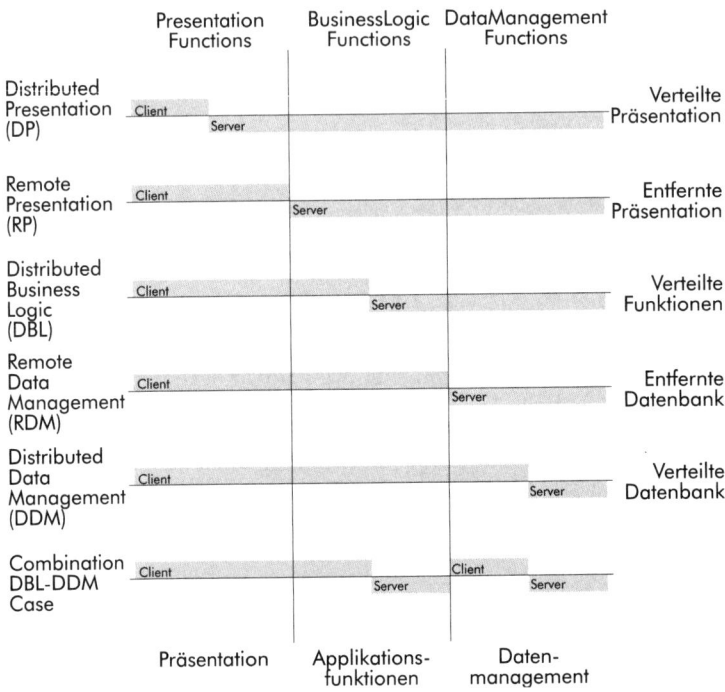

Bild 25.1: Das Client-Server-Modell

Zuerst möchten wir Ihnen eine kurze Definition der im Bild verwendeten Begriffe Präsentation, Applikationsfunktionen und Datenmanagement geben.

Präsentation: Unter Präsentation ist die gesamte Darstellung der Daten für den Benutzer am Bildschirm zusammengefasst, unabhängig davon, ob die Daten in einer grafischen Benutzeroberfläche oder in einer alphanumerischen Darstellung gezeigt werden. Zur Präsentation zählen alle Funktionen, die sich mit der Darstellung beschäftigen, beispielsweise Formatierung der Daten oder die Reaktion auf Tastatureingaben oder Mausbewegungen.

Applikationsfunktionen: Unter den Applikationsfunktionen sind alle Funktionen zusammengefasst, die sich nicht mit der Präsentation oder mit der Ein- und Ausgabe von Daten in die Datenbank beschäftigen.

Datenmanagement: Unter Datenmanagement werden alle Funktionen verstanden, die zur Manipulation und zum Ablegen bzw. Wiederauffinden der Daten in einer Datenbank benötigt werden. Datenmanagement wird in der Regel mithilfe eines Datenbankmanagementsystems (DBMS) durchgeführt.

Im Prinzip gibt es nicht »das« Client-Server-Modell, sondern verschiedene Varianten der Verteilung der Funktionen. Je nach Problemstellung muss die Verteilung neu definiert werden. Innerhalb einer Client-Server-Umgebung kann es gleichzeitig mehrere Verteilungsvarianten geben.

25.1.1 Verteilung der Funktionen zwischen Client und Server

Anhand von Beispielen sollen im Folgenden die verschiedenen Varianten der Verteilung der Funktionen zwischen Client und Server detailliert beschrieben werden. Zusätzlich möchten wir Sie auf typische Probleme der jeweiligen Verteilungsvariante hinweisen.

Verteilte Präsentation

Die erste Verteilungsvariante, die wir Ihnen beschreiben möchten, ist die *Verteilte Präsentation*, bei der sich Client und Server die Aufgaben der Darstellung am Bildschirm des Clients teilen.

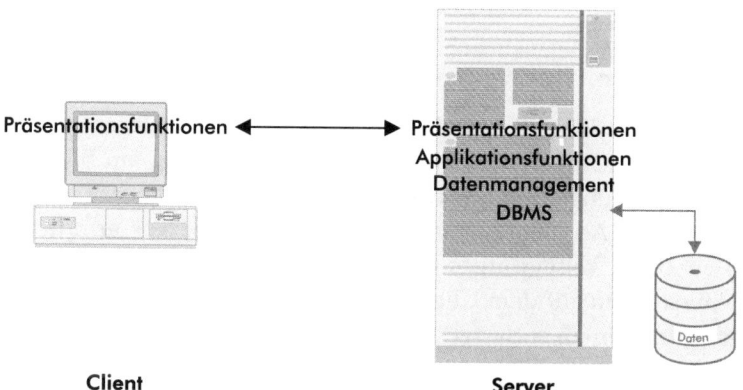

Bild 25.2: Verteilte Präsentation

Entfernte Präsentation

Bei der *Entfernten Präsentation* übernimmt der Client alle Aufgaben der Darstellung am Bildschirm. Der Server sendet die von den Applikationsfunktionen aufbereiteten Daten in Rohform an den Client, dessen Präsentationsprogramm die

Daten dort anzeigt. Tastenanschläge oder Mausbewegungen werden vom Client-Präsentationsprogramm an den Server weitergereicht.

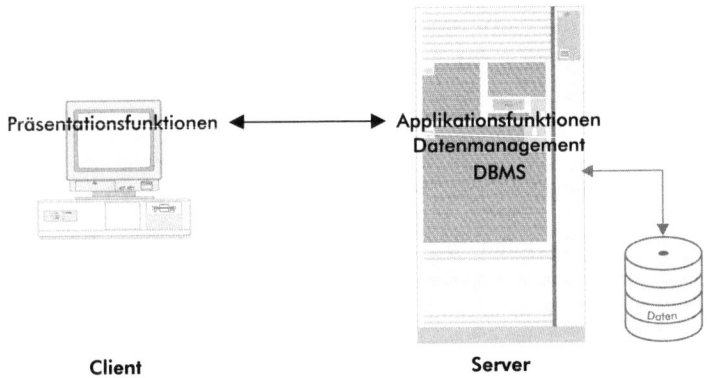

Bild 25.3: Entfernte Präsentation

Für die »Unterhaltung« zwischen Server und Client ist es notwendig, dass beide die gleiche Sprache sprechen, die Daten also in beide Richtungen über das Netz übermittelt werden können. Typische Protokolle für die Kommunikation zwischen den Programmen sind die *Remote Procedure Calls* (RPC) oder *Advanced-Program-to-Program-Communication* (APPC).

Verteilte Funktionen

Bei der entfernten Präsentation stellt sich die Frage, warum nicht die Rechenkapazität des Clients genutzt wird, um neben der Darstellung am Bildschirm auch bestimmte Verarbeitungsfunktionen durchzuführen. Vereinfacht könnte man z.B. fragen, warum die Applikationsfunktionen auf dem Server ermitteln müssen, dass der 31. Februar kein gültiges Datum ist? Die Plausibilität des Datums ließe sich problemlos schon auf dem Client ermitteln, sodass der Server (wenn auch in diesem Fall nur minimal) entlastet würde.

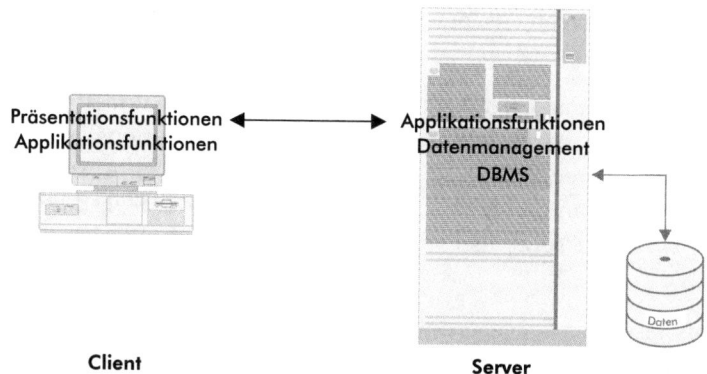

Client   Server

Bild 25.4: Verteilte Funktionen

Der Aufwand für die Programmierung von verteilten Funktionen ist höher als bei der entfernten Präsentation, denn es muss gewährleistet werden, dass die Zusammenarbeit zwischen Client und Server in allen Fällen funktioniert.

Entfernte Datenbank

Bei der Verteilungslösung *Entfernte Datenbank* liegen die gesamten Applikationsfunktionen auf dem Client, während die Datenbankmanagementfunktionen auf dem Server ablaufen. Der Server wird hierbei als Datenbank- oder Database-Server bezeichnet.

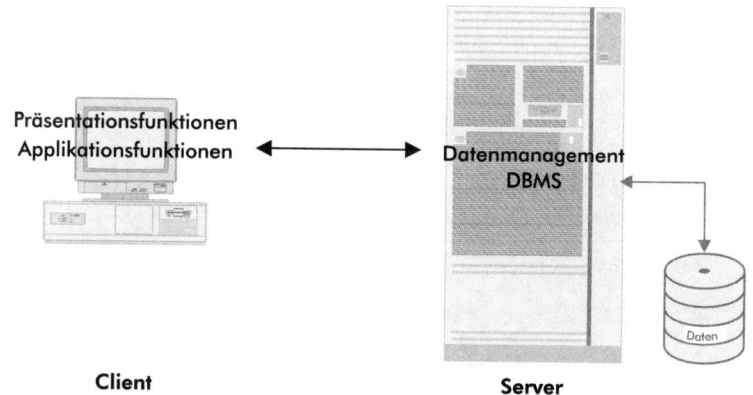

Client   Server

Bild 25.5: Entfernte Datenbank

Die Verbindung zwischen Client und Datenbankserver wird in den meisten Fällen mithilfe der Datenbankabfragesprache SQL hergestellt. Die Kommunikation mit dem Server über SQL lässt sich in die Applikationslogik auf dem Client relativ einfach integrieren, sodass diese Verteilungsvariante sehr häufig eingesetzt wird.

Angenommen, auf dem Client sollen die zehn besten Kunden auf dem Bildschirm in einer Liste dargestellt werden. In der Applikationslogik des Clients wird dazu eine entsprechende SQL-Abfrage generiert. Diese Abfrage schickt der Client über das Netz an den Server. Der Server nimmt die SQL-Befehle entgegen und arbeitet sie ab, er setzt also seine Rechenleistung für die Lösung des Problems ein.

Das Ergebnis lässt der Server dem Client über das Netzwerk zukommen. Auf dem Client werden die ermittelten Daten von der Applikationslogik aufbereitet und dann präsentiert.

Sowohl der Client als auch der Server benötigen hierfür entsprechende Schnittstellen, die den Transport der SQL-Befehle und -Ergebnisse über das Netzwerk ermöglichen. Fast jeder Datenbankhersteller bietet inzwischen solche Schnittstellen an.

Verteilte Daten

Liegen die Daten nicht auf einem Server, sondern müssen zur Lösung einer Anfrage nach Daten die Datenmanagementfunktionen mehrerer Server zusammenarbeiten, spricht man von *Verteilten Daten*. Zusätzlich könnten hierbei auch lokale Daten des Clients mit in eine Abfrage eingebunden werden.

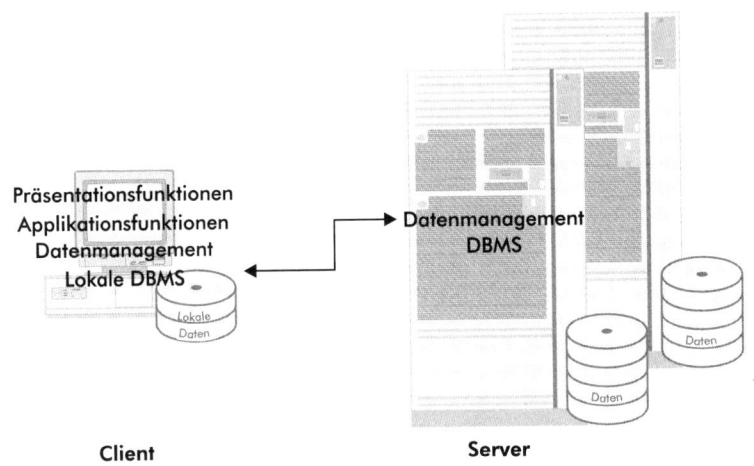

Bild 25.6: Verteilte Daten

Verteilte Funktionen und verteilte Daten

Der komplexeste Verteilungsfall entsteht, wenn Applikations- und Datenmanagementfunktionen auf verschiedene Rechner verteilt werden.

25.1.2 Mehrschichtige Architekturen

Wir sind bei den oben beschriebenen Verteilungsvarianten immer nur von zwei Partnern, Client und Server, ausgegangen. Es lassen sich aber auch mehrschichtige Architekturen aufbauen.

Das nächste Bild zeigt einen dreischichtigen Client-Server-Aufbau. Ein Client greift auf einen Server zu, der wiederum an einen weiteren Server angeschlossen ist. Der erste Server könnte beispielsweise ein Abteilungsserver sein, während der zweite Server als zentraler Unternehmensserver ausgelegt ist. Für die Anzahl der Stufen in einer Client-Server-Umgebung gibt es keine Begrenzungen.

Die einzelnen Stufen werden in der Literatur oft mit dem englischen Begriff *tier* bezeichnet, der sich mit Schicht, Stufe oder Rang übersetzen lässt.

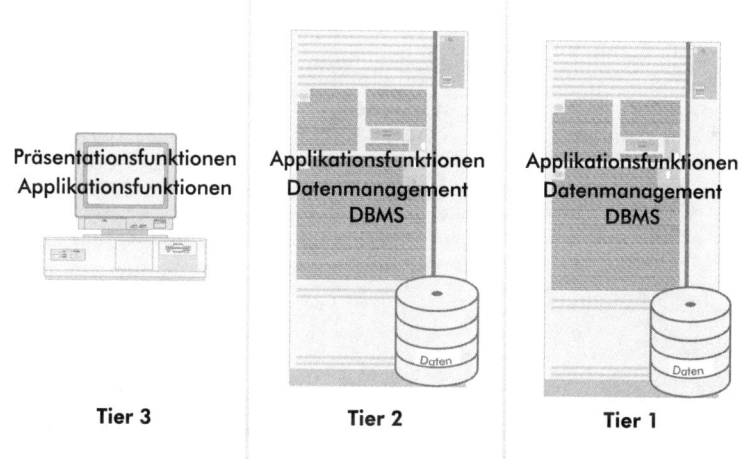

Präsentationsfunktionen
Applikationsfunktionen

Applikationsfunktionen
Datenmanagement
DBMS

Applikationsfunktionen
Datenmanagement
DBMS

Tier 3   Tier 2   Tier 1

Bild 25.7: 3-Tier-Architektur

25.1.3 Problemfall Netzwerktransport

Um die Varianten und Probleme des Einsatzes von SQL-Datenbanken in Client-Server-Umgebungen zu verdeutlichen, ist es notwendig, die verschiedenen Zugriffsvarianten zu betrachten.

Direkt

Bei Host-Systemen mit Terminals und bei Einzelplatzsystemen befinden sich Datenbanksoftware (DBMS) und Applikation auf dem gleichen Rechner im gleichen Adressraum.

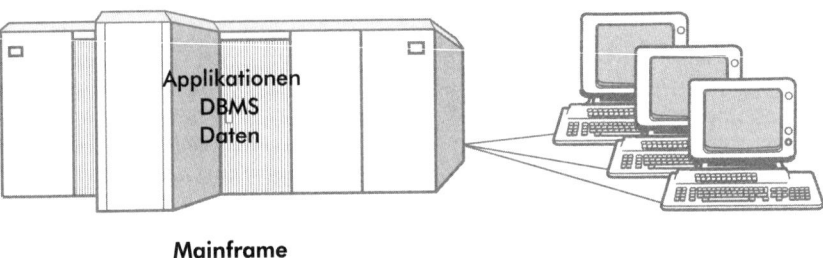

Mainframe

Bild 25.8: Standardfall Großrechner

Das Gleiche gilt im Prinzip für einen Einzelplatzrechner. Setzen Sie Access beispielsweise auf einem PC ein, befinden sich Präsentation, Applikationslogik und Datenmanagement auf dem gleichen Rechner.

Bild 25.9: Stand-alone-PC

Über das Netz

Beim Zugriff auf Daten über ein Netzwerk sind die beiden folgenden Varianten zu unterscheiden, die beide von Access unterstützt werden. Bei der so genannten File-Server-Variante befinden sich nur die Daten auf dem Server, d.h., Präsentation und Applikationslogik werden auf dem Client verarbeitet.

Bild 25.10: Daten auf dem File-Server

Bei der File-Server-Variante werden verhältnismäßig viele Daten über das Netzwerk bewegt, denn letztendlich wird eine Auswertung der Daten, beispielsweise in einer Abfrage, auf dem Client durchgeführt.

Bei der zweiten Variante wird ein Datenbank-Server eingesetzt. Auf diesem Server läuft ein eigenständiges Datenbankprodukt, z.B. Microsoft SQL Server, Oracle, Informix oder Adabas-D der Software AG. Access kann über die in Kapitel 26, »ODBC und OLE DB«, beschriebene ODBC-Schnittstelle auf Datenbank-Server zugreifen. Dabei übernimmt der Server einen entscheidenden Teil der Verarbeitung.

Mit der Hilfe von Access-Projekten, einer speziellen Variante von Access-Datenbanken, wird der Zugriff auf das Datenbanksystem Microsoft SQL Server derart gestaltet, dass in Access Formulare, Berichte und Module abgelegt werden, auf dem Datenbank-Server alle Daten, Abfragen und gespeicherten Prozeduren (stored procedures).

Access arbeitet als Client. Benötigt die Access-Applikation Daten oder sollen Daten verändert werden, schickt Access einen entsprechenden SQL-Befehl an den Datenbank-Server, den wir im Weiteren auch als SQL Server bezeichnen. Der Befehl wird auf dem Server abgearbeitet und das Ergebnis über das Netzwerk an den Client geschickt. Diese Lösung bietet zwei Vorteile: zum Ersten kann die Rechen- und Verarbeitungsleistung des Servers genutzt werden und zum Zweiten verringert sich die Netzbelastung.

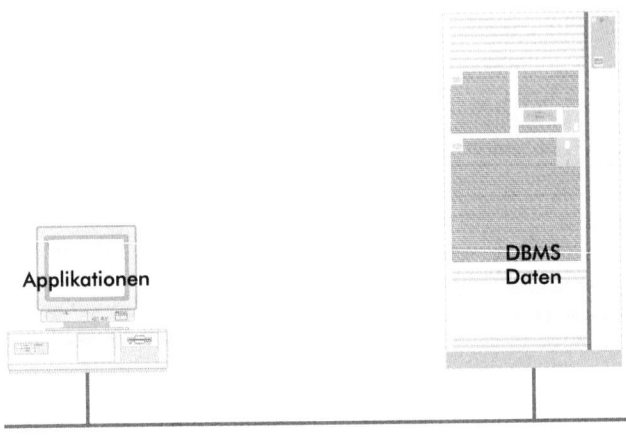

Datenbank-Server

Bild 25.11: Daten von einem Datenbank-Server verwaltet

25.2 Wege zur Datenbank

Nach der Theorie möchten wir Ihnen nun beschreiben, wie die Praxis mit Access aussieht. Teilweise werden wir dazu Informationen zusammenfassen, die wir Ihnen in den vorangegangenen Kapiteln in anderen Zusammenhängen beschrieben haben. Welche Wege führen also von Access zur Datenbank?

Stand-alone

Der einfachste Fall ist natürlich die Stand-alone-Lösung. Auf einem Einzelplatz-PC befinden sich Access und seine Datenbank auf dem gleichen Rechner.

Bild 25.12: Standalone-PC

File-Server

Sollen mehrere Benutzer über ein Netzwerk auf Access-Daten zugreifen, kann die Datenbank auf einen File-Server kopiert werden. Alle Anwender verwenden die gleiche MDB-Datenbank. Eine bessere Lösung ist die in Kapitel 23, »Anwendungsentwicklung«, beschriebene Variante der Aufteilung in Front- und Backend.

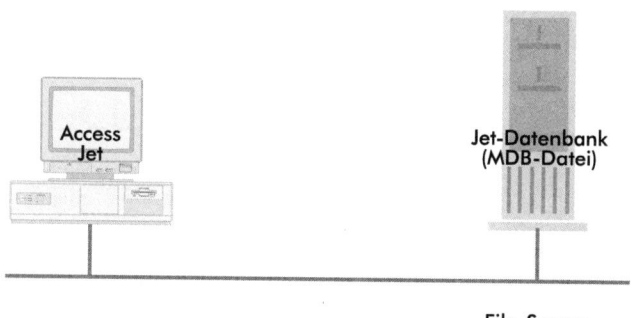

File-Server

Bild 25.13: Access-MDB auf File-Server

Nachteile der File-Server-Lösung sind zum einen die relativ hohe Netzwerkbelastung, denn eine Verarbeitung der Daten (Abfragen etc.) findet nur auf dem Client durch die Jet-Engine statt, zum anderen die erhöhte Fehleranfälligkeit der Datenbank. Ein Absturz von Access auf einem der Client-Rechner kann unter Umständen zur Zerstörung der Access-Datenbank auf dem File-Server führen.

Die File-Server-Variante wird auch beim Zugriff auf typische PC-Datenbankprogramme wie Paradox, dBase usw. eingesetzt. Mit Access werden verschiedene so genannte ISAM-Treiber geliefert, die der Jet-Engine einen direkten Zugriff auf die Dateien in den Formaten von Paradox, dBase usw. ermöglicht.

Die Open Database Connectivity (ODBC)-Schnittstelle

Eine allgemeine Datenbankschnittstelle ist ODBC. Wir beschreiben diese Schnittstelle im folgenden Kapitel 26 ausführlich.

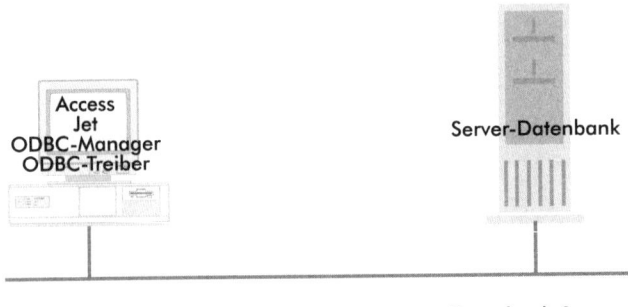

Bild 25.14: ODBC-Zugriff

Per ODBC erhalten Sie unter anderem Zugriff auf Datenbank-Server. Auf diesem Server läuft ein eigenständiges Datenbankprodukt, z.B. Microsoft SQL Server, Oracle, Informix oder Adabas-D. Access kann über die in Kapitel 26, »ODBC und OLE DB«, beschriebene ODBC-Schnittstelle auf Datenbank-Server zugreifen. Dabei übernimmt der Server einen entscheidenden Teil der Verarbeitung. Vereinfacht ausgedrückt sendet Access dem Datenbank-Server eine SQL-Abfrage und erhält das Abfrageergebnis zurück. Damit wird die Netzwerkbelastung minimiert und die eigentliche Datenbankarbeit wird vom Server geleistet.

Leider ist das nur die Theorie, denn in der Realität werden alle Datenbankabfragen über die Jet-Engine abgewickelt, sodass bei Abfragen beispielsweise doch alle Daten zum Client übertragen werden. Wir hatten in unseren Projekten einige Fälle, bei denen Abfragen, die lokal innerhalb von Access problemlos und schnell ausgeführt wurden, über ODBC nicht oder nur extrem langsam abliefen.

Um das Leistungsverhalten von ODBC-Verbindungen zu verbessern, lassen sich SQL-Pass-Through-Abfragen (SPT) erstellen. Diese spezielle Abfragevariante umgeht die Jet-Engine, d.h., die Abfragen werden tatsächlich auf dem Server ausgeführt. SPTs sind aber in manchen Fällen, beispielsweise bei der Übergabe von Parametern, sehr unhandlich.

Mit Access 97 hat Microsoft für die DAO-Programmierung ODBCDirect-Verbindungen eingeführt, mit deren Hilfe ebenfalls Jet umgangen wird (siehe Kapitel 26.5).

Datenzugriff mit OLE DB

Die Weiterentwicklung von ODBC ist OLE DB. OLE DB funktioniert ähnlich wie ODBC, ist aber moderner und universeller. OLE DB wird aus Access heraus mit ADO angesprochen. Mehr dazu lesen Sie in Kapitel 26.

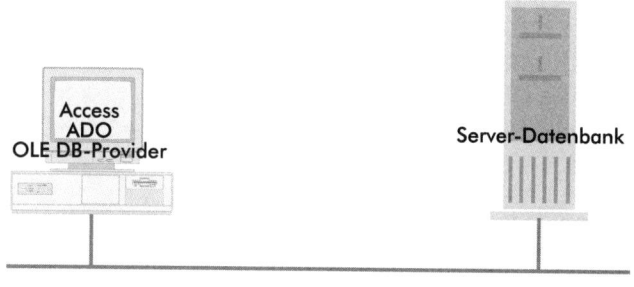

Datenbank-Server

Bild 25.15: ADO-Zugriff über OLE DB-Provider

Eine spezielle Variante des OLE DB-Zugriffs wird in Access-Projekten eingesetzt. Access-Projekte sind spezielle Datenbanken, die direkt auf einen Microsoft SQL Server bzw. auf dessen abgespeckte Version MSDE zugreifen. Eine ausführliche Beschreibung von Access-Projekten erhalten Sie in Kapitel 27.

Datenbank-Server

Bild 25.16: Access-Projekte (ADP)

26 ODBC und OLE DB

In den vorangegangenen Access-Versionen war »Open Database Connectivity« (ODBC) die Lösung von Microsoft zum Zugriff auf verschiedenste Datenbankmanagementsysteme. Mit Access 2000 ist der Nachfolger von ODBC, nämlich »OLE DB«, hinzugekommen.

Da noch längst nicht alle Datenbankhersteller OLE DB anbieten, wird ODBC von Access weiter unterstützt und für DAO auch benötigt. Die Access-Benutzeroberfläche mit Abfragen, Formularen und Berichten basiert, wie in Teil 3 schon erwähnt, auf der Datenzugriffsschnittstelle DAO.

OLE DB kann aber nur mit ADO verwendet werden, was die Nutzung teilweise einschränkt. Allerdings mit Ausnahmen: Die neu in Access hinzugekommenen Access-Projekte, eine spezielle Form der Access-Datenbanken, können über OLE DB direkt auf den Microsoft SQL Server zugreifen, wie es in Kapitel 27 beschrieben wird. Verwenden Sie Microsoft Office Developer (MOD, siehe Kapitel 23, »Anwendungsentwicklung«), so stehen Ihnen spezielle ActiveX-Steuerelemente zur Verfügung, die einen OLE DB-Zugriff erlauben.

26.1 ODBC

Damit Applikationen wie Access, Excel und viele andere einen Zugriff auf SQL-Datenbanken erhalten, bietet sich als eine Zugangsvariante ein so genanntes »Call-level interface« (CLI) an. Ein CLI stellt Applikationen eine einheitliche Schnittstelle zum Zugriff auf unterschiedlichste Datenbanken bereit.

26.1.1 Microsoft ODBC

Das zur Zeit erfolgreichste »call-level interface« ist Microsoft ODBC. Basierend auf den Definitionen der SQL-Access-Group und X/Open hat Microsoft die ODBC-Schnittstelle implementiert und als Bestandteil seiner Systemarchitektur »Windows Open Services Architecture« (WOSA) definiert.

Wenn Datenbanksysteme wie beispielsweise Oracle, Informix, Ingres, IBM UDB bzw. DB2, MS SQL Server, Sybase, Centura, Novell Btrieve und viele andere mehr eingesetzt werden, sind die Programme, die auf die von diesen Systemen verwalteten Daten zugreifen, an das jeweilige Produkt angepasst. Wurde eine Applikation für das Oracle-Datenbanksystem entwickelt, so ist es nicht möglich, ohne erhebliche Anpassungsarbeiten an der Applikationssoftware das Datenbanksystem auszutauschen, beispielsweise anstelle von Oracle das Konkurrenzprodukt von Sybase einzusetzen. Ein noch aufwändigeres Problem ist der gleichzeitige Zugriff auf mehrere Datenbanksysteme unterschiedlicher Hersteller aus einem Programm heraus. Da viele Unternehmen aus den verschiedensten Gründen mehr als ein Datenbanksystem einsetzen, trifft man die Anforderung nach einem vielfachen Zugriff sehr oft an.

Die Abfragesprache SQL

Der einzige gemeinsame Nenner, der für die verschiedenen Produkte zu finden ist, ist die Datenbankabfragesprache SQL. SQL ist eine genormte Sprache, die von den meisten Datenbankanbietern unterstützt wird. Allerdings hat jeder Datenbankhersteller SQL um eigene Sprachelemente erweitert, sodass jede Datenbank ihren eigenen Dialekt spricht. Ein neuer, erweiterter Standard, SQL-92 oder SQL-2 genannt, soll eine einheitliche Sprache für alle bringen, aber zur Zeit unterstützen nicht alle Anbieter SQL-92, während aber inzwischen schon SQL-3 definiert wurde.

Der Aufbau von ODBC

Microsoft hat im Rahmen seiner WOSA eine Datenbankschnittstelle entwickelt, die für Applikationen einen Herstellerunabhängigen Zugriff auf Datenbanken ermöglicht. ODBC ermöglicht die Abfrage und Manipulation von Daten, die von den einleitend genannten Datenbanksystemen verwaltet werden.

ODBC liegt die Trennung der Applikation von der Datenbank zugrunde, d.h., eine Anwendung greift nur noch auf ODBC zu und ODBC gibt die Zugriffe in der richtigen Art und Weise an das jeweilige Datenbanksystem weiter. ODBC ist z.Z. nur unter Windows verfügbar und kann sowohl auf Einzelplatz-PCs als auch auf in einem Netzwerk angeschlossenen PCs eingesetzt werden. Das im folgenden Bild dargestellte Schema soll die ODBC-Philosophie verdeutlichen.

ODBC unterteilt sich in einen allgemeinen ODBC-Treiber, der die Schnittstelle zur Applikation darstellt und einen Treiber, der für die Übersetzungsarbeit von ODBC auf ein spezifisches Datenbankprodukt sorgt.

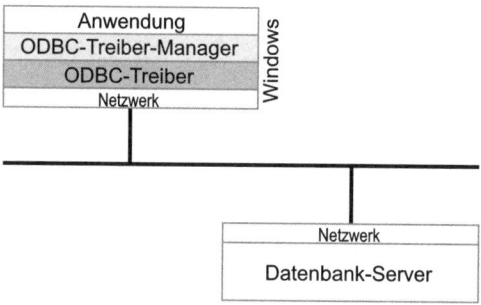

Bild 26.1: ODBC-Konzept

26.1.2 Einrichten eines ODBC-Treibers

Bei der Installation von ODBC im Rahmen der Access-Einrichtung wird in der Windows-Systemsteuerung ein neues Symbol eingefügt. Es dient zum Aufruf des ODBC-Administrators, der zur Verwaltung der Datenbanktreiber für die verschiedenen Datenbankprodukte eingesetzt wird.

Der »ODBC-Datenquellen-Administrator« meldet sich mit dem im folgenden Bild dargestellten Dialogfeld. Eine Datenquelle ist eine Definition für den Zugriff auf eine Datenbank.

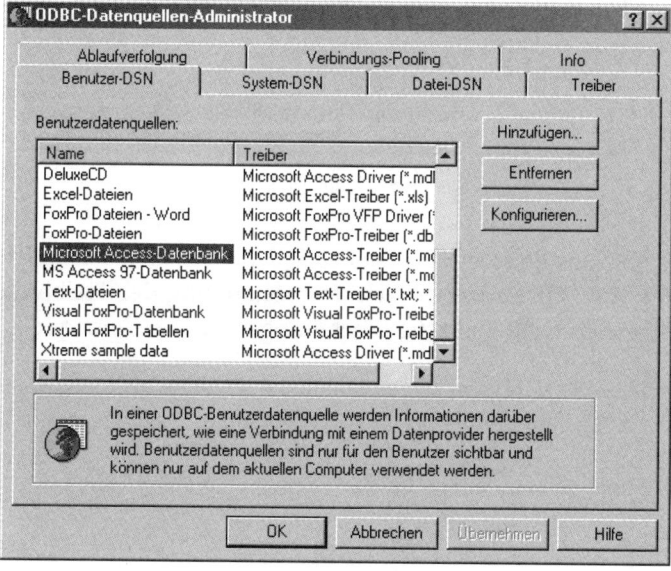

Bild 26.2: Dialogfeld Datenquellen

Es werden drei Arten von Datenquellen (DSN) unterschieden: *Benutzer-DSN*, die einem bestimmten Benutzer zugeordnet sind, *System-DSN*, die dem Computer, auf dem sie definiert sind, zugeordnet sind und *Datei-DSN*, bei denen die Datenquellendefinition in einer Datei abgelegt wird.

Jede Datenquellendefinition, die mit beliebigem Namen bezeichnet werden kann, repräsentiert eine Einstellung für den Zugriff auf einen Datenbanktreiber. Die auf Ihrem System verfügbaren Datenbanktreiber können Sie sich auf dem Registerblatt *ODBC-Treiber* (siehe Bild 26.2) anzeigen lassen. Es ist möglich, mehrere Datenquellendefinitionen für einen Treiber vorzunehmen.

Erstellen Sie eine neue Datenquelle, so werden Sie zuerst im folgenden Dialogfeld nach dem Datenbanktreiber gefragt.

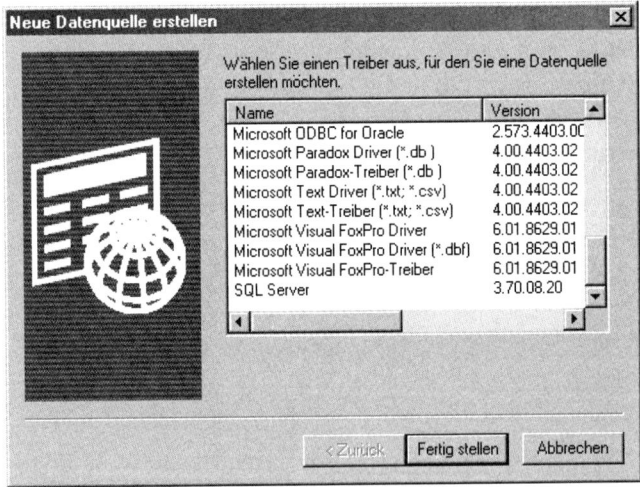

Bild 26.3: Dialogfeld Treiber

Selektieren Sie für das Beispiel den Treiber *SQL Server* für den Zugriff auf die Datenbank »Microsoft SQL Server«. Nach der Bestätigung der Treiberauswahl können Sie im folgenden Dialogfeld die Einstellungen für die Datenquelle festlegen.

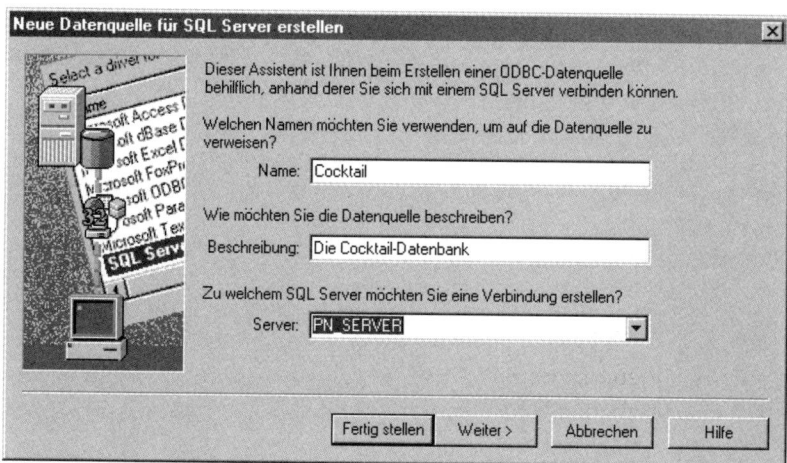

Bild 26.4: Dialogfeld ODBC SQL Server-Setup

Als *Datenquellennamen* geben Sie einen Ihre Datenquelle charakterisierenden Text an, den Sie durch eine Beschreibung ergänzen können. Auf alle weiteren Eintragungen können wir hier nicht eingehen, denn Sie hängen von Ihrer SQL Server-Installation ab.

26.2 Nutzung von ODBC

Wir möchten Ihnen in diesem Abschnitt zeigen, wie Sie eine Tabelle im Access-Datenbankfenster einfügen, die eine ODBC-Verbindung nutzt. Rufen Sie dazu mit *DATEI Externe Daten Tabelle verknüpfen* das folgende Dialogfeld auf.

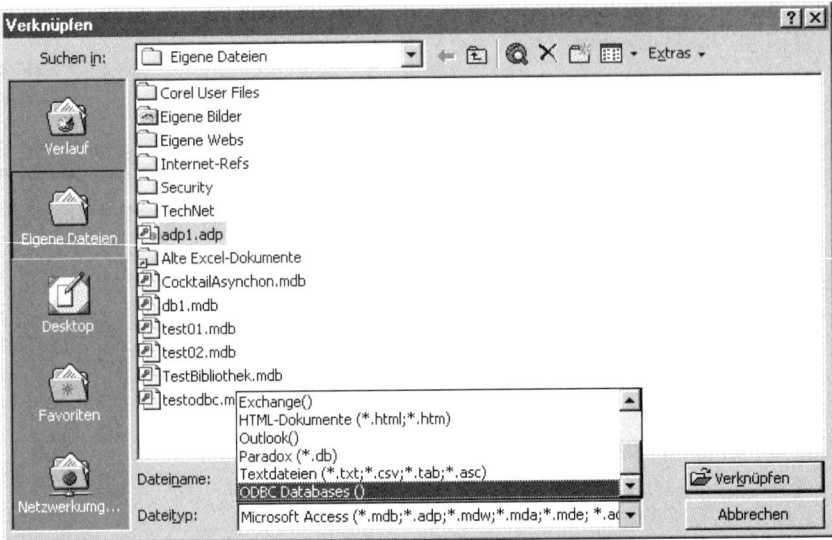

Bild 26.5: Dateityp ODBC-Datenbanken auswählen

Wählen Sie im Feld *Dateityp* den Eintrag *ODBC-Datenbanken* an. Sofort nach der Auswahl wird das nächste Dialogfeld eingeblendet, in dem Sie die gewünschte Datenquelle angeben.

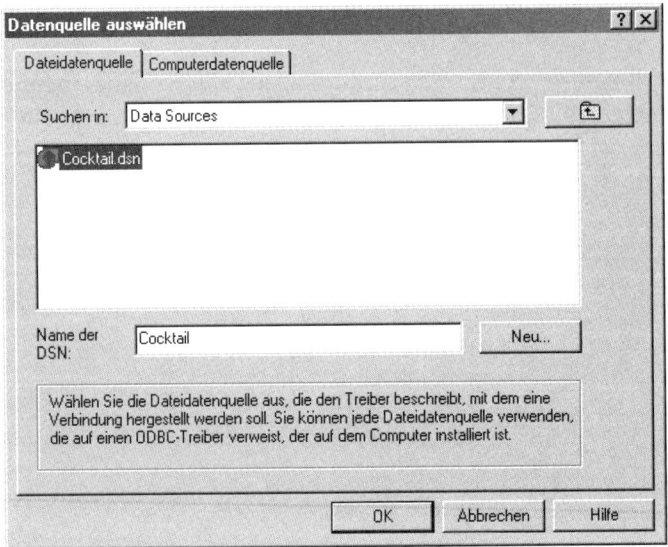

Bild 26.6: Auswählen einer Datenquelle

Die von uns gewählte Datenquelle *Cocktail* enthält die Definitionen für eine ODBC-Verbindung zu einer SQL Server-Datenbank. Deshalb wird als nächstes das Anmeldedialogfeld des SQL Servers angezeigt. Nach erfolgreicher Anmeldung werden im nächsten Dialogfeld alle Tabellen aufgeführt, auf die Sie Zugriff haben. Je nach Einrichtung und Berechtigung Ihres SQL Server-Benutzers wird vor den Tabellennamen eine weitere Bezeichnung eingeblendet, hier im Bild *dbo* für »database owner«.

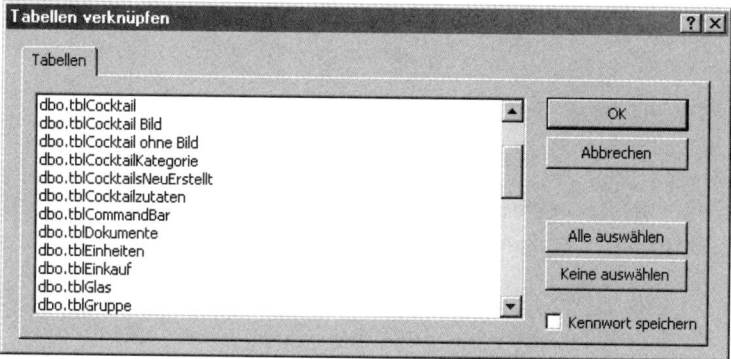

Bild 26.7: SQL Server-Tabellen

Im Access-Datenbankfenster werden verknüpfte ODBC-Tabellen mit einer kleinen Weltkugel dargestellt.

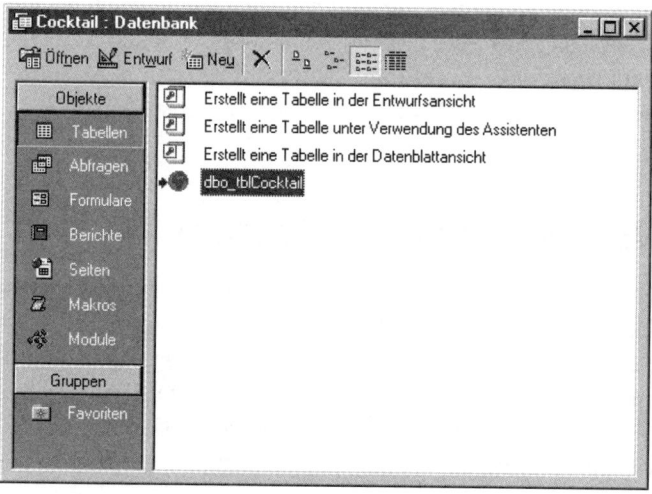

Bild 26.8: Verknüpfte ODBC-Tabelle

26.3 Zugriff auf ODBC-Datenbanken mit DAO

Auf verknüpfte ODBC-Datenbanken können Sie mit DAO zugreifen, d.h., Sie können alle in Kapitel 11 und 12 beschriebenen Methoden und Eigenschaften einsetzen. Wie bei allen verknüpften Tabellen enthält die Eigenschaft Connect eines TableDef-Objekts auch für verknüpfte ODBC-Datenbanken eine Zeichenkette mit der Beschreibung der Verbindung. Die folgende Prozedur gibt die Connect-Zeichenkette im Testfenster aus.

```
Sub ODBCConnect()
    Dim db As Database
    Dim tdef As TableDef

    Set db = CurrentDb
    Set tdef = db.TableDefs("tblCocktailSQL")
    Debug.Print tdef.Connect
End Sub
```

Der Inhalt der Connect-Eigenschaft für unsere Beispieltabelle lautet:

```
ODBC;DRIVER={SQL Server};SERVER=PN_SERVER;UID=sa;PWD=;
            APP=Microsoft®Access;WSID=RALF;DATABASE=Cocktail
```

Nur der Beginn der Zeile, nämlich ODBC;, ist für den Aufbau einer ODBC-Verbindung notwendig. Liegen die anderen Daten komplett oder teilweise nicht vor, werden sie abgefragt, wenn Sie die verknüpfte Tabelle nutzen wollen. Möchten Sie beispielsweise als zusätzliche Sicherheitsstufe erreichen, dass der Anwender beim Zugriff auf die ODBC-Datenbank sich mit Name und Passwort legitimieren muss, entfernen Sie UID und PWD aus der Connect-Eigenschaft.

26.4 SQL Pass-Through-Abfragen

Verwenden Sie verknüpfte ODBC-Tabellen, so wird der Jet-Datenbankkern eingesetzt. Das bedeutet, dass Abfragen mit Jet-SQL durchgeführt werden. Der Vorteil dabei ist, dass Ihre Anwendung unabhängig von Typ und Hersteller des Datenbanksystems ist, auf dem die Daten verwaltet werden. Ob die ODBC-Verknüpfung zu einer Oracle-, Informix- oder sonstigen Datenbank aufgebaut wurde, ist für Ihre Anwendung dann ohne Bedeutung.

Der Nachteil der Verwendung von Jet-SQL ist, dass viele Leistungsmerkmale der zugrunde liegenden Datenbankmanagementsysteme (im Weiteren auch SQL-Datenbanken genannt) nicht genutzt werden können. Die meisten Datenbanksysteme verfügen über die Fähigkeit, vordefinierte Abfragen und spezielle Datenbankprogramme in der Datenbank selbst abzuspeichern. Diese so genannten »Stored Procedures« lassen sich aber nicht über Jet-SQL ansprechen. Aus diesem Grund ermöglicht es Access, spezielle SQL Pass-Through-Abfragen zu definieren, die den Jet-Datenbankkern umgehen. Die Befehle in einer SQL Pass-Through-Abfrage werden nicht von der Jet-Datenbank-Engine auf Richtigkeit geprüft, sondern direkt über den ODBC-Treiber an die Datenbank weitergegeben. Auf diese Weise können beliebige SQL-Befehle an die Datenbank übermittelt werden, beispielsweise auch Aufrufe von »Stored Procedures«.

26.4.1 Definition von SQL Pass-Through-Abfragen

Um eine SQL Pass-Through-Abfrage (SPT) zu definieren, starten Sie eine neue Abfrage, ohne eine Tabelle auszuwählen und selektieren dann *ABFRAGE SQL spezifisch Pass Through*. Für SPT-Abfragen wird nur das SQL-Entwurfsfenster gezeigt, nicht die normale Abfrageentwurfsansicht. Das nächste Bild zeigt die SQL-Ansicht, wobei das Abfrageeigenschaftendialogfeld eingeblendet ist. Unter ODBC-Verbindung wird die Verbindungszeichenkette eingetragen. Klicken Sie die Zeile an, wird rechts außen eine Schaltfläche eingeblendet, mit der Sie einen Assistenten für die Zusammenstellung der ODBC-Zeichenkette aufrufen können. Geben Sie keine gültige ODBC-Zeichenkette an, werden Sie bei jeder Ausführung der Abfrage nach der ODBC-Verbindung gefragt.

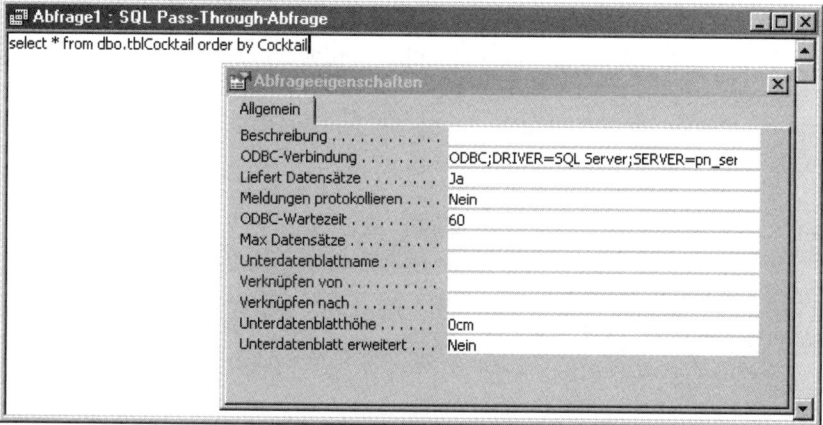

Bild 26.9: SQL Pass-Through-Eigenschaften

Die Eigenschaft *Liefert Datensätze* gibt an, ob die SPT-Abfrage Datensätze zurückgibt oder, wie beispielsweise beim Aufruf von »Stored Procedures« (gespeicherten Prozeduren auf dem Datenbank-Server) nur Aktionen innerhalb der SQL-Datenbank ausgeführt werden.

Beachten Sie, dass SPT-Abfragen immer Snapshots zurückgeben, also die Datensätze der Ergebnismenge nicht geändert werden können.

Das folgende Listing erstellt eine neue SPT-Abfrage. Beachten Sie dabei, dass die Connect-Eigenschaft vor der SQL-Eigenschaft vereinbart werden muss, denn sonst wird zur Laufzeit der Inhalt der SQL-Eigenschaft vom Jet-Datenbankkern auf Korrektheit der Syntax überprüft. Verwenden Sie spezifische Befehle der SQL-Datenbank, so löst Access einen Fehler aus. Um dies zu umgehen, vereinbaren Sie zuerst die Connect-Eigenschaft.

```
Sub CreateSPT()
    Const conQueryName = "qryCocktailSQL"

    Dim db As Database
    Dim rst As Recordset
    Dim qry As QueryDef

    Set db = CurrentDb
    ' Neue Abfrage erstellen
    Set qry = db.CreateQueryDef(conQueryName)
    ' Zuerst Connect vereinbaren, dann SQL zuweisen,
    ' sonst wird die SQL-Anweisung von Jet kontrolliert
    qry.Connect = "ODBC;DSN=Cocktail"
    qry.SQL = "select Cocktail from dbo.tblCocktail"
    ' Abfrage liefert Daten zurück
    qry.ReturnsRecords = True
    db.QueryDefs.Refresh

    Set rst = db.OpenRecordset(conQueryName)
    ' oder schneller
    ' Set rst = qry.OpenRecordset()
    Do While Not rst.EOF
        Debug.Print rst!Cocktail
        rst.MoveNext
    Loop
    rst.Close
End Sub
```

26.4.2 Aufruf von Stored Procedures

Mithilfe der folgenden SPT-Abfrage wurde eine »Stored Procedure« (SP) in der Beispieldatenbank auf unserem SQL Server erstellt. Für die SPT-Abfrage wurde die Eigenschaft *Liefert Datensätze* auf Nein gesetzt, denn die Abfrage hat kein Ergebnis.

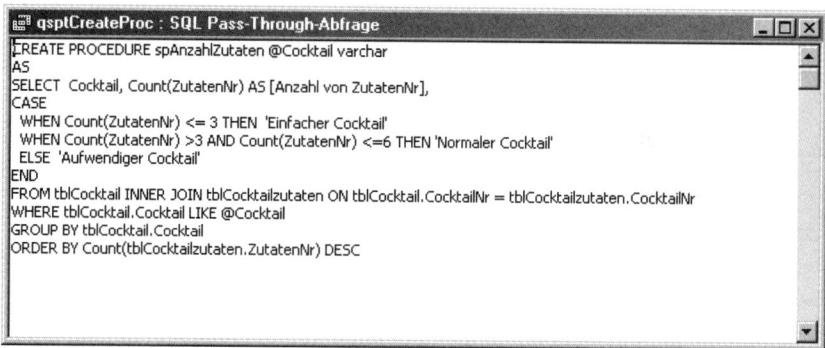

Bild 26.10: Definition einer »Stored Procedure«

In der SP wird eine Abfrage definiert, die SQL-Befehle enthält, die nur der SQL Server versteht, d.h., die so nicht in Access ablaufen würde. Die CASE-WHEN-THEN-Anweisung ähnelt der Access-WENN-Funktion, hat aber mehr Möglichkeiten. CREATE PROCEDURE erstellt die Abfrage auf dem Server; dort wird sie auch gespeichert.

Der Aufruf der »Stored Procedure« liefert alle Cocktails zurück, deren Namen dem übergebenen Parameter entspricht. Das Befehlswort Execute zum Aufruf ist übrigens optional, der Name der »Stored Procedure« ist völlig ausreichend.

Bild 26.11: Aufruf einer »Stored Procedure«

Um die »Stored Procedure« aus einem Programm heraus aufzurufen, übergeben Sie einfach den Namen als SQL-Eigenschaft, beispielsweise könnten Sie in der Prozedur CreateSPT (Seite 922) die folgende Änderung vornehmen:

```
qry.SQL = "spAnzahlzutaten '%'"
```

SPT-Abfrage weisen einige Nachteile auf: Sie können die Abfrage nicht im Entwurfsfenster ansehen, sondern müssen immer direkt den SQL-Code (fehlerfrei) schreiben. Außerdem können Sie in einer SPT-Abfrage keine Parameter in der gewohnten Access-Abfragenmethode definieren, indem Sie einfach den Namen des Parameters in eckige Klammern setzen, wie es falsch im folgenden Bild gezeigt ist.

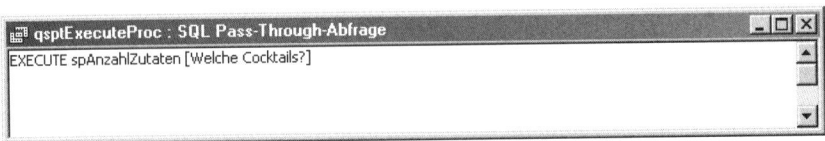

Bild 26.12: Nicht mögliche Parameterdefinition

Bei der Ausführung der Abfrage wird nicht der Parameter vom Benutzer abgefragt, sondern es werden einfach die Zeichen an den Datenbank-Server weitergereicht.

26.5 ODBCDirect-Verbindungen

Neu in Access 97 waren ODBCDirect-Verbindungen, die den Jet-Datenbankkern vollständig umgehen. ODBCDirect-Verbindungen unterstützen asynchrone Datenbankabfragen, bei denen Ihre Anwendung nicht auf die Rückmeldung des Servers wartet, Stapelaktualisierungen, bei denen mehrere Befehle als Stapel an den Server gesendet werden sowie Cursor. Cursor ermöglichen es, die Ergebnismenge einer SQL-Abfrage zeilenweise zu durchlaufen.

Für ODBCDirect-Verbindungen wurde die Auflistung Connections in das DAO-Objektmodell unterhalb von Workspace-Objekten aufgenommen, wie es das nächste Bild zeigt.

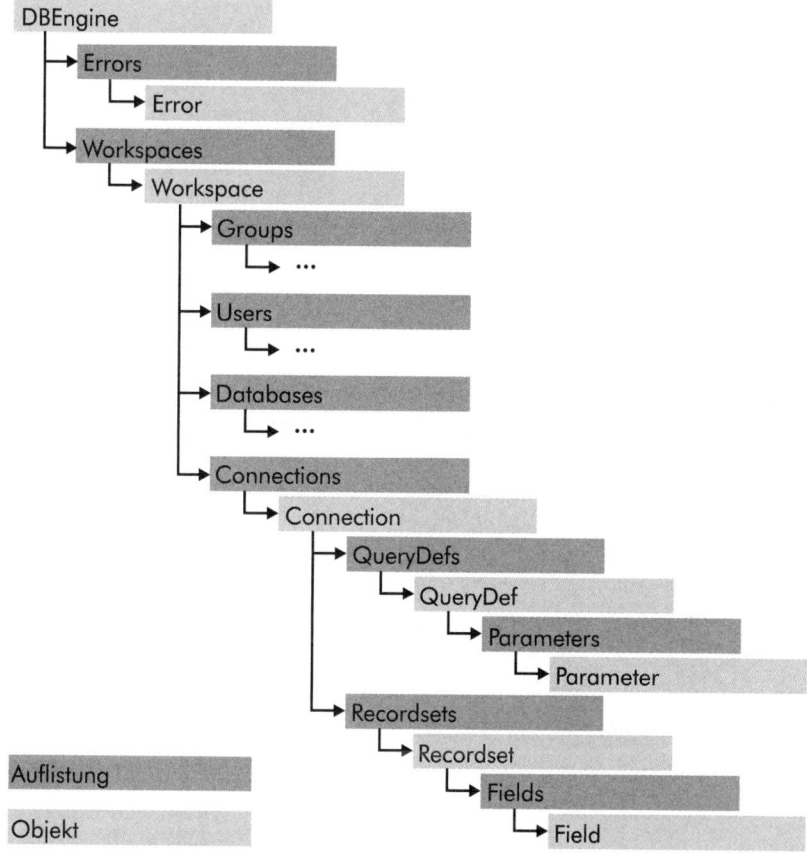

Bild 26.13: DAO-Hierarchie mit Connections-Auflistung

26.5.1 Aufbau einer Verbindung

Der erste Schritt zum Aufbau einer `ODBCDirect`-Verbindung ist die Erstellung eines `Workspace`-Objekts. Der Workspace (`DBEngine.Workspaces(0)`) ist ein Jet-Workspace, für `ODBCDirect`-Verbindungen wird aber ein ODBC-Workspace benötigt. Die allgemeine Form des Befehls `CreateWorkspace` zur Erstellung eines neuen Workspaces hat die Form

```
Set ws = CreateWorkspace(Name, Benutzer, Passwort, Typ)
```

Der Parameter `Typ` kann die Werte `dbUseJet` und `dbUseODBC` annehmen, wobei `dbUseJet` der Default-Wert ist. Das folgende Listing zeigt den Einsatz des Befehls.

```
Sub ODBCDirectTest()

    Dim ws As DAO.Workspace
    Dim conn As DAO.Connection
    Dim rs As DAO.Recordset

    ' ODBC-Workspace erstellen
    Set ws = CreateWorkspace("ODBCTest", "", "", dbUseODBC)

    ' Aufbau der Verbindung
    Set conn = ws.OpenConnection(Name:="ODBCTest", _
        Options:=dbDriverNoPrompt, _
        ReadOnly:=False, _
        Connect:="ODBC;DSN=Cocktail")

    ' Öffnen des Recordsets
    Set rs = conn.OpenRecordset("select * from dbo.tblCocktail", _
                                Type:=dbOpenSnapshot)

    Do While Not rs.EOF
        Debug.Print rs.Fields(0), rs.Fields(1)
        rs.MoveNext
    Loop

    rs.Close
    conn.Close
    Set ws = Nothing
End Sub
```

Im Listing wird

```
Set conn = ws.OpenConnection(Name:="ODBCTest", _
        Options:=dbDriverNoPrompt, _
        ReadOnly:=False, _
        Connect:="ODBC;UID=sa;PWD=;DATABASE=Cocktail;DSN=Cocktail")
```

eingesetzt, um die Verbindung aufzubauen. Der Parameter `Options` kann die in der folgenden Tabelle aufgeführten Werte annehmen.

Tabelle 26.1: OpenConnection-Optionen

Konstante	Beschreibung
dbDriverNoPrompt	bestimmt, dass der ODBC-Treibermanager den Connect-String verwendet, wobei ein Fehler ausgelöst wird, wenn er nicht vollständig ist.

Tabelle 26.1: OpenConnection-Optionen (Fortsetzung)

Konstante	Beschreibung
dbDriverPrompt	bestimmt, dass der ODBC-Treibermanager die Verbindungsdaten vom Benutzer abfragt.
dbDriverComplete	bestimmt, dass der ODBC-Treibermanager die Verbindungsdaten vom Benutzer abfragt, wenn die Connect-Angabe nicht vollständig ist.
dbDriverCompleteRequired	bestimmt, dass der ODBC-Treibermanager die Verbindungsdaten vom Benutzer abfragt, wenn die Connect-Angabe nicht vollständig ist, verwendet aber die brauchbaren Teile in der Connect-Zeichenfolge.
dbRunAsync	kann zusammen mit jeder anderen Option verwendet werden, um den Vorgang asynchron auszuführen.

26.5.2 Der Einsatz von Recordsets

Recordsets von Connection-Objekten lassen sich wie Recordsets von Database-Objekten einsetzen, die in Kapitel 12, »Datenzugriff mit Recordsets und Query-Defs«, beschrieben wurden. Neben den dort beschriebenen Recordset-Typen *Dynaset* und *Snapshots* kommt für Connection-Recordsets der Typ *Dynamic* hinzu.

Recordsets vom Typ *Dynamic* unterscheiden sich von Dynasets dadurch, dass Änderungen an den Daten durch andere Benutzer sofort sichtbar sind. Die Daten von Recordsets der Typen *Dynamic* und *Dynaset* können bearbeitet werden. Allerdings kann Access die Daten nur editieren, wenn in den dem Recordset zugrunde liegenden Tabellen eindeutige Indizes vereinbart sind. In Recordsets sind auch die Ergebnismengen von »Stored Procedures« enthalten. Es ist sinnvoll, vor der Bearbeitung von Daten mithilfe der Recordset-Eigenschaft Updatable zu überprüfen, ob die Daten im Recordset editiert werden können.

26.5.3 Der Einsatz von QueryDefs

QueryDefs des Connection-Objekts lassen sich ebenso wie Database-QueryDefs einsetzen. Da aber Connection-Objekte nur temporär existieren, weil auch die zugrunde liegenden Workspace-Objekte nur temporär bestehen, können QueryDefs nicht dauerhaft angelegt werden. Auch sie existieren nur während der Lebensdauer der Connection-Objekte.

Das folgende Listing zeigt eine einfache Verwendung eines Connection-QueryDef-Objekts.

```
Sub CreateQuery()
    Const conQueryName = "qryCocktailSQL"

    Dim ws As DAO.Workspace
    Dim cnx As DAO.Connection
    Dim rst As DAO.Recordset
    Dim qry As DAO.QueryDef

    Set ws = CreateWorkspace("ODBCTest", "", "", dbUseODBC)

    Set cnx = ws.OpenConnection(Name:="ODBCTest", _
        Options:=dbDriverNoPrompt, _
        ReadOnly:=False, _
        Connect:="ODBC;DSN=Cocktail")

    ' Neue Abfrage erstellen
    Set qry = cnx.CreateQueryDef(conQueryName, _
                "SELECT * FROM dbo.tblCocktail ORDER BY Cocktail")

    Set rst = qry.OpenRecordset()
    Do While Not rst.EOF
        Debug.Print rst.Fields(0), rst.Fields(1)
        rst.MoveNext
    Loop
    rst.Close
End Sub
```

26.6 OLE DB

OLE DB ist eine Spezifikation von Schnittstellen für den Datenzugriff unabhängig von der Art und Struktur der Daten. Dabei wird ODBC als grundlegendes System verwendet. Basierend auf COM (Common Object Model), Microsofts Komponentensystem, soll OLE DB in allen Microsoft-Produkten für den universellen Datenzugriff verwendet werden. In OLE DB stellen »data provider« und »data service provider« Daten und Datenservices für eine Datenquelle bereit.

ADO ist die Programmierschnittstelle zu OLE DB und insbesondere innerhalb von Access der einzige Weg, OLE DB zu nutzen. OLE DB-Datenquellen lassen sich aus der Benutzeroberfläche von Access nicht direkt ansprechen, sondern erfordern VBA-Programmierung mit ADO (siehe Kapitel 10, »Die Programmierschnittstelle ADO«). Ausnahme sind die in Kapitel 27 beschriebenen Access-Projekte, die auch aus der Benutzeroberfläche einen OLE DB-Zugriff auf Microsoft SQL Server-Datenbanken ermöglichen.

27 Access-Projekte

Access-Datenbanken sind nicht geeignet zur Verwaltung sehr großer Datenmengen, beim Einsatz im Netzwerk, wenn viele Benutzer gleichzeitig auf die Daten zugreifen sollen, wenn hohe Anforderungen an die Betriebs- und Datensicherheit bestehen oder wenn ein unterbrechungsfreier Betrieb gewährleistet werden soll.

Das Microsoft-Produkt, das alle die genannten Anforderungen erfüllt, ist der »Microsoft SQL Server«. Der SQL Server ist ein »echter« Datenbank-Server, d.h., ein Frontend gibt SQL-Befehle an den SQL Server (das Backend), der das Ergebnis ermittelt und an das Frontend übergibt. Der SQL Server ist für große Datenmengen und hohe Benutzerzahlen konzipiert.

Dem Mehr an Leistung steht aber ein Mehr an Administration gegenüber, denn der SQL Server mit seinen vielfältigen Einstellungsmöglichkeiten ist deutlich aufwändiger zu verwalten als eine Access-Datenbank auf einem File-Server, entlastet dafür aber das Netzwerk.

Access mit seinen leistungsfähigen Formularen und Berichten ist ein geeignetes Werkzeug für die Erstellung von Frontends für den SQL Server. In den vorangegangen Access-Versionen mussten dazu ODBC-Verknüpfungen auf SQL Server-Tabellen in Access-MDB-Dateien eingebunden werden. Um die vielfältigen Leistungen des SQL Servers nutzen zu können, war es oftmals notwendig, umständlich mit PassThrough-Abfragen (SPTs) und `ODBCDirect`-Arbeitsbereichen zu arbeiten.

Mit Access 2000 hat Microsoft Access-Projekte eingeführt. Access-Projekte sind spezielle Access-Dateien, die für den Zugriff auf SQL Server-Datenbanken konzipiert sind. Mit einem Access-Projekt können Sie direkt auf die in einer SQL Server-Datenbank gespeicherten Komponenten zugreifen, diese modifizieren und neue Elemente anlegen.

Wenn Sie den Einsatz von Access-Projekten planen, sollten Sie bedenken, dass mit Access-Projekten viele Aufgaben anders als mit normalen Access-Datenbanken gelöst werden und die Anwendung eine sorgfältigere Planung erfordert.

27.1 SQL Server und MSDE

Access-Projekte arbeiten mit Microsoft SQL Server 7.0 und bedingt mit 6.5 (mit installiertem Service Pack 5) sowie mit der Microsoft Data Engine zusammen. Der Microsoft SQL Server 7.0 lässt sich mit Windows 95, 98, NT 4.0 und 2000 betreiben, die Version 6.5 setzt Windows NT oder 2000 voraus.

Die Microsoft Data Engine (MSDE) ist eine für fünf Benutzer optimierte, unbeschränkte aber abgespeckte Version des SQL Servers 7.0. MSDE unterstützt Datenbanken bis zu einer Größe von 2 GB. Access-Projekte, die für die Zusammenarbeit mit MSDE entwickelt wurden, sollten ohne Änderungen auch mit dem SQL Server 7.0 zusammenarbeiten.

MSDE wird zusammen mit Office 2000 bzw. Access 2000 ausgeliefert, muss aber getrennt installiert werden, wie wir es in Abschnitt 27.2 beschreiben.

In MSDE fehlen Programme wie der Microsoft SQL Server 7.0 Enterprise Manager oder der Query Analyzer; die Verwaltung von MSDE-Datenbanken wird innerhalb von Access-Projekten oder mit dem DOS-Programm OSQL durchgeführt.

Der SQL Server selbst wird in drei Versionen angeboten:

≫ Microsoft SQL Server Enterprise Edition

≫ Microsoft SQL Server Standard Edition

≫ Microsoft SQL Server Desktop Edition

Die Standard-Edition kann mit bis zu 4 Prozessoren eingesetzt werden und nur auf Windows NT bzw. 2000-Servern installiert werden. Die Enterprise-Version unterstützt 32 Prozessoren und bis zu 64 Gigabyte RAM.

Unter Windows 95, 98, NT Workstation und 2000 Professional kann die Desktop-Version des SQL Servers genutzt werden. Bei der Desktop-Version fehlen einige Funktionen der »großen« Versionen, die meistens NT-spezifisch sind. MSDE ist eigentlich die Desktop-Version des SQL Servers, allerdings ohne die folgenden Komponenten:

≫ *Online-Dokumentation*: die komplette Dokumentation für den SQL Server.

≫ *Enterprise Manager*: Ein komfortables und umfangreiches Programm zur Verwaltung von Datenbanken, Benutzern usw.

≫ *MSDTC Admin-Konsole*: Das Programm kontrolliert den Microsoft Distributed Transaction Coordinator, der für die Abwicklung von Transaktionen zuständig ist, bei denen mehrere SQL Server beteiligt sind.

> *Profiler*: Ermöglicht die Überwachung und Analyse des Datenverkehrs vom und zum SQL Server.

> *Query Analyzer*: Mit diesem Programm lassen sich SQL-Abfragen und Stored Procedures direkt interaktiv ausführen.

Der SQL Server besitzt ein eigenes Sicherheitssystem, mit dem sehr detailliert Zugriffsrechte auf Tabellen, Views (Sichten) und Stored Procedures (Gespeicherte Prozeduren) vergeben werden können. Die Grundlagen der Sicherheitsfunktionen, insbesondere aus der Sicht von Access-Projekten, beschreiben wir Ihnen in Abschnitt 27.14.

Die für den SQL Server von Microsoft zur Verfügung gestellten Service Packs (zur Zeit der Drucklegung des Buchs »Service Pack 2«) können auch auf MSDE angewendet werden. Den jeweils aktuellen Service Pack können Sie über *www.microsoft.com/sql* beziehen.

Daten und Protokoll

Einer der entscheidenden Unterschiede zwischen Access und dem SQL Server bzw. MSDE in Bezug auf die Speicherung der Daten ist, dass der SQL Server/MSDE alle Datenbankoperationen wie Einfügen, Aktualisieren und Löschen protokolliert. Jede Datenbankoperation wird als Transaktion benannt, wobei Transaktionen auch mehrere Datenbankbefehle enthalten können. In einer Protokolldatei, Log, wird jede Transaktion mitgeschrieben. Im Falle eines Defekts der eigentlichen Datendatei lassen sich die Inhalte anhand des Transaktionsprotokolls wieder herstellen.

Jede logische SQL Server/MSDE-Datenbank besteht daher aus mindestens zwei Dateien: Einer Datendatei mit der Dateiendung .MDF und einer Protokolldatei mit der Endung .LDF.

Es ist möglich, dass sich eine SQL Server/MSDE-Datenbank über mehrere Datendateien und mehrere Protokolldateien verteilt, die auf unterschiedlichen Laufwerken liegen. Bei vielen SQL Server-Installationen werden aus Sicherheitsgründen Daten und Protokoll auf verschiedenen Festplatten eingerichtet.

Tritt während eines Schreibvorgangs an einer Datenbank ein Fehler auf, beispielsweise ein Laufwerks- oder Netzwerkfehler bzw. ein Stromausfall, werden die Informationen aus dem Transaktionsprotokoll wiederhergestellt und die Datenbank wird wieder in den letzten konsistenten Zustand überführt.

27.2 MDSE installieren

MSDE gehört zum Lieferumfang von Office 2000; es muss aber getrennt installiert werden. Zur Installation rufen Sie das Programm *setupsql.exe* im Ordner *\Sql\X86\setup* auf der Installations-CD auf.

Im ersten Bild des MSDE-Installationsprogramms können Sie wählen, wo Sie MSDE einrichten möchten. Wählen Sie *Remoteinstallation*, so fragt das Installationsprogramm anschließend ab, auf welchem Computer im Netzwerk Sie MSDE einrichten möchten.

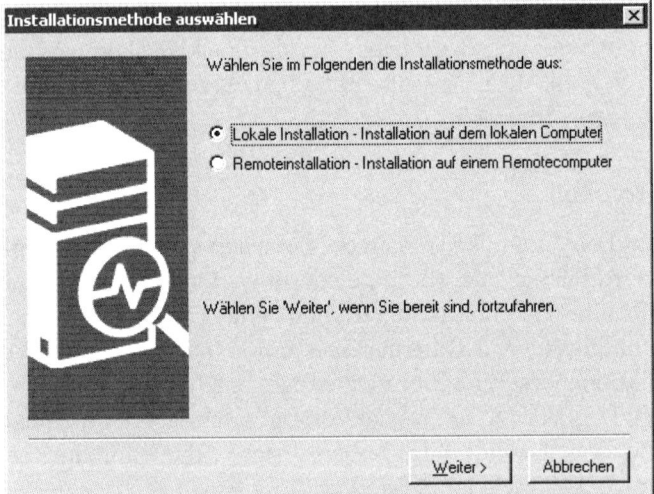

Bild 27.1: *Auswahl des Installationsmodus*

Standardmäßig wird MSDE in den Ordner *\MSSQL7* installiert. Dies ist auch der Ordner, in den ein vollständiger SQL Server 7.0 eingerichtet würde.

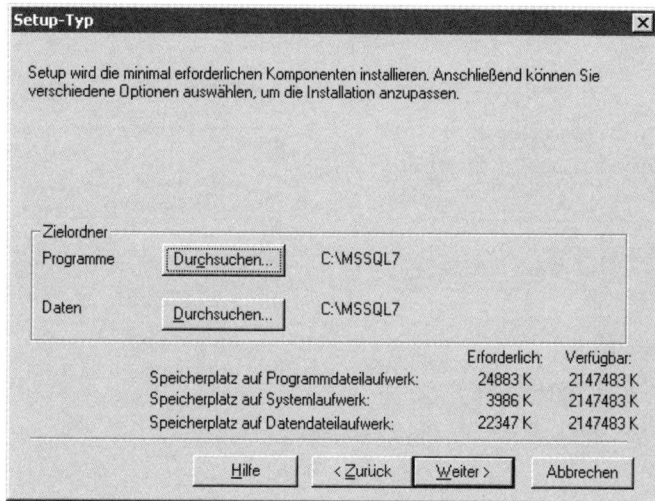

Bild 27.2: Ordnerauswahl

Im nächsten Dialogfeld bestimmen Sie allgemeine Einstellungen für MSDE. Die Einstellungen sind für den deutschen Sprachraum voreingestellt.

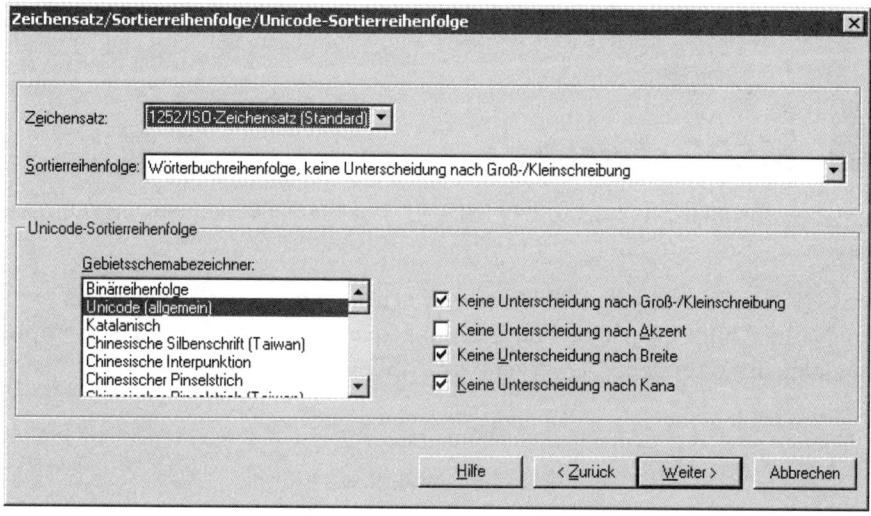

Bild 27.3: Allgemeine Einstellungen

Im Dialogfeld *Netzwerkbibliotheken* bestimmen Sie, auf welche Weise die Clients auf den MSDE-Server zugreifen. In einem reinen Microsoft-Netzwerk sind die Voreinstellungen ausreichend, verwenden Sie ein Novell-, Banyan- oder Apple-Netzwerk, müssen Sie die entsprechenden Bibliotheken aktivieren.

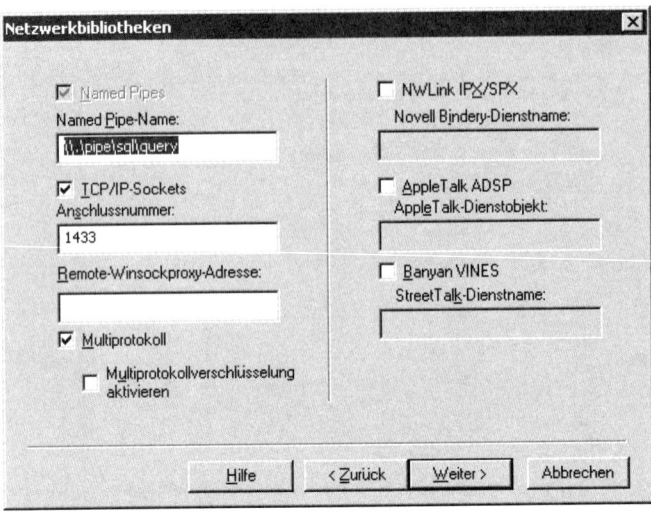

Bild 27.4: Netzwerkbibliotheken

! Nach Installation Rechner neu starten: Booten Sie nach der Installation auf jeden Fall den Rechner, auch wenn das Installationsprogramm Sie nicht dazu auffordert, denn nur dann erhalten Sie sofort den vollen Funktionsumfang.

27.3 MSDE starten

Nach der Installation starten Sie MSDE über *Start/Programme/MSDE/Dienst-Manager*.

Jeder SQL Server und jeder MSDE-Server wird im Netzwerk über einen eindeutigen Namen angesprochen. Hierbei wird der Netzwerkname des Computers verwendet, auf dem der SQL Server bzw. MSDE-Server installiert ist.

Bild 27.5: SQL Server-Dienst-Manager

Für Windows 95/98 klicken Sie die Option *Dienst bei Betriebssystemstart automatisch starten* an, damit MSDE nach dem Starten des Computers zur Verfügung steht, ohne dass Sie den *Dienst-Manager* aufrufen müssen. Der *Dienst-Manager* wird übrigens in die *AutoStart*-Gruppe des Startmenüs eingebaut.

Für Windows NT 4.0 bzw. 2000 wird MSDE als Dienst eingerichtet und beim Booten automatisch gestartet.

Der *Dienst-Manager* wird als Symbol in der Task-Leiste angezeigt. Er lässt sich mit einem Doppelklick auf das Symbol aufrufen.

27.4 Überblick über Access-Projekte

Access-Projekte verwenden OLE DB und ADO für den Zugriff auf einen Microsoft SQL Server bzw. auf MSDE. Auf dem Server werden Tabellen, die Beziehungen zwischen den Tabellen (Datenbankdiagramme) sowie Abfragen in Form von Sichten (Views) und Gespeicherten Prozeduren (Stored Procedures, SP) abgelegt. Formulare, Berichte, Seiten, Makros und Module dagegen werden in der Access-Projektdatei (mit der Dateiendung ADP) gespeichert.

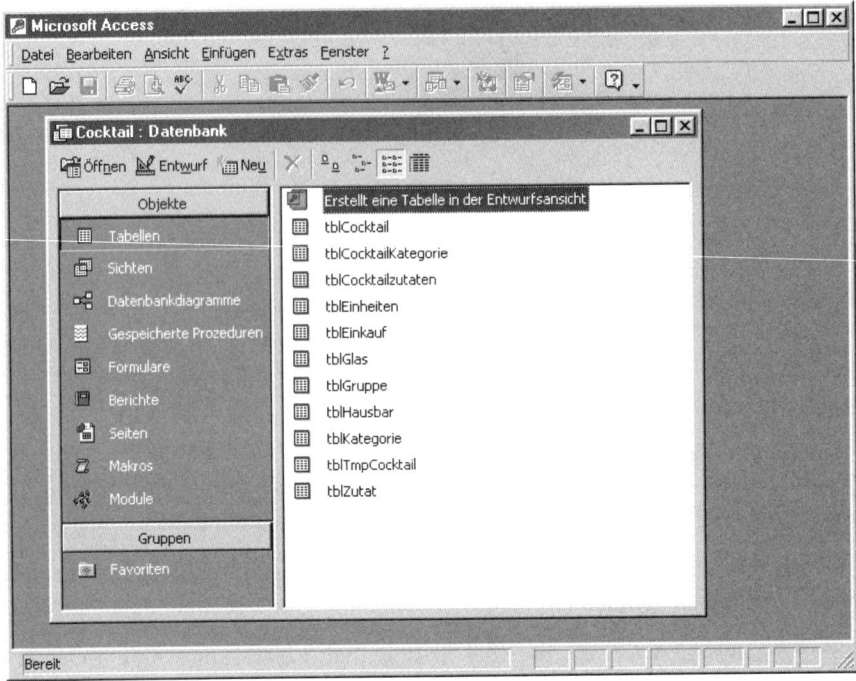

Bild 27.6: Access-Projekt

27.4.1 SQL Server/MSDE-Datenbanken

Auf dem SQL Server/MSDE kann eine fast beliebige Anzahl von Datenbanken verwaltet werden. Jede Datenbank beinhaltet Tabellen, Sichten, Datenbankdiagramme und SPs. Auf eine Datenbank wird über ihren Namen zugegriffen.

Jedes Access-Projekt baut eine Verbindung zu einem SQL- bzw. MSDE-Server und einer bestimmten Datenbank auf. Sowie die Verbindung hergestellt ist, werden Tabellen, Datenbankdiagramme, Sichten und Gespeicherte Prozeduren der verbundenen Datenbank im Access-Projekt angezeigt.

27.4.2 Tabellen

Die Daten werden auf dem SQL Server/MSDE wie in Access auch in Tabellen gespeichert. Alle Access-Datentypen werden in SQL Server/MSDE-Datentypen abgebildet. Der SQL Server bzw. MSDE kennen darüber hinaus eine Vielzahl weiterer Datentypen. In Abschnitt 27.6 werden wir Ihnen die Datentypen und ihre Access-Jet-Entsprechungen vorstellen.

27.4.3 Sichten (Views)

Einer Sicht liegt immer eine `SELECT`-Abfrage zugrunde, allerdings ohne Sortierung, also ohne `ORDER BY`. Sie entspricht einer einfachen Access-Auswahlabfrage.

27.4.4 Datenbankdiagramme

Datenbankdiagramme entsprechen den Beziehungsdiagrammen in Access-MDB-Datenbanken. Ähnlich wie im Beziehungsfenster können anhand von Linien die Beziehungen zwischen den Tabellen eingezeichnet werden.

Der SQL Server bzw. MSDE arbeiten standardmäßig mit DRI, deklarativer referentieller Integrität. Im Unterschied zu Jet-Datenbanken kann damit zwar referentielle Integrität aufgebaut werden, aber es fehlt die Möglichkeit der Aktualisierungs- und Löschweitergabe. Die Aktualisierungsweitergabe bewirkt bei Jet-Tabellen, dass wenn Sie bei einer 1:n-Beziehung eine Änderung am Beziehungsfeld auf der 1-Seite vornehmen, diese Änderung an alle Datensätze auf der n-Seite weitergegeben wird. Entsprechend wird beim Löschen verfahren, wenn die Löschweitergabe aktiviert ist.

Bei der Konvertierung vorhandener Access-MDB-Datenbanken zu Access-Projekten mithilfe des Upsizing-Assistenten (siehe Abschnitt 27.12) kann bestimmt werden, dass die Aktualisierungs- und Löschweitergabe mithilfe von Triggern realisiert wird. Trigger sind zu Tabellen zugeordnete Prozeduren, die beim Einfügen, Ändern oder Löschen von Datensätzen aufgerufen werden können.

27.4.5 Gespeicherte Prozeduren (Stored Procedures)

Hinter Stored Procedures verbirgt sich auf dem SQL Server/MSDE die Möglichkeit, mithilfe der Programmiersprache Transact-SQL komplexe Abfragen und Abläufe zu erstellen.

Durch die Programmierung mit Transact-SQL ist es möglich, Programme direkt im Datenbank-Server ablaufen zu lassen und so beispielsweise den Transport von Daten über das Netzwerk zu minimieren.

27.5 Ein neues Projekt erstellen

Möchten Sie ein neues Access-Projekt erstellen, so bietet Ihnen Access dafür zwei Varianten: Sie können ein Projekt für eine bestehende SQL Server/MSDE-Datenbank anlegen oder eine neue Datenbank auf dem SQL Server/MSDE erzeugen.

Über *DATEI Neu* rufen Sie in Access das Dialogfeld *Neu* auf und selektieren die gewünschte Option.

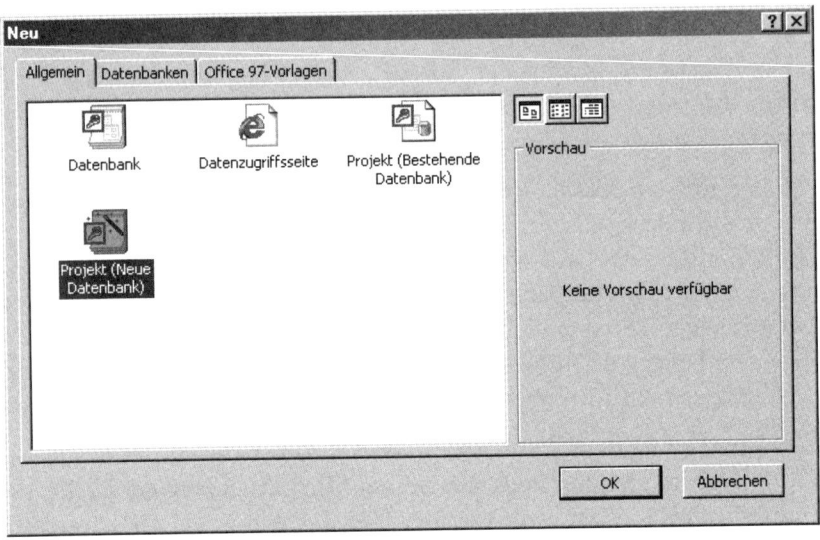

Bild 27.7: Neues Projekt erstellen

27.5.1 Projekt mit neuer Datenbank

Selektieren Sie im Dialogfeld *Neu* die Option *Projekt (Neue Datenbank)*, so wird zuerst ein Dialogfeld eingeblendet, in dem Sie den Namen des neuen Projekts angeben. Anschließend öffnet Access das im nächsten Bild dargestellte Dialogfeld. Bestimmen Sie hier den SQL Server/MSDE, auf dem die Datenbank angelegt werden soll.

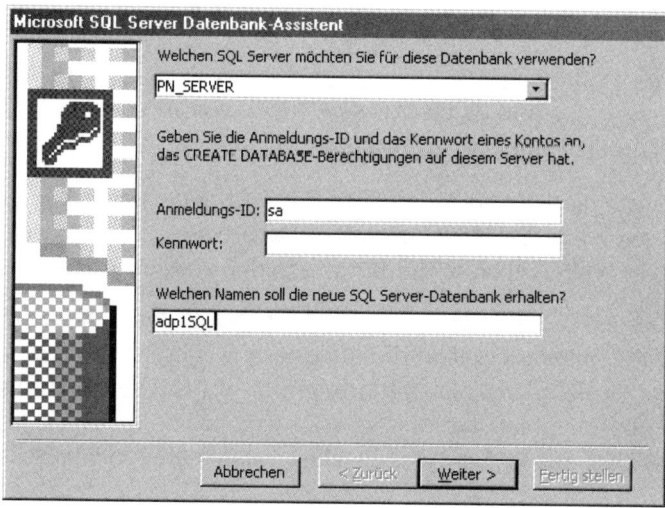

Bild 27.8: Neue Datenbank anlegen

Der SQL Server/MSDE ist mit einem eigenen Sicherheitssystem geschützt, das zum einen den prinzipiellen Zugriff auf den SQL Server/MSDE regelt, zum anderen für jeden Benutzer bzw. jede Benutzergruppe detailliert die Rechte an einer Datenbank bestimmt. Läuft der SQL Server/MSDE auf einem Windows NT oder Windows 2000-Rechner, so kann das Sicherheitssystem des SQL Server/MSDE die Sicherheitsinformationen von Windows NT/2000 verwenden, also ein Benutzer, der von Windows NT/2000 authentifiziert ist, kann auch auf den SQL Server/MSDE zugreifen. Man spricht dabei von »vertrauten« (engl. trusted) Verbindungen.

Auf einem neuen SQL Server/MSDE ist standardmäßig der SQL Server-Benutzer sa (system administrator) ohne Kennwort angelegt. Er hat alle Rechte.

Geben Sie in das Feld *Anmeldungs-ID* Ihre Benutzerkennung und in *Kennwort* Ihr Passwort für den SQL Server/MSDE ein, das Sie vom Server-Administrator erhalten haben, oder geben Sie sa an, wenn Sie als Benutzer SQL Server/MSDE lokal installiert haben.

Ist der SQL Server/MSDE für vertraute Verbindungen eingerichtet, entscheidet also Ihre Windows-Benutzerkennung über den Zugang zum Server, können Sie die Felder *Anmeldungs-ID* und *Kennwort* leer lassen.

Das Sicherheitssystem des SQL Servers/MSDE aus der Sicht von Access-Projekten beschreiben wir Ihnen in Abschnitt 27.14.

27.5.2 Projekt an bestehende Datenbank anschließen

Wählen Sie im Dialogfeld *Neu* (Bild 27.7) die Option *Projekt (Bestehende Datenbank)*, wird das Dialogfeld *Datenverknüpfungseigenschaften* (je nach Version auch *Datenlinkeigenschaften* genannt) aufgerufen.

Auf dem Registerblatt *Verbindung* geben Sie den SQL Server/MSDE, Benutzernamen und den Namen der Datenbank an. Die beiden weiteren Registerblätter ermöglichen die weitergehende Konfiguration der Verbindung.

Ist der SQL Server/MSDE auf einem Windows NT-Rechner eingerichtet, so können Sie für das Datenbanksystem die integrierte Sicherheit von NT übernehmen. Das bedeutet, ein Benutzer, der sich erfolgreich am NT-Rechner angemeldet hat (direkt oder über das Netzwerk), darf auch auf den SQL Server zugreifen. Der SQL Server/MSDE muss dann entsprechend dafür eingerichtet sein (siehe Abschnitt 27.14).

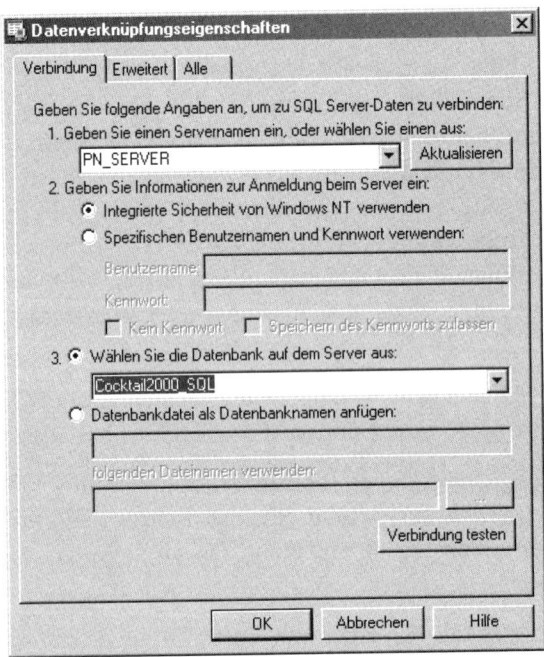

Bild 27.9: Datenverknüpfungseigenschaften

Mithilfe der Schaltfläche *Verbindung testen* können Sie überprüfen, ob eine erfolgreiche Verbindung zum Datenbank-Server aufgenommen werden kann.

Übrigens können Sie das Dialogfeld *Datenverknüpfungseigenschaften* in einem Access-Projekt über *DATEI Verbindung* jederzeit aufrufen und die Einstellungen gegebenenfalls ändern.

> **! Netzwerkprotokoll für SQL Server/MSDE-Installationen unter Windows 95/98:** Sollte Ihr Access-Projekt Schwierigkeiten haben, den auf einem anderen Rechner im Netzwerk installierten SQL- oder MSDE-Server zu finden, kann dies an den eingesetzten Netzwerkprotokollen liegen. Sowohl auf dem Client als auch auf dem Server muss TCP/IP als Netzwerkprotokoll installiert sein und dieses Protokoll muss als Standardnetzwerkbibliothek für den SQL Server/MSDE definiert werden. Auf dem Server wird dies standardmäßig festgelegt. Auf dem Client müssen Sie dazu das Programm CLICONFG.EXE (über *START Ausführen*) aufrufen und TCP/IP als Standardnetzwerkbibliothek festlegen.

27.6 Tabellen

Die Vorgehensweise beim Anlegen neuer Tabellen entspricht im Wesentlichen der, die Sie von Access-MDBs kennen. Es kommen einige neue Einstellungen und Auswahlmöglichkeiten hinzu.

27.6.1 Anlegen von Tabellen

Das Fenster zum Anlegen neuer Tabellen hat das im nächsten Bild gezeigte Aussehen.

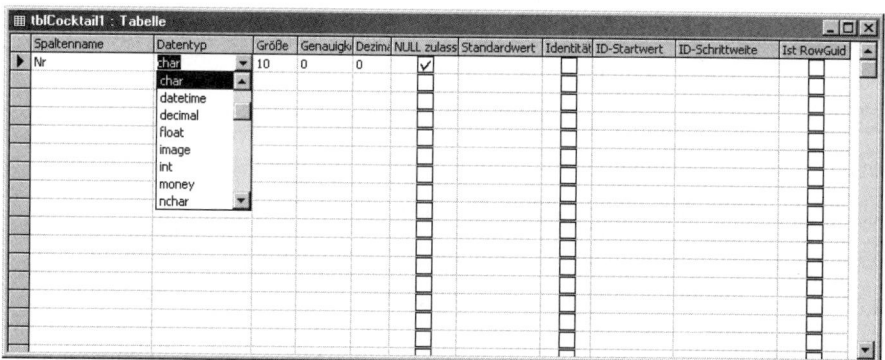

Bild 27.10: Anlegen von Tabellen

Der *Spaltenname* darf bis zu 128 Zeichen enthalten. Verwenden Sie Leer- oder Sonderzeichen für den Spaltennamen, so wird dieser automatisch in eckige Klammern eingeschlossen. Wir empfehlen Ihnen, bei Spaltennamen auf Leer- und Sonderzeichen zu verzichten.

Die folgende Tabelle zeigt die Auswahlmöglichkeiten für die Spalte *Datentyp*. In der rechten Spalte der Tabelle sind die Access-Entsprechungen aufgeführt. Die *Größe*, *Genauigkeit* und Anzahl der *Dezimalstellen* werden je nach Datentyp angegeben.

Tabelle 27.1: Datentypen

Datentyp	Beschreibung	Access-Entsprechung
char	Text fester Länge bis 8.000 Bytes	
nchar	Unicode-Text fester Länge bis 4.000 Bytes	
varchar	Text variabler Länge bis 8.000 Bytes	
nvarchar	Unicode-Text variabler Länge bis 4.000 Bytes	Text
text	Zeichendaten bis 2^{31}-1 Zeichen	
ntext	Unicode-Zeichendaten bis 2^{30}-1 Zeichen	Memo, Hyperlink
image	Binärdaten bis 2^{31}-1 Byte	OLE-Objekt
binary	Binäre Daten fester Länge bis 255 Byte	
varbinary	Binäre Daten variabler Länge bis 255 Byte	
datetime	Datum und Zeit (zwischen 1. Januar 1753 bis 31. Dezember 9999)	Datum/Zeit
smalldatetime	Datum und Zeit (zwischen 1. Januar 1900 bis 6. Juni 2079)	
decimal	Gepackte Dezimalzahl, exakt numerisch	Zahl: Dezimal
numeric	Synonym zu decimal	
real	Fließkommazahl mit 7 Stellen Genauigkeit	Zahl: Single
float	Fließkommazahl mit 15 Stellen Genauigkeit	Zahl: Double
int	Ganze Zahl zwischen -2.147.483.648 bis 2.147.483.647	AutoWert, Zahl: Long Integer
smallint	Ganze Zahl zwischen –32.768 und 32.767	Zahl: Integer, Zahl: Byte

Tabelle 27.1: Datentypen (Fortsetzung)

Datentyp	Beschreibung	Access-Entsprechung
tinyint	Ganze Zahl zwischen 0 und 255	
money	float mit 4 Dezimalstellen	Währung
smallmoney	real mit 4 Dezimalstellen	
bit	0 oder 1	Ja/Nein
timestamp	Zeitstempel; eindeutig in der gesamten Datenbank	
uniqueidentifier	Global eindeutiger Bezeichner	

! bit- vs. Ja/Nein-Datentyp: Für den Datentyp bit wird in Access automatisch eine Konvertierung vorgenommen. Auf dem SQL Server werden für bit-Werte 0 und 1 gespeichert, während in Access daraus 0 und –1 wird. In Access-MDBs werden Ja/Nein-Datenfelder auch intern mit 0 und –1 repräsentiert. Übrigens können mit Access angelegte Bit-Felder nicht den Wert Null annehmen, da die Option *Null zulassen* im Tabellenentwurf nicht selektierbar ist; dieser Fehler wird mit dem Office 2000-Service Release 1 behoben.

In der Spalte *NULL zulassen* bestimmen Sie, ob Null-Werte erlaubt sind. Sind diese nicht erlaubt, muss bei der Dateneingabe ein Wert angegeben werden, das Feld kann also nicht leer gelassen werden (für Access-MDBs heißt diese Einstellung *Eingabe erforderlich*).

Die Spalte *Standardwert* dient zur Festlegung eines Wertes, der für neue Datensätze für dieses Feld vorbelegt wird.

Wie Ihnen in der Tabelle der Datentypen vielleicht aufgefallen ist, kennt der SQL Server/MSDE keinen Datentyp *AutoWert* (auch in Access ist dies eigentlich kein Datentyp, sondern eine Zahl vom Typ Long Integer mit einer speziellen Eigenschaft. Selektieren Sie die Spalte *Identität*, so wird, vorausgesetzt Sie haben als Datentyp *int, smallint, tinyint, decimal* oder *numeric* angegeben, der Wert dieser Spalte automatisch hochgezählt. In den Spalten *ID-Startwert* und *ID-Schrittweite* können Sie bestimmen, ab wann und in welchen Schritten gezählt wird. Beachten Sie dabei, dass für eine Identitätsspalte *NULL zulassen* ausgeschaltet werden muss.

Auf die Spalte *Ist RowGuid* gehen wir hier nicht weiter ein, sie entspricht der Replikations-ID in Access-MDBs und wird für Replikationsaufgaben benötigt.

Primärschlüssel

Wie auch in Access-MDBs benötigt jede Tabelle einen Primärschlüssel. Selektieren Sie die Spalte bzw. die Spalten, die als Primärschlüssel definiert werden sollen, durch einen Klick links außen auf den grauen Zeilenkopf. Klicken Sie dann auf die Schaltfläche *Primärschlüssel* oder wählen Sie im Kontextmenü zu einer Spalte *Primärschlüssel*.

27.6.2 Tabelleneigenschaften

Über das Dialogfeld *Eigenschaften*, das Sie über die gleichnamige Schaltfläche oder *ANSICHT Eigenschaften* aufrufen, können Sie für Ihre Tabellen Einschränkungen (in Access-MDBs: Gültigkeitsregeln), Beziehungen, Indizes und Schlüssel definieren.

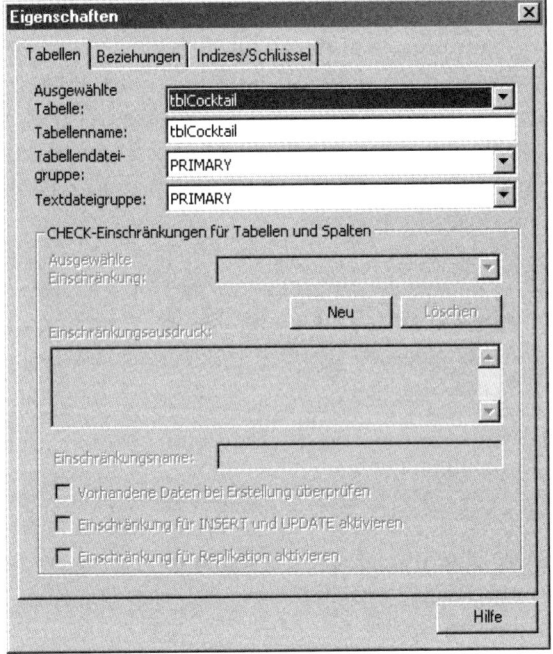

Bild 27.11: Tabelleneigenschaften

Übrigens lässt sich das Eigenschaftenfenster nur über die Schließen-Schaltfläche bzw. die Tastenkombination ⌥+F4 schließen.

Einschränkungen

Einschränkungen (Check-Constraints) für Tabellen und Spalten können auf dem Registerblatt *Tabellen* des Eigenschaftenfensters erstellt und bearbeitet werden. Um eine neue Einschränkung zu definieren, selektieren Sie die Schaltfläche *Neu*. Im Textfeld *Einschränkungsausdruck* geben Sie die Einschränkung an, wobei die verwendete Syntax der von SQL-WHERE-Klauseln entspricht.

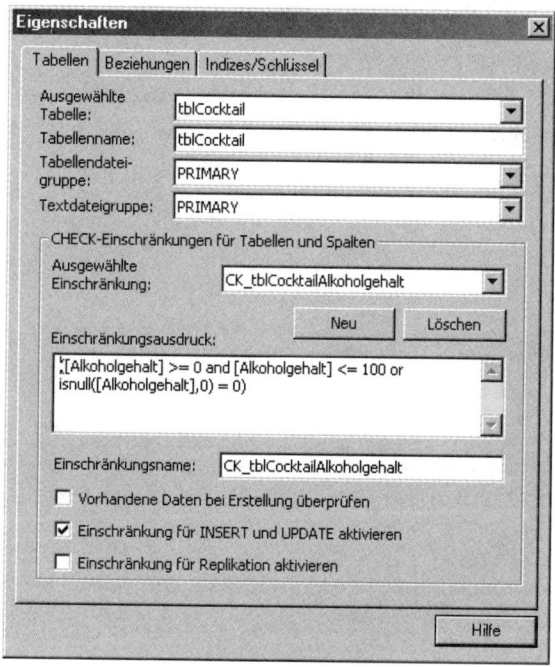

Bild 27.12: CHECK-Einschränkungen

Hier im Beispiel wird eine Einschränkung für den Alkoholgehalt festgelegt, der entweder zwischen 0 und 100 liegen darf oder Null, also nicht angegeben sein kann. Beachten Sie, dass die Funktion isnull() auf dem SQL Server/MSDE eine andere Syntax als in Access-MDBs aufweist. In Access-MDBs hat die Funktion nur einen Parameter, nämlich das zu überprüfende Feld, und liefert wahr oder falsch zurück. Die isnull()-Funktion des SQL Servers/MSDE benötigt zwei Parameter: Das zu überprüfende Feld und danach einen Wert, der verwendet wird, wenn das Feld tatsächlich Null ist. Rückgabewert der Funktion ist also nicht wahr oder falsch, sondern der Inhalt des Feldes bzw. der zweite Parameter der Funktion.

! **Überprüfung vorhandener Daten:** Eine Fehlermeldung ähnlich wie die in Bild 27.13 tritt auf, wenn Sie die Option *Vorhandene Daten bei Erstellung überprüfen* selektiert haben und bei der Überprüfung der vorhandenen Daten ein Fehler ausgelöst wird, also die vereinbarte Einschränkung nicht angewendet werden kann.

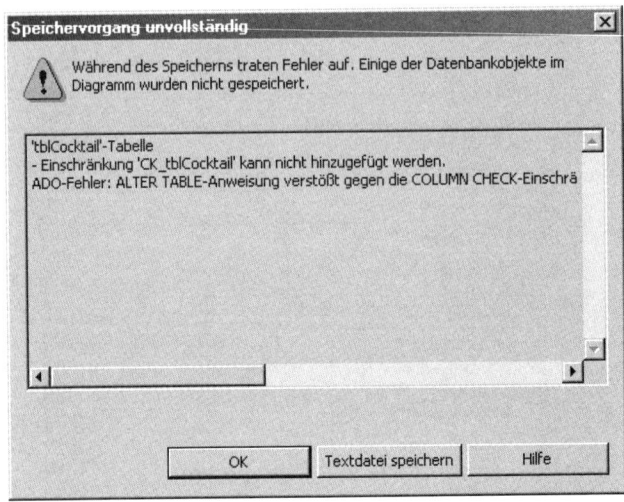

Bild 27.13: Fehlermeldung beim Speichern der Änderungen

! **Aus Gültigkeitsregeln werden Trigger:** Wenn Sie Tabellen mit dem Upsizing-Assistenten (siehe Abschnitt 27.12) von Access zu SQL Server/MSDE umgesetzt haben, werden aus in den Access-Tabellen definierten Gültigkeitsregeln keine Einschränkungen erstellt, sondern die Gültigkeitsregel und die dazugehörenden Gültigkeitsmeldungen werden zu Triggern konvertiert (siehe Abschnitte 27.6.3 und 27.9.3).

Beziehungen

Wir behandeln Beziehungen zwischen Tabellen ausführlich im Abschnitt 27.6.4.

Indizes und Schlüssel

Über das Registerblatt *Indizes/Schlüssel* können Sie Indizes für Ihre Tabelle bestimmen bzw. die Definition vorhandener Indizes einsehen und ändern.

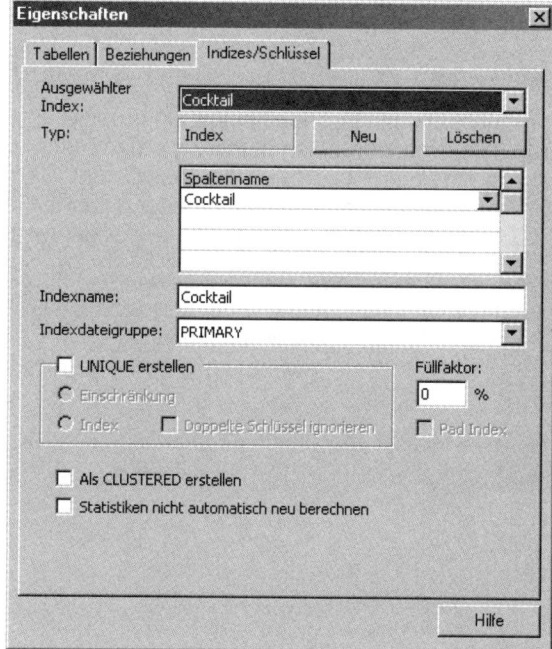

Bild 27.14: Indizes und Schlüssel

Sie haben gegenüber den Access-MDB-Indizes eine Reihe zusätzlicher Einstellungsmöglichkeiten.

Tabelle 27.2: Einstellungsmöglichkeiten für Indizes

Option	Beschreibung
Unique	Durch Selektion der Option *Unique* wird Eindeutigkeit für die Spalte vereinbart. Die Eindeutigkeit kann durch eine *Einschränkung* oder durch einen *Index* erzeugt werden. Wählen Sie Einschränkung, wird eigentlich kein neuer Index erzeugt, sondern nur ein Check-Constraint (s.o.) definiert, der alle Werte der Spalte auf Eindeutigkeit überprüft. Nur mit einem Index erreichen Sie eine Leistungsverbesserung bei Sortier- und Suchvorgängen.
	Selektieren Sie die Auswahl *Index*, können Sie über die Option *Doppelte Schlüssel ignorieren* erreichen, dass Sie zwar doppelte Werte für eine Spalte eingeben können, diese aber nicht indiziert werden.
Füllfaktor	Mit der Angabe eines *Füllfaktors* können Sie beeinflussen, wie der SQL Server/MSDE intern den Index behandelt. Im Normalfall wird dieser Wert nicht geändert.

Tabelle 27.2: Einstellungsmöglichkeiten für Indizes (Fortsetzung)

Option	Beschreibung
Clustered	Pro Tabelle kann ein *Clustered* Index, ein gruppierter Index, erstellt werden. Bei einem gruppierten Index werden Daten und Index-Eintrag an der gleichen physikalischen Stelle gespeichert. Damit kann die Zugriffsgeschwindigkeit erheblich gesteigert werden. Im Normalfall wird der Primärschlüssel als gruppierter Index definiert.
Statistiken	Die Statistik eines Indexes wird normalerweise automatisch aktualisiert. Sie wird vom Abfrageoptimierer des SQL Servers/MSDE benötigt. Diese Einstellung sollte nicht geändert werden.

! **Länge von Indizes:** Die Größe der Felder eines Indexes kann maximal 900 Byte betragen.

27.6.3 Trigger

Trigger sind eine spezielle Variante von SPs, die beim Einfügen, Aktualisieren oder Löschen von Datensätzen ausgeführt werden.

Um Trigger einer Tabellen anzusehen, zu ändern oder neu zu erstellen, wählen Sie im Kontextmenü zu einer Tabelle den Befehl *Trigger*. Durch die Auswahl des Befehls im Kontextmenü wird das folgende Fenster eingeblendet, das Ihnen die entsprechenden Schaltflächen anbietet.

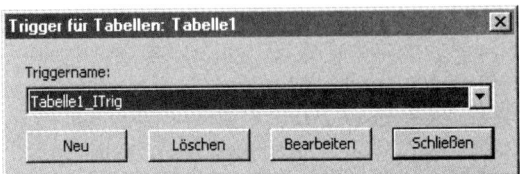

Bild 27.15: Trigger-Auswahl

Wir selektierten *Bearbeiten* für den oben angegebenen Trigger, der für eine unserer Testdatenbanken durch den Upsizing-Assistenten (siehe 27.12) erzeugt wurde.

```
Tabelle1_ITrig : Trigger                              _ □ ×
Alter TRIGGER "Tabelle1_ITrig" ON Tabelle1 FOR INSERT AS
SET NOCOUNT ON

/* * GÜLTIGKEITSREGEL FÜR FELD 'int' */
IF (SELECT Count(*) FROM inserted WHERE NOT (int<100)) > 0
   BEGIN
       RAISERROR 44444 'Zu groß!'
       ROLLBACK TRANSACTION
   END
ELSE
/* * GÜLTIGKEITSREGEL FÜR FELD 'byte' */
IF (SELECT Count(*) FROM inserted WHERE NOT (byte Between 1 And 10)) > 0
   BEGIN
       RAISERROR 44444 'Zwischen 1 Und 10'
       ROLLBACK TRANSACTION
   END
```

Bild 27.16: Einfüge-Trigger

Hier im Beispiel ist ein Einfüge-Trigger (Insert-Trigger) abgebildet. Er überprüft, ob die eingegebenen Werte für die Felder int und byte in einem bestimmten Wertebereich liegen.

Wir werden Trigger in Abschnitt 27.9.3 nach einer Einführung in die Programmierung von Stored Procedures und in die Programmiersprache Transact-SQL noch ausführlicher behandeln.

27.6.4 Tabellen in der Datenblattansicht

Die Datenblattansicht von SQL Server-Tabellen weist einige Besonderheiten auf. Die Navigationsschaltflächen unten links wurden um zwei Schaltflächen gegenüber der normalen Access-Datenblattansicht erweitert.

Zeigt die Schaltfläche *Abfrage abbrechen* ein rotes Kreuz, so werden zurzeit Daten vom Server an Access zur Darstellung im Datenblatt übertragen. Klicken Sie auf die Schaltfläche, wird die Abfrage der Daten abgebrochen.

Die Schaltfläche *Max. Datensätze* öffnet ein kleines Fenster, in dem Sie bestimmen können, wie viele Datensätze vom Server an Access übertragen werden sollen. Standardmäßig ist vorgegeben, dass Access maximal 10.000 Datensätze vom Server liest. Diese Begrenzung ist sinnvoll, um beispielsweise bei SQL Server-Tabellen mit Millionen von Datensätzen nicht alle Daten über das Netzwerk zum Client zu transferieren, was unter Umständen minutenlang das Netzwerk belasten würden.

CocktailNr	Cocktail	Zubereitung	Bemerkung	GlasNr	GruppeNr
121	Bermuda Rose	Die Zutaten im	Sehr trockener	15	0
122	Bloody Mary	Eiswürfel in ein	Gegebenenfalls	9	0
123	Bourbon Highba	Füllen Sie mehr		9	0
124	Campari Orang	Geben Sie Eisv	Als Aperitif gee	9	0
125	Kir	Geben Sie die (	Als Aperitif gee	4	0
126	Kir Royal	Geben Sie die (	Aperitif	4	0
127	Pina Colada	Füllen Sie ein L	Ein Hauch Karil	9	2
128	Baby Pina Cola	Füllen Sie ein L	Gut schmecker	9	4
129	Tequila Sunrise	Mit einigen Eisv		0	0
130	Gin Tonic	Eiswürfel in ein		9	0
131	Irish Coffee	Ein Irish Coffee	Gut als Nachtis	10	0
132	Gin Fizz	Die Zutaten zus		9	1
133	Frozen Tequila	Die Zutaten mit		15	0
134	Coconut Dream	Eiswürfe			
135	Very Dry Martir	Die Eisv			
136	Cobacabana	Zutaten			
137	Alaska	Im Rühr			

Max. Datensätze: 10000

100   1.000   10.000   100.000   Unbegrenzt

Datensatz: 1 von 139

Bild 27.17: Tabellendatenblattansicht

Benötigen Sie mehr als die ersten 10.000 Datensätze, so öffnen Sie mit der Schalt-fläche *Max. Datensätze* das kleine Fenster und geben eine größere Zahl ein. Dann werden die nächsten Zeilen eingelesen und dargestellt.

Die Standardanzahl der einzulesenden Datensätze wird in *EXTRAS Optionen* auf dem Registerblatt *Weitere* mit der Option *Vorgabe der max. Datensätze* festgelegt.

27.7 Datenbankdiagramme

Mithilfe von Datenbankdiagrammen können Sie die Beziehungen zwischen den Tabellen erstellen und beschreiben.

Wenn Sie ein neues Diagrammfenster öffnen, erhalten Sie ein leeres Fenster. Zunächst müssen Sie, ähnlich wie im Access-MDB-Beziehungsfenster, die gewünschten Tabellen in das Fenster ziehen. Blenden Sie dazu über die Schaltfläche *Tabelle anzeigen* das im folgenden Bild rechts gezeigte Fenster ein. Wir haben als Beispiel vier Tabellen auf dem Datenbankdiagrammfenster angeordnet.

Sie können auch direkt im Datenbankdiagrammfenster neue Tabellen anlegen. Klicken Sie dazu mit der rechten Maustaste auf den weißen Hintergrund des Fensters und wählen Sie im Kontextmenü *Neue Tabelle*.

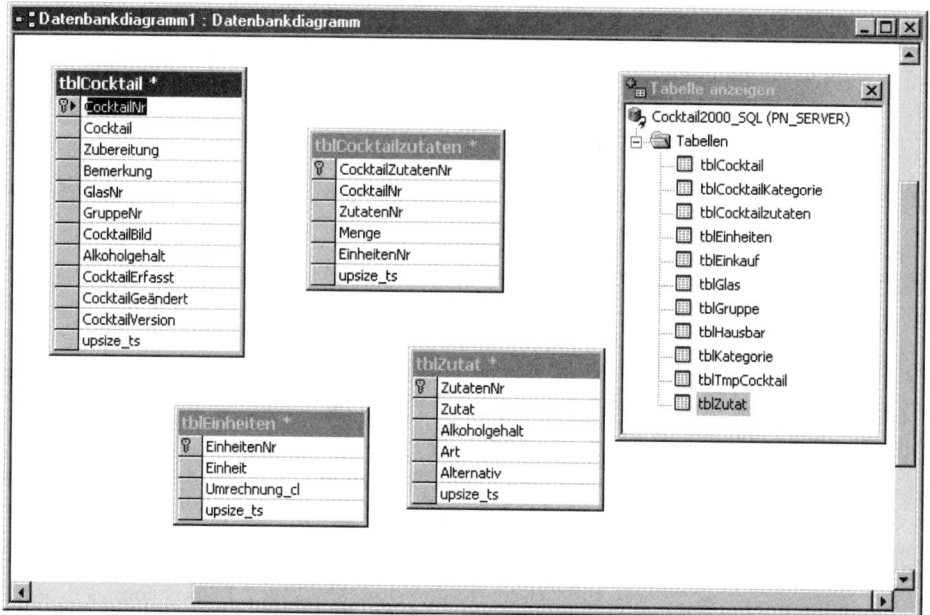

Bild 27.18: Datenbankdiagrammfenster

Speichern des Datenbankdiagramms

Wenn Sie das Datenbankdiagramm speichern, erstellt Access entsprechende SQL-Befehle zum Ändern von Tabellen und Beziehungen. Das Datenbankdiagramm wird nicht gespeichert, wenn die neuen Definitionen nicht auf die vorhandenen Daten angewendet werden können. Für Beziehungen beispielsweise können Sie einstellen, dass vorhandene Daten nicht überprüft werden, ob sie den neu definierten Fremdschlüsselbeziehungen genügen.

27.7.1 Tabellen bearbeiten

Im Diagramm können Sie die Tabellen direkt bearbeiten. Über das Kontextmenü einer Tabelle selektieren Sie eine der Darstellungsmöglichkeiten: *Spalteneigenschaften* blendet alle Spalten des Tabellenentwurfs ein (siehe Bild 27.10), *Spaltennamen* ist die gezeigte Voreinstellung, *Indizes* stellt nur die Namen der indizierten Felder dar, *Nur Name* zeigt nur die Titelleiste des jeweiligen Tabellenfensters und *Benutzerdefinierte Ansicht* ermöglicht Ihnen die Zusammenstellung beliebiger Entwurfsspalten für die Darstellung im Fenster.

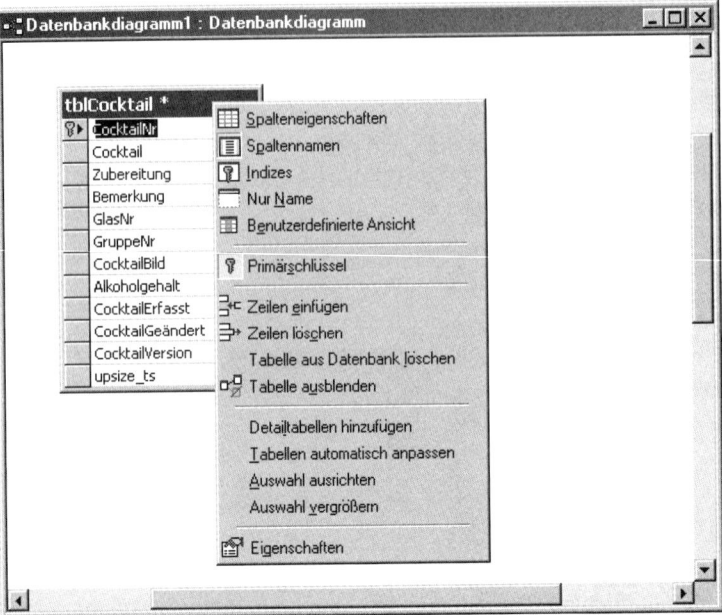

Bild 27.19: Darstellungsauswahl

27.7.2 Beziehungen definieren

Im nächsten Schritt definieren Sie die Beziehungen zwischen den Tabellen, indem Sie beispielsweise in der Tabelle *tblCocktailZutaten* das Feld *CocktailNr* anklicken und dann auf das gleichnamige Feld in der Tabelle *tblCocktail* ziehen. Dabei wird das folgende Dialogfeld eingeblendet, in dem Sie die Details der Beziehungsdefinition sehen.

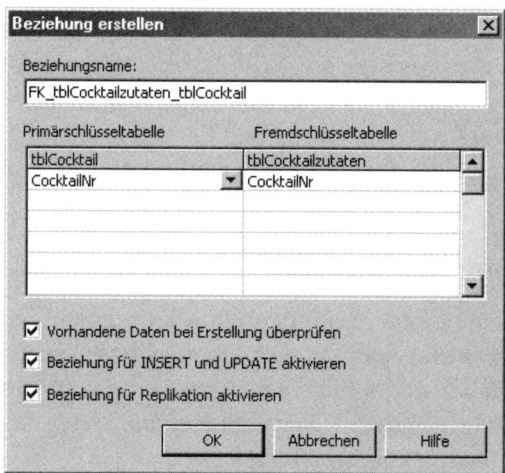

Bild 27.20: Dialogfenster Beziehung erstellen

Der Beziehungsname wird von Access vorgeschlagen. Er beginnt normalerweise mit den Buchstaben FK für »Foreign Key«, Fremdschlüssel.

Selektieren Sie die Option *Vorhandene Daten bei Erstellung überprüfen,* kontrolliert der SQL Server/MSDE, ob die Fremdschlüsselbeziehung gültig ist, also für jeden Fremdschlüssel ein entsprechender Primärschlüssel existiert.

Wählen Sie *Beziehung für INSERT und UPDATE aktivieren,* so wird bei jeder Einfüge- bzw. Aktualisierungsoperation geprüft, ob zu dem angegebenen Fremdschlüssel ein Primärschlüssel besteht. Ist die Option deaktiviert, wird die Beziehungslinie zwischen den beiden Tabellen gestrichelt dargestellt. Außerdem wird hiermit verhindert, dass Zeilen in der Primärschlüsseltabelle gelöscht werden, wenn in der Fremdschlüsseltabelle übereinstimmende Zeilen vorhanden sind.

! Ungenaue Beziehungslinien: Im Unterschied zu Access-MDB-Beziehungslinien setzen die Beziehungslinien nur am Tabellenfenster, aber nicht unbedingt in Höhe des Feldes an, zu dem die Beziehungslinie eigentlich gehört.

27.7.3 Diagramm formatieren und ausrichten

Umfasst Ihre Datenbank sehr viele Tabellen, so ist es oft hilfreich, über *ANSICHT Zoom* die Größe der Darstellung zu variieren.

Mit dem Befehl *DIAGRAMM Diagramm ausrichten* können Sie Access anweisen, Ihre Tabellen so auf dem Diagramm anzuordnen, dass sich möglichst wenige Beziehungslinien überschneiden.

Möchten Sie Ihr Beziehungsdiagramm drucken, so ist es vor dem Ausdruck oft sinnvoll, sich die Seitenwechsel am Bildschirm anzeigen zu lassen. Mit *DIA-GRAMM Seitenwechsel anzeigen* werden die Umbrüche eingeblendet. Über *DIA-GRAMM Seitenwechsel neu berechnen* weisen Sie Access an, die Seitenwechsel neu zu ermitteln, damit Sie die Tabellen gegebenenfalls anders anordnen können.

27.7.4 Diagramme beschriften

Um Ihre Datenmodelle besser dokumentieren zu können, ist es möglich, direkt Texte in das Datenbankdiagramm zu schreiben. Klicken Sie dazu mit der rechten Maustaste auf die Stelle, an der Sie einen Text einfügen möchten und selektieren Sie im Kontextmenü den Befehl *Neues Bezeichnungsfeld*. Access blendet einen Rahmen ein, in den Sie direkt schreiben können.

Die Bezeichnungsfelder können Sie mit der Maus beliebig auf dem Beziehungs-diagramm anordnen. Bezeichnungsfelder lassen sich auch formatieren: Selektie-ren Sie das gewünschte Bezeichnungsfeld, klicken Sie innerhalb des Rahmens mit der rechten Maustaste und wählen Sie dann im Kontextmenü *Zeichen*.

27.8 Sichten

Sichten, engl. Views, entsprechen Access-Auswahlabfragen ohne Sortierkriterien. Sie dienen dazu, dem Anwender eine »Sicht« auf die Daten der Tabellen zu ge-ben. Eine Sicht kann als »virtuelle Tabelle« bezeichnet werden. Sichten werden auch dafür verwendet, Zugriffsberechtigungen auf Daten zu vergeben, indem für bestimmte Benutzer nur bestimmte Sichten zugelassen werden. Auf großen, un-ternehmensweiten Datenbanksystemen dürfen die Anwender oft nur über Sich-ten auf Daten zugreifen, nie direkt auf die Tabellen, denn oft enthalten die Ta-bellen mehr Spalten, als die Anwender für ihre spezifischen Aufgaben benötigen. Übrigens können Sichten wiederum auf Sichten basieren.

Ziehen Sie die gewünschten Tabellen in das Sichtenentwurfsfenster (in den Sich-ten-Designer), wie wir es beispielhaft mit drei Tabellen im nächsten Bild durchge-führt haben. Um eine Tabellenspalte in die Sicht aufzunehmen, klicken Sie im je-weiligen Tabellenfenster auf das Kontrollkästchen vor dem Spaltennamen. Bezie-hungen werden automatisch nach den im Datenbankdiagramm definierten Bezie-hungen eingezeichnet. Ansonsten können Sie eigene Beziehungen wie im Access-MDB-Beziehungsfenster durch Ziehen mit der Maus definieren.

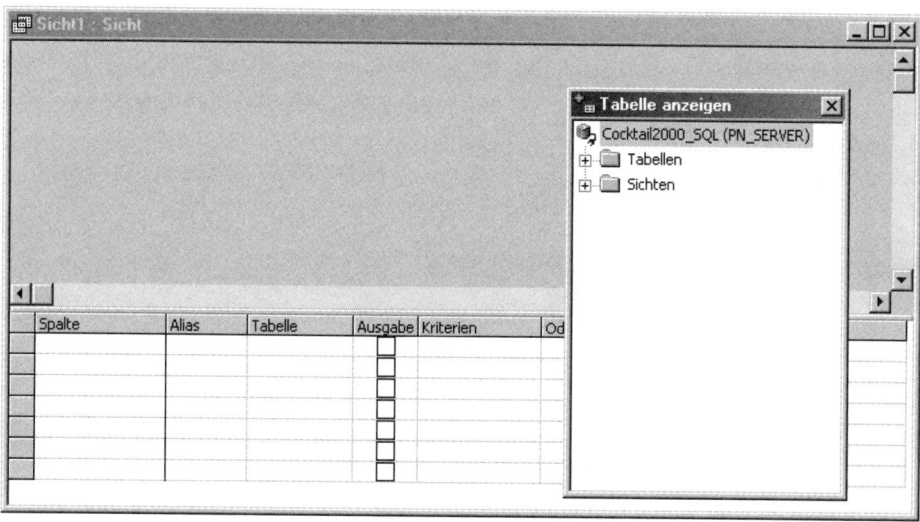

Bild 27.21: Anlegen einer Sicht mit eingeblendetem Tabellenfenster

Mit den Schaltflächen *Diagramm, Raster* und *SQL* können Sie die drei Teilbereiche des Entwurfsfensters für Sichten ein- bzw. ausblenden. Im folgenden Bild sind alle drei Bereiche sichtbar.

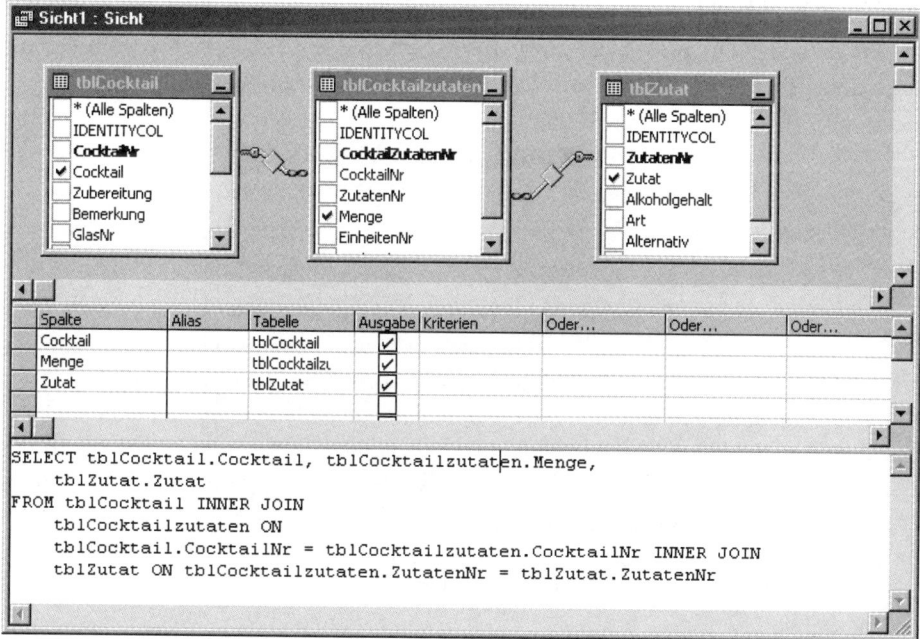

Bild 27.22: Sicht mit eingeblendetem SQL-Text

! SQL-Unterschiede: Beachten Sie bei der Formulierung Ihrer Sichten, dass die SQL-Syntax den Regeln der SQL-92-Definition gehorcht und damit Unterschiede zu Access-SQL aufweist:

Tabelle 27.3: Einige Unterschiede zwischen Access-SQL und SQL-92

Access-SQL	SQL-92	Anmerkung
"	'	Zeichenketten werden in einfache Anführungszeichen eingeschlossen, doppelte Anführungszeichen können anstelle der eckigen Klammern »[]« für Feldnamen verwendet werden.
*	%	Wildcard für LIKE-Operator (für beliebige Anzahl beliebiger Zeichen).
?	_	Wildcard für LIKE-Operator (für ein beliebiges Zeichen).
&	+	Zeichenketten werden mit dem »+«-Zeichen aneinander gehängt.
DISTINCTROW		Befehlswort wird nicht unterstützt.

Über die Schaltfläche *Eigenschaften* können Sie die Eigenschaften des selektierten Objekts einsehen. In Bild 27.23 sind die Eigenschaften der Beziehungslinie zwischen den Tabellen *tblCocktail* und *tblCocktailZutaten* dargestellt.

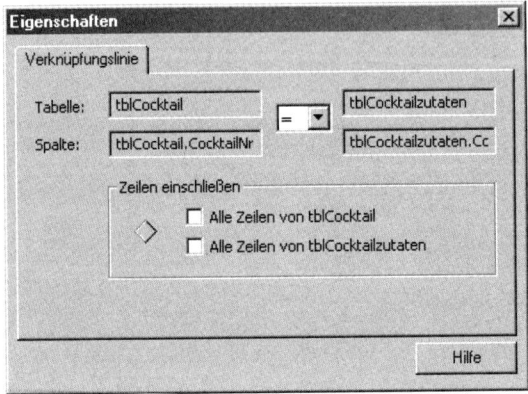

Bild 27.23: Eigenschaften einer Beziehung

Im Kombinationsfeld zwischen den beiden Tabellen-/Spaltenbezeichnungen können Sie die Art der Beziehung einstellen. Standardmäßig ist hier ein Gleichheitszeichen eingetragen. In der Gruppe *Zeilen einschließen* bestimmen Sie, ob von der einen oder der anderen Tabelle alle Zeilen verwendet werden sollen, unabhängig davon, ob in der jeweils anderen Tabelle eine entsprechende Zeile existiert.

Die Eigenschaften der gesamten Sicht erhalten Sie, wenn Sie bei eingeschaltetem Eigenschaftenfenster auf den Hintergrund eines der Bereiche der Sicht klicken.

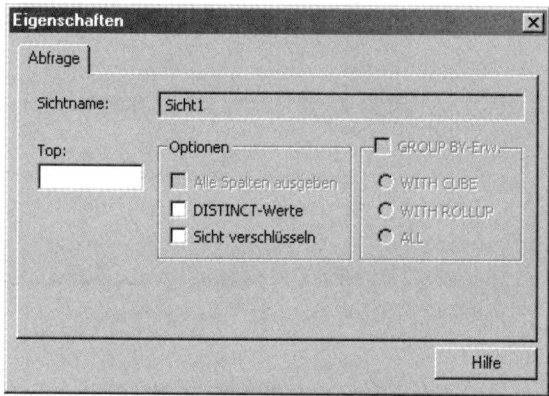

Bild 27.24: Eigenschaften der Sicht

Die Optionen *Top* und *DISTINCT-Werte* entsprechen den in Kapitel 3, »Die Abfragesprache SQL«, erläuterten SQL-Befehlen TOP und DISTINCT. Die in der Gruppe *GROUP BY-Erweiterungen* angeboten Einstellungen besprechen wir weiter unten.

Im nächsten Bild ist im Rasterbereich der Sicht die Spalte *Gruppieren nach* mithilfe der Schaltfläche *Gruppieren* eingeblendet worden.

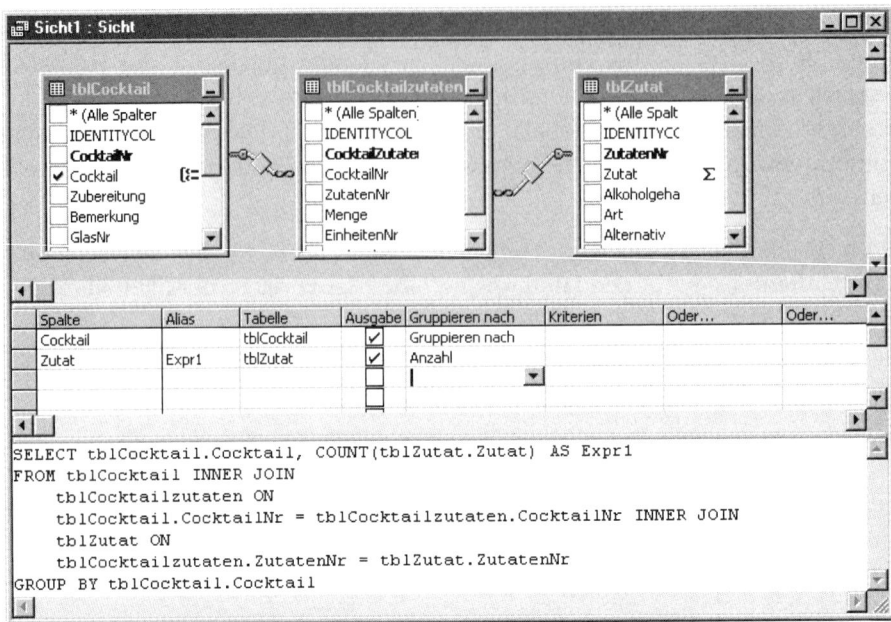

Bild 27.25: Sicht mit Gruppierungsfunktionen

Die SQL-Gruppierungsfunktionen wurden in Kapitel 3, »Die Abfragesprache SQL«, beschrieben. Wir beschränken uns daher an dieser Stelle auf die folgende Tabelle, die die Unterschiede zu Access-Abfragen aufführt.

Tabelle 27.4: Gruppierungsfunktionen

Funktion	Beschreibung
Genaue Summe	Die Summe wird nicht über alle Zeilen, sondern derart berechnet, dass mehrfach vorhandene identische Werte nur einmal aufsummiert werden (in SQL: SUM(DISTINCT *Spalte*)).
Genauer Mittelwert	Der Mittelwert wird nicht über alle Zeilen, sondern derart berechnet, dass mehrfach vorhandene identische Werte nur einmal in die Berechnung einfließen (in SQL: AVG(DISTINCT *Spalte*)).
Genaues Minimum	Diese Einstellung unterscheidet sich nicht von der Einstellung *Minimum*, sie ist nur aus Gründen der SQL-92-Kompatibilität vorhanden (in SQL: MIN(DISTINCT *Spalte*)).
Genaues Maximum	Diese Einstellung unterscheidet sich nicht von der Einstellung *Maximum*, sie ist nur aus Gründen der SQL-92-Kompatibilität vorhanden (in SQL: MAX(DISTINCT *Spalte*)).
Genaue Anzahl	Die Summe wird nicht über alle Zeilen, sondern derart berechnet, dass mehrfach vorhandene identische Werte nur einmal gezählt werden (in SQL: COUNT(DISTINCT *Spalte*)).
Wo	entspricht bei Access-MDB-Abfragen der Einstellung »Bedingung«.

27.9 Stored Procedure

Stored Procedures, »Gespeicherte Prozeduren«, werden in Transact-SQL programmiert. Transact-SQL ist eine Programmiersprache, die die SQL-Befehle mit Programmierelementen wie Verzweigungen, Schleifen, Variablen und vielem mehr verbindet.

Transact-SQL ermöglicht es Ihnen, Programmlogik auf dem Server auszuführen und dadurch eine verteilte Verarbeitung zu erreichen (siehe Kapitel 25, »Client-Server-Verarbeitung mit Access«).

27.9.1 Erstellen einer neuen Stored Procedure

Erstellen Sie eine neue SP, so wird das folgende Fenster zur Erfassung der SP eingeblendet. Es beinhaltet ein Programmfragment mit dem Grundgerüst einer SP.

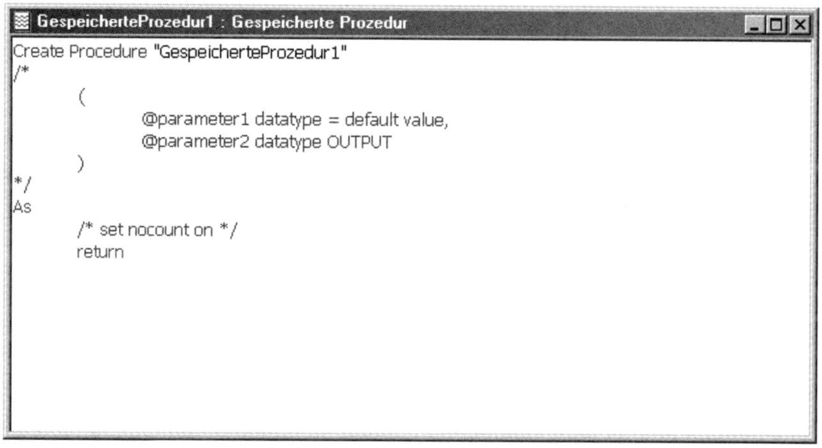

Bild 27.26: Neue gespeicherte Prozedur

Die Zeichenfolgen /* und */ begrenzen ein- oder mehrzeilige Kommentare. Daneben haben Sie die Möglichkeit, Kommentare am Zeilenende mit zwei Minuszeichen -- einzuleiten.

Im ersten Kommentar der neuen SP sind beispielhafte Deklarationen von Parametern zu sehen. Prozedurparameter besprechen wir in Abschnitt 27.9.2. Die auskommentierte Anweisung SET NOCOUNT ON wird benötigt, wenn mehrere Anweisungen in der SP vorkommen, aber nur eine davon die Ergebnismenge der SP liefert. Im Normalfall benötigen Sie diese Anweisung nicht.

Das folgende Bild zeigt eine einfache Abfrage. Wir haben alle nicht benötigten Teile der SP entfernt.

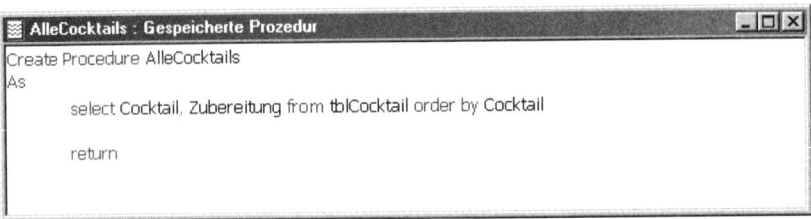

Bild 27.27: Einfache Abfrage

Die Abfrage wird unter dem Namen gespeichert, der hinter dem Befehl CREATE PROCEDURE angegebenen ist. Mithilfe der Schaltfläche *Ansicht* wird die SP ausgeführt. Übrigens ändert sich der Befehl CREATE PROCEDURE nach dem Speichern zu ALTER PROCEDURE; jedes erneute Speichern ändert die vorhandene SP.

! Umkopieren von SQL-Befehlen: Für SPs müssen Sie die SQL-Befehle direkt und möglichst fehlerfrei eintippen. Wir empfehlen, dass Sie sich dabei zumindest bei den SELECT-Abfragen von Access helfen lassen. Erstellen Sie die Abfrage zuerst mit dem Sichten-Designer und kopieren Sie dann den SQL-Text über die Zwischenablage in die SP. Auf diesem Wege können Sie auch Abfragen aus anderen Access-Anwendungen übernehmen.

27.9.2 Eine kurze Einführung in Transact-SQL

Eine SP kann beliebige SQL-Befehle enthalten; sie kann Datensätze zurückliefern oder nur eine Aktion ausführen. Die Abarbeitung der SP findet komplett auf dem Server statt, Access erhält nur die Ergebnisse.

Liefert die SP Datensätze zurück, spricht man von einem Resultset. Im Beispiel in Bild 27.27 werden als Resultset zwei Spalten der Tabelle *tblCocktail* zurückgegeben. Ein Resultset entsteht durch eine SELECT-Anweisung. Theoretisch können mehrere SELECTs mehrere Resultsets in einer SP erzeugen, allerdings kann Access damit nicht umgehen und zeigt immer nur das erste Resultset. Nur wenn Sie die SP über ADO-Befehle ansprechen, können Sie auch auf mehrere Resultsets zugreifen.

Eine SP kann einen Ergebniswert zurückgeben. Dies kann in der Form programmiert werden, dass hinter dem Befehl RETURN am Ende der SP eine Zahl oder eine

Zeichenkette angegeben wird. Auch den Return-Wert können Sie nur mit einem ADO-Programm auswerten.

Parameter

Einer SP können Sie Parameter übergeben. Die Parameter, die immer mit dem Zeichen »@« eingeleitet werden, werden vor dem Befehlswort AS angegeben. Für jeden Parameter muss ein Datentyp (siehe Tabelle 27.1) vereinbart werden. Mehrere Parameter werden durch Kommata voneinander getrennt. Beachten Sie dabei, dass im Namen des Parameters keine Leer- oder Sonderzeichen erlaubt sind, so wie Sie es vielleicht von Access-Abfragen her kennen.

Im folgenden Beispiel wird der Parameter @Datum vom Typ DateTime definiert.

```
CREATE PROCEDURE qryParameter
        @Datum DATETIME
AS
        SELECT tblCocktail.Cocktail, tblCocktail.Zubereitung
        FROM tblCocktail
        WHERE tblCocktail.CocktailErfasst < @Datum
RETURN
```

Führen Sie die Abfrage aus dem Access-Datenbankfenster direkt aus, so wird für jeden Parameter in einem Dialogfeld ein Wert von Ihnen abgefragt.

Für die Parameter können Sie Standardwerte vereinbaren. Ein Standardwert wird dann verwendet, wenn Sie nicht explizit beim Aufruf der Funktion einen Wert für den Parameter angeben. Der Standardwert wird hinter der Deklaration des Parameters nach einem Gleichheitszeichen angegeben, wie es die folgende Zeile zeigt:

```
CREATE PROCEDURE qryParameter @Datum DATETIME = '1.1.2000'
```

Beachten Sie dabei, dass für Parameter, für die ein Standardwert festgelegt wurde, keine Wertabfrage beim Aufruf der SP aus dem Datenbankfenster heraus erfolgt. Es wird bei einem solchen Aufruf immer der Standardwert verwendet.

Transact-SQL erlaubt es, dass Parameter mit dem Zusatz OUTPUT vereinbart werden. Mithilfe von OUTPUT-Parametern können Sie Werte aus der SP an das aufrufende Programm zurückgeben. Beim Aufruf der SP aus dem Access-Datenbankfenster heraus ist der Zusatz OUTPUT ohne Wirkung.

! Verweise auf Formularfelder: In Access-Jet-Abfragen können Sie Verweise auf Felder offener Formulare als Parameter definieren, etwa in der Art Formulare!Formular1!Feld1. Bei der Ausführung der Abfrage wird dann der aktuelle Wert des Feldes als Parameter übergeben. Solche Verweise sind in Access-Projekten nicht zulässig, allerdings gibt es einen anderen Weg, Felder als Parameter zu übergeben. Näheres dazu lesen Sie in Abschnitt 27.10. Übrigens hat auch der in Abschnitt 27.12 beschriebene Upsizing-Assistent Probleme mit solchen Verweisen.

Die CASE-Anweisung

Für viele Aufgabenstellungen leistet die CASE-Anweisung gute Dienste. Sie ermöglicht es, Wenn-Dann-Konstrukte in SELECT- und anderen Abfragen zu verwenden. In Access-Abfragen verwenden Sie dazu die WENN()-Funktion (engl. IIF()), die auf dem SQL Server/MSDE so nicht existiert.

Die CASE-Anweisung kann in zwei Varianten angewendet werden: einfach oder komplex. Die einfache Version hat die Syntax:

```
CASE Bedingung
WHEN Ausdruck1 THEN Ausdruck11
WHEN Ausdruck2 THEN Ausdruck22
...
ELSE Ausdruck33
END
```

Bei der komplexen Variante wird wie folgt formuliert:

```
CASE
WHEN Bedingung1 THEN Ausdruck1
WHEN Bedingung2 THEN Ausdruck2
...
ELSE Ausdruck3
END
```

Am einfachsten kann man die Möglichkeiten und die Unterschiede beider Varianten anhand von Beispielen erläutern. Die im nächsten Listing gezeigte SP gibt aus, zu wie vielen Kategorien ein Cocktail zugeordnet ist. Hierbei wird die einfache Syntax für die CASE-Anweisung verwendet.

```
CREATE PROCEDURE Kategorien
AS
        SELECT tblCocktail.Cocktail,
        CASE COUNT(tblKategorie.Kategorie)
                WHEN 1 THEN 'Eine Kategorie'
                WHEN 2 THEN 'Zwei Kategorien'
```

```
            WHEN 3 THEN 'Drei Kategorien'
            ELSE 'Mehr als drei Kategorien'
      END
      FROM tblCocktail INNER JOIN
          tblCocktailKategorie ON
          tblCocktail.CocktailNr = tblCocktailKategorie.CocktailNr
          INNER JOIN tblKategorie ON
          tblCocktailKategorie.KategorieNr = tblKategorie.KategorieNr
      GROUP BY tblCocktail.Cocktail
RETURN
```

Die folgende SP ermittelt Cocktails, die leicht zu mixen sind. Hierzu wird für jeden Cocktail die Anzahl der Zutaten gezählt. Cocktails mit weniger als vier Zutaten gelten als »einfach«, haben sie zwischen vier und sechs Zutaten werden sie als »normal« bezeichnet, mit sieben und mehr Zutaten sind sie aufwändig. Die SP gibt den Namen des Cocktails, die Anzahl der Zutaten und den Schwierigkeitsgrad aus. Der Schwierigkeitsgrad wird mithilfe der komplexen CASE-Anweisung ermittelt.

```
CREATE PROCEDURE spAnzahlZutaten
      @Cocktail VARCHAR(50) = '%'
AS
      SELECT
      Cocktail,
      COUNT(ZutatenNr) AS AnzahlZutaten,
      CASE
            WHEN COUNT(ZutatenNr) <= 3 THEN  'Einfacher Cocktail'
            WHEN COUNT(ZutatenNr) >3 AND COUNT(ZutatenNr) <=6
                                    THEN 'Normaler Cocktail'
            ELSE  'Aufwändiger Cocktail'
      END
      FROM tblCocktail INNER JOIN tblCocktailzutaten
            ON tblCocktail.CocktailNr = tblCocktailzutaten.CocktailNr
      WHERE tblCocktail.Cocktail like @Cocktail
      GROUP BY tblCocktail.Cocktail
      ORDER BY COUNT(tblCocktailzutaten.ZutatenNr) DESC
```

Variablen

SPs erlauben die Verwendung von Variablen. Die Variablen können Sie wie Variablen in VBA benutzen, also einen Wert einer Variablen zuweisen oder ihn auslesen. Der Name einer Variablen muss mit einem »@«-Zeichen beginnen. Mit

```
DECLARE @Anzahl INT
```

deklarieren Sie die Variable @Anzahl vom Datentyp int. Die möglichen Datentypen entnehmen Sie Tabelle 27.1. Jede Variable muss deklariert werden.

Um einer Variablen einen Wert zuzuweisen, müssen Sie eine SELECT-Anweisung verwenden, beispielsweise

```
SELECT @Anzahl = 5
```

Alternativ können Sie auch

```
SET @Anzahl = 5
```

schreiben. Diese Schreibweise wird von Microsoft für einfache Zuweisungen empfohlen, allerdings wird SELECT normalerweise bevorzugt.

Im Unterschied zu VBA konvertiert Transact-SQL Datentypen nicht automatisch, Sie können also einem String keine Zahl zuweisen und sich wie in VBA darauf verlassen, dass die Zahl in einen String umgewandelt wird. Zur Konvertierung von Datentypen verwenden Sie die Funktionen CAST und CONVERT.

Wenn Sie mehrere Zeichenketten aneinander hängen möchten, müssen Sie das »+«-Zeichen anstelle des »&«-Zeichens verwenden:

```
DECLARE @S1 VARCHAR(100)
DECLARE @S2 VARCHAR(100)
SET @S1 = 'Zeichenkette1'
SELECT @S2 = 'Dies ist ' + @S1 + '!'
```

In der folgenden SP wird der Alkoholgehalt eines Cocktails errechnet. Sie können in dieser SP sehen, wie das Ergebnis einer SELECT-Abfrage einer Variablen zugewiesen werden kann. Das dritte SELECT in der SP errechnet den Alkoholgehalt. Das Ergebnis dieses SELECTs bildet die Rückgabemenge der SP.

```
CREATE PROCEDURE Alkoholgehalt
        @CocktailNr INT
AS
        DECLARE @Gesamtmenge REAL
        DECLARE @Alkoholmenge REAL

        SELECT @Alkoholmenge =
                SUM(Menge * tblZutat.Alkoholgehalt * Umrechnung_cl)
                FROM tblZutat INNER JOIN
                    (tblEinheiten INNER JOIN tblCocktailzutaten ON
                    tblEinheiten.EinheitenNr =
                            tblCocktailzutaten.EinheitenNr)
                    ON tblZutat.ZutatenNr = tblCocktailzutaten.ZutatenNr
                WHERE tblCocktailzutaten.CocktailNr = @CocktailNr

        SELECT @Gesamtmenge = SUM(Menge * Umrechnung_cl)
                FROM tblZutat INNER JOIN
                    (tblEinheiten INNER JOIN tblCocktailzutaten ON
                    tblEinheiten.EinheitenNr =
                            tblCocktailzutaten.EinheitenNr)
                    ON tblZutat.ZutatenNr = tblCocktailzutaten.ZutatenNr
                WHERE tblCocktailzutaten.CocktailNr = @CocktailNr

        -- Alkoholgehalt errechnen und als Ergebnismenge zurückgeben
        SELECT @Alkoholmenge/@Gesamtmenge
RETURN
```

Eingebaute Variablen

Transact-SQL bietet Ihnen eine Reihe interner Variablen an, die beispielsweise den Status des Systems oder andere Informationen liefern. Die internen Variablen beginnen mit »@@«. Die Variable @@SERVERNAME beispielsweise gibt den Namen des SQL Servers/MSDE zurück; @@ROWCOUNT liefert Ihnen die Anzahl der Zeilen, auf die sich Ihre letzte Operation ausgewirkt hat, während @@ERROR die Fehlernummer des letzten Fehlers angibt.

Funktionen

In Sichten und SPs können Sie unter anderem die in der folgenden Tabelle aufgeführten Funktionen verwenden. Die Parameter der Funktionen schlagen Sie am einfachsten in der Online-Hilfe zu Transact-SQL nach.

Tabelle 27.5: Funktionen

Funktion	Beschreibung
CAST	konvertiert einen Datentyp in einen anderen Datentyp.
CONVERT	wie CAST, mit etwas anderer Syntax.
GETDATE	gibt das aktuelle Systemdatum des Rechners zurück, auf dem der SQL Server bzw. MSDE läuft.
LEN	ermittelt die Länge einer Zeichenkette.
LEFT	gibt n Zeichen einer Zeichenkette vom linken Ende zurück.
LOWER, LCASE	konvertiert eine Zeichenkette in Kleinbuchstaben.
LTRIM	entfernt alle Leerzeichen am Anfang einer Zeichenkette.
ROUND	rundet eine Zahl.
RIGHT	gibt n Zeichen einer Zeichenkette vom rechten Ende zurück.
SUBSTRING	ermittelt, ob eine Zeichenkette in einer anderen vorkommt.
UPPER, UCASE	konvertiert eine Zeichenkette in Großbuchstaben.

Verzweigungen

Mithilfe der IF-Anweisung können Sie Verzweigungen in Ihren Transact-SQL-Anweisungen erstellen. Die allgemeine Form lautet

```
IF Ausdruck
        SQL-Ausdruck
[ELSE
        SQL_Ausdruck]
```

wobei für SQL-Ausdruck auch mehrere, dann aber von den Anweisungen BEGIN und END eingeschlossene Befehle stehen können.

Die folgende SP listet je nach Wert des übergebenen Parameters alle Cocktails oder nur die Cocktails auf, die mit der Hausbar zu mixen sind.

```
CREATE PROCEDURE Cocktails
    @Hausbar BIT
AS
    IF @Hausbar = 0
        -- Alle Cocktails
        SELECT
                tblCocktail.Cocktail,
                tblCocktail.Zubereitung,
```

```
            tblCocktailzutaten.Menge,
            tblZutat.Zutat,
            tblEinheiten.Einheit
        FROM tblZutat INNER JOIN
            (tblEinheiten INNER JOIN
                (tblCocktail INNER JOIN tblCocktailzutaten
                    ON tblCocktail.CocktailNr =
                            tblCocktailzutaten.CocktailNr)
                ON tblEinheiten.EinheitenNr =
                    tblCocktailzutaten.EinheitenNr)
            ON tblZutat.ZutatenNr = tblCocktailzutaten.ZutatenNr
        ORDER BY tblCocktail.Cocktail
ELSE
    -- Hausbar-Cocktails
    SELECT
            tblCocktail.Cocktail,
            tblCocktail.Zubereitung,
            tblCocktailzutaten.Menge,
            tblZutat.Zutat,
            tblEinheiten.Einheit
        FROM tblZutat INNER JOIN
            (tblEinheiten INNER JOIN
                (tblCocktail INNER JOIN tblCocktailzutaten
                    ON tblCocktail.CocktailNr =
                            tblCocktailzutaten.CocktailNr)
                ON tblEinheiten.EinheitenNr =
                    tblCocktailzutaten.EinheitenNr)
            ON tblZutat.ZutatenNr = tblCocktailzutaten.ZutatenNr
        WHERE (
        (SELECT  Count(*) AS ZAnzahl
        FROM tblCocktailzutaten
            INNER JOIN tblHausbar
            ON tblCocktailzutaten.ZutatenNr =
                            tblHausbar.ZutatenNr
        WHERE tblCocktailzutaten.CocktailNr =
                            tblCocktail.CocktailNr) =
        (SELECT  Count(*) AS ZAnzahl
            FROM tblCocktailzutaten
        WHERE tblCocktailzutaten.CocktailNr =
                            tblCocktail.CocktailNr)
        )
```

```
        ORDER BY tblCocktail.Cocktail
RETURN
```

Im nächsten Beispiel wird in der SP ein Text zusammengesetzt, der je nach Alkoholgehalt des angegebenen Cocktails variiert. Beachten Sie die Verwendung der Funktion CAST zur Umwandlung von Zahlen in Zeichenketten, die Transact-SQL im Unterschied zu VBA nicht implizit durchführt.

```
CREATE PROCEDURE CocktailAlkohol
        @CocktailNr INT
AS
        DECLARE @Meldung VARCHAR(200)
        DECLARE @Cocktail VARCHAR(100)
        DECLARE @Alkoholgehalt REAL
        DECLARE @Anzahl INT

        SELECT @Cocktail=Cocktail,
                @Alkoholgehalt=Alkoholgehalt FROM tblCocktail
                WHERE CocktailNr = @CocktailNr

        SELECT @Meldung = 'Cocktail »' + @Cocktail + '« hat '

        IF (SELECT AVG(Alkoholgehalt) FROM tblCocktail) < @Alkoholgehalt
        BEGIN
                SELECT @Meldung = @Meldung +
                        'weniger Alkohol als der Durchschnitt.'
                SELECT @Anzahl = COUNT(*) FROM tblCocktail
                        WHERE Alkoholgehalt > @Alkoholgehalt
                SELECT @Meldung = @Meldung + ' ' +
                        CAST(@Anzahl AS VARCHAR(10)) +
                        ' Cocktails haben mehr Alkohol.'
        END
        ELSE
        BEGIN
                SELECT @Meldung = @Meldung +
                        'mehr Alkohol als der Durchschnitt.'
                SELECT @Anzahl = COUNT(*) FROM tblCocktail
                        WHERE Alkoholgehalt < @Alkoholgehalt
                SELECT @Meldung = @Meldung + ' ' +
                        CAST(@Anzahl AS VARCHAR(10)) +
                        ' Cocktails haben weniger Alkohol.'
        END
```

```
        -- Ergebnis
        SELECT @Meldung
RETURN
```

Schleifen

Sie können mit dem Befehl `WHILE` Befehle bis zum Erreichen einer Abbruchbedingung wiederholen lassen.

```
WHILE Ausdruck
        { SQL-Ausdruck }
        [BREAK]
        {SQL-Ausdruck}
        [CONTINUE]
```

Als `SQL-Ausdruck` können auch mehrere Befehle eingeschlossen in die Anweisungen BEGIN und END stehen. BREAK bricht die Schleife ab, während mit CONTINUE der nächste Schleifendurchlauf beginnt, ohne dass gegebenenfalls nach dem CONTINUE vorkommende Befehle ausgeführt werden.

SP ruft SP

SPs lassen sich verschachteln, also eine SP kann eine andere SP aufrufen. Dazu verwenden Sie den Befehl `EXECUTE`, dessen vereinfachte allgemeine Syntax lautet:

```
EXEC[UTE]
        {
                [@return_status =]
                        {procedure name}
        }
        [[@parameter =] {value}]
```

Im folgenden kleinen Beispiel wird der Alkoholgehalt mithilfe der SP *Alkoholgehalt* (s.o.) ermittelt:

```
CREATE PROCEDURE ExecTest
        (@Nr INT)
AS
        EXEC Alkoholgehalt @CocktailNr = @Nr
RETURN
```

Eine SP kann mithilfe der `RETURN`-Anweisung einen Wert zurückgeben. Der Return-Wert kann beim `EXECUTE`-Aufruf in eine Variable geschrieben werden. Die folgenden zwei Beispiele zeigen die Anwendung. In der ersten SP wird die

Anzahl der Zutaten für einen Cocktail ermittelt und als Rückgabewert zurückgeliefert. Führen Sie diese SP direkt aus dem Datenbankfenster aus, wird die Meldung eingeblendet, dass keine Datensätze von der SP geliefert werden, denn
Access wertet den Return-Wert nicht aus.

```
CREATE PROCEDURE AnzahlZutaten
      @CocktailNr INT
AS
      DECLARE @Anzahl INT

      SELECT @Anzahl = COUNT(ZutatenNr) FROM tblCocktailZutaten
            WHERE CocktailNr = @CocktailNr
RETURN @Anzahl
```

In der zweiten SP sehen Sie den Aufruf der ersten SP. Der Rückgabewert der SP
wird der Variablen @AnzahlZutaten zugewiesen.

```
CREATE PROCEDURE ExecAnzahlZutaten
      @CocktailNr INT
AS
      DECLARE @AnzahlZutaten INT

      EXECUTE @AnzahlZutaten = AnzahlZutaten @CocktailNr
      SELECT @Anzahlzutaten AS 'Anzahl der Zutaten'
RETURN
```

27.9.3 Trigger

Für jede Tabelle können Trigger programmiert werden. Trigger gibt es in drei
Varianten: Einfüge-, Aktualisierungs- und Löschtrigger (Insert, Update, Delete).
Ein Einfüge-Trigger wird beispielsweise immer dann abgearbeitet, wenn ein
neuer Datensatz der Tabelle zugefügt wird.

Wir möchten Ihnen zwei Trigger vorstellen, die vom Access-Upsizing-Assisten-
ten (siehe 27.12) bei der Konvertierung einer MDB zu einem ADP erstellt wurden.

In Bild 27.28 ist ein Einfüge-Trigger für die Tabelle *tblCocktail* abgebildet. Der
Trigger implementiert die Gültigkeitsregel für den Alkoholgehalt, der kleiner als
100% sein muss.

Der neu eingefügte Datensatz steht dem Trigger in Form einer internen Tabelle
mit dem Namen inserted zur Verfügung. Die Gültigkeitsregel wurde in der
Form erstellt, dass mithilfe einer Abfrage geprüft wird, ob die Anzahl der Daten-

sätze in der Tabelle inserted, die gegen die Regel verstoßen, größer als 0 ist. Mit RAISERROR wird ein Fehler ausgelöst und mit ROLLBACK TRANSACTION der Einfügevorgang abgebrochen.

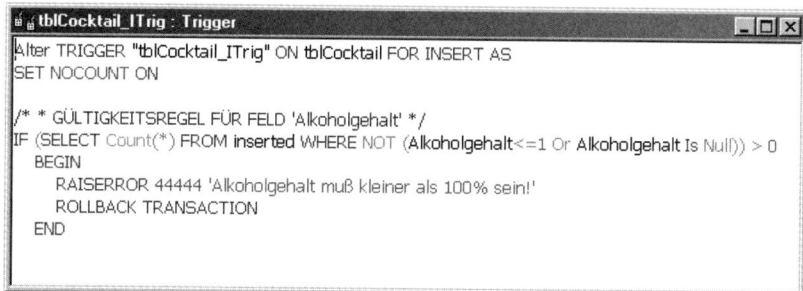

Bild 27.28: Einfüge-Trigger

Das folgende Bild zeigt den Aktualisierungs-Trigger für die Tabelle *tblCocktailZutaten*. Der Trigger nimmt drei Überprüfungen vor, die die referentielle Integrität mit den Tabellen *tblCocktail*, *tblEinheiten* und *tblZutat* kontrollieren.

```
tblCocktailzutaten_UTrig : Trigger                                    _□×

IF UPDATE(CocktailNr)
   BEGIN
      IF (SELECT COUNT(*) FROM inserted) !=
         (SELECT COUNT(*) FROM tblCocktail, inserted WHERE (tblCocktail.CocktailNr = inserted.CocktailNr))
         BEGIN
            RAISERROR 44446 'Der Datensatz kann nicht hinzugefügt oder geändert werden. Aufgrund der Regeln
            ROLLBACK TRANSACTION
         END
   END

/* * KEINE AKTUALISIERUNG BEI FEHLEN EINES PASSENDEN SCHLÜSSELS IN 'tblEinheiten' */
IF UPDATE(EinheitenNr)
   BEGIN
      IF (SELECT COUNT(*) FROM inserted) !=
         (SELECT COUNT(*) FROM tblEinheiten, inserted WHERE (tblEinheiten.EinheitenNr = inserted.EinheitenNr))
         BEGIN
            RAISERROR 44446 'Der Datensatz kann nicht hinzugefügt oder geändert werden. Aufgrund der Regeln
            ROLLBACK TRANSACTION
         END
   END

/* * KEINE AKTUALISIERUNG BEI FEHLEN EINES PASSENDEN SCHLÜSSELS IN 'tblZutat' */
IF UPDATE(ZutatenNr)
   BEGIN
      IF (SELECT COUNT(*) FROM inserted) !=
         (SELECT COUNT(*) FROM tblZutat, inserted WHERE (tblZutat.ZutatenNr = inserted.ZutatenNr))
         BEGIN
            RAISERROR 44446 'Der Datensatz kann nicht hinzugefügt oder geändert werden. Aufgrund der Regeln
            ROLLBACK TRANSACTION
         END
   END
```

Bild 27.29: Aktualisierungs-Trigger

Die Programmierung von Triggern entspricht der von SPs, wobei die beiden internen Tabellen `inserted` und `deleted` hinzukommen, in denen die einzufügenden oder zu löschenden Datensätze zwischengespeichert werden.

Beachten Sie aber, dass es zu Problemen kommen kann, wenn ein Trigger durch eine Aktualisierung einer anderen Tabelle einen weiteren Trigger auslöst. Hier kann es zu Trigger-Aufrufketten mit unabsehbaren Folgen kommen. Es lässt sich auf dem SQL Server/MSDE abschalten, dass verschachtelte Trigger zulässig sind.

27.10 Formulare

Die Erstellung und Programmierung von Formularen entspricht weitgehend dem, was Sie von Access-MDBs gewohnt sind. Es kommen einige neue Eigenschaften hinzu sowie einige Restriktionen.

27.10.1 Neue Schaltflächen

In der Formularansicht werden ebenso wie in der Datenblattansicht zwei neue Navigationsschaltflächen gezeigt: *Abfrage abbrechen* und *Max. Datensätze*. Wir haben die Schaltflächen in Abschnitt 27.6.4 beschrieben.

In den Eigenschaften des Formulars stehen Ihnen die Optionen MaxRecords und MaxRecButton zur Verfügung. Mit MaxRecords geben Sie an, wie viele Datensätze eingelesen werden sollen, mit MaxRecButton steuern Sie, ob die Schaltfläche *Max. Datensätze* in der Formularansicht gezeigt werden soll.

27.10.2 Drei Möglichkeiten für die Datenherkunft

Normale Access-MDB-Formulare können auf Tabellen und Abfragen basieren. Für die Datenherkunft von Formularen für Access-Projekte ist die Auswahl zwischen Tabellen, Sichten und SPs möglich.

! SP als Datenherkunft: Erzeugen Sie ein Formular mithilfe des Assistenten, so können Sie nur Tabellen und Sichten für die Datenherkunft auswählen. Möchten Sie eine SP verwenden, können Sie diese nur in der Entwurfsansicht des Formulars als Datenherkunft angeben.

Basiert ein Formular auf einer SP mit Parametern, so können Sie die Parameter mithilfe der Eigenschaft *InputParameters* setzen (siehe Abschnitt 27.10.4).

Die Eigenschaft *RecordsetType* bestimmt, ob Änderungen an den Feldinhalten des Formulars gespeichert werden können. Die Eigenschaft kann die Werte *Snapshot* (keine Änderungen möglich) und *Updatable Snapshot* (Änderungen unter bestimmten Bedingungen möglich) annehmen.

27.10.3 Ende der Bequemlichkeit

Der Einsatz des SQL Servers/MSDE wird in den meisten Fällen durch große Datenmengen und/oder eine große Anzahl gleichzeitiger Benutzer begründet sein. Viele Daten und viele Benutzer machen aber in der Programmierung ein anderes Vorgehen als mit Access-MDBs erforderlich, die für Einzelplatzsysteme oder kleine Netzwerke konzipiert sind. Mit dem SQL Server/MSDE muss vermieden werden, dass große Datenmengen über das Netzwerk an einen Client gesendet werden und dass Änderungen an Daten die Arbeit und die Arbeitsgeschwindigkeit anderer Benutzer beeinträchtigen.

Solange ein Formular nur auf die Daten einer Tabelle zeigt und diese Tabelle einen Primärschlüssel besitzt, können Sie Änderungen an den Daten vornehmen. Dies gilt sowohl für Access-MDBs als auch für ADPs.

In Access-MDBs werden Sie bei der Aktualisierung von Daten mit Formularen verwöhnt. Basiert ein Formular auf einer Abfrage, die mehrere Tabellen miteinander verknüpft, so können je nach Abfrage im Formular die Inhalte der Felder geändert werden, auch wenn die Felder zu verschiedenen Tabellen gehören. Access-MDBs nutzen dazu den Access-spezifischen SQL-Befehl DISTINCTROW, der dafür notwendig ist. Wir möchten Ihnen den Sachverhalt anhand eines Beispiels erläutern. Im folgenden Bild sehen Sie eine Abfrage mit zwei verknüpften Tabellen.

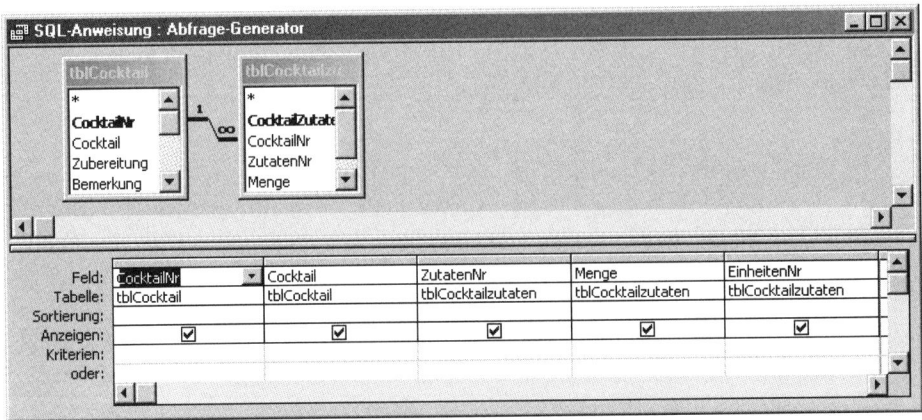

Bild 27.30: Abfrage mit zwei verknüpften Tabellen

Die Abfrage bildet die Datenherkunft der folgenden Formulars:

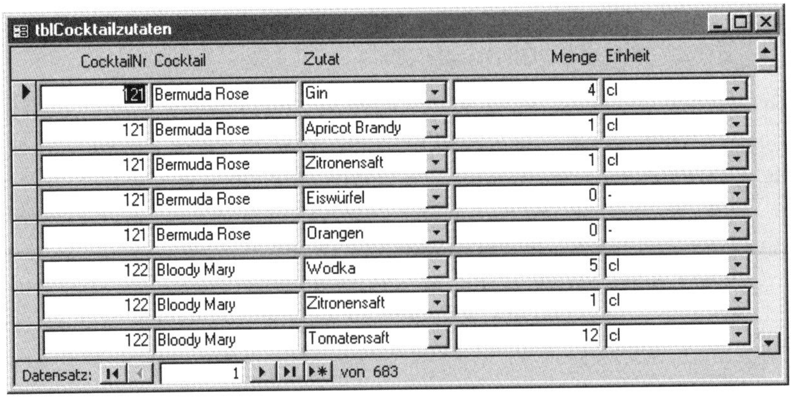

Bild 27.31: Beispielformular

Im Beispielformular können Sie sowohl die Daten der Tabelle *tblCocktail*, wie beispielsweise den Namen des Cocktails, als auch Inhalte der Tabelle *tblCocktail-Zutaten*, z.B. die Menge, ändern. Gleichzeitige Veränderungen an beiden Seiten einer 1:n-Beziehung beherrschen nur wenige Datenbanken. Ein solches Verhalten ist auch nur realisierbar, wenn dem Anwender die Daten im Prinzip »alleine« zur Verfügung stehen und die Datenbankarbeit auf dem lokalen PC des Anwenders durchgeführt wird.

Mit dem SQL Server/MSDE sieht das Ganze etwas anders aus: In einem Formular können nur die Daten einer Tabelle bearbeitet werden, d.h., auch wenn Daten aus mehreren Tabellen angezeigt werden, werden nur die Änderungen an einer Tabelle gespeichert. Auch hierzu ein Beispiel, das auch die neuen Eigenschaften erläutert, die dafür benötigt werden.

Wir haben das in Bild 27.31 gezeigte Formular über die Windows-Zwischenablage aus einer MDB- in eine ADP-Datei kopiert. Die ADP-Datei hat Verbindung mit der Datenbank *Cocktail2000_SQL* auf einem SQL Server/MSDE.

Damit das Formular aus Bild 27.31 in der ADP verwendet werden kann, sind zuerst drei Änderungen notwendig. In der *Datenherkunft* des Formulars muss in der SQL-Abfrage der Befehl DISTINCTROW entfernt werden, da dieser nicht vom SQL Server/MSDE unterstützt wird. Ebenso verfahren Sie mit der Datensatzherkunft der Kombinationsfelder für *Zutat* und *Einheit*.

Rufen Sie nun das Formular in der Formularansicht auf, können Sie keine Änderungen an den Daten vornehmen. Versuchen Sie, ein Feld zu bearbeiten, wird in der Statusleiste von Access die Meldung »Das Formular ist schreibgeschützt, da die Eigenschaft 'Eindeutige Tabelle' nicht eingestellt ist.« gezeigt.

In der Entwurfsansicht des Formulars können Sie in den Eigenschaften des Formulars für die Eigenschaft *Eindeutige Tabelle* (engl. *UniqueTable*) einen der im Kombinationsfeld angebotenen Tabellennamen selektieren. Um das Kombinationsfeld zu füllen, analysiert Access die *Datenherkunft* des Formulars.

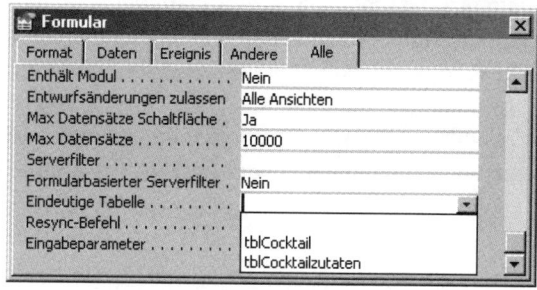

Bild 27.32: Eigenschaft Eindeutige Tabelle

Übrigens funktioniert die Analyse der *Datenherkunft* nicht, wenn Sie eine SP oder eine Abfrage verwenden, die Parameter benötigt. Zu Parametern von SPs und Abfragen erfahren Sie mehr im Abschnitt 27.10.4.

Setzen Sie die Eigenschaft *Eindeutige Tabelle* mit der Tabelle der 1-Seite der 1:n-Beziehung der Abfrage fest, so können Sie zwar die Felder der Tabelle ändern, es kommt dann aber dazu, dass die Anzeige nicht aktualisiert wird. Zur Illustration dieser Merkwürdigkeit dient das nächste Bild. Wir haben als *Eindeutige Tabelle* die Tabelle *tblCocktail* bestimmt. Wenn wir nun beispielsweise die Cocktailbezeichnung ändern und die Änderung speichern, so wird der aktualisierte Wert nur für die Zeile gezeigt, in der die Änderung vorgenommen wurde.

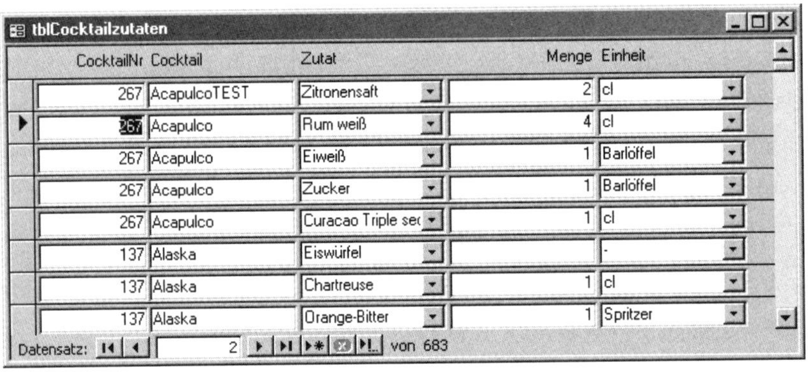

Bild 27.33: Cocktailbezeichnung in der ersten Zeile geändert

Wenn Sie in Access *DATENSÄTZE Anzeige aktualisieren* aufrufen, wird die Anzeige korrigiert. Versuchen Sie vorher, beispielsweise in der zweiten Zeile die Cocktailbezeichnung zu ändern, gerät Access durcheinander und zeigt die Meldung, dass ein anderer Benutzer den Datensatz schon geändert hat. Es entsteht eine Art Endlosschleife, die verhindert, dass Sie das Formular schließen können.

! **Löschen von Datensätzen:** Löschen Sie einen Datensatz, so wird nur der Datensatz in der eindeutigen Tabelle entfernt.

! **Auch bei nur einer Tabelle:** Microsoft empfiehlt, die Eigenschaft *Eindeutige Tabelle* (*UniqueTable*) zu setzen, auch wenn die Datenherkunft nur eine Tabelle umfasst.

Anzeigeaktualisierung

Wenn als Datenherkunft SPs oder komplexe Abfragen verwendet werden, benötigt das Formular Ihre Unterstützung, um nach Änderungen an den Daten die Anzeige zu aktualisieren. Auch hierbei sind Formulare in Access-Projekten deutlich unbequemer in der Handhabung als Access-MDB-Formulare, denn dort brauchen Sie sich um solche Dinge nicht zu kümmern.

An einem Beispiel lässt sich die Problematik der nicht aktualisierten Anzeige am einfachsten zeigen. Wir haben ein Formular erstellt, dem die im folgenden Bild gezeigte Abfrage zugrunde liegt. Für einen Cocktail sollen die Zutaten mit ihrem jeweiligen Alkoholgehalt gezeigt werden.

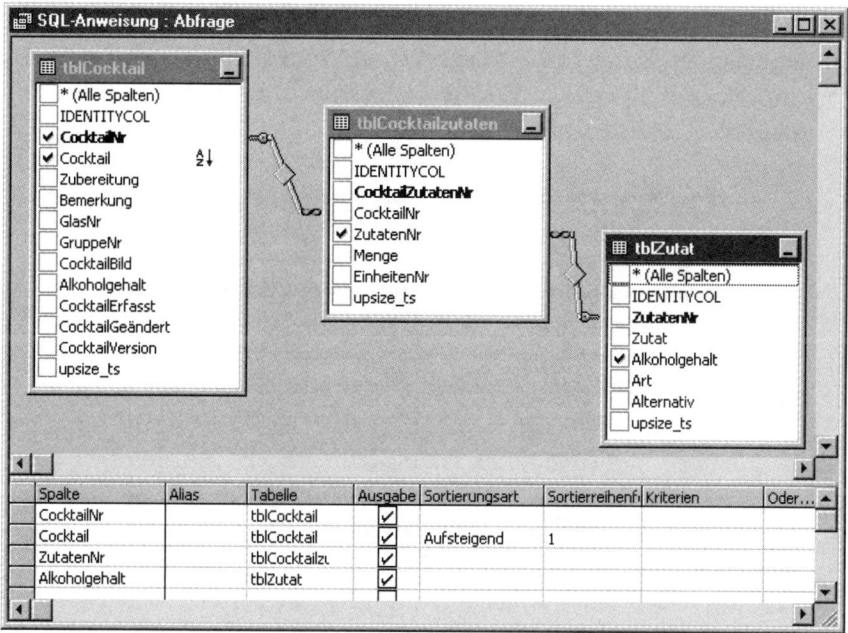

Bild 27.34: Erweiterte Abfrage

Für das Formular ist die Tabelle *tblCocktailZutaten* als *Eindeutige Tabelle* definiert. Somit sind Änderungen an den Zutaten eines Cocktails erlaubt. Das Formular haben wir mit Absicht sehr einfach gehalten, natürlich müsste man eigentlich bei einer Zutatenänderung auch Menge und Einheit bearbeiten können.

Im Formular ist die Spalte für *tblCocktailZutaten.ZutatenNr* als Kombinationsfeld ausgeführt, in dem eine Auswahl der Zutaten möglich ist. Wie Sie im nächsten Bild sehen können, ist in der ersten Zeile die Zutat Zitronensaft mit 0% Alkohol für den Cocktail Acapulco angegeben.

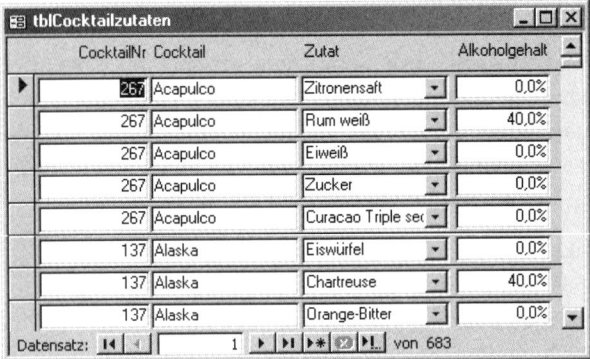

Bild 27.35: In der ersten Zeile Zitronensaft mit 0% Alkohol

Wir ändern nun die Zutat von Zitronensaft zu Wodka. Nach dem Speichern des Datensatzes bleibt die Anzeige des Alkoholgehalts unverändert, Wodka hat hier keinen Alkohol.

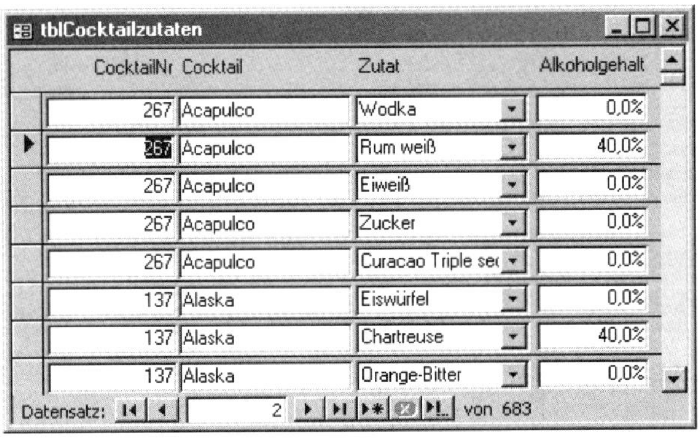

Bild 27.36: Jetzt in der ersten Zeile Wodka mit 0% Alkohol?

Um Access auf die Sprünge zu helfen, die Anzeige zu aktualisieren, können Sie den *Resync-Befehl* in den Eigenschaften des Formulars verwenden.

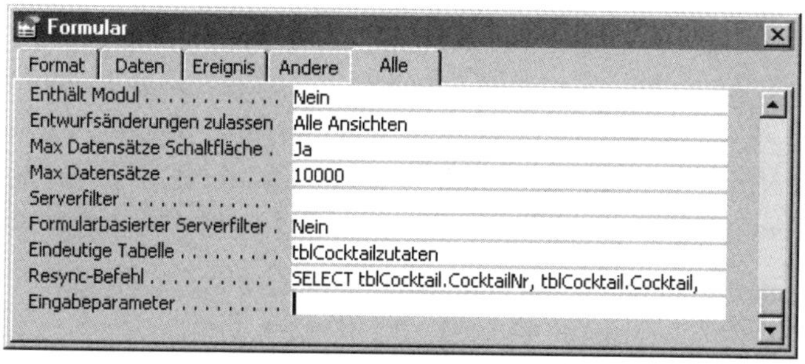

Bild 27.37: Die Eigenschaft Resync-Befehl

Für die Eigenschaft wird eine SQL-Abfrage angegeben, die alle Spalten umfasst, die im Formular verwendet werden. Die Abfrage wird erweitert um eine WHERE-Bedingung, die die Schlüsselspalte der eindeutigen Tabelle enthält, in unserem Beispiel WHERE tblCocktailZutaten.CocktailZutatenNr = ?. Das Fragezeichen ist ein Parameter und wird von Access mit dem Wert des Schlüssels in der jeweiligen Zeile gefüllt. Die vollständige Abfrage für das Beispiel lautet:

```
SELECT tblCocktail.CocktailNr,
       tblCocktail.Cocktail,
       tblCocktailzutaten.ZutatenNr,
       tblZutat.Alkoholgehalt
       FROM tblCocktail
       INNER JOIN tblCocktailzutaten
            ON tblCocktail.CocktailNr = tblCocktailzutaten.CocktailNr
       INNER JOIN tblZutat
            ON tblCocktailzutaten.ZutatenNr = tblZutat.ZutatenNr
       WHERE tblCocktailZutaten.CocktailZutatenNr = ?
```

Für die Eigenschaft *Resync-Befehl* erhalten Sie leider keine Unterstützung bei der Erstellung der Abfrage, sondern Sie müssen den SQL-Code direkt eingeben. Oft ist es hilfreich, den SQL-Code der *Datenherkunft* oder den SELECT-Befehl aus einer SP in das Feld *Resync-Befehl* zu kopieren und die WHERE-Bedingung anzuhängen.

! Fehlerhafte Resync-Befehle: Access gerät ernsthaft durcheinander, wenn Sie fehlerhafte Resync-Befehle verwenden, beispielsweise in der WHERE-Bedingung eine falsche Schlüsselspalte angeben.

27.10.4 Die Eigenschaft Eingabeparameter

Wenn Sie als Datenherkunft Ihres Formulars eine SP festlegen, für die Parameter definiert sind, so werden Sie für jeden Parameter in einem Dialogfenster nach einem Wert gefragt. Im Dialogfenster ist dann jeweils der Name des Parameters zu sehen, wobei der Name ohne das führende Zeichen »@« angezeigt wird.

Mithilfe der Eigenschaft *Eingabeparameter* (engl. *InputParameters*) können Sie eigene Texte in den Abfragedialogfenstern anzeigen lassen. Zudem ist es möglich, auf Steuerelemente anderer Formulare zu verweisen und den Wert für den Parameter dort auszulesen.

Wir verwenden für die folgenden Beispiele die SP, für die ein Parameter mit der Bezeichnung @Cocktail definiert ist.

```
CREATE PROCEDURE CocktailsParameter
      @Cocktail VARCHAR(100)
AS
      SELECT * FROM tblCocktail WHERE Cocktail LIKE @Cocktail
      RETURN
```

Wenn die SP als Datenherkunft eines Formulars verwendet wird, wird das folgende Dialogfenster beim Öffnen gezeigt. Der Name des Parameters erscheint über der Eingabezeile.

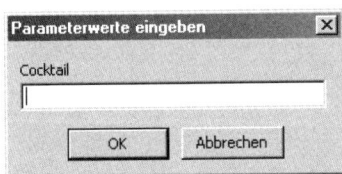

Bild 27.38: Dialogfenster für Parameter

Um den Abfragetext zu verändern, verwenden Sie die Formulareigenschaft *Eingabeparameter* mit folgender Syntax

```
ParameterName Datentyp = [Abfragetext]
```

Bei SPs wird der Name des Parameters mit dem führenden »@«-Zeichen angegeben, also in unserem Beispiel

```
@Cocktail VARCHAR = [Auswahl der Cocktails (% für alle)]
```

Der Abfragetext wurde in eckigen Klammern eingeschlossen. Damit wird das folgende Dialogfenster beim Öffnen des Formulars erzeugt.

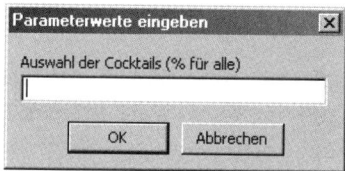

Bild 27.39: Geänderter Text

> **! Trennung mit Komma:** Mehrere Parameter werden durch Kommata voneinander getrennt, nicht wie sonst in Access mit Semikolon.

> **! Eigenschaft *Eindeutige Tabelle* lässt sich nicht zuweisen:** Wenn Sie eine SP mit Parametern oder eine SQL-Abfrage mit Parametern als Datenherkunft Ihres Formulars festlegen, kann Access nicht mehr die Liste der Tabellen für die Eigenschaft *Eindeutige Tabelle* ermitteln. Leider ist es nicht möglich, den Tabellennamen einfach in die Eigenschaft zu schreiben, denn Access erwartet einen Listeneintrag. Hier kann man sich nur so behelfen, dass die Eigenschaft beim Laden des Formulars (in `Form_Load`) in der Form `Me.UniqueTable = "Tabellenname"` gesetzt wird.

27.10.5 Eingabeparameter vorbelegen

Sie können über die Eigenschaft *Eingabeparameter* auch Parameter von Abfragen bzw. SPs vorbelegen. Setzen Sie dazu den Wert, den ein Parameter erhalten soll, in Anführungszeichen. Die Anführungszeichen benötigen Sie übrigens immer, unabhängig vom Typ des Parameters.

```
@Cocktail VARCHAR = "Cuba libre"
```

27.10.6 Verweise auf Formularfelder

Mithilfe von Eingabeparametern können Sie einen Wert aus einem geöffneten Formular abfragen. Den Verweis auf ein Steuerelement eines Formulars spezifizieren Sie in der bekannten Schreibweise, wie es die nächste Zeile zeigt.

```
@Cocktail VARCHAR = [forms]![frmCocktail2000]![txtCocktail]
```

27.10.7 Ein neue Filtervariante

Die Filtervarianten *Auswahl-* und *Formularbasierter Filter* arbeiten beide mit den lokalen Daten, d.h. bevor gefiltert wird, werden zuerst alle Daten auf den Client geholt. Dies kann bei großen Tabellen auf dem Server zu Engpässen führen, denn es müssen erst alle Daten auf den Client übertragen werden. Und der Filter bearbeitet immer nur die tatsächlich auf den Client geholten Datensätze, deren Menge ja normalerweise über die Formulareigenschaft *Max. Datensätze* (standardmäßig 10.000) eingeschränkt ist.

Um über die gesamte Datenmenge zu filtern, und zwar schon auf dem Server, sodass also nur die gefilterten Daten auf den Client übertragen werden, hat Microsoft die Eigenschaften *Formularbasierter Serverfilter (ServerFilterByForm)* und *Serverfilter* eingeführt.

Setzen Sie die Eigenschaft *Formularbasierter Serverfilter* auf Ja, so werden beim Öffnen des Formulars als erstes die Filterbedingungen abgefragt, wie es das nächste Bild beispielhaft für das Formular *frmCocktail2000* zeigt.

Bild 27.40: Formular im ServerFilterByForm-Modus

Klicken Sie nach Eingabe der Bedingungen auf die Schaltfläche *Serverfilter anwenden*, wird der Server angewiesen, die Daten zu ermitteln und an den Client zu übertragen. Die vom Benutzer eingetragenen Filterbedingungen werden in der Eigenschaft *Serverfilter* abgelegt. Über diese Eigenschaft können Sie auch Voreinstellungen für das Formular festlegen.

! **Formularbasierter Serverfilter nur mit SQL-Abfragen, nicht mit SPs:** Die Eigenschaft *Formularbasierter Serverfilter* können Sie nur einsetzen, wenn die Datenherkunft Ihres Formulars keine SP ist.

27.10.8 Verweise auf Formulare oder Berichte in Steuerelementen

In Kapitel 14, »Steuerelemente«, stellten wir Ihnen in Abschnitt 14.6.10 das Formular *frmCocktailCombo* mit verknüpften Kombinations- und Listenfeldern vor. Das Listenfeld ist derart mit dem Kombinationsfeld verknüpft, dass in der Datenherkunft des Listenfelds eine SQL-Abfrage mit einem Verweis auf das Formularfeld in der Form `[forms]![frmCocktailCombo].[cboGruppe]` definiert wurde. Ein solcher Verweis auf Access-ADP-Formulare kann nicht in Abfragen genutzt werden. Das gleiche Problem kann auch in Berichten auftreten.

Warum können Verweise auf Formulare nicht in Access-ADP-Formularen verwendet werden? Die SQL-Abfragen werden ja an den Server zur Ausführung übergeben, und der Server hat keinen Zugriff auf die auf dem lokalen Rechner geöffneten Formulare oder Berichte.

Wir möchten Ihnen im Folgenden eine Lösungsvariante vorstellen, die auf der Basis von SPs realisiert ist.

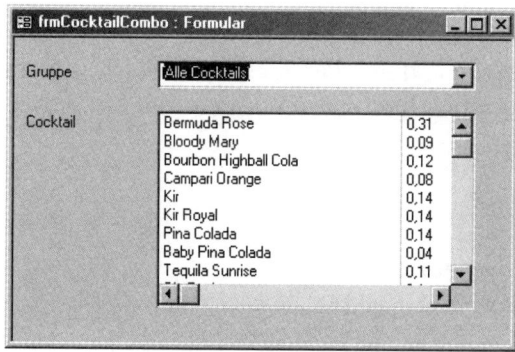

Bild 27.41: Beispielformular mit verknüpften Steuerelementen

Die Datensatzherkunft für das Kombinationsfeld *cboGruppe* für die Auswahl der Cocktailgruppe ist mit folgender SP angegeben:

```
CREATE PROCEDURE AlleCocktails
AS
        SELECT tblGruppe.GruppeNr, tblGruppe.Gruppe
        FROM tblGruppe
        UNION
        SELECT 0, '(Alle Cocktails)'
        ORDER BY tblGruppe.Gruppe
RETURN
```

Wie kann nun die Datensatzherkunft des Listenfelds vereinbart werden, sodass immer die Cocktails entsprechend der gewählten Gruppe gezeigt werden? Natürlich könnte man nun geeignete VBA-Befehle programmieren, die je nach der Gruppe die entsprechende Datensatzherkunft einstellen.

In der MDB-Lösung war eigentlich nur das folgende Programm für das Ereignis *Bei Änderung* notwendig.

```
Private Sub cboGruppe_Change()
    ' Bei Änderung des Kombinationsfelds
    ' aktualisieren des Listenfelds
    lstCocktails.Requery
End Sub
```

Wir möchten es bei diesem kurzen Programm belassen und Ihnen zeigen, wie Sie einen Verweis auf den selektierten Eintrag im Kombinationsfeld für die Cocktailgruppe an die SP übergeben, die das Listenfeld füllt.

Eigentlich ist es ganz einfach (wenn man drauf kommt): Die Datensatzherkunft des Listenfelds ist eine SP, deren Parameter den gleichen Namen wie das Steuerelement auf dem Formular hat, also in unserem Fall *cboGruppe*.

```
CREATE PROCEDURE CocktailsZurGruppe
      @cboGruppe INT
AS
        IF @cboGruppe = 0
                SELECT  tblCocktail.CocktailNr,
                        tblCocktail.Cocktail,
                        CONVERT(DECIMAL(4,2),tblCocktail.Alkoholgehalt)
                FROM tblCocktail
        ELSE
```

```
SELECT  tblCocktail.CocktailNr,
        tblCocktail.Cocktail,
        CONVERT(DECIMAL(4,2),tblCocktail.Alkoholgehalt)
FROM tblCocktail
WHERE tblCocktail.GruppeNr = @cboGruppe
RETURN
```

Das Kombinationsfeld *cboGruppe* liefert den Wert 0 zurück, wenn alle Cocktails gezeigt werden sollen, ansonsten die entsprechende Gruppennummer. In der SP verzweigt eine IF-Anweisung in Abhängigkeit von @cboGruppe. Die Funktion CONVERT dient zur Konvertierung und Formatierung von Werten. Hier wird sie eingesetzt, um einheitlich zwei Nachkommenstellen beim Alkoholgehalt anzeigen zu lassen.

27.10.9 Domänenfunktionen mit Formular- oder Berichtverweisen

Setzen Sie in Ihren Formularen oder Berichten Domänenfunktionen wie Dom-Wert(), DomSumme() usw. ein, so konnten Sie in MDB-Formulare Verweise auf Formulare und Berichte in einer eigentlich unsauberen Form schreiben, beispielsweise als:

```
=DomWert("[CocktailNr]";"tblCocktail";"[CocktailNr]=Forms!frm1!CNr")
```

Die Schreibweise ist deshalb unsauber, weil der Verweis auf das Formular innerhalb der Zeichenkette für die WHERE-Klausel vorkommt. Access hat den Ausdruck zwar richtig ausgewertet, aber in einem Access-Projekt funktioniert dies leider nicht mehr. Sie müssen jetzt den Ausdruck syntaktisch korrekt als

```
=DomWert("[CocktailNr]";"tblCocktail";
        "[CocktailNr]='" & [Forms]![frm1]![CNr] & "'")
```

schreiben, also durch das Zusammensetzen von Zeichenketten.

27.11 Berichte

Berichte wurden um zwei neue Eigenschaften ergänzt: *Serverfilter* und *Eingabeparameter*. Beide Eigenschaften haben wir im vorangegangenen Abschnitt für Formulare erläutert; sie funktionieren für Berichte entsprechend.

> **! Sortierung von Berichten:** Bei der Angabe einer ORDER BY-Klausel in der *Datenherkunft* eines Berichts kommt es zu einer Merkwürdigkeit. Wenn in der ORDER BY-Klausel der Tabellenname vorkommt, also beispielsweise in der Form
>
> ```
> SELECT * FROM tblCocktail ORDER BY tblCocktail.Cocktail
> ```
>
> so kommt es, obwohl die SQL-Abfrage syntaktisch richtig ist und für sich alleine korrekt ausgeführt wurde, beim Aufrufen des Berichts zu Fehlermeldungen ähnlich der im folgenden Bild gezeigten.

Bild 27.42: Fehlermeldung

Wenn Sie die Datenherkunft des Berichts zu

```
SELECT * FROM tblCocktail ORDER BY Cocktail
```

umformulieren, funktioniert alles wie gehabt. Diese Merkwürdigkeit tritt übrigens bei Formularen nicht auf. Auch das *Office 2000 Service Release 1* schafft keine Abhilfe.

27.12 Der Upsizing-Assistent

Der Upsizing-Assistent dient zur Umsetzung von vorhandenen Access-MDB-Datenbanken zu Access-Projekten. Dabei werden die Tabellen und Abfragen in eine SQL Server/MSDE-Datenbank überführt, die Formulare, Berichte, Seiten, Makros und Module in ein Access-Projekt kopiert und angepasst.

27.12.1 Starten des Upsizing-Assistenten

Öffnen Sie die zu konvertierende Datenbank und selektieren Sie dann *Extras/Datenbank-Dienstprogramme/Upsizing-Assistent*. Im ersten Dialogfeld des Assistenten geben Sie an, ob Sie eine neue Datenbank auf dem SQL Server anlegen oder eine bestehende Datenbank verwenden möchten.

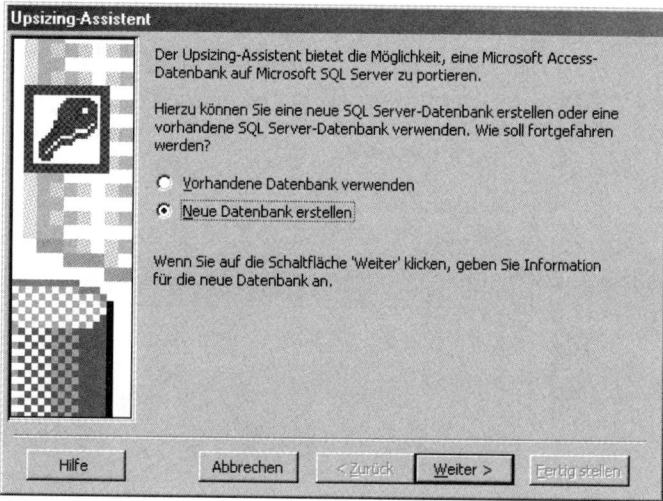

Bild 27.43: Vorhandene oder neue Datenbank?

Für unser Beispiel legen wir eine neue SQL Server- bzw. MSDE-Datenbank für die Cocktaildaten an. Bestimmen Sie im Dialogfeld (Bild 27.44) zuerst den SQL Server-/MSDE-Rechner, auf dem die Datenbank angelegt werden soll. Selektieren Sie *(lokal)*, so wird die Datenbank auf dem SQL Server/MSDE auf Ihrem Rechner eingerichtet.

Geben Sie dann *Anmeldungs-ID* und *Kennwort* ein. Die *Anmeldungs-ID*, der Benutzername am SQL Server/MSDE, muss über die Berechtigung zum Anlegen neuer Datenbanken verfügen. Der Benutzer sa (system administrator) ist standardmäßig immer eingerichtet. Beachten Sie, dass für den sa nach der Installation kein Kennwort vereinbart ist. Da der sa auf alle Datenbanken und Komponenten vollen Zugriff hat, sollten Sie für diesen Benutzer möglichst schnell ein Kennwort vergeben (siehe Abschnitt 27.14).

Als Namen der Datenbank schlägt der Upsizing-Assistent den Namen der von Ihnen geöffneten ADP-Datei mit einem angehängten »SQL« vor.

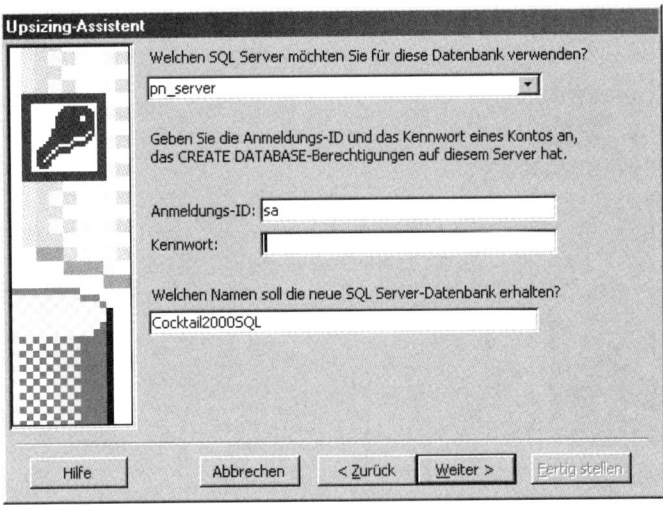

Bild 27.44: Anlegen einer neuen Datenbank

Im nächsten Dialogfeld des Assistenten bestimmen Sie die Tabellen, die auf den SQL Server/MSDE übertragen werden sollen.

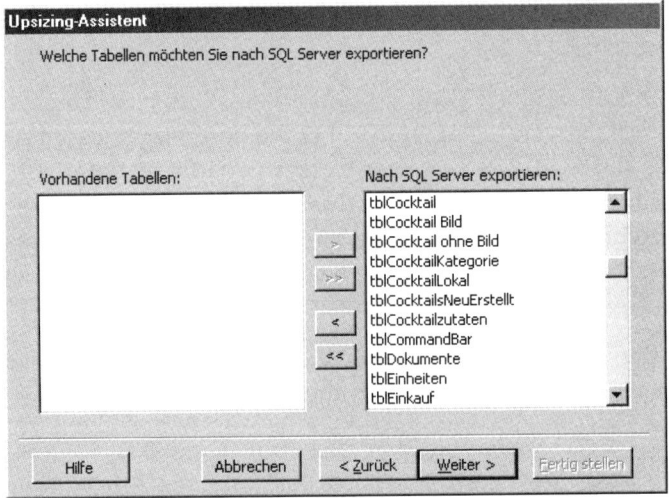

Bild 27.45: Auswahl der zu übertragenden Tabellen

Anschließend bestimmen Sie, welche Attribute der Tabellen übernommen werden sollen. Im Normalfall werden Indizes, Gültigkeitsregeln und Standardwerte mit übertragen.

SQL Server bzw. MSDE verwenden andere Techniken, um Beziehungen zwischen Tabellen zu definieren. Insbesondere die Funktionen *Aktualisierungsweitergabe an Detailfeld* und *Löschweitergabe an Detaildatensatz* können nicht direkt konvertiert werden. Standardmäßig werden diese Funktionen mithilfe von Triggern nachgebildet. Trigger (siehe Abschnitte 27.6.3 und 27.9.3) sind Prozeduren, die dann ausgeführt werden, wenn Daten bestimmte Werte annehmen oder Bedingungen erfüllen. Die Trigger sind den entsprechenden Tabellen zugeordnet. Alternativ können Sie DRI (deklarative referentielle Integrität) selektieren; Sie verlieren dabei aber die Aktualisierungs- und Löschweitergaben. DRI ist der Standard für SQL Server bzw. MSDE.

Auch Gültigkeitsregeln werden auf dem SQL Server/MSDE als Trigger angelegt und nicht als Constraints, wie es normalerweise auf dem SQL Server/MSDE geschieht.

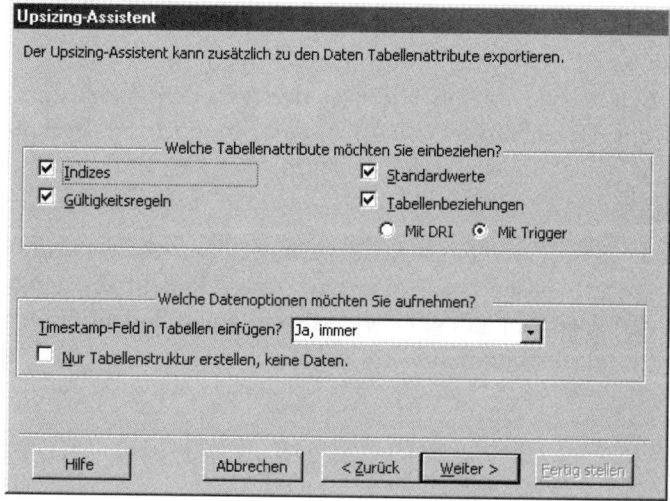

Bild 27.46: Festlegung der Tabellenattribute

Der Upsizing-Assistent fügt normalerweise so genannte Timestamp-Felder Ihren Tabellen hinzu. Diese Felder werden vom Datenbank-Server unter anderem bei Zugriffen mehrerer Benutzer gleichzeitig auf die gleichen Datensätze ausgewertet. Sind Sie sich nicht sicher, ob Timestamp-Felder notwendig oder möglich sind, wählen Sie die Einstellung *Ja, der Assistent soll entscheiden.*

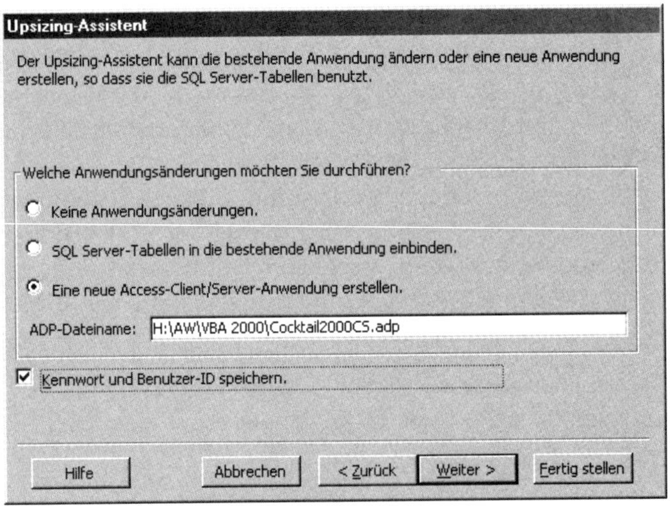

Bild 27.47: Auswahl der Anwendungsart

Die auf den SQL Server/MSDE übertragenen Tabellen lassen sich entweder in normalen Access-Datenbanken (MDB) nutzen, indem dort Verknüpfungen zu den Tabellen angelegt werden, oder direkt in Access-Projekten als Client-Server-Anwendung.

Für unser Beispiel soll eine neue Access-Client-Server-Anwendung erstellt werden, der Upsizing-Assistent soll also ein Access-Projekt erzeugen (siehe Bild 27.47). Nach dem Upsizing erstellt der Assistent einen Bericht, in dem die Ergebnisse der Übertragung dokumentiert werden.

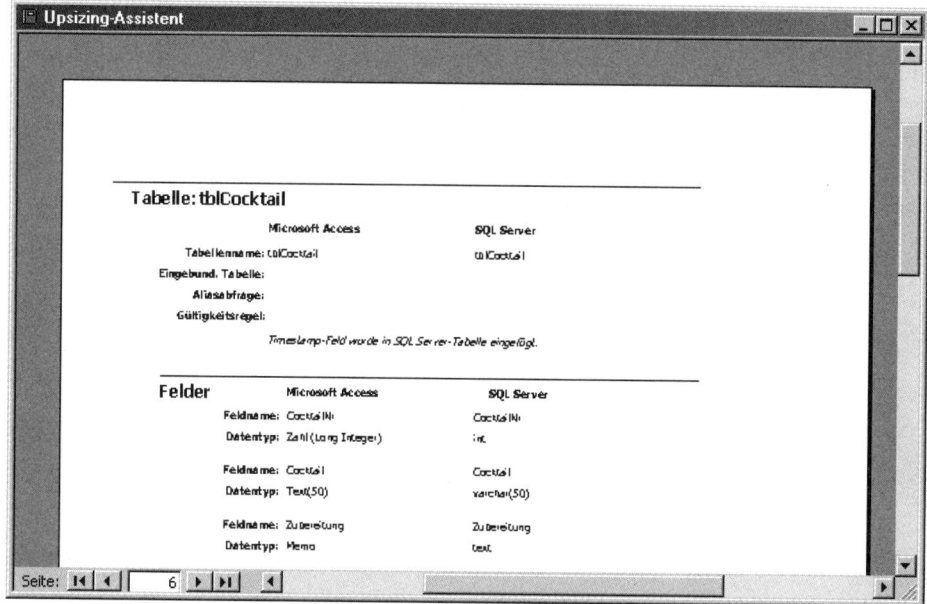

Bild 27.48: Ergebnisbericht des Upsizings

Bei der Übernahme der Abfragen werden diese in Sichten und SPs überführt. Alle Abfragen, für die Sortierkriterien oder Parameter vereinbart wurden, werden zu SPs, wobei der Assistent in vielen Fällen bei der Konvertierung sowohl eine Sicht als auch eine SP erstellt.

Werden vom Upsizing-Assistenten Sichten und SPs mit den Bezeichnungen »ut_« erstellt, so sind dies Abfragen, die innerhalb von Formularen und Berichten für Steuerelemente verwendet wurden.

27.12.2 Upsize-Probleme

Leider ist es nur bei sehr einfachen MDB-Datenbanken möglich, diese komplett und ohne Fehler zu konvertieren. Im Normalfall erfordert ein erfolgreiches Upsizing einiges an Vor- und Nachbereitung. Wir möchten Ihnen einige typische Probleme anhand der Cocktail-Beispielanwendung beschreiben.

Verweise auf Formularfelder

Alle Abfragen bzw. SQL-Befehle in Formularen, Berichten oder Steuerelementen, in denen Verweise auf Formulare oder Berichte wie z.B. [Forms]![frmCocktail]![Cocktail] vorkommen, werden nicht konvertiert.

VBA-Funktionen in Abfragen

Nicht alle VBA-Funktionen, die Sie in MDB-Abfragen verwenden können, besitzen eine Entsprechung auf dem SQL Server/MSDE. Die folgende Tabelle listet die Funktionen auf, die umgesetzt werden. Abfragen mit VBA-Funktionen, die nicht in der Tabelle aufgeführt sind, oder mit benutzerdefinierten Funktionen werden vom Upsizing-Assistenten nicht konvertiert.

Tabelle 27.6: Konvertierbare Funktionen

Umsetzbare Funktionen			
Asc()	Cvdate()	Mid(), Mid$()	Sgn()
Ccur()	Date()	Minute()	Space(), Space$()
Cdbl()	Day()	Mod()	Str(), Str$()
Chr(), Chr$()	Hour()	Month()	Time()
Cint()	Int()	Now()	Trim(), Trim$()
Clng()	Lcase(), Lcase$()	Right(), Right$()	Ucase(), Ucase$()
Csng()	Left(), Left$()	Rtrim(), Rtrim$()	Weekday()
Cstr()	Ltrim(), Ltrim$()	Second()	Year()

Daten in Formularen können nicht mehr bearbeitet werden

Wenn Daten in Formularen nach dem Upsizing im ADP nicht bearbeitet werden können, kann das daran liegen, dass die Eigenschaft *Eindeutige Tabelle* nicht gesetzt wurde (siehe Abschnitt 27.10.3).

Tabellen/Abfragen, deren Namen einen Apostroph enthalten, werden nicht konvertiert

Um ganz sicher zu gehen, sollten in den Namen Ihrer Tabellen und Abfragen keine Sonderzeichen vorkommen.

Sicherheitseinstellungen von MDBs werden nicht übernommen

Die Jet-Sicherheitseinstellungen, Benutzer und Gruppen werden nicht übernommen, da der SQL Server/MSDE ein anderes Sicherheitssystem verwendet (siehe Abschnitt 27.14).

Ausreichende Berechtigungen am SQL Server/MSDE

Verfügen Sie nicht über ausreichende Berechtigungen, um Tabellen, Abfragen oder SPs auf dem SQL Server/MSDE anlegen zu dürfen, übergeht der Upsizing-Assistent die entsprechenden Komponenten und legt sie ohne weitere Meldung nicht an.

Hyperlinks

Hyperlinks werden als `ntext`-Felder umgesetzt. Sie verlieren dabei ihre spezifischen Hyperlink-Funktionen, d.h. sie sind nur noch als Text vorhanden.

Nicht alle Abfragen werden konvertiert

Die folgenden Abfragevarianten werden nicht konvertiert: Kreuztabellen, Aktionsabfragen mit Parametern, Aktionsabfragen mit verschachtelten Abfragen (Subselects), SQL-Pass-Through-Abfragen, Datendefinitionsabfragen und Abfragen mit der `UNION`-Anweisung sowie alle Abfragen mit Verweisen auf Formular- oder Berichtfelder.

Zu wenig Speicher auf dem Upsizing-Rechner

Für einen erfolgreichen Upsizing-Vorgang sollte in dem Rechner genügend Speicher installiert sein, insbesondere wenn auf diesem Rechner auch ein SQL Server oder MSDE-Server eingerichtet ist. Unter Windows 95/98 sind 32 MByte für MDBs mit vielen Formularen und Berichten meistens nicht ausreichend.

❗ Dokument von Microsoft zum Upsizing: Im Download-Bereich des Internet-Angebots von Microsoft *www.microsoft.de* bzw. *www.microsoft.com* können Sie sich ein Dokument mit Informationen zum Upsizing (*Upsize00.exe*) herunterladen.

27.13 ADP-Wartung und –Verwaltung

In den folgenden Abschnitten stellen wir Ihnen Befehle zur Verwaltung von Projekten und Datenbanken vor.

27.13.1 Reparieren und komprimieren

Access-Projekte müssen ebenso wie Access-MDB-Datenbanken von Zeit zu Zeit komprimiert werden, insbesondere dann, wenn Sie häufig Änderungen von Formularen, Berichten und Modulen vornehmen. Durch die Änderungen nimmt die Größe Ihrer ADP-Datei zu, sodass in der ADP-Datei viel ungenutzter Platz entsteht. Komprimieren Sie daher Ihre ADP-Datei mit *EXTRAS Datenbank-Dienstprogramme Datenbank komprimieren und reparieren*, wobei allerdings eine ADP-Datei nicht repariert, sondern immer nur komprimiert wird. »Reparieren« bezieht sich immer nur auf die Tabellen einer MDB-Datei.

Die Daten, Sichten und SPs sind von einer Komprimierung nicht betroffen, denn sie werden ja auf dem SQL Server/MSDE verwaltet.

27.13.2 MSDE-Verwaltungsfunktionen

Die in diesem Abschnitt beschriebenen Access-Verwaltungsfunktionen für Datenbanken funktionieren nur, wenn Sie auf MSDE zugreifen und MSDE auf dem Rechner installiert ist, von dem aus Sie die Verwaltungsfunktionen aufrufen. Sie können mit Access keine SQL Server oder MSDE-Server verwalten, die auf anderen Rechnern eingerichtet sind.

! **Verwaltung mit dem Enterprise Manager:** Das zum Lieferumfang des Microsoft SQL Server 7.0 gehörende Programm Enterprise Manager erlaubt die komplette Verwaltung von SQL- und MSDE-Servern, unabhängig davon, auf welchem Rechner sie installiert sind (natürlich nur, wenn Sie entsprechende Zugriffsrechte besitzen).

! **Das Microsoft Beispielprojekt NWINDCS.ADP:** Auf der Access 2000- bzw. Office 2000-CD-ROM finden Sie das Beispielprojekt NWINDCS.ADP und die Datei NWINDCS.SQL. NWINDCS.SQL enthält alle SQL-Befehle zum Anlegen einer entsprechenden Beispieldatenbank auf Ihrem SQL Server/MSDE. Rufen Sie NWINDCS.ADP auf, überprüft das Projekt (Funktion `OpenStartup` in Modul *Start*), ob eine Datenbank auf Ihrem Server eingerichtet ist. Wenn der SQL Server oder MSDE auf dem lokalen Rechner installiert ist, wird die Datenbank erzeugt. Möchten Sie die Datenbank auf einem entfernten SQL Server-Rechner erstellen, führen Sie die Datei NWINDCS.SQL mit dem *Query Analyzer* aus, wenn Sie SQL Server 7.0 einsetzen oder mit der DOS-Anwendung OSQL.EXE, wenn Sie MSDE auf dem Zielrechner verwenden. Sie müssen die Datenbank *NordwindCS* vorher erstellen, am einfachsten mit dem *Enterprise Manager*. Nutzen Sie MSDE, rufen Sie NWINDCS.ADP zuerst auf dem Rechner auf, auf dem MSDE installiert ist.

Datensicherung und Wiederherstellung

In einem Access-Projekt können Sie für eine SQL Server/MSDE-Datenbank Datensicherungen durchführen, sofern sie auf dem lokalen Rechner eingerichtet ist. Dabei wird nur die aktuell in der ADP-Datei verbundene Datenbank gesichert. Die Sicherung wird mit der Dateiendung .DAT abgelegt. Wählen Sie dazu den Befehl *EXTRAS Datenbank-Dienstprogramme Sicherungskopie*.

Um eine Sicherungskopie wieder einzuspielen, rufen Sie die entsprechende Funktion über *EXTRAS Datenbank-Dienstprogramme Wiederherstellen* auf.

Eine Datensicherung kann auch per SP durchgeführt werden. Transact-SQL bietet Ihnen dazu den Befehl BACKUP an. Im folgenden Listing wird eine SP erstellt, die die Datenbank *Cocktail2000_SQL* (Daten und Log) in eine Datei sichert.

```
CREATE PROCEDURE spDatensicherung
AS
    SET NOCOUNT ON
    BACKUP DATABASE Cocktail2000_SQL TO DISK =
        'C:\mssql7\backup\Cocktail2000_SQL.dat'
RETURN
```

Auch die Wiederherstellung kann per SP durchgeführt werden.

```
CREATE PROCEDURE spWiederherstellen
AS
    SET NOCOUNT ON
    RESTORE DATABASE Cocktail2000_SQL
        FROM DISK='C:\mssql7\backup\Cocktail2000_SQL.dat'
RETURN
```

! **Dateipfade werden in der Sicherungsdatei gespeichert:** Mithilfe von BACKUP und RESTORE kann man Datenbanken von einem SQL Server/MSDE auf einen anderen kopieren. Beachten Sie dabei, dass die Pfade zu den Datenbankdateien (.MDF/.LDF) mit in der Sicherungsdatei abgelegt sind. Möchten Sie ein Backup wieder einspielen, aber die Datenbank soll oder kann nicht im gleichen Pfad angelegt werden, können Sie dem RESTORE-Befehl mithilfe von MOVE Anweisungen angeben, wo die Dateien gespeichert werden sollen. Die Anweisung REPLACE überschreibt eine eventuell vorhandene Datenbank mit gleichem Namen.

```
CREATE PROCEDURE spWiederherstellen
AS
    SET NOCOUNT ON
    RESTORE DATABASE Cocktail2000_SQL
        FROM DISK='C:\mssql7\backup\Cocktail2000_SQL.dat'
    WITH MOVE 'Cocktail2000_SQL_Daten' TO
                            'F:\daten\Cocktail_daten.mdf',
        MOVE 'Cocktail2000_SQL_Protokoll' TO
                            'F:\daten\Cocktail_protokoll.ldf',
    REPLACE
RETURN
```

Mit einem Access-Projekt haben Sie normalerweise keine Möglichkeit zu ermitteln, welche physischen Dateien hinter einer Datenbank stehen. Arbeiten Sie mit dem *SQL Server Enterprise Manager* können Sie über die Eigenschaften einer Datenbank ein Dialogfeld einblenden, das Ihnen die Dateien für Daten und Protokoll zeigt. Eine Datenbank kann sich über mehrere Daten- und Protokolldateien erstrecken, die auch auf verschiedenen Laufwerken liegen können.

Mithilfe der SP `sp_helpdb`, die in der Master-Datenbank von Microsoft bereitgestellt wird, können Details über eine Datenbank abgefragt werden. Die SP liefert mehrere Ergebnismengen zurück, im zweiten Resultset der SP sind die Namen der Dateien aufgelistet. Access kann nur SPs mit einer Ergebnismenge verarbeiten, d.h., mit einer SP in Access erhalten Sie immer nur das erste Resultset angezeigt. Um an das zweite Resultset zu gelangen, müssen Sie VBA programmieren, wie wir es im folgenden Listing zeigen. Die Prozedur `DatenbankDateien` gibt alle Dateinamen aus, die mit der Funktion `DatenbankDateiname()` ermittelt werden.

```
Function DatenbankDateiname(strDB As String) As String()
' Gibt ein Array von Strings mit Dateinamen zurück
    Dim rec As New ADODB.Recordset
    Dim rec2 As New ADODB.Recordset
    Dim strResult() As String
    Dim i As Integer

    ' SP liefert zwei Recordsets als Ergebnis
    rec.Open "sp_helpdb '" & strDB & "'", CurrentProject.Connection
    ' Zweites Recordset zuweisen
    Set rec2 = rec.NextRecordset
    ' Feld dimensionieren
    ReDim strResult(rec2.RecordCount)
```

```
    Do While Not rec2.EOF
        ' Dateiname steht im Feld 'filename'
        strResult(i) = rec2.Fields("filename").Value
        i = i + 1
        rec2.MoveNext
    Loop
    DatenbankDateiname = strResult
End Function


Sub DatenbankDateien()
    Dim i As Integer
    Dim strResult() As String

    ' Feld mit Dateinamen füllen
    strResult = DatenbankDateiname("Cocktail2000_SQL")
    ' Alle Dateinamen ausgeben
    For i = LBound(strResult) To UBound(strResult)
        Debug.Print strResult(i)
    Next
End Sub
```

Löschen einer SQL-Datenbank

Möchten Sie eine SQL-Datenbank aus dem SQL Server/MSDE entfernen, so können Sie die Funktion *EXTRAS Datenbank-Dienstprogramm SQL-Datenbank löschen* selektieren. Die Datenbank muss aber auf dem lokalen System vorliegen.

Eine Datenbank lässt sich auch per SP löschen, allerdings im Gegensatz zu dem gerade beschriebenen Menübefehl nicht die Datenbank, mit der das Access-Projekt verbunden ist. Um eine andere als die verbundene Datenbank zu löschen, können Sie in einer SP den folgenden Befehl verwenden:

```
DROP DATABASE datenbankname
```

27.14 Sicherheit

Drei Bereiche eines Access-Projekts können gesichert werden: die Tabellen, Sichten und SPs durch entsprechende Einstellungen auf dem SQL Server/MSDE, Formulare, Berichte und Makros in der ADP-Datei und die VBA-Module.

Fangen wir hinten an: VBA-Module schützen Sie, indem Sie sie im VBA-Editor über *EXTRAS Eigenschaften* Registerblatt *Schutz* für die Anzeige sperren.

Durch die Erzeugung einer ADE-Datei schützen Sie Formulare, Berichte usw. In einer ADE-Datei liegen alle Komponenten so vor, dass sie nicht im Entwurfsmodus aufgerufen werden können. Sie erzeugen eine ADE-Datei mithilfe des Befehls *EXTRAS Datenbank-Dienstprogramme ADE-Datei erstellen*. Denken Sie daran, die originale ADP-Datei aufzuheben, sonst können Sie keine Änderungen mehr vornehmen.

Das Schützen der Daten auf dem SQL Server/MSDE ist etwas aufwändiger und erfordert die Kenntnis des Schutzmechanismus des SQL Servers. Wir möchten Ihnen in den folgenden Abschnitten den mehrstufigen Schutz des Servers beschreiben.

Alle Access-Projekt-Funktionen zur Festlegung von Sicherheitseinstellungen für den SQL Server/MSDE funktionieren nur mit einem lokal installierten Server, d.h. wenn Access auf dem Rechner ausgeführt wird, auf dem der SQL Server/MSDE läuft. Bei größeren SQL Server-Installationen wird dies im Normalfall nicht möglich sein, hier muss der Datenbankadministrator zentral alle Berechtigungen vergeben.

27.14.1 SQL Server-Anmeldung

Der erste Schritt für jeden Benutzer ist die Anmeldung am Server. Für die Identifizierung des Benutzers gibt es zwei mögliche Verfahren: SQL Server- oder Windows NT-Authentifizierung. Wird ein Microsoft SQL Server 7.0/MSDE unter Windows NT eingesetzt, wird die Verifizierung des Benutzers durch Windows NT vorgenommen und vom SQL Server/MSDE übernommen. Unter Windows 95/98 kann nur die SQL Server-Authentifizierung verwendet werden. Dabei sind Benutzer und Kennwort auf dem SQL Server/MSDE hinterlegt.

Mit *EXTRAS Sicherheit Datenbanksicherheit* rufen Sie das im folgenden Bild gezeigte Dialogfeld auf.

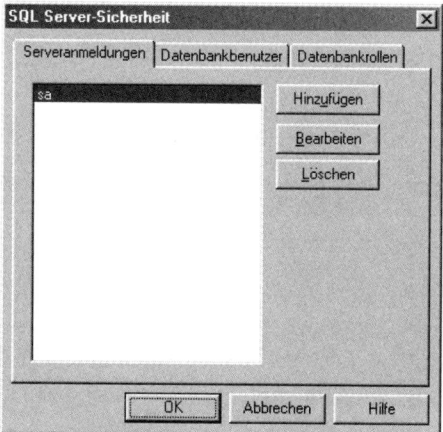

Bild 27.49: Serveranmeldungen

Ist der SQL Server/MSDE, auf den das Access-Projekt zugreift, nicht lokal installiert, erscheint beim Aufruf der Funktion eine Fehlermeldung.

27.14.2 Verwaltung von Benutzern

Bei der Verwaltung der Benutzer unterscheidet der SQL Server zwischen Serveranmeldungen, Datenbankbenutzern und Datenbankrollen.

Serveranmeldungen

Über das Registerblatt *Serveranmeldungen* werden die Benutzer verwaltet, die
Zugriff auf den SQL Server/MSDE haben. Nach einer Neuinstallation des SQL
Servers/MSDE ist nur der Benutzer sa (system administrator) vorhanden.

Läuft der SQL Server/MSDE-Server unter Windows NT, ist neben dem sa auch
noch die Windows NT-Gruppe *Administratoren* als VORDEFINIERT/Administrato-
ren im Listenfeld zu sehen.

! Administratoren: Alle Mitglieder der Windows NT-Benutzergruppe *Administratoren* sind automatisch auch Administratoren (Mitglieder der Serverrolle *sysad-
min*) für den SQL Server.

Datenbankbenutzer

Die Serveranmeldung ermöglicht noch keinen Zugriff auf die Datenbanken eines
SQL Server/MSDE. Erst wenn eine Serveranmeldung einem Datenbankbenutzer

zugeordnet ist, kann dieser auch Datenbanken verwenden. Der Standarddatenbankbenutzer ist dbo (database owner).

Bild 27.50: Datenbankbenutzer

Datenbankrollen

Einer Datenbankrolle können bestimmte Berechtigungen erteilt werden. Die Datenbankbenutzer lassen sich einer oder mehreren Rollen zuweisen, um so die Verwaltung zu vereinfachen. Die Rollen entsprechen den Benutzergruppen der Jet-Sicherheitsverwaltung von MDB-Dateien.

Die im Bild gezeigten Datenbankrollen sind vordefiniert. Alle Benutzer sind automatisch Mitglieder der Rolle public.

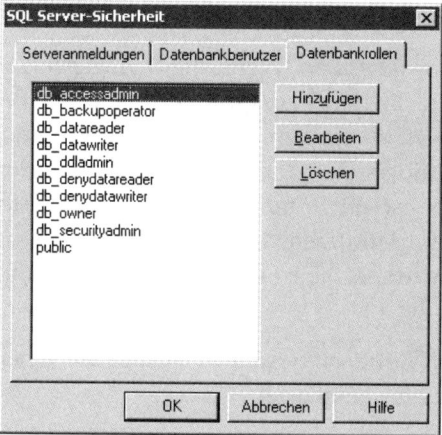

Bild 27.51: Datenbankrollen

27.14.3 Hinzufügen eines neuen Benutzers

Wir möchten mit Ihnen das Hinzufügen eines neuen Benutzers beispielhaft durchspielen. Klicken Sie dazu auf dem Registerblatt *Serveranmeldungen* des Dialogfelds *SQL Server-Sicherheit* auf die Schaltfläche *Hinzufügen,* um das im folgenden Bild dargestellte Dialogfeld aufzurufen.

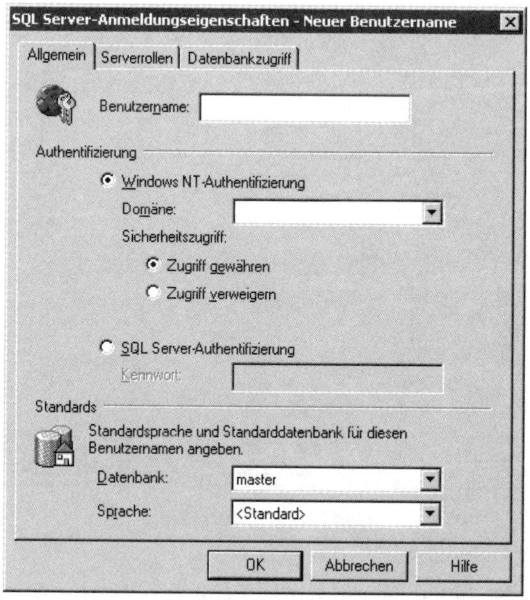

Bild 27.52: Allgemeine Benutzereinstellungen

Registerblatt Allgemein

Geben Sie einen *Benutzernamen* an. Wenn der SQL Server/MSDE unter Windows NT/2000 läuft, können Sie den Namen eines Windows-Benutzers angeben, um vertraute Verbindungen zu nutzen. Dem Windows-Benutzernamen muss die Bezeichung der Windows-Domäne vorangestellt werden, beispielsweise DO-MAIN/Benutzername. Es ist auch möglich, eine komplette Windows-Benutzergruppe als Benutzer zu definieren. Ersetzen Sie den Benutzernamen durch den Namen der Benutzergruppe, aber auch mit vorangestellter Domänenbezeichnung.

Die Option *Windows NT-Authentifizierung* ist nur auf einem Windows NT oder Windows 2000-Rechner freigeschaltet.

Für jeden Benutzer können Sie unter Standards eine *Datenbank* und eine *Sprache* festlegen. Die *Sprache* bestimmt die Sprache der System- und Fehlermeldungen.

Serverrollen

Die Serverrolle beschreibt, welche Aufgaben ein Benutzer am Server durchführen kann.

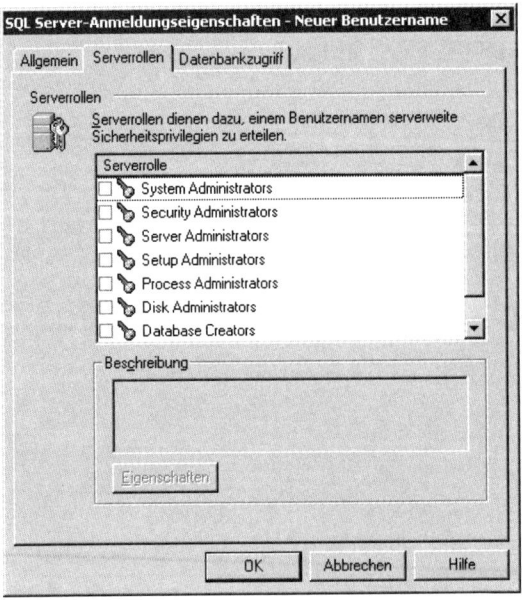

Bild 27.53: Serverrollen

Die folgende Tabelle gibt Ihnen einen Überblick über die verschiedenen Serverrollen.

Tabelle 27.7: Serverrollen

Serverrolle	Beschreibung
System Administrators	können alle Serverfunktionen verwenden.
Security Administrators	verwalten Serveranmeldungen usw.
Server Administrators	können Server konfigurieren.
Setup Administrators	managen Startup-Prozeduren und Verbindungen zu anderen Servern.
Process Administrators	verwaltet Prozesse innerhalb des Servers.
Disk Administrators	managen Datendateien und Laufwerke.
Database Creators	erstellen und ändern Datenbanken bzw. können Datensicherungen wieder einspielen.

27.14.4 Datenbankzugriff

Auf dem dritten Registerblatt des Dialogfelds können Sie festlegen, auf welche Datenbanken der Benutzer zugreifen kann.

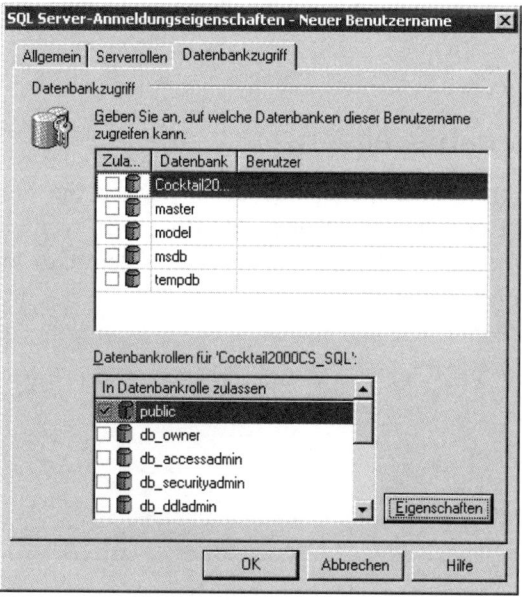

Bild 27.54: Datenbankzugriff

Für eine Datenbank sind verschiedenen Datenbankrollen definiert, die verschiedene Zugriffsrechte beschreiben. Sie können für Ihre Datenbanken eigene Datenbankrollen definieren.

Tabelle 27.8: Datenbankrollen

Datenbankrolle	Beschreibung
public	zu dieser Datenbankrolle gehört jeder Datenbankbenutzer.
db_owner	kann alle Administrationsaufgaben an der Datenbank ausführen.
db_accessadmin	kann die Benutzeranmeldungen der Datenbank administrieren.
db_datareader	kann Daten aus Tabellen lesen.
db_datawriter	kann Daten hinzufügen, ändern und löschen.
db_ddladmin	kann Datendefinitionbefehle ausführen.
db_securityadmin	kann Berechtigungen für Benutzer und Rollen vergeben.
db_backupoperator	kann Datensicherungen erstellen.
db_denydatareader	kann keine Daten aus Tabellen lesen.
db_denydatawriter	kann keine Daten hinzufügen, ändern oder löschen.

27.14.5 Eigenschaften ändern

Für Datenbankbenutzer und Datenbankrollen können Sie detailliert die Eigenschaften einstellen. Das folgende Dialogfeld öffnet sich, wenn Sie auf dem Registerblatt *Datenbankbenutzer* (siehe Bild 27.50) einen Benutzer auswählen und die Schaltfläche *Bearbeiten* anklicken.

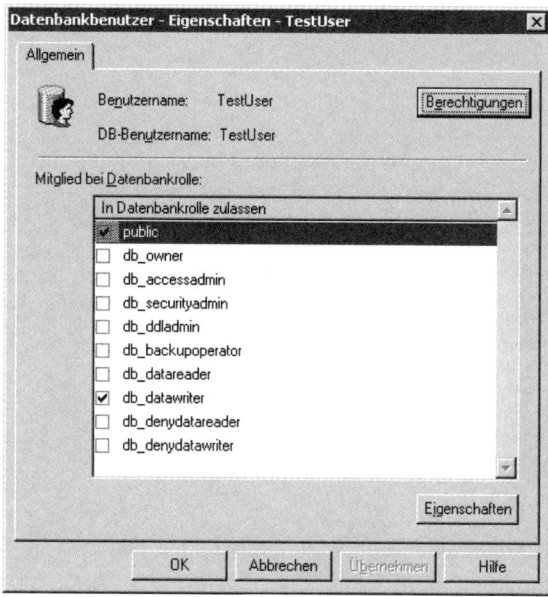

Bild 27.55: Datenbankrollen

Sie können hier einstellen, zu welchen Datenbankrollen der Benutzer zugeordnet ist.

Klicken Sie auf die Schaltfläche *Berechtigungen*, so können Sie detailliert für jedes Datenbankobjekt die Zugriffsberechtigungen festlegen. Der SQL Server/MSDE unterscheidet für Tabellen und Sichten die Berechtigungen zum Ansehen (SE-LECT), zum Hinzufügen (INSERT), zum Aktualisieren (UPDATE) und zum Löschen (DELETE). Für SPs gibt es die Berechtigung zum Ausführen (EXEC). Zusätzlich können Sie bestimmen, ob der Benutzer die Definitionen der deklarativen referentiellen Integrität (DRI) ändern darf.

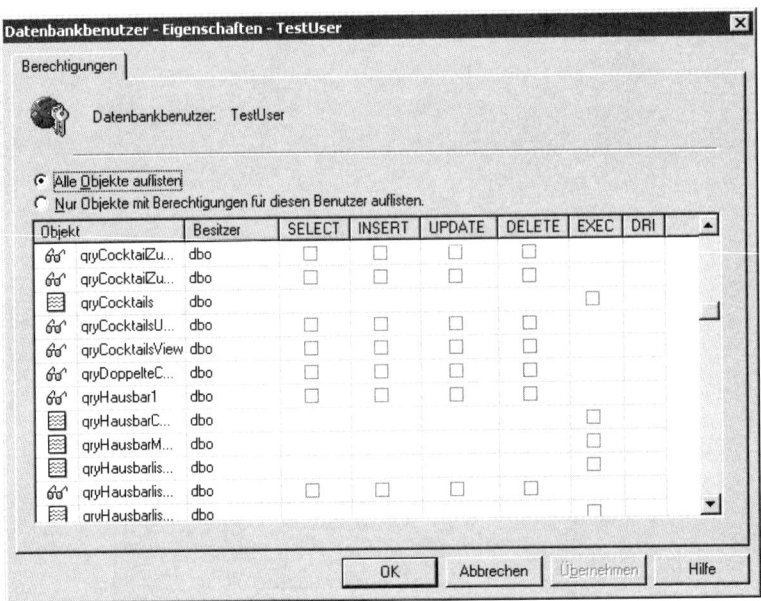

Bild 27.56: Berechtigungen für Datenbankobjekte

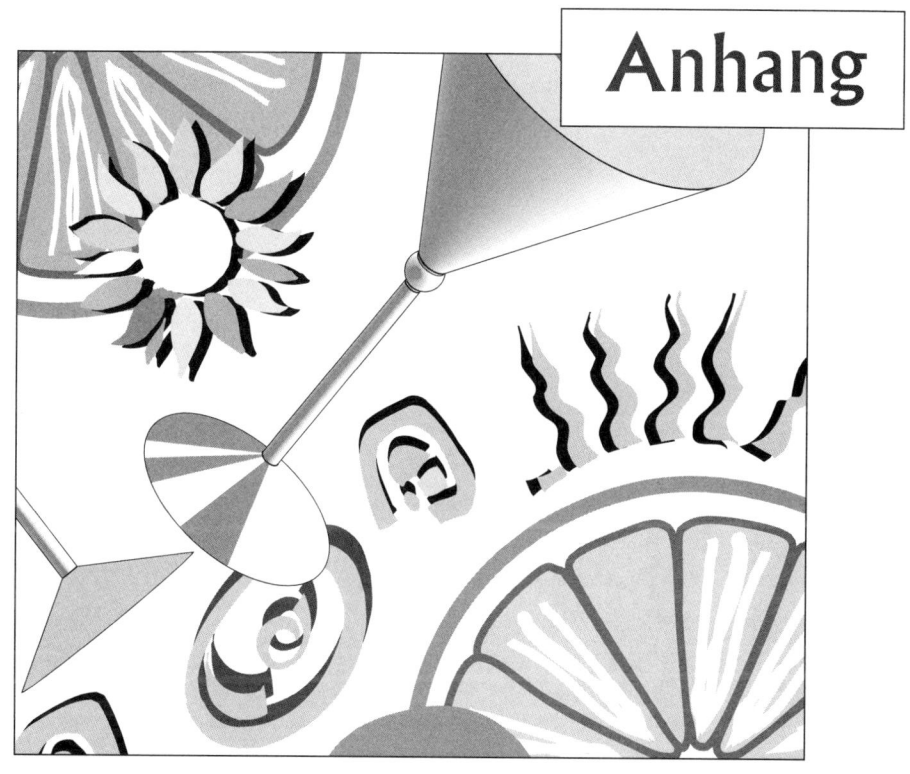

Anhang

Reddick–VBA–Namenskonventionen
Fehlercodes
Jet–Datenbank–Spezifikationen

A Reddick-VBA-Namenskonvention

Greg Reddick ist Präsident von Xoc Software, einer Firma, die Software in Visual Basic, Microsoft Access, C/C++ sowie für das Internet entwickelt. Er arbeitete vier Jahre im Access Entwicklungsteam bei Microsoft. Der nachfolgende Text ist eine Übersetzung und Zusammenfassung seines Artikels »The Reddick VBA Naming Conventions, Version 6.01«.

Die Absicht der Reddick-VBA-(RVBA) Namenskonvention besteht darin, eine Richtlinie zu schaffen, um Objekte in Visual Basic for Applications (VBA) zu benennen. Konventionen sind in jedem Programmierprojekt wertvoll. Werden sie verwendet, enthält der Name eines Objekts Informationen über die Bedeutung des Objekts.

VBA wird implementiert, um mit einer Host-Applikation zu kommunizieren, wie Microsoft Access, Microsoft Visual Basic, AutoCAD und Visio. Die RVBA-Konventionen decken alle Implementationen der Sprache VBA ab, unabhängig von der Host-Applikation. Einige der in diesem Artikel beschriebenen Typkürzel können möglicherweise in einigen Host-Programmen von VBA nicht implementiert sein. Das Wort *Objekt* bezieht sich in diesem Artikel sowohl auf einfache Variablen und VBA-Objekte als auch auf Objekte, die von dem VBA-Host-Programm bereitgestellt werden.

Ich bin zwar der Autor dieser Konventionen, trotzdem sind sie die Arbeit vieler Leute, wie Charles Simonyi (Anmerkung der Übersetzer: Charles Simonyi ist Mitarbeiter von Microsoft und hat dort die Entwicklung von Microsoft und Word geleitet.), der die ungarische Notation erfand, auf denen die Konventionen basieren, und Stan Leszynski, der Mitautor vieler Versionen dieser Konventionen ist. Viele andere, zu viele, um sie aufzuzählen, haben ebenso dazu beigetragen, die Konventionen zu entwickeln und zu verbreiten, aber ich möchte vor allem Paul Litwin und Ken Getz (Anmerkung der Übersetzer: Autoren des Access 2000 Developer's Handbook, Programmierer und Trainer im Bereich MS Access, Visual Basic und SQL-Server) danken, die über Jahre erheblich Beiträge leisteten.

Diese Konventionen sind als Richtlinie gedacht. Sollten Sie mit einem Teil nicht einverstanden sein, so ersetzen Sie ihn durch das, was in Ihren Augen besser funktioniert. Behalten Sie dabei aber im Hinterkopf, dass zukünftige Generationen von Programmierern diese Änderungen verstehen müssen und fügen Sie im

Kopf eines Moduls einen Kommentar ein, der die gemachten Änderungen beschreibt. Um den Artikel über die Konventionen kurz zu halten, wird nicht beschrieben, wie sie abgeleitet wurden, obwohl jede der hier gezeigten Ideen eine beträchtliche Geschichte aufweist.

Änderungen der Konventionen

Einige der Typkürzel, die hier vorgestellt werden, haben sich seit vorangegangenen Konventionen geändert. Sehen Sie die früheren Typkürzel als Großväter der heutigen an – Sie müssen nicht in Ihre alten Programme zurückgehen und sie ändern. Für neue Entwicklungen ist es Ihnen überlassen, die älteren Typkürzel zu verwenden oder die hier vorgeschlagenen neueren. An einigen Stellen in diesem Artikel finden Sie die älteren Typkürzel in {Klammern}. Da es immer wieder neuere Fassungen dieses Artikels gibt, können Sie sich die aktuelle Version von der Xoc-Software-Website (http://www.xoc.net) herunterladen.

A.1 Einführung in die ungarische Notation

Die RVBA-Konventionen basieren auf der ungarischen Notation, die nach der Heimat von Charles Simonyi benannt wurden, dem Erfinder dieses Stils der Objektbenennung. Das Ziel der ungarischen Notation besteht darin, Informationen über ein Objekt prägnant und effizient auszudrücken. Die ungarische Notation ist gewöhnungsbedürftig, wird sie jedoch einmal angenommen, gerät sie schnell zur zweiten Natur. Das Format eines ungarischen Objektnamens wird durch

```
[Prefix]Tag[BaseName[Suffix]] bzw. [Präfix]Typkürzel[Basisname[Suffix]]
```

beschrieben. Hierbei bezeichnen die eckigen Klammern die optionalen Teile des Objektnamens. Die einzelnen Komponenten werden im Folgenden beschrieben.

Das **Präfix** ergänzt das Typkürzel um zusätzliche Informationen. Für das Präfix werden Kleinbuchstaben verwendet. Sie werden in der Regel einer vorgegebenen Liste entnommen, die später in diesem Artikel beschrieben wird.

Das **Typkürzel**, im Englischen kurz mit »Tag« benannt, besteht aus einer kurzen Folge von Buchstaben, die den Typ des Objekts anzeigen. Für das Typkürzel werden Kleinbuchstaben verwendet. Auch hierzu gibt es eine standardisierte Liste, die später im Artikel aufgeführt wird.

Der **Basisname** besteht aus einem oder mehreren Wörtern, die beschreiben, was das Objekt repräsentiert. Der erste Buchstabe jedes Wortes wird groß geschrieben.

Das **Suffix** bietet zusätzliche Informationen zur Bedeutung des Basisnamens. Der erste Buchstabe jedes Wortes des Suffixes wird groß geschrieben. Im Artikel wird eine standardisierte Liste der Suffixe angegeben.

Beachten Sie hierbei, dass der einzige Teil des Objektnamens, der wirklich benötigt wird, aus dem Typkürzel besteht. Dies scheint unlogisch; vielleicht sind Sie der Meinung, dass der Basisname der wichtigste Teil eines Objektnamens darstellt. Stellen Sie sich aber eine eingebaute Prozedur vor, die innerhalb eines beliebigen Formulars arbeitet. Dabei ist die Tatsache wichtig, dass die Routine innerhalb des Formulars funktioniert, und nicht, was dieses Formular repräsentiert. Da die Routine innerhalb verschiedenster Arten von Formularen arbeiten könnte, benötigen Sie nicht unbedingt den Basisnamen. Verwenden Sie allerdings mehr als ein Objekt eines bestimmten Typs in einer Routine, müssen Sie für alle außer einem Objekt einen Basisnamen verwenden, um sie unterscheiden zu können. Zudem enthält der Basisname Informationen über die Variable. In aller Regel sollte eine Variable einen Basisnamen enthalten.

A.2 Typkürzel

Verwenden Sie die im Folgenden beschriebene Technik, um Typkürzel zu erstellen, die den Datentyp eines Objekts beschreiben.

A.2.1 Typkürzel für Variablen

Verwenden Sie die in Tabelle A.1 aufgeführten Typkürzel für VBA-Datentypen. Ebenso können Sie ein spezifisches Typkürzel für einen Datentyp einer Host-Applikation oder einem seiner Objekte anstelle von »obj« verwenden. (Siehe Abschnitt A.8, »Host-Applikationen und Erweiterungen für Komponenten«.)

Tabelle A.1 Typkürzel für VBA-Variablen

Typkürzel	Variablentyp
bool {f, bln}	Boolean
byte {byt}	Byte
cur	Currency

Tabelle A.1 Typkürzel für VBA-Variablen (Forts.)

Typkürzel	Variablentyp
date {dtm}	Date
dec	Decimal
dbl	Double
int	Integer
lng	Long
obj	Object
sng	Single
str	String
stf	String (feste Länge)
var	Variant

Hier sind einige Beispiele:

```
lngCount
intValue
strInput
```

Sie sollten alle Variablen explizit in jeweils einer Zeile deklarieren. Verwenden Sie nicht die alte Basic-Deklaration der Variablen, wie %, & und $. Sie sind überflüssig, wenn Sie die Namenskonventionen verwenden. Zudem gibt es für einige Datentypen wie `Boolean` keine Zeichen. Deklarieren Sie alle Variablen des Datentyps `Variant` mit `As Variant`, auch wenn der Datentyp `Variant` der Standarddatentyp ist:

```
Dim intTotal As Integer
Dim varField As Variant
Dim strName As String
```

A.2.2 Namen für Eigenschaften definieren

Eigenschaften einer Klasse stellen ein besonderes Problem dar: sollen sie den Namenskonventionen gehorchen, um ihren Typ anzuzeigen? Soll die Namenskonventionen konsequent eingehalten werden, müssten sie entsprechend bezeichnet werden. Namen für Eigenschaften sind aber auch ohne Typkürzel erlaubt; vor allem, wenn eine Klasse Kunden zur Verfügung gestellt werden soll, die nicht an die Namenskonventionen gewöhnt sind.

A.2.3 Typkürzel für Auflistungen

Auflistungen erhalten spezielle Typkürzel. Sie definieren diesen Typkürzel, indem Sie dem Datentyp der Auflistung ein »s« folgen lassen. Eine Auflistung des Datentyps Long beispielsweise erhält das Typkürzel »lngs«. Das Typkürzel für eine Auflistung von Formularen heißt »frms«. Obwohl eine Auflistung theoretisch Objekte verschiedener Datentypen enthalten kann, sind in der Praxis alle Datentypen einer Auflistung dieselben. Möchten Sie verschiedene Datentypen in einer Auflistung verwenden, benutzen Sie das Typkürzel »obj«:

```
intsEntries
frmsKundenDaten
objsVerschiedenes
```

A.2.4 Typkürzel für Konstanten

Konstanten haben in VBA immer einen Datentyp. Da VBA den Datentyp für Sie festlegt, falls Sie das nicht tun, sollten Sie den Datentyp für Konstanten spezifizieren. Konstanten, die im Abschnitt der allgemeinen Deklarationen stehen, sollten das Schlüsselwort Private oder Public erhalten und mit dem Präfix »m« oder »g« versehen werden. Die Konstante wird durch den an das Typkürzel angehängten Buchstaben »c« gekennzeichnet, wie

```
Const intcGray As Integer = 3
Private Const mdblcPi As Double = 3.14159265358
```

Obwohl diese Methode empfohlen wird, um Konstanten zu benennen, können Sie – falls Sie es für wichtiger halten zu spezifizieren, dass Sie mit Konstanten arbeiten, als deren Datentyp – alternativ das Typkürzel con verwenden. Zum Beispiel:

```
Const ConPi As Double = 3.14159265358
```

A.2.5 Menüelemente

Der Name von Menüelementen sollte ihre Position in der Hierarchie der Menüs verdeutlichen. Alle Menüelemente sollten das Typkürzel mnu verwenden und der Basisname sollte anzeigen, an welcher Stelle der Menühierarchie sich das Menüelement befindet. Verwenden Sie Sep, gefolgt von einer Ordnungszahl im Basisnamen, um Trennungsstriche in einem Menü zu kennzeichnen.

mnuDatei	(auf der Menüleiste)
mnuDateiNeu	(Befehl *Neu* im Menü *Datei*)
mnuDateiNeuFormular	(Befehl *Formular* im Flyout-Menü)
mnuDateiSep1	(erster Trennungsstrich im Menü *Datei*)
mnuDateiSpeichernUnter	(Befehl *Speichern* unter im Menü *Datei*)
mnuDateiSep2	(zweiter Trennungsstrich im Menü *Datei*)
mnuDateiBeenden	(Befehl *Beenden* im Menü *Datei*)
mnuBearbeiten	(auf der Menüzeile)

A.3 Datentypen erstellen

VBA erlaubt Ihnen, drei Arten neuer Datentypen zu erstellen: Enum-Typen, Klassen und benutzerdefinierte Typen. In jedem Fall müssen Sie sich einen neuen Typkürzel ausdenken, um den Datentyp zu beschreiben, den Sie neu erstellt haben.

A.3.1 Datentyp Enum

Gruppen von Konstanten des Datentyps Long sollten zu einem Enum-Typ (Anmerkung der Übersetzer: vom englischen Wort enumeration, zu Deutsch Aufzählung) zusammengefasst werden. Erfinden Sie ein Typkürzel für den Typ, hängen Sie ein »c« an und definieren Sie die Enum-Konstanten mit dem Typkürzel. Da der Name, der in der Enum-Zeile festgelegt wird, im Objekt-Browser dargestellt wird, können Sie den Basisnamen dazu verwenden, die Abkürzung, die durch den Typkürzel festgelegt wird, zu beschreiben, wie in

```
Public Enum ervcErrorValue
    ervcInvalidType = 205
    ervcValueOutOfBounds
End Enum
```

Vergeben Sie den Basisnamen im Singular: der Aufzählungstyp sollte ervcErrorValue und nicht ervcErrorsValues heißen. Dann können Sie das Typkürzel, das Sie sich für den Enum-Typ ausgedacht haben, für Variablen verwenden werden, die Werte dieses Typs enthalten, z.B.:

```
Dim erv As ervcErrorValue
Private Sub Example (ByVal ervCur As ervcErrorValue)
```

Obwohl VBA nur Enum-Typen für Gruppen von Daten des Typs Long zur Verfügung stellt, besteht die Möglichkeit, Gruppen von Konstanten anderer Datentypen zu erzeugen. Definieren Sie eine Gruppe von Konstanten und verwenden Sie dabei den erfundenen Typkürzel:

```
Public Const estcError205 As String = "Invalid type"
Public Const estcError206 As String = "Value out of bounds"
```

Weil auf diese Art nicht wirklich ein neuer Datentyp erzeugt wird, kontrolliert der VBA-Compiler leider den Datentyp nicht. Sie erzeugen Variablen, die Konstanten enthalten, mit der gleichen Syntax, mit der Sie Variablen erzeugen, die Instanzen des Enum-Types enthalten, beispielsweise

```
Dim estError As String
```

A.3.2 Typkürzel für Klassen und benutzerdefinierte Typen

Eine Klasse definiert ein benutzerdefiniertes Objekt. Weil so ein neuer Datentyp erzeugt wird, müssen Sie sich ein neues Typkürzel für das Objekt ausdenken. Sie können den Basisnamen verwenden, um die Abkürzung des Typkürzels zu beschreiben. Benutzerdefinierte Typen werden als eine einfache Klasse, die nur Eigenschaften enthält, angesehen, werden aber ansonsten wie Klassen-Module verwendet.

```
gphGlyph
edtEdit
Public Type grbGrabber
```

Definieren Sie dann Variablen, um die Instanzen dieser Klassen anzusprechen, indem Sie dasselbe Typkürzel verwenden:

```
Dim gphNext As New gphGlyph
Dim edtCurrent As edtEdit
Dim grbHandle As grbGrabber
```

A.3.3 Polymorphismus

Sie verwenden in VBA die Anweisung Implements, um Klassen aus einer Basisklasse abzuleiten. Das Typkürzel für die abgeleitete Klasse sollte dasselbe sein wie für die Basisklasse. Allerdings sollte die abgeleitete Klasse einen anderen Basisnamen als die Basisklassen verwenden, wie in:

anmAnimal	(Basisklasse)
anmZebra	(von anmAnimal abgeleitete Klasse)
anmElefant	(von anmAnimal abgeleitete Klasse)

Diese Logik zum Benennen abgeleiteter Klassen wird für Formulare verwendet, die alle aus der vordefinierten Basisklasse Formular abgeleitet werden und das Typkürzel »frm« erhalten. Ist eine Variable als Typ einer Basisklasse definiert, verwenden Sie das Typkürzel der Basisklasse:

```
Dim anmBeliebig As anmAnimal
Dim frmNew As Form
```

Definieren Sie eine Variable einer abgeleiteten Klasse, verwenden Sie den gesamten Namen der abgeleiteten Klasse im Variablennamen, wie in:

```
Dim anmZebraInstance As anmZebra
Dim anmElephantBeispiel As anmElephant
Dim frmKundeDaten As FrmKunde
```

A.4 Prozeduren erstellen

VBA-Prozeduren erfordern Namen für verschiedene Objekte: die Prozeduren selbst, Parameter und Sprungmarken. Diese Objekte sollen im Folgenden beschrieben werden.

A.4.1 Prozedurnamen erstellen

Ereignisprozeduren werden von VBA benannt; diese Namen können Sie nicht verändern. Sie sollten die Großschreibung verwenden, die das System vorschlägt. Schreiben Sie für benutzerdefinierte Prozedurnamen den ersten Buchstaben jedes Wortes groß, wie

```
cmdOK_Click
GetTitelBarString
PerformInitialization
```

Für Prozeduren sollte immer der Gültigkeitsbereich durch Public oder Private angegeben werden, wenn sie deklariert werden.

```
Public Function GetTitelBarString() As String
Private Sub PerformInitialization()
```

A.4.2 Parameter benennen

Sie sollten für alle Parameter den Zusatz `ByVal` oder `ByRef` verwenden, auch wenn `ByRef` optional ist und somit redundant. Parameter für Prozeduren werden genau so benannt wie einfache Variablen desselben Typs, außer dass Argumente, die »by Reference« übergeben werden, den Zusatz »r« erhalten, wie

```
Public Sub TestValue(ByVal intInput As Integer, ByRef rlngOutput As Long)
Private Function GetValue(ByVal strKey As String, ByRef rgph As Glyph) _
                                                              As Boolean
```

A.4.3 Sprungmarken benennen

In Namen für Sprungmarken mit großen und kleinen Buchstaben werden große Buchstaben für den ersten Buchstaben eines Wortes verwendet:

```
ErrorHandler:
ExitProcedure:
```

A.5 Präfixe

Ein Präfix soll einen Objektnamen so verändern, dass mehr Informationen über das Objekt zur Verfügung stehen.

A.5.1 Präfixe für Datenfelder (Arrays) von Objekten

Verwenden Sie für Datenfelder des Typs Objekt die Vorsilbe »a« wie

```
aintFontSizes
astrNames
```

A.5.2 Präfixe für Indizes

Sie kennzeichnen einen Index in einem Datenfeld mit der Vorsilbe »i« und konsequenterweise sollte als Datentyp `Long` verwendet werden. Sie können den Index-Präfix auch verwenden, um auf andere Enum-Objekte hinzuweisen wie auf Auflistungen benutzerdefinierter Klassen, z.B.

```
iaintFontSize
iastrNames
igphsGlyphCollection
```

A.5.3 Präfixe für Gültigkeitsbereiche und Lebensdauern

Für jede Variable gibt es in VBA drei Gültigkeitsebenen: `Public`, `Private` and `Local`. Eine Variable hat zusätzlich eine Lebensdauer der aktuellen Prozedur oder der Länge des Programms. Verwenden Sie die in Tabelle A.2 dargestellten Präfixe, um auf die Gültigkeitsebene und Lebensdauer hinzuweisen.

Tabelle A.2: Präfixe für Gültigkeit und Lebensdauer

Präfix	Objekttyp
(keinen)	Lokale Variable, Lebenszeit auf Prozedurebene, wird mit »dim« deklariert
s	Lokale (statische) Variable, Lebenszeit auf Programmebene, wird mit »Static« deklariert
m	Private (modulare) Variable, Lebenszeit auf Programmebene, wird mit »Private« deklariert
g	Public (globale) Variable, Lebensdauer auf Programmebene, wird mit »Public« deklariert

Die Präfixe »m« und »g« werden auch verwendet, um die Gültigkeitsebenen anderer Objekte, z.B. von Konstanten, darzustellen:

```
intLocalVariable
mintPrivateVariable
gintPublicVariable
mCdblcPi
```

Um abwärtskompatibel sein zu können, erlaubt VBA verschiedene Typdeklarationen. Das ältere Schlüsselwort »Global« sollte immer durch »Public«, das Schlüsselwort »Dim« im Abschnitt der allgemeinen Deklarationen sollte durch »Privat« ersetzt werden.

A.5.4 Andere Präfixe

In Tabelle A.3 werden weitere Präfixe aufgeführt und beschrieben.

Tabelle A.3: Andere häufig verwendete Präfixe

Präfix	Objekttyp
c	Zähler (Count) eines Objekttyps
h	Zeiger (Handle) auf ein Windows-Objekt
r	Parameter, der »By Reference« übergeben wurde

Hier zwei Beispiele:

```
castrArray
hWndForm
```

A.6 Suffixe

Suffixe verändern den Basisnamen eine Objekts und werden für weitere Informationen über eine Variable verwendet. Wahrscheinlich werden Sie eigene Nachsilben erstellen, die speziell an Ihre Entwicklungen angepasst sind. In Tabelle A.4 finden Sie einige allgemeine VBA-Suffixe.

Tabelle A.4: Häufig verwendete Suffixe

Suffix	Objekttyp
Min	Das absolut erste Element eines Feldes oder einer Liste
First	Das erste Element, das in einem Feld oder einer Liste während der aktuellen Operation verwendet wird.
Last	Das letzte Element, das in einem Feld oder einer Liste während der aktuellen Operation verwendet wird.
Lim	Die obere Grenze von Elementen, die in einem Feld oder einer Liste verwendet werden. Lim ist kein gültiger Index. Normalerweise gilt Lim=Last+1.
Max	Das absolut letzte Element eines Feldes oder einer Liste
Cnt	Wird mit Datenbankelementen verwendet, um anzuzeigen, dass es sich um einen Zähler handelt. Zähler werden vom System automatisch hochgezählt, sie sind Zahlen vom Typ Long oder ReplicationsID.

Sehen Sie hier einige Beispiele:

```
iastrNamesMin
iastrNameMax
iaintFontSizesFirst
igphsGlyphCollectionLast
lngCustomerIdCnt
varOrderIdCnt
```

A.7 Dateinamen

Für Dateinamen wird kein Typkürzel benötigt, da die Dateierweiterung den Objekttyp bereits angibt:

```
Test.frm       (frmTest Formular)
Globals.bas    (globals Modul)
Glyph.cls      (gphGlyph Klassenmodul)
```

A.8 Host-Applikationen und Erweiterungen für Komponenten

Jede Applikation mit VBA und jede Komponente, die installiert werden kann, hat eine Menge von verwendbaren Objekten. Dieser Abschnitt definiert Typkürzel für die Objekte in den verschiedenen Host-Applikationen und Komponenten.

A.8.1 Access 2000, Version 9.0-Objekte

Tabelle A.5 führt die Typkürzel für Access-Objektvariablen auf. Außer, dass diese Typkürzel im Programm-Code verwendet werden, um auf die entsprechenden Objekttypen zu verweisen, werden dieselben Typkürzel auch dazu benutzt, um diese Objekte in Formularen und Berichten zu benennen.

Tabelle A.5: Typkürzel für Access-Objektvariablen

Typkürzel	Objekttyp (deutsch)	Objekttyp (englisch)
aob	AccessObject	AccessObject
aop	AccessObject-Eigenschaft	AccessObjectProperty
aops	AccessObject-Eigenschaften	AccessObjectProperties
app	Applikation	Application
bfr	Gebundenes Objekt	BoundObjectFrame
chk	Kontrollkästchen	CheckBox
cbo	Kombinationsfeld	ComboBox
cmd	Befehlsschaltfläche	CommandButton
ctl	Steuerelement	Control
ctls	Steuerelemente	Controls
ocx	Zusatzsteuerelement	CustomControl
dap	Datenzugriffsseite	DataAccessPage
dcm	DoCmd	DoCmd
frm	Formular	Form
fcd		FormatCondition
fcds		FormatConditions
frms	Formulare	Forms
grl	Gruppenebene	GroupLevel
hyp	Hyperlink	Hyperlink
img	Bild	Image
lbl	Bezeichnungsfeld	Label
lin	Linie	Line
lst	Listenfeld	ListBox
bas	Modul	Module
ole	OLE-Objekt	ObjectFrame
opt	Optionsfeld	OptionButton
fra	Optionsgruppe	OptionGroup (frame)
brk	Seitenumbruch	PageBreak
pal	Farbpalette	PaletteButton

Tabelle A.5: Typkürzel für Access-Objektvariablen (Fortsetzung)

Typkürzel	Objekttyp (deutsch)	Objekttyp (englisch)
prps	Eigenschaften	Properties
shp	Rechteck	Rectangle
ref	Referenz	Reference
refs	Referenzen	References
rpt	Bericht	Report
rpts	Berichte	Reports
scr	Bildschirm	Screen
sec	Bereich	Section
sfr	Unterformular	SubForm
srp	Unterbericht	SubReport
tab	Registersteuerelement	Tab Control
txt	Textfeld	Textbox
tgl	Umschaltfläche	ToggleButton

Dazu zwei Beispiele:

```
txtName
lblInput
```

Für ActiveX-Zusatzsteuerelemente können Sie den Typkürzel »ocx« verwenden, wie in Tabelle A.5 aufgeführt, oder aber spezifischere Typkürzel, die in den Tabellen A.15 und A.16 definiert werden. Für ActiveX-Steuerelemente, die nicht in den Tabellen A.15 und A.16 aufgeführt sind, verwenden Sie entweder »ocx« oder erfinden Sie ein eigenes Typkürzel.

A.8.2 DAO 3.6-Objekte

DAO ist die Programmierschnittstelle zur Jet Database Engine, die sich Access, Visual Basic und C++ teilen. Die für DAO 3.6 zu verwendenden Typkürzel sind in Tabelle A.6 zu sehen.

Tabelle A.6: DAO 3.6 Objekttypkürzel

Typkürzel	Objekttyp
cnt	Container
cnts	Containers
db	Database
dbs	Databases
dbe	DBEngine
doc	Document
docs	Documents
err	Error
errs	Errors
fld	Field
flds	Fields
grp	Group
grps	Groups
idx	Index
idxs	Indexes
prm	Parameter
prms	Parameters
pdbe	PrivDBEngine
prp	Property
prps	Properties
qry	QueryDef
qrys	QueryDefs
rst	Recordset
rsts	Recordsets
rel	Relation
rels	Relations
tbl	TableDef
tbls	TableDefs
usr	User

Tabelle A.6: DAO 3.6 Objekttypkürzel (Forts.)

Typkürzel	Objekttyp
usrs	Users
wrk	Workspace
wrks	Workspaces

Auch hierzu zwei Beispiele:

```
rstCustomers
idxPrimaryKey
```

Tabelle A.7 listet die Typkürzel auf, die in einer Datenbank den Typ der Objekte identifizieren.

Tabelle A.7: Typkürzel für Access-Datenbankobjekte

Typkürzel	Objekttyp
cls	Klassenmodul
tbl	Table
qry	Query
frm	Form
rpt	Report
mcr	Macro
bas	Module
dap	DataAccessPage

Bei Bedarf können Sie auch exaktere Typkürzel oder Suffixe verwenden, um den Zweck und Typ eines Datenbankobjektes zu identifizieren. Setzen Sie Suffixe ein, benutzen Sie die in Tabelle A.7 dargestellten Typkürzel, um den Typ darzustellen. Verwenden Sie entweder Typkürzel oder Suffix, aber nicht beide gleichzeitig. Die Typkürzel und Suffixe finden Sie in Tabelle A.8.

Tabelle A.8: Spezielle Objekttypkürzel und -suffixe für Access-Datenbankobjekte

Typkürzel	Suffix	Objekttyp
tlkp	Lookup	Table (lookup)
qsel	(none)	Query (select)
qapp	Append	Query (append)
qxtb	XTab	Query (crosstab)
qddl	DDL	Query (DDL)
qdel	Delete	Query (delete)
qflt	Filter	Query (filter)
qlkp	Lookup	Query (lookup)
qmak	MakeTable	Query (make table)
qspt	PassThru	Query (SQL pass-through)
qtot	Totals	Query (totals)
quni	Union	Query (union)
qupd	Update	Query (update)
fdlg	Dlg	Form (dialog)
fmnu	Mnu	Form (menu)
fmsg	Msg	Form (message)
fsfr	SubForm	Form (subform)
rsrp	SubReport	Form (subreport)
mmnu	Mnu	Markro (menu)

Sehen Sie dazu folgende Beispiele:

```
tblValiNamesLookup
tlkpValidNames
fmsgError
mmnuFileMnu
```

Verwenden Sie keine Leerzeichen, um Objekte in einer Datenbank zu benennen. Schreiben Sie besser den ersten Buchstaben für jedes Wort groß. Schreiben Sie anstatt `Quarterly Sales Values Table` besser `tblQuarterlySalesValues`.

Zurzeit wird darüber diskutiert, ob Felder einer Tabelle Typkürzel erhalten sollen oder nicht. Ob Sie welche verwenden, liegt bei Ihnen. Falls Sie welche benutzen möchten, nehmen Sie die Typkürzel aus Tabelle A.9.

Tabelle A.9: Typkürzel für Felder (falls Sie sich dafür entscheiden)

Typkürzel	Objekttyp
lng	Autowertfelder (sequentiell oder zufällig) des Typs Long (verwendet mit Suffix Cnt)
bin	Binary
byte	Byte
cur	Currency
date	Date/Time
dbl	Double
guid	Globally unique identified (GUID), benutzt für Replikation
int	Integer
lng	Long
mem	Memo
ole	OLE
sng	Single
str	Text
bool	Yes/no

A.8.3 Visual Basic 6.0-Objekte

Tabelle A.10 führt die Typkürzel auf, die für Visual Basic 6.0-Objekte vorgeschlagen werden.

Tabelle A.10: Typkürzel für Visual Basic-Objekte

Typkürzel	Objekttyp
app	App
chk	CheckBox
clp	Clipboard
cbo	ComboBox
cmd	CommandButton
ctl	Control
dat	Data
dir	DirListBox
drv	DriveListBox
fil	FileListBox
frm	Form
fra	Frame
glb	Global
hsb	HScrollBar
img	Image
lbl	Label
lics	Licenses
lin	Line
lst	ListBox
mdi	MDIForm
mnu	Menu
ole	OLE
opt	OptionButton
pic	PictureBox
prt	Printer
prp	PropertyPage
scr	Screen
shp	Shape
txt	TextBox
tmr	Timer
uctl	UserControl
udoc	UserDocument
vsb	VScrollBar

A.8.4 Microsoft ActiveX Data Objects (ADO) 2.1

Zu Office 2000 gehört die Version 2.1 der ActiveX Data Object-Bibliothek. In Tabelle A.11 finden Sie die für die aktuelle Version von ADO vorgeschlagenen Typkürzel.

Zur Beachtung: Viele ADO-, ADOX- und JRO-Kürzel entsprechen denen von DAO. Achten Sie deshalb darauf, den Namen der Objektbibliothek in allen Referenzen in Ihrem Code einzufügen, damit eine Verwechslung ausgeschlossen wird. Verwenden Sie besser

```
Dim rst As ADODB.Recordset
```

oder

```
Dim cat As ADOX.Catalog
```

als Objekttypen ohne den Namen der Bibliothek. Das verhindert nicht nur Verwechslungen der Quelle eines Objekts, sondern ermöglicht auch ein etwas schnelleres Ablaufen Ihres Programms.

Tabelle A.11: ADO 2.1 Objekttypkürzel

Typkürzel	Objekttyp
cmn {cmd}	Command
cnn {cnx}	Connection
err	Error
errs	Errors
fld	Field
flds	Fields
prm	Parameter
prms	Parameters
prps	Properties
prp	Property
rst	Recordset

A.8.5 Microsoft ADO Ext. 2.1 for DDL and Security (ADOX)

Um DDL- und Sicherheitsobjekte in der Jet-Datenbank zu unterstützen, stellt Microsoft ADOX zur Verfügung, eine zusätzliche ADO-Objektbibliothek. In Tabelle A.12 zeigt die Typkürzel für die ADOX-Objekte.

Tabelle A.12: ADOX Objekttypkürzel

Typkürzel	Objekttyp
cat	Catalog
clm	Column
clms	Columns
cmd	Command
grp	Group
grps	Groups
idx	Index
idxs	Indexes
key	Key
keys	Keys
prc	Procedure
prcs	Procedures
prps	Properties
prp	Property
tbl	Table
tbls	Tables
usr	User
usrs	Users
vw	View
vws	Views

A.8.6 Microsoft Jet- und Replikations-Objekte

Um Jet-Replikations-Funktionalitäten zu unterstützen, stellt ADO eine weitere Bibliothek (JRO) zur Verfügung. Tabelle A.13 schlägt Kürzel für JRO-Objekte vor.

Tabelle A.13: JRO Objekttypkürzel

Typkürzel	Objekttyp
flt	Filter
flts	Filters
jet	JetEngine
rpl	Replica

A.8.7 Microsoft SQL Server- und Microsoft Data Engine (MSDE)-Objekte

Tabelle A.14 listet Typkürzel für Microsoft SQL Server- und MSDE-Objekte auf.

Tabelle A.14: SQL Server/MSDE Objekttypkürzel

Typkürzel	Objekttyp
tbl	Tabelle
proc	Stored Procedure
trg	Trigger
qry	View
dgm	Database-Diagram
pk	Primärschlüssel
fk	Fremdschlüssel
idx	anderer Index
rul	Check Contraint
def	Default

A.8.8 Microsoft Zusatzsteuerelemente

Windows 95 und Windows NT haben eine Menge gemeinsamer Zusatzsteuerelemente, die aus VBA heraus zugänglich sind. Tabelle A.15 listet die Typkürzel für Objekte auf, die mit den Zusatzsteuerelementen erstellt wurden.

Tabelle A.15: Typkürzel für Microsoft Zusatzsteuerelemente

Typkürzel	Objekttyp
ani	Animation
btn	Button (Toolbar)
bmn	ButtonMenu (Toolbar)
bmns	ButtonMenus (Toolbar)
bnd	Band (CoolBar)
bnds	Bands (CoolBar)
btns	Buttons (Toolbar)
cbr	CoolBar
cbp	CoolBarPage (CoolBar)
hdr	ColumnHeader (ListView)
hdrs	ColumnHeaders (ListView)
cbi	ComboItem (ImageCombo)
cbis	ComboItems (imageCombo)
ctls	Controls
dto	DataObject
dtf	DataObjectFile
dtp	DTPicker
fsb	FlatScrollBar
imc	ImageCombo
iml	ImageList (ImageList)
lim	ListImage
lit	ListItem (ListView)
lits	ListItems (ListView)
lsi	ListSubItem (ListView)
lsis	ListSubItems (ListView)
lvw	ListView (ListView)
mvw	MonthView
nod	Node (TreeView)
nods	Nodes (TreeView)

Tabelle A.15: Typkürzel für Microsoft Zusatzsteuerelemente (Forts.)

Typkürzel	Objekttyp
pnl	Panel (Status Bar)
pnls	Panels (Status Bar)
prb	ProgressBar (Progress Bar)
sld	Slider (Slider)
sbr	StatusBar (Status Bar)
tab	Tab (Tab Strip)
tabs	Tabs (Tab Strip)
tbs	TabStrip (Tab Strip)
tbr	Toolbar (Toolbar)
tvw	TreeView (TreeView)
udn	UpDown

A.8.9 Andere Zusatzsteuerelemente und Objekte

Tabelle A.16 zeigt Typkürzel für andere verbreitete OLE/ActiveX-Zusatzsteuer-elemente und Objekte.

Tabelle A.16: Typkürzel für verbreitete OLE/ActiveX-Zusatzsteuerelemente

Typkürzel	Objekttyp
cdl	CommonDialog
dbc	DBCombo (Data Bound Combo Box)
dbg	DBGrid (Data Bound Grid)
dls	DBList (Data Bound List Box)
gau	Gauge (Gauge)
gph	Graph (Graph)
grd	Grid (Grid)
msg	MAPIMessage (Message API Message Control)
ses	MAPISession (Messaging API Session Control)
msk	MaskEdBox (Masked Edit Textbox)
key	MhState (Key State)

Tabelle A.16: Typkürzel für verbreitete OLE/ActiveX-Zusatzsteuerelemente (Forts.)

Typkürzel	Objekttyp
mmc	MMControl (Multimedia Control)
com	MSComm (Communication Port)
out	Outline (Outline Control)
pcl	Picture Clip (Picture Clip Control)
rtf	Rich TextBox (Rich Textbox)
spn	SpinButton (Spin Button)

B Fehlercodes

Error-Code	ErrorString
3	Return ohne GoSub
5	Ungültiger Prozeduraufruf oder ungültiges Argument
6	Überlauf
7	Nicht genügend Speicher
9	Index außerhalb des gültigen Bereichs
10	Datenfeld ist unveränderlich oder momentan gesperrt
11	Division durch Null
13	Typen unverträglich
14	Nicht genügend Zeichenfolgenspeicher
16	Ausdruck zu komplex
17	Angeforderte Operation nicht durchführbar
18	Unterbrechung durch Benutzer
20	Resume ohne Fehler
28	Nicht genügend Stapelspeicher
35	Sub oder Function nicht definiert
47	Zu viele Clients für DLL-Anwendung
48	Fehler beim Laden einer DLL
49	Falsche DLL-Aufrufkonvention
51	Interner Fehler
52	Dateiname oder -nummer falsch
53	Datei nicht gefunden
54	Falscher Dateimodus
55	Datei bereits geöffnet
57	Fehler beim Lesen von/Schreiben auf Gerät
58	Datei existiert bereits
59	Falsche Datensatzlänge
61	Datenträger voll
62	Einlesen hinter Dateiende
63	Falsche Datensatznummer
67	Zu viele Dateien
68	Gerät nicht verfügbar
70	Zugriff verweigert
71	Datenträger nicht bereit
74	Umbenennen bei Angabe unterschiedlicher Laufwerke nicht möglich
75	Fehler beim Zugriff auf Pfad/Datei
76	Pfad nicht gefunden
91	Objektvariable oder With-Blockvariable nicht festgelegt
92	For-Schleife nicht initialisiert
93	Ungültige Zeichenfolge für Suchmuster
94	Unzulässige Verwendung von Null
96	Ereignisse des Objekts können nicht aufgefangen werden, da von dem Objekt bereits Ereignisse für die maximale Anzahl an Ereignisempfängern ausgelöst werden
97	Friend-Funktion eines Objekts, das keine Instanz der definierenden Klasse ist, kann nicht aufgerufen werden
98	Ein Aufruf für eine Eigenschaft oder Methode darf keinen Verweis auf ein privates Objekt enthalten - weder als Argument, noch als Rückgabewert
321	Ungültiges Dateiformat
322	Erforderliche temporäre Datei kann nicht angelegt werden
325	Ungültiges Format in Ressourcendatei
380	Ungültiger Eigenschaftswert
381	Ungültiger Index für Eigenschaftenfeld
382	Set wird zur Laufzeit nicht unterstützt
383	Set wird nicht unterstützt (schreibgeschützte Eigenschaft)

Error-Code	ErrorString
385	Index für Eigenschaftenfeld benötigt
387	Set nicht erlaubt
393	Get wird zur Laufzeit nicht unterstützt
394	Get wird nicht unterstützt (Eigenschaft kann nur gesetzt werden)
422	Eigenschaft nicht gefunden
423	Eigenschaft oder Methode nicht gefunden
424	Objekt erforderlich
429	Objekterstellung durch ActiveX-Komponente nicht möglich
430	Klasse unterstützt keine Automatisierung oder unterstützt erwartete Schnittstelle nicht
432	Datei- oder Klassenname während Automatisierungsoperation nicht gefunden
438	Objekt unterstützt diese Eigenschaft oder Methode nicht
440	Automatisierungsfehler
442	Verbindung zur Klassen- oder Objektbibliothek für den Remote-Prozeß nicht mehr verfügbar. Klicken Sie auf 'OK', um einen Dialog anzuzeigen, mit dem Sie den Verweis entfernen können.
443	Automatisierungsobjekt hat keinen Standardwert
445	Objekt unterstützt diese Aktion nicht
446	Objekt unterstützt keine benannten Argumente
447	Objekt unterstützt die aktuelle Ländereinstellung nicht
448	Benanntes Argument nicht gefunden
449	Argument ist nicht optional
450	Falsche Anzahl an Argumenten oder ungültige Zuweisung zu einer Eigenschaft
451	Let-Prozedur der Eigenschaft ist nicht definiert, und Get-Prozedur hat kein Objekt zurückgegeben
452	Ungültiger Ordinalwert
453	Angegebene DLL-Funktion nicht gefunden
454	Code-Ressource nicht gefunden
455	Fehler durch gesperrte Code-Ressource
457	Dieser Schlüssel ist bereits einem Element dieser Auflistung zugeordnet
458	Variable verwendet einen in Visual Basic nicht unterstützten Typ der Automatisierung
459	Objekt oder Klasse unterstützt diese Ereignismenge nicht
460	Zwischenablagenformat ungültig
461	Methode oder Datenobjekt nicht gefunden
462	Der Remote-Server-Computer existiert nicht oder ist nicht verfügbar.
463	Klasse ist auf lokalem Computer nicht registriert
481	Ungültiges Bild
482	Druckerfehler
735	Datei kann nicht in TEMP-Verzeichnis gespeichert werden
744	Suchtext nicht gefunden
746	Ersetzungen zu lang
2001	Sie haben die vorherige Operation abgebrochen.
2002	Sie haben versucht, eine Operation durchzuführen, die eine Funktion oder ein Feature benötigt, die bzw. das mit dieser Version von *Datenbankname* nicht installiert wurde.
2004	Nicht genügend Speicherplatz, um diese Operation durchzuführen. Schließen Sie Anwendungen, die Sie nicht benötigen, und versuchen Sie es noch einmal.
2005	Es ist nicht genügend freier Arbeitsspeicher verfügbar, um *Datenbankname* zu starten. Schließen Sie Programme, die sie zur Zeit nicht verwenden und

Error-Code	ErrorString
	versuchen Sie es noch einmal. Informationen, wie Arbeitsspeicher freigegeben werden kann, finden Sie in der Hilfe für Microsoft Windows unter 'Arbeitsspeicher, Problembehebung'.
2006	Der von Ihnen eingegebene Objektname 'I' entspricht nicht den Regeln, nach denen Objekte in *Datenbankname* benannt werden. Klicken Sie auf 'Hilfe', wenn Sie Informationen zur Objektbenennung wünschen.
2007	Sie haben bereits ein Datenbankobjekt namens 'I' geöffnet. Verwenden Sie für Datenbankobjekte desselben Typs jeweils unterschiedliche Namen. Wenn Sie das bereits vorhandene Objekt durch das zu speichernde Objekt ersetzen möchten, schließen Sie das vorhandene Objekt, und speichern Sie das aktuelle Objekt dann unter demselben Namen. Klicken Sie auf 'Hilfe', wenn Sie Informationen darüber wünschen, wie ein Datenbankobjekt umbenannt wird.
2008	Sie können das Datenbankobjekt 'I' nicht löschen, solange es geöffnet ist. Schließen Sie das Datenbankobjekt, und löschen Sie es dann.
2009	Sie können das Datenbankobjekt 'I' nicht umbenennen, solange es geöffnet ist. Schließen Sie das Datenbankobjekt, und benennen Sie es dann um.
2010	Sie können das Datenbankobjekt 'I' nicht löschen, solange es geöffnet ist. Schließen Sie das Datenbankobjekt, und löschen Sie es dann.
2011	Das eingegebene Kennwort ist falsch.
2014	Sie haben dieser l1 denselben Namen gegeben wie einer l2, die bereits in Ihrer Datenbank vorhanden ist. Es ist nicht zulässig, einer Tabelle und einer Abfrage denselben Namen zu geben. Geben Sie diesem Objekt einen Namen, der noch nicht für eine andere Tabelle oder Abfrage verwendet wird.
2015	Es gibt keine registrierten Assistenten dieses Typs. Führen Sie Microsoft Access oder Microsoft Office Setup erneut aus, um die Assistenten neu zu installieren. Wenn Sie Ihre sicherheitsbezogenen und benutzerdefinierten Einstellungen weiterverwenden möchten, sollten Sie die Arbeitsgruppeninformationsdatei von *Datenbankname* sichern. Informationen, wie Dateien gesichert werden können, finden Sie in der Hilfe für Microsoft Windows unter 'Sichern von Dateien'.
2016	Sie können die Eigenschaften von Systemtabellen nicht ändern.
2017	Dieses VBA-Projekt wurde kennwortgeschützt. Um diese Operation auszuführen, müssen Sie zuerst im Visual-Basic-Editor das Kennwort eingeben.
2018	Entweder ist der Datenzugriffsseitenname "I" falsch geschrieben, oder er bezieht sich auf eine Datenzugriffsseite, die nicht geöffnet ist oder nicht existiert.
2019	Die Zahl, die Sie für die Datenzugriffsseite verwendet haben, ist nicht gültig. Benutzen Sie die Count-Eigenschaft, um die offenen Datenzugriffsseiten zu zählen, und stellen Sie sicher, dass die Seitennummer nicht größer als die Anzahl der geöffneten Seiten weniger 1 ist.
2020	Der eingegebe Datenzugriffsseiten-Designname 'I' ist entweder falsch geschrieben, oder er bezieht sich auf einen Designnamen, der nicht existiert.
2021	Ein oder mehrere Operatoren des Filterausdrucks sind ungültig. Eine Liste gültiger Operatoren finden Sie in der Hilfe.
2022	Sie haben einen Ausdruck eingegeben, der eine Datenzugriffsseite als aktives Fenster erfordert.
2023	Der Dateiname, den Sie für die Datenzugriffsseite eingegeben haben, existiert bereits.
2024	Die Snapshot-Datei für diesen Bericht konnte nicht erstellt werden, weil nicht genügend freier Festplattenspeicher für temporäre Dateien zur Verfügung steht. Bitte stellen Sie freien Speicherplatz bereit, um dieses Problem zu beheben (z.B. durch Leeren

Error-Code	ErrorString
	des Papierkorbs oder Löschen von nicht mehr benötigten Dateien).
2025	Die ADP-Datei ist nicht im richtigen Microsoft Access Projektformat.
2026	Auf Ihrem Computer fehlt mindestens eine Objektbibliothek von Microsoft Access 97. Ihre konvertierte Datenbank wird solange nicht funktionieren, bis Sie diese Datenbank in Access 97 öffnen und fehlende Verweise wiederherstellen. Klicken Sie 'OK', um den Speichervorgang fortzusetzen und diese Datenbank im Access 97-Format mit fehlenden Verweisen zu speichern, oder klicken Sie 'Abbrechen', wenn Sie diese Datenbank nicht speichern möchten.
2027	Dieser Vorgang wird für Microsoft Access 1.X-Datenbanken nicht unterstützt.
2028	*Datenbankname* konnte das Datenbankobjekt nicht schließen.,.
2029	Microsoft Office-Anwendungen können nicht in den Standby-Modus versetzt werden, solange Dokumente im Netzwerk geöffnet sind. Beenden Sie die Anwendungen oder schließen Sie die geöffneten Dokumente, und versuchen Sie es erneut.
2030	Die Datenbank 'I' wird schreibgeschützt geöffnet, weil eine der folgenden Möglichkeiten zutrifft: die Datei ist gesperrt, da sie von einem anderen Benutzer bearbeitet wird, oder die Datei (oder der Ordner, in dem sich die Datei befindet) ist schreibgeschützt, oder Sie haben angegeben, dass Sie diese Datei schreibgeschützt öffnen möchten
2031	Eine MDE-Datei kann nicht konvertiert oder aktiviert werden.
2032	Während der Konversion traten Fehler auf. Es konnte keine konvertierte Datenbank generiert werden.
2033	Dieser Name wird von einem bereits vorhandenem Modul, Projekt oder einer bereits vorhandenen Objektbibliothek verwendet.
2034	Projekt kann nicht kompiliert werden.
2035	Projekt mit falscher Versionsnummer kann nicht geladen werden.
2036	Microsoft Access unterstützt im Laufzeit-Modus keine ADP-Projekte.
2037	*Datenbankname* konnte während dieses Vorgangs die Objektnamen-Autokorrektur nicht durchführen. Die Option 'Änderungen protokollieren' ist aktiviert, aber das Objekt 'Daten und sonstige Objekte' ist nicht ausgecheckt.
2038	Die Datei 'I' kann nicht geöffnet werden, da sie von einem anderen Benutzer gesperrt ist.
2039	Eine Arbeitsgruppendatei kann nicht von Microsoft Access 2000 zu Access 97 konvertiert werden. Sie müssen in Access 97 neue Sicherheitseinstellungen erstellen.
2040	*Datenbankname* kann nicht ausgeführt werden.
2041	*Datenbankname* konnte die Datei 'I' nicht finden. Diese Datei wird zum Start benötigt.
2042	Es ist ein Systemfehler aufgetreten, oder es steht nicht genügend freier Arbeitsspeicher zur Verfügung, um *Datenbankname* zu starten. Schließen Sie nicht benötigte Programme, und versuchen Sie es erneut.
2043	*Datenbankname* kann die Datenbankdatei 'I' nicht finden. Stellen Sie sicher, dass Sie den richtigen Pfad und Dateinamen eingegeben haben.
2044	Sie können *Datenbankname* jetzt nicht beenden. Wenn Sie ein Visual Basic-Modul ausführen, das OLE oder DDE einsetzt, müssen Sie dieses Modul eventuell unterbrechen.
2045	Die Befehlszeile, mit der Sie *Datenbankname* gestartet haben, enthält eine Option, die *Datenbankname* unbekannt ist. Beenden Sie *Datenbankname*, und geben Sie beim nächsten Startvorgang von *Datenbankname* nur zulässige Befehlszeilenoptionen an.

Error-Code	ErrorString
2046	Der Befehl oder die Aktion 'I' steht momentan nicht zur Verfügung. * Sie arbeiten möglicherweise mit einer schreibgeschützten Datenbank oder mit einer unkonvertierten Datenbank, die im Format einer früheren Version von *Datenbankname* vorliegt.* Der Objekttyp, für den die Aktion gilt, ist momentan nicht markiert oder nicht Bestandteil der aktiven Ansicht. Sie können nur die Befehle und Makroaktionen einsetzen, die momentan für diese Datenbank verfügbar sind.
2047	*Datenbankname* kann nicht ausgeführt werden.
2048	Es ist nicht genügend freier Arbeitsspeicher verfügbar, um die Datei 'I' zu öffnen. Schließen Sie nicht benötigte Programme und versuchen Sie es noch einmal. Weitere Informationen, wie Arbeitsspeicher freigegeben werden kann, finden Sie in der Hilfe für Microsoft Windows unter 'Arbeitsspeicher, Problembehebung'.
2049	Die Schriftart 'Tahoma' ist nicht vorhanden. Um sie wiederherzustellen, führen Sie 'Erkennen und reparieren...' im Menu '?' aus.
2050	Geben Sie als Einstellung für 'OLE/DDE-Timeout' einen Wert von 0 bis 300 Sekunden an.
2051	Entsprechend den in *Datenbankname* gültigen Benennungsregeln für Objekte darf ein Objektname höchstens 64 Zeichen lang sein.
2052	Es ist nicht genügend freier Arbeitsspeicher verfügbar, um die Anzeige zu aktualisieren. Schließen Sie nicht benötigte Programme, bevor Sie den Vorgang erneut versuchen.
2053	Der Name des Befehls sollte nicht leer sein. Bitte wählen Sie einen Namen.
2054	*Datenbankname* kann die Visual Basic for Applications DLL Vbe6 nicht laden. Führen Sie das *Datenbankname*-Setupprogramm neu aus.
2055	Der von Ihnen eingegebene Ausdruck 'I' ist nicht zulässig.
2056	*Datenbankname* ist nicht in der Lage, kontextbezogene Hilfe bereitzustellen.
2057	Es steht nicht mehr genügend Stapelspeicher zur Verfügung. Der Vorgang, den Sie versucht haben auszuführen, ist zu kompliziert. Vereinfachen Sie den Vorgang.
2058	Die Datei 'I' ist nicht kompatibel. *Datenbankname* muss erneut installiert werden. Führen Sie Setup aus, um *Datenbankname* erneut zu installieren. Wenn Sie Ihre sicherheitsbezogenen oder benutzerdefinierten Einstellungen weiterverwenden möchten, sollten Sie die Arbeitsgruppeninformationsdatei von *Datenbankname* sichern. Informationen, wie Dateien gesichert werden können, finden Sie in der Hilfe für Microsoft Windows unter 'Sichern von Dateien'.
2059	Microsoft Access kann das Objekt 'I' nicht finden. Stellen Sie sicher, dass das Objekt existiert, und dass Sie den Namen richtig buchstabiert haben.
2060	Sie können auf Basis der Aktionsabfrage 'I' keine Feldliste erstellen. Aktionsabfragen haben keine Felder. Ein Formular oder Bericht muss auf einer Tabelle bzw. einer Auswahl- oder Kreuztabellenabfrage basieren. Ändern Sie die Eigenschaft Datenherkunft (RecordSource) des Formulars bzw. Berichts, oder öffnen Sie die Aktionsabfrage, und wandeln Sie diese in eine Auswahlabfrage um.
2061	Geben Sie für diese Option eine Zahl ein, die größer gleich 0 ist.
2062	Der Befehlname muß weniger als 255 Zeichen enthalten. Wählen Sie bitte einen Namen aus.
2063	*Datenbankname* kann die Indexdatei 'I' nicht erstellen, nicht öffnen oder nicht in diese schreiben. Diese Datei dient *Datenbankname* als Informationsdatei (.inf) für Informationen über dBASE-Indizes. Die Indexdatei ist eventuell beschädigt, oder Sie haben keinen Lese-/ Schreibzugriff auf das Netzlaufwerk, zu dem Sie eine Verbindung herstellen

Error-Code	ErrorString
	möchten. Sie können eine Verknüpfung zu der dBASE-Datei herstellen, ohne dBASE-Indizes anzugeben. Dann werden die vorhandenen Indizes aber nicht mit der verknüpften Tabelle verwendet.
2064	Der Menüleistenwert 'I' ist nicht zulässig. Sie haben für die DoMenuItem-Methode ein Argument angegeben, das auf eine nicht vorhandene Menüleiste verweist. Verwenden Sie eine eingebaute Konstante bzw. eine Zahl, die einen zulässigen Menüleistenwert angibt, wie z.B. acFormbar.
2065	Sie haben einen ungültigen Menü-, Befehls- oder Unterbefehlsnamen eingegeben. Sie haben für die DoMenuItem-Methode ein Argument angegeben, das auf ein Menü, einen Befehl oder einen Unterbefehl verweist, das bzw. den es nicht gibt. Verwenden Sie eine eingebaute Konstante bzw. eine Zahl, die auf ein vorhandenes Menü bzw. einen vorhandenen Befehl oder Unterbefehl verweist, wie z.B. acRecordsMenu.
2066	Damit *Datenbankname* ausgeführt werden kann, ist eine Vidoe-Adapter-Auflösung von mindestens 640 x 480 Bildpunkten (Pixel) erforderlich.
2067	Ein Menüleistenmakro kann nur ausgeführt werden, wenn der Name des Makros die Einstellung einer bestimmten Eigenschaft oder Option ist. Sie haben versucht, ein Menüleistenmakro auszuführen, das eine HinzufügenMenü-Aktion enthält. Stellen Sie eine der folgenden Eigenschaften oder Optionen auf den Namen des Menüleistenmakros ein:* die Menüleiste-Eigenschaft eines Formulars oder Berichts;* die Kontextmenüleiste-Eigenschaft eines Formulars, Berichts oder Steuerelements;* die Menüleiste- oder Kontextmenüleiste-Option im Start-Dialogfeld. Dieser Fehler tritt auch auf, wenn *Datenbankname* versucht, ein Menüleistenmakro auszuführen, das eine HinzufügenMenü-Aktion enthält, die auf eine Aktion folgt, die ein anderes Objekt zum aktiven Objekt macht, wie z.B. eine ÖffnenFormular-Aktion.
2068	Das markierte Element ist ein angepaßtes Element und besitzt keine kontextbezogene Hilfe. Klicken Sie auf Hilfe, um Informationen zu erhalten, wie Sie selbstdefinierte Hilfe für ein Formular, einen Bericht oder ein Steuerelement erstellen können.
2069	Die Taste bzw. Tastenkombination I1 in I2 hat eine fehlerhafte Syntax oder ist nicht zulässig. Geben Sie die Taste bzw. Tastenkombination gemäß der Syntax der Anweisung SendKeys bzw. der Aktion Tastaturbefehle an. Klicken Sie auf 'Hilfe', um eine Liste der zulässigen Tasten bzw. Tastenkombinationen zu erhalten.
2070	Sie haben die Taste bzw. Tastenkombination I1 in I2 bereits einem anderen Makro zugewiesen. Es wird nur die erste Taste bzw. Tastenkombination verwendet.
2071	Die Andocken-Eigenschaft kann momentan nicht auf 'I1' gesetzt werden. Wenn Sie die Andocken-Eigenschaft auf 'I2' setzen möchten, verschieben Sie die Symbolleiste und versuchen Sie es noch einmal.
2072	'I' erfolgreich importiert.
2073	'I' erfolgreich exportiert.
2074	Dieser Vorgang wird innerhalb von Transaktionen nicht unterstützt. .
2075	Dieser Vorgang benötigt eine offene Datenbank.
2076	'I' erfolgreich verknüpft.
2077	Dieses Recordset kann nicht aktualisiert werden.
2078	Hilfe steht nicht zur Verfügung, da nicht genügend Arbeitsspeicher verfügbar ist, oder da Microsoft Windows bzw. *Datenbankname* ist nicht korrekt installiert ist. Informationen, wie Probleme bezüglich zu wenig verfügbarem Arbeitsspeicher behoben werden können, finden Sie in der Hilfe für Microsoft Windows unter 'Arbeitsspeicher, Problembehebung'. Wenn Sie *Datenbankname* erneut installieren müssen und Ihre sicherheitsbezogenen sowie

Error-Code	ErrorString
	benutzerdefinierten Einstellungen weiterverwenden möchten, müssen Sie die Arbeitsgruppeninformationsdatei von *Datenbankname* sichern. Informationen, wie Dateien gesichert werden können, finden Sie in der Hilfe für Microsoft Windows unter 'Sichern von Dateien'.
2079	Das Formular ist schreibgeschützt, da die Eigenschaft 'Eindeutige Tabelle' nicht eingestellt ist.
2080	Die Symbolleiste oder das Menü I existiert bereits. Möchten Sie die bestehende Symbolleiste oder das Menü ersetzen?
2081	Ein Objekt kann nur dann aus einem Makro erstellt werden, wenn dieses im Datenbankfenster ausgewählt ist.
2082	Nur die Felder der eindeutigen Tabelle können bearbeitet werden.
2083	Die Datenbank 'I' ist schreibgeschützt. Sie können Änderungen, die Sie an Daten oder Objektdefinitionen vorgenommen haben, nicht in dieser Datenbank speichern.
2084	Feld 'I' basiert auf einem Ausdruck und kann nicht bearbeitet werden.
2085	Die Option 'ODBC-Anzeigeaktualisierungsintervall (s)' muss auf einen Wert von 1 bis 32.766 Sekunden eingestellt sein.
2086	Das Recordset erfordert, dass das Formular aktualisierbar ist.
2087	*Datenbankname* kann das Add-In-Menü nicht anzeigen. Der von Ihnen für das Add-In-Menü eingegebene Ausdruck 'I' umfasst mehr als das Maximum von 256 Zeichen. Damit das Add-In-Menü angezeigt wird, müssen Sie zunächst in der Windows-Registrierung den Ausdruck für den Makro- oder Funktionsnamen im Registrierungsschlüssel 'Menu Add-ins' kürzen, und dann *Datenbankname* erneut starten. Klicken Sie auf Hilfe, wenn Sie Informationen wünschen, wie Sie Einstellungen von *Datenbankname* in der Windows-Registrierung anpassen können.
2088	*Datenbankname* kann das Add-In-Untermenü I nicht anzeigen, da in einer Einstellung, die Sie in die Windows-Registrierung eingegeben haben, der Ausdruck fehlt, der den Makro- oder Funktionsnamen angibt. Fügen Sie zuerst in der Windows-Registrierung zum Schlüssel 'Menu Add-ins' den fehlenden Ausdruck hinzu, und starten Sie dann *Datenbankname* erneut. Um weitere Informationen über das Ändern von *Datenbankname*-Einstellungen in der Windows-Registrierung zu erhalten, klicken Sie auf "Hilfe".
2089	*Datenbankname* kann dasselbe Menü nicht mehrmals in einer Menüleiste anzeigen.
2090	Eine Aktion innerhalb der Makrogruppe des aktuellen globalen Menüs kann die globale Menüleiste nicht ändern. *Datenbankname* kann die globale Menüleiste nicht anzeigen, da das Makro, das aufgerufen wurde, als Sie das globale Menü das erstemal eingestellt haben, eine Aktion enthält, die versucht, das globale Menü zurückzusetzen. Prüfen Sie Ihre Menüleistenmakros, und sorgen Sie dafür, dass die globale Menüleiste nur einmal eingestellt wird.
2091	'I' ist kein gültiger Name.
2092	Der Wert, den Sie für das Argument 'Einstellung' der SetOption-Methode angegeben haben, hat nicht den Varianttyp, der für diese Option erforderlich ist. Sie haben eine Zeichenfolge angegeben, während *Datenbankname* eine Zahl erwartet. Prüfen Sie anhand des Dialogfelds 'Optionen' im Menü 'Extras', welcher Datentyp erforderlich ist, um diese Option einzustellen. Die Option 'Standarddatenbankverzeichnis' kann z.B. nur mit einer Zeichenfolge eingestellt werden. Mit der VarTyp-Funktion können Sie ermitteln, welchen Varianttyp Sie an die SetOption-Methode übergeben haben. Weitere

Error-Code	ErrorString
	Informationen finden Sie im Hilfe-Index unter 'Variant-Datentyp' sowie unter 'VarTyp-Funktion'.
2093	Das Argument 'Einstellung' der SetOption-Methode ist mit einer Zahl belegt, die keiner Einstellung eines Listenfelds oder einer Optionsgruppe des Dialogfelds 'Optionen' entspricht. Zulässig ist die Einstellung nur dann, wenn sie in den Bereich 0 (das erste Element der Liste) bis I (das letzte Element der Liste) fällt.
2094	*Datenbankname* kann die Symbolleiste 'I' nicht finden. Sie haben entweder versucht, ein Makro auszuführen, das eine EinblendenSymbolleiste-Aktion enthält, oder versucht, eine Visual Basic-Prozedur auszuführen, die eine ShowToolbar-Methode enthält.* Sie haben möglicherweise den Namen der Symbolleiste falsch geschrieben.* Die Aktion verweist möglicherweise auf eine benutzerdefinierte Symbolleiste, die aus der Datenbank gelöscht oder in der Datenbank umbenannt wurde.* Die Aktion verweist möglicherweise auf eine benutzerdefinierte Symbolleiste, die sich in einer anderen Datenbank befindet.
2095	*Datenbankname* kann nicht zu I wechseln. Die Microsoft-Anwendung, die Sie versucht haben zu öffnen, wurde nicht gefunden oder ist nicht auf Ihrem Computer installiert.
2096	*Datenbankname* kann die Microsoft Office-Anwendung nicht öffnen, da es die DLL-Datei (Dynamic-Link Library) Mstool32 nicht finden kann. Führen Sie Setup aus, um *Datenbankname* erneut zu installieren. Wenn Sie Ihre sicherheitsbezogenen oder benutzerdefinierten Einstellungen weiterverwenden möchten, sollten Sie die Arbeitsgruppeninformationsdatei von *Datenbankname* sichern. Informationen, wie Dateien gesichert werden können, finden Sie in der Hilfe für Microsoft Windows unter 'Sichern von Dateien'.
2097	Die Tabelle, für die Sie Import-/Exportspezifikationen erstellen möchten, wurde mit einer früheren Version von *Datenbankname* erstellt. Wandeln Sie die Datenbank mit dem Befehl 'Datenbank konvertieren' (Menü 'Extras', Untermenü 'Datenbank-Dienstprogramme') in die aktuelle Version von *Datenbankname* um.
2100	Das Steuerelement oder Unterformular ist zu groß für die gewünschte Position. Die Zahl, die Sie für die Eigenschaft Links, Oben, Höhe oder Breite eingegeben haben ist entweder zu groß oder negativ. Verkleinern Sie das Steuerelement bzw. Unterformular, oder geben Sie eine positive Zahl ein.
2101	Die von Ihnen eingegebene Einstellung ist für diese Eigenschaft nicht zulässig. Die für diese Eigenschaft zulässigen Einstellungen finden Sie im Hilfe-Index unter dem Namen der Eigenschaft.
2102	Der Formularname 'I' ist falsch geschrieben oder verweist auf ein Formular, das nicht existiert. Steht der ungültige Formularname in einem Makro, werden der Name sowie die Argumente des Makros in dem Dialogfeld 'Aktion ist fehlgeschlagen' angezeigt, sobald Sie auf 'OK' geklickt haben. Öffnen Sie das Makrofenster, und geben Sie den richtigen Formularnamen ein.
2103	Der Berichtsname 'I', den Sie entweder in das Eigenschaftenfenster oder in ein Makro eingegeben haben ist falsch geschrieben oder verweist auf einen Bericht, der nicht existiert. Steht der ungültige Berichtsname in einem Makro, werden der Name sowie die Argumente des Makros in dem Dialogfeld 'Aktion ist fehlgeschlagen' angezeigt, sobald Sie auf 'OK' geklickt haben. Öffnen Sie das Makrofenster, und geben Sie den richtigen Berichtsnamen ein.
2104	Sie haben den Steuerelementnamen 'I' eingegeben. Dieser Name wird bereits verwendet. Entweder gibt es auf dem Formular bereits ein Steuerelement, das diesen Namen hat, oder der Name eines Steuerele-

Error-Code	ErrorString
	ments wird für Visual Basic auf diesen Namen abgebildet. Visual Basic bildet Leerzeichen, die sich in Steuerelementnamen befinden, auf Unterstriche ab. Daher werden z.B. die Namen 'Steuerelement 1' und 'Steuerelement_1' als identische Namen angesehen.
2105	Sie können nicht zu dem angegebenen Datensatz springen. Möglicherweise befinden Sie sich am Ende eines Recordsets.
2106	Beim Laden des Formulars oder Berichts traten l Fehler auf. Sie haben ein Formular oder einen Bericht geladen, das bzw. der Steuerelemente oder Eigenschaften hat, die *Datenbankname* unbekannt sind und ignoriert werden.
2107	Der von Ihnen eingegebene Wert genügt nicht der Gültigkeitsregel, die für das Feld bzw. Steuerelement definiert ist. Wenn Sie sich die Gültigkeitsregel ansehen möchten, klicken Sie auf 'Entwurfsansicht', dann auf das entsprechende Feld und dann, sofern das Eigenschaftenfenster nicht geöffnet ist, auf 'Eigenschaften'. Klicken Sie danach auf die Registerkarte 'Daten'. Geben Sie einen Wert ein, der der Gültigkeitsregel genügt, oder drücken Sie ESC, um Ihre Änderungen rückgängig zu machen.
2108	Sie müssen das Feld erst speichern, bevor Sie die GeheZuSteuerelement-Aktion, die GoToControl-Methode oder die SetFocus-Methode ausführen können. Sie haben versucht, den Fokus mit einer GeheZuSteuerelement-Aktion, einer GoToControl-Methode oder einer SetFocus-Methode auf ein anderes Steuerelement zu verschieben. Weisen Sie das Makro bzw. die Methode nicht der Eigenschaft VorAktualisierung, sondern der Eigenschaft NachAktualisierung zu, damit das Feld gespeichert wird bevor der Fokus geändert wird.
2109	Der aktuelle Datensatz enthält kein Feld, das den Namen 'l' hat.
2110	*Datenbankname* kann den Fokus nicht auf das Steuerelement l verschieben. * Das Steuerelement ist möglicherweise von einem Typ, der den Fokus nicht empfangen kann, wie z.B. ein Bezeichnungsfeld.* Die Sichtbar-Eigenschaft des Steuerelements ist eventuell auf 'Nein' gesetzt.* Die Aktiviert-Eigenschaft des Steuerelements ist eventuell auf 'Nein' gesetzt.
2111	Die von Ihnen vorgenommenen Änderungen können nicht gespeichert werden. Der Speichervorgang ist möglicherweise fehlgeschlagen, da ein anderer Benutzer die Datensätze zeitweise gesperrt hat.* Klicken Sie auf 'OK', damit der Speicherversuch wiederholt wird. (Oder Sie warten solange, bis der andere Benutzer die Tabelle geschlossen hat.)* Klicken Sie auf 'Abbrechen', wenn wiederholte Versuche, Ihre Änderungen zu speichern fehlschlagen.
2112	Das in der Zwischenablage befindliche Element kann nicht in dieses Steuerelement eingefügt werden.
2113	Sie haben einen Wert eingegeben, der für dieses Feld nicht zulässig ist. Sie haben z.B. Text in ein numerisches Feld eingegeben, oder haben eine Zahl eingegeben, die größer ist, als die Feldgröße-Einstellung zulässt.
2114	*Datenbankname* unterstützt das Format der Datei 'l' nicht und kann das Bild daher nicht laden.
2115	Das Makro oder die Funktion, das bzw. die für dieses Feld einer der Eigenschaften VorAktualisierung oder Gültigkeitsregel zugeordnet ist, hindert *Datenbankname* daran, die Daten in dem Feld zu speichern. * Handelt es sich um ein Makro, so öffnen Sie das Makro im Makrofenster, und löschen Sie die Aktion, die einen Speichervorgang auslöst (z.B. GeheZuSteuerelement).* Enthält das Makro eine SetzenWert-Aktion, sollten Sie das Makro statt dessen der NachAktualisierung-Eigenschaft des

Error-Code	ErrorString
	Steuerelements zuweisen.* Handelt es sich um eine Funktion, sollten Sie die Funktion im Modulfenster neu definieren.
2116	Der Wert des Feldes oder Datensatzes verstößt gegen die Gültigkeitsregel des Feldes oder Datensatzes. Sie haben möglicherweise eine Gültigkeitsregel geändert, ohne zu prüfen, ob die vorhandenen Daten der neuen Gültigkeitsregel genügen. Klicken Sie im Menü 'Bearbeiten' auf 'Rückgängig', um den alten Wert wiederherzustellen, oder geben Sie einen neuen Wert ein, der der Gültigkeitsregel des Feldes genügt.
2117	*Datenbankname* hat den Einfügevorgang abgebrochen. Der in der Zwischenablage befindliche Text ist zu lang, um in das Formular eingefügt werden zu können. Sie haben beispielsweise zuviel Text in ein Bezeichnungsfeld eingefügt oder zuviel Text in die Eigenschaft Spaltenbreiten eingegeben. Fügen Sie kleinere Abschnitte ein. Für Bezeichnungen können Sie maximal 2.048 Zeichen einfügen.
2118	Sie müssen das aktuelle Feld speichern, bevor Sie die Aktion AktualisierenDaten ausführen. * Wenn Sie ein Makro aus dem Datenbankfenster aufrufen möchten, müssen Sie zunächst das Feld speichern, bevor Sie das Makro starten.* Ist in einer Visual Basic-Funktion eine VorAktualisierung-Eigenschaft auf den Namen des Makros eingestellt, sollten Sie den Namen des Makros statt dessen der entsprechenden NachAktualisierung-Eigenschaft zuweisen.
2119	Die Aktion AktualisierenDaten kann für das Steuerelement 'l' nicht ausgeführt werden. Einige Steuerelemente, wie z.B. Bezeichnungsfelder und Rechtecke, können den Fokus nicht erhalten. Daher können Sie die Aktion AktualisierenDaten für diese Steuerelemente nicht ausführen.
2120	Wenn Sie mit diesem Assistenten ein Formular, einen Bericht oder eine Datenzugriffsseite erstellen möchten, müssen Sie zunächst die Tabelle oder l markieren, auf der das Formular, der Bericht oder die Datenzugriffsseite basieren soll.
2121	*Datenbankname* kann das Formular 'l' nicht öffnen. Es enthält Daten, die *Datenbankname* nicht erkennt. Erstellen Sie das Formular neu, oder laden Sie eine Kopie des Formulars, sofern Sie über Sicherungskopien Ihrer Datenbank verfügen.
2122	Ein Formular kann nicht als zusammenhängendes Formular angezeigt werden, wenn es ein Unterformular, ein ActiveX-Steuerelement oder ein gebundenes Diagramm umfasst. Stellen Sie die Eigenschaft Standardansicht des Formulars auf 'Einzelnes Formular' oder 'Datenblatt' ein.
2123	Der von Ihnen eingegebene Steuerelementname entspricht nicht den Regeln, nach denen in *Datenbankname* Objekte benannt werden.
2124	Der von Ihnen eingegebene Formularname entspricht nicht den Regeln, nach denen in *Datenbankname* Objekte benannt werden.
2125	Die Eigenschaft Schriftgröße kann nur einen Wert von 1 bis 127 annehmen.
2126	Die Eigenschaft Spaltenanzahl kann nur einen Wert von 1 bis 255 annehmen.
2127	Die Einstellung der Eigenschaft GebundeneSpalte kann nicht größer sein als die Einstellung der Eigenschaft Spaltenanzahl.
2128	*Datenbankname* ist beim Importieren von l1 auf Fehler gestoßen. Weitere Fehlerinformationen finden Sie in der Datei 'l2'.
2129	Die Einstellung für die Eigenschaft VoreinstellungBearbeiten muss entweder 'Änderungen Zulassen', 'Schreibgeschützt', 'Dateneingabe' oder 'Datensätze können nicht hinzugefügt werden' sein. Geben Sie für die Eigenschaft VoreinstellungBearbeiten 1, 2, 3 oder 4 ein.

Error-Code	ErrorString
2130	Die Eigenschaften RasterX (GridX) und RasterY (GridY) müssen jeweils auf einen Wert von 1 bis 64 eingestellt sein.
2131	Ein Ausdruck kann maximal 2.048 Zeichen lang sein.
2132	Die Eigenschaft Dezimalstellenanzeige muss entweder auf einen Wert von 0 bis 15 oder auf 255 für Automatisch (Standardeinstellung) eingestellt sein.
2133	Sie können ein Formular (oder einen Bericht) nicht in sich selbst anordnen. Geben Sie ein anderes Formular oder einen anderen Bericht an, das bzw. der als Unterformular bzw. Unterbericht fungieren soll.
2134	Die Eigenschaft Breite (Width) muss auf einen Wert von 0 bis 22 eingestellt sein.
2135	Diese Eigenschaft ist schreibgeschützt und kann daher nicht eingestellt werden.
2136	Damit Sie diese Eigenschaft einstellen können, müssen Sie das Formular bzw. den Bericht in der Entwurfsansicht öffnen. Weitere Informationen zu dieser Eigenschaft finden Sie im Hilfe-Index unter dem Namen der Eigenschaft.
2137	Sie können momentan 'Suchen' oder 'Ersetzen' nicht verwenden. Die Felder können aus einem der folgenden Gründe nicht durchsucht werden:* Sie sind Steuerelemente (z.B. Schaltflächen oder OLE-Objekte).* Die Felder enthalten keine Daten.* Es gibt keine Felder, in denen gesucht werden kann.
2138	Sie können in dem Feld nicht nach dem angegebenen Wert suchen. Versuchen Sie den Suchvorgang erst dann erneut, wenn Sie den Fehler in der vorherigen Fehlermeldung beseitigt haben.
2139	Sie können den aktuellen Wert des Feldes nicht durch den als Ersatz angegebenen Text ersetzen. Beseitigen Sie alle Fehler, bevor Sie mit dem Ersetzen fortfahren.
2140	*Datenbankname* kann die Änderungen, die Sie während des Ersetzungsvorgangs an dem Datensatz vorgenommen haben, aus dem Grund nicht speichern, der in der vorherigen Fehlermeldung genannt wurde. Klicken Sie im Menü 'Bearbeiten' auf 'Rückgängig: Aktueller Datensatz', oder geben Sie einen neuen Wert in das Feld ein.
2141	*Datenbankname* kann den Text nicht finden, den Sie im Textfeld 'Suchen nach' angegeben haben.
2142	Die Aktion SuchenDatensatz (FindRecord) benötigt das Argument 'Suchen nach'. Sie haben versucht, ein Makro auszuführen, das auf eine der Eigenschaften des aktuellen Feldes eingestellt ist, haben aber keinen Wert für das Argument 'Suchen nach' angegeben. Sobald Sie auf 'OK' klicken, wird das Dialogfeld 'Aktion ist fehlgeschlagen' eingeblendet, in dem der Name und die Argumente des Makros angezeigt werden. Geben Sie im Makrofenster einen Text oder Ausdruck für das Argument 'Suchen nach' an, und starten Sie den Suchvorgang erneut.
2143	Sie haben für eine SuchenDatensatz-Aktion keine Suchkriterien angegeben. Wechseln Sie ins Makrofenster, und fügen Sie vor der SuchenWeiter-Aktion eine SuchenDatensatz-Aktion ein.
2144	Die Eigenschaft Zeilenanzahl (ListRows) muss auf einen Wert von 1 bis 255 eingestellt sein.
2145	Die Eigenschaft 'Spaltenbreiten' (ColumnWidths) muss für jede Spalte einer Liste oder eines Kombinationsfeldes auf einen Wert von 0 bis 55,87 cm (22 Zoll) eingestellt sein. Wenn Sie die Einstellungen mehrerer Spalten angeben, müssen Sie die zugehörigen Zahlen entweder durch Semikolons oder das Listentrennzeichen trennen. Listentrennzeichen sind in der Systemsteuerung von Windows unter 'Ländereinstellungen' festgelegt.
2146	*Datenbankname* kann die letzte Änderung aus dem Grund nicht speichern, der in der vorherigen Fehlermeldung genannt wurde. Es kann z.B. sein,

Error-Code	ErrorString
	dass Sie einen Duplikatwert in ein indiziertes Feld eingegeben haben, wobei der Index keine Duplikatwerte zulässt. Klicken Sie im Menü 'Bearbeiten' auf 'Rückgängig', oder geben Sie einen neuen Wert in das Feld ein.
2147	Damit Sie Steuerelemente erstellen oder löschen können, müssen Sie sich in der Entwurfsansicht befinden.
2148	Die Zahl, mit der Sie auf einen Formular- oder Berichtsbereich verweisen, ist ungültig. Stellen Sie sicher, dass diese Zahl kleiner ist als die Anzahl der Abschnitte des Formulars oder Berichts.
2149	Die Konstante, die Sie für den Steuerelementtyp eingegeben haben, ist unzulässig. Klicken Sie auf 'Hilfe', um eine Liste der zulässigen Konstanten anzuzeigen, mit denen Sie Steuerelemente erstellen können.
2150	Dieses Steuerelement kann aufgrund seines Typs keine anderen Steuerelemente enthalten.
2151	Das übergeordnete Steuerelement kann kein Steuerelement enthalten, das den von Ihnen gewählten Typ hat. Dies ist z.B. der Fall, wenn Sie mit einer CreateControl-Funktion eine Optionsgruppe als übergeordnetes Objekt (Hauptobjekt) eines Textfeldes festgelegt haben.
2152	Sie können Gruppenebenen nur für Berichte, nicht für Formulare einstellen.
2153	Sie können maximal 10 Gruppenebenen angeben.
2154	Sie können diese Funktion nicht aufrufen, wenn das Fenster 'Sortieren und Gruppieren' geöffnet ist.
2155	*Datenbankname* ist beim Kompilieren des Visual Basic-Codes auf einen Fehler gestoßen. Sie sind nicht berechtigt, Code zu bearbeiten. Teilen Sie diesen Fehler einer Person mit, die die entsprechenden Berechtigungen besitzt.
2156	*Datenbankname* ist beim Kompilieren des Visual Basic-Codes auf einen Fehler gestoßen. Soll der Fehler im Zusammenhang angezeigt werden?
2157	Die Summe aus dem oberen und dem unteren Rand sowie der Höhe des Seitenkopfes und -fußes ist größer als die Länge der Seite, die Sie bedrucken möchten.
2158	Sie können die Print-Methode und die Grafikmethoden für Berichte (Circle, Line, PSet und Scale) nur in einer Ereignisprozedur oder in einem Makro einsetzen, die bzw. das der Eigenschaft BeimDrucken (OnPrint), BeimFormatieren (OnFormat) oder BeiSeite (OnPage) zugeordnet ist.
2159	Es ist nicht genügend Arbeitsspeicher verfügbar, um die Print-Methode oder eine der Grafikmethoden für Berichte (Circle, Line, PSet und Scale) zu initialisieren. Schließen Sie nicht benötigte Programme und versuchen Sie erneut, den Bericht zu drucken oder in der Seitenansicht anzuzeigen. Weitere Informationen, wie Arbeitsspeicher freigegeben werden kann, finden Sie in der Hilfe für Microsoft Windows unter 'Arbeitsspeicher, Problembehebung'.
2160	*Datenbankname* konnte das Grafikelement oder den Text nicht erstellen. Beim Initialisieren der Print-Methode oder einer der Grafikmethoden für Berichte (Circle, Line, PSet und Scale) ist ein Fehler aufgetreten. Schließen Sie nicht benötigte Programme und versuchen Sie erneut, den Bericht zu drucken oder in der Seitenansicht anzuzeigen. Weitere Informationen, wie Arbeitsspeicher freigegeben werden kann, finden Sie in der Hilfe für Microsoft Windows unter 'Arbeitsspeicher, Problembehebung'.
2161	Der von Ihnen eingegebene Text oder Ausdruck hat einen Datentyp, der nicht zu dem Typ der Daten paßt, die Sie durchsuchen. Sie müssen entweder den Text bzw. Ausdruck umdefinieren oder in einem anderen Feld suchen.

Error-Code	ErrorString
2162	Ein Makro, das einer der Eigenschaften des aktuellen Feldes zugeordnet ist, konnte wegen eines Fehlers in einem Argument der SuchenDatensatz-Aktion (FindRecord) nicht ausgeführt werden. Stellen Sie im Makrofenster das Argument 'Wie formatiert' auf 'Ja' ein. Soll das Argument auf 'Nein' eingestellt bleiben, müssen Sie die folgenden Schritte ausführen:* Stellen Sie das Argument 'Groß-/Klein beachten' auf 'Nein' ein.* Stellen Sie das Argument 'Aktuelles Feld' auf 'Ja' ein.* Sorgen Sie dafür, dass die Suche in einem gebundenen Steuerelement erfolgt.
2163	Sie haben in einem Makro für eine GeheZuSeite-Aktion oder eine GoToPage-Methode eine Seitennummer als Argument verwendet, die es in diesem Formular nicht gibt.
2164	Sie können ein Steuerelement nicht deaktivieren, solange es den Fokus hat.
2165	Sie können ein Steuerelement nicht ausblenden, solange es den Fokus hat.
2166	Sie können ein Steuerelement nicht sperren, solange es ungespeicherte Änderungen hat.
2167	Diese Eigenschaft kann nicht geändert werden, da sie schreibgeschützt ist.
2169	Sie können dieses Objekt momentan nicht speichern. Möglicherweise ist *Datenbankname* bei dem Versuch, einen Datensatz zu speichern, auf einen Fehler gestoßen. Wenn Sie dieses Objekt jetzt schließen, gehen die von Ihnen vorgenommenen Änderungen verloren. Möchten Sie das Datenbankobjekt trotzdem schließen?
2170	Es steht nicht genügend Arbeitsspeicher zur Verfügung, um Daten für dieses Listenfeld abzurufen. Schließen Sie nicht benötigte Programme. Schließen Sie danach das aktive Formular, öffnen Sie dieses erneut, und klicken Sie auf das Listenfeld. Weitere Informationen, wie Arbeitsspeicher freigegeben werden kann, finden Sie in der Hilfe für Microsoft Windows unter 'Arbeitsspeicher, Problembehebung'.
2171	Ein Hauptformular kann nur Unterformulare umfassen, die maximal sieben Ebenen tief verschachtelt sind. Löschen Sie das Unterformular, das sich auf der achten Ebene befindet.
2172	Sie können weder eine SQL Pass-Through-Abfrage noch eine Kreuztabellenabfrage, für die keine Spaltenüberschriften festgelegt sind, als Datensatzquelle eines Unterformulars oder Unterberichts verwenden. Bevor Sie das Unterformular oder den Unterbericht mit einer Kreuztabellenabfrage verknüpfen, müssen Sie die Eigenschaft FixierteSpaltenüberschriften (ColumnHeadings) der Abfrage einstellen.
2173	Das Makro versucht, das Steuerelement 'l' zu durchsuchen. Dieses Steuerelement kann nicht durchsucht werden. Sie haben folgende Möglichkeiten:* Setzen Sie eine GeheZuSteuerelement-Aktion (GoToControl) vor die SuchenDatensatz-Aktion (FindRecord).* Ändern Sie das Argument 'Suchbereich' der SuchenDatensatz-Aktion (FindRecord) von 'Aktuelles Feld' in 'Alle Felder'.* Setzen Sie den Fokus auf ein Steuerelement, das durchsucht werden kann.
2174	Sie können momentan nicht zu einer anderen Ansicht wechseln. Es wurde Code ausgeführt, als Sie versucht haben, die Ansicht zu wechseln. Wenn Sie momentan Programmfehler suchen (debuggen), müssen Sie die Fehlersuche beenden, bevor Sie die Ansicht wechseln.
2175	Es steht nicht genügend freier Arbeitsspeicher zur Verfügung, um den Suchvorgang fortzusetzen. Schließen Sie nicht benötigte Programme und wiederholen Sie den Suchvorgang. Weitere Informationen, wie Arbeitsspeicher freigegeben werden kann, finden Sie in der Hilfe für Microsoft Windows unter 'Arbeitsspeicher, Problembehebung'.
2176	Die Einstellung dieser Eigenschaft ist zu lang. Sie können für diese Eigenschaft entsprechend des Datentyps entweder bis zu 255 oder bis zu 2.048 Zeichen eingeben.
2177	Sie können keinen Bericht in ein Formular einfügen. Ein Bericht kann nur in einen Bericht eingefügt werden.
2178	Sie können momentan keinen weiteren Bereich hinzufügen. Die maximale Gesamtlänge aller Bereiche eines Berichts einschließlich der Bereichsköpfe beträgt 508 cm (200 Zoll). Sie können den neuen Bereich erst hinzufügen, nachdem Sie mindestens einen Bereich gelöscht oder gekürzt haben.
2181	Sie können in einem Formular nicht nach einem berechneten Feld sortieren. Nur in einer Abfrage können Sie nach einem berechneten Feld sortieren. Erstellen Sie innerhalb einer Abfrage ein berechnetes Feld, sortieren Sie das Feld, und verwenden Sie die Abfrage als Basis des Formulars. Da die Abfrage ausgeführt werden muss, bevor das Formular geöffnet wird, dauert das Öffnen des Formulars etwas länger.
2182	Sie können nicht nach diesem Feld sortieren.
2183	*Datenbankname* kann den gewünschten Objekttyp nicht erstellen. Sie versuchen entweder ein Formular aus einem Bericht zu erstellen, der als Text gespeichert wurde, oder Sie versuchen, einen Bericht aus einem gespeicherten Formular zu erstellen.
2184	Der Wert, der für die Eigenschaft Reihenfolgenposition (TabIndex) angegeben wurde, ist nicht zulässig. Gültige Werte sind 0 bis l.
2185	Sie können die Eigenschaften oder Methoden eines Steuerelements nur dann auswerten, wenn das Steuerelement den Fokus hat. Sie haben folgende Möglichkeiten:* Setzen Sie den Fokus auf das Steuerelement, bevor Sie die Eigenschaft ansprechen. In Visual Basic-Code verwenden Sie die SetFocus-Methode. In einem Makro verwenden Sie die GeheZuSteuerelement-Aktion.* Verwenden Sie für das Auswerten oder Einstellen der Eigenschaft ein Makro oder eine Ereignisprozedur, das bzw. die ausgeführt wird, sobald für das Steuerelement das Ereignis Fokuserhalt (GotFocus) eingetreten ist.
2186	Diese Eigenschaft steht in der Entwurfsansicht nicht zur Verfügung. Wechseln Sie in die Formularansicht, um auf diese Eigenschaft zugreifen zu können, oder löschen Sie den Verweis auf die Eigenschaft.
2187	Diese Eigenschaft steht nur in der Entwurfsansicht zur Verfügung.
2188	Das Objekt, das aus Text geladen werden soll, hat einen für die Eigenschaft 'l1' unzulässigen Wert auf einem l2.
2189	Entweder enthält Ihr Code einen Syntaxfehler, oder eine von Ihnen benötigte *Datenbankname*-Funktion ist nicht verfügbar. Sofern die Syntax korrekt ist, sollten Sie in der Windows-Registrierung im Abschnitt *Datenbankname* den Teilschlüssel 'Control Wizards' oder den Schlüssel 'Libraries' daraufhin prüfen, ob die von Ihnen benötigten Einträge aufgeführt und verfügbar sind. Sind die Einträge korrekt, müssen Sie das *Datenbankname*-Add-In 'Utility.mda' oder die Datei 'acwzlib.mde' korrigieren. Führen Sie entweder *Datenbankname*-Setup oder Microsoft Office Setup aus, um *Datenbankname* erneut zu installieren. Löschen Sie vorher die Registrierungsschlüssel für das *Datenbankname*-Add-In 'Utility.mda' und die Datei 'acwzlib.mde'.
2190	Diese Eigenschaft wurde durch eine neue Eigenschaft ersetzt. Verwenden Sie statt der alten die neue Eigenschaft.
2191	Sie können die Eigenschaft l nicht mehr einstellen, nachdem Sie einen Druckvorgang gestartet haben. Versuchen Sie, diese Eigenschaft bei Eintreten des Ereignisses BeimÖffnen (OnOpen) einzustellen.

Error-Code	ErrorString
2192	Die von Ihnen angegebene Bitmap-Datei liegt nicht im Format geräteunabhängiger Bitmap-Dateien (.dib) vor. Sie haben versucht, die PictureData-Eigenschaft eines Formular-, Bericht-, Schaltflächen- oder Bild-Steuerelements einzustellen.
2193	Entweder der linke Rand oder der rechte Rand oder beide Ränder sind breiter als eine Papierseite der Größe, die im Dialogfeld 'Druckereinrichtung' angegeben ist.
2194	Sie können die PictureData-Eigenschaft nicht in der Datenblattansicht einstellen. Die für diese Eigenschaft zulässigen Einstellungen finden Sie im Hilfe-Index unter 'PictureData-Eigenschaft'.
2195	Der von Ihnen eingegebene Bereichsname entspricht nicht den Regeln, nach denen in *Datenbankname* Objekte benannt werden.
2196	*Datenbankname* kann den Wert dieser Eigenschaft nicht lesen. Die Eigenschaft steht in der Ansicht, in der Sie das Makro oder den Visual Basic-Code ausführen, nicht zur Verfügung, oder *Datenbankname* hat beim Abrufen des Werts der Eigenschaft einen Fehler entdeckt. Die für diese Eigenschaft zulässigen Einstellungen finden Sie im Hilfe-Index unter dem Namen der Eigenschaft.
2197	Sie können die Eigenschaft 'Quellobjekt' (Source-Object) eines Steuerelements eines Unterformulars nicht auf eine Zeichenfolge der Länge Null einstellen, wenn Sie das Hauptformular in der Formularansicht anzeigen. Sie können diese Eigenschaft aus der Entwurfsansicht, Datenblattansicht oder Seitenansicht auf Null einstellen.
2200	Die von Ihnen eingegebene Zahl ist ungültig.
2201	Beim Abrufen von Druckerinformationen für den Drucker I1 auf I2 ist ein Problem aufgetreten. Möglicherweise wurde das Objekt für einen Drucker gespeichert, der nicht verfügbar ist.
2202	Sie müssen einen Standarddrucker festlegen, bevor Sie gestalten, drucken oder Seitenansichten anzeigen können. Um einen Drucker zu installieren, zeigen Sie auf Einstellungen im Windows Startmenü, klicken Sie auf Drucker und doppelklicken Sie auf 'Neuer Drucker'. Folgen Sie den Anweisungen des Assistenten.
2203	Die DLL-Datei (Dynamic-Link Library) Commdlg hat einen Fehler entdeckt: Fehlercode '0xI'. Eventuell ist der Druckertreiber des gewählten Druckers falsch installiert. Informationen, wie in Microsoft Windows ein anderer Drucker gewählt oder der momentan gewählte Drucker neu installiert wird, finden Sie in der Hilfe für Windows unter 'Drucker-Setup'.
2204	Der Treiber des Standarddruckers ist nicht korrekt installiert. Informationen, wie der jeweilige Standarddrucker festgelegt werden kann, finden Sie in der Hilfe für Microsoft Windows unter 'Standarddrucker, Einstellung'.
2205	Der Treiber des Standarddruckers ist nicht korrekt installiert. Informationen, wie der jeweilige Standarddrucker festgelegt werden kann, finden Sie in der Hilfe für Microsoft Windows unter 'Standarddrucker, Einstellung'.
2206	Die von Ihnen eingegebene Seitennummer ist unzulässig. Dies ist z.B. der Fall, wenn Sie eine negative Nummer oder einen unzulässigen Bereich (etwa 6 bis 3) eingegeben haben.
2207	*Datenbankname* kann keine Makros drucken. Sie haben versucht, die Drucken-Aktion oder die Print-Methode zu verwenden. Das aktive Objekt ist jedoch ein Makro. Wenn Sie ein Objekt drucken möchten, das kein Makro ist, müssen Sie die AuswählenObjekt-Aktion oder die SelectObject-Methode verwenden, um das gewünschte Objekt zu markieren, bevor Sie die Drucken-Aktion ausführen.
2210	*Datenbankname* kann die Seite weder drucken noch in der Seitenansicht anzeigen, da Sie für die Seitengröße eine Länge angegeben haben, die
2211	größer als 57,79 cm (22,75 Zoll) ist. *Datenbankname* kann das Testfenster weder drucken noch in der Seitenansicht anzeigen.
2212	*Datenbankname* konnte Ihr Objekt nicht drucken. Prüfen Sie, ob der angegebene Drucker verfügbar ist. Informationen, wie der jeweilige Standarddrucker festgelegt werden kann, finden Sie im Hilfe-Index von Windows unter 'Standarddrucker, Einstellung'.
2220	*Datenbankname* kann die Datei 'I' nicht öffnen.
2221	Der Text ist zu lang, um bearbeitet werden zu können.
2222	Dieses Steuerelement ist schreibgeschützt und kann daher nicht geändert werden.
2223	Der Dateiname 'I' ist zu lang. Geben Sie einen Dateinamen ein, der höchstens 256 Zeichen lang ist.
2225	Es war nicht möglich, die Zwischenablage zu öffnen. Die Zwischenablage reagiert wahrscheinlich deshalb nicht, weil sie von einer anderen Anwendung verwendet wird. Schließen Sie alle anderen Anwendungen, und führen Sie den Vorgang erneut aus.
2226	Die Zwischenablage reagiert nicht. *Datenbankname* kann den Einfügevorgang daher nicht ausführen. * Die Zwischenablage wird möglicherweise von einer anderen Anwendung verwendet.* Für den Einfügevorgang steht möglicherweise nicht genügend freier Arbeitsspeicher zur Verfügung. Schließen Sie alle anderen Anwendungen, und versuchen Sie dann nochmals, zu kopieren und einzufügen.
2227	Die Daten auf der Zwischenablage sind beschädigt. *Datenbankname* kann den Einfügevorgang daher nicht ausführen. Entweder liegt ein Fehler in der Zwischenablage vor, oder es steht nicht genügend Arbeitsspeicher zur Verfügung. Versuchen Sie nochmals, den Vorgang auszuführen.
2229	Ein OLE-Server kann nicht gestartet werden. Sie haben versucht, ein Formular, einen Bericht oder ein Datenblatt einzusetzen, das ein OLE-Objekt enthält, aber der zugehörige OLE-Server (die Anwendung, mit der das Objekt erstellt wurde) ist möglicherweise nicht richtig registriert. Installieren Sie den OLE-Server erneut, damit er richtig registriert wird.
2234	OLE-Objekt kann nicht eingefügt werden.
2237	Der von Ihnen eingegebene Text ist kein Element der Liste. Wählen Sie ein Element der Liste aus, oder geben Sie Text ein, der mit einem der aufgelisteten Elemente übereinstimmt.
2239	Die Datenbank 'I' muss entweder repariert werden oder ist keine *Datenbankname*-Datenbankdatei. Eventuell haben Sie *Datenbankname* nicht vorschriftsmäßig beendet, während die Datenbank geöffnet war. Um die Datenbank zu reparieren, klicken Sie auf das Menü 'Extras'; zeigen Sie auf 'Datenbank-Dienstprogramme'; und klicken Sie auf 'Datenbank reparieren'. Falls die Datenbank nicht repariert werden kann, ist die .mdb-Datei unbrauchbar. Stellen Sie die Datenbank anhand einer Sicherungskopie wieder her, oder erstellen Sie eine neue Datenbank.
2243	Die in der Zwischenablage befindlichen Daten sind nicht auswertbar. *Datenbankname* kann das OLE-Objekt nicht einfügen.
2244	Der Dateiname, den Sie für die Bild-Eigenschaft (Picture) einer Befehlsschaltfläche oder Umschaltfläche angegeben haben, kann nicht gelesen werden. * Die von Ihnen angegebene Datei ist möglicherweise beschädigt. Stellen Sie die Datei anhand einer Sicherungskopie wieder her, oder erstellen Sie die Datei neu.* Die Festplatte, auf der sich die Datei befindet, kann möglicherweise nicht gelesen werden.
2245	Die von Ihnen angegebene Datei enthält keine Daten, die für ein Symbol zulässig sind. Geben Sie eine gültige Symboldatei an.

Error-Code	ErrorString
2246	*Datenbankname* kann die Abfrage kann nicht ausführen, da die Parameterwerte zu umfangreich sind. Die Gesamtlänge aller als Parameter angegebenen Werte darf 1.024 Zeichen nicht überschreiten.
2260	Beim Senden von Daten an den OLE-Server (die Anwendung, mit der das Objekt erstellt wurde) ist ein Fehler aufgetreten. * Sie haben möglicherweise versucht, zu viele Daten zu senden. Wenn Sie ein Diagramm erstellen, das auf einer Abfrage basiert, sollten Sie die Abfrage dahingehend ändern, dass sie weniger Daten abruft. Basiert das Diagramm auf einer Tabelle, sollten Sie als Diagrammbasis statt dessen eine Abfrage verwenden, so dass Sie die Menge der abgerufenen Daten einschränken können.* Sie setzen möglicherweise einen OLE-Server ein, der das für die Zwischenablage verwendete Format nicht unterstützt.* Der OLE-Server konnte eventuell nicht gestartet werden, da er nicht richtig registriert ist. Sie sollten ihn neu installieren, um ihn zu registrieren.* Ihr Computer hat möglicherweise nicht mehr genügend freien Arbeitsspeicher. Schließen Sie einige Fenster, um Teile des Arbeitsspeichers wieder freizugeben, oder starten Sie Microsoft Windows neu.
2262	Dieser Wert muss eine Zahl sein.
2263	Diese Zahl ist zu groß.
2264	*Datenbankname* hat die Maßeinheit nicht erkannt. Geben Sie eine unterstützte Einheit ein, wie z.B. Zoll (in) oder Zentimeter (cm).
2265	Es muss eine Maßeinheit angegeben werden, z.B. Zoll (in) oder Zentimeter (cm).
2266	'I' ist möglicherweise nicht als Einstellung der Eigenschaft Herkunftstyp (RowSourceType) zulässig. Klicken Sie auf 'Hilfe', wenn Sie Informationen darüber wünschen, welche Einstellungen für die Eigenschaft Herkunftstyp (RowSourceType) zulässig sind.
2267	Es ist nicht genügend Speicherplatz verfügbar, um die für das Drucken erforderliche temporäre Pufferdatei zu erstellen. Geben Sie Speicherplatz frei, um Platz für die temporäre Pufferdatei zu schaffen.
2269	Einige Bibliotheksdatenbanken konnten nicht geladen werden, da zu viele angegeben waren. Klicken Sie auf 'Verweise' im Menü 'Extras', um die Verweise auf Bibliotheksdatenbanken zu ändern.
2272	Die Option 'Datenaktualisierungsintervall' muss auf einen Wert von 0 bis 1000 Millisekunden eingestellt werden.
2273	Die Option 'Anzahl der Datenaktualisierungsversuche' muss auf einen Wert von 0 bis 10 eingestellt werden.
2274	Die Datenbank 'I' ist bereits als Bibliotheksdatenbank geöffnet.
2275	Die von dem Generator zurückgegebene Zeichenfolge ist zu lang. Die Zeichenfolge wird gekürzt.
2276	Der von Ihnen momentan eingesetzte Zusatzgenerator hat einen Fehler verursacht, indem er den Fokus in ein anderes Fenster verschoben hat. Geben Sie einen Wert ein, ohne dafür den Generator einzusetzen.
2277	Fehler bei der Initialisierung der Schriftart.
2278	*Datenbankname* kann die Änderungen, die Sie an diesem gebundenen OLE-Objekt vorgenommen haben, nicht speichern. Sie sind entweder nicht berechtigt, in den Datensatz zu schreiben, in dem das Objekt gespeichert ist; oder ein anderer Benutzer hat den Datensatz gesperrt. Kopieren Sie das Objekt in die Zwischenablage (markieren Sie das Objekt, und klicken Sie im Menü 'Bearbeiten' auf 'Kopieren'), und klicken Sie dann im Menü 'Bearbeiten' auf 'Rückgängig: Aktuelles Feld/aktueller Datensatz'. Danach können Sie die Anwendung öffnen, mit der das Objekt erstellt wurde, das Objekt einfügen und es speichern.

Error-Code	ErrorString
2279	Für dieses Feld ist die folgende Eingabemaske angegeben: 'I'. Der von Ihnen eingegebene Wert paßt nicht zu dieser Eingabemaske.
2280	Sie haben zu der Windows-Registrierung mehr Ausgabeformate hinzugefügt, als *Datenbankname* initialisieren kann. Einige Formate werden nicht verfügbar sein. Entfernen Sie die Formate, die Sie vermutlich nie oder am seltensten einsetzen werden.
2281	Die Formate, mit denen Sie Daten als Microsoft Excel-Datei, als Datei im Rich Text Format oder als MS-DOS-Textdatei speichern können, fehlen entweder in der Windows-Registrierung oder sind dort nicht richtig registriert. Installieren Sie *Datenbankname* mit Setup neu, oder nehmen Sie die Korrekturen, die in der Registrierung an den Einstellungen vorgenommen werden müssen, selbst vor. Klicken Sie auf 'Hilfe', wenn Sie weitere Informationen wünschen.
2282	Die Formate, mit denen Sie Daten als Microsoft Excel-Datei, als Datei im Rich Text Format oder als MS-DOS-Textdatei speichern können, fehlen entweder in der Windows-Registrierung oder sind dort nicht richtig registriert. Installieren Sie *Datenbankname* mit Setup neu, oder nehmen Sie die Korrekturen, die in der Registrierung an den Einstellungen vorgenommen werden müssen, selbst vor. Klicken Sie auf 'Hilfe', wenn Sie weitere Informationen wünschen.
2283	Unzulässige Formatangabe für 'I'. Sie können solange keine Ausgabedaten in einer Datei speichern, die dieses Format hat, bis Sie in der Windows-Registrierung die Einstellung des Formats korrigiert haben. Installieren Sie *Datenbankname* mit Setup neu, oder nehmen Sie die Korrektur, die in der Registrierung an der Einstellung vorgenommen werden muss, selbst vor. Klicken Sie auf 'Hilfe', wenn Sie weitere Informationen wünschen.
2284	*Datenbankname* kann nicht in die Datei schreiben. * Das Netzwerk ist möglicherweise ausgefallen. Warten Sie bis das Netzwerk wieder funktioniert, und führen Sie den Vorgang erneut aus.* Es ist eventuell nicht mehr genügend freier Arbeitsspeicher verfügbar. Schließen Sie einige *Datenbankname*-Fenster, schließen Sie andere Anwendungen, oder starten Sie Microsoft Windows neu. Versuchen Sie dann erneut, den Vorgang auszuführen.
2285	*Datenbankname* kann die Ausgabedatei nicht erstellen. * Auf dem Ziellaufwerk steht möglicherweise nicht mehr genügend Speicherplatz zur Verfügung.* Das Netzwerk ist möglicherweise ausgefallen. Warten Sie bis das Netzwerk wieder funktioniert, und führen Sie den Vorgang erneut aus.* Es ist eventuell nicht mehr genügend freier Arbeitsspeicher verfügbar. Schließen Sie einige *Datenbankname*-Fenster, schließen Sie andere Anwendungen, oder starten Sie Microsoft Windows neu. Versuchen Sie dann erneut, den Vorgang auszuführen.
2286	*Datenbankname* kann nicht in die Datei schreiben. * Das Netzwerk ist möglicherweise ausgefallen. Warten Sie bis das Netzwerk wieder funktioniert, und führen Sie den Vorgang erneut aus.* Es ist eventuell nicht mehr genügend freier Arbeitsspeicher verfügbar. Schließen Sie einige *Datenbankname*-Fenster, schließen Sie andere Anwendungen, oder starten Sie Microsoft Windows neu. Versuchen Sie dann erneut, den Vorgang auszuführen.
2287	*Datenbankname* kann keine E-Mail-Sitzung öffnen. Prüfen Sie, ob Ihre E-Mail-Anwendung korrekt arbeitet.
2288	*Datenbankname* kann das Format 'I' nicht laden. Die Einstellung, die für dieses Format in der Windows-Registrierung steht, ist nicht korrekt. Sie können keine Ausgabedaten in einer Datei spei-

Error-Code	ErrorString
	chern, die dieses Format hat, bis Sie in der Windows-Registrierung die Einstellung des Formats korrigiert haben. Installieren Sie *Datenbankname* mit Setup neu, oder nehmen Sie die Korrektur, die in der Registrierung an der Einstellung vorgenommen werden muss, selbst vor. Klicken Sie auf 'Hilfe', wenn Sie weitere Informationen wünschen.
2289	*Datenbankname* kann das Modul nicht im geforderten Format ausgeben.
2290	Die Nachricht hat zu viele Empfänger. Die Nachricht wurde nicht gesendet.
2291	Die Nachricht hat zu viele Anlagen. Die Nachricht wurde nicht gesendet.
2292	Der Text der Nachricht ist zu lang. Die Nachricht wurde nicht gesendet.
2293	Die Nachricht kann aus dem Grund nicht gesendet werden, der in der vorherigen Warnung angegeben wurde. Lösen Sie zunächst das Problem, bevor Sie erneut versuchen, die Nachricht zu senden.
2294	*Datenbankname* kann das Objekt nicht als Anlage anfügen. Die Nachricht wurde nicht gesendet. * Das Netzwerk ist möglicherweise ausgefallen. Warten Sie solange, bis das Netzwerk wieder funktioniert, und führen Sie den Vorgang erneut aus.* Es ist möglicherweise nicht mehr genügend freier Arbeitsspeicher verfügbar. Schließen Sie einige *Datenbankname*-Fenster, schließen Sie andere Anwendungen, oder starten Sie Microsoft Windows neu. Versuchen Sie dann erneut, den Vorgang auszuführen.
2295	Unbekannte Empfänger der Nachricht. Die Nachricht wurde nicht gesendet.
2296	Das Kennwort ist ungültig. Die Nachricht wurde nicht gesendet.
2297	Es kann keine E-Mail-Sitzung geöffnet werden. Es ist möglicherweise nicht mehr genügend freier Arbeitsspeicher verfügbar. Schließen Sie einige *Datenbankname*-Fenster, schließen Sie andere Anwendungen, oder starten Sie Microsoft Windows neu. Versuchen Sie dann erneut, den Vorgang auszuführen. Außerdem sollten Sie prüfen, ob Ihre E-Mail-Anwendung korrekt arbeitet.
2298	*Datenbankname* kann den Assistenten, den Generator oder das Add-In nicht starten. * Die Bibliotheksdatenbank, die den Assistenten, den Generator oder das Add-In enthält, ist möglicherweise nicht installiert. Zeigen Sie im Menü 'Extras' auf 'Add-Ins', und klicken Sie dann auf 'Add-In-Manager', um sehen zu können, ob die Bibliotheksdatenbank installiert ist.* Der Code des Assistenten, des Generators oder des Add-Ins ist möglicherweise nicht kompiliert, und *Datenbankname* kann ihn nicht kompilieren. Eventuell gibt es in dem Code einen Syntaxfehler.* Der in der Windows-Registrierung stehende Schlüssel des Add-Ins ist möglicherweise falsch.
2299	*Datenbankname* kann das Zoom-Fenster nicht öffnen. Das *Datenbankname*-Add-In 'Utility.mda' fehlt oder wurde geändert. Führen Sie das Setup-Programm von Microsoft Access oder Microsoft Office erneut aus, um *Datenbankname* und das *Datenbankname*-Add-In 'Utility.mda' neu zu installieren.
2300	*Datenbankname* kann keine Daten ausgeben, da Sie zu viele Steuerelemente mit unterschiedlichen Formaten, wie z.B. Farbe und Schriftart, ausgewählt haben. Wählen Sie weniger Steuerelemente aus, und führen Sie den Vorgang erneut aus.
2301	Es sind nicht genügend Systemressourcen verfügbar, um die Daten auszugeben. Schließen Sie einige *Datenbankname*-Fenster, schließen Sie andere Anwendungen, oder starten Sie Microsoft Windows neu. Danach können Sie erneut versuchen, die Daten auszugeben.
2302	*Datenbankname* kann die Ausgabedaten nicht in der Datei speichern, die Sie angegeben haben. * Die

Error-Code	ErrorString
	Datei ist eventuell geöffnet. Ist dies der Fall, müssen Sie die Datei schließen. Danach können Sie die Ausgabedaten in der Datei speichern.* Falls Sie eine Vorlage verwenden, sollten Sie sicherstellen, dass diese existiert.* Für den Fall, dass die Datei nicht geöffnet ist, sollten Sie prüfen, ob noch genügend Speicherplatz verfügbar ist.
2303	Es können momentan keine Daten ausgegeben werden. * Das Netzwerk ist möglicherweise ausgefallen. Warten Sie solange, bis das Netzwerk wieder funktioniert, und führen Sie den Vorgang erneut aus.* Es steht Ihnen eventuell nicht mehr genügend Speicherplatz zur Verfügung. Geben Sie Teile des Speicherplatzes frei, und versuchen Sie dann erneut, den Vorgang auszuführen.
2304	*Datenbankname* kann die Ausgabedaten nicht in der angegebenen Datei speichern. Prüfen Sie, ob auf dem Ziellaufwerk genügend Speicherplatz verfügbar ist.
2305	Die Ausgabe enthält mehr Spalten, als die Beschränkungen zulassen, die im Ausgabeformat oder von *Datenbankname* festgelegt sind.
2306	Die Ausgabe enthält mehr Zeilen, als die Beschränkungen zulassen, die im Ausgabeformat oder von *Datenbankname* festgelegt sind.
2307	Sie haben entweder keine Daten ausgewählt, oder das von Ihnen ausgewählte Objekt ist leer.
2308	Diese Datei ist bereits vorhanden. Möchten Sie die vorhandene Datei ersetzen?
2309	Ungültiger Add-In-Eintrag für 'I'. In der Windows-Registrierung liegt bezüglich dieses Add-Ins ein Fehler vor. Korrigieren Sie die Einstellung, und starten Sie *Datenbankname* neu. Klicken Sie auf 'Hilfe', wenn Sie Informationen zu der Registrierung wünschen.
2311	Es ist nicht genügend Arbeitsspeicher verfügbar, um die NotInList-Ereignisprozedur auszuführen (Ereignis 'Bei Nicht in Liste').
2312	Die Verknüpfung 'I' muss neu erstellt werden. Möglicherweise fehlt die Datei, ist beschädigt oder liegt in einem älteren Format vor, das nicht gelesen werden kann.
2313	*Datenbankname* kann keine der in der Verknüpfung angegebenen Datenbanken 'I1' oder 'I2' finden. Erstellen Sie die Verknüpfung neu, und geben Sie dabei die richtigen Ordner der Datenbanken an.
2314	*Datenbankname* kann die in der Verknüpfung angegebene Datenbank 'I' nicht finden. Erstellen Sie die Verknüpfung neu, und geben Sie dabei den richtigen Ordner der Datenbank an.
2315	Die eingegebene Zeichenfolge ist zu lang.
2316	Diese Tabelle oder Abfrage kann nicht geöffnet werden, da sie keine sichtbaren Spalten hat. Dies ist der Fall, wenn die Tabelle oder Abfrage ausschließlich Systemspalten enthält, und die Option 'Einblenden Systemobjekte' deaktiviert ist. Um die Option 'Einblenden Systemobjekte' zu aktivieren, klicken Sie im Menü 'Extras' auf 'Optionen', klicken Sie auf die Registerkarte 'Ansicht', und aktivieren Sie das Kontrollkästchen 'Systemobjekte'.
2317	Die Datenbank 'I' kann nicht repariert werden oder ist keine *Datenbankname*-Datenbankdatei.
2319	*Datenbankname* kann das Objekt 'I' nicht importieren, solange es geöffnet ist.
2320	*Datenbankname* kann das Feld, für das Sie 'Bedingung' in die Zeile 'Funktion' eingegeben haben, nicht anzeigen. Deaktivieren Sie für dieses Feld das Kontrollkästchen 'Anzeigen'. Wenn Sie dagegen wünschen, dass dieses Feld angezeigt wird, müssen Sie es zweimal zum Abfrageentwurfsbereich hinzufügen. Geben Sie für das Feld, das im Abfrageergebnis angezeigt werden soll, nicht 'Bedingung' in der Zeile 'Funktion' an, und aktivieren Sie das Kontrollkästchen 'Anzeigen'.

Error-Code	ErrorString
2321	Kriterien können Sie erst festlegen, nachdem Sie in die Zeile 'Feld' entweder den Namen eines Feldes oder einen Ausdruck eingefügt haben. Fügen Sie entweder zu der Spalte den Namen eines der Felder hinzu, die in der Feldliste aufgeführt sind, und geben Sie einen Ausdruck ein, oder löschen Sie die Kriterien.
2322	Sie können nicht nach dem Sternchen (*) sortieren. Da das Sternchen alle Felder der zugrundeliegenden Tabelle oder Abfrage repräsentiert, können Sie nicht danach sortieren. Fügen Sie das Sternchen zusammen mit den Datensätzen, die Sie sortieren möchten, zum Abfrageentwurfsbereich hinzu, deaktivieren Sie für diese Datensätze das Kontrollkästchen 'Anzeigen', und geben Sie dann eine Sortierreihenfolge an.
2323	Sie können keine Kriterien für das Sternchen (*) angeben. Da das Sternchen alle Felder der zugrundeliegenden Tabelle oder Abfrage repräsentiert, können Sie keine Kriterien für es angeben. Fügen Sie das Sternchen zusammen mit den Namen der Felder, für die Sie Kriterien angeben möchten, zu dem Entwurfsbereich hinzu, und geben Sie dann die Kriterien an. Deaktivieren Sie im Abfrageentwurfsbereich bei allen Kriterienfeldern das Kontrollkästchen 'Anzeigen', bevor Sie die Abfrage ausführen.
2324	Sie können für das Sternchen (*) keine Berechnung durchführen. Da das Sternchen alle Felder der Tabelle repräsentiert, können Sie keine Berechnung dafür durchführen. Löschen Sie das Sternchen aus dem Abfrageentwurfsbereich. Fügen Sie danach alle Felder, die Sie verwenden wollen zum Entwurfsbereich hinzu und wählen Sie dann die Berechnungen aus, die für bestimmte Felder durchgeführt werden sollen.1202
2325	Der von Ihnen eingegebene Feldname überschreitet die 64-Zeichen-Grenze der VerknüpfenNach-Eigenschaft. Wenn Sie mit dem Befehl 'Beziehungen' (Menü 'Extras') eine Beziehung zwischen den Tabellen herstellen, die dem Formular bzw. dem Unterformular zugrundeliegen, verknüpft *Datenbankname* automatisch das Formular und das Unterformular und stellt die Eigenschaften VerknüpfenNach und VerknüpfenVon ein.
2326	Sie können für diese Spalte in der Zeile 'Funktion' weder 'Gruppierung' noch 'Ausdruck', noch 'Bedingung' angeben. Geben Sie für das Feld oder den Ausdruck, das bzw. den Sie als 'Wert' der Kreuztabelle festlegen, eine Aggregatfunktion an (z.B. Summe oder Anzahl). Für weitere Informationen zu Aggregatfunktionen, klicken Sie auf 'Hilfe'.
2327	In ein Feld, dessen Zeile 'Kreuztabelle' die Option 'Spaltenüberschrift' enthält, müssen Sie in die Zeile 'Funktion' die Option 'Gruppierung' eingeben. Die Werte, die aus dem Feld bzw. Ausdruck abgeleitet werden, das bzw. den Sie als Spaltenüberschrift festgelegt haben, werden dazu verwendet, Daten der Kreuztabellenabfrage zu gruppieren.
2328	Sie können für das Sternchen (*) keine Aktualisierungsabfrage ausführen. Da das Sternchen alle Felder der Tabelle repräsentiert, können Sie es nicht aktualisieren. Löschen Sie das Sternchen aus dem Abfrageentwurfsbereich. Fügen Sie danach die Felder zum Entwurfsbereich hinzu, die Sie aktualisieren möchten.
2329	Wenn Sie eine Kreuztabellenabfrage erstellen möchten, müssen Sie einmal oder mehrmals die Option 'Zeilenüberschrift', einmal die Option 'Spaltenüberschrift' und einmal die Option 'Wert' angeben.
2330	*Datenbankname* kann den Verknüpfungsausdruck I nicht in der Entwurfsansicht darstellen. * Felder wurden möglicherweise gelöscht oder umbenannt.* Mindestens einer der Feld- bzw. Tabellennamen, die in dem Verknüpfungsaudruck angegeben sind, ist

Error-Code	ErrorString
	eventuell falsch geschrieben.* In der Verknüpfung wird möglicherweise ein Operator verwendet (z.B. > oder <), der in der Entwurfsansicht nicht unterstützt wird.
2331	Sie müssen für mindestens eine der Zeilenüberschrift-Optionen, die Sie in die Zeile 'Kreuztabelle' eingegeben haben, in der Zeile 'Funktion' die Option 'Gruppierung' angeben.
2332	*Datenbankname* ist nicht in der Lage, die Felder anzupassen, die Sie unter Verwendung eines Sternchens (*) in der Anfügeabfrage angefügt haben. Da das Sternchen alle Felder der zugrundeliegenden Tabelle oder Abfrage repräsentiert, können Sie weder ein Sternchen zu einem Feld oder Ausdruck hinzufügen noch ein Feld oder einen Ausdruck zu einem Sternchen. Fügen Sie ein Sternchen zu einem Sternchen hinzu (z.B. eine Tabelle zu einer Tabelle), oder fügen Sie bestimmte Felder hinzu.
2333	Sie müssen den Namen der Tabelle angeben, die Sie erstellen oder an die Sie Datensätze anfügen. Sie haben versucht, eine Tabellenerstellungs- oder Anfügeabfrage zu definieren, ohne eine Zieltabelle anzugeben.
2334	*Datenbankname* kann 'I' nicht drucken, da sie eine Aktionsabfrage ist. Da Aktionsabfragen kein Recordset erstellen, können Sie keine Datenblattansicht einer Aktionsabfrage drucken. Sie erkennen eine Aktionsabfrage daran, dass im Datenbankfenster neben deren Abfragesymbol ein Ausrufezeichen (!) steht. Wenn Sie die Datenblattansicht der Datensätze drucken möchten, die von der Abfrage ausgewählt werden, müssen Sie die Abfrage in der Entwurfsansicht anzeigen, auf die Schaltfläche 'Datenblattansicht' klicken und dann auf die Schaltfläche 'Drucken' klicken.
2335	Wenn Sie die Eigenschaften VerknüpfenVon (LinkChildFields) und VerknüpfenNach (LinkMasterFields) einstellen, müssen Sie gleich viele Felder angeben. Sie haben für eine der beiden Eigenschaften mehr Felder angegeben als für die andere. Wenn Sie mit dem Befehl 'Beziehungen' (Menü 'Extras') eine Beziehung zwischen den Tabellen herstellen, die dem Formular und das Unterformular zugrundeliegen, verknüpft *Datenbankname* automatisch das Formular und das Unterformular und stellt dann die Eigenschaften VerknüpfenNach und VerknüpfenVon ein.
2337	Sie können für ein Feld, für das Sie 'Wert' in die Zeile 'Kreuztabelle' eingegeben haben, keine Kriterien angeben. Sie haben versucht, eine Kreuztabellenabfrage auszuführen, für die folgendes gilt: In der Spalte, in der die Zeile 'Kreuztabelle' den Eintrag 'Wert' enthält, sind Suchkriterien in der Zeile 'Kriterien' angegeben. Wenn Sie möchten, dass dieses Feld die berechneten Werte der Kreuztabellenabfrage liefert, müssen Sie den in der Zeile 'Kriterien' stehenden Eintrag löschen. Soll dieses Feld dagegen ein Kriterienfeld sein, darf in der Zeile 'Kreuztabelle' nichts stehen.
2338	*Datenbankname* hat den von Ihnen eingegebenen Ausdruck gekürzt. Der Ausdruck 'I' überschreitet die 1.024-Zeichen-Grenze des Entwurfsbereichs.
2339	*Datenbankname* kann keine temporäre Verknüpfung erstellen. In Ihrer Datenbank ist die maximale Anzahl an Verknüpfungen erreicht. *Datenbankname* muss eine temporäre Verknüpfung erstellen, um eine ODBC-Tabelle importieren zu können. Löschen Sie alle temporären bzw. nicht benötigten Verknüpfungen oder Tabellen.
2340	Der Ausdruck, den Sie eingegeben haben, überschreitet die 1.024-Zeichen-Grenze des Abfrageentwurfsbereichs.
2342	Eine AusführenSQL-Aktion (RunSQL) erfordert ein Argument, das aus einer SQL-Anweisung besteht. Eine Aktionsabfrage, die Datensätze anfügt, beginnt

Error-Code	ErrorString
	z.B. mit INSERT INTO. Eine Datendefinitionsabfrage, die eine Tabelle erstellt, beginnt mit CREATE TABLE.
2343	Der von Ihnen eingegebene Wert überschreitet die 64-Zeichen-Grenze der Eigenschaft Alias.
2344	Sie müssen in dem Fenster 'Abfrageeigenschaften' für die Eigenschaft Spitzenwerte eine ganze Zahl eingeben, die größer als 0 ist.
2345	Sie müssen in dem Fenster 'Abfrageeigenschaften' für die Eigenschaft Spitzenwerte eine Prozentzahl eingeben, die im Bereich von 1% bis 100% liegt.
2346	Sie müssen in dem Fenster 'Abfrageeigenschaften' für die Eigenschaft Spitzenwerte eine ganze Zahl eingeben, die größer als 0 ist.
2347	*Datenbankname* kann keine Datei finden, die den Namen hat, den Sie im Eigenschaftenfenster einer Aktionsabfrage für die Eigenschaft Zieldatenbank eingegeben haben. Eventuell haben Sie den Dateinamen der Datenbank falsch geschrieben, oder die Datei wurde gelöscht oder umbenannt.
2348	Die Eigenschaft Alias muss einen Eintrag enthalten.
2349	Sie müssen in dem Fenster 'Abfrageeigenschaften' für die Eigenschaft Spitzenwerte eine ganze Zahl eingeben, die kleiner als 2.147.483.647 ist.
2350	*Datenbankname* kann die Abfrage nicht speichern. * Die Abfrage ist möglicherweise eine SQL Pass-Through-Abfrage und kann nicht als einfache SQL-Zeichenfolge formuliert werden. Speichern Sie die Abfrage aus dem Abfrage-Generator heraus als benannte Abfrage. Sobald Sie den Abfrage-Generator geschlossen haben, weist *Datenbankname* der Eigenschaft 'Datenherkunft' bzw. 'Datensatzherkunft' den Namen der gespeicherten Abfrage zu.* Sorgen Sie dafür, dass die SQL-Syntax der Abfrage fehlerfrei ist.
2351	*Datenbankname* kann im Abfrageentwurfsbereich keine implizite VALUES-Klausel darstellen. Bearbeiten Sie diese Klausel in der SQL-Ansicht.
2352	Sie können diese Abfrage nicht verändern, da sie von einem anderen Benutzer entweder gelöscht oder umbenannt wurde.
2353	Ungültiger Abfrageparameter 'I'.
2360	Es fehlt ein Feldname. Sie haben für ein Feld einen Datentyp oder eine Beschreibung definiert, haben aber keinen Feldnamen angegeben. Geben Sie einen Namen für das Feld ein, oder löschen Sie die Zeile.
2361	*Datenbankname* kann diese Tabelle nicht speichern. Diese Tabelle enthält keine Felder. Definieren Sie mindestens ein Feld, indem Sie einen Feldnamen eingeben und einen Datentyp festlegen.
2362	Es gibt bereits ein Feld namens 'I'.
2363	*Datenbankname* gestattet pro Tabelle nur ein AutoWert-Feld. Verwenden Sie für vergleichbare Felder den Datentyp Zahl.
2364	*Datenbankname* kann die Tabelle nicht in der Datenblattansicht öffnen.
2366	*Datenbankname* konnte die Feldreihenfolge nicht speichern. Alle anderen Änderungen wurden erfolgreich gespeichert. Schließen Sie diese Datenbank, klicken Sie im Menü 'Extras' auf 'Datenbank-Dienstprogramme', und klicken Sie dann auf 'Datenbank reparieren'.
2370	Wenn Sie die Indiziert-Eigenschaft dieses Feldes ändern möchten, müssen Sie den Primärschlüssel löschen. Um den Primärschlüssel zu löschen, markieren Sie den Namen des Feldes, und klicken Sie auf die Schaltfläche 'Primärschlüssel'.
2371	*Datenbankname* kann keinen Primärschlüssel erstellen. Die von Ihnen vorgenommenen Änderungen wurden nicht gespeichert.
2372	Der Feldname ist unzulässig.
2373	Die Eigenschaft Feldgröße (FieldSize) muss auf einen Wert von 0 bis 255 eingestellt werden.
2374	Sie können keinen Index oder Primärschlüssel erstellen, der aus mehr als 10 Feldern besteht.
2375	Sie können keinen Eintrag nach dem Ende der Tabelle einfügen. Sie haben versucht, in der Entwurfsansicht Felder nach der 255. Zeile einzufügen.
2376	*Datenbankname* kann keinen Primärschlüssel erstellen. Sie haben für einen Mehr-Felder-Primärschlüssel zu viele Felder angegeben.
2377	Sobald Sie irgendwelche Daten in eine Tabelle eingegeben haben, ist es Ihnen für keines der Felder mehr möglich, den Datentyp in AutoWert zu ändern. Dies gilt selbst dann, wenn Sie bis dahin noch keine Daten in das Feld eingegeben haben. Fügen Sie ein Feld zu der Tabelle hinzu, und weisen Sie diesem den Datentyp AutoWert zu. *Datenbankname* schreibt dann automatisch Zahlen in das AutoWert-Feld, wobei die Datensätze mit 1 beginnend fortlaufend numeriert werden.
2378	Diese Tabelle ist schreibgeschützt. Geben Sie im Dialogfeld 'Speichern unter' einen anderen Namen ein, um Ihre Änderungen zu speichern.
2379	Sie können aus einem Feld dieses Datentyps keinen Primärschlüssel erstellen. Sie können keinen Primärschlüssel aus Feldern definieren, die den Datentyp OLE-Objekt haben.
2380	*Datenbankname* kann keinen Primärschlüssel erstellen, da keine Felder ausgewählt wurden. Sie haben eine Zeile ausgewählt, in der kein Feld definiert ist. Plazieren Sie die Einfügemarke irgendwo in der Zeile des Feldes, das Sie als Primärschlüssel definieren möchten.
2381	*Datenbankname* kann keinen Primärschlüssel erstellen, da das Feld keinen Namen hat. Geben Sie dem Feld einen Namen, und definieren Sie es dann als Primärschlüsselfeld.
2382	Sie können weder in die Datenblattansicht wechseln noch zu der Entwurfsansicht zurückkehren. Ein anderer Benutzer hat entweder diese Tabelle geöffnet, oder eine Abfrage (Formular, Bericht), die an diese Tabelle gebunden ist.
2383	*Datenbankname* kann den Datentyp nicht wechseln. Es steht nicht genügend Speicherplatz oder Arbeitsspeicher zur Verfügung.
2384	Sie können nicht gleichzeitig einem Feld, das den Datentyp AutoWert hat, einen anderen Datentyp zuweisen und ein anderes AutoWert-Feld hinzufügen. Sie müssen diese Änderung in 2 Schritten vornehmen.1. Löschen Sie das bisherige AutoWert-Feld, und klicken Sie im Menü 'Datei' auf 'Speichern'.2. Fügen Sie das neue AutoWert-Feld hinzu, und speichern Sie die Tabelle erneut.
2385	Während des Speicherns sind Fehler aufgetreten. I
2386	*Datenbankname* konnte die Tabelle nicht erstellen.
2387	Sie können die Tabelle 'I' nicht löschen. Sie ist Teil einer oder mehrerer Beziehungen. Wenn Sie diese Tabelle löschen möchten, müssen Sie zunächst im Fenster 'Beziehungen' deren Beziehungen löschen.
2388	Sie können keine Änderungen am Primärschlüssel vornehmen. Diese Tabelle ist die Mastertabelle (Tabelle auf der 1-Seite) einer oder mehrerer Beziehungen. Wenn Sie den Primärschlüssel ändern oder löschen möchten, müssen Sie zunächst im Fenster 'Beziehungen' die Beziehungen löschen.
2389	Sie können das Feld 'I' nicht löschen. Es ist Teil einer oder mehrerer Beziehungen. Wenn Sie dieses Feld löschen möchten, müssen Sie zunächst dessen Beziehungen im Fenster 'Beziehungen' löschen.
2390	Sie können weder den Datentyp noch die Größe dieses Feldes ändern. Es ist Teil einer oder mehrerer Beziehungen. Wenn Sie den Datentyp dieses Feldes ändern möchten, müssen Sie zunächst dessen Beziehungen im Fenster 'Beziehungen' löschen.
2391	Das Feld 'I1' gibt es in der Zieltabelle 'I2' nicht. *Datenbankname* konnte die Tabelle nicht anfügen. Die Zieltabelle muss dieselben Felder enthalten wie die Tabelle, deren Inhalt Sie anfügen möchten.

Error-Code	ErrorString
2392	Sie können die Eindeutig-Eigenschaft (Unique) eines Primärschlüssels nicht auf 'Nein' (False) einstellen. Ein Primärschlüssel enthält definitionsmäßig ausschließlich eindeutige Werte. Wenn Sie für dieses Feld Duplikatwerte zulassen möchten, müssen Sie die Definition des Primärschlüssels löschen, indem Sie die Primärschlüssel-Eigenschaft (Primary) auf 'Nein' (False) einstellen.
2393	Sie können die Nullwerteignorieren-Eigenschaft (IgnoreNulls) eines Primärschlüssels nicht auf 'Ja' (True) einstellen. Ein Primärschlüssel kann definitionsmäßig keine Nullwerte gestatten. Wenn Sie möchten, dass dieses Feld Nullwerte enthalten kann, müssen Sie die Definition des Primärschlüssels löschen, indem Sie die Primärschlüssel-Eigenschaft (Primary) auf 'Nein' (False) einstellen.
2394	Der Indexname ist nicht zulässig. Der Indexname ist entweder zu lang (mehr als 64 Zeichen) oder enthält unzulässige Zeichen.
2395	Jeder Index muss einen Namen haben.
2396	*Datenbankname* kann einen Index bzw. Primärschlüssel nicht erstellen. Es fehlen ein oder mehrere Feldnamen. Sie müssen für jeden Index, dem Sie einen Namen geben, in der Spalte 'Feldname' mindestens einen Feldnamen angeben.
2397	Es gibt bereits einen Index namens 'I'.
2398	Der Primärschlüssel wurde geändert. Diese Tabelle ist die Mastertabelle (Tabelle auf der 1-Seite) einer oder mehrerer Beziehungen. Änderungen bezüglich des Primärschlüssels werden nicht gespeichert.
2400	Die Zeile, die Sie in das Raster eingefügt haben, führt dazu, dass eine der folgenden Beschränkungen überschritten wird: 255 Zeilen (Felder) für eine Tabelle; oder 1.000 Zeilen (Aktionen) für ein Makro.
2420	Der von Ihnen eingegebene Ausdruck enthält eine unzulässige Zahl.
2421	Der von Ihnen eingegebene Ausdruck enthält eine unzulässige Datumsangabe.
2422	Der von Ihnen eingegebene Ausdruck enthält eine unzulässige Zeichenfolge. Eine Zeichenfolge darf einschließlich öffnender und schließender Anführungszeichen bis zu 255 Zeichen lang sein.
2423	Der von Ihnen eingegebene Ausdruck enthält einen unzulässigen . (Punkt)- oder !-Operator oder ein unzulässiges Klammernpaar (). Sie haben möglicherweise einen ungültigen Bezeichner eingegeben oder hinter die Konstante Null ein Klammernpaar gesetzt.
2424	Der von Ihnen eingegebene Ausdruck enthält einen Feld-, Steuerelement- oder Eigenschaftennamen, den *Datenbankname* nicht finden kann.
2425	Der von Ihnen eingegebene Ausdruck enthält den Namen einer Funktion, die *Datenbankname* nicht finden kann.
2426	Die von Ihnen eingegebene Funktion ist in diesem Ausdruck nicht zulässig. * Sie verwenden möglicherweise eine der Funktionen DoEvents, LBound, Ubound, Spc oder Tab in einem Ausdruck.* Sie verwenden möglicherweise eine SQL-Aggregatfunktion, wie z.B. Count, in einem Entwurfsbereich oder in einem berechneten Steuerelement bzw. Feld.
2427	Sie haben einen Ausdruck eingegeben, der keinen Wert hat. Der Ausdruck bezieht sich möglicherweise auf ein Objekt, das keinen Wert zurückgibt (z.B. ein Formular, ein Bericht oder ein Bezeichnungsfeld-Steuerelement).
2428	Sie haben in einer Domänen-Aggregatfunktion ein ungültiges Argument angegeben. * Ein Feld, das in dem Zeichenfolgenausdruck angegeben ist, gehört möglicherweise nicht zu der Domäne.* Ein Feld, das in dem Kriterienausdruck angegeben ist, gehört möglicherweise nicht zu der Domäne.
2429	Der von Ihnen eingegebene In-Operator erfordert Klammern.
2430	In einem Zwischen...Und-Operator (Between...And-Operator) fehlt das Schlüsselwort Und (And). Die korrekte Syntax lautet:Ausdruck [Nicht] Zwischen Wert1 Und Wert2(Ausdruck [Not] Between Wert1 And Wert2)
2431	Der von Ihnen eingegebene Ausdruck ist syntaktisch falsch. Sie haben z.B. ein Komma eingegeben, vor dem kein Wert oder Bezeichner steht.
2432	Der von Ihnen eingegebene Ausdruck ist syntaktisch falsch, oder Sie müssen den Text zwischen Anführungszeichen setzen. Sie haben möglicherweise ein unzulässiges Komma eingegeben oder Anführungszeichen weggelassen. Ist die Eigenschaft Standardwert (Default Value) eines Textfeldes z.B. ''Huey, Louie und Dewey'', muss diese zwischen Anführungszeichen stehen, wenn sie eine literale Textzeichenfolge darstellen soll. Hierdurch werden Verwechslungen mit dem Ausdruck ''Huey Louie'' Und ''Dewey'' vermieden.
2433	Der von Ihnen eingegebene Ausdruck ist syntaktisch falsch. Sie haben z.B. in einem Ausdruck zwar ein Pluszeichen (+) als Operator, aber keinen entsprechenden Operanden angegeben.
2434	Der von Ihnen eingegebene Ausdruck ist syntaktisch falsch. Sie haben möglicherweise einen Operanden, aber keinen Operator eingegeben.
2435	Der von Ihnen eingegebene Ausdruck enthält zu viele schließende Klammern.
2436	In dem von Ihnen eingegebenen Ausdruck fehlt eine schließende runde bzw. eckige Klammer (]) oder ein I-Zeichen.
2437	Der von Ihnen eingegebene Ausdruck enthält unzulässige I-Zeichen.
2438	Der von Ihnen eingegebene Ausdruck ist syntaktisch falsch. Sie haben einen Operanden oder Operator nicht angegeben; Sie haben ein unzulässiges Zeichen oder Komma eingegeben; oder Sie haben einen Text eingegeben, ohne diesen in Anführungszeichen zu setzen.
2439	Der von Ihnen eingegebene Ausdruck enthält eine Funktion, für die die falsche Anzahl an Argumenten angegeben ist.
2440	Sie müssen die Argumente einer Wenn-Funktion (IIf-Funktion) in runde Klammern setzen.
2442	Der von Ihnen eingegebene Ausdruck enthält unzulässige Klammern. Sie haben möglicherweise in einer Abfrage für einen Bezeichner die Klammernsyntax verwendet. Verwenden Sie die Standardsyntax für Bezeichner:Formulare![Formular]![Steuerelement] bzw. Forms![Formular]![Steuerelement]
2443	Sie können den Operator Ist (Is) in einem Ausdruck nur zusammen mit Null bzw. Nicht Null (Not Null) verwenden.
2445	Der von Ihnen eingegebene Ausdruck ist zu komplex.
2446	Es steht nicht genügend Arbeitsspeicher zur Verfügung, um diese Berechnung auszuführen. Schließen Sie nicht benötigte Programme, und versuchen Sie dann erneut, die Berechnung auszuführen. Weitere Informationen, wie Arbeitsspeicher freigegeben werden kann, finden Sie in der Hilfe für Microsoft Windows unter 'Arbeitsspeicher, Problembehebung'.
2447	Ein . (Punkt)- oder !-Operator wird auf unzulässige Weise eingesetzt, oder es liegt ein unzulässiges Klammernpaar vor. Sie haben möglicherweise einen ungültigen Bezeichner eingegeben oder hinter die Konstante Null ein Klammernpaar gesetzt.
2448	Sie können diesem Objekt keinen Wert zuweisen. * Das Objekt ist möglicherweise ein Steuerelement, das sich auf einem schreibgeschützten Formular befindet.* Das Objekt befindet sich eventuell auf einem Formular, das in der Entwurfsansicht geöffnet ist.* Der Wert ist möglicherweise zu groß für dieses Feld.

Error-Code	ErrorString
2449	In einem Ausdruck ist eine dort nicht zulässige Methode angegeben. Sie könnten z.B. versucht haben, die Print-Methode für ein Objekt einzusetzen, das weder ein Bericht- noch ein Test-Objekt ist.
2450	*Datenbankname* kann das Formular 'I' nicht finden, auf das in einem Makroausdruck oder in einer Visual Basic-Programmzeile verwiesen wird. * Das Formular, auf das verwiesen wird, ist möglicherweise geschlossen, wurde gelöscht oder gehört nicht zu dieser Datenbank.* *Datenbankname* hat in einem formularbezogenen Visual Basic-Modul möglicherweise einen Kompilierfehler entdeckt.
2451	Der Berichtsname 'I', den Sie eingegeben haben, ist entwede falsch geschrieben oder verweist auf einen Bericht, der nicht geöffnet ist oder nicht existiert.
2452	Der von Ihnen eingegebene Ausdruck enthält einen ungültigen Verweis auf die Hauptobjekt-Eigenschaft (Parent). Es könnte z.B. sein, dass Sie die Hauptobjekt-Eigenschaft (Parent) für ein Steuerelement einsetzen, das sich nicht auf einem Unterformular bzw. Unterbericht, sondern auf einem Hauptformular bzw. Hauptbericht befindet.
2453	Der Steuerelementname 'I', den Sie in Ihren Ausdruck eingegeben haben, ist entweder falsch geschrieben oder verweist auf ein Steuerelement in einem Formular oder Bericht, das/der nicht geöffnet ist oder nicht existiert.
2454	Sie haben in einem Ausdruck hinter dem Operator ! den Objektnamen 'I' angegeben. Dieser Name ist ungültig. Sie haben eventuell versucht, einen Bezeichner mit zwei Steuerelementnamen einzugeben, die durch den Operator ! getrennt sind.
2455	Sie haben einen Ausdruck eingegeben, der einen unzulässigen Verweis auf die Eigenschaft I enthält. Die Eigenschaft existiert eventuell nicht oder gilt nicht für das von Ihnen angegebene Objekt.
2456	Die Nummer, mit der Sie auf das Formular verweisen, ist unzulässig. Ermitteln Sie mit der Eigenschaft Anzahl (Count), wie viele Formulare geöffnet sind, und sorgen Sie dafür, dass die Formularnummer kleiner gleich der Anzahl der geöffneten Formulare minus 1 ist.
2457	Die Nummer, mit der Sie auf den Bericht verweisen, ist unzulässig. Ermitteln Sie mit der Eigenschaft Anzahl (Count), wie viele Berichte geöffnet sind, und sorgen Sie dafür, dass die Berichtsnummer kleiner gleich der Anzahl der geöffneten Berichte minus 1 ist.
2458	Die von Ihnen angegebene Steuerelementnummer ist größer als die Anzahl der Steuerelemente. Ermitteln Sie mit der Eigenschaft Anzahl (Count), wie viele Steuerelemente zu dem Formular oder Bericht gehören. Prüfen Sie dann, ob für die von Ihnen angegebene Steuerelementnummer in den Bereich der bereits bestehenden Steuerelemente fällt.
2459	Sie können die Eigenschaft Hauptobjekt (Parent) eines Formulars oder Berichts nicht einsetzen, wenn das Formular oder der Bericht in der Entwurfsansicht geöffnet ist.
2460	Sie können die Eigenschaft 'RecordsetClone' eines Formulars nicht einsetzen, wenn das Formular in der Entwurfsansicht geöffnet ist.
2461	Für einen Verweis auf einen Formular- oder Berichtsbereich dürfen Sie keine Zeichenfolge, sondern müssen eine Bereichsnummer verwenden.
2462	Die von Ihnen eingegebene Bereichsnummer ist ungültig.
2463	Für einen Verweis auf eine Gruppenebene dürfen Sie keine Zeichenfolge, sondern müssen eine Zahl verwenden.
2464	Es wurde kein Sortier- oder Gruppierungsfeld bzw. Sortier- oder Gruppierungsausdruck für die von Ihnen verwendete Gruppenebenennummer defi-
	niert. Gültige Gruppenebenennummern sind im Bereich von 0 (erstes Feld bzw. erster Ausdruck, nach dem Sie sortieren oder gruppieren) bis 9 (zehntes Feld bzw. zehnter Ausdruck). Zählen Sie die Gruppenebenen des Berichts, beginnend bei 0.
2465	*Datenbankname* kann das in Ihrem Ausdruck angesprochene Feld 'I' nicht finden. Sie haben den Namen des Feldes möglicherweise falsch geschrieben, oder das Feld wurde umbenannt oder gelöscht.
2466	Der von Ihnen eingegebene Ausdruck enthält einen unzulässigen Verweis auf eine Dynaset-Eigenschaft. Möglicherweise haben Sie die Dynaset-Eigenschaft mit einem Formular verwendet, das weder auf einer Tabelle noch auf einer Abfrage basiert.
2467	In dem von Ihnen eingegebenen Ausdruck wird auf ein Objekt verwiesen, das geschlossen ist oder nicht existiert. Sie haben z.B. einer Form-Objektvariablen ein Formular zugewiesen, später das Formular geschlossen und dann auf die Objektvariable verwiesen.
2468	Sie haben für eines der Funktionsargumente Intervall, Anzahl oder Datum einen unzulässigen Wert eingegeben. Prüfen Sie anhand des Arguments, welcher Wert unzulässig ist. In den Beschreibungen der Funktionen DatTeil (DatePart), DatAdd (DateAdd) und DatDiff (DateDiff) finden Sie die zulässigen Argumentwerte.
2469	Sie haben der Gültigkeitsregel-Eigenschaft (ValidationRule) eines Formularsteuerelements den Ausdruck I2 zugewiesen. Dieser Ausdruck enthält den Fehler I1. *Datenbankname* kann den von Ihnen formulierten Gültigkeitsausdruck nicht analysieren. Wenn Sie z.B. für die Gültigkeitsregel-Eigenschaft den Ausdruck '=Funktion1()' eingeben, die Funktion 'Funktion1' aber nicht existiert, zeigt *Datenbankname* die folgende Meldung an:Unbekannte Funktion 'Funktion1' im Gültigkeitsausdruck. Lassen Sie sich vom Ausdrucks-Generator dabei unterstützen, in Visual Basic Ausdrücke als Argumente zu erstellen. Weitere Informationen finden Sie im Hilfe-Index unter 'Ausdrucks-Generator'.11805
2470	Die Gültigkeitsregel-Eigenschaft (ValidationRule) des Formularsteuerelements enthält eine(n) 'I'. Lassen Sie sich vom Ausdrucks-Generator dabei unterstützen, in Visual Basic Ausdrücke als Argumente zu erstellen. Weitere Informationen finden Sie im Hilfe-Index unter 'Ausdrucks-Generator'.
2471	Der Ausdruck, den Sie als Abfrageparameter eingegeben haben, hat folgenden Fehler verursacht: 'I'
2472	Die VerknüpfenNach-Eigenschaft (LinkMasterFields) hat folgenden Fehler verursacht: 'I'
2473	Sie haben als Einstellung der Ereigniseigenschaft den Ausdruck I2 eingegeben. Dieser Ausdruck hat einen Fehler verursacht: I1. * Der Ausdruck gibt möglicherweise weder den Namen eines Makros noch den Namen einer benutzerdefinierten Funktion, noch [Ereignisprozedur] zurück.* Beim Auswerten einer Funktion, eines Ereignisses oder eines Makros trat möglicherweise ein Fehler auf.
2474	Für den von Ihnen eingegebenen Ausdruck ist es erforderlich, dass sich das Steuerelement im aktiven Fenster befindet. Sie haben folgende Möglichkeiten:* Öffnen oder markieren Sie ein Formular oder einen Bericht, zu dem das Steuerelement gehört.* Erstellen Sie im aktiven Fenster ein neues Steuerelement, und führen Sie den Vorgang erneut aus.
2475	Sie haben einen Ausdruck eingegeben, für den es erforderlich ist, dass das aktive Fenster ein Formular ist.
2476	Sie haben einen Ausdruck eingegeben, für den es erforderlich ist, dass das aktive Fenster ein Bericht ist.

Error-Code	ErrorString
2477	Sie haben in einer If...Then...Else-Anweisung eine Bedingung der Form 'If TypeOf Objekt Is Objekttyp' formuliert und dafür den unzulässigen Objekttyp-wert 'I' eingegeben. Der Objekttyp kann einen der folgenden Werte annehmen: BoundObjectFrame, CheckBox, ComboBox, CommandButton, Label, Line, ListBox, UnboundObjectFrame, OptionButton, OptionGroup, PageBreak, Rectangle, Subform, Subreport, TextBox, ToggleButton, ImageControl oder OLEControl.
2478	*Datenbankname* gestattet Ihnen nicht, diese Methode in der aktuellen Ansicht einzusetzen. Die meisten Methoden, so auch SetFocus und Requery, können in der Entwurfsansicht eines Formulars oder Berichts nicht eingesetzt werden.
2479	Die Ereignisprozedur 'I' kann nicht als Funktion definiert sein. Ereignisprozeduren müssen Sub-Prozeduren sein. Soll eine Funktion ausgeführt werden, wenn ein Ereignis eintritt, so haben Sie folgende Möglichkeiten:* Weisen Sie der Ereigniseigenschaft den Namen eines Makros zu, das eine AusführenCode-Aktion enthält, die die Funktion ausführt.* Stellen Sie die Ereigniseigenschaft auf =NameDerFunktion() ein.
2480	Sie haben für den Verweis auf eine Eigenschaft ein numerisches Argument angegeben, das keiner der Eigenschaftennummern entspricht, die in der Auflistung stehen. Prüfen Sie die in der Auflistung stehenden Eigenschaftennummern.
2481	Solange ein Dokument in der Seitenansicht ange-zeigt wird, können Sie keinen Wert einstellen.
2482	*Datenbankname* kann den eingegeben Namen 'I' nicht finden. Sie haben eventuell ein Steuerelement angegeben das sich nicht auf dem aktuellen Objekt befand und für das Sie keinen Formular- oder Berichtskontext angegeben haben. Um auf den Wert eines Feldes oder Steuerelements zu verwei-sen, das sich auf einem Formular oder Bericht befindet, müssen Sie vor den Namen des Feldes bzw. Steuerelements den Namen einer Auflistung, meist Formulare (Forms) oder Berichte (Reports), sowie den Namen des Formulars oder Berichts setzen, zu dem das Feld bzw. Steuerelement gehört. Beispiel: Formulare![Artikel]![Lagerbestand] bzw. Forms![Artikel]![Lagerbestand].
2483	Sie können nicht zu einem vorherigen Steuerele-ment wechseln, wenn bisher nur ein Steuerelement den Fokus gehabt hat. Verwenden Sie die Eigen-schaft VorigesSteuerelement (PreviousControl) erst, nachdem Sie den Fokus an ein zweites Steuerele-ment gegeben haben.
2484	Es gibt kein aktives Datenblatt.
2485	*Datenbankname* kann das Makro 'I' nicht finden. Entweder existiert das Makro (oder dessen Makro-gruppe) nicht, oder das Makro ist neu und wurde noch nicht gespeichert. Beachten Sie bitte folgen-des: Wenn Sie in einem Argument die Syntax Makrogruppenname. Makroname verwenden, müssen Sie den Namen angeben, unter dem die Makrogruppe des Makros zuletzt gespeichert wurde.
2486	Sie können diese Aktion momentan nicht ausfüh-ren. Sie haben versucht, ein Makro auszuführen, oder Sie haben in Visual Basic das Objekt DoCmd verwendet, um eine Aktion auszuführen, während *Datenbankname* einen anderen Vorgang abarbeitet, der verhindert, dass diese Aktion momentan ausgeführt werden kann. Für ein Formular können z.B. keine Aktionen ausgeführt werden, während *Datenbankname* ein Steuerelement aktualisiert oder einen Ausdruck berechnet. Führen Sie die Aktion später aus.
2487	Das Argument 'Objekttyp' dieser Aktion oder Methode ist entweder nicht angegeben oder unzulässig. * Für die Aktionen Schließen (Close),

Error-Code	ErrorString
	GeheZuDatensatz (GoToRecord) und Aktualisiere-nObjekt (RepaintObject) geben Sie entweder Werte für beide Argumente ein, oder Sie geben keines der Argumente an, um die Aktion für das aktive Objekt auszuführen.* Für die Aktionen LöschenObjekt (DeleteObject), UmbenennenObjekt (Rename) und KopierenObjekt (CopyObject) geben Sie entweder Werte für beide Argumente ein, oder Sie geben keines der Argumente an, um die Aktion für das Objekt auszuführen, das momentan im Datenbank-fenster ausgewählt ist.* Für die Aktionen Senden-Objekt (SendObject) und Ausgaben (OutputTo) geben Sie entweder Werte für beide Argumente ein, oder Sie geben keines der Argumente an, um die Aktion für das aktive Objekt auszuführen, das den angegebenen Objekttyp hat.* Wenn Sie eine Methode mit dem Objekt DoCmd verwenden, müs-sen Sie entweder eine eingebaute Konstante, die ausgewertet einen gültigen Objekttyp liefert, oder den entsprechenden numerischen Wert angeben.
2488	Sie können die AnwendenFilter-Aktion nicht für dieses Fenster einsetzen. * Sie haben versucht, die AnwendenFilter-Aktion oder die ApplyFilter-Metho-de zu verwenden, haben den Filter aber nicht auf eine Tabelle, eine Abfrage, ein Formular oder einen Bericht angewendet.* Sie haben eventuell den Filter zwar auf ein Formular angewendet, das Formular war aber nicht in der Formular- oder Datenblattan-sicht geöffnet.* Sie haben eventuell den Filter zwar auf einen Bericht angewendet, haben die Anwen-denFilter-Aktion aber nicht in einem Makro verwen-det, das als Einstellung der BeimÖffnen-Eigenschaft angegeben ist. Verwenden Sie die AuswählenOb-jekt-Aktion oder die SelectObject-Methode, um die Tabelle, die Abfrage, das Formular oder den Bericht zu markieren, bevor der Filter angewendet wird.
2489	Das Objekt 'I' ist nicht geöffnet. * Das Makro, das Sie (direkt oder indirekt) ausführen, enthält GeheZuDatensatz-, AktualisierenObjekt- oder Aus-wählenObjekt-Aktion, wobei das Argument 'Objekt-name' ein Objekt benennt, das geschlossen ist.* Das Argument 'Objektname' der GoToRecord-, RepaintObject- oder SelectObject-Methode benennt ein Objekt, das geschlossen ist. Damit Sie die gewünschte Aktion ausführen können, müssen Sie eine der Öffnen-Aktionen oder Open-Methoden verwenden.
2491	Die Aktion oder Methode ist nicht zulässig, da das Formular bzw. der Bericht nicht an eine Tabelle oder Abfrage gebunden ist. Sie haben versucht, die AnwendenFilter-Aktion bzw. die ApplyFilter-Methode zu verwenden, es gibt aber keine Daten-sätze, auf die der Filter angewendet werden kann, da das Formular bzw. der Bericht nicht auf einer Tabelle bzw. Abfrage basiert. Verwenden Sie die AuswählenObjekt-Aktion bzw. die SelectObject-Methode, um das gewünschte Formular bzw. den gewünschten Bericht zu markieren, bevor Sie die AnwendenFilter-Aktion ausführen. Wenn Sie ein Formular oder einen Bericht an eine Tabelle bzw. Abfrage binden möchten, müssen Sie das Formular bzw. den Bericht in der Entwurfsansicht öffnen und der Datenherkunft-Eigenschaft (RecordSource) den Namen der Tabelle bzw. Abfrage zuweisen.
2492	*Datenbankname* kann das Makro 'I2' nicht in der Makrogruppe 'I1' finden. Sie haben versucht, das Makro (direkt oder indirekt) mir der RunMacro-Methode auszuführen und haben dafür die Syntax Makrogruppenname. Makroname verwendet. Das von Ihnen angegebene Makro befindet sich aber nicht in dieser Makrogruppe. Bringen Sie das Makro in die Makrogruppe, geben Sie die richtige Makro-gruppe an, oder geben Sie den richtigen Makrona-men an.

Error-Code	ErrorString
2493	Für diese Aktion muss das Argument 'Objektname' angegeben werden.
2494	Für diese Aktion bzw. Methode muss das Argument 'Formularname' angegeben werden. Sie haben versucht, die ÖffnenFormular-Aktion bzw. die Open-Form-Methode zu verwenden, haben aber das Argument 'Formularname' nicht angegeben. Geben Sie für das Argument 'Formularname' den Namen eines Formulars der aktuellen Datenbank ein.
2495	Für diese Aktion bzw. Methode muss das Argument 'Tabellenname' angegeben werden. Sie haben versucht, die ÖffnenTabelle-, TransferArbeitsblatt- oder TransferText-Aktion bzw. die OpenTable-, TransferSpreadsheet- oder TransferText-Methode zu verwenden, haben aber das Argument 'Tabellenname' nicht angegeben. Geben Sie für das Argument 'Tabellenname' den Namen einer Tabelle ein, die Bestandteil der aktuellen Datenbank ist.
2496	Für diese Aktion bzw. Methode muss das Argument 'Abfragename' angegeben werden. Sie haben versucht, die ÖffnenAbfrage-Aktion bzw. die OpenQuery-Methode zu verwenden, haben aber das Argument 'Abfragename' nicht angegeben. Geben Sie für das Argument 'Abfragename' den Namen einer Abfrage ein.
2497	Für diese Aktion bzw. Methode muss das Argument 'Berichtsname' angegeben werden. Sie haben versucht, die ÖffnenBericht-Aktion bzw. die OpenReport-Methode zu verwenden, haben aber das Argument 'Berichtsname' nicht angegeben. Geben Sie für das Argument 'Berichtsname' den Namen eines Berichts ein.
2498	Sie haben für eines der Argumente einen Ausdruck eingegeben, der nicht den für das Argument erforderlichen Datentyp hat. Sie haben versucht, ein Makro bzw. mit einer Methode eine Aktion auszuführen, aber ein Ausdruck hat nach seiner Auswertung den falschen Datentyp. Sie haben z.B. bei der Close-Methode für das Argument 'Objekttyp' eine Zeichenfolge angegeben, obwohl dieses Argument nur auf bestimmte eingebaute Konstanten bzw. deren Zahlenäquivalente eingestellt werden darf.
2499	Sie können die GeheZuDatensatz-Aktion bzw. die GoToRecord-Methode nicht für ein Objekt ausführen, das sich in der Entwurfsansicht befindet. Sie haben folgende Möglichkeiten:* Wechseln Sie für ein Formular in die Formular- oder Datenblattansicht.* Wechseln Sie für eine Abfrage oder Tabelle in die Datenblattansicht.* Wenn Sie aus einem Makro oder einer Visual Basic-Prozedur heraus eine Aktion ausführen, müssen Sie das Argument 'Ansicht' auf die richtige Ansicht einstellen, bevor Sie die GeheZuDatensatz-Aktion ausführen.
2500	Sie müssen für das Argument 'Wiederholungen' eine Zahl eingeben, die größer als 0 ist. Sie haben versucht, die AusführenMakro-Aktion bzw. die RunMacro-Methode zu verwenden, haben aber für das Argument 'Wiederholungen' einen Wert kleiner als 0 eingegeben (oder einen Ausdruck, der ein Ergebnis kleiner als 0 liefert). Geben Sie für dieses Argument keinen Wert an, damit das Makro einmal ausgeführt wird.
2501	Die Aktion l wurde abgebrochen. Sie haben eine Methode des DoCmd-Objekts verwendet, um in Visual Basic eine Aktion auszuführen, haben aber dann in einem Dialogfeld auf 'Abbrechen' geklickt. Sie haben z.B. mit der Close-Methode ein geändertes Formular geschlossen und dann in einem Dialogfeld, das Sie danach fragt, ob Sie die an dem Formular vorgenommenen Änderungen speichern möchten, auf 'Abbrechen' geklickt.
2502	Für diese Aktion bzw. Methode muss das Argument 'Makroname' angegeben werden. * Sie haben versucht, eine AusführenMakro-Aktion oder RunMacro-Methode zu verwenden, haben aber das Argu-

Error-Code	ErrorString
	ment 'Makroname' nicht angegeben.* *Datenbankname* hat versucht, für ein Formular oder einen Bericht eine benutzerdefinierte Menüleiste zu erstellen, aber das Argument 'Menümakroname' einer HinzufügenMenü-Aktion ist leer. Geben Sie für das Argument 'Menümakroname' den Namen eines Makros bzw. einer Makrogruppe an, die zu der aktuellen Datenbank gehört.
2503	Sie können diese Aktion nicht mit dem Objekt DoCmd einsetzen. Wenn Sie auf 'Hilfe' klicken, werden sowohl eine Liste der Aktionen angezeigt, die das Objekt DoCmd nicht unterstützen, als auch einige Alternativen zum Einsatz dieser Aktionen. Alle Aktionen, die nicht in dieser Liste aufgeführt sind, können mit dem Objekt DoCmd verwendet werden.
2504	Die Aktion oder Methode erfordert mindestens l Argument(e). Sie haben versucht, aus einem Makro eine Aktion bzw. mit dem Objekt DoCmd eine Methode oder Aktion auszuführen, haben aber zu wenige Argumente eingestellt. Wenn Sie z.B. eine Positionieren-Aktion (MoveSize-Aktion) einsetzen, müssen Sie mindestens eines der vier Argumente einstellen.
2505	Ein Ausdruck, der im Argument l steht, hat einen für dieses Argument unzulässigen Wert. Sie haben versucht, ein Makro auszuführen, oder Sie haben in Visual Basic das Objekt DoCmd verwendet. Die obige Argumentnummer gibt für das Argument die Position an, die es im Makrofenster, im Dialogfeld 'Aktion ist fehlgeschlagen' oder im Objektkatalog (wenn Sie das Objekt DoCmd verwenden) einnimmt. Sie haben folgende Möglichkeiten:* Wählen Sie eine Einstellung aus der Dropdown-Liste jedes Arguments.* Verwenden Sie eine eingebaute Konstante, die einen zulässigen Objekttyp angibt.* Ersetzen Sie den Ausdruck durch einen entsprechend korrekten Ausdruck.
2506	Sie haben für das Argument 'Transfertyp' einen unzulässigen Wert eingegeben. Ein Ausdruck, der Bestandteil des Arguments 'Transfertyp' ist, ergibt ausgewertet keinen numerischen Wert, der für dieses Argument zulässig ist. Für das Argument 'Transfertyp' sind folgende Werte zulässig:* 0, 1 und 2 für die Aktion TransferDatenbank;* 0, 1 und 2 für die Aktion TransferArbeitsblatt;* 0 bis einschließlich 6 für die Aktion TransferText.
2507	Das Format l ist kein installiertes Datenbankformat oder unterstützt den von Ihnen gewählten Vorgang nicht. Sie haben die TransferDatabase-Methode verwendet, wobei ein Ausdruck, der im Argument 'Datenbankformat' steht, ausgewertet ein Datenbankformat angibt, das für einen Import-, Export- oder Verknüpfungsvorgang nicht zulässig ist. Informationen zu den zulässigen Datenbankformaten erhalten Sie durch Klicken auf 'Hilfe'.
2508	Sie haben für das Argument 'Dateiformat' einen unzulässigen Wert eingegeben. Sie haben die TransferSpreadsheet-Methode verwendet, wobei ein Ausdruck, der im Argument 'Dateiformat' steht, ausgewertet einen Wert liefert, der für dieses Argument nicht zulässig ist. Zulässige Werte sind 0, 2, 3, 4, 5, 6, 7 und 8. 1 ist kein zulässiger Wert. Sie können weder eine im Lotus-Format vorliegende Datei (.wks-Datei) importieren noch in eine solche exportieren.
2509	Die Einstellung des Arguments 'Bereich' darf maximal 255 Zeichen lang sein.
2510	Der Ausdruck, den Sie für das Argument 'Spezifikationsname' eingegeben haben, ist länger als 64 Zeichen und somit länger als zulässig. Wählen Sie aus der Argumentliste einen der vorhandenen Spezifikationsnamen, wenn Sie eine TransferText-Aktion in einem Makro verwenden, oder geben Sie einen Namen ein, der den Regeln entspricht, nach denen

Error-Code	ErrorString
	Objekte in *Datenbankname* benannt werden.
2511	Für diese Aktion bzw. Methode muss das Argument 'Spezifikationsname' angegeben werden. Sie haben versucht, die TransferText-Aktion bzw. -Methode zu verwenden, und haben zwar das Argument 'Transfertyp', jedoch nicht das Argument 'Spezifikationsname' angegeben. Geben Sie für das Argument 'Spezifikationsname' einen Spezifikationsnamen aus dem Argument-Listenfeld ein.
2512	*Datenbankname* kann den folgenden Ausdruck nicht analysieren: 'I'. Klicken Sie auf 'OK', um zu dem Aktionsargument oder Bedingungsausdruck zu gelangen, in dem der Ausdruck steht. Korrigieren Sie den Ausdruck so, dass er syntaktisch richtig ist.
2513	Das Argument 'Makroname' darf entsprechend der Regeln, nach denen in *Datenbankname* Objekte benannt werden, höchstens 64 Zeichen lang sein.
2514	Für diese Aktion bzw. Methode muss das Argument 'Steuerelementname' angegeben werden. Sie haben versucht, die GeheZuSteuerelement-Aktion bzw. die GoToControl-Methode zu verwenden, haben aber das Argument 'Steuerelementname' nicht angegeben. Geben Sie für das Argument 'Steuerelementname' den Namen eines Steuerelements oder Feldes des aktiven Formulars bzw. Datenblatts ein.
2515	*Datenbankname* kann das Makro 'I' nicht öffnen, da dieses mit einer anderen Version von *Datenbankname* gespeichert wurde. Erstellen Sie das Makro neu in der aktuellen Version von *Datenbankname*.
2516	*Datenbankname* kann das Modul 'I' nicht finden. Sie haben versucht, die ÖffnenModul-Aktion bzw. OpenModule-Methode zu verwenden, aber *Datenbankname* kann das Modul nicht finden, das Sie im Makrofenster im Argument 'Modulname' angegeben haben. Geben Sie einen gültigen Modulnamen aus der aktuellen Datenbank ein.
2517	*Datenbankname* kann die Prozedur 'I' nicht finden. * Sie haben möglicherweise in Visual Basic die Run-Methode eingesetzt, haben aber einen ungültigen Prozedurnamen eingegeben oder haben vorher keine Datenbank geöffnet.* Sie haben versucht, die ÖffnenModul-Aktion bzw. die OpenModule-Methode zu verwenden, haben aber einen ungültigen Prozedurnamen angegeben.
2519	Die Datenbank muss geöffnet sein, damit die SelectObject-Methode ausgeführt werden kann. Sie haben versucht, eine Funktion auszuführen, die Bestandteil einer Bibliotheksdatenbank ist und die SelectObject-Methode enthält.
2520	Für diese Aktion bzw. Methode muss das Argument 'Modulname' oder das Argument 'Prozedurname' angegeben werden. Sie haben versucht, die ÖffnenModul-Aktion bzw. OpenModule-Methode zu verwenden, haben aber im Makrofenster weder für das Argument 'Modulname' noch für das Argument 'Prozedurname' einen Namen eingegeben. Geben Sie für eines dieser Argumente einen gültigen Namen ein.
2521	Sie haben einen Transfertyp bestimmt, der das HTML-Tabellennamen-Argument nicht unterstützt. Lassen Sie das HTML-Tabellennamen-Argument leer, es sei denn, Sie verwenden die Transfertypen 'HTML' oder 'HTML verbinden'.
2522	Für diese Aktion bzw. Methode muss das Argument 'Dateiname' angegeben werden. Sie haben versucht, eine TransferArbeitsblatt- oder TransferText-Aktion bzw. TransferSpreadsheet- oder TransferText-Methode zu verwenden. Geben Sie für das Argument 'Dateiname' den Namen einer Datei ein.
2523	Sie haben für das Argument 'Einblenden' einen unzulässigen Wert eingegeben. Sie haben die ShowToolbar-Methode verwendet. Folgende Werte sind für dieses Argument zulässig: acToolbarYes, acToolbarWhereApprop und acToolbarNo bzw. die entsprechenden Zahlen 0, 1 und 2.
2524	*Datenbankname* kann die Anwendung nicht mit der Aktion AusführenAnwendung aufrufen. Entweder ist der für die Anwendung angegebene Pfad ungültig, oder eine Komponente der Anwendung fehlt. Prüfen Sie den Pfad im Windows-Explorer oder im Datei-Manager.
2525	Ein Makro kann sich selbst bis zu 20mal aufrufen. Ihr Makro enthält eine AusführenMakro-Aktion (RunMacro), die ein Makro mehr als 20mal rekursiv aufruft. Beenden Sie das Makro mit einer Bedingung, sobald es 20mal rekursiv aufgerufen wurde, oder rufen Sie mit der AusführenMakro-Aktion (RunMacro) ein anderes Makro auf.
2526	Für eine Tastaturbefehle-Aktion muss das *Datenbankname*-Add-In 'Utility.mda' geladen sein. Führen Sie Microsoft Access- oder Microsoft Office-Setup erneut aus, um *Datenbankname* sowie das *Datenbankname*-Add-In 'Utility.mda' neu zu installieren.
2527	Die Formate von Lotus-Dateien (.wks-Dateien) werden in der aktuellen Version von *Datenbankname* nicht unterstützt. Wandeln Sie Ihre .wks-Datei in ein neueres Format um, z.B. in .wk1.
2528	Das Argument der AusführenBefehl-Makroaktion fehlt oder Sie haben eine ungültige Befehls-ID für die RunCommand-Methode eingegeben.
2529	Das Symbolleistenargument darf nicht mehr als 64 Zeichen lang sein.
2530	Die SelectObject-Methode kann nicht auf einen Bericht angewendet werden, der momentan gedruckt wird.
2531	Ihre HTML-Datei enthält keine Daten in Tabellenform, die von Microsoft Access importiert werden könnten. .
2532	*Datenbankname* kann das Makro oder die Prozedur 'I' nicht finden. Das angegeben Makro, die Makrogruppe oder die Prozedur existieren nicht. Beachten Sie, dass bei der Eingabe der Syntax Makrogruppenname.Makroname in ein Argument Sie denjenigen Namen angeben müssen, unter dem die Makrogruppe des Makros zuletzt gespeichert wurde. Stellen Sie auch sicher, dass das Makro, auf das verwiesen wird, gespeichert wurde, oder dass die Prozedur, auf die verwiesen wurde, keine Argumente erwartet.
2533	Die Aktion 'AnwendenFilter' erfordert, dass entweder das Argument 'Filtername' oder das Argument 'Bedingung' festgelegt ist. Sie haben versucht, ein Makro auszuführen, das die Aktion 'AnwendenFilter' enthält, haben aber die notwendigen Argumente nicht festgelegt.
2534	Die Aktion oder Methode benötigt das Argument Name für die Datenzugriffsseite. Sie haben versucht, die Aktion 'ÖffnenDatenzugriffsseite' oder die Methode 'OpenDataAccessPage' zu verwenden, haben aber das Argument 'Name' leer gelassen. Geben Sie in das Argument 'Name' den Namen einer Datenzugriffsseite in der aktuellen Datenbank ein.
2535	Die Aktion 'AnwendenFilter' enthält den Namen eines Filters, der nicht angewendet werden kann. Der Filtername ist ein ungültiges Argument in der Aktion 'AnwendenFilter' in Access Client/Server.
2540	Sie haben versucht, die Datei 'I' zu ersetzen. Diese Datei ist eine Systemdatei, die momentan verwendet wird, und kann weder ersetzt noch gelöscht werden.
2541	Der Inhalt der Zwischenablage wurde gelöscht und kann daher nicht eingefügt werden. Manche Anwendungen kopieren große Objekte nicht in die Zwischenablage, sondern nur einen Zeiger auf das Objekt. Dieser Zeiger kann evtl. verloren gehen, bevor der Einfügevorgang durchgeführt wird.
2542	Geben Sie in der Befehlszeile den Namen der Datenbank an, damit *Datenbankname* das Makro finden kann.

Error-Code	ErrorString
2543	Es ist nicht möglich, ein Datenbankobjekt in sich selbst einzufügen.
2544	*Datenbankname* kann das Objekt (l), auf das Sie im Argument 'Objektname' verweisen, nicht finden. Das Makro, das Sie versucht haben auszuführen, enthält eine AuswählenObjekt-Aktion, deren Argument 'Objektname' einen ungültigen Namen angibt. Wechseln Sie in das Datenbankfenster, und ermitteln Sie den Namen des Objekts, das in dem Makro ausgewählt werden soll. Öffnen Sie dann das Makro im Makrofenster, und geben Sie für das Argument 'Objektname' den richtigen Namen ein.
2545	Damit eine KopierenObjekt-Aktion ausgeführt werden kann, müssen Sie entweder eine andere Zieldatenbank oder, wenn das Objekt innerhalb der aktuellen Datenbank kopiert werden soll, einen neuen Namen angeben. Das Makro, das Sie ausführen, enthält eine KopierenObjekt-Aktion. Öffnen Sie das Makro im Makrofenster, und wählen Sie die KopierenObjekt-Aktion aus. Geben Sie dann den Namen einer Zieldatenbank oder einen neuen Namen in das entsprechende Argumentfeld ein.
2546	Markieren Sie im Datenbankfenster ein Datenbankobjekt, bevor Sie das Makro ausführen, das die Aktion l enthält.
2547	Sie haben versucht, die Datenbank 'l' zu löschen bzw. zu ersetzen. Da die Datenbank schreibgeschützt ist, kann sie weder gelöscht noch ersetzt werden. Geben Sie für die neue Datenbank einen anderen Namen ein.
2548	*Datenbankname* kann den Datensicherheits-Assistenten nicht öffnen, weil die Datenbank im exklusiven Modus geöffnet ist. Möchten Sie *Datenbankname* im Modus für gemeinsame Nutzung öffnen, und den Datensicherheits-Assistenten ausführen?
2549	*Datenbankname* konnte die Datenbank l1 nach der Komprimierung nicht löschen. Der komprimierten Datenbank wurde der Name l2 zugewiesen. Wenn Sie eine Datenbank komprimieren, ohne ihr einen neuen Namen zuzuweisen, erstellt *Datenbankname* zuerst eine neue, komprimierte Datenbank und löscht dann die ursprüngliche Datenbank. Im vorliegenden Fall konnte die ursprüngliche Datenbank allerdings nicht gelöscht werden, da sie schreibgeschützt ist. Falls möglich, entfernen Sie das Attribut 'schreibgeschützt', löschen Sie die ursprüngliche Datenbank, und geben Sie dann der neuen Datenbank den alten Namen. Falls Sie das Attribut 'schreibgeschützt' nicht entfernen können, sollten Sie Ihren Systemadministrator informieren.
2550	*Datenbankname* konnte l1 nach der Verschlüsselung nicht löschen. Der verschlüsselten Datenbank wurde der Name l2 zugewiesen. Wenn Sie eine Datenbank verschlüsseln, ohne ihr einen neuen Namen zuzuweisen, erstellt *Datenbankname* zuerst eine neue verschlüsselte Datenbank und löscht dann die ursprüngliche Datenbank. In vorliegenden Fall konnte die ursprüngliche Datenbank allerdings nicht gelöscht werden, da sie schreibgeschützt ist. Falls möglich, entfernen Sie das Attribut 'schreibgeschützt', löschen Sie die ursprüngliche Datenbank, und geben Sie dann der neuen Datenbank den alten Namen. Falls Sie das Attribut 'schreibgeschützt' nicht entfernen können, sollten Sie Ihren Systemadministrator informieren.
2551	*Datenbankname* konnte die Datenbank l1 nach der Entschlüsselung nicht löschen. Der entschlüsselten Datenbank wurde der Name l2 zugewiesen. Wenn Sie eine Datenbank entschlüsseln, ohne ihr einen neuen Namen zuzuweisen, erstellt *Datenbankname* zuerst eine neue, entschlüsselte Datenbank und löscht dann die ursprüngliche Datenbank. Im vorliegenden Fall konnte die ursprüngliche Datenbank allerdings nicht gelöscht werden, da sie

Error-Code	ErrorString
	schreibgeschützt ist. Falls möglich, entfernen Sie das Attribut 'schreibgeschützt', löschen Sie die ursprüngliche Datenbank, und geben Sie dann der neuen Datenbank den alten Namen. Falls Sie das Attribut 'schreibgeschützt' nicht entfernen können, sollten Sie Ihren Systemadministrator informieren.
2552	Sie können keine Datenbank verschlüsseln, die Sie nicht erstellt haben oder deren Besitzer Sie nicht sind. Wenden Sie sich an den Besitzer der Datenbank oder an den Systemadministrator.
2553	Sie können keine Datenbank entschlüsseln, die Sie nicht erstellt haben oder deren Besitzer Sie nicht sind. Wenden Sie sich an den Besitzer der Datenbank oder an den Systemadministrator.
2554	Die von Ihnen angegebene Datenbank kann nicht gefunden werden. Geben Sie in der Befehlszeile einen gültigen Datenbanknamen und wenn nötig den Pfad an.
2556	*Datenbankname* kann den Sicherheits-Assistenten nicht ausführen, weil die Datenbank durch einen Kennwort gesichert ist. Sie werden den Datenbankkennwort löschen müssen, indem Sie im Menü 'Extras' auf 'Sicherheit' klicken, und dann auf 'Datenbankkennwort löschen.'
2557	Sie haben versucht, eine Datenbank zu konvertieren, die entweder mit der aktuellen Version von *Datenbankname* erstellt oder bereits in diese Vesion konvertiert wurde.
2559	*Datenbankname* konnte die verknüpften Tabellen 'l' während des Konvertierens nicht aktualisieren. Aktualisieren Sie die Verknüpfungen manuell mit dem Tabellenverknüpfungs-Manager (Menü 'Extras', Untermenü 'Add-Ins').
2560	*Datenbankname* kann die Datenbankeigenschaften nicht laden.
2561	*Datenbankname* kann das Dialogfeld 'Datenbankeigenschaften' nicht anzeigen.
2562	*Datenbankname* kann die Datenbankeigenschaften nicht speichern.
2563	*Datenbankname* kann eine DLL-Datei (Dynamic-Link Library) nicht laden. Führen Sie Setup aus, um *Datenbankname* erneut zu installieren. Wenn Sie Ihre sicherheitsbezogenen oder benutzerdefinierten Einstellungen weiterverwenden möchten, sollten Sie die Arbeitsgruppeninformationsdatei von *Datenbankname* sichern. Informationen, wie Dateien gesichert werden können, finden Sie in der Hilfe für Microsoft Windows unter 'Sichern von Dateien'.
2564	Sie können das Datenbankobjekt nicht ausblenden, solange es geöffnet ist. Schließen Sie zunächst das Datenbankobjekt. Danach können Sie es ausblenden.
2565	Sie können das Datenbankobjekt nicht einblenden, solange es geöffnet ist. Schließen Sie zunächst das Datenbankobjekt. Danach können Sie es einblenden.
2566	*Datenbankname* kann das Symbol der Anwendung nicht auf die Datei 'l' einstellen. Prüfen Sie, ob die Datei eine gültige Symboldatei (.ICO-Datei) ist. Unter Microsoft Windows können Sie auch .BMP-Dateien verwenden.
2567	*Datenbankname* kann diese mit einer früheren Version angelegte Datenbank nicht öffnen oder konvertieren. Die Datenbank wurde in einer früheren Version von *Datenbankname* erstellt. Sie haben nicht die entsprechenden Zugriffsberechtigungen zum Öffnen oder Konvertieren von Datenbanken, die in früheren Version erstellt wurden.
2568	Sie können diesen Vorgang nicht rückgängig machen. Ein anderer Benutzer hat ein Objekt unter dem Namen 'l' erstellt.
2569	*Datenbankname* konnte die Datenbank l1 nicht löschen, nachdem sie aktiviert wurde. Der aktivierten Datenbank wurde der Name l2 zugewiesen. Wenn Sie eine Datenbank unter demselben Namen

Error-Code	ErrorString
	aktivieren, erstellt *Datenbankname* eine neue, aktivierte Datenbank und löscht dann die ursprüngliche Datenbank. Im vorliegenden Fall wurde die ursprüngliche Datenbank jedoch nicht gelöscht, da sie schreibgeschützt ist. Sofern Sie dazu berechtigt sind, können Sie wie folgt vorgehen: Heben Sie den Status 'Schreibgeschützt' auf, löschen Sie die ursprüngliche Datenbank, und benennen Sie die neue Datenbank in ihren ursprünglichen Namen um. Wenn Sie den Status 'Schreibgeschützt' nicht aufheben können, sollten Sie Ihren Systemadministrator informieren.
2571	Es ist nicht möglich, Objekte zu ändern, die mit einer früheren Version von *Datenbankname* erstellt wurden. Gehen Sie wie folgt vor, um diese Datenbank in die aktuelle Version von *Datenbankname* zu konvertierten: Schließen Sie die Datenbank, klicken Sie im Menü 'Extras' auf 'Datenbank-Dienstprogramme', und klicken Sie dann auf 'Datenbank konvertieren'.
2572	Diese Datenbank befindet sich in einem unerwarteten Zustand. *Datenbankname* kann sie nicht öffnen. Die Datenbank wurde von einer früheren Version von *Datenbankname* konvertiert, wobei die DAO CompactDatabase-Methode statt des Befehls 'Datenbank konvertieren' (Menü 'Extras') verwendet wurde. Die Datenbank wurde daher nur teilweise konvertiert. Falls Sie ein Exemplar der Originaldatenbank zur Verfügung haben, verwenden Sie den Befehl 'Datenbank konvertieren' (Menü 'Extras'), um sie zu konvertieren. Ist die Originaldatenbank nicht mehr verfügbar, legen Sie eine neue Datenbank an, und importieren Sie die Tabellen und Abfragen, um die Daten wiederherzustellen. Die anderen Datenbankobjekte können nicht wiederhergestellt werden.
2573	Diese Datenbank ist ein Replikat, das in einer früheren Version von Microsoft Access erstellt wurde. *Datenbankname* kann sie nicht öffnen. Ein Replikat kann nur im Hauptentwurf (Designmaster) konvertiert werden. Konvertieren Sie zunächst den Designmaster dieser Replikatgruppe in die aktuelle Version von *Datenbankname*, und synchronisieren Sie dann das Replikat.
2574	Sie können keine zweite *Datenbankname* Datenbank mit demselben Namen und Pfad erstellen, wie eine bereits existierende Datenbank. Sie haben den Befehl 'MDE-Datei erstellen' ausgeführt, haben jedoch versucht, der neuen Datenbank die Erweiterung der alten Datenbank zuzuweisen. Verwenden Sie die Standarderweiterung (.MDE) für Ihre neue MDE-Datenbank.
2575	Sie können eine *Datenbankname* MDE-Datenbank nicht aus einem Datenbank-Replikat erstellen.
2576	Diese Datenbank ist ein Designmaster/Replikat von Microsoft Access 7.0/8.0. Sobald Sie auf OK klicken, wird die von Ihnen ausgewählte Datenbank in l1 umbenannt und dann in l2 konvertiert. Jeder Benutzer eines Replikats dieser Datenbank muss nach der nächsten Synchronisierung ein Update auf Microsoft Access 2000 durchführen.
2577	Die Datenbank l ist bereits geöffnet. Schließen Sie die Datenbank, bevor Sie den Befehl 'MDE-Datei erstellen' ausführen.
2578	*Datenbankname* konnte keine MDE-Datenbank erstellen.
2579	Lokale Formulare, Berichte, Makros und Module in diesem Replikat werden nicht konvertiert. Um diese Objekte beizubehalten, importieren Sie sie bitte vom ursprünglichen Replikat in den Designmaster.
2580	Die auf diesem Formular oder Bericht angegebene Datensatzherkunft 'l' ist nicht vorhanden. Sie haben ihren Namen falsch geschrieben, oder sie wurde in der aktuellen Datenbank gelöscht oder umbenannt,

Error-Code	ErrorString
	oder sie existiert in einer anderen Datenbank. Zeigen Sie in der Entwurfsansicht des Formulars oder Berichts durch Klicken auf die Schaltfläche 'Eigenschaften' das Eigenschaftenfenster an, und geben Sie in der Datensatzherkunft-Eigenschaft eine existierende Tabelle oder Abfrage an.
2581	Sie müssen ein Sortierfeld oder einen Sortierausdruck für den Gruppenkopf bzw. -fuß des Berichts definieren, den Sie drucken oder in der Seitenansicht anzeigen wollten.
2582	Sie können die Intervall-Eigenschaft (GroupInterval) nicht auf 0 einstellen, wenn die GruppierenNach-Eigenschaft (GroupOn) auf 'Intervall' eingestellt ist. Klicken Sie im Menü 'Ansicht' auf den Befehl 'Sortieren und Gruppieren' und versuchen Sie eine der folgenden Möglichkeiten:* Weisen Sie der Intervall-Eigenschaft eine Zahl zu, die größer als 0 ist.* Ändern Sie die Einstellung der Gruppieren-Nach-Eigenschaft in 'Jedem Wert'.
2583	Eine AnwendenFilter-Aktion (ApplyFilter) kann nur aus einem Makro bzw. einer Ereignisprozedur ausgeführt werden, für das bzw. die das Öffnen-Ereignis (Open) eingetreten ist. * Sie haben möglicherweise versucht, ein Makro, das die Anwenden-Filter-Aktion enthält, bzw. eine Prozedur, die die ApplyFilter-Aktion enthält, über eine andere Eigenschaft als die BeimÖffnen-Eigenschaft (OnOpen) zu starten.* Sie haben möglicherweise versucht, das Makro oder die Ereignisprozedur für einen Bericht auszuführen, der bereits geöffnet ist. Wenn Sie eine AnwendenFilter-Aktion für einen Bericht verwenden möchten, gehen Sie wie folgt vor: Weisen Sie der BeimÖffnen-Eigenschaft des Berichts den Namen des entsprechenden Makros zu; schließen Sie den Bericht; und öffnen Sie den Bericht erneut.
2584	Sie können in einem Seitenkopf oder -fuß keine Aggregatfunktionen einsetzen. Der Seitenkopf oder -fuß, den Sie in der Seitenansicht anzeigen wollten, enthält ein berechnetes Steuerelement, dessen Ausdruck eine Aggregatfunktion umfasst. Wenn Sie in einem Seitenkopf oder -fuß das Ergebnis einer Aggregatfunktion anzeigen möchten, müssen Sie zunächst in einem geeigneten Bereich des Berichts ein ausgeblendetes berechnetes Steuerelement erstellen. Erstellen Sie dann in dem Seitenkopf oder -fuß ein ungebundenes Textfeld. Wenn Sie ein Makro ausführen, können Sie eine SetzenWert-Aktion dazu einsetzen, den Wert des ungebundenen Textfelds auf den Wert des ausgeblendeten Steuerelements einzustellen.
2585	Diese Aktion kann nicht ausgeführt werden, solange ein Formular- oder Berichtsereignis verarbeitet wird. Ein Makro, das einer BeimÖffnen-, BeimSchließen-, BeimFormatieren-, BeiRücknahme-, BeiSeite- oder BeimDrucken-Eigenschaft zugewiesen ist, enthält eine Aktion, die diese Eigenschaft nicht zulässig ist. Sobald Sie auf 'OK' geklickt haben, werden in dem Dialogfeld 'Aktion ist fehlgeschlagen' der Name des Makros und die Argumente des Makros angezeigt.
2586	*Datenbankname* hat die Einstellungen der Eigenschaften BewegenLayout (MoveLayout) und NächsterDatensatz (NextRecord) von Falsch (False) in Wahr (True) geändert. Sie haben versucht, einen Bericht zu drucken oder in der Seitenansicht anzuzeigen, nachdem das Makro bzw. die Visual Basic-Funktion, das bzw. die der BeimFormatieren-Eigenschaft eines Berichtsbereichs zugewiesen ist, sowohl die BewegenLayout-Eigenschaft als auch die NächsterDatensatz-Eigenschaft auf Falsch eingestellt hatte. Sind beide Eigenschaften auf Falsch eingestellt, kann es passieren, dass der Bericht ununterbrochen gedruckt wird. Ändern Sie das Makro oder die Funktion so, dass diese Eigenschaften auf die von Ihnen gewünschten Werte eingestellt sind.

Error-Code	ErrorString
2587	*Datenbankname* kann den Ausgabevorgang nicht abschließen. Entweder enthält der von Ihnen eingegebene Visual Basic-Code einen Syntaxfehler, oder die Ausgabeprozeduren stehen nicht zur Verfügung. Prüfen Sie, ob Ihr Code Syntaxfehler aufweist. Sollte sich herausstellen, dass die Syntax korrekt ist, müssen Sie Setup ausführen, um *Datenbankname* erneut zu installieren. Wenn Sie Ihre sicherheitsbezogenen oder benutzerdefinierten Einstellungen weiterverwenden möchten, sollten Sie die Arbeitsgruppeninformationsdatei von *Datenbankname* sichern. Informationen, wie Dateien gesichert werden können, finden Sie in der Hilfe für Microsoft Windows unter 'Sichern von Dateien'.
2588	Sie müssen das Formular markieren, das Sie als Bericht speichern möchten.
2589	Der Ausdruck 'I' ist ungültig. Aggregatfunktionen sind nur möglich für Ausgabefelder der Datensatzherkunft.
2590	Die Aggregatfunktionen Var und VarP werden in Access-Projekten nicht unterstützt.
2600	Bestätigen Sie das neue Kennwort dadurch, dass Sie es nochmals in das Textfeld 'Bestätigen' eingeben und anschließend auf 'OK' klicken.
2601	Sie sind nicht berechtigt, das Objekt 'I' zu lesen. Sie können nur die Objekte lesen, für die Sie die Berechtigung 'Entwurf lesen' besitzen. Klicken Sie auf 'Hilfe', wenn Sie weitere Informationen zu Berechtigungen sowie darüber wünschen, wer diese einstellen kann.
2602	Sie sind nicht berechtigt, das Objekt 'I' zu ändern. Sie können nur die Objekte ändern, für die Sie die Berechtigung 'Entwurf ändern' besitzen. Ist das jeweilige Objekt eine Tabelle, müssen Sie für diese zusätzlich die Berechtigungen 'Daten löschen' und 'Daten aktualisieren' besitzen. Klicken Sie auf 'Hilfe', wenn Sie weitere Informationen zu Berechtigungen sowie darüber wünschen, wer diese einstellen kann.
2603	Sie sind nicht berechtigt, das Objekt 'I' auszuführen. Sie können nur die Objekte ausführen, für die Sie die Berechtigung 'Öffnen/Ausführen' besitzen. Klicken Sie auf 'Hilfe', wenn Sie weitere Informationen zu Berechtigungen sowie darüber wünschen, wer diese einstellen kann.
2604	Sie haben keinen Zugriff auf die Berechtigungen dieses Objekts. Sie können nur die Berechtigungen solcher Objekte anzeigen und ändern, für die Sie die Berechtigung 'Verwalten' besitzen. Klicken Sie auf 'Hilfe', wenn Sie weitere Informationen zu Berechtigungen sowie darüber wünschen, wer diese einstellen kann.
2605	Sie können dieses Benutzerkonto nicht aus der Gruppe 'I' entfernen. * Sie haben möglicherweise versucht, ein Benutzerkonto aus der Standardgruppe 'Benutzer' zu entfernen. *Datenbankname* fügt automatisch alle Benutzer zu der Standardgruppe 'Benutzer' hinzu. Wenn Sie ein Benutzerkonto aus der Gruppe 'Benutzer' entfernen möchten, müssen Sie das Konto löschen.* Sie haben möglicherweise versucht, alle Benutzer aus der Gruppe 'Administratoren' zu entfernen. Die Gruppe 'Administratoren' muss aber mindestens einen Benutzer enthalten.
2606	Der Objekttyp ist unzulässig.
2607	Sie sind nicht berechtigt, das Objekt 'I' auszuschneiden. Sie können nur die Objekte ausschneiden, für die Sie die Berechtigung 'Entwurf ändern' besitzen. Ist das jeweilige Objekt eine Tabelle, müssen Sie für diese zusätzlich die Berechtigungen 'Daten löschen' und 'Daten aktualisieren' besitzen. Klicken Sie auf 'Hilfe', wenn Sie weitere Informationen zu Berechtigungen sowie darüber wünschen, wer diese einstellen kann.
2608	Sie sind nicht berechtigt, das Objekt 'I' zu kopieren. Sie können nur die Objekte kopieren, für die Sie die Berechtigung 'Entwurf lesen' besitzen. Ist das
	jeweilige Objekt eine Tabelle, müssen Sie für diese zusätzlich die Berechtigung 'Daten lesen' besitzen. Klicken Sie auf 'Hilfe', wenn Sie weitere Informationen zu Berechtigungen sowie darüber wünschen, wer diese einstellen kann.
2609	Sie sind nicht berechtigt, das Objekt 'I' zu löschen. Sie können nur die Objekte löschen, für die Sie die Berechtigung 'Entwurf ändern' besitzen. Ist das jeweilige Objekt eine Tabelle, müssen Sie für diese zusätzlich die Berechtigung 'Daten löschen' besitzen. Klicken Sie auf 'Hilfe', wenn Sie weitere Informationen zu Berechtigungen sowie darüber wünschen, wer diese einstellen kann.
2610	Sie müssen eine persönliche Identifikationskennung (PID) eingeben, die aus mindestens 4 und höchstens 20 Zeichen und Ziffern besteht. *Datenbankname* verwendet eine Kombination aus dem Benutzer- oder Gruppennamen und der PID, um den Benutzer oder die Gruppe zu identifizieren. *Datenbankname* blendet die PID aus, nachdem Sie sie erstellt haben. Sie sollten sich den Namen des Benutzer- oder Gruppenkontos sowie den PID-Eintrag notieren, da Sie denselben Namen und PID-Eintrag eingeben müssen, falls Sie später einmal gezwungen sind, das Konto erneut einzurichten.
2612	Der Kontoname ist unzulässig. Klicken Sie auf 'Hilfe', wenn Sie Informationen zu den Benennungsregeln wünschen.
2613	Sie sind nicht berechtigt, das Objekt 'I' umzubenennen. Sie können nur die Objekte umbenennen, für die Sie die Berechtigung 'Entwurf ändern' besitzen. Klicken Sie auf 'Hilfe', wenn Sie weitere Informationen zu Berechtigungen sowie darüber wünschen, wer diese einstellen kann.
2614	Sie sind nicht berechtigt, dieses Formular in ein anderes Formular einzufügen. Damit Sie ein Fomular als Unterformular in ein anderes Formular einfügen können, müssen Sie für das einzufügende Formular die Berechtigung 'Entwurf lesen' besitzen. Klicken Sie auf 'Hilfe', wenn Sie weitere Informationen zu Berechtigungen sowie darüber wünschen, wer diese einstellen kann.
2615	Sie sind nicht berechtigt, den Besitzer des Objekts 'I' zu wechseln. Damit Sie den Besitzer eines Datenbankobjekts wechseln können, müssen Sie für dieses Objekt die Berechtigung 'Verwalten' besitzen. Klicken Sie auf 'Hilfe', wenn Sie weitere Informationen zu Berechtigungen sowie darüber wünschen, wer diese einstellen kann.
2616	Sie sind nicht berechtigt, Änderungen an den Berechtigungen des Objekts 'I' vorzunehmen. Damit Sie die Berechtigungen eines Objekts ändern können, müssen Sie für dieses Objekt die Berechtigung 'Verwalten' besitzen. Klicken Sie auf 'Hilfe', wenn Sie weitere Informationen zu Berechtigungen sowie darüber wünschen, wer diese einstellen kann.
2617	Sie sind nicht berechtigt, das Objekt 'I' zu importieren, zu exportieren oder Verknüpfungen dazu herzustellen. Sie können nur die Objekte importieren bzw. exportieren oder Verknüpfungen nur mit den Objekten herstellen, für die Sie die Berechtigungen 'Entwurf lesen' und 'Daten lesen' besitzen. Klicken Sie auf 'Hilfe', wenn Sie weitere Informationen zu Berechtigungen sowie darüber wünschen, wer diese einstellen kann.
2618	Damit Sie das Kennwort der Datenbank zuweisen oder löschen können, müssen Sie die Datenbank im Exklusivmodus geöffnet haben. Gehen Sie wie folgt vor, um die Datenbank im Exklusivmodus zu öffnen: Schließen Sie die Datenbank, zeigen Sie im Menü 'Datei' auf 'Öffnen'. Klicken Sie im Dialogfeld 'Öffnen' auf den Pfeil rechts neben der Schaltfläche 'Öffnen' und wählen Sie 'Exklusiv öffnen' aus.
2619	Sie können die Berechtigungen für das Objekt 'I' nicht in einem Replikat ändern. Berechtigungen

Error-Code	ErrorString
	können nur im Hauptentwurf (Designmaster) der Replikatgruppe geändert werden.
2620	Das Kennwort, das Sie in das Feld 'Altes Kennwort' eingegeben haben, ist falsch. Geben Sie bitte das für dieses Konto richtige Kennwort ein.
2621	Dieses Kennwort ist unzulässig. Sie haben möglicherweise ein Semikolon verwendet.
2622	Der Speichervorgang kann nicht durchgeführt werden, da 'I' schreibgeschützt ist. Wechseln Sie zum Speichern in die Entwurfsansicht, und wählen Sie den Befehl 'Speichern unter' aus dem Menü 'Datei'.
2623	Das Speichern der Datenbank in der vorhergehenden Access-Datenbankversion erstellt eine neue Datenbank, die die gesetzten Sicherheitsinformationen nicht enthält. Möchten Sie trotzdem fortfahren?
2646	*Datenbankname* kann diese Beziehung nicht herstellen, wenn referentielle Integrität gefordert wird. In der Tabelle 'I' gibt es Daten, die gegen die Regeln für referentielle Integrität verstoßen. Dies ist z.B. der Fall, wenn es in einer Detailtabelle Datensätze gibt, die Informationen zu einer Angestellten enthalten, in der Mastertabelle aber kein Datensatz für die Angestellte existiert. Ändern Sie die Daten so, dass für alle Detaildatensätze Masterdatensätze existieren. Wenn Sie die Beziehung so herstellen möchten, dass die Regeln für referentielle Integrität nicht beachtet werden, müssen Sie das Kontrollkästchen 'Mit referentieller Integrität' deaktivieren.
2648	*Datenbankname* hat statt einer 1:n-Beziehung eine 1:1-Beziehung erstellt, da das für die Detailtabelle angegebene Feld mit einem eindeutigen Index (jeder Indexwert darf nur einmalig vorkommen) versehen ist. Wenn Sie für diese Tabellen eine 1:n-Beziehung definieren möchten, haben Sie folgende Möglichkeiten:* Löschen Sie zunächst die 1:1-Beziehung und ändern Sie dann die Einstellung der Indiziert-Eigenschaft des Fremdschlüsselfelds von 'Ja (Ohne Duplikate)' in 'Ja (Duplikate möglich)'.* Wählen Sie andere übereinstimmende Felder.
2649	*Datenbankname* kann für die Beziehung keine referentielle Integrität gewährleisten. Prüfen Sie folgendes für die Felder, die Sie ziehen: Bilden die Felder den Primärschlüssel, oder sind sie eindeutig indiziert? Ist der eindeutige Index bzw. der Primärschlüssel korrekt angegeben? Wenn Sie die Beziehung so herstellen möchten, dass die Regeln für referentielle Integrität nicht beachtet werden, müssen Sie das Kontrollkästchen 'Mit referentieller Integrität' deaktivieren.
2650	*Datenbankname* kann diese Beziehung nicht herstellen, wenn referentielle Integrität gefordert wird. * Die von Ihnen ausgewählten Felder haben möglicherweise unterschiedliche Datentypen.* Die Felder haben eventuell zwar den Datentyp Zahl, ihre Feldgröße-Eigenschaften sind aber unterschiedlich eingestellt. Sie haben folgende Möglichkeiten:* Wählen Sie Felder, die denselben Datentyp haben.* Öffnen Sie die Tabellen in der Entwurfsansicht, und ändern Sie die Datentypen und Feldgrößen so, dass die Felder zueinander passen. Wenn Sie die Beziehung so herstellen möchten, dass die Regeln für referentielle Integrität nicht beachtet werden, müssen Sie das Kontrollkästchen 'Mit referentieller Integrität' deaktivieren.
2651	Sie können keine Beziehung zwischen Feldern herstellen, die einen der folgenden Datentypen haben: Memo, OLE-Objekt, Ja/Nein oder Hyperlink. Sie haben versucht, referentielle Intergrität für eine Beziehung zu gewährleisten, aber mindestens eines der von Ihnen ausgewählten Felder hat den Datentyp Memo, OLE-Objekt, Ja/Nein oder Hyperlink. Wählen Sie im Raster Felder aus, die keinen dieser Datentypen haben, oder öffnen Sie die Tabellen in

Error-Code	ErrorString
	der Entwurfsansicht, und ändern Sie die Datentypen.
2652	Sie können keine Beziehung löschen, die aus einer verknüpften Tabelle übernommen wurde.
2680	Das Formular oder der Bericht umfasst mehr OLE-Objekte, als *Datenbankname* gleichzeitig anzeigen kann. Löschen Sie einige der gebundenen oder ungebundenen Objektfelder.
2683	In diesem Steuerelement befindet sich kein Objekt.
2684	Das OLE-Objekt ist leer. Sie können ein gebundenes Objektfeld nicht bearbeiten, wenn das Feld der zugrundeliegenden Tabelle kein OLE-Objekt enthält. Verwenden Sie aus dem Menü 'Einfügen' den Befehl 'Objekt', um durch Einbetten bzw. Verknüpfen ein OLE-Objekt in das gebundene Objektfeld zu bringen.
2685	Das Objekt hat nicht den Datentyp 'OLE-Objekt'. Das Objektfeld, das das Objekt enthält, das Sie bearbeiten wollten, ist einem Feld zugeordnet, das nicht den Datentyp 'OLE-Objekt' hat. Wenn Sie ein OLE-Objekt anzeigen möchten, müssen Sie die Steuerelementinhalt-Eigenschaft (ControlSource) des gebundenen Objektfelds auf ein Feld einstellen, das den Datentyp 'OLE-Objekt' hat. Sie können die Daten aber auch mit einem anderen Steuerelement anzeigen, z.B. mit einem Textfeld.
2686	*Datenbankname* kann dieses Objekt (I) nicht speichern. Auf Ihrem Computer ist nicht mehr genügend Speicherplatz verfügbar. Informationen, wie Speicherplatz freigegeben werden kann, finden Sie in der Hilfe für Microsoft Windows unter 'Speicherplatz, zur Verfügung stellen'.
2687	Beim Lesen dieses Objekts (I) ist ein Problem aufgetreten.
2690	Eine Systemressource, die für das Anzeigen dieses Objekts (I) erforderlich ist, steht nicht zur Verfügung. Möglicherweise kann Ihr Computer nicht mehr genügend Arbeitsspeicher bereitstellen. Schließen Sie nicht benötigte Programme, und führen Sie den Vorgang erneut aus. Weitere Informationen, wie Arbeitsspeicher freigegeben werden kann, finden Sie in der Hilfe für Microsoft Windows unter 'Arbeitsspeicher, Problembehebung'.
2691	*Datenbankname* kann nicht mit dem OLE-Server kommunizieren. Es kann sein, dass der OLE-Server nicht registriert ist. Damit der OLE-Server registriert wird, müssen Sie ihn erneut installieren.
2694	Die Zwischenablage ist nicht verfügbar. Die Zwischenablage wird möglicherweise von einer anderen Anwendung verwendet, oder Ihr Computer hat nicht mehr genügend verfügbaren Arbeitsspeicher. Ist letzteres der Fall, sollten Sie nicht benötigte Programme schließen, und den Vorgang erneut ausführen. Weitere Informationen, wie Arbeitsspeicher freigegeben werden kann, finden Sie in der Hilfe für Microsoft Windows unter 'Arbeitsspeicher, Problembehebung'.
2695	*Datenbankname* kann das umgewandelte Objekt (I) nicht anzeigen. Löschen Sie das Objekt des gebundenen Objektfelds, und erstellen Sie es dann erneut.
2696	*Datenbankname* kann das OLE-Objekt nicht lesen. Löschen Sie das Objekt des gebundenen Objektfelds, und erstellen Sie es dann erneut.
2697	Beim Laden dieses Objekts (I) ist ein Problem aufgetreten. Das Objekt, das Sie erstellen oder bearbeiten wollten, ist kein gültiges OLE-Objekt. Erstellen Sie das Objekt neu, bevor Sie es wieder einbetten bzw. verknüpfen.
2698	Das Objekt (I), das Sie erstellen oder bearbeiten wollten, kann nicht gespeichert werden, da es zu groß ist. * Ihre Datenbank hat möglicherweise nicht genügend Speicherplatz für das Objekt.* Ihr Computer hat eventuell keinen freien Speicherplatz mehr. Informationen, wie Speicherplatz freigegeben

Error-Code	ErrorString

werden kann, finden Sie in der Hilfe für Microsoft Windows unter 'Speicherplatz, zur Verfügung stellen'.

2699 Die Verbindung zu dem OLE-Server wurde getrennt, oder auf dem OLE-Server ist ein Fehler aufgetreten, während Sie damit gearbeitet haben. Starten Sie den OLE-Server nochmals, und versuchen Sie den Vorgang erneut.

2700 *Datenbankname* kann entweder einen OLE-Server oder eine DLL-Datei (Dynamic-Link Library) nicht finden, die für den OLE-Vorgang erforderlich ist. Es kann sein, dass der OLE-Server oder die DLL-Datei nicht registriert ist. Damit der OLE-Server oder die DLL-Datei registriert wird, müssen Sie ihn bzw. sie erneut installieren.

2701 Der OLE-Server für das OLE-Objekt, das Sie zu erstellen versucht haben, ist bereits geöffnet. Wechseln Sie zum Fenster des OLE-Servers, und schließen Sie es. Danach können Sie erneut versuchen, das OLE-Objekt zu erstellen oder zu bearbeiten.

2702 Das Objekt (l) ist nicht registriert. Das Objekt versucht möglicherweise, eine Anwendung aufzurufen, die nicht installiert ist. Damit die Anwendung registriert wird, müssen Sie sie erneut installieren.

2703 *Datenbankname* kann das Objekt (l) nicht lesen, da der Datenaustausch unterbrochen wurde. Sofern sich die OLE-Serveranwendung auf einem Netzwerkserver befindet, sollten Sie prüfen, ob Ihr Computer damit verbunden ist.

2704 Das Objekt (l), das Sie bearbeiten wollten, beinhaltet keine Informationen, die angezeigt werden können.

2707 *Datenbankname* kann die Datei nicht öffnen, die das OLE-Objekt enthält. * Sie haben möglicherweise einen ungültigen Dateinamen angegeben. Oder Sie haben eine unzulässige Dateineinheit (z.B. einen Zellbereich eines Tabellenblatts) der Datei des OLE-Objekts angegeben.* Die von Ihnen angegebene Datei steht möglicherweise nicht zur Verfügung, weil sie von einem anderen Benutzer gesperrt ist oder weil Sie nicht berechtigt sind, die Datei zu öffnen. Sie haben folgende Möglichkeiten:* Prüfen Sie, ob die Datei verfügbar ist und ob Sie den richtigen Dateinamen angegeben haben.* Schlagen Sie in der Dokumentation des OLE-Servers die Informationen zu der Syntax nach, gemäß der die Daten eines OLE-Objekts angegeben werden müssen.

2711 Das Argument 'Dateiname' der GetObject-Funktion der Visual Basic-Prozedur, die Sie ausgeführt haben, ist ungültig. * Sie haben den Dateinamen möglicherweise nicht angegeben oder haben ihn falsch geschrieben.* Die Dateineinheit (z.B. ein Zellbereich eines Tabellenblatts) ist unzulässig. Sie haben folgende Möglichkeiten:* Prüfen Sie, ob die Datei auf Ihrem Computer installiert ist und ob Sie den richtigen Dateinamen verwendet haben.* Schlagen Sie in der Dokumentation des OLE-Servers die Informationen zu der Syntax nach, gemäß der die Daten eines OLE-Objekts angegeben werden müssen.

2713 Als *Datenbankname* versuchte, auf dieses Objekt (l) zuzugreifen, trat ein Problem auf. * Sie haben möglicherweise einen ungültigen Dateinamen angegeben. Oder Sie haben eine unzulässige Dateineinheit (z.B. einen Zellbereich eines Tabellenblatts) der Datei des OLE-Objekts angegeben.* Die von Ihnen angegebene Datei steht nicht zur Verfügung, weil sie von einem anderen Benutzer gesperrt ist oder weil Sie nicht berechtigt sind, die Datei zu öffnen. Sie haben folgende Möglichkeiten:* Prüfen Sie, ob die Datei auf Ihrem Computer installiert ist und ob Sie den richtigen Dateinamen verwendet haben.* Schlagen Sie in der Dokumentation des OLE-Servers die Informationen zu der Syntax nach,

gemäß der die Daten eines OLE-Objekts angegeben werden müssen.

2714 Das Objekt (l) unterstützt keine Verben, wie z.B. Play (Abspielen) oder Edit (Bearbeiten), die für ein OLE-Objekt ausgeführt werden können. In der Dokumentation des OLE-Servers finden Sie Informationen zu den Verben, die das OLE-Objekt unterstützt. Sie können aber auch die Eigenschaften ObjectVerbs und ObjectVerbsCount einsetzen, um zu ermitteln, welche Verben von einem OLE-Objekt unterstützt werden.

2715 Der Index der Action- oder Verb-Eigenschaft dieses Objekts (l) ist ungültig. Möglicherweise haben Sie eine negative Zahl oder eine zu große Zahl angegeben.

2717 Dieses Objekt (l) enthält keine Informationen, die angezeigt werden können. Sie haben versucht, einen Vorgang für ein ungebundenes oder gebundenes Objektfeld auszuführen, das ein OLE-Objekt enthält, wobei das OLE-Objekt aber leer ist. Verwenden Sie den Befehl 'Objekt' aus dem Menü 'Einfügen', um entweder ein OLE-Objekt zu erstellen oder ein OLE-Objekt aus einer Datei einzubetten bzw. zu verknüpfen, die nicht leer ist.

2719 Beim Zugriff auf dieses Objekt (l) ist ein Problem aufgetreten. * Der OLE-Server ist möglicherweise nicht verfügbar, da er sich auf einem Netzwerkserver befindet, zu dem Sie momentan keine Verbindung haben. Versuchen Sie, die Verbindung wieder herzustellen.* Das OLE-Objekt ist in einer verknüpften Datei gespeichert, auf die momentan nicht zugegriffen werden kann. Aktivieren Sie den OLE-Server außerhalb von *Datenbankname*. Öffnen Sie dann die Datei, die das OLE-Objekt enthält, um zu prüfen, ob die Datei noch vorhanden ist und geöffnet werden kann.

2723 Dieses Objekt (l) unterstützt den versuchten Vorgang nicht. Das OLE-Objekt wurde zu einem Bild geändert, oder die Verknüpfung zu dem Objekt wurde getrennt. Wenn Sie den Vorgang ausführen möchten, müssen Sie das OLE-Objekt löschen und anschließend erneut einbetten oder verknüpfen.

2724 Mindestens eine der DLL-Dateien (Dynamic-Link Library), die für den Einsatz von OLE-Objekten erforderlich sind, liegt in der falschen Version vor. Führen Sie Setup aus, um *Datenbankname* erneut zu installieren. Wenn Sie Ihre sicherheitsbezogenen oder benutzerdefinierten Einstellungen weiterverwenden möchten, sollten Sie die Arbeitsgruppeninformationsdatei von *Datenbankname* sichern. Informationen, wie Dateien gesichert werden können, finden Sie in der Hilfe für Microsoft Windows unter 'Sichern von Dateien'.

2725 Der OLE-Server ist nicht registriert. Damit der OLE-Server registriert wird, müssen Sie ihn erneut installieren.

2726 *Datenbankname* kann den OLE-Vorgang nicht ausführen, da es die Windows-Registrierung nicht lesen konnte, in der der OLE-Server registriert ist. Installieren Sie den OLE-Server erneut, und versuchen Sie dann nochmals, den Vorgang auszuführen. Sind die Probleme danach nicht behoben, sollten Sie sowohl Microsoft Windows als auch die anderen Anwendungen erneut auf Ihrem Computer installieren. Wenn Sie *Datenbankname* erneut installieren und Ihre benutzerdefinierten Einstellungen weiterverwenden möchten, sollten Sie die Arbeitsgruppeninformationsdatei von *Datenbankname* sichern. Informationen, wie Dateien gesichert werden können, finden Sie in der Hilfe für Microsoft Windows unter 'Sichern von Dateien'. Informationen zu der Windows-Registrierung finden Sie in der Hilfe für Microsoft Windows unter 'Registrierung'.

2727 *Datenbankname* kann den OLE-Vorgang nicht ausführen, da es nicht in die Windows-Registrierung

Error-Code	ErrorString
	schreiben konnte, wo der OLE-Server registriert ist. Installieren Sie den OLE-Server erneut, und versuchen Sie dann nochmals, den Vorgang auszuführen. Sind die Probleme danach nicht behoben, sollten Sie sowohl Microsoft Windows als auch die anderen Anwendungen erneut auf Ihrem Computer installieren. Wenn Sie *Datenbankname* erneut installieren und Ihre benutzerdefinierten Einstellungen weiterverwenden möchten, sollten Sie die Arbeitsgruppeninformationsdatei von *Datenbankname* sichern. Informationen, wie Dateien gesichert werden können, finden Sie in der Hilfe für Microsoft Windows unter 'Sichern von Dateien'. Informationen zu der Windows-Registrierung finden Sie in der Hilfe für Microsoft Windows unter 'Registrierung'.
2729	Das OLE-Objekt, das Sie versucht haben zu bearbeiten, ist momentan belegt. Versuchen Sie es später erneut.
2730	Bei der Kommunikation mit dem OLE-Server trat ein Fehler auf. Versuchen Sie es später erneut. Wenn Sie auch dann noch nicht auf das Objekt zugreifen können, sollten Sie einen oder mehrere der folgenden Schritte ausführen:* Geben Sie Arbeitsspeicher frei. Informationen, wie Arbeitsspeicher freigegeben werden kann, finden Sie in der Hilfe für Microsoft Windows unter 'Arbeitsspeicher, Problembehebung'.* Installieren Sie den OLE-Server erneut, damit gewährleistet ist, dass er registriert ist.* Prüfen Sie die Syntax, gemäß der die Daten eines OLE-Objekts angegeben werden müssen, anhand der Dokumentation des OLE-Servers.
2731	Beim Zugriff auf den OLE-Server trat ein Fehler auf. Eventuell ist der OLE-Server nicht registriert. Damit der OLE-Server registriert wird, müssen Sie ihn erneut installieren.
2732	*Datenbankname* kann das Objekt (l) nicht lesen. Die Kommunikation zwischen *Datenbankname* und dem OLE-Server wurde unterbrochen. Prüfen Sie, ob eine Verbindung zwischen Ihrem Computer und dem Netzwerkserver besteht, auf dem sich der OLE-Server befindet.
2733	Es ist nicht möglich, auf das OLE-Objekt zuzugreifen, das Sie versucht haben zu bearbeiten. Sie sind nicht berechtigt, Änderungen an dem Objekt vorzunehmen, oder ein anderer Benutzer hat das Objekt geöffnet und gesperrt.
2734	Sie können dieses Objekt (l) momentan nicht speichern. Der OLE-Server führt einen Vorgang aus, oder ein anderer Benutzer hat das Objekt geöffnet und gesperrt. Versuchen Sie später nochmals, das Objekt zu speichern.
2735	Dieser Datenträger ist schreibgeschützt. Sie können dieses Objekt (l) nicht auf ihm speichern.
2737	*Datenbankname* kann die Datei nicht finden, die das verknüpfte OLE-Objekt enthält, das Sie mit dem Befehl 'OLE/DDE-Verknüpfungen' aktualisieren wollten. Möglicherweise haben Sie den Namen der Datei falsch geschrieben, oder die Datei wurde gelöscht bzw. umbenannt. Wurde die Datei in einen anderen Ordner verschoben, können Sie die Quellangabe mit dem Befehl 'OLE/DDE-Verknüpfungen' ändern. Sie können das Objekt aber auch löschen und ein neues verknüpftes Objekt erstellen.
2738	Es ist nicht genügend Arbeitsspeicher verfügbar, um den Vorgang abzuschließen. Schließen Sie nicht benötigte Programme, und führen Sie den Vorgang erneut aus. Weitere Informationen, wie Arbeitsspeicher freigegeben werden kann, finden Sie in der Hilfe für Microsoft Windows unter 'Arbeitsspeicher, Problembehebung'.
2739	Während des Vorgangs, der für ein OLE-Objekt ausgeführt werden sollte, trat ein Fehler auf. Das Objekt ist belegt.
2741	Während *Datenbankname* die Änderungen gespeichert hat, die Sie an diesem Objekt (l) vorgenommen haben, hat sich ergeben, dass Ihr Computer über zu wenig freien Speicherplatz verfügt. Informationen, wie Speicherplatz freigegeben werden kann, finden Sie in der Hilfe für Microsoft Windows unter 'Speicherplatz, zur Verfügung stellen'.
2742	*Datenbankname* konnte keine weiteren Dateien mehr erstellen. Eventuell verfügt Ihr Computer über zu wenig freien Arbeitsspeicher bzw. Speicherplatz. Schließen Sie nicht benötigte Programme, und führen Sie den Vorgang erneut aus. Informationen, wie Arbeitsspeicher oder Speicherplatz freigegeben werden kann, finden Sie in der Hilfe für Microsoft Windows unter 'Arbeitsspeicher, Problembehebung' bzw. 'Speicherplatz, zur Verfügung stellen'.
2743	Dieses Objekt (l) ist in einem Format gespeichert, das nicht mit der auf Ihrem Computer befindlichen Version von OLE kompatibel ist.
2744	*Datenbankname* kann den OLE-Server nicht finden. Eventuell ist die Einstellung der Eigenschaft Herkunftsdokument (SourceDoc) ungültig, oder die Datei wurde gelöscht, umbenannt oder verschoben.
2745	Share.exe oder Vshare.386 steht auf Ihrem Computer nicht zur Verfügung. OLE-Unterstützung funktioniert nur dann korrekt, wenn diese Dateien vorhanden sind. Führen Sie das Setup-Programm von *Datenbankname* oder Microsoft Office erneut aus, um *Datenbankname* sowie die Programme Share.exe und Vshare.386 neu zu installieren. Wenn Sie Ihre sicherheitsbezogenen oder benutzerdefinierten Einstellungen weiterverwenden möchten, sollten Sie die Arbeitsgruppeninformationsdatei von *Datenbankname* sichern und, nachdem die Installation abgeschlossen ist, wieder an ihre alte Stelle kopieren. Informationen, wie Dateien gesichert werden können, finden Sie in der Hilfe für Microsoft Windows unter 'Sichern von Dateien'.
2746	Sie können nicht zur Entwurfsansicht wechseln, da Ihr Formular zu viele OLE-Objekte enthält. Schließen Sie andere Anwendungen, schließen Sie das Formular, und öffnen Sie das Formular dann erneut in der Entwurfsansicht. Danach können Sie einige OLE-Objekte löschen oder auf ein anderes Formular verschieben.
2747	Der OLE-Server kann dieses Objekt (l) nicht anzeigen. Entweder gibt es ein Problem bezüglich der Datei, die das OLE-Objekt enthält, oder es ist nicht genügend Arbeitsspeicher verfügbar. Öffnen Sie zunächst außerhalb von *Datenbankname* den OLE-Server, und öffnen Sie dann die Datei des OLE-Objekts. Sofern Ihnen dies gelingt, hat Ihr Computer wahrscheinlich zu wenig verfügbaren Arbeitsspeicher. Schließen Sie andere Programme, und führen Sie den Vorgang erneut aus. Weitere Informationen, wie Arbeitsspeicher freigegeben werden kann, finden Sie in der Hilfe für Microsoft Windows unter 'Arbeitsspeicher, Fehlerbehebung'.
2748	Der Automatisierungs-Objektvorgang ist für dieses Objekt (l) nicht verfügbar. Lesen Sie in der Dokumentation der Komponente nach, welche Vorgänge für ein Automatisierungsobjekt verfügbar sind.
2749	Es ist nicht genügend Arbeitsspeicher verfügbar, um den Automatisierungs-Objektvorgang für dieses Objekt (l) zu beenden. Schließen Sie nicht benötigte Programme, und führen Sie den Vorgang erneut aus. Weitere Informationen, wie Arbeitsspeicher freigegeben werden kann, finden Sie in der Hilfe für Microsoft Windows unter 'Arbeitsspeicher, Problembehebung'.
2750	Der für dieses Objekt (l) vorgesehene Vorgang konnte nicht ausgeführt werden. Es kann sein, dass der OLE-Server nicht registriert ist. Damit der OLE-Server registriert wird, müssen Sie ihn erneut installieren.
2751	Einer der Vorgänge 'Beenden' oder 'Aktualisieren' ist fehlgeschlagen. Sie haben ESC gedrückt (oder

Error-Code	ErrorString
	eine andere Taste, die im OLE-Server dazu dient, einen Vorgang abzubrechen), während *Datenbankname* die Änderungen gespeichert hat, die Sie an einem OLE-Objekt eines Formulars oder Berichts vorgenommen haben. Versuchen Sie erneut, zu beenden oder zu aktualisieren.
2753	Es trat ein Problem auf, während *Datenbankname* mit dem OLE-Server oder ActiveX-Steuerelement kommunizierte. Schließen Sie den OLE-Server, und starten Sie ihn dann außerhalb von *Datenbankname* erneut. Versuchen Sie danach in *Datenbankname* nochmals, den ursprünglichen Vorgang auszuführen.
2754	Es trat ein Problem auf, während *Datenbankname* und der OLE-Server kommuniziert haben. Sie haben folgende Möglichkeiten:* Prüfen Sie, ob Sie mit dem Netzwerk-Server verbunden sind, auf dem sich der OLE-Server befindet.* Schließen Sie den OLE-Server, und starten Sie ihn dann außerhalb von *Datenbankname* erneut. Versuchen Sie danach in *Datenbankname* nochmals, den ursprünglichen Vorgang auszuführen.* Installieren Sie den OLE-Server erneut, damit sichergestellt ist, dass er registriert ist.
2755	Es gab ein Problem bezüglich eines Verweises auf eine Eigenschaft oder Methode des Objekts. Sie haben versucht, eine Visual Basic-Prozedur auszuführen, in der auf eine Eigenschaft oder Methode eines Objekts verwiesen wird. Sie haben folgende Möglichkeiten:* Prüfen Sie, ob die Komponente korrekt registriert ist.* Prüfen Sie, ob Ihr Computer mit dem Netzwerk-Server verbunden ist, auf dem sich die Komponente befindet.* Schließen Sie die Komponente, und starten Sie sie außerhalb von *Datenbankname* erneut. Versuchen Sie danach erneut, die Prozedur in *Datenbankname* auszuführen.
2756	Es trat ein Problem auf, als *Datenbankname* versuchte, auf das OLE-Objekt zuzugreifen. Schließen Sie sowohl das *Datenbankname*-Formular bzw. den *Datenbankname*-Bericht, auf dem das OLE-Objekt angezeigt wird, als auch den OLE-Server. Öffnen Sie das Formular bzw. den Bericht dann erneut, um zu sehen, ob das OLE-Objekt auf ihm angezeigt wird.
2757	Beim Zugriff auf eine Eigenschaft oder Methode des OLE-Objekts trat ein Problem auf. Sie haben folgende Möglichkeiten:* Installieren Sie den OLE-Server erneut, damit sichergestellt ist, dass er korrekt registriert ist.* Prüfen Sie, ob Ihr Computer mit dem Server verbunden ist, auf dem sich der OLE-Server befindet.* Schließen Sie den OLE-Server, und starten Sie ihn dann außerhalb von *Datenbankname* erneut. Versuchen Sie danach in *Datenbankname* nochmals, den ursprünglichen Vorgang auszuführen.
2758	Als Sie versucht haben, den OLE-Vorgang auszuführen, trat ein Problem bezüglich des Initialisierens der DLL-Datei (Dynamic-Link Library) Msole20 auf. * Es sind möglicherweise zu viele Microsoft-Anwendungen geöffnet. Schließen Sie, mit Ausnahme von *Datenbankname*, andere Windows-Anwendungen, und versuchen Sie erneut, den OLE-Vorgang auszuführen.* Auf Ihrem Computer befindet sich eventuell eine ältere Version der DLL-Datei Msole20. In diesem Fall müssen Sie Setup ausführen, um *Datenbankname* erneut zu installieren. Wenn Sie *Datenbankname* erneut installieren müssen und Ihre sicherheitsbezogenen oder benutzerdefinierten Einstellungen weiterverwenden möchten, sollten Sie die Arbeitsgruppeninformationsdatei von *Datenbankname* sichern. Informationen, wie Dateien gesichert werden können, finden Sie in der Hilfe für Microsoft Windows unter 'Sichern von Dateien'.
2759	Die Methode, die Sie auf ein Objekt angewendet haben, ist fehlgeschlagen * Sie haben eventuell für eine Eigenschaft oder Methode eines Objekts zu viele oder zu wenige Argumente angegeben. Prüfen Sie anhand der Dokumentation der Komponente, welche Eigenschaften und Methoden sie für Automatisierungsvorgänge bereitstellt.* Es ist möglicherweise nicht genügend Arbeitsspeicher verfügbar, um die Prozedur auszuführen. Schließen Sie nicht benötigte Programme, und führen Sie die Prozedur erneut aus. Weitere Informationen, wie Arbeitsspeicher freigegeben werden kann, finden Sie in der Hilfe für Microsoft Windows unter 'Arbeitsspeicher, Problembehebung'.
2760	Fehler beim Verweisen auf ein Objekt. Sie haben versucht, eine Visual Basic-Prozedur auszuführen, in der fehlerhaft auf eine Eigenschaft oder Methode eines Objekts verwiesen wird.
2761	Es gab ein Problem bezüglich eines Verweises auf eine Eigenschaft oder Methode eines Objekts. Prüfen Sie anhand der Dokumentation der Komponente, welche Eigenschaften und Methoden sie für Automatisierungsvorgänge bereitstellt.
2762	I hat als Reaktion auf einen Verweis auf eine Eigenschaft eines Objekts einen Fehler gemeldet. Prüfen Sie anhand der Dokumentation der Komponente, welche Eigenschaften und Methoden sie für Automatisierungsvorgänge bereitstellt.
2763	I1 hat den folgenden Fehler gemeldet: I2. Prüfen Sie anhand der Dokumentation der Komponente, welche Eigenschaften und Methoden sie für Automatisierungsvorgänge bereitstellt.
2764	Eine Eigenschaft oder Methode des Objekts kann nicht eingestellt werden. Sie haben versucht, eine Visual Basic-Prozedur auszuführen, um eine Eigenschaft eines Objekts einzustellen oder eine Methode eines Objekts anzuwenden. Die Eigenschaft oder Methode unterstützt jedoch keine benannten Argumente. Prüfen Sie anhand der Dokumentation der Komponente, welche Eigenschaften und Methoden sie für Automatisierungsvorgänge bereitstellt.
2765	Visual Basic kann den Datentyp eines der Argumente, die Sie eingegeben haben, nicht konvertieren. Sie haben versucht, eine Visual Basic-Prozedur auszuführen, die eine Methode eines Objekts ausführt oder eine Eigenschaft eines Objekts einstellt. Prüfen Sie anhand der Dokumentation der Komponente, welche Eigenschaften und Methoden sie für Automatisierungsvorgänge bereitstellt.
2766	Das Objekt enthält nicht das Automatisierungsobjekt 'I'. Sie haben versucht, eine Visual Basic-Prozedur auszuführen, um eine Eigenschaft oder Methode eines Objekts einzustellen, die Komponente stellt jedoch die Eigenschaft bzw. Methode nicht für Automatisierungsvorgänge zur Verfügung. Prüfen Sie anhand der Dokumentation der Komponente, welche Eigenschaften und Methoden sie für Automatisierungsvorgänge bereitstellt.
2767	Das Objekt unterstützt die Sprache 'Englisch (USA)' nicht. Es wurde mit einer anderen Sprache entwickelt. Verwenden Sie eine in Visual Basic entwickelte Version des Objekts, die die von Ihnen verwendete Sprache unterstützt.
2768	Die Zahl, mit der Sie auf ein Element des Datenfelds verweisen, liegt außerhalb der Grenzen des Datenfelds. Das Datenfeld hat z.B. die Grenzen 0 und 10, aber Sie haben -1 oder 11 eingegeben. Prüfen Sie anhand der Dokumentation der Komponente, welche Eigenschaften und Methoden sie für Automatisierungsvorgänge bereitstellt.
2769	Eine Eigenschaft des Automatisierungsobjekts erfordert oder liefert einen Datentyp, der von Visual Basic nicht unterstützt wird. Sie haben versucht, eine Visual Basic-Prozedur auszuführen, in der auf eine Eigenschaft eines Automatisierungsobjekts ver-

Error-Code	ErrorString
	wiesen wird, aber der Wert dieser Eigenschaft wird von Visual Basic nicht unterstützt. Prüfen Sie anhand der Dokumentation der Komponente, welche Eigenschaften und Methoden sie für Automatisierungsvorgänge bereitstellt.
2770	Das Objekt, auf das Sie in der Visual Basic-Prozedur als OLE-Objekt verwiesen haben, ist kein OLE-Objekt.
2771	Das ungebundene oder gebundene Objektfeld, das Sie versucht haben zu bearbeiten, enthält kein OLE-Objekt. Fügen Sie mit dem Befehl 'Objekt' aus dem Menü 'Einfügen' ein OLE-Objekt zu dem ungebundenen oder gebundenen Objektfeld hinzu.
2774	Die Komponente unterstützt Automatisierung nicht. Sie haben versucht, eine Visual Basic-Prozedur auszuführen, in der auf ein Automatisierungsobjekt verwiesen wird. Prüfen Sie anhand der Dokumentation der Komponente, ob sie Automatisierung unterstützt.
2775	Sie haben in der Visual Basic-Prozedur zu viele Argumente angegeben, oder es ist nicht genügend Arbeitsspeicher verfügbar, um die Prozedur auszuführen. Geben Sie weniger Argumente an, oder schließen Sie nicht benötigte Programme, und führen Sie die Prozedur erneut aus. Weitere Informationen, wie Arbeitsspeicher freigegeben werden kann, finden Sie in der Hilfe für Microsoft Windows unter 'Arbeitsspeicher, Problembehebung'.
2777	Die Visual Basic-Prozedur, die Sie ausführen möchten, enthält eine CreateObject-Funktion, deren Argument 'Klasse' ungültig ist. Sie haben folgende Möglichkeiten:* Prüfen Sie, ob die Datei auf Ihrem Computer installiert ist und ob Sie den richtigen Dateinamen angegeben haben.* Schlagen Sie in der Dokumentation des OLE-Servers die Informationen zu der Syntax nach, gemäß der die Daten eines OLE-Objekts angegeben werden müssen.
2778	*Datenbankname* hat versucht, eine OLE-Verknüpfung herzustellen, hat jedoch kein Quelldokument für dieses Objekt gefunden.
2782	Sie müssen für das Objekt eine Eigenschaft oder eine Methode angeben. Sie haben versucht, eine Visual Basic-Prozedur auszuführen, in der auf eine Eigenschaft oder Methode des Objekts verwiesen oder eine solche eingestellt wird. Geben Sie eine Eigenschaft oder Methode für das Objekt ein.
2783	Sie haben für die Action-Eigenschaft eine unzulässige Einstellung eingegeben. Weisen Sie der Action-Eigenschaft eine der eingebauten *Datenbankname*-Konstanten zu. Klicken Sie auf 'Hilfe', um eine Liste der Einstellungen angezeigt zu bekommen, die für eine Action-Eigenschaft zulässig sind.
2784	Der Pfad, den Sie für die Herkunftsdokument-Eigenschaft (SourceDoc) eines verknüpften OLE-Objekts eingegeben haben, ist zu lang. Verschieben Sie die Datei in einen Ordner, für den sich ein kürzerer Pfad ergibt.
2785	Der OLE-Server konnte das Objekt nicht öffnen. * Der OLE-Server ist möglicherweise nicht installiert.* Sie haben möglicherweise im Eigenschaftenfenster oder in einem Makro für eine der Eigenschaften Herkunftsdokument bzw. Herkunftselement oder in einer Visual Basic-Prozedur für eine der Eigenschaften SourceDoc bzw. SourceItem eine unzulässige Einstellung angegeben. Die zulässigen Einstellungen zu jeder dieser Eigenschaften finden Sie im Hilfe-Index unter dem Thema 'Eigenschaften'.
2786	Der OLE-Server unterstützt Verknüpfen nicht. Sie haben versucht, eine Visual Basic-Prozedur mit der Action-Eigenschaft auszuführen, haben aber nicht genügend Informationen bereitgestellt, damit eine Verknüpfung hergestellt werden kann.
2788	Das I-Objekt ist kein verknüpftes Objekt. Sie haben in Visual Basic versucht, eine Eigenschaft einzustellen, die nur für verknüpfte Objekte gilt.

Error-Code	ErrorString
2790	Sie können ein OLE-Objekt nicht in ein gebundenes oder ungebundenes Objektfeld einbetten, wenn die ZugelasseneOLEObjektart-Eigenschaft (OLETypeAllowed) des Objektfelds auf 'Verknüpft' eingestellt ist. Fügen Sie ein verknüpftes Objekt ein, oder stellen Sie die Eigenschaft ZugelasseneOLEObjektart (OLETypeAllowed) auf 'Eingebettet' oder 'Beides' ein, und betten Sie das Objekt dann ein.
2791	*Datenbankname* kann das OLE-Objekt oder das gebundene bzw. ungebundene Objektfeld nicht verknüpfen. Die ZugelasseneOLEObjektart-Eigenschaft (OLETypeAllowed) des Objektfelds ist auf 'Eingebettet' eingestellt. Betten Sie das Objekt ein, oder stellen Sie die ZugelasseneOLEObjektart-Eigenschaft (OLETypeAllowed) auf 'Verknüpft' oder 'Beides' ein, und verknüpfen Sie dann das Objekt.
2792	Sie können ein gesperrtes OLE-Objekt nicht speichern.
2793	*Datenbankname* kann einen Vorgang nicht starten, der in einer Action-Eigenschaft der Visual Basic-Prozedur angegeben ist, die Sie ausführen. Das Objektfeld ist möglicherweise gesperrt oder deaktiviert. Stellen Sie die Eigenschaft Gesperrt (Locked) auf Nein und die Eigenschaft Aktiviert (Enabled) auf Ja ein.
2794	Sie haben versucht, ein ActiveX-Steuerelement einzufügen, das nicht registriert ist. Klicken Sie auf 'Hilfe', um Informationen zu erhalten, wie ein ActiveX-Steuerelement registriert werden kann.
2797	Dieses OLE-Objekt wurde mit einer früheren Version von OLE erstellt und kann daher nicht als Symbol angezeigt werden. Wenn Sie einen Effekt erzielen möchten, der dem Anzeigen eines Objekts als Symbol entspricht, fügen Sie zu Ihrem Formular ein Bild-Steuerelement (Image) hinzu und fügen Sie das Symbol der Anwendung zu dem Bild-Steuerelement hinzu. Weisen Sie dann der BeimDoppelklicken-Eigenschaft (OnDblClick) des Bild-Steuerelements eine Visual Basic-Prozedur zu, die das OLE-Objekt öffnet.
2798	Sie können die Eigenschaft Action nicht dazu einsetzen, ein OLE-Objekt aus der zugrundeliegenden Tabelle oder Abfrage zu löschen, an die es gebunden ist. Sie haben eine Visual Basic-Prozedur ausgeführt, in der versucht wird, das Objekt dadurch aus einem gebundenen Objektfeld zu löschen, dass die Eigenschaft Action auf acOLEDelete eingestellt ist. Sie müssen das Objekt auf andere Weise löschen, z.B. mit der Löschmethode, mit den in Visual Basic Datenzugriffsobjekte (DAO) gelöscht werden.
2799	Das OLE-Objekt kann nicht aktiviert werden, sobald es den Fokus erhalten hat. Wenn Sie ein OLE-Objekt oder ein Diagramm gewählt haben und die Eigenschaft 'Objektaktivierung' (AutoActivate) dieses Steuerelements auf 'Fokus' (GetFocus) eingestellt ist, sollte das OLE-Objekt bzw. Diagramm automatisch aktiviert werden, sobald es den Fokus erhalten hat. Die ActiveX-Komponente unterstützt dies jedoch nicht. Prüfen Sie anhand der Dokumentation der Komponente, welche Eigenschaften und Methoden sie für Automatisierungsvorgänge bereitstellt.
2800	Das Objekt ist gesperrt. Daher werden alle von Ihnen vorgenommenen Änderungen annulliert, wenn das Formular geschlossen wird. Klicken Sie auf 'Speichern unter/Exportieren' (Menü 'Datei'), und speichern Sie das Objekt unter einem anderen Namen.
2801	Das OLE-Objekt wurde nicht geladen, da das ungebundene ActiveX-Steuerelement nicht initialisiert wurde.
2802	Sie können ein ActiveX-Steuerelement nicht in ein gebundenes oder ungebundenes Objektfeld einfügen. ActiveX-Steuerelemente befinden sich automatisch in ActiveX-Steuerelementfeldern.

Error-Code	ErrorString
2803	Sie verfügen nicht über die Lizenz, die erforderlich ist, um dieses ActiveX-Steuerelement einzusetzen. Sie haben entweder versucht, ein Formular zu öffnen, das ein OLE-Objekt oder ActiveX-Steuerelement enthält, oder versucht, ein ActiveX-Steuerelement zu erstellen. Die entsprechende Lizenz erhalten Sie von der Firma, die das OLE-Objekt oder ActiveX-Steuerelement liefert.
2804	Sie können ein ActiveX-Steuerelement nicht in einem ungebundenen Objektfeld erstellen. ActiveX-Steuerelemente befinden sich automatisch in ActiveX-Steuerelementfeldern.
2805	Bei dem Versuch, ein ActiveX-Steuerelement auf eines Ihrer Formulare oder einen Ihrer Berichte zu laden, ist ein Fehler aufgetreten. Prüfen Sie, ob alle von Ihnen eingesetzten Steuerelemente richtig registriert sind. Klicken Sie auf 'Hilfe', wenn Sie Informationen darüber wünschen, wie ein ActiveX-Steuerelement registriert wird.
2806	*Datenbankname* unterstützt dieses ActiveX-Steuerelement nicht.
2807	Dieses Objekt kann nicht als der angegebene Typ eingefügt werden. Wählen Sie einen anderen Objekttyp.
2808	*Datenbankname* kann die Active Accessibility-DLL (oleacc.dll) nicht finden Führen Sie das *Datenbankname*-Setupprogramm erneut aus.
2809	Beim Laden der *Datenbankname*-Datenzugriffsseite trat ein Fehler auf. Stellen Sie sicher, dass die verknüpfte HTML-Datei vorhanden ist.
2811	*Datenbankname* konnte die Datenzugriffsseite nicht erstellen.
2812	*Datenbankname* traf auf einen ungültigen Pfad zu einer Datenzugriffsseite. Sie müssen evtl. die Verknüpfung zu der Seite neu erstellen.
2813	Die Datei konnte nicht geöffnet werden. Sie wird evtl. momentan benutzt.
2814	Datei konnte nicht gespeichert werden.
2815	Datei konnte nicht an einem alternativen Speicherort gespeichert werden.
2816	Datei konnte nicht geschlossen werden.
2817	*Datenbankname* konnte die Datenzugriffsseite nicht speichern (oder senden).
2818	*Datenbankname* kann die Datei nicht öffnen: Entweder ist die Datei nicht verfügbar, oder es steht nicht genügend Speicherplatz zur Verfügung, um die Datei zu kopieren.
2819	*Datenbankname* kann die Datenzugriffsseite nicht öffnen.
2821	Datei wird verwendet
2822	*Datenbankname* traf auf einen unerwarteten Fehler beim Versuch der Wiederherstellung von einem fehlgeschlagenen Speichervorgang (oder Sendevorgang). Ihre Datenzugriffsseite ist evtl. in einem nicht verwendbaren Zustand. Bitte versuchen Sie, die Seite an einem anderen Ort zu speichern.
2823	Der *Datenbankname*-Datenzugriffsseitenname 'l' ist falsch geschrieben oder bezieht sich auf eine nicht vorhandene Seite. Wird der ungültige Seitenname in einem Makro aufgeführt, dann wird ein Dialogfeld 'Aktion fehlgeschlagen' den Makronamen sowie die Makroargumente anzeigen, nachdem Sie auf OK geklickt haben. Öffnen Sie das Makrofenster, und geben Sie den korrekten Seitennamen ein.
2824	Sie haben nicht die benötigten Dateiberechtigungen.
2825	Die Datei existiert nicht, oder Sie haben keine Leseberechtigung für die Datei.
2827	Fehler beim Lesen der Datei.
2828	Fehler beim Schreiben der Datei. Der Datenträger ist möglicherweise voll.
2832	Eine oder mehrere Dateien konnten nicht gefunden werden, oder Sie haben keine Löschberechtigung für diese Datei(en). Ihre Datenzugriffsseite und Hilfsdateien befinden sich evtl. in einem nur teilweise

Error-Code	ErrorString
	gelöschten Zustand.
2833	Ein unerwarteter Fehler ist aufgetreten.
2835	Konnte die angegebene Datei nicht erstellen. Bitte wählen Sie einen anderen Standort aus, und versuchen Sie es nochmals.
2837	Es stand nicht genügend Speicher zur Verfügung. Bitte schließen Sie andere Anwendungen, und versuchen Sie den Vorgang erneut.
2838	*Datenbankname* kann keine Vorschau des ausgewählten Designs anzeigen.
2839	Der Versuch, eine temporäre Datei zu erstellen, schlug fehl. Bitte stellen Sie sicher, dass genügend Festplattenspeicher auf Ihrem Systemlaufwerk vorhanden ist, und versuchen Sie den Vorgang erneut.
2840	Die Liste der Hilfsdateien konnte nicht aus der Datenzugriffsseite gelesen werden.
2842	*Datenbankname* traf auf einen Fehler nach dem Speichern (oder Senden) Ihrer Datenzugriffsseite.
2845	*Datenbankname* kann die Datenzugriffsseite nicht vom Mailumschlag öffnen.
2846	Der Zielspeicherort ist voll. Bitte stellen Sie mehr Platz am Zielort zur Verfügung, oder speichern Sie an einen anderen Ort.
2847	Es konnte kein Ordner für die Hilfsdateien erstellt werden. Sie haben evtl. nicht die ausreichenden Berechtigungen für den Zielspeicherort.
2848	Die maximale Pfadlänge wurde überschritten. Bitte speichern Sie Ihre Datenzugriffsseite unter einem kürzeren Namen oder in einem Ordner weiter oben in der Ordnerhierarchie.
2849	Es befinden sich zu viele Hilfsdateien in Ihrem Dokument. Bitte entfernen Sie einige Hilfsdateien aus Ihrem Dokument, und versuchen Sie es erneut.
2850	Sie haben keine Schreibberechtigung am Zielspeicherort.
2851	Sie speichern auf einem Server, der lange Dateinamen nicht unterstützt, und Sie haben keine Berechtigung, einen Ordner zu erstellen. Sie benötigen die Berechtigung, einen Ordner zu erstellen, um diesen Vorgang abschließen zu können.
2854	*Datenbankname* konnte die Dokumenteigenschaften für diese Datenzugriffsseite nicht analysieren. Die Eigenschaften sind evtl. beschädigt.
2855	*Datenbankname* konnte die Datenzugriffsseitendatei(en) nicht löschen.
2859	Access konnte den Emailumschlag nicht laden. Dies deutet auf ein Problem mit Ihrer Netzwerkverbindung oder mit Ihrer Office-Installation hin.
2860	Ein gebundenes Feld kann nicht zu einer Beschriftung oder einem Datensatznavigationsbereich gezogen werden.
2861	*Datenbankname* konnte die markierte Webseite nicht anzeigen.
2862	Die Datei, die Sie laden wollten, wurde nicht als gültige HTML-Datei erkannt. Sie haben evtl. die falsche Datei ausgewählt, oder Sie haben versucht, eine Datenbankdatei von einem Webserver aus zu öffnen.
2863	Datei konnte wegen Netzwerk- oder Zugriffsberechtigungsproblemen nicht erstellt oder geladen werden.
2864	Diese Datei (oder eine Hilfsdatei) wird bereits verwendet, oder das Schreibschutzattribut ist gesetzt.
2865	Der Datenträger ist schreibgeschützt.
2866	Unerwarteter Datenbeschädigungsfehler.
2867	Unerwarteter Fehler bei der Daten-E/A.
2868	Diese Datenzugriffsseite kann nicht gespeichert werden, weil sie schreibgeschützt ist. Wählen Sie bitte eine andere Datei aus.
2869	Die Datei ist nicht vorhanden. Sie haben nicht die ausreichenden Berechtigungen, die Datenzugriffsseite so zu bearbeiten, dass sie auf eine gültige Datei verweist. Setzen Sie sich bitte mit dem Datenbankadministrator in Verbindung.

Error-Code	ErrorString
2870	*Datenbankname* traf auf einen Fehler bei der Synchronisierung des HTML-Codes vom Microsoft Skript-Editor. Überprüfen Sie bitte den HTML-Code auf Syntaxfehler und versuchen Sie den Vorgang erneut.
2871	*Datenbankname* kann die Datenzugriffsseite nicht unter Verwendung der in den Weboptionen angegebenen Codepage erstellen. Die Codepage ist evtl. nicht auf Ihrem System installiert. Bitte installieren Sie die Codepage, oder wählen Sie eine andere Codepage in den Weboptionen aus.
2873	I Der angegebene Dateiname ist ein langer Dateiname, aber die Weboption 'Wenn möglich, lange Dateinamen verwenden' ist deaktiviert. Geben Sie bitte einen gültigen (8.3) Dateinamen an.
2874	Das Gruppierungsfeld 'I' kann nicht in einen Bereich in einer höheren Ebene verschoben werden.
2875	I Speichervorgang konnte nicht abgeschlossen werden. Das Laufwerk oder die Netzwerkverbindung, auf das bzw. die Sie speichern wollten, ist evtl. nicht mehr verfügbar.
2876	Die Datendefinition dieser Seite wurde beschädigt und kann nicht repariert werden. Diese Seite muß neu erstellt werden. Speichern wurde deaktiviert.
2877	In einer Microsoft Access-Datenbank (.mdb) können Sie nicht nach einem Steuerelement gruppieren, das an ein Feld mit dem Datentyp Memo oder OLE-Objekt gebunden ist. In einem Microsoft Access-Projekt (.adp) können Sie nicht nach dem Steuerelement gruppieren, das an ein Feld mit dem Datentyp Image oder Text gebunden ist.
2878	Ein gebundenes Feld kann nicht zu einer Beschriftung oder zu einem Datensatznavigationsbereich hinzugefügt werden.
2879	Beschriftung und Datensatznavigationsbereich kann keine gebundene Felder enthalten.
2880	Seiten, die Framesets enthalten, können nicht bearbeitet werden.
2881	Diese Webseite enthält XML-Namespaces, die mit Access-Namespaces in Konflikt geraten könnten. Sie sollten den HTML-Code bearbeiten, um sicherzustellen, dass alle Namespaces ein eindeutiges Präfix aufweisen.
2882	I Der Ordner, den diese Webseite verwenden würde, um Hilfsdateien zu speichern, ist bereits reserviert für den Gebrauch am aktuellen Standort. Bitte wählen Sie einen anderen Namen oder Standort für diese Webseite aus.
2883	Der Pfad für eine Hilfsdatei wurde außerhalb von Microsoft Access geändert. Bitte speichern Sie diese Seite an einem anderen Ort und stellen Sie sicher, dass alle Hilfsdateien vorhanden sind.
2884	Seit dem Entwurf der Seite wurden einige Datenbankobjekte umbenannt oder gelöscht. Verwenden Sie die Ansicht 'Seite' der Feldliste, um die Verweise auf diese Objekte zu finden, und klicken Sie dann mit der rechten Maustaste auf diese Verweise, um sie zu löschen oder ihre Quelle zu ändern.
2885	Diese Seite verwendet eine nicht unterstützte Datenbank. Sie werden solange keine Datenänderungen machen können, bis Sie eine Verbindung zu einer unterstützten Datenbank herstellen.
2886	Für Datenzugriffsseiten notwendige Komponenten sind nicht installiert.
2887	Die angegebene Hyperlink-Basisadresse ist kein gültiger Pfad oder URL. Bitte korrigieren Sie diesen Eintrag.
2888	Microsoft Access hat HTML-Elemente zwischen dem Banner und dem Bereich der Datenzugriffsseite entdeckt. Das Speichern dieser Seite in Access wird sie beschädigen. Schließen Sie die Seite ohne diese zu speichern und editieren Sie die Seite in einem anderen HTML-Editor, um die Elemente zu entfernen.
2889	Dieser Bereich kann nicht gelöscht werden.
2890	Sie können diese Seite nicht bearbeiten, da sie Frames enthält. Der Datenzugriffsseiten-Designer kann Seiten mit Frames nicht bearbeiten.
2891	I Die Datenzugriffsseite kann nicht gespeichert werden, weil sie im Browse-Modus geöffnet ist. Um die Seite zu speichern, öffnen Sie Sie in den Bearbeitungsmodus, und versuchen Sie den Vorgang erneut.
2892	Das Gruppenfilter-Steuerelement kann nicht in einen anderen Bereich verschoben werden. Löschen Sie das Gruppenfilter-Steuerelement aus dem aktuellen Bereich und erstellen Sie es in einem anderen Bereich neu.
2893	Diese Seite wurde mit einer späteren Version von Microsoft Office Web Components erstellt, als die auf Ihrem Computer installiert ist.. Wenn Sie auf dieser Seite noch nicht aufgefordert wurden, diese Komponenten zu installieren, setzen Sie sich bitte mit dem Autor dieser Seite in Verbindung, um den Installationsort zu erfahren.
2894	Eine Verknüpfung zu dieser Datenzugriffsseite konnte nicht erstellt werden, da die Datenbank nicht exklusiv gesperrt werden kann. Um die Verknüpfung später zu erstellen, öffnen Sie die Seite durch Wählen von 'Bearbeitet eine vorhandene Webseite', und speichern Sie die Seite dann erneut.
2895	Die Verknüpfung zur angegebenen Datenzugriffsseite konnte nicht akualisiert werden, weil die Datenbank nicht exklusiv gesperrt werden kann. Um die Verknüpfung zu aktualisieren, öffnen Sie diese Seite erneut, wenn Sie als einzige Person die Datenbank verwenden.
3000	Reservierter Fehler (I); es gibt keine Fehlermeldung für diesen Fehler.
3001	Ungültiges Argument.
3002	Sitzung konnte nicht gestartet werden.
3003	Transaktion konnte nicht gestartet werden; bereits zu viele verschachtelte Transaktionen vorhanden.
3004	**********
3005	'I' ist kein zulässiger Datenbankname.
3006	Datenbank 'I' ist exklusiv gesperrt.
3007	Bibliotheksdatenbank 'I' konnte nicht geöffnet werden.
3008	Die Tabelle 'I' ist bereits exklusiv durch einen anderen Benutzer geöffnet oder wurde über die Benutzeroberfläche geöffnet und kann aus dem Programm heraus nicht verändert werden.
3009	Tabelle 'I' sollte beim Öffnen gesperrt werden. Dies ist nicht möglich, da sie bearbeitet wird. Versuchen Sie später erneut, die Tabelle zu öffnen.
3010	Tabelle 'I' ist bereits vorhanden.
3011	Das Microsoft Jet-Datenbankmodul konnte das Objekt 'I' nicht finden. Stellen Sie sicher, dass das Objekt existiert und dass die Namens- und Pfadangaben richtig eingegeben wurden.
3012	Objekt 'I' ist bereits vorhanden.
3013	Datei für installierbares ISAM konnte nicht umbenannt werden.
3014	Zusätzliche Tabellen können nicht geöffnet werden.
3015	Index nicht gefunden.
3016	Feld wird nicht in Datensatz passen.
3017	Die Länge eines Feldes ist zu groß.
3018	Feld nicht gefunden.
3019	Operation unzulässig ohne aktuellen Index.
3020	Update oder CancelUpdate ohne AddNew oder Edit.
3021	Kein aktueller Datensatz.
3022	Die von Ihnen vorgenommenen Änderungen an der Tabelle konnten nicht vorgenommen werden, da der Index, Primärschlüssel oder die Beziehung mehrfach vorkommende Werte enthalten würde. Ändern Sie die Daten in den Feldern, die gleiche Daten enthalten, entfernen Sie den Index, oder

Error-Code	ErrorString
	definieren Sie den Index neu, damit doppelte Einträge möglich sind, und versuchen Sie es erneut.
3023	AddNew- oder Edit-Methode bereits verwendet.
3024	Datei 'I' nicht gefunden.
3025	Mehr Dateien können nicht geöffnet werden.
3026	Nicht genügend Speicher auf Festplatte.
3027	Aktualisieren nicht möglich; Datenbank oder Objekt ist schreibgeschützt.
3028	Die Anwendung kann nicht gestartet werden. Die Informationsdatei für die Arbeitsgruppe fehlt oder ist exklusiv von einem anderen Benutzer geöffnet.
3029	Kein zulässiger Kontoname oder kein zulässiges Kennwort.
3030	'I' ist kein zulässiger Kontoname.
3031	Kein zulässiges Kennwort.
3032	Operation kann nicht ausgeführt werden.
3033	Sie haben nicht die nötigen Berechtigungen, um das Objekt 'I' zu bearbeiten. Bitten Sie den Systemadministrator oder die Person, die das Objekt erstellt hat, Ihnen die entsprechenden Berechtigungen zuzuweisen.
3034	Sie haben versucht, eine Transaktion zu Ende zu führen (Commit) oder zurückzusetzen (Rollback), ohne zuvor die BeginTrans-Methode zu verwenden.
3035	Nicht genügend Arbeitsspeicher.
3036	Datenbank hat maximale Größe erreicht.
3037	Es können nicht noch mehr Tabellen oder Abfragen geöffnet werden.
3038	Nicht genügend Arbeitsspeicher.
3039	Index konnte nicht erstellt werden; zu viele Indizes bereits definiert.
3040	Datenträger Ein-/Ausgabefehler während des Einlesens.
3041	Datenbank, die mit einer früheren Version Ihrer Anwendung erstellt, kann nicht geöffnet werden.
3042	Keine MS-DOS-Dateikennungen mehr vorhanden.
3043	Datenträger- oder Netzwerkfehler.
3044	'I' ist kein zulässiger Pfad. Stellen Sie sicher, dass der Pfad richtig eingegeben wurde und dass Sie mit dem Server, auf dem sich die Datei befindet, verbunden sind.
3045	'I' konnte nicht verwendet werden; Datei wird bereits verwendet.
3046	Speichern nicht möglich; momentane Sperrung durch anderen Benutzer.
3047	Datensatz zu groß.
3048	Mehr Datenbanken können nicht geöffnet werden.
3049	Datenbank 'I' konnte nicht geöffnet werden. Entweder wird die Datenbank von Ihrer Anwendung erkannt, oder die Datei ist beschädigt.
3050	Datei konnte nicht gesperrt werden.
3051	Das Microsoft Jet-Datenbankmodul kann die Datei 'I' nicht öffnen. Sie ist bereits von einem anderen Benutzer exklusiv geöffnet, oder Sie benötigen eine Berechtigung, um die Daten lesen zu können.
3052	Anzahl der Dateisperrungen überschritten. (Fehler 3052)
3053	Zu viele Client-Tasks.
3054	Zu viele Felder für Memo- oder OLE-Objekte.
3055	Kein zulässiger Dateiname.
3056	Die Datenbank konnte nicht repariert werden.
3057	Operation wird für verknüpfte Tabellen nicht unterstützt.
3058	Null-Wert in Index oder Primärschlüssel nicht möglich.
3059	Operation durch Benutzer abgebrochen.
3060	Falscher Datentyp für Parameter 'I'.
3061	I1 Parameter wurden erwartet, aber es wurden zu wenig Parameter übergeben.
3062	Doppelter Alias-Name für Ausgabe: 'I'.
3063	Doppelte Zielangabe in 'I'.
3064	Aktionsabfrage 'I' kann nicht geöffnet werden.
3065	Eine Auswahlabfrage kann nicht ausgeführt werden.
3066	Abfrage benötigt zumindest ein Zielfeld.

Error-Code	ErrorString
3067	Die Abfrage muss auf mindestens einer Tabelle oder Abfrage basieren.
3068	Ungültiger Alias-Name.
3069	Aktionsabfrage 'I' kann nicht als Quelle für Zeile verwendet werden.
3070	Das Microsoft Jet-Datenbankmodul erkennt 'I' nicht als gültigen Feldnamen oder -ausdruck.
3071	Dieser Ausdruck wurde falsch eingegeben, oder er ist zu komplex, um ausgewertet zu werden. Beispielsweise kann ein numerischer Ausdruck zu viele komplizierte Elemente enthalten. Vereinfachen Sie den Ausdruck, indem Sie Teile des Ausdrucks Variablen zuweisen.
3073	Operation muss eine aktualisierbare Abfrage verwenden.
3074	Tabellenname 'I' kann nicht in FROM-Klausel wiederholt werden.
3075	I1 in Abfrageausdruck 'I2'.
3076	I in Kriterienausdruck.
3077	I in Ausdruck.
3078	Das Microsoft Jet-Datenbankmodul findet die Eingangstabelle oder Abfrage 'I' nicht. Stellen Sie sicher, dass sie existiert und der Name richtig eingegeben wurde.
3079	Das angegebene Feld 'I' kann sich auf mehr als eine der Tabellen beziehen, die im FROM-Abschnitt der SQL-Anweisung angegeben werden.
3080	Verknüpfte Tabelle 'I' ist nicht in FROM-Klausel aufgeführt.
3081	Mehrere Tabellen mit demselben Namen (I) können nicht verknüpft werden.
3082	Die JOIN-Operation 'I' bezieht sich auf ein Feld, das in keiner der verknüpften Tabellen enthalten ist.
3083	Interne Berichtsabfrage kann nicht verwendet werden.
3084	Einfügen der Daten mit Aktionsabfrage nicht möglich.
3085	Undefinierte Funktion 'I' in Ausdruck.
3086	Löschen aus angegebenen Tabellen nicht möglich.
3087	Zu viele Ausdrücke in GROUP BY-Klausel.
3088	Zu viele Ausdrücke in ORDER BY-Klausel.
3089	Zu viele Ausdrücke in DISTINCT-Ausgabe.
3090	Ergebnistabelle darf nicht mehr als ein Feld vom Typ Autowert haben.
3091	HAVING-Klausel (I) ohne Gruppierung oder Aggregatfunktion.
3092	HAVING-Klausel kann nicht in TRANSFORM-Anweisung ausgeführt werden.
3093	ORDER BY-Klausel (I) in Konflikt mit DISTINCT.
3094	ORDER BY-Klausel (I) in Konflikt mit GROUP BY-Klausel.
3095	Aggregatfunktion im Ausdruck (I) nicht möglich.
3096	Aggregatfunktion in WHERE-Klausel (I) nicht möglich.
3097	Aggregatfunktion in ORDER BY-Klausel (I) nicht möglich.
3098	Aggregatfunktion in GROUP BY-Klausel (I) nicht möglich.
3099	Aggregatfunktion in JOIN-Operation (I) nicht möglich.
3100	Feld 'I' in Schlüssel aus mehreren Feldern kann nicht auf Null gesetzt werden.
3101	Das Microsoft Jet-Datenbankmodul kann in der Tabelle 'I2' keinen Datensatz mit passenden Schlüsselfeldern 'I1' finden.
3102	Zirkelbezug durch 'I' verursacht.
3103	Von Alias 'I' verursachter Zirkelbezug in der SELECT-Liste der Abfragedefinition.
3104	Festgelegte Spaltenüberschrift 'I' kann in einer Kreuztabellenabfrage nur einmal angegeben werden.
3105	Fehlender Zielfeldname in SELECT INTO-Anweisung (I).
3106	Fehlender Zielfeldname in UPDATE-Anweisung (I).

Error-Code	ErrorString
3107	Datensätze können nicht hinzugefügt werden. Sie haben keine Berechtigung zum Einfügen auf 'I'.
3108	Datensätze können nicht verändert werden. Sie haben keine Aktualisierungsberechtigung auf 'I'.
3109	Datensätze können nicht gelöscht werden. Sie haben keine Löschberechtigung auf 'I'.
3110	Definitionen konnten nicht gelesen werden. Es existiert keine Leseberechtigung für die Tabelle oder Abfrage 'I'.
3111	Erstellen nicht möglich. Es existiert keine Berechtigung zum Ändern des Entwurfs von Tabelle oder Abfrage 'I'.
3112	Datensätze können nicht gelesen werden. Keine Leseberechtigung auf 'I'.
3113	'I' kann nicht aktualisiert werden; Feld nicht aktualisierbar.
3114	Wenn Sie eindeutige Werte (I) auswählen, darf darin kein Memo- oder OLE-Objekt enthalten sein.
3115	Felder mit Memo- oder OLE-Objekten dürfen nicht im Aggregatargument (I) enthalten sein.
3116	Felder mit Memo- oder OLE-Objekten dürfen in den Kriterien (I) für Aggregatfunktionen nicht enthalten sein.
3117	Sortierung nach Memo- oder OLE-Objekt (I) nicht möglich.
3118	Verknüpfung über Memo- oder OLE-Objekt (I) nicht möglich.
3119	Gruppierung nach Memo- oder OLE-Objekt (I) nicht möglich.
3120	Mit '*' (I) ausgewählte Felder können nicht gruppiert werden.
3121	Mit '*' ausgewählte Felder können nicht gruppiert werden.
3122	Sie wollten eine Abfrage ausführen, die den angegebenen Ausdruck 'I' nicht als Teil der Aggregatfunktion einschließt.
3123	'*' in einer Kreuztabellenabfrage nicht erlaubt.
3124	Eingaben von interner Berichtsabfrage (I) nicht möglich.
3125	Das Datenbankmodul kann 'I' nicht finden. Stellen Sie sicher, dass es sich um einen gültigen Parameter oder Alias-Namen handelt, der keine ungültigen Zeichen oder falsche Zeichensetzung enthält und dessen Name nicht zu lang ist.
3126	Unzulässiges Einklammern des Namens 'I'.
3127	Die INSERT INTO-Anweisung enthält folgenden unbekannten Feldnamen: 'I'. Stellen Sie sicher, dass Sie den Namen richtig eingegeben haben, und führen Sie dann die Operation nochmals aus.
3128	Geben Sie die Tabelle an, die die zu löschenden Datensätze enthält.
3129	Unzulässige SQL-Anweisung; 'DELETE', 'INSERT', 'SELECT' oder 'UPDATE' erwartet.
3130	Syntaxfehler in DELETE-Anweisung.
3131	Syntaxfehler in FROM-Klausel.
3132	Syntaxfehler in GROUP BY-Klausel.
3133	Syntaxfehler in HAVING-Klausel.
3134	Syntaxfehler in der INSERT INTO-Anweisung.
3135	Syntaxfehler in JOIN-Operation.
3136	Der LEVEL-Abschnitt schließt ein reserviertes Wort oder Argument ein, das falsch, mit einer falschen Zeichensetzung oder überhaupt nicht eingegeben wurde.
3137	Fehlendes Semikolon (;) am Ende der SQL-Anweisung.
3138	Syntaxfehler in ORDER BY-Klausel.
3139	Syntaxfehler in PARAMETER-Klausel.
3140	Syntaxfehler in PROCEDURE-Klausel.
3141	Die SELECT-Anweisung schließt ein reserviertes Wort oder einen Argumentnamen ein, das/der falsch, mit falscher Zeichensetzung oder überhaupt nicht eingegeben wurde.
3142	Zeichen nach Ende von SQL-Anweisung gefunden.
3143	Syntaxfehler in TRANSFORM-Anweisung.
3144	Syntaxfehler in UPDATE-Anweisung.

Error-Code	ErrorString
3145	Syntaxfehler in WHERE-Klausel.
3146	ODBC-Aufruf fehlgeschlagen.
3151	ODBC-Verbindung zu 'I' fehlgeschlagen.
3154	ODBC: DLL 'I' nicht gefunden.
3155	ODBC: Einfügen in einer verknüpften Tabelle 'I' fehlgeschlagen.
3156	ODBC: Löschen in einer verknüpften Tabelle 'I' fehlgeschlagen.
3157	ODBC: Aktualisierung in einer verknüpften Tabelle 'I' fehlgeschlagen.
3158	Datensatz konnte nicht gespeichert werden; momentan gesperrt durch einen anderen Benutzer.
3159	Kein zulässiges Lesezeichen.
3160	Tabelle ist nicht geöffnet.
3161	Datei konnte nicht entschlüsselt werden.
3162	Sie wollten den Null-Wert einer Variablen zuweisen, die nicht den Datentyp Variant hat.
3163	Das Feld ist zu klein für die Datenmenge, die Sie hinzufügen wollten. Versuchen Sie, weniger Daten einzufügen.
3164	Feld konnte nicht aktualisiert werden.
3165	.INF-Datei konnte nicht geöffnet werden.
3166	Die angeforderte Xbase-Memo-Datei wird nicht gefunden.
3167	Datensatz ist gelöscht.
3168	.INF-Datei ungültig.
3169	Das Microsoft Jet-Datenbankmodul konnte die SQL-Anweisung nicht ausführen, da sie ein Feld mit ungültigem Datentyp enthält.
3170	Installierbares ISAM nicht gefunden.
3171	Der Netzwerkpfad oder Benutzername konnte nicht gefunden werden.
3172	Datei Paradox.net konnte nicht geöffnet werden.
3173	Die Tabelle 'MSysAccounts' konnte in der Informationsdatei für Arbeitsgruppen nicht geöffnet werden.
3174	Die Tabelle 'MSysGroups' konnte in der Informationsdatei für Arbeitsgruppen nicht geöffnet werden.
3175	Datum außerhalb des Bereichs oder in unzulässigem Format.
3176	Datei 'I' konnte nicht geöffnet werden.
3177	Kein zulässiger Tabellenname.
3179	Unerwartetes Dateiende registriert.
3180	In Datei 'I' konnte nicht geschrieben werden.
3181	Unzulässiger Bereich.
3182	Unzulässiges Dateiformat.
3183	Nicht genug Platz auf temporärem Datenträger.
3184	Abfrage konnte nicht ausgeführt werden; verknüpfte Tabelle nicht gefunden.
3185	Durch SELECT INTO auf einer Remote-Datenbank sollten zu viele Felder erzeugt werden.
3186	Speichern nicht möglich; momentane Sperrung durch Benutzer 'I2' auf Computer 'I1'.
3187	Lesen nicht möglich; momentane Sperrung durch Benutzer 'I2' auf Computer 'I1'.
3188	Aktualisierung nicht möglich; momentane Sperrung durch eine andere Sitzung auf diesem Rechner.
3189	Tabelle 'I1' ist exklusiv gesperrt durch Benutzer 'I3' auf Computer 'I2'.
3190	Zu viele Felder definiert.
3191	Feld kann nur einmal definiert werden.
3192	Ausgabetabelle 'I' nicht gefunden.
3193	(unbekannt)
3194	(unbekannt)
3195	(Ausdruck)
3196	Die Datenbank 'I' wird bereits von einem anderen Benutzer oder Vorgang bearbeitet. Führen Sie die Operation nochmals aus, wenn die Datenbank wieder verfügbar ist.
3197	Das Microsoft Jet-Datenbankmodul hat den Vorgang angehalten, da Sie und ein weiterer Benutzer gleichzeitig versuchen, dieselben Daten zu verändern.
3198	Sitzung konnte nicht gestartet werden. Zu viele Sitzungen sind aktiv.

Error-Code	ErrorString
3199	Dieser Bezug kann nicht hergestellt werden.
3200	Der Datensatz kann nicht gelöscht oder geändert werden, da die Tabelle 'l' in Beziehung stehende Datensätze enthält.
3201	Der Datensatz kann nicht hinzugefügt oder geändert werden, da ein Datensatz in der Tabelle 'l' mit diesem Datensatz in Beziehung stehen muss.
3202	Speichern nicht möglich; momentane Sperrung durch anderen Benutzer.
3203	Unterabfragen können im Ausdruck (l) nicht verwendet werden.
3204	Datenbank ist bereits vorhanden.
3205	Zu viele Kreuztabellen-Spaltenüberschriften (l).
3206	Es kann keine Beziehung zwischen einem Feld und sich selbst erstellt werden.
3207	Operation wird für eine Paradox-Tabelle ohne Primärschlüssel nicht unterstützt.
3208	Ungültige Einstellung des Werts Deleted im Xbase-Schlüssel der Windows-Registrierung.
3210	Die Verbindungszeichenfolge ist zu lang.
3211	Das Datenbankmodul konnte die Tabelle 'l' nicht sperren, da sie bereits von einem anderen Benutzer oder Vorgang bearbeitet wird.
3212	Tabelle 'l1' konnte nicht gesperrt werden; sie wird gerade von Benutzer 'l3' auf Computer 'l2' bearbeitet.
3213	Ungültige Einstellung des Werts Date im Xbase-Schlüssel der Windows-Registrierung.
3214	Ungültige Einstellung des Werts Mark im Xbase-Schlüssel der Windows-Registrierung.
3215	Zu viele Btrieve-Tasks.
3216	Parameter 'l' wurde angegeben; Tabellenname ist erforderlich.
3217	Parameter 'l' wurde angegeben; Datenbankname ist erforderlich.
3218	Aktualisierung nicht möglich; momentan gesperrt.
3219	Unzulässige Operation.
3220	Falsche Sortierreihenfolge.
3221	Ungültige Einstellungen im Btrieve-Schlüssel der Windows-Registrierung.
3222	Die Abfrage kann keinen Datenbankparameter enthalten.
3223	'l' ist unzulässig, da es zu lang ist oder ungültige Zeichen enthalten sind.
3224	Btrieve-Data-Dictionary kann nicht gelesen werden.
3225	Beim Sperren von Datensätzen ist ein Deadlock aufgetreten, während eine Btrieve-Operation durchgeführt wurde.
3226	Fehler beim Verwenden der Btrieve-DLL.
3227	Unzulässige Einstellung des Werts Century im Xbase-Schlüssel der Windows-Registrierung.
3228	Die ausgewählte Sortierreihenfolge wird nicht vom Betriebssystem unterstützt.
3229	Btrieve: Feld kann nicht geändert werden.
3230	Veraltete Paradox-Sperrdatei.
3231	ODBC: Feld wäre zu lang; Daten wurden abgeschnitten.
3232	ODBC: Tabelle konnte nicht erstellt werden.
3234	ODBC: Zeitüberschreitung für Remote-Abfrage.
3235	ODBC: Datentyp wird auf dem Server nicht unterstützt.
3238	ODBC: Daten außerhalb des Bereichs.
3239	Zu viele aktive Benutzer.
3240	Btrieve: Btrieve-Datenbankmodul fehlt.
3241	Btrieve: keine Ressourcen mehr verfügbar.
3242	Unzulässige Bezugnahme in SELECT-Anweisung.
3243	Keiner der Import-Feldnamen stimmt mit Feldern der eingebundenen Tabelle überein.
3244	Durch Kennwort geschütztes Tabellenblatt kann nicht importiert werden.
3245	Analyse der Feldnamen in der ersten Zeile der zu importierenden Tabelle fehlgeschlagen.
3246	Operation in Transaktionen nicht unterstützt.
3247	ODBC: Definition der verknüpften Tabelle hat sich geändert.

Error-Code	ErrorString
3248	Unzulässige Einstellung des Werts NetworkAccess in der Windows-Registrierung.
3249	Unzulässige Einstellung des Werts PageTimeout in der Windows-Registrierung.
3250	Schlüssel konnte nicht erstellt werden.
3251	Operation wird für diesen Objekttyp nicht unterstützt.
3252	Ein Formular für eine Abfrage kann nicht geöffnet werden, in der eine benutzerdefinierte Funktion versucht, die RecordsetClone-Eigenschaft festzulegen oder abzurufen.
3254	ODBC: Es können nicht alle Datensätze gesperrt werden.
3256	Indexdatei nicht gefunden.
3257	Syntaxfehler in Deklaration WITH OWNERACCESS OPTION.
3258	Die SQL-Anweisung konnte nicht ausgeführt werden, da sie mehrdeutige Inklusionsverknüpfungen enthält. Damit eine der Verknüpfungen zuerst ausgeführt wird, müssen Sie eine separate Abfrage erstellen, die die erste Verknüpfung ausführt, und dann die Abfrage in die SQL-Anweisung einschließen.
3259	Ungültiger Felddatentyp.
3260	Aktualisieren nicht möglich; momentane Sperrung durch Benutzer 'l2' auf Computer 'l1'.
3261	Die Tabelle 'l' ist exklusiv von Benutzer 'l2' auf Computer 'l1' gesperrt.
3262	Tabelle konnte nicht gesperrt werden.
3263	Ungültiges Datenbankobjekt.
3264	Kein Feld definiert: TableDef- oder Index-Objekt kann nicht angefügt werden.
3265	Element in dieser Auflistung nicht gefunden.
3266	Ein Field-Objekt, das bereits Teil einer Fields-Auflistung ist, kann nicht angefügt werden.
3267	Die Eigenschaft kann nur festgelegt werden, wenn das Feld Teil einer Fields-Auflistung des Recordset-Objekts ist.
3268	Die Eigenschaft kann nicht festgelegt werden, wenn das Objekt Teil einer Auflistung ist.
3269	Ein Index-Objekt, das bereits Teil einer Indexes-Auflistung ist, kann nicht angefügt werden.
3270	Eigenschaft nicht gefunden.
3271	Ungültiger Eigenschaftswert.
3272	Objekt ist keine Auflistung.
3273	Methode kann für dieses Objekt nicht ausgeführt werden.
3274	Die externe Tabelle hat nicht das erwartete Format.
3275	Unerwarteter Fehler vom externen Datenbanktreiber (l).
3276	Unzulässiger Verweis auf Datenbankobjekt.
3277	Mehr als 10 Felder in einem Index sind nicht erlaubt.
3278	Das Microsoft Jet-Datenbankmodul wurde nicht initialisiert.
3279	Das Microsoft Jet-Datenbankmodul wurde bereits initialisiert.
3280	Ein Feld, das Teil eines Indexes ist oder vom System benötigt wird, kann nicht gelöscht werden.
3281	Feld/Tabelle kann nicht gelöscht werden. Dies ist entweder der aktuelle Index, oder die Tabelle wird in einer Beziehung verwendet.
3282	Die Operation wird für eine Tabelle mit Daten nicht unterstützt.
3283	Der Primärschlüssel ist bereits vorhanden.
3284	Der Index ist bereits vorhanden.
3285	Ungültige Indexdefinition.
3286	Format der Memodatei entspricht nicht dem angegebenen externen Datenbankformat.
3287	Für das angegebene Feld kann kein Index erstellt werden.
3288	Paradox: Kein Primärindex.
3289	Syntaxfehler in CONSTRAINT-Klausel.
3290	Syntaxfehler in CREATE TABLE-Anweisung.
3291	Syntaxfehler in CREATE INDEX-Anweisung.
3292	Syntaxfehler in Felddefinition.

Error-Code	ErrorString
3293	Syntaxfehler in ALTER TABLE-Anweisung.
3294	Syntaxfehler in DROP INDEX-Anweisung.
3295	Syntaxfehler in DROP TABLE oder DROP INDEX.
3296	Verknüpfungsausdruck nicht unterstützt.
3297	Tabelle oder Abfrage konnte nicht importiert werden. Es wurden keine Datensätze gefunden, oder alle Datensätze enthalten Fehler.
3298	Es gibt mehrere Tabellen mit diesem Namen; geben Sie bitte den Eigentümer im Format 'Eigentümer.Tabelle' an.
3299	Fehler bei Konformität mit ODBC-Spezifikation (l). Teilen Sie diesen Fehler dem Entwickler der Anwendung mit.
3300	Es kann keine Beziehung hergestellt werden.
3301	Diese Operation kann nicht ausgeführt werden; Funktionen dieser Version sind in Datenbanken mit älterem Format nicht verfügbar.
3302	Regeln können nicht geändert werden, wenn sie in dieser Tabelle angewendet wurden.
3303	Dieses Feld kann nicht gelöscht werden: es gehört zu einer oder mehreren Beziehungen.
3304	Sie müssen einen persönlichen Bezeichner (Personal Identifier; PID) eingeben, der aus 4 bis 20 Zeichen und Ziffern besteht.
3305	Ungültige Verbindungszeichenfolge in Pass-Through-Abfrage.
3306	Sie haben eine Unterabfrage erstellt, die mehr als ein Feld zurückgeben kann, ohne das reservierte Wort EXISTS im FROM-Abschnitt der Hauptabfrage zu verwenden. Überarbeiten Sie die SELECT-Anweisung der Unterabfrage, damit nur ein Feld abgerufen wird.
3307	Spaltenanzahl in den beiden ausgewählten Tabellen oder Abfragen der Union-Abfrage stimmt nicht überein.
3308	TOP-Argument (Spitzenwerte) in Auswahlabfrage ist ungültig.
3309	Die Eigenschaftseinstellung kann nicht größer als 2 KB sein.
3310	Die Eigenschaft wird für externe Datenquellen oder für Datenbanken, die in einer früheren Version von Microsoft Jet erstellt wurden, nicht unterstützt.
3311	Angegebene Eigenschaft ist bereits vorhanden.
3312	Gültigkeitsregeln und Standardwerte können nicht für Systemtabellen oder verknüpfte Tabellen verwendet werden.
3313	Dieser Gültigkeitsausdruck kann nicht auf dieses Feld gelegt werden.
3314	Das Feld 'l' kann keinen Null-Wert enthalten, da die Required-Eigenschaft für dieses Feld den Wert True hat. Geben Sie in das Feld einen Wert ein.
3315	Feld 'l' darf keine Zeichenfolge der Länge Null sein.
3317	Ein oder mehrere eingegebene Werte verstoßen gegen die Gültigkeitsregel 'l2', die für 'l1' festgelegt wurde. Geben Sie einen Wert ein, der im Ausdruck für dieses Feld verarbeitet werden kann.
3318	Werte, die in einem Top-Abschnitt angegeben werden, sind in Löschabfragen oder Berichten nicht zulässig.
3319	Syntaxfehler in Union-Abfrage.
3320	l im Ausdruck der Gültigkeitsprüfung auf Tabellenebene.
3321	Keine Datenbank in Verbindungszeichenfolge oder IN-Klausel angegeben.
3322	Kreuztabellenabfrage enthält eine oder mehrere ungültige fixierte Spaltenüberschrift(en).
3323	Die Abfrage kann nicht als Quelle für eine Zeile verwendet werden.
3324	Die Abfrage ist eine DDL-Abfrage und kann nicht als Quelle für eine Zeile verwendet werden.
3325	Pass-Through-Abfrage mit dem Wert True für die ReturnsRecords-Eigenschaft hat keine Datensätze zurückgegeben.
3326	Diese Datensatzgruppe kann nicht aktualisiert werden.

Error-Code	ErrorString
3327	Feld 'l' basiert auf einem Ausdruck und kann nicht bearbeitet werden.
3328	Tabelle 'l2' ist schreibgeschützt.
3329	Datensatz in Tabelle 'l' wurde von einem anderen Benutzer gelöscht.
3330	Datensatz in Tabelle 'l' wurde von einem anderen Benutzer gesperrt.
3331	Um Änderungen an diesem Feld vornehmen zu können, muss erst der Datensatz gespeichert werden.
3332	Es kann kein Wert in ein leeres Feld auf der '1'-Seite einer Inklusionsverknüpfung eingegeben werden.
3333	Datensätze in der Tabelle 'l' hätten keinen Datensatz auf der '1'-Seite.
3334	Darf nur im Format der Version 1.0 vorkommen.
3335	DeleteOnly mit cbData-Wert ungleich Null aufgerufen.
3336	Btrieve: Ungültige IndexDDF-Option in Initialisierungseinstellung.
3337	Ungültige DataCodePage-Option in Initialisierungseinstellung.
3338	Btrieve: Xtrieve-Optionen in Initialisierungseinstellung nicht korrekt.
3339	Btrieve: Ungültige IndexDeleteRenumber-Option in Initialisierungseinstellung.
3340	Abfrage 'l' ist beschädigt.
3341	Aktuelles Feld muss dem Verknüpfungsschlüssel 'l' in der Tabelle auf der 1-Seite einer 1:n-Beziehung entsprechen. Geben Sie einen Datensatz mit dem gewünschten Schlüsselwert auf der 1-Seite ein, und nehmen Sie anschließend den Eintrag mit dem gewünschten Verknüpfungsschlüssel auf der n-Seite der Tabelle vor.
3342	Ungültiges Memo- oder OLE-Objekt in Unterabfrage ('l').
3343	Nicht erkennbares Datenbankformat 'l'.
3344	Das Datenbankmodul erkennt entweder das Feld 'l1' in einem Gültigkeitsausdruck oder den Standardwert in der Tabelle 'l2' nicht.
3345	Unbekannter oder ungültiger Feldbezug 'l'.
3346	Anzahl der Abfragewerte und Zielfelder stimmt nicht überein.
3347	Es können keine Datensätze eingefügt werden; der Primärschlüssel der Tabelle 'l' ist nicht in der Datensatzgruppe enthalten.
3348	Es können keine Datensätze eingefügt werden, der Verknüpfungsschlüssel der Tabelle 'l' ist nicht in der Datensatzgruppe enthalten.
3349	Überlauf bei numerischem Feld.
3350	Objekt für Operation ungültig.
3351	Der ORDER BY-Ausdruck (l) schließt Felder ein, die nicht durch die Abfrage ausgewählt wurden. Nur die Felder, die in der ersten Abfrage angegeben wurden, können in dem ORDER BY-Audruck verwendet werden.
3352	Kein Zielfeldname in INSERT INTO-Anweisung (l) angegeben.
3353	Btrieve: Datei FILE.DDF kann nicht gefunden werden.
3354	Höchstens ein Datensatz kann von dieser Unterabfrage zurückgegeben werden.
3355	Syntaxfehler im Standardwert.
3356	Sie haben versucht, eine Datenbank zu öffnen, die bereits exklusiv von Benutzer 'l2' auf Computer 'l1' geöffnet ist. Versuchen Sie es nochmals, wenn die Datenbank verfügbar ist.
3357	Diese Abfrage ist keine gültige Datendefinitionsabfrage.
3358	Die Informationsdatei für Arbeitsgruppen des Microsoft Jet-Datenbankmoduls kann nicht geöffnet werden.
3359	Pass-Through-Abfrage muss mindestens ein Zeichen enthalten.
3360	Abfrage ist zu komplex.
3361	Union-Abfragen nicht erlaubt in Unterabfragen.

Error-Code	ErrorString
3362	Aktualisieren oder Löschen einzelner Zeilen hat sich auf mehrere Zeilen einer verknüpften Tabelle ausgewirkt. Werte im eindeutigen Index treten mehrfach auf.
3363	Es können keine Datensätze eingefügt werden; es gibt keinen übereinstimmenden Datensatz auf der '1'-Seite.
3364	Ein Memo- oder OLE-Objektfeld 'I' kann in einem SELECT-Abschnitt einer Union-Abfrage nicht verwendet werden.
3365	Eigenschaftswert für Remote-Objekte nicht gültig.
3366	Keine Felder definiert: Beziehung kann nicht angefügt werden.
3367	Anfügen nicht möglich. Ein Objekt mit dem Namen befindet sich bereits in der Auflistung.
3368	Für Beziehung ist dieselbe Anzahl an Feldern mit denselben Datentypen erforderlich.
3369	**********
3370	Der Entwurf von 'I' kann nicht bearbeitet werden. Er befindet sich in einer schreibgeschützten Datenbank.
3371	Tabelle/Einschränkung kann nicht gefunden werden.
3372	Index 'I2' in Tabelle 'I1' nicht vorhanden.
3373	Es kann keine Beziehung hergestellt werden. Referenzierte Tabelle 'I' hat keinen Primärschlüssel.
3374	Die angegebenen Felder sind in Tabelle 'I' nicht eindeutig indiziert.
3375	Tabelle 'I1' hat bereits einen Index mit dem Namen 'I2'.
3376	Tabelle 'I' ist nicht vorhanden.
3377	Beziehung 'I2' für Tabelle 'I1' existiert nicht.
3378	Es gibt bereits eine Beziehung mit dem Namen 'I' in der aktuellen Datenbank.
3379	Beziehungen können nicht erstellt werden, um referentielle Integrität zu erzwingen. Existierende Daten in Tabelle 'I2' verletzen Regeln der referentiellen Integrität in der in Beziehung stehenden Tabelle 'I1'.
3380	Feld 'I2' ist bereits in der Tabelle 'I1' vorhanden.
3381	Es gibt kein Feld mit dem Namen 'I2' in Tabelle 'I1'.
3382	Die Länge des Feldes 'I' ist zu groß.
3383	Das Feld 'I' kann nicht gelöscht werden; es ist Bestandteil einer oder mehrerer Beziehungen.
3384	Eine eingebaute Eigenschaft kann nicht gelöscht werden.
3385	Benutzerdefinierte Eigenschaften unterstützen keine Nullwerte.
3386	Die Eigenschaft 'I' muss vor der Verwendung dieser Methode festgelegt werden.
3387	Das TEMP-Verzeichnis konnte nicht gefunden werden.
3388	Unbekannte Funktion 'I2' im Gültigkeitsausdruck oder Standardwert in 'I1'.
3389	Abfrageunterstützung nicht verfügbar.
3390	Kontoname ist bereits vorhanden.
3391	Ein Fehler ist aufgetreten. Eigenschaften wurden nicht gespeichert.
3392	**********
3393	Verknüpfung, Gruppierung, Sortierung oder indizierte Einschränkung kann nicht durchgeführt werden. Suchwert oder Wert, nach dem sortiert wird, ist zu lang.
3394	Eigenschaft kann nicht gespeichert werden; sie ist eine Schema-Eigenschaft.
3395	**********
3396	Weitergabe der Operation nicht möglich. Da Detaildatensätze in Tabelle 'I' existieren, würden die Regeln der referentiellen Integrität verletzt.
3397	Weitergabe der Operation nicht möglich. Es muss einen in Beziehung stehenden Datensatz in Tabelle 'I' geben.
3398	Weitergabe der Operation nicht möglich; Ergebnis wäre ein Nullwert in einem Primärschlüsselfeld in Tabelle 'I'.

Error-Code	ErrorString
3399	Weitergabe der Operation nicht möglich; Ergebnis wäre ein doppelter Wert in einem Primärschlüsselfeld in Tabelle 'I'.
3400	Weitergabe der Operation nicht möglich. Es würde zweimal Feld 'I2' in Tabelle 'I1' aktualisiert werden.
3401	Weitergabe der Operation nicht möglich. Das Feld 'I' würde einen Null-Wert enthalten, was unzulässig ist.
3402	Weitergabe der Operation nicht möglich; das Feld 'I' würde eine Zeichenfolge der Länge Null enthalten, was unzulässig ist.
3403	Weitergabe der Operation 'I' nicht möglich.
3404	Weitergabe der Operation nicht möglich; der eingegebene Wert ist aufgrund der Gültigkeitsregel 'I2', die für 'I1' festgelegt ist, nicht zulässig.
3405	Fehler 'I' in Gültigkeitsregel.
3406	Der Ausdruck, den Sie für die DefaultValue-Eigenschaft verwenden möchten, ist ungültig. Grund: 'I'. Verwenden Sie einen gültigen Ausdruck, um diese Eigenschaft festzulegen.
3407	Die Tabelle 'MSysConf' des Servers existiert, hat aber ein ungültiges Format. Wenden Sie sich an den Systemadministrator.
3408	Zu viele FastFind-Sitzungen wurden gestartet.
3409	Ungültige Felddefinition 'I' in Index- oder Beziehungsdefinition.
3411	Ungültiger Eintrag. Weitergabe der in Tabelle 'I1' angegebenen Operation nicht möglich, weil der eingegebene Wert zu groß für Feld 'I2' ist.
3412	Weitergabe der Aktualisierung der Tabelle nicht möglich, weil die Tabelle gerade von einem anderen Benutzer bearbeitet wird.
3413	Weitergabe der Aktualisierung von Tabelle 'I1' nicht möglich, weil die Tabelle gerade von Benutzer 'I3' auf Computer 'I2' bearbeitet wird.
3414	Weitergabe der Aktualisierung von Tabelle 'I1' nicht möglich, weil die Tabelle gerade bearbeitet wird.
3415	Eine Zeichenfolge der Länge Null ist nur in einem Text- oder Memofeld gültig.
3417	Eine Aktionsabfrage kann nicht als Quelle für eine Zeile verwendet werden.
3418	'I' kann nicht geöffnet werden. Ein anderer Benutzer hat die Tabelle geöffnet und verwendet eine andere Netzwerk-Kontrolldatei oder Sperrmethode.
3419	Die Tabelle für Paradox 4.x oder 5.x kann nicht geöffnet werden, da der Wert ParadoxNetStyle in der Windows-Registrierung auf 3.x festgelegt ist.
3420	Das Objekt ist ungültig, oder es ist nicht mehr festgelegt.
3421	Datentyp-Konvertierungsfehler.
3422	Die Tabellenstruktur kann nicht bearbeitet werden. Ein anderer Benutzer hat die Tabelle geöffnet.
3423	Exportieren von Daten aus Ihrer Datenbank, Importieren von Daten in Ihre Datenbank oder Verknüpfen von externen Microsoft Jet- oder ISAM-Datenbanktabellen mit Ihrer Datenbank ist mit ODBC nicht möglich.
3424	Datenbank kann nicht erstellt werden, da Gebietsschema ungültig ist.
3425	Diese Methode oder Eigenschaft ist für diese Datenbankgruppe gegenwärtig nicht verfügbar.
3426	Diese Aktion wurde durch ein zugeordnetes Objekt abgebrochen.
3427	Fehler in DAO-Automatisierung.
3428	In Ihrer Datenbank trat ein Fehler auf. Beheben Sie das Problem, indem Sie die Datenbank reparieren und komprimieren.
6000	Während des Speichervorgangs sind Fehler aufgetreten.
6001	Formulare und Berichte können nicht als Unterdatenblatt einer Tabelle oder Abfrage eingesetzt werden. Nur Tabellen oder Abfragen können in anderen Tabellen oder Abfragen eingefügt werden.
6002	*Datenbankname* kann dieses Unterdatenblatt nicht erweitern, weil alle Datensätze gesperrt sind.

Error-Code	ErrorString
	Entweder ist die DatensätzeSperren-Eigenschaft für dieses Formular oder Bericht, oder die Option "Standard bei Datensatzsperrung" auf der Register-karte "Weitere" im Dialogfeld "Optionen" im Menü "Extras", ist auf "Alle Datensätze" gesetzt. Setzen Sie den Wert auf "Keine Sperrungen" oder auf "Bearbeiteter Datensatz".
6003	Die Eigenschaft Genauigkeit (Precision) muss auf einen Wert von 1 bis 28 eingestellt sein.
6004	Die Einstellung für die Eigenschaft "Dezimalstellen" muß zwischen 0 und 28 liegen.
6005	Der Tabellen- oder Abfragename 'I', den Sie entwe-der im Eigenschaftenfenster oder im Makro einge-geben haben, ist falsch geschrieben oder existiert nicht. Falls der ungültige Name ein Makroname ist, wird das Dialogfeld "Aktion ist fehlgeschlagen" den Makronamen und die Makroargumente anzeigen, nachdem Sie auf "OK" geklickt haben. Öffnen Sie das Makrofenster, und geben Sie den richtigen Namen ein.
6006	Auswahlbasierte Filter für Teilwerte werden nur für Felder unterstützt, die Zeichendaten enthalten .
6007	Formulare, die an gespeicherten Prozeduren gebun-den sind, können im Formularbasierten Serverfilter-Modus nicht geöffnet werden.
6008	*Datenbankname* traf auf einen Fehler beim Schlies-sen Ihrer Verbindung. Bitte schliessen Sie alle Anwendungsfenster und versuchen Sie es erneut.
6009	Ungültige Verbindungszeichenfolge. Geben Sie eine gültige Verbindungszeichenfolge ein, und versuchen Sie es nochmals.
6010	Eigenschaft kann nicht geändert werden, wenn Form.Recordset bereits festgelegt wurde.
6011	Method kann nicht aufgerufen werden, wenn Form.Recordset bereits festgelegt wurde.
7700	*Datenbankname* kann den Vorgang nicht abschlie-ßen. Versuchen Sie nochmals, den Vorgang auszu-führen. Tritt der Fehler weiterhin auf, sollten Sie *Datenbankname* neu starten.
7701	*Datenbankname* kann nicht mit dem Synchronizer 'I1' synchronisieren. Das Synchronisieren mit 'I1' funktioniert eventuell deshalb nicht, weil sowohl der Synchronizer als auch *Datenbankname* zur gleichen Zeit versucht haben, in die aktuelle Datenbank zu schreiben. Versuchen Sie nochmals, mit 'I1' zu synchronisieren. Möchten Sie mit den verbleibenden Synchronizern synchronisieren?9
7702	Die benutzerdefinierte Funktion namens 'I', die Anwendung zur Lösung von Replikationskonflikten, konnte nicht gefunden werden. Setzen Sie sich bitte mit dem Anwendungsentwickler in Verbindung.
7703	Es gibt keine Synchronisierungskonflikte, die zu lösen sind.
7704	Sie können den Entwurf des Objekts 'I' in einem Replikat nicht ändern. Der Entwurf eines replizierten Objekts kann nur im Hauptentwurf (Designmaster) geändert werden. Möchten Sie das Objekt schreib-geschützt öffnen?
7705	Dieses Replikatgruppenmitglied weist aufgrund der Synchronisierung von Änderungen mit anderen Gruppenmitgliedern Konflikte auf. Möchten Sie die Konflikte jetzt lösen?
7706	Dieses Replikatgruppenmitglied weist aufgrund der Synchronisierung von Änderungen mit einem anderen Gruppenmitglied Fehler auf. Möchten Sie die Fehler jetzt sehen?
7707	Dieses Replikatgruppenmitglied weist aufgrund der Synchronisierung von Änderungen mit einem anderen Gruppenmitglied sowohl Fehler als auch Konflikte auf. Möchten Sie jetzt die Fehler sehen und die Konflikte lösen?
7708	'I1' war der zuletzt festgelegte Hauptentwurf (Designmaster) für die Replikatgruppe. Wurde 'I2' verschoben, umbenannt, gelöscht oder beschädigt? Es darf jeweils immer nur einen Designmaster in

Error-Code	ErrorString
	jeder Replikatgruppe geben. Das Vorhandensein mehrerer Designmaster in einer Replikatgruppe verhindert die korrekte Synchronisierung der Gruppenmitglieder untereinander. Stellen Sie mit dem Windows Explorer fest, ob die Datei verscho-ben oder gelöscht wurde. Öffnen Sie die Datei, um festzustellen, ob sie beschädigt wurde.3
7709	Wenn Sie dieses Replikat zum Hauptentwurf (Designmaster) der Replikatgruppe machen möch-ten, zeigen Sie im Menü 'Extras' auf 'Replikation', klicken Sie auf 'Jetzt synchronisieren', geben Sie den Pfad des aktuellen Designmasters ('I') ein, und aktivieren Sie das Kontrollkästchen 'Legt...als Designmaster fest'.
7710	Wenn Sie dieses Replikat zum Hauptentwurf (Designmaster) der Replikatgruppe machen möch-ten, sollten Sie dieses Replikat zunächst mit allen anderen zur Gruppe gehörenden Replikaten syn-chronisieren. Dadurch ist sichergestellt, dass dieses Replikat alle Änderungen enthält, die am Entwurf des bisherigen Designmasters vorgenommen wurden. Möchten Sie, dass dieses Replikat zum Designmaster gemacht wird, sobald es synchroni-siert ist?
7711	Dieses Replikatgruppenmitglied ist ab jetzt der Hauptentwurf (Designmaster). *Datenbankname* wird die Datenbank schließen und wieder öffnen, damit die Änderungen wirksam werden.
7712	Für dieses Replikatgruppenmitglied wurde die maximal zulässige Anzahl an Tagen überschritten, die zwischen zwei Synchronisierungen liegen dürfen. Das Replikat kann daher mit keinem ande-ren der zur Replikatgruppe gehörenden Replikate synchronisiert werden. Löschen Sie dieses Replikat aus der Replikatgruppe, und legen Sie ein neues Replikat an.
7713	Dieses Replikatgruppenmitglied wird in I Tagen ungültig, da es nicht mit einem anderen Repli-katgruppenmitglied synchronisiert wurde. Sobald das Replikat ungültig geworden ist, kann es nicht mehr mit einem anderen Replikatgruppenmitglied synchronisiert werden. Sie sollten dieses Replikat möglichst bald mit einem anderen Gruppenmitglied synchronisieren. Zeigen Sie dazu im Menü 'Extras' auf 'Replikation', und klicken Sie auf 'Jetzt synchro-nisieren'.
7714	*Datenbankname* kann die Datenbank momentan nicht schließen. Stellen Sie sicher, dass kein Visual Basic-Code in der aktuellen Datenbank ausgeführt wird. Sie werden evtl. Setup erneut ausführen müssen, um die Aktenkoffer-Replikation korrekt zu installieren.
7715	*Datenbankname* kann diesen Vorgang nicht ab-schließen, da es die DLL-Datei (Dynamic-Link Library) Msrclr40 nicht finden oder initialisieren kann. Führen Sie das Setup-Programm von Microsoft Access oder Microsoft Office erneut aus, um die Microsoft Aktenkoffer-Replikation neu zu installie-ren. Klicken Sie in Setup auf 'Hinzufü-gen/Entfernen', und aktivieren Sie die Option 'Microsoft Aktenkoffer-Replikation'. Wenn Sie Ihre sicherheitsbezogenen oder benutzerdefinierten Einstellungen weiterverwenden möchten, sollten Sie die Arbeitsgruppeninformationsdatei von *Daten-bankname* sichern. Informationen, wie Dateien gesichert werden können, finden Sie in der Hilfe für Microsoft Windows unter 'Sichern von Dateien'.
7716	Der Hauptentwurf (Designmaster) muss vor der Synchronisierung geschlossen werden. Möchten Sie, dass *Datenbankname* den Designmaster schließt und mit 'I' synchronisiert?
7717	Alle geöffneten Objekte müssen vor der Synchroni-sierung geschlossen werden. Möchten Sie, dass *Datenbankname* die Objekte schließt?

Error-Code	ErrorString
7718	*Datenbankname* kann dieses Replikatgruppen-mitglied nicht synchronisieren, da mindestens ein Objekt geöffnet ist. Da die Synchronisierung zur Folge haben kann, dass Daten in oder der Entwurf der Datenbank aktualisiert werden, müssen alle Objekte geschlossen sein, bevor Sie synchronisieren. Schließen Sie alle Objekte, und versuchen Sie den Vorgang erneut.
7719	Sie können die an dem Entwurf von 'I' vorgenom-menen Änderungen nicht in einem Replikat spei-chern. Der Entwurf eines replizierten Objekts kann nur im Hauptentwurf (Designmaster) geändert werden.
7720	Sie können die an dem Entwurf von 'I1' vorgenom-menen Änderungen nicht in einem Replikat spei-chern. Der Entwurf eines replizierten Objekts kann nur im Hauptentwurf (Designmaster) geändert werden. Möchten Sie das Objekt als neues, lokales Objekt speichern?
7721	Sie können 'I' nicht in einem Replikat löschen oder umbenennen. Diese Vorgänge können nicht an einem Replikat ausgeführt werden, sondern nur im entsprechenden Hauptentwurf (Designmaster).
7722	Alle geöffneten Objekte müssen geschlossen werden, bevor ein Replikat erstellt werden kann. Möchten Sie, dass *Datenbankname* die Objekte jetzt schließt?
7723	*Datenbankname* konnte mindestens ein Objekt nicht schließen. Schließen Sie alle Objekte manuell, und versuchen Sie den Vorgang erneut.
7724	*Datenbankname* hat 'I1' in den Hauptentwurf (Designmaster) der Replikatgruppe konvertiert. Änderungen der Datenbankstruktur können nur im Designmaster vorgenommen werden, wohingegen Datenänderungen sowohl im Designmaster als auch in jedem Replikat erfolgen können.
7725	*Datenbankname* hat 'I1' in den Hauptentwurf (Designmaster) für die Replikatgruppe konvertiert und hat unter 'I2' ein Replikat angelegt. Änderun-gen der Datenbankstruktur können nur im Design-master vorgenommen werden, wohingegen Daten-änderungen sowohl im Designmaster als auch in jedem Replikat erfolgen können.
7726	*Datenbankname* hat ein Replikat unter 'I2' erstellt.
7727	*Datenbankname* kann kein Replikat erstellen, da diese Datenbank bereits im Exklusivmodus geöffnet ist. Möchten Sie, dass *Datenbankname* die Daten-bank schließt?
7728	*Datenbankname* kann 'I' nicht überschreiben. Das Replikat kann nicht in diesem Ordner erstellt werden. Möglicherweise kann die vorhandene Datei nicht überschrieben werden, weil sie geöffnet ist. Schließen Sie alle anderen Anwendungen, die diese Datei eventuell einsetzen.
7729	*Datenbankname* kann kein Replikat unter 'I1' erstellen, da die Quelle denselben Pfad und densel-ben Dateinamen hat. Geben Sie für das neue Replikat einen anderen Pfad oder einen anderen Dateinamen an.
7730	Die Synchronisierung wurde erfolgreich abgeschlos-sen.
7731	*Datenbankname* kann dieses Replikatgruppen-mitglied nicht synchronisieren, da es im Exklusivmo-dus geöffnet ist. Gehen Sie wie folgt vor, um die Datenbank im Modus für gemeinsame Nutzung zu öffnen: Schließen Sie die Datenbank; zeigen Sie im Menü 'Datei' auf 'Datenbank öffnen'; deaktivieren Sie das Kontrollkästchen 'Exklusiv'; wählen Sie danach die Datenbank aus.
7732	'I' ist als lokale Tabelle gespeichert. Daher werden Änderungen, die an dieser Tabelle vorgenommen werden, nicht an die zur Gruppe gehörenden Replikate gesendet. Gehen Sie wie folgt vor, um diese Tabelle auch den anderen Replikatgruppen-mitgliedern zur Verfügung zu stellen: Schließen Sie die Tabelle; markieren Sie deren Namen im Daten-bankfenster; klicken Sie im Menü 'Ansicht' auf 'Eigenschaften'; und aktivieren Sie dann das Käst-chen 'Repliziert'.
7733	Der Synchronizer hat die Synchronisierungsanfrage erhalten und wird den Vorgang abschließen, sobald Ressourcen verfügbar sind. Prüfen Sie, ob der Synchronizer dieses Replikatgruppenmitglieds momentan läuft. Es kann mehrere Minuten dauern, bis die Synchronisierung stattfindet.
7734	*Datenbankname* hat den Entwurf der Tabelle 'I' gespeichert. Sie ist jedoch erst replizierbar, nachdem das Fenster 'Tabelle' geschlossen wurde.
7735	Änderungen an diesem Objekt können nur im Hauptentwurf (Designmaster) vorgenommen werden. Alle von Ihnen vorgenommenen Änderun-gen gehen beim Schließen des Formulars verloren. Klicken Sie im Menü 'Datei' auf 'Speichern un-ter/Exportieren', wenn Sie Ihre Änderungen spei-chern möchten, und speichern Sie hierbei das Objekt unter einem anderen Namen.
7736	*Datenbankname* hat 'I' gelöscht und es aus der Replikatgruppe entfernt. Änderungen werden erst dann sichtbar, wenn die Datenbank geschlossen und wieder geöffnet wird. Soll *Datenbankname* die Datenbank jetzt schließen und erneut öffnen?9
7737	*Datenbankname* hat 'I1' in den Designmaster der Replikatgruppe konvertiert und ein Replikat bei 'I2' erstellt. Das neue Replikat wird jedoch erst dann in der Liste der potenziellen Synchronisierungspartner erscheinen, wenn diese Datenbank geschlossen und erneut geöffnet wurde. Soll *Datenbankname* die Datenbank jetzt schließen und erneut öffnen?9
7738	*Datenbankname* hat bei 'I2' erfolgreich ein Replikat erstellt. Das neue Replikat wird jedoch erst dann in der Liste potentieller Synchronisierungspartner erscheinen, wenn diese Datenbank geschlossen und erneut geöffnet wurde. Soll *Datenbankname* diese Datenbank jetzt schließen und erneut öffnen?9
7739	*Datenbankname* hat 'I' gelöscht und aus der Replikatgruppe entfernt. Diese Änderung wird erst nach dem Schließen und erneuten Öffnen der Datenbank angezeigt. Bitte schließen Sie die Datenbank und öffnen Sie sie erneut, wenn Sie alle Replikate synchronisiert haben.
7740	*Datenbankname* kann keinen Synchronisierungs-vorgang mit einer Datenbank einer früheren Version durchführen. Konvertieren Sie vor der Synchronisie-rung zuerst die Datenbank, mit der Sie den Syn-chronisierungsvorgang durchführen möchten.
7741	*Datenbankname* kann kein Replikat 'I' erstellen, da der für die Priorität eingegebene Wert außerhalb des gültigen Bereichs liegt. Die Priorität für neue Replikate sollte zwischen 0-100 liegen.
7742	*Datenbankname* kann die mit einem Kennwort geschützte Datenbank nicht replizierbar machen.
7743	Sicherungs-, Wiederherstellungs-, sowie SQL Datenbanklöschvorgänge sind nur verfügbar für einen auf der lokalen Maschine ausgeführten SQL Server 7.0.
7744	*Datenbankname* kann kein neues Replikat an 'I' erstellen, weil der für Priorität eingegebene Wert ausserhalb des gültigen Bereichs liegt. Als Priorität für anonyme Replikate sollte 0 angegeben werden.
7745	Lokale Objekte können nicht in einem Replikat kopiert werden. Entwurfsänderungen an replizierten Objekten können nur im Designmaster vorgenom-men werden.
7746	Die Komponenten zur Datenbankadministration konnten nicht geladen oder initialisiert werden. Stellen Sie bitte sicher, dass die Komponenten lokal installiert und registriert sind.
7747	Datenbankreplikate können nicht in das Format einer früheren Version von Microsoft Access konver-tiert werden.

Error-Code	ErrorString
7748	Dieser Teil des Konvertierens ist fertig. Um den Konvertierungsprozess fertigzustellen, synchronisieren Sie dieses Replikat mit dem konvertierten Hauptentwurf (Designmaster).
7749	Öffnen Sie den Hauptentwurf (Designmaster), und synchronisieren Sie ihn vor dem Öffnen mit diesem Replikat.
7750	In der Datenblattansicht können Sie die Eigenschaften eines Steuerelements nicht einstellen, wenn das Steuerelement Bestandteil einer Optionsgruppe ist.
7751	In der Entwurfsansicht ist es nicht möglich, für ein OLE-Objekt, das in einem gebundenen Objektfeld enthalten ist, den Wert der Objektpalette-Eigenschaft (ObjectPalette) abzurufen. *Datenbankname* zeigt das in einem Objektfeld enthaltene OLE-Objekt in der Entwurfsansicht nicht an. Löschen Sie den Verweis auf die Objektpalette-Eigenschaft (ObjectPalette), oder wechseln Sie zur Formularansicht, bevor Sie das Makro oder den Visual Basic-Code ausführen, der auf die Objektpalette-Eigenschaft (ObjectPalette) verweist.
7752	*Datenbankname* kann den Filter nicht anwenden, da alle Datensätze gesperrt sind. Eines der folgenden Elemente ist auf 'Alle Datensätze' eingestellt: die DatensätzeSperren-Eigenschaft (RecordLocks) des Formulars bzw. Berichts; oder die Option 'Standard bei Datensatzsperrung' (Dialogfeld 'Optionen', Registerkarte 'Weitere'). Setzen Sie den Wert entweder auf 'Keine Sperrungen' oder auf 'Bearbeitete Datensätze'.
7754	Sie können in einem Datenblatt keine Spalten zwischen zwei fixierte Spalten verschieben. Klicken Sie im Menü 'Format' auf 'Spaltenfixierung aufheben', um die Fixierung aller Spalten aufzuheben.
7755	*Datenbankname* kann den Diagramm-Assistenten nicht starten. Es kann sein, dass der Assistent nicht installiert ist. Führen Sie das Setup-Programm von Microsoft Access oder Microsoft Office erneut aus, um den Diagramm-Assistenten zu installieren. Klicken Sie auf 'Hinzufügen/Entfernen', und klicken Sie dann auf das Kontrollkästchen 'Assistenten'.
7756	Die Direkthilfe-Schaltfläche kann nicht auf einem Formular angezeigt werden, wenn die Minimieren- oder Maximieren-Schaltfläche angezeigt wird. Stellen Sie entweder die Direkthilfe-Eigenschaft (WhatsThisButton) auf 'Nein' oder die MinMaxSchaltflächen-Eigenschaft (MinMaxButtons) auf 'Nein' ein.
7757	Die Minimieren- oder die Maximieren-Schaltfläche kann nicht auf einem Formular angezeigt werden, wenn die Direkthilfe-Schaltfläche angezeigt wird.
7758	Dieses ActiveX-Steuerelement ist in der Formularansicht nicht aktiv. Sie können die Eigenschaften 'Aktiviert' (Enabled) und 'InReihenfolge' (TabStop) nicht auf True setzen.
7759	Dieses ActiveX-Steuerelement ist in der Formularansicht nicht sichtbar. Sie können die Eigenschaften 'Sichtbar' (Visible) bzw. 'InReihenfolge' (TabStop) nicht auf True setzen.
7760	Diese Eigenschaft ist gesperrt und kann nicht geändert werden.
7761	Als Sie das Steuerelement gewechselt haben, ist ein Fehler aufgetreten.
7762	Die Musterzeichenfolge ist ungültig.
7763	Dieses Feature ist nicht installiert. Wenn Sie dieses Feature installieren möchten, müssen Sie Microsoft Access oder Microsoft Office mit dem Setup-Programm erneut installieren. Für den Fall, dass Sie ein Add-In eines anderen Herstellers einsetzen, müssen Sie dieses Add-In erneut installieren.
7764	Dieses Feature ist nicht installiert. Wenn Sie dieses Feature installieren möchten, müssen Sie das Setup-Programm von Microsoft Access oder Microsoft Office erneut starten. Klicken Sie auf 'Hinzufügen/Entfernen' und klicken Sie dann auf das Kontrollkästchen 'Assistenten'.

Error-Code	ErrorString
7765	Dieses Feature ist nicht installiert. Wenn Sie dieses Feature installieren möchten, müssen Sie das Setup-Programm von Microsoft Access oder Microsoft Office erneut ausführen. Klicken Sie im Setup auf 'Hinzufügen/Entfernen' und klicken Sie dann auf das Kontrollkästchen 'Tools für Entwickler'.
7766	Dieses Steuerelement kann nicht in den Typ überführt werden, den Sie gefordert haben.
7767	Während *Datenbankname* einen Bereich erstellt hat, ist ein Fehler aufgetreten.
7768	Damit Daten mithilfe dieses Formulars geändert werden können, muss sich der Fokus in einem gebundenen Feld befinden, das geändert werden kann.
7769	Der filterbezogene Vorgang wurde abgebrochen. Der Filter wäre zu lang geworden.
7770	*Datenbankname* hat den Filter nicht zugewiesen. *Datenbankname* kann den Filter eventuell nicht zuwiesen, weil Sie in eines der Felder Daten ungültigen Typs eingegeben haben. Möchten Sie den Filter trotzdem schließen? Wenn Sie auf 'Ja' klicken, erstellt *Datenbankname* zwar den Filter, wird ihn aber nicht dem Recordset zuweisen. Danach schließt *Datenbankname* das Fenster 'Formularbasierter Filter'.
7771	Sie können die Spaltenreihenfolge-Eigenschaft (ColumnOrder) nicht einstellen, wenn Sie sich in der Datenblattansicht oder Seitenansicht befinden.
7773	*Datenbankname* kann die Eigenschaft 'NurListeneinträge' (LimitToList) momentan nicht auf 'Nein' einstellen. Die erste sichtbare Spalte, die durch die Eigenschaft 'Spaltenbreiten' (ColumnWidths) festgelegt ist, ist nicht gleich der gebundenen Spalte. Passen Sie zunächst die Eigenschaft 'Spaltenbreiten' (ColumnWidths) an, und stellen Sie dann die Eigenschaft 'NurListeneinträge' (LimitToList) ein.
7774	Sie können die Eigenschaft 'Menüleiste' (MenuBar) nicht einstellen, während ein OLE-Objekt für die direkte Bearbeitung aktiviert ist.
7775	Für die Methode 'Formularbasierter Filter' befinden sich zu viele Steuerelemente auf dem Formular.
7777	Sie haben die Eigenschaft 'ListIndex' falsch eingesetzt.
7778	Sie können kein Objekt speichern, wenn Sie sich im Fenster 'Formularbasierter Filter' befinden. Wechseln Sie zur Formularansicht, bevor Sie das Objekt speichern.
7779	Sie können die MenüLeiste-Eigenschaft (MenuBar) eines Formulars nicht aus dessen Menüleistenmakro heraus einstellen. Wechseln Sie zur Entwurfsansicht des Formulars und klicken Sie mit der rechten Maustaste auf die Schaltfläche links neben dem horizontalen Lineal, um das Eigenschaftenfenster des Formulars anzuzeigen. Klicken Sie auf 'Eigenschaften' und stellen Sie dann im Register 'Andere' die MenüLeiste-Eigenschaft (MenuBar) ein.
7780	Sie versuchen, ein Steuerelement in einen Bereich einzuzufügen, der dafür seine Maximalgröße überschreiten würde. Die maximale Gesamtlänge aller Bereiche eines Berichts, einschließlich der Bereichsköpfe beträgt 508 cm (200 Zoll). Löschen oder reduzieren Sie die Höhe von mindestens einem Bereich und versuchen Sie dann erneut, das Steuerelement hinzuzufügen.
7782	Solange dieses Formular bzw. dieser Bericht in der Entwurfsansicht angezeigt wird, können Sie keine weitere Instanz des Formulars bzw. Berichts erstellen.
7784	Formulare und Berichte können nicht geöffnet werden, während sie als Unterformulare oder Unterberichte entworfen werden.
7785	*Datenbankname* hat den Filter nicht erstellt. Im aktuellen Feld liegt ein Fehler vor. Möchten Sie den Filter trotzdem schließen? Wenn Sie auf 'Ja' klicken, wird *Datenbankname* die an dem Filter vorgenom-

Error-Code	ErrorString
	menen Änderungen rückgängig machen und anschließend das Fenster 'Formularbasierter Filter' schließen.
7788	Kompilierfehler.
7789	Datentypen stimmen nicht überein.
7790	*Datenbankname* kann das l1 nicht erstellen. Beim Lesen von Informationen zu der von Ihnen markierten Tabelle oder Abfrage ist entweder ein Fehler aufgetreten, oder es konnte kein neues l2 erstellt werden.
7791	Beim Erstellen Ihres l1 ist ein Fehler aufgetreten. Es kann sein, dass einige Felder nicht berücksichtigt wurden, weil Informationen zu diesen Feldern fehlerhaft abgerufen wurden oder weil die Felder nicht auf das l2 paßten.
7792	Es ist nicht möglich, ein Unterformular zu öffnen, das in der Entwurfsansicht geöffnet ist.
7793	Sie müssen das Formular 'l' speichern, bevor Sie es einbetten können.
7794	*Datenbankname* konnte die Symbolleiste 'l' nicht finden.
7795	Die benutzerdefinierte Symbolleiste 'l' hat nicht den richtigen Typ (Menü, Kontextmenü oder Symbolleiste) für die Eigenschaft, in der sie verwendet wird.
7796	Der Vorgang ist fehlgeschlagen, da kein Drucker installiert ist. Da *Datenbankname* die Druckereinstellung mit jedem Formular bzw. Bericht speichert, wird zum Konvertieren, Aktivieren, Kopieren und Einfügen, Importieren und Exportieren Ihrer Formulare bzw. Berichte ein Drucker benötigt. Um einen Drucker zu installieren, zeigen Sie auf Einstellungen im Windows Startmenü, klicken Sie auf Drucker und doppelklicken Sie auf 'Neuer Drucker'. Folgen Sie den Anweisungen des Assistenten.
7797	Sie müssen neue Objekte in der Datenbank speichern, bevor Sie sie in diesem externen Format speichern können.
7798	Sie können nur Auswahl-, Kreuztabellen- und Union-Abfragen in diesem Format speichern.
7799	Die Abfrage, auf der dieses Formular bzw. dieser Bericht basiert, überschreitet die Datengrenze für einen einzelnen Datensatz. Schließen Sie unnötige Felder aus der Abfrage aus, oder ändern Sie einige der Felder in der Orginaltabelle in Memo-Felder.
7800	Sie können aus einer Datenbank, die in einem alten Format vorliegt, keine *Datenbankname* MDE-Datenbank erstellen. Schließen Sie die Datenbank, und wandeln Sie sie in die aktuelle Version von *Datenbankname* um. Erstellen Sie dann die MDE-Datenbank.
7801	Diese Datenbank weist ein unbekanntes Format auf. Die Datenbank wurde möglicherweise mit einer späteren Version von *Datenbankname* als der, die Sie momentan ausführen, erstellt. Führen Sie für Ihre Version von *Datenbankname* ein Update der aktuelle Version durch, und öffnen Sie dann die Datenbank erneut.
7802	Dieser Befehl steht in einer MDE-Datenbank nicht zur Verfügung.
7803	*Datenbankname* kann l1 nicht in l2 umbenennen. Die Umwandlung ist fehlgeschlagen.
7804	*Datenbankname* kann dieses Replikat, das mit einer früheren Version von Access erstellt wurde, nicht öffnen. Sie haben folgende Möglichkeiten:* Konvertieren Sie den Designmaster und die damit verbundenen Replikate in Microsoft Access 97.* Öffnen Sie die Datenbank zunächst mit einer früheren Version, und versuchen Sie dann, sie in der aktuellen Version zu öffnen.
7805	Diese Datenbank ist bereits eine MDE-Datenbank.
7806	Diese Datenbank enthält kein VBA-Projekt. Sie kann daher nicht in eine MDE-Datei umgewandelt werden. Öffnen Sie die Datenbank in Microsoft Access, um das VBA-Projekt zu erstellen.

Error-Code	ErrorString
7807	Sie können die geöffnete Datenbank nicht in eine MDE-Datei konvertieren, solange Code oder ein Makro ausgeführt wird. Anstatt ein Makro oder VBA-Code zu verwenden, klicken Sie im Menü 'Extras' auf 'Datenbank-Dienstprogramme' und dann auf 'MDE-Datei erstellen'.
7808	*Datenbankname* kann eine vorhandene Datei nicht mit einer konvertierten *Datenbankname*-Datenbank ersetzen. Sie müssen einen neuen Dateinamen angeben.
7809	Ein l-Object kann in der Client/Server-Version von *Datenbankname* nicht umbenannt werden.
7810	Sie können die geöffnete Datenbank nicht komprimieren, während Sie ein Makro oder Visual Basic-Programm ausführen. Zeigen Sie stattdessen im Menü "Extras" auf "Datenbank-Dienstprogramme", und klicken Sie dann auf "Datenbank komprimieren und reparieren".
7811	*Datenbankname* erfordert SQL Server 6.5 oder höher für Access-Projekte. Sie müssen die ausgewählte SQL-Datenbank auf SQL Server 6.5 oder höher aktualisieren.
7812	Microsoft Access-Projekte können nur mit Microsoft SQL Server verbunden werden.
7813	Die Wiederherstellung einer Datenbank benötigt, dass die Datenbank zur Zeit nicht verwendet wird. Schließen Sie alle Objekte, wählen Sie eine Sicherungskopie aus, und stellen Sie die Datenbank von der Sicherungskopie wieder her.
7814	Das Löschen einer Datenbank erfordert, dass momentan niemand die Datenbank verwendet. Möchten Sie alle geöffneten Objekte schließen, und die Datenbank dann löschen?
7815	*Datenbankname* konnte keine ADE-Datenbank erstellen.
7816	Microsoft Access erfordert, dass diese Installation von SQL 6.5 auf SP5 aktualisiert wird, bevor erfolgreich eine Verbindung zu diesem Server hergestellt werden kann.
7817	Die Datenbankdatei 'l' ist schon geöffnet. Eine offene Datei kann nicht verschlüsselt werden.
7818	*Datenbankname* konnte das Datenbankfenster nicht erstellen. Bitte führen Sie ein Update auf eine neuere Version von Microsoft Internet Explorer durch.
7819	Sie haben eine Vorlagedatei ausgewählt, die von dieser Version von *Datenbankname* nicht unterstützt wird. Um mit dem Datenbank-Assistenten eine Datenbank zu erstellen, klicken Sie im Dialogfeld 'Neu' auf die Registerkarte 'Datenbanken', und doppelklicken Sie dann auf ein Datenbanksymbol.
7850	*Datenbankname* kann entweder den Assistenten nicht finden, oder im Deklarationsbereich eines Visual Basic-Moduls liegt ein Syntaxfehler vor. Es kann sein, dass der von Ihnen benötigte Assistent nicht in der Windows-Registrierung registriert ist, d.h. er ist im Abschnitt *Datenbankname* im Registrierschlüssel 'Libraries' nicht aufgeführt. Um sicherzustellen, dass der Assistent in der Windows-Registrierung steht, sollten Sie Setup ausführen, um *Datenbankname* erneut zu installieren, und danach alle Visual Basic-Module der Datenbank kompilieren.
7851	Der von Ihnen eingegebene Symbolleistenname ('l') existiert bereits. Geben Sie für diese Symbolleiste einen noch nicht verwendeten Namen ein.
7852	Der von Ihnen eingegebene Symbolleistenname 'l' entspricht nicht den Regeln, nach denen in *Datenbankname* Objekte benannt werden. Für weitere Informationen zur Objektbenennung klicken Sie auf 'Hilfe'.
7853	Die Standardspaltenbreite muss mindestens 0,254 cm betragen.
7854	Es ist nicht möglich, Datenbankobjekte (ausgenommen Tabellen) aus der aktuellen Version von

Error-Code	ErrorString
	Datenbankname nach früheren Versionen von *Datenbankname* zu exportieren.
7855	Die Datenbank muss geöffnet sein und darf nicht schreibgeschützt sein, wenn Sie benutzerdefinierte Symbolleisten erstellen möchten.
7856	'I' kann in Access-Projektdateien nicht importiert, exportiert, oder kopiert werden. .
7858	Die Option 'Tabulatorbreite' im Dialogfeld 'Optionen' (Menü 'Extras') muss für das Modul- oder Testfenster auf einen Wert von 1 bis 32 eingestellt sein.
7859	*Datenbankname* kann nicht gestartet werden, da auf diesem Computer keine entsprechende Lizenz vorliegt.
7860	Das Profil 'I', das Sie in der Befehlszeile angegeben haben, existiert nicht in der Windows-Registrierung.
7861	'I' kann in Access-Datenbankdateien nicht importiert, exportiert oder kopiert werden.
7862	*Datenbankname* kann entweder den Assistenten nicht finden, oder in der Windows-Registrierung gibt es eine falsche Einstellung. Führen Sie das Setup-Programm von Microsoft Access oder Microsoft Office erneut aus, um die Assistenten neu zu installieren. Sollte der fehlende Assistent kein Microsoft Access-Assistent sein, müssen Sie ihn mit dem Add-In-Manager installieren.
7863	Verknüpfungen können nur zwischen Microsoft Access-Datenbankdateien erstellt werden..
7864	*Datenbankname* gestattet keine leeren Zeichenfolgen.
7865	Es gibt bereits eine Datenbank, die den von Ihnen eingegebenen Namen hat. Geben Sie der neuen Datenbank einen noch nicht verwendeten Namen.
7866	*Datenbankname* kann die Datenbank nicht öffnen, da sie nicht existiert, oder da ein anderer Benutzer sie bereits im Exklusivmodus geöffnet hat.
7867	Die Datenbank ist bereits geöffnet.
7868	Sie können die Makroaktion 'SetzenMenüelement' nicht für ein Standardmenü einsetzen. 'SetzenMenüelement' ist nur für benutzerdefinierte Menüs einsetzbar.
7869	Eine SetzenMenüelement-Aktion verfügt über zu wenig Informationen, um ausgeführt zu werden. Entweder fehlen Argumente, oder eines der Argumente ist ungültig.
7870	*Datenbankname* kann die Datenbank 'I' nicht finden. Prüfen Sie, ob Sie den Namen und ggf. den Pfad korrekt eingegeben haben.
7871	Der von Ihnen eingegebene Tabellenname entspricht nicht den Regeln, nach denen in *Datenbankname* Objekte benannt werden. Für weitere Informationen zur Objektbenennung klicken Sie auf 'Hilfe'.
7872	Dieses Recordset kann nicht aktualisiert werden.
7873	'I' kann nicht in anderen Datenbankdateien oder Projektdateien importiert, exportiert oder kopiert werden.
7874	*Datenbankname* kann das Objekt 'I' nicht finden. * Sie haben den Namen des Objekts falsch geschrieben. Prüfen Sie, ob Unterstriche (_) oder andere Satzzeichen fehlen oder ob führende Leerzeichen eingegeben haben.* Sie haben versucht, eine verknüpfte Tabelle zu öffnen, aber die Datei, zu der die Tabelle gehört, befindet sich nicht in dem von Ihnen angegebenen Pfad. Aktualisieren Sie die Verknüpfung mit dem Tabellenverknüpfungs-Manager, damit sie auf den korrekten Pfad zeigt.
7875	Die Tabelle 'I' existiert bereits. Sie haben eine Tabelle erstellt oder umbenannt. Bei dem Versuch, diese Tabelle zu speichern, hat *Datenbankname* festgestellt, dass ein anderer Benutzer bereits denselben Namen verwendet hat, um eine Tabelle zu erstellen oder umzubenennen.
7876	Es ist nicht genügend temporärer Speicherplatz vorhanden, um den Vorgang abzuschließen. Geben

Error-Code	ErrorString
	Sie Speicherplatz frei, und versuchen Sie dann erneut, den Vorgang auszuführen. Weitere Informationen, wie temporärer Speicherplatz freigegeben werden kann, finden Sie in der Hilfe für Microsoft Windows unter 'Speicherplatz, zur Verfügung stellen'. Sie können Speicherplatz auch dadurch freigeben, dass Sie eine Datenbank komprimieren. Entsprechende Informationen erhalten Sie, sobald Sie auf 'Hilfe' geklickt haben.
7877	*Datenbankname* kann 'I' nicht sortieren, da es den Datentyp Memo, OLE-Objekt oder Hyperlink aufweist. Die ORDER BY-Klausel einer SQL-Anweisung darf keine Felder mit dem Datentyp Memo, OLE-Objekt oder Hyperlink enthalten.
7878	Die Daten wurden geändert. Ein anderer Benutzer hat diesen Datensatz bearbeitet und die von ihm vorgenommenen Änderungen gespeichert, bevor Sie versucht haben, Ihre Änderungen zu speichern. Bearbeiten Sie den Datensatz erneut.
7879	Eine unzulässige IDA wurde an die *Datenbankname*-Fehlerbehandlung übergeben. Berichten Sie bitte sowohl diesen Fehler als auch die Schritte, die den Fehler verursacht haben.
7880	Der von Ihnen eingegebene Wert hat für dieses Feld den falschen Datentyp. Geben Sie eine ganze Zahl ein.
7881	Der Konvertierungs-Assistent kann nicht gestartet werden. Eventuell ist der Assistent nicht installiert. Führen Sie das Setup-Programm von Microsoft Access oder Microsoft Office erneut aus, um *Datenbankname* neu zu installieren. Wenn Sie Ihre sicherheitsbezogenen oder benutzerdefinierten Einstellungen weiterverwenden möchten, sollten Sie die Arbeitsgruppeninformationsdatei von *Datenbankname* sichern. Informationen, wie Dateien gesichert werden können, finden Sie in der Hilfe für Microsoft Windows unter 'Sichern von Dateien'.
7882	Access-Projektdateien können nicht konvertiert, aktiviert oder verschlüsselt werden.
7883	Damit Sie die Eigenschaft Menüleiste (MenuBar) einstellen können, muss eine Datenbank geöffnet sein.
7884	Sie können ein Objekt nicht in sich selbst exportieren. Wählen Sie als Exportziel eine andere Datenbank, oder geben Sie dem Objekt einen anderen Namen.
7885	Die Quelldatenbank hat keine Import/Export-Spezifikationen, die kopiert werden können.
7886	*Datenbankname* konnte die Office-DLL Mso9 nicht finden. Installieren Sie das Setup-Programm von *Datenbankname* oder Microsoft Office erneut.
7887	Ein eindeutiger Datensatzbezeichner darf maximal 10 Felder umfassen.
7888	Sie müssen die Standardschriftgröße auf eine Zahl einstellen, die im Bereich von I1 bis I2 liegt. Klicken Sie auf 'Hilfe', um weitere Informationen zu der Eigenschaft Schriftgröße (FontSize) zu erhalten.
7889	Die Datei 'I' existiert nicht.
7890	Die Datei 'I' enthält keine Daten. Sie können aus einem leeren Arbeitsblatt nicht importieren und sich auch nicht damit verknüpfen.
7891	Diese Datenbank ist schreibgeschützt. Die Option des Arguments für die bedingte Kompilierung kann nicht gespeichert werden.
7892	Beim Speichern von Moduloptionen ist ein Fehler aufgetreten. Eventuell haben Sie Visual Basic im Unterbrechungsmodus ausgeführt. Setzen Sie den momentan laufenden Code zurück, bevor Sie die Moduloptionen ändern.
7893	Es ist nicht möglich, Objekte in eine Datenbank zu importieren, die mit einer früheren Version von *Datenbankname* erstellt wurde. Wandeln Sie die Datenbank mit dem Befehl 'Datenbank konvertieren' (Menü 'Extras') in die aktuelle Version von *Datenbankname* um.

Error-Code	ErrorString
7895	*Datenbankname* konnte kein Fenster erstellen. Das System hat nicht mehr genügend Ressourcen oder Arbeitsspeicher zur Verfügung. Schließen Sie nicht benötigte Programme, bevor Sie den Vorgang erneut versuchen. Weitere Informationen, wie Arbeitsspeicher freigegeben werden kann, finden Sie in der Hilfe für Microsoft Windows unter 'Arbeitsspeicher, Problembehebung'.
7896	Fehler 'I' in der Gültigkeitsregel.
7897	Fehler 'I' im Standardwert.
7898	Die Ausführung dieser Anwendung wurde wegen eines Laufzeitfehlers angehalten. Die Anwendung kann nicht weiter ausgeführt werden und wird beendet.
7899	*Datenbankname* kann nicht gestartet werden. *Datenbankname* konnte die Windows-Registrierung nicht initialisieren. Führen Sie das Setup-Programm von Microsoft Access oder Microsoft Office erneut aus, um *Datenbankname* neu zu installieren.
7900	*Datenbankname* kann die Datenbank nicht konvertieren, da es keine Fehlertabelle erstellen kann.
7901	*Datenbankname* kann die Datenbank nicht konvertieren, da es nicht in die Fehlertabelle schreiben kann.
7902	Beim Konvertieren von l1 Gültigkeitsregeln und Standardwerten sind Fehler aufgetreten. Die Fehler sind in der Fehlertabelle 'I2' festgehalten.
7903	*Datenbankname* kann dieses Feld nicht einfügen. Die Tabelle enthält zu viele Felder. Es sind maximal 255 Felder zugelassen.
7904	Im Feld-Generator ist ein Fehler aufgetreten. Sie haben den standardmäßigen Feld-Generator ersetzt oder verändert, und *Datenbankname* ist nicht in der Lage, die neue Version auszuführen. Installieren Sie *Datenbankname* erneut, um den Fehler zu korrigieren.
7905	*Datenbankname* kann diese Felddatentypen nicht wechseln. Einige Daten in dieser Tabelle verstoßen gegen die Datensatzgültigkeitsregel. Bevor irgendein Datentyp gewechselt werden kann, müssen Sie entweder die datensatzbezogene Gültigkeitsregel löschen oder die Daten entsprechend korrigieren.
7906	*Datenbankname* konnte den Nachschlage-Assistenten nicht starten. Führen Sie das Setup-Programm von Microsoft Access oder Microsoft Office erneut aus, klicken Sie auf 'Hinzufügen/Entfernen', und aktivieren Sie das Kontrollkästchen 'Assistenten'.
7907	Sie sind nicht berechtigt, den Entwurf dieser Tabelle zu ändern. Klicken Sie auf 'Hilfe', wenn Sie weitere Informationen zu Berechtigungen sowie darüber wünschen, wer diese einstellen kann.
7908	Sie können diese Tabelle momentan nicht ändern, da ein anderer Benutzer mit ihr arbeitet.
7909	*Datenbankname* kann keine Spalte mehr zu dieser Tabelle hinzufügen. Eine Tabelle kann bis zu 255 Spalten haben.
7910	*Datenbankname* kann diese Spalte nicht löschen. Eine Tabelle muss mindestens eine Spalte haben.
7911	*Datenbankname* kann diesen Index nicht löschen. Diese Tabelle ist Teil einer oder mehrerer Beziehungen. Löschen Sie zunächst diese Beziehung im Fenster 'Beziehungen'.
7912	Sobald Sie den Datentyp dieser Spalte gewechselt und diese Änderung gespeichert haben, wird es Ihnen nicht möglich sein, zu dem alten Datentyp zurückzukehren. Sind Sie sicher, dass Sie den Datentyp wechseln möchten?
7913	Sie können einen AutoWert, der auf Zufallszahlen basiert, nicht in einen AutoWert ändern, der inkrementiert wird. Die Werte eines AutoWerts vom Typ Zufall sind nicht fortlaufend.
7914	Sie können Werte vom Typ Replikations-ID nicht in andere Datentypen konvertieren.

Error-Code	ErrorString
7915	Sie können das Feld 'I' nicht löschen. Dieses Feld ist eine für die Replikation verwendete Systemspalte. Erstellen Sie mit einer Tabellenerstellungsabfrage eine neue Tabelle, die mit Ausnahme der Systemspalten alle Spalten enthält. Klicken Sie auf 'Hilfe', wenn Sie Informationen zu Tabellenerstellungsabfragen wünschen.
7916	*Datenbankname* kann den Nachschlage-Assistenten nicht starten. Der Nachschlage-Assistent kann auf Felder dieses Datentyps nicht angewendet werden.
7917	'I' kann wegen einer getrennten Serververbindung nicht geöffnet werden.
7918	Das Argument 'Objekt Name' wird für die Makroaction 'Speichern' in einem Access-Projekt für Tabellen oder Abfragen nicht unterstützt. In einem Access-Projekt können diese Objekte nicht mit einem neuen Namen gespeichert werden.
7950	Sie können die Eigenschaft 'RecordsetClone' eines Formulars nicht einsetzen, wenn das Formular in der Entwurfsansicht geöffnet ist.
7951	Sie haben einen Ausdruck eingegeben, der einen unzulässigen Verweis auf die RecordsetClone-Eigenschaft enthält. Sie haben die RecordsetClone-Eigenschaft z.B. zusammen mit einem Formular oder Bericht verwendet, das bzw. der nicht auf einer Tabelle oder einer Abfrage basiert.
7952	Sie haben einen unzulässigen Funktionsaufruf ausgegeben. Prüfen Sie, ob die Funktion syntaktisch korrekt formuliert ist.
7953	Der von Ihnen eingegebene Wert paßt nicht zu dem geforderten Datentyp. * Die Variable, die Eigenschaft oder das Objekt hat möglicherweise nicht den richtigen Typ.* Sie haben eventuell eine If TypeOf-Anweisung eingesetzt, in der kein Steuerelement steht.
7954	Für den von Ihnen eingegebenen Ausdruck ist es erforderlich, dass sich das Steuerelement im aktiven Fenster befindet. Sie haben folgende Möglichkeiten:* Öffnen oder markieren Sie ein Formular oder einen Bericht, zu dem das Steuerelement gehört.* Erstellen Sie im aktiven Fenster ein neues Steuerelement, und führen Sie den Vorgang erneut aus.
7955	Es gibt kein aktuelles Objekt im Codekontext.
7956	Die Unterabfrage in diesem Ausdruck hat eine fehlerhafte Syntax. Prüfen Sie die Syntax der Unterabfrage, und setzten Sie die Unterabfrage in Klammern.
7957	Sie haben den Wie-Operator (Like) mit einem falschen Muster eingesetzt. Prüfen Sie, ob die Vergleichszeichenfolge in Anführungszeichen steht.
7958	Die von Ihnen eingegebene Replikations-ID ist ungültig. Prüfen Sie folgende Fragen: Enthält die von Ihnen eingegebene Replikations-ID nur Ziffern bzw. die für hexadezimale Zahlen möglichen Buchstaben? Hat die Replikations-ID die korrekte Länge? Und liegt die Replikations-ID in der kanonischen SQL-Form vor?
7959	Der Ausdruck enthält einen mehrdeutigen Namen. Eventuell gibt es in unterschiedlichen Modulen mehrere Funktionen, die denselben Namen haben. Benennen Sie die Funktionen so um, dass jede Funktion einen nur einmal vorkommenden Namen hat.
7960	Beim Kompilieren dieser Funktion ist ein Fehler aufgetreten. In dem Visual Basic-Modul liegt ein Syntaxfehler vor. Korrigieren Sie den Code, und kompilieren Sie diesen dann erneut.
7961	*Datenbankname* kann das Modul nicht finden, auf das sich 'I' in einem Makro-Ausdruck oder Visual Basic Code bezieht. Das referenzierte Modul ist möglicherweise geschlossen, existiert in dieser Datenbank nicht, oder der Name wurde falsch geschrieben.
7962	Die bei dem Verweis auf das Modul verwendete Zahl ist ungültig. Verwenden Sie die Anzahl-

Error-Code	ErrorString
	Eigenschaft (Count), um die geöffneten Module zu zählen, und stellen Sie sicher, dass die Anzahl der Module nicht größer ist als die Anzahl der geöffneten Module weniger eins.
7963	*Datenbankname* kann die Makro- oder Rückruffunction 'I' nicht ausführen. Prüfen Sie, ob das Makro oder die Funktion existiert und die richtigen Parameter verwendet.
7964	Sie haben einen Ausdruck mit einem ungültigen Verweis auf die Eigenschaft 'Recordset' eingegeben. Diese Eigenschaft kann nur auf Dynaset- oder Snapshot-Recordsets eingestellt werden.
7965	Das eingegebene Objekt ist keine gültige Recordset-Eigenschaft. Sie haben evtl. ein Vorwärts-Recordset verwendet, oder versucht, es auf einen Null-Wert zu setzen.
7966	Die angegebene Nummer ist höher als die Anzahl tatsächlich vorhandener bedingter Formatierungen. Verwenden Sie die Count-Eigenschaft, um die bedingten Formatierungen für das Steuerelement zu zählen, und stellen Sie dann sicher, dass die angegebene Nummer sich innerhalb des Bereichs vorhandener bedingter Formatierungen befindet.
7967	Es fehlt ein benötigter Maximum- oder Minimumwert.
7968	Der angegebene Typ für die bedingte Formatierung ist ungültig. Gültige Werte für die Typ-Eigenschaft sind 0 bis 2 für die erste Bedingung, und 0 bis 1 für alle anderen bedingten Formatierungen.
7969	Der angegebene Operator für die bedingte Formatierung ist ungültig. Gültige Werte für die Operator-Eigenschaft sind 0 bis 7.
7970	*Datenbankname* kann die Datei 'I' nicht öffnen. Sie ist möglicherweise keine Datenbank, oder sie ist eine Datenbank, die Sie nicht öffnen können.
7971	*Datenbankname* kann dem Hyperlink nicht bis 'I' folgen. Bitte prüfen Sie den Zielpfad.
7972	*Datenbankname* hat bei dem Versuch, das Hyperlink-Dialogfeld anzuzeigen, einen Fehler entdeckt.
7973	Der von Ihnen eingegebene Text der Hyperlink-Adresse oder Unteradresse war zu lang, um von *Datenbankname* gespeichert zu werden. Der Text wurde den zur Verfügung stehenden Platz entsprechend abgeschnitten. Es kann daher sein, dass die Verknüpfung nicht wie erwartet funktioniert.
7974	*Datenbankname* konnte an der aktuellen Position keinen Hyperlink einfügen.
7975	Sie haben einen für die Verwendung mit Hyperlinks ungültigen Steuerelementtyp gewählt. Sie können Hyperlinks nur mit Bezeichnungsfeldern, Bildern, Befehlsschaltflächen oder gebundenen Textfeldern verwenden.
7976	Dieses Steuerelement enthält keinen gespeicherten Hyperlink.
7977	*Datenbankname* kann die Daten in der Zwischenablage nicht als Hyperlink einfügen.
7978	*Datenbankname* kann den aktuellen Hyperlink dem Favoriten-Ordner hinzufügen.
7979	Sie können den Hyperlinkeigenschaften-Generator nicht verwenden, wenn mehrere Steuerelemente ausgewählt sind.
7980	Die Adressen-Eigenschaft (HyperlinkAddress) oder Unteradressen-Eigenschaft (HyperlinkSubAddress) dieses Hyperlinks ist schreibgeschützt.
7981	Die Werte für "Datei- oder Webseitenname" und/oder "Anzeigetext" sind zu lang. Die Werte werden abgeschnitten. Um die ursprünglichen Werte beizubehalten, klicken Sie im Dialogfeld "Hyperlink bearbeiten" auf "Abbrechen".
7982	Beim Speichern der Ausgabe des Formulars ist ein Fehler aufgetreten.
7983	*Datenbankname* kann dem Hyperlink nicht folgen, da es das Hyperlink-Objekt nicht erstellen konnte.
7990	Sie haben einen unzulässigen Projektnamen eingegeben. Sie haben möglicherweise den Standard-

Error-Code	ErrorString
	Projektnamen gelöscht und vergessen, einen neuen Namen anzugeben.
7991	Das *Datenbankname* Add-In zur Quellcode-Verwaltung ist nicht verfügbar. Das Objekt wird im schreibgeschützten Modus geöffnet.
7992	Das *Datenbankname* Add-In zur Quellcode-Verwaltung konnte nicht geöffnet werden.
7993	Das Objekt 'I' ist momentan eingecheckt und ist daher schreibgeschützt. Wenn Sie das Objekt verändern möchten, müssen Sie es zunächst schließen. Checken Sie es dann aus, und öffnen Sie es erneut.
7994	Bei der Kommunikation mit dem Add-In zur Quellcode-Verwaltung trat ein Fehler auf.
7995	Die Menüs auf Ihrem Formular bzw. Bericht, die auf *Datenbankname*-Makros basieren, sind im Dialogfeld 'Anpassen' nicht sichtbar. Für vollständige Kontrolle über das Anpassen von Menü- oder Symbolleisten, müssen Sie Ihre auf Makros basierenden Menüs in Menü- bzw. Symbolleisten konvertieren. Wählen Sie das Makro im Datenbankfenster aus, klicken Sie im Menü 'Extras' auf 'Makro' und erstellen Sie ein Menü, eine Symbolleiste oder ein Kontextmenü aus diesem Makro.
7996	*Datenbankname* konnte 'Daten und sonstige Objekte' nicht erstellen, da die verknüpfte Tabelle 'I' nicht gefunden wurde. Sie können 'Daten und sonstige Objekte' erstellen, indem Sie entweder den Tabellenverknüpfungs-Manager verwenden, um die Verknüpfung mit der Quelldatenbank oder -datei zu aktualisieren, oder die Verknüpfung aus Ihrer aktuellen Datenbank löschen.
7997	Sie können das Standardmodul 'I' nicht über ein Klassenmodul speichern, das denselben Namen hat. Speichern Sie das Standardmodul unter anderen Namen, oder löschen Sie zuerst das Klassenmodul.
7998	Sie können das Klassenmodul 'I' nicht über ein Standardmodul speichern, das denselben Namen hat. Speichern Sie das Klassenmodul unter einem anderen Namen, oder löschen Sie zuerst das Standardmodul.
7999	*Datenbankname* kann diese Beziehung nicht löschen, da 'Daten und sonstige Objekte' nicht ausgecheckt ist. Checken Sie 'Daten und sonstige Objekte' aus und löschen Sie dann die Beziehung.
8000	Der Name, den Sie eingegeben haben, wird in dieser Datenbank bereits für ein anderes Objekt desselben Typs verwendet. Möchten Sie das bereits vorhandene Objekt des Typs I ersetzen?
8001	An 'I' wurden seit dem letzten Öffnen von einem anderen Benutzer Änderungen vorgenommen oder eine andere Instanz wurde auf Ihrem Computer geöffnet. Möchten Sie die Änderungen, die von Ihnen oder einem anderen Benutzer vorgenommen wurden, ersetzen? * Um Ihre letzten Änderungen zu speichern und die Änderungen des anderen Benutzers bzw. Ihre vorherigen Änderungen zu ignorieren, klicken Sie auf 'Ja'.* Um diese Version des Objekts unter einem anderen Namen zu speichern, klicken Sie auf 'Nein'.
8002	An 'I' wurden seit dem letzten Öffnen von einem anderen Benutzer Änderungen vorgenommen oder eine andere Instanz wurde auf Ihrem Computer geöffnet. Möchten Sie die Änderungen, die von Ihnen oder einem anderen Benutzer vorgenommen wurden, ersetzen? * Um Ihre letzten Änderungen zu speichern und die Änderungen des anderen Benutzers bzw. Ihre vorherigen Änderungen zu ignorieren, klicken Sie auf 'Ja'.* Um das Speichern dieser Version des Objekts abzubrechen, klicken Sie auf 'Nein'.
8003	Ein Objekt kann erst dann auf Basis einer Tabelle oder Abfrage erstellt werden, wenn die Tabelle oder Abfrage gespeichert ist. Möchten Sie die Tabelle

Error-Code	ErrorString
	oder Abfrage speichern und zum Erstellen eines neuen Objekts verwenden?
8004	Das Layout des Objekts 'l' wurde, seitdem Sie es geöffnet haben, von einem anderen Benutzer Ihres Netzwerks geändert. Möchten Sie die Änderungen des anderen Benutzers durch Ihre Änderungen ersetzen?* Klicken Sie auf 'Ja', um Ihre Änderungen zu speichern und die Änderungen des anderen Benutzers unwirksam werden zu lassen.* Klicken Sie auf 'Nein', um den Speichervorgang abzubrechen.
8005	Speichern ist nicht zulässig. Sie müssen für die Datenbank (Objekt des Typs Database) die Berechtigung 'Verwalten' besitzen, um Module, Formulare oder Berichte in einem Hauptentwurf (Designmaster) speichern zu können.
8006	Der von Ihnen eingegebene Name existiert bereits für ein anderes Objekt desselben Typs in dieser Datenbank. Möchten Sie das bereits existierende Objekt l ersetzten? Sie können diese Operation anschließend nicht mehr rückgängig machen.
8007	Sie können diese Datenbank nicht im Exklusivmodus öffnen, da ein anderer Benutzer die Datenbank momentan geöffnet hat oder Sie nicht die Berechtigungen haben, die Datenbank im Exklusivmodus zu öffnen.
8008	Die gespeicherte Prozedur wurde erfolgreich ausgeführt, gab aber keine Datensätze zurück.
8050	Möchten Sie die am Entwurf von l vorgenommenen Änderungen speichern?
8051	Möchten Sie die Änderungen an l speichern?
8052	Möchten Sie das Objekt l sowie den Inhalt der Zwischenablage löschen? Sie haben versucht, ein Datenbankobjekt zu löschen, das sich momentan in der Zwischenablage von *Datenbankname* befindet. Wenn Sie dieses Objekt aus Ihrer Datenbank löschen, können Sie es später nicht mehr einfügen.
8053	Möchten Sie das Objekt l löschen? Klicken Sie auf 'Hilfe', wenn Sie Informationen darüber wünschen, wie Sie verhindern können, dass diese Meldung jedes Mal angezeigt wird, wenn Sie ein Objekt löschen.
8054	Möchten Sie *Datenbankname* beenden und den Inhalt der Zwischenablage löschen?
8055	*Datenbankname* kann das Arbeitsverzeichnis nicht in 'l' ändern. Prüfen Sie, ob ein gültiges Laufwerk angegeben und die Pfadbeschreibung maximal 260 Zeichen lang ist.
8058	Sollen die am Layout von l vorgenommenen Änderungen gespeichert werden?
8059	Möchten Sie die Verknüpfung zu der l löschen? Wenn Sie die Verknüpfung löschen, werden nur die Informationen gelöscht, mit denen *Datenbankname* die Tabelle öffnet, aber nicht die Tabelle selbst.
8060	Die Symbolleiste 'l' ist teilweise unlesbar. *Datenbankname* kann nicht alle Schaltflächen der Symbolleiste anzeigen. Die angegebene Symbolleiste liegt eventuell in einem anderen Format vor als die Symbolleisten der aktuellen Version von *Datenbankname*. Klicken Sie auf 'OK', damit das Dialogfeld geschlossen wird. Danach können Sie die noch fehlenden Schaltflächen zu der Symbolleiste hinzufügen. *Datenbankname* aktualisiert dann die Symbolleiste entsprechend dem neuesten Format.
8061	Sind Sie sicher, dass Sie die Standardeinstellungen der eingebauten Symbol- oder Menüleiste l wiederherstellen möchten? Falls Sie die Symbol- bzw. Menüleiste oder irgendwelche untergeordneten Menüs angepasst, verschoben, ein- bzw. ausgeblendet oder sonstige Änderungen daran vorgenommen haben, geht *Datenbankname* wie folgt vor: Ihre Änderungen werden gelöscht, die ursprünglichen Schaltflächen werden wieder in der ursprünglichen Reihenfolge angeordnet und die Symbolleiste wird, je nach Originaleinstellung,

Error-Code	ErrorString
	ein- bzw. ausgeblendet. Klicken Sie auf 'Ja', wenn die eingebaute Symbol- oder Menüleiste wieder ihren ursprünglichen Zustand annehmen soll.
8063	Die Quellanwendung antwortet nicht. Möchten Sie noch länger warten? Der DDE-Kanal ist zwar eingerichtet, aber der Datenaustausch konnte nicht innerhalb der Zeitspanne abgeschlossen werden, die für die Option 'OLE/DDE-Timeout' im Dialogfeld 'Optionen' (Menü 'Extras') angegeben ist. * Klicken Sie auf 'Ja', wenn Sie solange warten möchten, bis der Datenaustausch abgeschlossen ist.* Klicken Sie auf 'Nein', wenn Sie den Datenaustausch abbrechen und später wiederholen möchten.
8064	Diese verknüpfte Tabelle hat Indizes, die in einer Sortierreihenfolge vorliegen, die nicht unterstützt wird. Wenn Sie diese Tabelle ändern, kann die Jet-Datenbank-Engine die Indizes der Tabelle nicht korrekt aktualisieren. Als Folge erscheinen Ihre Daten eventuell in falscher Reihenfolge, und Funktionen, die die Indizes der Tabelle einsetzen, liefern möglicherweise unbrauchbare Ergebnisse. Sie haben folgende Möglichkeiten:* Brechen Sie diesen Vorgang ab. Starten Sie dann die Anwendung, mit der die Tabelle erstellt wurde, und legen Sie die Indizes neu an, wofür Sie eine ASCII- oder eine internationale Sortierreihenfolge angeben. Danach können Sie erneut versuchen, die Tabellen zu verknüpfen.* Verwenden Sie diese Tabelle im schreibgeschützten Modus.
8065	Sie können die Tabelle 'l' erst löschen, nachdem deren Beziehungen zu anderen Tabellen gelöscht sind. Möchten Sie, dass *Datenbankname* die Beziehungen jetzt löscht?
8067	Möchten Sie das Objekt l unwiderruflich löschen? Klicken Sie auf 'Ja', um es für immer zu löschen. Sie können Ihre Änderungen dann nicht rückgängig machen.
8069	*Datenbankname* konnte keine benutzerdefinierte Symbolleiste 'l' erstellen.
8071	Möchten Sie die komprimierte Datenbank aus der Quellcode-Verwaltung entfernen?
8072	*Datenbankname* muss l schließen, um diesen Vorgang abschließen zu können. Möchten Sie, dass *Datenbankname* das Objekt jetzt schließt?
8073	Das Objekt l ist nicht ausgecheckt. Ein Objekt kann von *Datenbankname* nicht ausgecheckt werden, solange es geöffnet ist, und Sie können Änderungen am Entwurf nur dann vornehmen, wenn das Objekt ausgecheckt ist. Wenn Sie Änderungen am Entwurf dieses Objekts vornehmen möchten, müssen Sie es zunächst schließen. Checken Sie es dann aus und öffnen Sie es erneut.
8074	*Datenbankname* muss l speichern, um den Vorgang abschließen zu können. Möchten Sie, dass *Datenbankname* das Objekt jetzt speichert?
8075	'Daten und sonstige Objekte' ist nicht ausgecheckt. Sie können keine neue Tabelle erstellen oder eine Verknüpfung zu einer Webseite speichern.
8076	Um Tabellen, Beziehungen, Menüs und Symbolleisten zu importieren oder Spezifikationen zu importieren/exportieren, muss 'Daten und sonstige Objekte' ausgecheckt sein.
8077	Möchten Sie die l wirklich ausschneiden? Sie können diese Operation nicht rückgängig machen.
8078	Dieses Objekt wird aus Ihrer lokalen Datenbank entfernt, jedoch nicht aus der Quellcode-Verwaltung. Das Objekt wird wieder erscheinen, wenn Sie diese Datenbank das nächste Mal aus der Quellcode-Verwaltung abrufen. Sind Sie sicher, dass Sie das lokale Objekt löschen möchten?
8079	*Datenbankname* konnte der Typenbibliothek dieses Steuerelements keinen Verweis hinzufügen, da 'Daten und sonstige Objekte' nicht ausgecheckt ist. Checken Sie 'Daten und sonstige Objekte' aus und fügen Sie der Bibliothek 'l' einen Verweis hinzu.

Error-Code	ErrorString
8080	Fehler beim Erstellen der verknüpften Tabelle 'l'. Prüfen Sie, ob die Quelltabelle oder -datei verfügbar ist, und versuchen Sie den Vorgang dann erneut mit 'Daten und sonstige Objekte'.
8081	Sie haben die Typ-Eigenschaft von l1 auf 'Popup' gesetzt, wodurch die Symbolleiste zu einem Kontextmenu wird. Das Kontextmenu verschwindet, da *Datenbankname* der Kontextmenü-Symbolleiste l2 hinzufügt. Um das Kontextmenu zu vervollständigen, schließen Sie das Fenster 'Symbolleisten-Eigenschaften', zeigen Sie die Kontextmenü-Symbolleiste an, klicken Sie auf die Kategorie 'Anpassen' und fügen Sie die gewünschten Befehle hinzu.
8082	*Datenbankname* muss l in der aktuellen Datenbank speichern, um diese Operation vollständig abschließen zu können. Soll *Datenbankname* das Datenbankobjekt jetzt speichern?
8086	Ein Fehler trat auf beim Versuch, einen oder mehrere Verweise vom Quellcodeverwaltungsprojekt hinzuzufügen. Die entsprechende Bibliothek ist evtl. nicht auf Ihrem Computer registriert. Überprüfen Sie Ihre Projektverweise und fügen Sie fehlende Veweise hinzu, nachdem Sie die von dieser Datenbank benötigten Komponenten hinzugefügt und registriert haben.
8087	Die Wiederherstellung einer Datenbank erfordert, dass momentan niemand die Datenbank benutzt. Möchten Sie alle Objekte schließen, eine Sicherungsdatei auswählen und die Datenbank von der Sicherungsdatei wiederherstellen?
8088	Das Löschen der Datenbank erfordert, dass momentan niemand die Datenbank benutzt. Möchten Sie alle geöffneten Objekte schließen und die Datenbank löschen?
8090	Sind Sie sicher, dass Sie die Konflikttabelle l löschen möchten? Sie werden diesen Vorgang nicht rückgängig machen können.
8091	Diese Datenbank ist für die Publikation aktiviert. Möchten Sie vorhandene Publikationen löschen und die Datenbank löschen?
8092	Access konnte Ihr Projekt nicht speichern. Möchten Sie diesen Vorgang abbrechen?*Um den Vorgang abzubrechen, klicken Sie auf 'Ja'.*Um das Projekt zu schließen, ohne zu speichern, klicken Sie auf 'Nein'.
8093	Soll eine Nachricht erstellt werden, die auf Ihre gespeicherte Datenzugriffsseite verweist? Klicken Sie auf 'Ja', wenn Sie eine Emailnachricht erstellen wollen, die auf eine Seite verweist, die Sie mit einem absoluten Pfad (URL, UNC, wie z.B. \\Server\Freigabename\Verzeichnis\Dateiname) gespeichert haben. Diese Option ist sicherer. Klicken Sie auf 'Nein', wenn Sie eine Emailnachricht erstellen wollen, die eine Kopie der Seite enthält. Die Kopie wird keine Verbindung zu den Daten über Domänen hinweg herstellen können, es sei denn, der Empfänger oder Administrator hat die vorgegebenen Sicherheitseinstellungen für Internet-Webinhaltszonen geändert.
8094	Soll eine Nachricht erstellt werden, die eine Kopie Ihrer Datenzugriffsseite enthält? Klicken Sie auf 'OK', wenn Sie eine Nachricht erstellen wollen, die eine Kopie Ihrer Datenzugriffsseite enthält. Die Kopie wird keine Verbindung zu den Daten über Domänen hinweg herstellen können, es sei denn, der Empfänger oder Administrator hat die vorgegebenen Sicherheitseinstellungen für Internet-Webinhaltszonen geändert. Das Senden einer Emailnachricht, die auf eine Seite verweist, die Sie mit einem absoluten Pfad (URL, UNC, wie z.B. \\Server\Freigabename\Verzeichnis\Dateiname) gespeichert haben, ist im allgemeinen sicherer. Klicken Sie auf 'Abbrechen', wenn Sie eine Emailnachricht, die auf eine mit absolutem Pfad gespeicherte Seite verweist, senden möchten. Speichern Sie die Seite dann auf einen Server oder in einem freigegebenen Verzeichnis, und senden Sie dann die Emailnachricht mit einem Verweis auf Ihre Seite.
8400	Die Datenbank 'l' ist schreibgeschützt. Sie können Änderungen, die Sie an Daten oder Objektdefinitionen vorgenommen haben, nicht in dieser Datenbank speichern.
8401	Sie können an den Datenbankobjekten der Datenbank 'l' keine Änderungen vornehmen. Diese Datenbank wurde mit einer früheren Version von *Datenbankname* erstellt. Gehen Sie wie folgt vor, um diese Datenbank in die aktuelle Version von *Datenbankname* zu konvertieren: Schließen Sie die Datenbank, zeigen Sie im Menü 'Extras' auf den Befehl 'Datenbank-Dienstprogramme', und klicken Sie dann auf 'Datenbank konvertieren'.
8402	Die Datei 'l' ist bereits vorhanden. Möchten Sie die vorhandene Datei überschreiben? Wenn die konvertierte oder komprimierte Datei einen anderen Namen haben soll, gehen Sie wie folgt vor: Klicken Sie auf 'Nein', setzen Sie den Namen in der Befehlszeile hinter die Option /Compact bzw. /Convert, und führen Sie den Befehl dann erneut aus.
8403	Die von Ihnen eingegebene Einstellung ist nicht zulässig. Die Sortierreihenfolge der Datenbank kann nicht aktualisiert werden. Sie haben die Option 'Sortierreihenfolge bei neuer DB' im Dialogfeld 'Optionen' (Menü 'Extras') auf eine Sortierreihenfolge eingestellt, die für die Version der Datenbank, die Sie komprimieren möchten, nicht zulässig ist.
8404	Sie können die Datenbank 'l' nicht im Exklusivmodus öffnen, da ein anderer Benutzer die Datenbank momentan geöffnet hat oder Sie nicht die Berechtigungen haben, die Datenbank im Exklusivmodus zu öffnen. *Datenbankname* öffnet die Datenbank für gemeinsamen Zugriff.
8405	Sie können keine Änderungen an den Datenbankobjekten der Datenbank 'l' vornehmen. Diese Datenbank wurde mit einer früheren Version von *Datenbankname* erstellt. Gehen Sie wie folgt vor, um diese Datenbank in die aktuelle Version von *Datenbankname* zu konvertieren: Schließen Sie die Datenbank, zeigen Sie im Menü 'Extras' auf den Befehl 'Datenbank-Dienstprogramme', und klicken Sie dann auf 'Datenbank konvertieren'.
8406	Enthält die erste Zeile Ihrer Daten die Spaltenüberschriften?
8407	Diese Datenbank ist ein Replikat, das mit einer früheren Version von *Datenbankname* erstellt wurde. Sie können Objekte in dieser Datenbank zwar anzeigen, jedoch nicht ihr Design ändern. Wenn Sie Objekte in dieser Datenbank verändern möchten, sollten Sie den Designmaster dieser Replikatgruppe in die aktuelle Version von *Datenbankname* konvertieren und das Replikat synchronisieren. Möchten Sie die Datenbank trotzdem öffnen?
8408	Der von Ihnen eingegebene Name wird bereits für eine andere benutzerdefinierte Gruppe in dieser Datenbank verwendet. Möchten Sie die vorhandene benutzerdefinierte Gruppe l ersetzen? Dieser Vorgang kann nicht rückgängig gemacht werden.
8409	*Datenbankname* hat eine Sicherungskopie der Datenbank l1 auf l2 erstellt. Hinweis: nur Serverbezogene Objekte wurden kopiert. Um auch andere Objekte zu sichern, erstellen Sie eine Kopie der .ADP-Datei manuell.
8410	*Datenbankname* hat die Datenbank l1von der Sicherungskopie auf l2 wiederhergestellt.
8411	Möchten Sie die benutzerdefinierte Gruppe 'l' unwiderruflich löschen? Wenn Sie auf 'Ja' klicken, werden alle Verknüpfungen in dieser benutzerdefinierten Gruppe ebenfalls gelöscht. Dieser Vorgang kann nicht rückgängig gemacht werden.

Error-Code	ErrorString
8412	Der eingegebene Name wird bereits von einer anderen Verknüpfung in dieser Gruppe verwendet. Möchten Sie die vorhandene Verknüpfung 'l' ersetzen?
8413	Das Projekt 'l' ist schreibgeschützt. Sie werden Änderungen an Objektdefinitionen in diesem Projekt nicht speichern können.
8500	Die Eigenschaft Standardansicht (DefaultView) eines Formulars, das ein Unterformular hat, kann nicht auf 'Endlosformular' eingestellt werden. Sie haben versucht, in der Entwurfsansicht ein Unterformular zu einem Formular hinzuzufügen. *Datenbankname* setzt die Eigenschaft auf 'Einzelnes Formular' zurück.
8501	Sie können dieses Feld nicht ändern, da es schreibgeschützt ist. Einige Felder, so z.B. berechnete Felder, sind immer schreibgeschützt. Jedes Feld, dessen Eigenschaft Gesperrt (Locked) auf 'Ja' eingestellt ist, ist schreibgeschützt.
8502	*Datenbankname* hat das Ende der Datensätze erreicht. Soll der Suchvorgang ab dem Anfang fortgesetzt werden?
8503	*Datenbankname* hat den Anfang der Datensätze erreicht. Soll der Suchvorgang ab dem Ende fortgesetzt werden?
8504	*Datenbankname* hat das Durchsuchen der Datensätze beendet. Das gesuchte Element wurde nicht gefunden.
8505	Möchten Sie den Such- oder den Ersetzungsvorgang fortsetzen?
8506	Es steht nicht genügend Arbeitsspeicher zur Verfügung, um den aktuellen Filter zu speichern. Schließen Sie nicht benötigte Programme. Kehren Sie zu dem Formular oder Datenblatt zurück, und definieren und verwenden Sie den Filter danach erneut. Weitere Informationen, wie Arbeitsspeicher freigegeben werden kann, finden Sie in der Hilfe für Microsoft Windows unter 'Arbeitsspeicher, Problembehebung'.
8507	Es steht nicht genügend Arbeitsspeicher zur Verfügung, um das Makro auszuführen, das den aktiven Filter aktualisiert. *Datenbankname* schließt das Fenster für die Filterdefinition. Schließen Sie nicht benötigte Programme. Öffnen Sie danach erneut das aktualisierte Fenster für die Filterdefinition. Weitere Informationen, wie Arbeitsspeicher freigegeben werden kann, finden Sie in der Hilfe für Microsoft Windows unter 'Arbeitsspeicher, Problembehebung'.
8508	*Datenbankname* kann 'l' nicht finden. Die Zeichenfolge, die Sie in das Feld 'Suchen nach' eingegeben haben, kann nicht bezüglich des aktiven Feldes ausgewertet werden. Geben Sie die Zeichenfolge so ein, dass sie mit dem Datentyp des Feldes übereinstimmt.
8509	Sie werden nicht in der Lage sein, diesen Ersetzungsvorgang rückgängig zu machen. Es steht nicht genügend Arbeitsspeicher zur Verfügung, um den Befehl 'Rückgängig' einsetzen zu können. Möchten Sie den Vorgang trotzdem fortsetzen?
8510	*Datenbankname* kann den aktuellen Datensatz nicht speichern. Möchten Sie die an dem Datensatz vorgenommenen Änderungen rückgängig machen und den Einfügevorgang fortsetzen?
8511	Alle Datensätze, die *Datenbankname* nicht einfügen konnte, wurden in der neuen Tabelle 'l' abgelegt. Wechseln Sie in das Datenbankfenster, und öffnen Sie die neue Tabelle, damit die nichteingefügten Datensätze angezeigt werden. Nachdem Sie die Probleme beseitigt haben, die zu den Einfügefehlern geführt haben, können Sie die Datensätze aus der neuen Tabelle kopieren und einfügen.
8512	Keiner der Feldnamen, die in der Zwischenablage stehen, stimmt mit einem der Namen der Felder überein, die für das Formular verwendet werden.
	Datenbankname behandelt die Daten, die die erste Zeile des Inhalts der Zwischenablage bilden, als Feldnamen. Wenn Sie die Daten aus einer anderen Anwendung kopiert haben, kann es sein, dass in der ersten Zeile nicht die Feldnamen, sondern die erste Datenzeile steht. Möchten Sie die Feldnamen in der Reihenfolge einfügen, die Sie mit dem Befehl 'Reihenfolge' definiert haben?
8513	Einige der Feldnamen der Daten, die Sie versucht haben einzufügen, stimmen mit den Namen der Felder überein, die für das Formular verwendet werden. *Datenbankname* behandelt die Daten, die die erste Zeile des Inhalts der Zwischenablage bilden, als Feldnamen. Im vorliegenden Fall stimmen einige dieser Feldnamen nicht mit den für das Formular verwendeten Feldnamen überein. Möchten Sie Daten in die Felder einfügen, deren Namen mit den in der Zwischenablage stehenden Feldnamen übereinstimmen?022
8514	Möchten Sie, dass keine weiteren Fehlermeldungen angezeigt werden, die Ihnen mitteilen, warum Datensätze nicht eingefügt werden können? Wenn Sie auf 'Nein' klicken, wird für jeden Datensatz, der nicht eingefügt werden kann, eine Meldung angezeigt.
8515	Sie haben eine umfangreiche Datenmenge in die Zwischenablage kopiert. Wenn Sie Daten in die Zwischenablage kopieren, wird nur ein Verweis auf das Objekt kopiert. Für den Fall, dass Sie das Quelldokument schließen, muss *Datenbankname* alle Daten aus der Quelle einfügen. Dies kann, je nach Umfang der Daten, relativ viel Zeit beanspruchen. Möchten Sie diese Daten in der Zwischenablage speichern?
8516	Sie haben mehr Datensätze markiert, als auf einmal in die Zwischenablage kopiert werden können. Teilen Sie die Datensätze in mehrere Gruppen auf, die Sie dann nacheinander kopieren und einfügen. Sie können maximal etwa 65.000 Datensätze auf einmal einfügen.
8517	Möchten Sie, dass keine weiteren Fehlermeldungen angezeigt werden, die Ihnen mitteilen, warum Datensätze nicht gelöscht werden können? Wenn Sie auf 'Nein' klicken, wird für jeden Datensatz, der nicht gelöscht werden kann, eine Meldung angezeigt.
8518	Sie werden nicht in der Lage sein, diesen Ersetzungsvorgang rückgängig zu machen. Möchten Sie den Vorgang trotzdem fortsetzen?
8519	Sie beabsichtigen, l Datensätze zu löschen. Klicken Sie auf 'Ja', damit diese Datensätze für immer gelöscht werden. Sie können diese Änderung nicht rückgängig machen. Sind Sie sicher, dass Sie diese Datensätze löschen möchten?
8520	Sie beabsichtigen, l Datensätze einzufügen. Sind Sie sicher, dass Sie diese Datensätze einfügen möchten?
8521	Sie werden nicht in der Lage sein, diesen Löschvorgang rückgängig zu machen. Der Befehl 'Rückgängig' steht nicht zur Verfügung, da dieser Vorgang ist zu umfangreich ist, oder nicht genügend freier Arbeitsspeicher verfügbar ist. Möchten Sie die Elemente trotzdem löschen?
8522	Alle Zeitgeber werden verwendet. Setzen Sie die Eigenschaft Zeitgeberintervall (TimerInterval) auf 0 zurück, so dass Sie einen weiteren Zeitgeber starten können.
8523	Möchten Sie die zu diesem Formular oder Bericht gehörenden benutzerdefinierten Paletteninformationen löschen und zu der Standardpalette zurückkehren?
8524	Möchten Sie die auf dieser Schaltfläche befindliche Grafik löschen?
8525	Es kann nicht auf die Remote-Daten zugegriffen werden. Sie haben versucht, ein Formular oder

Error-Code	ErrorString
	einen Bericht zu öffnen, das bzw. der in einem berechneten Steuerelement eine DDE- oder DDE-Senden-Funktion (DDESend-Funktion) enthält, die eine OLE-Server-Anwendung angibt. Möchten Sie die Anwendung l starten?
8526	*Datenbankname* ist bei dem Versuch, Ansichten zu wechseln, auf ein Problem gestoßen und muss dieses Fenster schließen.
8527	Möchten Sie sowohl den Gruppenbereich des Datenbankobjekts 'I' als auch dessen Inhalt löschen? Der Gruppenkopf bzw. -fuß, den Sie löschen möchten, enthält Steuerelemente und wird zusammen mit dem Bereich gelöscht.
8528	Das Löschen dieser Bereiche hat zur Folge, dass auch alle darin befindlichen Steuerelemente gelöscht werden. Möchten Sie diese Bereiche trotzdem löschen?
8529	Möchten Sie die markierten Gruppenebenen sowie alle zugehörigen Bereiche und deren Steuerelemente löschen? Das Feld bzw. der Ausdruck, den Sie aus dem Dialogfeld 'Sortieren und Gruppieren' löschen, hat einen zugeordneten Bereich (Kopf- oder Fußbereich), der Steuerelemente enthält, die zusammen mit dem Bereich gelöscht werden.
8530	Beziehungen, die Löschweitergaben angeben, haben zur Folge, dass l Datensätze aus dieser Tabelle sowie aus Detailtabellen gelöscht werden. Sind Sie sicher, dass Sie diese Datensätze löschen möchten?
8531	Die Bereichsbreite ist größer als die Seitenbreite, und in dem zusätzlichen Platz gibt es keine Elemente. Daher werden einige Seiten wahrscheinlich leer sein. Die Berichtsbreite ist z.B. größer als die Seitenbreite.
8532	Möchten Sie dieses Bild aus der Formel löschen?
8533	Es kann sein, dass einige Daten nicht angezeigt werden. Eine Seite ist zu schmal für die Anzahl an Spalten sowie den Spaltenabstand, die bzw. den Sie angegeben haben. Klicken Sie im Menü 'Datei' auf 'Seite einrichten' und dann auf die Registerkarte 'Spalten', und verkleinern Sie entweder die Anzahl der Spalten oder deren Breiten.
8534	Wenn Sie dieses Formular bzw. diesen Bericht speichern, wird der darin enthaltene Code gelöscht. Sie haben die EnthältModul-Eigenschaft (HasModule) auf 'Nein' gesetzt, und somit ein Formular bzw. einen Bericht erstellt, das bzw. der sich schneller öffnen läßt. Zugehörige Makros sind hiervon nicht betroffen. Dies gilt auch für Code in separaten Modulen, der von diesem Eigenschaftenfenster aufgerufen wird. Möchten Sie fortfahren?
8538	Sie beabsichtigen, diesen Bereich zu löschen. Sobald Sie auf 'Ja' klicken, werden die Steuerelemente in diesem Bereich gelöscht, und Sie können diesen Vorgang nicht rückgängig machen. Sind Sie sicher, dass Sie diese Steuerelemente löschen möchten?
8539	Beziehungen mit aktivierter Löschweitergabe an Detaildatensätze haben das Löschen von Datensätzen in dieser Tabelle und in verwandten Tabellen zur Folge. Sind Sie sicher, dass Sie diese Datensätze löschen möchten?
8540	Sie beabsichtigen, einen Datensatz oder mehrere Datensätze zu löschen. Klicken Sie auf 'Ja', damit diese Datensätze für immer gelöscht werden. Sie können diese Änderung nicht rückgängig machen. Sind Sie sicher, dass Sie diese Datensätze löschen möchten?
8541	*Datenbankname* konnte den Löschvorgang nicht durchführen. Während des Löschvorgangs trat ein Fehler auf und es wurden keine Datensätze gelöscht.
8542	*Datenbankname* konnte keine Beziehung zwischen den ausgewählten Feldern feststellen. Soll eine Beziehung jetzt hergestellt werden?

Error-Code	ErrorString
8543	Sie beabsichtigen, diesen Bereich und alle zusammenhängenden Bereiche zu löschen. Sobald Sie auf 'Ja' klicken, werden diese Bereiche und die darin enthaltenen Steuerelemente gelöscht, und Sie können diesen Vorgang nicht rückgängig machen. Sind Sie sicher, dass Sie diese Steuerelemente löschen möchten?
8544	Dieser Einfügevorgang kann nicht rückgängig gemacht werden. Möchten Sie den Vorgang fortsetzen?
8545	Microsoft Access kann die in das Dialogfeld 'Hyperlink einfügen' eingegebenen Filterkriterien nicht speichern. Sie müssen die Datenzugriffsseite an eine Datensatzquelle binden, bevor Sie die Filterkriterien festlegen. Stellen Sie auch sicher, dass die Kriterien in Form einer WHERE-Klausel festgelegt sind, z.B. PersonalNr=[PersonalNr].
9502	Es wird Ihnen nicht möglich sein, diesen Vorgang rückgängig zu machen. Möchten Sie trotzdem fortfahren?
9504	The file 'I' is not readable by JET. If you think you have a valid JET file then this is most likely due to the recent file format change. Do you want to attempt to upgrade the database format?
9505	Die Datenbank 'I' muss entweder repariert werden oder ist keine Datenbankdatei. Möglicherweise haben Sie oder ein anderer Benutzer *Datenbankname* unvorschriftsmäßig beendet, während eine *Datenbankname*-Datenbank geöffnet war. Soll *Datenbankname* versuchen, die Datenbank zu reparieren?
9507	*Datenbankname* konnte nicht alle Bibliotheksmodule laden.
9508	Die Datenbank 'I' konnte nicht geschlossen werden. Es kann sein, dass die von Ihnen zuletzt vorgenommene Änderung nicht gespeichert wurde, weil ein interner Puffer von einem anderen Benutzer gesperrt war (dessen Name wurde in der vorherigen Meldung angezeigt). Damit keine Daten verlorengehen, sollten Sie solange warten, bis der andere Benutzer den Datensatz wieder freigegeben hat, und dann erneut auf 'OK' klicken. Wenn Sie auf 'Abbrechen' klicken, kann es sein, dass Änderungen, die bisher nicht gespeichert wurden, verlorengehen.
9509	Sie werden diesen Befehl nicht rückgängig machen können. Außerdem werden Sie, nachdem dieser Befehl abgeschlossen ist, dieses Objekt nicht mehr bearbeiten können. Möchten Sie trotzdem fortfahren?
9510	*Datenbankname* kann die Datei 'I' nicht öffnen.
9512	Die Datenbank 'I' wurde erfolgreich repariert.
9513	*Datenbankname* konnte die Tabelle 'I' nicht vollständig reparieren und hat einige Werte eines Memo- , OLE-Objekt- oder Hyperlink-Feldes gelöscht. Sie können diese Daten über die Sicherungskopie Ihrer Datenbank wiederherstellen. Möglicherweise befinden sich die Daten, die Löschvorgänge für die Felder ausgelöst haben, in beschädigten Sektoren Ihrer Festplatte. Weitere Informationen, wie die Oberfläche von Datenträgers, Dateien sowie Ordner auf Fehler geprüft werden können, finden Sie in der Hilfe für Windows unter 'Prüfen auf Fehler, auf Datenträgern'.
9514	Einige Datensätze konnten nicht wiederhergestellt werden und wurden aus der Tabelle 'I' gelöscht.
9515	Die Tabelle 'I' wurde gekürzt. Es sind Daten verlorengegangen.
9516	Ein oder mehrere Indizes der Tabelle 'I' konnten nicht repariert werden und wurden gelöscht.
9517	Der Befehl 'Speichern unter' kann keine Unterberichte verarbeiten, die Bestandteile Ihres Berichts sind. Möchten Sie trotzdem fortfahren?
9518	Bei dem Versuch, dieses Wort zu dem benutzerdefinierten Wörterbuch hinzuzufügen, ist ein Fehler

Error-Code	ErrorString
	aufgetreten. * Das Wörterbuch ist möglicherweise schreibgeschützt.* Es liegt möglicherweise ein Datenträgerfehler vor.
9519	Bei dem Versuch, dieses Wort zu der 'Alle ändern'-Liste hinzuzufügen, ist ein Fehler aufgetreten. Das Wörterbuch ist möglicherweise voll.
9520	Bei dem Versuch, das Wort zu der 'Nie ändern'-Liste hinzuzufügen, ist ein Fehler aufgetreten. Das Wörterbuch ist möglicherweise voll.
9521	Das angegebene Wort ist zu lang. Ein Wort darf maximal 64 Zeichen lang sein.
9523	*Datenbankname* kann das benutzerdefinierte Wörterbuch 'I' nicht öffnen.
9524	*Datenbankname* kann die Rechtschreibprüfung nicht starten, da sie nicht installiert ist.
9525	*Datenbankname* kann die Datei des Hauptwörterbuchs nicht öffnen. Prüfen Sie, ob diese Datei korrekt installiert ist.
9526	Die Rechtschreibprüfung funktioniert nur für Felder des Typs Text, die Textdaten enthalten. Sie versuchen, die Rechtschreibung in einem Feld zu prüfen, das nicht den Datentyp Text oder Memo hat.
9527	Die Rechtschreibprüfung kann nicht fortgesetzt werden. Sie müssen zunächst in einer Tabelle, einer Abfrage, einer Sicht, einer Gespeicherten Prozedur oder einem Formular Daten markieren.
9529	Die Rechtschreibprüfung kann nicht fortgesetzt werden. Die Formulardaten können nicht aktualisiert werden. Das Formular basiert auf einer Abfrage, die nicht oder nur teilweise aktualisierbar ist. Klicken Sie auf 'Hilfe', wenn Sie Informationen darüber wünschen, wann eine Abfrage aktualisierbar ist.
9530	Bei dem Versuch, den Inhalt des Feldes 'I' zu ändern, ist ein Fehler aufgetreten. Das Feld ist gesperrt oder schreibgeschützt, oder Sie sind nicht berechtigt, dieses Feld zu ändern. Klicken Sie auf 'Hilfe', wenn Sie Informationen zu den Berechtigungen sowie darüber wünschen, wer diese ändern kann.
9531	Bei dem Versuch, Einstellungen der Rechtschreibprüfung zu speichern, ist ein Fehler aufgetreten.
9532	Das Feld 'I' kann nicht geändert werden, da es ein schreibgeschütztes Feld ist.
9533	Bei dem Versuch, das Wortpaar zu der 'AutoKorrektur'-Liste hinzuzufügen, ist ein Fehler aufgetreten.
9534	Der Bereich, der momentan markiert ist, enthält kein Feld, für das eine Rechtschreibprüfung erfolgen kann. Sie können Textfeld-Steuerelemente, die Daten des Typs Text oder Memo enthalten, auf Rechtschreibung prüfen.
9535	Sie haben für das Hauptwörterbuch einen ungültigen Namen eingegeben. Wählen Sie bitte einen gültigen Namen aus.
9536	Die Rechtschreibprüfung ist abgeschlossen.
9537	Sie müssen die Rechtschreibprüfung neu starten, damit der Wechsel des Wörterbuchs wirksam wird.
9538	Das benutzerdefinierte Wörterbuch 'I' existiert nicht. Soll es jetzt erstellt werden?
9539	Das Feld 'Ändern in' enthält ein Wort, das weder im Haupt- noch im benutzerdefinierten Wörterbuch gefunden wurde. Möchten Sie dieses Wort verwenden und die Rechtschreibprüfung fortsetzen?
9540	Das Hauptwörterbuch, das Sie ausgewählt haben, kann nicht eingesetzt werden. Es wurde nicht korrekt installiert.
9541	Das Rechtschreibprüfprogramm kann Ihre letzte Änderung nicht rückgängig machen. Die in dem Feld 'I' befindlichen Daten wurden von einem anderen Benutzer geändert. Klicken Sie auf 'OK', um die Rechtschreibprüfung fortzusetzen.
9542	Diese Datenbank muss geschlossen sein, bevor Sie ein Replikat erstellen. Möchten Sie, dass *Datenbankname* diese Datenbank schließt und das Replikat erstellt? Wenn Sie fortfahren, wird *Daten-*

Error-Code	ErrorString
	bankname Ihre Datenbank schließen und sie in einen Hauptentwurf (Designmaster) konvertieren. Die Datenbank kann sich dadurch vergrößern.
9543	Der Hangul Hanja-Konverter kann nicht fortfahren. Es sind keine Hangul- oder Hanja-Daten zur Konvertierung vorhanden.
10000	Sie müssen die Tabelle erst speichern. Möchten Sie die Tabelle jetzt speichern?
10001	Die Sicht muss zuerst gespeichert werden. Möchten Sie die Sicht jetzt speichern?
10002	Die gespeicherte Prozedur muss zuerst gespeichert werden. Möchten Sie die gespeicherte Prozedur jetzt speichern?
10003	Die Abfrage muss zuerst gespeichert werden. Möchten Sie die Abfrage jetzt speichern?
10004	Möchten Sie die markierten Felder sowie die in diesen Feldern befindlichen Daten für immer löschen? Klicken Sie auf 'Ja', um die Felder für immer zu löschen.
10005	Es ist kein Primärschlüssel definiert. Ein Primärschlüssel ist zwar nicht zwingend erforderlich, wird aber dringend empfohlen. Sie können nur dann eine Beziehung zwischen einer Tabelle und anderen Tabellen der Datenbank definieren, wenn diese einen Primärschlüssel hat. Möchten Sie jetzt einen Primärschlüssel erstellen?
10006	Ein Wechsel auf diesen Datentyp erfordert, dass ein oder mehrere Indizes gelöscht werden. Indizes dürfen keine Felder enthalten, die den Datentyp Memo oder OLE-Objekt haben. Wenn Sie auf 'Ja' klicken, wird *Datenbankname* alle Indizes löschen, die dieses Feld enthalten. Möchten Sie trotzdem fortfahren?
10007	Damit das Feld 'I' gelöscht werden kann, muss *Datenbankname* den Primärschlüssel löschen. Möchten Sie dieses Feld trotzdem löschen?
10008	Damit das Feld 'I' gelöscht werden kann, muss *Datenbankname* einen oder mehrere Indizes löschen. Sobald Sie auf 'Ja' geklickt haben, wird *Datenbankname* das Feld sowie alle zugehörigen Indizes löschen. Möchten Sie dieses Feld trotzdem löschen?
10009	Sie können die Tabelle 'I' nicht so öffnen, dass Sie Änderungen an ihr vornehmen können. Es sind Abfragen oder Formulare geöffnet, die an die Tabelle gebunden sind. Sie sind eventuell nicht berechtigt, diese Tabelle in der Entwurfsansicht zu öffnen, oder ein anderer Benutzer hat die Tabelle momentan geöffnet. Möchten Sie diese Tabelle im schreibgeschützten Modus öffnen? Für den Fall, dass Sie momentan Abfragen oder Formulare geöffnet haben, die an diese Tabelle gebunden sind, müssen Sie diese schließen. Danach können Sie erneut versuchen, die Tabelle in der Entwurfsansicht zu öffnen.
10010	Die Tabelle 'I' ist eine verknüpfte Tabelle. Einige Eigenschaften können nicht geändert werden. Möchten Sie die Tabelle trotzdem öffnen?
10011	*Datenbankname* ist beim Konvertieren von Daten auf Fehler gestoßen. In I1 Datensätzen wurden die Inhalte einiger Felder gelöscht. Möchten Sie trotzdem fortsetzen?
10012	*Datenbankname* ist nicht in der Lage, die Feldeigenschaften aus den Systemtabellen abzurufen. Die Datenbank muss repariert werden. Sobald Sie auf 'Ja' geklickt haben, öffnet *Datenbankname* die Tabelle in der Entwurfsansicht. Die Einstellungen der Eigenschaften Feldname, Felddatentyp, Indiziert und Primärschlüssel werden ungeändert sein, wohingegen die Einstellungen der anderen Feldeigenschaften nicht mehr verfügbar sein werden. Sie können zwar versuchen, diese erneut zu definieren, meist empfiehlt es sich aber, wie folgt vorzugehen: Stellen Sie die Datenbank anhand einer Sicherungskopie wieder her, oder schließen Sie die Datenbank, und verwenden Sie den Unterbefehl 'Datenbank reparieren' (Menü 'Extras', Befehl 'Datenbank-

Error-Code	ErrorString
	Dienstprogramme'). Möchten Sie trotzdem fortfahren?
10013	*Datenbankname* kann keine Änderungen speichern, die an Eigenschaften einer verknüpften Tabelle vorgenommen wurden. Möchten Sie trotzdem fortfahren?
10014	*Datenbankname* konnte nicht alle Daten an die Tabelle anfügen. In l1 Datensätzen wurden die Inhalte einiger Felder gelöscht, und l2 Datensätze wurden aufgrund von Schlüsselverletzungen nicht eingefügt.* Wenn Daten gelöscht wurden, entsprechen die von Ihnen eingefügten oder importierten Daten bezüglich der Eigenschaften Felddatentyp oder Feldgröße nicht den Anforderungen der Zieltabelle.* Wenn Datensätze nicht eingefügt wurden, gibt es 2 mögliche Ursachen: Die von Ihnen eingefügten Datensätze enthalten Primärschlüsselwerte, die es in der Zieltabelle bereits gibt; oder die Schlüsselwerte verletzen für eine Beziehung, die zwischen 2 Tabellen definiert ist, die Regeln für die referentielle Integrität. Möchten Sie trotzdem fortfahren?
10015	Ein Wechsel auf diesen Datentyp erfordert, dass der Primärschlüssel gelöscht wird. Möchten Sie trotzdem fortfahren?
10016	Es kann sein, dass einige Daten gelöscht wurden. Die Feldgröße-Eigenschaft einiger Felder wurde auf einen kleineren Wert eingestellt. Sollten Daten gelöscht werden, kann es sein, dass Gültigkeitsregeln infolge dessen verletzt werden. Möchten Sie trotzdem fortfahren?
10017	Auf Ihrem Computer ist kein Speicherplatz mehr verfügbar. Sie werden nicht in der Lage sein, diesen Anfügevorgang rückgängig zu machen. Möchten Sie trotzdem fortfahren?
10018	*Datenbankname* konnte nicht alle Daten an die Tabelle anfügen. In l1 Datensätzen wurden die Inhalte einiger Felder gelöscht, und l2 Datensätze wurden aufgrund von Schlüsselverletzungen nicht eingefügt.* Wenn Daten gelöscht wurden, entsprechen die von Ihnen eingefügten oder importierten Daten bezüglich der Eigenschaften Felddatentyp und/oder Feldgröße nicht den Anforderungen der Zieltabelle.* Wenn Datensätze nicht eingefügt wurden, gibt es 2 mögliche Ursachen: Die von Ihnen eingefügten Datensätze enthalten Primärschlüsselwerte, die es in der Zieltabelle bereits gibt; oder die Schlüsselwerte verletzen für eine Beziehung, die zwischen 2 Tabellen definiert ist, die Regeln für die referentielle Integrität.
10019	*Datenbankname* kann die Datenbank nicht finden, die die verknüpfte Tabelle 'l' enthält. Die Eigenschaften, die in *Datenbankname* für die verknüpfte Tabelle eingestellt sind, werden nicht mehr verfügbar sein. Möchten Sie die Konvertierung trotzdem fortsetzen?
10020	Die Regeln für die Datenintegrität wurden geändert. Es kann sein, dass die vorhandenen Daten für die neuen Regeln nicht zulässig sind. Dieser Vorgang kann recht lange dauern. Möchten Sie, dass die vorhandenen Daten bezüglich der neuen Regeln geprüft werden?
10021	Vorhandene Daten verletzen die neue Datensatzgültigkeitsregel. Möchten Sie, dass der Testvorgang mit der neuen Regel fortgesetzt wird?* Klicken Sie auf 'Ja', um die neue Regel beizubehalten und den Testvorgang fortzusetzen.* Klicken Sie auf 'Nein', um zu der alten Regel zurückzukehren und den Testvorgang fortzusetzen.* Klicken Sie auf 'Abbrechen', um den Testvorgang zu beenden.
10022	Vorhandene Daten verletzen die neue Einstellung der Eigenschaft 'l1' des Feldes 'l2'. Möchten Sie, dass der Testvorgang mit der neuen Einstellung fortgesetzt wird?* Klicken Sie auf 'Ja', um die neue Einstellung beizubehalten und den Testvorgang

Error-Code	ErrorString
	fortzusetzen.* Klicken Sie auf 'Nein', um zu der alten Einstellung zurückzukehren und den Testvorgang fortzusetzen.* Klicken Sie auf 'Abbrechen', um den Testvorgang zu beenden.
10023	*Datenbankname* hat l Indizes gelöscht, die auf den konvertierten Feldern basieren. Einige Daten wurden nicht korrekt konvertiert.
10024	Sie müssen die Tabelle zunächst speichern. *Datenbankname* kann Ihre Daten erst testen, nachdem Sie die am Entwurf vorgenommenen Änderungen gespeichert haben. Möchten Sie die Tabelle jetzt speichern?
10025	Bei diesem Vorgang werden für alle Daten in der Tabelle die Datensatz- und Feldgültigkeitsregeln sowie die Eigenschaften EingabeErforderlich (Required) und LeereZeichenfolge (AllowZeroLength) getestet. Dieser Vorgang kann recht lange dauern. Möchten Sie trotzdem fortfahren?
10026	Alle Daten sind für alle Regeln zulässig.
10027	Vorhandene Daten verletzen die neue Datensatzgültigkeitsregel. Möchten Sie den Testvorgang mit dieser neuen Regel fortsetzen?* Klicken Sie auf 'Ja', wenn Sie bezüglich weiterer Regelverstöße testen möchten.* Klicken Sie auf 'Nein', wenn Sie den Testvorgang so fortsetzen möchten, dass die alten Gültigkeitsregeln verwendet werden.* Klicken Sie auf 'Abbrechen', wenn Sie den Testvorgang beenden möchten.
10028	Die vorhandenen Daten verletzen die Eigenschaft 'l1' des Feldes 'l2'. Für den Fall, dass Sie den Testvorgang fortsetzen, wird *Datenbankname* Ihnen mitteilen, ob die Daten andere Eigenschafteneinstellungen der Tabelle verletzen. Möchten Sie den Testvorgang fortsetzen?
10029	Es ist kein Primärschlüssel definiert. Obwohl ein Primärschlüssel nicht notwendig ist, ist er doch zu empfehlen. Eine Tabelle muss einen Primärschlüssel aufweisen, damit Sie Daten zur Tabelle hinzufügen oder Beziehungen zwischen dieser Tabelle und anderen Tabellen in der Datenbank herstellen können. Möchten Sie jetzt in den Tabellenentwurf zurückwechseln und einen Primärschlüssel hinzufügen?
10250	Sie können die per Bildlauf verschiebbaren (nichtfixierten) Spalten des Datenblatts nicht drucken. Die fixierten Spalten sind zusammen breiter als eine Seite. Möchten Sie nur die fixierten Spalten drucken? Sollen auch die nichtfixierten Spalten gedruckt werden, sollten Sie einen oder mehrere der folgenden Schritte ausführen:* Verringern Sie die Spaltenbreiten der fixierten Spalten, und vergrößern Sie deren Zeilenhöhen.* Wechseln Sie im Dialogfeld 'Seite einrichten' die Seitenausrichtung in 'Querformat'.* Verringern Sie im Dialogfeld 'Seite einrichten' die Breite des linken bzw. rechten Seitenrandes.
10251	Die Spaltenüberschrift ist zu lang, um auf eine Seite zu passen. Ein Teil der Überschrift wird abgeschnitten. Möchten Sie die Spalte mit unvollständiger Überschrift drucken? Damit keine Überschrift abgeschnitten wird, sollten Sie einen oder mehrere der folgenden Schritte ausführen:* Wechseln Sie im Dialogfeld 'Seite einrichten' die Seitenausrichtung in 'Hochformat'.* Verringern Sie im Dialogfeld 'Seite einrichten' die Höhe des oberen bzw. unteren Seitenrandes.
10252	Mindestens eine Spalte ist zu breit, um auf eine Seite zu passen. Die in dieser Spalte befindlichen Daten werden eventuell gekürzt. Möchten Sie die Spalte mit unvollständigen Daten drucken? Damit keine Daten gekürzt werden, sollten Sie einen oder mehrere der folgenden Schritte ausführen:* Verringern Sie die Spaltenbreite, und vergrößern Sie die Zeilenhöhe.* Wechseln Sie im Dialogfeld 'Seite einrichten' die Seitenausrichtung in 'Querformat'.* Verringern Sie im Dialogfeld 'Seite einrichten' die Breite des linken bzw. rechten Seitenrandes.

Error-Code	ErrorString
10253	Die Zeilenhöhe überschreitet den Platz, der sich zwischen dem oberen und dem unteren Rand befindet. Möchten Sie die Spalte mit unvollständigen Daten drucken? Damit keine Daten gekürzt werden, sollten Sie einen oder mehrere der folgenden Schritte ausführen:* Vergrößern Sie die Spaltenbreite, und verringern Sie die Zeilenhöhe.* Wechseln Sie im Dialogfeld 'Seite einrichten' die Seitenausrichtung in 'Hochformat'.* Verringern Sie im Dialogfeld 'Seite einrichten' die Höhe des oberen bzw. unteren Seitenrandes.
10500	Sie beabsichtigen, eine Aktualisierungsabfrage auszuführen, die Daten in Ihrer Tabelle ändern wird. Sind Sie sicher, dass Sie diese Aktionsabfrage ausführen möchten? Klicken Sie auf 'Hilfe', um Informationen zu erhalten, wie Sie verhindern können, dass diese Meldung jedes Mal angezeigt wird, wenn Sie eine Aktionsabfrage ausführen.
10501	Sie beabsichtigen, eine Anfügeabfrage auszuführen, die Daten in Ihrer Tabelle ändern wird. Sind Sie sicher, dass Sie diese Aktionsabfrage ausführen möchten? Klicken Sie auf 'Hilfe', um Informationen zu erhalten, wie Sie verhindern können, dass diese Meldung jedes Mal angezeigt wird, wenn Sie eine Aktionsabfrage ausführen.
10502	Sie beabsichtigen, eine Tabellenerstellungsabfrage auszuführen, die Daten in Ihrer Tabelle ändern wird. Sind Sie sicher, dass Sie diese Aktionsabfrage ausführen möchten? Klicken Sie auf 'Hilfe', um Informationen zu erhalten, wie Sie verhindern können, dass diese Meldung jedes Mal angezeigt wird, wenn Sie eine Aktionsabfrage ausführen.
10503	Sie beabsichtigen, eine Löschabfrage auszuführen, die Daten in Ihrer Tabelle ändern wird. Sind Sie sicher, dass Sie diese Aktionsabfrage ausführen möchten? Klicken Sie auf 'Hilfe', um Informationen zu erhalten, wie Sie verhindern können, dass diese Meldung jedes Mal angezeigt wird, wenn Sie eine Aktionsabfrage ausführen.
10504	Sie beabsichtigen, eine Datendefinitionsabfrage auszuführen, die möglicherweise Daten in Ihrer Tabelle ändern wird. Sind Sie sicher, dass Sie diese SQL-Abfrage ausführen möchten? Falls nicht, klicken Sie zunächst auf 'Nein', und ändern Sie dann die Abfrage, oder schließen Sie sie, wenn Sie sie später ausführen möchten.
10505	Sie beabsichtigen, l Zeile(n) zu aktualisieren. Sobald Sie auf 'Ja' geklickt haben, können Sie die Änderungen nicht mehr mit dem Befehl 'Rückgängig' zurücknehmen. Sind Sie sicher, dass Sie diese Datensätze aktualisieren möchten?
10506	Sie beabsichtigen, l Zeile(n) anzufügen. Sobald Sie auf 'Ja' geklickt haben, können Sie die Änderungen nicht mehr mit dem Befehl 'Rückgängig' zurücknehmen. Sind Sie sicher, dass Sie die ausgewählten Datensätze anfügen möchten?
10507	Sie beabsichtigen, l Zeile(n) in eine neue Tabelle einzufügen. Sobald Sie auf 'Ja' geklickt haben, können Sie die Änderungen nicht mehr mit dem Befehl 'Rückgängig' zurücknehmen. Sind Sie sicher, dass Sie eine neue Tabelle mit den ausgewählten Datensätzen erstellen möchten?
10508	Sie beabsichtigen, l Zeile(n) aus der angegebenen Tabelle zu löschen. Sobald Sie auf 'Ja' geklickt haben, können Sie die Änderungen nicht mehr mit dem Befehl 'Rückgängig' zurücknehmen. Sind Sie sicher, dass Sie die ausgewählten Datensätze löschen möchten?
10509	*Datenbankname* kann nicht alle Datensätze aktualisieren, die von der Aktualisierungsabfrage betroffen sind. *Datenbankname* hat l1 Felder wegen Typumwandlungsfehlern, l2 Datensätze wegen Schlüsselverletzungen, l3 Datensätze wegen Sperrverletzungen und l4 Datensätze wegen Gültigkeitsregelverletzungen nicht aktualisiert. Möchten Sie trotzdem,

Error-Code	ErrorString
	dass diese Aktionsabfrage weiter ausgeführt wird? Klicken Sie auf 'Ja', um die Fehler zu ignorieren und die Abfrage weiter auszuführen. Klicken Sie auf 'Hilfe', wenn Sie Erläuterungen zu den Ursachen der Verletzungen wünschen.
10510	*Datenbankname* kann nicht alle Datensätze anfügen, die von der Anfügeabfrage betroffen sind. *Datenbankname* hat l1 Felder wegen Typumwandlungsfehlern auf Null eingestellt, und es hat l2 Datensätze wegen Schlüsselverletzungen, l3 Datensätze wegen Sperrverletzungen und l4 Datensätze wegen Gültigkeitsregelverletzungen nicht an die Tabelle angefügt. Möchten Sie trotzdem, dass diese Aktionsabfrage weiter ausgeführt wird? Klicken Sie auf 'Ja', um die Fehler zu ignorieren und die Abfrage weiter auszuführen. Klicken Sie auf 'Hilfe', wenn Sie Erläuterungen zu den Ursachen der Verletzungen wünschen.
10511	*Datenbankname* kann nicht alle Datensätze anfügen, die von der Aktualisierungs- oder Anfügeabfrage betroffen sind. Es hat l1 Feld(er) wegen Typumwandlungsfehlern auf Null eingestellt. Ein Typumwandlungsfehler ergibt sich, wenn die in einem Feld stehenden Daten nicht zu der Felddatentyp- oder Feldgröße-Eigenschaft der Zieltabelle passen. Dies ist z.B. der Fall, wenn ein Ja/Nein-Feld einiger Datensätze leer ist oder wenn Text in ein numerisches Feld eingegeben wird. Möchten Sie die Fehler ignorieren und die Aktualisierungs- oder Anfügeabfrage trotzdem ausführen? Klicken Sie auf 'Ja', um die Fehler zu ignorieren und die Aktionsabfrage auszuführen.
10512	*Datenbankname* kann einige der Datensätze, die von der Löschabfrage betroffen sind, aus folgenden Gründen nicht löschen: l2 Datensätze wegen Schlüsselverletzungen und l3 Datensätze wegen Sperrverletzungen. Möchten Sie diese Aktionsabfrage trotzdem ausführen? Klicken Sie auf 'Ja', um die Fehler zu ignorieren und die Abfrage weiter auszuführen. Klicken Sie auf 'Hilfe', wenn Sie Erläuterungen zu den Ursachen der Verletzungen wünschen.
10513	Die vorhandene l wird gelöscht, bevor Sie die Abfrage ausführen. Möchten Sie trotzdem fortfahren?
10514	Sie werden die Änderungen, die diese Aktionsabfrage an den Daten in den zugehörigen verknüpften Tabellen vornimmt, nicht rückgängig machen können. Möchten Sie diese Aktionsabfrage trotzdem ausführen?
10515	*Datenbankname* konnte nicht alle Datensätze aktualisieren, die von der Aktualisierungsabfrage betroffen sind. *Datenbankname* hat l1 Felder wegen Typumwandlungsfehlern, l2 Datensätze wegen Schlüsselverletzungen, l3 Datensätze wegen Sperrverletzungen und l4 Datensätze wegen Gültigkeitsregelverletzungen nicht aktualisiert. Klicken Sie auf 'Hilfe', wenn Sie Erläuterungen zu den Ursachen der Verletzungen wünschen.
10516	*Datenbankname* kann nicht alle Datensätze an die Tabelle anfügen. *Datenbankname* hat l1 Felder wegen Typumwandlungsfehlern auf Null eingestellt, und es hat l2 Datensätze wegen Schlüsselverletzungen, l3 Datensätze wegen Sperrverletzungen und l4 Datensätze wegen Gültigkeitsregelverletzungen nicht an die Tabelle angefügt. Klicken Sie auf 'Hilfe', wenn Sie Erläuterungen zu den Ursachen der Verletzungen wünschen.
10517	*Datenbankname* kann nicht alle Datensätze der Tabellenerstellungsabfrage anfügen. Es hat l1 Feld(er) wegen Typumwandlungsfehlern auf Null eingestellt. Ein Typumwandlungsfehler ergibt sich, wenn die in einem Feld stehenden Daten nicht zu der Felddatentyp- oder Feldgröße-Eigenschaft der Zieltabelle passen. Dies ist z.B. der Fall, wenn ein Ja/Nein-Feld einiger Datensätze leer ist oder wenn Text in ein numerisches Feld eingefügt wird.

Error-Code	ErrorString
10518	*Datenbankname* kann nicht alle Datensätze löschen, die von der Löschabfrage betroffen sind. *Datenbankname* hat I2 Datensätze wegen Schlüsselverletzungen und I3 Datensätze wegen Sperrverletzungen nicht gelöscht. Klicken Sie auf 'Hilfe', wenn Sie Erläuterungen zu den Ursachen der Verletzungen wünschen.
10519	Die Datenänderungen, die diese Aktionsabfrage vornehmen wird, können nicht rückgängig gemacht werden, da entweder zu wenig Speicherplatz auf der Festplatte oder zu wenig Arbeitsspeicher verfügbar ist. Möchten Sie diese Aktionsabfrage trotzdem ausführen? Informationen, wie Speicherplatz bzw. Arbeitsspeicher freigegeben werden kann, finden Sie in der Hilfe für Microsoft Windows unter 'Speicherplatz, zur Verfügung stellen' bzw. 'Arbeitsspeicher, Problembehebung'.
10520	Möchten Sie die an der SQL-Anweisung vorgenommenen Änderungen speichern und die Eigenschaft aktualisieren? Da die Eigenschaft Datenherkunft bzw. Datensatzherkunft eine SQL-Anweisung enthielt, als Sie den Abfrage-Generator aufgerufen haben, wurde die ursprüngliche SQL-Anweisung geändert. Klicken Sie auf 'Nein', wenn der Abfrage-Generator geschlossen werden soll, ohne dass die ursprüngliche SQL-Anweisung geändert wird.
10521	Möchten Sie die an der Abfrage vorgenommenen Änderungen speichern und die Eigenschaft aktualisieren? Da die Eigenschaft Datenherkunft bzw. Datensatzherkunft den Namen einer Abfrage enthielt, als Sie den Abfrage-Generator aufgerufen haben, wurde die ursprüngliche Abfrage geändert. Klicken Sie auf 'Nein', wenn der Abfrage-Generator geschlossen werden soll, ohne dass die ursprüngliche Abfrage geändert wird.
10522	Sie haben den Abfrage-Generator ausgehend von einer Tabelle aufgerufen. Möchten Sie eine Abfrage erstellen, die auf dieser Tabelle basiert?
10523	Sie beabsichtigen, eine SQL Pass-Trough-Abfrage auszuführen, die eventuell Daten in Ihrer Tabelle ändern wird. Sind Sie sicher, dass Sie diese SQL-Abfrage ausführen möchten? Klicken Sie auf 'Hilfe', um Informationen zu erhalten, wie Sie verhindern können, dass diese Meldung jedes Mal angezeigt wird, wenn Sie eine Aktionsabfrage ausführen.
10524	I Ausgabespalte(n) der Abfrage haben keinen Namen und zeigen daher keine Daten an.
10600	Sind Sie sicher, dass Sie die ausgewählte Beziehung aus Ihrer Datenbank löschen möchten?
10601	Es ist bereits eine Beziehung vorhanden. Möchten Sie die vorhandene Beziehung bearbeiten? Klicken Sie auf 'Nein', wenn Sie eine neue Beziehung erstellen möchten.
10602	In Zeile I fehlt der Feldname. Sie haben für diese Beziehung nicht in jeder Zeile des Entwurfsbereichs ein passendes Feld angegeben. Wählen Sie die Felder so aus, dass im Entwurfsbereich auf der linken und der rechten Seite gleich viele Felder stehen. Versuchen Sie dann nochmals, die Beziehung herzustellen.
10603	Diese Beziehung wurde, nachdem Sie das Fenster 'Beziehungen' geöffnet haben, von einem anderen Benutzer geändert oder gelöscht. Möchten Sie die Beziehung bearbeiten und die Änderungen, die der andere Benutzer vorgenommen hat, überschreiben? Klicken Sie auf 'Nein', wenn Ihr Fenster 'Beziehungen' so aktualisiert werden soll, dass es die Änderungen des anderen Benutzers enthält.
10604	Diese Beziehung wurde bereits von einem anderen Benutzer gelöscht. Klicken Sie auf 'OK', um Ihre Ansicht zu aktualisieren.
10605	Das Layout des Fensters 'Beziehungen' wird gelöscht. Möchten Sie fortfahren?
10606	Sie können für diese Datenbank im Fenster 'Beziehungen' keine Abfragen oder verknüpften Tabellen anzeigen. Die Datenbank 'I' wurde mit einer früheren Version von *Datenbankname* erstellt. Wenn Sie diese Datenbank in die aktuelle Version von *Datenbankname* konvertieren möchten, müssen Sie im Menü 'Extras' auf 'Datenbank-Dienstprogramme' zeigen und auf 'Datenbank konvertieren' klicken.
10607	Die Beziehung wurde als 1:n-Beziehung erstellt, da es im Detailfeld (Feld auf der n-Seite) Duplikate gibt. Sie haben versucht, eine 1:1-Beziehung zu erstellen, aber die in den Tabellen befindlichen Daten lassen eine 1:n-Beziehung als geeigneter erscheinen.
10608	Gehen Sie wie folgt vor, um eine Beziehung zu erstellen: Ziehen Sie den Namen eines Feldes aus einer Tabelle mit der Maus auf den Namen des entsprechenden Feldes einer anderen Tabelle.
10700	Dieses Dokument wurde für den Drucker I1 auf I2 formatiert, aber dieser Drucker ist nicht verfügbar. Möchten Sie den Standarddrucker I3 auf I4 einsetzen?
10701	Dieses Dokument wurde für den Drucker 'I1 auf I2', formatiert, aber dieser Drucker ist nicht verfügbar. Die im Dialogfeld 'Seite einrichten' angezeigten Seiteneinstellungen gelten für den aktuellen Standarddrucker 'I3 auf I4'. Möchten Sie fortfahren?
10750	Sie müssen das Makro speichern, bevor Sie es ausführen können. Soll das Makro jetzt gespeichert werden?* Klicken Sie auf 'Ja', damit das Makro gespeichert wird. Danach können Sie es ausführen.* Klicken Sie auf 'Nein', wenn Sie zu dem Makrofenster dieses Makros bzw. zu dem Fenster zurückkehren möchten, aus dem Sie den Befehl 'Makro ausführen' aufgerufen haben.
10751	Sie versuchen, Aktionen zu speichern, die nicht in Microsoft Access 97 ausgeführt werden können. Diese Aktionen werden aus der Access 97-Version Ihres Makros gelöscht.
10800	*Datenbankname* hat den Index 'I' hinzugefügt. Fügen Sie entweder einen weiteren der Indizes hinzu, die im Dialogfeld 'Indexdatei auswählen' aufgeführt sind, oder klicken Sie auf 'Schließen'.
10801	Die *Datenbankname*-Indexinformationsdatei (.inf-Datei) für 'I' existiert bereits. Möchten Sie die vorhandene *Datenbankname* .inf-Datei der dBASE- oder Microsoft FoxPro-Datei löschen, die Sie verknüpfen? * Klicken Sie auf 'Ja', wenn Sie eine neue .inf-Datei erstellen.* Klicken Sie auf 'Nein', wenn Sie die vorhandene Datei verwenden möchten. Falls die .inf-Datei ungültige oder überholte Informationen enthält, müssen Sie auf 'Ja' klicken, um eine neue .inf-Datei zu erstellen. Erst danach können Sie die Tabelle verknüpfen.
10803	Das Datenbankobjekt 'I' existiert bereits. Möchten Sie das vorhandene Datenbankobjekt durch das Objekt ersetzen, das Sie exportieren? Wenn Sie dieses Objekt exportieren möchten, ohne das vorhandene Datenbankobjekt zu ersetzen, müssen Sie auf 'Nein' klicken. Sie können das Objekt dann erneut exportieren und im Dialogfeld 'Exportieren' umbenennen.
10804	Wegen Namenskonflikten konnten nicht alle Spezifikationen importiert werden. Konflikte bestehen in I der Spezifikationen. Benennen Sie die Importspezifikationen um, die die Konflikte verursachen, und versuchen Sie dann erneut, die Spezifikationen zu importieren.
10892	Die Standardansicht-Eigenschaft (DefaultView) eines Formulars, auf dem sich ein gebundenes ActiveX-Steuerelement oder ein eingebettetes Objekt befindet, das an eine Datenherkunft (Datenquelle) gebunden ist, kann nicht auf 'Endlosformular' eingestellt sein. Sie haben versucht, in der Entwurfsansicht ein gebundenes ActiveX-Steuerelement zu einem Formular hinzuzufügen. *Datenbankname* stellt die Eigenschaft Standardansicht (DefaultView) auf 'Einzelnes Formular' ein.

Error-Code	ErrorString
10893	Sie haben keine Schreibberechtigung für diese Datenzugriffsseite. Falls Sie Änderungen an dieser Seite vornehmen, müssen Sie die Seite unter einem anderen Namen speichern.
10894	Beim Speichern von Dokumenteigenschaften in der Datenzugriffsseite trat ein unerwarteter Fehler auf.
10895	Sie haben versucht, eine OLE- oder Long Binary-Spalte auf Ihre Datenzugriffsseite zu ziehen. Es gibt kein HTML-Steuerelement, das an diesen Spaltentyp gebunden werden kann.
10896	Möchten Sie die Datenzugriffsseite löschen? Wählen Sie 'Ja', um die Verknüpfung und die Seite(n) zu löschen, oder wählen Sie 'Nein', um nur die Verknüpfung zu löschen.
10897	I Es gibt ein Problem mit den Einstellungen für Internet Explorer in der Registrierung. Bitte installieren Sie Internet Explorer neu.
10898	*Datenbankname*-Datenzugriffsseiten können nur in Microsoft Internet Explorer angesehen werden, aber dieser ist nicht Ihr Standard-Browser. Möchten Sie Internet Explorer öffnen, um diese Seite anzusehen?
10899	Eine Verknüpfung zu dieser Datenzugriffsseite konnte nicht hergestellt werden, weil das Objekt 'Daten und sonstige Objekte' nicht ausgecheckt ist.
10900	Der Speichervorgang war erfolgreich. Am Speicherort wurde ein Ordner für Ihre Hilfsdateien erstellt. Dieser Ordner mußte erstellt werden, da der Server lange Dateinamen nicht unterstützt.
10901	Ihre Datenzugriffsseite muss vor der Webseitenvorschau zuerst gespeichert werden. Möchten Sie sie jetzt speichern?
10902	Der Speichervorgang wurde abgeschlossen, aber eine oder mehrere Hilfsdateien fehlen (z.B. Bild-, Sound- oder Video-Dateien). Sie sollten diese(s) HTML-Objekt(e) evtl. von dieser Seite entfernen.
10903	Der Speichervorgang wurde abgeschlossen, aber es fehlen Dateien für das ausgewählte Design. Weisen Sie Ihrer Datenzugriffsseite bitte ein neues Design zu, und speichern Sie dann erneut.
10950	Sind Sie sicher, dass Sie dieses Konto löschen möchten? Sie können das Löschen eines Benutzer- oder Gruppenkontos nicht rückgängig machen. Wenn Sie ein gelöschtes Benutzer- oder Gruppenkonto wiederherstellen möchten, müssen Sie es erneut einrichten und dabei denselben Namen und die dieselbe persönliche Identifikationskennung (PID) angeben.
10951	Sie sind nicht berechtigt, das Objekt 'I' zu ändern. Sie können nur die Objekte ändern, für die Sie die Berechtigung 'Entwurf ändern' besitzen. Ist das jeweilige Objekt eine Tabelle, müssen Sie für diese zusätzlich die Berechtigungen 'Daten löschen' und 'Daten aktualisieren' besitzen. Möchten Sie eine Kopie des Objekts als ein neues Objekt speichern?
10952	Sie sind nicht berechtigt, das Makro anzuzeigen. Sie können nur die Makros anzeigen, für die Sie die Berechtigung 'Entwurf lesen' besitzen. Möchten Sie mit dem Ausführen des Makros fortfahren?
10953	Sie sind nicht berechtigt, das Objekt 'I' zu ändern. Sie können nur die Objekte ändern, für die Sie die Berechtigung 'Entwurf ändern' besitzen. Ist das jeweilige Objekt eine Tabelle, müssen Sie für diese zusätzlich die Berechtigungen 'Daten löschen' und 'Daten aktualisieren' besitzen. Möchten Sie das Objekt im schreibgeschützten Modus öffnen?
10954	Sie haben die Berechtigungen von 'I1' für 'I2' geändert. Möchten Sie diese Berechtigungen jetzt zuweisen?
10955	Sie sind nicht berechtigt, die Datenbank 'I' im Exklusivmodus zu öffnen. *Datenbankname* öffnet die Datenbank im Modus für gemeinsamen Zugriff. Sie können eine Datenbank nur dann im Exklusivmodus öffnen, wenn Sie für die Datenbank die Berechtigung 'Exklusiv' besitzen. Klicken Sie auf 'Hilfe', wenn Sie weitere Informationen zu Berechti-

Error-Code	ErrorString
	gungen sowie darüber wünschen, wer diese einstellen kann.
29000	Es ist nicht genügend Arbeitsspeicher verfügbar, um einen Eingabebereich zu erstellen. Schließen Sie nicht benötigte Programme, bevor Sie erneut versuchen, das Textfeld zu erstellen. Weitere Informationen, wie Arbeitsspeicher freigegeben werden kann, finden Sie in der Hilfe für Microsoft Windows unter 'Arbeitsspeicher, Problembehebung'.
29001	*Datenbankname* konnte das Modul 'I' nicht speichern. Auf Ihrem Computer steht möglicherweise nicht mehr genügend Speicherplatz zur Verfügung. Informationen, wie Arbeitsspeicher oder Speicherplatz freigegeben werden kann, finden Sie in der Hilfe für Microsoft Windows unter 'Arbeitsspeicher, Problembehebung' bzw. 'Speicherplatz, zur Verfügung stellen.
29002	*Datenbankname* konnte das Visual Basic-Modul 'I' nicht erstellen. Für den Fall, dass sich Ihre Datenbank auf einem Netzlaufwerk befindet, sollten Sie die Netzwerkverbindung prüfen, und den Vorgang erneut ausführen.
29003	*Datenbankname* konnte Ihre Codemodule nicht konvertieren bzw. aktivieren. Möglicherweise hat Ihr Computer nicht mehr genügend Speicherplatz oder Arbeitsspeicher.
29004	Der neue Prozedurname, den Sie angegeben haben, ist nicht zulässig.
29005	Es gibt bereits eine Prozedur, die den Namen 'I' hat. Geben Sie einen anderen Prozedurnamen an.
29006	*Datenbankname* konnte eine für das Testfenster vorgesehene Symbolleiste nicht erstellen. Möglicherweise verfügt das System nicht mehr über genügend Ressourcenspeicher. Schließen Sie nicht benötigte Anwendungen, und führen Sie den Vorgang erneut aus. Weitere Informationen, wie Arbeitsspeicher freigegeben werden kann, finden Sie in der Hilfe für Microsoft Windows unter 'Arbeitsspeicher, Problembehebung'.
29007	Bei dem Versuch, das Modul 'I' aus einer Datenbank einzufügen oder zu importieren, die im Format einer früheren Version von *Datenbankname* vorliegt, konnte *Datenbankname* das Modul nicht konvertieren. Möglicherweise hat Ihr Computer nicht mehr genügend Speicherplatz oder Arbeitsspeicher verfügbar.
29008	*Datenbankname* konnte für ein Visual Basic-Modul keinen Speicherbereich einrichten. Für den Fall, dass sich Ihre Datenbank auf einem Netzlaufwerk befindet, sollten Sie die Netzwerkverbindung prüfen und den Vorgang erneut ausführen.
29009	*Datenbankname* war nicht in der Lage, den Speicherbereich für ein Visual Basic-Modul zu öffnen. Auf Ihrem Computer steht möglicherweise nicht mehr genügend Speicherplatz zur Verfügung. Informationen, wie Arbeitsspeicher oder Speicherplatz freigegeben werden kann, finden Sie in der Hilfe für Microsoft Windows unter 'Arbeitsspeicher, Problembehebung' bzw. 'Speicherplatz, zur Verfügung stellen.
29010	Der Funktionsname ist zu lang. *Datenbankname* kürzt den Funktionsnamen auf 255 Zeichen.
29011	*Datenbankname* konnte die Datenbank nicht speichern. Auf Ihrem Computer steht möglicherweise nicht mehr genügend Speicherplatz zur Verfügung. Informationen, wie Arbeitsspeicher oder Speicherplatz freigegeben werden kann, finden Sie in der Hilfe für Microsoft Windows unter 'Arbeitsspeicher, Problembehebung' bzw. 'Speicherplatz, zur Verfügung stellen.
29012	*Datenbankname* konnte die Datenbankinformationen nicht speichern. Es kann sein, dass Datenbankverweise verloren gegangen sind.

Error-Code	ErrorString
29013	Dieser Vorgang wird den aktuellen Code in den Unterbrechungsmodus zurücksetzen. Möchten Sie die Ausführung des Codes anhalten? * Klicken Sie auf 'Ja', um die Ausführung des Programms zu beenden, so dass das Codefenster geschlossen werden kann.* Klicken Sie auf 'Nein', wenn der Code den aktuellen Zustand behalten soll.
29014	Sie können zu einer *Datenbankname*-Arbeitsgruppe keinen Verweis hinzufügen.
29015	Sie können diesen Verweis nicht löschen. *Datenbankname* benötigt diesen Verweis, um einwandfrei arbeiten zu können.
29016	Sie können keinen Verweis auf die geöffnete Datenbank hinzufügen.
29017	Sie können keine Verweise auf Datenbanken hinzufügen, die in früheren Versionen von *Datenbankname* erstellt wurden. Konvertieren Sie diese Datenbank mit dem Befehl 'Datenbank konvertieren' (Menü 'Extras', Untermenü 'Datenbank-Dienstprogramme') in die aktuelle Version von *Datenbankname*.
29018	Sie können für diesen Vorgang kein Standard-Modul verwenden.
29019	Der Modulname 'I' ist nicht zulässig. * Der Modulname beginnt möglicherweise mit einem der Präfixe Form_ oder Report_.* Das Modul darf keinen der folgenden Namen haben: Forms, Reports, Modules, Application, Screen oder DoCmd.* Der Modulname hat möglicherweise zu viele Zeichen.
29020	Ein anderer Benutzer hat Änderungen an dieser Datenbank vorgenommen. Damit Sie die aktuelle Version der Datenbank angezeigt bekommen, müssen Sie diese zunächst schließen und dann erneut öffnen.
29021	Solange sich noch ein Modul im Unterbrechungsmodus befindet, steht dieser Vorgang nicht zur Verfügung. Setzen Sie den ausführenden Code zurück, und führen Sie den Vorgang erneut aus.
29022	Während des Konvertierens oder Aktivierens dieser Datenbank sind Kompilierfehler aufgetreten. Die Datenbank wurde in nicht kompiliertem Zustand gespeichert. Die Leistung dieser Datenbank ist eingeschränkt, da *Datenbankname* diese Datenbank vor jeder Sitzung neu kompilieren muss. Informationen zur Verbesserung der Leistung erhalten Sie durch Klicken auf 'Hilfe'.
29023	In Modulen dieser Datenbank gibt es Aufrufe, die sich auf 16-Bit-DLL-Dateien (Dynamic-Link Libraries) beziehen. Dies funktioniert weder unter Microsoft Windows 95 noch unter Microsoft Windows NT. Wandeln Sie diese Aufrufe so um, dass sie sich auf die entsprechenden 32-Bit-DLL-Bibliotheken beziehen.
29024	Das aktuelle Benutzerkonto ist nicht berechtigt, diese Datenbank zu konvertieren oder zu aktivieren. Folgende Voraussetzungen müssen erfüllt sein, damit eine Datenbank konvertiert oder aktiviert werden kann:* Sie müssen Mitglied der Arbeitsgruppe sein, in der die Benutzerkonten definiert sind, über die auf die Datenbank zugegriffen wird.* Ihr Benutzerkonto muss für die Datenbank die Berechtigungen 'Öffnen/Ausführen' und 'Exklusiv' besitzen.* Ihr Benutzerkonto muss entweder für alle Tabellen der Datenbank eine der Berechtigungen 'Entwurf ändern' bzw. 'Verwalten' besitzen oder muss Besitzer aller Tabellen der Datenbank sein.* Ihr Benutzerkonto muss für alle Objekte der Datenbank die Berechtigung 'Entwurf lesen' besitzen.* Bitten Sie andere Benutzer, die Datenbank zu schließen.
29025	In Modulen dieser Datenbank gibt es Aufrufe, die sich auf 16-Bit-DLL-Dateien (Dynamic-Link Libraries) beziehen. Dies funktioniert weder unter Microsoft Windows 95 noch unter Microsoft Windows NT. Wandeln Sie diese Aufrufe so um, dass sie sich auf die entsprechenden 32-Bit-DLL-Bibliotheken beziehen.
29026	Die Datenbank, die Sie öffnen oder konvertieren möchten, wird momentan von einem anderen Benutzer verwendet, oder Sie sind nicht berechtigt, die Datenbank im Exklusivmodus zu öffnen. Wenn Sie eine Datenbank konvertieren möchten oder eine Datenbank, die im Format einer früheren Version vorliegt, das erste Mal öffnen, darf kein anderer Benutzer die Datenbank geöffnet haben. Sie haben folgende Möglichkeiten:* Bitten Sie die anderen Benutzer, die Datenbank zu schließen.* Verwenden Sie die Version von *Datenbankname*, in der die Datenbank erstellt wurde und bitten Sie Ihren Systemadministrator, Ihnen die Berechtigung zum Öffnen der Datenbank im Exklusivmodus zu erteilen. Nachdem Sie die Datenbank konvertiert oder das erste Mal geöffnet haben, können mehrere Benutzer die Datenbank gemeinsam nutzen.
29027	*Datenbankname* konnte das Projekt nicht speichern. Ein anderer Benutzer speichert das Projekt momentan. Möchten Sie den Vorgang erneut versuchen?
29028	Der Speichervorgang ist fehlgeschlagen.
29029	Die Datenbank, die Sie öffnen möchten, ist schreibgeschützt. Wenn Sie eine Datenbank, die im Format einer früheren Version vorliegt, das erste Mal öffnen, müssen Sie Änderungen an der Datenbank vornehmen und speichern können.* Das Schreibgeschützt-Attribut der Datenbankdatei ist möglicherweise aktiviert; deaktivieren Sie dieses Attribut.* Sie haben im Dialogfeld 'Öffnen' eventuell den Befehl 'Schreibgeschützt öffnen' gewählt. Verzichten Sie auf diesen Befehl, wenn Sie die Datenbank das erste Mal öffnen.
29030	*Datenbankname* kann keinen Verweis auf die angegebene Datenbank erstellen. Die referenzierte Datenbank wurde nicht gefunden oder ist von einem anderen Benutzer im Exklusivmodus gesperrt, so dass sie nicht geöffnet werden kann. Stellen Sie entweder die referenzierte Datenbank wieder her, oder bitten Sie den Benutzer, der die Datenbank gesperrt hat, diese im Modus für gemeinsamen Zugriff zu öffnen.
29031	*Datenbankname* kann die gewünschte Datenbank momentan nicht erstellen oder öffnen. Möglicherweise hat ein anderer Benutzer die Datenbank im Exklusivmodus geöffnet und dadurch gesperrt.
29032	Das Modul 'I' ist geöffnet. *Datenbankname* ist nicht in der Lage, die Berechtigungen für ein geöffnetes Modul einzustellen.
29033	*Datenbankname* kann keine Verweise zu einer replizierten Datenbank hinzufügen. Die Änderungen werden ignoriert.
29034	*Datenbankname* kann das Modul nicht aus dem Herkunftsreplikat importieren. Synchronisieren Sie die Herkunftsdatenbank.
29040	*Datenbankname* kann momentan das Formular, den Bericht oder das Modul nicht in 'I' umbenennen. Schließen Sie die Datenbank und öffnen Sie sie erneut. Versuchen Sie dann die Umbenennung noch einmal.
29041	Ein oder mehrere Formulare oder Berichte enthalten ein 16-Bit-OLE-Zusatzsteuerelement ohne 32-Bit-Äquivalent. Diese Steuerelemente werden nicht korrekt unter Microsoft Windows oder Microsoft Windows NT arbeiten. Registrieren Sie das entsprechende 32-Bit-ActiveX-Steuerelement, speichern Sie die Formulare und Berichte, die das Steuerelement enthalten, erneut in *Datenbankname*, und öffnen Sie Ihre Datenbank dann nochmals.
29042	Ein oder mehrere Formulare oder Berichte enthalten ein 16-Bit-OLE-Zusatzsteuerelement ohne 32-Bit-Äquivalent. Diese Steuerelemente werden nicht korrekt unter Microsoft Windows oder Microsoft Windows NT arbeiten. Registrieren Sie das entspre-

Error-Code	ErrorString
	chende 32-Bit-ActiveX-Steuerelement, speichern Sie die Formulare und Berichte, die das Steuerelement enthalten, erneut in *Datenbankname*, und öffnen Sie Ihre Datenbank dann nochmals.
29043	*Datenbankname* hat den Code in 'I' in Ihre aktuelle Version von Visual Basic konvertiert. Zur Verbesserung der Leistung dieser Datenbank wird folgendes empfohlen:1. Öffnen Sie ein beliebiges Modul dieser Datenbank in der Entwurfsansicht.2. Wählen Sie im Menü 'Testen' den Befehl 'Alle Module kompilieren und speichern'.
29044	Die DAO-Version 3.0 ist mit dieser Version von Microsoft Access nicht kompatibel. Erstellen Sie einen Verweis auf die DAO-Version 3.5. Klicken Sie auf 'Hilfe', um weitere Informationen über das Setzen von Verweisen zu erhalten.
29045	Sie können keine Formulare, Berichte, Seiten oder Module in eine MDE-Datenbank importieren, exportieren, erstellen, ändern oder umbenennen.
29046	Sie können kein Modul für ein Formular oder einen Bericht erstellen, wenn dieses bzw. dieser (oder die Datenbank) schreibgeschützt ist.
29047	*Datenbankname* konnte das Visual Basic-Projekt für diese Datenbank nicht öffnen. Das Projekt wird gerade von einem anderen Benutzer gespeichert. Möchten Sie es noch einmal versuchen?
29048	MDE-Datenbanken können nicht auf MDB-Datenbanken verweisen. MDE-Datenbanken können nur auf andere MDE-Datenbanken oder Typenbibliotheken verweisen.
29049	Sie können nicht von der Formularansicht oder der Seitenansicht eines Berichts auf ein Formular- oder Berichtmodul verweisen, wenn die HasModule-Eigenschaft des Formulars oder Berichts auf 'Nein' eingestellt ist. Wechseln Sie in die Entwurfsansicht oder setzen Sie die HasModule-Eigenschaft auf 'Ja', um auf das Modul zu verweisen.
29050	*Datenbankname* konnte diese Datenbank nicht kompilieren, da mindestens ein Verweis nicht geklärt werden konnte. Die Datenbank wurde nicht in kompiliertem Zustand gespeichert. Da *Datenbankname* die Datenbank für jede Sitzung erneut kompilieren muss, wird dies die Leistung dieser Datenbank beeinträchtigen. Klicken Sie auf 'Hilfe', um weitere Informationen zur Leistungsverbesserung aufzurufen.
29051	Das aktuelle Benutzerkonto weist keine Berechtigung zur Erstellung einer MDE-Datenbank aus dieser Datenbank auf. Folgende Voraussetzungen müssen erfüllt sein, damit eine MDE-Datenbank erstellt werden kann:* Treten Sie der Arbeitsgruppe bei, die die Benutzerkonten definiert, die beim Zugriff auf die Datenbank verwendet werden.* Stellen Sie sicher, dass das Benutzerkonto die Berechtigungen 'Öffnen/Ausführen' und 'Exklusiv' für das Datenbankobjekt besitzt.* Stellen Sie sicher, dass das Benutzerkonto die Berechtigung 'Entwurf ändern' oder 'Verwalten' für die Tabelle MSysModules2 in der Datenbank besitzt.* Bitten Sie andere Benutzer, die Datenbank zu schließen.
29052	Das VBA-Projekt in der Datenbank 'I' kann nicht in das aktuelle Visual Basic-Format konvertiert werden. Falls die Datenbank eine MDE-Datei ist, so müssen Sie die MDE-Datei erneut aus Ihrer MDB-Quelldatei erstellen. Falls Sie keine MDB-Quelldatei haben, müssen Sie eine neue Version der MDE-Datei verwenden, die mit der aktuellen Version kompatibel ist.
29053	*Datenbankname* kann für dieses Formular bzw. diesen Bericht keine weiteren Steuerelemente erstellen. Falls Sie in der Vergangenheit Steuerelemente aus diesem Formular gelöscht haben, können Sie dem Formular eventuell weitere Steuerelemente hinzufügen, indem Sie das Formular bzw. den Bericht umbenennen.

Error-Code	ErrorString
29054	*Datenbankname* kann das bzw. die gewünschte(n) Steuerelement(e) nicht hinzufügen, umbenennen oder löschen.
29055	Das Formular bzw. der Bericht 'I' enthält zu viele Steuerelemente. Entfernen Sie Steuerelemente aus dem Formular, bevor Sie es in dieser Version von *Datenbankname* verwenden.
29056	Ein anderer Benutzer verwendet gerade 'I' und das Projekt in Visual Basic für Anwendungen ist mit Ihrer Version von Visual Basic nicht kompatibel. Sie müssen die Datenbank im Exlusivmodus öffnen, um das Projekt in Visual Basic für Anwendungen in dieser Datenbank zu aktualisieren.
29057	Die Datenbank 'I' ist schreibgeschützt und das Visual Basic für Applikationen-Projekt stimmt nicht mit Ihrer Version von Visual Basic überein. Öffnen Sie die Datenbank mit Schreibzugriff, um das Visual Basic für Applikationen-Projekt in dieser Datenbank zu aktualisieren.
29058	Sie können kein Modul für ein Formular oder einen Bericht erstellen, solange sich eine Instanz des Formulars bzw. Berichts in der Formularansicht bzw. Seitenansicht des Berichts befindet.
29059	*Datenbankname* konnte das Modul nicht anzeigen.
29060	Datei nicht gefunden.
29061	Während der Konvertierung oder der Aktivierung dieser Datenbank traten Kompilierfehler auf. Dies kann an veralteter DAO-Syntax liegen, die nicht mehr unterstützt wird. Ein Beispiel, wie der Code korrigiert werden kann, finden Sie in der Hilfe.
29062	Der Modulname 'I' ist falsch geschrieben oder verweist auf ein nicht vorhandenes Modul. Wird der ungültige Modulname in einem Makro aufgeführt, dann wird das Dialogfeld 'Aktion fehlgeschlagen' den Makronamen sowie die Makroargumente anzeigen, nachdem Sie auf OK geklickt haben. Öffnen Sie das Makrofenster, und geben Sie den korrekten Modulnamen ein.
29063	Das Visual Basic für Applikationen-Projekt in der Datenbank ist beschädigt.
29064	Sie haben momentan keinen exklusiven Zugriff auf die Datenbank. Falls Sie Änderungen vornehmen, werden Sie sie evtl. später nicht speichern können.
29065	Sie haben momentan keinen exklusiven Zugriff auf die Datenbank. Ihre Entwurfsänderungen können nicht gespeichert werden.
29066	Sie haben keinen exklusiven Zugriff auf die Datenbank. Ihre Entwurfsänderungen können momentan nicht gespeichert werden. Möchten Sie schließen, ohne Ihre Änderungen zu speichern?
29067	Sie haben keinen exklusiven Zugriff auf die Datenbank. Die Datenbank kann momentan nicht konvertiert werden.
29068	*Datenbankname* kann diesen Vorgang nicht abschließen. . Halten Sie die Ausführung des Codes an und versuchen Sie es erneut.
30000	*Datenbankname* konnte den angegebenen SQL-Server nicht finden. Stellen Sie bitte sicher, dass der eingegebene Servername richtig ist.
30001	*Datenbankname* konnte die Datenbank auf dem Server nicht finden. Stellen Sie bitte sicher, dass der Datenbankname richtig ist.
30002	*Datenbankname* konnte sich beim Server nicht anmelden. Stellen Sie bitte sicher, dass die Anmeldeinformationen richtig sind.
30004	Die Einstellung "Vorgabe der max. Datensätze" muss zwischen 0 und 2147483647 liegen.
30005	SQL-Anweisung fehlt
30006	Access konnte den Vorgang nicht ausführen, weil das Projekt nicht mit einer SQL Server-Datenbank verbunden ist.
30007	Ein Feld oder mehrere Felder, die entweder in der Eigenschaft "SortiertNach" oder im Dialog "Sortieren und gruppieren" angegeben wurden, konnten nicht sortiert werden.

Error-Code	ErrorString
30008	Der Server, auf den Sie zugreifen möchten, achtet auf Groß-/Kleinschreibung. Objekte mit demselben Namen, aber unterschiedlicher Groß-/Kleinschreibung werden nicht unterstützt. Das Verwenden dieser Objekte kann zu Datenverlust führen.
30009	Ein anderer Benutzer oder eine andere Anwendung hat diesen Datensatz gelöscht oder den Wert seines Primärschlüssels geändert.
30010	Filter kann für ein oder mehrere in der Filter-Eigenschaft angegebene Felder nicht angewendet werden.
30011	Spalteninformationen für das angesehene Datenbankobjekt können nicht abgerufen werden.
30012	Ein Serverfilter kann nicht auf die Datenherkunft einer gespeicherten Prozedur angewendet werden. Filter wurde nicht angewendet.
30013	Der Datensatz kann nicht aktualisiert werden. Ein anderer Benutzer hat ihn entweder gelöscht oder den Wert seines Primärschlüssels geändert.
30014	Die Daten wurden zur Datenbank hinzugefügt, aber sie können nicht im Formular angezeigt werden, weil sie den Kriterien der Datenquelle nicht entsprechen.
30015	Die angegebene Datenquelle enthält Duplikatnamen für Ausgabefelder. Verwenden Sie Aliases in Ihrer SELECT-Anweisung, um jedem Feld einen eindeutigen Namen zu geben.
30016	Das Feld 'I' ist schreibgeschützt.
30017	Diese Datenbank ist nicht für die Publikation aktiviert.
30018	Objekte des Typs 'I' können mit dem aktuellen SQL-Backend nicht erstellt werden. Überprüfen Sie bitte Ihre Zugriffsrechte und Ihren Server-Setup.
30019	Microsoft Access kann Tabellen mit Namen, die mehr als 64 Zeichen enthalten, nicht kopieren.
30020	Konnte Spalte 'I' nicht finden.
30021	Domänenfunktionen können nicht mit gespeicherten Prozeduren verwendet werden.
30022	Das Access-Projekt konnte nicht geöffnet werden. Sie haben evtl. nicht die notwendigen Berechtigungen, oder das Projekt ist schreibgeschützt.
31000	Sie müssen Kriterien für alle bedingten Formatierungen angeben.
31001	Ein Ausdruck für eine bedingte Formatierung darf nicht länger als 946 Zeichen lang sein.
31002	*Datenbankname* kann die bedingten Formatierungen des Steuerelements momentan nicht ändern. Ihr Programm hat versucht, die bedingte Formatierung eines Steuerelements zu ändern, während die bedingte Formatierung ausgewertet wurde.
31500	*Datenbankname* kann dieses Format nicht in einer Nachricht senden. Wenn Sie dieses Format in einer Nachricht senden möchten, müssen Sie entweder im Menü 'Datei' auf 'Speichern unter/Exportieren' klicken oder die OutputTo-Methode verwenden, um die Dateien zu erstellen und sie der Nachricht hinzuzufügen.
31501	*Datenbankname* konnte die DLL Msort97 nicht finden. Sie können den Befehlszeilen-Switch /runtime nur dann verwenden, wenn Sie Microsoft Office 97 Developer Edition Tools installiert haben.
31502	*Datenbankname* kann die internationale Office-DLL nicht finden. Installieren Sie Microsoft Office 97, Developer Edition erneut.
31507	Ungültiger Felddatentyp.

C Jet-Datenbank-Spezifikationen

C.1 Spezifikationen

Die Spezifikationen für Datenbanken, Tabellen und Abfragen finden Sie in den drei folgenden Tabellen.

Tabelle C.1: Datenbankspezifikationen

Attribute	Maximale Werte
Datenbankgröße (.MDB)	2 GByte, durch verknüpfte Tabellen fast beliebige Größe, da jede verknüpfte Datenbank wieder 2 GByte groß sein kann.
Anzahl der Zeichen für einen Objektnamen	64
Anzahl der Zeichen für ein Benutzerpasswort	14
Maximale Länge eines Benutzer- oder Gruppennamens	20
Anzahl gleichzeitiger Benutzer	255
Anzahl der Objekte in einer Datenbank	32.768
Anzahl der Module in einer Datenbank	1000

Tabelle C.2: Tabellenspezifikationen

Attribute	Maximale Werte
Maximale Länge eines Tabellennamens	64
Anzahl der Zeichen eines Feldnamens	64
Anzahl der Felder pro Tabelle	255
Maximale Größe einer Tabelle	1 GByte
Maximale Anzahl der Zeichen in einem Text-Feld	255
Maximale Anzahl der Zeichen in einem Memo-Feld	1 GByte

Tabelle C.2: Tabellenspezifikationen (Fortsetzung)

Attribute	Maximale Werte
Max. Größe eines OLE-Objekt-Felds	1 GByte
Anzahl der Schlüssel in einer Tabelle	32
Maximale Anzahl der Felder für einen Index	10, wobei die Gesamtlänge 255 Zeichen nicht überschreiten darf
Anzahl der Zeichen in einer Gültigkeitsmeldung	255
Anzahl der Zeichen in einer Gültigkeitsregel	2048
Anzahl der Zeichen in der Tabellenbeschreibung	255
Anzahl der Zeichen in einem Datensatz (ohne Memo und OLE-Objekt-Felder)	2000

Tabelle C.3: Abfragespezifikationen

Attribute	Maximale Werte
Anzahl von Tabellen in einer Abfrage	32
Anzahl von Feldern in einem Recordset	255
Maximale Zahl von verschachtelten Abfragen	50
Anzahl der Zeichen für den Namen eines Parameters	255
Anzahl der AND-Verknüpfungen in einem Ausdruck	40
Anzahl der Zeichen in einem SQL-Befehl	ca. 64.000

C.2 Jet-Datentypen

Die folgende Tabelle führt die Spezifikationen der Jet-Datentypen auf. Beachten Sie dabei, dass Access 2000 alle Texte im Unicode-Zeichensatz speichert. Dies bedeutet, dass für jedes Zeichen zwei Byte Speicherplatz benötigt werden, es sei denn, Sie haben das entsprechende Feld beim Tabellenentwurf mit der Option *Unicode-Kompression* definiert.

Tabelle C.4: Access-Feldtypen

Konstante	Beschreibung
Text	Text variabler Länge bis 255 Zeichen
Memo	Memo-Feld, Text variabler Länge bis zu 64.000 Zeichen
Zahl: Byte	8-bit Byte, d.h. ganze Zahlen von 0 bis 255
Zahl: Integer	16-bit Integer, d.h. ganze Zahlen von -32.768 bis 32.767
Zahl: Long	32-bit Integer, d.h. ganze Zahlen von -2.147.483.648 bis 2.147.483.647
Zahl: Single	Fließkommazahl mit einfacher Genauigkeit (7 Stellen, -3,402823E38 bis 3,402823E38), benötigt 4 Bytes Speicherplatz)
Zahl: Double	Fließkommazahl mit doppelter Genauigkeit (15 Stellen, -1,79769313486232E308 bis 1,79769313486232E308, benötigt 8 Bytes Speicherplatz)
Zahl: Währung	Währungsdaten, Speicherung wie Double
Zahl: ReplikationsID	ID-Wert zur Replikation (4 Byte)
AutoWert	Fortlaufende eindeutige Numerierung, als Long abgelegt
Ja/Nein	Boolescher Wert (True/False, 1-bit)
OLE-Objekt	Binärdaten variabler Länge, z.B. OLE-Objekt, bis 1 Gbyte

Index

Index

F

G

H

P

U